司法部精品课程使用教材
北京市高等教育精品教材

法律文书情境写作教程

（第六版）

郭林虎　主编

SITUATIONAL LEGAL WRITING

法律出版社
LAW PRESS·CHINA
北京

图书在版编目(CIP)数据

法律文书情境写作教程 / 郭林虎主编. -- 6 版. -- 北京 : 法律出版社, 2022(2026.1 重印).
ISBN 978 - 7 - 5197 - 6255 - 1

Ⅰ. ①法… Ⅱ. ①郭… Ⅲ. ①法律文书—写作—中国—教材 Ⅳ. ①D926.13

中国版本图书馆 CIP 数据核字(2021)第 256980 号

法律文书情境写作教程(第六版)
FALÜ WENSHU QINGJING XIEZUO JIAOCHENG
(DI - LIU BAN)

郭林虎 主编

责任编辑 许 睿
装帧设计 汪奇峰

出版发行 法律出版社
编辑统筹 司法实务出版分社
责任校对 朱铁佳
责任印制 胡晓雅
经 销 新华书店

开本 710 毫米×1000 毫米 1/16
印张 48.5 字数 895 千
版本 2022 年 1 月第 6 版
印次 2026 年 1 月第 3 次印刷
印刷 河北虎彩印刷有限公司

地址:北京市丰台区莲花池西里 7 号(100073)
网址:www.lawpress.com.cn
投稿邮箱:info@lawpress.com.cn
举报盗版邮箱:jbwq@lawpress.com.cn

销售电话:010 - 83938349
客服电话:010 - 83938350
咨询电话:010 - 63939796

书号:ISBN 978 - 7 - 5197 - 6255 - 1
定价:119.00 元

凡购买本社图书,如有印装错误,我社负责退换。电话:010 - 83938349

《法律文书情境写作教程》(第六版)
编委会名单

主　　编　郭林虎

副 主 编　张淑平　王晓滨　张　峥　王志坤
　　　　　蔡英伟　刘　黎

编　　委　王才亮　高文斌　王　蕊　梁景明
　　　　　葛　红　李　丽　王　磊　董　巍
　　　　　王　成　佟艳艳　李秀芹　石红英
　　　　　徐　敏　马立飞　刘　鹏　何　力
　　　　　徐丽华　唐海燕　罗占义　陶　奕
　　　　　栗　红　裴巍伟

作 者 简 介

郭林虎 男，山西太原人。毕业于中国人民大学法学院，硕士。北京市律师协会民法专业委员会委员，北京市两高律师事务所兼职律师。主要研究领域为合同法，法律写作，中国历代赦免思想和赦免实践。主要从事著作权、合同领域的法律服务工作。主要著作有《法律写作概论》（专著）、《特权法律制度论》（专著）、《法律文书情境写作教程》（主编）。代表性论文有《春秋赦免考》《贞观赦免考》《刍议〈尚书〉中的刑法思想》《儒家人治主义新解》《死刑废除论的误区》《恶搞之法律透视》《法律写作中的情感研究》《试论曹操的御才术》《论中国现当代文学的历史分期》等。

张淑平 女，毕业于中国政法大学，二级高级法官。北京市高级人民法院刑事审判第二庭原审判长。从事刑事审判业务、刑法专业教学和法律文书教学工作三十余年。曾受聘为国家法官学院北京分院讲师，2008 年被最高人民法院聘为支援西部讲师团讲师。2014 年 2 月被最高人民法院授予“荣誉天平奖章”。参与的合著有《刑法条文案例释解》《惩治经济犯罪法律分解适用手册》《办案必读》《办案规范》等。

王晓滨 男，毕业于中国人民大学法学院，法学博士，中国社会科学院法学所博士后。最高人民法院行政审判庭审判长，二级高级法官，现挂职任河北雄安新区中级人民法院党组成员、副院长、审判委员会委员，兼任中国行政法学研究会行政诉讼专业委员会委员。曾先后在山西省高级人民法院、最高人民法院和雄安新区中级人民法院从事行政审判工作二十一年，办理了大量疑难行政案件。出版专著两部、发表论文数十篇。主要研究领域为土地征收、房屋拆迁、违法建筑拆除、不动产登记类案件的司法审查。曾主笔最高人民法院相关司法解释，先后荣立个人二等功一次、三等功一次，受嘉奖多次。

张　峥 男，北京大成律师事务所高级合伙人，管委会副主任。现任中共北京市委法律专家库成员，北京市律师行业党委委员，北京市律师协会副会长，中国仲裁法学研究会副会长，中华全国律师协会仲裁与律师调解专业委员会副主任，最高人民检察院民事行政案件咨询专家，北京市公益法律服务促进会监事长，中国电视剧制作产业协会法务委员会副主任兼专家委员会主任，北京市影视娱乐法学会副会长。担任中国国际经济贸易仲裁委员会、中国海事仲裁委员会以及北京、天津、上海、重庆、深圳、广州、上国仲、成都、海南等三十余家仲裁委员会仲裁员，已经审理过逾900件商事仲裁案件，积累了丰富的仲裁实践经验。还担任中国政法大学仲裁研究院研究员，为各地仲裁机构培训授课，并以兼职教授身份在中国人民大学、中国政法大学、北京理工大学、中国传媒大学、首都经济贸易大学讲授商事仲裁及影视合同纠纷争议解决等相关课程。

王志坤　男，山东高密人。毕业于中国人民大学法学院，硕士，三级高级检察官。曾任北京市人民检察院法律政策研究室副主任、办公室副主任、刑事审判监督部副主任，现任法律政策研究室主任。研究刑事法、检察制度。参著《检察制度比较研究》（法律出版社2010年版）、《联合国反腐败公约与国内法协调机制研究》（法律出版社2007年版），在《法学家》《国家检察官学院学报》《法学杂志》等刊物书籍发表论文20余篇。

蔡英伟　女，历任北京市西城区人民法院审判员、副庭长、庭长、党组成员、政治处主任、副院长，现任北京市第三中级人民法院行政庭庭长、审判委员会委员。撰写的论文及主持的调研课题获得全国法院行政审判业务成果二等奖，中国行政审判理论研究会主题征文一、二等奖，北京法院行政审判调研成果一、二等奖，北京法院司法统计分析一等奖等多个奖项。

刘　黎　女，毕业于中国人民大学法学院，硕士，全国模范法官，北京市审判业务专家。曾任北京市朝阳区人民法院奥运村人民法庭庭长，现任北京市朝阳区人民法院党组成员、政治部主任。探索了道路交通损害赔偿案件审理八条规则，被司法解释吸收采纳；提出的规范道路标线设置的司法建议，使事故频发的“伤人之路”变成“平安之路”。

王才亮　男，北京市才良律师事务所主任。曾任中华全国律师协会行政法专业委员会副主任，现任中华全国律师协会宪法与行政法专业委员会顾问，中国建设管理与房地产法研究中心执行主任。担任北京航空航天大学法学院、中国人民大学律师学院兼职教授。1988年通过全国律师资格考试，执业后一直注重相关法律和律师实务的研究，在国家级出版社出版法学专著近40部，是不动产纠纷处理和行政诉讼方面的学术研究带头人。曾被《中国律师》杂志、中国律师网评选为“2010年度律师界新闻人物”，被《时代周报》评为“2010年度影响中国时代进程”的十大律师。

高文斌 女，对外经济贸易大学法律硕士，三级高级法官。现任北京市高级人民法院审判监督庭副庭长。先后在北京市高级人民法院刑事审判第一庭和审判监督庭、北京市通州区人民法院工作，从事审判工作二十五年，积累了丰富的刑事审判工作经验，多个案例入选最高人民法院审判案例要览。到审判监督庭工作以来，致力于刑事错案的纠正和研究，撰写的再审判决曾获得北京法院优秀裁判文书一等奖、最高人民法院优秀裁判文书二等奖。

王　蕊 女，毕业于对外经济贸易大学，硕士。北京市高级人民法院刑事审判第二庭书记员。2011年被评为“北京市法院系统优秀共产党员”，2014年被评为“北京市高级人民法院优秀共产党员”，在年度考核中多次被评为嘉奖、优秀。曾担任周某某（原海淀区区长）受贿上诉案、宋某（辽宁省人大常委会原副主任）受贿上诉案等多件大要案的书记员工作。

梁景明 男，北京市人。现任北京市人民检察院检察改革与发展研究中心副秘书长，三级高级检察官。海峡两岸关系法学研究会会员，全国检察理论研究人才。1997年7月进入北京检察系统，曾从事公诉、法律政策研究等工作。研究刑事法、检察制度、台湾地区相关法律制度。参著《法律监督原论》（法律出版社2007年版）、《检察制度比较研究》（法律出版社2010年版）。参与多个省部级重点课题、涉台专项课题研究，多篇论文被评为北京市优秀调研成果、北京市哲学社会科学优秀成果等。20余篇学术论文发表在《法学杂志》、《人民检察》、《法界天平》（台湾地区）等刊物。

葛　红 女，毕业于中国政法大学法学院，硕士，北京市审判业务专家。现任北京市第二中级人民法院民事审判第三庭庭长。先后从事知识产权审判和商事审判，所审案件多次入选全国十大知识产权典型案例、北京市法院十大知识产权典型案例以及北京市第二中级人民法院大要案。多篇案例、调研报告在《人民司法》等核心刊物上发表或入选《中国法院年度案例》。撰写的案例先后获得最高人民法院案例分析评比一、二等奖。撰写的裁判文书曾获北京市法院裁判文书网上互评活动二等奖。先后获评“北京市法院知识产权审判业务标兵”“北京市法院办案标兵”。

李　丽　女，本科毕业于中国政法大学国际经济法专业，对外经济贸易大学法律硕士。现任北京市第二中级人民法院三级高级法官。2008 年从北京市东城区人民法院商事审判庭遴选到北京市第二中级人民法院，多年来一直从事商事审判工作，共审结商事案件数千件。独撰的案例《融资租赁履行期限届满后的合同责任》以及合写的《伞形信托合同无效及后果》分别入选《中国法院年度案例》金融纠纷2018 年卷和2021 年卷。参编《法院审理金融案件观点集成》一书。多次被评为优秀公务员，受到嘉奖，荣立过三次三等功，并于 2017 年被评为全国维护妇女儿童权益先进个人。

王　磊　男，毕业于北京科技大学，法学硕士。2009 年入职北京市第二中级人民法院，先后任职于未成年人综合审判庭、劳动争议办公室。2019 年 7 月调入该院速裁审判团队，共审结民商事速裁案件 1308 件。探索创新申请撤销劳动仲裁裁决案件要素式裁定书、二审要素式判决书，并被《人民法院报》、《北京日报》、新浪新闻、腾讯网等多家媒体报道。撰写的《“不退费”格式条款是否有效》《机动车商业保险合同中责任免除条款的效力认定》《综合工时制下劳动者延时加班时长的确定》等多篇案例文章入选全国法院年度案例及案例要览，多篇法律文书被评为优秀法律文书。先后荣立“个人三等功”两次，荣获“个人嘉奖”两次，“优秀共产党员”三次，“优秀法官”两次，并获得“调解能手”“十佳青年”“法院文化建设先进文化个人”等多项荣誉称号。

董　巍　女，毕业于中国政法大学民商经济法学院，法学硕士，北京市审判业务专家。现任北京市第三中级人民法院行政审判庭审判员。从事行政审判工作十余年，审判经验丰富。所承办案件入选最高人民法院首次发布的人民法院关于行政不作为十大案例，多次在全国法院系统优秀案例分析评选活动中获奖。曾获得全国法院学术讨论会二等奖，北京法院学术讨论会一、二、三等奖，全国法院行政审判优秀业务成果二等奖，全国行政审判理论专业委员会主题征文一、二等奖，北京法院司法统计分析一、二、三等奖，北京市法院调研成果三等奖等多个国家级及市级调研奖项。司法建议获得北京市法院年度司法建议一等奖，两次获得北京市法院优秀裁判文书奖项。此外，还承担多项重点调研课题、办案规范起草工作。

王　成　男，吉林四平人。毕业于北方工业大学，对外经济贸易大学法律硕士。现任北京市第三中级人民法院三级高级法官。先后任职于北京三级法院传统民庭、审判监督庭、执行裁决庭、立案庭等部门。2016年后主要从事审监工作。《论督促程序的适用》《医疗损害赔偿责任研究》《储蓄合同责任研究》《直管公房使用权研究》等多篇论文获奖。承办案件的再审民事判决书获北京法院网络互评文书一等奖。

佟艳艳　女，毕业于中国政法大学，法学硕士。现任北京市通州区人民法院行政审判庭审判员，共审结行政案件600多件。曾获得北京市法院优秀裁判文书二等奖、北京市法院行政审判优秀裁判文书一等奖，撰写的有关疫情期间价格执法等的多篇论文、案例分析等文章在《法律适用》《北京审判》上发表。并先后作为北京市高级人民法院相关课题组成员进行《最高人民法院关于行政诉讼证据若干问题的规定》修改的前期调研和试拟工作以及涉《北京市城乡规划条例》行政案件疑难法律问题、占用耕地建设相关法律疑难问题的调研工作。

李秀芹　女，山东滨州人。毕业于中国人民大学法学院，硕士。北京市律师协会行政法与行政诉讼法专业委员会委员，北京志识恒律师事务所兼职律师。主要从事刑事辩护业务。主要著作有《法律文书速录实训》（主编）、《法律文书情境写作教程》（副主编）、《农村合作社法律与法规》（副主编）、《刑法理论与实务》（参编）等。代表性论文为《完善京郊农村人民调解制度的建议》。

石红英　女，中华全国律师协会刑事专业委员会委员，第十届北京市律师协会刑法专业委员会主任，第十一届北京市律师协会职务犯罪预防与辩护专业委员会主任，北京英弘律师事务所律师。首都师范大学副教授、硕士生导师，中国人民大学律师学院硕士生校外导师。曾荣获“北京市司法行政系统先进个人”“北京市百名优秀刑辩律师”“北京市律师行业优秀共产党员”“十佳专业委员会主任”，“时代新人有律师”活动“时代风采奖”，优秀辩护词原音重现活动“最佳风采奖”，“北京榜样·寻找律师楷模”提名奖，作为律师辩论队教练带领西城代表队获得“首届北京律师辩论大赛一等奖”等。

徐　敏　女，毕业于中国政法大学，硕士。2003年进入北京市方圆公证处（原北京市公证处）工作，现任北京市方圆公证处五部部长、《方圆公证》

编委会成员。长期扎根于一线办证岗位，办证类型多样，尤擅长处理继承、保全证据领域疑难复杂案件，积累了丰富的实务经验，所办案件多次被评为处内优秀卷宗。业余勤于钻研公证理论，在《北京公证》《中国公证》《中国司法》发表文章多篇。

马立飞 女，毕业于兰州大学，硕士。曾任山东省诸城市人民法院法官，现任北京市方圆公证处公证员、北京市公证协会争议处理和惩戒委员会委员。撰写的《公证业务中复查、投诉问题探讨》《浅析监护人委托公证》《强制执行公证中债权人及债务人配偶合法权益保护》《试论遗嘱公证的“雷区”及“排雷技巧”》《小议公证思维》《披星戴月赶路人》等文章，发表于《公证的故事》《中国公证》《北京公证》等书籍和学术期刊。

刘　鹏 男，吉林大学法学学士、山东大学民商法硕士。北京大成律师事务所合伙人，长沙、大连、沈阳、锦州、淄博、台州、海南、青岛等地仲裁委员会仲裁员。主要从事公司法及民商事诉讼、仲裁业务，并担任多家中央国家机关、大型国有集团、企事业单位的常年法律顾问，涉及公司商务运营及投资、文化教育产业、烟草行业以及资本市场运作等领域。

何　力 男，毕业于中国政法大学，硕士。“法天使－中国合同库 www.fatianshi.cn)”创始人，《合同起草审查指南》团体标准起草人之一，原钱伯斯、ALB、LEGAL500 等知名评级机构上榜律师。编著有《合同起草审查指南：三观四步法》《合同起草审查指南：常用合同卷　劳动用工卷》《新法下的人力资源操作全程指引》等。

徐丽华 女，北京市律师协会民法专业委员会委员，北京市两高律师事务所律师，高级合伙人，民事事务部主任。从事法律相关工作二十五年，擅长合同、婚姻家庭等相关民商事诉讼。曾担任法院民事审判庭、审判监督庭庭长、审判委员会委员。

唐海燕 女，毕业于华东政法学院，获经济法学士学位；就读于澳大利亚堪培拉大学，获国际经济法硕士学位；就读于中欧国际工商学院，获 EMBA 工商管理硕士学位；现就读五道口金融学院 CEO 班。现任益友天元律师事务所主任，中国法学会证券法研究会常务理事，苏州市律师协会副监事长，苏州仲裁委员会仲裁员，苏州北京商会副会长，苏州市人民政府法律顾问委员会委员等。主要业务领域为资本运作法律实务（银行业务，企业发债，资产证券化，股权转让、收购，资产收购，企业收购、兼并、分立、清算，股份制改造、上市及相关法律实务）；外商投资、境外投资和境外收购业务。

罗占义 男，毕业于解放军西安政治学院。曾任中国人民解放军军事法院审判员，北京市律师协会军事法律委员会副主任。现任北京市兆亿律师事务所主任，北京市西城区律师协会监事会监事。在刑事辩护、知识产权、公司治理、融资租赁、房地产建筑等诉讼与非诉讼业务领域的经验非常丰富。

陶　奕 男，益友天元律师事务所高级合伙人，益友天元北京事务所注册主任。现任苏州市律师协会公司、破产、证券委员会委员，苏州市财政局法律顾问。专注于资本金融法律实务（企业改制及股份制改造，M&A，PE&VC，企业上市及相关资本运作、上市公司日常法律服务）；生物医药、医疗健康领域全生命周期法律实务（公司设立与架构设计、股权激励、合格及规范运营、知识产权及合同管理、投融资等）。

第六版出版说明

衷心感谢全国读者的厚爱，正因为广大读者的支持，《法律文书情境写作教程》才能一路走来。第五版面世三年来，热心读者对本教材提出了一些中肯的修改意见。其间，我国的立法又有新的进展。《中华人民共和国民法典》自2021年1月1日起施行，全国人大常委会于2021年12月24日对《中华人民共和国民事诉讼法》作了修改，最高人民法院对《关于适用〈中华人民共和国刑事诉讼法〉的解释》等司法解释、最高人民检察院对《人民检察院刑事诉讼规则（试行）》等司法解释、公安部对《公安机关办理刑事案件程序规定》作了修改。因此，我们适时对本教材进行了修订，推出第六版。

本次修订，郭林虎律师担纲设计、统稿、定稿，张淑平法官协助统稿。撰写分工如下：

第一编（第一章、第二章、第三章、第四章）由郭林虎律师撰写。

第二编（第五章），民事诉讼法律文书概述由葛红法官撰写。民事裁判文书各写作谈分别由葛红法官、刘黎法官、李丽法官、土成法官、王磊法官撰写。民事检察文书由梁景明检察官撰写。律师民事诉讼法律文书各写作谈分别由郭林虎律师、何力律师、罗占义律师撰写。

第二编（第六章），刑事诉讼法律文书概述由张淑平法官撰写。刑事侦查文书各写作谈由郭林虎律师撰写。刑事检察文书各写作谈由王志坤检察官、梁景明检察官撰写。庭审笔录制作谈由王蕊书记员撰写。刑事裁判文书各写作谈由张淑平法官、高文斌法官撰写。律师刑事诉讼法律文书各写作谈分别由李秀芹律师、张淑平法官、石红英律师撰写。

第二编（第七章），行政诉讼法律文书概述由王晓滨法官撰写。行政裁判文书各写作谈分别由佟艳艳法官、董巍法官、王晓滨法官撰写。行政检察文书各写作谈由王志坤检察官、梁景明检察官撰写。律师行政诉讼法律文书各写作谈分别由王才亮律师、蔡英伟法官、董巍法官、王晓滨法官撰写。

第二编（第八章），仲裁法律文书概述、仲裁法律文书各写作谈由张峥律师、刘鹏律师撰写。

第二编（第九章），公证法律文书概述、公证法律文书各写作谈由徐敏公证员、马立飞公证员撰写。

第二编（第十章），《合同的起草与审查》由何力律师、郭林虎律师撰写。《离婚协议书的起草》《遗嘱的起草》由徐丽华律师撰写。《法律意见书写作谈》由唐海燕律师、陶奕律师撰写。

第三编由郭林虎律师撰写。

本教材的编写者主要为北京法律界的资深实务专家，他们既有扎实的法学理论功底，又在不同的法律领域内有丰富的实践经验。理论与实践相结合，荟萃法律文书写作实务经验之菁华是本教材的最大特色。“在校是本好教材，上班是册工具书”是本教材编写的功能定位。它既可以作为高等法律院校的法律文书教材，也可以作为律师、检察官、法官培训的教材，还可以供社会人士自学法律文书之用。

鉴于《民法典》实施不久，实践中适用《民法典》的民事案例尚少，故而第五章的例文无法更新为新法案例。《民事诉讼法》于2021年12月24日修改通过，最高人民法院、最高人民检察院先前颁布的司法解释中所援引的《民事诉讼法》条文与2021年修正的《民事诉讼法》文本的条文序号出现不一致，① 对此我们目前只能将这些不一致忠实地呈现给读者，以俟最高司法机关之修正。因此，对给读者学习带来的不便，我们深表歉意。

在本次修订过程中，承蒙北京市两高律师事务所戴智勇主任和张丽华书记、长安杂志社苏晓红女士、北京市一法律师事务所陈笔魁律师、法律出版社许睿编辑的关心和帮助，在此一并致以谢忱。

郭林虎

2021年12月31日志于北京日新轩

---

① 本教材第五章所援引的最高人民法院、最高人民检察院司法解释，其中提及的民事诉讼法条文，序号与《民事诉讼法》2021年修正文本不一致的共有两处：第184页脚注③；第194页脚注⑥。这些脚注中的民事诉讼法条文系2012年修正文本，读者须通过对照将其修改为2021年修正文本中的条文序号。

第六版自序

孔子曰:“推十合一为士。”《白虎通》云:“士者,事也,任事之称也。”段玉裁训推十合一为“由博反约”。寡见少闻,抑或博而不约,俱不得妙道。不得妙道,事必无成。自五帝三王以来,欲任事,舍推十合一者其谁也?

劳于求人,佚于得能。汇天下之英以取四海,聚天下之杰以制六合,此经纶天下之大道也。教材之编撰,经典之砥砺,其道与经纶天下者无异。惟寻推十合一者也。余寤寐思服,辗转反侧,同气安在?或有所闻,亲造其门,殷勤致意;或有荐引,接之以礼,幸得同道者二十许,是以教材更上一层楼矣。

苏子云:“春江水暖鸭先知。”法律文书者,法律人之器具,譬犹文士之湖笔,武夫之莫邪,惟日用者洞知其性。余推读文书,十有九祀,高法格式之瑕疵,浑然不觉,然难逃诸法曹之慧眼。刘勰云:“凡操千曲而后晓声,观千剑而后识器”,其是之谓乎!于是余有叹焉。寰瀛之内,马之为物,气象万千,善言相马经者,唯伯乐尔。法律文书,总总而生,林林而群,非晓畅法律实务者,其孰能悉知文书之妙道哉?

虽然,踳驳疏舛,自知不免,伏惟博洽君子,匡刊阙误,则幸甚。

岁在辛丑,孟秋之初

太原郭林虎志于京师日新轩

目　录

第一编　法律文书写作的基础理论和写作规范

语言是同思维直接联系的，它把人的思维活动的结果、认识活动的成果用词和由词的组成的句子记载下来，巩固起来，这样就使人类社会中的思想交流成为可能了。

——［苏联］斯大林

文字不是水晶，透明不变，它是鲜活思想的外衣，其颜色和内容都会随着情势的变化而大异其趣。

——［美］霍尔姆斯

如果缺少了演绎推理，法律就行将死亡。

——［英］Samuel

你们带着满脑子糨糊来到这里，而我们的任务就是让你们像个法律人一样地思考。

——电影《力争上游》（Paper Chase）中
金斯菲尔德（Kingsfield）教授的台词

第一章　法律思维和法律文书

第一节　思维和语言的关系

思维和语言是两种独立的社会现象，二者如影相随，不可分离。

思维，亦作“思惟”，意指“考虑”“思量”。陆逊《取珠崖疏》云：“臣反复思维，未见其利。”思维是人类从社会实践中产生的独有的一种精神活动，它是在表象、概念的基础上，通过分析、综合、判断、推理等反映事物的本质、全局、内部联系的认识活动。人类的各种社会实践活动都贯穿着思维，物质产品、精神产品都是思维的结晶。

作为认识活动，思维之所以能够反映事物的本质、全局和内部联系，主要是因为思维具有概括性和间接性特点。所谓思维的概括性，是指思维能概括地反映事物。思维不仅能够反映个别事物，而且能够反映一类事物；不仅能够反映事物偶然的、非本质的属性，而且能够反映它们共同的、本质的属性。例如，“人”这一概念，就是对能够制造和使用工具的动物这一类事物的共有的、本质属性的反映，它舍去了人的性别、肤色、国籍、年龄、信仰、社会地位等诸多个别的差异。思维的间接性是指思维能间接地反映事物。首先，思维能够凭借已有的经验和知识，对没有直接作用于感觉器官的事物及其属性加以反映，以获得间接的知识。其次，思维还能够凭借已有的知识，对根本不能直接感知的事物及其属性加以反映，从而获得新知识。

语言是人区别于其他动物的本质特征之一。例如，非洲有一个民族把新生的婴儿叫作 kuntu（物），到孩子学会说话才叫作 muntu（人）。[①] 瑞士语言学家索绪尔指出，语言是一种表达观念的符号系统。它由“能指”（signifiant）和“所指”（signifie）两部分组成。“所指”就是概念。“能指”是声音的心理印迹，或音响形象。索绪尔又指出，语言符号有两个特性：一是符号的任意性；二是符号构成的线性序列，即话只能一词一句地说，不能几句话同时说。同时，索绪尔又有两点补充：第一，语言始终是社会成员每人每时都在使用的系统，说话者只是现成地接受，因此具有很大的持续性。第二，语言符号所代表的事物和符号本身的形式，可以随时间的推移而有所改变，因此语言是不断变化和发展的。语言是人类最重要的一种交际符号。斯大林说：“没有全社会都懂得的语言，没有一切成员共同的语言，社会就会停止生产，就会崩溃，就无法作为社会存在下去。就这个意义来说，语言既是交际的工具，又是社会斗争和发展的工具。”[②] 语言没有阶级性，它一视同仁地为社会各个成员服务。但社会各个阶层、社会群体会影响语言，从而造成语言在使用上的不同特点或差异。依语体风格的不同，语言分为口语和书面语。书面语是用文字记录下来的语言，口语是用语音表达出来的语言。

思维离不开语言。首先，语言是思维的工具。一个人在思维的时候总得运

① 叶蜚声、徐通锵：《语言学纲要》，北京大学出版社 1981 年版，第 10 页。

② ［苏联］斯大林：《马克思主义和语言学问题》，人民出版社 1964 年版，第 15 页。

用一种语言，或者用本民族的语言，或者用外民族的语言。不借助语言，思维就无法操作、无法运转。其次，语言是思维成果的记录，它储藏着人类世代累积的思维成果。如果没有语言，思维成果就会转瞬即逝，不可能在头脑中留存，人类就不能在前人的成果上继续思维。斯大林说得好："语言是同思维直接联系的，它把人的思维活动的结果、认识活动的成果用词和由词组成的句子记载下来，巩固起来，这样就使人类社会中的思想交流成为可能了。"①

语言也离不开思维。思维为语言符号提供"所指"。如果离开思维，语言符号便只剩下"能指"。缺少了"所指"，语言将同鼾声、喷嚏声无异，蜕变成人的发音器官发出的毫无意义的声音，完全丧失交际工具的功能。作为思维工具，语言只有服务于思维才有其存在的意义与价值。倘若没有思维，便没有人类的交际，语言也就失去了存在的必要性。

思维水平和语言水平通常是水涨船高的关系。高水准的思维，则有高水准的语言相随；低水准的思维，则有低水准的语言相伴。古今中外的文章大家，往往又为思想大家。《易传·文言传·乾文言》云："九五曰：'飞龙在天，利见大人。'何谓也？子曰：'同声相应，同气相求。水流湿，火就燥。云从龙，风从虎。圣人作而万物睹。本乎天者亲上，本乎地者亲下，则各从其类也。'"② 此例为孔子思想语言珠联璧合之作。面对一篇命题作文，大多数中小学生抓耳挠腮，叫苦不迭，原因在于他们思维水平的低浅。

第二节　法律思维的内涵及特征

作为具有种属关系的两个概念，法律思维具有思维的一切本质属性。同时，与同级的其他种概念相比，法律思维又具有独特的本质属性。关于法律思维的内涵，王泽鉴先生认为，法律思维是法律职业者（亦称法律人）依循法律逻辑，以价值取向的思考、合理的论证，解释适用法律。③ 笔者认为，法律思维是法律人运用证据确定案件事实，寻找与案件有最密切联系的法律规范，形成并论证解决纠纷的法律方案具有正当合理性的一种逻辑思维活动。作为法

① ［苏联］斯大林：《马克思主义和语言学问题》，人民出版社1964年版，第16页。

② 这段话的主旨集中体现在"同声相应，同气相求"之上。孔子连用对偶、排比之修辞格，形象地揭示了宇宙万物的一个规律：同类事物会相互感应，志趣相同之人会互相响应。关于这段话的详细解释，请参阅（宋）程颐：《周易程氏传》（第1卷），载《二程集》（下），中华书局1981年版，第701页。

③ 王泽鉴：《民法思维》，北京大学出版社2009年版，第1页。

律人的一种独特思维方式，法律思维具有以下基本特征：

第一，法律思维的主体是法律人。思维是内容和形式的统一。人类的思维有同有异。其中，思维形式及其结构（概念、判断、推理）具有全人类性，不存在民族、阶级和个体的差别。思维的差异只存在于思维的内容方面。同一社会现象，不同的群体在思维的目的、思维的角度、思维的结果等方面表现出很大的不同。例如，在欠债不还的案件中，普通人都会朴素地认为：欠债还钱，天经地义。相比之下，法律人的考量要复杂许多。法律人会依次考虑以下几个问题：（1）借款合同是否成立、有效；（2）借款人是否应当承担实际履行的责任；（3）债权请求权是否超过了诉讼时效；（4）借款人是否享有其他抗辩权。如果确定债权请求权已经超过了诉讼时效，法律人便声称欠债可以不还钱。这个例子形象地说明法律思维的本质特征是运用法律来思考社会现象以解决法律纠纷。唯有受过系统法律训练的法律人才能自如地进行法律思维，故而法律人成为法律思维的主体。熟练地运用法律来思考社会现象是法律人的一项极为重要的职业本领。

第二，法律思维的客体是设计和论证解决纠纷的法律方案。法律人的天职就是通过忠实地执行法律以定分止争，解决当事人间的纠纷。设计解决纠纷的法律方案是法律人进行法律思维的客体。方案的设计要以事实为根据，以法律为准绳。并且，法律人有义务依据公平正义的法律最高价值来论证方案的正当合法性。具有正当合法性的法律方案应当做到“相同的案件相同处理”“类似的案件类似处理”“不同的案件不同处理”。唯有经过依法详细论证检验过的法律方案才具有可接受性，才能最终达到法律思维的目的。

第三，法律思维以形式逻辑和法律规范为基础。法律思维需要以形式逻辑为基础。法律思维是内容和形式的统一。法律思维的形式有三种：法律概念、法律判断和法律推理。法律概念组成法律判断，由法律判断构成法律推理。法律推理是最常见、最重要的法律思维的形式。这三种思维形式在运用时必须遵循形式逻辑中相关的逻辑规则及其思维规律，否则就会导致法律推理无效，法律论证失败的结果。另外，形式逻辑中的演绎推理构成了法律思维中的基本框架，案件事实的确定、法律的寻找、结论的导出都以演绎推理为基本形式框架。法律思维还需要以法律规范为基础。法律思维不只是形式逻辑的运用，形式逻辑充其量只是搭起一个思维框架，在这个框架中填入案件事实、经验判断、价值判断、法律规范、法律解释，并将这些元素有机统一起来，才能构成一个实实在在的法律思维。在这些元素中，法律规范是基础。离开了法律规范这个基础，法律思维将不复存在。

第四，法律思维实体和程序并重。正义分为实体正义和程序正义。程序正义是实现实体正义的程序保障。罗森贝克说得好，“通向法庭裁判正义的道路是由多种正当的程序所铺就的”。遵循正当法律程序是法律职业活动的一项起码要求。法律人不仅以这个标准来反省自身的职业活动，而且用它来衡量检视相关法律人职业活动的合法性。例如，法院的审理活动是否违反法定程序是提起上诉和抗诉的一项法定事由。法律人在设计法律方案时，既要考虑案件的实体问题，又要考虑程序法的相关规定。只关注案件的实体正义是普通人的惯常思维，而不是法律人应具备的思维品质。

第五，法律思维旨在平衡发生冲突的利益。依社会功利主义法学观点，关切社会利益是法律的终极目标。卡多佐于1921年在耶鲁的斯托斯（Storrs）讲座上说：“法律的终极目标就是社会利益。偏离了这个目标的法律规则，便没有继续存在的理由。”① 生活中发生的每一起案件其实质是一场利益的冲突。有的是个人（自然人、法人）间的利益冲突；有的是个人利益和社会利益、国家利益间的冲突；有的是兼而有之。法律人的工作便是在他设计的法律方案中平衡已发生冲突的利益以解决纷争。如果法律已经确认了利益保护的顺序，就应当按照法律的规定来平衡。如果法律没有规定利益保护的顺序，应当按照利益的位阶来进行平衡。王利明先生把利益的位阶的规则概括为以下五个：(1) 人格利益优先于财产利益；(2) 生命健康权优先于一般人格权；(3) 人身损害赔偿优先于财产损害赔偿；(4) 社会公共利益优先于个体财产利益；(5) 权利优先于利益。② 检验一个法官法律思维的好坏标准是什么呢？琼斯和庞德回答道：“法庭是否深思且公正地权衡案件里的利益冲突；利益冲突的调停是否能公平且持久。”③

第三节 法律文书的内涵及外延

法律文书是法律人最重要的职业工具。对法律人来说，它犹如外科医生手中的手术刀。在其职业生涯中的每时每刻，法律人都离不开法律文书的制作和使用。终其一生，法律人制作的法律文书可谓等身，称之为多产作家亦不为过。法律文书是法律人的名片。它不仅是法律职业活动的真实记录，也是衡量法律人执业水平的试金石。从其制作的法律文书，我们可以看出一个法律人的

① ［美］鲁格罗·亚狄瑟：《法律的逻辑》，唐欣伟译，法律出版社2007年版，第17页。

② 王利明：《法学方法论》，中国人民大学出版社2012年版，第644～649页。

③ ［美］鲁格罗·亚狄瑟：《法律的逻辑》，唐欣伟译，法律出版社2007年版，第5页。

全部素质，包括道德情操、法律学养、诉讼经验等。例如，某侦查人员制作的《讯问笔录》中，首部讯问起止时间一项表述为："时间2013年7月1日晚8时00分至2013年7月2日早7时30分。"这个简单的表述有可能证明侦查人员办案时违反了《中华人民共和国刑事诉讼法》（以下简称《刑事诉讼法》）的相关规定，对犯罪嫌疑人进行了疲劳审讯，因此，这份讯问笔录有可能属于非法证据，会导致依法予以排除。

一、法律文书的内涵

法律文书是指我国公安机关、国家安全机关、监察机关、人民检察院、人民法院、监狱、公证机构、仲裁机构、律师事务所等以及自然人、法人和其他组织，在诉讼和非诉讼的法律事务中按照法定程序，就具体案件或法律事务适用法律而制作的具有法律效力或法律意义的非规范性法律文件的总称。[①] 这是当前普遍认同的法律文书定义。与其他文字作品相比，法律文书具有以下特征：

（一）法律文书必须依法写作

任何文章写作都得遵守法律和公序良俗。法律文书之外的文章写作只需避免触碰法律和公序良俗设定的红线而已，写作过程中无须考虑具体的法律条款。而法律文书的写作全过程都是在某些具体的法律条款指引下进行的，脱离法律条款的指引编织成的文字不叫法律文书。关于这一点，笔者将在第三章"法律文书的写作行为系统"中详细展开论述。

（二）法律文书记载法律权利和法律义务

其他文字作品是社会生活的记录，反映了社会关系。而法律文书直接记录法律生活领域，反映了法律关系，非法律关系不在其视野之内。法律关系的三个构成要素构成法律文书的内容。一篇洋洋洒洒的法律文书，其内容可以概括为法律权利（力）和法律义务。有的法律文书主要记载法律权利，例如，民事答辩状记载的是民事诉讼被告的答辩权。有些法律文书主要记载法律义务，例如，某保证人在刑事诉讼中出具的保证书，该文书记载着保证义务，亦即《刑事诉讼法》第70条规定的义务。有的法律文书同时记载法律权利和法律义务，例如，当事人双方依法签订的房屋租赁合同。既然法律文书攸关法律权利（力）和法律义务，故而文书的作者宜谨慎出言，如临深渊，如履薄冰，力求每句话都经得起法律的检验。例如，某要约函中有句话："受要约人在1

---

① 潘庆云主编：《法律文书学教程》，复旦大学出版社2005年版，第18页。编者根据《中华人民共和国监察法》（以下简称《监察法》）对该定义做了补充。

个月内不作答复即为承诺。”这种写法极不专业，因为起草者不懂得通常情况下承诺是受要约方依法享有的法律权利，而非法律义务。

（三）法律文书具有法律效力或法律意义

法律效力是指确定力、拘束力和执行力。法律意义是指在法律程序中具有某种作用和功能。有的法律文书（主要是司法文书）具有法律效力，有关国家机关、社会团体、公民必须严格遵守、执行，否则将会受到法律制裁。例如，拒不执行生效民事判决的，情节较轻，人民法院可以对当事人采取妨害民事诉讼的强制措施；对于情节严重的，人民法院应以拒不执行生效判决、裁定罪，判处当事人三年以下有期徒刑、拘役或者罚金。有的法律文书虽无法律效力，但它们在法律程序中具有一定的功能和作用。例如，当事人申请再审，应当提交民事再审申请书和相关材料。当事人不提交这些文件材料，法院一般不会主动启动再审程序。当事人提交这些文件材料，并不能必然启动再审程序，法院要对当事人主张的再审事由依法进行审查。当事人主张的再审事由成立，即符合《中华人民共和国民事诉讼法》（以下简称《民事诉讼法》）和司法解释规定的申请再审条件的，人民法院便裁定再审；当事人主张的再审事由不成立，人民法院便裁定驳回再审申请。可见，民事再审申请书和相关材料的提交，法院方面并不承担必须再审的法律义务，但它和法院的审查活动结合在一起，决定着民事再审程序是否启动。因此，民事再审申请书的写作对启动民事再审程序来说具有十分重要的法律意义。

（四）法律文书是非规范性法律文件

非规范性法律文件与规范性法律文件对称。二者虽然都具法律效力，但区别也很明显。规范性法律文件具有普遍约束力，可以反复适用。根据《最高人民法院关于裁判文书引用法律、法规等规范性法律文件的规定》，我国的规范性法律文件有：法律、法律解释及司法解释；行政法规及解释；地方性法规；自治条例或单行条例；行政规章。非规范性法律文件只适用于特定的人，不可以反复适用。例如，公安局签发的逮捕证、法院制作的裁判文书以及工商局颁发的营业执照。在我国，具有法律效力的法律文书是个案适用法律的书面记录，其效力只及于案件的当事人，不具备普遍约束力，不可以反复适用，因而是非规范性的法律文件。

（五）法律文书和法律程序是相互对应的关系

法律文书和法律程序存在密切的对应关系。法律程序是一个后先相继的链条。这个完整的链条分成若干个阶段，每个阶段又分为若干个环节，每个环节可以切分为若干个点。在法律程序的每一个点上，一般有一种法律文书加以对应，每一个环节都存在一个相互依存的法律文书小集合，每一个阶段都分布着法律文书的一个大集合，所有阶段的法律文书就组成一个独特的文章集群，最终形成一个后先相继的文书链条。文书链条的内部秩序是依照法律程序的内部秩序形成的，并且二者是完全吻合的。例如，依照《刑事诉讼法》，刑事诉讼程序分为刑事侦查阶段、审查起诉阶段、法庭审理阶段、刑罚执行阶段。与这些程序阶段相对应的法律文书大集合依次为侦查文书、审查起诉文书、法庭辩论文书和法院刑事裁判文书、执行文书。每个法律文书大集合中，又有若干个法律文书的小集合分别对应于每一阶段内的若干个环节。例如，侦查文书大集合依次由下列法律文书的小集合组成，即立案文书、调查文书和强制措施文书、破案文书、侦查终结文书。这些文书的小集合分别对应着立案、侦查、破案、侦查终结这四个侦查环节。既然法律文书和法律程序存在相互对应的关系，我们就一定要把每种法律文书放置在法律程序大背景中去制作和使用，彻底厘清法律文书和法律程序、法律文书和法律文书间的关系。

写作法律文书在法律实践中起着非常重要的作用。《德国民法典》的立法理由书有言：“遵循某种形式之必要性，可给当事人产生某种交易性之气氛，可唤醒其法律意识，促使其三思，并确保其作出之决定之严肃性，此外，遵守形式可明确行为之法律性质，仿佛硬币上之印纹，将完整的法律意思刻印在行为上面，并使法律行为之完成确定无疑。最后，遵守形式还可永久性保全法律行为存在及内容之证据；并且亦可减少或者缩短、简化诉讼程序。”① 这段话固然谈论的是合同书面形式的重要作用，我们用它来描述法律文书的作用也是恰当的。

二、法律文书的外延

依据不同的划分标准，法律文书可分为如下类别：

1. 依据写作主体的不同，可以分为公安文书、监察文书、检察文书、审判文书、司法行政文书、律师文书等。

2. 依据不同的制作方式，可以分为文字叙述式文书（如辩护词）、填空式文书（如逮捕证）、表格式文书（如罪犯入监登记表）、笔录式文书（如搜查笔录）。文字叙述式文书是指内容不固定或者正文长度不确定的法律文书。填空式文书是指内容框架已经事先印好，实际制作时，只需根据特定案件信息在空白处准确填写有关内容的法律文书。表格式文书是指制作方法与填空式文书相同且为扩大了的填空式文书。笔录式文书是用文字客观忠实记录法律活动全过程的法律文书。

① ［德］梅迪库斯：《德国民法总论》，邵建东译，法律出版社2000年版，第461页。

3. 依据标题的不同，可以分为决定类文书（如不起诉决定书）、通知类文书（如纠正违法通知书）、报告类文书（如呈请立案报告书）、命令类文书（如通缉令）、裁判类文书（如刑事裁定书）、诉状类文书（如行政起诉状）、证明类文书（如释放证明书）等。

4. 依据文书组成联数不同，可以分为单联式文书（如扣押文件、物品清单）与多联式文书（如批准逮捕决定书）。单联式文书只有一联，一般要求制作多份。多联式文书制作要求较为严格。它一般由存根和正副本各联组成，各联之间有骑缝线。填写文书时，存根和正副本各联之间的有关内容必须保持一致，骑缝线上要填写字号，并加盖印章。打印电子法律文书可以无骑缝线，不必加盖骑缝章。

5. 根据纠纷解决的不同方式，可以分为非诉讼法律文书和诉讼法律文书。在和解、调解、仲裁、公证等非诉讼法律活动中制作和使用的法律文书叫非诉讼法律文书，如仲裁申请书和公证书。在诉讼活动中制作和使用的法律文书称作诉讼法律文书，如民事起诉状和行政判决书。

6. 根据同一个案件中两个文书间的主旨是否有重合以及重合程度的不同，分为不相容的法律文书与相容的法律文书。不相容的法律文书是指主旨完全对立，没有任何重合的法律文书，如检察院的起诉书与法院的无罪判决书。相容的法律文书是指主旨完全重合或有一部分重合的法律文书，前者如驳回上诉，维持原判的二审民事判决书与一审民事判决书，后者如部分改判的二审民事判决书与一审民事判决书。

第四节　法律思维和法律文书的关系

法律思维和法律文书的关系是思维和语言关系的具体体现，适用思维和语言关系的一般原理。通过对法律文书写作双重转换规律的分析，我们可以具体领略法律思维和法律文书的关系。

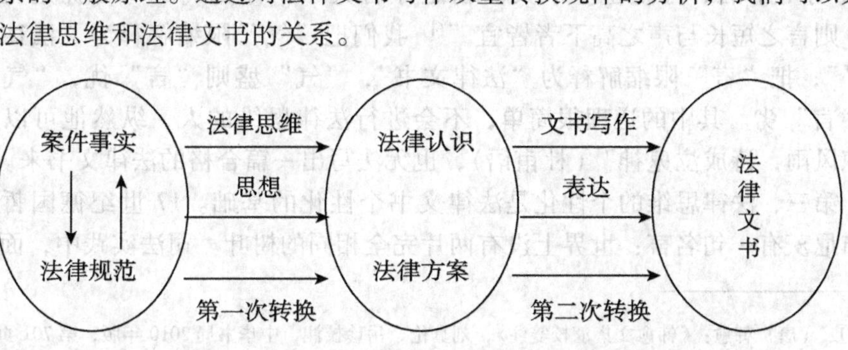

法律文书的写作要依次完成两次转换，经历两个阶段。通过分析案件事实，寻找法律规范，解释法律规范，确认案件事实和法律规范相吻合，法律人对所处理的案件形成法律认识，设计出解决纠纷的法律方案。这就完成了第一次转换。第一次转换实质上是进行法律思维的阶段，在案件事实和法律规范的目光往返流转中产生关于本案的"思想"。关于本案的"思想"，要求做到合法、合理、合情。紧接着，法律人选取特定的结构形式，使用适合的表达方式，运用质朴、准确、精练、庄重的语言形式，把大脑中的法律认识和法律方案固定成一种可视的特殊文字作品——法律文书。这就是第二次转换。第二次转换属于文书写作阶段，法律人通过写作把关于本案的"思想"变为关于本案的"表达"。关于本案的"表达"，要求做到"信"。《墨子·经上》云："信，言合于意也。"即"表达"要与"思想"相吻合，没有伪饰，力戒词不达意。司法实践中，这两次转换和这两个阶段往往不是一帆风顺的，常常会出现反复。例如，法律人发现新的证据足以推翻先前案件事实的认定，他就会重新进行法律检索，提出新的法律认识和法律方案，制作新的法律文书取代旧的法律文书。通过前面的描述，我们可以得出下面的结论：

第一，法律思维和法律文书是内容和形式的关系。法律思维为法律文书提供内容，它是法律文书存在的基础。没有法律思维，法律文书就因缺乏表达的内容而失去了存在的价值。法律思维是法律人的大脑活动，看不见、摸不着，它必须借助法律文书这种文字形式显示自己的存在和实现思维的目的。作为法律思维的存在形式，法律文书应该全面记载法律思维。它不仅应该记录法律思维的结果，还应该详细记录法律思维的过程。那些只注重记录法律思维结果的法律文书，是对法律思维的阉割，它会因缺乏说服力而使法律思维的目的无法实现。

第二，法律思维的水平决定着法律文书的水平。唐代思想家韩愈曾说："气，水也；言，浮物也。水大而物之浮者大小毕浮，气之与言犹是也。气盛，则言之短长与声之高下者皆宜。"① 我们把"气"限缩解释为"法律思维水平"，把"言"限缩解释为"法律文书"，"气"盛则"言"优，"气"衰则"言"劣。其中的道理很简单，不会进行法律思维的人，纵然他可以"笔落惊风雨，诗成泣鬼神"（杜甫语），也无法写出一篇合格的法律文书来。

第三，法律思维的个性化是法律文书个性化的基础。17 世纪德国哲学家莱布尼茨有一句名言：世界上没有两片完全相同的树叶。司法实践中，面对同

① （唐）韩愈：《韩愈文集汇校笺注》，刘真伦、岳珍校注，中华书局 2010 年版，第 701 页。

样一个案件（特别是疑难案件）和同样的法律体系，具有不同法律思维水平（还有道德水准）的法律人对案件事实和法律性质会产生不同的认识，存在个性色彩；纵然法律人对案件有着相同的认识，由于他们写作水平良莠不齐，决定了作为第二次转换结果——法律文书也应存在个性色彩。例如，2017 年 11 月 23 日下午，北京市法官协会与北京市律师协会联合举办、北京市第一中级人民法院协办进行了一场借名买房合同纠纷案件模拟庭审活动。合议庭由三名法官组成，来自北京市东城区律师协会、西城区律师协会的律师分别担任原告、被告、委托诉讼代理人和证人。整个庭审过程很精彩，但结局很出人意料。原告认为赢得诉讼如探囊取物，被告认定官司必输如板上钉钉，然而合议庭当庭宣判：原告败诉，被告胜诉。法官对律师们的意外表现也感觉惊讶。又如，面对同一个案件，唐朝文人王维、吕令问、姚震却写出了三篇风格不同的判词，读者可以参阅本书第三编之《宫门误不下键判（三则）》。因此，法律文书写作应该是个性化的，个性化的最高境界便是风格的形成。在遵守法律文书法定或约定之结构及要素的前提下，塑造并保持自己的风格应该成为法律人追求的目标。

第四，经典法律文书是正确缜密的法律思维与优美表达的统一。我国春秋时期鲁国大夫叔孙豹提出“三不朽”说，[①] 法律人应崇尚“立言”。创作经典应是法律人梦寐以求的写作境界。法律人若写出经典之作，虽经世代，当不朽腐。经典之作当是正确缜密的法律思维与优美表达的统一。唯有如此，才能经得起岁月的无情淘汰而获得历史的永恒。然而，创作经典绝不是随随便便可以实现的，法律人必须在法律思维和文字表达两方面痛下功夫不可。

第二章　法律人的思维方法[②]

对生活中发生的案件，普通人通常依伦理观念凭直觉作出评判。法律人却要用经过长期的专业训练养成的思维方法进行缜密的思考，通过法律论证，提出解决案件的法律方案。总的来说，法律人的思维方法，以演绎推理为基本框架，辅之以法律解释和价值判断。霍尔姆斯说，“抽象的条文并不能对具体案

① 《左传·襄公二十四年》载，穆叔曰：“豹闻之，太上有立德，其次有立功，其次有立言，虽久不废，此之谓不朽。”

② 本章内容参考了王利明先生所著《法学方法论》的相关章节，编者在此深表谢忱。

件进行裁判”①。抽象的法律条文只有经过法律解释才能适用于特定的案件事实上。在整个演绎推理的进行中都离不开法律解释。价值判断也贯穿在演绎推理的全过程中。卡尔·拉伦茨认为，“不管是在实践的领域，还是在理论的领域，法学涉及的主要是价值导向的思维方式”。② 首先，法律规范本身蕴含着立法者的价值判断，立法者把诸如正义、自由、平等、效率、安全等价值判断注入法律规范中。其次，案件事实的认定、法律解释、法律规范的寻找也离不开价值判断的指引。

第一节　法律思维中的演绎推理概述

一、形式逻辑语境中的推理形式

形式逻辑的基本范畴有三个：概念、判断、推理。其中，推理是由一个或几个已知判断，推导出另一个新判断的思维形式。推理由前提和结论两个部分组成。已知判断或给定的判断叫前提，推导出的新判断叫结论。例如：

凡是中华人民共和国公民都应该遵守宪法和法律，（前提）

张三是中华人民共和国公民，（前提）

所以，张三应该遵守宪法和法律。（结论）

根据推理由前提到结论反映的思维方向的不同，推理可以分为演绎推理、归纳推理和类比推理。

1. 演绎推理

演绎推理就是由一般性前提推导出特殊性结论的推理，也就是从关于某类事物的一般性知识出发，推出该类事物中某一特殊对象情况的结论的推理。它所反映的思维方向是由“一般”到“特殊”。上例便是一个演绎推理。

2. 归纳推理

归纳推理是根据一类事物中的个别事物是否具有某种属性，从而推导出该类事物的全部都具有或都不具有某种属性的结论。它所反映的思维方向是由“特殊”到“一般”。例如：

司马迁是人且会死的，

李白是人且会死的，

---

① 转引自王利明：《法学方法论》，中国人民大学出版社 2012 年版，第 361 页。

② ［德］卡尔·拉伦茨：《法学方法论》，陈爱娥译，商务印书馆 2003 年版，第 101 页。

忽必烈是人且会死的，

纪晓岚是人且会死的，

所以，所有的人都会死的。

3. 类比推理

类比推理是通过比较，根据两个或两类事物一些属性相同或相似，从而推导出它们的另外一些属性也相同或相似的结论。它所反映的思维方向是由"特殊"到"特殊"。例如：

案件A：作案时间在夜晚；作案地点在无灯光的居民楼里；侵害对象为夜间独行女子；作案目的是劫财；作案方法为乘人不备用钝器猛击人后脑部致昏、致伤、致死后实施抢劫。

案件B：作案时间在夜晚；作案地点在无灯光的居民楼里；侵害对象为夜间独行女子；作案目的是劫财；作案方法为乘人不备用钝器猛击人后脑部致昏、致伤、致死后实施抢劫。

所以，这两起案件的犯罪嫌疑人可能是同一人。

二、法律思维中的演绎推理

无论是大陆法系还是英美法系，法律思维中都要使用上述三种推理形式，不过，演绎推理的地位最为重要，整个法律思维的基本路径就是围绕和体现演绎推理的。法律人的职业活动是一种专业的法律适用活动，他们把抽象的法律条文运用于具体的案件事实中，推导出解决纠纷的法律方案，其中所蕴含的思维方向是从"一般"到"特殊"。

法律思维中的演绎推理由两个前提和一个结论组成。大前提是适用于案件的法律规范，这个前提是由立法机关制定的具有普适性的抽象行为规范，它由规范要件和法律后果两部分构成。大前提蕴含的判断是：如果具备规范要件M，则适用法律后果P。小前提是法律人依照法律规范从案件事实中析取出来的事实要件。小前提蕴含的判断是：特定案件的事实要件S符合了法律规范的全部规范要件M。结论是由两个前提推导出来的关于本案的法律方案。结论蕴含的判断是：特定的案件应当适用法律后果P。结论是大前提中抽象法律后果的具体化。如下所示：

法律规范：规范要件（M）适用法律后果（P），（大前提）

案件事实：事实要件（S）符合规范要件（M），（小前提）

法律方案：特定案件（S）应当适用法律后果（P）。（结论）

与形式逻辑中的演绎推理不同，法律思维中的演绎推理不是抽象掉内容的纯粹思维形式，而是整个推理过程中有着实实在在的内容。法律人不能脱离具体的案件情况进行类似逻辑学家那样的符号化推理。司法实践中的案件各不相同，每个案件中的推理也就显示出个性化特点。另外，法律思维中的演绎推理必须依据现行法律进行，存在法律漏洞时，也要根据法律确定的一般原则去构造大前提，决不能以其他依据作为推理的大前提。由此可以看出，“事实”和“法律”是法律人思维的两个基本元素，它们有机统一在演绎推理的形式架构中，这个形式架构也非常直观地体现了法律人在职业活动中必须坚持“以事实为根据，以法律为准绳”这一法治基本原则。

三、法律思维中演绎推理正确的两个条件

法律思维中，做到演绎推理的正确必须同时满足两个条件，即形式有效和前提真实。

形式有效指因符合演绎推理的逻辑规则而在逻辑上是成立的，它不关涉演绎推理的内容。演绎推理的形式逻辑规则有 7 条，它们是：（1）一个演绎推理有且只能有三个概念；（2）中词在前提中至少要周延一次；（3）前提中不周延的概念，在结论中不得周延；（4）至少有一个前提是肯定判断；（5）前提之一为否定判断，结论必为否定判断；（6）两个前提都是特称判断不能得结论；（7）前提之一为特称判断，结论必为特称判断。法律人在进行演绎推理时必须遵循这 7 条逻辑规则，否则，就会出现逻辑错误，导致演绎推理不正确。

形式有效只是演绎推理正确的一个条件，若两个前提不真实，尽管做到推理形式有效，所进行的演绎推理仍然是不正确的。鲁格罗 · 亚狄瑟法官在《法律的逻辑》一书中提到一个例子。

所有联邦法官的血液都是绿色的，

亚狄瑟法官是名联邦法官，

因此，亚狄瑟法官的血液是绿色的。

该例中的演绎推理尽管符合演绎推理的 7 条逻辑规则，做到了形式有效，但是，因为这个推理的大前提不正确，所得出的仍然是一个错误的结论。

明确法律思维中决定演绎推理正确的两个条件，有助于我们发现法律思维中演绎推理的错误所在。我们发现结论虚假荒谬，如果能进一步确定推理形式有效，那么说明该推理的两个前提中一定存在虚假的判断，此时我们需要重新

检视证据和寻找到的法律；倘若我们能确信两个前提是正确无误的，就可以断定该推理的形式一定无效，此时我们应该反省该推理是否违反了演绎推理的7条逻辑规则。

第二节　事实要件——小前提的确定

法律人的主要工作是适用法律，适用法律涉及两项关系密切的活动：确定小前提和寻找大前提。小前提的确定是指法律人通过法律技术手段从案件事实中整理出事实要件的活动，它是整个演绎推理的始点，也是进而寻找大前提的基础。“生活关系是一个连续统一体，而我们正是从这一连续统一体中取出一部分来，对其进行法律观察”，① 迪特尔·梅迪库斯的这段话讲的是小前提的确定。

一、小前提的概念和特征

所谓小前提是指从案件事实中析取出来的与规范要件相符合的事实要件。作为法律思维中演绎推理的一个关于案件事实的前提，它同时具有下列特征：

（一）小前提是具有真实性的案件事实

司法实践中的案件事实，有些是真实的，有些是虚假的。例如，当事人陈述的事实就具有两面性。一方面，作为案件的亲历者，当事人关于案件事实的陈述有可能是真实的；另一方面，基于自身利益的维护，当事人又可能避重就轻，只陈述有利于己的事实，对不利于己的事实讳莫如深。小前提必须是具有真实性的案件事实，才有可能推导出正确的法律结论。如果小前提是虚假的，那么演绎推理的结论一定是虚假的。我国法律对案件调查提出“事实清楚，证据确实、充分”的要求，实际上规定了作为演绎推理的小前提要具有真实性。所以，法律人要依据经验判断和证据规则追求案件的客观事实，构建具有真实性的小前提。法律人绝对不可以在未经证据规则论证的情况下将一方当事人主张的事实作为演绎推理的小前提，更不可以把明明是虚假的事实作为小前提来使用。

（二）小前提是具有法律意义的法律事实

案件事实本身是很复杂的。有些事实具有法律意义，有些事实在法律上并

① ［德］迪特尔·梅迪库斯：《德国民法总论》，邵建东译，法律出版社2013年版，第51页。

没有意义。能被证据证明的事实并不都能够成为小前提，只有那些具有法律意义的事实才具备小前提的资格。此时，法律人应该按照法律规定对案件事实做一甄别，从中提取出具有法律意义的事实，即法律事实。例如，陈良宇受贿、滥用职权挪用巨额社保基金案中，中央纪委送中央政治局审议的《关于陈良宇严重违纪问题的审查报告》中总结陈良宇存在六个方面的严重问题。其中，第五个问题是道德败坏，利用职权玩弄女性，搞权色交易。检察机关认为，鉴于目前《中华人民共和国刑法》（以下简称《刑法》）没有惩治性贿赂的法律规定，并且第五个问题与社保案无直接关联，因此未将其列入起诉的事实中。检察机关最终以陈良宇犯受贿罪、滥用职权罪和玩忽职守罪向法院提起公诉。在本案中，检察机关按照现行刑事法律的规定，从社保案的整个案件事实中把没有刑事法律意义的第五个问题排除在起诉书之外，提取了受贿、滥用职权和玩忽职守之事实，以此分别作为小前提进行法律推理。

（三）小前提是与规范要件相符合的事实要件

在依据证据规则确定案件事实的基础上，法律人还要从实体法中分析出规范要件，依照规范要件从案件事实中整理出事实要件。事实要件和规范要件相符合，大、小前提间才能建立起一种连接状态，水到渠成地从两个前提中必然地推导出法律结论。如果事实要件和规范要件不相符合，大小前提间就不能建立起连接状态，演绎推理将无法进行。

二、小前提确定的两个步骤

小前提的确定过程，其实质是从鱼龙混杂、斑驳陆离的案件事实中萃取出事实要件。小前提的确定分为以下两个步骤：

（一）运用证据材料，依据证据规则确定案件的真实情况

对法律人来说，案件事实已是生活中发生的一段历史。法律人只能通过收集足够的证据材料，依据证据规则确定案件的客观真实。这一个步骤所要达到的目的是获取一个真实性的小前提。

（二）根据实体法整理出事实要件，确信事实要件与规范要件相符合

法律人在这一个步骤所依据的是实体法而非程序法，所要达到的目的是确信事实要件与规范要件完全吻合。在前一步骤成果的基础上，法律人将寻找到的实体法律规范进行分析，归纳出规范要件来，再依据这些规范要件，从已经被证实的案件事实中去发现并整理出和它们相对应的事实要件。事实要件与规范要件相符合，则小前提最终确立。值得注意的是，司法实践中小前提的确立是很复杂的。小前提的确立不是一蹴而就的，往往会出现反复。随着案情的发

展，新的证据收集、举证、质证和认证会推翻原来确定好的小前提，重新再开始确定小前提。

第三节 法律规范——大前提的寻找

法律思维中，小前提的确定与大前提的寻找是密切联系着的。事实要件的整理需要依据规范要件，也就是说，小前提的确定过程本身也是找法的过程。在事实要件和规范要件的互动中，既确定了小前提，也完成了大前提的寻找。寻找大前提的过程，应当以小前提为导向，从整个法律体系中找寻出适合于小前提的大前提，而不能拘泥于个别法律或个别法条。

一、大前提的概念和特征

所谓大前提就是法律人以小前提为指引，通过法律技术从法律体系中寻找出来的适合于个案处理的法律规范。作为演绎推理的前提之一，大前提具有以下特征：

（一）大前提必须是与讼争案件具有最密切联系的法律规范

法律体系是由不同层级的法律规范构成的一个完整体系。法律人要放眼整个法律体系，要全面地搜寻出可能适用于讼争案件的全部法律规范。接着，将每一法律规范与讼争案件相比对，也就是将事实要件与规范要件相对照。把那些与讼争案件没有关联或者关联程度较低的法律规范逐步予以排除，最后寻得与讼争案件具有最密切联系的法律规范。大前提的这个特征，提示法律人在寻找法律时要找全、找准。

（二）大前提必须是完全法条

所谓完全法条，是指兼具构成要件与法律后果两个要素的法律条文。例如，《中华人民共和国民法典》（以下简称《民法典》）第988条规定，得利人已经将取得的利益无偿转让给第三人的，受损失的人可以请求第三人在相应范围内承担返还义务。该条属于不当得利责任的一个规定，其中，“得利人已经将取得的利益无偿转让给第三人的”属于构成要件，“受损失的人可以请求第三人在相应范围内承担返还义务”属于法律后果。

之所以要求寻找到的法律规范必须是完全法条，主要是由演绎推理本身决定的。作为演绎推理的大前提，如果只有规范要件，没有法律后果，那么无法由一个抽象的法律后果得出一个具体的法律后果，整个法律推理无法进行，有违法律适用的宗旨。因此，我们不能将倡导性或宣示性规范作为大前提来使用，因为这些规范没有具体规定权利义务关系，不兼备构成要件和法律后果，不能担当大前提推理的重任。《民法典》第1228条就是一个宣示性规定。[①] 大前提的这个特征，提示法律人在寻找法律时要寻找具体的可操作性强的法律规范。

（三）大前提必须是现行的制定法

作为大前提的法律规范必须是现行有效的，不能用废止的法律作大前提。在我国，原则上讲，大前提只限于制定法，习惯和学理不能作为大前提。只有在民事案件中，当不存在制定法依据时，民事习惯经过司法审查才可以用作大前提。大前提的这个特征，提示法律人在寻找法律时要尽可能去找现行的制定法规范。

二、法律有规定下的寻找法律之基本步骤

寻找法律的活动可以分为两种情形：法律有规定下的法律寻找和法律无规定下的法律寻找。前者是在法律体系中存在适合待决案件的法律规范之寻找；后者是在法律体系中存在法律漏洞情况下的法律规范之寻找。[②] 这二者在寻找法律的方法与步骤上是有很大差异的。鉴于后者仅是法官进行法律漏洞填补的方法，这种方法不能为其他法律人采用，故而本书只对法律有规定下的法律寻找步骤作一简要介绍。它分为以下三个基本步骤：

（一）确定小前提

寻找法律的过程，是以小前提的确定为基础的。小前提不存在，即案件没有发生，寻找法律便没有意义；案件虽然发生，但小前提没有得到确定，因没有明确的方向指引（确定的案件事实）而无法寻找法律。

---

① 《民法典》第1228条规定，医疗机构及其医务人员的合法权益受法律保护。干扰医疗秩序，妨害医务人员工作、生活，侵害医务人员合法权益的，应当依法承担法律责任。

② 在学理上，法律漏洞通常被界定为"违反立法计划的不圆满状态"。王利明先生的界定更为具体清晰，他认为，"法律漏洞是由于立法者未能充分预见待调整的社会关系，或者未能有效协调与现有法律之间的关系，或者由于社会关系的发展变化超越了立法者立法时的预见范围而导致的立法缺陷。这种缺陷表现为：调整特定社会关系的具体法律规范的缺失，或者既有法律规范之间存在矛盾，或者既有法律规则在今天的适用明显违背了法律对公平正义的基本要求。"法律存在漏洞，给法律人寻找法律带来很大困难。由于法官不能以法无明文规定为由拒绝裁判，因此，法官必须想方设法积极地去填补漏洞，寻找适合待决案件的具体法律规范，以期顺利完成案件的裁判。漏洞填补有自身的一套方法。这些方法有先后序位，它们是：类推、目的性限缩、目的性扩张、习惯法填补、比较法填补、依法律原则填补。其中，依法律原则填补是一个兜底性的方法。

（二）界定案件事实的法律关系性质，确定相关的法律部门

"法书万卷，法典千条，头绪纷繁，莫可究诘，然一言以蔽之，其所研究和所规定者，不外法律关系而已。"① 郑玉波先生指出，法律关系是理解法学著作和法典的一根红线、一条大纲。法律是社会关系的调整器。不同的法律部门调整不同的社会关系，从而形成不同性质的法律关系。生活中发生的各种案件，如果有法律部门加以规范，那么这些案件就具有不同性质的法律关系。在普通人的眼中，案件往往是一团乱麻，因为他们不能准确界定案件的法律关系性质。而对一个练达的法律人来说，浮现在他们眼前的是一个个清晰的法律关系。法律人运用证据确定案件事实后，将案件事实从法律关系的高度加以界定，以确定所要寻找的法律规范所在的法律部门。例如，在处理一起民事纠纷时，法律人首先要判断该案涉及的是侵权法律关系还是合同法律关系，如果是这两种关系的竞合，他接着要考虑选择最有利于当事人的一种法律关系，然后确定所要选择法律规范所在的法律部门。

（三）检索规范，解释规范，确定所选择的法律

在确定了法律规范所在的法律部门之后，法律人紧接着要进行规范检索，将检索出的规范解释为规范要件和法律后果两个部分，再将规范要件和事实要件加以比对，如果二者相符合，则完成了法律寻找这一作业，演绎推理所需要的大前提最终确定。值得注意的是，法律的寻找过程往往会出现反复。随着办案的进展，新证据的收集、举证、质证和认证会推翻原来确定好的小前提，相应地，大前提也会被重新考虑。小前提重新确定，意味着新一轮法律寻找的进行。

三、大前提的规范效力等级

规范效力等级也称法律规范的效力层次或效力位阶，是指一国法的体系中不同渊源形式的法律规范在效力方面的等级差别。当法律人发现有多个法律规范适用于待决案件时，他要通过规范效力等级来寻找法律，从若干选项中最终确定大前提。在确立大前提的规范效力等级时，应遵循以下规则：

1. 基本法律优先于一般法律适用；
2. 上位法优先于下位法；
3. 新法优先于旧法；
4. 特别法优先于一般法；

---

① 郑玉波：《民法总论》，台北，三民书局1979年版，第63页。

5. 强行法优先于任意法；
6. 法律文本优先于法律解释；
7. 成文法优先于不成文法。

第四节　连接——法律规范与法律事实的吻合

在大、小前提确定之后，便进入连接阶段。连接阶段是法律思维中演绎推理的最后一个环节。

一、连接的概念

连接有广义、狭义两种理解。广义的连接是指在法律适用时，演绎推理的全部过程、所有的环节都贯穿着案件事实和法律规范的互动，从不同角度为在事实和法律间建立最密切联系而做出努力。具体来说，小前提的确定是连接的一种体现，大前提的确定中也存在连接。狭义的连接仅指演绎推理中两个前提确定后接续进行的一个相对独立的推理环节，是指在演绎推理的过程中，通过一定的方法将大前提中的规范要件和小前提中的事实要件密切地结合在一起，以得出恰当的法律结论。

二、连接与涵摄的区别

关于"涵摄"一词，拉伦茨解释道，"作为法律适用基础的涵摄推论，并不是将外延较窄的概念涵摄于较宽的概念之下，毋宁是将事实涵摄于法律描述的构成要件之下"。① 可见，"涵摄"一词的内涵与连接的内涵基本相同，学者们多用涵摄一词而非连接，王利明先生却主张用"连接"一词。他认为，连接和涵摄的关系类似于履行与清偿。履行强调行为过程，清偿注重行为结果。连接是一个有关过程的概念，涵摄则是这个过程的结果。他说：

"连接既是不断寻求大前提和小前提结合的过程，同时，又使大前提和小前提最终结合得出裁判结论。从这个意义上说的连接，其实包含了涵摄，即涵摄是连接的一个组成部分，连接是涵摄的上位概念……连接强调的是一个动态的、在事实与法律间建立关联的过程……涵摄常常被认为是大、小前提一致的结果……如果将连接看作动态的过程，连接是方式，涵摄则可被看作是连接追求的结果。连接还包括大、小前提本身的确定过程，因为这两者本身的确定就

① ［德］卡尔·拉伦茨：《法学方法论》，陈爱娥译，商务印书馆2003年版，第152页。

是在相互的连接和对应中实现的。而涵摄仅指大、小前提确定之后得出适用结论的对应的过程……"①

三、连接的三个基本步骤

连接的两端，一端是案件事实，另一端是法律规范。连接的目的有二：一个是确定规范要件和事实要件相吻合；另一个是把大前提中的抽象法律后果具体化为待决案件的法律后果。连接的过程经历三个基本步骤：

（1）把具体的案件事实抽象成要件事实。这个步骤是确定小前提的过程。相关内容前面已经述及，兹不赘述。

（2）把抽象的法律规范具体化为规范要件。这个步骤是确定大前提的过程。相关内容前面已经述及，兹不赘述。在此只强调一点，某些规范要件的析取要全面，不仅要分析出积极要件，也不能遗漏消极要件。积极要件是特定法律后果要求必须具备的前提条件，消极要件是特定法律后果要求决不能出现的前提条件，这两种要件缺一不可。例如，依据《民法典》的相关规定，结婚的要件有积极要件和消极要件两种，其中第 1046 条（双方完全自愿）、第 1047 条（双方达到法定婚龄）是积极要件，第 1048 条（禁止结婚的法定情形）是消极要件。这两种要件同时具备是婚姻成立的前提条件。

（3）把事实要件和规范要件进行比对，确定二者是否吻合。通过比对，如果发现二者吻合，则可确信地推导出待决案件的法律结论；如果发现二者不吻合，则要开始进行新一轮的连接过程。

四、连接过程中的目光往返流转

法律适用是一个非常复杂且又多变的过程。司法实践中，案情往往复杂又充满变数，加之法律人是事后诸葛亮，这就使得法律人对案件事实的认识会出现反复。对案件事实认识的反复肯定会导致法律人寻找法律的反复。法律体系的博大精密使得法律人对法律的认识与掌握存在局限性，这也是导致法律人寻找法律出现反复的原因。实践中，法律人不可能总是通过案件事实和法律规范的一次连接过程就能找寻到与待决案件具有最密切联系的法律规范，从而得出具有说服力的法律结论。法律人有时需要循环往复地通过在案件事实和法律规范之间分析比对才能最终确定与待决案件具有最密切联系的法律规范，得出一个圆满的法律结论。"循环往复"的意思是：案件事实→法律规范，法律规范→案件事实，案件事实→法律规范，法律规范→案件事实。恩吉斯教授将之表述

① 王利明：《法学方法论》，中国人民大学出版社 2012 年版，第 218～219 页。

为“目光的往返流转”。他认为：“对于大前提而言，重要的是什么与具体情形存在关联，而对于具体情形而言，重要的是什么与大前提存在关联。但如果人们予以更仔细地考虑，那么这里仅涉及大前提与生活事件之间的持续相互影响，一种在大前提与生活事件之间的目光往返流转，而不涉及一个有瑕疵的循环。”①

第五节 演绎推理在法律文书中的体现

演绎推理与法律文书的关系，譬如神与形，形与影，声与响。演绎推理凭依法律文书这种文字形式成为可感知的对象，法律文书的自身架构反映着演绎推理。读者可以参阅本书第二编第六章项目十一梅某某抢劫案一审刑事判决书。

一、小前提在法律文书中的体现

法律文书中，案件事实的叙述部分体现的正是小前提。一般来说，司法文书中，“经依法侦查查明”“经依法审查查明”“经审理查明”片语后面所作的案件事实叙述，构成该案演绎推理中的小前提。

二、大前提在法律文书中的体现

法律文书中援引的法律条文体现的是大前提。它构成该案演绎推理中的大前提。由于缺少了大前提，便无法进行演绎推理，无法顺利进行文书写作，故而法律文书必须援引法律条文。

三、结论在法律文书中的体现

作为连接的结果，结论体现在法律文书的主旨部分。例如，判决书的主文部分体现的是演绎推理的结论，诉状中的诉讼请求部分体现的也是结论。

① 转引自王利明：《法学方法论》，中国人民大学出版社2012年版，第251~252页。

第三章　法律文书的写作行为系统

法律文书写作是一个艰巨复杂的精神产品的生产过程。它以语言文字为工具，以精神产品的生产为目的，表现出不同于物质生产活动的特点。但是，它和物质生产活动也有共同之处，它们同属实践活动，都是由生产主体借助一定工具对客观事物进行加工、改造并且生产出满足主体需要的产品。“生产主体”“生产客体”“生产资料”“劳动经验”等生产要素齐备，人类的物质生产活动才能进行。同理，法律文书写作行为顺利进行的前提条件是“写作主体”“写作受体”“写作客体”“写作载体”这些写作系统要素的存在，如果缺失了任何一个要素，那么法律写作将无法进行。另外，法律文书的写作行为系统还很好地诠释了依法写作这个法律文书的本质特征。

第一节　写 作 主 体

写作主体是指从事法律文书写作活动的人，即作者。一切写作行为都必须由特定的主体来实施，没有写作主体，整个写作活动便不会存在。

一、写作主体的法定性

在文学创作领域，写作主体的范围是非常广泛的，法律对写作主体的资格条件不加以规定，无论七岁孩童还是耄耋之人都可进行文学创作。而在法律写作中，写作主体的范围是封闭的，具有法定性特征。只有符合法定资格条件的人才能成为特定法律文书的写作主体，不具备法定资格条件的人不能成为某种法律文书的写作主体。例如，起诉书的法定写作主体是人民检察院，即便是我国最高国家权力机关的常设机关也不能制作使用这种文书，因为起诉书体现的是国家公诉权而非国家立法权。又如，《中华人民共和国著作权法》第 8 条第 1 款规定：“著作权人和与著作权有关的权利人可以授权著作权集体管理组织行使著作权或者与著作权有关的权利。依法设立的著作权集体管理组织是非营利法人，被授权后可以以自己的名义为著作权人和与著作权有关的权利人主张权利，并可以作为当事人进行涉及著作权或者与著作权有关的权利的诉讼、仲裁、调解活动。”这条规定明确赋予著作权集体管理组织当事人的法律地位，也就赋予了该组织书写民事起诉状的写作主体资格。关于文书写作主体的法定资格一般由立法明确加以规定。例如，《民事诉讼法》第 128 条中规定，“人民法院应当在立案之日起五日内将起诉状副本发送被告，被告应当在收到之日起十五日内提出答辩状。”此条规定了民事答辩状的写作主体。又如，《中华人民共和国律师法》（以下简称《律师法》）第 28 条第 7 项规定，律师可以从事“解答有关法律的询问、代写诉讼文书和有关法律事务的其他文书”，此条规定了律师经当事人授权可以成为各种诉状的写作主体。

写作主体的法定性要求作者在动笔之前先作写作资格的合法性判断，以免使自己的写作活动沦为既无法律效力又无法律意义的徒劳之举。例如，法院没有判决承担民事责任的无独立请求权的第三人依法不享有申请再审的权利。如果在法定期间内，他持民事再审申请书及其他材料前去立案，法院将不予受理。尽管立案庭有时出于疏忽会予以立案，但审判监督庭将作出终结审查的裁定。

二、写作主体的分类

写作主体呈多元化之格局，可以从多个角度分类：

1. 以是否有自然生命为分类标准，写作主体可以分为自然人主体和单位主体。前者以特定自然人的名义书写作品，体现自然人意志并且由该特定自然人承担法律后果，如自然人之间的书面借贷合同。后者由单位（法人或非法人组织）主持，以单位的名义，代表单位的意志创作并且由单位承担法律后果，如人民法院制作的裁判文书。

2. 以法律写作中是否存在委托法律关系为分类标准，写作主体分为当事人自书主体和受托人代书主体。前者如遗嘱人自书遗嘱，后者如律师代书遗嘱。在接受委托撰写法律文书的场合，受托人代书主体的写作行为受委托合同的约束，受托人要按照委托人的指示书写，行文要用委托人的语气而非受托人自己的口吻，文书尾部要先具委托人之名再具受托人之名。为了保证代书文书内容真实地体现委托人的意志，法律对某些代书法律文书规定了见证人制度。①

3. 以写作主体是否享有公权力为分类标准，写作主体可以分为官方主体（机关法人，如公、检、法、监狱）与民间主体（自然人、营利法人、非营利法人、农村集体经济组织法人、城镇农村的合作经济组织法人、基层群众性自治组织法人、非法人组织）。法律对这两类写作主体的写作行为有不同的

① 《民法典》第 1135 条规定，代书遗嘱应当有两个以上见证人在场见证，由其中一人代书，并由遗嘱人、代书人和其他见证人签名，注明年、月、日。

要求。

官方主体从事法律写作是其履行法定职责的一种体现，其不能随意放弃法律文书的制作，必须以法律文书作为行使公权力的法定凭依和记录，不制作法律文书是非法行为。例如，公安机关逮捕犯罪嫌疑人必须持有逮捕证，人民检察院审查起诉结束之后一般要依法制作起诉书。权力行使中形成的法律文书齐备与否、合法与否是权力行使合法性的鲜活证据。因此，《中华人民共和国档案法》和相关行政法规规定了法律文书的立卷、归档制度以备稽考。法国哲人孟德斯鸠说过："一切有权力的人都容易走向滥用权力，这是一条千古不变的经验。有权力的人直到把权用到极限方可休止……"① 鉴于此，法律对公权力行使设置了监督机制，法律写作中表现为当事人、见证人签名制度，这种制度蕴含着立法者对权力滥用的忧虑之意。例如，《刑事诉讼法》第133条规定："勘验、检查的情况应当写成笔录，由参加勘验、检查的人和见证人签名或盖章。"《民事诉讼法》第150条规定："书记员应当将法庭审理的全部活动记入笔录，由审判人员和书记员签名。法庭笔录应当当庭宣读，也可以告知当事人和其他诉讼参与人当庭或者在五日内阅读。当事人和其他诉讼参与人认为对自己的陈述记录有遗漏或者差错的，有权申请补正。如果不予补正，应当将申请记录在案。法庭笔录由当事人和其他诉讼参与人签名或盖章。拒绝签名盖章的，记明情况附卷。"

法律对民间主体的文书制作则持较为宽松的态度。除了个别情况法律作出强制性规定外，法律允许民间主体自愿选择记录交易活动的口头形式或者书面形式，且所订立的合同是否进行公证、鉴证、担保等程序完全取决于民间主体的意愿。法律之所以持这种态度，是因为民间主体的大部分法律活动主要涉及私权利的行为，私权利既可以行使也可以在法律的范围内放弃，因此，民间主体不是必须用制作文书的形式来安排自己的生活，行使自己的法律权利。例如，依照《民事诉讼法》的规定，当事人不服地方人民法院第一审民事判决的，有权在判决书送达之日起15日内向上一级人民法院提起上诉。当事人欲上诉，必须在法定上诉期限内向有关法院制作并提交民事上诉状。但当事人不是必须制作上诉状，当事人可以放弃上诉状的制作，不在法定期间提交上诉状，就意味着放弃上诉权。

三、写作主体的个人修养

写作主体个人修养的理想内涵包括以下七个方面：高尚的道德情操、无所

① ［法］孟德斯鸠：《论法的精神》（上），商务印书馆1961年版，第154页。

畏惧的胆略、精深的法律知识、渊博的学识、丰富的生活阅历、优美的语言表达、严谨细致的作风。在这七者之中，高尚的道德情操尤为重要。道德败坏的写作主体不会忠于显而易见的事实和明确具体的法律，然而道德高尚的写作主体在法律存在漏洞的情况下也会秉持正义的原则去化解纠纷，使法律日趋完善。我国著名学者王国维曾经指出："无高尚伟大之人格，而有高尚伟大之文章者，殆未之有也。"① 足见，写作主体的道德情操决定着法律写作能否沿着正义的方向运行，决定着法律写作价值的高低。因此，欲提高法律写作的水平，写作主体必须全面加强自身的修养，特别要不断提高自身的道德水准，把"苟日新、日日新、又日新"（《大学》）作为修身的座右铭。读者可以参阅本书第三编之《春秋决狱四事》。此外，树立严谨细致的工作作风对法律人来讲也是非常重要的，它不仅关系着法律人的职业形象，也攸关法律职业活动的成败。徐某某故意毁坏财物一案，在审查起诉阶段，某省某县人民检察院对徐某某采取取保候审强制措施。有两名保证人，一名是被告人的妻子，另一名是被告人的男性朋友。该检察院在填制保证书时，将这两名保证人的住所以及与被告人的关系弄混了，令人啼笑皆非，这说明该检察院的相关工作人员对工作极其不负责任，当然让人对其所承办案件的公正性产生合理怀疑。

第二节 写 作 受 体

写作受体是阅读法律文书的单位或自然人。法律写作活动离不开写作受体这个基本要素。写作活动开始前，写作主体总要确立自己的写作目标——感动、说服特定的写作受体。写作过程中，写作主体所做的每一种选择都要考虑到写作受体的特殊需要。法律文书草就与审定后，须把它们提交给法律规定的写作受体，以便于他们阅读、评判、回应。可见，在整个法律写作过程中，写作受体的"魂"要附在写作主体的身上，支配影响着法律写作行为。

一、写作受体的法定性

文学创作中的写作受体是不确定的，法律对写作受体的范围也不作限制。法律写作中的写作受体则具有法定性的特征。法律对法律文书的写作受体做了明确的规定，不允许写作主体肆意确定。例如，《刑事诉讼法》第162条第1款规定："公安机关侦查终结的案件，应当做到犯罪事实清楚，证据确实、充

① 周锡山编校：《王国维文学美学论著集》，北岳文艺出版社1987年版，第26页。

分，并且写出起诉意见书，连同案卷材料、证据一并移送同级人民检察院审查决定；同时将案件移送情况告知犯罪嫌疑人及其辩护律师。”据此，公安机关制作起诉意见书时，必须把同级人民检察院作为写作受体，舍此而确定写作受体的行为是非法的。

二、写作受体的分类

依据不同分类标准，可对写作受体进行多角度分类。

（一）特殊写作受体与普通写作受体

分类标准：依据写作受体是否具有法律知识、受过法律训练。特殊写作受体专指那些具有一定法律知识、受过法律训练的人，如法官、律师、检察官、公证员、大学法学专业的毕业生等。不具备法律知识、未曾接受法律训练的人称为普通写作受体。随着中国法治进程的逐步推进和法律知识的广泛传播，特殊写作受体的外延有扩大的趋势。写作受体是否具有法律知识、受过法律训练对法律写作过程有重大的影响。在特殊写作受体的场合，鉴于写作受体往往是法律专家，写作主体可以较多地运用法律术语，但也不可长篇累牍地进行法理学论述，那样做会让人联想到你在给法官等法律专家补习功课，失去谦逊态度所带来的后果是严重的。在普通写作受体的场合，写作受体是法律门外汉，法律文书的用语应做到朴实平易，少用或不用法言法语，对法律理由要做详细具体、深入浅出的论述。

（二）上行写作受体、下行写作受体与平行写作受体

分类标准：依据写作主体和写作受体间是否存在隶属关系。清代文论家刘熙载在《艺概》中说：“辞命体，推之即可为一切应用之文。应用文有上行，有平行，有下行。重其辞乃所以重其实也。”① 上行写作受体是指在隶属法律关系语境中位尊职高的写作受体。下行写作受体是指在隶属法律关系语境中位卑职低的写作受体。平行写作受体是指在法律地位完全平等语境中的写作受体。这种分类的意义在于写作受体的不同地位影响着词汇、语气之选择。写给上行写作受体的法律文书，其行文溢满请示之辞气，处处彰显尊卑之别。如呈请移送案件报告书末尾有一套语：“妥否，请批示。”写给平行写作受体的法律文书，其辞气平和，不卑不亢，处处显示地位之平等。如人民检察院向人民法院提交的刑事抗诉书正文尾部云：“综上所述……为维护司法公正，准确惩治犯罪，依照《中华人民共和国刑事诉讼法》第二百二十八条的规定，特提

① （清）刘熙载：《艺概》，朝花出版社2018年版，第80页。

出抗诉，请依法判处。”写给下行写作受体的法律文书，其行文语气宛如长官严令部属。例如，通缉令片语云：“希望各单位接此通缉令后，立即布置力量，严密控制，注意查缉，如发现犯罪嫌疑人，立即拘留并速告省厅四处。”

（三）确定的写作受体与潜在的写作受体

分类标准：依据写作时写作受体是否确定为标准。确定的写作受体又名直接受体，是指在写作时写作主体能够依法确定下来的写作受体。例如，辩护律师会见犯罪嫌疑人前，办理会见手续，制作会见相关文书（律师事务所专用介绍信和委托书）时，看守所是确定的写作受体。法律文书的直接写作受体都是可以依法予以确定的。潜在的写作受体又名间接写作受体，是指写作主体在法律文书写作时无法确定，唯在将来可能出现的阅读者。《民事诉讼法》第159条规定了民事裁判文书公开的规则，据此，社会公众成为民事裁判文书潜在的写作受体。当事人双方依法制作合同文书，如果合同日后得到忠实履行，则不会发生纠纷，不会进行仲裁和诉讼，法官、仲裁员没有机会成为该合同书的写作受体。如果出现了违约行为，当事人申请仲裁或诉至法院，法官、仲裁员自然成为该合同的写作受体。因此，法官、仲裁员是合同书潜在的写作受体。潜在的写作受体的存在，客观上要求写作主体不仅仅要考虑直接受体的阅读需要，还要适当顾及间接受体的阅读需要，要经得起他们的指摘和批评。写作主体不仅仅要说服眼前的直接受体，而且要目光长远，为说服将来的间接受体做好准备。本书第二编中谈及的文书写作受体主要指确定的写作受体。

三、熟悉了解写作受体是一条成功的写作经验

在所有的交谈中，我们对谈话对手了解得越多，沟通和交流就越会有成效。了解谈话对手是一个非常有用的手段，它构成整个交流活动的基础，这个道理犹如承受身体重量的双腿是行走的前提与基础一般。在交谈中，我们一边谈笑风生，一边从对方的声音和姿势中思忖着他是怎样一个人与他在想什么，通过从对手身上捕捉的信息决定谈话的内容、方式以及是否终结谈话。实际上，一篇法律文书是一次交谈，是写作主体和写作受体间的一次书面交流。为了说服写作受体，使法律文书具有实效性，写作主体应该熟悉了解写作受体，特别要了解写作受体处理某类案件的思路，精心构思文章，使其具有极强的针对性与说服力。例如，在代理原告仅有划款凭证或借条来主张民间借贷关系的案件时，律师只有充分了解法官在处理这两类案件时的通常的思路和裁判习惯，才能写好代理词，达到诉讼目的，做到当事人权益保护的最大化。毫不夸张地说，熟悉了解写作受体是优秀法律文体作家取得成功的一条经验。古今中

外著名作家反复强调了这一点。例如：

"凡说之难，非吾知之有以说之难也；又非吾辩之难能明吾意之难也；又非吾敢横失能尽之难也。凡说难，在知所说之心，可以吾说当之。"① 战国时期法家思想家韩非在《说难》中如是说。

"党八股的第三条罪状是：无的放矢，不看对象。……共产党员如果真想做宣传，就要看对象，就要想一想自己的文章、演说、谈话、写字是给什么人看、给什么人听的，否则就等于下决心不要人看，不要人听。……射箭要看靶子，弹琴要看听众，写文章做演说倒可以不看读者不看听众吗？我们和无论什么人做朋友，如果不懂得彼此的心，不知道彼此心里面想些什么东西，能够做成知心朋友吗？做宣传工作的人，对于自己的宣传对象没有调查，没有研究，没有分析，乱讲一顿，是万万不行的。"毛泽东同志在《反对党八股》中如是说。

"从本质上讲，风格有如良好的举止。它源于为理解他人作出的努力，源于为他人而不是为自己着想——也就是说，它源于不仅用头脑思考，还要用心思考。"② 瑟·奎勒－库齐爵士在《写作的艺术》一书中如是说。

第三节　写作客体

写作客体是指法律写作的材料，是写作主体手中的劳动对象。巧妇难为无米之炊，缺少了写作客体，法律写作活动也无法进行。

一、写作客体的法定性

法律文书写作中，写作客体的选择除了考虑表现主题的需要外，还要考虑法律的要求。法律写作是法律思维的反映，受法律控制和引导的思维过程和结果形成了写作客体的法定性特征。写作主体应该按照实体法、程序法的相关规定选择和组织写作客体，只有这样才可能经得起写作受体的百般挑剔，实现法律写作的实效性。若写作主体把不符合法律规定的材料编织在法律文书中，则

① 这段话翻译为："大凡说服的困难，不是难在我选用什么理据来劝说君主，也不是难在我的口才能否准确表明我的思想，也不是难在我能否辩说驰骋、无所顾忌，大凡说服的困难就在于知晓被说服者的心理，可以因之使我的说服与他的心理相合。"韩非在此固然旨在抒发人臣说服君主之困难这一感慨，但也指出熟悉了解对方是说服成功的关键这个普遍的真理。语出《史记·老子韩非列传》。

② 转引自［美］布莱恩·A. 加纳：《加纳谈法律文书写作》，刘鹏飞、张玉荣译，知识产权出版社 2005 年版，第 277～278 页。

是在坦白自己是法律写作的门外汉，写作受体凭此可以一票否决你写作的努力。例如，《刑事诉讼法》第 81 条第 1 款规定了适用逮捕的三个条件：一是有证据证明有犯罪事实；二是可能判处徒刑以上刑罚；三是采取取保候审、监视居住等方法，尚不足以防止发生社会危险性，而有逮捕必要的。因此，公安机关在制作提请批准逮捕书时，犯罪事实材料的选择须符合上述逮捕的三个法定条件。具体来说，应该做到：

1. 只能选择犯罪事实，不能择取一般违法事实；

2. 只能选择有证据证明的犯罪事实，不能择取没有证据支撑的犯罪事实；

3. 只能选择犯罪嫌疑人可能被判处徒刑以上刑罚的犯罪事实，不能择取犯罪嫌疑人可能被判处徒刑以下刑罚的犯罪事实；

4. 选择的犯罪事实能说明采取取保候审、监视居住等方法，尚不足以防止发生社会危险而有逮捕必要性。

人民检察院相关部门接到提请批准逮捕书和案卷材料后，也要依据逮捕的三个要件对文书进行审查并作出是否批捕的决定，如果公安机关没有按照法律的要求组织材料，得到的回应是不批准逮捕之决定。

再如，用人单位在制定、修改涉及劳动者切身利益的规章制度时，起草的文本内容一定要符合法律的规定。用人单位要遵守《劳动合同法》第 4 条之规定，即经过民主程序和公示告知劳动者；若有违反，所制定的规章制度不发生效力，劳动者在劳动争议仲裁或诉讼中据此可以抗辩。

【错误示例】本规定经公司董事会或总经理办公会讨论决定，自发布之日起生效。

这种写法明确说明该规章制度未向劳动者征求意见，在日后的仲裁或诉讼中会成为用人单位必须举出的于己极为不利的证据。无疑，这是一个自杀性质的写作行为。

具有丰富劳动法实务经验的律师则会这样书写：

【正确示例】本规定由公司董事会倡导，经过了职工代表大会讨论，自发布之日起生效。

二、写作客体的种类

对写作客体内涵的界定不同，其外延便显现出差异。关于写作客体，写作界有两种认识：有人认为，“写作客体是独立于写作主体主观意识之外的种种客观外在事物”；有人认为，“写作客体是主体视野所及的种种客观外在事物以及由此引起的主体的思想、感情、观念、愿望、要求等”。我们认为，同时使用这两种界定方可全面描述法律文书写作客体。

在笔录类法律文书中，写作客体是不包含写作主体主观意识、情感、愿望的客观外在事物，如法庭审理笔录中的写作客体。写作此类文书时，写作主体必须用文字把自己的所见所闻客观、忠实地记录下来，不能把对案件的判断、推测、情感写入文书中，不能对材料随意剪辑。写作主体始终是整个案件的“摄像机”或“录音机”，记录原话、记录原始情态是从事该类写作的一项基本原则。之所以要将写作主体的思想、感情、观念、愿望、要求等排除在外，是因为笔录类法律文书多为证据的记述，是证据的客观性使之然。为了保障证据的客观性，法律就证据类笔录文书的制作过程做了严格的规范。例如，《刑事诉讼法》第121条规定：“讯问聋、哑的犯罪嫌疑人，应当有通晓聋、哑手势的人参加，并且将这种情况记明笔录。”该法第122条规定：“讯问笔录应当交犯罪嫌疑人核对，对于没有阅读能力的，应当向他宣读。如果记载有遗漏或者差错，犯罪嫌疑人可以提出补充或者改正。犯罪嫌疑人承认笔录没有错误后，应当签名或者盖章。侦查人员也应当在笔录上签名。犯罪嫌疑人请求自行书写供述的，应当准许。必要的时候，侦查人员也可以要犯罪嫌疑人亲笔书写供词。”写作主体如果不遵从证据类笔录文书的制作规范，写作受体就不会采信相关证据。

在非笔录类文书中，写作客体既包含客观外在事物，又包含写作主体的意识、情感、愿望等。这类文书中的案件事实不是客观事实本身（objective fact）而是法律事实（法官、检察官、律师认定的事实）。法律理由和法律意见（请求意见或处理意见）反映了写作主体对案件事实的法律评价，其主观认识属性更是显而易见。其实，大部分法律文书的写作客体是主客观的统一，从民事起诉状到民事再审判决书莫不如此。

第四节　写作载体

写作载体是指写作主体从事写作活动所使用的语言文字符号。人在社会中定然要与他人进行交流。在漫长的进化过程中，人类创造了诸种交流工具，其中语言文字居于最重要的地位。国家的统一，族群关系的巩固，社会的和谐发展，语言文字功不可没。基于此，中国历代统治者都重视语言文字立法，通过统一语言文字来加强境内各族的交流和凝聚向心力。秦始皇“书同文”的政策堪称这方面的典范。当代中国的法律体系，也有关于语言文字的立法文件。如《中华人民共和国宪法》（以下简称《宪法》）、《中华人民共和国国家通用语言文字法》（以下简称《通用语言文字法》）等。

法律活动是法律关系主体用书面语和口头语展开的交流活动，如果没有语言文字，法律活动就无法进行，法律写作活动也根本不能存在。英国著名法学家丹宁勋爵说过："要想在与法律有关的职业中取得成功，你必须尽力培养自己掌握语言的能力。"① 可见，成功的法律职业活动须以优秀的语言能力做基础。除了遵守语言规则，苦练语言功夫外，法律文书写作主体应该按照法律的规定选择和使用语言文字。《宪法》第19条第5款规定："国家推广全国通用的普通话。"《通用语言文字法》第3条规定："国家推广普通话，推行规范汉字。"该法第9条规定："国家机关以普通话和规范汉字为公务用语用字。法律另有规定的除外。"《民事诉讼法》第269条规定："人民法院审理涉外民事案件，应当使用中华人民共和国通用的语言、文字。当事人要求提供翻译的，可以提供，费用由当事人承担。"上述法律条文表明了法律文书中语言文字选择的一般规则：内地国家机关必须选择普通话和规范汉字作为写作载体，国家要求公民（主要是汉族公民）选择普通话和规范汉字来进行法律写作。但是，中国是一个疆域辽阔、民族众多的国家，各地区的政治、经济、文化等发展不平衡，这种实际情况使中国的语言文字立法既有一般的规定，又有灵活变通的特殊规定。《中华人民共和国民族区域自治法》（以下简称《民族区域自治法》）第10条规定："民族自治地方的自治机关保障本地方各民族都有使用和发展自己的语言文字的自由，都有保持或者改革自己的风俗习惯的自由。"该法第21条规定："民族自治地方的自治机关在执行职务的时候，依照本民族自治地方自治条例的规定，使用当地通用的一种或者几种语言文字；同时使用几种通用的语言文字执行职务的，可以以实行区域自治的民族的语言文字为主。"《民族区域自治法》的上述两个条文赋予了我国各族公民使用本民族语言文字的权利和自由，这个宪法权利被我国的三大程序法具体化为各民族公民有使用本民族语言文字进行诉讼的诉讼权利。《民事诉讼法》第11条第2款、《中华人民共和国行政诉讼法》（以下简称《行政诉讼法》）第9条第2款、《刑事诉讼法》第9条第2款都规定，在少数民族聚居或者多民族共同居住的地区，人民法院应当用当地通用的语言文字进行案件审理和发布法律文书。通过上述语言文字立法的规定，我们可以总结出法律文书写作载体选择的特殊规则：民族自治机关以及各族公民享有使用本民族语言文字进行法律写作的权利自由，民族自治地方的法院也可以选择使用当地通用的语言文字作为写作载体。

贯彻执行以普通话、规范汉字作为法律文书用语用字这一原则有着重要的

① ［英］丹宁：《法律的训诫》，杨百揆等译，法律出版社1999年版，第3页。

现实意义，可以有效地促进法律关系主体间的交流，增加他们彼此的了解，使法律活动顺利进行。

第四章 法律文书的写作规范

第一节 有关主旨的规范

主旨是一篇文章的中心思想。它在我国古代文论中称为“意”。苏轼在谈及作文之法时曾指出：

儋州虽数百家之聚，州人之所须，取之市而足，然不可徒得也，必有一物以摄之，然后为己用。所谓一物者，钱是也。作文亦然，天下之事，散在经子史中，不可徒使，必得一物以摄之，然后为己用。所谓一物者，意是也。不得钱不可以取物，不得意不可以用事。此作文之要也。①

可见，主旨是文章的灵魂、统帅。无论用什么样的比喻来形容主旨在文章构成诸要素中的核心地位都不为过。

法律文书的主旨是由文书整体体现出来的写作主体对特定案件所持的法律观点。它主要有两种体现方式：

第一，通过标题来体现。例如，“提请复核意见书”这一文书标题即表明：公安机关认为同级人民检察院的复议决定有错误而要求上级人民检察院对复议决定重新审核。

第二，通过文书正文末端的结论部分表现出来。公安司法文书正文末端的结论部分要表达文书的主旨，尽管标题对主旨已有所体现。例如，起诉书正文末端的结论部分有一套语“提起公诉，请依法判处”就是揭示主旨的句子。

写作主体在提炼和表达法律文书主旨时，要遵循下列规范：

一、主旨要吸引写作受体的眼球

新颖的事物最能引起人们的注意和兴趣。立意新颖的法律文书最能吸引和打动写作受体以至于令他们手不释卷。新颖的主旨是法律文书的卖点（selling point）。在诉讼活动中，法官的裁决建立在当事人双方及其代理人提供的法律

① （南宋）葛立方：《韵语阳秋·卷三》，中华书局1985年版，第25页。

文书基础上，谁的文书主旨有卖点，谁就极有可能获得法官的欣赏和帮助。平庸、肤浅的主旨只会加深疲倦至极的法官的睡意，写作主体一般不会因此从法官那里得到意外的收获。当然，主旨的这个规范仅适用于部分案件，主要是新出现的疑难案件。

二、主旨要具有说服力

主旨的说服力表现在以下四个方面：

（一）主旨要与事实材料相契合

事实是主旨的基石之一。主旨是从被证据证实的事实材料中提炼出来的，有说服力的主旨与事实材料是契合的。如果写作受体觉察出主旨和事实材料之间存在缝隙，那么他会得出主旨不当或者事实材料不可靠的结论。因此，在主旨确定阶段，写作主体应把主旨与事实材料细加比对，反复核查，以防出现差错。

（二）主旨要有细节加以支撑

如上所述，主旨的说服力是建立在无可辩驳的事实材料的基础上的，而细节的适当陈述可以表明整个事实的无可辩驳性，进而强化主旨的说服力，因此用细节来支撑主旨是一种非常重要的写作技巧。例如，某案件的焦点集中在特定车辆的颜色，如果当事人一方的主要证人能证明车子的颜色是绿色，但是他说不出这是一辆货车还是轿车，司机是男性还是女性，当时是晴天或是阴天，法官自然会想到证人的记忆不可靠。又如，在原告仅凭借条而主张民间借贷关系的案件中，原告提供了资金来源、交付等细节材料的，法院则支持其诉讼请求；不能说清相关细节的，法院则不予支持。

（三）主旨要契合法律的规定

法律是主旨的又一基石。整个法律写作都是在法律约束之下进行的，写作主体提炼出来的主旨必须符合法律的规定，符合法律规定的主旨才能够得到国家的认可，具有实效性。违反法律的规定的主旨自始为国家所反对，也是不可以将之付诸实施的。

（四）主旨要符合社会之常情常理

人类的行为受常情常理的支配。主旨越符合常情常理，就越容易被人们理解和接受。法官也往往依靠常情常理来揆度事理，作出取舍，故而写作主体确立的主旨不可违背常情常理，因法官不会冒着触犯众怒的职业危险站在违背情理的一方。读者可以参阅本书第三编之《随母嫁之子图谋亲子之业》。

三、主旨要集中单一

在文学创作中，因为文学作品以形象反映生活，它主要作用于读者的情感与想象，文学作品给读者留的艺术空间越广阔，其艺术魅力也就越大，因此，文学作品的主旨往往具有厚重多元性，读者可以从中归纳出不同的主旨。鲁迅说："《红楼梦》是中国许多人所知道……单是命意，就因读者的眼光而有种种：经学家看见《易》，道学家看见淫，才子看见缠绵，革命家看见排满，流言家看见宫闱秘事……"① 法律文书的主旨却崇尚单一而忌讳多元。法律文书属于应用文，本为解决某一特定问题而书写，所适用的法律在特定的时空下规定的法律后果具有唯一性，因而其主旨具备集中单一性。因此，在写作法律文书时，通篇应该紧紧围绕一个主旨，不蔓不枝，一意到底，力戒多中心之弊端。清代学者李渔曾说："头绪繁多，传奇之大病也。……作传奇者，能以'头绪忌繁'四字，刻刻关心，则思路不分，文情专一。"② 李氏之语虽是针对传奇创作所发，但其"文情专一"理论符合文书写作的实际，亦应作为法律文书写作主体的圭臬。

四、主旨表达要率直

文学作品的主旨表现追求含蓄的效果。"作者的见解愈隐蔽，对文学作品来说便愈好。"③ 与之相反，法律文书的主旨表达要求率直鲜明，直截了当，准确无误。例如，在辩护词写作中，辩护人在文章的首部要开门见山，明白无误地向法庭表明辩护人对全案的基本观点，"我们认为，被告人刘××的行为不构成犯罪"；在文章的尾部，还要前呼后应，再次点题，"综上所述，我们的结论是，被告人刘××的行为不构成犯罪，应当释放"。法律文书服务于问题的解决，任何关于问题解决过程和解决结果朦胧含糊的记录非但无助于解决既有问题，反而会滋生新的问题。

第二节　有关结构的规范

法律文书的结构是文书的内部构造及其对材料所作的组织安排，即人们通

① 鲁迅：《集外集拾遗补编》，人民文学出版社2006年版，第177页。

② （清）李渔：《闲情偶寄》，杜书瀛译注，中华书局2018年版，第86～87页。

③ ［德］恩格斯：《致玛·哈克奈斯》，载《马克思恩格斯选集》（第四卷），人民出版社1972年版，第461页。

常所说的谋篇布局。法律文书写作中，良好的结构是至关重要的。首先，法律本身具有良好的结构，贯彻执行法律过程中形成的法律文书也应该具有良好的结构。其次，法律文书写作质量的最终裁判者是写作受体，写作主体应精心设计文书结构，以易于写作受体快速地领会和理解。如果没有良好的结构形式，写作受体就不能很好地理解文书的主旨，也会怀疑文书内容的可靠性，毕竟结构是思维逻辑水平的展现。一个不讲求良好文书结构的写作主体，实际是在让写作受体不要重视其所写文书，既然如此，有谁愿意劳神苦思去阅读呢？在安排法律文书的结构时，写作主体要遵循下列规范：

一、结构安排要有利于说服写作受体

在文学创作中，作家塑造审美形象的动机在宣泄自己对生活的感受，并不刻意追求让特定的读者接受。作家头脑中的读者形象是极其模糊的，作家只是意识到自己的存在和需要，很少留意读者的价值观、阅读习惯等特点。法律文书写作则不然。写作主体以说服写作受体接受自己的观点为写作活动的唯一目的，立意、选材、谋篇布局、词语锤炼等一切写作环节都服从这一目的。写作之中，欲成功地说服预先确定好的写作受体，写作主体首先应了解写作受体的特点。对写作受体了解得越多，越容易设计出有针对性、有说服力的文字形式。因此，法律文书中的结构设计应该适应写作受体的特点，把有利于写作受体阅读这一理念贯穿在布局谋篇的全过程中。

二、遵从约定或法定的格式

文学创作中，独运匠心、另辟蹊径、推陈出新是作家们的艺术追求。他们力求文章结构的新颖别致。人们在写作实践中虽然总结出若干结构的类型，但这些结构模式对作家没有强制约束力，上乘的作家总是想跳出现有结构模式的藩篱，设计出属于自己的结构形式。法律写作的结构设计理念却是求同存异。法律文书是特定的写作主体在特定的环境下为解决特定的法律问题而写给特定的写作受体阅读的一种文章，在长期的写作实践中每一种文书的结构经由约定俗成而定型化，因为大家都觉得采用固定的结构能够适应法律圈的思维模式，能够使他们更加有效地进行交流，故而依从固定的结构模式成为法律文体作家们的一种自然习惯。当立法者宣布其中一些结构模式成为法律的一部分时，运用固定的结构模式写作便成为写作主体的一项法律义务。我国法律中就存有许多这样的条文，如《中华人民共和国国家赔偿法》第 12 条关于要求赔偿申请书的结构要素，《中华人民共和国专利法实施细则》第 16 条关于发明、实用新型或者外观设计专利申请的请求书结构要素，《民事诉讼法》第 124 条关于民事起诉状的结构要素及第155条关于民事判决书的结构要素等。为了准确、及时、有效地实施法律，公安司法机关颁布了许多有关法律文书格式的文件以规范本系统内部的法律文书写作。

依通说，法律文书的结构分为首部、主体（正文）和尾部三个部分，每一部分又包含了若干结构要素①。遵从约定或法定的格式，宏观上要做到格式正确，微观上要做到格式要素齐备，没有遗漏。有学者把法律文书三个部分所含的结构要素做了如下归纳：

<table>
<tr><td rowspan="3">首部</td><td>制作机关、标题、文书编号</td></tr>
<tr><td>诉讼参加人基本情况</td></tr>
<tr><td>案由、办案经过（侦查经过或审查起诉经过或审理经过）</td></tr>
<tr><td rowspan="3">主体（正文）</td><td>案情事实</td></tr>
<tr><td>处理（请求）理由</td></tr>
<tr><td>处理（请求）意见</td></tr>
<tr><td rowspan="3">尾部</td><td>交代有关事项</td></tr>
<tr><td>签署、日期、用印</td></tr>
<tr><td>附注说明</td></tr>
</table>

三、开头申明文书主旨

心理学研究表明：写作受体的注意力不是平均分配的。在前面几页、全文首段、段落的开头部分，写作受体注意力最集中，然后迅速递减。写作受体在写作主体详细论证结论前急于了解结论本身，他们希望快速而又清晰地找到文书的结论。由上述研究结果，我们可以推知：应该把最重要的文章信息——结论放在写作受体注意力最集中的地方，放在一个醒目的位置，而开头段落和开头句子无疑是一个最佳空间。在此空间，写作受体注意力最集中，处于这个位置上的信息给他们的印象最深刻。各种诉状都采用了这种结构方法，诉状的正文开头被设置为诉讼请求的专有空间，功能之一在于给法官留下最深刻的

① 这是法律文书学界的观点。法律实务部门对本部门使用文书的结构及其要素往往有自己的界定。例如，在《人民法院民事裁判文书制作规范》中，最高人民法院将民事裁判文书的结构分为标题、正文和落款三个部分。标题包括法院名称、文书名称和案号；正文包括首部、事实、理由、裁判依据、裁判主文和尾部；落款包括署名和日期。又如，公证界将公证书的结构区分为封面、证心、封底。其中，证心中的证词页又由首部、正文（证词）和尾部组成。本书对法律文书结构的讨论主要着眼于法律文书学界的观点。

印象。

遗憾的是这种结构方法没有体现在我国法院的裁判文书中。由于长期以来深受“苏联模式”的影响，我国裁判文书一直沿袭五部式结构形式，即首部、事实、理由、主文、尾部。主文被放置在裁判文书最后，这种结构安排颇不合理。这种结构安排尽管符合法官对案件处理的思维进程，也能在形式的层面向写作受体表明现在的裁决结果是法官严格遵循实体法和程序法后作出的结论，但是，这种安排主要立足于法官的立场，没有考虑写作受体的阅读心理和要求。并且，如果判决书篇幅较长，那么这种结构安排既欠缺效率，又不利于满足公众的司法知情权。俄罗斯前首富霍多尔科夫斯基案判决书长达1200页，聆听公开宣判的听众需要在12天后才能知晓判决的结果。漫长的12天，是大吊听众胃口的12天！无论写作受体是当事人、委托代理人或者是一般社会公众，他们最为关切的是裁决结果，希望在裁判文书的开头就能找到最想找到的文字，而裁决的理由仅仅是他们下一步才要关注的内容。在大陆法系国家和地区中，德国法院首次将裁判文书的主文置于文书首部这个醒目位置，这是一个创造。日本、中国台湾地区的判决书结构都仿效德国模式，我国法院亦可参考借鉴。读者可以参阅本书第三编之《保罗诉弗里茨案民事判决书》。

四、段落的长度应多于一句话，但少于一页纸

段落之长短，取决于表意的需要。一般来说，一个自然段应多于一句话，但少于一页纸。段落长于一页纸的情形是存在的，艾肯特（Atkin）大法官在Donoghue v. Stevenson［1932］AC 564一案中所作的著名判决即为一例。在该判决的第584页，该法官为支持生产商应负注意义务这一点探讨了多个案例，他把这些案例的谈论全部都放在了一段里，足足有三页的篇幅。不过，段落长于一页纸，易令写作受体觉得文书臃肿而心生厌烦。相较而言，使用更多的段落讨论一个主旨的方法有助于写作受体的阅读。只有一句话的段落在实践中也是存在的，这样的段落要么作为段落之间的桥梁和纽带，要么把它置于篇首或篇尾清晰有效地强调某一重要的思想（包括文书的主旨）。

五、段落的逻辑结构应错落有致

弗朗西斯·克里斯滕森（Francis Christensen）曾说过：“安排段落更像是随着舞者的步伐起舞而不是短跑冲刺。段落的主题句圈定了一个范围，该段落

的其他部分就如同芭蕾中的竖趾舞一般围绕着这个范围展开。"①这个生动的比喻揭示了段落逻辑结构的一般规律：主题句+扩展句。主题句表述的是每个段落的观点，每个段落的观点是全文中心论点的分论点，一个自然段落中只有一个论点，也就是说只允许一个主题句存在。如果在一个自然段中出现了两个论点，倘若其中之一与中心论点无关或相冲突，则应加以删除。倘使两个论点俱为中心论点的分论点，则宜另起一段加以表现。扩展句是对主题句从不同角度的展开或论证。其数目多少取决于论证主题句的客观需要，一般讲求少而精。所有的扩展句必须是主题句的自然延伸，任何与主题句无关的文字都要从段落中清除出去。

主题句一般放置在每个段落开头的位置。采取这种位置安排，对写作主体而言，它可以为接下来的写作活动确定方向，防止写作活动偏离中心。对写作受体而言，它可以帮助他们快速阅读文书，跳过非结论的部分，迅速地发现段落的意思，找到所关注的答案。例如：

最高法院的大法官中没有一人像罗杰·布鲁克·陶尼这样受到如此猛烈的抨击、如此歪曲的评论。在作为公众人物的那些年月里，他在许多场合下遭到他人毫不留情的责难。就连他的死也没能停止洪水猛兽般的批评。1864年当陶尼的死讯传来的时候，查尔斯·弗朗西斯·亚当在给亨利·亚当的信中兴致勃勃地写道："老陶尼终于死了……陶尼最后的心愿注定无法实现了。轮不到他对《解放宣言》投否决票了。"就连国会也否决了提供资金在法庭里为陶尼立一尊半身雕像的议案。在反驳这个议案的时候，查尔斯·萨姆纳代表参议院大声宣称，"陶尼的名字将从史册上永远消失。审判开始了，而这个自由的国家将把他钉在他应得的耻辱柱上……至少他审判不公，使这个国家的司法堕落，使时代倒退"。②

上面例子中的文字画线部分便是该段的主题句，位于段落的开头，其他句子属于扩展句。法律文书中的每一段都应该这样写。事实上，大部分写作主体喜欢采用主题句安排在段首的模式。请注意不要把所有的主题句都放在段落开头，这样做固然可使段落间的结构对称整齐，但其代价必然是单调呆板。不要忘记，主题句的位置还可以出现在段落结尾处和段落中间。最理想的做法是在一篇法律文书中综合使用主题句的三种位置模式，这样会产生一种变化的美，

---

① 转引自［英］马戈特·科斯坦佐：《法律文书写作之道》，王明昕、刘波译，法律出版社2006年版，第54页。

② 转引自［美］布莱恩·A. 加纳：《加纳谈法律文书写作》，刘鹏飞、张玉荣译，知识产权出版社2005年版，第74页。

写作受体会有一种新鲜感，从而更有利于其集中注意力。

六、过渡自然

优秀的法律文书是一个浑然统一体。每个段落之间不但由无形的“神”（主旨）贯穿起来，而且通过有形的过渡词语连缀成一个能让写作受体感到自然的语言形式。尽管每个段落做到了字字珠玑，掷地有声，但如果没有过渡词语相连接，充其量只是一些零碎的珠子，不会形成雄辩的力量。过渡词语使用不到位，起承转合不自然，段落间的关系便显得突兀，写作受体阅读之后会觉得非常不自在。因此，有成就的法律文体作家非常重视选用恰当的过渡词语，他们有时也为此大伤脑筋。

七、恰当使用小标题

对内容复杂、头绪繁多的案件，写作主体应该用小标题来结构法律文书的正文（主体）部分。小标题的使用，归根结底是把写作主体的法律思维层次清晰地展现出来，通过清晰的文书结构使写作受体快速、准确地理解文书。在使用小标题时，写作主体要遵守下列规范：

1. 小标题要能准确简要地概括各个段落的主要意思；
2. 小标题传递的内容必须具体明确，不能含混不清；
3. 每个小标题都是主旨的有机组成部分，避免小标题的内容发生冲突；
4. 小标题应该简短有力；
5. 每个小标题的长短力求对称，语法结构尽量保持一致；
6. 小标题中除法律、法规、规章名称加书名号外，一般不用标点符号。

第三节 有关叙事的规范

案件事实、法律理由、法律意见是法律文书的三个基本组成部分。其中，案件事实是整个法律文书的基础，法律理由和法律意见建立在案件事实的基础上。案件事实的叙述出现问题，就会产生多米诺骨牌效应，随后展开的法律理由的阐述会苍白无力，最后的结论（法律意见）也会无人信服。因此，锤炼好文书的叙事部分是非常重要的，因为法律文书的叙事出色，它的观点最容易被写作受体接受。法律文书的叙事要遵循下列规范：

一、忠于事实真相

忠于事实真相既是法律人的一项法律义务①，也是法律文书叙事的首要写作规范。忠于事实真相意味着写作主体要客观真实地反映案件事实，禁止捏造、虚构事实。捏造、虚构事实，情节严重的，写作主体要为之承担相应的刑事责任。

二、叙事完整明晰

司法实践中，案件的表现形式千差万别，几乎没有完全相同的案件。但是，五光十色的案件背后却具有相同的构成要素，即何事、何时、何地、何情、何故、何物、何人，简称“七何”。“七何”是叙事完整明晰的指标体系。写作主体可以用这七个指标逐一检查文书中的叙事是否合格。唯有如此，叙事才能完整清晰，避免出现遗漏。

三、叙写法律事实

叙事要忠于事实真相，这并不是说事实真相的方方面面都可写入文书。事实真相的内部构成很复杂，并不都具有法律意义。鉴于法律文书是法律关系主体设立、变更、消灭法律关系的文字记录，因此，写入文书中的事实应该是具有法律意义的事实，即法律事实（法律规范所规定的能够引起法律关系产生、变更和消灭的现象），那些不具备法律意义的事实不应该出现在文书中。法律文书中的事实即法律事实不是现成的，它是写作主体在广泛收集和分析事实材料的基础上，依据法律规定对事实进行取舍的结果。

四、叙写有证据支撑的法律事实

写作主体不仅要叙写法律事实，而且所叙写的事实必须有确实、充分的证据支撑。唯有如此，写作受体才不得不接受有关事实的描述。从文书制作角度看来，有关举证责任的法律规范实际上是要求写作主体就文书中的事实主张必须提出有力的证据。例如，《行政诉讼法》第34条第1款规定：“被告对作出的行政行为负有举证责任，应当提供作出该行政行为的证据和所依据的规范性文件。”据此，行政诉讼的被告对行政答辩状中陈述的事实一定要举出充足的

① 《刑事诉讼法》第53条规定，公安机关提请批准逮捕书、人民检察院起诉书、人民法院判决书，必须忠实于事实真象。故意隐瞒事实真象的，应当追究责任。《律师法》第3条第2款规定，律师执业必须以事实为根据，以法律为准绳。

证据。《刑事诉讼法》第 200 条第（1）项规定，有罪判决书中的犯罪事实必须清楚，且有确实、充分的证据支持。根据《民事诉讼法》第 206 条、第 207 条、第 208 条之规定，当事人行使民事申诉权，应该符合法定的事由，且对所主张的法定事由应当承担举证责任。

没有证据支撑的事实不能写入法律文书中。事实没有证据支撑，这是在告诉写作受体：文书的法律理由和法律意见是空中楼阁。《宋史 · 岳飞传》载："狱之将上也，韩世忠不平，诣桧诘其实。桧曰：'飞子云与张宪书虽不明，其事体莫须有。'""世忠曰：'莫须有'三字何以服天下？"秦桧唆使爪牙罗织了"莫须有"（恐怕有、也许有）的罪名陷害岳飞，没有根据的罪名不但令韩世忠等人不服，千秋万代的中国人也会认为那是秦桧等一手制造的政治冤案。因此，写作主体应该确保文书中叙述的事实件件有证据，桩桩有凭依。

文书写作中，证据的叙写要紧紧接续在事实叙述之后，另起一段表述。实践中有三类叙写证据的方式：一事一证，一罪一证，事证对应。

（一）一事一证

一事一证是指每叙述完一起案件事实，接着写明据以认定的主要证据。此类又可细分为两种情形，即罗列证据型和分析论证型。前者只要求罗列主要证据的名称、种类，不必对证据和事实、证据和证据之间的关系进行具体的分析论证。后者则不仅要写明主要证据的名称、种类，还要对证据和事实、证据和证据之间的关系进行具体的分析论证。

【示例 1】

经依法侦查查明：2014 年 3 月 28 日 5 时许，犯罪嫌疑人上官某在北京市丰台区地铁九号线 × × 路站 C 口东南侧配电室南侧，持刀抢劫事主吴某人民币 1000 余元及联想手机一部，其间因吴某呼救，上官某持刀扎刺吴某的颈部、胸部，致吴某失血性休克死亡。

认定上述事实的证据如下：到案经过；犯罪嫌疑人供述；证人证言；现场勘查笔录；物证鉴定报告；尸检报告等。

【示例 2】

经二审审理查明的事实与一审相同。二审期间，辩检双方均未向法庭提交新的证据；经一审举证、质证的前述证据，对于双方无争议的部分，本院经审核予以确认。针对辩检双方有争议的事实、证据及本案争议焦点，本院综合评判如下：

一、在案证据能够证实，案发前"行为人"从市场出来，步行来到涉案小轿车旁，先拉拽打开车左后门，进而打开车左前门进入驾驶室，直至胡某某驾驶电动三轮车即将经过小轿车左前门时，“行为人”打开左前门，胡某某驾驶的电动三轮车撞上小轿车左前门，在侧翻倒向路中央的过程中，与随后董某某驾驶的货车剐撞。货车遂急左转弯、刹车。胡某某落地昏迷，经抢救无效死亡。故“行为人”打开车左前门妨碍其他车辆通行的违法行为，与本起道路交通事故的发生有因果关系，是本案发生的全部原因……

（二）一罪一证

一罪一证是指对多次犯一罪的案件，不必具体写明每一起犯罪事实及其主要证据，而是通过综合归纳概括叙述完犯罪事实后，写明支撑这些犯罪事实的主要证据。

【示例】

在被告人吴某某的组织、领导下，该犯罪组织在廉江市雅塘镇、青平镇、营仔镇、河唇镇、吉水镇、和寮镇等地为非作恶，欺压、残害群众，以暴力、威胁等手段，有组织地实施故意杀人、故意伤害、寻衅滋事、非法采矿、强迫交易、敲诈勒索、故意毁坏财物、妨害公务等违法犯罪活动，致1人死亡、3人轻伤、5人轻微伤、3人受伤，严重危害当地群众的人身和财产安全。

上述事实，虽然被告人吴某某不予供认，但是有第一审、第二审开庭审理中经质证确认的工商登记资料、公司审计报告、水路货物运单，证人许某某、杨某某、罗某某等的证言，笔迹鉴定意见，搜查笔录，扣押物品、文件清单，同案被告人吴某旺、梁某章、唐某声、尤某其的供述等证据证实，足以认定。

（三）事证对应

事证对应是指将所叙事实分为若干关键点，行文中在每一关键点后用括号标明与之对应的证据的名称、序号，在事实和证据间建立一种对应。此方式为写作受体阅读理解法律文书提供了极大的方便，体现了对写作受体的一种关怀和尊重。目前，仲裁实务界广泛地使用这种方式。

【示例】①

就贸仲委编号为××××的案件，对于申请人××××年××月××日提出的仲裁请求，本公司现提出答辩如下：

1990年9月9日，被申请人与申请人在香港签订了GIT 05/90号买卖皮衣的合同（见附件第5页），约定由申请人向被申请人出售皮衣若干，总价款为165 751美元，付款方式为预付80%货款，余款待货交买方检验合格后30日内支付。

合同签订后，被申请人依约收取了货物，并请河北省进出口商品检验局出

① 该示例出自中国国际经济贸易仲裁委员会网站。

具了检验证书（见附件第 6 页至第 9 页）。该检验证书检验结果证明，申请人所交货物质量与合同规定严重不符。被申请人将检验结果及时通知了申请人（见附件第 10 页），申请人未对检验结果提出异议。因此，根据合同规定，申请人无权再向被申请人索要剩余的 20% 货款。以上所述，均有相应证据予以证明。请仲裁庭查明，驳回申请人的全部仲裁请求。

此致

中国国际经济贸易仲裁委员会

证据目录：

附件 1　第 1 页至第 3 页，申请人在美国注册登记的官方文件

附件 2　第 4 页，授权委托书

附件 3　第 5 页，双方签订的 GIT 05/90 号合同文本

附件 4　第 6 页至第 9 页，商品检验证书

附件 5　第 10 页，被申请人致申请人的传真

五、根据案情选择使用恰当的记叙方法

案情不同，加之繁简不一，所使用的记叙方法不一。常见的有以下几种方法：

（一）自然顺序法

自然顺序法又名顺叙法，它是最常见、最基本的叙述方法。它是指按人物活动的前后顺序及事件的发生、发展、结果自然先后顺序进行叙述。这种方法在刑事诉讼法律文书中的体现是：先交代犯罪动机、目的，接着写犯罪预备行为，再写犯罪实行行为的全过程，最后写明犯罪行为所造成的危害结果。这种方法在民事（行政）诉讼法律文书中的体现是：首写当事人间的法律关系及其具体内容，次写产生纠纷的原因、经过、情节和后果。

（二）突出主罪法

该法适用于一人多次犯一罪、一人多次犯多罪的案情记叙。具体方法是：主要罪行先写、详写，次要罪行后写、略写。这种叙述方法可以打破犯罪时间顺序，所犯次要罪行，尽管发生在前，可以后移；所犯主要罪行，尽管时间在后，可以前置。但具体叙述每次犯罪时，仍然采取自然顺序。

（三）突出主犯法

该法适用于多人一次一罪、多人多次一罪、多人一次多罪、多人多次多罪的刑事案件，即共同犯罪的案件。对于这类案件叙述，不宜平铺直叙、平均用

力，而应该突出主犯的犯罪事实，围绕主犯的作案事实情节记写。这种方法以主犯的犯罪行为为主线，把从犯的犯罪行为捎带进去。主犯或从犯若还有单独的犯罪行为，在写完共同犯罪之后，再分别记写单独的犯罪事实。

（四）综合归纳法

综合归纳法又名概括记叙法。该法适用于同种数罪的案件事实叙述。具体方法是：紧扣犯罪构成要件，将犯罪嫌疑人的诸个犯罪事实中的犯罪时间、地点、手段、数额、危害后果等结构要素分别析出，然后加以综合归纳，再予以概括叙述。采用此法，易收文字节省、语言简练之功效。不过，这种方法在实践中不单独使用，它常常和具体叙述主罪结合使用，既叙写了犯罪的广度，又叙写了犯罪的深度。

（五）纵横交错法

该法适用于民事经济合同纠纷案情叙述。所谓“纵”指叙述合同法律关系的产生、发展过程；“横”指穿插介绍或说明合同的主要内容和各方的分歧意见等。具体讲，先写合同订立过程，为“一纵”，再写合同内容为“一横”，接下来，写合同的执行情况，又为“一纵”，最后写双方的分歧意见，又为“一横”。“纵”“横”交错使用，相互联系，可以完整地反映合同纠纷的来龙去脉和双方的争议焦点。

六、不能夹叙夹议[①]

记叙文写作中，人们常用夹叙夹议法。然而，公安司法文书中，事实的叙述部分不得出现议论性质的文字。公安司法文书的法定格式中，叙事、议论顺序固定，叙事在前，议论随后，并且二者泾渭分明，不能交叉。“经依法侦查（审查、审理）”套语之后，开始叙述事实，“综上所述（本院认为）”套语之后，围绕法律意见展开议论。

七、叙事中不能出现谩骂与人身攻击的文字

诉讼文书原是为解决纠纷而作的，若文书中出现谩骂与人身攻击的文字，则可能引起矛盾激化，非但无助于原纠纷的解决，反而会引起新的纠纷。

---

① 司法文书实践的新发展使“不能夹叙夹议”这个叙事规范的刚性受到了挑战。这个叙事规范成为法律文书叙事的一个原则性规范，它出现了例外。随着民事案件繁简分流，民事裁判文书也繁简分流。适用简易程序以及小额程序审理的案件，法官要适用要素式民事判决书这一文书样式。最高人民法院在对“民事判决书”（简易程序和小额诉讼程序要素式判决用，以劳动争议为例）这一文书样式的说明中，明确要求要素式民事裁判文书要采用“夹叙夹议”的写作方法。

"操"字上诉状可谓发人深省。[①] 法律文书的力量源于无可辩驳的事实与适用准确的法律，而不是谩骂与人身攻击的水平。请铭记鲁迅先生的忠告："辱骂和恐吓绝不是战斗。"

第四节　有关议论的规范

议论指讲道理。它是写作主体运用事实材料和法律材料对文书的主旨进行论证以期说服写作受体的一种表达方式。在文字叙述式法律文书中，叙事、议论、说明、描写、抒情等都有用武之地，不过，基于法律文书的性质，这五种表达方式所处的地位不同，其中，议论居于核心地位，其他表达方式都是围绕且服务于议论的。因此，文字叙述式文书属于议论文范畴，写作主体应遵循议论文的写作规范。

一、关于论点的规范

论点即文书的主旨。它回答"论证什么"的问题。前面已论述了主旨的写作规范，兹不重述。

二、关于论据的规范

论据是用来证明论点的根据。它回答"用什么论证"的问题。通说认为，法律文书中的论据只限于事实论据和法律论据。事实论据指由证据支撑的案件事实所构成的论据。法律论据指由我国现行法律和司法解释所构成的论据。写作主体论证时，应该确保论据可靠、充分、一致。

可靠是指论据必须真实合法，经得起推敲。每个论据都应该是"蒸不烂、

---

① 据《广州日报》2009年5月13日SZA22版载，2008年11月、12月，福田区人民法院受理了陈某某诉某网络通信有限公司深圳市分公司、某电信股份有限公司深圳分公司等电信服务合同纠纷。该系列案依法审理后，法院分别于2009年2月16日、25日作出了一审判决。陈某某收到判决书后不服，向法院邮寄了"上诉状"。陈某某在上诉状中没有陈述不服一审判决的任何事实和理由，而在上诉状的"事实和理由"一栏中仅有一个字"操"。收到另类上诉状，承办法官电话联系陈某某："你这样做是违法的，你要到法院作出情况说明，还要修改上诉状。"但陈某某明确拒绝修改，也不作出解释。福田区人民法院认为，鉴于陈某某在诉讼文书中使用粗俗、下流的语言，侮辱司法工作人员，且无悔改之意，其行为已对民事诉讼构成严重妨碍，依据《民事诉讼法》的规定，决定对陈某某实施拘留15日的处罚。4月23日21时左右，陈某某被福田区人民法院依法实施拘留措施。4月24日，陈某某不服，向深圳市中级人民法院申请复议，深圳市中级人民法院于4月28日作出"驳回申请，维持原决定"的复议决定。陈某某获释后，又写了5份含"操"字的上诉状递交给福田区人民法院。

煮不熟、捶不扁、炒不爆、响当当一粒铜豌豆”。① 事实论据必有牢不可破的证据链条支撑。没有证据支持抑或非法收集的证据，相应的事实材料不能作为论据使用。法律论据必须是现行生效的法律，并应与案件完全吻合，不能使用未生效或已废止的法律，也不能使用与案件不吻合的法律。

充分指论据的数量要足够多。论据充分，论点易为写作受体接受。论据单薄，论点必定苍白无力。我们认为，欲使论据充分，写作主体必须放开眼光，拿来一切能够有力支持论点的根据，而不仅仅依靠事实论据和法律论据。圣贤论述、宗教教条、科学公理、生活常理、历史掌故等都可作为论据来使用。古今中外法律文体作家的成功实践反复昭示了这一点。《门示茶陵周上舍为诉刘权县事判》为文天祥所作，通篇340字，引用孟子、孔子、子贡以及《大学》的论述竟达112字。② 在一个陪审团审理的案件中，美国资深律师爱德华·T.赖特庭前曾请2名律师和1名非法律人士作为裁判，结果他们只判给赖特的当事人350美元，而陪审团听了终结辩论词后，却判给7.25万美元。赖特本人认为，促使陪审团作出如此判决的一个很重要因素是上述那篇终结辩论词，因为他非常自然而且恰当地引用了《圣经》中的话语，所以收到了良好的论辩效果。③ 还有一个文书范例是美国最高法院法官安东尼·肯尼迪（Anthony Kennedy）制作的同性婚姻合法化判决书。在判决意见书开头部分，这个法官引用孔子、西塞罗、托克维尔等人的言论，以论证婚姻对于社会和秩序的

---

① 此语来源于（元）关汉卿：《南吕·一枝花·不伏老》，载《关汉卿集校注》（蓝立蓂校注），中华书局2018年版，第1700~1701页。

② 中国社会科学院历史研究所宋辽金元史研究室点校：《名公书判清明集》，中华书局1987年版，第636页。

③［美］爱德华·T.赖特：《法庭胜诉之策》，卫跃宁等译，中国人民公安大学出版社2005年版，第272页。

重要性。① 目前，在国学复兴的时代背景下，有些法官把儒家经典中的名言写入裁判文书，丰富了裁判文书的论据种类，提高了说理的高度与力度，得到社会的一片赞誉声。②

一致指各种论据之间和谐统一，不能出现矛盾和冲突。具体表现为：若干证据之间一致；事实各个要素之间一致；证据和事实之间一致；援引的法律条文与法律理由之间一致；法律条文和案件事实之间一致；法律规定和法律规定之间一致。例如，道路交通事故检验鉴定有三项检材：现场图、勘验笔录、现场照片，这三项检材的所有数据必须吻合，保持一致。前面提及的任何一种"一致"只要发生错位，就会令论点的说服力大打折扣。又如，某原告在民事起诉状中陈述，他曾替被告起草、邮寄上访信件 100 件，但在他提供的邮电所出具的单位证明材料中，却只有 60 件。再如，《民事诉讼法》第 207 条规定了 13 个再审的法定事由，在这些事由中，每一个事由的充分都足以推翻原生效判决的既判力。在民事再审申请书的写作中，有的律师堆砌这些法律事由，以为援引事由越多越利于说服法官，竟然罔顾有些事由不可并列存在的客观事实，以招致法官的反感。该条的第（4）项和第（10）项不可并存，同时援引它们会导致法律规定间的矛盾。③ 关于论据的一致性范例，读者可以参阅本书

---

① （联合早报网讯 2015 年 6 月 27 日 11 时 23 分）美国最高法院裁定同性婚姻合法，全国通行。法官安东尼·肯尼迪写下的判词在网上引起热议和转载。美国最高法院周五以 5:4 通过全美同性婚姻合法化，这意味着余下的 14 个州要终止针对同性婚姻的禁令，令同性婚姻在全美所有州合法。据《纽约时报》（*The New York Times*）报道，安东尼·肯尼迪的判词写道："世上没有一个结盟比婚姻来得更深刻，因为当中体现了最理想的爱、忠诚、投入、牺牲和家庭。在缔结婚姻盟誓之后，两个人将要成就比他们原来更大的事。正如在本案部分诉求者指出，在有些情况下，婚姻的爱不断延续，甚至跨越了生死。说他/她们不尊重婚姻是一个误解，他们苦苦争取正说明了他们尊重，而且必须实行。他们希望不要在孤单中度日、被文明社会最古老的制度拒诸门外。他们要求在法律中获得同等尊严。因此，宪法赋予他们（同性婚姻）这权利。"这段判词在网上引起多人转载，甚至有网友形容为"法官为同性婚姻写下最美判词"。此外，据观察者网报道，判决意见书开头部分，即第 8 页中一段英文写到，孔子教导说，婚姻是政体的根基（《礼记·昏义》）。（Confucius taught that marriage lies at the foundation of government. 2 Li Chi：Book of Rites 266.）报道也说，除了引用孔子名言，美国法官的判决书还引用西塞罗、托克维尔等人的言论，以论证婚姻对于社会和秩序的重要性，似乎是说明美国支持同性婚姻合法并非矫糅造作的浅薄。但值得注意的是，这些先贤的说法在判决意见书中被引用，但均未构成判决的实质性内容。

② 据《人民法院报》（2010 年 6 月 29 日）载，"亲爱我，孝何难？亲憎我，孝方贤"，这段出自《弟子规》的伦理警句日前被引入北京市丰台区人民法院的判决书中，作为法官寄语的一部分，劝诫子女一方本着家庭和睦的原则善事父母，唤醒亲情进而消除矛盾。

③ 《民事诉讼法》第 207 条第（4）项规定，"原判决、裁定认定事实的主要证据未经质证的"。该条第（10）项规定，"未经传票传唤，缺席判决的"。第（4）项是指双方都到庭的情形，第（10）项是指因未依法传唤，有当事人未到庭的情形，显然，在同一个案件的申请再审中，这两个事由不能同时存在。

第三编之《陈舜兴人命参语》。

三、关于论证方式的规范

论证方式是指把论点和论据联系起来的方式。它回答“怎样用论据论证论点”的问题。只有论点和论据，还不能构成一个完整的论证。欲构成一个完整的论证，必须得找到能够使二者发生联系的链接方式，这种链接方式只有从思维形式中找寻。文书中的论证方式实际上是写作主体构思文书时所使用的法律推理形式。论证方式的种类亦即法律推理形式的种类。关于法律推理形式（特别是演绎推理）之逻辑规则，在第一章中已作了集中论述，在此不做赘述。

四、关于驳论的规范

论证方法有立论、驳论两种。立论就是正面阐明自己见解与主张正确的论证方法。驳论就是揭露和驳斥他人的见解和主张荒谬的论证方法。立论和驳论不是截然分开的，而是辩证统一，常常结合使用，只是有所侧重而已。以立论为主的议论文叫立论文，以驳论为主的议论文叫驳论文。在立论文中，有时也需要批驳错误观点；在驳论文中，批驳错误观点的同时，也要阐明正确的观点。法律攻防是对立双方相互驳诘辩难的活动，立论、驳论广泛地运用于其中。民事诉讼中，民事起诉状是立论文，民事答辩状是驳论文。刑事诉讼中，公诉意见书是立论文，辩护词是驳论文。行政诉讼中，行政起诉状是立论文，行政答辩状是驳论文。当事人或其代理人的法庭论辩文书一般兼有立论与驳论。写作主体在使用驳论时，要遵循以下两个规范：

（一）选择正确的驳论类型

依途径之不同，驳论有三种类型，即驳斥论点、驳斥论据、驳斥论证。驳斥论点，是指用正确的观点和确凿的论据确定被驳斥的论点虚假。例如，公诉人控称：“张某涉嫌犯故意杀人罪。”辩护律师辩称：“被告人单位某领导证明，案发时张某不在现场，而且张某与被害人平时关系很融洽，据此，公诉人的指控是错误的。”驳斥论据，指通过证明对方的论据虚假来驳斥对方的论点。论据是论点的根据，错误的论点往往建立在虚假的论据上，驳倒了论据，对方的论点也就失去了凭靠。例如，某民事原告主张“村东的9间育鸡房是父母之遗产”，并出示了村委会出具的证明（该证明没有盖村委会公章，也没有村主任本人的签署）。被告紧接着出示了由村主任签署、盖有村委会公章的一份证明（该证明的内容是原告手持的那份村委会证明无效）。驳斥论证是指揭露对方论证中推理形式的错误，从而确定对方的论点不能成立。例如，有人这样讲：

凡抢劫银行的行为都是犯罪行为，

凡抢劫银行的行为都是违法行为，

所以，凡违法行为都是犯罪行为。

显然，这个推理的结论是错误的。应这样驳斥：这是一个第三格的三段论推理，违反了“在前提中不周延的概念在结论中不得周延”的逻辑规则，犯了“小项不当周延”的逻辑错误。在这三种驳论类型中，运用难度较大的是驳斥论证，这种方法的熟练运用要求法律人对形式逻辑具有较高的造诣。

（二）遵循驳论文构思的一般模式：先立靶子后予击破

驳论文的写作分为“立起靶子”与“各个击破”两个阶段。“立起靶子”就是发现对手文书中的瑕疵，从而确定为攻击方向。这个阶段至关重要，立不起靶子或所立的靶子有偏差，写作活动就会因为偏离正确攻击方向无法顺利进行。

写作驳论文书，首先要发现对手文书中的瑕疵，立起靶子。被确立为靶子的那些瑕疵必须符合法律的规定。例如，《人民检察院刑事诉讼规则》（以下简称《刑事诉讼规则》）第584条、第591条对人民检察院提起刑事抗诉的法律事由（抗诉文书的靶子）做了明确的规定。又如，《民事诉讼法》第207条对人民检察院提起民事抗诉的事由做了规定。这些事由大致可以概括为：(1) 认定事实错误；(2) 适用法律错误；(3) 严重违反诉讼程序；(4) 审判人员在审理该案件时有贪污受贿、徇私舞弊、枉法裁判行为。从文书写作角度说，这些法定事由为写作主体分析对手文书的瑕疵提供了切入点，因而具有方法论的意义。律师文书中的驳论文写作的切入点亦放此。

“各个击破”就是运用事实、证据和法律逐一批驳对手文书中的瑕疵。这个阶段是驳论文书写作的核心。写作中务求条理清晰。首先，要将对手文书中的瑕疵归类。如果对手文书中的瑕疵很多，性质不一，写作主体就应逐一甄别，依据性质归类。司法实践中，对手文书中的瑕疵类别有四：认定事实错误；适用法律错误；严重违反诉讼程序；量刑畸轻畸重。制作文书时要用小标题标明瑕疵类别。其次，要运用事实、证据、法律和其他论据进行批驳，指出其错误的原因，提出正确的结论。写作中还应力求说理充分。写作主体一定要论证对手的文书为什么是乖谬的。这样做才能使写作受体不仅知其乖谬，而且知其所以乖谬。遗憾的是，缺乏批驳理由或者批驳理由不充分成为目前驳论文书写作的通病。如有的抗诉书只叙述自己认为正确的理由，与起诉书大同小异；有的抗诉书仅指出判决或裁定的错误，但是没有展开针对性的批驳，或者没有结合控诉证据进行批驳。驳论文书要想取得理想的写作效果，就必须加大驳斥理由的阐述，否则无法令写作受体心服。

五、从情、理、法三个维度去议论

文字叙述式文书中，叙明案件事实之后，要对案件事实进行法律论证，作出法律评价。在法律论证作业时，写作主体要善于从情、理、法三个维度去发议论，形成一种论辩合力，强化议论效果。案件事实是定案基础，是被议论、被评价的对象，情、理、法是定案的标准，进行议论和评价的准据。

（一）中国传统法律文化中的情、理、法

我国宋代法官擅长从情、理、法三个维度去阐述判决理由，读者可以参阅本书第三编之《随母嫁之子图谋亲子之业》。关于情、理、法的内涵，聚讼纷纭，见仁见智。著者认为：

1. 情

情者，人情也。何谓“情”？汉语中，“情”有二义：（1）七情六欲。《礼记·礼运》云：“何谓人情？喜怒哀惧爱恶欲，七者弗学而能。”《左传·昭公二十五年》曰：“民有好恶喜怒哀乐，生于六气。”（2）实情，情实。《左传·庄公十年》：“小大之狱，虽不能察，必以情。”作为定案标准之一的“情”，显然不是指人的七情六欲，无论古今，正统的法治理论都反对“因喜谬赏，因怒滥罚”，尽管法官的七情六欲客观上会影响裁决结果。同时，我们也不能简单地将“情”界定为“实情，情实”，如此解释，会将“情”最终解释为案件事实，这样“情”则蜕变为定案基础而非定案标准了。“情”的合理解释应是第二个意义的引申。“情”非指个案事实，它指一般人的实情，具体说，它是指一个社会中理智正常的人都会自然产生的想法或者自然做出的行为。例如，《战国策·赵策四·二五一》载：“虞卿谓赵王曰：‘人之情，宁朝人乎？宁朝于人也？’赵王曰：‘人亦宁朝人耳，何故宁朝于人？’”。①此处的“人之情”，指的是所有理智正常的人都会有的想法。又如，父亲与人相斗，人以佩刀刺击，儿子操棒以救助父亲。所有理智正常的儿子在此情景下都会作出相同的行为，这也是“人之情”。中国古代经典文献中的“人之情”多为此义。

人情既为常人所具备，呈现为一种规律。它们可以作为众所周知的无须证

① 这段可以翻译为：虞卿对赵王说：“常人的想法，是愿意使人来朝见，还是愿意去朝见别人呢？”赵王说：“人都愿意使人来朝见，怎会愿意去朝见别人呢？”

明的大前提，对某人的行为作出符合规律的正确的推理。例如，《吕氏春秋·知接》记载：管仲临终前劝齐桓公远离易牙、竖刀和启方。管仲说："人之情，非不爱其子也，其子之忍，又将何有于君？""人之情，非不爱其身也，其身之忍，又将何有于君？""人之情，非不爱其父也，其父之忍，又将何有于君？"管仲分别以人都爱其子、爱其身、爱其父这三种人情为大前提，推出易牙烹子食桓公、竖刀自宫近桓公和启方父死不奔丧违背人之常情，非忠诚之举而是奸佞行为，他们是小人而非君子。齐桓公不听劝告，最后易牙、竖刀和启方相与作乱，桓公饿死寿宫，虫流出于户。

既然具有规律的属性，人情就可以作为一种标准，来检视证据的真实性和关联性，作为法律推理的大前提正确推导出关于案件事实的结论，进而论证案件的真相。我国古代的著名司法官就善于运用人情来查明案件的真相，黄霸智断争儿案就是一个典型①。明朝安遇时《包公案》中也有这方面的范例，如《三娘子》《夺伞破伞》。

2. 理

理者，天理也。道家哲学中，"天理"指自然法则。《庄子·养生主》："方今之时，臣以神遇不以目视，官知止而神欲行。依乎天理，批大郤，导大窾，因其固然。"儒家哲学中，"天理"指本然之性，程朱理学引申为"天理之性"，概指仁义礼智的总和，集中体现为三纲五常。帝制时代，自汉武帝以降，儒家思想常常是国家的指导思想，指导着政治及法律实践。作为定案标准之一的"理"一般指儒家的伦理纲常。

3. 法

法者，法律也，俗名王法。它是司法实践中最重要的最基础的定案标准。法律推理三段论中的大前提，主要由法律条文来充当，但并不是全部，有时它得让位于天理。天理和法律的关系，是体和用的关系。《唐律疏议》有言："德礼为政教之本，刑罚为政教之用。"众所周知，我国古代法律演变经历了一个儒家理论法律化的过程。一般来讲，依照法律处理案件就贯彻了儒家思想，但由于法律的滞后性以及案件的复杂性，导致了严格依法处理案件会违背儒家的纲常，造成司法的不公平，不能平衡涉案的各种关系。此时，法官就会

---

① 西汉时，颍川郡有一富户，兄弟俩在一起生活，他们的媳妇都怀孕了。哥哥的媳妇胎伤，隐匿了此事。弟弟的媳妇生了个男孩，哥哥的媳妇将孩子强夺过来并声称是自己所生。这场讼争三年未有结果。太守黄霸审理此案，他令人将孩子抱到法庭上，命她们妯娌俩争抢这个男孩。哥哥的媳妇猛力抢夺，而弟弟的媳妇投鼠忌器，表情悲伤。黄霸于是呵斥哥哥的媳妇："你贪图家财，只想抢到这个孩子，丝毫不考虑争抢可能给孩子造成的伤害，案件的事实至此很清楚了。"随即把孩子判归弟弟的媳妇，哥哥的媳妇当庭认罪。

舍去成文法，而选用儒家经义来断案。

（二）最高人民法院强调要从情、理、法角度来说理

最高人民法院在《关于加强和规范裁判文书释法说理的指导意见》中提出："要讲明情理，体现法理情相协调，符合社会主流价值观。"2021 年 1 月 19 日，最高人民法院印发《关于深入推进社会主义核心价值观融入裁判文书释法说理的指导意见》，提出深入推进社会主义核心价值观融入裁判文书释法说理，要求坚持"政治效果、法律效果和社会效果的有机统一。立足时代、国情、文化，综合考量法、理、情等因素，加强社会主义核心价值观的导向作用，不断提升司法裁判的法律认同、社会认同和情理认同。"据此，从情、理、法三个维度去说理已是我国法官写作裁判文书必须遵循的一项规范①。自然，该规范对其他法律人的法律写作也具有引领作用。需要强调的是，当代法律人从情、理、法三个维度去议论时，"情""理""法"具有了新的内涵。"情"指当代社会中的常人之情，"理"是社会主义核心价值观，"法"为中华人民共和国法律体系。

第五节　有关抒情的规范

当前，中国法律文书理论界都避谈抒情这个表达方式。当前，司法文书（尤指裁判文书）唯有冰冷生硬的说教，没有写作主体的情感。文书的语气只有陈述，而没有了感叹、祈使和疑问。这些现象导源于一个流行的观点：文书中进行抒情会损害文书的客观与公正。

这种流行的观点有违文章大家们的言教与身教。刘勰说："繁采寡情，味之必厌。"（《文心雕龙·情采》）法国哲学家、文学家狄德罗说过，"没有感情这个品质，任何笔调都不可能打动人心""凡是有感情的地方就有美"。当代美国法律文体作家布莱恩·A. 加纳也说："法律不是一堆迂腐枯燥的戒律，须以千篇一律的客观来执行。法律是鲜活的、有血有肉的。法律原则的运用往往需要你权衡、判断，为人类的社会习俗和人性的弱点而辩论。为此，你必须拥有一颗炽热的心。拥有一颗炽热的心并不是默许你在法律写作中感情横溢，但是我们得承认：真诚地表达你的感情对你大有裨益。"古往今来，杰出的法

① 司法实践中，从情、理、法三个维度去说理的裁判文书已有许多，法官们积累了较丰富的经验。最近的一份判决书是山东省青岛市城阳区人民法院于 2021 年 12 月 25 日就原告江秋莲诉被告刘暖曦生命权纠纷一案所作的民事判决书，案号是（2019）鲁 0214 民初 9592 号。

律文体作家们都深谙情感的说服力量，他们将记叙、议论、抒情、说明熔于一炉，文章中体现着缜密的理性和充沛的情感，故而文章具有极强的感染力和说服力。两汉大赦诏令，直抒胸臆，情感丰富，具有较强的感染力。不仅容易打动当时代的读者，而且也能让奕世的读者产生情感上的共鸣。美国首席大法官约翰·马歇尔·哈伦在普莱西诉弗古森一案中，① 在他所作的文书中孤立无援地发表了反对意见，表现了他的宽厚以及充满了对当事人的同情之心，读者还能感觉到作者那一颗炽热的心。

文书的客观公正终取决于写作主体的人格素养与专业水平，不取决于抒情这种表达方式的运用与否。法官枉法裁判，尽管在判决书中剔除了情感的字眼，仍是一份不客观、不公正的判决。佘祥林案与赵作海案的系列法律文书尽管没有使用抒情，然而俱为震惊全国的冤案。一个公正廉明的法官，没有人因为他在判决书中恰当地表达了情感而怀疑文书的客观与公正。被康熙皇帝誉为“天下廉吏第一”的于成龙制作的判词，笔端就常常饱含感情，又有谁能据此说于成龙的判决不公正呢？读者可以参阅本书第三编之《婚姻不遂之妙判》。理论与经验表明：法律文书中适当地表达情感有助于增强文书的说服力。② 值得关注的是，随着“以人为本”的执政理念深入人心，我国裁判文书写作中出现了“说情”新气象，北京法院的一些法官在判决书中适当进行抒情。这种新的写法获得社会各界一致好评。③ 北京法官的这些努力是法律写作优良历史传统的复兴和回归，时下虽然它是星星之火，然而终将形成燎原之势。

需要特别说明的是，法律文书中的情感表达不是为情感而情感，而是通过诉诸写作受体的情感，以情动人，使写作受体受到情绪的感染，促使他接受文书的观点。因此，法律文书中的情感是为理性服务的。理性是“锦”，情感是“花”，二者是“锦上添花”。理性是“月”，情感是“云”，二者又呈“烘云托月”。一篇法律文书具有天衣无缝的逻辑力量，如果再添入撼人心魄的情感力量，那就是在理性之火下加入了干柴，二力（说服力和感染力）兼备，写作受体容易接受文书的观点。

写作主体在文书中抒发情感时，要遵守下列规范：

1. 所抒情感应是一种至大至刚之气，而非狭隘的个人私情；

---

① 普莱西诉弗古森案参见《美国联邦最高法院判例汇编》（第 163 卷），第 537 页、第 554 ~ 555 页、第 560 页。

② 郭林虎：《法律写作概论》，知识产权出版社 2008 年版，第 108 ~ 120 页。

③ 请参阅北京市第一中级人民法院的《晏思贤、郑美霞诉朱玉琴人身损害赔偿纠纷二审民事判决书》，案号是（2007）一中民终字第 9054 号。

2. 所抒情感应服务于议论，不能为抒情而抒情；
3. 不是所有的法律文书都适合抒情，法庭论辩文书和诉状尤为适合抒情；
4. 只有那些深深触动了写作主体灵魂的案件，撰写文书时适合抒情；
5. 善用褒义词与贬义词来抒情；
6. 善用反问句、感叹句、谓语前置句来抒情。

第六节　有关语言的规范

马克思在《1844年经济学—哲学手稿》中提出了“人也是按照美的规律来建造”的著名论断。法律文书应该是写作主体按照美的规律构建的精神产品，应该是内容美和语言形式美的统一。内容美是指法律文书弘扬正义，鞭挞邪恶，体现着一种社会美。语言形式美是指文书语言应具有准确、庄重、朴实、精练的美学风格。在追求文书语言形式美时，写作主体应该遵循下列规范：

一、苦苦推敲，寻求最准确的词语

法国作家莫泊桑说过：“不论一个作家所要描写的东西是什么，只有一个词可供他使用，用一个动词使对象生动，一个形容词使对象的性质鲜明，因此就得去寻找，直到找到了这个词，这个动词和形容词，而不要满足于‘差不多’……”① 态度严肃的作家从不随便驱遣词句，每置一字，推敲再三，颇下功夫。贾岛云：“两句三年得，一吟双泪流。”卢延让亦云：“吟安一个字，拈断数茎须。”

要寻求到最准确的词语，就必须认真辨析词义，特别要精心辨析同义词。汉语是世界上最优美、表意最精确的语言。汉语普通语汇中存在大量的同义词。据统计，表示“死”这个概念的词有200多个，这200多个词互为同义词。表示“大”这一概念的词有100多个。汉语同义词形成主要有以下几个原因：（1）民族共同语词和方言词并存。例如，连襟—老挑，玉米—苞谷。（2）古汉语词和现代汉语词并存。例如，获悉—听说，日—太阳。（3）口语和书面语并存。例如，害怕—畏惧；老婆—妻子。（4）有相同的语素。例如，情感—感情，耸立—挺立。因为法律文书的法定写作载体是现代汉语（现代

① ［法］莫泊桑：《小说》，载古典文艺理论译丛编辑委员会编：《古典文艺理论译丛》（第三册），人民文学出版社1962年版，第176页。

汉民族共同语），所以写作主体辨析择取普通语汇中的同义词时，应选取现代汉民族共同语词而舍弃方言词和古汉语词。又因为法律文书是一种书面表达形式，并且语言风格追求庄重，故而应该择取书面词语而避免使用口语词语。

法律专业语汇中，相当多的法律术语包含相同的语素或词，这些法律术语外观上类似普通语汇中的同义词（具有相同语素的同义词）。例如，罚款—罚金，询问—讯问，被告—被告人，受害人—被害人，隐私—阴私，检查—勘查，权利—权力，征收—征用，要约的撤回—要约的撤销等。具有相同语素或词的法律术语与具有相同语素的同义词有本质的差别。具有相同语素的同义词，它们间的意义差别甚微，这些同义词表达的是同一个概念。譬如，“望”（远看）、“盼”（因期待而遥望）、“瞻”（向前仰看）、“瞰”（从高处往下看）、“瞪”（张大眼睛注视）、“睥”（轻蔑地斜视）、“窥”（暗中观察）等是同义词，尽管它们的意义存在细微差别，但它们都表达“看”这一个概念。具有相同语素或词的法律术语之间不构成同义词关系，它们表达的不是同一概念，而是两个完全不同的法律概念，绝不可互相代替。例如，罚款与罚金，这组法律术语含有相同的语素“罚”，“款”与“金”又都指金钱。从语义学角度看，罚款与罚金同义，似乎表达同一概念。但是，作为法律术语，它们有本质的区别，表达两个不同的法律概念。罚金是指人民法院判处犯罪的人或单位向国家缴纳一定数额金钱的刑罚。罚款是指行政机关强制违法者缴纳一定数量的金钱。二者的区别表现在：（1）性质不同。罚金是一种刑罚方法，罚款是行政处罚。（2）适用对象不同。罚金适用于犯罪的人或单位，罚款适用于一般违法分子。（3）适用机关不同。适用罚金的机关是人民法院，适用罚款的机关则是公安、海关、税务、工商等行政机关。（4）适用的法律根据不同。适用罚金的法律根据是刑法，适用罚款的法律根据是治安管理、海关、税务、工商等行政法律、法规。制作法律文书时，写作主体应该仔细辨析这些法律术语的差别，根据案情和法律，准确地选用适当的法律术语。例如，制作一审刑事判决书，被公诉机关指控实施了犯罪行为的人应称为被告人，不能称为被告。被告人是《刑事诉讼法》中的一个术语，它是对处于提起公诉至判决生效之时这个诉讼阶段的被追诉者的称谓。被告是民事诉讼法、行政诉讼法中的一个术语，指民事、行政案件中被起诉的公民、法人或其他组织及行政机关。

法律专业语汇中，还存在一词多义的现象。所谓一词多义，是指同一个词语表达两个以上不同的法律概念。例如，“拘留”一词，在我国法律体系中，表达三个法律概念：（1）刑事拘留（《刑事诉讼法》第82条）；（2）行政拘留（《中华人民共和国治安管理处罚法》第10条）；（3）司法拘留（《民事诉讼法》第118条）。三者之间，性质不同，法律依据不同，适用对象不同，羁押期限不同，有权适用的机关不同。又如，同为“恶意”一词，《民法典》有之，《刑法》有之，然而内涵不同，截然是两个不同的法律概念。根据《民法典》第500条的规定，“假借订立合同，恶意进行磋商”是缔约过失责任的一个类型。此处的“恶意”，王利明先生解释为：“假借磋商、谈判，而故意给对方造成损害的主观心理状态。恶意必须包括两个方面内容：一是行为人主观上并没有谈判意图。二是行为人主观上具有给对方造成损害的目的和动机”。① 根据《刑法》第196条（信用卡诈骗罪）的规定，“恶意透支”是信用卡诈骗活动的一种，指持卡人以非法占有为目的，超过规定限额或者规定期限透支，并且经发卡银行催收后仍不归还的行为。此处的“恶意”则是指具有非法占有之目的。因此，写作主体应该根据案件的性质以及法律语境，把一词多义现象精准确定为其中的一个义项，在写作中一以贯之。

二、语言宜具体明确，尽量避免使用模糊词语

语言是清晰与模糊、确定和不确定、具体和笼统的对立统一体。有些词语的含义是清晰的、确定的、具体的，如火星、木星、一、二等。有些词语则是模糊的、不确定的、笼统的，如凌晨、傍晚、附近、情节严重、数额巨大等，所指的时间、地点、情节、数额都不够具体确定。制作文书时，写作主体要尽可能地选用含义清晰、确定、具体的词语，使语言具体明确，具有可操作性。尽量避免使用含义笼统的模糊词语，因为使用模糊词语会使法律文书的语言不具体、不明确，可操作性不强，可能导致争议的发生或者使法律文书无法执行。例如，某位女士与汽车销售商签订了一份合同，合同的标的是一辆蓝色小汽车。在合同约定的时间内，销售商将一辆藏青色的小汽车交付该女士，遭到拒绝，该女士坚持要浅蓝色的同种型号汽车。这个合同履行争议的产生是因为合同中使用了“蓝色”这一个模糊词，而没有择取一个顾客心中所想的蓝色程度的精确词语。其实，如果当初订立合同的时候，在“蓝色”前面加一“浅”字，这笔交易便会圆满顺畅。

在裁判文书的写作中，主文的语言表述如果不具体、不明确，将使得这些判决生效后难以执行。

例如，王某某与刘某离婚纠纷一案，某法院于2014年11月20日作出的民事调解书主文第三项确认：

---

① 王利明：《合同法研究》（第1卷），中国人民大学出版社2011年版，第345~346页。

王某某享有探望双方之子刘某某的权利。自 2014 年 11 月起，王某某每月可探望刘某某一次，寒假、暑假期间可将刘某某带走生活 3 日，具体探望的时间、地点、方式，双方协商。

2015 年 1 月 28 日，因刘某一直拒绝让王某某探望刘某某，且刘某拒不让王某某接走刘某某（已放寒假），王某某申请法院强制执行。执行法官联系刘某后，刘某表示不愿再行协商。2015 年 3 月 25 日，法院驳回了王某某的强制执行申请。问题就出在民事调解书中的主文表述，该主文没有把探望权行使的几个关节点予以具体清晰的表述，导致它的执行性和可操作性差，探望主体和协助主体间容易发生扯皮。协助主体不协助探望，探望主体多不能举证证明，法院也就很难认定协助主体不履行协助义务之事实，进而采取罚款、拘留等强制执行措施，法院最终只能驳回强制执行申请。所以，顺利进行强制执行探望权的前提是执行依据中有关探望权的表述必须具体、明确。季凤建法官认为，裁判文书主文表述符合探望权的强制执行，必须同时具备六个要素：（1）明确的探望主体（姓名）；（2）明确的协助主体（姓名或单位名称）；（3）明确的探望对象（写清子女姓名，若涉及多个子女，必须全部一一写清）；（4）确定的频度（每周或月一次还是多次）；（5）确定的起止时间（几点开始探望与结束，何时接走与送回）；（6）确定的地点（在何处探望）。①

虽然模糊词语的使用会产生问题，但是在特殊情况下，我们必须使用模糊词语。法律中总有一些原则性的规定，这些原则性规定是高度抽象和概括的，故能使法律具有修补漏洞的功能，更能适应社会实践的变化，这些原则性规定多是用模糊词语表述的。例如，诚实信用原则和三公原则。如果我们用精确明晰的词语来表述法律的基本原则，等于取消了基本原则，最终使法律失去了适应社会变化的能力。在一些政治性强的法律文件中，立法经常使用一些模糊词语。例如，《反分裂国家法》第 8 条规定：

"'台独'分裂势力以任何名义、任何方式造成台湾从中国分裂出去的事实，或者发生将会导致台湾从中国分裂出去的重大事变，或者和平统一的可能性完全丧失，国家得采取非和平方式及其他必要措施，捍卫国家主权和领土完整。

依照前款规定采取非和平方式及其他必要措施，由国务院、中央军事委员会决定和组织实施，并及时向全国人民代表大会常务委员会报告。"

上述法条是我国政府对台湾问题作的政策性宣示，使用了几个模糊词语。如"重大事变""非和平方式""必要措施"。这些模糊词语给我国政治领导人

---

① 季凤建：《探望权执行，须以内容明确为前提》，载《中国妇女报》2015 年 8 月 7 日，第 3 版。

预留了审时度势、灵活决策的操作空间，以实现国家利益的最大化。假如代之以精确明晰的词语，势必捆绑政治领导人的手脚，令其不能灵活、正确的决策。

在合同书的制作中，由交易的实际情况所决定，个别时候还需要运用一些模糊词语。例如，某建设工程施工合同的双方当事人无法就竣工日期达成一致的意见，可以就此妥协，约定要在“合理的时间内完成”。如果此时追求合同文字的具体明确，则只能使这桩交易泡汤。

三、切勿使用歧义词语

歧义词语是指有两种或多种不同的意义，有两种或多种可能的解释之词语。例如，“咬死了猎人的狗”，这个短语有两种理解：一是“一条咬死过猎人的狗”；二是“把猎人的狗咬死了。”在法律写作中，歧义词语完全是一种消极的语言现象，会给交际带来诸多不便，因而应力求避免。

写作主体稍不留神，在法律文书中就会使用歧义词语。例如，张三还欠款5000元。现代汉语中，“还”是一个多音多义词。还，（1）读 huán，动词，归还。（2）读 hái，副词，依然、仍然。其读音不同，词性不同，词义也不同。究竟是“张三归还欠款5000元”，还是“张三依然欠款5000元”？立字据双方日后可能各执一词，对簿公堂。又如，“货到全付款”也是一个歧义词语。这个合同条款有两种理解：一是“货到，全付款”；二是“货到全，付款”。显然，这个歧义短语可能引起合同履行中的两种抗辩权之纷争。“货到全，付款”乃先履行抗辩权之争；“货到，全付款”乃同时履行抗辩权之争。法律文书中使用了歧义词语，必然为日后的纷争埋下了伏笔，不利于法律关系的稳定，也不利于法院查明事实，迅速解决纠纷。因此，文书写作中切记不要使用歧义词语。不可否认，历史上曾经出现过以蓄意歧义的方法成功实现特定目的之个案①，但这仅仅是极其少数的个案，并且风险值也极高，不能将之作

① 清朝胡文炳在《折狱龟鉴补》中记载了一个遗产继承纠纷的案件。案情梗概是：有张姓富翁，正妻只生育一女，招赘了某甲。过了很长时间，所纳之妾生了一子，取名“一飞”，大概寓有“不飞则已，一飞冲天”之意。幼子四岁时张翁去世。张翁病重时对女婿说：“一飞不能堪当家事重任，我的家业都给你夫妇俩。你要照顾那孤儿寡母，不让娘儿俩死于沟壑，这是积阴德的事情。”接着取出一份遗嘱给予女婿，遗嘱上写：“张一非吾子也家财尽与吾婿外人不得争夺。”张翁死后，女婿占有了张翁的家业而没有任何疑虑。一飞长大后向官府起诉，要求继承张翁的家业。女婿把遗嘱呈递官府后，官府便驳回一飞的请求。后来，奉使者（朝廷派遣纠察冤狱的官员）巡视当地，一飞前去申诉，女婿也被传唤到案。奉使者对遗嘱重新断句，解读道：“张一非（飞），吾子也，家财尽与，吾婿外人，不得争夺。”于是，奉使者呵斥女婿道：“你岳父明明说‘女婿外人’，你还敢占有他的家业？至于他故意将‘飞’写作‘非’，是他在临死前考虑到儿子张一飞尚且年幼，恐怕被你们夫妇所加害啊！”最终，奉使者把家业判给一飞，当地人皆称颂。

为一个常态来提倡。

四、不要直叙污言秽语、秽浊情事

清代学者王又槐在《办案要略·叙供》中提出了关于“叙供”的九条要求。第二条“供不可野”告诫人们在法律文书中不要直叙污言秽语。他说：“供不可野，如骂人污辱俗语及奸案秽浊情事，切勿直叙，只以混骂、成奸等字括之，犯者必干申饬。”根据王又槐的意见，对案件中的“污言秽语、秽浊情事”，写作主体不得详述细节，只应做概括叙述。直叙污言秽语、秽浊情事，就与文书语言的庄重性相抵触，将产生消极的社会影响。例如，我国台湾地区屏东县某法官将一起性侵案的判决书内容，写得犹如情色小说一般。不但将性侵写成像“两情相悦”，甚至还用多达1500字描写性侵过程，该判决书引发我国台湾地区法律界的高度关注，被批为太“咸湿”。①

五、褒贬恰当

在文学作品中，为了创造一种特殊的艺术效果，作家常常使用褒贬错位法，即褒义词用在可贬斥的人或事上，或贬义词用在可褒扬的人或事上。例如：

（1）也有解散辫子，盘得平的，除下帽来，油光可鉴，宛如小姑娘的发髻，还要将脖子扭几扭，实在标致极了。（鲁迅《藤野先生》）

（2）几个女人有点失望，也有些伤心，各人在心里骂着自己的“狠心贼”。（孙犁《荷花淀》）

前例中，“标致”是容貌出众、姿态优美的意思，本是褒义词，但鲁迅先生故意反话正说，具有强烈的讽刺意义。后例中，“狠心贼”本是贬义词，但作者故意正话反说，微妙而细腻地勾画出女人们对各自的丈夫既爱恋难舍，又关切赞美的复杂矛盾的思想感情。

写作法律文书时，褒贬却要恰当，褒扬应当褒扬之人，贬斥应当贬斥之人。褒贬出现错位，不仅会破坏文书语言庄重的风格，而且会产生极其恶劣的影响。例如：

（1）被告人×××在××局长办公室行窃成功之后，更坚定了作案的信心……

（2）到案经过证明2016年11月26日侦查人员在深厦市致公区世纪帝豪

---

① 参见《台湾法院性侵案判决书如黄色小说引发关注》，载凤凰网资讯，最后访问日期：2020年9月6日。

大饭店一层被抓。

因此，文书写作主体应该牢记乔纳森·斯威夫特的教导："在适当的位置选择适当的词语。"

六、力避生僻词语和勿用生造词语

生僻词语是不常见或人们不熟悉的词语，但这些词语是语汇中固有的，具有社会约定俗成性。例如，"麤布"中的"麤"（音 cū）。生造词语是某些人一厢情愿自造的词语，这些词语不是语汇的构成成分，不具有社会约定俗成性。法律文书中出现的生造词语，许多源于对法律术语不当的缩略。例如，"提不出任何理据""分割夫妻共产""免予刑处"等。法律文书中，使用生僻词语和生造词语，写作受体难以理解，会导致书面交流产生严重障碍。因此，写作主体不要使用生僻词语和生造词语。

七、法律术语的使用要看对象

法律术语是法律人使用的一种专业语汇，它的使用应有助于交流。如果写作受体是法律圈内的人士，使用大量的法律术语不但无碍于交流，而且会使交流更有效率。例如，法官给有关领导提交的《审结报告》。如果写作受体连法律 ABC 也不知晓，过多地使用法律术语，它们就成为横在交流双方间的一堵墙，写作受体的反应肯定是味同嚼蜡，丈二和尚摸不着头脑。此时，恰当的做法是将法律术语转换成与之等值的日常用语。例如，农村土地承包经营权纠纷案件中，当事人一般是不甚晓法律的农民，审理中，法官不应说："你有申请回避的权利。"而应该说："你同意我审理你的案子吗？"由此看来，不看对象，盲目使用法律术语，有违文书语言的朴实风格，本当顺畅的交流变得很艰难。在法律术语的选用上，应记住"到什么山上唱什么歌""看菜吃饭""量体裁衣"。

八、避免使用多个否定词

吴礼权先生在《基于计算分析的法律语体修辞特征研究》一文以《中华人民共和国国籍法》为分析文本，指出肯定句和否定句的比例分别是 80% 和 20%。可见，法律文书中很少使用否定句。至于两重、三重否定句就更不能使用了，因为多个否定词的使用相当于出了一个字谜，写作受体需要费番功夫才可以确定谜底。如"如果财产受托人和受益人没有不同意见，在不超过两年的时间间隔内，投资不需要被重新评估"。没有一个写作受体喜欢在多个否定词构成的迷阵中绕来绕去，他们喜欢更为直接、明白的表述。我们可以把上例改为明白、简洁的表达。如“如果财产受托人和受益人同意，投资在每两年内不需重新评估”。

九、相同的思想使用同一个词语表达

中国古代的作家们崇尚语言变化多姿，忌讳在同一篇文章中重复使用相同字眼。在表达一个思想时，接连使用若干个同义词，文章展现出一种文辞华赡的美。例如，贾谊的《过秦论》有一段文字：

秦孝公据殽函之固，拥雍州之地，君臣固守以窥周室，有席卷天下，包举宇内，囊括四海之意，并吞八荒之心。当是时也，商君佐之，内立法度，务耕织，修守战之具；外连衡而斗诸侯。于是秦人拱手而取西河之外。

贾谊在表达“秦国国君有统一天下之雄心”这一思想时，一口气连用“席卷天下”“包举宇内”“囊括四海”“并吞八荒”四个同义词组，气宇轩昂，堪称古今一流文字。

不过，这样的语言技巧不能运用在法律文书中。交替使用同义词来表达同一思想，这种技巧有违文书朴实的风格。写作受体会觉得眼花缭乱，倍感阅读艰难。因此，写作主体表述相同的思想时，要尽量使用同一个词语来贯穿全文。反之，即使表述的思想与之前有一丝不同，也要考虑更换一个词。西方学者把这项技巧称为法律写作的黄金规则。例如，经济合同的双方都是公司且公司的名称都很长，合同的起草者一般使用“甲方”“乙方”的代称贯穿合同首尾，而不能一会儿称作“甲方”“乙方”，一会儿又用两个公司的简称或全称。又如，律师替客户起草一份雇佣合同，在动笔之前，应该事先确定在合同中对双方是直接以姓名称呼还是分别称为雇主与雇员，合同书中双方的称谓不可以前半部直呼姓名，后半部改弦易辙，呼作“雇主”“雇员”。总之，法律文书前后称谓必须保持一致。

十、慎用方言土语

法律文书中一般不能出现方言土语。由《宪法》第19条第5款，《通用语言文字法》第3条、第9条等规定，我们可以推出“法律禁止使用方言土语制作法律文书”这一结论。作为例外，少数法律文书（如笔录）可以适当使用方言土语，但必须加注说明。但是，我国法院制作的裁判文书中使用方言土语的现象比较严重。例如，把“内弟”称作“舅子头”；把“购买价格”称作“买时价格”等。

请看天津某法院制作的一份刑事判决书的事实部分：

经审理查明：2004年2月20日15时许，被告人杨某旭、张某颜经预谋、准备后，驾驶一华利面包车来到塘沽区宁波道，假借问路将独自放学回家的塘沽区上海道小学学生田某强行抱上车，绑架至天津市北辰区宜兴埠仁义里一平房内，后由被告人张某颜对田某进行看守，被告人杨某旭用电话向田某家人索要赎金人民币60 000元。同年2月21日，被告人杨某旭到H省唐山市的建设银行持银行卡将60 000元赎金大部取出，后二被告人将田某放回。数日后，被告人杨某旭在天津市市区将剩余赎金取走，所得赃款被二被告人俵分。同年3月6日，二被告人被抓获归案，公安机关追缴赃款40 136元及用赃款购买的雅马哈250型摩托车一辆，均已发还被害人。

上例中的“俵”字是天津方言中的一个词，意思是“按份儿或按人分发”，但用在此处颇不可取。2018年6月1日，最高人民法院印发了《关于加强和规范裁判文书释法说理的指导意见》，其中第15条明确规定，裁判文书行文应当规范、准确、清楚、朴实、庄重、凝练，一般不得使用方言、俚语、土语、生僻词语、古旧词语、外语；特殊情形必须使用的，应当注明实际含义。

十一、语言力求精练

语言精练是中国经典作家的一项优良传统。例如，《春秋·僖公十六年》载：“十有六年春，王正月戊申朔，陨石于宋五。是月，六鹢退飞，过宋都。”《公羊传》对此解释说：“曷为先言陨而后言石？陨石，记闻，闻其填然，视之则石，察之则五。……曷为先言六而后言鹢？六鹢退飞，记见也。视之则六，察之则鹢，徐而察之则退飞……”孔夫子仅用五字，按照闻见之先后顺序，把陨石雨的降落过程完整记录下来；以寥寥七字，按照粗略到精细的观察顺序，记录了六鹢退飞这个自然现象。足见，《春秋》叙事，语言精练，序次分明，一字不苟。

文字精练也是中国优秀司法文书语言的突出特点。

《左传·昭公十四年》记载：晋邢侯与雍子争鄐田，久而无成。士景伯如楚，叔鱼摄理，韩宣子命断旧狱，罪在雍子。雍子纳其女于叔鱼，叔鱼蔽罪邢侯。邢侯怒，杀叔鱼与雍子于朝。宣子问其罪于叔向。叔向曰：“三人同罪，施生戮死可也。雍子自知其罪而赂以买直，鲋也鬻狱，邢侯专杀，其罪一也。己恶而掠美为昏，贪以败官为墨，杀人不忌为贼。《夏书》曰：‘昏、墨、贼，杀。’皋陶之刑也。请从之。”乃施邢侯而尸雍子与叔鱼于市。

叔向的答语实际上是一份判词。“三人同罪，施生戮死”，这两句话相当于判决主文。“雍子自知其罪而赂以买直，鲋也鬻狱，邢侯专杀，其罪一也”，这些话陈述了判决理由。“己恶而掠美为昏，贪以败官为墨，杀人不忌为贼。

《夏书》曰：'昏、墨、贼，杀。'皋陶之刑也。请从之。"这些话援引并解释了判决所依据的法律条文。综观全文，步步为营，层层相扣，入情入理，令人叹服，然而作者仅用了67字。读者还可以参阅本书第三编之《奸非致死之辩诉》。

今日法律文书写作时，力求语言精练，可以提高工作效率，也是对写作受体的一种尊重。令语言精练的方法很多，下面介绍其中的两种。

（一）省略

省略是为了避免重复、突出主要信息并使上下文紧密连接的一种语言修辞手段。省略有承前省、蒙后省、对话省三种形式。

1. 承前省　在一定的语境中，文书前面的段落或句子中已经使用过的表述，在后边的语句中可以省略。

例如，张某某不肯罢休，决定孤注一掷，携带一瓶浓硫酸，独自到王家。（承前省略主语张某某）

2. 蒙后省　在一定的语境中，文书后面的段落或句子中已经使用过的表述，在前边的语句中可以省略。

例如，《民法典》第349条规定，设立建设用地使用权的，应当向登记机构申请建设用地使用权登记。建设用地使用权自登记时设立。登记机构应当向建设用地使用权人发放权属证书。（蒙后省略主语建设用地使用权人）

3. 对话省　在记录交际双方对话的场合，可以省略对话中的某些成分。这种省略方式主要使用在笔录文书中。

例如，问：你认识穆某某这个人吗？

　　　答：我认识，穆某某是我单位的职工。

著者评语：在这则《讯问笔录》的片语中，纵使犯罪嫌疑人没有使用对话省这一方式，笔录者完全可以省略掉"我"和"穆某某"这两个主语。

（二）附件法

在法律文书写作中，写作主体不可避免地要援引其他文书的内容。如果仅仅简单地将已有文书加以拷贝，就会出现一篇文书中含有若干文书的局面，语言便会臃肿，也会使该文书的主要信息不突出，而影响文书的阅读理解。采用附件法可以防止文书语言肿胀。所谓附件法就是于正在写作的文书正文部分，只简要概括指出所援引某文书的基本内容，然后把所援引文书的全文作为所写作文书的附件附录在后。

第七节 有关修辞的规范

法律文书的说服力来自内容和形式（指语言形式）两个方面。文书形式对写作受体的说服更为直接。① 美的形式能激发写作受体的阅读兴趣，丑陋的形式使写作受体不愿意继续读下去。创造美的语言形式，离不开修辞，修辞能美化文书语言。优秀的法律文体作家都很重视修辞。J. M. 巴尔金曾说："为什么我们会相信逻辑推理与语言变幻莫测的使用，如比喻、押韵、类音词和多义词等完全隔绝呢？此类语言表面特征具有微妙却诱人的影响力……为什么法律推理不能凭借文学语言、双关语以及文字游戏来表述呢？"中国古代的判词，对偶、比喻、排比、引用、反问、层递、顶针等修辞格俯拾皆是，它们自然具有一定的艺术魅力。英美法官也很重视判决书写作中修辞的运用。他们在长期的司法实践中甚至总结出了一整套相当详尽的语体修辞的技巧，很多法官手中拥有一部关于判决修辞风格的介绍性手册。长期以来，不讲求修辞，语言平淡，缺乏感染力是我国当代裁判文书写作存在的一个问题。现在，最高人民法院意识到这个问题，开始要求法官在制作裁判文书时要重视和丰富修辞的运用以强化法律论证效果。《最高人民法院关于深入推进社会主义核心价值观融入裁判文书释法说理的指导意见》第 10 条明确规定："裁判文书释法说理应当使用简洁明快、通俗易懂的语言，讲求繁简得当，丰富修辞论证，提升语言表达和释法说理的接受度和认可度。"这个司法文件对其他法律人的法律写作亦应具有引领作用。在运用修辞手法时，写作主体要遵循下列规范：

一、遵循辞格使用的八个原则

早在 20 世纪 20 年代，唐钺在《修辞格》中就提出了使用辞格的八个原则：

1. "修辞格不可用得过多"，"太多使读者生厌因而减少甚至全失效力"。

---

① 美国律师吕立山（Robert Lewis）的一段话可以为之做一个很好的注脚。他说："我早年在美国一家大型律师事务所执业，该所一名非常成功的资深合伙人经常向我强调说，一名律师，不管其法律功底多么深厚，写出来的法律文书内容多么优秀，一旦当事人在阅读该文书时能找出错别字或者发现了很容易避免的其他形式错误，对律师的信心就会大打折扣。所以大家应该牢记，当事人的主观印象对于律师来说就是客观事实，如果我们提供给当事人的文书形式是二流的，那么当事人会认定其内容也是二流的。"参见［美］吕立山、江宪胜：《合同与法律咨询文书制作技能》，法律出版社 2007 年版，第 8 页。

2. “修辞格要‘一以贯之’”，以免“使读者心目紊乱”。

3. “修辞格于本题不甚贴切的不要用它”，以免“使读者觉得牵强”。

4. “修辞格不可过于纤巧”。

5. “修辞格不可过于怪僻”，以免“使读者疑惑不解”。

6. “修辞格太旧的不可用”，以免“使读者觉得厌烦”。

7. “凡大费心力后得的修辞格，每每犯不切、纤巧或怪僻的病”。

8. “还要深观物理历练人情以积蓄实际材料，才能够操纵修辞格‘从心所欲’”。

二、以消极修辞为主、积极修辞为辅

修辞有积极修辞、消极修辞之分。为使语言明白、通顺、平均、缜密而采取的修辞手法叫消极修辞。为使语言生动、形象而采取的修辞手法叫积极修辞。几乎没有人怀疑消极修辞在法律文书中的合法地位。但是，关于积极修辞能否运用于法律文书这一话题，理论界和实务界存在争论。通说认为，法律文书中宜择取消极修辞，不提倡使用积极修辞。我们认为，积极修辞、消极修辞二者在美化语言方面的作用各有千秋，彼此不能互相代替。消极修辞的长处在于使语言准确、严密、平易，但亦有枯燥、呆板之缺陷。积极修辞的长处在于使语言生动、形象，但如果使用不当，也会陷入轻浮之泥淖。执两端而用其中不失为一种明智的做法，即把这两种修辞手法有机地结合起来，这样，写作受体会在获得审美享受中轻松地接受文书的观点，文书中的主要信息会给写作受体留下深刻的印象。

积极修辞和消极修辞在法律文书中的地位不是平行并列的，而是存在主次之分。鉴于准确、朴实、庄重、精练是法律文书的语体风格，消极修辞应是法律写作中最主要的一种修辞手法。在不破坏法律文书语体风格前提下，可以适当地使用一些积极修辞手法，以提高读者的阅读兴趣，加强法律文书的表达效果。例如，“陆某某同学被推下了站台，在这紧急关头，地铁×站派出所的值班女民警周怡不顾个人安危，挺身而出上前抢救陆某某。正当周怡伸手往上拽陆某某的时候，被告人郭某某又穷凶极恶地把周怡推下了站台。”从一篇法律文书中节选的这段文字具有报告文学的吸引力，其原因在于使用了积极修辞手法，“不顾个人安危”“挺身而出”“穷凶极恶”这些词语的运用形象地描绘了案件的事实。假如将此等词语悉数删除，其表意固然准确、明晰、朴实，然而失却的是感染力。这个例子表明：恰当地使用积极修辞，不仅是可以的，有时甚至是必要的。读者可以参阅本书第三编之《历史将宣判我无罪》（节选）。

第八节　有关引用法律条款的规范

法律文书中必须引用法律条款。在唐代，司法官在刑事判决书中不具引法律条款，要承担刑事责任。《唐律疏议·断狱》规定："诸断罪皆须具引律、令、格、式正文，违者笞三十。"这便是断罪不具引律、令、格、式罪。

引用法律条款时应遵循全面、正确、具体三个基本原则。全面是指把与案件处理有关的所有法律条款全部引用，不允许遗漏。正确是指所援引的法律条款与案件事实相吻合。具体是指引用法律条款不能概括笼统，要具体到条、款、项。

关于在裁判文书中如何引用法律、法规等，最高人民法院曾制定多部法律文件加以规定，其中，《最高人民法院关于司法解释工作的规定》《关于裁判文书引用法律、法规等规范性法律文件的规定》是两部基础性法律文件。兹将其中的一些重要规则摘录如下，这些规则对于其他法律人在写作法律文书引用法律条款时也起一种指引作用。

1. 司法解释的形式分为"解释""规定""规则""批复""决定"五种。

对在审判工作中如何具体应用某一法律或者对某一类案件、某一类问题如何应用法律制定的司法解释，采用"解释"的形式。

根据立法精神对审判工作中需要制定的规范、意见等司法解释，采用"规定"的形式。

对规范人民法院审判执行活动等方面的司法解释，可以采用"规则"的形式。

对高级人民法院、解放军军事法院就审判工作中具体应用法律问题的请示制定的司法解释，采用"批复"的形式。

修改或者废止司法解释，采用"决定"的形式。

2. 司法解释施行后，人民法院作为裁判依据的，应当在司法文书中援引。

人民法院同时引用法律和司法解释作为裁判依据的，应当先援引法律，后援引司法解释。

3. 人民法院的裁判文书应当依法引用相关法律、法规等规范性法律文件作为裁判依据。引用时应当准确完整写明规范性法律文件的名称、条款序号，需要引用具体条文的，应当整条引用。

4. 并列引用多个规范性法律文件的，引用顺序如下：法律及法律解释、行政法规、地方性法规、自治条例或者单行条例、司法解释。同时引用两部以上法律的，应当先引用基本法律，后引用其他法律。引用包括实体法和程序法的，先引用实体法，后引用程序法。

5. 刑事裁判文书应当引用法律、法律解释或者司法解释。刑事附带民事诉讼裁判文书引用规范性法律文件，同时适用本规定第四条规定。①

6. 民事裁判文书应当引用法律、法律解释或者司法解释。对于应当适用的行政法规、地方性法规或者自治条例和单行条例，可以直接引用。

7. 行政裁判文书应当引用法律、法律解释、行政法规或者司法解释。对于应当适用的地方性法规、自治条例和单行条例、国务院或者国务院授权的部门公布的行政法规解释或者行政规章，可以直接引用。

8. 人民法院制作裁判文书确需引用的规范性法律文件之间存在冲突，根据立法法等有关法律规定无法选择适用的，应当依法提请有决定权的机关做出裁决，不得自行在裁判文书中认定相关规范性法律文件的效力。

此外，还应注意以下四点：

第一，裁判文书不得引用宪法和各级人民法院关于审判工作的指导性文件、会议纪要、各审判业务庭的答复意见以及人民法院与有关部门联合下发的文件作为裁判依据，但其体现的原则和精神可以在说理部分予以阐述。指导性案例不作为裁判依据使用。

第二，引用法律、法规、司法解释应书写全称并加书名号。法律全称太长的，也可以简称，简称不使用书名号。可以在第一次出现全称后使用简称。例："《中华人民共和国民事诉讼法》以下简称民事诉讼法"。引用法律、法规和司法解释条文有序号的，书写序号应与法律、法规和司法解释正式文本中的写法一致。

第三，行政判决系参照国务院各部、委以及省、自治区、直辖市人民政府和较大的市人民政府制定发布的行政规章作出的，则应当写明"根据《中华人民共和国行政诉讼法》第六十三条，参照该规章（应写明条、款、项）的规定"。

第四，人民法院审理涉台民商事案件，应当适用法律和司法解释的有关规定。根据法律和司法解释中选择适用法律的规则，确定适用我国台湾地区民事法律的，人民法院予以适用。根据相关规定确定适用有关法律违反国家法律的基本原则或者社会公共利益的，不予适用。

---

① 该条规则出自《关于裁判文书引用法律、法规等规范性法律文件的规定》，"第四条规定"指的是此处之规则6。

第九节　有关数字书写规范

数是人类对客观事物的量进行抽象而形成的基本概念，数字是记录数这类基本概念时使用的文字符号。数字的形式有阿拉伯数字、罗马数字、印度数字、汉字数字等。汉字的数字分大小写：“〇一二三四五六七八九十”等是汉字小写；“零壹贰叁肆伍陆柒捌玖拾”等是汉字大写。在我国，官方规定使用的数字形式是汉字数字和阿拉伯数字。《出版物上数字用法》（GB/T 15835—2011）对数字的用法作了权威的规定。

法律文书自始至终离不开数字，制作机关、文书编号、当事人基本情况、诉讼请求、侦查/审查/审理经过、小标题、案件事实、判项、成文日期、证据目录等，都涉及数目，都要用到数字。法律文书使用的数字形式唯有汉字数字和阿拉伯数字，其使用当然应该遵循《出版物上数字用法》（GB/T 15835—2011）的规定，除此之外，裁判文书的写作中还要遵循最高人民法院关于数字使用的专门规定。

一、《法院刑事诉讼文书样式（样本）》之《关于印制〈法院刑事诉讼文书样式〉（样本）的说明》的规定

1. 用汉字数字表示的为：

（1）法院诉讼文书引用的法律条款和判处的刑罚；

（2）判决书、裁定书的签发日期或者当庭宣判的日期；

（3）不是一组表示科学计量和具有统计意义数字中的一位数，如一律、一起、一笔账、三个单位等；

（4）数字作为词素构成定型的词、词组、惯用语、缩略语的语句。如三角形、七上八下、一分为二、第一书记、某部二连二排四班等；

（5）邻近的两个数字并列连用，表示概数的词语。如二三米、三四天等，连用的两个数字之间不用顿号隔开。

2. 用阿拉伯数字表示的为：

（1）公历年代、年、月、日（除裁判文书尾部时间和引述原一审、二审裁判文书时间外）和时刻。如1998年11月1日、下午3时1刻；

（2）记数与计量（包括正负整数、分数、小数、百分比）；

① 案号。如（1998）×刑初字第21号；

② 4位和4位以上的数字，采用国际通行的三位分节法，节与节之间空半

个阿拉伯数字的位置。如，4321，写为 4 321；

③ 5 位以上的数字，尾数零多的，可以改写为以万元、亿元作单位的数（千克、千米、千瓦、兆赫等法定计量单位中的词头不在此列）。如人民币 345 000 000 可以改写为 3. 45 亿元或者 34 500 万元；

④ 一个用阿拉伯数字书写的多位数不能移行。

二、《人民法院民事裁判文书制作规范》的规定

1. 裁判主文的序号使用汉字数字，例："一""二"；

2. 裁判尾部落款时间使用汉字数字，例："二〇一六年八月二十九日"；

3. 案号使用阿拉伯数字，例："（2016）京 0101 民初 1 号"；

4. 其他数字用法按照《出版物上数字用法》（GB/T 15835—2011）执行。

三、注意事项

1. 法律文书结构层次序数书写要规范。第一层写为"一、二、三、四……"，第二层写为"（一）（二）（三）（四）……"，第三层写为"1. 2. 3. 4. ……"，第四层写为"（1）（2）（3）（4）……"。需要注意的是"（一）"和"（1）"后不加顿号。

2. 选用汉字数字来书写法律文书的制作时间只是最高人民法院、公安部对本部门法律文书制作的一项要求。最高人民检察院、司法部却要求全国各级检察机关、公证机构选用阿拉伯数字来书写检察文书、公证书的制作时间，律师也习惯于使用阿拉伯数字来书写文书制作时间。《出版物上数字用法》（GB/T 15835—2011）4. 3 规定，"如果表达计量或编号所需要用到的数字个数不多，选择汉字数字还是阿拉伯数字在书写的简洁性和辨识的清晰性两方面没有明显差异时，两种形式均可使用……如果要突出简洁醒目的效果，应使用阿拉伯数字；如果要突出庄重典雅的表达效果，应使用汉字数字"。实践中，法律文书的制作时间一般出现在尾部这个醒目位置，单独占一行书写，并且所需要用到的数字个数不多，最多用 8 个数字。这样，无论使用汉字数字还是阿拉伯数字，在书写的简洁性和辨识的清晰性两方面没有明显差异。因而应该着力考虑哪一种数字形式更能与法律文书的品格相匹配。庄重典雅是法律的品格，记录法律执行的法律文书也必然是庄重典雅的。由此，唯有庄重典雅的汉字数字能与法律文书的品格相匹配。因此，用汉字数字来记录法律文书的制作时间是最符合国家标准的精神要求的。

3. 汉字数字小写〇。"〇"是一个汉字字符，书写文书制作时间时要从键盘中选用它，而不能选"零"，也不能选用英文字母"o"或阿拉伯数字"0"。

【错误示例】

（1）二零二一年六月五日；（2）二o二一年六月五日；（3）二0二一年六月五日。

【正确示例】

二〇二一年六月五日。

第十节 有关计量单位的使用规范

北京市高级人民法院在《关于制作裁判文书有关技术要求的规定》中，对裁判文书中计量单位的使用做了规定，这些规定对其他法律文书中计量单位的使用也起重要的引领作用，兹摘录如下：

1. 长度法定计量单位采用米制，单位名称用“米”“海里”“千米（公里）”；不得使用“公分”“尺”“寸”“分”“吋（英寸）”。

2. 质量计量单位名称使用“千克”“克”“吨”；不得使用“斤”“两”。

3. 时间计量单位名称使用“秒”“分”“时”“日”“周”“月”“年”；不得使用“点”“刻”。

4. 体（容）积计量单位名称使用“升”；不得使用“公升”。

5. 其他计量单位的使用问题，依照《中华人民共和国法定计量单位》的规定执行。

第十一节 有关标点符号的使用规范

标点符号是点号和标号的合称，它是辅助文字记录语言的符号，是书面语的有机组成部分，用来表示语句的停顿、语气以及标示某些成分（主要是词语）的特定性质和作用。

点号分句末点号和句内点号。句号、问号、叹号是句末点号；逗号、顿号、分号、冒号是句内点号。点号的作用是点断，主要表示停顿和语气。

标号的作用是标明，主要标示某些成分（主要是词语）的特定性质和作用。包括引号、括号、破折号、省略号、着重号、连接号、间隔号、书名号、专名号、分隔号。

书面语中，标点符号起着文字所不具备的独特功能，不可轻视之。例如，法律文书写作中，点号的使用与否攸关是否构成歧义句。例如，“货到全付款。”由于没有使用逗号，于是产生歧义。逗号在句中的位置不同，导致句子的意思截然不同。例如，①“货，到全付款。”②“货到，全付款。”③“货到全，付款。”例中三个判断，①和③是等值判断，意涵与②迥然有异。

法律文书中标点符号的使用，应该依照《标点符号用法》（GB/T 15834—2011）的有关规定。裁判文书制作中，还要遵守最高人民法院和一些高级人民法院作的专门规定①。

最高人民法院在《法院刑事诉讼文书样式》中规定：

被告人项内书写的各种情况之间，一般可用逗号隔开；如果某项内容较多，可视行文需要，另行采用分号或句号。

最高人民法院在《人民法院民事裁判文书制作规范》规定：

1.“被告辩称”“本院认为”等词语之后用逗号。

2.“×××向本院提出诉讼请求”“本院认定如下”“判决如下”“裁定如下”等词语之后用冒号。

3. 裁判项序号后用顿号。

4. 除本规范有明确要求外，其他标点符号用法按照《标点符号用法》（GB/T 15834—2011）执行。

北京市高级人民法院在《关于制作裁判文书有关技术要求的规定》中，对裁判文书中标点符号的使用作了规定：

1. 诉讼参与人自然情况的表述，同一层意思中各项之间的停顿，应使用逗号；数层意思之间的停顿，应使用分号。

2.“判决如下”“裁定如下”等词语之后，应使用冒号。

3.“原告诉称”“被告辩称”“起诉书指控”“自诉人控告”“经审理查明”“本院认为”等词语之后，凡所提示的下文只有一层意思的用逗号；有数层意思的用冒号，数层意思之间用分号。

4. 除上述规定外，其他标点符号的使用问题，依照《标点符号用法》（GB/T 15834—2011）的规定执行。

---

① 需要注意的是，关于裁判文书的写作规范，最高人民法院与各高级人民法院的规定不尽一致。即便是最高人民法院，不同审判业务庭室所遵循的规范也存在差异。例如，民事裁判文书的首部，当事人基本情况部分，诉讼地位称谓和当事人姓名之间必须加冒号，如“原告：张某某……”；而在行政裁判文书中，二者之间不使用任何标点符号，如“原告张某某……”。

第十二节　有关文号、案号的编制规范

为了便于对公安司法机关制作的法律文书进行文书分类、统计、检索和档案管理，需要依据一定的规则为法律文书编制具有类似身份证号码功能的特定符号结构——文书编号。进行文书编号时，应遵循下列原则：（1）依法编号；（2）一案一号；（3）不重号；（4）用字简省、规范。文书编号有文号和案号两种形式。

一、公安机关刑事法律文书中的文号

公安机关刑事法律文书中的文书编号称作文号，全称发文字号。2012 年 12 月 19 日，公安部发布了《公安机关刑事法律文书式样（2012 版）》（以下简称《2012 年公安文书式样》），“填写和印制说明”第 17 条规定了文号的编制规则：

文书式样中的发文字号印刷为“×公（）字〔〕号”，实际填写时，“×”处填写制作法律文书的机关代字，如北京市填写“京”；“（）”处填写办案部门简称，如经济犯罪侦查部门制作的文书填写“经”；“（）”和“字”之间的部分为文书名称简称，文书式样已根据不同法律文书种类将其简称印在文书之上，如拘留证印“拘”、逮捕证印“捕”；〔〕中填发文年度；〔〕后填发文顺序号。

例如，北京市公安局 2021 年立案侦查的第 315 号案件，案由是故意杀人，其制作的提请批准逮捕书，文号应编制为“京公（刑）提捕字〔2021〕315 号”。

二、人民检察院刑事诉讼法律文书中的文书字号

2020 年 1 月 15 日，最高人民检察院发布了《人民检察院刑事诉讼法律文书格式样本（2020 版）》，在“填写和印制说明”中规定了文书字号的编制规则：

17. 文书字号。文书式样中的文书字号印刷为“×××〔〕号”，实际填写时，“×××”一般为某检察院简称 + 办案部门简称 + 文书简称，〔〕中填文书年度；〔〕后填文书序号。

例如，北京市人民检察院第三分院 2021 年审查起诉的第 288 号案件，其制作的起诉书，文号应编制为“京三分检刑诉〔2021〕288 号”。

三、人民法院裁判文书中的案号

案号指人民法院裁判文书中的文书编号。它是指用于区分各级法院办理案件的类型和次序的简要标识，由中文汉字、阿拉伯数字及括号组成。

（一）案号编制的法律文件

案号的基本要素、规格及编制规则，由最高人民法院统一制定。2015 年 5 月 13 日，最高人民法院印发了《关于人民法院案件案号的若干规定》（以下简称《法院案号规定》）及配套标准。[①]《法院案号规定》是总纲，类型代字标准、法院代字表是案号要素细则，它们之间是三位一体的关系。《法院案号规定》及配套标准于 2016 年 1 月 1 日起施行，它们构成编制法院裁判文书案号的依据。2018 年 12 月 7 日，最高人民法院印发《关于修改〈关于人民法院案件案号的若干规定〉的决定》的通知（2018）（法〔2018〕335 号），对《法院案号规定》部分条款进行了调整。

（二）案号的基本要素及编排规格

1. 案号的基本要素

案号的基本要素为收案年度、法院代字、专门审判代字、类型代字、案件编号。收案年度是收案的公历自然年，用阿拉伯数字表示。法院代字是案件承办法院的简化标识，用中文汉字、阿拉伯数字表示。专门审判代字是最高人民法院确定的专门审判类别简称，用 1 个中文汉字表示。类型代字是案件类型的简称，用中文汉字表示。案件编号是收案的次序号，用阿拉伯数字表示。值得注意的是，专门审判代字不是所有案件案号的基本要素，它只出现在特定案件的案号中。这些特定案件是人民法院审理《全国人民代表大会常务委员会关于专利等知识产权案件诉讼程序若干问题的决定》所确定的案件，具体指当事人对发明专利、实用新型专利、植物新品种、集成电路布图设计、技术秘密、计算机软件、垄断等专业技术性较强的知识产权民事案件和知识产权行政案件。在这些案件的案号中，在“法院代字”之后，“类型代字”之前，要加一个专门审判代字“知”。

---

① 《法院案号规定》的配套标准由两部分组成：（1）法院代字表。它又含《各级法院代字表》（2015 年 5 月 13 日），《部分法院代字变更事项》（截至 2015 年 12 月 24 日），《部分法院代字调整事项》（2016 年 2 月 26 日），《军事法院代字表》（2016 年 4 月 28 日）。（2）案件类型及代字标准。它又含《人民法院案件类型及其代字标准》（2015 年 5 月 13 日），《案件类型及其代字标准修订事项》（截至 2015 年 12 月 24 日），最高人民法院《关于确定人身安全保护令案件及其类型代字的通知》（法〔2016〕37 号），最高人民法院《关于确定安置教育案件及其类型代字的通知》（法〔2016〕199 号），《强制清算与破产案件类型及代字标准》（法〔2016〕237 号）。

2. 案号的编排规格

案号各基本要素的编排规格为：（收案年度）+法院代字+专门审判代字+类型代字+案件编号+“号”。例如，北京市第一中级人民法院2020年受理的第555号刑事案件，其制作的一审刑事判决书，案号编制为“（2020）京01刑初555号”。又如，上诉人山东某某建材有限公司与被上诉人冯某某侵害发明专利权纠纷一案，案号编排为“（2021）最高法知民终336号”；上诉人贾某某与被上诉人国家知识产权局其他专利行政纠纷一案，案号编排为“（2020）最高法知行终306号”。

（三）法院代字的确定规则

概括而言，最高人民法院以及各高级人民法院的简称用中文汉字表示，中级、基层人民法院则用高级人民法院代字+数字代码组合表示。

1. 最高人民法院

最高人民法院的法院代字为“最高法”。

2. 高级人民法院

一般情况下，各省、自治区、直辖市高级人民法院的法院代字为其所在省、自治区、直辖市行政区划的简称。例如，北京市高级人民法院的代字是“京”，山西省高级人民法院的代字是“晋”，西藏自治区高级人民法院的代字是“藏”。

例外情况是，内蒙古自治区高级人民法院、中国人民解放军军事法院、新疆维吾尔自治区高级人民法院生产建设兵团分院的法院代字分别为“内”“军”“兵”。

3. 中级人民法院

一般情况下，中级人民法院法院代字的结构：所属高级人民法院的法院代字+自身的数字代码。数字代码由两位阿拉伯数字表示。数字代码截取自相应行政区划代码（三层六位层次码）的中间两位。例如，云南省临沧市中级人民法院位于云南省临沧市，临沧市的行政区划代码是530900，故云南省临沧市中级人民法院的数字代码是09，法院代字是云09。

有两种例外情况：

（1）直辖市、中国人民解放军军事法院、新疆维吾尔自治区高级人民法院生产建设兵团分院所辖的中级人民法院，数字代码均按01－20确定。例如，北京市第一、第二、第三、第四中级人民法院的数字代码分别是01、02、03、04，其法院代字分别为京01、京02、京03、京04。

（2）省、自治区、直辖市高级人民法院所辖的铁路、海事、知识产权、油田、林业、农垦专门中级人民法院，各省、自治区高级人民法院所辖的跨行政区划中级人民法院以及为省（自治区）内部分县级行政区划人民法院对应设立的中级人民法院，数字代码分别按71、72、73、74、75－80、81－85、87－95以及96－99确定。例如，天津海事法院，其数字代码是72，其法院代字是津72。北京知识产权法院的数字代码是73，其法院代字是京73。

4. 基层人民法院

一般情况下，基层人民法院法院代字的结构：所属高级人民法院的法院代字＋自身的数字代码。数字代码由四位阿拉伯数字表示。数字代码截取自相应行政区划代码（三层六位层次码）的后四位。例如，北京市海淀区人民法院位于北京市海淀区，海淀区的行政区划代码是110108，故海淀区人民法院的数字代码是0108，法院代字是京0108。

有四种例外情况：

（1）中国人民解放军军事法院和新疆维吾尔自治区高级人民法院生产建设兵团分院所辖的基层人民法院，以及在同一高级人民法院辖区内铁路、油田、林业、农垦专门中级人民法院所辖的铁路、油田、林业、农垦基层法院，数字代码的前两位与其中院数字代码一致，后两位均按01～40确定；

（2）地级市未设县级行政区划单位时，该市中级人民法院所辖基层人民法院的数字代码，前两位与该中级人民法院数字代码一致，后两位按71－80确定；

（3）在同一高级人民法院辖区内无铁路专门中级人民法院的铁路基层人民法院，其数字代码前两位为86，后两位按01～20确定；

（4）非林业、农垦专门中级人民法院所辖的林业、农垦基层人民法院及为非行政区划建制的开发区、新区、园区、库区、矿区等特别设立的基层人民法院，数字代码的前两位与其所属中级人民法院数字代码一致，后两位在91～99范围内确定。

（四）专利等知识产权案件的专门审判代字

人民法院审理《全国人民代表大会常务委员会关于专利等知识产权案件诉讼程序若干问题的决定》所确定的案件，其专门审判代字为“知”。

（五）类型代字

类型代字是指用3个以内中文汉字简练、贴切地反映某类型案件的核心特征。类型代字既表明案件的法律关系性质，也指明案件所处的法律程序位置。例如，刑事一审案件的类型代字表述为“刑初”，支付令监督案件的类型代字为“民督监”。

确定案件的类型代字，分为两个步骤。第一步，概括案件的法律关系性质，确定案件在法律程序中所处的位置；第二步，检索《人民法院案件类型及其代字标准》及《案件类型及其代字标准修订事项》（截至 2015 年 12 月 24 日），对号入座，找到适合案件的类型代字。

每一类型案件的类型代字均应具有唯一性。案件合并审理或并用多个程序办理时，以必须先决的事项及所适用程序作为确定类型代字的依据。

（六）案件编号

案件编号的编排应遵循两个规则：

1. 不同法院承办或同一法院承办不同类型代字的案件，其编号均应单独编制。

2. 相同专门审判和类型代字的案件编号，按照案件在同一收案年度内的收案顺序，以顺位自然数编排，但第二款规定情形除外。

刑事复核案件的编号以 8 位自然数为固定长度，由承办法院随机确定，且不得依序编制。

第十三节 有关签名、盖章、捺指印和用印的规范

签名、盖章、捺指印和用印具有重要的法律意义。有的表明已接收某物或知悉某事，如民事被告在送达回证上签名。有的表明认可某文书记载的内容，如律师在庭审笔录上签名。有的旨在彰显公信力和法律效力，如在判决书上加盖法院公章。签名、盖章、捺指印或用印是法律文书制作不可或缺的步骤，我国法律都有严格的规定。例如，《民事诉讼法》第 155 条第 2 款规定，判决书由审判人员、书记员署名，加盖人民法院印章。又如，《最高人民法院关于适用〈中华人民共和国民事诉讼法〉的解释》（以下简称《民诉法解释》）第 262 条规定，人民法庭制作的判决书、裁定书、调解书，必须加盖基层人民法院印章，不得用人民法庭的印章代替基层人民法院的印章。

签名、盖章、捺指印或用印时，需遵循下列规范：

一、单位签署及印章使用的规范

公安司法机关制作的法律文书，一般采用双重签署的做法，即案件承办人员和所在机关双重签署的做法。案件承办人员可以使用统一刻制的个人名章作为签署的印章，签署位置在其职务或职级之后。机关印章应加盖在发文日期上，盖印规则为“骑年压月甩日”“朱在墨上”。当事人是法人或组织的，在相关的法律文书上既要有单位负责人或委托代理人的签署，也要有在日期上加

盖的单位行政公章。法院裁判文书中，要盖一个“本件与原本核对无异”字样的印戳，它应加盖在年月日的左下方与书记员署名左上方之间单独一行的左边。

二、自然人的签名、盖章、捺指印

案件当事人或相关人员是自然人，一般要在文书尾部手写签名并在其上捺指印或盖章。当文书有加页时，为了保证所制作文书的真实性和连续性，要求当事人或相关人员在每一页上都要签名、捺指印或盖章。《最高人民法院关于适用〈中华人民共和国刑事诉讼法〉的解释》（以下简称《刑诉法解释》）第652条规定，诉讼期间制作、形成的工作记录、告知笔录等材料，应当由制作人员和其他有关人员签名、盖章。宣告或者送达裁判文书、通知书等诉讼文书的，应当由接受宣告或者送达的人在诉讼文书、送达回证上签名、盖章。诉讼参与人未签名、盖章的，应当捺指印；刑事被告人除签名、盖章外，还应当捺指印。当事人拒绝签名、盖章、捺指印的，办案人员应当在诉讼文书或者笔录材料中注明情况，有见证人见证或者有录音录像证明的，不影响相关诉讼文书或者笔录材料的效力。另外，根据《中华人民共和国电子签名法》第3条、第14条的规定，民事活动中的合同或者其他文件、单证等文书，当事人约定使用电子签名、数据电文的文书，可靠的电子签名与手写签名或者盖章具有同等的法律效力。

第十四节　有关纸型、笔墨、字号、排版、制版的规范

司法文书，从纸张质量到规格尺寸都有统一规定，以保证文书制作的整齐划一，统一归档标准，庄重严肃。根据国家的相关规定，司法文书用纸幅面尺寸一般采用国际标准A4型，即长297mm，宽210mm，左侧装订。张贴的文书用纸大小根据实际需要确定。手写文书要用钢笔、毛笔，不能用铅笔、圆珠笔。墨水要用黑色或蓝黑色，不能用红色、纯蓝色。制作机关名称应用2号标宋体字，文书名称应用2号标宋体字，案号和正文用3号仿宋体字。一般每页排22～26行，每行排25～28个字。制版时，要求版面干净无底灰，字迹清楚无断划，尺寸标准，版心不斜，误差不超过1mm。

第十五节　有关法律文书校对的规范①

好的法律文书是不厌其烦改出来的。只有通过反复的修改，作品才能臻于完美。古今中外的法律文体作家在法律写作中总是斟酌再三，反复修改。春秋时期，子产当政时的郑国，该国的辞命体文章（相当于今天的国家公文）的出台遵循严格的程序，经历了一个由四位贤人反复修改的过程。首先由大夫裨谌起草初稿，次由大夫世叔寻究讲议，再由行人（掌使之官）子羽加以损益，最后由执政大臣子产加以润色。郑国四位贤士，各自有擅长的领域，郑国的辞命体文章经过他们的研议修改，必定详审精密，因而在政治外交实践中“鲜有败事”。② 据说，美国大法官路易斯·布兰迪斯修改自己的司法意见多达15－20次。修改的最后一个环节便是校对。

一、法律文书的校对，兹事体大

校对是把守法律文书质量的最后一道防线，千万马虎不得。一篇文书，写得很好，如果校对粗枝大叶，出现错误，可能会给国家、集体、当事人造成重大损失，贬损国家司法机关的权威，毁坏法律人的群体职业形象。例如，2014年9月25日，某监狱制作了罪犯谷某的提请减刑建议书，由于校对不慎，没有发现其中有一个别字“而”。2015年11月16日，某市高级人民法院在《关于审理罪犯谷某减刑案件的公示》文告后面，原文公布了这个减刑建议书，对这个别字并未予以纠正。一时网上的批评声此起彼伏，不懂减刑法律程序的网民甚至把这个失误的源起记在某市高级人民法院的名下。兹引其中一段，望法律人能见不贤而内自省，善始善终，把好校对这个最后的关口。

“……

为此，依据《中华人民共和国刑法》第五十条第一款、《中华人民共和国刑事诉讼法》第二百五十条第二款、《中华人民共和国监狱法》第三十一条之规定，建议将罪犯谷某死刑缓期而年执行的刑罚减为无期徒刑。特提请裁定。

此致

---

① 本节的撰写中，笔者得到了北京市高级人民法院书记员王蕊、张圣楠以及北京市第三中级人民法院书记员赵宇的帮助，在此表示感谢。

② 这个故事载于《论语·宪问》。子曰：“为命，裨谌草创之，世叔讨论之，行人子羽修饰之，东里子产润色之。”

××市高级人民法院

二〇一四年九月二十五日

（某监狱）”

法律文书的校对应该遵循编辑校对的规范。这些行业规范虽然针对的是图书的校对工作，但对法律文书的校对也具有指导价值。这些行业规范中重要的有：《图书校对工作基本规程》（中国出版工作者协会 2004 年 10 月 12 日发布）；《校对符号及其用法》（1993 年 11 月 16 日，国家技术监督局批准，编号 GB/T 14706－93，1994 年 7 月 1 日起实施）。

二、校对的两个功能，同时并重

清代经学家、文字训诂学家段玉裁曾说：“照本改字，不讹不漏，谓之校异同，信其是处则从之，信其非处则改之，谓之校是非。”于此，段玉裁提出校对有两个功能：一是校异同，二是校是非。

（一）校异同

校异同是指以原稿为唯一依据（或标准）来核对校样，分辨二者的异同，同则不改，异则以原稿为准对校样进行订正。它的作用在于显真保值，即保证原稿的真实性及其价值在印刷过程中不致被损害、破坏。校异同又称作“机械校”“死校”。校异同是校对的基本功能。

校异同功能在法律文书校对中表现为：

1. 以原本为依据，核对正本。例如，一案所做的裁判文书分为原本、正本。审判人员起草的裁判文书原稿叫作原本，在原本中有修改和有关人员审阅、签发的内容，属于内部文书，一般装订在卷宗的副卷中；正本是装订附卷、送达当事人和有关单位以及附卷备用的法律文书文本。随着办公自动化的普及，这种表现形式日趋式微。因为在多数情况下，法律人在电脑上写作，定稿的文档既是原本，也是正本。

2. 以一个法律文书为标准，对援引了该法律文书内容的其他法律文书进行核对。例如，二审民事判决书中要援引当事人在一审中的诉称和辩称以及一审法院的事实认定、判决理由和主文，校对二审民事判决书时，一定要把这些援引的内容与一审判决书中相应的内容核对。

我们把作为依据或标准的文书叫基准文书，被校核的文书叫被校文书。

（二）校是非

校是非就是指校对者凭借自身储备的知识或其他权威资料来判断原稿中的是非，确认其“是”就通过，确认其“非”就质疑，请作者解决。校是非又称作“活校”，是一种层次更高、难度更大的校对功能。

校是非功能在法律文书校对中表现为：

1. 发现并改正常见错别字、衍文、掉字。例如，某一审民事判决书中将委托诉讼代理人基本情况写为“委托诉讼代理人秦民华，北京兆亿律师事务所律师。”“民”是一个别字，这个律师名叫“秦林华”；文书中把“市”字丢掉了，虽然在理解上不构成影响，但是这确实与这家律师事务所的正式称谓有所不符。又如，“有二两名操山西口音的中年男子”，“二”为衍文，应删去。

2. 发现并改正违反语言文字、标点符号、数字、计量单位等国家规范标准的错误。例如，“该车发动机号为197041、大架号为017536”，中间顿号应为逗号。又如，“被告人庞某和唐某预谋后窜至××宾馆院内，由唐某看人。”“看人”是一个方言词，应该为“望风”。

3. 发现并改正违反语法规则和逻辑规律的错误。例如，“该又系刑满释放后五年内又犯新罪”，这是一个主语残缺的病句，应改为“该上诉人又系刑满释放后五年内又犯新罪。”又如，“房屋”这个词，不同的场合有不同的内涵，属于一词多义。在某房屋买卖合同纠纷诉讼中，涉案合同中的“房屋”指只是完成了主体结构，尚待进一步修缮完工的房屋。而在该案的民事判决书中，法官将之偷换为“符合国家建筑法律、法规规定的房屋”。这个例子中存在偷换概念的逻辑错误。

4. 做好版面格式规范统一的工作。这方面的例子就不再赘述了。

法律文书校对中，校对的两个基本功能如鸟之两翼、车之双轮，同样重要，不可偏废。不校异同，则不能保证把原本准确而完整地转换成正本，不能保证关联法律文书的相关内容保持一致。不校是非，则不能发现和弥补原本的疏漏。偏废校异同或者校是非，后果是一样的，都会造成谬误流传，损害司法机关的威信和法律人的形象。

三、单独校对和共同校对

校对的方式有一人单独校对和二人共同校对。单独校对时，将基准文书放在左边，被校文书放在右边。先看基准文书，后核被校文书。左手指指着基准文书上要校对的文字，右手握笔，顺着被校文书上相应的字句移动，遇到要改动的地方，便用文字或校对符号在被校文书上作出标志或说明。共同校对是由二人一读一看，共同校对。读稿时应连同标点符号、分段等一起读出，关键的字还应说明是哪一个字，以免疏漏。校对中发现的错漏字等须以醒目的色笔和统一的校对符号标明，以便于逐一改正。实践中，一人校对枯燥且容易出错，二人校对效果要好些。

四、注意事项

实践中，在校对裁判文书时，校对人员要注意以下几点：

1. 数字的校对。裁判文书中经常会出现数字，如案号、当事人的年龄、出生年月日以及案件中涉及的钱款数额等，这些都是容易出错的地方，在校对时应格外严谨。以刑事二审案件为例，被告人在一审结案时是30周岁，经过一段时间到二审审理时，被告人很可能已年满31周岁了，在校对被告人自然情况时，需要注意当事人的年龄和生日。另外，很多案件涉及的案款金额非常大，而在描述事实和罗列证据时是使用阿拉伯数字表述金额的，很有可能造成数字折行的现象，这在法律文书中是不允许出现的，所以在法律文书中有大量阿拉伯数字出现时，一定要注意避免数字折行的情况。刑事案件中，对被告人刑期的计算是文书中的重中之重，尽管承办法官在草拟文书时已经进行了仔细的计算，在校对时，二名校对人员仍应对刑期的起止时间进行认真的计算核对，以避免错误的发生。

2. 证据的校对。裁判文书中比重最大的便是证据，一个案子的证据少则十几项，多则上百项，因证据都是承办法官罗列，对于证据较多的案件，难免会出现遗漏。在文书校对这一环节，虽然不需要对证据内容进行核实，但仍需要与庭审笔录中庭审质证这一部分内容进行比对，以免出现遗漏列举证据或将未经法庭质证的证据列入裁判文书中的现象。

3. 法官辩驳理由的校对。裁判文书中当事人和辩护人最关心的一部分内容便是法官辩驳的理由部分。对于这部分的校对，侧重点是不要遗漏法官对辩护人以及当事人提出的重要观点的辩驳，若做到严谨，在校对时最好也能够比对庭审笔录以及辩护人的辩护意见。

4. 称谓的校对。裁判文书中，当事人、法院等称谓应该规范，校对时一定要把不规范的称谓校正过来。注意以下几点：（1）不可使用“原审法院”这个称谓，应改为“一审法院”“二审法院”。（2）法官在裁判文书中称呼自己供职的法院，应使用“本院”表述，不可以使用“我院”。（3）在当事人基本情况、案件来源和主文部分应该使用当事人全称，不能使用简称，其他部分均用简称。出现次数很少的当事人可以不必用简称。（4）2015年11月，经国务院批准，密云、延庆已经撤县改区，所以，裁判文书中不可再用“密云县”和“延庆县”之称谓。

5. 法律文件名称的校对。对于法律文件名称较长且在裁判文书中多次出现的，第一次用全称并标注简称，随后则用简称，裁判依据部分又必须用全称，切忌全称、简称混乱使用。

校对历来就是一项十分严肃、细致的工作。我国古代称校对为“雠校”，两人相对，分毫不让，以高度的警惕性把差错视同仇敌一样。要做好法律文书校对工作，不是一件轻而易举之事。校对者必须具有相当的法学专业知识和现代汉语水平，熟悉设计和排版上的技术规则，掌握一定的校对技能。更重要的是，要有高度的责任心以及一丝不苟、细致耐心的工作作风。

第十六节 有关法律文书写作或公开使用时的保密技术规范

公文写作与使用时，写作主体要养成保密的良好习惯。唐朝将军郭待封用离合诗传递军情，堪称楷模。① 行军管记通事舍人元万顷虽然准确破译了离合诗，但他没有从中悟得保密之精义。不久，元万顷起草了《檄高丽文》，中有一句“不知守鸭绿之险”，高丽大将泉男建观看檄文后，回书一封：“我执行您的命令！”立即派兵占领了鸭绿江渡口，唐朝援军不得渡江。唐高宗听说此事，将元万顷流放到岭南。前车之覆，宜为后车之鉴。

保守法律保护的秘密是法律人的一项法律义务。② 此处的秘密主要指国家秘密、商业秘密、当事人隐私。这项法律义务要求法律人在写作或公开使用法律文书时，不得泄露相关秘密。否则，写作或公开使用行为本身就会成为侵权行为，写作主体为之要承担相应的法律责任。例如，某法院审理了一起奸淫、猥亵幼女案，该案涉及16位未成年被害人，法官在制作判决书时，将16位未成年被害人中15位的名字隐去，唯有李女士11岁女儿的名字赫然出现，李女士极为愤怒，代理女儿以该法院为被告提起了诉讼，要求国家赔偿。法官的这个写作行为确实侵害了被害人的隐私权，应当承担侵权责任。

为了履行保密义务，防止泄露相关秘密，避免侵权行为发生，法律人在写

① 据《资治通鉴卷二百一·唐纪十七》载：公元667年9月，唐朝征伐高丽的战争方酣。郭待封率领水军从别道进攻平壤。统帅李勣（同“绩”）派将军冯师本为郭待封军运送粮食装备。冯师本的给养船破漏进水，耽误了日期。郭待封的将士饥饿万分。郭待封想给李勣（同“绩”）写封求粮信件，恐怕被高丽军队获取，泄露军情。于是做了首离合诗（胡三省云：离合诗，离析字画，合之成文，以见其意），派人送到统帅部。李勣（同“绩”）大怒道：“战事吃紧，还有功夫写诗？一定问他斩罪！”这时，元万顷为统帅释明诗意，李勣（同“绩”）于是另外遣人给郭待封军运送给养。

② 关于法律人的保密义务，《民事诉讼法》《刑事诉讼法》《行政诉讼法》《法官法》《检察官法》《律师法》都做了规定。

作或公开使用法律文书时，要使用下列方法对涉密文书信息做技术性处理。

一、概叙法①

法律文书写作时，涉及保密信息，不可详细叙述，一般使用概叙性叙述。例如，涉及公安机关采用技术侦查手段进行侦查的详细情况，在审理报告中和汇报研究案件时，可以详细说明，但在裁判文书中应当保密，概叙为“公安机关经侦查……”即可。又如，间谍案件中涉及机密、绝密级情报文件，裁判文书不可以叙及这些情报文件的内容。写作主体可以列出机密级情报文件的标题，至于绝密级情报文件，其标题也不可列出，只用“绝密级文件若干份”短语来统括。采用概叙法，不仅可以避免泄密，同时也可以收文字简洁之功效。例如：

詹某某受贿案一审判决书：（1）国务院第二次全国土地调查领导小组办公室（以下简称二调办）向中国人民解放军海军司令部出具的《关于对山东省部分地区进行航空摄影的函》、中国人民解放军海军司令部出具的复函证明：二调办为对山东省部分地区进行航空摄影调查，恳请有偿使用海军司令部良乡机场运八飞机一架对山东省部分地区进行航空摄影。中国人民解放军海军司令部同意海军航空兵独立第二团运八飞机对山东省部分地区进行航空摄影飞行……

二审裁定书：（1）二调办向中国人民解放军某部出具的《关于对山东省部分地区进行航空摄影的函》、中国人民解放军某部出具的复函等书证：二调办为对山东省部分地区进行航空摄影调查，致函有偿使用部队运八飞机对山东省部分地区进行航空摄影，该部队复函同意……

比较前例两份裁判文书，二审法院的保密意识及保密做法明显优于一审法院。

二、隐名法

隐名法是指人民法院在互联网公布裁判文书时隐匿当事人及诉讼参与人名字的一种技术性处理措施。《最高人民法院关于人民法院在互联网公布裁判文书的规定》第9条对隐名法做了具体规定：

1. 保留姓氏，名字以“某”替代；

2. 对于少数民族姓名，保留第一个字，其余内容以“某”替代；

---

① 这部分写作参考了张淑平法官的《一审刑事判决书撰写技能》一文。该文是作者在国家法官学院高级法官培训班的讲稿。

3. 对于外国人、无国籍人姓名的中文译文，保留第一个字，其余内容以“某”替代；

4. 对于外国人、无国籍人的英文姓名，保留第一个英文字母，删除其他内容；

5. 对不同姓名隐名处理后发生重复的，通过在姓名后增加阿拉伯数字进行区分。

三、化名法

化名法，顾名思义就是用一个虚拟的姓名或名称替换案件中需要做保密处理的当事人及诉讼参与人的姓名、名称。它是我国起诉书写作中法定的一项保密技术处理方法。《刑事诉讼规则》第359条第3款规定，对于涉及被害人隐私或者为保护证人、鉴定人、被害人人身安全，而不宜公开证人、鉴定人、被害人姓名、住址、工作单位和联系方式等个人信息的，可以在起诉书中使用化名。但是应当另行书面说明使用化名的情况并标明密级，单独成卷。

四、删除法

删除法是指人民法院在互联网公布裁判文书时将涉密信息加以删除的一种技术性处理措施。《最高人民法院关于人民法院在互联网公布裁判文书的规定》第10条规定了需要删除的信息范围：

1. 自然人的家庭住址、通讯方式、身份证号码、银行账号、健康状况、车牌号码、动产或不动产权属证书编号等个人信息；

2. 法人以及其他组织的银行账号、车牌号码、动产或不动产权属证书编号等信息；

3. 涉及商业秘密的信息；

4. 家事、人格权益等纠纷中涉及个人隐私的信息；

5. 涉及技术侦查措施的信息；

6. 人民法院认为不宜公开的其他信息。

按照本条第1款删除信息影响对裁判文书正确理解的，用符号“×”作部分替代。

第十七节　有关法律文书立卷编目、装订与归档的规范

在法律文书立卷编目、装订与归档时，要遵循下列规范：

1. 法律业务档案一律使用阿拉伯数字逐页编号，两面有字的要两面编页号。页号位置正面在右上角，背面在左上角（无字页不编号）。

2. 立卷人用钢笔或毛笔逐页填写案卷封面；填写卷内目录，内容要整齐，字迹要工整。

3. 有关卷内文书材料的说明材料，应逐项填写在备考表内。

4. 法律文书材料装订前要进一步整理。对破损的材料要修补或复制，复制件要放在原件后面。对字迹难以辨认的材料应当附上抄件。主要外文材料要翻译成中文附后。卷面为 16 开，窄于或小于卷面的材料，要用 A4 纸做粘贴衬纸，保证粘贴的材料与卷宗纸张大小一致；大于卷面的材料，要按卷面大小从外向内向有字一面折叠整齐。须附卷的信封要打开平放，邮票不要揭掉。文书材料上的金属物要全部剔除干净。

5. 案卷装订一律使用棉线绳，三孔订牢，线绳活结处须贴上单位封签，并在骑缝线上加盖立卷人的姓名章。

6. 法律业务文书材料应在结案或事务办结后三个月内整理立卷。装订成册后由承办人根据相关规定提出保管期限，经单位领导审阅盖章后移交档案管理人员，并办理移交手续。

7. 档案管理人员接受档案时应进行严格审查，凡不符合立卷规定要求的，一律退回立卷人重新整理，全部合格后，办理移交手续。

8. 涉及国家机密和个人隐私的案卷均应列为密卷，确定密级，在归档时应在档案封面右上角加盖密卷章。

9. 随卷归档的电子数据以及刻录的光盘等音像电子档案，应当将每个电子数据储存载体和光盘分别注明当事人姓名、内容、档案编号、录制人、录制时间等，逐件登记造册归档。

随着科技进步和法院对案卷档案管理手段的科技含量提高，所有档案在归档前已经暂不装订成册，而是按照规定的材料分类、分卷和排列顺序成册，在完成页码编码、填写目录和备考表之后，先行完成卷宗材料的扫描，建立电子档案，之后才进行纸质档案的装订入库。在今后的案卷档案调阅利用时，为保证纸质档案的原始状态不受损害，只能调阅电子档案；未经特别严格的审批程序，各级法院档案部门均不予办理调阅纸质卷宗档案。

第二编　法律文书情境写作项目①

第一部分　诉讼情境中的法律文书

第五章　民事诉讼情境中的法律文书

一兔走，百人逐之，非以兔也。夫卖者满市，而盗不敢取，由名分已定也。

——（战国）商鞅《商君书·定分》

人们必须制定法律并且要遵守法律，否则他们的生活像是最野蛮的兽类一样。

——［古希腊］柏拉图《法律篇》

债为法锁。

——《法学阶梯》第3卷第13题“债”

任何人不能因为自己的过错而获得利益。

——里格斯诉帕尔马遗产继承案

民事诉讼法律文书概述②

民事诉讼是指自然人、法人、非法人组织之间因财产关系和人身关系产生

① 编者声明：本书第二编各章的情境材料，源于真实的案例。编者隐去了诉讼参加（与）人的真实姓名、名称，使用的都是化名。若有雷同，纯属巧合，请勿对号入座。

② 本文由葛红法官撰稿。撰写本部分内容主要参考了最高人民法院修改后民事诉讼法贯彻实施工作领导小组编：《民事诉讼文书样式》，人民法院出版社2016年版。

纠纷向人民法院提起的诉讼，人民法院运用司法力量，在当事人和全体诉讼参加人的参加下，依法审理和解决民事纠纷的活动。民事诉讼法律文书是指人民法院、人民检察院和民事诉讼参加人在民事诉讼程序中制作和使用的具有法律效力和法律意义的法律文书，它们是人民法院、人民检察院和民事诉讼参加人进行民事诉讼活动的重要载体。

民事诉讼法律文书根据写作主体之不同分为三大类：人民法院制作的民事诉讼法律文书、当事人制作的民事诉讼法律文书和人民检察院制作的民事诉讼监督法律文书。

人民法院制作的民事诉讼法律文书共计463种①，从制作对象区分，又可分为针对当事人制作的文书、针对其他机构制作的文书和法院内部文书。针对当事人制作的文书从形式上来看，包括对实体问题进行裁决的判决书、调解书、裁定书，也包括对诉讼主体、管辖权异议、保全等程序事项进行裁决的裁定书，还包括对与程序相关的事项作出的决定书、通知书、传票、公告、函、令、送达回证等。针对其他机构制作的文书，包括针对委托鉴定机构的委托鉴定书，针对公安机关的执行拘留通知书、提前解除拘留通知书，针对金融机构、证券公司、保险公司制作的查询、冻结、划转相关账户资金、股票等通知书，针对相关机构的司法建议书等。法院内部文书既包括上下级法院间的请示、批复、函以及同级法院之间的函等，也包括作为同一法院内部工作流程的报告、笔录等。其中，人民法院的裁判文书是人民法院在查明事实的基础上，适用法律对当事人诉讼请求予以回应，对诉讼争议作出判断，对民事案件审判的最终结论，也是对诉讼过程的总结，因此，法院的民事裁判文书是民事诉讼法律文书的核心和重点。

当事人制作的民事诉讼法律文书共计105种，包括对实体问题提交的起诉状、答辩状、上诉状等，对程序事项提出的异议书、申请书、复议申请书等，还包括授权委托书、担保书等诉讼过程中的必要诉讼材料。

人民检察院制作的民事诉讼监督法律文书，是指人民检察院依法对民事诉

---

① 此数据出自《民事诉讼文书样式》。除此之外，2020年3月6日，最高人民法院关于印发《公益诉讼文书样式（试行）》的通知（法〔2020〕71号）规定，《公益诉讼文书样式（试行）》自2020年4月1日起施行，其中包含民事公益诉讼文书样式，主要包括判决、裁定、调解书，以及开庭、公告等程序性事项文书，共16种。2020年9月30日，最高人民法院下发《关于印发〈民事诉讼程序繁简分流改革试点相关诉讼文书样式〉的通知》，制定了《民事诉讼程序繁简分流改革试点相关诉讼文书样式》，并于2020年11月1日开始施行。该诉讼文书样式包括15种民事诉讼文书。其中，民事裁定书8种，民事判决书3种，民事调解书1种，告知书1种，通知书2种。随着司法改革的不断深入，民事诉讼文书样式也得到进一步丰富。

讼行使法律监督权过程中制作的法律文书。民事诉讼监督法律文书有九大类，共计 68 种。包括抗诉类 2 种，提请监督类 3 种，检察建议类 4 种，审查终结报告类 3 种，决定类 13 种，通知类 18 种，函类 5 种，其他类文书 5 种，工作类文书 15 种。

民事诉讼法律文书贯穿整个民事诉讼程序，是当事人民事权利义务和诉讼权利义务的载体。与其他诉讼法律文书相比，民事诉讼法律文书具有以下特点：

一、民事诉讼法律文书围绕民事诉讼程序产生并服务于民事诉讼程序

2016 年 8 月 1 日，最高人民法院制定并实施了最新的民事诉讼法律文书样式，该样式与 1992 年民事诉讼法律文书试行样式相比，不再按照诉讼文书的种类编排，而是按照 2012 年修正的《民事诉讼法》的章节顺序进行编排，在同一章节中将相关的裁判文书类、决定命令类、报告批复类等各类文书按诉讼程序编排在一起。此外，补充完善了与 2012 年修正《民事诉讼法》增加的诉讼制度和案件类型相对应的民事诉讼法律文书。例如，在“管辖”部分，既编排了关于管辖的 10 种民事裁定书和 10 种法院内部的请求请示、批复、函等文书，也编排了 2 种当事人用的法律文书，即异议书（对管辖权提出异议用）和民事上诉状（对驳回管辖权异议裁定提起上诉用）。又如，2012 年修正的《民事诉讼法》增加了公益诉讼制度，相应的民事诉讼法律文书则增加了环境污染或者生态破坏公益诉讼用民事判决书、侵害消费者权益公益诉讼用民事判决书、环境污染或者生态破坏公益诉讼公告受理用公告等九种人民法院民事诉讼文书样式，以及提起公益诉讼用民事起诉状、支持起诉单位提交书面意见用意见书等四种当事人参考民事诉讼文书样式①。

以上的变化凸显出民事诉讼法律文书的实质是服务于民事诉讼程序的文字性工具，其形式和内容都是围绕着启动、推进、完结民事诉讼程序的目的而制作的。民事诉讼法律文书作为民事诉讼的程序性工具，与民事诉讼相生相伴，反映了民事诉讼各程序的不同要求，实现各程序的不同功能。

① 第十二届全国人民代表大会常务委员会第二十八次会议决定对 2012 年修正的《民事诉讼法》作出修改，对第 55 条增加一款，作为第 2 款：“人民检察院在履行职责中发现破坏生态环境和资源保护、食品药品安全领域侵害众多消费者合法权益等损害社会公共利益的行为，在没有前款规定的机关和组织或者前款规定的机关和组织不提起诉讼的情况下，可以向人民法院提起诉讼。前款规定的机关或者组织提起诉讼的，人民检察院可以支持起诉。”该决定自 2017 年 7 月 1 日起施行。《民事诉讼法》根据该决定作相应修改，重新公布。该次修法所涉内容有限，整体上不影响民事诉讼文书样式的适用。

二、民事诉讼法律文书体现民事主体权利义务平等的特点，反映法院居中裁判理念，公权力介入程度较低

民事纠纷是指平等主体之间发生的以民事权利义务为内容的社会纠纷。这种纠纷有三个特点：第一，纠纷主体之间法律地位平等；第二，纠纷的内容是对民事权利义务发生争议；第三，纠纷所涉及的绝大多数民事权利具有可处分性。民事纠纷的这些特点决定了民事诉讼的两大特征：一是在民事诉讼过程中当事人的诉讼权利义务具有平等性；二是民事诉讼中当事人对于自己的诉讼权利和实体权利有一定程度的处分权。民事诉讼中，法院处于居中裁判的地位，公权力介入的程度比刑事诉讼和行政诉讼相对要低，强调的是对当事人程序上的平等对待，对当事人诉讼权利的充分保障以及对当事人处分权的充分尊重。

民事诉讼的特点鲜明地体现在涉及当事人撤诉权利的民事诉讼法律文书中。2012 年修正前的《民事诉讼法》允许原告撤回起诉，上诉人撤回上诉，再审申请人撤回再审申请等。2012 年修正的《民事诉讼法》在此基础上增加了二审允许原审原告撤回起诉的内容。二审允许原审原告撤回起诉是指在民事纠纷已经由一审法院作出一审判决或者裁定后，上诉人提起上诉，在二审程序中，原审原告可以提出撤回起诉的申请并说明理由；该申请经其他当事人同意，且经审查不损害国家利益、社会公共利益、他人合法权益的，人民法院可以以裁定书（二审准许或不准许撤回起诉用）的方式撤销一审判决或裁定，准许原审原告撤回起诉。需要特别注意的是，二审中原审原告撤回起诉与其他撤诉的不同之处在于，前者需经其他当事人同意。二审允许原审原告撤回起诉进一步体现和保障了当事人对于自己诉讼权利和实体权利享有的处分权，同时也体现了民事诉讼中当事人基于权利义务的平等自主协商解决争议的特色。

民事诉讼的特点同样突出地体现在涉及当事人举证权利的民事诉讼法律文书中。民事诉讼是法院根据证据规则采信证据，查明事实，并据以适用法律对权利义务进行确认的过程。民事证据的收集，以当事人“谁主张，谁举证”为原则，公权力不过分干涉，法院依职权调查取证受到严格的限制①。反映在

---

① 《民事诉讼法》第 67 条规定，当事人对自己提出的主张，有责任提供证据。当事人及其诉讼代理人因客观原因不能自行收集的证据，或者人民法院认为审理案件需要的证据，人民法院应当调查收集。人民法院应当按照法定程序，全面地、客观地审查核实证据。《民诉法解释》第 96 条规定，“民事诉讼法第六十七条第二款规定的人民法院认为审理案件需要的证据包括：（一）涉及可能损害国家利益、社会公共利益的；（二）涉及身份关系的；（三）涉及民事诉讼法第五十五条规定诉讼的；（四）当事人有恶意串通损害他人合法权益可能的；（五）涉及依职权追加当事人、中止诉讼、终结诉讼、回避等程序性事项的。除前款规定外，人民法院调查收集证据，应当依照当事人的申请进行。”

民事诉讼法律文书中，涉及证据部分的有申请延长举证期限用申请书、申请人民法院调查收集证据用申请书、诉讼证据保全用民事裁定书、举证通知书、准许延长举证期限通知书、不准许延长举证期限通知书、准许调查收集证据申请通知书等31种。

三、民事诉讼法律文书体现民事诉讼功能的多样性

民事诉讼的结果对国家、社会、当事人及其他社会民众有不同的影响，对程序利益、实体利益乃至法律秩序有不同的作用。民事诉讼的直接目的是解决当事人之间的民事纠纷，实现对当事人合法权益的维护，并最终实现对社会法律秩序的维护。与此相对应，民事诉讼法律文书的功能也是多层面的。从当事人层面来看，民事诉讼法律文书对当事人争议的事实进行决断，对双方权利义务进行分配，从而维护当事人的合法权益；从社会层面来看，民事诉讼法律文书对人们的民事行为规范、经济交易规则等产生一定的确定和引导作用，从而起到维护社会秩序、维护公共利益的作用；从法律宣传层面来看，通过裁判文书的分析说理，向当事人和社会展示裁判结论的合理性、合法性、公正性、终局性，从而增强社会公众的法律信仰和法治认同。

项目一 民事起诉状

【文书格式】①

民事起诉状

原告：×××，男/女，××××年××月××日生，×族，……（写明工作单位和职务或职业），住……。联系方式：……。

法定代理人/指定代理人：×××，……。

委托诉讼代理人：×××，……。

被告：×××，……。

……

① 最高人民法院在《民事诉讼文书样式》中提供了六种民事起诉状的样式供当事人参考。它们是：（1）自然人提起民事诉讼用；（2）法人或其他非法人组织提起民事诉讼用；（3）提起公益诉讼用；（4）提起第三人撤销之诉用；（5）申请执行人提起执行异议之诉用；（6）案外人提起执行异议之诉用。本项目训练使用第一种样式，编者根据实务经验做了微调。

（以上写明当事人和其他诉讼参加人的姓名或者名称等基本信息）

案由：

诉讼请求：

1. ……；

2. ……；

3. ……。

事实与理由：

……（叙明案件事实和法律理由）

此致

××××人民法院

起诉人：×××

××××年××月××日

附：1. 本诉状副本×份。

2. 证据目录。

【民事起诉状写作谈】①

民事起诉状是民事法律关系主体因自己的或依法受其管理、支配的民事权益受到侵犯或者与他人发生争议，而向人民法院提交的请求依法裁判的民事诉讼法律文书。写作主体是依法享有民事起诉权的自然人、法人或其他组织及其诉讼代理人，写作受体通常是对特定民事案件有管辖权的人民法院、被告、相关第三人及其代理人，主旨是请求法院审理特定民事纠纷。

本文书既是民事诉讼原告主张合法权益的文书，又是人民法院启动民事诉讼程序的依据。起诉权是民事权利主体所享有的重要诉讼权利。民事起诉状的制作就是行使起诉权的书面记录。它写作的基本价值取向是合法、合情、合理以及当事人利益最大化。《民事诉讼法》第122条②、第123条③、第124条④对民事起诉状的写作和使用做了全面的规定。

---

① 本文由郭林虎律师撰稿。

② 《民事诉讼法》第122条规定，起诉必须符合下列条件：（1）原告是与本案有直接利害关系的公民、法人和其他组织；（2）有明确的被告；（3）有具体的诉讼请求和事实、理由；（4）属于人民法院受理民事诉讼的范围和受诉人民法院管辖。

③ 《民事诉讼法》第123条规定，起诉应当向人民法院递交起诉状，并按照被告人数提出副本。书写起诉状确有困难的，可以口头起诉，由人民法院记入笔录，并告知对方当事人。

④ 《民事诉讼法》第124条规定，起诉状应当记明下列事项：（1）原告的姓名、性别、年龄、民族、职业、工作单位、住所、联系方式，法人或者其他组织的名称、住所和法定代表人或者主要负责人的姓名、职务、联系方式；（2）被告的姓名、性别、工作单位、住所等信息，法人或者其他组织的名称、住所等信息；（3）诉讼请求和所根据的事实与理由；（4）证据和证据来源，证人姓名和住所。

一、首部

首部包括标题、当事人基本情况和案由三个部分。

（一）当事人基本情况

当事人是民事之诉的第一个构成要素，本部分内容通过叙述当事人的各种身份信息旨在帮助法院了解发生民事纠纷的双方当事人，以便核实出庭人员是否为合格的当事人。《民事诉讼法》第124条对当事人基本情况作了详细列举，写作时应依原告、被告、第三人的顺序落实这个规定。当事人若是自然人，其姓名则必须以身份证为准；当事人若是单位，其名称要以营业执照或其他有权机关核发的证照为准。关于住所、经常居所的写作，要遵循以下原则：

1. 公民的住所是指公民的户籍登记或其他有效身份登记记载的居所，经常居所是指公民离开住所至起诉时已连续居住一年以上的地方，但公民住院就医的地方除外。

2. 法人或者其他组织的住所是指法人或者其他组织的主要办事机构所在地。主要办事机构所在地不能确定的，法人或者其他组织的注册地或者登记地为住所。需要注意的是，2012年修正后的《民事诉讼法》对于起诉状中被告信息的要求较之以前详细，主要是为了避免因无法查找被告，影响被告行使举证、质证、答辩等诉讼权利，并进而影响审判进程、判决结果。

（二）原告资格的确定

《民事诉讼法》第122条第（1）项规定了确定民事原告的一般原则。原告一般必须与本案有直接利害关系，与案件仅有间接利害关系的人不能作原告。基于此，无民事行为能力人或限制行为能力人的监护人不能充当原告，一般作为被监护人法定代理人参加诉讼。此时，一定要在原告之后列出法定代理人的基本情况及其与原告的关系。

值得注意的是，在法律、司法解释有明确规定的特殊情况下，某些自然人或组织尽管与所争议的民事纠纷没有直接的利害关系，但他们依法也可以成为适格的原告。例如，《民事诉讼法》第58条第1款规定，对污染环境、侵害众多消费者合法权益等损害社会公共利益的行为，法律规定的机关和有关组织可以向人民法院提起诉讼。

此外，《民诉法解释》第53条、第55条、第59条、第60条、第62条、第63条、第64条、第65条、第68条、第69条、第70条、第72条、第73条、第74条、第75条、第76条、第77条、第78条、第79条、第80条、第

81 条、第 282 条、第 296 条、第 303 条、第 304 条之规定，均可用来指导确定原告。其中，第 282 条规定公益诉讼中的原告是《中华人民共和国环境保护法》《中华人民共和国消费者权益保护法》等法律规定的机关和有关组织。第 296 条规定第三人撤销之诉的原告是第三人。第 303 条、第 304 条分别规定了执行异议之诉的两类原告为案外人和申请执行人。

（三）被告资格的确定

被告的确定应做到明确、无遗漏、无错列。被告不明确，不符合立案的条件，则人民法院不会受理案件。错列被告有悖“冤有头债有主”的伦理原则，既给无辜者带来不必要的麻烦，也不利于及时保护原告的权益。漏列被告，特别是给付之诉漏列经济状况较好的被告，纵使原告胜诉，亦可能因被告无偿债能力而使判决无法执行，原告的合法利益不能实现。被告主要依据《民事诉讼法》和相关司法解释的规定加以确定。当然，民事实体法和相关司法解释中也有被告资格确定的法律依据①。《民诉法解释》第 53 条、第 54 条、第 55 条、第 56 条、第 57 条、第 58 条、第 59 条、第 60 条、第 61 条、第 62 条、第 63 条、第 64 条、第 65 条、第 66 条、第 67 条、第 68 条、第 71 条、第 73 条、第 75 条、第 76 条、第 77 条、第 78 条、第 296 条、第 305 条、第 306 条之规定，均可用来指导确定被告。特别需注意的是，第 67 条规定，无民事行为能力人、限制民事行为能力人造成他人损害的，无民事行为能力人、限制民事行为能力人和其监护人为共同被告。这样规定，旨在解决司法实践中该类案件存在的执行难问题以维护法院判决的尊严。因此，民事起诉状中应列相关监护人为共同被告，不能再像过去那样列为法定代理人。第 296 条规定第三人撤销之诉中，应当将生效判决、裁定、调解书的当事人列为被告，但生效判决、裁定、调解书中没有承担责任的无独立请求权的第三人列为第三人。第 305 条规定案外人提起执行异议之诉的，以申请执行人为被告。被执行人反对案外人异议的，被执行人为共同被告；被执行人不反对案外人异议的，可以列被执行人为第三人。第 306 条规定申请执行人提起执行异议之诉的，以案外人为被告。被执行人反对申请执行人主张的，以案外人和被执行人为共同被告；被执行人不反对申请执行人主张的，可以列被执行人为第三人。

（四）案由

案由是人民法院对诉讼案件所涉及的法律关系的性质进行概括后形成的案件名称。民事诉讼的案由是民事案件中对原告所提出的诉讼请求依法进行概括

① 例如，《最高人民法院关于审理民间借贷案件适用法律若干问题的规定》第 4 条。

后形成的称谓，如劳动争议纠纷、变更抚养权纠纷、物权确认纠纷、买卖合同纠纷等。案由不能随意凭想象而定，它的确定必须依据案件事实，遵守最高人民法院2020年颁布的《民事案件案由规定》，即案由法定。

二、正文

正文包括诉讼请求、事实和理由，这部分内容表述的是民事之诉的另外两个构成要素，即诉讼请求、事实和理由。

（一）诉讼请求

诉讼请求是指当事人提出的要求法院予以裁判确定其某种民事实体法律地位或某种民事实体法律效果的请求（或声明）。它在民事诉讼中具有重要的地位，不仅决定着诉的变更、合并、重复起诉和既判力的客观范围，而且还与正当当事人的识别、管辖的确定、证明对象等密切相关。① 诉讼请求是民事起诉状的中心思想所在，是全文的灵魂。其写作要遵循下列标准：

1. 合法

诉讼请求之提出要有法律依据，因为法官只支持符合法律规定的诉讼请求。例如，合同纠纷中，一般情况下，守约方不得向违约方主张精神损害赔偿，只能主张财产损害赔偿。但是《民法典》第996条也规定了特殊情形，即因当事人一方的违约行为，损害对方的人格权并造成严重精神损害，受损害方选择请求其承担违约责任的，不影响受损害方请求精神损害赔偿。又如，合同违约之诉，当合同标的是劳务时，债权人只能请求法院判令债务人损害赔偿，而不能要求实际履行，因为法律不允许侵犯人身自由权这一高位阶的权利去满足位阶较低的债权。再如，我国法律对人身损害赔偿范围及标准做了规定，原告只能据此提出请求数额，超越法律规定的请求数额终不被法庭支持，徒增诉讼成本。实践中，确定请求数额时要通盘考虑以下几个因素：（1）法律、法规、规章等具有法律效力的规范性文件的相关规定、具体标准；（2）当地的社会经济发展和生活水平；（3）已生效的指导性案例。

如何使提出的诉讼请求符合法律的规定？关键在于写作主体要对请求权基础有精准的理解。例如，赠与合同纠纷案件中，要区分一般赠与和特殊赠与，因为《民法典》合同编第十一章对二者设置了不同的规范，故而二者请求权基础不同，相应案件中的诉讼请求表述当然不同。在一般赠与中，赠与人在赠与财产的权利转移之前可以撤销赠与，因此，受赠人不可以向赠与人提出交付

---

① 江伟主编：《民事诉讼法》，高等教育出版社2004年版，第11页。

请求；但在特殊赠与中，受赠人却可以请求交付。

2. 有据

有据是指诉讼请求之提出需有证据事实作为基础，诉讼请求和事实之间存在必然的因果关系。没有事实的支撑，诉讼请求将成为无源之水、无本之木。例如，提出人身损害赔偿的诉讼请求，必先有侵犯人身权的行为和相应损害事实的存在。

3. 全面

原告具有多个请求权基础的，一定要把每个请求权基础上的诉讼请求都提出来，全面、完整地保护原告的合法利益。遗漏诉讼请求是律师不够专业的一种体现。例如，民间借贷纠纷案件中，原告主张归还借款时同时要主张利息。又如，被告扣留了原告 10 只羊（有公有母），一年后，原告诉至法院，其诉讼请求中一定要列明返还自然孳息。再如，甲女因不堪乙男长期家暴起诉离婚，且有证据证明家暴给甲女造成人身损害。甲女的请求权基础有二：一为《民法典》侵权责任编第 1179 条；一为《民法典》婚姻家庭编第 1091 条。前者为人身损害请求权基础，奉行填平原则，要求有人身损害之事实；后者为离婚损害赔偿请求权基础，奉行惩罚原则，只要有实施家庭暴力的行为即可，不待人身损害之事实。原告的代理律师要全面检索请求权基础，全面完整地提出诉讼请求：（1）请求判令被告支付医疗费××元，护理费××元，交通费××元，营养费××元，住院伙食补助费××元，误工减少的收入××元，共计××元；（2）请求判令被告支付损害赔偿金××元。

4. 具体

诉讼请求是原告请求人民法院通过判决保护自己的合法权益，因此，诉讼请求所承载的利益范围必须明确、具体。诉讼请求的表述笼统含混，法官不知道原告究竟想得到什么，这样便不利于实现原告的诉求。明确、具体的标准是可量化、可执行。例如，要求对方赔偿损失，不能写成“请求对方赔偿我的一切损失”，而应写为“请求被告赔偿医疗费用 2100 元，误工费用 200 元，后期治疗费用 4000 元，合计 6300 元整”。

5. 简练

诉讼请求是原告向承办案件的法官提出的利益诉求，表述诉讼请求的语言宜简练，力戒啰唆烦冗。例如，有人这样写作诉讼请求：“我于 1997 年 2 月 3 日，以 5.2 万元的价格购买西柳村正瓦房 6 间，被告居住此房，拒不腾房搬迁。故请人民法院保护我房屋产权的合法权益，依法判处被告立即腾房搬迁。”恰当的写法应是“请求依法判处被告立即腾退××房屋”。

6. 勿相互排斥

在一个民事案件中，如果所提诉讼请求为两项以上，那么切记这些请求之间不可相互排斥。例如，在办理合同纠纷案件中，不可将解除合同和实际履行并行列入诉讼请求中，因为这两种违约救济方式是相互排斥、不可并提的。

（二）事实和理由

事实和理由部分是民事起诉状的核心内容。书写时要把握好两点：

1. 简明扼要，以足够立案为写作尺度

法律文书理论界普遍认为，事实部分应该详尽具体、重点突出，理由部分应该合理合法、论证严密。民事诉讼中，原告最先使用诉状同法官进行交流，法官最先听到的也是原告的声音。无疑，原告利用这一契机，呈送一份叙事详细、论证严密的民事起诉状，法官庭前会对案件形成先入为主的印象。如此看来，这种观点似乎可取。不过，目前我国的民事起诉状一般写得都比较简明。律师们认为事实和理由部分都要有所保留，忌讳一览无余。理由如下：

首先，事实和理由写得细密将加剧双方信息不对称。民事诉讼犹如一场攻防战，谁掌握的相关信息多，谁就有可能掌握主动权。依照法律的有关规定，原告和被告庭前所获取的关于对方的信息本来就不对称。《民事诉讼法》第123条和第128条规定，原告必须按照被告的人数准备起诉状副本，并且法院必须在法定的期间内把副本送达被告，然而被告可以提交也可以不提交民事答辩状，实践中很少有被告提交民事答辩状。这样，在开庭前，被告可以通过民事起诉状副本分析原告的诉讼思路和诉讼策略，而原告是无法知晓被告的诉讼思路和诉讼策略的。虽然《最高人民法院关于民事诉讼证据的若干规定》（以下简称《民事诉讼证据的若干规定》）规定了庭前证据交换制度，但并没有改变原告、被告庭前获取信息不对称之局面。司法实践中，被告往往又故意在举证期限截止日才提交证据，原告获取被告信息的时间依然较晚，仍然处于不利的地位。还有的法院不给双方当事人规定举证时间，当庭举证，因而使原告在庭审中更被动。

其次，诉讼策略的运用要求诉状要有所保留。法官的心证不是形成于庭前，而是庭审中的质证和辩论阶段。因此，案件中某些关键性的细节可在起诉状中隐去，以便在庭审中作为“撒手锏”使用。民事起诉状是一种立案文书，其用途主要在立案，事实和理由部分的写作尺度以足够立案为止。这样一来，不仅能够给原告留出根据对方答辩和庭审的变化随时调整观点、思路的余地，而且能够尽量减少对方庭前造假应诉、恶意狡辩的机会。

2. 合同案件与侵权案件，写作有差别

合同案件、侵权案件是民事案件的两大基本类型。办理这两类案件制作的民事起诉状，事实和理由部分的写作是有差异的。在原告主张违约责任的合同案件中，要围绕诉讼请求简要叙明两层内容：（1）签订合同的主体、签约时间、合同名称、与本案有关的合同条款（仅引用合同条款的内容，不用作解释性说明）；（2）对照所引的合同条款，叙明被告的违约行为。在过错侵权案件中，要围绕诉讼请求叙明两层内容：（1）侵权人、侵权时间、侵权地点、侵权过程、侵权结果；（2）侵权损害赔偿责任的法律依据。

三、尾部

尾部依次写明写作受体（受理人民法院）、起诉人签名、文书制作时间、副本、证据及证据目录。

（一）写作受体的确定

为了最大限度地节省诉讼成本，缩短诉讼时间，争取对自己最有利的判决，写作主体应该权衡斟酌，在《民事诉讼法》规定的范围内选择管辖法院，确定写作受体。例如，产品侵权赔偿案件，被告所在地、侵权行为实施地、侵权结果发生地的法院都有管辖权，写作主体应该从中选择确定一个最有利于原告的管辖法院。我们必须按照法律和司法解释的规定来确定写作受体，这方面主要的规定有《民事诉讼法》第二章“管辖”和《民诉法解释》中有关“管辖”的规定。特别应当注意的是，第三人撤销之诉中，民事起诉状的写作受体是作出生效判决、裁定、调解书的人民法院；执行异议之诉中，写作受体是执行法院。

（二）起诉人签名

原告在此所签之名应是身份证上之姓名。一般必须亲笔签署，也有一些法院要求原告签名并捺指印。

（三）民事起诉状的副本

依照《民事诉讼法》第123条之规定，写作主体要按照被告的人数提出民事起诉状的副本。一个民事案件中需准备的民事起诉状份数，可以表述为这样一个公式：诉状份数＝被告数＋1份（呈送受理案件的人民法院）。

（四）民事起诉状的提交时间

一般情况中，民事起诉状的提交不能超过诉讼时效期间。第三人撤销之诉中，第三人提交民事起诉状和证据材料的时间，应当自知道或应当知道其民事权益受到已生效的判决、裁定、调解书损害之日起6个月内。这6个月是不变期间。执行异议之诉中，案外人、申请执行人提交民事起诉状的时间是执行异议裁定送达之日起15日内。

（五）证据和证据目录

"谁主张，谁举证"。因此，原告要向法院提交相关的证据。根据《民事诉讼证据的若干规定》第 19 条第 1 款的规定，原告应当对其提交的证据材料逐一分类编号，依照对方当事人人数提出副本。为了方便相关人员了解证据材料，原告要制作证据目录，对证据材料的来源、证明对象和内容做简要说明，签名盖章，注明提交日期。值得注意的是，第三人撤销之诉中，第三人依法提交的证据材料有异于其他民事之诉。《民诉法解释》第 290 条规定，第三人应当提供存在下列情形的证据材料：（1）因不能归责于本人的事由未参加诉讼；（2）发生法律效力的判决、裁定、调解书的全部或者部分内容错误；（3）发生法律效力的判决、裁定、调解书内容错误损害其民事权益。

此外，法官希望律师在立案时能够另外提交两种材料：（1）案件大事记；（2）可视化图表。案件大事记类似历史年代表，即按照时间顺序把案件的发生、发展、结局等自然过程清晰地罗列出来，方便法官认识案件的流变过程。可视化图表用于直观形象地展示复杂的法律关系，方便法官识别案件中复杂的法律关系。案件大事记加上可视化图表，对案件缠身的法官来说无疑是最好的"礼物"。律师付出的这部分劳动会得到法官的赞许。

四、注意事项

（一）胎儿利益保护案件中，当事人基本情况的表述方式①

《民法典》第 16 条规定了涉及遗产继承、接受赠与等胎儿利益的特殊保护制度。实践中发生了涉及胎儿利益的民事纠纷时，如何在民事起诉状中书写当事人的基本情况？梁慧星教授认为，因胎儿利益保护涉诉，应参照未成年人监护制度，由其监护人来代理诉讼，但与未成年人案件还是有区别的。未成年人案件，当事人基本情况列写为：

原告：×××（未成年人之姓名），……

法定代理人：×××（原告之父或母），……

问题在于，胎儿在向法院行使诉权时，他/她并没有正式的姓名，显然，在列写当事人的基本情况时，不能照抄未成年人案件的列写方式。故而，诉状中的原告位置只能列写监护人的名字。但这样一来，岂不混同于监护人自己提起的诉讼？因此，在起诉状中还应该写明，监护人行使的是胎儿的权利而非自

---

① 参见梁慧星教授 2017 年 5 月 20 日给北京律师所作的演讲，题目为《〈民法总则〉若干问题研究——从消费者和律师权益保护角度入手》。

己的权利，诉讼结果应归属于胎儿而不归属于监护人。胎儿利益保护案件，当事人基本情况列写为：

原告：×××（胎儿监护人之姓名），……原告在本案中行使的是胎儿的权利而非自己的权利，诉讼结果应归属于胎儿。

可见，这类案件中，当事人基本情况依序含有两层：第一层是胎儿监护人的个人信息；第二层是监护人在本案中的角色声明。

（二）不要出现不利于原告的陈述

《民诉法解释》第92条第1款规定："一方当事人在法庭审理中，或者在起诉状、答辩状、代理词等书面材料中，对于已不利的事实明确表示承认的，另一方当事人无需举证证明。"据此，民事起诉状中不利于原告的陈述构成自认的事实，对方不承担举证责任。这部分事实便是板上钉钉，可谓"一字入公门，九牛曳不出"。如果原告在法庭审理或民事起诉状、代理词中没有自认于己不利的事实，这部分事实则有两种命运：一是被法庭认定，前提是对方成功地举证；二是被法庭否定，因为对方举证不能。因此，民事起诉状中出现不利于原告的陈述是令对方暗自窃喜的事情。

（三）可将律师费列入诉讼请求的情形

关于律师费的承担问题，国外以"律师费由败诉方负担"作为一般原则，我国则是以"谁请律师谁负担律师费"为一般原则，只有在法律、司法解释、司法文件有明确规定的情况下律师费才由败诉方承担。因此，在书写诉讼请求时，一般不涉及律师费的问题。但是当所诉案件属于下列情形之一时，则要注意在诉讼请求部分写明"请求判令被告承担本案的律师费"一语。目前，我国法律、司法解释、司法文件规定由败诉方承担律师费的情形有：（1）著作权侵权案件；① （2）商标侵权案件；② （3）专利侵权案件；③ （4）不正当竞争案件；④ （5）合同纠纷中债权人行使撤销权诉讼案件；⑤ （6）担保权诉讼案

---

① 参见《最高人民法院关于审理著作权民事纠纷案件适用法律若干问题的解释》（法释〔2020〕19号）第26条。

② 参见《最高人民法院关于审理商标民事纠纷案件适用法律若干问题的解释》（法释〔2020〕19号）第17条。

③ 参见《最高人民法院关于审理专利纠纷案件适用法律问题的若干规定》（法释〔2020〕19号）第16条。

④ 参见《中华人民共和国反不正当竞争法》第17条第3款。

⑤ 参见《民法典》第540条。

件；①（7）生态环境损害赔偿案件；②（8）环境民事公益诉讼案件；③（9）信息网络侵权案件；④（10）人脸信息侵权案件；⑤（11）在知识产权侵权诉讼中原告滥用权利案件；⑥（12）虚假诉讼、恶意诉讼案件；⑦（13）双方在合同中明确约定律师费由违约方承担的案件⑧等。

（四）诉讼请求的变更和增加

根据《民事诉讼法》第54条、第143条的规定，原告可以变更、增加诉讼请求。《民诉法解释》对原告增加诉讼请求作了进一步规定，在一审、二审中都可以增加。该解释第232条规定："在案件受理后，法庭辩论结束前，原告增加诉讼请求，被告提出反诉，第三人提出与本案有关的诉讼请求，可以合并审理的，人民法院应当合并审理。"该解释第326条规定："在第二审程序中，原审原告增加独立的诉讼请求或者原审被告提出反诉的，第二审人民法院可以根据当事人自愿的原则就新增加的诉讼请求或者反诉进行调解；调解不成的，告知当事人另行起诉。双方当事人同意由第二审人民法院一并审理的，第二审人民法院可以一并裁判。"

（五）关于民事反诉状的写作

根据《民事诉讼法》第143条的规定，在案件受理后，法庭辩论终结前，被告有提出反诉的权利。被告提起反诉时使用的文书叫民事反诉状。民事反诉状的写作与民事起诉状基本相同，但要注意以下两点：

第一，反诉的当事人应当限于本诉的当事人范围。民事反诉中，当事人的诉讼地位与本诉正好相反，即本诉原告成为反诉的被告，本诉被告成为反诉的原告。民事反诉状中，列明当事人基本情况时，采用这样的表述：

① 参见《民法典》第691条。

② 参见《最高人民法院关于审理生态环境损害赔偿案件的若干规定（试行）》（法释〔2020〕17号）第14条。

③ 参见《最高人民法院关于审理环境民事公益诉讼案件适用法律若干问题的解释》（法释〔2020〕20号）第22条。

④ 参见《最高人民法院关于审理利用信息网络侵害人身权益民事纠纷案件适用法律若干问题的规定》（法释〔2020〕17号）第12条第1款。

⑤ 参见《最高人民法院关于审理使用人脸识别技术处理个人信息相关民事案件适用法律若干问题的规定》（法释〔2021〕15号）第8条。

⑥ 参见《最高人民法院关于知识产权侵权诉讼中被告以原告滥用权利为由请求赔偿合理开支问题的批复》（法释〔2021〕11号）。

⑦ 参见《最高人民法院关于进一步推进案件繁简分流优化司法资源配置的若干意见》（法发〔2016〕21号）第22条。

⑧ 参见《民法典》第5条。

反诉原告（本诉被告）：依次写明姓名、性别、年龄、民族、职业或工作单位、职务、住址、电话等基本情况。

反诉被告（本诉原告）：依次写明姓名、性别、年龄、民族、职业或工作单位、职务、住址、电话等基本情况。

第二，反诉与本诉的诉讼请求之间要有密切联系。二者要么基于相同法律关系，要么具有因果关系，要么基于相同的事实。对于符合法定条件的反诉，法院将与本诉合并审理。如果本诉、反诉的诉讼请求没有关联，反诉不成立，法院将裁定不予受理，当然，被告可以另行起诉。民事反诉状中的诉讼请求称作“反诉请求”。实践中，反诉应由其他人民法院专属管辖的，法院会裁定不予受理，告知当事人另行起诉。

（六）民事诉讼的取胜之道

律师微信群流传无名氏的《完胜民商诉讼 64 字真经》，凡启动民事诉讼程序者应该细细揣摩，身体力行。其内容如下：

尊重良俗，心存信义。要素分析，明辨关系。洞察变化，找准争点。明确目标，穷尽规矩。优选方案，确认路径。恰当举证，澄清事实。有的放矢，辨明法理。冷静应对，尊重法庭。

【例文】

民事起诉状

原告：叶某某，女，1977 年××月××日出生，满族，北京某技术培训公司职员，住北京市朝阳区延恩路×号沈园×号楼×室。联系方式：18600000000。

被告：屈某某，男，48 岁，汉族，深圳市某科技股份有限公司经理，住北京市朝阳区文德路×号云梦园×号楼×单元×室。联系方式：13900000000。

案由：饲养动物损害责任纠纷

诉讼请求：

1. 请求判令被告赔偿原告医疗费 57 996.81 元、住院伙食补助费 1000 元、营养费 4500 元、误工费 21 406 元、护理费 11 000 元、交通费 650 元、残疾赔偿金 87 820元、精神损害抚慰金 5000 元、鉴定费 3150 元，共计人民币 192 522.81 元；

2. 诉讼费用由被告承担。

事实与理由：

2020 年 12 月 6 日，被告屈某某邀我同往北京市大兴区黄村镇林场皇林马术俱乐部及周边练习骑马。屈某某将自己的马备好鞍让我骑乘，他陪同我和其他骑马爱好者在皇林马术俱乐部周边骑行。骑行中，屈某某的马突然失控，冲向坡道，两个前蹄猛然间腾空而起，将我摔到地上。我虽然骑马装备穿戴齐整且具有一定的骑马经验，但还是被摔伤，由“999”急救车就近送至北京市仁和医院。当日，仁和医院初步检查诊断为腰椎骨折。该医院考虑伤势严重可能导致瘫痪，故没有收治，建议我前往北京大学第三医院治疗。当天，我再次由“999”急救车送至北京大学第三医院。因没有床位，只得在该院急诊楼道病床上治疗，两日后办理住院治疗手续。我因此次手术支付了巨额医疗费用，并遭受剧烈疼痛折磨和精神压力。我所骑乘的马归屈某某所有和管理，根据《中华人民共和国民法典》第一千二百四十五条规定，饲养的动物造成他人损害的，动物饲养人或者管理人应当承担侵权责任，故而被告屈某某应当对我进行赔偿。为维护原告的合法权益，特向贵法院起诉，望依法裁判。

此致

北京市大兴区人民法院

起诉人：叶某某

二〇二一年三月十三日

附：1. 本诉状副本1份。

2. 证据目录及主要证据复印件。

项目二　民事答辩状

【文书格式】①

民事答辩状

答辩人：×××，男/女，××××年××月××日生，×族，……（写明工作单位和职务或职业），住……。联系方式：……。

法定代理人/指定代理人：×××，……。

委托诉讼代理人：×××，……。

（以上写明答辩人和其他诉讼参加人的姓名或者名称等基本信息）

对××××人民法院（××××）……民初……号……（写明当事人和

---

① 民事答辩状有两种格式：一种是公民对民事起诉提出答辩用；另一种是法人或者其他组织对民事起诉提出答辩用。本项目训练使用第一种格式。

案由）一案的起诉，答辩如下：

……（写明答辩意见）。

证据和证据来源，证人姓名和住所：

……

此致

××××人民法院

答辩人：×××

××××年××月××日

附：本答辩状副本×份。

【民事答辩状写作谈①】

民事答辩状是被告、被上诉人、再审被申请人向法院提交的针对对方提出的请求以及事实、理由进行回答和辩解的民事诉讼法律文书。其写作主体是民事案件中被告或者被上诉人、民事再审被申请人，写作受体是人民法院、原告、上诉人或者民事再审申请人，写作主旨是庭前同意或反驳对方的起诉（/上诉/再审）事实和理由。

民事答辩状有一审答辩状、二审答辩状和再审答辩状之分。从理论上讲，它的写作和使用有利于人民法院全面了解诉讼双方的意见和要求，公正地审理案件；有利于维护被告、被上诉人、民事再审被申请人的合法权益；充分体现了诉讼当事人权利平等的原则。《民事诉讼法》第128②、第174条③、第210条④对民事答辩状作了规定。下面的讨论聚焦于一审答辩状的写作。

---

① 本文由何力律师撰稿。

② 《民事诉讼法》第128条规定，人民法院应当在立案之日起五日内将起诉状副本发送被告，被告应当在收到之日起十五日内提出答辩状。答辩状应当记明被告的姓名、性别、年龄、民族、职业、工作单位、住所、联系方式；法人或者其他组织的名称、住所和法定代表人或者主要负责人的姓名、职务、联系方式。人民法院应当在收到答辩状之日起五日内将答辩状副本发送原告。被告不提出答辩状的，不影响人民法院审理。

③ 《民事诉讼法》第174条规定，原审人民法院收到上诉状，应当在五日内将上诉状副本送达对方当事人，对方当事人在收到之日起十五日内提出答辩状。人民法院应当在收到答辩状之日起五日内将副本送达上诉人。对方当事人不提出答辩状的，不影响人民法院审理。原审人民法院收到上诉状、答辩状，应当在五日内连同全部案卷和证据，报送第二审人民法院。

④ 《民事诉讼法》第210条规定，当事人申请再审的，应当提交再审申请书等材料。人民法院应当自收到再审申请书之日起五日内将再审申请书副本发送对方当事人。对方当事人应当自收到再审申请书副本之日起十五日内提交书面意见；不提交书面意见的，不影响人民法院审查。人民法院可以要求申请人和对方当事人补充有关材料，询问有关事项。

一、民事答辩状的结构

民事答辩状分首部、正文、尾部三个部分。

（一）首部

1. 答辩人和其他诉讼参加人的基本信息

答辩人的基本信息部分，准确列明答辩人姓名、名称即可，其他信息可写可不写。如果答辩人希望对方能与自己沟通，宜在此处写明联系方式。

诉讼代理人信息可写可不写。如果民事答辩状最终由诉讼代理人签名，则要在此部分注明代理人信息。

2. 案号、当事人和案由

这部分内容要准确写明本案的案号、双方当事人和案由，以便法官和各方确认本答辩状针对的是哪个案件。

（二）正文

答辩意见构成正文，它是民事答辩状的核心内容和写作的重心，后文将详细阐述。

（三）尾部

尾部依次写明下列内容：（1）证据和证据来源，证人姓名和住所；（2）致送法院的名称；（3）答辩人签名；（4）文书制作时间；（5）答辩状副本数。

二、答辩意见的写作要求

与该文书的其他部分写作相比，答辩意见的写作要相对充实、丰富，犹如“猪肚”①，使其与核心和重心之地位相称。在写作这部分内容时，要遵循下列要求。

（一）针锋相对

民事答辩状是当事人行使民事答辩权的一种形式。民事答辩权属于反驳这种诉讼权利，它是答辩人经常采用的一种防御手段，其目的在于使对方的诉讼目的无法实现。要实现这个目的，客观上要求答辩意见要有鲜明的针

---

① 元代文人乔梦符谈到写“乐府”的章法时提出“凤头”“猪肚”“豹尾”说。所谓“凤头”是指作品开头要像凤凰的头那样秀气、漂亮；“猪肚”是指主体部分要像猪肚子那样有充实、丰富的内容；“豹尾”是指结尾部分要像豹子尾巴那样有力、刚健。文学作品写作的这个章法，对于文字叙述式法律文书写作来说仍具有指导意义。笔者认为，律师文书中的各种代理词、辩护词以及法官的判决书等，正文中核心内容的写作要有“猪肚”之功，正文结尾句或结尾段的写作又要有“豹尾”之效。

对性。

1. 一审民事答辩状针对的是民事起诉状，答辩人反驳的对象是民事起诉状中的请求、事实与理由以及适用的法律等。

2. 二审民事答辩状是源于一审对方当事人或第三人的民事上诉状而引发的民事答辩。其不仅要针对民事上诉状中的上诉请求、事实、理由，还须结合一审民事判决书查明的事实、适用的法律法规以及判决、裁定的结果来表明观点，陈述理由。

3. 再审民事答辩状是源于对方当事人或第三人对生效的民事判决书或民事裁定书提起的民事再审申请或人民检察院的抗诉而引发的民事答辩。它与二审民事答辩状的写法相似，兹不再赘述。

（二）简明扼要

在提交民事答辩状这个环节，大多数民事案件并没有事先交换证据，案件的细节没有呈现出来，因此答辩意见没办法对案件展开阐述。实务中，通常的做法是针对对方在诉状中提出的观点与理由，简明扼要地提出主要抗辩理由，以便法官了解案件重点，归纳争议焦点。另外，这个时候，案件情况尚不完全明了，对方的诉讼策略还没有完全披露，因此，从诉讼策略的角度考虑，也要把答辩意见写得简明扼要，详细、具体、全面的写作将暴露己方的全部意图，客观上将起到提醒对方的效果。

（三）简单明了的逻辑结构

答辩意见写作得简明扼要，要求这部分的逻辑结构简单明了。过于复杂的逻辑结构与民事答辩状的性质与功能不符。实务中，常见的逻辑结构有两种：

1. 围绕诉讼请求答辩模式

在这种模式下，写作主体把对方当事人的所有诉讼请求分别列为若干靶子，然后使用证据事实和法律规范加以反驳，简要论证对方的诉讼请求不成立。

【示例】

对××××人民法院（××××）……民初……号……（写明当事人和案由）一案的起诉，答辩如下：

一、原告第一项诉讼请求“要求赔偿损失100万元”不成立

理由是：

1. ……

2. ……

二、原告第二项诉讼请求"要求退还货款50万元"不成立

理由是：……

2. 阐述事实与法律答辩模式

实务中，当对方的诉讼请求全部建立在一个基本的事实或法律依据之上时，可以采用这种模式。首先重点阐述本案的重要事实或主要法律依据，接着对对方的诉讼请求是否成立说明己方意见。

【示例】

对××××人民法院（××××）……民初……号……（写明当事人和案由）一案的起诉，答辩如下：

一、本案主要事实与法律分析

1. 事实部分

……

2. 法律分析部分

……

二、原告的诉讼请求不成立

理由是：

1. ……

2. ……

三、庭前提交民事答辩状的利弊考量

法律虽然规定"被告应当在收到起诉状副本之日起十五日内提出答辩状"，但是同时规定"被告不提出答辩状的，不影响人民法院审理"。如果答辩方没有提交答辩状，开庭时仍然可以进行口头答辩，说明答辩意见，当庭也可以提交书面答辩状。既然答辩状于开庭前可提交可不提交，那么我们首先要搞清楚一个问题：从答辩方利益角度考量，答辩状是否应该庭前提交？

（一）原则上不提交

不提交答辩状是实务中通常的做法。理由如下：

1. 避免让对方了解己方的诉讼思路。答辩状提交给法院之后，法院会送达给对方。对方因之会了解己方诉讼思路，有针对性地做一些准备工作，这对答辩方是有害无益的。

2. 无助于法官庭前了解答辩方的观点。若法官于庭前能仔细阅读答辩状，庭前提交未尝不可。不过，在目前的审判实务中，法官一般在开庭前并不会详细阅卷，自然不会阅读提交的答辩状。既然如此，就不如在开庭时做口头答辩和提交答辩状。

3. 庭前答辩时间仓促。依照法律规定，答辩人应在收到起诉状副本之日起十五日内提交答辩状。这个时间比较仓促，答辩方不了解对方的全部证据，不可能对案件有全盘仔细地把握，没有形成清晰的诉讼思路和提出有效的诉讼策略，因此答辩方不一定有能力在法定期间内提交一份理想的答辩状。

4. 不提交答辩状没有不利的法律后果。如前所述，不提交答辩状，完全不影响答辩方开庭时进行口头或书面答辩。在答辩环节之后，完全可以正常的举证、质证、辩论、提交代理意见。

（二）个别情形可提交

在个别情形下，出于答辩方利益的考量，为了达到特定的诉讼目的，律师可以一反常规，考虑向法院提交答辩状，有意让对方清楚地了解答辩方的意图。根据笔者的经验，存在如下情形：

1. 想令对方撤诉。根据现有的证据和相关法律规定，不出意外，答辩方会获得法官的支持。此时，可以考虑提交答辩状，以便让对方知难而退，撤诉息讼。

2. 想和对方调解。如果答辩方有调解的意愿且根据案件的情况有调解的可能，那么不妨提交答辩状，在答辩状中表明调解的意愿并提出调解方案，供对方考虑，以争取在开庭前双方能协商解决。

3. “声东击西”的诉讼策略要求。在某些案件中，律师所代理的被告方当事人在证据和法律两方面都很被动，案件情势迫使律师必须采取“声东击西”的诉讼策略，否则律师在庭上的处境将非常难堪，无法给出庭的当事人一个交代，这个时候要以提交答辩状的形式实施这个诉讼策略。例如，律师在答辩状中重点阐述理由 A，使得原告方阅读后产生误解，以为被告方将主要依据理由 A 进行抗辩，于是原告方也主要针对理由 A 做准备、提供证据。但在开庭时，被告方的重点临时变为理由 B，因原告方庭前对理由 B 缺少准备，定然手忙脚乱，使局面显得对被告方有利。当然，这种情形听起来有些“不正当”，但法律并没有禁止这种做法，且在诉讼中为自己一方当事人合法地争取最大利益也是无可厚非的。

总之，无论庭前是否提交民事答辩状，律师都应对案件做认真准备，整理好答辩和举证质证思路，制作答辩提纲和民事答辩状，这样就能为庭上有良好的表现打下坚实的基础。

【例文】

民事答辩状

答辩人：屈某某，男，48 岁，汉族，深圳市某科技股份有限公司经理，住北京市朝阳区文德路×号云梦园×号楼×单元×室。联系方式：13900000000。

委托诉讼代理人：王某，北京市××律师事务所律师。

对北京市大兴区人民法院（2021）京0115民初0000A号原告叶某某诉被告屈某某饲养动物损害责任纠纷一案的起诉，答辩如下：

一、本案的真实情况

原告叶某某所述的事实与真实情况不符。2020年12月5日，叶某某给我打电话相邀骑马。此前，她曾骑过我的马，对这匹马比较熟悉。12月6日到马场后，叶某某称状态不好，我和其他马友都劝说她不要骑了，但她执意要骑。此后我还劝告她不要出马场。当我与其他马友都已经骑出去时，叶某某骑马追了上来，上坡时恰逢羊群，马看到羊群受惊躲闪，叶某某于是从马上摔了下来。

二、本案不应适用饲养动物致人损害的侵权责任

坠马时，叶某某正在骑马，她本人是马的驾驭者、指挥者、控制者，是马的临时管理人。叶某某此次受伤非因饲养动物的加害行为所致，而是骑马运动本身的运动风险所致。叶某某在骑马过程中，该马已经脱离了我的管束和控制，并不存在我作为饲养人对马管束不周的情形，故不应适用《中华人民共和国民法典》第一千二百四十五条规定，请求贵法院驳回其诉讼请求。

此致

北京市大兴区人民法院

答辩人：屈某某

二〇二一年五月二十日

附：本答辩状副本1份。

项目三　民事代理词

【文书格式】

格式一　民事案件一审用

民事代理词

尊敬的审判长、审判员（人民陪审员）：

我依法接受×××（原告姓名）诉×××（被告姓名）××（具体案由）一案的原/被告方之委托，担任原/被告的诉讼代理人，出庭参与诉讼活动。（简要说明对本案的看法），现就本案发表代理意见如下：

……（正文部分应该依据案件事实和法律，详细、深入地阐述具体的代

理意见）。

综上所述……（结论部分是对正文部分的概括和总结）。

委托诉讼代理人：北京市××律师事务所

××律师

××××年××月××日

格式二　民事案件二审用

民事代理词

尊敬的审判长、审判员：

我依法接受×××（上诉人姓名）诉×××（被上诉人姓名）××（具体案由）一案的上诉/被上诉方之委托，担任上诉/被上诉方的委托诉讼代理人，出庭参与诉讼活动。（简要说明对本案的看法），现就本案发表代理意见如下：

……（正文部分应该依据案件事实和法律，详细、深入地阐述具体的代理意见）。

综上所述……（结论部分是对正文部分的概括和总结）。

委托诉讼代理人：北京市××律师事务所

××律师

××××年××月××日

【民事代理词写作谈】①

民事代理词，是民事诉讼代理人在法庭辩论阶段全面系统地论述所主张的事实和理由或反驳对方所主张的事实和理由以维护被代理人民事权益的一种民事诉讼法律文书。民事代理词可分为一审民事代理词、二审民事代理词和再审民事代理词。其写作主体是委托诉讼代理人，写作受体是人民法院，主旨是向法官系统陈述对案件的看法，以期影响法官的判决。

一、民事代理词的价值

有别于民事起诉状和民事答辩状，《民事诉讼法》并未要求委托诉讼代理人一定要提交代理词，也没有设置民事代理词的专条。在实务中，如果代理意见通过口头方式已经清楚地传达给法官，被录入庭审笔录，并且没有什么需要再补充、归纳整理的，那么也可以不提交民事代理词。即便如此，笔者并不认

① 本文由何力律师撰稿。

为委托诉讼代理人在开庭时说几句话就可以了，他们应该做足、做实庭前准备工作，仔细分析案情，收集、研究证据，了解同类案件裁判习惯，寻找适合本案的法律，撰写出逻辑严谨、系统周密的民事代理词。这样，委托诉讼代理人在开庭时就会显得气定神闲，庭审思路清晰，表达有条不紊，自然有助于法官全面、高效地了解当事人一方的意见，从而尽可能促使法官接受代理意见，争取有利的诉讼结果。一言以蔽之，民事代理词对于整个民事案件的代理和裁判工作，利莫大焉。再则，有的客户，特别是公司客户，尤其是较熟悉法律工作的客户，认为庭后提交代理词是他们委托的代理律师理应完成的代理工作的一部分。在这种情况下，如果律师没有庭后提交代理词，甚至事先没有将代理词发给客户以征求补充意见，那么他们可能会认为律师不够专业，或工作没有做到位。所以，尽管律师内心确实认为并不需要再提交代理词，恐怕基于对客户有所交代这一考虑也需要撰写好民事代理词。

二、民事代理词的结构

民事代理词的结构分为前言、理由和结束语三个部分。前言是开场白，用以申明代理人的合法地位，说明开庭前所做的工作和对案件的基本看法。理由是代理词的核心部分，阐明经过法庭审理对本案已形成的全面、清晰的认识，并对其展开符合逻辑的论述。结束语是对全篇内容的归纳，再次申明对本案的基本看法和意见。

三、代理理由部分的写作要求

说服法官，争取有利判决，这是民事代理词写作的目的。这个目的支配着民事代理词写作的方方面面。代理理由部分的写作是实现这个写作目的的关键所在。写作代理理由时一般要遵循以下三个写作要求：

（一）有的放矢，勿偏离争议焦点

在提交民事代理词之前，法庭调查和法庭辩论已经结束。审判中，法官一般要归纳案件的争议焦点，询问各方对这些争议焦点有无意见或有无补充，并要求各方围绕争议焦点展开辩论。当然，也有法官在审判中并不当庭归纳争议焦点，但这并不意味着法官没有思考过争议焦点。尽管如此，委托诉讼代理人也应该根据庭审情况对法官藏于内心没有说出的案件争议焦点有个大致判断。争议焦点体现了法官对案情的一种理解，它是法官审判思维中的兴趣点，法官希望各方能够围绕争议焦点从证据事实和法律规范两个方面展开激烈的对抗。若能针对争议焦点构思代理理由，这无疑正中法官的下怀，法官这才愿意阅读民事代理词，写作目的才可能实现。若偏离争议焦点去构思代理理由，则委托诉讼代理人的思维与法官的思维不可能有交集，焉能实现写作目的？可见，写作代理理由首先要做到有的放矢，“矢”是指案件的争议焦点。委托诉讼代理人要针对法官明确关心或可能关心的争议焦点进行逐条回应、分析、辩论。

实务中，有的代理理由写作没有做到有的放矢，偏离了争议焦点，表现为两种情形：

1. 不能准确归纳争议焦点

有的委托诉讼代理人的确是按争议焦点来构思代理理由的。不过，他对争议焦点的归纳与法律及案情不符，与法官归纳的争议焦点不一致。他不清楚究竟哪些问题法律上没有争议，哪些问题存在争议。他也不知道法官关心哪些问题，哪些问题需要重点讨论。这样的写作自然不会有良好的效果。例如，原告提交了一份有被告签字的合同原件，被告否认签字的真实性，经法官询问，并不申请笔迹鉴定。原告委托诉讼代理人认为合同签字的真实性问题是本案的一个争议焦点，在代理理由部分反复论述该签字的真实性。这个写作行为是一个败笔，因为合同签字的真实性貌似是争议焦点，实质上却并不是。乍看，双方对合同签字存有争议，即原告认可真实性，被告不认可，但是它在法律上并不构成一种争议。根据证据规则，被告否认其签字真实性又不申请笔迹鉴定的，应承担不利后果，应视为签字属实。合同签字的真实性既非争议焦点，原告委托诉讼代理人就不应该在这个问题上浓墨重彩，轻轻几笔带过则可。这种情形之发生不是缘于不懂得写作技巧，而是归因于委托诉讼代理人的法学理论功底之薄弱以及诉讼经验之贫乏。故而欲避免这种毛病，功夫在诗外。

2. 回避争议焦点

律师民事诉讼法律文书位于民事诉讼程序的各个环节，功能用途不同，写法自应有异。写作民事起诉状、民事答辩状时，委托诉讼代理人要适当回避争议焦点，在适当的时机再陈述对争议焦点的详细意见。民事代理词提交的环节是在双方庭审举证质证辩论后，法官判决之前，是法官写作判决书的重要参考资料。法官在判决书中，必须对案件的争议焦点作出权威表态。要想使民事代理词成为法官判决的有力参考，代理理由部分就要直面争议焦点，不能采取回避态度。实务中，有的委托诉讼代理人对案件的所有争议焦点都没有回答，王顾左右而言他，这样的民事代理词无疑是一张张无的放矢的废纸，该种文书的功能无从实现。

（二）以案件的具体证据和相关法律为基础，提供具有参考价值的法律专业意见

基于民事利益之冲突，双方在民事诉讼中各执一词，相互辩驳，自在情理之中。庭审中，案件的全部证据材料经过质证得以呈现，案件所应适用的法律经过辩论理应明晰。因此，委托诉讼代理人（此处专指代理律师）在撰写民事代理词时就要以具体案件的证据事实为依据，以具体案件的适用法律为基础，不能脱离依据和基础去信马由缰、信口雌黄。我们回头再看前边那个合同签字的事例，被告否认合同签字的真实性，又不申请笔迹鉴定，如果被告的委托诉讼代理人接着以“未经我方签字合同不成立”作长篇大论的论证，法官会认为“这纯属浪费时间，没有参考价值”。道理很简单，“未经我方签字合同不成立”这个主张缺乏证据的支持（如否认签字真实性则应申请笔迹鉴定）。

实务中，有的代理理由充斥着脱离案件证据事实的表述。明明没有证据，偏要说“证据确凿充分”。对方已有充足的证据证明己方违约，仍然说“对方无任何证据证明我方违约”。己方确有一个证据存有漏洞，对方业已指出，但不予回应（实际上也存在回应的理由）。

实务中，有的代理理由含有没有法律依据的表述。民事诉讼中，当事人常常提出一些自以为有理而法律并不支持的观点，有时说一些缺乏理性纯属宣泄情绪的话语。这对一个非法律专业人士来说，情有可原。但如果这些情形出现在律师的代理词中则是不可理解，甚至是不可原谅的。例如，在一个合同纠纷诉讼中，案件已超过诉讼时效，债权人觉得难以理解，他会说出“诉讼时效的抗辩不合理，不应采纳”之类的意见，法官一笑置之而已。但是，如果律师在代理理由中反复讨论诉讼时效是否合理，法官会觉得这个律师不够专业，不够称职。当然，关于案件的法律适用确实存在争议，在代理理由中可以展开讨论，该讨论必须建立在事实和法律的基础上。

简言之，作为法律的专业人士，律师在代理词中应该避免那些没有证据事实及法律依据的表述，去除缺乏法律意义的廉价的情感宣泄，向法官提供一份建立在该案证据与相关法律基础之上的、对判决具有很强参考价值的法律专业意见。

（三）设置层次清晰的逻辑结构，便于法官理解与接受

方便写作受体阅读是法律写作的一项基本原则。设置层次清晰的逻辑结构就是这项基本原则在代理理由写作中的具体体现。时下案件井喷，加班加点成为法官工作的常态。委托诉讼代理人要设身处地为法官着想，努力做到代理理由部分层次清晰，逻辑严谨，重点突出，以便法官阅读。实务中，代理理由部分的结构设计有以下三种模式：

【模式一】事实＋法律模式

第一部分　本案事实

一、本案中双方无争议或证据确凿的部分

1. 事实 X……

2. 事实Y……

3. 事实Z……

二、本案中有争议的事实及其分析

1. 争议事实X

具体分析……

2. 争议事实Y

具体分析……

第二部分　本案法律分析

一、法律分析X

具体分析……

二、法律分析Y

具体分析……

三、法律分析Z

具体分析……

【模式二】争议焦点模式

一、争议焦点X

具体分析……

二、争议焦点Y

具体分析……

三、争议焦点Z

具体分析……

【模式三】诉讼请求模式

一、诉讼请求X

具体分析……

二、诉讼请求Y

具体分析……

三、诉讼请求Z

具体分析……

在选择以上三种结构模式时，请留意以下的建议：

1. 采用事实+法律这种结构模式，在本案事实部分，应首先将双方无争议或者证据非常确凿的部分列出，这样可以避免在无争议的部分浪费笔墨，从而聚焦于必须予以重点讨论的事项，使随后的法律分析能有一个坚实的基础。

2. 多数案件可以使用第一种结构模式，这种结构模式尤其适用于比较复杂的、需要从证据与法律各方面进行分析论证的案件。

3. 如果案件有明确的争议焦点，且争议焦点之间有较强的独立性，可采取第二种结构模式。

4. 对于有多项诉讼请求，适合分开说明的，可使用第三种结构。例如，劳动争议中有几项工资方面的诉讼请求，需要具体说明每一项工资的计算与发放情况，可以采取这种结构模式。

5. 把重要的观点置顶，安排在第一层或第二层加以强调，为了提醒法官注意，实务中习惯把强调部分的文字加黑标注。

四、注意事项

（一）关于裁判思路和裁判习惯

每个委托诉讼代理人都希望自己的代理意见能被法官认可并援引，这是一种不会褪色的职业乐趣。被判决书中认可的意见当然是最好的代理意见，也是民事代理词写作成功的标志。成功的民事代理词写作，除了遵循前边所提的各项写作要求外，写作前还要研究该类案件法官的裁判思路和裁判习惯，将之作为写作的一项指南。例如，关于离婚案件，最高人民法院的最新态度是：审理离婚案件应首先区分婚姻危机和婚姻死亡，积极疗救恢复婚姻家庭关系，婚姻仅仅存在危机，判决不离，婚姻死亡则要判决离婚。据此，主张离婚一方当事人的委托诉讼代理人应以“婚姻死亡”作为代理理由写作的主轴，对方的委托诉讼代理人则应把“婚姻危机”确立为自己的写作主轴。唯有如此，才能做到有的放矢，代理意见才可能被法官接受。

（二）民事代理词提交时间

实务中，如果在开庭时已经准备好民事代理词，且无须修改，则可以当庭提交。如果还需要根据开庭情况修改或重新撰写民事代理词，则应该在庭后尽快提交。显然，如果法官已经下达判决，再提交代理词就失去意义了。很多时候，虽未下达判决，但实际上法官已经在心中对判决形成了初步意见，或者已经撰写了判决内容，这个时候再提交代理词，也就难以再被法官接受。因此，开庭之后，律师应该尽快向法官提交代理词。

（三）民事代理词的附项

民事代理词既非法定的文书种类，这就为委托诉讼代理人根据办案需要进行个性化设计预留了空间。根据笔者的办案经验，民事代理词尾部适当加一二附项，对案件的代理是有益的。

1. 建议在民事代理词附项中写入委托诉讼代理人的联系方式，以便法官和委托诉讼代理人取得联系。

2. 如果民事代理词中援引法条较多，正文中只需写明法条所在法律文件规范的名称及正确的条款项序号，无需引用法条内容，将所援引的法条内容归纳整理，附录在代理词后面，供法官查阅与引用。

3. 如果本案有一些对己方有利的参考判例，则可在后面附上相关判决的全文或节选，注明判决书案号，以供法官查阅、参考。

【示例】

附：1. 本案相关法条整理

（1）《中华人民共和国劳动合同法》第八十三条　用人单位违反本法规定与劳动者约定试用期的，由劳动行政部门责令改正；违法约定的试用期已经履行的，由用人单位以劳动者试用期满月工资为标准，按已经履行的超过法定试用期的期间向劳动者支付赔偿金。

（2）《中华人民共和国劳动合同法实施条例》第十三条　用人单位与劳动者不得在劳动合同法第四十四条规定的劳动合同终止情形之外约定其他的劳动合同终止条件。

2. 本案相关判例整理

序号	案号信息	裁判要点	判决书原文
一	姜斌与东江米巷花园（北京）餐饮有限公司劳动争议一审民事判决书 北京市东城区人民法院（2014）东民初字第04564号 （一批案件）	1. 公司系按“客观情况重大变化为由解除”，法院直接按“客观经济情况重大变化经济性裁员为由”裁定解除合法 2. 法院认为“虽然未经劳动行政部门备案”，不影响裁员的合法性	本院认为，所谓客观情况，是指除劳动者和用人单位主动采取行为之外的不以双方主观意志为转移的情况。根据已查明的事实，被告解除劳动合同的直接原因系被告亏损严重，长期处于资不抵债的状况（略）
二	曹鸣鹏与中国惠普有限公司劳动争议一审民事判决书 北京市朝阳区人民法院（2014）朝民初字第41550号	1. 法院同时认可“生产经营发生严重困难经济性裁员”与“客观情况发生重大变化解除劳动合同”两个理由 2. 法院适用“生产经营发生严重困难经济性裁员”，并未适用北京市关于“生产严重困难”的规定，公司亦未提交相关材料证明“生产严重困难”	本院认为，发生劳动争议，当事人对自己提出的主张，有责任提供证据。本案中，双方争议焦点主要集中在被告解除劳动关系的行为是否合法（略）

【例文】

民事代理词

尊敬的审判长、人民陪审员：

我依法接受原告叶某某诉被告屈某某饲养动物损害责任纠纷一案被告方之委托，担任被告的委托诉讼代理人，出庭参与诉讼活动。根据本案事实和相关法律规定，结合庭审情况发表以下代理意见：

一、本案不应适用饲养动物致害责任的法律规定

我国《民法典》第一千二百四十五条规定了饲养动物致害责任。构成该责任，应当具备四个要件：（1）致害物须为饲养的动物；（2）须有动物加害他人；（3）须受害人遭受损害事实；（4）须动物加害和损害事实间有因果关系。由此看出，饲养动物致害责任是指饲养人或者管理人保有的动物给他人造成人身损害或财产损害，动物的饲养人或者管理人应当承担的特殊侵权责任。这种特殊侵权责任中的法律事实是与饲养人或管理人意志无关的法律事件，即动物的侵袭。受到动物伤害的“他人”指饲养人或者管理人之外的第三人，不包括饲养人或者管理人本人。

本案中，原告叶某某和被告屈某某订立了以乘马为标的物的借用合同。当被告把乘马交付给原告后，借用合同生效。合同生效后，被告屈某某不再对该马控制、占有、管理，原告成为该马的实际控制者、占有者、管理者。当原告在骑行过程中发生意外跌落受伤时，原告正驾驭和控制这匹马，其身份是该乘马的管理人，而不是饲养动物致害责任中的“他人”，该案显然不符合饲养动物致害责任的构成要件，不应该适用《民法典》第一千二百四十五条。

二、原告应自行承担马术运动固有风险所致损失

马术运动有迷人的魅力，其中也潜藏着致人伤亡的巨大风险。马术专业骑手在运动中伤亡事件屡见不鲜。

1995年5月，“超人”的扮演者克里斯托夫·里夫在参加弗吉尼亚州的一个马术比赛时意外受伤瘫痪。2006年多哈亚运会，47岁的韩国选手金亨七在马术比赛中意外落马。赛马随后摔倒时，其臀部正好坐在了金亨七的头部，金亨七被送往医院后不治身亡。2010年广州亚运会，中国台北选手汪亦岫在马术障碍赛中从马背上摔下；哈萨克斯坦选手加林娜·多尔古申娜在现代五项女子马术赛中坠马，昏迷不醒，幸运的是，经过抢救，她没有生命危险，但她所骑的马却受伤严重，最终不得不实施安乐死。2013年，16岁的马术选手李怡萱参加我国台湾地区高雄市运动会马术选手选拔赛时，发生坠马意外，身体疑似被马压过，造成肝脏破裂，大量出血，后不治身亡……

本案原告是马术运动的爱好者。从2010年12月起至本案发生，她参加马术活动已有四年之久。她经常参加户外骑乘活动，并且骑术很好。故而原告对马术活动的风险理应有清晰明确的认知。此外，原告还是“绿野户外网”的注册会员。在注册会员资格时，网站明确提醒注册人“骑马有风险，报名需谨慎”，并且要求会员参加户外活动必须办理保险，认真阅读《户外活动免责协议书》。该协议书明确规定：“户外运动参加者报名前须同意接受《户外活动免责协议书》全部条款，同意自行承担本次活动的所有风险和后果；清楚知道安全是个人责任，只参加自己精神和身体允许之内的活动；明确知晓户外活动所存在的风险，免除活动的发起人和同行成员在活动中出现的相关赔偿及法律连带等责任。”原告拥有该会员资格已有三年半之久，也曾多次参加“绿野户外网”组织的户外野骑活动，因此，她理应悉知马术运动的风险以及自己承担风险所致的损失。

本案原告作为完全民事行为能力人和马术运动的爱好者，明知这项运动可能给自己造成人身损害而自愿参加进来，应属自甘风险的行为。风险已经变成现实，损害业已不幸发生，那么，应由受害人自行承担，若令被告承担实属不公。

综上所述，本代理人认为，本案要件事实明显与饲养动物致害责任的构成要件不符，不存在适用《民法典》第一千二百四十五条的空间。原告所受损害是马术运动固有风险所致，理应自行承担。原告的诉讼请求没有事实和法律依据，祈望法庭予以驳回。

委托诉讼代理人：北京市××律师事务所

王某律师

二〇二一年九月十七日

附：《中华人民共和国民法典》第一千二百四十五条　饲养的动物造成他人损害的，动物饲养人或者管理人应当承担侵权责任；但是，能够证明损害是因被侵权人故意或者重大过失造成的，可以不承担或者减轻责任。

项目四　民事裁定书

【文书格式】

××××人民法院

民事裁定书

（诉讼财产保全用）

（××××）……民……号

申请人：×××，……。

……

被申请人：×××，……。

……

（以上写明申请人、被申请人及其代理人的姓名或者名称等基本信息）

……（写明当事人及案由）一案，申请人×××于××××年××月××日向本院申请财产保全，请求对被申请人×××……（写明申请采取财产保全措施的具体内容）。申请人×××/担保人×××以……（写明担保财产的名称、数量或者数额、所在地点等）提供担保。

本院经审查认为，……（写明采取财产保全措施的理由）。依照《中华人民共和国民事诉讼法》第一百零三条、第一百零五条、第一百零六条第一款规定，裁定如下：

查封/扣押/冻结被申请人×××的……（写明保全财产名称、数量或者数额、所在地点等），期限为……年/月/日（写明保全的期限）。

案件申请费……元，由……负担（写明当事人姓名或者名称、负担金额）。

本裁定立即开始执行。

如不服本裁定，可以自收到裁定书之日起五日内向本院申请复议一次。复议期间不停止裁定的执行。

审　判　长　×××
审　判　员　×××
审　判　员　×××

××××年××月××日

（院印）

本件与原本核对无异

法官助理　×××
书　记　员　×××

【民事裁定书写作谈】①

民事裁定书是人民法院在民事案件的审理和执行过程中，依照《民事诉讼法》的规定，对于程序性事项进行判定而形成的民事裁判文书。它主要分为不予受理、管辖权异议、驳回起诉、财产保全和先予执行、准许或者不准许撤诉、中止或者终结诉讼、补正判决书中的笔误、中止或者终结执行、不予执行仲裁裁决、不予执行公证机关赋予强制执行效力的债权文书等类型。此外，由于法律对于民事裁定的适用范围规定有兜底条款，故民事诉讼中大量的程序性事项都可以使用民事裁定书的方式来解决，例如，适用简易程序审理的案件改为适用普通程序审理，按照审判监督程序决定再审，中止原判决的执行等。民事裁定书中，只有不予受理、管辖权异议、驳回起诉的民事裁定书，当事人可以上诉，其他裁定书当事人不能上诉。民事裁定书的写作主体是人民法院，写作受体是当事人和其他诉讼参加人，写作主旨是解决诉讼程序性事项，推进案件审理和执行进程。

民事裁定书具有以下功能：（1）保障诉讼程序顺利进行。通过解决与诉讼程序相关的管辖、当事人主体适格、财产保全等事项，扫除程序障碍，推进案件审理和执行进程，确保法院对于诉讼程序的指挥和控制。（2）确保程序公正。民事裁定书中要求写清楚裁定的结果和理由，并对不予受理、管辖权异议、驳回起诉裁定书赋予当事人上诉权，对于财产保全、先予执行等民事裁定书赋予当事人复议权，能够增加司法公开和透明度，有效保障当事人的诉讼权利。（3）兼顾诉讼效率。法律对除不予受理、管辖权异议、驳回起诉以外的民事裁定书未赋予当事人上诉的权利，目的是尽快稳定诉讼秩序，确保诉讼程序快捷、高效，以免在程序性事项上耽误过多时间，从而增加诉讼成本，浪费审判资源。写作的法律依据是《民事诉讼法》第157条②以及《民诉法解释》

---

① 本文由葛红法官撰稿。

② 《民事诉讼法》第157条规定，裁定适用于下列范围：（1）不予受理；（2）对管辖权有异议的；（3）驳回起诉；（4）保全和先予执行；（5）准许或者不准许撤诉；（6）中止或者终结诉讼；（7）补正判决书中的笔误；(8)中止或者终结执行；（9）撤销或者不予执行仲裁裁决；（10）不予执行公证机关赋予强制执行效力的债权文书；（11）其他需要裁定解决的事项。对前款第（1）项至第（3）项裁定，可以上诉。裁定书应当写明裁定结果和作出该裁定的理由。裁定书由审判人员、书记员署名，加盖人民法院印章。口头裁定的，记入笔录。

第245条①、第246条②等。因民事裁定书适用范围广，下面仅选择适用较为普遍的三种进行探讨。

一、管辖权异议民事裁定书

管辖权异议民事裁定书是指人民法院针对当事人提出的管辖权异议，经审理作出驳回异议或者移送管辖决定时制作的民事裁判文书。《民事诉讼法》第130条第1款③是其法律依据。本文书由首部、正文和尾部组成。

（一）首部

首部应列明法院名称和文书名称以及案号、当事人（原告、被告、第三人）及其委托诉讼代理人的基本情况、案件名称（写明案由）和立案日期。

（二）正文

正文由"原告诉称""被告提出管辖权异议的内容和理由""本院经审查认为""裁定依据和主文"等四部分组成。

1."原告诉称"部分概述原告起诉的诉讼请求、事实和理由。由于管辖权异议裁定书并非对原告诉讼请求进行实体认定，故仅需对民事起诉状中叙写的主要事实和理由进行归纳概括即可。由于管辖的确立主要以原告主张的法律关系和诉讼请求为基础，依照《民事诉讼法》规定的管辖连接点确定管辖法院，故在概述原告事实和理由时，应当注意保留能够表明原告主张的法律关系和管辖连接点的相应事实。例如，一个民间借贷纠纷案件中，原告在起诉状中叙写的事实和理由可能涉及借款发生的背景、借款合意磋商、达成合意、提供借款和催要借款的相关事实，其中达成借款合意、合意内容和提供借款的相关事实，涉及借款合同的成立、效力和履行，对于初步确定原告主张的法律关系和法律规定的管辖连接点具有重要价值，概括事实和理由时应当予以保留或者明晰，对于借款发生的背景、催要借款等对于管辖权确立不产生实质影响的事实可以忽略。

2."被告提出管辖权异议的内容和理由"部分概述管辖权异议的内容和理由。需要注意的是，需要被告明确请求将本案移送管辖的具体法院名称，不

---

① 《民诉法解释》第245条规定："民事诉讼法第一百五十七条第一款第七项规定的笔误是指法律文书误写、误算，诉讼费用漏写、误算和其他笔误。"

② 《民诉法解释》第246条规定，裁定中止诉讼的原因消除，恢复诉讼程序时，不必撤销原裁定，从人民法院通知或者准许当事人双方继续进行诉讼时起，中止诉讼的裁定即失去效力。

③ 《民事诉讼法》第130条第1款规定，人民法院受理案件后，当事人对管辖权有异议的，应当在提交答辩状期间提出。人民法院对当事人提出的异议，应当审查。异议成立的，裁定将案件移送有管辖权的人民法院；异议不成立的，裁定驳回。

能仅停留在对已受理法院管辖权提出异议层面。此外，在管辖权异议的理由方面，要明确被告提出管辖权异议的事实依据和法律依据。

3. "本院经审查认为"部分是裁定书的核心。被告提出的管辖权异议可能涉及地域管辖，也可能涉及级别管辖。对于地域管辖异议，写作时分为六个步骤。第一，要根据原告的诉讼请求、事实与理由明确其所主张的法律关系的性质，即属于人格权纠纷、婚姻家庭纠纷、继承纠纷、合同纠纷、侵权纠纷、不当得利还是无因管理等。如果系合同纠纷，还要进一步明确是否属于《民法典》合同编①或其他法律法规规定的有名合同，进而明确具体的合同关系。第二，应明确民事诉讼法相应的管辖方面的法律依据。合同或者其他财产权益纠纷中，允许协议管辖，即允许当事人事先在合同中明确约定或者争议发生后书面协商确定管辖法院，但是约定或者协议确定的管辖法院需要与争议具有一定的实际联系②，且不得与级别管辖和专属管辖规定相冲突。协议管辖优于法定管辖，如果存在协议管辖的，从其约定确定管辖法院；在没有协议管辖，或者根据协议不能确定管辖法院时，按照法定管辖原则确定管辖法院③。第三，要明确原告提交的证据初步证明的与法律依据确立的管辖连接点相关的事实，如被告住所地、合同履行地等。第四，要根据法律依据和相关事实，判断已受理法院受理原告的起诉，是否符合法律相关管辖规定。第五，针对被告的管辖权异议理由进行评析，写明异议成立或不成立的事实和理由。第六，如果异议成立，已受理法院需要进一步确定被告请求受移送的法院是否对案件具有管辖权。对于级别管辖异议的处理比较简单，先列明级别管辖规定，再将原告的诉讼请求标的或者案件相关情形与之对照，即可得出是否符合级别管辖规定的结论。

在写作本部分时要注意以下五点：

（1）本部分不能仅从被告提出异议的事实与理由角度来分析已受理法院对本案是否有管辖权。法律对某一法律关系可能规定有两个甚至多个管辖连接点，已受理法院只要具有其中一个连接点，即具有管辖权。而被告的管辖权异议事实与理由通常仅针对其中一个连接点，故即使该连接点确实与已受理法院

---

① 目前尚处于新旧法交替适用的阶段，是否适用《民法典》要根据《最高人民法院关于适用〈中华人民共和国民法典〉时间效力的若干规定》进行判断。下同。

② 《民事诉讼法》第35条规定，合同或者其他财产权益纠纷的当事人可以书面协议选择被告住所地、合同履行地、合同签订地、原告住所地、标的物所在地等与争议有实际联系的地点的人民法院管辖，但不得违反本法对级别管辖和专属管辖的规定。

③ 《民诉法解释》第30条第1款规定："根据管辖协议，起诉时能够确定管辖法院的，从其约定；不能确定的，依照民事诉讼法的相关规定确定管辖。"

没有关系，也不能仅据此得出受理法院没有管辖权的结论。因此，该部分应从原告的诉讼请求和主张的法律关系出发，全面分析已受理法院与法律规定的管辖连接点之间的关系，只要已受理法院符合法律规定的一个管辖连接点，就可以认定受理法院对案件有管辖权，然后再针对被告的管辖权异议请求进行反驳即可。只有在受理法院不属于法律规定的任何管辖连接点的情况下，才可以裁定将案件移送到有管辖权的法院。简言之，被告的管辖权异议理由即使成立，其异议并不一定成立，已受理法院不一定要裁定移送案件；被告的管辖权异议理由如果不成立，其异议一定不成立，受理法院一定不会裁定移送案件。

（2）异议成立的，受理法院应进一步审查被告请求受移送的法院对案件是否有管辖权，包括地域管辖权和级别管辖权，尤其在级别管辖权方面，不同地区法院可能有不同规定，要特别予以注意。因为法律规定，受移送法院认为本院没有管辖权的，要报请共同上级法院指定管辖，如果不审查受移送法院是否有管辖权，就可能导致因受移送法院确定错误而延长管辖权异议处理的程序期限。

（3）被告如果在管辖权异议审理过程中，对于案由或者原告主张的法律关系的性质提出异议，法院通常不可以依据自己的审查结果对案由直接进行调整。因为案由直接反映原告主张的法律关系的性质，而原告主张的法律关系的性质属于实体审理的范畴，法院在处理管辖权异议阶段，无权对实体问题进行认定。即使双方对案由存有争议，除非原告认可并主动对案由进行变更，否则法院只能依据原告主张的法律关系的性质进行管辖权异议的处理。依照原告主张的法律关系确定管辖后，法院在审理过程中如果认定争议的法律关系与原告主张的不同，且对管辖产生影响的，可以依职权移送有管辖权的法院审理。如果管辖权的确定，要以案由的确定为必要前提条件的，或者原告有明显通过列明特定案由，故意规避管辖情形的，法院可以根据被告的异议，对原告主张的法律关系的性质进行初步判断，并在调整后的案由基础上确定管辖法院。

（4）原告起诉数个被告的情况下，应当等待所有被告答辩期届满后，再制作管辖权异议裁定书。如果多个被告提出管辖权异议的，应当在一份管辖权异议裁定书中一并处理，防止出现多份管辖权异议裁定书并且管辖权异议处理结论相互矛盾的情况发生。

（5）被告对管辖权已经提出异议的情况下，即使已受理法院认为案件应当由其他法院审理，也不应依职权移送，而应对被告的管辖权异议作出裁定后再行移送。

4. “裁定依据和主文”部分。“裁定依据”部分应写明裁定主文作出的法律依据。法律依据包括两部分：一部分是支撑得出裁定主文结论的实体性依据，另一部分是以裁定方式处理管辖权异议的程序性依据，即《民事诉讼法》第130条第1款。如果异议成立，“裁定主文”部分应写明：“×××对管辖权提出的异议成立，本案移送××××人民法院处理。”异议不成立的，写明：“驳回×××对本案管辖权提出的异议。”

（三）尾部

本部分依次包括“案件受理费负担”“上诉权告知”“合议庭署名”“文书制作日期”“加盖法院印章”“法官助理署名”“书记员署名”。此处的案件受理费是指管辖权异议案件的受理费。当事人提出案件管辖权异议，异议不成立的，由提出异议的当事人交纳案件受理费；异议成立的，当事人均不交纳案件受理费①。管辖权异议的案件受理费不存在预交情况。由于一审管辖权异议裁定书作出后，当事人可能提出上诉，最终的管辖权异议结论，以二审管辖权异议裁定为准，案件受理费交纳与否，取决于二审裁定，而非一审裁定。一审裁定认定管辖权异议成立，裁定移送，则案件受理费无须交纳；但是二审裁定如果认定管辖权异议不成立，不应当移送，则会产生案件受理费的问题。反之，一审裁定认定管辖权异议不成立，驳回管辖权异议，则案件受理费由被告承担；二审裁定如果认定管辖权异议成立，裁定移送，则被告无须承担案件受理费。由于无法预知当事人是否上诉，以及二审裁定结果，故一审管辖权异议裁定对案件受理费的表述存在困难。实践中，有的驳回管辖权异议民事裁定书对此表述为：“案件受理费×元，由被告×××负担（于本裁定送达之日起十日内未上诉的，于上诉期满后七日内交纳）”，即仅明确当事人不上诉，一审裁定发生法律效力情况下的案件受理费负担，对于当事人提出上诉的，则由二审法院根据二审裁定结论情况，确立案件受理费的负担。裁定移送管辖的，不写明案件受理费的负担，留待二审法院根据二审裁定结论情况，确定案件受理费的负担。

二、诉讼财产保全民事裁定书

诉讼财产保全民事裁定书是指人民法院在民事诉讼中针对当事人提出的财产保全申请决定采取财产保全措施时制作的民事裁判文书。写作的法律依据是

① 《诉讼费用交纳办法》第13条第1款第（6）项规定，当事人提出案件管辖权异议，异议不成立的，每件交纳50元至100元。第2款规定，省、自治区、直辖市人民政府可以结合本地实际情况在本条第（2）项、第（3）项、第（6）项规定的幅度内制定具体交纳标准。

《民事诉讼法》第103条①、第105条②、第106条第1款③。本文书由首部、正文和尾部组成。

（一）首部

本部分应依次写明法院名称和文书名称以及案号、当事人（申请人、被申请人）及其委托诉讼代理人的基本情况、案件名称（写明案由）和申请财产保全的日期、申请采取财产保全措施的具体内容、申请人提供担保的情况（包括财产名称、数量或者数额、所在地点等具体内容）。

（二）正文

正文由“本院经审查认为”“裁定依据和主文”等两部分组成。

1.“本院经审查认为”部分。该部分应当根据《民事诉讼法》第103条第1款的规定，审查申请人的财产保全申请是否符合上述规定，写明采取财产保全措施的理由。首先，法院应当审查原告起诉是否提供了初步证据以证明其诉讼请求，虽然这种审查是初步的、非实质性的，但也是必要的，防止极个别原告恶意起诉，利用法院的财产保全措施控制被告财产，对被告合法权益造成重大影响。如果发现原告诉讼请求明显不能成立，或者原告采取诉讼保全措施有其他不法目的，则法院可以不予准许原告的财产保全申请。其次，法院应当审查申请人是否提交证据证明当事人一方有行为或者其他原因，导致判决难以执行或者造成当事人其他损害。实践中，法院对此的审查标准较低，通常原告的陈述即可被法院接受。最后，法院要审查是否需要申请人提供担保或者担保财产的具体内容。《最高人民法院关于人民法院办理财产保全案件若干问题的

---

① 《民事诉讼法》第103条规定，人民法院对于可能因当事人一方的行为或者其他原因，使判决难以执行或者造成当事人其他损害的案件，根据对方当事人的申请，可以裁定对其财产进行保全、责令其作出一定行为或者禁止其作出一定行为；当事人没有提出申请的，人民法院在必要时也可以裁定采取保全措施。人民法院采取保全措施，可以责令申请人提供担保，申请人不提供担保的，裁定驳回申请。人民法院接受申请后，对情况紧急的，必须在48小时内作出裁定；裁定采取保全措施的，应当立即开始执行。

② 《民事诉讼法》第105条规定，保全限于请求的范围，或者与本案有关的财物。

③ 《民事诉讼法》第106条第1款规定，财产保全采取查封、扣押、冻结或者法律规定的其他方法。人民法院保全财产后，应当立即通知被保全财产的人。

规定》（以下简称《办理财产保全案件若干问题的规定》）第9条①规定了法院可以不要求提供担保的情形，但是由于财产保全毕竟是在法院对当事人实体争议未进行审理并作出裁判的情况下对被告财产进行控制，存在保全错误的可能性，故法院一般倾向于要求申请人提供担保。对于担保的具体形式，除申请人以土地使用权、房产、汽车等实物或者现金等提供财产担保外，《办理财产保全案件若干问题的规定》还规定了可以以第三人提供保证担保、保险人与申请人签订财产保全责任险合同、金融机构出具独立保函等方式提供担保。担保财产的数额，一般不超过请求保全数额的30%；申请保全的财产系争议标的的，担保数额不超过争议标的价值的30%。对于申请人提供的担保，法院要根据《民法典》《中华人民共和国公司法》等法律及其配套司法解释进行审查，认为担保违反有关法律禁止性规定的，应当责令申请保全人在指定期限内提供其他担保，逾期未提供的，裁定驳回申请。需要注意的是，不同法院对于各种信用担保的态度不尽相同，相对谨慎保守的法院根据具体案情和当事人的实际情况，可能不接受以第三人保证担保等形式提供的担保。

撰写"采取保全措施的理由"时，一般应当包括以上法院应当审查的内容。但是，在一些常规性、类型化案件或者原告胜诉可能性相对较大的案件中，如银行起诉借款人还款的金融借款合同纠纷案件，法院采取保全措施的风险相对较小，"采取保全措施的理由"可以简化甚至一笔带过。

2."裁定依据和主文"部分。"裁定主文"一般应写明保全的具体形式（查封、扣押、冻结），保全财产的名称、数量或者数额、所在地点和保全期限等。司法实践中，还存在另一种概括性的主文行文方式，即写明"对被申请人×××的财产采取保全措施，共计限额×××"。

《办理财产保全案件若干问题的规定》第10条规定："当事人、利害关系人申请财产保全，应当向人民法院提供明确的被保全财产信息。当事人在诉讼中申请财产保全，确因客观原因不能提供明确的被保全财产信息，但提供了具体财产线索的，人民法院可以依法裁定采取财产保全措施。"据此，当事人没有提供明确的被保全财产信息的，法院也可以采取保全措施。在保全裁定的实

---

①《办理财产保全案件若干问题的规定》第9条规定，当事人在诉讼中申请财产保全，有下列情形之一的，人民法院可以不要求提供担保：（1）追索赡养费、扶养费、抚育费、抚恤金、医疗费用、劳动报酬、工伤赔偿、交通事故人身损害赔偿的；（2）婚姻家庭纠纷案件中遭遇家庭暴力且经济困难的；（3）人民检察院提起的公益诉讼涉及损害赔偿的；（4）因见义勇为遭受侵害请求损害赔偿的；（5）案件事实清楚、权利义务关系明确，发生保全错误可能性较小的；（6）申请保全人为商业银行、保险公司等由金融监管部门批准设立的具有独立偿付债务能力的金融机构及其分支机构的。法律文书生效后，进入执行程序前，债权人申请财产保全的，人民法院可以不要求提供担保。

施层面，虽然《办理财产保全案件若干问题的规定》第2条规定："人民法院进行财产保全，由立案、审判机构作出裁定，一般应当移送执行机构实施。"但是，不同法院对于保全裁定的制作和负责实施部门的规定有所不同，有的法院规定由裁定制作部门负责实施，有的法院则规定保全裁定的制作由审判庭室负责，执行由执行庭室负责。

通常，裁定主文的保全措施应该书写得具体详细，不宜概括笼统。其好处在于保全财产信息明确、具体，便于执行。然而这种书写方法在实践中也有局限性，在被申请人多项保全财产线索陆续出现的时候，法院需要出具多份保全裁定，多次移送执行，或者实际执行中发现保全裁定的内容与被保全财产的实际情况不符，则需要对保全裁定予以撤销、变更或补正，导致保全裁定缺乏严肃性。因此，在被保全财产信息不够明确、具体的情形下，为了便于执行中根据所掌握的被执行人具体财产情况灵活采取具体执行措施，以提高保全财产之效率，裁定主文部分可以概括书写保全措施。

（三）尾部

尾部依次写明"案件申请费的负担""裁定立即执行告知""复议权利告知""合议庭署名""文书制作日期""加盖法院印章""法官助理署名""书记员署名"。

此处的案件申请费即保全费。虽然2016年8月1日起实施的《民事诉讼文书样式》中将其作为诉讼财产保全民事裁定书的一项内容，但是司法实践中，通常不在财产保全民事裁定书中对保全费予以表述。因为保全费由保全申请人预交，但是保全申请人（原告）在案件审理过程中，通常会将"保全费由被告承担"作为其一项诉讼请求提出。保全费的最终负担，通常要根据案件审理的结果，由法院在判决中认定由导致保全费产生的过错方负担。导致保全费产生的过错方通常系败诉方，即如果保全申请人败诉，其预交的保全费即自行承担；如果保全被申请人败诉，法院可以判令由被申请人负担。在财产保全民事裁定书作出之时，尚不具备明确保全费负担主体的条件。

"复议权利告知"部分应写明"如不服本裁定，可以自收到裁定书之日起五日内向本院申请复议一次。复议期间不停止裁定的执行"。

三、驳回起诉民事裁定书

驳回起诉民事裁定书是指人民法院受理民事案件后，经审查发现原告的起诉不符合案件受理的法定条件，从而驳回其起诉请求时制作的民事裁判文书。

写作法律依据是《民事诉讼法》第 122 条、第 127 条[①]、第 157 条第 1 款第（3）项，《民诉法解释》第 208 条第 3 款[②]。本文书由首部、正文、尾部组成。

（一）首部

首部应依次写明法院名称和文书名称以及案号、当事人（原告、被告、第三人）及其委托诉讼代理人的基本情况、案件名称（写明案由）和立案日期。

（二）正文

正文由“原告诉讼请求、事实与理由”“本院经审查认为”“裁定依据和主文”三部分组成。

1.“原告诉讼请求、事实与理由”部分应概述原告的诉讼请求以及所主张的事实与理由。由于驳回起诉通常依据《民事诉讼法》第 122 条规定的起诉四要件以及第 127 条的相关规定，因此，概述原告事实与理由时，要注重筛选与上述法律规定相关的内容。

2.“本院经审查认为”部分。立案后，法院经审理认为原告的起诉不符合《民事诉讼法》规定的起诉条件或者符合《民事诉讼法》第 127 条规定的不予受理情形的，裁定驳回原告起诉。从表面上看，不予受理与驳回起诉的法律依据相同，不同之处仅在于立案前还是立案后，裁定书的制作部门是立案庭还是审判庭。但是实践中，不予受理是立案庭仅仅根据原告单方的起诉意见进行认定，仅对明显的不符合起诉条件和符合《民事诉讼法》第 127 条的情形予以排除，阻止其进入诉讼程序。在立案登记制的要求下，通过不予受理排除进入诉讼程序的案件更加受到限制。而进入诉讼程序的案件，往往经过了实质的审理过程，诉辩双方不但充分发表了意见，而且通常提交了大量的证据对于实体问题进行了论证，并进行了辩论。法院最终以驳回起诉裁定结案的，通常在案件中涉及许多颇具争议性的问题，例如，原被告主体是否适格，原被告之

① 《民事诉讼法》第 127 条规定，人民法院对下列起诉，分别情形，予以处理：（1）依照行政诉讼法的规定，属于行政诉讼受案范围的，告知原告提起行政诉讼；（2）依照法律规定，双方当事人达成书面仲裁协议申请仲裁、不得向人民法院起诉的，告知原告向仲裁机构申请仲裁；（3）依照法律规定，应当由其他机关处理的争议，告知原告向有关机关申请解决；（4）对不属于本院管辖的案件，告知原告向有管辖权的人民法院起诉；（5）对判决、裁定、调解书已经发生法律效力的案件，当事人又起诉的，告知原告申请再审，但人民法院准许撤诉的裁定除外；（6）依照法律规定，在一定期限内不得起诉的案件，在不得起诉的期限内起诉的，不予受理；（7）判决不准离婚和调解和好的离婚案件，判决、调解维持收养关系的案件，没有新情况、新理由，原告在六个月内又起诉的，不予受理。

② 《民诉法解释》第 208 条第 3 款规定：“立案后发现不符合起诉条件或者属于民事诉讼法第一百二十七条规定情形的，裁定驳回起诉。”

间是否存在原告主张的法律关系，争议是否属于法院主管范围，民刑交叉案件应当先刑后民、还是民刑并举等。因此，驳回起诉的事实认定和法律适用要复杂得多。

在撰写本部分的内容之前，如果被告在审理中发表了答辩意见并进行举证质证的，应当增加"被告辩称"部分的内容，将被告答辩意见进行归纳总结。在撰写本部分内容时，如果诉辩双方在审理中均陈述意见并进行了举证质证的，应当首先对法院经审理查明的事实予以确认，并结合原被告的诉辩主张，归纳总结争议焦点，从中筛选涉及起诉条件的争议焦点，再重点围绕涉及起诉条件的争议焦点，结合《民事诉讼法》第122条的规定和认定的事实，以法律规范为大前提，以具体案件事实为小前提，运用三段论演绎逻辑推理方法推导出结论。这一部分的写法与民事判决书的写法并无实质区别，在此不赘述。

3."裁定依据和主文"部分。"裁定依据"部分应写明裁定主文作出的法律依据。法律依据包括两部分：一部分是支撑得出裁定主文结论的实体性依据，另一部分是以裁定方式驳回起诉的程序性依据，即《民事诉讼法》第157条第1款第（3）项和《民诉法解释》第208条第3款。"裁定主文"部分直接写明："驳回×××的起诉。"

（三）尾部

尾部依次写明"案件受理费负担""上诉权告知""合议庭署名""文书制作日期""加盖法院印章""法官助理署名""书记员署名"。

"案件受理费负担"部分应写明"×××预交的案件受理费×元予以退回"①。2016年8月1日起实施的《民事诉讼文书样式》中未将"案件受理费负担"作为驳回起诉民事裁定书的一项内容，应属疏漏。

四、注意事项

1.民事裁定书以实现诉讼程序推进为主要功能，以论述清楚为宜，不以论述深入为必要，既要保证要素齐全，又切忌冗长。

2.民事裁定书的制作要体现原则性与灵活性相结合。不拘泥于《民事诉讼文书样式》的规定，应结合司法实践的实际和案件具体情况，在不影响当

① 《诉讼费用交纳办法》第27条规定，第二审人民法院决定将案件发回重审的，应当退还上诉人已交纳的第二审案件受理费。第一审人民法院裁定不予受理或者驳回起诉的，应当退还当事人已交纳的案件受理费；当事人对第一审人民法院不予受理、驳回起诉的裁定提起上诉，第二审人民法院维持第一审人民法院作出的裁定的，第一审人民法院应当退还当事人已交纳的案件受理费。

事人诉讼权利和实体权利的前提下，以提高诉讼效率、推进案件进程为指导原则，做适当变通。例如，在诉讼财产保全民事裁定书中，对于保全裁定主文的表述，既可以采取具体的保全表述，也可以采取概括性保全的表述。

3. 一个案件中可能出现多份民事裁定书，例如，一审案件中既出现诉讼财产保全民事裁定书，又出现管辖权异议民事裁定书。在后制作的民事裁定书载明的案号要区别于在先的民事裁定书。在先的民事裁定书正常使用案号即可，在后的民事裁定书要在案号后按照顺序增加“之一”“之二”“之三”，以示区别。

如果说民事判决书是运载火箭，那么民事裁定书就是它的助推器。助推器设计越合理，动力越强大，就越能辅助民事判决书，共同奔向公平正义的宇宙太空。

【例文】

北京市第二中级人民法院

民事裁定书

（2020）京02民初000号

申请人：百济×信托有限责任公司，住所地新疆维吾尔自治区乌鲁木齐经济技术开发区雕龙路×号智海研发大厦×座×层。

法定代表人：孟某，总经理。

委托诉讼代理人：徐某某，北京市××律师事务所律师。

委托诉讼代理人：张某某，北京市××律师事务所律师。

被申请人：士衡×科技有限公司，住所地广东省深圳市宝安区杨晖路第×栋×单元×室。

法定代表人：陈某某，董事长。

被申请人：深圳市士衡×投资有限公司，住所地广东省深圳市宝安区杨晖路第×栋×单元×室。

法定代表人：陈某某，执行董事。

被申请人：陈某某，男，1970年××月××日出生，汉族，住广东省深圳市宝安区雁园路首座御园×栋×单元×室。

被申请人：蒯某，男，1972年××月××日出生，汉族，住陕西省裕翔县城关镇北西四巷×号。

被申请人：深圳市金鼎×科技有限公司，住所地广东省深圳市宝安区西乡街道宝民二路汇鑫佳园第×栋×楼×室。

法定代表人：安某，总经理。

被申请人：张某某，女，1980年××月××日出生，汉族，住广东省深圳市南山区南山大道×号新蓝岛大厦×FA1。

被申请人：士衡×科技（湖北）有限公司，住所地广东省深圳市宝安区西乡街道宝田一路众鑫大厦×座×室。

法定代表人：项某，总经理。

申请人百济×信托有限责任公司与被申请人士衡×科技有限公司、深圳市士衡×投资有限公司、陈某某、蒯某、深圳市金鼎×科技有限公司、张某某、士衡×科技（湖北）有限公司合同纠纷一案，申请人百济×信托有限责任公司于2020年5月15日向本院申请财产保全，请求查封、扣押、冻结被申请人士衡×科技有限公司、深圳市士衡×投资有限公司、陈某某、深圳市金鼎×科技有限公司、张某某、士衡×科技（湖北）有限公司所有的价值为957 606 707.98元的财产，冻结被申请人蒯某持有的士衡×科技有限公司0.14%的股权，并已提供担保。

本院经审查认为，鉴于申请人百济×信托有限责任公司主张目前蒯某名下已经不再持有士衡×科技有限公司0.14%的股权，故对其关于冻结被申请人蒯某持有的士衡×科技有限公司0.14%的股权的申请，本院不予支持。百济×信托有限责任公司的其他保全申请符合法律规定。依照《中华人民共和国民事诉讼法》第一百条、第一百零二条、第一百零三条第一款、第一百零八条、第一百五十四条第一款第（四）项之规定，裁定如下：

对士衡×科技有限公司、深圳市士衡×投资有限公司、陈某某、深圳市金鼎×科技有限公司、张某某、士衡×科技（湖北）有限公司名下财产采取保全措施，保全财产限额为957 606 707.98元。

本裁定书立即开始执行。

如不服本裁定，可以自收到裁定书之日起五日内向本院申请复议一次。复议期间不停止裁定的执行。

审　判　长　葛　某
审　判　员　孙某某
人民陪审员　刘　某
二〇二〇年五月十八日
（院印）

本件与原本核对无异

法官助理　任某某
书　记　员　牛　某

项目五　民事调解书（第一审普通程序用）

【文书格式】

××××人民法院

民事调解书

（××××）……民初……号

原告：×××，……。

法定代理人/指定代理人/法定代表人/主要负责人：×××，……。

委托诉讼代理人：×××，……。

被告：×××，……。

法定代理人/指定代理人/法定代表人/主要负责人：×××，……。

委托诉讼代理人：×××，……。

第三人：×××，……。

法定代理人/指定代理人/法定代表人/主要负责人：×××，……。

委托诉讼代理人：×××，……。

（以上写明当事人和其他诉讼参加人的姓名或者名称等基本信息）

原告×××与被告×××、第三人×××……（写明案由）一案，本院于××××年××月××日立案后，依法适用普通程序，公开/因涉及……（写明不公开开庭的理由）不公开开庭进行了审理（开庭前调解的，不写开庭情况）。

……（写明当事人的诉讼请求、事实和理由）。

本案审理过程中，经本院主持调解，当事人自愿达成如下协议/当事人自行和解达成如下协议，请求人民法院确认/经本院委托……（写明受委托单位）主持调解，当事人自愿达成如下协议：

一、……；

二、……。

（分项写明调解协议内容）

上述协议，不违反法律规定，本院予以确认。

案件受理费……元，由……负担（写明当事人姓名或者名称、负担金额。调解协议包含诉讼费用负担的，则不写）。

本调解书经各方当事人签收后，即具有法律效力/本调解协议经各方当事人在笔录上签名或者盖章，本院予以确认后即具有法律效力（各方当事人同意在调解协议上签名或者盖章后发生法律效力的）。

审 判 长 ×××
审 判 员 ×××
审 判 员 ×××
××××年××月××日
（院印）

本件与原本核对无异

法官助理 ×××
书 记 员 ×××

【民事调解书（第一审普通程序用）写作谈】①

美国法哲学家E. 博登海默曾说："只有那些以某种具体的和妥切的方式将刚性与灵活性完美结合在一起的法律制度，才是真正伟大的法律制度。"②民事判决和民事调解的相结合，就体现了法院审理民事案件的刚性和灵活性，能非常有效地解决民事纠纷。因此，《民事诉讼法》第9条把法院调解规定为民事诉讼的基本原则之一，并在第八章对调解程序作了详细的规定。

法院以调解方式审结民事案件后，依法要制作民事调解书或法院调解笔录。民事调解书是常见的重要的司法文书之一，是人民法院根据双方当事人自愿达成的调解协议而制作的民事诉讼法律文书。其写作主体是人民法院，写作受体是民事案件的当事人、法定代理人、指定代理人、法定代表人、主要负责人、委托诉讼代理人，写作主旨是法院就当事人达成的调解协议进行司法确认。

民事调解书与民事诉讼过程中达成的调解协议既有联系又有区别。调解协议是当事人双方的意思表示，属于诉讼文书；民事调解书则是法院以调解协议为根据，并对其进行法律效力确认的司法文书。民事调解书的本质是法院确认的和解契约，它既是当事人协商结果的记录，又是人民法院予以批准的证明，也是当事人遵照执行的根据。

民事调解书广泛运用于民事一审、二审和再审程序中，《民事诉讼文书样式》规定了民事调解书的七种样式：（1）第一审普通程序用；（2）简易程序用；（3）小额诉讼程序用；（4）公益诉讼用；（5）第二审程序用；（6）申请

① 本文由刘黎法官撰稿。

② ［美］E. 博登海默：《法理学——法律哲学与法律方法》，邓正来译，中国政法大学出版社2004年修订版，第424页。

撤销劳动争议仲裁裁决案件用；（7）再审案件用。这里仅简要介绍第一审普通程序用民事调解书的写作方法。

民事调解书（第一审普通程序用）是人民法院在适用第一审普通程序审理案件过程中，当事人自行和解达成协议、人民法院主持调解达成协议、人民法院委托有关单位主持调解达成协议并由人民法院确认后，制作使用的民事诉讼法律文书。该文书的法律依据是《民事诉讼法》第53条①、第98条②、第99条③、第100条④、第101条。

民事调解书（第一审普通程序用）分为首部、正文和尾部三个部分。

一、首部

首部包括标题、诉讼参加人基本情况以及案件由来和审理经过。这部分内容之写作可参照一审民事判决书（普通程序用）首部的写作方法。调解协议约定一方提供担保或者案外人同意为当事人提供担保的，可在原、被告身份信息之后增加案外担保人的身份信息，写明“担保人：×××”，其身份信息的写法与原、被告身份信息的写法一致。案件当事人需要使用简称的，应在案件由来部分相应当事人名称后加括号注明“以下简称×××”。如系开庭前调解的，审理经过不写开庭情况。

二、正文

正文应当依次写明三个层次的内容。

（一）当事人的诉讼请求、事实和理由

这层内容的写法宜采取归纳方式，力求简洁而概括，可以不写审理过程及证据情况。对于婚姻家庭纠纷等不宜写明案件事实的，可以不写案件事实；但对于商事纠纷，应当写明案件基本事实。

（二）调解协议

调解协议是民事调解书的核心，是当事人在自愿合法的原则下达成的解决

---

①《民事诉讼法》第53条规定，双方当事人可以自行和解。

②《民事诉讼法》第98条规定，人民法院进行调解，可以邀请有关单位和个人协助。被邀请的单位和个人，应当协助人民法院进行调解。

③《民事诉讼法》第99条规定，调解达成协议，必须双方自愿，不得强迫。调解协议的内容不得违反法律规定。

④《民事诉讼法》第100条规定，调解达成协议，人民法院应当制作调解书。调解书应当写明诉讼请求、案件的事实和调解结果。调解书由审判人员、书记员署名，加盖人民法院印章，送达双方当事人。调解书经双方当事人签收后，即具有法律效力。

纠纷的一致意见。协议一般包括两方面的具体内容：一是案件实体问题的解决意见，二是诉讼费用的负担。当事人达成调解协议后，调解书送达前，如果有一部分已执行，应将已执行的那一部分写入调解协议内容中，并加括号注明"已执行"。

需要注意的是，民事调解书中关于诉讼费用的负担，有两种表述方法：其一，在调解协议中予以表述；其二，在尾部告知事项中表述。实践中，诉讼费用的负担多由当事人自行协商解决，它显然是协议内容的一部分，自然应在协议内容的最后一项予以表述，而不应游离于协议内容之外加以表述。当然，如果诉讼费用是由法院决定的，则应在尾部告知事项中予以表述。

协议内容的写作，必须明确、具体、完整、便于履行。应当采取陈述肯定语气，而不应采取选择、委婉等语气。协议内容超出诉讼请求的，人民法院可以准许，但应当不违背法律、行政法规中的禁止性规定，不能侵害国家利益、社会公共利益和案外人利益，也不能违背当事人的真实意思。

（三）司法确认

本层内容主要表达人民法院对当事人达成的调解协议予以司法确认的态度。民事调解书的本质集中体现于此处。格式中用一句铿锵有力的套语加以表述："上述协议，不违反法律规定，本院予以确认。"

三、尾部

尾部包括告知事项，合议庭组成人员署名，注明制作日期，加盖院印，法官助理、书记员署名，加盖"本件与原本核对无异"的校对戳。

告知事项包含诉讼费用负担告知和文书法律效力告知。

四、注意事项

（一）可以径行调解的案件和不得调解的案件

法院调解虽为一项基本原则，但并非所有的民事案件都可进行调解。根据《民诉法解释》第 142 条的规定，法院受理案件后，经审查，认为法律关系明确、事实清楚，在征得当事人双方同意后，可以径行调解。又据该解释第 143 条的规定，适用特别程序、督促程序、公示催告程序的案件，婚姻等身份关系确认案件以及其他根据案件性质不能进行调解的案件，不得调解。需要注意的是，对内容不明确或无法执行的案件，不能随意进行调解，要引导当事人达成具体、清楚、可供执行的调解协议。

（二）调解协议的审查

当事人达成调解协议后，审判人员不仅要确认双方当事人是否达成了一致意见，还要根据案件事实及证据材料对调解协议的合法性进行审查。一是要审查调解协议是否违反法律法规的强制性规定，是否侵害国家利益、社会公共利益、公序良俗；二是要审查当事人是否存在恶意串通，通过调解协议侵害案外人合法权益的情形。如果发现调解协议存在违法及恶意调解的情形，审判人员应驳回其请求，对恶意调解的当事人应依《民事诉讼法》第115条的规定追究其法律责任。若疏于对调解协议进行审查，会让不法当事人通过法院调解的形式谋取非法利益，以致严重扰乱司法秩序，损害司法权威。

（三）调解协议的内容可超出当事人的诉讼请求

法院在审理民事案件时要坚持辩论主义原则，判决的结果和理由不能超出当事人请求的范围，但基于调解程序的开放性和自治性，为了促成当事人之间的矛盾彻底化解，允许当事人协商调解协议的内容超出其诉讼请求，从而有利于矛盾的全面解决。

（四）完善调解协议条款以保证民事调解书的履行

为了保证调解协议能够最终得到履行，法官在调解时可引导当事人达成旨在督促履行的有关合意，记入调解协议中。实践中主要有以下几种做法：(1) 违约金条款。即双方可在调解协议中约定，如对方未在约定的期间内履行的，应当支付一定数额的违约金。(2) 提存履行条款。即在双方签署调解协议前，先将约定的款项提存至法院或其他相关部门，以保证调解协议的履行。(3) 设定保证或担保条款。这种做法包括保证人加入调解程序保证调解协议履行或设定抵押、质押等形式的担保。

（五）民事调解书不确认民事行为无效或合同无效的问题

达成调解协议的案件，如果涉及民事行为无效或合同无效的问题，不应在调解书中确认，应当另行裁定确认民事行为无效或者合同无效。

（六）无须制作民事调解书的情况

当事人在一审中达成调解协议的，不是所有的案件都必须制作民事调解书。对于调解和好的离婚案件、维持收养关系、能够即时履行和其他不需要制作调解书的案件，可以不制作调解书。对于不制作调解书的协议，应当记入笔录，由双方当事人、审判人员和书记员签名后，即具有法律效力。《民诉法解释》第151条规定，当事人各方同意在调解协议上签名或者盖章后即发生法律效力的，经人民法院审查确认后，应当记入笔录或者将调解协议附卷，并由当事人、审判人员、书记员签名或者盖章后即具有法律效力。前款规定情形，当事人请求制作调解书的，人民法院审查确认后可以制作调解书送交当事人。当事人拒收调解书的，不影响调解协议的效力。

但是在二审和再审中，当事人达成协议后，应当制作调解书，因为它涉及原审判决的效力问题。二审和再审调解书也无须写明撤销原判决，因为民事诉讼法规定，二审和再审调解书送达后，即视为原判决撤销。

（七）民事调解书的生效

民事调解书经当事人签收后才发生法律效力，应当以最后收到调解书的当事人签收的日期为调解书生效日期。需由无独立请求权的第三人承担责任的，民事调解书应当送达其签收。当事人或无独立请求权的第三人在调解书送达前反悔的，法院应当及时裁判。

（八）民事调解书不得公开

《民事诉讼法》第159条规定了民事判决书和裁定书的公开规则，但民事调解书不在公开之列，人民法院不得在互联网上公开民事调解书。主持调解以及参与调解的人员负有保密的义务。《民诉法解释》第146条规定，人民法院审理民事案件，调解过程不公开，但当事人同意公开的除外。调解协议内容不公开，但为保护国家利益、社会公共利益、他人合法权益，人民法院认为确有必要公开的除外。主持调解以及参与调解的人员，对调解过程以及调解过程中获悉的国家秘密、商业秘密、个人隐私和其他不宜公开的信息，应当保守秘密，但为保护国家利益、社会公共利益、他人合法权益的除外。

【例文】

北京市第二中级人民法院

民事调解书

（2021）京02民初00号

原告：北京市×贤房地产开发有限公司，住所地北京市丰台区。

法定代表人：张某，总经理。

委托诉讼代理人：李某，男，该公司员工。

委托诉讼代理人：王某，男，该公司员工。

被告：南京市×辉开发建设有限公司，住所地江苏省南京市。

法定代表人：赵某，总经理。

委托诉讼代理人：岳某，该公司员工。

原告北京市×贤房地产开发有限公司（以下简称×贤房地产公司）与被

告南京市×辉开发建设有限公司（以下简称×辉开发公司）民间借贷纠纷一案，本院于2021年1月8日立案后，依法适用普通程序，公开开庭进行了审理。

原告×贤房地产公司向本院提出诉讼请求：1. 判令×辉开发公司立即偿还×贤房地产公司借款本金9000万元及借款利息21 751 902.74元（自2017年3月3日计息至2020年9月2日）；2. 判令×辉开发公司立即向×贤房地产公司支付逾期还款违约金（计算基数为逾期未还的本息111 751 902.74元，从2020年3月3日起计算至实际付清之日止，利率标准是全国银行间同业拆借中心公布的贷款市场报价利率的2.6倍）。

事实和理由：2017年3月3日，×辉开发公司因急需资金周转，向×贤房地产公司（×贤房地产公司系×辉开发公司的股东）借款9000万元，×贤房地产公司同意并于当日通过网上银行将9000万元付至×辉开发公司账户。双方约定：借款利息按中国人民银行同期贷款利率上浮30%计算；借款期限为3.5年，从2017年3月3日起算，还款截止日为2020年9月2日，到期一次性付清本息；×辉开发公司未按约定归还借款的，应当就逾期应还款总额按照约定借款利息的两倍的标准支付违约金，并承担由此引发诉讼所产生的律师费、诉讼费、差旅费等全部费用。为担保债权实现，×辉开发公司以其开发建设的新洲项目（含新洲小区、新洲二期等）商品房提供抵押担保（未实际办理抵押）；以新洲项目商品房销售所得回款优先偿还×贤房地产公司借款本息，按×贤房地产公司要求对销售回款进行资金监管；以回收的其他应收账款优先偿还对×贤房地产公司的借款本息。2020年7月31日，双方就借款事宜签订《借款确认书》。2020年9月2日贷款到期后，×贤房地产公司多次要求×辉开发公司依照《借款确认书》偿还借款本息，但×辉开发公司一直未履行还款义务。

本案审理过程中，经本院主持调解，当事人自愿达成如下协议，请求人民法院确认。

一、南京市×辉开发建设有限公司于2021年3月21日前（含该日）向北京市×贤房地产开发有限公司偿还借款本金9000万元及期内利息21 751 902.74元；

二、案件受理费624 192元，减半收取312 096元，由南京市×辉开发建设有限公司负担，于2021年3月21日前（含该日）向北京市×贤房地产开发有限公司支付；

三、各方当事人对本案诉争事项不再有其他争议。

上述调解协议，不违反法律规定，本院予以确认。

本调解书经双方当事人签收后，即具有法律效力。

审 判 长 来某某
审 判 员 第 某
审 判 员 妫某某
二〇二一年三月六日
（院印）

本件与原本核对无异

法官助理 阚某某
书 记 员 姒某某

项目六 一审民事判决书（普通程序用）

【文书格式】①

××××人民法院

民事判决书

（××××）……民初……号

原告：×××，男/女，××××年××月××日出生，×族，……（工作单位和职务或者职业），住……。

法定代理人/指定代理人：×××，……。

委托诉讼代理人：×××，……。

被告：×××，住所地……。

法定代表人/主要负责人：×××，……。

委托诉讼代理人：×××，……。

第三人：×××，……。

法定代理人/指定代理人/法定代表人/主要负责人：×××，……。

---

① 最高人民法院制定的民事判决书格式并不能反映司法实践中民事判决书的全部格式内容。出于某类案件审理的需要，法官在运用民事判决书格式时会增加一些技术性处理。例如，涉及小产权房分割的家事案件，有些小产权房尽管是违章建筑，但法官必须对其使用权进行分割，落实到具体当事人身上。为了防止日后当事人不正当地使用该判决，法官在这类民事判决书写作中要进行一些技术性处理，即在判决理由部分要加写："本判决内容不代表对小产权房合法性的认定，不能以此对抗行政处罚、不能作为产权归属证明或拆迁依据等。"读者可以参见《北京市高级人民法院关于审理婚姻纠纷案件若干疑难问题的参考意见》第35条。

委托诉讼代理人：×××，……。

（以上写明当事人和其他诉讼参加人的姓名或者名称等基本信息）

原告×××与被告×××、第三人×××……（写明案由）一案，本院于××××年××月××日立案后，依法适用普通程序，公开/因涉及……（写明不公开开庭的理由）不公开开庭进行了审理。原告×××、被告×××、第三人×××（写明当事人和其他诉讼参加人的诉讼地位和姓名或者名称）到庭参加诉讼。本案现已审理终结。

×××向本院提出诉讼请求：1. ……；2. ……（明确原告的诉讼请求）。事实和理由：……（概述原告主张的事实和理由）。

×××辩称，……（概述被告答辩意见）。

×××诉/述称，……（概述第三人陈述意见）。

当事人围绕诉讼请求依法提交了证据，本院组织当事人进行了证据交换和质证。对当事人无异议的证据，本院予以确认并在卷佐证。对有争议的证据和事实，本院认定如下：1. ……；2. ……（写明法院是否采信证据，事实认定的意见和理由）。

本院认为，……（写明争议焦点，根据认定的事实和相关法律，对当事人的诉讼请求作出分析评判，说明理由）。

综上所述，……（对当事人的诉讼请求是否支持进行总结评述）。依照《中华人民共和国……法》第×条、……（写明法律文件名称及其条款项序号）规定，判决如下：

一、……；

二、……。

（以上分项写明判决结果）

如果未按本判决指定的期间履行给付金钱义务，应当依照《中华人民共和国民事诉讼法》第二百六十条规定，加倍支付迟延履行期间的债务利息（没有给付金钱义务的，不写）。

案件受理费……元，由……负担（写明当事人姓名或者名称、负担金额）。

如不服本判决，可以在判决书送达之日起十五日内，向本院递交上诉状，并按照对方当事人或者代表人的人数提出副本，上诉于××××人民法院。

审　判　长　×××
审　判　员　×××
审　判　员　×××
××××年××月××日
（院印）

本件与原本核对无异

法官助理　×××
书　记　员　×××

【一审民事判决书（普通程序用）写作谈】①

判决书是司法的最终产品，它具有法律强制力。如果一份判决书想真正形成权威，让当事人信服并自觉履行，仅仅依靠国家强制力是不够的，法官必须合理判定冲突，正确适用法律，充分彰显正义。法官应向当事人甚至是社会公众交出一份充分尊重法律精神，展示鲜活法律灵魂，讲述完整法律故事的判决书。法官通过对事实认定、证据分析、法律适用的阐述，在证据、事实、法律规定之间建立起某种逻辑模型，昭明事实、法律与判决结果之间的必然联系，从而增加判决的公正性和权威性。

一审民事判决书（普通程序用）是人民法院对其受理的民事案件，适用第一审普通程序开庭审理终结后，根据已经查明的事实、证据和有关的法律规定对案件的实体问题作出书面处理结论的民事裁判文书。其写作主体是一审人民法院民事审判部门，写作受体是民事案件的当事人、法定代理人、指定代理人、法定代表人、主要负责人、委托诉讼代理人，写作主旨是表达人民法院对案件所作的实体处理意见。该文书写作的法律依据是《民事诉讼法》第155条②。除有特别规定外，其他民事判决书的写作，可参照一审民事判决书（普通程序用）的写作方法。

一审民事判决书（普通程序用）分为首部、正文和尾部。

一、首部

作为民事判决书的起始部分，首部主要用以传递案件的基本情况，其写作

① 本文由刘黎法官撰稿。作者参考了最高人民法院《人民法院民事裁判文书制作规范》和《民事诉讼文书样式》（2016年8月1日起施行）。

② 《民事诉讼法》第155条规定，判决书应当写明判决结果和作出该判决的理由。判决书内容包括：（1）案由、诉讼请求、争议的事实和理由；（2）判决认定的事实和理由、适用的法律和理由；（3）判决结果和诉讼费用的负担；（4）上诉期间和上诉的法院。判决书由审判人员、书记员署名，加盖人民法院印章。

要求也最为严格。它依次包括以下三个方面的内容：标题；诉讼参加人基本情况；案件由来和审理经过。

（一）标题

标题由法院名称、文书名称和案号构成。

法院名称一般应与院印的文字一致。基层人民法院、中级人民法院名称前应冠以省、自治区、直辖市的名称，但军事法院、海事法院、铁路运输法院、知识产权法院等专门人民法院除外。涉外民事判决书，法院名称前一般应冠以“中华人民共和国”国名；案件当事人中如果没有外国人、无国籍人、外国企业或组织的，地方人民法院、专门人民法院制作的民事判决书标题中的法院名称无须冠以“中华人民共和国”。

标题位于版心下空两行，居中排布。法院名称与文书名称分两行排列。法院名称和文书名称一般用二号小标宋体字；案号用三号仿宋体字。案号之后空二个汉字空格至行末端。依照《民事诉讼法》第156条的规定，人民法院就一部分事实先行判决的，从第二份民事判决书开始可在案号中缀写“之一”“之二”……以示区别。

（二）诉讼参加人基本情况

诉讼参加人的基本情况分为当事人基本情况和委托诉讼代理人基本情况。全部诉讼参加人均分行写明。

1. 当事人基本情况

在列写当事人基本情况时，要遵循下列规则：

（1）当事人基本情况构成。当事人基本情况包括诉讼地位和基本信息。一审民事案件当事人的诉讼地位表述为“原告”“被告”“原告（反诉被告）”“被告（反诉原告）”“第三人”。当事人是自然人的，其基本信息应当写明姓名、性别、出生年月日、民族、职业、工作单位、职务、住所、联系方式。当事人是法人或者其他组织的，写明名称、住所以及法定代表人或者主要负责人的姓名、职务。

（2）当事人列写顺序。先列原告及其代理人，次列被告及其代理人，再列第三人及其代理人。提出反诉的，需在本诉称谓后用括号注明反诉原告、反诉被告。反诉情况在案件由来和事实部分写明。

（3）无民事行为能力或者限制民事行为能力当事人的列写。当事人为无民事行为能力人或限制民事行为能力人时，应在列明当事人个人情况后，另起一行写明法定代理人或者指定代理人的姓名、住所，并在姓名后括注与当事人的关系。

（4）继受人参加诉讼情况下的列写。诉讼过程中，当事人权利义务继受人参加诉讼的，诉讼地位从其承继的诉讼地位。列继受人为当事人，被继受人在当事人部分不写，在案件由来中写明继受事实。

（5）代表人诉讼情况下的列写。在代表人诉讼中，被代表或者登记权利的当事人人数众多的，可以采取名单附后的方式表述，如“原告×××等×人（名单附后）”。当事人自行参加诉讼的，要写明其诉讼地位及基本信息。

（6）当事人为外国人、无国籍人或者我国港澳台居民时的列写。当事人为外国人的，应当写明其经过翻译的中文姓名或者名称和住所，并用括号注明其外文姓名或者名称和住所。外国自然人应当注明其国籍，国籍应当用全称。无国籍人，应当注明无国籍。港澳台地区的居民在姓名后写明“香港特别行政区居民”“澳门特别行政区居民”“台湾地区居民”。外国自然人的姓名、性别等基本信息以其护照等身份证明文件记载的内容为准；外国法人或者其他组织的名称、住所等基本信息以其注册登记文件记载的内容为准。港澳地区当事人的住所，应当冠以“香港特别行政区”“澳门特别行政区”。台湾地区当事人的住所，应当冠以“台湾地区”。

（7）当事人是法人、其他组织和个体工商户情况下的列写。当事人是法人的，写明名称和住所，并另起一行写明法定代表人的姓名和职务。当事人是其他组织的，写明名称和住所，并另起一行写明主要负责人的姓名和职务。当事人是个体工商户的，以营业执照上登记的经营者为当事人。有字号的，以营业执照上登记的字号为当事人，但应同时注明该字号经营者的基本信息，写明经营者的姓名、性别、出生年月日、民族、住所。在诉讼中，未依法登记领取营业执照的个人合伙的全体合伙人为共同诉讼人。当事人是起字号的个人合伙的，应在判决书中注明登记的字号。法人、其他组织、个体工商户、个人合伙的名称应写全称，以其注册登记文件记载的内容为准。

（8）当事人有曾用名，姓名或名称有变化下的列写。当事人有曾用名，且该曾用名与本案有关联的，应当在当事人现用名之后用括号注明曾用名。诉讼过程中当事人姓名或名称变更的，应当列明变更后的姓名或名称，变更前姓名或名称无须在此处列明。对于姓名或者名称变更的事实，在查明事实部分写明。

（9）自然人住所的列写。当事人是自然人的，住所写为“住××（具体地址）”；实际地址与身份证上载明的住址不一致的，住址写为“住（身份证上载明的住址），现住（当事人提供的现地址）”。当事人住所以其户籍所在地为准，离开户籍所在地有经常居住地的，经常居住地为住所。连续两个当事人的住所相同的，应当分别表述，不用“住所同上”的表述。

（10）标点符号的选择。当事人的诉讼地位和当事人姓名或名称之间要用冒号隔开，当事人的各种基本信息间用逗号，最末以句号结尾。

2. 委托诉讼代理人基本情况

委托诉讼代理人基本情况的书写，要注意以下八点：

（1）当事人有委托诉讼代理人的，应当在当事人之后另起一行写明为“委托诉讼代理人”，并写明委托诉讼代理人的姓名和其他基本情况。有两个委托诉讼代理人的，分行分别写明。

（2）当事人委托本单位人员作为委托诉讼代理人的，写明姓名、性别及其工作人员身份。其身份信息可表述为“该单位（如公司、机构、委员会、厂等）工作人员”。

（3）律师、基层法律服务工作者担任委托诉讼代理人的，写明律师、基层法律服务工作者的姓名，所在律师事务所的名称、法律服务所的名称及执业身份。其身份信息表述为“××律师事务所律师”“××法律服务所法律工作者”。属于提供法律援助的，应当写明法律援助情况。

（4）委托诉讼代理人是当事人近亲属的，应当在姓名后用括号注明其与当事人的关系，写明住所。代理人是当事人所在社区、单位以及有关社会团体推荐的公民的，写明姓名、性别、住所，并在住所之后注明具体由何社区、单位、社会团体推荐。

（5）委托诉讼代理人变更的，只列写变更后的委托诉讼代理人，对于变更的事实可根据需要写明。

（6）委托诉讼代理人为当事人共同委托的，可以合并写明。

（7）委托诉讼代理人后用冒号，再写委托诉讼代理人姓名，委托诉讼代理人姓名后用逗号。

（8）委托诉讼代理人排列顺序，近亲属或者本单位工作人员在前，律师、法律工作者、被推荐公民等在后。

（三）案件由来和审理经过

这部分要依次叙述案件由来和审理经过两项内容。具体来说，要依次写明下列要素：当事人诉讼地位和姓名或者名称、案由、立案日期、适用普通程序、开庭日期、开庭方式、到庭参加诉讼人员、未到或者中途退庭诉讼参加人员、审理终结。

1. 案件由来

案件由来部分应简要写明案件名称与案件来源。

案件名称是当事人与案由的概括。民事一审案件名称表述为“原告××与被告×××……（写明案由）一案”。诉讼参加人名称过长的，可以在案件由来部分第一次出现时用括号注明其简称，表述为“（以下简称×××）”。其他单位或组织名称过长的，也可在首次表述时用括号注明其简称。诉讼参加人的简称应当规范，能够准确反映其名称的特点。案由应当准确反映案件所涉及的民事法律关系的性质，符合最高人民法院有关民事案件案由的规定。经审理认为立案案由不当的，以经审理确定的案由为准，但应在本院认为部分予以说明。

案件来源包括：（1）新收；（2）有新的事实、证据重新起诉；（3）上级人民法院发回重审；（4）上级人民法院指令立案受理；（5）上级人民法院指定审理；（6）上级人民法院指定管辖；（7）其他人民法院移送管辖；（8）提级管辖。

书写案件来源时，要遵循三项要求。（1）新收、重新起诉的，应当写明起诉人；（2）上级法院指定管辖、本院提级管辖的，除应当写明起诉人外，还应写明报请上级人民法院指定管辖（报请移送上级人民法院）日期或者下级法院报请指定管辖（下级法院报请移送）日期，以及上级法院或者本院作出管辖裁定日期；（3）上级法院发回重审、上级法院指令受理、上级法院指定审理、移送管辖的，应当写明原审法院作出裁判的案号及日期、上诉人、上级法院作出裁判的案号及日期和裁判结果，说明引起本案的起因。

2. 审理经过

本部分是法院对从立案到审理终结整个程序的回顾，旨在彰明法院严格遵循了民事诉讼程序的规定。审理经过含立案日期及庭审情况。庭审情况又包括适用程序、程序转换、审理方式、参加庭审人员等。审理方式包括开庭审理和不开庭审理。开庭审理又包括公开开庭和不公开开庭。开庭审理的应写明当事人出庭参加诉讼情况（包括未出庭或者中途退庭情况）；不开庭的，不写。不开庭审理的，应写明不开庭的原因。当事人未到庭应诉或者中途退庭的，写明经传票传唤，无正当理由拒不到庭或者未经法庭许可中途退庭的情况。

立案日期表述为：“本院于××××年××月××日立案后”。

一审庭审情况表述为：“本院于××××年××月××日公开/因涉及……（写明不公开开庭的理由）不公开开庭审理了本案，原告×××及其诉讼代理人×××，被告×××及其诉讼代理人×××等到庭参加诉讼。”

不公开审理的，写明不公开审理的理由，例如，“因涉及国家秘密”或者“因涉及个人隐私”或者“因涉及商业秘密，×××申请”或者“因涉及离婚，×××申请”。

诉讼参加人均到庭参加诉讼的，可以合并写明，例如，“本案当事人和委托诉讼代理人均到庭参加诉讼。”

当事人经合法传唤未到庭参加诉讼的，写明：“×××经传票传唤无正当理由拒不到庭参加诉讼”或者“×××经公告送达开庭传票，未到庭参加诉讼”。

当事人未经法庭许可中途退庭的，写明：“×××未经法庭许可中途退庭。”

对于审理中其他程序性事项，如中止诉讼情况应当写明。对中止诉讼情形，表述为：“因……（写明中止诉讼事由），于××××年××月××日裁定中止诉讼，××××年××月××日恢复诉讼。”

综上所述，案件由来和审理经过这一部分可以表述为：“原告×××与被告×××、第三人×××……（写明案由）一案，本院于××××年××月××日立案后，依法组成合议庭，适用普通程序，公开/因涉及……（写明不公开开庭的理由）不公开开庭进行了审理[①]。原告×××、被告×××、第三人×××等到庭参加诉讼。本案现已审理终结。”

如果一审案件源于上级人民法院发回重审的，案件由来和审理经过部分则应改写为“原告×××与被告×××……（写明案由）一案，本院于××××年××月××日作出……（写明案号）民事判决。×××不服该判决，向××××法院提起上诉。××××法院于××××年××月××日作出……（写明案号）裁定，发回重审。本院依法另行组成合议庭……”

如果民事一审案件是由简易程序（小额诉讼程序）转为普通程序的，那么审理经过部分应改写为：“于××××年××月××日公开/因涉及……不公开（写明不公开开庭的理由）开庭审理了本案，经审理发现有不宜适用简易程序（小额诉讼程序）的情形，裁定转为普通程序，于××××年××月××日再次公开/不公开开庭审理了本案”。

在诉讼过程中，如果存在指定管辖、移送管辖、程序转化、审判人员变更、中止诉讼等情形，应当同时写明。

二、正文

“吾给汝事实，汝赐吾法律”，对案件作出法律上的认定是司法活动的主要内容，这种认定包括认定事实和适用法律。对于如何认定事实和适用法律，应当包含以下内容：（1）总结当事人之间的争议焦点；（2）对于争议的焦点

---

① 不公开开庭的情形包括：（1）因涉及国家秘密不公开开庭；（2）因涉及个人隐私不公开开庭；（3）因涉及商业秘密，经当事人申请，决定不公开开庭；（4）因离婚，经当事人申请，决定不公开开庭；（5）法律另有规定的。

确定由哪一方当事人负举证责任及要求其承担举证责任的依据是什么；(3) 当事人的举证是否已达到证明要求；(4) 解决本案的纠纷，法官应适用哪一种实体法，依据是什么。在诉讼过程中，法官应当及时整理和固定争议焦点，对于事实的认定应当符合法律逻辑和经验法则，对于依据自由裁量认定的事实应当符合法律精神和法律原则，适用的法律要与案件事实相吻合。在正文部分，法官应当将如何认定事实和适用法律的详细过程充分而有序地表述出来。

正文包括四大部分，即当事人诉辩意见、证据和事实认定、判决理由、判决结果。

(一) 当事人诉辩意见

诉辩意见指原告、被告、第三人对本案所持的观点与主张。格式文本中之所以把诉辩意见放在正文第一部分，其意义主要在于开篇就表明民事诉讼系当事人行使诉权启动了诉讼程序，司法的中立性和被动性在此得以体现。诉辩意见还呈现了当事人之间的对抗，谁主张谁就需要说明理由并提供证据。

诉辩意见部分，一般分三个自然段，段首分别以下面的套语开头。

原告×××向本院提出诉讼请求：1. ……；2. ……（写明原告的诉讼请求）。事实和理由：……（概述原告主张的事实和理由）。先写诉讼请求，后写事实和理由。诉讼请求两项以上的，用阿拉伯数字加点号分项写明。

被告×××辩称，……。被告提出反诉的，写明："×××向本院提出反诉请求：1. ……；2. ……。"后接反诉的事实和理由。另起一段写明"×××对×××的反诉请求辩称……。"

第三人×××诉/述称，……（概述第三人陈述意见）。有独立请求权的第三人，写明："×××向本院提出诉讼请求：……"后接第三人请求的事实和理由，再另段写明原告、被告对第三人的诉讼请求的答辩意见："×××对×××的诉讼请求辩称，……。"无独立请求权第三人，写明："×××述称，……。"

在概述诉辩意见时，需要注意以下几点：(1) 诉辩意见无须原文照抄当事人的起诉状或答辩状、代理词内容或起诉、答辩时提供的证据，应当全案考虑当事人在法庭上的诉辩意见和提供的证据加以综合概括。(2)"×××向本院提出诉讼请求"词语后用冒号；"被告辩称"词语之后用逗号；"第三人×××诉/述称"词语后用逗号；诉讼请求有两项以上的，使用阿拉伯数字加点号分项写明。(3) 当事人在法庭辩论终结前变更诉讼请求或者提出新的请求的，应当在诉称部分中写明。(4) 被告承认原告主张的全部事实的，写明"×××承认×××主张的事实"，被告承认原告主张的部分事实的，写明

“×××承认×××主张的……事实”，被告承认全部诉讼请求的，写明：“×××承认×××的全部诉讼请求”，被告承认部分诉讼请求的，写明被告承认原告的部分诉讼请求的具体内容。

在写完诉辩意见之后，另起一段简要写明当事人举证、质证的一般情况，表述为：“本案当事人围绕诉讼请求依法提交了证据，本院组织当事人进行了证据交换和质证。”

（二）证据和事实认定

在写完当事人举证质证一般情况后，直接写明人民法院对证据和事实的认定情况。

对当事人所提交的证据和人民法院调查收集的证据数量较多的，原则上不一一列明，可以附证据目录清单。

对当事人无争议的证据，写明“对当事人无异议的证据，本院予以确认并在卷佐证”。对有争议的证据，应当写明争议的证据名称及人民法院对争议证据认定的意见和理由；对争议的事实，应当写明事实认定意见和理由。

争议事实较多的，可以对争议事实分别认定；针对同一事实有较多争议证据的，可以对争议的证据分别认定。

对争议的证据和事实，可以一并叙明；也可以先单独对争议证据进行认定后，另起一段概括写明认定的案件基本事实，即“根据当事人陈述和经审查确认的证据，本院认定事实如下：……。”

对于人民法院调取的证据、鉴定意见，经庭审质证后，按照当事人是否有争议分别写明。对逾期提交的证据、非法证据等不予采纳的，应当说明理由。

召开庭前会议时或者在庭审时归纳争议焦点的，应当写明争议焦点。争议焦点的摆放位置，可以根据争议的内容处理。争议焦点中有证据和事实内容的，可以在当事人诉辩意见之后写明。争议焦点主要是法律适用问题的，可以在本院认为部分，先写明争议焦点，再进行说理。

特别需要注意的是，“本院认定如下”词语后必须使用冒号。

（三）判决理由

以“本院认为”套语开头，开启判决理由的写作。“本院认为”后用逗号。判决理由分几个层次论述。理由应当围绕当事人的诉讼请求，根据认定的事实和法律关系，逐一评判并说明理由。首先定性，确定这起纠纷属于什么法律关系，应适用什么法律，然后确定民事行为的合法性，包括主体、行为等，再分析当事人所应履行的义务及对义务履行的程度，最后确定民事责任。

由于案件性质不同，争议内容不同，判决理由的写法也有所不同。主要的写法有三种。（1）争议焦点概括法。首先概括当事人的争议焦点，可分为一项或多项，然后逐一论证这些争议，这样的写法比较清晰。（2）三段论法。先阐述法律原则或引用法律规定，然后论述案件法律关系的性质，依据案件事实是否适用该法条，最终确定责任的承担。在侵权类案件中多采用这种写法。（3）逐一论证法。当事人的多项主张不能用一个法条全部概括，且争议焦点也处于多个层次不能一并概括时，就需要用逐一论证法来书写判决，将争议的内容逐一进行论证。

这部分的写作，要注意判决理由应当全面、深入、准确。应当围绕当事人的诉讼请求，根据认定的事实和相关法律，全面、深入、准确地逐一评判，阐述透彻判决理由。这部分写作应避免说“于法无据”“并无不当”“予以支持”“鉴于本案的具体情况”等套话、空话。

（四）判决结果

以“判决如下”词语开启判决结果的表述。“判决如下”词语后一定要用冒号。写作时应遵循以下的规范：

1. 判决结果应该根据案情来叙写，如判决结果不止一项可分项叙写，各项用汉字数字分段写明。

2. 判决结果中当事人姓名或名称应当使用全称，不得用简称。

3. 判决结果的内容必须明确、具体、便于执行。

4. 有多名当事人承担责任的，应当写明各当事人承担责任的形式、范围。

5. 有多项给付内容的，应当先写明各项目的名称、金额，再写明累计金额。例如，“交通费……元、误工费……元、……，合计……元”。金额用阿拉伯数字书写。金额前不加“人民币”；人民币以外的其他种类货币的，金额前加货币种类；有两种以上货币的，金额前要加货币种类。对于金钱给付的利息，应当明确利息计算的起止点、计息本金及利率。

6. 判决结果中，可以用括注对判项予以说明，但括注应当紧跟被注释的判项。例如，医疗费（已给付……元，尚需……元）。

7. 判决结果只有一项，句末用句号；有两项以上的，最末一项句尾用句号，其他判项句末用分号。如果一个判项句中使用了分号或句号的，其他各项句尾均用句号。

8. 当事人互负给付义务且内容相同的，应当另起一段写明抵付情况。

三、尾部

尾部内容可以归结为两个方面：

（一）告知事项

告知事项的写作是人民法院履行告知法律义务的一种体现。概括说来，告知事项有三类：

1. 迟延履行责任告知

这部分内容单独成段，位于判决结果之后，诉讼费用的负担之前。该告知事项旨在警醒败诉当事人及时履行义务，使胜诉当事人的权利尽快得到实现。最高人民法院就这部分内容制定了规范的表述："如果未按本判决指定的期间履行给付金钱义务，应当依照《中华人民共和国民事诉讼法》第二百六十条之规定，加倍支付迟延履行期间的债务利息。"

谨记并不是所有的一审民事判决书都有这类告知事项，没有给付金钱义务的，不写此类告知。

2. 诉讼费用负担告知

诉讼费用包括案件受理费和其他诉讼费用。依据《诉讼费用交纳办法》的规定，当事人应当向人民法院交纳的诉讼费用包括：案件受理费，申请费，证人、鉴定人、翻译人员、理算人员在人民法院指定日期出庭发生的交通费、住宿费、生活费和误工补贴。其中案件受理费又可分为：第一审案件受理费；第二审案件受理费；再审案件中，依照《诉讼费用交纳办法》规定需要交纳的案件受理费。

在审判实践中，诉讼费用的负担部分主要解决的是案件受理费、鉴定费、保全费和公告费的负担问题。案件受理费由原告、有独立请求权的第三人、上诉人预交。被告提起反诉，由被告预交案件受理费。鉴定费和保全费都是由申请人预交。公告费通常由原告预交。

关于案件受理费、鉴定费、保全费和公告费等费用之负担，由败诉方负担是其一般原则，但胜诉方自愿承担的除外。对于部分胜诉、部分败诉的案件，人民法院应根据案件的具体情况决定当事人各自负担的诉讼费用数额。

诉讼费用不属于诉讼争议的事项，不列入裁判主文，在判决主文后另起一段写明。

减免费用的，写明："减交……元"或者"免予收取"。

单方负担案件受理费的，写明："案件受理费……元，由×××负担"。

双方负担案件受理费的，写明："案件受理费……元，由原告×××负担×××元（已交纳），由被告×××负担×××元（于本判决生效后七日内交纳）。"

鉴定费、保全费和公告费负担的表述方法同案件受理费。

3. 上诉权利告知

依据不同情形，有三种表述：

（1）当事人在中国境内有住所，鉴于其上诉期为15日，故上诉权利告知表述为："如不服本判决，可以在判决书送达之日起十五日内，向本院递交上诉状，并按照对方当事人或者代表人的人数提出副本，上诉于××××人民法院。"

（2）当事人在中国境内没有住所，鉴于其上诉期为30日，故上诉权利告知表述为："如不服本判决，可以在判决书送达之日起三十日内，向本院递交上诉状，并按照对方当事人或者代表人的人数提出副本，上诉于××××人民法院。"

（3）有的当事人在中国境内有住所，有的当事人在中国境内没有住所，故上诉权利告知表述为："×××可以在判决书送达之日起十五日内，×××可以在判决书送达之日起三十日内，向本院递交上诉状，并按照对方当事人或者代表人的人数提出副本，上诉于××××人民法院。"

（二）签署用印和制作日期

判决书由审判人员、法官助理和书记员署名。用印有二："本件与原本核对无异"的印戳和法院公章。裁判文书制作日期即为签发日期；当庭宣判的，应当写宣判的日期。

判决书应当由参加审判案件的合议庭组成人员署名。合议庭的审判长，无论审判职务，均署名为"审判长"；合议庭成员有审判员的，署名为"审判员"；有陪审员的，署名为"人民陪审员"。合议庭按照审判长、审判员、人民陪审员的顺序分行署名。书记员署名为"书记员"，两名以上书记员的，分行署名。

院印加盖在日期居中位置。院印上不压审判员，下不压书记员，下弧骑年压月在成文时间上。印章国徽底边缘及上下弧以不覆盖文字为限。公章不应歪斜、模糊。经书记员核对无异后，应加盖"本件与原本核对无异"章。

合议庭成员与判决内容之间不空行。合议庭成员与判决日期之间约空三行（以文书为三号字体为例），判决日期与书记员之间空一行。审判长、审判员每个字之间空二个汉字空格。审判长、审判员与姓名之间空三个汉字空格，姓名之后空二个汉字空格至行末端。签署用印和制作日期应与正文同处一面。排版后所剩空白处不能容下印章时，可以适当调整行距、字距，不用"此页无正文"的方法解决。

四、注意事项

（一）杜绝低级错误

裁判文书中的错字、别字、漏字、赘字等低级错误，不仅会给写作受体造成法官马虎办案的印象，更会使人们对审判公正产生怀疑，进而损害司法的严肃性，甚至动摇人们对司法公正的信心。例如，通知当事人“2月30日”开庭，把“人民法院”打印成“人民币法院”等。从实践来看，某高级人民法院曾组织对辖区内1万余份民事裁判文书进行集中评查，发现差错文书竟占16.4%，大多属于稍加注意即可排除的低级错误。这些错误按比率高低依次为：（1）文书不符合技术格式要求；（2）错别漏赘字；（3）标点符号明显错误；（4）病句；（5）当事人名称不统一；（6）法律援引不当；（7）文书结构缺项；（8）主文模糊或有歧义；（9）漏判超判；（10）遗漏诉讼费用等。另据了解，2012年最高人民法院开展“两评查”活动，要表彰一批优秀裁判文书，各个高级人民法院遴选上报的文书有近10%被淘汰，排在第一位的就是低级错误。应当说，工作中万无一失是很难做到的，这就是国外的一个著名理论“墨菲定律”。但是，如果我们本着严谨认真、精益求精、警钟长鸣、防微杜渐的态度，减少和杜绝低级错误也是完全可以做到的。

（二）胎儿利益保护案件中，民事判决书的写作

在涉及胎儿利益保护的案件写作民事判决书时，梁慧星教授提出两点建议：第一，原告要写监护人名字，但要说明相关民事权利是胎儿的而非监护人的；第二，如果胜诉，在判决理由部分一定要写明相关诉讼利益（如损害赔偿金）归属于胎儿。

（三）避免漏判或超判

漏判或判决结果超出当事人请求的范围属于裁判文书制作中的重大失误，应当说一审民事判决书出现漏判或判决结果超出当事人请求范围的情况，除非二审达成调解，否则案件将被发回重审或提起再审。因此，在宣判前，写作主体需认真审核当事人的诉讼请求或反诉内容，如当事人请求了精神损害抚慰金，该项诉讼请求未得到支持，需在判决主文中明确“驳回原告×××的其他诉讼请求”。

（四）无民事行为能力人、限制民事行为能力人致人损害时，其监护人的列写

关于无民事行为能力人、限制民事行为能力人致人损害时，无民事行为能力人、限制民事行为能力人及其监护人的诉讼地位问题，一直存在争议。《民

法典》侵权责任编第1188条和《民诉法解释》第67条规定了无民事行为能力人、限制民事行为能力人造成他人损害的，无民事行为能力人、限制民事行为能力人和其监护人为共同被告。

无民事行为能力人、限制民事行为能力人的监护人以法定代理人身份参加诉讼，同时监护人本身又是被告，是承担民事责任的主体，如何处理监护人既作为法定代理人又作为被告之间的双重身份问题，是审判实践中需要注意的问题。在是否承担民事责任的问题上，监护人和被监护人同为被告，有共同的利益。但在内部赔偿问题上，监护人和被监护人有各自的利益，特别是对于无民事行为能力人、限制民事行为能力人有独立财产的案件，要特别注意防止监护人通过法定代理人的身份侵犯被监护人的合法权益。

在这种情况下，监护人的列写要能够体现其双重诉讼地位这一法律特征。在介绍完未成年被告基本情况后，另起一行写为："被告兼法定代理人：×××，……，系被告×××之父（或母）"。

（五）民事判决书笔误的补救

凡民事判书中出现误写、误算，诉讼费用漏写、误算和其他笔误的，未送达的应重新制作，已送达的应以裁定补正，避免使用校对章。

（六）法官后语不用为好

规定法律文书的格式，不仅是作为机关公文需要样式的统一性，更是为了体现法律文书的规范性、严肃性。最高人民法院对法院诉讼文书的样式的规定出台的时间比较早，陆续有一些修订补充，仍有一些样式不适应实际需要，于是一些法官创造了许多新的形式，如在判决书中写上法官后语、公开合议庭不同意见、附录法条、附录图片、添加引注、添加封皮并使用国徽图案以及使用填充式文书等。但是，"法官后语""公开合议庭不同意见""添加引注"这几种情况还是不用为好，主要理由是不合规范，此类创新会引起许多不必要的争议，表面上增加了文书的文采和说理，实际上增加了法官表达的法律风险。以"法官后语"为例，一些"法官后语"的内容，如果以"司法建议"的形式表达出来可能会更规范，效果更好。同时民法中的许多规范已经体现了社会的主流道德观，法官的本职还是依据事实和法律把判决理由说通说透，没有必要舍近求远去添加道德说教增加判决的说服力，要保持裁判文书的统一性、规范性和严肃性。

【例文】

北京市丰台区人民法院

民事判决书

（2020）京 0106 民初 1300B 号

原告：乾元×（北京）商业管理有限公司，住所地北京市丰台区宇珩门×号院×号楼 -1 至 8 层、×号楼一层×。

法定代表人：顾某，董事总经理。

委托诉讼代理人：张某，男，该公司员工。

委托诉讼代理人：汪某某，北京市×××律师事务所律师。

被告：临晋×（北京）餐饮管理有限公司，住所地北京市大兴区集义镇淮南路×号×号楼一层×室。

法定代表人：程某某，执行董事。

委托诉讼代理人：孟某某，北京市××律师事务所律师。

委托诉讼代理人：崔某某，北京市××律师事务所律师。

原告乾元×（北京）商业管理有限公司（以下简称乾元×公司）与被告临晋×（北京）餐饮管理有限公司（以下简称临晋×公司）房屋租赁合同纠纷一案，本院受理后，依法适用普通程序，公开开庭进行了审理。原告乾元×公司的委托诉讼代理人汪某某，被告临晋×公司的委托诉讼代理人孟某某到庭参加诉讼。本案现已审理终结。

乾元×公司向本院提出诉讼请求：1. 请求确认双方租赁合同于 2020 年 3 月 9 日解除；2. 请求判令被告支付 2020 年 1 月 1 日至 2020 年 3 月 9 日拖欠的房屋租金、管理服务费、推广费共计 53 967 元；3. 请求判令被告支付滞纳金 10 225.11 元；4. 请求判令被告支付装修期间的垃圾清运费 1932 元；5. 请求判令被告支付 2020 年 3 月 11 日至 2020 年 3 月 25 日的房屋占用费 11 592 元；6. 请求判令被告按照合同约定支付律师费 10 000 元；7. 诉讼费由被告负担。事实和理由：2019 年 1 月 8 日，原、被告签订《商铺租赁合同》，约定：原告（甲方）将自己经营的“新天地购物中心”3 层 3F－K10 号商铺（租赁面积 64.4 平方米）出租给被告（乙方）经营“芙南小吃”使用；租期 5 年，自 2019 年 2 月 26 日起至 2024 年 2 月 25 日止。第 1 个租赁年度基本月租 18 354 元/月，管理服务费 4508 元/月，推广费 644 元/月；上述费用缴纳期限为：每月 20 日前，一同缴纳下个月的费用，每逾期 1 日，须交纳千分之三的滞纳金。还约定：“乙方签约时缴纳保证金 76 314 元”，“甲方因向乙方催讨租金或其他费用而引起的所有费用和开支（包括律师费），及甲方因行使本合同项下其他任何权利而引起的所有费用、开支，均由乙方承担；乙方有下列情形之一的，甲方可以书面通知乙方解除本合同，乙方已支付的所有租金以及租赁保证金和其他费用不予退还”，“逾期支付租金、管理费及其他费用连续超过15日或累计超过30日”。自2019年12月20日起，被告开始拖欠当期应交的租金、管理服务费、推广费。2020年1月20日，被告继续拖欠应交的相关费用，因此原告不得不依据合同约定，书面通知被告合同自2020年3月9日起解除。为维护原告合法权益，诉至法院，望判如所请。

临晋×公司辩称，同意解除合同，但是合同解除时间应为2020年2月25日。本次疫情来势汹汹，被告于2020年1月26日下午闭店以来，未再营业，于2020年2月25日通过电子邮件方式书面通知原告解除合同。涉案的场地自2019年5月营业以来，由于原告经营及招商等原因，被告多次要求原告进行租金减免或退租。双方曾于2019年9月2日至30日发生闭店的情形，经双方协商，2019年10月开始重新营业，对租赁合同的部分内容进行了变更。被告的经营依旧不尽如人意，客流量少，大部分商铺空置。被告从2019年5月开业至2020年1月26日闭店毛收入227万元，但是被告投入装修191万元，还有工人工资、租金、材料费等支出。被告在疫情不可抗力和原告经营不善的双重打击下，已经不具备继续履行合同的条件，因此于2020年2月25日以邮件的方式通知原告解除合同，原告已经收到了解除通知，故解除的时间应为2020年2月25日。被告也不同意支付租金、管理服务费及推广费，同意支付2020年1月26日之前的相关费用，应按照双方协商的补充协议支付。2020年1月27日至2月23日，按照原告以及北京市人民政府、北京市丰台区人民政府的相关规定，应当予以减免，因疫情属于不可抗力，不同意支付垃圾清运费，不同意支付房屋占用费，原告阻止被告腾退，且由于疫情影响，被告的经营场所的商场未实际经营，故不同意支付费用。不同意支付律师费。原告应将被告支付的租赁保证金76 314元退回并且承担因其经营不善造成的被告装修损失。

当事人围绕诉讼请求依法提交了证据，本院组织当事人进行了证据交换和质证。对当事人无异议的《新天地购物中心商铺租赁合同》《催款函》《解除通知函》、押金收据三张等证据，本院予以确认并在卷佐证。根据当事人陈述和经审查确认的证据，本院认定事实如下：

2019年1月8日，原告乾元×公司（甲方）与被告临晋×公司（乙方）签订《新天地购物中心商铺租赁合同》，约定甲方同意将位于北京市丰台区前进路×号的“新天地购物中心”3F－K10号商铺出租给乙方使用，使用面积64.4平方米。租期自2019年2月26日至2024年2月25日。第1个租赁年度基本月租18 354元/月，管理服务费4508元/月，推广费644元/月。乙方缴纳租赁保证金

76 314 元。上述费用缴纳期限为：每月 20 日前，一同缴纳下个月的费用，每逾期 1 日，须交纳千分之三的违约金。乙方有下列情形之一的，甲方可以书面通知乙方解除本合同，乙方已支付的所有租金以及租赁保证金和其他费用不予退还”，“逾期支付租金、管理服务费及其他费用连续超过 15 日或累计超过 30 日”。

临晋×公司自承租商铺后，多次向乾元×公司发送退场或沟通函，并提供微信聊天记录，表明因双方就租赁关系重新签订了新的协议，应按新协议内容履行，其提交了一份《临时免收基本租金、管理服务费及推广费协议》，但协议中未有双方当事人的盖章或法定代表人、委托代理人的签字确认，乾元×公司认为此协议系临晋×公司的单方意愿，双方并未达成合意，不同意按照其提供的协议内容履行。

临晋×公司自 2020 年 1 月起，未再向乾元×公司支付过租金、管理费、推广费。乾元×公司于 2020 年 2 月 11 日向临晋×公司发送《通知》，表明因疫情发生，经研究决定对临晋×公司承租的商铺给予租金及部分费用的减免。具体为：减免 2020 年 2 月 1 日至 2 月 29 日的租金及推广费，物业费及其他费用照常收取，将在贵司 2020 年 3 月及 2020 年 4 月应付租金的基础上，分别各扣除减免的 2 月租金及推广费的 50%。2020 年 2 月 20 日，乾元×公司再次发送《通知》，表明减免房租是在合同正常履行的基础上，通知临晋×公司如不能于 2020 年 3 月 5 日前支付应付未付费用，则不再给予优惠减免政策。临晋×公司于 2020 年 2 月 25 日向乾元×公司提出解除合同，乾元×公司不同意其单方解除合同，但于 2020 年 3 月 9 日制作合同解除通知并发送临晋×公司，通知函中称因临晋×公司仍未支付 2020 年 1 月 1 日之后的租金、管理服务费、推广费，根据合同约定双方签订的租赁合同终止，并不退还租赁保证金、装修押金等费用，要求被告于 2020 年 3 月 13 日前变更或注销以该商铺地址为注册地址的营业执照，并支付拖欠的费用。临晋×公司表示已经收到了乾元×公司的解除函。

庭审中，临晋×公司提出因疫情来势凶猛，故其提出解除合同，要求以 2020 年 2 月 25 日作为解除合同的时间，其解除合同通知于 2020 年 2 月 25 日到达对方邮箱。

另查，双方均认可涉案房屋 7 月进行腾退，办理了交接手续。

本院认为，依法成立的合同具有法律约束力，合同双方均应依约履行，一方不履行或者履行不符合约定的，应当承担相应的违约责任。根据本案查明的事实，乾元×公司与临晋×公司签订的租赁合同系双方当事人的真实意思表示，不违反法律、行政法规的强制性规定，合法有效。双方应按照合同约定享受权利、承担义务。乾元×公司主张租赁合同于 2020 年 3 月 9 日解除，临晋×公司认为合同应于 2020 年 2 月 25 日解除，双方均向对方发送了解除合同的通知，亦认可收到了对方解除通知。临晋×公司于2019年12月20日即应交纳承租房屋的租金，但未能按合同约定履行交费义务，其应交纳房租时疫情尚未出现，故应视为其违约，故合同解除的权利应在乾元×公司，解除时间应以解除的通知到达临晋×公司的时间为准，即2020年3月9日。合同解除后，尚未履行的，终止履行；已经履行的，根据履行情况和合同性质，当事人可以要求恢复原状、采取其他补救措施，并有权要求赔偿损失。乾元×公司主张临晋×公司给付2020年1月1日至2020年3月9日的房屋租金、管理服务费、推广费，因2020年1月26日前，新冠肺炎疫情尚未暴发，临晋×公司亦进行正常的经营活动，故其应交纳2020年1月26日前的房屋租金、管理服务费、推广费。疫情暴发后，因临晋×公司客观上无法使用租赁的房屋进行经营，考虑到临晋×公司对房屋的使用情况及合同的履行情况，本院酌情考虑支持60%的租金及房屋占用费。

乾元×公司主张临晋×公司按合同约定支付欠款的滞纳金，本院支持2020年1月26日之前欠款的滞纳金。

乾元×公司主张支付装修期间的垃圾清运费，合同附件中对垃圾清运费的计算标准进行了明确约定，被告应予给付。

乾元×公司主张律师费，双方合同中约定因催付租金或其他费用而支出的所有费用和开支（包括一切律师费），均由乙方（临晋×公司）承担，本案虽然发生于不可抗力期间，但临晋×公司在疫情暴发前即已开始拖欠租金等相关费用，已经构成违约，故应承担相应的违约责任。

综上所述，依据《中华人民共和国合同法》第六十条、第九十七条、第一百零七条及《最高人民法院关于依法妥善审理涉新冠肺炎疫情民事案件若干问题的指导意见（二）》第一条第六款的规定，判决如下：

一、原告乾元×（北京）商业管理有限公司与被告临晋×（北京）餐饮管理有限公司签订的《新天地购物中心商铺租赁合同》于2020年3月9日解除；

二、被告临晋×（北京）餐饮管理有限公司于本判决生效后七日内，给付原告乾元×（北京）商业管理有限公司2020年1月1日至2020年1月26日的房屋租金、管理服务费、推广费共计19 714.7元；

三、被告临晋×（北京）餐饮管理有限公司于本判决生效后七日内，给付原告乾元×（北京）商业管理有限公司2020年1月27日至2020年3月25日的房屋租金（房屋占用费）、管理服务费、推广费共计27 737元；

四、被告临晋×（北京）餐饮管理有限公司于本判决生效后七日内，给付原告乾元×（北京）商业管理有限公司滞纳金（以19 714.7元为基数，按照全国银行间同业拆借中心公布的贷款市场报价利率标准计算，自2019年12月21日起至实际付清之日止）；

五、被告临晋×（北京）餐饮管理有限公司于本判决生效后七日内，给付原告乾元×（北京）商业管理有限公司垃圾清运费1932元；

六、被告临晋×（北京）餐饮管理有限公司于本判决生效后七日内，给付原告乾元×（北京）商业管理有限公司律师费10 000元；

七、驳回原告乾元×（北京）商业管理有限公司的其他诉讼请求。

如果未按本判决指定的期间履行给付金钱义务，应当依照《中华人民共和国民事诉讼法》第二百五十三条之规定，加倍支付迟延履行期间的债务利息。

案件受理费1993元，由乾元×（北京）商业管理有限公司负担993元（已交纳），由临晋×（北京）餐饮管理有限公司负担1000元（于本判决生效后七日内交纳）。

如不服本判决，可在判决书送达之日起十五日内，向本院递交上诉状，并按对方当事人的人数提出副本，交纳上诉案件受理费，上诉于北京市第二中级人民法院。

审　判　员　赵某某

审　判　员　梅某某

审　判　员　宗某某

二〇二一年二月二十三日

（院印）

本件与原本核对无异

法官助理　张某某

书　记　员　国某

项目七　民事上诉状

【文书格式】①

民事上诉状

上诉人（原审诉讼地位）：×××，男/女，××××年××月××日出

---

① 最高人民法院在《民事诉讼文书样式》中提供了两种民事上诉状的样式供当事人参考。它们是：（1）当事人提起上诉用；（2）对驳回管辖权异议裁定提起上诉用。本项目训练使用第一种样式。

生，×族，……（写明工作单位和职务或职业）。住……。联系方式：……。

法定代理人/指定代理人：×××，……。

委托诉讼代理人：×××，……。

被上诉人（原审诉讼地位）：×××，……。

……

（以上写明当事人和其他诉讼参加人的姓名或者名称等基本信息）

×××因与×××……（写明案由）一案，不服××××人民法院××××年××月××日作出的（××××）……号民事判决/裁定，现提出上诉。

上诉请求：

……

上诉理由：

……

此致

××××人民法院

上诉人：×××（签名或者盖章）

××××年××月××日

附：1. 本上诉状副本×份。

2. 证据目录。

【民事上诉状写作谈】①

民事上诉状是民事诉讼当事人及其法定代理人因不服地方各级人民法院作出的第一审民事判决或裁定，在法定的上诉期限内向一审法院的上一级人民法院提出的，请求上一级人民法院重新审理本案，撤销或改判一审判决结果的民事诉讼法律文书。其写作主体是民事案件当事人及其委托诉讼代理人，写作受体是一审的上一级人民法院和被上诉人，主旨是请求上一级人民法院重新审理本案，撤销或改判一审判决或裁定。

民事上诉状是当事人行使民事上诉权的工具，通过它启动二审程序来维护当事人的民事权益。同时，它也是二审人民法院对一审人民法院审结的民事案

① 本文由罗占义律师撰稿。

件进行审查的基础。《民事诉讼法》第172条[①]以及《民诉法解释》第318条[②]对民事上诉状的写作和使用作了规定。

民事上诉状由首部、正文、尾部组成。

一、首部

首部包括标题、双方当事人基本情况、案由和上诉缘由。

（一）双方当事人基本情况

这部分内容要写明上诉人、被上诉人的基本信息。当事人是公民的，要写明姓名，出生年月日，身份证号码，地址及联系方式；当事人是法人或者其他组织的，应写明法人的全称，法定代表人或法定负责人的姓名及职务，法人的地址及联系方式。

1. 上诉人范围

依照我国民事诉讼相关法律规定，下列人员可以提出上诉：（1）一审程序中的原告（包括共同诉讼的代表人）；（2）被告（包括共同诉讼人、诉讼案的代表人）；（3）有独立请求权的第三人和判决其承担民事责任的无独立请求权的第三人；（4）无民事行为能力人、限制民事行为能力人的法定代理人。

2. 被上诉人范围

（1）必要共同诉讼人的一人或者部分人提起上诉时。《民诉法解释》第317条区分了三种情形：①上诉仅对与对方当事人之间权利义务分担有意见，不涉及其他共同诉讼人利益的，对方当事人为被上诉人，未上诉的同一方当事人依原审诉讼地位列明；②上诉仅对共同诉讼人之间权利义务分担有意见，不涉及对方当事人利益的，未上诉的同一方当事人为被上诉人，对方当事人依原审诉讼地位列明；③上诉对双方当事人之间以及共同诉讼人之间权利义务承担有意见的，未提起上诉的其他当事人均为被上诉人。

（2）双方当事人和第三人都提起上诉的。《民诉法解释》第315条规定，双方当事人和第三人都提起上诉的，均列为上诉人。人民法院可以依职权确定第二审程序中当事人的诉讼地位。该解释第316条规定，对方当事人包括被上诉人和原审其他当事人。需要注意的是，这两个条文是为了解决法院二审裁判

---

① 《民事诉讼法》第172条规定，上诉应当递交上诉状。上诉状的内容，应当包括当事人的姓名，法人的名称及其法定代表人的姓名或者其他组织的名称及其主要负责人的姓名；原审人民法院名称、案件的编号和案由；上诉的请求和理由。

② 《民诉法解释》第318条规定，一审宣判时或者判决书、裁定书送达时，当事人口头表示上诉的，人民法院应告知其必须在法定上诉期间内递交上诉状。未在法定上诉期间内递交上诉状的，视为未提起上诉。虽递交上诉状，但未在指定的期限内交纳上诉费的，按自动撤回上诉处理。

文书中当事人的诉讼地位如何确定的问题，当事人或律师在制作民事上诉状时不能完全照搬规定，因为你只能代表自己或其中一方当事人，故而对方当事人就应当表述为被上诉人。如果案件当事人不仅仅是两方，还要根据上诉人与其他当事人之间存在利益冲突的具体情况，将其他当事人确定为被上诉人，同时在括弧内注明其在一审中的诉讼地位。

3. 上诉期间，上诉人或被上诉人主体灭失的处理

《民诉法解释》第320条规定，上诉案件的当事人死亡或者终止的，人民法院依法通知其权利义务承继者参加诉讼。

（二）案由和上诉缘由

这部分内容用下面的套语来表述：

上诉人因与×××……（写明案由）一案，不服××××人民法院××××年××月××日作出的（××××）……号民事判决/裁定，现提出上诉。

二、正文

正文包括上诉请求、上诉理由。

（一）上诉请求

上诉请求是上诉人通过二审所要达到的目的。草拟上诉请求时要格外慎重，因为二审人民法院正是围绕当事人的上诉请求进行审理，当事人没有提出请求的，不予审理。表述上诉请求时，要根据一审判决不同的错误情形，借鉴法定的二审判决不同的处理结果，分为以下两种情形：

1. 原判决、裁定认定事实错误或者适用法律错误的，或者原判决认定基本事实不清的，表述为：

请求撤销一审判决，依法改判；

本案的诉讼费用由被上诉人承担。

2. 原判决认定基本事实不清的，或者原判决遗漏当事人或者违法缺席判决等严重违反法定程序的，表述为：

请求撤销一审判决，将本案发回重审；

本案的诉讼费用由被上诉人承担。

（二）上诉理由

《民事诉讼法》第177规定："第二审人民法院对上诉案件，经过审理，按照下列情形，分别处理：

（一）原判决、裁定认定事实清楚，适用法律正确的，以判决、裁定方式驳回上诉，维持原判决、裁定；

（二）原判决、裁定认定事实错误或者适用法律错误的，以判决、裁定方式依法改判、撤销或者变更；

（三）原判决认定基本事实不清的，裁定撤销原判决，发回原审人民法院重审，或者查清事实后改判；

（四）原判决遗漏当事人或者违法缺席判决等严重违反法定程序的，裁定撤销原判决，发回原审人民法院重审。

原审人民法院对发回重审的案件作出判决后，当事人提起上诉的，第二审人民法院不得再次发回重审。”

这个法条是上诉理由部分写作的指南。欲实现撤销原判改判之目的，必须用确凿、充分的证据证明原判决认定事实错误或认定基本事实不清，论证原判决适用法律的错误，指明应该适用的法律；欲达到撤销原判决发回重审之目的，必须用确凿、充分的证据证明原判决认定基本事实不清，遗漏当事人或者违法缺席判决等严重违反法定程序。如果这部分写作不能紧紧围绕这个法条写作，不能对原判决存在的错误进行有力的反驳，等待上诉人的便是驳回上诉。

如果民事上诉人有新证据，则应当在上诉理由之后写明证据和证据来源，证人姓名和住所。

三、尾部

尾部包括写作受体、上诉人签名、文书制作时间、上诉状副本。

（一）写作受体

依《民事诉讼法》第 171 条之规定，民事上诉状的写作受体是作出一审裁判的上一级人民法院。

（二）提交民事上诉状的时间

依《民事诉讼法》第 171 条之规定，当事人不服地方人民法院第一审判决的，有权在判决书送达之日起 15 日内向上一级人民法院提起上诉。当事人不服地方人民法院第一审裁定的，有权在裁定书送达之日起 10 日内向上一级人民法院提起上诉。

（三）上诉状副本

依《民事诉讼法》第 173 条之规定，上诉人应当按照对方当事人或者代表人的人数提出副本。《民诉法解释》第 316 条和《民事诉讼法》第 173 条、第 174 条规定的对方当事人包括被上诉人和原审其他当事人。综合这两个规定，我们可以得出民事上诉状的副本数公式。民事上诉状副本数 = 被上诉人数 + 原审其他当事人数。相应地，民事上诉人应该按照下列公式准备上诉状。

民事上诉状份数＝被上诉人数＋原审其他当事人数＋1（给法院）。例如，甲诉乙民间借贷合同纠纷一案，甲不服一审判决，提起上诉。因本案中原审其他当事人为零，依据这个公式，甲为此共需准备2份民事上诉状。其中，1份为副本，1份给法院。再如，在一起必要的共同诉讼中，甲、乙、丙是原告，丁、戊是被告。一审民事判决书送达后，甲仅对与对方当事人之间权利义务分担有意见，因而提起上诉，乙、丙、丁、戊均不上诉。因本案中被上诉人有2人，原审其他当事人有2人，依据这个公式，甲共需准备5份民事上诉状。其中，4份为副本，1份给法院。

四、注意事项

（一）提起民事上诉必须提交民事上诉状

依照我国民事诉讼的法律，当事人提起民事诉讼一般应当递交民事起诉状，书写起诉状确有困难的，可以口头起诉，由法院记入笔录。但当事人提起上诉必须在上诉期间提交民事上诉状，法律不承认口头上诉，提交民事上诉状是提起民事上诉的唯一方式。

（二）援引社会主义核心价值观作为诉辩理由

最高人民法院印发的《关于深入推进社会主义核心价值观融入裁判文书释法说理的指导意见》第8条规定，刑事诉讼中的公诉人、当事人、辩护人、诉讼代理人和民事、行政诉讼中的当事人、诉讼代理人等在诉讼文书中或在庭审中援引社会主义核心价值观作为诉辩理由的，人民法院一般应当采用口头反馈、庭审释明等方式予以回应；属于本意见第4条规定的案件的，[①] 人民法院应当在裁判文书中明确予以回应。

最高人民法院的这个司法文件给律师从事民事行政代理以及刑事辩护提供了一个诉辩的角度，律师应该认真研究这个司法文件，关注人民法院执行这个文件中形成的经典案例，如果案件的实际情况允许，则要及时设计社会主义核心价值观这个诉辩角度，以维护当事人的合法权益，很好地履行律师职责。

---

① 《关于深入推进社会主义核心价值观融入裁判文书释法说理的指导意见》第4条规定，下列案件的裁判文书，应当强化运用社会主义核心价值观释法说理：（1）涉及国家利益、重大公共利益，社会广泛关注的案件；（2）涉及疫情防控、抢险救灾、英烈保护、见义勇为、正当防卫、紧急避险、助人为乐等，可能引发社会道德评价的案件；（3）涉及老年人、妇女、儿童、残疾人等弱势群体以及特殊群体保护，诉讼各方存在较大争议且可能引发社会广泛关注的案件；（4）涉及公序良俗、风俗习惯、权利平等、民族宗教等，诉讼各方存在较大争议且可能引发社会广泛关注的案件；（5）涉及新情况、新问题，需要对法律规定、司法政策等进行深入阐释，引领社会风尚、树立价值导向的案件；（6）其他应当强化运用社会主义核心价值观释法说理的案件。

（三）准确表述上诉请求

由于上诉是因为不服一审的裁判而提起的，在表述上诉请求时，应当与起诉状中的诉讼请求有所区别。根据《民事诉讼法》第177条的规定，第二审人民法院对上诉案件的处理可能存在三种结果：维持原判、改判或者发回重审。第一种结果是上诉人不希望得到的，上诉请求也就不可能提出要求维持原判。因此，上诉请求只能根据案情从改判或者发回重审中选定。需要注意的是，对于"原判决认定基本事实不清"的案件，《民事诉讼法》第177条第1款第（3）项规定法院可以改判也可以发回重审，在这种情况下，从上诉人合法权益最大化出发，律师在确定上诉请求时，以要求改判为宜。

（四）民事上诉状的提交

原则上，民事上诉状应提交给第一审人民法院，由第一审人民法院连同案件卷宗一并递交第二审人民法院。上诉人也可以直接将民事上诉状邮寄第二审人民法院立案庭，在第二审人民法院立案庭收到上诉状后，其与第一审法官沟通本案是否超过上诉期，没有超期的，第二审人民法院或第一审法官通知上诉人交纳上诉诉讼费后，上诉立案成功。

【例文】

民事上诉状

上诉人（原审被告）：临晋×（北京）餐饮管理有限公司，住所地北京市大兴区集义镇淮南路×号×号楼一层×室。

法定代表人：程某某，执行董事。

被上诉人（原审原告）：乾元×（北京）商业管理有限公司，住所地北京市丰台区宇珩门×号院×号楼-1层至8层、×号楼一层×室。

法定代表人：顾某，董事总经理。

上诉人因与被上诉人乾元×（北京）商业管理有限公司房屋租赁合同纠纷一案，不服北京市丰台区人民法院2021年2月23日作出的（2020）京0106民初1300B号民事判决，现提出上诉。

上诉请求：

1. 请求撤销（2020）京0106民初1300B号民事判决书第二项、第三项、第四项、第五项、第六项，改判为"驳回原告乾元×（北京）商业管理有限公司的诉讼请求"；

2. 判令被上诉人承担本案诉讼费用。

上诉理由：

2019年1月8日，被上诉人乾元×（北京）商业管理有限公司（甲方）与上诉人临晋×（北京）餐饮管理有限公司（乙方）签订《新天地购物中心商铺租赁合同》（以下简称租赁合同），约定甲方同意将位于北京市丰台区前进路×号的“新天地购物中心”3F－K10号商铺出租给乙方使用，使用面积64.4平方米。

租赁合同4.3.2约定：本合同签订后，如乙方（上诉人）未能按照本合同约定的时间足额缴纳租金、管理服务费、推广费、能源费用、违约金及其他乙方应当支付的费用，在甲方（被上诉人）发出要求乙方纠正该行为的书面通知后7个工作日内，乙方仍未足额支付的，甲方有权直接从乙方向其交纳的租赁保证金中扣除。

合同签订后，上诉人向被上诉人支付了76 314元的租赁保证金。根据租赁合同约定，即使上诉人有拖欠租金、管理服务费、推广费的情况，被上诉人也应该先从租赁保证金中扣除，而不是要求上诉人另行支付。租赁合同中并无没收租赁保证金的约定，而且被上诉人也并未诉请没收租赁保证金。一审判决无视租赁合同的明确规定，在欠付金额低于租赁保证金金额的情况下，判决上诉人向被上诉人另行支付租金等，显然有误。故，上诉人提起上诉，恳请法院支持上诉请求，以维护上诉人的合法权益。

此致

北京市第二中级人民法院

上诉人：临晋×（北京）餐饮管理有限公司（盖章）

法定代表人（签字）：程某某

二〇二一年三月十二日

附：本上诉状副本1份。

项目八　二审民事判决书（改判用）

【文书格式】

××××人民法院

民事判决书

（××××）……民终……号

上诉人（原审诉讼地位）：×××，……。

……

被上诉人（原审诉讼地位）：×××，……。

原审原告/被告/第三人：×××，……。

……

（以上写明当事人和其他诉讼参加人的姓名或者名称等基本信息）

上诉人×××因与被上诉人×××/上诉人×××及原审原告/被告/第三人×××……（写明案由）一案，不服××××人民法院（××××）……民初……号民事判决，向本院提起上诉。本院于××××年××月××日立案后，依法组成合议庭，开庭/因涉及……（写明不开庭的理由）不开庭进行了审理。上诉人×××、被上诉人×××、原审原告/被告/第三人×××（写明当事人和其他诉讼参加人的诉讼地位和姓名或者名称）到庭参加诉讼。本案现已审理终结。

×××上诉请求：……（写明上诉请求）。事实和理由：……（概述上诉人主张的事实和理由）。

×××辩称，……（概述被上诉人答辩意见）。

×××述称，……（概述原审原告/被告/第三人陈述意见）。

×××向一审法院起诉请求：……（写明原告/反诉原告/有独立请求权的第三人的诉讼请求）。

一审法院认定事实：……（概述一审认定的事实）。一审法院认为，……（概述一审裁判理由）。判决：……（写明一审判决主文）。

本院二审期间，当事人围绕上诉请求依法提交了证据。本院组织当事人进行了证据交换和质证（当事人没有提交新证据的，写明：二审中，当事人没有提交新证据）。对当事人二审争议的事实，本院认定如下：……（写明二审法院是否采信证据、认定事实的意见和理由，对一审查明相关事实的评判）。

本院认为，……（根据二审认定的案件事实和相关法律规定，对当事人的上诉请求进行分析评判，说明理由）。

综上所述，×××的上诉请求成立，予以支持。依照《中华人民共和国×××法》第×条（适用法律错误的，应当引用实体法）、《中华人民共和国民事诉讼法》第一百七十七条第一款第×项规定，判决如下：

一、撤销××××人民法院（××××）……民初……号民事判决；

二、……（写明改判内容）。

一审案件受理费……元，由……负担（写明当事人姓名或者名称、负担金额）。

二审案件受理费……元，由……负担（写明当事人姓名或者名称、负担金额）。

本判决为终审判决。

审　判　长　×××
审　判　员　×××
审　判　员　×××
××××年××月××日
（院印）

本件与原本核对无异

法官助理　×××
书　记　员　×××

【二审民事判决书（改判用）写作谈】①

二审民事判决书（改判用）是指第二审人民法院对当事人不服一审判决提起上诉的民事案件，按照第二审程序审理后，决定改变一审法院对案件的裁判结果时所使用的一种民事裁判文书。其写作主体为第二审人民法院，写作受体包括上诉人、被上诉人、原审原告、原审被告、原审第三人等二审当事人，写作主旨是表达二审法院改变一审法院对案件的裁判结果的理由和决定。其功能是覆盖或替代一审判决的结果，自二审改判判决向当事人送达之日，所对应的一审判决即告失效，各方当事人之前的权利义务关系受终审判决主文所拘束。其写作的法律依据主要是《民事诉讼法》第177条第1款第（2）项、第（3）项。

本文书包括首部、正文、尾部三个部分，其基本行文方法与一审民事判决书存在大量相同之处，在此不再赘述，下文仅结合本文书之体例，就特殊之处进行说明。

一、首部

首部包括标题、诉讼参加人基本情况、案件由来和审理经过。

（一）标题

标题包括法院名称、文书名称及案件编号，具体写法可参照一审民事判决书。需注意涉外案件中法院名称前一般应冠以“中华人民共和国”国名。

（二）诉讼参加人基本情况

1. 当事人

当事人按照上诉人、被上诉人、原审原告、原审被告、原审第三人的顺序

① 本文由李丽法官撰稿。

依次列明，并写明当事人的基本情况，具体写作方法同一审民事判决书。此外需注意以下问题：

（1）提起上诉的当事人为上诉人，对方为被上诉人。双方当事人均提起上诉的，均表述为“上诉人”。

（2）列明上诉人、被上诉人的一审诉讼地位。一审存在反诉的，还应按照本诉、反诉的顺序依次列明，中间以顿号分割，例如，“上诉人（原审被告、反诉原告）”。

（3）当事人信息变更的，应及时更新。在审理周期较长的案件中，法人、非法人组织可能变更名称、住所地、法定代表人等信息，却未将变更情况及时告知法院，法官在撰写判决书时应通过国家企业信用信息公示系统等官方渠道查明信息变更情况。

2. 委托诉讼代理人

当事人有委托诉讼代理人的，应在当事人之后另起一行写明，具体写作方法同一审民事判决书。应注意，新版《民事诉讼文书样式》将“委托代理人”的表述改为了“委托诉讼代理人”。

（三）案件由来和审理经过

1. 案件由来

案件由来需要依次列明当事人诉讼地位及姓名或名称、二审案由及产生该二审案件的原因。

案件由来部分需注意如下问题：

（1）需按上诉人、被上诉人、原审原告/被告/第三人的顺序列明案件当事人，上诉人与被上诉人之间用“因与”二字连接。

（2）有多个上诉人或被上诉人的，相同身份的当事人之间以顿号分割，如“上诉人×××、×××”。

（3）二审审理过程中发现一审列明案由有误、不准确或不规范的，应予以纠正，并在本院认为部分说明理由。

2. 审理经过

需依次写明二审立案日期、合议庭组庭情况、开庭或不开庭审理、诉讼参加人到庭情况及案件审理进度，具体写法同一审民事判决书。

【示例】

上诉人天×生物技术工程有限公司（以下简称天×公司）因与被上诉人中×科技发展有限公司（以下简称中×公司）及一审被告××市城市管理局（以下简称××城管局）中介合同纠纷一案，不服××省××××人民法院

（××××）……民初……号民事判决，向本院提起上诉。本院于××××年××月××日立案后，依法组成合议庭，于××××年××月××日公开开庭进行了审理。上诉人×××、被上诉人×××、原审第三人×××等到庭参加诉讼。本案现已审理终结。

二、正文

正文包括事实、判决理由、判决结果。

（一）事实

事实部分需依次写明当事人诉辩意见、当事人的一审诉讼请求、一审法院审查情况及二审法院查明的事实情况。

1. 当事人诉辩意见

本部分应依次写明上诉人的上诉请求及事实理由，被上诉人答辩意见，原审原告/被告/第三人的陈述意见。

（1）上诉人的上诉请求应具体明确，上诉人在诉讼过程中变更上诉请求的，应在此处予以体现。上诉事实理由需概括提炼，切忌照抄上诉状，同时注意全面、准确地反映上诉人主张。为便于与后文判决说理相互呼应，可对上诉理由的逻辑顺序予以调整，合并同类项。

（2）被上诉人答辩意见可表述为“×××的上诉请求缺乏事实与法律依据，原审判决认定事实清楚、适用法律正确，同意原审判决，请求驳回上诉、维持原判”。被上诉人针对上诉理由作出具体答辩的，可归纳写明。

（3）多个当事人上诉的，按照上诉请求、针对该上诉请求答辩的顺序，分别写明。

（4）原审原告/被告/第三人的陈述意见，如与上诉人或被上诉人意见相同，可表述为“×××述称：同意×××上诉/答辩意见”。如其在同意上诉人或被上诉人意见基础上作出补充，可归纳写明。

（5）当事人未发表诉辩意见的，表述为“×××未发表答辩/陈述意见”。当事人未参加开庭审理的，表述为“经本院合法传唤，×××无正当理由未到庭参加诉讼，亦未发表答辩意见/陈述意见”。需注意，对当事人诉辩意见中表述不规范之处（如法律法规名称）要予以完善，当事人有简称的，注意与上下文简称相统一。

2. 当事人的一审诉讼请求

本部分需依次写明一审原告、反诉原告及有独立请求权的第三人的诉讼请求。注意切勿遗漏当事人在一审过程中变更诉讼请求的情形。

3. 一审法院审查情况

此部分需概述一审法院认定的事实、一审裁判理由，并写明一审判决主文。应注意以下问题：

（1）二审法院需对一审判决中所载事实进行必要的审查核实，如果一审法院叙述事实清楚，内容准确而精练，原则上可以照搬。事实层次不清时，不必照搬照抄，二审法院可进行归纳整理，基本事实的发展按时间顺序写。

（2）对一审法院认定的理由部分原则上应照抄，文字表述方面不规范的应作修改、提炼，只作文字上的技术处理。注意将“本院”“本判决”等字样统一修改为“一审法院”“一审判决”或“该院”“该判决”。

（3）在此部分不宜出现“原告”“被告”等字样，而应直接写当事人姓名/名称，以免令写作受体对当事人的诉讼地位产生混淆。

（4）一审判决主文的引述范围包括，自“综上所述，……依照《中华人民共和国……法》第×条规定，判决如下”到“如果未按判决指定的期间履行给付金钱义务，应当依照《中华人民共和国民事诉讼法》第二百六十条之规定，加倍支付迟延履行期间的债务利息”为止的全部内容。

4. 二审法院查明事实情况

当事人未提交新证据的，写明“二审中，当事人没有提交新证据”。当事人提交新证据的，需写明二审法院采信证据、认定事实的意见和理由以及对一审查明相关事实的评判。具体表述为：“本院二审期间，当事人围绕上诉请求依法提交了证据。本院组织当事人进行了证据交换和质证。对当事人二审争议的事实，本院认定如下：……”写作时需注意如下几点：

（1）可在此部分对二审争议事实进行归纳，并围绕争议事实列出当事人二审提供的新证据，按照民事举证责任分配和证明标准，审查认定证据有无证明力、证明力大小，从而对待证事实存在与否进行认定。要注意说明事实认定的结果、认定的理由以及审查判断证据的过程，切忌平铺事实却不写证据，或只简单地罗列证据而不对证据进行认证分析。

（2）对一审查明的相关事实进行评判时，若对一审查明的事实有补充的，以“本院补充查明……另查明……再查明……还查明……”作为引语写明查明的事实，并在补充内容后写明“本院经审理查明的其他事实与原审法院无异”。与一审查明的事实一致的，可直接表述为“本院对一审查明的事实予以确认”。

（3）注意重点突出，繁简得当，避免遗漏，对与当事人争议有关的事实和后文判决理由部分将会用到的事实进行详述。此部分查明的事实是为后文的说理服务的，要避免此部分查明的事实在后文说理中未用到、后文说理中所涉事实在前文中未体现的情形，更不能出现查明的事实与说理不一致，甚至自相矛盾的情况。

（二）判决理由

判决理由以“本院认为”作为开头，根据二审认定的案件事实和相关法律规定，对当事人的上诉请求进行分析评判，说明理由。判决理由部分是一份判决书的灵魂，写作时要注意增强说理的针对性、透彻性。首先，归纳二审争议焦点，以便后文逐条予以分析。其次，应确定案件法律关系，明确案件纠纷的性质，对一审确定案由有误的，在该部分予以改正并阐明理由。最后，紧紧围绕争议焦点，从上诉及答辩理由是否合理、原判决认定事实和适用法律是否正确两方面阐述理由。理由中所依据的案件事实必须与前文查明的事实相互呼应。案件对适用法律存在争议的，在说理时不能止步于对相关法律条款的内容进行简单援引，还应阐释该法条的具体含义、适用条件及法院适用该法条的具体理由。

（三）判决结果

二审民事判决书改判的结论有两种情况：全部改判和部分改判（含增判和变更）。判决结果的写作应区分不同情形写明。

1. 全部改判

应表述为：

“一、撤销××××人民法院（××××）……民初……号民事判决；

二、……（写明改判内容）。”

在这种情形下，二审判决主文按照撤销、改判的顺序写明。因为出现新的证据导致事实认定发生变化而改判的，需要加以说明。

2. 部分改判

应表述为：

“一、维持××××人民法院（××××）……民初……号民事判决第×项（对一审维持判项，逐一写明）；

二、撤销××××人民法院（××××）……民初……号民事判决第×项（将一审判决错误判项逐一撤销）；

三、……（写明改判内容）；

四、……（写明新增判项）。”

在这种情形下，二审判决主文按照维持、撤销、改判的顺序写明，即按照“一维、二撤、三改判”的顺位逐项写。改判包括变更判项和新增判项。

3. 关于书写判决结果的一些提示

（1）二审对一审判决进行改判的，应当对一审判决中驳回其他诉讼请求的判项一并进行处理，如果驳回其他诉讼请求的内容和范围发生变化的，应撤销原判中驳回其他诉讼请求的判项，重新作出驳回其他诉讼请求的判项。

（2）全部改判、部分改判的，特别是以法律适用错误为由改判的，应当先引用改判所依据的实体法条文，再引用《民事诉讼法》第 177 条第 1 款第（2）项之规定，写出判决结果。

三、尾部

尾部包括诉讼费用及其他费用负担情况、告知事项、合议庭成员署名、文书制作日期、法官助理及书记员署名、印章等。

1. 诉讼费用及其他费用的负担。案件涉及的费用包括诉讼费用和其他费用。诉讼费用有一审诉讼费用和二审诉讼费用。其他费用包括公告送达费用、鉴定费用、证人出庭费用及专家证人出庭费用等。

其他费用的具体数额及负担方式可以单独一段，描述于诉讼费用之前，也可以与诉讼费用负担放在一段中描述。

关于诉讼费用的负担，《诉讼费用交纳办法》第 29 条、第 30 条对此有明确的规定。诉讼费用原则上由败诉方负担，部分胜诉、部分败诉的，人民法院根据案件的具体情况决定当事人各自负担的诉讼费用数额。第二审人民法院改变第一审人民法院作出的判决和裁定的，应当相应变更第一审人民法院对于诉讼费用负担的决定。

关于其他费用的负担，无论是哪一方当事人预先支付的，原则上都按照败诉方负担的规则来最终调整。专家证人的出庭费用，无论案件胜负均由申请方支付。另外，因一方当事人故意或者重大过失逾期提供的证据，与案件基本事实有关的，人民法院采纳后，以此而致使另一方当事人承担的证人出庭作证费用，人民法院可调整由逾期提供证据方当事人承担。

2. 告知事项为“本判决为终审判决”，另起一行写明。需注意，如果“本判决为终审判决”恰巧在文书倒数第二页末，而文书最后一页仅有署名、日期等落款内容时，不能通过在落款之前写“此页无正文”的方式解决，而只能通过对正文内容、段落、行间距进行微调的方式，使正文与落款同属一页。

3. 合议庭成员、法官助理及书记员署名，需确保与庭审笔录、告知合议庭组成人员通知书记载的一致。

4. 尾部需加盖二审法院印章及“本件与原件核对无误”印戳。

四、注意事项

在写作二审民事判决书时，应当注意以下几点：

（一）诉讼请求及理由的准确再现是写作的首要要求

二审案件的审理起始于上诉人的上诉请求。基于民事诉讼“不告不理”“诉审对应”的基本原理，二审民事判决书首先应当准确诠释上诉人的上诉请求及上诉理由。然后才能在判决理由部分有针对性地对上诉人的上诉请求及上诉理由能否得到支持逐一作出论述。

对于写作主体来说，精准而具体地描述上诉人的上诉请求是二审民事判决书写作的起点。当然这个工作应当在庭审前或庭审中就完成，判决书中的描述只是对庭审中上诉人陈述的再现，但是这种再现是必须的。过去一些二审民事判决书对于当事人的上诉请求描述为：“请求二审法院撤销原审判决，依法维护上诉人的合法权益”，还有的写为：“请求二审法院查明事实后依法改判”。如果这样描述上诉请求，约等于没有具体的上诉请求。被上诉人的答辩也就少了针对性，法官总结出来的争议焦点也缺少诉辩双方的对抗做支撑。到了“本院认为”部分，法官也无法有的放矢地论述其上诉请求能否得到支持。显然，对上诉人上诉请求的准确诠释，是二审判决书开篇的基础。

除上诉请求之外，上诉理由的提炼和概括亦同样重要。上诉理由是上诉人提起上诉的事实基础和法律依据，法院对于二审案件的审理主要围绕上诉人的上诉理由展开，因此写作主体应当真实还原上诉人的上诉理由。有的二审民事判决书不写上诉理由，仅写上诉请求；还有的在上诉人主张部分罗列了一大堆案件事实，但对于认为案件涉及的法律关系并未有清晰的概念。这样的写法，会使写作的基础单薄而孤立。在诉讼请求和诉讼理由清晰展现之后，庭审及裁判的幕布就展开了。

（二）二审法院查明事实部分的写作要区分两种情况，无争议事实和争议事实，对争议事实的认定和描述应体现证据规则的运用

判决书的结构就是诉—辩—审的倒三角结构。诉和辩框定了审的范围和界限，在诉辩的对峙中，形成了案件的争议焦点，对于争议焦点的事实审查和法律审查，是法院审理的重点，也是判决经审理查明部分的核心。

通常情况下，法院经审理查明部分会分为两部分：一部分是诉辩双方无争议的事实；另一部分是有争议的事实。对于无争议的事实，在判决中可以采取“平铺直叙”的方法写作，即把事件的具体内容、法律后果等按照发生的先后顺序进行客观描述。由于双方无争议，这种白描出来的事实就是法官最终认定的事实，其证据认定的过程可以省略不写。对于有争议的事实，写作主体可以

首先归纳争议焦点，再从诉辩双方对争议焦点的不同认识展开各自证据的描述。描述之后，法官需要逐一判断单个证据的证明力，并按照举证责任分配规则及证据的证明标准规则求得争议焦点问题的“法律事实”。例如，买卖合同纠纷，买受人主张已付款，出卖人主张未付款。按照《民诉法解释》的规定，主张合同履行的，应当就合同履行承担举证责任，此时行为意义的举证责任就应当由主张履行的买受人承担。买受人没有提交付款凭证或其他证明其付款的证据，其行为意义的举证责任未完成，直接导致结果意义的举证责任原则适用于买受人，也就是承担举证不能的败诉责任。这种情况下，法官对于此事件“法律事实”的描述就是“买受人主张已付款，但未提交证据证明，其承担举证不能的法律后果”。买受人提交了付款凭证，其行为意义的举证责任就完成，之后就是对其提交的证据是否符合证明标准进行判断，如果其提交的证据达不到“高度盖然性”的证明标准，说明其提交的证据不足以证明其所陈述的事实，这种情况下，法官对于此事件“法律事实”的描述就是“买受人主张已付款，且提交了××证据，但其证据不足以证明付款的事实”。对于买受人提交的证据按照证明标准进行判断，达到了“高度盖然性”的证明标准，则这种情况下，法官对于此事件“法律事实”的描述就是“买受人主张已付款，且提交了××证据，该证据符合证据的证明标准，本院对于该法律事实予以确认”。

案件的法律事实通过证据规则有逻辑性地推导出来后，也就为裁判理由的华丽现身打下了坚实的基础。

（三）裁判理由要紧扣案件应当适用的具体法律条文，既不能无理由的裁判，也不能超越法律规范自行创法去裁判

法官在裁判案件时，应当以案件应适用的具体法律条文为依据，展开分析该法律条文的适用范围，构成要件和法律效果，而不应脱离现有的法律规定，引用学术观点、外国法理论、甚至是道德准则去论述案件应当怎样裁判。现在一些写作主体虽然文笔很好，但不了解我国法官裁判的原理，把判决书当论文去写作，引用一些法学界的前沿观点去裁判案件，使判决书突破了法律规定，有违法的嫌疑。

法官的职责是解释适用具体的法律条文，裁判诉辩双方的纠纷。法官在具体案件中适用法律的权利，仅仅是对现有法律规则进行解释，使抽象的法律条文与具体的案件事实相结合，演化成裁判具体案件的规则。在任何一个具体案件中，法官绝不可以突破现有法律规则去创设规则。因此，写作主体在写作“本院认为”部分时，首先应当确定本案应当适用的法律。案件应当适用的法律首先从上诉人的上诉意见和被上诉人的答辩意见中去找，其次再从案件所涉法律关系应当适用的法律中去找。熟悉了解了案件应当适用的法律规则，再结合本案事实运用于本案。

社会生活纷繁复杂，新的法律关系层出不穷，法律往往是滞后的。纠纷已经形成并提交法院，立法、司法解释制定部门尚未有规范性法律意见作出，怎么办，难道我们的案件不作裁判吗？当然不可能，这个时候就需要法官去填补法律漏洞。常用的填补方法有习惯法、类推适用、目的性扩张或限缩、反对解释或适用诚信原则、公平原则等民法基本原理。只有在这种案件中，法官才有创设规则的可能性。例如，第三人撤销之诉案件，《民事诉讼法》刚修改时仅仅有一个简单的条文，但诉讼结构如何设计、第三人撤销之诉与原案的关系，裁判主文如何写作，甚至包括实体问题如何认定等，均没有任何具有可操作性的法律规范，法官在审理中，包括写作主体在写作文书中对于法律的适用，就需要有创造性，此时的创造体现了法官的主动性，对后续司法规则的形成具有重大意义。

当然，法律规则还赋予法官规则之下的自由裁量权。自由裁量权的运用就需要法官根据自己的社会阅历、审判经验及对诉辩双方的平衡，来完成规则之外的衡平。

总之，一篇好的二审民事判决书，一定要将一个上诉案件的历程完整地告诉给当事人及公众，将法官适用证据规则推导案件法律事实的过程及法官适用法律规则形成心证的过程淋漓尽致地呈现给当事人及公众，查明事实，找准法律，讲透理由，这样才能令当事人服判息诉，实现民事诉讼的功能。

【例文】

北京市第二中级人民法院

民事判决书

（2021）京02民终0000号

上诉人（原审被告）：临晋×（北京）餐饮管理有限公司，住所地北京市大兴区集义镇淮南路×号×号楼一层×室。

法定代表人：程某某，执行董事。

委托诉讼代理人：王某某，北京××律师事务所律师。

被上诉人（原审原告）：乾元×（北京）商业管理有限公司，住所地北京市丰台区宇珩门×号院×号楼－1层至8层、×号楼一层×室。

法定代表人：侯某某，总经理。

委托诉讼代理人：于某，女，该公司员工。

委托诉讼代理人：唐某某，男，该公司员工。

上诉人临晋×（北京）餐饮管理有限公司（以下简称临晋×公司）因与被上诉人乾元×（北京）商业管理有限公司（以下简称乾元×公司）房屋租赁合同纠纷一案，不服北京市丰台区人民法院（2020）京0106民初1300B号民事判决，向本院提起上诉。本院于2021年5月6日立案受理后，依法组成合议庭，公开开庭进行了审理。上诉人的委托诉讼代理人王某某、被上诉人的委托诉讼代理人于某、唐某某到庭参加诉讼。本案现已审理终结。

临晋×公司上诉请求：1. 撤销一审判决第二项、第三项、第四项、第五项、第六项，改判驳回乾元×公司的诉讼请求；2. 乾元×公司承担诉讼费。事实与理由：我公司认可一审判决认定的损失数额，但应从我方缴纳的租赁保证金中扣除。根据双方签订的租赁合同约定，即使我公司有拖欠租金、管理服务费、推广费的情况，乾元×公司也应该先从租金保证金中扣除，而不是要求我公司另行支付。租赁合同中并无没收租赁保证金的约定，而乾元×公司也并未诉请没收租金保证金。一审法院判决无视租赁合同的明确约定，在欠付金额低于租赁保证金金额的情况下，判决我公司另行支付租金，显然有误。

乾元×公司辩称，同意一审判决，不同意临晋×公司的上诉请求和理由。

乾元×公司向一审法院起诉请求：1. 请求确认双方租赁合同于2020年3月9日解除；2. 请求判令临晋×公司支付2020年1月1日至2020年3月9日这期间拖欠的房租租金、管理服务费、推广费共计53 967元；3. 请求判令临晋×公司支付滞纳金10 225. 11元；4. 请求判令临晋×公司支付装修期间的垃圾清运费1932元；5. 请求判令临晋×公司支付2020年3月11日至3月25日的房屋占用费11 592元。6. 请求判令临晋×公司按照合同约定支付律师费10 000元；7. 诉讼费由临晋×公司负担。

一审法院认定事实：2019年1月8日，乾元×公司（甲方）与临晋×公司（乙方）签订《新天地购物中心商铺租赁合同》，约定：1. 甲方同意将位于北京市丰台区前进路×号的“新天地购物中心”3F－K10号商铺出租给乙方使用，使用面积64. 4平方米；2. 租期自2019年2月26日至2024年2月25日；3. 第1个租赁年度基本月租18 354元/月，管理服务费4508元/月，推广费644元/月；4. 乙方交纳租赁保证金76 314元；5. 上述费用交纳期限为：每月20日前，一同缴纳下个月的费用，每逾期1日，须交纳千分之三的违约金；6. 乙方有下列情形之一的，甲方可以书面通知乙方解除本合同，乙方已支付的所有租金以及租赁保证金和其他费用不予退还，“逾期支付租金、管理服务费及其他费用连续超过15日或累计超过30日”。

临晋×公司自承租商铺后，多次向乾元×公司发送退场或沟通函，并提供微信聊天记录，表明因双方就租赁关系重新签订了新的协议，应按新协议内容履行，其提交了一份《临时免收基本租金、管理服务费及推广费协议》，但协议中未有双方当事人的盖章或法定代表人、委托代理人的签字确认，乾元×公司认为此协议系临晋×公司的单方意愿，双方并未达成合意，不同意按照其提供的协议内容履行。

临晋×公司自2020年1月起，未再向乾元×公司支付过租金、管理费、推广费。乾元×公司于2020年2月11日向临晋×公司发送《通知》，表明因疫情发生，经研究决定对临晋×公司承租的商铺给予租金及部分费用的减免。具体为：减免2020年2月1日至29日的租金及推广费，物业费及其他费用照常收取，将在贵司2020年3月及4月应付租金的基础上，分别各扣除减免的2月租金及推广费的50%。2020年2月20日，乾元×公司再次发送《通知》，表明减免房租是在合同正常履行的基础上，通知临晋×公司如不能于2020年3月5日前支付应付未付费用，则不再给予优惠减免政策。临晋×公司于2020年2月25日向乾元×公司提出解除合同，乾元×公司不同意其单方解除合同，但于2020年3月9日制作合同解除通知并发送临晋×公司，通知函中称因临晋×公司仍未支付2020年1月1日之后的租金、管理服务费、推广费，根据合同约定双方签订的租赁合同终止，并不退还租赁保证金、装修押金等费用，要求被告于2020年3月13日前变更或注销以该商铺地址为注册地址的营业执照，并支付拖欠的费用。临晋×公司表示已经收到了乾元×公司的解除函。

庭审中，临晋×公司提出因疫情来势凶猛，故其提出解除合同，要求以2020年2月25日作为解除合同的时间，其解除合同通知于2020年2月25日到达对方邮箱。

另查，双方均认可涉案房屋7月进行腾退，办理了交接手续。

一审法院认为，依法成立的合同具有法律约束力，合同双方均应依约履行，一方不履行或者履行不符合约定的，应当承担相应的违约责任。根据本案查明的事实，乾元×公司与临晋×公司签订的租赁合同系双方当事人的真实意思表示，不违反法律、行政法规的强制性规定，合法有效。双方应按照合同约定享有权利、承担义务。乾元×公司主张租赁合同于2020年3月9日解除，临晋×公司认为合同应于2020年2月25日解除，双方均向对方发送了解除合同的通知，亦认可收到了对方解除通知。临晋×公司应于2019年12月20日即应交纳承租房屋的租金，但临晋×公司未能按合同约定履行交费义务，其应交纳房租时疫情尚未出现，故应视为其违约，故合同解除的权利应在乾元×公司，解除时间应以解除的通知到达临晋×公司的时间为准，即2020年3月9日。合同解除后，尚未履行的，终止履行；已经履行的，根据履行情况和合同性质，当事人可以要求恢复原状、采取其他补救措施，并有权要求赔偿损失。

乾元×公司主张临晋×公司给付2020年1月1日至3月9日的房屋租金、管理服务费、推广费，因2020年1月26日前，新冠肺炎疫情尚未暴发，临晋×公司亦进行正常的经营活动，故其应交纳2020年1月26日前的房屋租金、管理服务费、推广费。疫情暴发后，因临晋×公司客观上无法使用租赁的房屋进行经营，考虑到临晋×公司对房屋的使用情况及合同的履行情况，法院酌情考虑支持60%的租金及房屋占用费。

乾元×公司主张临晋×公司按合同约定支付欠款的滞纳金，法院支持2020年1月26日之前欠款的滞纳金。

乾元×公司主张支付装修期间的垃圾清运费，合同附件中对垃圾清运费的计算标准进行了明确约定，临晋×公司应予给付。

乾元×公司主张律师费，双方合同中约定因催付租金或其他费用而支出的所有费用和开支（包括一切律师费），均由乙方（临晋×公司）承担，本案虽然发生于不可抗力期间，但临晋×公司在疫情暴发前就已开始拖欠租金等相关费用，已经构成违约，故应承担相应的违约责任。

一审法院判决：一、乾元×公司与临晋×公司签订的《新天地购物中心商铺租赁合同》于2020年3月9日解除；二、临晋×公司于本判决生效后七日内，给付乾元×（北京）商业管理有限公司2020年1月1日至26日的房屋租金、管理服务费、推广费共计19 714.7元；三、临晋×公司于本判决生效后七日内，给付乾元×公司2020年1月27日至3月25日的房屋租金（房屋占用费）、管理服务费、推广费共计27 737元；四、临晋×公司于判决生效后七日内，给付乾元×公司滞纳金（以19 714.7元为基数，按照全国银行间同业拆借中心公布的贷款市场报价利率标准计算，自2019年12月21日起至实际付清之日止）；五、临晋×公司于判决生效后七日内，给付乾元×公司垃圾清运费1932元；六、临晋×公司于判决生效后七日内，给付乾元×（北京）商业管理有限公司律师费10 000元；七、驳回乾元×公司的其他诉讼请求。如果未按判决指定的期间履行给付金钱义务，应当依照《中华人民共和国民事诉讼法》第二百五十三条之规定，加倍支付迟延履行期间的债务利息。

本院二审期间，双方均未提交新证据。经本院查明：一审法院对乾元×公司与临晋×公司另一起房屋租赁合同纠纷于2021年2月25日作出（2020）京0106民初1300A号民事判决，该判决对租赁保证金问题在“本院认为”中认定：“经核算，上述临晋×公司应支付费用未超过租赁保证金金额，应先行抵扣，剩余部分乾元×公司亦无须退还”。经本院询问，双方均认可上述判决书已生效。本院经审理查明的其他事实与一审法院查明的事实一致。

本院认为，第二审人民法院应当围绕当事人的上诉请求进行审理。结合临晋×公司的上诉请求及具体审理情况，本院确定本案焦点为：一审法院判决临晋×公司向乾元×公司支付的费用是否应由临晋×公司交纳的租赁保证金先行抵扣。

首先，双方租赁合同约定："如乙方未能按本合同约定的时间足额缴纳租金、管理服务费、推广费……及其他应当支付的费用，在甲方发出要求乙方纠正该行为的书面通知后7个工作日内，乙方仍未足额支付的，甲方有权直接从乙方向其交纳的租赁保证金中抵扣""乙方有下列情形之一的，甲方可以书面通知乙方解除本合同，乙方已支付的所有租金以及租赁保证金和其他费用均不予退还……逾期支付租金、管理服务费及其他费用连续超过15日或累计超过30日"。由此可知，双方对于租赁保证金的抵扣、退还问题已进行明确约定。其次，已生效的（2020）京0106民初1300A号民事判决与本案当事人相同、基础事实类似，属于类案。该生效判决在法律适用层面确定临晋×公司应支付的相应费用由租赁保证金先行抵扣。另，租赁保证金在性质上属履约保证金，而非实际损失，"先行抵扣"系其应有之义。

综合以上分析，结合合同约定、实际履行、类案生效裁判文书等本案具体审理情况，本院认定临晋×公司向乾元×公司支付的房屋租金、管理服务费、推广费等费用（律师费除外），应由临晋×公司交纳的租赁保证金先行抵扣，剩余部分，依据合同约定乾元×公司亦无须退还。临晋×公司认可一审法院认定的损失数额，经核算，租赁保证金抵扣一审判决第二、三、四、五项费用后仍有剩余，故临晋×公司无须另行支付。一审法院对此处理有误，本院依法予以纠正。关于律师费，该款项属于双方合同约定的临晋×公司应承担的乾元×公司因催讨租金或其他费用而引起的费用和开支，不属于租赁保证金的抵扣范围，临晋×公司应另行支付。一审法院对此处理并无不当。

综上所述，临晋×公司的上诉请求部分成立。依据《中华人民共和国民事诉讼法》第一百七十条第一款第二项规定，判决如下：

一、维持北京市丰台区人民法院（2020）京0106民初1300B号民事判决第一项、第六项；

二、撤销北京市丰台区人民法院（2020）京0106民初1300B号民事判决第二项、第三项、第四项、第五项、第七项；

三、驳回乾元×公司的其他诉讼请求。

如果未按本判决指定的期间履行给付金钱义务，应当依照《中华人民共和国民事诉讼法》第二百五十三条之规定，加倍支付迟延履行期间的债务利息。

一审案件受理费1993元，由乾元×公司负担1774元（已交纳），临晋×

公司负担219元（于本判决生效后7日内交至一审法院）；二审案件受理费1285元，由临晋×公司负担216元（已交纳），乾元×公司负担1069元（于本判决生效后7日内交纳）。

本判决为终审判决。

审 判 长 王 某
审 判 员 时 某
审 判 员 胡某某
二〇二一年六月三十日
（院印）

本件与原本核对无异

法官助理 张某某
书 记 员 曹 某

项目九 民事再审申请书

【文书格式】

民事再审申请书

再审申请人（一审、二审诉讼地位）：×××，男/女，××××年××月××日出生，×族，……（写明工作单位和职务或者职业），住……。联系方式：……。

法定代理人/指定代理人：×××，……。

委托诉讼代理人：×××，……。

被申请人（一审、二审诉讼地位）：×××，……。

……

原审原告/被告/第三人（一审诉讼地位）：×××，……。

……

（以上写明当事人和其他诉讼参加人的姓名或者名称等基本信息）

再审申请人×××因与×××……（写明案由）一案，不服××××人民法院（写明原审人民法院的名称）××××年××月××日作出的（××××）……号民事判决/民事裁定/民事调解书，现提出再审申请。

再审请求：

……

事实和理由：

……（写明申请再审的法定情形及事实和理由）。

此致

××××人民法院

再审申请人（签名或者盖章）

××××年××月××日

附：本民事再审申请书副本×份。

【民事再审申请书写作谈】①

当事人或案外人认为已经发生法律效力的民事判决、裁定有错误，或者提出证据证明生效的调解书违反自愿原则或者调解协议的内容违反法律，而申请人民法院再审时制作和使用的民事诉讼法律文书称作民事再审申请书。其写作主体是当事人、案外人②，写作受体是上级人民法院或原审人民法院、被申请人以及原审其他当事人，写作主旨在于申请人民法院启动再审审查程序，进而对符合法定事由的民事案件实施再审。

启动再审可能源于人民法院的职权，也可能源于人民法检察院提出的抗诉或检察建议（当然其中大部分也是源于当事人或案外人申请的检察监督），而更多的则是源于当事人或者案外人提出的再审申请。本文书恰是当事人、案外人行使申请再审民事诉讼权利的文字载体，是启动人民法院民事再审审查程序及再审程序的一类源头性法律文书。其写作依据是《民事诉讼法》第206

① 本文由王成法官撰稿。

② 此处的案外人，既包括可以依照《民事诉讼法》第16章的规定，向人民法院申请再审的被原审遗漏的必须共同进行诉讼的当事人，也包括依照《民事诉讼法》第234条的规定，案外人执行标的异议被裁定驳回后，案外人对裁定不服，认为原判决、裁定错误的，依照审判监督程序向人民法院申请再审的案外人。

条①、第207条②、第208条③、第210条、第234条④，《民诉法解释》第375条⑤、第376条⑥。

一、首部

首部包括标题、当事人基本情况和案件来源三个部分。

（一）标题

“民事再审申请书”是规范的写法。此前，民事审判监督程序实务中，当事人呈递法院的文书曾出现“再审申请书”“申诉状”两种标题。这两种标题均不够规范，一则无法通过标题区分文书是用于哪一种审判监督程序（行政审判监督、民事审判监督、刑事审判监督），二则通过标题难以区分是用于申

① 《民事诉讼法》第206条规定，当事人对已经发生法律效力的判决、裁定，认为有错误的，可以向上一级人民法院申请再审；当事人一方人数众多或者当事人双方为公民的案件，也可以向原审人民法院申请再审。当事人申请再审的，不停止判决、裁定的执行。

② 《民事诉讼法》第207条规定，当事人的申请符合下列情形之一的，人民法院应当再审：（1）有新的证据，足以推翻原判决、裁定的；（2）原判决、裁定认定的基本事实缺乏证据证明的；（3）原判决、裁定认定事实的主要证据是伪造的；（4）原判决、裁定认定事实的主要证据未经质证的；（5）对审理案件需要的主要证据，当事人因客观原因不能自行收集，书面申请人民法院调查收集，人民法院未调查收集的；（6）原判决、裁定适用法律确有错误的；（7）审判组织的组成不合法或者依法应当回避的审判人员没有回避的；（8）无诉讼行为能力人未经法定代理人代为诉讼或者应当参加诉讼的当事人，因不能归责于本人或者其诉讼代理人的事由，未参加诉讼的；（9）违反法律规定，剥夺当事人辩论权利的；（10）未经传票传唤，缺席判决的；（11）原判决、裁定遗漏或者超出诉讼请求的；（12）据以作出原判决、裁定的法律文书被撤销或者变更的；（13）审判人员审理该案件时有贪污受贿，徇私舞弊，枉法裁判行为的。

③ 《民事诉讼法》第208条规定，当事人对已经发生法律效力的调解书，提出证据证明调解违反自愿原则或者调解协议的内容违反法律的，可以申请再审。经人民法院审查属实的，应当再审。

④ 《民事诉讼法》第234条规定，执行过程中，案外人对执行标的提出书面异议的，人民法院应当自收到书面异议之日起15日内审查，理由成立的，裁定中止对该标的的执行；理由不成立的，裁定驳回。案外人、当事人对裁定不服，认为原判决、裁定错误的，依照审判监督程序办理；与原判决、裁定无关的，可以自裁定送达之日起15日内向人民法院提起诉讼。

⑤ 《民诉法解释》第375条规定，当事人申请再审，应当提交下列材料：（1）再审申请书，并按照被申请人和原审其他当事人的人数提交副本；（2）再审申请人是自然人的，应当提交身份证明；再审申请人是法人或者其他组织的，应当提交营业执照、组织机构代码证书、法定代表人或者主要负责人身份证明书。委托他人代为申请的，应当提交授权委托书和代理人身份证明；（3）原审判决书、裁定书、调解书；（4）反映案件基本事实的主要证据及其他材料。前款第2项、第3项、第4项规定的材料可以是与原件核对无异的复印件。

⑥ 《民诉法解释》第376条规定，再审申请书应当记明下列事项：（1）再审申请人与被申请人及原审其他当事人的基本信息；（2）原审人民法院的名称，原审裁判文书案号；（3）具体的再审请求；（4）申请再审的法定情形及具体事实、理由。再审申请书应当明确申请再审的人民法院，并由再审申请人签名、捺印或者盖章。

请再审阶段、申请检察监督阶段抑或是信访阶段。

（二）当事人基本情况

关于当事人基本情况的叙写，要注意以下几点：

1. 当事人的范围

民事再审申请书的当事人通常仅是原审案件的当事人，只是在再审申请阶段因诉讼地位不同而称谓不同。认为原审裁判错误、提出再审申请的当事人为再审申请人，原审原告、原审被告、被原审裁判承担责任的第三人均可能成为再审申请人，而根据再审申请人的申请，将来可能承受变动原判责任负担的目标当事人是被申请人。原审原告、原审被告、原审第三人，既没有提出再审申请，也没有成为再审申请人的目标当事人，要单独列明其在原审中的诉讼地位。

需要注意两种特殊情形下的当事人范围。第一，原审系裁定不予受理的案件，该不予受理案件的一审原告系再审申请人，因系原审法院向一审原告单方作出的不予受理裁定，故不存在被申请人；第二，原审裁判遗漏的必须进行共同诉讼的当事人提出再审申请的，或案外人依照审判监督程序申请再审的，该申请人系再审申请人，而原审当事人均为被申请人。

2. 列写顺序

当事人基本情况应按再审申请人、被申请人、原审其他当事人的顺序书写。原审其他当事人因原审程序不同而不同。原审系一审的，按照一审原告、一审被告、一审第三人的顺序书写；原审系二审的，按照二审上诉人、二审被上诉人、二审第三人的顺序书写。

3. 注明原审诉讼地位

再审申请人与被申请人后要用圆括号注明原审诉讼地位。原审系一审的，写明一审诉讼地位即可，如“再审申请人（一审原告、反诉被告）”；原审系二审的，依次写明一审、二审诉讼地位，如“被申请人（一审被告、反诉原告、二审被上诉人）”，原审其他当事人按前述要求直接写明原二审诉讼地位，后用圆括号注明其一审诉讼地位即可，如“二审上诉人（一审原告）”。

（三）案件由来

“案件由来”部分要依次写明当事人申请再审中的诉讼地位、姓名（或名称）、案由、原审法院名称、原审裁判作出的日期、案号、文书名称等内容，实务中表现为下面的一段套语：

再审申请人×××因与×××……（写明案由）一案，不服××××人民法院（写明原审人民法院的名称）××××年××月××日作出的（××

××）……号民事判决/民事裁定/民事调解书，现提出再审申请。

二、正文

正文分为“再审请求”及“事实及理由”二部分。

（一）再审请求

再审请求，是指当事人提出的要求法院予以裁判其某种民事实体法律效果或某种民事程序法律地位的请求（或声明）。它是民事再审申请书的中心思想所在，决定事实和理由部分的写作。再审请求的写作，写作主体可以参照《民事诉讼法》第177条第1款规定的人民法院对上诉案件处理的四种情形，并结合其提出的再审事实及理由选择确定。实务中，再审请求的写作分以下几种情形①：

1. 认为原生效民事判决认定事实错误或适用法律错误的

再审请求表述为：

（1）撤销××××人民法院（××××）……号民事判决；

（2）依法改判……（具体写明改判请求的内容）；

（3）本案的一审、二审诉讼费用由被申请人负担。

2. 认为原生效民事判决未对基本事实进行审理②，或严重违反法定程序情形③的

再审请求表述为：

---

① 为了帮助读者写作再审请求，作者基于法律规定，依照法院对再审案件处理结果的不同，提出了不同情形下再审请求的写作模式。而在实务中，情况会更加复杂，出于稳妥考虑，再审申请人更倾向于多措并用。例如，对生效民事判决，再审申请人通常都会同时提出改判和发回重审的请求。要求再审申请人在申请再审阶段就改判和发回重审作出明确选择，准确定性，有点强人所难。即便在法院内部，何种情形下发回重审、何种情形下直接改判，在实务处理上尺度亦有不一。

② 《最高人民法院关于民事审判监督程序严格依法适用指令再审和发回重审若干问题的规定》第4条规定，人民法院按照第二审程序审理再审案件，发现原判决认定基本事实不清的，一般应当通过庭审认定事实后依法作出判决。但原审人民法院未对基本事实进行过审理的，可以裁定撤销原判决，发回重审。原判决认定事实错误的，上级人民法院不得以基本事实不清为由裁定发回重审。

③ 《最高人民法院关于民事审判监督程序严格依法适用指令再审和发回重审若干问题的规定》第5条规定：“人民法院按照第二审程序审理再审案件，发现第一审人民法院有下列严重违反法定程序情形之一的，可以依照民事诉讼法第一百七十条第一款第四项的规定，裁定撤销原判决，发回第一审人民法院重审：（一）原判决遗漏必须参加诉讼的当事人的；（二）无诉讼行为能力人未经法定代理人代为诉讼，或者应当参加诉讼的当事人，因不能归责于本人或者其诉讼代理人的事由，未参加诉讼的；（三）未经合法传唤缺席判决，或者违反法律规定剥夺当事人辩论权利的；（四）审判组织的组成不合法或者依法应当回避的审判人员没有回避的；（五）原判决、裁定遗漏诉讼请求的。”

（1）撤销××××人民法院（××××）……号民事判决①；

（2）发回××××人民法院重审；

（3）本案的一审、二审诉讼费用由被申请人负担。

3. 认为原生效的不予受理的民事裁定有错误的

再审请求表述为：

（1）撤销××××人民法院（××××）……号民事裁定；

（2）指令××××人民法院立案受理。

4. 认为原生效的驳回起诉的民事裁定有错误的

再审请求表述为：

（1）撤销××××人民法院（××××）……号民事裁定；

（2）指令××××人民法院继续审理。

5. 认为原生效民事调解书违反自愿原则与调解协议的内容违反法律的

这种情形下的再审请求写作比较复杂，要根据再审申请人在原审中的法律地位以及再审法院的不同而有所区别，具体表述为：

（1）一审原告向原审人民法院针对一审生效的民事调解书申请再审的，写为：

① 撤销××××人民法院（××××）……号民事调解书；

② 依法判令：……（具体诉求一般与原审诉求相同，当然也可部分撤回，或对原审诉求进行变更（以与原审诉求无实质冲突为限）；

③ 本案的诉讼费用由被申请人负担。

（2）一审被告向原审人民法院针对一审生效的民事调解书申请再审的，写为：

① 撤销××××人民法院（××××）……号民事调解书；

② 依法判决驳回被申请人的全部或部分原审诉讼请求；

③ 本案的诉讼费用由被申请人负担。

（3）再审申请人向上一级人民法院针对一审生效的民事调解书申请再审的，写为：

① 撤销××××人民法院（××××）……号民事调解书；

② 将本案发回原审人民法院重审，……［其后可根据再审申请人的原审诉讼地位参照（1）或（2）的内容，附带提出实体请求］；

③ 本案的诉讼费用由被申请人负担。

---

① 如果原生效裁判系二审生效的，要求发回一审法院重审的，应写明一并撤销原一审、二审判决，发回原一审法院重审。

（4）二审上诉人向原审人民法院针对二审生效的民事调解书申请再审的，写为：

① 撤销××××人民法院（××××）……号民事调解书；

② 依法判令：……（具体诉求一般与二审上诉请求相同，当然也可部分撤回，或对二审上诉请求进行非实质冲突性变更）；

③ 本案的诉讼费用由被申请人负担。

（5）二审被上诉人向原审人民法院针对二审生效的民事调解书申请再审的，写为：

① 撤销××××人民法院（××××）……号民事调解书；

② 依法判决驳回被申请人的全部或部分二审上诉请求（以进一步明确具体内容为宜）；

③ 本案的诉讼费用由被申请人负担。

（6）二审上诉人向上一级人民法院针对二审生效的民事调解书申请再审的，写为：

① 撤销××××人民法院（××××）……号民事调解书①；

② 发回原审人民法院重审或指令原审人民法院再审，依法判令：……（具体诉求一般与二审上诉请求相同，当然也可部分撤回，或对二审上诉请求进行非实质冲突性变更）；

③ 本案的诉讼费用由被申请人负担。

（7）二审被上诉人向上一级人民法院针对二审生效的民事调解书申请再审的，写为：

① 撤销××××人民法院（××××）……号民事调解书②；

② 发回原审人民法院重审或指令原审人民法院再审，依法判决驳回被申请人的全部或部分二审上诉请求（以进一步明确具体内容为宜）；

③ 本案的诉讼费用由被申请人负担。

就诉讼费用的书写，应注意以下问题：

首先，诉讼费用的负担不是再审请求的必写项目。诉讼费用如何收取及负担是人民法院决定的事项，不属于判决对象。无论当事人是否提出相应诉求，人民法院在判决时均应依据《诉讼费用交纳办法》及其他相关规定对诉讼费用的计收及负担作出决定，仅对诉讼费用的计收及负担有异议的，不能申请再审，而只能通过复核程序解决。所以从这个角度说，在民事再审申请书中，对

---

① 一并要求撤销二审民事调解书及一审裁判的，应按顺序写明撤销二审、一审裁判文书。

② 一并要求撤销二审民事调解书及一审裁判的，应依顺序写明撤销二审、一审裁判文书。

诉讼费用的负担可以不写。如果写的话，一般而言，均可表述为“本案一审、二审诉讼费用由被申请人负担”，而无须有更为精准的计算支撑。对于原审系生效裁定的，一般不存在原审诉讼费用的负担问题，自然也不涉及此项所谓的诉求内容。

其次，除一审、二审诉讼费用之外，根据《诉讼费用交纳办法》第 9 条的规定，再审案件不收取案件受理费，但下述两种情形除外，即当事人有新的证据，足以推翻原判决、裁定，向人民法院申请再审，人民法院经审查决定再审的案件；当事人对人民法院第一审判决或者裁定未提出上诉，第一审判决、裁定或者调解书发生法律效力后又申请再审，人民法院经审查决定再审的案件。就再审申请人在申请再审阶段，一般不会就再审诉讼费用的负担提出明确的再审请求，且再审案件是否收取案件受理费，亦非再审审查程序解决的事项，故就这两种情形下提出再审申请时，亦不必主动提及再审案件受理费的负担请求事项。

（二）事实及理由

事实和理由是对再审请求的支持和展开，其写作的成败关系民事再审程序能否启动，直接决定当事人的再审请求能否得到法院的支持。

在动笔前，写作主体要从本案实际情况出发，对照《民事诉讼法》第 207 条或第 208 条的规定，精准确定本案申请再审的法定事由，然后，紧紧围绕《民事诉讼法》第 207 条或第 208 条以及《民诉法解释》的相关规定，对本案存在该法定事由进行论证。

例如，写作主体认为本案有新的证据，足以推翻原判决、裁定的，则要围绕《民诉法解释》第 386 条的规定来展开论证，证明本案的新证据符合以下的情形之一：（1）在原审庭审结束前已经存在，因客观原因于庭审结束后才发现的；（2）在原审庭审结束前已经发现，但因客观原因无法取得或者在规定的期限内不能提供的；（3）在原审庭审结束后形成，无法据此另行提起诉讼的。

又如，写作主体认为本案原判决、裁定适用法律确有错误的，则要依据《民诉法解释》第 388 条来展开论证，证明本案原判决、裁定适用法律具备下列的情形之一：（1）适用的法律与案件性质明显不符的；（2）确定民事责任明显违背当事人约定或者法律规定的；（3）适用已经失效或者尚未施行的法律的；（4）违反法律溯及力规定的；（5）违反法律适用规则的；（6）明显违背立法原意的。

总之，事实及理由部分写作的核心是论证再审法定事由的存在，书写时要注意以下三个方面：

第一，对本案符合再审法定事由的事实要浓墨重彩，与再审事由无关的案件具体情况与审理情况可以不写或简写。

第二，要明确并具体写明本案的申请再审的理由符合《民事诉讼法》第207条的具体项或第208条，也即申请再审的具体法律依据。

第三，有新的证据的，应当在事实和理由之后写明证据和证据来源、证人姓名和住所。

三、尾部

尾部依次写明写作受体（受理人民法院）、再审申请人签名（法人申请再审的，要加盖印章并由法定代表人签名）、文书制作时间，最后注明附件及主题内容。

根据《民事诉讼法》第206条的规定，写作受体的确定以上一级人民法院为原则，当事人一方人数众多或者当事人双方为公民的案件，也可以向原审人民法院申请再审。

根据最高人民法院在《民事诉讼文书样式》中对《民事再审申请书》的说明6，民事再审申请书的附项当包含下列材料：

1. 民事再审申请书副本，副本数是被申请人和原审其他当事人的人数，总份数是副本数加一。

2. 民事再审申请人是自然人的，应当提交身份证明；是法人或者其他组织的，应当提交营业执照、组织机构代码证书、法定代表人或者主要负责人身份证明书。委托他人代为申请的，应当提交授权委托书和代理人身份证明。

3. 原审判决书、裁定书、调解书。

4. 反映案件基本事实的主要证据及其他材料。

四、注意事项

（1）切勿超过申请再审的法定期限。《民事诉讼法》第212条规定，当事人申请再审，应当在判决、裁定发生法律效力后6个月内提出；有本法第207条第（1）项、第（3）项、第（12）项、第（13）项规定情形的，自知道或者应当知道之日起6个月内提出。《民诉法解释》第421条规定，根据《民事诉讼法》第234条规定，案外人对驳回其执行异议的裁定不服，认为原判决、裁定、调解书内容错误损害其民事权益的，可以自执行异议裁定送达之日起6个月内，向作出原判决、裁定、调解书的人民法院申请再审。因此，当事人应特别注意申请再审的上述法定期限，及时提起民事再审申请，避免因超过期限而失权。

（2）“事实与理由”、再审事由与条文依据要准确对应。民事再审申请书所载“事实及理由”与当事人主张的再审事由要契合，而且要与选定的法律条文相匹配。因为人民法院对于当事人申请再审的再审事由适用“不告不理”原则，对于当事人提出的“事实及理由”、再审事由及选择的条文不能对应时，尤其是条文依据不明确、不对应时，人民法院不能主动变更当事人诉求及事实理由，如此，可能会导致当事人承担不利后果。鉴于此，在书写过程中，要认真仔细核查，做到三者准确对应，做到理据呼应、有理有据。

（3）对于既可以向上一级人民法院申请再审，也可以向原审人民法院申请再审的案件，在提出再审申请前，应尽可能搜索更多的原审人民法院及上一级人民法院乃至于最高人民法院或其他省、自治区、直辖市的类案处理意见，认真研判，本着实现案件被裁定再审的最大概率出发，确定再审审查的受理法院。

【例文】

民事再审申请书

再审申请人（一审被告，二审上诉人）：东郭某，女，汉族，1970 年×月×日出生，住北京市石景山区卧佛寺南路×号院×号楼×单元×号。

被申请人（一审原告，二审被上诉人）：上官某，女，汉族，1986 年×月×日出生，住北京市丰台区快活林东里×号楼×单元×号。

再审申请人因不服北京市第一中级人民法院（2020）京 01 民终 00000 号及北京市石景山区人民法院（2020）京 0107 民初 0000 号民事判决，现因申请人有新的证据足以推翻原判决，故在发现新的证据之日起六个月内依法申请再审。

再审请求：

1. 撤销北京市第一中级人民法院（2020）京 01 民终 00000 号及北京市石景山区人民法院（2020）京 0107 民初 0000 号民事判决；

2. 依法改判驳回上官某的诉讼请求，或者发回重审。

事实和理由：

一、原一审、二审判决认定事实错误

原审法院认定诉争房屋（北京市石景山区卧佛寺南路×号院×号楼×单元×号）是因拆迁而给予的房屋，系认定事实错误。

二、原一审、二审判决适用法律错误

二审判决后，再审申请人获取的下列新的证据材料：北京市石景山区住房和城乡建设委员会于 2017 年 6 月 9 日出具的《关于东郭某、鸿某反映问题的信访事项处理意见书》、北京市×房地产开发有限公司于2017年6月17日出具的《关于东郭某、鸿某反映问题的信访答复意见》、石景山区住房和城乡建设委员会于2017年6月20日出具的《关于东郭某反映问题的信访答复意见书》，均认定："东郭某的家庭在保障性住房管理信息系统中属于限价商品住房已配售家庭，不属于定向安置房。"同时认定："依据拆迁法规，被拆迁人是指被拆迁房屋的所有权人，依法只能对房屋所有人王某某补偿，其子女并非被拆迁房屋的所有人，依法不能予以补偿"，根据《北京市限价商品住房购买资格审核备案通知单》，东郭某系以家庭申请获得的两限房购房资格。申请人两限房申请资格通过以后，仅仅是因为拆迁给予了政策优惠，不用摇号优先给申请人配售了住房，此优先配售不能否定诉争房屋属于国家政策保障性两限商品住房的性质。不能否认申请人以及诉争房产的购买与特定身份相联系，不能否认购买对象具有专属性。

鉴于此，诉争房屋性质上属于"政策性保障两限房"，此类房屋的购买与特定身份相联系，购买资格具有人身属性，适用国家保障房相关政策规定，其买卖、转让等处分行为应受到严格限制，原审法院认定借名买卖民事行为有效，实际上是帮助没有购买政策性住房资格的人，获得了购买政策保障性住房的资格，这显然是损害了社会公共利益的行为，也是规避了法律、行政法规的强制性规定的行为。原审法院以未参加社会统一摇号，故此没有侵害社会公共利益为由认定合法，明显属于适用法律错误。申请人认为即使借名买卖民事行为成立，也应当适用《民法典》第153条第2款规定构成了"违背公序良俗"的无效民事行为。

综上所述，申请人依《中华人民共和国民事诉讼法》第二百条第一款第（一）项的规定申请再审，请求人民法院支持申请人的再审请求。

此致

北京市高级人民法院

再审申请人：东郭某（签名）

二〇二一年二月十三日

附：1. 民事再审申请书副本1份；

2. 再审证据目录及证据复印件各2份。

项目十　民事抗诉书

【文书格式】①

×××× 人民检察院

民事抗诉书

×检民监〔20××〕×号

（第一部分：写明案件来源）

当事人申请监督的表述为：×××（申请人）因与×××（其他当事人）×××（案由）纠纷一案，不服××××人民法院×××号民事判决（裁定或调解书），向本院申请监督。[下级人民检察院提请抗诉的表述为：×××（申请人）因与×××（其他当事人）×××（案由）纠纷一案，不服××××人民法院×××号民事判决（裁定或调解书），向××××人民检察院申请监督，该院提请本院抗诉。] 本案现已审查终结。

{检察机关依职权启动监督程序的表述为：×××（一审原告）与×××（一审被告）×××（案由）纠纷一案，××××人民法院（此处指作出生效裁判、调解书的法院）作出了×××号民事判决（裁定或调解书）。本院依法进行了审查。[下级人民检察院提请抗诉的表述为：×××（一审原告）与×××（一审被告）×××（案由）纠纷一案，××××人民法院（此处指作出生效裁判、调解书的法院）作出了×××号民事判决（裁定或调解书），××××人民检察院提请本院抗诉。] 本案现已审查终结。}

（第二部分：写明诉讼过程和法院历次审理情况）

××××人民法院于××××年××月××日受理×××（以下简称×××）起诉，……（简要写明一审原告的诉讼请求，被告提出反诉的，简要写明反诉请求）。

××××人民法院于××××年××月××日作出×××号民事判决（裁定）。该院一审查明，……。该院一审认为，……。判决（裁定）：……。

×××不服一审判决（裁定），向××××人民法院提起上诉，……（简要写明上诉请求）。

① 本文书格式出自《人民检察院民事诉讼监督法律文书格式样本》。

××××人民法院于××××年××月××日作出×××号民事判决（裁定或调解书）。该院二审查明，……（如二审法院查明的事实与一审法院一致，可简写。如“确认了一审法院认定的事实”或“与一审法院查明的事实一致”）。该院二审认为，……。判决（裁定）：……。

×××不服二审判决（裁定或调解书），向××××人民法院申请再审，……（简要写明再审请求）。

人民法院驳回再审申请或逾期未对再审申请作出裁定的表述为：××××人民法院于××××年××月××日作出×××号裁定驳回再审申请或××××人民法院逾期未对再审申请作出裁定。×××向检察机关申请监督。

人民法院作出再审判决、裁定或调解书的表述为：××××人民法院于××××年××月××日作出×××号民事判决（裁定或调解书）。该院再审查明，……（如查明的事实与前一审一致，可简写）。该院再审认为，……。判决（裁定）：……。

×××不服再审判决（裁定或调解书），向检察机关申请监督。

（第三部分：写明检察机关审查认定的事实）

……（如与作出生效裁判、调解书的法院认定事实一致的，写明“本院审查认定的事实与××××人民法院认定的事实一致”；如与作出生效裁判、调解书的法院认定事实不一致的，写明分歧和依据，所作的调查核实工作一并写明，如对……问题进行了调查、委托鉴定、咨询、听证等。）

（第四部分：写明抗诉理由和依据）

本院认为，××××人民法院×××号民事判决（裁定或调解书）……（概括列明生效民事裁判、调解书存在哪些法定监督的情形，应根据《中华人民共和国民事诉讼法》第二百零七条或第二百一十五条第一款规定的情形进行概括）。理由如下：

……（此段结合检察机关审查认定的事实，依照法律、法规及司法解释相关规定，详细论述抗诉的理由和依据。说理要有针对性，引用法律、法规和司法解释时应当准确、全面、具体。）

综上所述，××××人民法院×××号民事判决（裁定或调解书）……（概括列明生效民事裁判、调解书存在哪些法定监督的情形）。（经检察委员会讨论的，写明：经本院检察委员会讨论决定）根据《中华人民共和国民事诉讼法》第二百一十六条、第二百一十五条第一款、第二百零七条第×项的规定［检察机关依职权启动监督程序的表述为：根据《中华人民共和国民事诉讼法》第二百零七条第×项、第二百一十五条第一款的规定］，特提出抗诉，请依法再审。

此致

××××人民法院

20××年××月××日[①]

（院印）

附件：检察卷宗×册。

【民事抗诉书写作谈】[②]

人民检察院是国家的法律监督机关，它有权对诉讼活动和判决、裁定等生效法律文书的执行工作实行法律监督。民事抗诉是人民检察院对人民法院民事审判活动进行法律监督的体现，提出抗诉代表了人民检察院对人民法院生效民事裁判的评价和态度，民事抗诉本身具有较大的刚性，它必然引起民事再审程序的启动。

民事抗诉书是人民检察院对人民法院已经发生法律效力的民事判决或者裁定确有错误，或者发现调解书损害国家利益、社会公共利益的，按照审判监督程序向人民法院提出抗诉，要求人民法院对案件重新审理时所使用的民事诉讼检察监督文书。其写作主体是人民检察院，写作受体是同级人民法院、当事人[③]，主旨是表达人民检察院对人民法院确有错误的生效民事判决、裁定或者损害国家利益、社会公共利益的调解书依法行使检察权。

民事抗诉书是人民检察院进行民事诉讼监督的书面载体，具有启动人民法院民事再审程序，监督人民法院纠正错误民事判决、裁定、调解书之功用。其写作的法律依据是《民事诉讼法》第207条、第215条第1款[④]、第216条[⑤]、

---

① 最高人民检察院制定的检察文书格式中，规定检察文书的成文日期是用阿拉伯数字书写。检察文书的印制标准根据是《党政机关公文格式》（GB/T 9704—2012）和《最高人民检察院公文处理实施细则》（GB/T 9704—2012），其规定成文日期使用阿拉伯数字书写。

② 本文由梁景明检察官撰写。

③ 《最高人民法院审判监督庭、最高人民检察院民事行政检察厅关于办理民事诉讼检察监督案件若干问题的会议纪要》第5条规定，人民检察院决定对人民法院的判决、裁定、调解书提出抗诉的，应当制作抗诉书，连同案件卷宗移送同级人民法院；同时制作决定抗诉的通知书，发送当事人，并将发送情况记录于移送的案件卷宗。接受抗诉的人民法院应当自收到抗诉书之日起30日内，依照有关规定作出再审裁定，在向当事人送达再审裁定时一并送达抗诉书，同时向提出抗诉的人民检察院抄送再审裁定。人民法院审结抗诉案件后，送达当事人的结案文书应当抄送人民检察院。

④ 《民事诉讼法》第215条第1款规定，最高人民检察院对各级人民法院已经发生法律效力的判决、裁定，上级人民检察院对下级人民法院已经发生法律效力的判决、裁定，发现有本法第207条规定情形之一的，或者发现调解书损害国家利益、社会公共利益的，应当提出抗诉。

⑤ 《民事诉讼法》第216条规定，有下列情形之一的，当事人可以向人民检察院申请检察建议或者抗诉：（1）人民法院驳回再审申请的；（2）人民法院逾期未对再审申请作出裁定的；（3）再审判决、裁定有明显错误的。人民检察院对当事人的申请应当在3个月内进行审查，作出提出或者不予提出检察建议或者抗诉的决定。当事人不得再次向人民检察院申请检察建议或者抗诉。

第219条①以及《人民检察院民事诉讼监督规则》（以下简称《民诉监督规则》）第81条②、第82条③、第83条④、第85条⑤、第90条⑥、第91条⑦、第92条第1款⑧。

民事抗诉书属于叙述式文书，包括首部、正文和尾部三部分。

一、首部

首部包括制作文书的人民检察院名称、文书名称、文书字号。人民检察院名称、文书名称，其写作方法与起诉书相同。唯独文书字号使用长码，前六位为受理单位代码，后五位为受理案件顺序号。

二、正文

正文是人民检察院对民事生效裁判、调解书审查认定情况的概括和总结，是对抗诉理由和依据的详细叙述，它是民事抗诉书的核心。它包括案件来源、诉讼过程和法院历次审理情况、检察机关审查认定的事实、抗诉理由和依据以及总结五个部分。

---

①《民事诉讼法》第219条规定，人民检察院决定对人民法院的判决、裁定、调解书提出抗诉的，应当制作抗诉书。

②《民诉监督规则》第81条中，地方各级人民检察院对已经发生法律效力的民事判决、裁定可以向同级人民法院提出再审检察建议的法定情形，内容与《民事诉讼法》第207条基本相同。

③《民诉监督规则》第82条规定，符合本规则第81条规定的案件有下列情形之一的，地方各级人民检察院一般应当提请上一级人民检察院抗诉：（1）判决、裁定是经同级人民法院再审后作出的；（2）判决、裁定是经同级人民法院审判委员会讨论作出的。

④《民诉监督规则》第83条规定，地方各级人民检察院发现同级人民法院已经发生法律效力的民事判决、裁定具有下列情形之一的，一般应当提请上一级人民检察院抗诉：（1）原判决、裁定适用法律确有错误的；（2）审判人员在审理该案件时有贪污受贿、徇私舞弊、枉法裁判行为的。

⑤《民诉监督规则》第85条规定，地方各级人民检察院发现民事调解书损害国家利益、社会公共利益的，可以向同级人民法院提出再审检察建议，也可以提请上一级人民检察院抗诉。

⑥《民诉监督规则》第90条规定："最高人民检察院对各级人民法院已经发生法律效力的民事判决、裁定、调解书，上级人民检察院对下级人民法院已经发生法律效力的民事判决、裁定、调解书，发现有《中华人民共和国民事诉讼法》第二百条、第二百零八条规定情形的，应当向同级人民法院提出抗诉。"

⑦《民诉监督规则》第91条规定，人民检察院提出抗诉的案件，接受抗诉的人民法院将案件交下一级人民法院再审，下一级人民法院审理后作出的再审判决、裁定仍有明显错误的，原提出抗诉的人民检察院可以依职权再次提出抗诉。

⑧《民诉监督规则》第92条第1款规定，人民检察院提出抗诉，应当制作《抗诉书》，在决定抗诉之日起十五日内将《抗诉书》连同案件卷宗移送同级人民法院，并由接受抗诉的人民法院向当事人送达再审裁定时一并送达《抗诉书》。

（一）案件来源

民事抗诉案件主要来源于三个渠道：一是当事人向人民检察院申请监督；二是当事人以外的自然人、法人和非法人组织向人民检察院控告；三是人民检察院在履行职责中发现。案件来源不同，决定了民事抗诉程序启动的差异。民事抗诉程序的启动有检察机关“依当事人申请”和“依职权”启动两种类型。在这两种启动类型之下，存在两大类案件来源的表述：

1. 检察机关依当事人申请进行民事诉讼监督。当事人有权利救济的意愿并向检察机关提出明确的申请，检察机关对其申请进行审查（包括形式审查和实质审查）并作出提出或不予提出抗诉的决定，以回应当事人的诉求，此种情形下的民事抗诉系依当事人申请而为之。在这种情形下，案件来源有两种具体表述：

（1）当事人向某人民检察院申请民事诉讼检察监督，某人民检察院提出民事抗诉，表述为：

×××（申请人）因与×××（其他当事人）×××（案由）纠纷一案，不服××××人民法院×××号民事判决（裁定或调解书），向本院申请监督。本案现已审查终结。

（2）当事人向某下级人民检察院申请民事诉讼检察监督，某下级人民检察院提请某上级人民检察院进行抗诉的，表述为：

×××（申请人）因与×××（其他当事人）×××（案由）纠纷一案，不服××××人民法院×××号民事判决（裁定或调解书），向××××人民检察院申请监督，该院提请本院抗诉。本案现已审查终结。

在这部分的写作中，要正确使用当事人的称谓。在《民诉监督规则》试行以前，民事抗诉书中将当事人称为“申诉人”和“对方当事人”，《民诉监督规则》试行以后，称作“申请监督人”和“对方当事人”。《工作文书格式样本（2020年版）》中规范统一的称谓是“申请人、其他当事人”，应该严格执行这个规范统一的称谓，不能再随意使用“申诉人”和“申请监督人”。

2. 检察机关依职权启动民事诉讼监督。检察监督制度的功能就是通过检察权制约和平衡审判权以防止司法不公。检察机关依职权发现并主动进行监督，也是启动民事抗诉程序的原动力之一。在这种情形下，案件来源有两种具体表述：

（1）某人民检察院依职权启动民事抗诉程序的，表述为：

×××（一审原告）与×××（一审被告）×××（案由）纠纷一案，××××人民法院（此处指作出生效裁判、调解书的法院）作出了×××号民事判决（裁定或调解书）。本院依法进行了审查。本案现已审查终结。

（2）某下级人民检察院提请某上级人民检察院抗诉的，表述为：

×××（一审原告）与×××（一审被告）×××（案由）纠纷一案，××××人民法院（此处指作出生效裁判、调解书的法院）作出了×××号民事判决（裁定或调解书），××××人民检察院提请本院抗诉。本案现已审查终结。

当事人以外的自然人、法人和非法人组织向检察机关提出申诉的，案件来源部分参照检察机关依职权启动民事诉讼监督这类情形下的表述。

民事案件的当事人在不同的诉讼阶段有不同的诉讼地位称谓：一审原告、一审被告、二审上诉人、二审被上诉人、原审原告、原审被告、原审上诉人、原审被上诉人、申请人、被申请人等。在案件来源部分，只称呼当事人一审时的诉讼地位，至于其他称谓，则可在诉讼过程和法院历次审理情况部分予适当使用。

（二）诉讼过程和法院历次审理情况

人民检察院提出民事抗诉，是整个民事诉讼程序的分水岭。它的一边是当事人已经经历的各种诉讼程序，另一边是即将展开的由民事抗诉启动的再审程序。站在践行程序正义的角度，人民检察院应对过往的诉讼程序作一个历史回顾。人民检察院决定对生效民事判决、裁定、调解书提起抗诉，是因为通过审查发现了生效民事裁判文书存在错误或调解书损害国家利益、社会公共利益，民事抗诉书是对法院生效民事裁判文书、调解书的驳斥，法院历次审理情况是人民检察院审查的对象和作出民事抗诉决定的事实理由之所在，从实体正义角度来看，自然应该概括梳理法院历次审理情况。

诉讼过程和法院历次审理情况的叙写时，要注意以下几点：

1. 按照时间顺序写诉讼过程和法院历次审理情况

依次包含七个层次：

（1）一审原告姓名（名称）、受理起诉的日期①、诉讼请求、反诉请求、一审法院名称；

（2）一审民事判决（裁定、调解书）作出日期、案号、一审查明的事实、一审判决（裁定）理由、一审判决（裁定）主文；

（3）上诉人姓名（名称）、二审法院名称和上诉请求；

（4）二审民事判决（裁定、调解书）作出的时间、案号、二审查明的事实、二审判决（裁定、调解）理由、二审判决（裁定、调解）主文；

① 用法院受理日期代替当事人起诉日期，是因为目前法院在判决中一般只体现受理日期，并不体现当事人起诉日期。如果通过调卷等方式对起诉日期进行明确，将违背简案快办的效率要求。

（5）再审申请人姓名（名称）、受理再审申请的法院名称、再审请求；

（6）驳回再审申请裁定作出的法院、作出的时间、案号或者人民法院逾期未对再审申请作出裁定，申请人向检察机关申请监督；

（7）人民法院作出再审判决、裁定或调解书的时间、案号、再审查明的事实、再审判决（裁定）理由、再审判决（裁定）主文，申请人向检察机关申请监督。

2. 根据个案独特的诉讼过程对上述七个层次择取写作

民事审判监督程序的启动主体有三元：一是当事人申请再审，二是检察机关依职权启动民事诉讼监督程序，三是审判机关依职权启动再审。上述七个层次是按照当事人申请再审的情形下设计的写作模板。这个写作模板只适用于当事人申请再审与检察机关依职权启动民事诉讼监督程序这两种情形。检察机关依职权启动民事诉讼监督程序与当事人申请再审毕竟存在质的差别，并且当事人申请再审本身的情形复杂，既有当事人未经上诉而对一审生效民事裁判申请再审，也有经过上诉而对二审生效民事裁判申请再审。因此，在写作本部分内容时，要根据个案情况对这七个层次的内容有所选择。共有以下几种择取模式：

（1）检察机关依职权启动民事诉讼监督程序。

① 如果针对的是一审生效民事裁判或者调解书而提出抗诉，则择取第一层次、第二层次；

② 如果针对的是二审生效民事裁判或者调解书而提出抗诉，则要择取第一层次、第二层次、第三层次、第四层次。

（2）当事人申请再审。

① 如果针对的是一审生效民事裁判或者调解书而提出抗诉，且法院没有作出再审判决、裁定、调解书的，则要择取第一层次、第二层次、第五层次、第六层次。

② 如果针对的是一审生效民事裁判或者调解书而提出抗诉，且法院作出再审判决、裁定、调解书的，则要择取第一层次、第二层次、第五层次、第七层次。

③ 如果针对的是二审生效民事裁判或者调解书而提出抗诉，且法院没有作出再审判决、裁定、调解书的，则要择取第一层次、第二层次、第三层次、第四层次、第五层次、第六层次。

④ 如果针对的是二审生效民事裁判或者调解书而提出抗诉，且法院作出再审判决、裁定、调解书的，则要择取第一层次、第二层次、第三层次、第四层次、第五层次、第七层次。

（三）检察机关审查认定的事实

审查认定的事实是阐明抗诉理由、提出抗诉的根据，也是分析判断生效民事判决、裁定、调解书正确与否的基础，应当表述准确、恰当。

1. 审查认定的事实与作出生效裁判、调解书的法院认定的事实一致的。在本部分不要重复叙述法院认定的事实，只需写明“本院审查认定的事实与××××人民法院认定的事实一致”。

2. 审查认定的事实与作出生效裁判、调解书的法院认定事实不一致的。写作时要注意以下几点：

（1）案件事实是经过检察机关调查核实后审查认定的，要写明调查核实工作。《民事诉讼法》第 217 条允许人民检察院因履行法律监督职责提出检察建议或者抗诉的需要，向当事人或者案外人调查核实有关情况。《民诉监督规则》也赋予人民检察院六种调查核实措施①。这些调查核实措施是阅卷审查的补充手段，其实施主要围绕民事审判程序是否合法，生效民事裁判或者调解书是否存在错误，或者是否存在损害国家利益和社会公共利益而进行，本质上是查明是否存在审判违法事实，而不是查明民事争议事实或为一方当事人收集诉讼证据。在叙述审查认定的事实之前，应当将所作的调查核实工作写明，可以表述为：“对……问题进行了调查、委托鉴定、咨询、听证等，现查明：……（写明审查认定的案件基本事实）”。

（2）重点叙述与作出生效民事裁判文书法院在事实认定方面的分歧。要叙明分歧的关键点和依据，行文语气要中立，得出的结论要客观，不能带有明显的倾向性。对于法院未予认定的事实，应当结合案情、证据、调查核实的情况进行认真分析，对于当事人存在较大争议的证据和相互矛盾的证据要加以分析。对于间接证据的采信，要从证据间的关系、证据链是否严密、是否符合逻辑等角度进行综合评定。

（3）对全案事实进行综合叙述。民事抗诉书中不能忽视案件事实的整体描述，在归纳无争议事实并对有争议证据和事实进行分析后，可以对全案事实进行综合叙述。案件事实的叙述一般遵循事件发生的时间顺序，但如果案件的法律关系复杂，各种各样的情况在发展中穿插进行，依时间顺序叙述易生混乱，这时需要厘清案件的主要脉络，按照不同脉络的发展分别叙述，各个脉络

① 《民诉监督规则》第 63 条第 1 款规定，人民检察院可以采取以下调查核实措施：（1）查询、调取、复制相关证据材料；（2）询问当事人或者案外人；（3）咨询专业人员、相关部门或者行业协会等对专门问题的意见；（4）委托鉴定、评估、审计；（5）勘验物证、现场；（6）查明案件事实所需要采取的其他措施。

之间的联系也应简明扼要地点明。在基本事实之外，与案件相关的背景信息，如果足以对案件的整体判断产生影响的，可以在基本事实之后以“另查明”的形式进行叙述。

（四）抗诉理由和依据

以“本院认为××××人民法院×××号民事判决（裁定或调解书）……。理由如下：”为套语，开启抗诉理由和依据的论述。省略号部分所指的内容，要列明根据《民事诉讼法》第207条或第215条第1款，本案的生效民事裁判、调解书存在哪些法定监督的情形。因而这段套语起着总领本部分内容的作用。

这部分内容是民事抗诉书的重心所在。写作时，应结合民事案件的具体情况，指明原判决、裁定错误之处，综合分析、论证生效民事裁判、调解书在认定事实、采信证据、适用法律、诉讼程序等方面存在的问题，对抗诉理由进行集中阐述。写作时应注意：

1. 根据审查认定的事实，紧紧围绕《民事诉讼法》第207条和相对应的《民诉法解释》的条文来进行抗诉理由的写作。例如，对于有新证据的情形，既要叙写该证据在原审庭审结束前已经存在，因客观原因于庭审结束后才发现；或在原审庭审结束前已经发现，但因客观原因无法取得或者在规定的期限内不能提供；或在原审庭审结束后形成，无法据此另行提起诉讼，还要对该证据足以推翻原判决、裁定进行分析。又如，原判决、裁定适用法律确有错误属于最常见的抗诉事由，写作时，要根据案件实际情况，从《民诉法解释》第388条规定的六种情形中择取一个角度进行叙写，并对足以导致判决、裁定结果错误进行分析。

2. 结合案情，充分论证抗诉理由。吃透案情，厘清本案应用的法律法理，发现生效民事判决、裁定、调解书的错误与违法之处，对照《民事诉讼法》第207条或第215条第1款，提炼出“抗点”，运用检察机关审查认定的事实与相关法律规定对抗诉理由展开详细论证。论证时要注重文书表达的逻辑性和可接受性，通过缜密的逻辑推理和清晰的法律分析展现检察机关对民事案件错误程度和依法改判的认识，使审判机关更容易发现问题和接受抗诉。

3. 民事抗诉书的说理尺度要适度。在民事诉讼检察监督程序中，要注重民事主体的意思自治和平等对抗，检察权的介入需要维持民事诉讼等腰三角形结构的稳定性，不宜打破两造平等对抗的诉讼品格，检察机关不是某方当事人的“辅助人”。因此，民事抗诉书也不是当事人获得司法救济的道具，其说理的尺度不能脱离或超越民事诉讼检察监督程序的性质，要避免主观片面，要尊重当事人私权自治，要适度收敛和节制。

（五）总结

民事抗诉以启动法院对案件的重新审理程序为直接目的，生效裁判具有既判力等多种法律效力，只有启动再审程序才能击破。民事抗诉是引发民事再审程序的动力机制，因而民事抗诉书带有纠正的动因，覆盖了从事实认定到法律适用、程序违法性的各个方面，要求检察机关对行使抗诉权的有关法律规定和案件事实等因素进行综合分析和判断。从总体上把握，确定某一具体案件完全具备抗诉的条件和标准，进而依法作出提出抗诉的决定，这就是民事抗诉书的总结部分。

总结部分以“综上所述”开头，综述抗诉结论性意见，简明指出法院生效裁判、调解书存在哪几个方面的问题，然后引用《民事诉讼法》的规定阐明提出抗诉的必要性。抗诉不是轻率的行为，抗诉理由影响着人民法院审查确定抗诉案件的再审审级问题，应当注意各再审事由之间的区别，不能简单援引“原判决、裁定认定的基本事实缺乏证据证明”“原判决、裁定适用法律确有错误”，而应根据案件实际情况援引再审理由。民事抗诉书应当严格按照《民事诉讼法》第 207 条或第 215 条第 1 款规定的情形进行概括确定抗诉理由，对抗诉理由的具体阐述分析说理应当与抗诉理由一致，主文的抗诉理由应当与最后引用的法律依据一致。《民事诉讼法》第 215 条将检察监督事由指引至当事人申请再审事由，对调解书的监督事由突出损害国家利益和社会公共利益，这里应当概括列明存在哪些法定监督的情形，可以是实体性事由、程序性事由、法官渎职行为事由或损害“两益”事由，还可以是“混合事由”。涉及《民事诉讼法》第 207 条多项的，均应一一列出。总结部分可以表述为：“综上所述，×××人民法院×××号民事判决（裁定或调解书）……根据《中华人民共和国民事诉讼法》第二百一十六条、第二百零七条第×项、第二百一十五条第一款的规定，特提出抗诉，请依法再审。”如果提起民事抗诉是经检察委员会讨论的，应在法律根据前写明“经本院检察委员会讨论决定”。

三、尾部

尾部，包括送达的人民法院名称、决定抗诉的日期，并加盖决定提出抗诉的人民检察院院印，最后附注随案移送检察卷宗册数。

四、注意事项

民事抗诉书直接关系抗诉的法律效果，写作时应注意以下几点：

1. 把握好民事抗诉书的定位。民事抗诉书是人民检察院决定对人民法院的判决、裁定、调解书提出抗诉的正式表达，属于检察机关对民事诉讼进行的法律监督活动。提出民事抗诉仅对生效民事裁判公正与否、调解书是否损害"两益"进行评判，民事抗诉书应当紧扣事实认定、法律适用、程序违法等方面存在的问题展开阐述。民事抗诉超然于当事人纷争，没有当事人之"诉"的性质，支持某方当事人的申请而提出抗诉不代表站在其立场上，也不打破两造在民事诉讼中的平等对抗，民事抗诉书的行文和逻辑表达区别于民事答辩状或民事代理词，遣词造句忌讳直指其他当事人。

2. 叙述清楚审查认定的事实。查明事实乃司法的基础。审查认定的事实必须有相应证据加以佐证。对于关系主要事实的证据材料，原审法院应认定未认定，或者原本无效、虚假且未予调查核实的，检察机关应予澄清。民事案件申诉到检察机关，通常已经经过一审、二审、再审甚至几次再审，不同的诉讼阶段会因证据的增补、采信加入不同的事实，将原审查清的事实叙述清楚比较困难。但就法律文书制作技巧而言，一般按照时间的顺序叙述比较易于接受。如果证据不全、不真，审查认定的事实会与客观事实有差距，甚至差距较大，在民事抗诉书就要对人民法院查明的事实重新梳理，从而为抗诉说理夯实基础。

3. 正确区分再审之"诉"的要素。当事人要求法庭保护其实体权益的主张，需要通过指明存在某项或几项再审事由来启动再审，其再审请求和再审事由均依赖于在诉讼中陈述的事实根据。制作民事抗诉书时，应当分清当事人的请求哪些是应当支持的，哪些是不应当支持的，确定民事抗诉支持申诉的具体理由。

【例文】①

广东省广州市人民检察院

民事抗诉书

穗检民监〔2020〕44010000367 号

何某甲因与某银行股份有限公司某信用卡中心广州分中心信用卡纠纷一案，不服广东省广州市越秀区人民法院（2018）粤0104民初489号民事判决，向广东省广州市越秀区人民检察院申请监督。该院提请本院抗诉。本案现已审查终结。

2018年1月3日，某银行股份有限公司某信用卡中心广州分中心（以下简称某银行信用卡中心）起诉至广东省广州市越秀区人民法院，诉讼请求判

① 本例文源于广州市人民检察院·网上检察院·案件信息公开·民事行政检察法律文书。

令：何某甲向某银行信用卡中心偿还信用卡欠款本金6012元，利息3340.08元，滞纳金320.84元，其他费用12元，合计欠款总额为9684.92元。上述欠款暂计至2016年11月12日，此后及至所有欠款还清之日止的利息等欠款按《某银行个人贷记卡领用合约》（以下简称《个人贷记卡领用合约》）的约定计算。

广东省广州市越秀区人民法院于2018年5月10日作出（2018）粤0104民初489号民事判决。

该院一审查明：何某甲向某银行信用卡中心申领信用卡（卡号：5218000000001428），并同意遵守《个人贷记卡领用合约》的约定。《个人贷记卡领用合约》对利息、免息还款期、最低还款额、透支利息、滞纳金、手续费等费用的收取方式、计算标准进行了约定。截至2016年11月12日，何某甲欠本金6012元、利息3340.08元、其他费用12元。截至2016年12月31日，欠滞纳金320.84元。

该院一审认为：何某甲与某银行信用卡中心订立的信用卡领用合约合法有效。何某甲未按期清偿透支欠款构成违约，应承担违约责任。依照《中华人民共和国合同法》第八条、第六十条第一款、第一百零七条、第二百零五条、第二百零六条、第二百零七条的规定，该院一审判决：何某甲应于判决生效之日起十日内，向某银行信用卡中心偿还截至2016年11月12日的信用卡透支欠款本金6012元、利息3340.08元、其他费用12元，截至2016年12月31日的滞纳金320.84元以及从2016年11月13日起至清偿之日止的利息（按《个人贷记卡领用合约》约定的标准计付）。该院于2018年9月21日作出（2018）粤0104民初489号《裁判文书生效证明》，确认该判决于2018年7月26日发生法律效力。

后何某甲不服（2018）粤0104民初489号民事判决，于2019年8月13日向广东省广州市中级人民法院申请再审，认为涉案信用卡的开卡人在开卡时留下的电话号码和地址均不是她的，她从来没有在交通银行领用信用卡，原审判决认定事实的主要依据是伪造的，其也从没有收到法院的电话和传票，无法进行申辩，故再审请求：撤销（2018）粤0104民初489号民事判决，将该案依法改判或发回重审，并驳回某银行信用卡中心的诉讼请求。

广东省广州市中级人民法院于2019年12月3日作出（2019）粤01民申534号民事裁定。该院再审认为：（2018）粤0104民初489号民事判决于2018年7月26日发生法律效力，何某甲于2019年8月13日提出再审申请，已超过法律规定的申请再审期限。裁定：驳回何某甲的再审申请。

何某甲不服（2018）粤0104民初489号民事判决，向检察机关申请监督。

本院查明：

一、何某甲在向检察机关申请监督期间提交的新证据如下：

1. 广州市公安局某区分局于2019年12月3日出具的穗公（刑）诉字〔2019〕02918号《起诉意见书》，拟证实冒用何某甲名义申领广州某银行信用卡的诈骗犯罪嫌疑人何某乙于2019年9月16日被抓获。

2. 广州市公安局某区分局某派出所于2019年9月16日制作的对何某乙的讯问笔录，拟证实何某乙在何某甲不知情的情况下，编造借口取走了何某甲的身份证并冒用何某甲签名办理了涉案的信用卡，后被办卡中介透支了款项。根据该讯问笔录第4页记载，何某乙承认其用姐姐何某甲的身份证办理了广州某银行股份有限公司（以下简称广州某银行）和另一家银行的信用卡，何某甲不知道何某乙拿着她的身份证去办信用卡，是何某乙编造了一个借口向何某甲骗取的。

3. 广东省广州市公安司法鉴定中心于2015年7月6日出具的穗公（司）鉴（文检）字［2015］××3号《文件鉴定书》，拟证实何某乙办理广州农某行信用卡时书写的“何某甲”字迹与何某甲本人字迹不是同一人所写。该文件鉴定书记载：广州市公安局某区分局经济犯罪侦查大队于2015年7月6日提供检材《某信用卡申请表》和样本，委托广东省广州市公安司法鉴定中心进行鉴定，该鉴定中心的鉴定意见是：送检的“申请表”上“主卡申请人签名”栏书写的“何某甲”签名字迹与落款署名“何某甲”的书写字迹不是同一人所写。

4. 广州市中级人民法院（2019）粤01民再189号民事判决书，拟证实何某乙盗用何某甲身份证，冒用何某甲签名同时申领了广州某银行和某某银行信用卡，在涉广州某银行信用卡的案件中，广州市中级人民法院通过再审，查明冒用何某甲签名申领的广州某银行信用卡不是何某甲开设的，也不是何某甲实际消费的，从而判决撤销了广州市天河区人民法院（2017）粤0106民初9806号民事判决，该判决可以作为检察机关抗诉的佐证证据。

根据（2019）粤01民再189号案的卷宗材料反映，广州某银行以何某甲为被告提起信用卡纠纷，诉讼请求：何某甲立即偿还截至2016年8月24日的信用卡欠款共计666 729.04元。广州市天河区人民法院于2018年1月25日作出（2017）粤0106民初9806号民事判决，判决：何某甲向该行偿还截至2016年8月24日的信用卡欠款本金558 523.23元及利息、滞纳金、手续费，驳回该行的其他诉讼请求。何某甲以原判决认定事实的主要证据是伪造的为由，于2018年10月8日申请再审，广州市中级人民法院于2019年4月4日作出（2018）粤01民申560号民事裁定提审该案，并于2019年12月27日作出（2019）粤01民再189号民事判决。根据再审查明的事实以及广州市公安司法鉴定中心于2015年7月6日作出的穗公（司）鉴（文检）字［2015］××3号《文件鉴定书》的鉴定意见，该院认为现有证据不足以认定涉案信用卡是何某甲申请开设，且广州某银行也无法证明涉案的透支款项为何某甲实际消费，故广州某银行起诉请求何某甲返还透支款项及其利息缺乏事实依据。遂以再审新证据为由认定原审判决认定事实不清，处理不当，判决：撤销广州市天河区人民法院（2017）粤0106民初9806号民事判决，驳回广州某银行的全部诉讼请求。

5. 广州市某区公安分局预审大队分别于2020年4月13日向某银行信用卡中心出具的《协查函》和2020年4月21日出具的《情况说明》，拟证实某信用卡中心在收到公安机关告知发现何某乙冒用何某甲的身份在某银行申办信用卡嫌疑可报案的情况下，表示经请示上级，因涉案金额较小，不需要报案。上述材料来源于何某乙信用卡诈骗案卷宗材料。

二、检察机关调查核实情况如下：

广东省广州市越秀区人民检察院经向广州市某区人民检察院、广州市某区人民法院、广州市公安局某区分局调查核实何某乙涉嫌一系列信用卡诈骗案，广州市公安局某区分局提供的广东省广州市公安司法鉴定中心于2020年8月12日出具的穗公（司）鉴（文检）字［2020］00××号《鉴定书》记载，广州市公安局某区分局某派出所委托该鉴定中心对送检的“某银行信用卡申请表”上主卡申请人姓名为“何某甲”的落款署名与样本落款署名为“何某乙”的书写笔迹是否同一人所写进行鉴定。该《鉴定书》的鉴定意见为：送检的主卡申请人姓名为“何某甲”的“某银行信用卡申请表”上红框内笔迹与送来落款署名为“何某乙”的书写笔迹是同一人所写。

广东省广州市越秀区人民检察院向广州市公安局某区分局、某银行提取何某甲、何某乙笔迹样本，并经何某甲、某银行信用卡中心同意，依法委托本院司法鉴定中心对涉案的2014年5月6日某银行某信用卡开户资料中主卡申请人填写内容以及“何某甲”签名与“何某甲”或“何某乙”样本是否同一人所写进行鉴定。本院于2020年8月28日作出穗检技鉴字［2020］004号《文件检验鉴定书》，经对比检验发现：检材笔迹与“何某甲”样本笔迹在书写风貌及字形字体等一般特征上相似，但在相同字或相同部首的搭配比例、连笔方式、起收笔动作、运笔形态等细节特征上存在本质的差异，充分反映出不同人的书写习惯，构成否定同一的依据。检材笔迹与“何某乙”样本笔迹不仅在书写水平、书写风貌、字形字体等一般特征上相符合，而且在相同字或相同部首的笔顺、搭配比例、连笔方式、起收笔动作、运笔形态等细节特征上存在本质的差异，充分反映出同一人的书写习惯，构成认定同一的依据。鉴定意见是：送检的某银行某信用卡开户资料中主卡申请人填写内容以及“何某甲”签名与“何某乙”样本是同一人所写，与“何某甲”样本不是同一人所写。

本院认为，本案的争议焦点为涉案某银行信用卡是否为何某甲本人申请开设和实际消费，何某甲应否承担涉案还款责任。现有新的证据足以推翻广东省广州市越秀区人民法院（2018）粤0104民初489号民事判决。理由如下：

一、两份鉴定意见均证实涉案信用卡申请表上的签名并非何某甲本人所签署

检察机关依法调取了广东省广州市公安司法鉴定中心于2020年8月12日出具的穗公（司）鉴（文检）字［2020］00××号《鉴定书》。根据该鉴定书的内容反映，该鉴定中心接受委托对广州市公安局某区分局某派出所送检的“某银行信用卡申请表”上主卡申请人姓名为“何某甲”的落款署名与样本落款署名为“何某乙”的书写笔迹是否同一人所写进行鉴定，鉴定意见为：送检的主卡申请人姓名为“何某甲”的“某银行信用卡申请表”上红框内笔迹与送来落款署名为“何某乙”的书写笔迹是同一人所写。

广州市越秀区人民检察院经何某甲、某银行信用卡中心同意，依法委托本院司法鉴定中心就涉案某银行某信用卡开户资料中主卡申请人签名处“何某甲”的字迹进行鉴定，本院司法鉴定中心出具了穗检技鉴字［2020］004号《文件检验鉴定书》，鉴定意见亦是：送检的某银行某信用卡开户资料中主卡申请人填写内容以及“何某甲”签名与“何某乙”样本是同一人所写，与“何某甲”样本不是同一人所写。综合上述鉴定意见，足以证明涉案“某银行信用卡申请表”上的“何某甲”签名并非何某甲本人所签署，现有证据不足以认定涉案信用卡是何某甲申请开设，亦无证据证明涉案的透支款项为何某甲实际消费，原审判决认定何某甲承担向某银行信用卡中心返还透支款项及利息的责任，缺乏事实证据。

二、同类案件应得到统一处理

根据广州市公安局某区分局出具的穗公（刑）诉字［2019］02918号《起诉意见书》、广州市公安局某区分局某派出所于2019年9月16日对何某乙制作的讯问笔录、广州市中级人民法院（2019）粤01民再189号民事判决、广州市某区公安分局预审大队出具的《协查函》《情况说明》等证据显示，何某乙因涉嫌信用卡诈骗已被移送审查起诉，其承认在何某甲不知情的情况下冒用何某甲身份申领了涉案某银行信用卡和广州某某银行信用卡并进行违法套现。针对冒名申领广州某某银行信用卡的情况，广州市中级人民法院已作出（2019）粤01民再189号民事判决，认定银行起诉请求何某甲返还透支款项及其利息等缺乏事实依据，撤销了（2017）粤0106民初9806号民事判决，驳回

银行的全部诉讼请求。本案的基本事实、法律适用等同该案情况类似，亦应得到统一处理，以维护司法权威和司法公信力。

综上所述，现有新的证据足以推翻广东省广州市越秀区人民法院（2018）粤0104民初489号民事判决。根据《中华人民共和国民事诉讼法》第二百零九条、第二百条第（一）项、第二百零八条第一款的规定，特提出抗诉，请依法再审。

此致

广东省广州市中级人民法院

2021年2月4日

（院印）

附件：检察卷宗×册。

项目十一　民事裁定书（裁定驳回再审申请用）

【文书格式】

××××人民法院

民事裁定书

（××××）……民申……号

再审申请人（一审、二审诉讼地位）：×××，……。

……

被申请人（一审、二审诉讼地位）：×××，……。

……

二审上诉人/二审被上诉人/第三人（一审诉讼地位）：×××，……。

法定代理人/指定代理人/法定代表人/主要负责人：×××，……。

……

（以上写明当事人和其他诉讼参加人的姓名或者名称等基本信息）

再审申请人×××因与被申请人×××/再审申请人×××及×××（写明原审其他当事人诉讼地位、姓名或名称）……（写明案由）一案，不服××××人民法院（××××）……号民事判决/民事裁定/民事调解书，向本院申请再审。本院依法组成合议庭进行了审查，现已审查终结。

×××申请再审称，……（写明再审申请人所依据的法定事由及事实理由）。

×××提交意见称，……（写明被申请人的意见；未提交意见的，不写）。

本院经审查认为，……（依据认定的事实和相关法律，对再审申请进行分析评判，说明再审事由不成立等驳回再审申请的理由）。

依照《中华人民共和国民事诉讼法》第二百一十一条第一款，《最高人民法院关于适用〈中华人民共和国民事诉讼法〉的解释》第三百九十五条第二款规定，裁定如下：

驳回×××的再审申请。

审 判 长 ×××
审 判 员 ×××
审 判 员 ×××
××××年××月××日
（院印）

本件与原本核对无异

法官助理 ×××
书 记 员 ×××

【民事裁定书（裁定驳回再审申请用）写作谈】[①]

民事裁定书（裁定驳回再审申请用）是当事人对生效民事判决、裁定或民事调解书不服，向人民法院申请再审，人民法院经审查认为不具备法律规定的再审事由，裁定驳回再审申请时使用的一种民事裁判文书。其写作主体是受理民事再审申请的人民法院，写作受体是民事再审申请人、被申请人以及原审其他当事人，写作主旨是人民法院将不具备法定再审事由的民事再审申请裁定予以驳回。

我国民事审判监督程序的制度价值是在纠正错误裁判以维护当事人合法权益和维护生效民事裁判的稳定性及权威性之间求得平衡。根据《民事诉讼法》及其司法解释的规定，当事人对生效民事裁判及调解书向人民法院申请再审，必须在法定期限内提出，且只能申请一次。如果人民法院经过审查，发现再审申请不符合法律规定的事由而裁定予以驳回，当事人将丧失申请法院再次启动再审审查程序的权利，虽说法律上尚存在通过人民检察院检察监督或人民法院依职权发现的渠道进行救济，但毕竟这种情况相较于依申请而裁定再审而言并不多见。因此，民事裁定书（裁定驳回再审申请用）的文书功能主要体现为

① 本文由王成法官撰稿。

维护生效民事裁判的稳定性及权威性。本文书的法律依据是《民事诉讼法》第207条、第208条、第211条第1款①、第212条以及《民诉法解释》第382条②、第393条第2款③。

本文书包括首部、正文、尾部三个部分。

一、首部

首部包括标题、诉讼参加人基本情况、案件由来和审理经过。下面着重介绍一下案号以及案件由来和审理经过这两部分内容。

（一）案号

民事一审、二审程序与审判监督程序相比，各具特征，通过民事裁判文书案号编排之一隅，可以窥见其差异。尽管一审、二审民事裁判文书和审判监督民事裁判文书，其案号遵循同一的编排规则，即（收案年度）+法院代字+专门审判代字+类型代字+案件编号+“号”，但二者却呈现出不同的面貌。一审、二审民事裁判文书的案号相对简单明了，案件类型、一审、二审程序等信息一目了然。例如，（2021）京0105民初100号是指北京市朝阳区人民法院在2021年度收到的第100号民事一审案件；（2021）京03民终100号则是指北京市第三中级人民法院在2021年度收到的第100号民事二审案件。审判监督民事裁判文书的案号体系架构相对复杂，从案号的外观上无法准确反映一审、二审程序信息等内容。

审判监督民事裁判文书的案号有“民监”“民申”“民抗”“民再”之名目。前三种案号用于法院处理再审审查程序中的案件。人民法院依《民事诉讼法》第205条规定④提起再审审查的案件（特别提示，此处包括对人民检察院再审检察建议进行审查后人民法院认为应裁定再审的情形）应编立“民监”

---

① 《民事诉讼法》第211条第1款规定，人民法院应当自收到再审申请书之日起3个月内审查，符合本法规定的，裁定再审；不符合本法规定的，裁定驳回申请。有特殊情况需要延长的，由本院院长批准。

② 《民诉法解释》第382条规定，当事人对已经发生法律效力的调解书申请再审，应当在调解书发生法律效力后6个月内提出。

③ 《民诉法解释》第393条第2款规定：“当事人主张的再审事由不成立，或者当事人申请再审超过法定申请再审期限、超出法定再审事由范围等不符合民事诉讼法和本解释规定的申请再审条件的，人民法院应当裁定驳回再审申请。”

④ 《民事诉讼法》第205条规定，各级人民法院院长对本院已经发生法律效力的判决、裁定、调解书，发现确有错误，认为需要再审的，应当提交审判委员会讨论决定。最高人民法院对地方各级人民法院已经发生法律效力的判决、裁定、调解书，上级人民法院对下级人民法院已经发生法律效力的判决、裁定、调解书，发现确有错误的，有权提审或者指令下级人民法院再审。

案号。依当事人或案外人申请的再审审查案件则应编立为“民申”案号。上级人民检察院向同级人民法院提出抗诉后，该同级人民法院裁定提审时，应编立为“民抗”案号。对编立为“民监”“民申”“民抗”案号的案件，法院经过再审审查程序裁定再审后，对案件进行再审时，应当统一编立为“民再”案号。

另外，“民监”“民申”“民抗”“民再”这些案号中均没有“初”“终”这些程序代字，仅从案号外观上难以识别是再审程序中的“一审”、“二审”，抑或是“三审”。比如，(2021) 京高法民再50号案件，可能是北京市高级人民法院提审下一级法院的“三审”案件，也可能是对本院一审或二审生效裁判提起再审的“一审”或“二审”案件，抑或是最高人民法院依据《关于适用〈中华人民共和国民事诉讼法〉审判监督程序若干问题的解释》(2020修正) 第18条①规定指定再审或指令再审的案件。

一审、二审民事裁判文书和审判监督民事裁判文书案号差异形成的根本原因在于法律程序发动主体的广泛程度不同。一审、二审程序的发动主体范围较窄，一审程序由原告来发动，二审程序由不服一审民事裁判的原被告或者判决其承担民事责任的第三人发动。审判监督程序的发动主体则更为广泛。当事人(原告、被告、判决承担民事责任的第三人)、被遗漏的必须共同进行诉讼的当事人均有权依法申请再审，启动再审审查程序；作出生效民事裁判、调解书的原审人民法院及其上级人民法院亦可以依职权主动提起再审；人民检察院可以通过民事抗诉和检察建议启动再审审查。

依照前面的介绍，既然民事裁定书（裁定驳回再审申请用）是人民法院对当事人提出的不符合再审法定事由的民事再审申请的驳回，因此，其案号属于“民申类”，应按照“（××××）……民申……号”来编排。例如，(2020) 京03民申788号。

（二）案件由来及审理经过

1. 案件由来

案件由来部分应表明各方当事人在再审审查程序的诉讼地位、原生效裁判的案由、审理法院、案号、文书名称等。具体表述应注意以下问题：

（1）再审申请人与被申请人、原审其他当事人之间要用“因与”二字连接。至于原审其他当事人的列写，原审系一审时，以一审原告、被告、第三人

① 该司法解释第18条规定，上一级人民法院经审查认为申请再审事由成立的，一般由本院提审。最高人民法院、高级人民法院也可以指定与原审人民法院同级的其他人民法院再审，或者指令原审人民法院再审。

为序；原审系二审时，以二审上诉人、二审被上诉人、二审第三人为序。

（2）有多个再审申请人、被申请人或相同诉讼地位的当事人的，其间用顿号，例如，“再审申请人×××、×××”“二审上诉人（原审被告）×××、×××”。

2. 审理经过

本部分内容相对简单，纯系格式化写法，不必表述立案日期、当事人出庭情况等，直接写明“本院依法组成合议庭进行了审查，现已审查终结。”即可。

3. 两种表述格式示例

实务中，因受理民事再审申请的法院不同，案件由来及审理经过部分有两种表述格式：

（1）向上级人民法院申请再审。再审申请人×××因与被申请人×××房屋买卖合同纠纷一案，不服北京市第二中级人民法院（2020）京02民终0000号民事判决，向本院申请再审。本院依法组成合议庭进行了审查，现已审查终结。

（2）向原审人民法院申请再审。再审申请人×××因与被申请人×××房屋买卖合同纠纷一案，不服本院（2020）京03民终0000号民事判决，向本院申请再审。本院依法组成合议庭进行了审查，现已审查终结。

二、正文

正文包括诉辩意见、本院经审查认为以及裁定依据和主文三个部分。

1. 诉辩意见

诉辩意见的核心部分是再审申请人申请再审的事实理由及法律依据。对申请再审的事实理由要进行归纳总结，不可照抄再审申请书的内容，总结应该全面、精准，准确反映当事人的真实意思，不得遗漏关键信息，也不能曲解当事人的意见。对于逻辑不清、事实理由相对繁杂的再审申请事由，尤其是有多项再审事由的，归纳总结时应做到条理清晰。

特别应当注意的是，申请再审的事由及法律依据必不可少。再审申请书中必须明确其再审事由及法律依据。审查过程中，再审申请人变更再审事由的，应以其变更后的事由为准，并调整相应的法律依据。对于再审申请人主张的再审事由模糊不清、明显与事实理由或者法律依据不对应的，应向再审申请人做好释明工作，要求其予以明确。当事人对生效裁判不服申请再审是当事人享有的诉讼权利，与一般民事诉讼一样，亦采“不告不理”原则，当事人申请再审主张的再审事由错误，应承担不利后果。当然，实践中，如果生效民事裁判、调解书违反法律、违背公序良俗、损害他人利益的，多以法院发现依职权审查的方式裁定提起再审。

关于被申请人及其他原审当事人的辩称意见，从文书样式的设计来看，并非必要项目。对于被申请人及其他原审当事人收到再审申请书后提交书面答辩意见的，以“×××提交意见称，……”形式概括其意见即可。如果他们均提出答辩意见，则应按照被申请人、原审原告、原审被告、原审第三人或二审上诉人、二审被上诉人、二审第三人的顺序依次分段写明。在再审审查程序实践中，人民法院经常采用听证方式，组织各方发表意见，此种情形下，可将他们在听证会上的陈述意见予以总结概括后纳入其中即可。如果被申请人及其他原审当事人均未提交书面答辩意见，亦未在人民法院组织的听证程序中发表意见，则此部分内容不写。

2. 本院经审查认为

此部分是人民法院根据查明的事实和相关法律规定，对再审申请进行分析评判，对再审申请人提出的事实理由给予在事实或法律上不成立的评价。针对已生效民事裁判的再审申请，要论证其主张的事实理由不成立，与《民事诉讼法》第207条规定的再审事由不符。针对已生效民事调解书的再审申请，要论证其主张的事实理由与《民事诉讼法》第208条的规定不符，或再审申请已超过《民事诉讼法》第212条规定的申请期限等。此部分论述要有事实、有法律、有逻辑，做到文字简明、条理清晰、言之有据。通过论证，应得出再审申请人申请再审的理由不成立，超过法律规定的再审申请期限，或提出的事由不属于法律规定的再审事由等结论。

对于一个再审申请人提出多个再审事由，或者多个再审申请人提出不相同的再审理由，在这个部分的写作中要针对每个再审申请人的每个再审理由一一进行论证。

3. 裁判依据和主文

本部分亦属于格式化内容。主文的表述简单，就一句话：“驳回×××的再审申请”。一案有多个再审申请人的，应在主文中均予以列明，例如，“驳回×××、×××、×××的再审申请”。裁判依据的表述却比较复杂，计有四种表述模式：

（1）再审申请人针对生效民事裁判提出的再审理由因不符合《民事诉讼法》第207条而不成立的，裁判依据是《民事诉讼法》第211条第1款及《民诉法解释》第393条第2款，表述为：

依照《中华人民共和国民事诉讼法》第二百一十一条第一款，《最高人民法院关于适用〈中华人民共和国民事诉讼法〉的解释》第三百九十三条第二款规定，裁定如下：

驳回×××的再审申请。

（2）再审申请人针对生效民事调解书提出再审申请依法不成立的，裁判依据是《民事诉讼法》第208条、第211条第1款及《民诉法解释》第393条第2款，表述为：

综上所述，×××的再审申请不符合《中华人民共和国民事诉讼法》第二百零八条规定的情形。依照《中华人民共和国民事诉讼法》第二百一十一条第一款，《最高人民法院关于适用〈中华人民共和国民事诉讼法〉的解释》第三百九十三条第二款规定，裁定如下：

驳回×××的再审申请。

（3）对于再审申请超过法定的申请期限的，裁判依据是《民事诉讼法》第212条或《民诉法解释》第382条、《民事诉讼法》第211条第1款、《民诉法解释》第393条第2款，又具体区分为两种表述：

①对生效民事判决、裁定申请再审超过法定期限的，表述为：

综上所述，×××的再审申请已超过《中华人民共和国民事诉讼法》第二百一十二条规定的申请再审期限。依照《中华人民共和国民事诉讼法》第二百一十一条第一款，《最高人民法院关于适用〈中华人民共和国民事诉讼法〉的解释》第三百九十三条第二款规定，裁定如下：

驳回×××的再审申请。

②对生效民事调解书申请再审超过法定期限的，表述为：

综上所述，×××的再审申请已超过《最高人民法院关于适用〈中华人民共和国民事诉讼法〉的解释》第三百八十四条规定的申请再审期限。依照《中华人民共和国民事诉讼法》第二百一十一条第一款，《最高人民法院关于适用〈中华人民共和国民事诉讼法〉的解释》第三百九十三条第二款规定，裁定如下：

驳回×××的再审申请。

（4）当事人的再审申请不属于法定再审事由范围的，裁判依据是《民事诉讼法》第207条、第211条第1款、《民诉法解释》第393条第2款，表述为：

综上所述，×××的再审申请不属于《中华人民共和国民事诉讼法》第二百零七条规定的再审事由。依照《中华人民共和国民事诉讼法》第二百一十一条第一款，《最高人民法院关于适用〈中华人民共和国民事诉讼法〉的解释》第三百九十三条第二款规定，裁定如下：

驳回×××的再审申请。

三、尾部

尾部依次包括合议庭成员署名、裁定书制作日期、加盖法院印章、“本件与原本核对无异”印戳、法官助理、书记员署名。

四、注意事项

（一）要对申请再审的事实及理由、再审事由精准回应

“裁判理由”部分是对再审申请人提出再审申请的事实理由、再审事由予以否定性评价，与裁定提起再审的民事裁定书无须写明裁判理由的要求不同，驳回再审申请要对申请再审的事实及理由、再审事由精准回应，针对性要强，要有理有据。

申请再审的事实及理由、再审事由、条文依据要契合匹配，这是民事再审申请书写作的基本准则。驳回再审申请的裁定也要做到一一对应，要有针对性地对再审事实理由进行评价。一是要事事有答复，不能漏而不答；二是要针对性强，不能避而言他；三是论证有力，说理透彻。多人申请再审或裁定驳回的理由不同的，不仅要针对性强、有理有据，而且逻辑性要强、条理清晰。

（二）驳回不同再审申请人再审申请时裁判依据和主文的写作

对于不同再审申请人均不符合裁定再审或提审条件，应在裁判主文中一并裁定驳回再审申请，但同时存在不属于《民事诉讼法》第207条规定的再审事由以及超过申请再审期限等应裁定驳回情形的，应在“裁判依据”部分分别列明。

例如，一审原告张某某以《民事诉讼法》第207条第（2）项、第（6）项为依据申请再审。在再审审查期间，一审被告李某亦提出再审申请。经人民法院审查，张某某主张再审的事实及理由不成立，其再审申请不符合《民事诉讼法》第207条规定的再审情形，而李某在提出再审申请时已超过《民事诉讼法》第212条规定的申请再审期限，则裁判依据和主文表述如下：

【示例】

综上所述，张某某的再审申请不属于《中华人民共和国民事诉讼法》第二百零七条规定的再审事由；李某的再审申请已超过《中华人民共和国民事诉讼法》第二百一十二条规定的申请再审期限。依照《中华人民共和国民事诉讼法》第二百一十一条第一款，《最高人民法院关于适用〈中华人民共和国民事诉讼法〉的解释》第三百九十三条第二款规定，裁定如下：

驳回张某某、李某的再审申请。

（三）民事裁定书（裁定驳回对不予受理裁定再审申请）的写法

本文书格式是裁定驳回再审申请的一般格式。对生效民事判决书、民事调解书、驳回起诉裁定申请再审予以驳回的，裁定书可以完全适用本文书格式。但针对不予受理裁定申请再审予以裁定驳回的，裁定书不能机械套用本文书格式，要根据不予受理裁定申请再审自身的特点对本文书格式进行局部调整适用。例如，在首部，当事人基本情况部分，只有再审申请人，不存在被申请人；案件由来表述为："再审申请人×××因起诉×××（写明被起诉人姓名或名称）……（写明案由）一案，不服××××人民法院（××××）……号民事裁定，向本院申请再审。"正文诉辩意见部分只有"×××申请再审称"，"×××提交意见称"亦不存在。

（四）从实务操作层面看，在案外人申请再审时不存在裁定驳回的客观可能性

案外人是被遗漏的必须共同进行诉讼的当事人，有资格依据审判监督程序的规定直接申请再审，人民法院经审查后应裁定提审或再审。如果案外人并非被遗漏的必须共同进行诉讼的当事人，从现在的制度安排来看，其无资格启动再审审查程序。

案外人在执行程序中提出标的异议被裁定驳回后，案外人对裁定不服，认为原判决、裁定错误的，依照审判监督程序办理，可以自执行异议裁定送达之日起六个月内，向作出原判决、裁定、调解书的人民法院申请再审。经再审审查，根据《民诉法解释》第422条的规定，若案外人属于被遗漏的必要共同诉讼当事人，则应裁定再审。若非被遗漏的必要共同诉讼当事人，人民法院仅审理原判决、裁定、调解书对其民事权益造成损害的内容。经审理，再审请求成立的，撤销或者改变原判决、裁定、调解书；再审请求不成立的，维持原判决、裁定、调解书。从处理结果看，案外人执行标的异议引发的再审申请，亦不存在裁定驳回再审申请的可能性。

相比之下，申请执行人或被执行人对执行异议裁定不服依照审判监督程序对原案申请再审的，可能存在裁定驳回再审申请的处理结果，但该再审申请系当事人提出，并非案外人提出。

【例文】①

中华人民共和国最高人民法院

民事裁定书

（2021）最高法民申0000号

再审申请人（一审被告、二审上诉人）：云南利晟×房地产开发有限公司。住所地：云南省昆明市京北区×街道办事处共信时代广场共信假日商务中心×栋×号。

法定代表人：赵某某，该公司总经理。

委托诉讼代理人：雷某某，云南某某律师事务所律师。

委托诉讼代理人：杜某某，云南某某律师事务所律师。

被申请人（一审原告、二审被上诉人）：昆明典威×置业有限公司。住所地：云南省昆明市昌盛×村×号三楼。

法定代表人：龚某，该公司董事长。

再审申请人云南利晟×房地产开发有限公司（以下简称利晟×公司）因与被申请人昆明典威×置业有限公司（以下简称典威×公司）借款合同纠纷一案，不服云南省高级人民法院（2020）云民终000号民事判决，向本院申请再审。本院依法组成合议庭进行了审查，现已审查终结。

利晟×公司申请再审称，原审判决认定基本事实缺乏证据证明，适用法律错误。一、利晟×公司与典威×公司属投资合作关系，原审判决认定为借款关系不当。二、原审判决对利晟×公司已还款金额认定错误。利晟×公司已经归还典威×公司借款本金17 502 943.13元，尚欠2 497 056.9元。除原审判决确认的利晟×公司已归还的本金5 615 300元外，2013年6月典威×公司扣留了项目投资回报款11 827 643.13元，该款项应当认定为利晟×公司向典威×公司还款。2015年9月8日、10月14日，利晟×公司分别向典威×公司支付了2万元、4万元，亦应认定为还款。三、原审判决对违约金认定不当。利晟×公司、典威×公司就违约金进行过多次协商，应以最后一次协商达成的意见为准。2018年11月6日，《关于西山区12号片区投资返还问题专题会议纪要》约定自2013年4月17日起按照16%支付违约金，故违约金应为总投资款的16%，而非年利率为16%。

本院经审查认为，本案原审已查明，利晟×公司、典威×公司签订的

① 本裁定书选自中国裁判文书网。

《昆明市西山区永昌片区城中村改造12地块土地一级开发项目合作投资协议》（以下简称《合作投资协议》）载明案涉2000万元系典威×公司投入的投资本金，亦约定了该资金的投资回报、资金返还、违约金、资金保障等事项。根据约定，就该2000万元，典威×公司仅收取固定收益，不承担因案涉项目经营产生的相关风险责任，利晟×公司多次向典威×公司出具的承诺函以及双方多次协商达成的协议亦对该资金的返还、违约金以及资金保障等事项作出了约定。故原审法院认定案涉2000万元名为项目投资款但实为借款的基本事实不缺乏证据证明，适用法律并无不当。

本案原审也查明，双方均认可典威×公司已向利晟×公司支付2000万元及利晟×公司累计已偿还5 615 300元。因案涉《城中村改造项目实施协议》及《合作投资协议》均载明利晟×公司、典威×公司各自应获得的投资回报款参照政府相关文件规定计算，且原审中双方当事人对案涉11 827 643.13元的权利归属及典威×公司是否扣留该款项等事实均存在争议，对此，利晟×公司可依法另行主张。利晟×公司主张2015年9月8日、10月14日分别向典威×公司支付的2万元、4万元应认定为还款，但相应银行回单明确记载为“安置过渡费”“安置费”而并非归还借款。故在利晟×公司未提交其他证据予以印证的情形下，原审法院对利晟×公司尚差欠典威×公司借款本金数额的基本事实认定，并不缺乏证据证明。

原审也查明，利晟×公司、典威×公司达成的《关于西山区12号片区投资返还问题专题会议纪要》载明“根据双方签订的《合作投资协议》及往来函件，利晟×公司未按约返还典威×公司投资，自2013年4月17日起按照16%承担违约金”。而此前，利晟×公司向典威×公司出具的《关于返还昆明典威×置业有限公司西山区12号片区“城中村”改造项目投资本金的复函》《承诺函》等均载明，利晟×公司未返还款项的，按照年利率16%承担违约金。原审结合会议纪要以及利晟×公司多次出具的函件内容，认定利晟×公司应按年利率16%的标准向典威×公司支付违约金的基本事实也不缺乏证据证明，适用法律亦无不当。

综上所述，利晟×公司的再审申请不符合《中华人民共和国民事诉讼法》第二百条规定的应当再审的情形。本院依照《中华人民共和国民事诉讼法》第二百零四条第一款，《最高人民法院关于适用〈中华人民共和国民事诉讼法〉的解释》第三百九十五条第二款规定，裁定如下：

驳回利晟×公司的再审申请。

审 判 长 李某某
审 判 员 郎某某
审 判 员 刘某某

二〇二一年五月三十一日
（院印）

本件与原本核对无异

法官助理 梁 某
书 记 员 胡某某

项目十二 民事判决书（抗诉案件提审后用）

【文书格式】

××××人民法院

民事判决书

（××××）……民再……号

抗诉机关：××××人民检察院。

申诉人（一审、二审诉讼地位）：×××，……。

……

被申诉人（一审、二审诉讼地位）：×××，……。

……

二审上诉人/二审被上诉人/第三人（一审诉讼地位）：×××，……。

……

（以上写明当事人和其他诉讼参加人的姓名或者名称等基本信息）

申诉人×××因与被申诉人×××及×××（写明原审其他当事人诉讼地位、姓名或名称）……（写明案由）一案，不服本院（××××）……号民事判决/民事裁定，向××××人民检察院申诉。××××人民检察院作出……号民事抗诉书，向本院提出抗诉。本院作出……号民事裁定，提审本案。本院依法组成合议庭，开庭/不开庭审理了本案。××××人民检察院指派检察员×××出庭。申诉人×××、被申诉人×××（写明当事人和其他诉讼参加人的诉讼地位和姓名或者名称）到庭参加诉讼（未开庭的，写明：本院依法组成合议庭审理了本案）。本案现已审理终结。

××××人民检察院抗诉认为，……（概括写明人民检察院的抗诉理由）。

×××称，……（写明再审过程中申诉人的再审请求、事实和理由）。

×××辩称，……（概述被申诉人的答辩意见）。

×××述称，……（概述原审其他当事人的意见）。

×××向一审法院起诉请求：……（写明一审原告的诉讼请求）。一审法院认定事实：……。一审法院判决：……（写明一审判决主文）。

×××不服一审判决，上诉请求：……（写明上诉请求）。二审法院认定事实：……（概述二审认定事实）。二审法院认为，……（概述二审判决理由）。该院判决：……（写明二审判决主文）。

围绕当事人的再审请求，本院对有争议的证据和事实认定如下：

……（写明再审法院采信证据、认定事实的意见和理由，对一审、二审法院认定相关的事实进行评判）。

本院再审认为，……（写明争议焦点，根据再审认定的案件事实和相关法律，对再审请求进行分析评判，说明理由）。

综上所述，……（对当事人的再审请求是否成立进行总结评述）。依照《中华人民共和国民事诉讼法》第二百一十四条第一款、第一百七十七条第一款第×项、……（写明法律文件名称及其条款项序号）规定，判决如下：

一、……；

二、……。

（以上分项写明判决结果）

一审案件受理费……元，由……负担；二审案件受理费……元，由……负担；再审案件受理费……元，由……负担（写明当事人姓名或名称、负担金额）。

本判决为终审判决。

审　判　长　×××
审　判　员　×××
审　判　员　×××
××××年××月××日
（院印）

本件与原本核对无异

法官助理　×××
书　记　员　×××

【民事判决书（抗诉案件提审后用）写作谈】①

民事判决书（抗诉案件提审后用）是人民法院对人民检察院依法提出民事抗诉的案件进行再审审理后，根据再审查明的事实、证据和有关法律规定，对案件进行实体处理时使用的民事裁判文书。其写作主体是受理抗诉案件的人民法院，也即作出原生效裁判的上级人民法院，写作受体是提出抗诉的人民检察院、申诉人、被申诉人以及一审原告、一审被告、一审第三人或二审上诉人、二审被上诉人、二审第三人，写作主旨是表达人民法院对再审案件的实体处理意见。该文书写作的法律依据是《民事诉讼法》第214条第1款②、第177条。

本文书由首部、正文、尾部组成。

一、首部

首部包括标题、诉讼参加人基本情况以及案件由来及审理经过。

（一）标题

标题包括人民法院名称、文书名称、案件编号。人民法院名称是受理人民检察院抗诉案件的人民法院，即作出原生效裁判人民法院的上一级人民法院。案件编号中，类型代字是"民再"。

（二）诉讼参加人的基本情况

1. 当事人的诉讼地位

人民检察院提出抗诉的案件，当事人的诉讼地位要根据当事人向人民检察院申请抗诉或检察建议时的身份书写，以区别于人民法院依当事人申请裁定提审时当事人的诉讼地位，依此能够直观反映发动再审程序主体的不同。向人民检察院申请抗诉或检察建议的当事人为申诉人，依申诉人的申请，将来可能承受变动原判责任负担的目标当事人为被申诉人。申诉人、被申诉人与当事人向法院申请再审时的再审申请人、被申请人一般是相对应的。既非申诉人、亦非被申诉人的其他原审当事人，要列明其原审诉讼地位。

申诉人、被申诉人后要用圆括号注明其原一审、二审诉讼地位。例如，申诉人（一审原告、反诉被告、二审上诉人）。

---

① 本文由王成法官撰稿。

② 《民事诉讼法》第214条第1款规定，人民法院按照审判监督程序再审的案件，发生法律效力的判决、裁定是由第一审法院作出的，按照第一审程序审理，所作的判决、裁定，当事人可以上诉；发生法律效力的判决、裁定是由第二审法院作出的，按照第二审程序审理，所作的判决、裁定，是发生法律效力的判决、裁定；上级人民法院按照审判监督程序提审的，按照第二审程序审理，所作的判决、裁定是发生法律效力的判决、裁定。

2. 列写顺序

列写时，先写抗诉机关及其名称，中间用“:”分隔，再依次写申诉人、被申诉人、原审其他当事人。原审其他当事人的列写因原审审级不同有所区别。原审系一审的，按照一审原告、一审被告、一审第三人的顺序书写。原审系二审的，按照二审上诉人、二审被上诉人、二审第三人的顺序书写，其后要用圆括号注明一审诉讼地位，如二审上诉人（一审被告）。需要注意的是，对人民检察院依当事人申诉对“不予受理裁定”提出抗诉的案件，不存在被申诉人及原审其他当事人的列写。

（三）案件由来及审理经过

本部分要写明申诉人、被申诉人诉讼地位及姓名（或名称），原审其他当事人诉讼地位及姓名（或名称），案由，原审法院名称及案号，文书名称，提出抗诉人民检察院名称，民事抗诉书的文书案号，提审裁定案号，本院开庭情况，人民检察院派员出庭情况，当事人到庭情况，以“本案现已审理终结”结尾。未开庭的，本院开庭情况、人民检察院派员出庭情况、当事人到庭情况均省略不写。

《民事诉讼文书样式》将此部分内容表述为：

申诉人×××因与被申诉人×××及×××（写明原审其他当事人诉讼地位、姓名或名称）……（写明案由）一案，不服本院（××××）……号民事判决/民事裁定，向××××人民检察院申诉。××××人民检察院作出……号民事抗诉书，向本院提出抗诉。本院作出……号民事裁定，提审本案。本院依法组成合议庭，开庭/不开庭审理了本案。××××人民检察院指派检察员×××出庭。申诉人×××、被申诉人×××（写明当事人和其他诉讼参加人的诉讼地位和姓名或者名称）到庭参加诉讼。（未开庭的，写明：本院依法组成合议庭审理了本案）。本案现已审理终结。

这段标准格式的内容有两个瑕疵，待有权部门改进完善。

第一，“不服本院（××××）……号民事判决/民事裁定”的表述与本文书格式的适用范围相冲突。最高人民法院对本文书样式的适用范围作了如下说明：“本判决书样式根据《中华人民共和国民事诉讼法》第二百零七条第一款、第一百七十条第一款制定，供因人民检察院抗诉，上级人民法院提审，经审理后作出实体处理时使用。”① 可见，本文书样式用于因人民检察院抗诉，上级人民法院提审的再审案件，原生效民事判决、裁定系下级人民法院作出，

① 参见最高人民法院修改后民事诉讼法贯彻实施工作领导小组编：《民事诉讼文书样式》，人民法院出版社2016年版，第679页。

并非提审法院自己作出。另外，根据《民事诉讼法》第215条第1款的规定，上级人民检察院（含最高人民检察院）对下级人民法院已经发生法律效力的判决、裁定，发现有本法第207条规定情形之一的，或者发现调解书损害国家利益、社会公共利益的，应当向同级人民法院提出抗诉。据此，抗诉引起再审的对象是下级人民法院已经发生法律效力的判决、裁定、调解书，而非接受抗诉的同级人民法院自己作出的。因此，建议将此样式文本修改为“不服××××人民法院（××××）……号民事判决/民事裁定”。

第二，“本院依法组成合议庭，开庭/不开庭审理了本案”与“未开庭的，写明：本院依法组成合议庭审理了本案”相互龃龉。文书样式使用者刚刚选择书写了“不开庭审理了本案”，随后本段结尾处圆括号的注明却指示要删除“不开庭审理了本案”，直接写“本院依法组成合议庭审理了本案”了事。这样会令使用者不知所措，使用起来颇不方便。将“/不开庭”删除，更符合立法技术及逻辑要求。

【示例】

申诉人某置业建筑工程公司因与被申诉人某房地产开发公司建设工程施工合同纠纷一案，不服北京市第一中级人民法院（2019）京×民终×号民事判决，向北京市人民检察院申诉。北京市人民检察院作出京检民监［2020］11000××××××号民事抗诉书，向本院提出抗诉。本院作出（2020）京民抗×号民事裁定，提审本案。本院依法组成合议庭，开庭审理了本案。北京市人民检察院指派检察员李某、王某出庭。申诉人委托诉讼代理人王某1、李某某，被申诉人委托诉讼代理人刘某、王某2到庭参加诉讼。本案现已审理终结。

二、正文

正文包括事实、本院再审认为、裁判依据及主文三大部分。

（一）事实

事实部分包括抗诉意见、诉辩意见、原审裁判情况、再审查明事实四个部分。

1. 抗诉意见

抗诉意见以“×××人民检察院抗诉认为”开启，简要概述人民检察院的抗诉理由。此部分内容无须抄录民事抗诉书的全文，要进行归纳概括，精准叙述人民检察院抗诉意见的结论性观点或意见，对于人民检察院的论证过程无须详叙。

2. 诉辩意见

包括申诉人的再审请求、事实理由，被申诉人的答辩意见以及原审其他当事人的述称意见。分别以“×××称”“×××辩称”“×××述称”开启，不同主体的意见分段叙写。内容较少的，可以抄录当事人的原文，内容较多或当事人意见逻辑不清的，应进行总结归纳，但应做到全面、精准、达意。此部分应以再审请求范围为限，与再审请求无涉的，可以简写。

3. 原审裁判情况

简要概述原审裁判情况，包括一审审理情况（一审原告的诉讼请求、一审法院认定的事实、一审裁判理由及判决主文）、二审审理情况（上诉人的上诉请求、二审法院认定的事实、二审裁判理由及判决主文）。

诉讼请求、上诉请求的写作，要全面、准确。一般情况下写明一审、二审民事判决书所载诉求即可。当事人申请再审理由中含有原审超范围判决、漏审等再审理由或当事人明确指出曾变更请求而民事判决书未予载明的，此部分更应查实写清。对一审、二审民事判决书的事实认定、裁判理由部分要进行归纳概括，不要复制原文，但应全面、达意。与申请再审事由有关的部分，更要准确，没有歧义。

4. 再审查明事实

人民法院审判案件要“以事实为依据，以法律为准绳”。法院认定的事实是进行“三段论”逻辑论证进而得出裁判结果的小前提，是请求权基础的构成要件是否具备、当事人诉求能否得到支持的决定性因素，就再审程序而言，它又是对原审裁判评判正误的决定性因素之一。

再审查明事实在内容上要反映出案件审理的整体脉络和过程。其行文结构上类似二审民事判决书。在一审、二审认定事实的基础上，根据再审程序中双方提供的新证据，对争议事实进行分析认证，形成再审查明的事实。此部分内容的写作，既要依据民事诉讼法、民事诉讼证据规则的相关规定，还要结合日常生活经验准则。写法上，要根据案件事实复杂程度及争点事实多寡情况不同，采用不同的写作手法。比如，案件争点事实较多且证据材料较多的，采用分叙法，即对不同的争点事实分别叙述认定，列明各方当事人针对该争点的举证、质证情况，以此为基点，结合民事诉讼证据规则及日常生活经验准则对争点事实进行综合分析认证，如对合同签订过程、合同内容、合同履行过程、违约损失等分别认证。对于争点少、证据材料较少的，可以采用统叙法，即对案件事实按照事件的发展脉络进行统一分析认证。无论采用分叙法，还是统叙法，对于能够直接采用证据认证的事实可以直接抄录该证据内容；对于证据较多、有相反证据、证据效力层次不同等情形，或者需要结合日常生活经验准则进行分析认证的，要反映出论证认证过程。

在本部分写作过程中，应注意下列问题：

第一，原审事实及裁判理由的叙述要详略得当。原审事实及裁判理由的叙述应该详细还是简略？实务中存在两种意见：一是不同阶段审理重点和范围不同，但再审案件要全面反映不同阶段的审理情况，因此以全文复制为好；二是尽管再审判决应反映不同阶段的审理情况，但再审审理毕竟以再审请求为审理范围，重点是再审的事实争点及法律适用争点，所以与再审请求无关的事项可以进行归纳、概括，详叙原审事实及裁判理由的弊端是很明显的。有的法官采用全文复述的方式，再审判决显得格外冗长，导致有的判决多达几十页甚至上百页，重复内容过多，大量内容与本案审理范围无关，重点不突出，况且有些内容因复制不准确还容易引起当事人的异议。

《民事诉讼文书样式》对此未作统一要求。具体写作中，法官还是要根据不同的案件情况采用不同的做法，但至少在事实认定方面，还是尽可能避免无价值的重复为好，力求详略得当。

第二，关于事实争议焦点部分的去留及位置。争议焦点从性质上可分为事实争议焦点和法律适用争议焦点。将法律适用争议焦点放在文书“本院认为”部分自无争议，关于事实争议焦点的去留及位置，《民事诉讼文书样式》中针对不同情况给出了不同的建议。对事实清楚、案情简单未形成事实争议焦点的案件，裁判文书中可以不归纳争议焦点。但对于民事判决书（抗诉案件提审后用）适用范围而言，少有无事实争议焦点的情况。对于事实争议焦点放在何处，根据事实认定的复杂程度来决定更为妥当。对于通过证据能够直观认定的，可以放在本部分，具体写在原审判决结果之后，在“围绕当事人的再审请求，双方在事实方面存在以下争议焦点，现结合当事人的举证、质证情况，分别认证如下：”这段套语之下，对争议事实分别进行认证。对于争议事实各方证据材料较多，需要综合分析认证或需要结合日常生活经验准则进行认证的，或者原判认定事实多处错误需要纠正的，建议将事实争议焦点部分放在“本院认为”部分书写。如此，能够使“本院认为”部分的三段论逻辑论证更加完整、系统、全面，明确再审判决对再审事实认定的态度和意见，以更好地回应申请再审的事实理由及再审诉求，评判原审裁判的正误。

第三，对再审申请中有争议的事实要一一回应。再审查明事实是论证再审判决结果的小前提。再审查明事实部分必须对再审申请中有争议的事实一一做出回应，如此才有可能做到判决有据，令人信服。当然，此处有争议的事实是与请求权基础有关的要件事实，该事实对裁判结果应具有影响。对于与裁判结果无关的事实无须查证。对原审中因举证期限届满未准予当事人提交、提交而未质证、应予调取在原审中当事人申请调取而未调取的证据要给予重点说明，并依法审查认证。

第四，案件中需要依据行业规章、行业组织或相关管理单位的程序性规范性文件确定当事人权利义务内容或义务履行顺序的，相关规范性文件制作主体、发布时间及文件相关内容应写入事实查明部分。

第五，当事人申请人民法院调取的证据及人民法院主动调取的证据均应向当事人出示，并经当事人质证后，方可作为人民法院认定事实的依据。

（二）本院再审认为

“本院再审认为”部分也即裁判理由部分。它以再审查明事实为依据，以法律规定为准绳，围绕当事人的再审请求，依法确定当事人的权利义务，并以此为基础，对原审裁判是否存在申诉人主张的认定事实错误、适用法律错误、程序违法等进行论证评价，并最终形成裁判结果。此部分同样要求对申请再审的事实理由、再审请求一一回应、一一论证。总体上，可以参照本书第五章项目八“二审民事判决书（改判用）”的写作要求。但应注意以下事项：

1. 对于原审裁判认定事实和适用法律错误的，要一一予以更正、撤销或纠正。

2. 对于超出原审诉求范围且能够另诉解决的，要明确告知本案不予处理，当事人可另诉解决。

3. 对于超出原审诉求范围但无法另诉解决的事项，应说明理由，并明确本案一并处理；对于虽在原审诉求、审理范围内，而再审中不宜审理或不具备裁判基础的，应明确告知当事人另诉解决及另诉解决的条件。

4. 尽管本文书样式系因人民检察院抗诉经提审后判决使用，但审理对象仍然是原生效裁判，审理范围仍是当事人提出的再审请求范围（当然，属于《民诉法解释》第 403 条第 3 款①规定情形亦应当一并审理），故这部分的写作无须直接针对人民检察院抗诉意见成立与否作出评价，只对原审裁判正误作出评价即可，并根据再审查明事实依法作出判决。

（三）裁判依据及主文

本文书格式的裁判依据是《民事诉讼法》第 214 条第 1 款、第 177 条第 1 款第 × 项。对于原审裁判适用法律错误或再审改判的，还要引用相应的实体法条文。

---

① 《民诉法解释》第 403 条第 3 款规定，人民法院经再审，发现已经发生法律效力的判决、裁定损害国家利益、社会公共利益、他人合法权益的，应当一并审理。

裁判主文相对复杂，因为要同时面对原一审、二审判决结果。当维持原二审判决或全部撤销原二审判决、维持全部原一审判决时（也就是常说的“撤二维一”），写法很简单，但当发生维持部分原二审判项、部分撤销，同时要维持或变更原一审相应判项之时，则显得相对复杂。实务中，如果涉及判项较多，又包括撤销、维持、变更判项的，则在判决第一项撤销二审判决的基础上，然后参照普通二审判决的写法。但要特别注意，再审处理结果未支持一审原告全部诉求或一审被告全部反诉请求，未支持二审上诉人全部上诉请求的，还要在最后分项判决驳回一审原告、反诉被告的其他诉讼请求或反诉请求、驳回上诉人的其他上诉请求。

三、尾部

尾部包括具有金钱给付义务判项时的延期履行责任、诉讼费用负担、本判决为终审判决等告知内容以及合议庭成员署名、文书制作日期、法官助理和书记员署名，并加盖人民法院印章及“本件与原件核对无异”印戳。

关于诉讼费用的负担。根据《诉讼费用交纳办法》第29条[①]的规定，通常的计算方法为，原一审诉讼费用按照再审处理结果对照一审原告诉求，由败诉方承担败诉部分的诉讼费用。二审诉讼费用亦以再审处理结果对照上诉请求，由败诉方承担败诉部分的诉讼费用。

关于再审案件受理费的计收及负担。《诉讼费用交纳办法》第9条规定了应单独计收再审案件受理费的两种情形，即当事人有新的证据，足以推翻原判决、裁定，向人民法院申请再审，人民法院经审查决定再审的案件；当事人对人民法院第一审判决或者裁定未提出上诉，发生法律效力后又申请再审，人民法院经审查决定再审的案件。再审案件受理费按照再审请求数额计收。再审案件受理费的负担，根据《诉讼费用交纳办法》第32条[②]的规定，原则上应由申请再审的一方当事人负担（双方均申请再审的，按《诉讼费用交纳办法》第29条处理）。

---

① 《诉讼费用交纳办法》第29条规定，诉讼费用由败诉方负担，胜诉方自愿承担的除外。部分胜诉、部分败诉的，人民法院根据案件的具体情况决定当事人各自负担的诉讼费用数额。共同诉讼当事人败诉的，人民法院根据其对诉讼标的的利害关系，决定当事人各自负担的诉讼费用数额。

② 《诉讼费用交纳办法》第32条规定，依照本办法第9条第1项、第2项的规定应当交纳案件受理费的再审案件，诉讼费用由申请再审的当事人负担；双方当事人都申请再审的，诉讼费用依照本办法第29条的规定负担。原审诉讼费用的负担由人民法院根据诉讼费用负担原则重新确定。

四、注意事项

（一）应写明出庭检察人员的基本情况

当事人基本情况部分应写入出庭检察人员基本情况，对于民事抗诉案件，人民检察院要派员参加法庭审理。《民事诉讼文书样式》中并没有要求列明检察机关指派出庭人员的基本情况。这种设计不利于反映全部出庭人员情况，不利于检察机关规范出庭参加诉讼行为，亦不利于人民群众对检察机关的监督，因此，写完抗诉机关的名称后，另起一行，写明出庭检察人员的情况，只写明姓名、工作单位及职务即可。实务中，抗诉机关指派参加诉讼的人员，可能是抗诉机关的工作人员，也可能是原审人民法院的同级人民检察院的工作人员，庭前要注意核验出庭检察人员的工作证及抗诉机关出具的出庭检察人员身份证明，以此保证出庭检察人员的基本情况写作无误。

（二）针对民事调解书提出民事抗诉的理由不成立，不能适用本文书样式

人民检察院对生效民事调解书提出抗诉有两个法律依据：一是《民事诉讼法》第208条，二是《民事诉讼法》第215条。《民诉法解释》第407条为这两种情况设定了不同的诉讼后果，法院应遵循之。当事人以生效民事调解书违反《民事诉讼法》第208条，申请再审被法院驳回，然后申请人民检察院提起抗诉，人民检察院提起抗诉，法院裁定再审，经人民法院再审认为“调解违反自愿原则的事由不成立，且调解书的内容不违反法律强制性规定”的，人民法院应裁定驳回再审申请。人民检察院以生效民事调解书违反《民事诉讼法》第215条，即以“调解书损害国家利益、社会公共利益”提出抗诉的，人民法院经再审认为该理由不成立的，应当裁定终结再审程序。

在这两种情形下，如果再审人民法院仍以本文书样式进行实体处理，则属于再审裁判适用法律错误、处理结果错误。

（三）再审查明事实部分不可出现未经质证的人民检察院调查核实的情况

《民事诉讼法》第217条允许人民检察院因履行法律监督职责提出检察建议或者抗诉的需要，向当事人或者案外人调查核实有关情况。《民诉法解释》第419条第2款规定，人民检察院出庭人员应将上述情况向法庭提交并予以说明，由双方当事人进行质证。所以，审判人员切不可把未经质证的有关情况作为再审查明事实部分的证据使用。为了避免写作中出现这种情况，在法庭调查阶段，审判人员应要求检察机关出庭人员向法庭提交人民检察院向当事人或者案外人调查核实的情况并予以说明，并交由当事人进行质证。

【例文】①

上海市高级人民法院

民事判决书

（2020）沪民再00号

抗诉机关：上海市人民检察院。

申诉人（一审被告、二审被上诉人）：顾甲……。

委托诉讼代理人：施某某……。

被申诉人（一审原告、二审上诉人）：顾乙……。

被申诉人（一审原告、二审上诉人）：顾丙……。

被申诉人（一审原告、二审上诉人）：顾丁……。

被申诉人（一审被告、二审上诉人）：顾戊……。

上述四名被申诉人之共同委托诉讼代理人：何某某，上海××律师事务所律师。

二审被上诉人（一审被告）：顾己……。

申诉人顾甲因与被申诉人顾乙、顾丙、顾丁、顾戊等遗嘱继承纠纷一案，不服上海市第一中级人民法院（2019）沪01民终000号民事判决，向上海市人民检察院第一分院申请监督。该院提请上海市人民检察院抗诉。上海市人民检察院于2021年4月3日作出沪检民（行）监（2020）31000000000号民事抗诉书，向本院提出抗诉。2021年4月28日，本院作出（2020）沪民抗0号民事裁定，提审本案。本院依法组成合议庭于2020年7月28日公开开庭审理了本案。上海市人民检察院指派检察员章某某出庭。申诉人顾甲及其委托诉讼代理人施某某，被申诉人顾乙、顾丙、顾丁、顾戊的委托诉讼代理人何某某到庭参加诉讼。二审被上诉人顾己经传票传唤无正当理由拒不到庭参加诉讼。本案现已审理终结。

上海市人民检察院抗诉认为，继承人在享有继承权的同时，也应当在享有的权利范围内承担相应的义务。顾庚在代书遗嘱的第一项中赋予了四名子女继承其房产份额的权利，并在第二项中明确了继承房产份额的四名子女负有支付顾庚个人存款不足生老病死费用的义务。系争代书遗嘱应视为附义务的遗嘱，遗嘱设立的内容符合权利义务相一致的原则。因此，应当尊重顾庚的真实意思表示，依据代书遗嘱的第二项内容，由四名继承房产份额的子女分摊本案系争

① 本例文选自中国裁判文书网，编者作了一些改动。

丧葬费用。原二审判决在认定代书遗嘱有效的情况下，判决由顾甲和顾乙、顾丙、顾丁、顾戊、顾己等六名子女分摊顾庚的丧葬费用，系适用法律错误。

申诉人顾甲同意抗诉意见，还称，1. 代书遗嘱实际形成于 2017 年，2009 年顾庚尚未请保姆，遗嘱为顾戊伪造。2. 律师未与顾庚谈话并制作笔录，也没有录音录像，其见证应为无效。3. 1999 年顾庚曾口头表示所有出过生活费的子女到时都能分得财产。顾庚养老金不够用时，其曾出过生活费。4. 顾庚不可能不留遗产给残疾子女，遗嘱第一条写明“我拥有的部分产权”，即应理解为顾庚仅处理了其拥有的 1/2 产权，剩余 1/2 产权应归两残疾人所有。故请求撤销二审判决，由再审法院依法改判。

四被申诉人辩称，1. 丧葬费是子女应尽的义务，即使没有获得遗产，也应由全体子女负担。2. 顾庚生前已将撤村费分给过顾甲，顾甲并未赡养过顾庚。3. 遗嘱第一条明确了房屋的分配方式，其后的条款不足以证明是附义务的遗嘱。4. 申诉人在原审中并未提出过丧葬费承担问题。

2018 年 6 月 1 日，原告顾乙、顾丙、顾丁共同向上海市徐汇区人民法院提出诉讼，请求：本市冠生园路×××弄××号×××室房屋（以下简称×××室房屋）中属于被继承人顾庚的三分之二份额由三原告及被告顾戊均等继承；继承方式上要求按份共有，不要求实际分割房屋。

上海市徐汇区人民法院一审查明：一、被继承人顾庚与沈甲系配偶，两人生育顾乙、顾丙、顾丁、顾己、顾甲、顾戊、顾辛等七子女。沈甲于 1996 年 5 月 14 日死亡；顾庚于 2017 年 12 月 15 日死亡。上述两人死亡时，其父母均已分别先于该两人死亡。顾辛于 2013 年 10 月 4 日死亡，其配偶为沈乙，两人未生育子女。案外人顾壬系顾戊之女。二、×××室房屋产权于 2000 年登记于顾辛、顾壬名下（共同共有），后于 2009 年 5 月 25 日变更登记于顾辛、顾壬、顾庚名下（共同共有）。顾辛死亡后，其配偶沈乙作为原告至一审法院提起分家析产、遗嘱继承纠纷诉讼，一审法院于 2016 年 7 月 22 日作出（2015）徐民一（民）初字第 0000 号民事判决，认定并判决，×××室房屋产权由顾辛、顾壬、顾庚各享有三分之一；顾辛在×××室房屋中的三分之一产权份额归顾庚所有。顾庚等人提起上诉，上海市第一中级人民法院于 2016 年 10 月 27 日作出（2016）沪 01 民终 0000 号民事判决，驳回上诉，维持原判。目前×××室房屋产权未作变更。三、顾戊为顾庚丧事事宜共支出人民币 59 559.20 元（以下币种相同）。

一审法院审理中，顾乙、顾丙、顾丁提供顾庚于 2009 年 8 月 8 日所立代书遗嘱及 2009 年 8 月 11 日律师见证书各一份，主要内容为，顾庚在×××室房屋中拥有的产权由顾乙、顾丙、顾丁、顾戊四人继承；顾庚拥有的银行存款自己保管，用于今后生老病死、日常生活之用。若不够由六子（孙）女按房产份额分摊承担。律师许某某、潘某某受顾庚委托，对2009年8月8日代书遗嘱的真实性进行见证。

一审法院审理中，证人蔡某某出庭作证，证人和顾庚系邻居关系，证人曾借顾庚的房屋居住。顾庚的房屋动迁之后，其就搬到冠生园路房屋居住。证人和顾庚的关系很好，经常走动。顾庚跟证人提出要写遗嘱。2009年的某一天，证人去了顾庚居住的×××室房屋。顾庚跟证人说了一些遗嘱内容，证人就帮其代写了遗嘱，主要内容是，×××室房屋由四个子女来继承，具体哪四个子女证人不记得了。写完之后，证人向顾庚读了一遍，其听后表示认可，并自己签字、盖章，证人也签字了。当时在场的还有一个保姆，保姆也签字了。后来顾庚又提出，三个人写的这份遗嘱会不会没有效力，是否要再请个律师见证一下。证人就找到认识的律师。第二天来了两位律师，还有证人、顾庚和保姆在场。证人把写的遗嘱给律师看，律师当面问了顾庚，遗嘱内容是不是你的意思表示？顾庚表示是自己的意愿。律师好像在第二天出具了文书，但证人没有看到过该文书。

一审法院审理中，证人许某某出庭作证，证人的朋友蔡某某邀请证人来作见证。当时具体情况为，2009年8月9日上午接到蔡某某电话，说顾庚有一份遗嘱要作见证。当天13时45分，证人和证人的助理潘某某律师就去了顾庚家里，在场的共有五个人，包括顾庚和两个见证人、证人和潘某某。证人询问了顾庚，让其出示身份证和户口簿，并看了之前写的遗嘱并进行审查，还要求顾庚出示房产证。遗嘱内容主要是对房产进行处分。之后证人再向顾庚进行询问并就遗嘱内容进行宣读，顾庚年纪大了听力不好，但思路清楚，听后表示是自己的真实意思并确认。顾庚也表示签名和盖章都是自己签名和盖章的。证人就根据这个情况出具了律师见证书，就是2009年8月11日的那一页纸。律师出具见证书只需要律师盖自己的章就可以了，无须盖事务所印章。证人目前无法联系到潘某某。

一审法院审理中，顾乙、顾丙、顾丁表示，无法联系遗嘱见证人李某及潘某某出庭作证。

一审法院审理中，顾戊表示，顾庚曾向其借款，均有借条（内容系由顾戊书写），具体为：第一，2013年1月5日借款36 000元；第二，2014年10月3日借款52 000元；第三，2015年11月20日借款63 000元；第四，2016年7月10日借款55 000元。该些费用均系由顾戊现金给付顾庚，用于支付保姆费及医药费。另，顾戊为顾庚支付诉讼费用等共计84 387元及购买白蛋白948元，该些钱款系借给顾庚的，亦是现金给付，但未写借条。

上海市徐汇区人民法院于2018年11月14日判决：一、本市冠生园路×××弄××号×××室房屋中属于被继承人顾庚的三分之二产权份额由原告顾乙、顾丙、顾丁，被告顾己、顾甲、顾戊均等继承；二、原告顾乙、顾丙、顾丁，被告顾己、顾甲应于判决生效之日起十日内分别给付被告顾戊支出的丧葬费用9926.53元。案件受理费减半收取，计9600元，由原告顾乙、顾丙、顾丁各负担1600元，由被告顾己、顾甲、顾戊各负担1600元。

顾乙、顾丙、顾丁不服一审判决，上诉请求：撤销原审判决，改判支持上诉人一审诉讼请求。事实和理由：1. 代书遗嘱有效的形式要件包括“有两个以上见证人在场见证”，但法律并未要求需要两名见证人出庭作证方能成立遗嘱的有效性，故只要有证据证明设立代书遗嘱时有两名见证人在场即可成立代书遗嘱的形式要件；2. 即使不考虑2009年8月8日顾庚所立代书遗嘱的有效性，2009年8月9日，顾庚请两名律师见证遗嘱时已有四名见证人见证该代书遗嘱，其中两名见证人出庭作证，该遗嘱也满足了代书遗嘱形式要件，本案涉案遗嘱应认定为有效。

顾戊亦不服一审判决，上诉请求：1. 撤销原审判决第一项，改判×××室房屋中属于被继承人顾庚的三分之二份额由顾乙、顾丙、顾丁、顾戊均等继承；2. 应从顾庚遗产中扣除顾戊对顾庚享有的债权共计13笔267 000元。

上海市第一中级人民法院二审认为，本案的争议焦点在于顾庚于2009年8月8日所立代书遗嘱的效力、顾戊主张的借款、其他费用是否成立以及是否应从顾庚遗产中扣除的问题。根据法律规定，代书遗嘱应当有两个以上见证人在场见证。代书遗嘱成立的形式要件须有证据证明被继承人设立代书遗嘱时有两名见证人在场即可，该事实的证明方式或证据形式可以是法律规定的任何证明手段，但法律并未规定两名见证人出庭作证是唯一的证明手段。本案一审期间，顾庚于2009年8月8日所立代书遗嘱的情形只有见证人蔡某某到庭作证，另一见证人李某因未联系上无法到庭，然许某某律师到庭作证，称顾庚设立2009年8月8日代书遗嘱第二日，在被继承人顾庚、见证人蔡某某、李某均在场的情况下，由许某某、潘某某律师对这份遗嘱进行了审查，并向顾庚进行询问并就遗嘱内容进行宣读，顾庚表示是自己的真实意思并确认，蔡某某亦对该见证的过程进行了同样的陈述。上述代书遗嘱文本、代书人、见证人证言等证据相互印证，可以证明设立2009年8月8日代书遗嘱时，有两名见证人即蔡某某、李某在场，该代书遗嘱是顾庚真实意思的表示，符合法律规定的代书遗嘱形式要件，故认定顾庚于2009年8月8日所立代书遗嘱合法有效。一审法院对此认定有误，予以更正。另，关于顾戊主张的借款及其他费用，由于借款数额较大但顾戊未提供钱款给付的证据以及其他费用的借条，故对顾戊的该项上诉主张不予支持。一审法院认定正确，予以支持。据此判决：一、维持上海市徐汇区人民法院（2018）沪0104民初00000号民事判决第二项；二、撤销上海市徐汇区人民法院（2018）沪0104民初00000号民事判决第一项；三、本市冠生园路×××弄××号×××室房屋中属于被继承人顾庚的三分之二产权份额由顾乙、顾丙、顾丁、顾戊均等继承。一审案件受理费计9600元，由顾乙、顾丙、顾丁、顾己、顾甲、顾戊各负担1600元。二审案件受理费共计12 800元，由上诉人顾乙、顾丙、顾丁、顾戊各负担2133元，被上诉人顾己、顾甲各负担2134元。

顾己、顾甲不服二审判决，向上海市第一中级人民法院申请再审。该院于2019年8月27日作出（2019）沪01民申000号民事裁定，驳回顾己、顾甲的再审申请。

顾甲不服，向检察机关申请抗诉。

本院经再审查明，原一审、二审查明的事实无误，本院予以确认。

围绕抗诉意见及当事人的再审请求，本院认为，本案的争议焦点为：1. 遗嘱是否有效；2. 丧葬费如何分摊。

1. 关于系争遗嘱的效力问题

本院再审认为，本案遗嘱在订立时有蔡某某、李某两人到场见证并署名，翌日又有许某某、潘某某两位律师对遗嘱进行了审查确认。该节事实除系争代书遗嘱本身和律师见证书等书证外，在原一审程序中蔡某某、许某某亦出庭作证，上述证据之间可以相互印证，系争遗嘱的订立系立遗嘱人的真实意思表示，且符合法律规定的代书遗嘱的形式要件，二审据此认定遗嘱合法有效并无不妥，本院予以维持。

申诉人申请再审称遗嘱实际形成于2017年，2009年顾庚尚未雇请保姆，但未提供充分证据。况且遗嘱所列继承人之一顾辛已于2013年死亡，如果遗嘱实际制作于2017年，则与常理不符。另，遗嘱注明年、月、日的意义仅在于存在多份遗嘱的情况下，据以判断立遗嘱人前后意思表示的变化情况，从而排序确定遗嘱的效力，而如果只有一份遗嘱，则即便未注明年、月、日，也不会影响遗嘱效力。对于申诉人提出的律师见证欠缺谈话笔录和录音录像之抗辩，本院认为，上述条件并非法律规定的代书遗嘱有效成立的必要条件，欠缺上述形式并不直接导致遗嘱效力受损。对于是否应为两位残疾继承人预留遗产份额问题，本院认为，两位残疾人虽具领了残疾证，但两人之前有工作，退休后有退休金，不属于法律规定的缺乏劳动能力没有生活来源的继承人，遗嘱未为两人预留遗产份额，亦不导致遗嘱无效。至于申诉人再审时称遗嘱中“我拥有的部分产权”应理解为顾庚仅处理了其拥有的1/2产权，剩余1/2产权应归两残疾人所有的问题，本院认为，该种理解缺乏事实依据，也与遗嘱上下文义不符，本院难以采信。

2. 关于丧葬费如何分摊问题

《中华人民共和国民法典》第一千一百四十四条规定：遗嘱继承或者遗赠附有义务的，继承人或者受遗赠人应当履行义务。可见法律并不禁止遗嘱人通过遗嘱为继承人设定义务。但是根据权利义务一致以及公平的原则，继承人的义务应小于遗嘱继承所取得的遗产利益，且继承人同意负担遗嘱义务。本案争议的遗嘱第二条明确，被继承人的“生老病死费用”由其自有财产先行支付，不足部分由遗嘱所列的六位晚辈“按房产份额分摊”。现尚无证据证明被继承人的自有财产已足以支付丧葬费，故按照上述遗嘱意愿，丧葬费应由遗嘱所列六位继承人分担，但是鉴于顾辛、顾壬两人未获得任何遗嘱利益，且顾辛早于遗嘱人顾庚死亡，故遗嘱该项内容对顾辛与顾壬不生效力。原一审、二审判决由六位法定继承人共同分摊丧葬费，未考虑遗嘱义务相较法定赡养义务具有优先性的法律原则，对未继承房产的两位子女亦不公平，本院予以纠正。

综上所述，本院认为，本案系争遗嘱有效，应充分尊重立遗嘱人的意愿，由四位遗嘱继承人继承房产，同时分摊丧葬费用。原一审、二审判决适用法律确有不当，本院予以纠正。据此，依照《中华人民共和国民事诉讼法》第二百零七条第一款、第一百四十四条、第一百七十条第一款第（二）项之规定，判决如下：

一、维持上海市第一中级人民法院（2019）沪01民终000号民事判决第二、三项；

二、撤销上海市第一中级人民法院（2019）沪01民终000号民事判决第一项；

三、顾乙、顾丙、顾丁应于本判决生效之日起十日内分别给付顾戊支出的丧葬费用人民币14 889.8元。

一审案件受理费人民币9600元，由顾乙、顾丙、顾丁、顾戊各负担人民币2400元。二审案件受理费人民币12 800元，由顾乙、顾丙、顾丁、顾戊各负担3200元。

本判决为终审判决。

审 判 长 沈某某
审 判 员 陈 某
审 判 员 宗 某
二〇二一年九月十八日
（院印）

本件与原本核对无异

法官助理 刘某1
书 记 员 刘某2

项目十三 要素式民事判决书

【文书格式】

一审要素式民事判决书（简易程序和小额诉讼程序要素式判决用）

××××人民法院

民事判决书

（××××）……民初……号

原告：×××，……。

……

被告：×××，……。

……

（以上写明当事人和其他诉讼参加人的姓名或者名称等基本信息）

……（写明当事人及案由）一案，本院于××××年××月××日立案后，依法适用小额诉讼程序，公开/因涉及……（写明不公开开庭的理由）不公开开庭进行了审理。原告×××、被告×××（写明当事人和其他诉讼参加人的诉讼地位和姓名或者名称）到庭参加诉讼。本案现已审理终结。本案查明的事实如下：

一、入职时间：______年______月______日。

二、签订书面劳动合同时间：______年______月______日（未签的写“未签订”，如有签订多份的，请逐份载明）。

三、合同期满时间：______年______月______日。

四、劳动者工作岗位：____________________（如合同约定与实际工作岗位不一致的，分别列出合同约定岗位和实际工作岗位）。

五、合同约定的工时制度、每月工资数及工资构成：____________________。

原告主张及证据：____________________。

被告抗辩意见及证据：____________________。

法院认定及理由：________________________。

六、劳动者实际实行的工时制度、领取的每月工资数及工资构成：__________。

七、参加社会保险的时间和险种：__________；申请社会保险待遇：__________。

八、发生工伤时间：______年______月______日；死亡时间：______年______月______日；工伤认定情况：__________。

九、住院起止时间：______年____月____日至______年____月____日。

十、工伤各项费用：医疗费数额：__________；假肢安装费数额：__________；伙食补助费数额：__________；交通费数额：__________；丧葬费：__________（可视实际情况增加）。

十一、伤残等级鉴定时间：______年______月______日；鉴定结果：__________。

十二、受伤后至劳动能力鉴定前工资发放情况：__________。

十三、×××上年度职工月平均工资：__________；同期最低工资标准：__________。

十四、用人单位需支付的保险待遇种类及金额：__________。

十五、加班时间：正常工作日加班时间__________小时、法定休息日加班时间__________小时、法定节假日加班时间__________小时。

十六、加班工资计算基数：____________________。

十七、应发工资金额：____________________，计算期间：__________，工资构成：____________________，加班工资的计算方法：____________________。

十八、实发工资金额：____________________，计算期间：__________，工资构成：____________________，加班工资的计算方法：____________________。

十九、欠发工资及加班工资数额：____________________。

二十、解除或终止劳动关系前十二个月劳动者的月平均工资数额：__________。

二十一、劳动者的工作年限：__________________。

二十二、解除或终止劳动关系的原因：____________________。

二十三、解除或终止劳动关系的时间：______年______月______日。

二十四、解除或终止劳动关系经济补偿金或赔偿金数额：__________。

二十五、应休年休假：______日，实休年休假：______日。

二十六、扣除加班工资后的本人工资数额：________________。

二十七、未休年休假工资：________________。

二十八、未签订书面劳动合同的二倍工资：________________。

二十九、双方发生劳动争议的时间：____年____月____日。

三十、申请仲裁时间：____年____月____日。

三十一、仲裁请求：________。

三十二、仲裁结果：____________。

三十三、需要说明的其他事项：________________（包括先予执行、诉讼保全、鉴定等需要说明的问题）。

三十四、原告的诉讼请求：____________。

以上事项中，双方有争议的事项为第×项、第×项，其他事项双方无争议。

依照《中华人民共和国……法》第×条、……（写明法律文件名称及其条款项序号）、《中华人民共和国民事诉讼法》第一百六十五条规定，判决如下：

……（写明判决结果）。

如果未按本判决指定的期间履行给付金钱义务，应当依照《中华人民共和国民事诉讼法》第二百六十条规定，加倍支付迟延履行期间的债务利息（没有给付金钱义务的，不写）。

案件受理费……元，由……负担（写明当事人姓名或者名称、负担金额）。

本判决为终审判决。

审　判　员　×××

××××年××月××日

（院印）

本件与原本核对无异

法官助理　×××

书　记　员　×××

二审要素式民事判决书①

××××人民法院

民事判决书

（××××）……民终……号

上诉人（原审诉讼地位）：×××，……。

---

① 本文书格式是北京市第二中级人民法院速裁庭在速裁案件审判中概括设计的专用文书样式。目前，最高人民法院尚未制定出二审要素式民事判决书的标准样式。

法定代理人/指定代理人/法定代表人/主要负责人：×××，……。
委托诉讼代理人：×××，……。
被上诉人（原审诉讼地位）：×××，……。
法定代理人/指定代理人/法定代表人/主要负责人：×××，……。
委托诉讼代理人：×××，……。
原审原告/被告/第三人：×××，……。
法定代理人/指定代理人/法定代表人/主要负责人：×××，……。
委托诉讼代理人：×××，……。
（以上写明当事人和其他诉讼参加人的姓名或者名称等信息）
一审法院：××××人民法院
一审案号：（××××）……民初……号
一审程序：简易程序
二审立案时间：××××年××月××日
二审审判组织：独任制
一审诉讼请求：……。
一审裁判结果：……。
上诉请求及理由：……。
被上诉人意见：……。
原审原告/被告/第三人意见：……。
二审焦点要素事实：……。
裁判理由：……。
裁判依据：……。
主文：……。
其他告知事项：
二审案件受理费……元，由……负担。
本判决为终审判决。

审　判　员　×××
××××年××月××日
（院印）

本件与原本核对无异

法官助理　×××
书　记　员　×××

【要素式民事判决书写作谈】①

一、要素式民事裁判文书概述

要素式民事裁判文书是指对于能够概括出固定要素的案件，在撰写裁判文书时不再分开陈述当事人诉辩意见、本院查明、本院认为部分，而是围绕着争议的特定要素，陈述当事人诉辩意见、相关证据以及法院认定的理由和依据的法律文书②。

裁判文书改革一直是国家司法体制改革工作的重点。民事诉讼文书“92样式”的推行，增强了民事裁判文书的针对性、说理性、逻辑性和法律性，对于提高民事裁判文书制作水平起到很大作用。随着我国政治、经济体制改革的全面深入，在司法公信力显著提升，人们经济活动空前活跃，维权意识普遍增强等各种合力作用下，法院民事案件数量显著增加且纠纷类型呈现多样化，“92样式”格式固化、类型单一、内容冗长、繁简失当的不足日益显现。2016年7月，最高人民法院对“92样式”二十多年来的适用情况进行了总结，指出部分裁判文书存在内容冗长重复，未能反映审级特点和繁简分流要求，提高审判效率的功能未能充分发挥等问题。继续固守“92样式”，将难以从容应对日新月异的审判实践。

另外，面对案多人少的矛盾，审判机制探索在积极推进。1992年，北京市海淀区人民法院在全国首创繁简分流审判方式。此后，各地法院积极探索，通过分流案件缓解审判压力。2013年，广东省高级人民法院出台实施意见，针对简易程序审理的案情简单、争议不大的部分类型案件，尝试结合要素式庭审推行要素式裁判文书。陕西、福建、广西等多地法院亦对要素式审判法进行尝试和探索。2016年6月，要素式判决书在最高人民法院出台的《民事诉讼文书样式》中正式出现。2016年9月，最高人民法院出台《关于进一步推进案件繁简分流优化司法资源配置的若干意见》（以下简称《繁简分流若干意见》），提出遵循司法规律推进繁简分流，实现简案快审、繁案精审，同时提出推行裁判文书繁简分流，根据法院审级、案件类型、庭审情况等对裁判文书的体例结构及说理进行繁简分流，简单案件可以使用令状式、要素式、表格式等简式裁判文书，简化说理。至此，要素式民事裁判文书在全国法院的推行正式进入快车道。

---

① 本文由王磊法官撰写。

② 参见最高人民法院修改后民事诉讼法贯彻实施工作领导小组编：《民事诉讼文书样式》，人民法院出版社2016年版，第350页。

要素式民事裁判文书的推行，契合了审判实践的新形势。在确保“该繁则繁”的同时，有效缩减裁判文书的篇幅，与其配套的要素式庭审方式亦大大节省了庭审时间，这对于提高审判效率、提升人民群众的司法满意度必将发挥重要作用。

与传统民事裁判文书相比，要素式民事裁判文书具有鲜明的写作特色：

第一，案件事实要素化。要素化是要素式民事裁判文书的首要特性。不同于传统民事裁判文书“叙事式”的行文逻辑，要素式民事裁判文书通过对案件事实的提炼，以要素的形式将与裁判结果紧密相关的事实逐条呈现，省去要素以外的成分，简明清爽，能有效缩减文书篇幅。

第二，行文方式夹叙夹议。传统民事裁判文书采取先叙述后议论的行文方式，将事实认定与判决理由（说理）在行文顺序上区隔开来，不可以夹叙夹议。要素式民事裁判文书则对有争议的要素，将当事人诉辩意见、相关证据及法院的认定集中表述，边叙述边议论，衔接紧密，便于撰写，也易于当事人理解。

第三，行文结构繁简鲜明。要素式民事裁判文书省去了当事人诉讼请求后集中陈述的“事实与理由”及“辩称”意见部分，并对于无争议的要素一笔带过，当简则简；对于争议要素，则要求交代当事人举证、质证情况，以及法院认定的结果和理由，该繁则繁。这种繁简鲜明的行文结构，重点突出，利于当事人迅速在裁判文书中找到争议焦点，提升阅读体验。

裁判文书作为记载人民法院审理过程和裁判结果的最重要载体，是展示司法公正、弘扬法治精神的重要司法产品。其样式选择一定要与具体案件类型和特点相适应，才能最大限度地满足当事人的不同期待和需求，实现审判活动优质与高效的有机统一。要素式民事裁判文书适用的案件范围如何确定？应该从两个方面考量，一是案件的繁简，二是要素的提炼。

《繁简分流若干意见》明确指出，“复杂案件的裁判文书应当围绕争议焦点进行有针对性地说理。新类型、具有指导意义的简单案件，加强说理；其他简单案件可以使用令状式、要素式、表格式等简式裁判文书，简化说理。当庭宣判的案件，裁判文书可以适当简化。当庭即时履行的民事案件，经征得各方当事人同意，可以在法庭笔录中记录相关情况后不再出具裁判文书”。可见，案件的繁简分流是裁判文书繁简分流的前提与基础，裁判文书的繁与简应与案件的繁与简相对应，要素式民事裁判文书适用于简单的民事案件，复杂的民事案件没有要素式民事裁判文书的适用空间。实践中，通常以案件类型、疑难程度、涉诉人数、标的额大小等因素来区分民事案件的简单与复杂。《民事诉讼法》设定简易程序与普通程序，对应审理简单案件与复杂案件。一般来说，运用简易程序审结的案件都是简单案件，可以考虑适用要素式民事裁判文书这种文书样式。正因如此，最高人民法院在“民事判决书（简易程序和小额诉讼程序要素式判决用，以劳动争议为例）”这个标题中指出要素式民事裁判文书适用于简易程序和它下面的小额诉讼程序。所以，对于基层人民法院来说，可将按照简易程序和小额诉讼程序审理的案件，作为筛选适用要素式民事裁判文书的一个考量角度。

此外，并不能说凡是按照简易程序和其中的小额诉讼程序审理的案件都可以适用要素式民事裁判文书，我们还得从是否能够概括出固定要素或是否宜以要素的方式进行表述这个角度接续考量。要素式民事裁判文书适用的前提是从案件中能够概括出固定要素，概括不出固定要素或不适合以要素的方式进行表述，就不能适用要素式民事裁判文书。如样本尚较为有限的新类型案件或裁判尺度和标准尚不统一需要强化说理的案件，就不适合适用要素式民事裁判文书。结合目前全国各地法院的经验做法，适宜固化要素的案件类型大致有：劳动争议中的追索劳动报酬和补偿金、赔偿金案件；交通事故案件；商品房预售合同纠纷；民间借贷纠纷；金融借款合同纠纷；离婚后财产纠纷；抚养费、赡养费纠纷；买卖合同、物业服务合同纠纷等。这些案件中，有要素式民事裁判文书的适用空间。

二、一审要素式民事判决书（简易程序和小额诉讼程序要素式判决用）

一审要素式民事判决书的写作主体是一审人民法院民事审判部门，写作受体是民事案件的当事人、法定代理人、指定代理人、法定代表人、主要负责人、委托诉讼代理人，写作主旨是表达人民法院对案件所作的实体处理意见。本文书的法律依据是《民事诉讼法》第165条[①]以及《民诉法解释》第280条[②]。

本文书由首部、正文、尾部组成。

（一）首部

首部由标题、当事人及诉讼参加人基本信息、案件由来和审理经过组成。

---

①《民事诉讼法》第165条规定，基层人民法院和它派出的法庭审理事实清楚、权利义务关系明确、争议不大的简单金钱给付民事案件，标的额为各省、自治区、直辖市上年度就业人员年平均工资50%以下的，适用小额诉讼的程序审理，实行一审终审。基层人民法院和它派出的法庭审理前款规定的民事案件，标的额超过各省、自治区、直辖市上年度就业人员年平均工资50%但在2倍以下的，当事人双方也可以约定适用小额诉讼的程序。

②《民诉法解释》第280条规定，小额诉讼案件的裁判文书可以简化，主要记载当事人基本信息、诉讼请求、裁判主文等内容。

其写作同一审民事判决书（普通程序用），故不重述。

（二）正文

正文包括事实与认定理由，裁判依据，裁判主文。

从“本案查明的事实如下”至“以上事项中，双方有争议的事项为第×项、第×项，其他事项双方无争议”是事实与认定理由部分，此处最值得浓墨重彩叙说一下，因为它是要素式民事裁判文书特征最集中的体现。

1. 案件事实通过要素来呈现

本文书格式中，设计者从各种劳动争议案件①中提炼出较为常见的体现请求权基础的34项法律事实，作为事实要素，统摄于“本案查明的事实如下”，制作者可根据案件需要，从中选取或适当修改或另行增加与裁判结果相关的要素予以列明。例如，劳动者的诉讼请求仅为因从未签订过书面劳动合同而要求支付未签订劳动合同二倍工资的劳动争议案件，制作者应只将文书格式中的“一、二、二十八、二十九、三十、三十一、三十二、三十四项”要素，另增加未签订劳动合同期间的工资标准及工资构成要素，作为“本案本案查明的事实如下”的内容，具体如下：

一、入职时间

二、是否签订书面劳动合同

三、未签订劳动合同期间的工资标准及工资构成

四、未签订书面劳动合同的二倍工资

五、双方发生劳动争议的时间

六、申请仲裁时间

七、仲裁请求

八、仲裁结果

九、原告的诉讼请求

2. 案件事实的写作方式是填空

设计者将这34项要素按项目设置填充，标明序号，分项排列，呈现为一种广义上的表格。表格的内容基本与《劳动争议案件劳动者要素表》《劳动争议用人单位要素表》基本一致。适用者在写作案件事实时不需要用较长的文字进行叙述，只需根据案件具体情况选择适合的项目，在相应的空白处填写文

① 《民事案件案由规定》（2020版）中，“劳动争议”案由又分为劳动合同纠纷、社会保险纠纷、福利待遇纠纷。在作者看来，本文书格式中所列固定要素涵盖了劳动合同纠纷项下的确认劳动关系纠纷、追索劳动报酬纠纷、经济补偿金纠纷以及社会保险纠纷项下的工伤保险待遇纠纷等案件的法律事实要素。

字或数字即可。传统民事裁判文书属于文字叙述式法律文书，案件事实需要按照时间顺序，兼具叙事的所有要素，清晰完整地将案件事实叙述清楚。从某个角度说，本文书格式是文字叙述式兼容表格式的产物，是民事判决书朝可视化方向的一种发展。

3. 判决依据和判决主文之前，只包括诉讼请求和要素事实两部分

传统民事裁判文书的中，判决依据和判决主文之前，依次包含诉辩意见、本院查明、本院认为部分。本文书格式不再有此区分，判决依据和判决主文之前，只包括诉讼请求和要素事实两部分。

4. 夹叙夹议

例如，要素第五项，本文书格式的表述是：

五、合同约定的工时制度、每月工资数及工资构成：＿＿＿＿＿＿＿＿。

原告主张及证据：＿＿＿＿＿＿＿＿＿＿＿＿＿＿＿＿＿＿＿＿＿＿＿＿。

被告抗辩意见及证据：＿＿＿＿＿＿＿＿＿＿＿＿＿＿＿＿＿＿＿＿＿。

法院认定及理由：＿＿＿＿＿＿＿＿＿＿＿＿＿＿＿＿＿＿＿＿＿＿＿＿。

从文章表达方式来看，表达前三行内容使用的是叙述，表达“法院认定及理由”使用的是议论，这就是夹叙夹议的例证。当然，这样的写作方法可以出现在前33项的任何一处，于是夹叙夹议的特征就更鲜明了。传统民事裁判文书，叙述和议论位置固定，先叙述后议论，不允许交叉。读者可参看本书第四章第三节《有关叙事的规范》之六。

5. 案件事实写作繁简各得其所

案件事实分无争议事实和有争议事实。对无争议事实，在相应项目中依据案情准确填空而已，在本部分最末尾用“以上事项中，双方有争议的事项为第×项、第×项，其他事项双方无争议”这句话确认。对有争议事实，则要叙述双方诉辩意见、举证质证情况、法院认定及理由，做到重点论述，夹叙夹议。总之，案件事实的叙写要区别对待，当简则简，该繁则繁，切忌一味简写，导致质量与效率价值标准失衡，背离司法改革初衷。

6. 有两种叙述的顺序

适用本文书格式时，通常采用两种叙述的顺序：一是按照叙事逻辑顺序逐条列明案件事实；二是按先无争议事实后有争议事实的顺序进行列明。

例如，在双方对于工资标准有争议的追索解除劳动关系经济补偿金案件中，可以分别运用两种叙述的顺序来表述案件事实。

第一种，按照叙事逻辑顺序

表述为：

(1) 劳动关系存续期间＿＿＿＿＿。

（2）是否存在应连续计算工龄情形________。

（3）工资标准________。

原告主张及证据：______________________________。

被告抗辩意见及证据：______________________________。

法院认定及理由：______________________________。

（4）离职原因________。

（5）经济补偿金发放情况________。

……

第二种，按先无争议事实后有争议事实的顺序

表述为：

双方当事人对以下事实没有争议：

（1）劳动关系存续期间________。

（2）是否存在应连续计算工龄情形________。

（3）离职原因________。

（4）经济补偿金发放情况________。

……

双方当事人的争议事实如下：

（1）工资标准________。

原告主张及证据：______________________________。

被告抗辩意见及证据：______________________________。

法院认定及理由：______________________________。

……

（三）尾部

尾部包括迟延履行责任告知、诉讼费用负担告知、终审判决告知、独任审判员署名、判决书制作日期、加盖院印、本件与原本核对无异戳、法官助理和书记员署名。

（四）注意事项

1. 要素式民事裁判文书要与要素表相结合

采用要素式判决，要求当事人庭前填写要素表。要素表既是对当事人的诉讼指引和服务，也是对法官的一种指引和约束。对于基层人民法院选择适用要素式民事裁判文书的案件，立案部门在立案时应向原告送达原告诉讼要素表，并指导原告填写。在向被告、第三人送达起诉状副本时一并送达原告诉讼要素副本，并要求被告和第三人填写被告（第三人）应诉要素表，于答辩期满前

提交，转交给原告。法院不得以当事人未填写案件的要素表为由不予立案。

2. 要素式民事裁判文书要与要素式庭审相结合

当事人在开庭前未填写要素表的，法院在审理时可以要素表的基本要素为线索，逐项当庭征求双方当事人意见，对双方无争议的要素予以确认并记入法庭笔录；对于双方有争议的要素应重点审查。对于无争议要素的证据可以不用质证，证据的展示和质证只需围绕争议要素展开。庭审时要围绕要素进行调查和辩论，不再单独分开传统民事裁判文书所对应的法庭调查和法庭辩论两个环节。

3. 庭审要素以及裁判文书要素的筛选

在筛选庭审要素以及裁判文书要素时，应只选择与裁判结果相关的要素事实。例如，对于经济补偿金案件的审理与裁判，所筛选的要素为计算经济补偿金的工作年限、工资标准、劳动关系解除事实及补偿金发放情况，劳动合同签订虽是劳动关系中的重要事实但并非本案要素事实。要素事实的准确筛选，可进一步提高庭审及裁判文书制作效率，减轻当事人庭前填表及庭审陈述、举证质证的诉累，当然也对法官的业务能力提出了更高的要求。

4. 尾部上诉权利的告知

本文书格式是按照小额诉讼程序设计的要素式判决书，由于法律规定小额诉讼程序实行一审终审制。所以，本文书格式中没有上诉权利的告知设计。需要注意的是，其他简易程序案件适用要素式民事裁判文书，仍应在尾部向当事人交代上诉权利、上诉期限及上诉法院等，因为其他案件虽也使用要素式庭审，但仍需要贯彻两审终审制。

三、二审要素式民事判决书

目前，各地法院关于要素式裁判文书的适用，主要集中在基层人民法院。二审要素式民事判决书仍处于探索的初级阶段，发展比较缓慢。缺少案件分流机制是制约二审要素式民事判决书发展的主要原因。前文已述，民事案件的繁简分流是裁判文书繁简分流的前提与基础。《民事诉讼法》设计的简易程序及其中的小额诉讼程序为基层法院分流案件，适用一审要素式民事判决书奠定了基础。虽说进入二审的也有简单案件，它们依照《繁简分流若干意见》也可以使用要素式民事裁判文书，但是，第二审程序中并无类似简易程序那样的案件分流的客观程序标准，二审案件繁简分流就不好进行，二审要素式民事判决书的适用范围就不容易妥善确定。另外，根据《民事诉讼法》的规定，二审案件一律适用合议制，以开庭为原则、不开庭为例外。在二审庭审程序无法有效简化的情况下，二审民事裁判文书的简化，二审要素式民事判决书的发展势必碰到制度“瓶颈”。

2016 年 6 月，《最高人民法院关于人民法院进一步深化多元化纠纷解决机制改革的意见》中提出了通过简易程序、小额诉讼程序、督促程序以及速裁机制实现简案快审的组合拳。2017 年 5 月，《最高人民法院关于民商事案件繁简分流和调解速裁操作规程（试行）》提出，基层人民法院可以设立专门速裁组织，对离婚后财产纠纷、买卖合同纠纷等事实清楚、权利义务关系明确、争议不大的金钱给付纠纷进行裁判，并指出速裁案件一般只开庭一次，庭审直接围绕诉讼请求进行，不受法庭调查、法庭辩论等庭审程序限制。此后，全国多地高级人民法院及中级人民法院陆续出台深化速裁工作机制的指导意见和实施方案，在中级人民法院设立速裁团队，审理基层人民法院速裁上诉案件，实现对口管理。2020 年 1 月，最高人民法院印发《民事诉讼程序繁简分流改革试点方案》，提出探索中级人民法院可以由法官一人独任审理部分简单民事上诉案件，并同时出台《民事诉讼程序繁简分流改革试点实施办法》，明确第二审人民法院对于一审适用简易程序审理结案以及不服民事裁定的案件，可以适用独任制审理。速裁工作机制的建设，在纵向上扫清了基层人民法院与中级人民法院案件繁简分流的衔接障碍；独任制的设立，则为中级人民法院简化二审庭审流程进而探索要素式裁判文书提供了制度保障。可以说，二者合力打通了中级人民法院繁简分流司法改革的任督二脉。

下面简要介绍一下北京市第二中级人民法院适用二审要素式民事判决书的一些探索。

（一）适用范围

考虑到二审要素式民事判决书的探索尚处于初级阶段，对其适用范围的确定应根据由点及面、由小及大的原则循序进行。结合要素式民事裁判文书的概念、一审适用现状、二审速裁的分流标准以及二审独任制的适用范围，可先在如下范围尝试适用二审要素式民事判决书：

1. 一审为要素式民事裁判文书的上诉案件；
2. 适用独任制审理的二审上诉案件；

此外，中级人民法院审理的用人单位申请撤销劳动仲裁终局裁决的案件，虽不属于二审程序且应当组成合议庭审理，但作为劳动争议案件，可以固化要素，案件简单，数额较小，适宜参照适用二审要素式民事判决书。故而，为行文方便，将其归入二审要素式民事判决书写作中一并讨论。

（二）二审要素式民事判决书写作要点

二审要素式民事判决书分为首部、正文、尾部三部分。

1. 首部

首部由标题、当事人及诉讼参加人基本情况、案件由来和审理经过组成。

（1）当事人及诉讼参加人基本情况应严格按照最高人民法院公布的《人民法院民事裁判文书制作规范》的要求撰写，不可省略。

（2）案件由来和审理经过。该部分可省去连接词，简化为如下要素：

一审法院：××××人民法院

一审案号：（××××）……民初……号

一审程序：简易程序

二审立案时间：××××年××月××日

二审审判组织：独任制

2. 正文

正文由事实与认定、裁判理由、裁判依据、裁判主文组成。裁判依据、裁判主文之写作与传统民事裁判文书相同，故不展开。

（1）不叙述一审认定的事实和一审裁判理由。首先要说明的是，北京市第二中级人民法院在探索二审要素式民事判决书时，未在正文部分叙述一审认定的事实和一审裁判理由，具体考虑如下：

对于一审认定的事实，一是根据《民诉法解释》第321条的规定，第二审人民法院应当围绕当事人的上诉请求进行审理。当事人没有提出请求的，不予审理。因此，出于审级特点，二审无须将上诉请求之外的一审无争议事实再重复列明；二是在二审要素式民事判决书中，有争议的一审认定的事实已归入“二审焦点要素事实”部分，出于文书简化，无须再单独列项，重复陈述。

对于一审裁判理由，一是一审要素式民事判决书自身结构中就没有一审裁判理由这个独立板块，“一审裁判理由”以夹叙夹议的形式分散在事实及认定部分，因而二审要素式民事判决书自然没有一审裁判理由；二是一审未采用要素判决的上诉案件，如前所述，二审以上诉请求为审查范围，二审裁判理由会对与上诉请求有关的一审裁判理由作出论述，对与上诉请求无关部分则不予关注，所以，无须在事实与认定部分冗述一审裁判理由。

（2）事实与认定。事实与认定部分，传统民事裁判文书与二审要素式民事判决书的构成不同。前者依次由上诉请求与理由、被上诉人答辩意见、原审原告/被告/第三人陈述意见、一审诉讼请求、一审认定的事实、一审裁判理由、一审裁判结果、二审查明的事实组成。后者依次由一审诉讼请求、一审裁判结果、上诉请求及理由、被上诉人意见、原审原告/被告/第三人意见、二审焦点要素事实、二审新证据组成。

对比之下，前者的结构模式，内容过于冗长，且先陈述上诉时的诉辩意见，后陈述一审诉讼请求及一审裁判的情况，这种倒叙的叙述方式显得突兀，不符合写作受体的阅读习惯。后者的结构模式，没有单列一审认定的事实、一审裁判理由，避免了内容冗长，且采取顺序法，写作受体读来自然。

事实与认定部分的撰写应注意以下事项：

① 考虑到与执行程序的衔接，方便二审生效裁判的执行，一审裁判结果应完整引述，不可简省。

② 上诉请求应明确具体。有些法律知识欠缺或没有诉讼代理人的上诉人，往往在上诉状中将上诉请求笼统的表述为：请求撤销原判，依法改判。二审法官应在庭审中引导上诉人明确对一审具体判项的意见，为庭审焦点的归纳和裁判文书撰写打好基础。

③ 上诉理由不可省去。一审要素式民事判决书中，只援引原告的诉讼请求，而不概述其诉请理由。二审要素式民事判决书，既要援引上诉请求，又要概述上诉理由，这是由二审的审级特点决定的。上诉理由是上诉请求提出的依据，同为二审审查范围的重要组成内容，因此不可省去。不过，不要照抄民事上诉状，要对上诉理由进行准确概述。

（3）裁判理由。一审要素式民事判决书没有设置裁判理由的结构单元，裁判理由分散于“事实及认定理由”中。二审要素式民事判决书却设置了裁判理由的结构单元，法官可以在此可以集中论述裁判理由。这种设置主要是考虑到，二审程序对于一审的监督既包括对事实认定的评价又包括对程序和法律适用的审查。按照文书结构，对于适用法律是否正确、程序是否合法的论述不宜归入“事实及认定”的范畴。裁判理由单独列项，对一审判决集中评价更符合逻辑结构，也更符合审级特点。写作时应该紧密围绕争议焦点，用语简明扼要，延伸论述点到为止，切忌长篇大论。

3. 尾部

尾部包括诉讼费用负担告知、终审判决告知、独任审判员署名、判决书制作日期、加盖院印、“本件与原本核对无异”戳、法官助理和书记员署名。

4. 注意事项

二审焦点要素事实是文书简化的主要体现。如前文所述，二审要素式民事判决书不再将“一审认定的事实”单独列项，如何在简化裁判文书的同时，精准展现二审争议焦点，充分保障上诉人的诉讼权利，让当事人“读得快”并“看得懂”，则是二审焦点要素事实撰写的重点，亦是难点。撰写该部分时应注意：

（1）与上诉请求无关的一审事实不再罗列。以劳动争议案件为例，劳动者在一审中提出了未签劳动合同双倍工资、延时加班费、法定节假日加班工资、未休年休假工资和解除劳动合同经济补偿金等五项诉请，一审判决支持了前四项。劳动者仅对解除劳动合同经济补偿金提出上诉，所以写作时前四项就不再罗列。按照传统民事裁判文书的写作方式，需在事实查明部分将与劳动者前四项诉请相关的事实及证据均予列明，于是显得过于冗长烦琐，且与二审审级特点不符。

（2）应结合上诉请求的具体内容精准筛选相关要素。如上例，与解除劳动合同经济补偿金相关的要素由两部分组成：一是判断是否应当支付解除劳动合同经济补偿金的要素，即解除劳动关系的原因；二是计算解除劳动合同经济补偿金的相关要素，即入职时间、劳动关系解除时间、劳动关系解除前十二个月平均工资。筛选二审焦点要素事实时，应将与上诉请求相关的所有要素逐一列明。如上诉请求为不支付解除劳动合同经济补偿金，需列明的要素为劳动关系解除原因。如上诉请求系基于认为一审确定的解除劳动合同经济补偿金数额有误，要求增减的，则需列明的要素为入职时间、劳动关系解除时间以及劳动关系解除前十二个月平均工资。

（3）应遵循繁简得当原则，夹叙夹议。并非所有的二审焦点要素事实均存在争议，对于无争议的事实，应一笔带过。对于有争议的事实，应列明一审证据、一审法院认定情况、二审新证据、二审法院认定情况。如二审均未提交新证据，则可在二审焦点要素事实后，单独列项表述为："二审新证据：无。"以不服一审按照农村标准计算残疾赔偿金，上诉请求增加残疾赔偿金数额的案件为例：

二审焦点要素事实：

① 是否构成伤残：是。

② 伤残等级：八级。

③ 伤残赔偿指数：30%。

④ 户口性质：农业。

⑤ 收入来源：上诉人赵某在一审中主张其主要收入来源于非农业生产，但未能就此提供证据，且被上诉人王某对此不予认可。一审法院认为赵某未能就其主张的事实完成证明责任，对其该主张不予采信。二审中，赵某坚持其一审主张，并提交《劳动合同》、完税证明等证据。经质证，王某称无法核实真实性，对上述证据均不予认可。本院认为，赵某提交的上述证据形式完备，内容明确，王某虽不予认可，但未能提供反驳证据，本院对上述证据予以采信，认定赵某主要收入来源于非农业生产。

⑥ 2020 年度北京市城镇居民人均可支配收入：73 849 元。

⑦ 残疾赔偿金计算年限：20 年。

⑧ 责任比例：王某负100%赔偿责任。

【例文1】

北京市大兴区人民法院

民事判决书

（2020）京0115民初0000号

原告：裴某某，男，1975年××月××日出生，汉族，户籍地江西省九江市湖口县陶朱乡枫树村×组×号。

委托诉讼代理人：崔某某，北京××（天津）律师事务所律师。

被告：李某，男，1978年××月××日出生，汉族，户籍地河北省邯郸市魏县大流镇后小马村西×号胡同×号。

被告：北京×货运服务部，经营场所北京市丰台区宫颐府槐房×路南侧。

经营者：曹某某，经理。

委托诉讼代理人：张某某，女，北京×货运服务部员工。

被告：富×财产保险股份有限公司北京分公司，营业场所北京市通州区永顺镇茌平大道×号院×号楼40－1、40－2。

负责人：盛某，总经理。

委托诉讼代理人：文某，女，富×财产保险股份有限公司北京分公司员工。

原告裴某某与李某、富×财产保险股份有限公司北京分公司（以下简称富×保险公司）、北京×货运服务部（以下简称×货运部）机动车交通事故责任纠纷一案，本院受理后，依法适用简易程序，公开开庭进行了审理。原告裴某某的委托诉讼代理人崔某某，被告李某，被告×货运部的委托诉讼代理人张某某，被告富×保险公司的委托诉讼代理人文某到庭参加诉讼。本案现已审理终结。本案查明的事实如下：

一、交通事故发生时间：2018年9月1日。

二、交通事故责任认定：李某负全部责任。

三、伤残等级：十级。

四、误工期：170日。

鉴定意见评定为150～180日。富×保险公司主张该期限过长，认可120天，但未能就此提交充分证据。本院结合裴某某的伤情及鉴定意见，酌定误工期为170天。

五、误工费：17 000元。

富×保险公司同意按100元/天标准计算，结合本院酌定的误工期，本院认定误工费为 17 000 元（170 天×100 元/天）。

六、护理期：60 日。鉴定意见评定为60 日，本院予以采纳。

七、护理费：7900 元（住院期间4000 元+39 天×100 元/天）。

八、营养期：60 日。鉴定意见评定为60 日，本院予以采纳。

九、营养费：3000 元（60 天×50 元/天）。

十、医疗费：23 692.53 元，其中李某垫付21 411.67 元。

十一、住院伙食补助费：2100 元（21 天×100 元/天），该费用已由李某垫付。

十二、交通费：600 元（根据裴某某的就医情况酌定）。

十三、被扶养人：裴某（2004 年××月××日出生，有2 个抚养人）、张某某（1948 年××月××日出生，有3 个抚养人）、裴某1（1957 年××月××日出生，有2 个抚养人）。

十四、被扶养人生活费：64 901.2 元（46 358 元×4 年×10%/2 人+46 358 元×18 年×10%/2 人+46 358 元×9 年×10%/3 人）。

十五、户口性质：居民。

十六、伤残赔偿指数：10%。

十七、残疾赔偿金计算年限：20 年。

十八、残疾赔偿金计算标准：城镇标准。

裴某某主张及证据：裴某某主张按城镇标准计算，并就此提交派出所户籍证明、居住证明、工作证明、误工证明；

李某、×货运部主张及证据：不发表意见。

富×保险公司主张及证据：对裴某某的上述证据不予认可，裴某某户口所在地为农村，按照农村标准计算。

本院认定及理由：裴某某提交的上述证据可以证明裴某某为居民户口，且其主要收入来源于非农业生产。结合残疾赔偿金的性质和功能，根据民事赔偿的填平原则，应按照城镇标准计算裴某某的残疾赔偿金。

十九、精神损害抚慰金：5000 元（根据裴某某的伤情酌定）。

二十、鉴定费：5450 元。

富×保险公司主张该费用不属于直接损失，根据保险合同约定，其公司不应承担该费用。

李某认可富×保险公司该意见，同意承担鉴定费。

二十一、投保情况：责任车辆在富×保险公司投保交强险和限额为500 000元的三者险及不计免赔，事故发生在保险期间内。

二十二、责任主体：富×保险公司、李某。

裴某某主张及证据：富×保险公司承担保险责任，不足部分由李某、×货运部承担连带责任。因为李某系责任车辆的实际使用人，×货运部系所有人。

富×保险公司主张及证据：同意依法承担保险责任。

李某主张及证据：同意依法承担赔偿责任。

×货运部主张及证据：不同意承担责任。责任车辆虽登记在×货运部名下，但责任车辆已借给李某使用。

本院认定及理由：根据《中华人民共和国侵权责任法》第四十九条规定，因租赁、借用等情形机动车所有人与使用人不是同一人时，发生交通事故后属于该机动车一方责任的，由保险公司在机动车强制保险责任限额范围内予以赔偿。不足部分，由机动车使用人承担赔偿责任；机动车所有人对损害的发生有过错的，承担相应的赔偿责任。本案中，×货运部并非实际使用人，且无证据证明其对损害的发生存在过错，因此×货运部并非本案责任主体。

二十三、原告的诉讼请求：

1. 判令被告赔偿原告医疗费2280.86元、护理费9000元、住院伙食补助费2100元、营养费3000元、误工费36 000元、被扶养人生活费64 901.2元、残疾赔偿金147 698元、交通费1000元、精神损害抚慰金10 000元、伤残鉴定费5450元，以上共计281 430.06元；

2. 诉讼费用由被告承担。

依照《中华人民共和国侵权责任法》第九条、第四十八条、第四十九条，《最高人民法院关于审理人身损害赔偿案件适用法律若干问题的解释》第十七条，《最高人民法院关于审理道路交通事故损害赔偿案件适用法律若干问题的解释》第十六条之规定，判决如下：

一、富×财产保险股份有限公司北京分公司在机动车第三者责任强制保险范围内赔偿裴某某残疾赔偿金110 000元、医疗费10 000元，共计120 000元（于本判决生效后七日内履行）；

二、富×财产保险股份有限公司北京分公司在机动车第三者责任强制保险范围内赔偿裴某某医疗费13 692.53元、住院伙食补助费2100元、营养费3000元、护理费7900元、残疾赔偿金37 698元、被扶养人生活费64 901.2元、精神损害抚慰金5000元、交通费600元、误工费17 000元，共计151 891.73元（从中支付李某垫付的医疗费21 411.67元、住院伙食费2000元、住院期间的护理费4000元，共计27 411.67元，于本判决生效后七日内履行）；

三、李某支付裴某某鉴定费5450元（于本判决生效后七日内履行）；

四、驳回裴某某的其他诉讼请求。

如果未按本判决指定的期间履行给付金钱义务，应当依照《中华人民共和国民事诉讼法》第二百五十三条之规定，加倍支付迟延履行期间的债务利息。

案件受理费2761元，由李某负担（于本判决生效后七日内交纳）。

如不服本判决，可在判决书送达之日起十五日内，向本院递交上诉状，并按对方当事人的人数提出副本，交纳上诉案件受理费，上诉于北京市第二中级人民法院。如在上诉期满后七日内未交纳上诉案件受理费的，按自动撤回上诉处理。

审　判　员　王　某

二〇二〇年十一月二十日

（院印）

本件与原本核对无异

法官助理　郭某某

书　记　员　曹　某

【例文2】

北京市第二中级人民法院

民事判决书

（2021）京02民终0000号

上诉人（原审被告）：富×财产保险股份有限公司北京分公司，营业场所北京市通州区永顺镇荏平大道×号院×号楼40－1、40－2。

负责人：盛某，总经理。

委托诉讼代理人：文某，女，富×财产保险股份有限公司北京分公司员工。

被上诉人（原审原告）：裴某某，男，1975年×月×日出生，汉族，户籍地江西省九江市湖口县陶朱乡枫树村×组×号。

委托诉讼代理人：崔某某，北京××（天津）律师事务所律师。

原审被告：李某，男，1978年××月××日出生，汉族，户籍地河北省邯郸市魏县大流镇后小马村西×号胡同×号。

原审被告：北京×货运服务部，经营场所北京市丰台区宫颐府槐房×路南侧。

经营者：曹某某，经理。

委托诉讼代理人：张某某，女，北京×货运服务部员工。

一审法院：北京市大兴区人民法院

一审案号：（2020）京0115民初0000号

一审程序：简易程序

二审立案时间：2021 年 3 月 2 日

二审审判组织：独任制

一审诉请：判令李某、富×财产保险股份有限公司北京分公司（以下简称富×保险公司）、北京×货运服务部（以下简称×货运部）赔偿裴某某医疗费 2280.86 元、护理费 9000 元、住院伙食补助费 2100 元、营养费 3000 元、误工费 36 000 元、被扶养人生活费 64 901.2 元、残疾赔偿金 147 698 元、交通费 1000 元、精神损害抚慰金 10 000 元、伤残鉴定费 5450 元，以上共计 281 430.06元。

一审裁判结果：一、富×财产保险股份有限公司北京分公司在机动车第三者责任强制保险范围内赔偿裴某某残疾赔偿金 110 000 元、医疗费 10 000 元，共计 120 000 元（于判决生效后七日内履行）；二、富×财产保险股份有限公司北京分公司在机动车第三者责任强制保险范围内赔偿裴某某医疗费 13 692.53 元、住院伙食补助费 2100 元、营养费 3000 元、护理费 7900 元、残疾赔偿金 37 698 元、被扶养人生活费 64 901.2 元、精神损害抚慰金 5000 元、交通费 600 元、误工费 17 000 元，共计 151 891.73 元（从中支付李某垫付的医疗费 21 411.67 元、住院伙食费 2000 元、住院期间的护理费 4000 元，共计 27 411.67元，于判决生效后七日内履行）；三、李某支付裴某某鉴定费 5450 元（于判决生效后七日内履行）；四、驳回裴某某的其他诉讼请求。

上诉请求及理由：撤销一审判决第二项，对误工费、残疾赔偿金（含被扶养人生活费）依法改判。事实与理由：一审认定误工费过高，误工期应为 120 日，富×保险公司应在商业险内承担误工费 12 000 元。另，残疾赔偿金（含被扶养人生活费）数额有误，裴某某未就被扶养人情况提供派出所出具的亲属关系证明，且本案不属于 2020 年 4 月 1 日后出险案件，被扶养人生活费及残疾赔偿金应按农村标准计算。

被上诉人意见：裴某某同意一审判决，不同意富×保险公司的上诉请求。

原审被告意见：×货运部称与其无关，不发表意见。李某未到庭，亦未发表答辩意见。

二审焦点要素事实：

1. 误工期。北京某司法鉴定所于 2019 年 4 月 18 日出具鉴定意见书，载明裴某某的误工期评定为 150～180 日。一审酌定为 170 日。

2. 被扶养人。裴某某提交户口簿及盖有湖口县均桥镇枫树村村民委员会及湖口县均桥镇民政所公章的被扶养人证明，证明被扶养人为裴某某的父亲张某某、母亲裴某 1、儿子裴某。一审认定被扶养人为以上 3 人。

3. 户口性质。湖口县公安局陶朱派出所出具户籍证明显示，自2016年9月户改后裴某某户籍地统称为居民家庭户，已取消农业与非农业户籍划分。一审认定应按城镇标准计算相应残疾赔偿金（含被扶养人生活费）。

4. 残疾赔偿金计算标准相关的其他考量因素。裴某某主张其主要收入来源于城镇并提交了工作证明、居住证明及银行流水等证据。富×保险公司不认可上述证据，但未就此提交反驳证据。

二审新证据：无。

裁判理由：本院认为，围绕上诉请求，确定本案争议焦点有二：一是一审法院基于自由裁量权酌情确定的误工期是否合适；二是一审法院按照城镇标准计算残疾赔偿金（含被扶养人生活费）及确定的数额是否正确。

关于焦点一，自由裁量权是法官或审判组织根据案件事实及法律规定，结合法律经验及司法价值观对案件处理作出选择的权利。基于事实，囿于法律，出于情理，定于公正。本案中，鉴定意见评定裴某某的误工期为150～180日。作为鉴定机构出具的文书，该证据形式完备，内容翔实，具有较强证明力。结合裴某某的伤情、人体损伤评定相关标准及当事人过错等因素，一审法院酌情确定裴某某的误工期为170日，事实及法律依据充分且合乎情理，本院应予尊重。

关于焦点二，残疾赔偿金是对受害人因人身遭受损害致残而丧失全部或者部分劳动能力的财产赔偿，因此，在当前法律规定下，受害人的收入来源是确定赔偿标准的重要考量因素。本案中，裴某某为居民家庭户，结合其提交的工作证明、居住证明、银行流水等证据，可以认定其所主张的主要收入来源于城镇的事实达到高度可能性的证明标准。另，裴某某亦就被扶养人情况提交了户口簿及相关部门出具的证明，已完成证明责任。富×保险公司虽不予认可，但未能提供反驳证据。一审法院结合裴某某的伤残等级和被扶养人情况，按照城镇标准计算残疾赔偿金（含被扶养人生活费）并确定数额为212 599.2元，并无不当。另需指出，根据《最高人民法院关于授权开展人身损害赔偿标准城乡统一试点的通知》和北京市高级人民法院的相关文件，北京市法院受理的侵权行为发生于2020年4月1日后的机动车交通事故责任纠纷案件不再区分城镇居民与农村居民，按统一赔偿标准计算残疾赔偿金。这既是“平等”社会主义核心价值观的司法践行，亦是对民事主体从事民事法律行为的法治引导。

综上，富×保险公司的上诉主张事实依据不足，本院不予支持。

裁判依据：《中华人民共和国民事诉讼法》第一百七十条第一款第（一）项。

主文：驳回上诉，维持原判。

其他告知事项：

二审案件受理费2900元，由富×财产保险股份有限公司北京分公司负担（已交纳）。

本判决为终审判决。

审 判 员 王 某

二〇二一年四月二十二日

（院印）

本件与原本核对无异

法官助理 郭某某

法官助理 周 某

书 记 员 曹 某

第六章 刑事公诉情境中的法律文书

钦哉，钦哉，惟刑之恤哉！正义曰：此经二句，舜之言也，不言“舜曰”，以可知而略之。舜既制此典刑，又陈典刑之义，以敕天下百官，使敬之哉，敬之哉，惟刑之忧哉。忧念此刑，恐有滥失，欲使得中也。

——（上古）大舜《尚书·舜典》

在法官判决之前，一个人是不能被称为罪犯的。

——［意大利］贝卡利亚

让我们定个规则，多大的犯罪用多大的惩罚，应该用树枝纠正的过错，不用可怕的鞭子抽打。

——［英］吉米·边沁

法无明文规定不为罪，法无明文规定不处罚。

——［德］保罗·约翰·安塞尔姆·冯·费尔巴哈

刑事诉讼法律文书概述[①]

刑事诉讼是指以审判机关、检察机关、监察机关和侦查机关为主导，在当事人以及其他诉讼参与人的参加下，依照法定程序解决被追诉者是否有罪以及

① 本文由张淑平法官撰稿。

是否应当承担刑事责任问题的诉讼活动。广义的刑事诉讼法律文书是侦查机关、监察机关、检察机关、人民法院和当事人及其辩护人、代理人在进行刑事诉讼活动时，叙明事实，列举证据，阐述观点和理由，适用法律的重要书面载体。狭义的刑事诉讼法律文书是指侦查机关、监察机关、检察机关、人民法院在刑事诉讼过程中，依照《刑事诉讼法》规定的程序，为办理刑事案件依法制作和使用的具有法律效力或法律意义的各种诉讼公文。

刑事诉讼法律文书按照制作主体不同分为六大类：侦查机关（含国家安全机关，下同）制作的文书、监察机关制作的文书、检察机关制作的文书、人民法院制作的文书、辩护人（律师）制作的文书和当事人制作的文书。其中，侦查机关、监察机关、检察机关和人民法院制作的文书又可分为对当事人制作的文书、各公监检法机关对内部制作的文书和各机关之间因刑事诉讼职能相关联而制作的文书。

公安机关刑事诉讼法律文书共有 8 大类 98 种①（国家安全机关、缉私侦查机关和其他专门侦查机关除参照适用公安机关刑事诉讼法律文书外，还具有各专业特点的刑事诉讼法律文书，本文未涉及）：立案、管辖、回避文书 8 种；律师参与刑事诉讼文书 4 种；强制措施文书 29 种；侦查取证文书 39 种；技术侦查文书 4 种；执行文书 6 种；刑事通用文书 5 种；规范性文书 3 种。

根据《监察法》《国家监察委员会管辖规定（试行）》以及《全国人民代表大会关于修改〈中华人民共和国刑事诉讼法〉的决定》之规定，原来由检察机关管辖的三类 46 个国家机关公职人员涉嫌职务犯罪的罪名、公安机关管辖的经济类或其他普通刑事犯罪中公职人员作为犯罪主体必备要件的 42 个罪名，共计 6 大类 102 个职务犯罪的罪名，或根据检察机关机构改革的撤并而剥离，或从公安机关管辖的立案范围分离，改由各级监察机关行使管辖权。2018 年 11 月《最高人民检察院〈关于人民检察院立案侦查司法工作人员相关职务犯罪案件若干问题的规定〉的通知》规定，在监察机关管辖的 14 个罪名涉及司法机关工作人员职务犯罪的，设区市级的检察机关内设刑事检察部门也可以

① 2012 年 12 月 19 日，公安部发布《关于印发〈公安机关刑事法律文书式样（2012 版）〉的通知》，公安机关刑事法律文书式样共 8 大类 97 种，其中，强制措施文书 30 种，侦查取证文书 37 种。2014 年 3 月，公安部会同最高人民法院、最高人民检察院印发《关于羁押犯罪嫌疑人、被告人实行换押和羁押期限变更通知制度的通知》废止了延长拘留期限通知书、延长侦查羁押期限通知书、计算/重新计算侦查羁押期限通知书这三种强制措施文书，新增变更羁押期限通知书。2020 年 8 月 21 日，公安部办公厅下发《关于修改和补充部分刑事法律文书式样的通知》（公法制〔2020〕1009 号），对 7 个法律文书式样进行了修改、完善，新增了准许被取保候审人离开所居市县决定书、准予补充鉴定/重新鉴定决定书、不准予补充鉴定/重新鉴定决定书这三个法律文书式样。

立案侦查。因此，司法机关工作人员涉相关 14 个职务犯罪罪名的立案侦查权，则由监察机关和检察机关共同行使。监察机关制作的有关立案调查、询问讯问、留置搜查、限制出境、查询冻结、查封扣押、勘验检查、鉴定、通缉、没收追缴、移送审查的起诉意见书等纪检监察法律文书，也属于刑事诉讼法律文书的范围。

人民检察院刑事诉讼法律文书共有 14 大类 333 种：管辖文书 5 种；回避文书 3 种；辩护与代理文书 15 种；证据文书 3 种；强制措施文书 26 种；案件受理 1 种；立案文书 4 种；侦查文书 60 种；审查逮捕和审查起诉文书 77 种；出席法庭文书 16 种；特别程序文书 72 种；刑事诉讼法律监督文书 22 种；刑罚执行和监管执法监督文书 13 种；其他文书 16 种。

人民法院刑事诉讼法律文书共有 9 大类 165 种：裁判文书 43 种；决定、命令、布告文书 28 种；报告文书 12 种；笔录文书 12 种；证票文书 5 种；书函文书 18 种；通知文书 32 种；书状文书 7 种；其他文书 8 种。

辩护律师在刑事诉讼中使用的法律文书主要有公函类文书、证明类文书、申请类文书、辩护类文书、诉状类文书、笔录类文书等 6 大类。例如，律师事务所向公、检、法三机关出具的该所接受当事人或者近亲属委托代理案件的公函，为公函类文书；律师事务所向公检法三机关出具的指派承办律师担任辩护人的介绍信，为证明类文书；律师向公检法三机关提出会见被告人、取保候审、调查令等书面申请，为申请类文书；辩护词、答辩书为辩护类文书；代书上诉状为诉状类文书；调查笔录、开庭笔录为笔录类文书等，根据具体需要选择使用法律文书的名称和种类则各有不同。

当事人制作的刑事诉讼法律文书主要有两大类。书状类文书有刑事起诉状（自诉案件）、答辩状（意见）、辩护意见、陈述意见、上诉状；申请类文书有调查取证申请书、取保候审申请书、排除非法证据申请书、减免缴纳罚金申请书等。

各类刑事诉讼法律文书均服务于刑事诉讼活动，体现了我国刑事诉讼法的司法理念与制度。它具有以下鲜明特色：

1. 刑事诉讼法律文书是具体实施法律的重要手段，具有更鲜明的国家强制力（如逮捕羁押、监狱执行等）来保障实施的特征，并以能够剥夺公民生命、财产或限制公民自由、权利为最终结果。

2. 刑事诉讼法律文书是打击敌人、惩罚犯罪、教育公民、维护法治的有力武器，也是进行法制宣传教育的生动教材。

3. 刑事诉讼法律文书的写作主体种类最多、文书外延最为广泛。这个特征源于《刑事诉讼法》本身，因为该法是一部最复杂、最精密的程序法，而刑事诉讼法律文书是刑事诉讼程序的写照。

4. 犯罪与刑罚是所有刑事诉讼法律文书的文眼。在一个刑事案件的诉讼过程中，随着程序的推进会出现系列法律文书，无论出自何人之手，无论涉及程序问题还是实体问题，都紧紧围绕犯罪与刑罚这一关键语展开。犯罪与刑罚是刑事诉讼法律文书在内容上的一大特色。

5. 刑事诉讼法律文书中制式文书居多。这些文书具有内容法定，形式程式，结构固定，用语精确等特性，在执行方面具有时效性。

6. 刑事诉讼法律文书是全面记载执行法律活动的历史档案。由于制作主体具有法定性，制作依据具有合法性，从而确定了运用其对历史案件进行评价时具有最高效力的地位。律师在从事刑事辩护时，可以依照《刑事诉讼法》等法律和司法解释的规定，对诉讼卷中公安司法机关制作的刑事诉讼法律文书进行合法性审查，发现违反法律规定的情形，将之确定为辩点，构建辩护策略，写作辩护文书，以维护犯罪嫌疑人、被告人的合法权益，实践证明这是一个行之有效的办案思路。

在刑事诉讼法律文书集群中，刑事裁判文书居于核心地位。一方面，它们位于刑事诉讼程序的终端，记载着法院对刑事案件的最终处理结果，侦查文书、检察文书等其他刑事诉讼法律文书都是刑事裁判文书的基础性材料。另一方面，刑事裁判文书的写作质量反映着法官断案是否公允、刑罚是否适中，关涉着天理昭彰或幽暗，攸关政治教化能否深入人心，最终影响着政治之成功与否。西汉思想家董仲舒对此曾有精辟论述，他说："故折狱而是也，理益明，教益行。折狱而非也，闇理迷众，与教相妨。教，政之本也。狱，政之末也。其事异域，其用一也，不可不以相顺，故君子重之也。"① 因此，强调刑事裁判文书制作的规范性是我国历史悠久的一项司法制度。《尚书·吕刑》说："其刑上备，有并两刑。"唐朝孔颖达解释道："其断狱成辞，得其信实，又当输汝言实之状而告于王。其断刑文书上于王府，皆使备具，勿有疏漏。其囚若犯二事，罪虽从重，有并两刑上之者，言有两刑，亦具上之。恐狱官有所隐没，故戒之。"② 中国古代刑事法律制度的完善从中亦可见一斑。当代，最高

① 语出《春秋繁露·精华》。"折狱"，断案，指审理刑事案件。"而"，通"如"，表示假设，如果。"益"，更加。"闇"，通"暗"，昏暗。"迷"，使……迷惑。"妨"，妨碍，损害。"相顺"指政治教化与刑事判决要同向相辅，形成合力。

② 孔颖达的训诂可以翻译为：案件审理结束，法官要制作刑事裁判文书，要把查清案件真实情况的过程向周天子作书面报告。刑事裁判文书要呈送周天子，要详细书写，不要遗漏。囚犯如果有两个犯罪事实，虽然从一重处断，也要把这两个犯罪事实的量刑全部详细上报。为了防止法官有所隐没包庇，所以设置了这样的戒条。

人民法院出台了系列文件，对刑事裁判文书的制作也作了严格的规范。

项目一 呈请立案报告书

【文书格式】

领导批示	
审核意见	
办案单位意见	

呈请立案报告书

犯罪嫌疑人基本情况。如果尚未确定犯罪嫌疑人，则写明案件基本情况。如果涉及其他人员的，写明该人的基本情况。

呈请立案的理由和依据

事实依据（简要叙述有关案件事实，并对有关证据进行分析）

法律依据（写明依据的具体法律规定）

妥否，请批示。

办案单位名称

承办人 ××× ×××

××××年××月××日

【呈请立案报告书写作谈】①

呈请立案报告书是公安机关侦查部门对拟立案侦查的案件报请领导审批的书面报告。写作主体是公安机关侦查部门，写作受体是县级以上公安机关负责人，写作主旨是请求县级以上公安机关负责人批准立案。

本文书是依法确认刑事案件成立，刑事诉讼活动开始的书面凭据。它规范公安机关刑事侦查活动，保证准确、及时地惩治犯罪，保护公民合法权益不受

① 本文由郭林虎律师撰稿。

侵犯。本文书的制作和适用的法律依据是《刑事诉讼法》第109条①或第112条②和《公安机关办理刑事案件程序规定》（以下简称《程序规定》）第178条③。

根据《2012年公安文书式样》的规定，本文书由首部、正文、尾部组成。

1. 首部包括：领导批示、审核意见、办案单位意见栏；标题。办案单位意见，一般是侦查部门的领导对承办案件侦查员批示的具体意见。领导批示指县级以上公安机关负责人经审阅案卷（听取汇报）后，对侦查部门领导意见的核准或批复。

2. 正文部分一般包括四项内容：

（1）犯罪嫌疑人的基本情况，包括姓名、性别、出生日期、出生地、身份证件号码、民族、文化程度、职业或工作单位及职务、政治面貌（如是人大代表、政协委员，一并写明具体级、届代表、委员）、采取强制措施情况、简历等。尚未确定犯罪嫌疑人的，写明案件基本情况。如果涉及其他人员的，如被害人等，写明该人基本情况。

（2）写明呈请领导批示的事项，表述为"现呈请对××立案侦查，理由如下"。

（3）写明拟立案的事实依据，简要叙述有关案件事实，并对有关证据进行分析。这部分是正文的重点内容。

（4）写明拟立案的法律依据，表述为："根据《中华人民共和国刑事诉讼法》第一百零九条（或第一百一十二条）之规定，呈请立为××案侦查。"

3. 尾部依次写明承办案件的单位名称、承办人姓名（不得少于2人，先写案件主责警官姓名）、文书制作日期。

4. 关于立案法律依据的选择适用。如果案件是侦查机关工作中发现的，则适用《刑事诉讼法》第109条；如果案件来源于其他机关移送线索材料、报案、控告、举报和自首，则适用《刑事诉讼法》第112条。

---

① 《刑事诉讼法》第109条规定，公安机关或者人民检察院发现犯罪事实或者犯罪嫌疑人，应当按照管辖范围，立案侦查。

② 《刑事诉讼法》第112条规定，人民法院、人民检察院或者公安机关对于报案、控告、举报和自首的材料，应当按照管辖范围，迅速进行审查，认为有犯罪事实需要追究刑事责任的时候，应当立案；认为没有犯罪事实，或者犯罪事实显著轻微，不需要追究刑事责任的时候，不予立案，并且将不立案的原因通知控告人。控告人如果不服，可以申请复议。

③ 《程序规定》第178条规定，公安机关接受案件后，经审查，认为有犯罪事实需要追究刑事责任，且属于自己管辖的，经县级以上公安机关负责人批准，予以立案；认为没有犯罪事实，或者犯罪事实显著轻微不需要追究刑事责任，或者具有其他依法不追究刑事责任情形的，经县级以上公安机关负责人批准，不予立案。对有控告人的案件，决定不予立案的，公安机关应当制作不予立案通知书，并在3日以内送达控告人。决定不予立案后又发现新的事实或者证据，或者发现原认定事实错误，需要追究刑事责任的，应当及时立案处理。

【例文】

领导批示	同意。 ××× 2019年2月26日
审核意见	经审核，拟立案，请局领导审批。 ××× 2019年2月26日
办案单位意见	提议立案侦查，请局领导审批。 ××× 2019年2月26日

呈请立案报告书

犯罪嫌疑人袁某，男，1986年××月××日出生，籍贯黑龙江省安达市，身份证号码232302100000000000，汉族，初中文化，“某递公司”快递员，户籍所在地黑龙江省安达市×街×委×组×号，现居住地北京市通州区梨园镇海市蜃楼园×号楼×单元×室。

呈请立案的理由和根据

2019年2月8日，犯罪嫌疑人袁某在北京市通州区梨园镇海市蜃楼园×号楼×单元×室内，用事先准备的绳子勒住刘某（女，21岁）颈部向其索要钱财，抢得人民币4000余元，并强行与刘某发生性关系。因恐事情败露，袁某使劲用绳子勒刘某颈部致其机械性窒息死亡，后将刘某尸体抛于北京市通州区宋庄镇通顺路北窑上桥西侧的井内。此后袁某冒用刘某名义骗取刘某男友高某某及刘某姐姐刘某1等人民币30 000余元。

综上所述，犯罪嫌疑人袁某的行为已触犯《中华人民共和国刑法》第二百三十二条、第二百六十三条、第二百三十六条、第二百六十六条之规定，涉嫌故意杀人罪、抢劫罪、强奸罪、诈骗罪，需要追究其刑事责任，且案件属于我局管辖。根据《中华人民共和国刑事诉讼法》第一百一十二条之规定，拟对袁某故意杀人、抢劫、强奸、诈骗案立案侦查。

妥否，请批示。

北京市公安局通州分局刑侦支队

办案人员 赵×× 章××

二〇一九年二月二十六日

项目二 拘 留 证

【文书格式】

×××公安局

拘 留 证

（存 根）

×公（ ）拘字〔 〕号

案件名称____________

案件编号____________

犯罪嫌疑人________男/女

出生日期____________

住 址____________

拘留原因____________

批 准 人____________

批准时间____________

执 行 人____________

办案单位____________

填发时间____________

填 发 人____________

承办部门存档备查

×××公安局

拘 留 证

×公（ ）拘字〔 〕号

根据《中华人民共和国刑事诉讼法》第____条之规定，兹决定对犯罪嫌疑人______（性别____，出生日期________，住址__________）执行拘留，送__________看守所羁押。

公安局（印）

年 月 日

本证已于____年____月____日____时向我宣布。

被拘留人： （捺指印）

本证副本已收到，被拘留人______于____年____月____日____时送至我所。

接收民警： 看守所（印）

此联附卷

×××公安局

拘 留 证

（副 本）

×公（ ）拘字〔 〕号

根据《中华人民共和国刑事诉讼法》第____条之规定，兹决定对犯罪嫌疑人______（性别____，出生日期________，住址__________）执行拘留，送__________看守所羁押。

执行拘留时间：____年____月____日____时

涉嫌罪名__________

属于律师会见需经许可的案件：是/否

公安局（印）

年 月 日

此联交看守所

【拘留证制作谈】①

拘留证是公安机关对犯罪嫌疑人采取拘留这种刑事强制措施时制作和使用的凭证性侦查文书。写作主体是公安机关，写作受体是犯罪嫌疑人和看守所，写作主旨是表达公安机关对犯罪嫌疑人采取刑事拘留措施的决定。

本文书是根据批准的《呈请拘留报告书》制作的，是侦查人员执行刑事拘留的合法凭证，也是对被拘留人执行羁押的依据。在执行拘留的时候，遇有紧急情况，侦查人员可以对犯罪嫌疑人以及可能隐藏罪犯或者犯罪证据的人的身体、物品、住处和其他有关的地方进行搜查。正确使用拘留证对于及时抓获犯罪嫌疑人，保障侦查活动顺利进行，防止侵犯公民人身权利的情况发生具有十分重要的作用。本文书制作和适用的法律依据有《刑事诉讼法》第82条②、第71条第4款③、第77条第2款④,《程序规定》第125条⑤。

拘留证为三联填空式法律文书。它以一人为单位制作，每拘留一人制作一式三联。第一联存根由承办部门存档备查；第二联是正本附卷；第三联副本交看守所收押存档。

一、正本

它是执行刑事拘留的凭证，分为首部、正文、尾部三部分。

1. 首部。按照格式要求写明制作机关、文书名称、文号。

2. 正文。包括拘留的法律依据，被拘留人姓名、性别、年龄、住址以及对被拘留人收押的看守所名称。法律依据一栏留空，根据不同的情形填写《刑事诉讼法》第82条、第71条、第77条。

3. 尾部。首先，在文书制作日期上加盖批准执行刑事拘留公安局的公章。

---

① 本文由郭林虎律师撰稿。

② 《刑事诉讼法》第82条规定，公安机关对于现行犯或者重大嫌疑分子，如果有下列情形之一的，可以先行拘留：（1）正在预备犯罪、实行犯罪或者在犯罪后即时被发觉的；（2）被害人或者在场亲眼看见的人指认他犯罪的；（3）在身边或者住处发现有犯罪证据的；（4）犯罪后企图自杀、逃跑或者在逃的；（5）有毁灭、伪造证据或者串供可能的；（6）不讲真实姓名、住址，身份不明的；（7）有流窜作案、多次作案、结伙作案重大嫌疑的。

③ 《刑事诉讼法》第71条第4款规定，对违反取保候审规定，需要予以逮捕的，可以对犯罪嫌疑人、被告人先行拘留。

④ 《刑事诉讼法》第77条第2款规定，被监视居住的犯罪嫌疑人、被告人违反前款规定，情节严重的，可以予以逮捕；需要予以逮捕的，可以对犯罪嫌疑人、被告人先行拘留。

⑤ 《程序规定》第125条规定，拘留犯罪嫌疑人，应当填写呈请拘留报告书，经县级以上公安机关负责人批准，制作拘留证。执行拘留时，必须出示拘留证，并责令被拘留人在拘留证上签名、捺指印，拒绝签名、捺指印的，侦查人员应当注明。紧急情况下，对于符合本规定第124条所列情形之一的，经出示人民警察证，可以将犯罪嫌疑人口头传唤至公安机关后立即审查，办理法律手续。

其次，由被拘留人填写宣布拘留的时间，并签名/捺指印。最后，由看守所民警填写被拘留人姓名、执行收押的时间、执行收押民警的姓名，加盖看守所公章（或者是收押专用章）。看守所接收民警签注的执行收押时间在刑事诉讼程序上意义重大，它是判断公安机关拘留措施是否合法的一个证明。因为在拘留犯罪嫌疑人后，法律要求公安机关应当立即将被拘留人送看守所羁押，至迟不得超过24小时。为此，签注执行收押的时间要注意两点：第一，一定要精确到小时。例如，“本证副本已收到，被拘留人严某于2021年8月5日13时送至我所”。第二，要签注公安机关办案部门将犯罪嫌疑人送达看守所时间，而不是实际收押入所的时间。实践中，看守所要对犯罪嫌疑人进行身体健康检查，甚至可能要求办案部门将其送到医院检查，然后才收押入所，这段时间可能耗时较长，导致实际收押入所的时间超过了24小时。

侦查终结时，拘留证正本应当存入诉讼卷。

二、副本

它是看守所收押被拘留人的凭证。其结构内容与正本基本相同。文书中有三项注明事项：执行拘留时间、涉嫌罪名以及律师会见是否需经许可。《刑事诉讼法》第39条第3款规定，危害国家安全犯罪、恐怖活动犯罪案件，在侦查期间辩护律师会见在押的犯罪嫌疑人，应当经侦查机关许可。因此，应该根据案件的具体案由以及《刑事诉讼法》第39条第3款，对是否属于律师会见需经许可的案件栏目进行选择。如果会见需经侦查机关批准，就将栏目中的“否”用删除线划掉；如果会见不需要侦查机关批准，则用删除线划掉“是”。

三、存根

存根中的项目要按照规定要求填写。填写要求在《2012年公安文书式样》“填写和印制说明”中有明确规定：

1. 案件名称，根据不同的案件情况，采取不同的命名方法。对于有明确的犯罪嫌疑人和涉嫌犯罪情节清楚的案件，可采取“人名+涉嫌罪名”命名，如“王××故意杀人案”；对于犯罪嫌疑人不明而被害人和被害情况清楚的案件，可采取“被害人+被侵害情况”命名，如“张××被抢劫案”；对于犯罪嫌疑人和被害人不明或者犯罪嫌疑人、被害人人数众多不便概括以及需要保密等情形，可采取以案件发生时间或立案时间或者地名来命名，如“4·15案”“×××（地名）抢劫案”。

2. 犯罪嫌疑人姓名，填写犯罪嫌疑人合法身份证件上的姓名，如果没有合法身份证件的，填写在户籍登记中使用的姓名。如果犯罪嫌疑人是外国人，除应当填写其合法身份证件上的姓名外，还应当同时写明汉语译名。对于一些叙述型法律文书，如《提请批准逮捕书》《起诉意见书》等，应当在写明犯罪嫌疑人姓名的同时，写明犯罪嫌疑人使用过的其他名称，包括别名、曾用名、绰号等。如有必要，还应写明笔名、网名等。确实无法查明其真实姓名的，也可以暂填写其自报的姓名，待查清其真实姓名后，按照查清后的姓名填写，对之前填写的内容可不再更改，但应当在案件卷宗中予以书面说明。犯罪嫌疑人出生日期、住址不明的，参照上述规定办理。

3. 犯罪嫌疑人出生日期，犯罪嫌疑人的出生日期以公历（阳历）为准，除有特别说明的外，一律具体到年月日。确定犯罪嫌疑人的出生日期应当以其合法身份证件上记载的出生日期为准，没有合法身份证件的，以户籍登记中的出生日期为准。

4. 犯罪嫌疑人住址，填写犯罪嫌疑人被采取强制措施前的经常居所地。犯罪嫌疑人的经常居所地以户籍登记中的住址为准。如果该犯罪嫌疑人离开户籍所在地在其他地方连续居住满一年以上的，则以该地为经常居住地，并应当在填写经常居住地的同时注明户籍登记的住址。

5. 犯罪嫌疑人的单位及职业，填写犯罪嫌疑人的工作单位名称以及从事的职业种类。单位名称应当填写全称，必要时在前面加上地域名称。认定犯罪嫌疑人的工作单位，不能单纯凭人事档案是否在该单位，而应当视其是否实际在该单位工作。只要其实际在该单位工作的，即可认定为工作单位。职业应当填写从事工作的种类。没有工作单位的，可以根据实际情况填写经商（个体工商业者）、务工、农民、在校学生或者无业等。

6. 身份证件种类及号码，填写居民身份证、军官证、护照等法定身份证件的种类及号码。

7. 文化程度。填写国家承认的学历。文化程度分为研究生（博士、硕士）、大学、大专、中专、高中、初中、小学、文盲等档次。

8. 批准人，填写批准制作该法律文书的有关负责人的姓名。

9. 批准时间，填写批准制作该法律文书的有关负责人的签字时间。

10. 办案人，填写办理案件民警的姓名，或者有关事项承办人的姓名。

11. 办案单位，填写办案单位或者部门的名称。

12. 填发时间，填写实际制作法律文书的时间。

13. 填发人，填写制作法律文书的人的姓名。

14. 签名，需要当事人签名确认的文书应当由其本人签名；不能签名的，可以捺指印。属于单位的，由法定代表人、主要负责人或者其授权的人签名，或者加盖单位行政印章。当事人拒绝签名的，侦查人员应当在文书中予以说明。

四、注意事项

1. 选择性项目的填写

纸质文书标题中的选择性项目不需要选择，电子法律文书可以根据需要选择制作相应的文书。文书内容部分出现选择性项目的，电子文书根据案情从相应选项中选择适当的项目。纸质文书根据具体情况删去不需要的内容：文书中空余部分、较短的文字内容，可用斜线“\”删去，有较长文字内容的可用横线“—”删去，对于带有“□”的选择性项目，在选定的“□”中打“√”。选择“其他”的，还应当在随后的横线处填写具体情形。

2. 不得超期羁押

刑事拘留有法定的时限，不得超期羁押。对于被拘留的犯罪嫌疑人，经过审查认为需要逮捕的，应当在法定的拘留期限内，提请人民检察院审查批准逮捕。

【例文】（略）

项目三　提请批准逮捕书

【文书格式】

×××公安局

提请批准逮捕书

×公（刑）提捕字〔20××〕××号

犯罪嫌疑人×××……［犯罪嫌疑人姓名（别名、曾用名、绰号等），性别，出生日期，出生地，身份证件种类及号码，民族，文化程度，职业或工作单位及职务，居住地（包括户籍所在地、经常居住地、暂住地），政治面貌（如是人大代表、政协委员，一并写明具体级、届代表、委员），违法犯罪经历以及因本案被采取强制措施的情况（时间、种类及执行场所）。案件有多名犯罪嫌疑人的，应逐一写明。］

辩护律师×××……（如有辩护律师，写明其姓名，所在律师事务所或者法律援助机构名称，律师执业证编号。）

犯罪嫌疑人涉嫌×××（罪名）一案，由×××举报（控告、移送）至我局（写明案由和案件来源，具体为单位或者公民举报、控告、上级交办、有关部门移送、本局其他部门移交以及工作中发现等）。简要写明案件侦查过程中的各个法律程序开始的时间，如接受案件、立案的时间。具体写明犯罪嫌疑人归案情况。

经依法侦查查明：……（应当根据具体案件情况，详细叙述经侦查认定的犯罪事实，并说明应当逮捕理由。）

（对于只有一个犯罪嫌疑人的案件，犯罪嫌疑人实施多次犯罪的犯罪事实应逐一列举；同时触犯数个罪名的犯罪嫌疑人的犯罪事实应该按照主次顺序分别列举；

对于共同犯罪的案件，写明犯罪嫌疑人的共同犯罪事实及各自在共同犯罪中的地位和作用后，按照犯罪嫌疑人的主次顺序，分别叙述各个犯罪嫌疑人的单独犯罪事实。）

认定上述事实的证据如下：

……（分列相关证据，并说明证据与犯罪事实的关系。）

犯罪嫌疑人自愿认罪认罚的，简要写明相关情况。

综上所述，犯罪嫌疑人×××……（根据犯罪构成简要说明罪状），其行为已触犯《中华人民共和国刑法》第××条之规定，涉嫌×××罪，可能判处徒刑以上刑罚。现有（证明其犯罪事实的证据、其他证据）等证据证明，其（依据刑事诉讼法第八十一条第一款具体说明其可能具有的社会危害性）或者（……涉嫌×××罪，可能判处十年有期徒刑以上刑罚/可能判处徒刑以上刑罚，曾经故意犯罪或者身份不明）。依照《中华人民共和国刑事诉讼法》第八十一条、第八十七条之规定，犯罪嫌疑人×××符合逮捕条件，特提请批准逮捕。

此致

×××人民检察院

公安局（印）

二〇××年××月××日

附：1. 本案卷宗×卷×页。

2. 犯罪嫌疑人×××现羁押在××看守所。

【提请批准逮捕书写作谈】①

提请批准逮捕书是公安机关对符合逮捕条件的犯罪嫌疑人提请同级人民检察院批准逮捕时制作的一种公安侦查文书。写作主体是公安机关，写作受体是

① 本文由郭林虎律师撰稿。

同级人民检察院，写作主旨是对符合逮捕条件的犯罪嫌疑人提请同级人民检察院审查批准逮捕。

根据《宪法》第37条第2款的规定，任何公民，非经人民检察院批准或者决定或者人民法院决定，并由公安机关执行，不受逮捕。由于逮捕措施限制人身自由时间较长，虽有利于侦查工作顺利进行，但使用不当将严重侵犯公民的人身权利，因此，公安机关在办理刑事案件过程中，需要逮捕犯罪嫌疑人的，应当严格依法履行审批手续，制作《提请批准逮捕书》。

提请批准逮捕书是公安机关行使刑事诉讼权利的工具，也是人民检察院审查批准逮捕犯罪嫌疑人的依据和基础。它和人民检察院的审查逮捕文书共同体现了公安机关与人民检察院在刑事诉讼中分工负责、互相制约的原则。《刑事诉讼法》第81条①、第87条②，《程序规定》第134条③、第135条④、第

---

① 《刑事诉讼法》第81条规定，对有证据证明有犯罪事实，可能判处徒刑以上刑罚的犯罪嫌疑人、被告人，采取取保候审尚不足以防止发生下列社会危险性的，应当予以逮捕：（1）可能实施新的犯罪的；（2）有危害国家安全、公共安全或者社会秩序的现实危险的；（3）可能毁灭、伪造证据，干扰证人作证或者串供的；（4）可能对被害人、举报人、控告人实施打击报复的；（5）企图自杀或者逃跑的。批准或者决定逮捕，应当将犯罪嫌疑人、被告人涉嫌犯罪的性质、情节，认罪认罚等情况，作为是否可能发生社会危险的考虑因素。对有证据证明有犯罪事实，可能判处十年有期徒刑以上刑罚的，或者有证据证明有犯罪事实，可能判处徒刑以上刑罚，曾经故意犯罪或者身份不明的，应当予以逮捕。被取保候审、监视居住的犯罪嫌疑人、被告人违反取保候审、监视居住规定，情节严重的，可以予以逮捕。

② 《刑事诉讼法》第87条规定，公安机关要求逮捕犯罪嫌疑人的时候，应当写出提请批准逮捕书，连同案卷材料、证据，一并移送同级人民检察院审查批准。必要的时候，人民检察院可以派人参加公安机关对于重大案件的讨论。

③ 《程序规定》第134条规定，有证据证明有犯罪事实，是指同时具备下列情形：（1）有证据证明发生了犯罪事实；（2）有证据证明该犯罪事实是犯罪嫌疑人实施的；（3）证明犯罪嫌疑人实施犯罪行为的证据已有查证属实的。前款规定的“犯罪事实”既可以是单一犯罪行为的事实，也可以是数个犯罪行为中任何一个犯罪行为的事实。

④ 《程序规定》第135条规定，被取保候审人违反取保候审规定，具有下列情形之一的，可以提请批准逮捕：（1）涉嫌故意实施新的犯罪行为的；（2）有危害国家安全、公共安全或者社会秩序的现实危险的；（3）实施毁灭、伪造证据或者干扰证人作证、串供行为，足以影响侦查工作正常进行的；（4）对被害人、举报人、控告人实施打击报复的；（5）企图自杀、逃跑，逃避侦查的；（6）未经批准，擅自离开所居住的市、县，情节严重的，或者两次以上未经批准，擅自离开所居住的市、县的；（7）经传讯无正当理由不到案，情节严重的，或者经两次以上传讯不到案的；（8）违反规定进入特定场所、从事特定活动或者与特定人员会见、通信两次以上的。

136 条①对提请批准逮捕书的制作和使用作了规定。

提请批准逮捕书由首部、正文、尾部组成。

一、首部

这部分包括制作机关名称、标题、文号、犯罪嫌疑人的基本情况、违法犯罪经历、因本案被采取强制措施情况、辩护律师的情况以及案由、案件来源。根据《刑事诉讼法》第 34 条第 1 款的规定，犯罪嫌疑人可以在侦查期间委托律师作为辩护人（只能委托律师）。如果在提请批捕阶段，犯罪嫌疑人委托了辩护律师的，应写明律师姓名、所在律师事务所名称以及律师执业证编号。

二、正文

这部分内容包括犯罪事实、相关证据、认罪认罚的相关情况、逮捕的法律理由、法律依据等。

（一）犯罪事实

犯罪事实是提请批准逮捕的根据。首先，要根据法律的相关规定选取犯罪事实的内容。概言之，此处的犯罪事实是指有证据证明的犯罪事实，既可以是单一犯罪行为的事实，也可以是数个犯罪行为中任何一个犯罪行为的事实。具体说，它是指同时具备下列情形：（1）有证据证明发生了犯罪事实；（2）有证据证明该犯罪事实是犯罪嫌疑人实施的；（3）证明犯罪嫌疑人实施犯罪行为的证据已有查证属实的。其次，叙述犯罪事实要完整明晰，应按照一定的顺序写明时间、地点、动机、目的、手段、情节及危害后果七个要素，将案情的主要内容依次清楚、有条不紊地叙述出来，特别注意要把关键情节交代清楚。在详细叙述完犯罪事实后，还应当说明逮捕的理由。最后，另起一段，罗列认定事实的证据。

（二）认罪认罚的情况

案件中，犯罪嫌疑人认罪认罚的，则简要写明相关情况。不存在认罪认罚的，则没有这部分内容的写作。

---

① 《程序规定》第 136 条规定，被监视居住人违反监视居住规定，具有下列情形之一的，可以提请批准逮捕：（1）涉嫌故意实施新的犯罪行为的；（2）实施毁灭、伪造证据或者干扰证人作证、串供行为，足以影响侦查工作正常进行的；（3）对被害人、举报人、控告人实施打击报复的；（4）企图自杀、逃跑，逃避侦查的；（5）未经批准，擅自离开执行监视居住的处所，情节严重的，或者两次以上未经批准，擅自离开执行监视居住的处所的；（6）未经批准，擅自会见他人或者通信，情节严重的，或者两次以上未经批准，擅自会见他人或者通信的；（7）经传讯无正当理由不到案，情节严重的，或者经两次以上传讯不到案的。

（三）逮捕的法律理由

逮捕的法律理由集中在正文的最后一段。公安部根据逮捕不同的适用条件设计了四种模板，写作时应该根据具体案件情况选择一种。

1. 对有证据证明有犯罪事实，可能判处徒刑以上刑罚的犯罪嫌疑人，采取取保候审尚不足以防止发生社会危险性的，应当予以逮捕。在这个适用条件下，逮捕的法律理由表述为："……涉嫌×××罪，可能判处徒刑以上刑罚。现有（证明其犯罪事实的证据、其他证据）等证据证明，其（依据刑事诉讼法第八十一条第一款具体说明其可能具有的社会危害性）。依照《中华人民共和国刑事诉讼法》第八十一条、第八十七条之规定……"

2. 对有证据证明有犯罪事实，可能判处10年有期徒刑以上刑罚的，应当予以逮捕。在这个适用条件下，逮捕的法律理由表述为："……涉嫌×××罪，可能判处十年有期徒刑以上刑罚。依照《中华人民共和国刑事诉讼法》第八十一条、第八十七条之规定……"

3. 对有证据证明有犯罪事实，可能判处徒刑以上刑罚，曾经故意犯罪的，应当予以逮捕。逮捕的法律理由表述为："……涉嫌×××罪，可能判处徒刑以上刑罚，曾经故意犯罪的。依照《中华人民共和国刑事诉讼法》第八十一条、第八十七条之规定……"

4. 对有证据证明有犯罪事实，可能判处徒刑以上刑罚，身份不明的，应当予以逮捕。逮捕的法律理由表述为："……涉嫌×××罪，可能判处徒刑以上刑罚，身份不明的。依照《中华人民共和国刑事诉讼法》第八十一条、第八十七条之规定……"

三、尾部

该部分依次写明四项内容。（1）致送人民检察院名称；（2）公安局名称并加盖局公章；（3）文书制作的时间；（4）本案卷宗和犯罪嫌疑人被关押的处所。本文书是致送式法律文书，写作受体位于文书尾部，用"此致"引出。"此致"一词习惯上距版面最左边空两个字符，写作受体名称另起一行顶格书写。

四、注意事项

1. 必须在法定的时间内提请逮捕。《刑事诉讼法》第91条第1款规定："公安机关对被拘留的人，认为需要逮捕的，应当在拘留后的三日以内，提请人民检察院审查批准。在特殊情况下，提请审查批准的时间可以延长一日至四日。"该条第2款规定："对于流窜作案、多次作案、结伙作案的重大嫌疑分子，提请审查批准的时间可以延长至三十日。”

2. 本文书一般是一案一份，在共同犯罪案件中，需要提请批准逮捕数名犯罪嫌疑人的，合写一份文书。在填写犯罪嫌疑人基本情况时，可按照各犯罪嫌疑人在共同犯罪中的地位和作用（主犯、从犯、胁从犯）依次填写。如果不对所有犯罪嫌疑人都提请批准逮捕，也可以仅就部分犯罪嫌疑人提请批准逮捕，但在叙述案件情况时，应当叙述共同犯罪的全部犯罪事实，并说明对未提请批准逮捕的犯罪嫌疑人采取强制措施的情况。

3. 关于提请批准逮捕书的制作份数，《程序规定》（1998 年版）第 117 条规定该文书制作一式三份，连同案卷材料、证据，一并移送同级人民检察院审查。检察院接收这三份文书后，一份留批捕处的内勤，一份给承办人，一份随卷走。但是，2012 年《刑事诉讼法》修订后，《程序规定》（2012 年版）第 133 条对原第 117 条的内容作了修改，删除了一式三份的规定。然而，实务中还是沿袭了原来的做法，即提请批准逮捕书依然是一式三份，其使用方法如旧。

4. 对人民检察院不批准逮捕并通知补充侦查的，公安机关应当按照人民检察院补充侦查提纲的要求进行补充侦查。公安机关补充侦查完毕，认为符合逮捕条件的，应当重新提请批准逮捕。

5. 对于人民检察院决定不批准逮捕的，公安机关在收到不批准逮捕决定书后，如果犯罪嫌疑人已被拘留，应当立即释放，发给《释放证明书》，并将执行回执在 3 日内送达作出不批准逮捕决定的人民检察院。对已被拘留不批准逮捕的犯罪嫌疑人，公安机关认为需要补充侦查、要求复议或者提请复核的，可以变更为取保候审或者监视居住。

6. 对人民检察院不批准逮捕而未说明理由的，公安机关可以要求人民检察院说明理由。对人民检察院不批准逮捕的决定，认为有错误需要复议的，应当在五日内制作《要求复议意见书》，报经县级以上公安机关负责人批准后，送交同级人民检察院复议。如果意见不被接受，认为需要复核的，应当在收到人民检察院的复议决定书后五日以内制作《提请复核意见书》，报经县级以上公安机关负责人批准后，连同人民检察院的复议决定书，一并报请上一级人民检察院复核。

【例文】

北京市公安局

提请批准逮捕书

京公（刑）提捕字〔2019〕000000号

犯罪嫌疑人袁某，男，1986年××月××日出生，籍贯黑龙江省安达市，身份号码232302100000000000，汉族，初中文化，“某递公司”快递员，户籍所在地黑龙江省安达市×街×委×组×号，现暂住北京市通州区梨园镇海市蜃楼园×号楼×单元×室。2019年2月26日因涉嫌故意杀人、抢劫罪、强奸罪、诈骗罪被我局刑事拘留，现羁押在北京市看守所。

犯罪嫌疑人袁某涉嫌故意杀人、抢劫、强奸、诈骗一案系高某某于2019年2月25日报案至我局，我局经审查，于2019年2月26日立案进行侦查。犯罪嫌疑人袁某于2019年2月26日被抓获。

经依法侦查查明：2019年2月8日，犯罪嫌疑人袁某在其暂住的北京市通州区梨园镇海市蜃楼园×号楼×单元×室内，用事先准备的绳子勒住刘某（女，21岁）颈部向其索要钱财，抢得人民币4000余元，并强行与刘某发生性关系。因恐事情败露，袁某使劲用绳子勒刘某颈部致其机械性窒息死亡，后将刘某尸体抛于北京市通州区宋庄镇通顺路北窑上桥西侧的井内。此后袁某冒用刘某名义骗取刘某男友高某某及刘某姐姐刘某1等人民币30 000余元。

认定上述事实的证据如下：

1. 报案材料；2. 现场勘查笔录；3. 尸体检验鉴定意见；4. 法医物证鉴定意见；5. 视听资料；6. 证人证言；7. 犯罪嫌疑人袁某的供述与辩解。

综上所述，犯罪嫌疑人袁某故意杀人、抢劫、强奸、诈骗的行为已触犯《中华人民共和国刑法》第二百三十二条、第二百六十三条第（四）项、第二百三十六条第一款、第二百六十六条之规定，涉嫌故意杀人罪、抢劫罪、强奸罪、诈骗罪，可能判处十年有期徒刑以上刑罚。依照《中华人民共和国刑事诉讼法》第八十一条、第八十七条之规定，犯罪嫌疑人袁某符合逮捕条件，特提请批准逮捕。

此致

北京市人民检察院第三分院

二〇一九年三月二十八日

（北京市公安局印）

附：1. 本案卷宗捌卷。

2. 犯罪嫌疑人袁某现羁押于北京市看守所。

项目四　批准逮捕决定书

【文书格式】

××××人民检察院

批准逮捕决定书

（存　根）

××检××批捕〔20××〕×号

案　由＿＿＿＿＿＿＿＿

犯罪嫌疑人基本情况（姓名、性别、出生日期、公民身份号码、工作单位、住址、是否为人大代表或政协委员）＿＿＿＿＿＿＿＿

送达机关＿＿＿＿＿＿＿＿

批 准 人＿＿＿＿＿＿＿＿

承 办 人＿＿＿＿＿＿＿＿

填 发 人＿＿＿＿＿＿＿＿

填发时间＿＿＿＿＿＿＿＿

第一联 统一保存

××××人民检察院

批准逮捕决定书

（副　本）

××检××批捕〔20××〕×号

＿＿＿＿：

你＿＿＿＿于＿＿年＿＿月＿＿日以＿＿号提请批准逮捕书提请批准逮捕犯罪嫌疑人＿＿＿＿，经本院审查认为，该犯罪嫌疑人涉嫌＿＿＿＿犯罪，符合《中华人民共和国刑事诉讼法》第八十一条规定的逮捕条件，决定批准逮捕犯罪嫌疑人＿＿＿＿。请依法立即执行，并将执行情况在三日内通知本院。

20××年×月×日

（院印）

第二联附卷

××××人民检察院

批准逮捕决定书

××检××批捕〔20××〕×号

＿＿＿＿：

你＿＿＿＿于＿＿年＿＿月＿＿日以＿＿号提请批准逮捕书提请批准逮捕犯罪嫌疑人＿＿＿＿，经本院审查认为，该犯罪嫌疑人涉嫌＿＿＿＿犯罪，符合《中华人民共和国刑事诉讼法》第八十一条规定的逮捕条件，决定批准逮捕犯罪嫌疑人＿＿＿＿。请依法立即执行，并将执行情况在三日内通知本院。

20××年×月×日

（院印）

第三联 送达侦查机关

××××人民检察院

批准逮捕决定书

（回　执）

＿＿＿＿人民检察院：

根据《中华人民共和国刑事诉讼法》第九十条的规定，现将你院＿＿年＿＿月＿＿日＿＿号批准逮捕决定书的执行情况通知如下：

犯罪嫌疑人＿＿＿＿已于＿＿年＿＿月＿＿日由＿＿＿＿执行逮捕（或者因＿＿＿＿未执行逮捕）。

特此通知

年　月　日

（公章）

第四联 侦查机关退回后附卷

【批准逮捕决定书制作谈】①

批准逮捕决定书是指人民检察院对公安机关、国家安全机关等侦查机关提请批准逮捕犯罪嫌疑人的案件进行审查后，依法批准逮捕犯罪嫌疑人时制作的刑事诉讼法律文书。写作主体是人民检察院，写作受体是提出批捕请求的侦查机关，写作主旨是人民检察院批准侦查机关提出的逮捕犯罪嫌疑人的请求。

批准逮捕决定书既是人民检察院批准逮捕犯罪嫌疑人的凭证，也是公安机关执行逮捕的依据。批准逮捕决定书制作的主要法律依据是《刑事诉讼法》第81条。

本文书有四联。第一联统一保存备查，第二联由负责批捕起诉的部门附卷，第三联送达侦查机关执行，第四联为执行回执，由侦查机关退回后附卷。正、副本各包括三部分内容，分别为首部、正文和尾部。其中首部包括：检察机关名称（××××人民检察院）、文书名称（批准逮捕决定书）、文书编号（××检××批捕〔20××〕×号）、送达机关名称（××公安局）。正文即针对公安机关报请批准逮捕的某案件，经审查后认为某犯罪嫌疑人符合《刑事诉讼法》第81条规定的逮捕条件，决定批准逮捕，请公安机关立即执行，并将逮捕情况反馈检察机关。本文书为要式填充，无须论证说理，具有调整可能性的仅为提请批捕时间、文号、犯罪嫌疑人姓名、涉嫌罪名、相关日期等四项内容。尾部为制作文书的日期，并加盖检察院院印。

注意事项：

1. 必须在法定时间内制作该文书。《刑事诉讼规则》第282条规定："对公安机关提请批准逮捕的犯罪嫌疑人，已经被拘留的，人民检察院应当在收到提请批准逮捕书后七日以内作出是否批准逮捕的决定；未被拘留的，应当在收到提请批准逮捕书后十五日以内作出是否批准逮捕的决定，重大、复杂案件，不得超过二十日。"

2. 该文书为一人一书，而非一案一书。若一个案件有多个犯罪嫌疑人，需按犯罪嫌疑人分别制作独立的批准逮捕决定书，不可共用一个文书。

3. 对已撤销原批准逮捕决定而被释放的犯罪嫌疑人，又需要逮捕的，人民检察院应当重新制作批准逮捕决定书。

4. 人民检察院办理审查逮捕案件时，发现应当逮捕而公安机关未提请批准逮捕的犯罪嫌疑人，应当建议公安机关提请批准逮捕，俗称"追捕漏犯"。

5. 人民检察院应依法进行羁押必要性审查工作，维护被逮捕的犯罪嫌疑

---

① 本文由王志坤检察官撰稿。

人、被告人合法权益，保障刑事诉讼活动顺利进行。最高人民检察院 2016 年 2 月 1 日印发了《人民检察院办理羁押必要性审查案件规定（试行）》，按照该规定第 17 条，犯罪嫌疑人、被告人具有法定的四种情形之一，[①] 人民检察院发现后应当向办案机关提出释放或者变更强制措施的建议。按照该规定第 18 条，十二类人[②]在符合"具有悔罪表现，不予羁押不致发生社会危险性"这一必备条件后，人民检察院可以向办案机关提出释放或者变更强制措施的建议。按照法律规定，羁押必要性审查工作之启动，分为依职权或依申请两种[③]。

6. 监察机关移送案件的逮捕。根据《监察法》第 45 条第 1 款第（4）项，对涉嫌职务犯罪的，监察机关经调查认为犯罪事实清楚，证据确实、充分的，制作起诉意见书，连同案卷材料、证据一并移送人民检察院依法审查、提起公诉。根据《刑事诉讼规则》第 142 条、第 143 条第 1 款，对于监察机关移送起诉的已采取留置措施的案件，人民检察院应当在受理案件后，及时对犯罪嫌疑人作出拘留决定，交公安机关执行。执行拘留后，留置措施自动解除。人民检察院应当在执行拘留 10 日内，作出是否逮捕、取保候审或者监视居住的决定。特殊情况下，决定的时间可以延长 1 日至 4 日。由上可知，监察机关移送案件的逮捕，人民检察院是在收到该机关移送审查起诉的案件材料之后先行拘留，然后作出是否逮捕的决定，不同于普通刑事案件审查逮捕一般发生在审查起诉之前。因此，此类案件并不存在监察机关专门向检察机关提请批准逮捕的前置程序。在监察调查程序转为刑事诉讼程序之后，监察机关移送审查起诉，检察机关受理后附带作出逮捕决定，审查逮捕从属于审查起诉。职是之故，检察机关对于此类案件是决定逮捕而非批准逮捕，所作逮捕文书的写作受体是执行逮捕的公安机关。

---

① 这四种法定情形分别是：（1）案件证据发生重大变化，没有证据证明有犯罪事实或者犯罪行为系犯罪嫌疑人、被告人所为的；（2）案件事实或者情节发生变化，犯罪嫌疑人、被告人可能被判处拘役、管制、独立适用附加刑、免予刑事处罚或者判决无罪的；（3）继续羁押犯罪嫌疑人、被告人，羁押期限将超过依法可能判处的刑期的；（4）案件事实基本查清，证据已经收集固定，符合取保候审或者监视居住条件的。亦可参见《刑事诉讼规则》第 579 条。

② 这十二类人分别是：（1）预备犯或者中止犯；（2）共同犯罪中的从犯或者胁从犯；（3）过失犯罪的；（4）防卫过当或者避险过当的；（5）主观恶性较小的初犯；（6）系未成年人或者年满七十五周岁的人；（7）与被害方依法自愿达成和解协议，且已经履行或者提供担保的；（8）患有严重疾病、生活不能自理的；（9）系怀孕或者正在哺乳自己婴儿的妇女；（10）系生活不能自理的人的唯一扶养人；（11）可能被判处一年以下有期徒刑或者宣告缓刑的；（12）其他不需要继续羁押犯罪嫌疑人、被告人的情形。

③《刑事诉讼规则》第 573 条规定，犯罪嫌疑人、被告人被逮捕后，人民检察院仍应当对羁押的必要性进行审查。

7. 人民检察院自行立案侦查的刑事案件的逮捕。监察体制改革之后，人民检察院职务犯罪侦查部门转隶至监察委员会，但仍然保留了与诉讼监督有关的14个罪名的职务犯罪侦查权。根据《刑事诉讼法》第19条的规定，人民检察院在对诉讼活动实行法律监督中发现的司法工作人员利用职权实施的非法拘禁、刑讯逼供、非法搜查等侵犯公民权利、损害司法公正的犯罪，可以由人民检察院立案侦查。因此，就此14个罪名的案件，仍然存在内部移送批准逮捕的情形。根据《刑事诉讼规则》第296条的规定，人民检察院办理直接受理侦查的案件，需要逮捕犯罪嫌疑人的，由负责侦查的部门制作逮捕犯罪嫌疑人意见书，连同案卷材料、讯问犯罪嫌疑人录音、录像一并移送本院负责捕诉的部门审查。犯罪嫌疑人已被拘留的，负责侦查的部门应当在拘留后七日以内将案件移送本院负责捕诉的部门审查。有两点需要注意：第一，这里的捕诉部门特指检察机关内设机构改革后实行捕诉一体的专门部门，具体来说，指综合行使职务犯罪案件审查逮捕与审查起诉职能的职务犯罪检察部门，与内设机构改革前由独立的审查逮捕部门或侦查监督部门行使审查逮捕职能，由独立的公诉部门行使审查起诉职能有所不同。也就是说，行使侦查职能的是另一个部门，行使审查逮捕与审查起诉职能的是一个部门，而非此前的三个部门。第二，根据《刑事诉讼法》第89条的规定，人民检察院审查批准逮捕犯罪嫌疑人由检察长决定，重大案件应当提交检察委员会讨论决定。当然，逮捕决定权并不专属于检察机关，人民法院在刑事审判过程中，发现需要对犯罪嫌疑人采取逮捕强制措施的，由人民法院决定逮捕，交由公安机关执行。人民法院作出的法律文书也为逮捕决定书。人民检察院批准逮捕决定书、人民检察院逮捕决定书、人民法院逮捕决定书均为凭证式文书，制作方法大同小异，均应严格遵循要式填充的格式要求。

【例文】（略）

项目五　起诉意见书

【文书格式】

×××公安局

起诉意见书

×公（刑）诉字〔20××〕××号

犯罪嫌疑人×××……［犯罪嫌疑人姓名（别名、曾用名、绰号等），性别，出生日期，出生地，身份证件种类及号码，民族，文化程度，职业或工作单位及职务，居住地（包括户籍所在地、经常居住地、暂住地），政治面貌（如是人大代表、政协委员，一并写明具体级、届代表、委员），违法犯罪经历以及因本案被采取强制措施的情况（时间、种类及执行场所）。案件有多名犯罪嫌疑人的，应逐一写明]。

辩护律师×××……（如有辩护律师，写明其姓名，所在律师事务所或者法律援助机构名称，律师执业证编号）。

犯罪嫌疑人涉嫌×××（罪名）一案，由×××举报（控告、移送）至我局（写明案由和案件来源，具体为单位或者公民举报、控告、上级交办、有关部门移送或工作中发现等）。简要写明案件侦查过程中的各个法律程序开始的时间，如接受案件、立案的时间。具体写明犯罪嫌疑人归案情况。最后写明犯罪嫌疑人×××涉嫌×××案，现已侦查终结。

经依法侦查查明：……（详细叙述经侦查认定的犯罪事实，包括犯罪时间、地点、经过、手段、目的、动机、危害后果等与定罪有关的事实要素。应当根据具体案件情况，围绕刑法规定的该罪构成要件进行叙述）。

（对于只有一个犯罪嫌疑人的案件，犯罪嫌疑人实施多次犯罪的犯罪事实应逐一列举；同时触犯数个罪名的犯罪嫌疑人的犯罪事实应该按照主次顺序分别列举；

对于共同犯罪的案件，写明犯罪嫌疑人的共同犯罪事实及各自在共同犯罪中的地位和作用后，按照犯罪嫌疑人的主次顺序，分别叙述各个犯罪嫌疑人的单独犯罪事实。）

认定上述事实的证据如下：

……（分列相关证据，并说明证据与案件事实的关系）。

上述犯罪事实清楚，证据确实、充分，足以认定。

犯罪嫌疑人×××……（具体写明是否有累犯、立功、自首、和解等影响量刑的从重、从轻、减轻等犯罪情节）。

犯罪嫌疑人自愿认罪认罚的，简要写明相关情况。

综上所述，犯罪嫌疑人×××……（根据犯罪构成简要说明罪状），其行为已触犯《中华人民共和国刑法》第××条之规定，涉嫌×××罪。依照《中华人民共和国刑事诉讼法》第一百六十二条之规定，现将此案移送审查起诉。（当事人和解的公诉案件，应当写明双方当事人已自愿达成和解协议以及履行情况，同时可以提出从宽处理的建议。犯罪嫌疑人认罪认罚的，如果认为案件符合速裁程序适用条件，可以在起诉意见书中建议人民检察院适用速裁程序办理，并简要说明理由）。

此致

×××人民检察院

公安局（印）

二〇××年××月××日

附：1. 本案卷宗×卷×页。

2. 证人名单×份。

3. 犯罪嫌疑人现在处所。

4. 随案移交扣押文件、物品×件，清单×份。

5. 被害人×××已提出附带民事诉讼。

【起诉意见书写作谈】①

起诉意见书是公安机关对案件侦查终结后，认为犯罪事实清楚，证据确实、充分，应当依法追究犯罪嫌疑人刑事责任的，移送并提请人民检察院审查起诉时制作的公安侦查文书。写作主体是公安机关，写作受体是同级人民检察院，写作主旨是建议人民检察院对移送的刑事案件提起公诉。

本文书是公安机关对案件侦查情况的全面总结，是对犯罪嫌疑人的指控意见书，集中反映了公安机关办理刑事案件的质量和结果。同时，它也是人民检察院提起公诉和人民法院审理案件的基础材料。其制作的依据是《刑事诉讼法》第162条②,《程序规定》第289条③。

起诉意见书由首部、正文和尾部组成。

一、首部

首部包括制作机关、标题、文号、犯罪嫌疑人及其辩护律师的基本情况、违法犯罪经历、因本案被采取强制措施的情况以及侦查情况。

（一）犯罪嫌疑人及其辩护律师的基本情况

本文书中，被追诉者的规范称谓是犯罪嫌疑人，其身份要素写作要遵循

① 本文由郭林虎律师撰稿。

② 《刑事诉讼法》第162条规定，公安机关侦查终结的案件，应当做到犯罪事实清楚，证据确实、充分，并且写出起诉意见书，连同案卷材料、证据一并移送同级人民检察院审查决定；同时将案件移送情况告知犯罪嫌疑人及其辩护律师。犯罪嫌疑人自愿认罪的，应当记录在案，随案移送，并在起诉意见书中写明有关情况。

③ 《程序规定》第289条规定，对侦查终结的案件，应当制作起诉意见书，经县级以上公安机关负责人批准后，连同全部案卷材料、证据，以及辩护律师提出的意见，一并移送同级人民检察院审查决定；同时将案件移送情况告知犯罪嫌疑人及其辩护律师。犯罪嫌疑人自愿认罪的，应当记录在案，随案移送，并在起诉意见书中写明有关情况；认为案件符合速裁程序适用条件的，可以向人民检察院提出适用速裁程序的建议。

“按照固有顺序写完备”的原则。共同犯罪案件有几个犯罪嫌疑人需要追究刑事责任的，犯罪嫌疑人的基本情况要分别叙述，并按照首要分子、主犯、从犯、胁从犯的顺序排列。在侦查阶段，犯罪嫌疑人如果委托律师作为辩护人的，在写完犯罪嫌疑人的基本情况后，另起一行写明律师的姓名、所在律师事务所或法律援助机构的名称以及律师执业证编号。

（二）违法犯罪经历

包括犯罪嫌疑人接受刑事处罚、行政处罚的情况，这部分内容不是必备项目，因案有异，有则写，无则不写。犯罪嫌疑人如果没有违法犯罪经历，在犯罪嫌疑人的身份要素之后紧接着叙述因本案被采取强制措施情况。

（三）因本案被采取的强制措施情况

这部分要按照时间顺序写明犯罪嫌疑人因本案被拘留、逮捕、监视居住、取保候审的情况。具体表述沿用下面套语：

[××××年××月××日，因涉嫌×××罪被我局刑事拘留/××××年××月××日经我局决定，被指定居所监视居住（或被取保候审），]××××年××月××日经××人民检察院批准逮捕，××××年××月××日被××公安局执行逮捕。现羁押在××看守所。

（四）侦查情况

这部分内容旨在彰显侦查过程遵守了刑事诉讼程序的法律规定。通常其表述沿用下面套语：

犯罪嫌疑人×××（姓名）××（案由）一案，××××年××月××日由×××报案至我局，我局于××××年××月××日立案侦查，××××年××月××日，×××被抓获归案。经××××人民检察院批准，于××××年××月××日延长侦查羁押期限一个月（如有多次延长侦查羁押期限情形的可续写），现已侦查终结。

二、正文

正文主要包括案件事实和证据、法定量刑情节、法律依据。

（一）案件事实和证据

1. 叙述案件事实。用“经依法侦查查明”这一套语开启犯罪事实的叙述。详细叙述经侦查认定的犯罪事实，包括犯罪时间、地点、经过、手段、目的、动机、危害后果等与定罪有关的事实要素，要根据具体案件情况，围绕《刑法》规定的相关犯罪的构成要件叙明。对于只有一个犯罪嫌疑人的案件，其多次实施犯罪的事实应按时间顺序逐一列举；犯罪嫌疑人同时触犯数个罪名的事实，应当按照主次顺序分别列举。对于共同犯罪的案件，写明犯罪嫌疑人共同犯罪的事实及各自在共同犯罪中的地位和作用后，按照犯罪嫌疑人的主次顺序，分别叙述各个犯罪嫌疑人单独犯罪的事实。

2. 列举证据。犯罪事实写毕后，另起一段以“认定上述事实的证据如下”一语引出相关证据的列举，并说明案件事实和证据的关系。

3. 过渡语。证据列举完毕后，另起一段写明“上述犯罪事实清楚，证据确实、充分，足以认定”，表明对案件事实、证据叙述的结束。

（二）法定量刑情节

如果犯罪嫌疑人具有法定从重、从轻、减轻等情节，则另起一段，具体写明是否有累犯、立功、自首、犯罪未遂、未成年人犯罪、退赃、退赔、和解等影响量刑的加重、从重、从轻、减轻等情节。

（三）法律依据

法律依据是建议起诉的法律理由。法律依据有实体法依据和程序法依据。先引用《刑法》的相关条文，后引用《刑事诉讼法》第162条。正文最后一句话是套语“现将此案移送审查起诉”，再次点明本文书的主旨。

三、尾部

尾部包括致送人民检察院名称、文书制作时间、加盖公安局公章和附项。附项有五项内容：（1）本案卷宗×卷×页；（2）证人名单；（3）犯罪嫌疑人现在处所；（4）随案移交扣押文件、物品×件，清单×份；（5）被害人××已提出附带民事诉讼。每个案件一般有（1）、（2）、（3）项内容，至于第（4）、（5）项内容，因案而异。

四、注意事项

（一）共同犯罪案件的起诉意见书

根据《程序规定》第291条的规定，共同犯罪案件的起诉意见书，应当写明每个犯罪嫌疑人在共同犯罪中的地位、作用、具体罪责和认罪态度，并分别提出处理意见。

（二）附带民事诉讼的提出

根据《程序规定》第292条的规定，被害人提出附带民事诉讼的，应当记录在案；移送审查起诉时，应当在起诉意见书末页注明。

（三）装订立卷

刑事案件侦查终结后，应当将与侦查有关的所有法律文书和证据材料按照要求装订立卷。与案件无关的文书材料，不得归入案卷。刑事案卷分为诉讼卷（又称正卷）和侦查工作卷（又称副卷）两大部分。诉讼卷主要包括对外使用的法律文书和证明案件事实的证据材料，装订封卷后移送人民检察院，供诉讼使用。侦查工作卷主要包括不对外使用的内部审批文书、案件研究记录以及有保存价值但不需作为刑事诉讼证据使用的其他材料，装订后存档备查。移送审查起诉时，可以将随案移送的诉讼卷宗分为诉讼文书卷与证据材料卷两大类来装订。

【例文】

北京市公安局

起诉意见书

京公（刑）诉字〔2019〕00 号

犯罪嫌疑人袁某，男，1986 年××月××日出生，籍贯黑龙江省安达市，身份证号码232302100000000000，汉族，初中文化，“某递公司”快递员，户籍所在地黑龙江省安达市×街×委×组×号，现暂住北京市通州区梨园镇海市蜃楼园×号楼×单元×室。2019 年 2 月 26 日因涉嫌故意杀人、抢劫、强奸、诈骗被我局刑事拘留，经北京市人民检察院第三分院批准，于同年 4 月 4 日被依法逮捕。现羁押在北京市看守所。

犯罪嫌疑人袁某涉嫌故意杀人、抢劫、强奸、诈骗一案系高某某于 2019 年 2 月 25 日报案至我局。我局经审查，于 2019 年 2 月 26 日立案进行侦查。犯罪嫌疑人袁某于 2019 年 2 月 26 日被抓获归案。犯罪嫌疑人袁某涉嫌故意杀人、抢劫、强奸、诈骗一案，现已侦查终结。

经依法侦查查明：2019 年 2 月 8 日，犯罪嫌疑人袁某在其暂住的北京市通州区梨园镇海市蜃楼园×号楼×单元×室内，用事先准备的绳子勒住刘某（女，21 岁）颈部向其索要钱财，抢得人民币 4000 余元，并强行与刘某发生性关系。因恐事情败露，袁某使劲用绳子勒刘某颈部致其机械性窒息死亡，后将刘某尸体抛于北京市通州区宋庄镇通顺路北窑上桥西侧的井内。此后袁某冒用刘某名义骗取刘某男友高某某及刘某姐姐刘某 1 等人民币 30 000 余元。

认定上述事实的证据如下：

1. 报案材料；2. 现场勘查笔录；3. 尸体检验鉴定意见；4. 法医物证鉴定意见；5. 视听资料；6. 证人证言；7. 犯罪嫌疑人袁某的供述与辩解。

上述犯罪事实清楚，证据确实、充分，足以认定。

综上所述，犯罪嫌疑人袁某故意杀人、抢劫、强奸、诈骗的行为已触犯《中华人民共和国刑法》第二百三十二条、第二百六十三条第（四）项、第二百三十六条第一款、第二百六十六条之规定，涉嫌故意杀人罪、抢劫罪、强奸罪、诈骗罪。依照《中华人民共和国刑事诉讼法》第一百六十二条之规定，现将本案移送审查起诉。

此致

北京市人民检察院第三分院

二〇一九年六月四日

北京市公安局（印）

附：1. 犯罪嫌疑人袁某现羁押于北京市看守所。

2. 本案卷宗×卷×页。

3. 随案移交扣押物品×件，清单×份。

项目六 起 诉 书

【文书格式】①

××××人民检察院

起 诉 书

××检××刑诉〔20××〕×号

被告人……（写明姓名、性别、出生年月日、公民身份证号码、民族、文化程度、职业或者工作单位及职务、是否系人大代表或政协委员、户籍地、住址、曾受到刑事处罚以及与本案定罪量刑相关的行政处罚的情况和因本案采取强制措施的情况等）。

本案由（监察/侦查机关）调查/侦查终结，以被告人×××涉嫌××罪，于（受理日期）向本院移送起诉。本院受理后，于××××年××月××日已告知被告人有权委托辩护人，××××年××月××日已告知被害人及其法定代理人（近亲属）、附带民事诉讼的当事人及其法定代理人有权委托诉讼代理人，依法讯问了被告人，听取了辩护人×××、被害人×××及其诉讼代理人×××的意见，审查了全部案件材料。本院于（一次退查日期、二次退查

① 依据最高人民检察院2020年1月15日印发的《人民检察院刑事诉讼法律文书格式样本（2020版）》，起诉书分为两类格式：（1）单独提起公诉的起诉书。该类之下有6种具体的格式：自然人犯罪案件普通程序适用，自然人犯罪案件认罪认罚适用，单位犯罪案件普通程序适用，单位犯罪案件认罪认罚适用，起诉书（未检适用），起诉书（未检认罪认罚案件）。（2）刑事附带民事起诉书，该类格式适用于刑事附带民事诉讼的场合。本项目训练所用的格式是自然人犯罪案件普通程序适用。

日期）退回侦查机关补充侦查，侦查机关于（一次重报日期、二次重报日期）补充侦查完毕移送起诉。本院于（一次延长日期、二次延长日期、三次延长日期）延长审查起诉期限15日。

经依法审查查明：……（写明经检察机关审查认定的犯罪事实包括犯罪时间、地点、经过、手段、目的、动机、危害后果等与定罪、量刑有关的事实要素。应当根据具体案件情况，围绕刑法规定的该罪的构成要件叙写。）

认定上述事实的证据如下：

1. 物证：……；2. 书证：……；3. 证人证言：证人×××的证言；4. 被害人陈述：被害人×××的陈述；5. 被告人的供述和辩解：被告人×××的供述和辩解；6. 鉴定意见：……；7. 勘验、检查、辨认、侦查实验等笔录：……；8. 视听资料、电子数据：……。

本院认为，被告人……（概述被告人行为的性质、危害程度、情节轻重），其行为触犯了《中华人民共和国刑法》第××条（引用罪状、法定刑条款），犯罪事实清楚，证据确实、充分，应当以××罪追究其刑事责任。根据《中华人民共和国刑事诉讼法》第一百七十六条的规定，提起公诉，请依法判处。

此致

××××人民法院

检　察　官　×××
检察官助理　×××
20××年××月××日①
（院印）

附：1. 被告人现在处所。具体包括在押被告人的羁押场所或监视居住、取保候审的处所。
2. 案卷材料和证据××册。
3. 证人、鉴定人、需要出庭的专门知识的人的名单，需要保护的被害人、证人、鉴定人的名单。
4. 有关涉案款物情况。
5. 被害人（单位）附带民事诉讼情况。
6. 其他需要附注的事项。

① 最高人民检察院制定的检察文书格式中，规定检察文书的成文日期使用阿拉伯数字书写，检察文书的印制标准根据是《党政机关公文格式国家标准 GB/T9704－2012》和《最高人民检察院公文处理实施细则》，GB/T9704－2012 规定成文日期使用阿拉伯数字书写。在这点上与法院文书、公安文书是不同的。

【起诉书写作谈】[①]

起诉书是人民检察院对侦查机关侦查终结（或监察机关调查终结）移送审查起诉的案件以及检察机关自行侦查后移送审查起诉的案件，经过审查，认为被告人的犯罪事实清楚，证据确实、充分，依法代表国家向人民法院指控犯罪并要求追究被告人刑事责任所使用的刑事诉讼法律文书。写作主体是人民检察院，写作受体是同级人民法院、被告人、辩护人、法定代理人、被害人及其诉讼代理人，写作主旨是要求法院对被告人进行刑事审判。

起诉书有三个功能。第一，起诉书是人民检察院对被告人追究刑事责任的正式表达方式，是提起公诉的文字载体和唯一标志。《刑事诉讼法》第169条规定，凡需要提起公诉的案件，一律由人民检察院审查决定。这说明检察机关是垄断公诉权的专门机关。依据控诉原则（Anklageprinzip），公诉案件只有经过检察机关的起诉，人民法院才能予以审理。[②] 法院开启审理程序认定某人的可罚性以及处以刑事制裁不能自行依职权启动，必须通过第三方的申请（控诉），即检察机关提起公诉，由此开启了法院从诉审合一向单一的裁判机关的功能转向。第二，起诉书确定法院调查和审理的范围，理论上称之为限定功能（Umgrenzungsfunktion）。第三，起诉书还要保障被告人知晓被控告的内容，为其出庭受审进行辩护做好准备，理论上称之为“告知功能”（Informationsfunktion）。[③]

《刑事诉讼法》第176条是起诉书制作的法律依据[④]，《刑事诉讼规则》第358条、第359条对起诉书的写作与使用作了全面、细致的规定。从案件来源来说，检察机关提起公诉的案件有多个来源，包括公安机关、国家安全机关、海关缉私局、监狱立案侦查，监察机关立案调查以及检察机关自行立案侦查的案件。这些区分只在起诉书的审查起诉过程部分有所体现，其他方面并无区别。下面只介绍针对公安机关移送审查起诉的案件，人民检察院作出起诉决定时所用的起诉书写作方法。

---

① 本文由王志坤检察官撰稿。

② 例外情况下，被害人可以提起自诉，作为公诉之补充。如果犯罪行为严重危害社会秩序和国家利益，对于被害人提起自诉的案件，检察机关可以介入启动公诉，以此吸收被害人的自诉权。参见时延安：《“自诉转公诉”的刑法法理分析》，载《检察日报》2020年12月28日，第3版。

③ 也有观点称之为“辩护防御指引功能”。参见王勇：《刑事起诉书制作的原理与方法》，载《人民检察》2021年第3期。

④ 《刑事诉讼法》第176条规定，人民检察院认为犯罪嫌疑人的犯罪事实已经查清，证据确实、充分，依法应当追究刑事责任的，应当作出起诉决定，按照审判管辖的规定，向人民法院提起公诉，并将案卷材料、证据移送人民法院。犯罪嫌疑人认罪认罚的，人民检察院应当就主刑、附加刑、是否适用缓刑等提出量刑建议，并随案移送认罪认罚具结书等材料。

一、首部

首部包括检察机关名称、标题、文号①、被告人（被告单位）的基本情况、案由和案件的审查过程。

（一）机关名称

除最高人民检察院外，各地方人民检察院的名称前应写明省（自治区、直辖市）的名称；对涉外案件提起公诉时，各级人民检察院的名称之上应冠以“中华人民共和国”的国号。

（二）被告人（被告单位）的基本情况

被告人的基本情况，包括姓名、性别、出生年月日、公民身份号码、民族、文化程度②、职业或者工作单位及职务、是否人大代表或政协委员、户籍地、住址、曾受到刑事处罚以及与本案定罪量刑相关的行政处罚的情况和因本案采取强制措施及羁押处所的情况。如果是单位犯罪，应当写明被告单位的名称和组织机构代码、所在地址，法定代表人和诉讼代表人的姓名、职务；如果还有应当负刑事责任的直接负责的主管人员或其他直接责任人员，应当按上述被告人基本情况的内容另起一段叙写。特别需要注意：

1. 被告人、被告单位的基本情况应当按照格式中所列要素的顺序叙写。

2. 被告人真实姓名无法查清的，应当按其绰号或者自报的姓名制作起诉书，并在起诉书中注明。被告人自报的姓名可能造成损害他人名誉、败坏道德风俗等不良影响的，可以对被告人编号并按编号制作起诉书，并附具被告人的照片，注明足以确定被告人面貌、体格、指纹以及其他反映被告人特征的事项。

3. 被告人如有与案情有关的曾用名、别名、化名、笔名、网名或者绰号的，应当在其姓名后面用括号注明。曾用名是指被告人在读书或工作期间曾经使用过的名字，案发前已不再使用；别名一般是被告人除本名之外的姓名，包括昵称、小名等；化名通常是为了隐藏原本身份而临时使用的名字。绰号又称外号、诨号，在部分地区也称为花名，一般为家庭成员以外的人员所起。这些名字或绰号如在犯罪过程中并未使用或提及，则与案情无关，不具有诉讼意义，无须列明。

---

① 由全国检察机关统一业务应用系统自动生成。

② 文化程度体现被告人的认知能力，如能否阅读笔录、正确理解，对认罪认罚等制度的理解是否符合社会一般人的认知，不会出现重大误解等，故而不可省略。

【示例】

被告人谭某洪（曾用名/别名/化名/谭某红）；被告人谭某洪（绰号“眼镜”）；被告人谭某洪（网名“霸道者”）。

4. 被告人是外国人的，应当在其中文译名后面用括号注明外文姓名，注明其国籍、护照号码、国外居所。

【示例】

被告人图雷·福迪（英文名 TURAY FODAY，化名），男，1989 年××月××日出生，某国公民，护照号码 E0×××××……

5. 被告人是又聋又哑的或者盲人，因涉及刑罚量刑情节，故应当在其姓名后具体注明。例如，被告人李××（聋哑人）。

6. 被告人的出生日期一般应以公历为准，统一使用阿拉伯数字，且不能移行，“号码”一词后不加冒号。除未成年人外，如果确实查不清出生日期的，也可以注明年龄，在括号中注明该信息的来源，如“自述”。

7. 户籍所在地应当与户籍登记信息一致。

【示例】

户籍所在地江苏省大丰市万盈镇双灶村×组×号。

8. 对出生后没有登记户籍且尚未办理身份证的，应当注明。

9. 被告人的住址应写经常居住地。被告人住址无法查清的，应当按其自报的住址制作起诉书，并在起诉书中注明。

【示例】

现住重庆市梁平县回龙镇安居村×组。

10. 民族的表述应写明民族的全称，不能简称。例如，“维吾尔族”不能简写为“维族”。

11. 表述职业时，有工作单位的，直接注明工作单位及职务，表述格式为“案发前系＋工作单位＋职务”；没有工作单位的，可以根据实际情况注明职业类型，如“经商”“务工”“务农”；没有职业的表述为“无职业”。职业与身份不应混同，如“农民”是身份，“务农”是职业。如被告人系人大代表、政协委员，应特别注明。这些要素原则上要与犯罪行为有关，如涉及利用职务便利，或此身份在诉讼法中有特别规定。

【示例】

案发前系北京市昌平区龙德广场保安员。

12. 被告人的前科劣迹，即写明此前曾受到过的行政处罚、刑事处罚。其中，行政处罚仅限于与定罪有关的情况。一般应先写受到行政处罚的情况，再写受到刑事处罚的情况。叙写行政处罚时，应注明处罚的时间、种类、处罚单位；叙写刑事处罚时，应当注明处罚的时间、原因、种类、决定机关、释放时间。

【示例】

因盗窃，于2007年8月6日被北京市公安局丰台分局处以行政拘留十五日，罚款人民币500元。因犯抢劫罪，于2010年3月17日被河南省汤阴县人民法院判处有期徒刑二年三个月，于2012年6月17日刑满释放。

13. 对采取强制措施情况的叙写，必须注明原因、种类，批准或者决定的机关和时间，执行的机关和时间。被采取过多种强制措施的，应按照执行时间的先后分别叙写。

【示例】

因涉嫌盗窃罪，于2014年3月1日被北京市公安局昌平分局刑事拘留，同年4月3日经本院批准，于同日被北京市公安局昌平分局逮捕。

14. 同案被告人有二人以上的，按照主从关系的顺序叙写。多名被告人之间关系与案件发生有一定联系，且系近亲属的，应当在被告人姓名、性别后紧接着叙述他们之间的关系，如夫妻关系，可表述为“被告人乙，女，系被告人甲之妻”。

15. 当自然人犯罪、单位犯罪并存时，应先叙述被告单位、法定代表人及有关直接责任人员的情况，再叙述一般的自然人被告人情况。

16. 被告人是未成年人的，要另外注明其法定代理人的相关信息。

（三）案由和案件的审查过程

这部分主要是程序描述，使用程式化句式介绍案件移送人民检察院后审查起诉的过程。由于相关事项均系《刑事诉讼法》规定的内容，有条件和时间的限定，通过全景揭示既表明检察机关的审查过程，也为其他程序参与人了解情况、进行监督提供便利。起诉书中的案由要按照监察机关、侦查机关移送审查起诉时认定的罪名叙写。在叙写案件的移送及审查过程时，应当写明案件移送审查起诉、退回补充侦查、改变管辖、变更起诉等诉讼活动的时间、缘由。同时，应载明是否已依法告知被告人、被害人诉讼权利，是否讯问了被告人，是否听取了辩护人、法定代理人、被害人、诉讼代理人意见等情况，通过这些写作努力真实反映审查起诉过程的全貌。

写作时，依次写明：（1）监察机关或侦查机关名称；（2）移送起诉涉嫌罪名；（3）移送审查起诉的时间；（4）审查起诉的经过。实践中一般使用下列套语：

本案由×××（监察/侦查机关）调查/侦查终结，以被告人×××涉嫌××罪，于××××年××月××日向本院移送审查起诉。本院受理后，于×

×××年××月××日已告知被告人及其法定代理人有权委托辩护人，×××年××月××日已告知被害人及其法定代理人（近亲属）、附带民事诉讼的当事人及其法定代理人有权委托诉讼代理人，依法讯问了被告人，听取了辩护人×××、被害人×××及其诉讼代理人×××的意见，审查了全部案件材料……（写明退回补充侦查、延长审查起诉期限等情况）。

二、正文

正文部分包括案件事实、证据、起诉的理由和根据。

（一）案件事实

案件事实部分是起诉书的重点，也是刑事诉讼的诉因（对象）①。起诉书的限定功能就体现在案件事实上，如果法院的审判超出了起诉书指控的案件事实，且没有经过检察机关补正或追加，就意味着法院作出超出起诉范围的审理，模糊了检察机关与人民法院的诉讼分工，违反了不告不理原则，对此，人民法院应予避免。《刑诉法解释》第297条规定："审判期间，人民法院发现新的事实，可能影响定罪量刑的，或者需要补查补正的，应当通知人民检察院，由其决定是否补充、变更、追加起诉或者补充侦查。人民检察院不同意或者在指定时间内未回复书面意见的，人民法院应当就起诉指控的事实，依照本解释第295条的规定作出判决、裁定。"《刑诉法解释》的这个条文再次强调了法院的刑事审判不能超出起诉书指控的案件事实。

在叙写案件事实时应遵循原则性与灵活性相结合的原则，客观真实地反映案件的原貌。案件事实主要由案件经过、专门机构的鉴定/认定情况、被告人到案情况、涉案款物的处理情况等四部分组成。就起诉书所担负的指控功能来说，核心是犯罪行为的描述，即被告人在什么时间、什么地点、实施了什么该当犯罪构成要件的具体行为，要围绕犯罪构要件达到犯罪行为具体化（Tatindividualisierend）的目标。一般来说，只要清楚地叙明了时间、地点、人物、动机、经过、手段、结果，就能够为认定罪与非罪、此罪与彼罪提供一个较好的基础。需要注意的是，案件经过不是自然意义上的犯罪描述，而要围绕犯罪构成要件展开，如意图（目的）、主观认知、客观行状、损害后果、因果关联、行为阶段（既未遂中止）、行为的单复数（行为竞合还是数罪并罚）。要将犯罪构成作为阐述的标准，将与之契合的行为特征作具体展示，使他人对行为人的行为有直观的认知，辨识出此案与彼案的不同。同时，该阐述既不能浮

① 亦有观点认为，事实要素是起诉书制作的核心。参见王勇：《刑事起诉书制作的原理与方法》，载《人民检察》2021年第3期。

夸荒诞，也不得过度抽象；前者失之主观，后者缺乏区分价值。

对起诉书指控的所有犯罪事实，无论是一人一罪、多人一罪，还是一人多罪、多人多罪，都必须逐一列举。叙述案件事实，要按照合理的顺序进行。一般可按照时间先后顺序；一人多罪的，应当按照各种犯罪的轻重顺序叙述，把重罪放在前面，把次罪、轻罪放在后面；多人多罪的，应当按照主犯、从犯或者重罪、轻罪的顺序叙述，突出主犯、重罪。如果案件为单起事实，案件经过、专门机构鉴定/认定情况同在一段，两者之间以句号分隔；被告人到案情况、涉案款物处理情况另起一段，两者之间以句号分隔。如果被告人属于被当场抓获的，被告人到案情况可紧跟案件经过进行表述。如果案件为多起事实，可根据案件不同情况，按照先单位犯罪后自然人犯罪、先共同犯罪后单独犯罪、先主犯后从犯、先重罪后轻罪及犯罪事件的先后等合理顺序叙述，突出单位犯罪、共同犯罪、主犯及重罪。对于共同犯罪与单独犯罪共存的案件，在写明被告人的共同犯罪事实及各自在共同犯罪中的地位和作用后，应按照被告人罪行的重轻顺序，分别叙明各个被告人的单独犯罪事实。各起事实中专门机构鉴定/认定情况应直接在案件经过后叙写，必要时，可以在全部案件经过叙写完毕后，对专门机构鉴定/认定情况再作总括性描述。

事实表述应详略得当、繁简适宜，取舍标准关键在于所表述信息对于案件定罪和法定量刑情节认定的现实影响程度。对于以下五项内容应当详细、精确表述：（1）对于犯罪行为处于持续状态的，应当详细表述持续时间。（2）犯罪行为发生的地点或与定罪、法定量刑情节认定有关的其他地点应详细表述。例如，对于入户盗窃案件应当围绕“户”的判断标准，详细描述案发地点。（3）与定罪量刑（法定量刑情节的认定）有关的人物的具体信息应详细表述。包括：案件双方当事人和犯罪对象，如果有关人物的身份、年龄、性防卫能力等具体信息和定罪量刑有关，应详细叙明。例如，在强奸案中，如果被害人系未成年人或无性防卫能力，应表述清楚。（4）对于关键性的案件经过事实应详细表述。案件经过是案件事实的核心，包括准备、实施和结果，是关系定罪量刑的关键因素。例如，在共同犯罪案件中，应当重点描述共同犯罪行为人在实施犯罪前的预谋和准备活动，以认定行为人主观上是否具有共同的犯罪故意；在实施阶段应当重点描述各行为人的具体行为和相互之间的关联性，以认定行为人在客观上是否共同实施了犯罪行为；除此之外，还应当重点描述不同行为人在共同犯罪中的分工及所起到的具体作用，以此区分各行为人到底是主犯/从犯、教唆犯/帮助犯/胁从犯。（5）对于关系到案件罪与非罪、定性和量刑情节认定的犯罪手段要素应详细表述。例如，在区分抢劫罪与敲诈勒索罪时，虽然二者都可以采用言语威胁的方式取得他人财物，但如果威胁内容只涉及个人隐私而不涉及人身安全，则在符合所有构成要件的情况下应当认定为敲诈勒索罪。在手段要素的表述中，应注意犯罪工具的具体描述，如故意伤害案中，蓄意准备枪支或管制刀具和随手拿起的身边物品所反映的人身危险性是不同的。此外，应特别注意，不要使用指称不明确的表述，如“琐事”“多次”；也应尽量避免贬义、污名化的表述，如“窜至”“溜门”。

【示例】

2019 年 4 月 17 日 13 时许，被告人陈某某在本市海淀区学院路 26 路公交车站旁过街天桥处，尾随被害人李某某，从其外衣兜内窃取 iPhone 5S 16G 型手机 1 部。经鉴定，该手机价值人民币 4132.5 元。被告人陈某某在逃离现场时被民警抓获归案，后如实供述了上述事实。涉案手机已起获并发还被害人。

（二）证据

列明证据旨在防止检察机关滥用起诉权，要求起诉时必须提供所指控犯罪事实的证据基础，以示指控并非凭空捏造。但是，此处的证据仅为证据列示，而不必对证据与事实、证据与证据之间的关系进行具体分析，即不必“就所以认定该事实之心证过程，举出证据详为说明，亦无须说明取舍证据之理由”①。在起诉书中禁止证据评价的理由在于避免未审先决，虚化审判程序，也可以使非专业的陪审员免受不当影响②。

叙明证据种类，应严格遵循《刑事诉讼法》关于证据种类的规定，无法归入《刑事诉讼法》规定证据种类的证据，统一归入“其他证明材料”，如到案经过、扣押物品、文件清单等。在叙写证据时，一般应当采取“一事一证”的方式，即在每一起案件事实后，写明据以认定的主要证据。证据列示不能凡证必录，而应以必要为原则，即是否有必要在庭审中出示、宣读或播放，且兼顾出罪与入罪两方面的情形。

（三）起诉的理由和根据

起诉的理由和根据部分应针对起诉书所指控犯罪的基本特征，对行为性质、危害程度、情节轻重，结合犯罪的各构成要件进行概括性地表述（罪状表述），突出本罪的特征，语言要精练、准确。在起诉书中，一般以“本院认为”起头，阐述检察机关何以认为本案事实清楚、证据确实充分，提示行为的社会危险性，因而必须予以惩处，提请系属法院依法裁判。相比前述案件事实部分，此处也涉及罪状分析，不同的是前述案件事实主要围绕犯罪构成具体

---

① 黄东熊：《刑事诉讼法论》，台北，三民书局股份有限公司 1995 年版，第 265～266 页。

② Loewe - Rosenberg, Die Strafprozessordnung und das Gerichtsverfassungsgesetz, 27. Aufl., 2018, § 200, Rn. 18.

细致地描述行为特征，此处则是宏观概括地重申构成要件。除了概括行为特征，引用法律条文外，还要对量刑情节加以认定。定罪量刑必须一体考量，而不是仅对定罪部分提请法院认定，而将量刑交由法院自由裁量。法定量刑情节是起诉书中必须写明的内容，量刑意见应尽量明确具体。例如，犯罪未遂的，应当明确提出“从轻处罚”或者“减轻处罚”的意见。

【示例】

被告人王某某明知其放火行为会发生危害公共安全的后果，且放任这种结果的发生，其行为触犯了《中华人民共和国刑法》第一百一十四条，犯罪事实清楚，证据确实、充分，应当以放火罪追究其刑事责任。

需要注意的是，一人多罪的案件，罪状应以案件涉及的罪名为单位，按照罪行由重到轻分别表述，然后按照罪状的表述顺序，分别列明被告人触犯的《刑法》条文及涉嫌的罪名。多人多罪的案件，罪状一般以案件涉及的罪名为单位，按照罪行由重到轻分别表述，其中对涉及共同犯罪被告人可一并表述；然后按照被告人的顺序，分别列明每名被告人触犯的《刑法》条文；最后按照被告人的顺序分别列明各被告人涉嫌的罪名，被告人所触犯罪名相同的亦可一并表述。具体表述方式应以表述清晰为目标，坚持原则性和灵活性相结合，根据实际情况进行确定。对法律条文的引用应当具体到条、款、项，其中，项的序号要加圆括号，以保持与《刑法》规定一致，表述格式为“第××条第××款第（×）项”。同时引用多个法律条文时，表述格式为“其行为触犯了《中华人民共和国刑法》第×条、第×条”，两个条款之间不能省略表述为“第×、×条”。引用法律条文时，统一使用汉字小写数字，不使用阿拉伯数字。

量刑意见的表述语言应依据相应法律条文的规定，如“应当从轻处罚”或者“可以从轻处罚”，不能表述为“建议从轻处罚”。同一被告人有多个量刑情节或同一案件涉及多名被告人、多个不同量刑情节的，为了表述上的清晰，应尽量分别表述，特殊情况下可以合并表述。同一被告人具有多个量刑情节，应当分别表述；同一案件不同被告人具有相同量刑情节的，应当合并表述。量刑情节的表述顺序为：同一案件多名被告人具有不同的量刑情节，按照被告人的先后顺序叙写；同一被告人具有多个量刑情节的，原则上按照由重到轻的顺序叙写。

【示例】

被告人周某某已经着手实行犯罪，因意志以外的原因而未得逞，根据《中华人民共和国刑法》第二十三条的规定，系犯罪未遂，可以比照既遂犯从轻处罚。

三、尾部

尾部包括：致送法院名称，承办人民检察官和检察官助理署名，起诉书签发时间，加盖人民检察院公章以及附注。

四、注意事项

（一）案件事实的叙述部分不要出现法律评价的语言

案件事实叙述部分不得出现议论性质的文字，这是案件事实叙述时应遵循的一项写作规范。然而，在起诉书的写作实践中，经常出现以法律评价代替客观叙述的现象。例如，写作主体直接使用《刑法》条文中对犯罪构成的表述或者与罪名相同的词语，如“诈骗”“盗窃”“抢劫”“强奸”“谋取不正当利益”等。因为缺乏具体的行为细节，从而没有写出案件事实的个性所在，无法将不同的案件区分开来。客观叙述不同于犯罪构成要件的表述，后者是法律的抽象，前者是具体的行状。在行文过程中，应以犯罪构成要件为逻辑背景，尽量以白描的方式客观叙述行为的发生过程。虽然行为要符合犯罪构成要件，但更为重要的是体现具体化、个别化的要求，突出行为的关键细节，表明行为实施的自然过程。此时，法律评价要让位于叙述事实，简言之，就是讲清楚什么时间、什么地点、什么人、干了什么事，该行为是什么样的行为，导致了什么样的后果。依据这些细节描述就能够辨识出此行为与彼行为、此人的行为与他人的行为。如果不具体，即意味着承办案件的检察官没有说清楚起诉对象，起诉到法院之后也不知该对什么作出裁判①。当然，细节具体到什么程度并没有一个一般标准，要依据不同类型的犯罪行为灵活把握。例如，杀人行为中的被害人交代要特别具体，交通肇事中虽然也有人员的伤亡，然而不必具体，相较之下，案发时间、地点和驾驶行为更为重要。

（二）起诉书中常见的文法错误

起诉书写作中常常出现一些文法上的错误，特作几点提示。

1.“等”字的用法

现代汉语中，“等”字作助词时，有三种语法意义。（1）用在人称代词或指人的名词后面，表示复数。例如，我等，彼等。（2）表示列举未尽（可以叠用）。例如，北京、天津等地，纸张文具，等等。（3）列举后煞尾。例如，

---

① Loewe－Rosenberg，Die Strafprozessordnung und das Gerichtsverfassungsgesetz，27. Aufl.，2018，§200，Rn. 27.

长江、黄河、黑龙江、珠江等四大河流。其中，“列举未尽”“列举后煞尾”各自有特定的语言形式加以体现。

常见的表达“列举未尽”的语言形式有两种。第一种，“种 + 等 + 属”型，即“等”字前列举若干种概念，“等”字后直接加这些种概念的属概念。例如，高粱、玉米、白薯（三个种概念）等粮食（属概念）。再如，果料、莲子、桂圆等多种食品。第二种，“种 + 等”型，即“等”字前列举若干同级别的种概念，以“等”字结尾，后面不加这些种概念的属概念。例如，表示惊讶、痛苦、惋惜等。

常见表达“列举后煞尾”的语言形式只有一种类型，即“种 + 等 + 数量词 + 属概念”。即“等”字前列举若干同级别的种概念，“等”字后加一个数量短语，再加属概念。例如，文房四宝指书房中常备的笔、墨、纸、砚等四种文具。如果“等”字之后，属概念之前，是一表示不确定数量的词或短语，如“很多”“许多”，则表示“列举未尽”，而不表示“列举后煞尾”。例如，建筑、碑刻、工具、武器、生活器皿等各种艺术品。

写作主体如果对“等”字的这两个意义区别不清，对表达它们的语言形式没有真正掌握，就会出现文法错误，词不达意，引起歧义，发生纠纷。因此，起诉书中“等”字的使用应当慎重。注意两点：

（1）被告人人数众多时，应当全部予以列明，不能把“等”字用在所列举被告人的后面。

（2）在一个案件中，被害人（或证人）是确定的，所以应当一一列明，在被害人（或证人）后面一般不使用“等”字。但如果被害人（或证人）人数过多，则要准确使用“列举后煞尾”的语言形式，表述格式为“被害人（或证人）×××、×××、×××等××（具体人数）人”。然后，以附件形式详细列明被害人（或证人）的情况。切勿使用“列举未尽”的语言形式，那往往意味着案件事实没有彻底查清楚。下面这段文字中，“等”字的使用是合乎规范的，请注意表述特征。

【示例】

被告人鲍某某、于某、王某某于2016年5月至2018年2月……骗取**被害人高某某、石某某、王某某等713人**共计人民币1.8亿余元，将绝大部分集资款用于非生产经营活动，并肆意挥霍集资款，致使绝大部分集资款不能返还（后附713人的具体姓名、公民身份证号码、每人被骗金额等信息）。

2. “其”字的用法

“其”，代词，在代指人时，应指前文离他最近的那个人。如果离他最近的有两个以上的人，则会犯指代不明的语法错误。

【正确示例】

被告人李某某因怀疑其妻子程某某与赵某某存在不正当男女关系……

【错误示例】

被告人张××和蔺××是多年好友，其家境不富裕……

3. “应”与“应当”

起诉书中的定罪建议表述为“应当以××罪追究其刑事责任”，此处应使用“应当”，不得省略写为“应”，因为法律条文中统一使用“应当”，而不是“应”。所以，起诉书中的相关用语应当与法律规定保持一致。

（三）起诉书制作份数

《刑事诉讼规则》第359条第2款规定，起诉书应当一式八份，每增加一名被告人增加起诉书五份。

（四）装订立卷

根据《人民检察院诉讼档案管理办法》（高检发〔2021〕5号）规定，归档案件材料应当遵循案件办理的形成规律，刑事检察类案卷中的“捕诉合一”案卷应分立正卷和副卷。正卷主要存放诉讼过程中依法应当向法院提供的法律文书、主要证据及其他材料；副卷主要存放法律文书、其他证据以及在办案过程中制作的请示、报告、讨论意见等内部材料。审查起诉环节，正卷入卷材料一般包括：（1）起诉书；（2）审查起诉期间补充的证据材料；（3）证据目录，证人名单；（4）向人民法院移送赃款、赃物及其他物证清单；（5）人民检察院办理共同犯罪案件中，对同案犯已作不起诉决定的法律文书；其他需要入卷的材料。

【例文】

北京市人民检察院第三分院

起诉书

京三分检公诉刑诉〔2019〕00号

被告人袁某，男，1986年××月××日出生，公民身份号码232302100000000000，汉族，初中肄业，案发前系“某递公司”配送员，出生地黑龙江省安达市，户籍所在地黑龙江省安达市×街×委×组×号，现暂住北京市通州区梨园镇海市蜃楼园×号楼×单元×室。因犯敲诈勒索罪，于2006年3月30日被黑龙江省哈尔滨市道里区人民法院判处有期徒刑三年，罚金人民币三千元；因犯抢劫罪，于2012年11月23日被河北省秦皇岛市海港区人民法院判处有期徒刑七年，并处罚金人民币一万元，于2018年1月11日刑满释放。因涉嫌故意杀人罪，于2019年2月26日被北京市公安局通州分局刑事拘留，因涉嫌故意杀人罪、抢劫罪、强奸罪、诈骗罪于2019年4月3日经本院批准，于同年4月4日被北京市公安局逮捕。

本案由北京市公安局侦查终结，以被告人袁某涉嫌故意杀人罪、抢劫罪、强奸罪、诈骗罪，于2019年6月4日向本院移送审查起诉。本院受理后，于同年6月5日已告知被告人有权委托辩护人，于同年6月6日已告知被害人的近亲属刘某1有权委托诉讼代理人，依法讯问了被告人，听取了辩护人师某某的意见，审查了全部案件材料。其间，因部分事实不清、证据不足退回侦查机关补充侦查一次（自2019年7月19日至8月17日）；因案情重大、复杂延长审查起诉期限一次（自2019年9月5日至9月19日）。

经依法审查查明：

被告人袁某预谋抢劫与其合租在北京市通州区梨园镇海市蜃楼园×号楼×单元×室的被害人刘某（女，殁年21岁），遂于2019年2月8日16时许谎称有刘某的外卖，将刘某骗出卧室，用绳索勒住刘某的颈部，将刘某拖进袁某居住的西卧室，以暴力相威胁，逼迫刘某说出银行卡密码后，又让刘某向朋友借钱，共借得人民币22 000余元到刘某的手机账户上，后劫取了刘某的手机将22 000元人民币据为己有。在劫取刘某钱财的过程中，袁某还将刘某强奸。当晚21时许，袁某为防止事情败露，以绳索勒颈的方式将刘某杀死，并抛尸于北京市通州区宋庄镇通顺路北窑上桥西侧一地井内。经鉴定，刘某符合被他人用带状物勒颈致机械性窒息死亡。后袁某利用刘某的微信，以刘某的名义向事主高某某、刘某1分数次借款共31 000余元人民币，据为己有并挥霍。

袁某在实施诈骗过程中引起事主怀疑并报案，被传唤至公安机关接受调查。调查中，其主动向公安机关交代了抢劫、强奸刘某，后杀人灭口并抛尸的犯罪事实。

认定上述事实的证据如下：

1. 物证：被告人、被害人的衣物、手套、口罩、编织绳、摩托车、蓝色储物箱、手机、电脑等；2. 书证：判决书、租赁合同、银行卡交易明细、转账记录、微信聊天记录等；3. 证人证言：刘某1、高某某、杜某丽、郭某、郭某瑶、李某群、杜某等七人的证言；4. 鉴定意见：尸体检验鉴定书、法医物证鉴定书、亲缘关系鉴定书等；5. 勘验笔录：现场勘验笔录；6. 视听资料、电子数据：监控录像、手机鉴定等；7. 被告人供述和辩解：被告人袁某的供述和辩解；8. 其他证明材料：破案报告、到案经过、户籍证明、工作说明、工作记录等。

本院认为，被告人袁某以非法占有为目的，以暴力、胁迫手段抢劫他人钱财，数额巨大；其间还违背妇女意志，强行与妇女发生性关系；后为灭口而杀人，并致一人死亡；还以非法占有为目的，虚构事实，骗取他人财物，数额较大，其犯罪情节特别恶劣，犯罪后果特别严重，主观恶性、社会危险性极大，其行为分别触犯了《中华人民共和国刑法》第二百六十三条第（四）项、第二百三十六条第一款、第二百三十二条、第二百六十六条，犯罪事实清楚，证据确实、充分，应当以抢劫罪、强奸罪、故意杀人罪、诈骗罪追究其刑事责任。被告人袁某曾因犯抢劫罪被判处有期徒刑以上刑罚，刑罚执行完毕以后，在五年以内再犯应当判处有期徒刑以上刑罚之罪，根据《中华人民共和国刑法》第六十五条的规定，是累犯，应当从重处罚。根据《中华人民共和国刑事诉讼法》第一百七十六条的规定，提起公诉，请依法判处。

此致

北京市第三中级人民法院

检　察　官　奚某某

检察官助理　李　某

2019 年 10 月 5 日

（院印）

附：1. 被告人袁某现羁押于北京市看守所。

2. 案卷材料 10 册（内附光盘 28 张）。

3. 扣押物品清单 1 份。

项目七　公诉意见书

【文书格式】

××××人民检察院

公诉意见书

被 告 人　×××

案　　由　×××

起诉书号　×××

审判长、审判员（人民陪审员）：

根据《中华人民共和国刑事诉讼法》第一百八十九条、第一百九十八条和第二百零九条等规定，我（们）受××××人民检察院的指派，代表本院，以国家公诉人的身份，出席法庭支持公诉，并依法对刑事诉讼实行法律监督。

现对本案证据和案件情况发表如下意见，请法庭注意。

……（结合案情重点阐述以下问题：

一、根据法庭调查的情况，概述法庭质证的情况、各证据的证明作用，并运用各证据之间的逻辑关系证明被告人的犯罪事实清楚，证据确实充分。

二、根据被告人的犯罪事实，论证应适用的法律条款并提出定罪及从重、从轻、减轻处罚等意见。

三、根据庭审情况，在揭露被告人犯罪行为的社会危害性的基础上，做必要的法制宣传和教育工作。）

综上所述，起诉书认定本案被告人×××的犯罪事实清楚，证据确实充分，依法应当认定被告人有罪，并建议______（根据是否认罪认罚等情况提出量刑建议或从重、从轻、减轻处罚等意见）。

公诉人：×××

20××年××月××日当庭发表

【公诉意见书写作谈】①

公诉意见书又称公诉词，指人民法院开庭审理公诉案件时，检察机关指派的公诉人在法庭调查结束后法庭辩论开始时对证据和案件情况集中发表意见时所使用的刑事诉讼法律文书。写作主体是公诉人，写作受体是直接参加刑事案件审判活动的法官、陪审员、被告人、辩护人、被害人等，写作主旨是希望法庭采纳公诉人关于案件事实与法律适用之观点，并对被告人进行法治教育。

"公诉词"属于业内通用语，并非法律术语。《刑事诉讼法》第198条第2款规定"……公诉人……可以对证据和案件情况发表意见……"此处公诉人的意见就是公诉词。根据《刑事诉讼法》第195条规定，公诉人、辩护人应当向法庭出示物证，让当事人辨认，对未到庭的证人的证言笔录、鉴定人的鉴定意见、勘验笔录和其他作为证据的文书，应当当庭宣读。审判人员应当听取公诉人、当事人和辩护人、诉讼代理人的意见。此处公诉人的意见是公诉人在法庭调查阶段对个别证据的看法，与公诉词并无关系。当且仅当法庭调查结束、法庭辩论开始后才涉及对前述法庭调查情况的总结性发言。对此，《刑事诉讼规则》第417条说得很清楚："在法庭审理过程中，经审判长许可，公诉人可以逐一对正在调查的证据和案件情况发表意见，并同被告人、辩护人进行辩论。证据调查结束时，公诉人应当发表总结性意见。"这个总结性意见就是公诉词，我们不要将之与《刑事诉讼法》第195条公诉人的意见混同。

① 本文由王志坤检察官撰稿。

一、公诉意见书的功能

作为总结性意见的公诉意见书，不是法庭审理过程中公诉人的最后发言，而是在法庭辩论阶段一开始对前期法庭调查情况的总结。根据《刑事诉讼法》第198条第2款的规定，对于公诉人发表的意见可以互相辩论，即公诉意见也可以成为法庭辩论的对象，理论上称之为“阶段性”特征。① 如果说起诉书主要以叙述性语言提供法庭审理的犯罪事实，随后的法庭调查就要对该犯罪事实予以印证、核实，那么，公诉意见书就相当于公诉人在法庭辩论阶段抛出的证据评价，除了重申依据证据所查明的犯罪事实，更要通过证据链条展现何以得出“犯罪事实清楚、证据确实、充分”的结论。在法庭调查阶段，针对事实与证据的出示、宣读大都是个别进行的、单一的、局部的，如按照某一罪名、某起事实，或者按照证据种类的顺序依次出示和说明。由于有些起诉书列示的证据有可能被排除证据资格（能力），有些证据的证明力也可能大打折扣，特别在面对疑难复杂案件时，诉讼参与人会陷于琐碎的个别事实和证据，无法就事实与证据的关联、经证明后的事实重新归拢成一个完整的图景。所以，有必要在法庭辩论开始后，先行将法庭调查阶段“点对点”的控与辩，转换为综合性的归纳，依托公诉意见书勾勒出犯罪行为的全貌，提出定罪量刑的意见，为后续的辩论提供一个标靶。由此可见，公诉意见书既是法庭调查的总结，也是法庭辩论的基础。在它之后，还可以有第二轮或第三轮辩论，直到审判长宣布辩论终结，被告人作最后陈述（《刑事诉讼法》第198条第3款）。公诉人发表公诉意见只是他出庭支持公诉活动的一个环节、一个组成部分，不能将发表公诉意见混同于出庭支持公诉的所有活动。②

公诉意见书的总结性与阶段性结合在一起，这种总结是有限的总结、阶段性的总结，这也使其制作带有了相当的灵活性。虽然《人民检察院法律文书格式（样本）》明确将公诉意见书从“检察机关内部工作文书”归类为检察法律文书，但它的制式特征并不明显。主要原因是：第一，阶段性总结并非完全基于法庭审理之前的综合判断，而必须面对法庭调查过程中举证质证带来的不确定性，一旦某些证据被排除或事实发生了变化，再固守先前准备好的制式文书，以不变应万变，将使公诉人陷于被动，也会因缺乏变通、刻舟求剑成为笑

① 高保京主编：《公诉意见书制作指南与优秀范例》，中国检察出版社2014年版，第2~3页。

② 《刑事诉讼法》规定，出庭支持公诉除了发表公诉意见，还包括宣读起诉书（第191条），讯问被告人（第191条），向证人、鉴定人发问（第194条），出示物证、宣读未到庭的证人证言笔录、鉴定意见、勘验笔录和其他文书（第195条），进行法庭辩论（第198条），人民检察院发现人民法院审理案件违反法律规定的诉讼程序，有权向人民法院提出纠正意见（第209条）。

柄。第二，公诉意见书相当于公诉人在法庭辩论阶段第一轮的文字参考，可以事前按一定框架厘清思路，但只能充任基本素材，公诉人必须根据法庭调查情况适时调整，增删更换，因而具有即时性、临场性的特点，由此也形成“个人化”特征。第三，公诉意见书没有正式公文的文号、院印，也不需要正式排印，随案移送或事先送达。第四，公诉意见书并不属于法定公开的文书种类，限于在庭审当时宣读，受众范围只能是参加庭审活动的现场人员。在归档时虽然要归为检察卷的“正卷”，但其意义大致相当于一个较为重要的参加庭审活动的记录，文书本身没有什么法律效力，重要的是起诉意见的内容，即现场发表的言词。

二、公诉意见书与起诉书、辩论提纲的区分

在检察文书中，公诉意见书属于实体性文书，它与起诉书一样都需要在法庭审理时宣读，常人容易将之混淆，有必要予以辨析。主要的区别有三点。第一，从形式上看，起诉书是法定的制式文书，而公诉意见书灵活性较大。在程序意义上，公诉人发表了非制式的公诉意见书并不妨碍程序进行和程序效力，但起诉书则是法庭审理的前提条件，无起诉无审判，不告不理。鉴于起诉书的重大诉讼意义，所以，它必须是要式纸质文书。如果缺乏这个前提条件，审理程序便无法启动，即使启动了审判长也必须终止审理。第二，实质的区分点在于，起诉书具有限定功能和告知功能，① 即明确界定法院审判范围和被告人防御范围。② 但是公诉意见书只能作为起诉书的补充与发挥，不能超越起诉书的范围提出新的指控。③ 如果犯罪事实没有变化，但罪名、适用法律发生了变化，应变更起诉，在发现有遗漏同案犯或犯罪事实时应追加、补充起诉，④ 决不能用公诉意见书替代追加起诉决定书、补充起诉决定书及变更起诉决定书。所以，至少在限定功能方面，公诉意见书依附于起诉书。第三，公诉意见书在一定范围内也有其独立性。公诉意见书对起诉书的依附只限于起诉书中叙述性的犯罪事实，而不是起诉根据、证据评价。只要犯罪事实没有变化，被告人没

---

① *Loewe - Rosenberg*, Die Strafprozessordnung und das Gerichtsverfassungsgesetz. 27. Aufl. . 2018, §200, Rn. 3.

② 陈瑞华：《问题与主义之间——刑事诉讼基本问题研究》，中国人民大学出版社 2003 年版，第 290 页。

③ 不同的观点认为，公诉意见书具有补充起诉书的指控功能。参见刘英旭、石瑞敏：《公诉意见书的制作要点》，载《人民检察》2021 年第 6 期。

④ 参见《刑事诉讼规则》第 420 条。关于追加起诉决定书、补充起诉决定书、变更起诉决定书的格式样本，参见童建明、万春主编：《人民检察院刑事诉讼法律文书适用指南》，中国检察出版社 2020 年版，第 860 ~ 866 页。

有变化，公诉人就可以在发表起诉意见时变更罪名及适用的法律、调整证据评价、改变被告人之间主从犯的排序、认可损害后果的变化等。

需要注意的是，《刑事诉讼规则》第392条第（6）项规定，公诉人在做出庭准备时，应拟定公诉意见，准备辩论提纲。公诉意见和辩论提纲并不是一体的，而是互不隶属，各有定位。辩论提纲又称答辩提纲，它是公诉人根据案件审查情况预测被告人及其辩护人可能从哪些方面对案件证据及定罪量刑提出反驳意见，从支持公诉的立场作有针对性地答辩进行的备案提要，一般用于宣读完公诉意见书之后开展后续辩论时的参考。答辩提纲不属于人民检察院刑事诉讼法律文书，没有一定的格式要求，也不对外公开。

三、公诉意见书的结构

公诉意见书没有法定的结构要求，依据《人民检察院刑事诉讼法律文书格式样本》（2020年版），公诉意见书大致包括以下六个部分：首部、引言、定性、量刑、法治宣传教育、尾部。定性、量刑、法治宣传教育三部分是公诉意见书的主体。

（一）首部

包括公诉机关名称、标题、被告人（被告单位）、案由和起诉书号。首部的作用在于自我提示，所以，应简明扼要，特别在被告人（被告单位）的信息描述方面无须面面俱到，只标示姓名或名称即可。首部的信息要与起诉书一致。实践当中，这部分不必当庭宣读。

（二）引言

引言也叫开篇陈词，旨在表明发表公诉意见的法律依据和出庭支持公诉的检察官的立场和任务。

【示例】

根据《中华人民共和国刑事诉讼法》第一百八十九条、第一百九十八条和第二百零九条等规定，我（们）受××××人民检察院的指派，代表本院，以国家公诉人的身份，出席法庭支持公诉，并依法对刑事诉讼实行法律监督。现对本案证据和案件情况发表如下意见，请法庭注意。

实践中也有公诉人笼统地说“根据《中华人民共和国刑事诉讼法》的规定”。在我国的法律体系中，只有人民检察院才是独立行使检察权的主体（《宪法》第136条），检察官行使权力以检察长授权为前提。《刑事诉讼规则》第390条规定，提起公诉的案件，人民检察院应当派员以国家公诉人的身份出席第一审法庭，支持公诉。这也决定了公诉人未必是起诉书中的检察人员，同时，庭审中更换公诉人不影响庭审的延续性，已经开启了的法庭审理不必再重新审理。所以，宣读公诉意见书的公诉人并不要求在整个庭审中身份同一，参与法庭调查的公诉人与参与法庭辩论发表公诉意见的公诉人可以不是同一个人。此外，引言所标示的“出庭支持公诉”与“对刑事诉讼活动进行法律监督”并不限于宣读公诉意见书时才有这两项任务，这两项任务贯彻法庭审理始终。为了避免以监督强化公诉，《刑事诉讼规则》第572条第2款规定，人民检察院对违反程序的庭审活动提出纠正意见，应当由人民检察院在庭审后提出；出席法庭的检察人员发现法庭审判违反法律规定的诉讼程序，应当在休庭后及时向检察长报告。

（三）定性

定性指根据法庭调查的情况，概述法庭质证的情况、各证据的证明作用，并运用各证据之间的逻辑关系证明被告人的犯罪事实清楚，证据确实、充分。

1. 概述法庭调查的情况

写作时，一般按法庭调查的顺序，采用的表述方式是：“在刚才结束的法庭调查中，公诉人对被告人进行了讯问，并围绕本案的事实、情节、后果展示了一系列相关证据，宣读了证人证言，出示了鉴定意见和书证，并经当庭质证，已证明上述证据符合客观性、合法性、关联性的要求，形成了完整、严密的证据体系，全面反映和证实了本案中所指控被告人的犯罪事实和犯罪情节，足以证实本院起诉书所指控的犯罪事实清楚，证据确实、充分。”

2. 围绕犯罪事实进行证据评价

在写法上要将立论与驳论相结合，夹叙夹议。一般来说以罪名为单位分类叙述，在罪名之下分列一个或多个犯罪行为。这种写法与我国的刑法体系有关，一方面，数罪之间才有并罚，另一方面，一罪之内有犯罪数额和情节的累加。所以，叙述方法和顺序以服务于定罪量刑为依归。在立论时，考虑到前期法庭调查分散质证的特点，宜用概括的语言抛出结论，指出被告人构成何种犯罪，且犯罪事实清楚，证据确实、充分，以便诉讼参与人能从分散孤立的证据碎片中再次聚焦到刑事指控的主旨上。

（四）量刑

《刑事诉讼法》虽没有划分出定罪与量刑两个独立的程序，但《刑诉法解释》第283条第2款规定，对被告人不认罪或者辩护人作无罪辩护的案件，法庭辩论时，可以指引控辩双方先辩论定罪问题，后辩论量刑和其他问题。2020年11月5日，《最高人民法院、最高人民检察院、公安部、国家安全部、司法部关于规范量刑程序若干问题的意见》第15条第3款也规定，对于被告人不认罪或者辩护人作无罪辩护的案件，在法庭辩论阶段，审判人员引导控辩双方先辩论定罪问题。在定罪辩论结束后，审判人员告知控辩双方可以围绕量刑问题进行辩论，发表量刑建议或者意见，并说明依据和理由。被告人及其辩护人参加量刑问题的调查的，不影响作无罪辩解或者辩护。因此，公诉人就要分别对定罪和量刑发表意见，对被告人如何量刑发表意见也是公诉人行使出庭支持公诉职权之一部分。量刑部分一般以"被告人应负的刑事责任"为小标题，根据被告人的犯罪事实，论证应适用的法律条款并提出定罪及从重、从轻、减轻处罚等意见。对应犯罪构成要件体系，这部分主要针对被告人有无责任能力，责任能力有无受限，在犯罪认知、犯罪原因、行为手段等方面有无可憎可悯的情形。在确认其应承担刑事责任之后，再看是否应数罪并罚，是否存在主从犯、累犯，有无自首、立功、退赃退赔等法定或酌定情节。公诉人应在发表公诉意见时再次提出具体的量刑意见，并且可以根据审理情况调整量刑建议①，而不能局限于或满足于事前移送起诉时所附的量刑建议书。

（五）法治宣传教育

这部分要根据庭审情况，在揭露被告人犯罪行为的社会危害性的基础上，做必要的法治宣传和教育工作，也称为法庭教育。基本要求是以通俗、浅显的语言教育被告人认罪服法，提高对犯罪社会危害性的认识，增强重新回归社会的决心。因此，其特殊预防的功能要远远大于一般预防。虽然受众包括参加庭审的旁听人员，但实际针对的对象就是被告人。② 从这个意义上说，刑事指控不仅仅是惩罚犯罪，还有预防犯罪，令被告人复归社会的重要意义。相比定性量刑部分，法治宣传教育部分具有更强烈的感情色彩。需要结合被告人走上犯罪道路的历程进行犯罪学分析，指出犯罪对丁国家、社会、被害人及被告人家属造成的负面影响，动之以情，晓之以理，警醒迷途之人，传递法治正能量。所以，可以使用一些修辞和文学化的语言，增强感染力，激发被告人与受众的情感共鸣。这部分内容针对未成年人犯罪的案件尤为重要。例如，针对一起因琐事长期对亲属不满而杀死亲属的案件，公诉人开展法庭教育如下：

【示例】

"乌鸦反哺、羊羔跪乳"，父母生养、教育子女含辛茹苦，理应孝敬。"虎毒不食子"，孩子给家庭带来无尽的欢乐，是家庭、社会的希望，养育、保护

---

① 参见《刑事诉讼规则》第418条。

② 在总结案件发生的教训时，也有一般预防的考虑，可以提炼出一些观点，为优化社会治理、强化犯罪预防提出建议。但这些针对社会层面的防控建议不是针对被告人的，如果不加节制，法治宣传教育部分可能无的放矢，流于苍白说教。

子女也是父母应遵循的人伦常理。被告人的家庭，三代同堂，原本幸福美满、其乐融融，但是一夜之间，在被告人的屠刀下，这个家庭沦为了最悲惨的人间地狱。被告人实施行为的理由竟然是因为家庭琐事积累起的长期怨恨。作为一个理性的成年人，他没有选择沟通、协调，而是选择用毁灭的方式解决问题，走上了不归之路。

（六）尾部

这部分旨在提请法官、合议庭充分考虑公诉意见，依法作出公正判决，并提示公诉意见发表完毕。在文书中一般要写出发表公诉意见的公诉人的姓名，注明制作时间。

四、公诉意见书中证据评价的写法

定性部分是公诉意见书的核心，主要任务是对法庭调查的情况进行直接回应，辨析法律适用、综合分析证据，消除认识误区和争议。在有直接证据的情况下，可以直接确认；没有直接证据时，要从间接证据中推论待证事实；但多数情况下要综合多种证据彼此印证，组成证据链条。① 证据评价的目的不是形成公诉人自己内心的判断，而是以一种论辩的风格释法说理，向他人证明被告人罚当其罪。

（一）对应犯罪构成展开分析

即采取演绎论证的方式，从法定的犯罪构成要件中解析出构成要素，与事实、证据逐一对应，判断是否符合。一般来说，对于杀人、盗窃等自然犯，可以简要指出刑法的法条，但是对于一些行政犯或并不常见的犯罪，有必要详细说明该种犯罪的构成。例如，受贿罪要指出国家工作人员利用了职务上的便利；诈骗罪要指出虚构事实、隐瞒真相，使被害人形成错误认识而交付财物。然后再以起诉书所指控的犯罪事实为基础，根据法庭调查情况作适当调整，以白描或叙述的方式概括出犯罪的历史过程。要注意抽象的构成要素与具体的犯罪事实之间形成对应，表明被告人的犯罪行为确实“该当”了这个犯罪构成要件。

【示例】

盗窃罪是以非法占有为目的，秘密窃取公私财物，数额较大或多次盗窃的行为。对照本案，被告人在受聘某计算机网络与信息安全管理中心外协单位工作期间，非法进入通信网络信息库，截获他人通过网络传递银行卡账户、密码

① 高保京主编：《公诉意见书制作指南与优秀范例》，中国检察出版社2014年版，第25～26页。

的短信息，并通过他人办理银行卡，用窃取的银行卡卡号和密码登录网络银行，将账户内存储的人民币转账到事先办理的银行卡上，后到ATM自动取款机上提现。

以上的对应仅仅是形式上的符合，大致相当于起诉书对案件事实的描述。实质的证据评价要用法庭调查固定的证据论证实质上也是符合的。一般要围绕犯罪的动机、目的、时间、地点、方法、手段、后果等方面作相应的归纳提炼，以客观、平实、叙述的语言讲明案情，提供行为梗概，使证据有所附丽。宜采用讲故事的方式，按时间顺序叙述案发经过。原则上应避免过度使用谴责的语言或过早地引入道德评价，使听众产生逆反心理。相比起诉书的事实描述，在发表公诉意见时应提供更多细节，更为生动。

【示例】

前述盗窃案中，被告人虽然在该计算机网络和信息安全管理中心任职，但其职责只是维护网络，从事技术性工作，没有监控短信的权限，更无权对信息数据库进行操作。他只是利用了能够接触到计算机数据库的便利，而不是使用了职务上的权限。所以，其行为不是职务上的犯罪（如贪污或职务侵占罪）。

（二）围绕争议问题展开论辩

鉴于法庭调查期间，被告人、证人可能前后叙述不一致，也可能翻供或翻证，书证、物证可能有瑕疵或被直接排除，对于这些证据上的变化，也应在证据评价中予以概括，并作出回应。就被告人辩解而言，可以逐一驳斥，指出不予采信的事实。简单划分，可以分为法律适用上的论辩和证据证明上的论辩。前者一般涉及构成要件的要素能否涵摄特定犯罪事实，如侮辱尸体罪的前提是存在人的尸体，如果被告人肢解未足月流产的胎儿，可能只涉及人形的胚胎组织，远远没有达到“人”的程度，更不会有作为侮辱对象的“尸体”。而携带凶器盗窃中的“凶器”，也需要具体辨析被告人携带的折叠水果刀究竟有没有杀伤性，是否有紧急时用以反抗的预谋。诸如此类的问题都关乎罪名的认定，必须在法庭辩论阶段辨析清楚。在证据方面，大多涉及翻供（证）或证据被排除后，证据链条断裂缺失，需要重新建立勾连，使证据链条闭合，让法官形成心证。比如，故意杀人罪中，被害人死后被焚烧，不存在可供鉴定的尸体，就必须综合运用对案发现场提取到的DNA所作的鉴定意见、被告人供述、证人证言，组合直接证据和间接证据，描绘出符合一般经验判断的犯罪图景。

（三）坚持论辩的语言风格

基于检察官客观公正立场的要求，公诉人必须秉承无罪推定的基本理念，兼顾有罪或无罪两方面的情况，以事实为依据，以法律为准绳，实事求是。体现在公诉意见书的语言上，就要准确、冷静、平实，既不晦涩难懂，也不激情泛滥。考虑公诉词辩驳性和演说性的特点，[①] 要将释法说理置于核心位置，用通俗而不失准确的语言说服诉讼参与人。所以特别忌讳照本宣科，冗长拖沓，过度使用专业术语或者晦涩艰深的书面语，造成交际障碍、交流阻隔。作为一种法庭上的演说词，必须以听众为中心，句式简短、错落有致、准确有力，要注意听众的层次、知识背景和认知能力，通过合理、清晰、符合逻辑的表达，让诉讼参与人了解案情，认同公诉人的证据评价。要特别注意，不能对被告人侮辱贬低，使用大量情绪性语言进行道德评价，如指责被告人罪行滔滔、十恶不赦、不可救药等。总的原则是要尊重被告人在刑事诉讼中的主体地位，以法理服人，而不以势压人。如下面这个表述就属于形象有余，而失之严谨平实。

【示例】

据在场的目击者证实，汽车开得非常快，车速不低于70公里，眼看着有些人被挑了起来，有的人被撞飞了。顷刻之间，广场旗杆下边死伤多达20余人。有4名被害人被撞得血肉横飞，当即死亡。旗杆附近到处血迹斑斑，被害者衣服被撞飞后散落一地。[②]

公诉实践经验一再表明：写作公诉意见书和制作起诉书应获得同等重视。公诉意见书写作质量的高低，直接关系出庭支持公诉效果的好坏，关系公诉活动承载的惩罚犯罪、弘扬正气、宣传法治、教育群众之法律与社会效果能否实现。实践中，有的公诉人写作公诉意见书时马虎草率，要么千篇一律，要么随便写几个字，粗陈梗概。这种写作态度不能够赢得法庭辩论中的主动权，不能很好地揭露犯罪、证实犯罪，令被告人认罪悔过，更谈不上法律效果和社会效果之有机统一。一名合格称职的公诉人在出庭前总是认真地撰写公诉意见书。

【例文】[③]

河南省××市人民检察院

公诉意见书

被告人　李某一、李某二、李某三

案由　故意伤害罪

---

① 曾范敬：《中美刑事审判程序中公诉意见书与控方陈述的语言比较分析》，载《人民检察》2009年第1期。

② 刘汉民：《试论公诉词的语言特色》，载《政法论丛》1994年第4期。

③ 转引自《人民检察》2021年3月（下半月）第6期，入选时个别字略有改动。

起诉书号　××检×部刑诉〔2020〕×号

审判长、审判员：

根据《中华人民共和国刑事诉讼法》第一百八十九条、第一百九十八条和第二百零九条的规定，我们受××市人民检察院指派，代表本院，以国家公诉人的身份，出席法庭支持公诉，并依法对刑事诉讼实行法律监督。现对本案证据和案件情况发表如下意见，请法庭注意。

一、本案犯罪事实清楚，证据确实、充分

在刚才的法庭调查中，公诉人就被告人李某一、李某二、李某三故意伤害的犯罪事实进行了详细讯问，围绕本案的起因、经过和结果，向法庭出示了全案证据。这些证据经法庭质证，来源合法，内容客观、真实，彼此之间相互印证，可以作为定案的根据。辩护人对李某福、程某苹证言存在的细微出入予以质疑，这些出入是由言词证据的特点所决定的，二人证明的主要内容印证一致，因而不影响其证言的客观真实性，更不影响案件证据确实、充分的认定标准。

被告人李某一、李某二、李某三的供述和辩解，被害人雷某科的陈述，证人李某福、程某苹、雷某文等人的证言共同证实李某一、李某二、李某三故意伤害雷某刚、雷某科致一死一伤的时间、地点、经过等情况；现场勘验笔录、辨认笔录、人身检查笔录等证实案发后对该案相关现场进行勘查并对物证进行提取，对三名被告人进行辨认等情况；匕首、铁锹等物证证实三名被告人的作案工具情况；鉴定意见证实雷某刚的死亡原因、雷某科的伤情，以及匕首、李某二家过道内铁锹、李某一裤子、鞋子上的可疑斑迹来源于雷某刚等情况；户籍证明、前科查询证明、破案报告、通话记录等书证，证实三名被告人均已达完全刑事责任年龄及到案经过等情况。

上述证据能够形成完整的证明体系，充分证实我院起诉书指控三名被告人犯故意伤害罪的事实清楚，证据确实、充分，已达到排除合理怀疑的证明标准。

二、被告人的行为应负的刑事责任

故意伤害罪是指故意非法损害他人身体健康的行为，根据《中华人民共和国刑法》第二百三十四条之规定，故意伤害他人身体的，致人死亡或者以特别残忍手段致人重伤造成严重残疾的，处十年以上有期徒刑、无期徒刑或者死刑。《中华人民共和国刑法》第二十五条规定，共同犯罪是指二人以上共同故意犯罪。故意伤害罪主观上表现为故意，行为人明知自己的行为会导致他人人身损害的结果，而希望或放任这种结果的发生；客观上要求具有非法损害他人身体健康的行为。共同犯罪是指二人以上，基于共同的犯罪故意，实施了共同的犯罪行为，共同引起具体危害后果的行为。

本案中，蒋某贵于2011年左右承包葡萄园，经村干部协调，李某二与雷某文、雷某红临时换地，2019年因葡萄园不再经营，换地村民把之前换的土地再次调换回来，村里已经进行量地确认。李某一家已认领了自己的土地，却继续在雷某文和雷某红家地里犁地，从而引发争执。×日上午，在被雷某科、雷某忠阻拦的情况下，李某一等三人商量下午继续去犁地，李某二事先准备了三把刀。下午，李某一等三人犁地被雷某科、雷某刚、雷某文、雷某忠阻拦，双方矛盾升级至拿工具互殴。在双方互殴过程中，李某一先持铁锹、后持刀捅扎雷某刚、雷某科；李某二先与雷某刚打架，后持刀砍雷某刚没砍着；李某三持铁锹打雷某忠被拦住，后与雷某科、雷某刚拿铁锹互抢。被邻居劝开后，李某一、李某二、李某三未对雷某刚、雷某科实施任何救治，而是持铁锹、刀一起离开现场，最后造成被害人一死、一伤的严重后果。

从上述情况可以看出，李某一、李某二、李某三具有共同伤害的故意，三人在心理上相互支撑，相互给予支持，强化了共同伤害的故意。李某一持铁锹、刀捅扎雷某刚、雷某科，伤害故意明显；李某二抱着对方不同意就“弄事儿”的心态，事先准备了三把刀具，在看到两个儿子和对方打架时，拿刀去砍雷某刚；李某三拿铁锹拍打雷某忠，与雷某科、雷某刚互抢。被邻居劝开后，三人均未对雷某刚、雷某科实施救治，离开现场。从客观方面分析，在双方争执、撕扯并升级至李某一等三人拿刀、持铁锹与雷某刚等三人互殴过程中，虽然三名被告人打击的对象、打击的部位及先后顺序不同，但三人均相互促进，共同导致了一人死亡、一人轻伤的后果。且在被害人流血不止倒地时，三名被告人均没有拨打120急救电话，未采取救助措施，而是把各自的刀拿走，共同骑电动车回家，说明三名被告人是一个紧密联系的整体，应作整体评价。

综上，三名被告人的行为均已触犯了《中华人民共和国刑法》第二百三十四条、第二十五条第一款的规定，应当以故意伤害罪追究其刑事责任。李某一在共同犯罪过程中起主要作用，系主犯；李某二、李某三在共同犯罪中起次要作用，系从犯，应当从轻、减轻或者免除处罚。三名被告人在家里打110报警，具有自动投案情节，可从轻处罚，但是三名被告人到案后拒不认罪，未赔偿被害人亲属，未与被害人亲属达成和解协议。

三、本案的社会危害性及应吸取的教训

被告人李某一、李某二、李某三因土地纠纷，与雷某刚、雷某科、雷某忠发生争执，引起打架。在打架过程中，李某一、李某二、李某三持刀等工具致雷某刚死亡，雷某科轻伤，该案带给我们的反思是沉重的。案件的办结不是终点，而是引发我们整个社会对这起案件进行认真思考和深刻总结的起点。我想大家一定会和我有着一样的认识与思考：

第一，让理性取代冲动。李某一、李某二、李某三与雷某刚、雷某科、雷某忠均是同村村民，本身并无矛盾，仅因土地纠纷最终引发一死一伤的惨痛案件，给打架双方的家庭均造成无限伤痛。被害人雷某刚上有老，下有小，父母已经年迈需要雷某刚尽孝，儿子尚未成年需要雷某刚照顾。而三名被告人身陷囹圄，李某一青壮之年无法孝敬父母，李某二花甲之年无法享受儿孙绕膝之乐，李某三无法养育三个孩子。生活不可能一帆风顺，总会遇到疾病、贫穷、矛盾等种种波折。面对这些，我们应该学会冷静处理，相互理解，相互包容。本案的前因本是一些生活琐事，如果被告人能够保持理性，这一切后果将不会发生。但世界上没有如果，如果有的话，也是希望我们每个人在面对矛盾纠纷时，能够冷静处理，在协商中求得共识，在理解中共建和谐。

第二，让守法成为习惯。我们每个人都是社会的自由人，但自由是法律下的自由，无视法律的行为，必将受到法律的制裁。本案中，李某二作为父亲，一家之主，本应该教育两个孩子遇到问题冷静处理，却行为极端，事先准备杀伤力极强的刀具，最终造成极其严重的后果。被告人因为自己的行为走向了犯罪的深渊，给自己带来了无尽的悔恨，究其根本原因，除了一时冲动之外，更重要的还是遵纪守法意识淡薄。我们不要求被告人具备较高的法律素养，但要求被告人对他人生命给予必要的尊重，正所谓“己所不欲，勿施于人”。我们要自觉提高自身的法律意识，当遇到矛盾纠纷时，应通过正当途径、合法手段理性解决。只有每一个公民都做到遵纪守法，国家才会稳定，社会才会和谐；也只有每一个公民都做到遵纪守法，家庭才会和睦，生活才会幸福。

第三，让法律成为信仰。信仰不会自发产生，信法守法的土壤需要我们精心培育。在推进全面依法治国的今天，我们每一个人都应该是依法治国的参与者、捍卫者、推进者。刑法的威慑力不在于刑罚的严厉，而在于刑罚的不可避免，在本案中我们追求的不是“以暴制暴”“同态复仇”，而是案件得到公正处理、社会矛盾得到有效化解、被害方心灵得到应有慰藉，并以此来彰显公平正义，体现法治光辉。法律面前人人平等，法治建设人人有责，希望通过我们的努力能够推动中国法治建设进程，真正让法律成为一种信仰。与法同行，让我们懂得人生之短暂，生命之宝贵；与法同行，让我们摆脱无知和冲动，拥有智慧与冷静；与法同行，让我们共同建设和谐美好的家园！

综上所述，我院起诉书中指控被告人李某一、李某二、李某三犯故意伤害罪的事实清楚，证据确实、充分，依法应当认定被告人有罪。建议合议庭根据三名被告人的认罪态度、犯罪情节、社会危害性等，判处被告人李某一死刑，缓期二年执行，剥夺政治权利终身；建议判处被告人李某二有期徒刑八年；建议判处被告人李某三有期徒刑三年。

公诉人：×××、×××

××××年××月××日当庭发表

项目八 辩 护 词

【文书格式】

关于×××（被告人姓名）××案的辩护词

审判长、审判员（或人民陪审员）：

××律师事务所接受本案被告人×××（或其近亲属）的委托，指派我（们）担任其涉嫌××罪一案的一审辩护人［或××法律援助机构接受×××人民法院的指定，委派××律师事务所为被告人×××提供法律援助，××律师事务所指派我（们）担任被告人×××涉嫌××罪一案的一审辩护人］。庭前，我（们）查阅了本案的全部案卷材料，会见了被告人，对有关证据进行了调查核实；又参加了今天的法庭调查，对本案有了全面的了解。辩护人认为，公诉机关指控被告人×××犯××罪，……（无罪或罪轻）。理由如下：

一、……

二、……（分述辩护理由）

综上所述，辩护人认为，根据我国《刑法》第××条第××款之规定，请求法庭对被告人宣告无罪（或免除处罚或从轻、减轻处罚）。

辩护人：××律师事务所

律师 ×××

××××年××月××日

【辩护词写作谈】①

辩护是刑事诉讼程序中一项重要的法律活动和法定职能，是指被告人（亦泛指被指控方）及其法定代理人、辩护人，为维护被告人的合法权益，在刑事诉讼活动的不同阶段，提出事实和理由为被告人进行辩解，否定或反驳控

① 本文由李秀芹律师撰稿。写作时参考了田文昌、陈瑞华：《刑事辩护的中国经验》，北京大学出版社2013年版；陈瑞华：《刑事辩护的理念》，北京大学出版社2017年版。

方提出的指控和意见。辩护权的行使有三种法律方式：被告人自行辩护、被告人及其近亲属委托辩护、司法机关指定辩护。

辩护词又称辩护意见，是指辩护人在刑事诉讼活动中履行辩护职责时制作的集中表达辩护人意见的刑事诉讼法律文书。它有广义和狭义之分。广义的辩护词既包括侦查阶段、审查批捕阶段、审查起诉阶段、法庭辩论阶段、死刑复核阶段的辩护意见，亦包括通过参与庭前会议发表的辩护意见。狭义的辩护词仅指在法庭辩论阶段辩护人发表的综合辩护意见书，具体是指刑事案件被告人的辩护人在法庭辩论阶段，依照法律和事实为被告人所作无罪、罪轻或者减轻、免除刑事责任辩护的发言稿。下文所言，仅限于狭义的辩护词。辩护词的写作主体是辩护人，写作受体是独任法官、合议庭、被告人及其法定代理人、公诉人、被害人及其法定代理人和诉讼代理人，写作主旨是为削弱或推翻指控，说服法庭对被告人作出无罪、罪轻或者减轻、免除刑事责任之处理。写作的法律依据是《刑事诉讼法》第198条第1款①、第2款②，《刑诉法解释》第281条第（4）项③、第290条④、第313条⑤。

写作辩护词时，虽然案件客观事实已经形成，但证据材料，特别是证人证言和被告人供述有可能在庭审过程中发生变化，而且辩护人在开庭前也不可能全面了解主诉检察官发表的公诉意见的内容。因此，辩护人在法庭调查阶段应分析判断证据材料是否发生变化，在法庭辩论阶段应认真听取控方发表的意见并记录要点，及时对辩护词做必要的修改。不过，庭前认真研究起诉书和证据材料，与被告人积极沟通、充分协商，根据案件情况依法进行必要的调查取证，准备书面辩护词，是辩护人在法庭辩论阶段有效行使辩护职责的前提和基础。

辩护词由首部、正文和尾部三部分组成。首部，首先写明对合议庭成员的

---

① 《刑事诉讼法》第198条第1款规定，法庭审理过程中，对与定罪、量刑有关的事实、证据都应当进行调查、辩论。

② 《刑事诉讼法》第198条第2款规定，经审判长许可，公诉人、当事人和辩护人、诉讼代理人可以对证据和案件情况发表意见并且可以互相辩论。

③ 《刑诉法解释》第281条规定，法庭辩论应当在审判长的主持下，按照下列顺序进行：（1）公诉人发言；（2）被害人及其诉讼代理人发言；（3）被告人自行辩护；（4）辩护人辩护；（5）控辩双方进行辩论。

④ 《刑诉法解释》第290条规定，辩护人应当及时将书面辩护意见提交人民法院。

⑤ 《刑诉法解释》第313条规定，依照前两条规定另行委托辩护人或者通知法律援助机构指派律师的，自案件宣布休庭之日起至第15日止，由辩护人准备辩护，但被告人及其辩护人自愿缩短时间的除外。庭审结束后、判决宣告前另行委托辩护人的，可以不重新开庭；辩护人提交书面辩护意见的，应当接受。

称谓，其次写明辩护人行使辩护权的合法性，再次简要写明辩护人庭前所做的工作，最后明确辩护人对本案的基本看法。正文即辩护理由部分，是辩护词的核心内容，辩护人围绕被告人是否构成犯罪，构成何种罪，结合事实和证据应考虑哪些量刑情节以及诉讼程序是否合法等方面进行分析论辩。尾部，首先归纳和总结辩护词的中心论点，其次向法庭提出具体的处理建议，最后在落款处写明辩护人姓名和所在律师事务所名称，并注明辩护词发表的日期。

根据辩护要达到的具体目标，辩护可以分为无罪辩护、量刑辩护、罪轻辩护、程序性辩护四种形态。辩护词的正文部分应以“一、二……”的形式分述观点，且观点明确、逻辑严谨、证据充分、论证有力、用词准确、语言简洁。辩护理由部分的写作，因辩护种类的不同而有所差异。

一、无罪辩护

无罪辩护的目标是彻底推翻公诉机关的指控，说服法庭作出无罪的判决。这是最复杂、最重要也是目前面临最大困难的一种辩护形态，被视为“刑事辩护皇冠上最亮丽的一颗明珠”。根据最高人民法院的工作报告，全国各级法院判决发生法律效力的刑事案件中，被告人被宣告无罪的情况为：2013 年 825 人，2014 年 778 人，2015 年 1039 人，2016 年 1076 人，2018 年 819 人，2019 年 1388 人，2020 年 1040 人。这反映出目前我国无罪辩护成功的难度是相当大的，但难归难，无罪辩护还是有一定空间的。一方面，由于我国一些刑事法律条文中犯罪构成要件的表述比较抽象，存在歧义现象；另一方面，我国公诉机关起诉的质量也是参差不齐。

在作无罪辩护时，辩护律师需要从三个方面阐述辩护理由。（1）根据刑法规定的犯罪构成要件，论证被指控的行为不符合犯罪客体、犯罪的客观方面、犯罪主体、犯罪的主观方面中的一个或几个要件，从而彻底否定指控。例如，在“首次揭开中国股市潜规则‘黑幕’的王小石受贿案”中，辩护人从斡旋受贿罪的客观方面为被告人王小石作了犯罪构成要件不成立的无罪辩护①。（2）根据法定的无罪抗辩事由，论证被告人不构成被指控的罪名。刑法规定的法定的无罪抗辩事由包括：犯罪情节显著轻微，危害不大的；未达刑事责任年龄的未成年人、不能控制或不能辨认自己行为的精神病人等特殊主体的；正当防卫、紧急避险或者具有“但书”“豁免”情形等。对于以正当防卫作为辩护理由的，需要理解并把握 2020 年最高人民法院、最高人民检察院和

---

① 田文昌：《中国大律师辩护词代理词精选·田文昌专辑》，法律出版社 2013 年版，第 374～382 页。

公安部联合出台的《关于依法适用正当防卫制度的指导意见》。该意见对依法适用正当防卫制度涉及的相关问题作出了系统规定，它强调对于依法认定为正当防卫的案件，及时作出不予立案、撤销案件、不批准逮捕、不起诉的决定或者被告人无罪的判决；对于防卫过当案件，应当依法适用认罪认罚从宽制度；对于犯罪情节轻微，依法不需要判处刑罚或者免除刑罚的，检察院可以作出不起诉决定。(3) 综合全案证据情况，辩护人从关键证据缺失、关键证据自身存疑、关键证据与其他证据存在明显冲突且无法作出合理解释、多个证据存在无法排除的矛盾、证据链存在明显缺口且不能通过证据补强规则加以修复等方面，论证控方证据没有达到"事实清楚""证据确实、充分"的最高证明标准，进而推翻指控。例如，在念斌案件的审理中，辩护人在论证被告人供述笔录、证人证言笔录、鉴定意见等控方证据不具有证明力的基础上，认为控方证据之间存在重大矛盾，诸多证据无法得到其他证据的印证，间接证据无法形成完整的证明体系，综合全案证据来看无法排除合理怀疑，成功说服法院作出"事实不清、证据不足"的无罪判决①。需要注意的是，在开庭后、宣告判决前，公诉机关撤回起诉，人民法院依照《刑诉法解释》第296条的规定，作出准许撤诉的刑事裁定后，公诉机关依照《刑事诉讼法》第175条第4款的规定，作出不起诉决定的，虽然不是"事实不清、证据不足"的无罪判决，仍然起到了无罪判决的效果，实现了否定控方指控的辩护目标。

需要说明的是，大多数情形下，从犯罪构成要件方面进行无罪辩护和从证据角度进行无罪辩护并不能截然分开，只是在具体的案件中，侧重点有所不同。

二、量刑辩护

量刑辩护是在对被告人构成犯罪不持异议的基础上，通过提出若干法定或酌定的量刑情节，以推翻或者削弱控方的量刑建议，说服合议庭作出从轻、减轻或者免除被告人刑事处罚的裁决。据统计，在刑事案件中，有90%左右是被告人认罪的案件，因此量刑辩护是辩护人的基本功和重点。2013年12月23日，最高人民法院发布了《关于实施量刑规范化工作的通知》《关于常见犯罪

---

① 参见念斌投放危险物质罪二审刑事附带民事判决书，案号：闽刑终字第10号。载 http://www.fjcourt.gov.cn/Page/Court/News/ArticleTradition/1e77d372-0ce6-4144-a7ca-92b3d40ee753/0901.html，最后访问日期：2021年12月1日。

的量刑指导意见》[1]，人民法院量刑规范化工作正式实施。为了深入推进量刑规范化改革，进一步扩大量刑规范化范围，2017 年 1 月，最高人民法院发布《关于常见犯罪的量刑指导意见（二）》（试行），2017 年 10 月 11 日，最高人民法院、司法部联合发布《关于开展刑事案件律师辩护全覆盖试点工作的办法》，2021 年 7 月，《最高人民法院、最高人民检察院关于常见犯罪的量刑指导意见（试行）》开始实施。这些都为辩护人进行量刑辩护提供了依据。

在作量刑辩护时，辩护人应做好以下方面的工作：（1）搜集量刑信息。公诉方的案卷材料中记载的量刑情节主要是法定的、不利于被告人的量刑情节。酌定的、有利于被告人的从轻量刑信息主要由辩护人在开庭前搜集，这是辩护人在法庭上开展有效量刑辩护的必要保证。酌定从轻量刑信息的范围因案而异，主要包括被告人平常表现、家庭情况（是否需要赡养老人、抚养孩子等）、悔罪、退赃退赔、是否与被害人一方达成和解等情况；如果建议使用缓刑的，应当搜集被告人居住地的社区是否具备帮教条件的信息等[2]。（2）遴选量刑情节。鉴于刑法对于何谓酌定量刑情节并无明确规定，一些量刑信息能否成为一项独立的酌定量刑情节，亦存在争议。这就要求辩护人需要从各种信息中遴选出有用的量刑情节。遴选标准可以从以下几方面考虑：一是能否证明被告人主观恶性较轻，或者后来有所降低；二是能否显示被告人行为的社会危害性较小，或者有所减轻；三是能否说明被告人再犯罪的可能性较小，或者事后有所减少；四是能否昭示被告人得到了被害方乃至社会的谅解。（3）提出量刑意见。根据最高人民法院颁布的量刑规范指导意见，辩护人可以在确定案件量刑基准的前提下，综合考量每项量刑情节对影响量刑的增减幅度，按照同向相加、逆向相减的原则，大体计算出一个量刑结果，据此向法庭提出有利于被告人的量刑辩护意见。这种量刑意见既要表达辩护人所建议的量刑种类和量刑幅度，也要运用各项量刑情节对量刑意见进行必要的论证，这是辩护人影响法官作出量刑结论的主要途径。（4）反驳公诉方的量刑情节和量刑建议。对公诉方所强调的某一从重量刑情节认为不能成立的，辩护方可以通过审查公诉方的证据确定有关量刑情节能否成立、分析该量刑情节的法律条件是否成立、通过庭外调查核实验证是否具有相反的证据证明该项情节不成立，以说服法官拒绝采纳该项从重量刑情节。对公诉方提出的量刑建议，辩护方如果认为该量刑

---

① 这两个司法解释性质文件已失效，其失效依据是最高人民法院关于实施修订后的《〈关于常见犯罪的量刑指导意见〉的通知》（法发〔2017〕7 号）。该通知现也已失效，失效依据是最高人民法院、最高人民检察院印发《〈关于常见犯罪的量刑指导意见（试行）〉的通知》（法发〔2021〕21 号）。

② 葛明亮：《邗江的量刑"实验室"》，载《清风苑》2009 年第 10 期。

方案在刑种的选择或在刑罚幅度的确定上存在问题，可以进行反驳，以说服法官拒绝接受公诉方建议的量刑方案，从而进一步论证辩护方的量刑意见。

三、罪轻辩护

罪轻辩护介于无罪辩护与量刑辩护之间。一方面，罪轻辩护不是典型意义上的无罪辩护，因为罪轻辩护不是将被告人被指控的罪名完全推翻，而只是将重罪名改为轻罪名或者推翻部分罪名；另一方面，罪轻辩护亦不是典型意义上的量刑辩护，因为罪轻辩护不是完全从量刑情节的角度进行辩护，但在客观上又确实达到了在量刑种类和量刑幅度上使被告人获得从轻、减轻处罚的效果。

在作罪轻辩护时，根据案件的不同情况，辩护理由可以从三个角度去阐述。(1) 被指控重罪作轻罪辩护的。对于被指控的重罪来说，从犯罪构成要件和控方提供的证据论证被指控的重罪不能成立。但被告人的行为确实违反了刑法规定，应以轻罪罪名追究刑事责任。例如，被告人被指控犯绑架罪，律师作非法拘禁罪辩护。需要注意的是，辩护人不能认为被指控的罪名不能成立而作重罪辩护，这会严重背离辩护制度的宗旨，损害被告人的合法权益①。(2) 被指控两个或两个以上罪名，辩护中推翻对部分罪名指控的。对于被推翻的罪名来说，属于无罪辩护，但由于不是推翻被指控的全部罪名，因此将该类辩护归为罪轻辩护。(3) 在财产类犯罪或有犯罪数额的职务犯罪中，降低犯罪数额的辩护。如在贪污受贿案件中，如果通过辩护能把犯罪数额从 300 万元降到 299 万元，量刑就可以降为有期徒刑 10 年以下。

四、程序辩护

程序辩护是指辩护人以《刑事诉讼法》为依据，指出刑事办案人员在侦查、起诉、审判过程中严重违反有关程序法的规定，促使法庭对上述行为的合法性进行裁判，以推翻或削弱指控，属于一种带有进攻性的新型辩护形态。这种“以攻代守”的辩护方式，“将政府置于被告的地位让他为自己的非法行为受审”②。2010 年最高人民法院、最高人民检察院出台《关于办理死刑案件审查判断证据若干问题的规定》和《关于办理刑事案件排除非法证据若干问题的规定》，拓展了辩护人以非法证据排除为切入点进行程序辩护的空间。2018 年 10 月 26 日，新修订的《刑事诉讼法》第 58 条第 2 款为辩护人运用非法证

---

① 《被指作罪重辩护，“倒戈”律师连声喊冤》，载 http：//www. sina. com. cn，最后访问日期：2008 年 7 月 6 日。

② ［美］艾伦·德肖维茨：《最好的辩护》，唐交东译，法律出版社 1994 年版，第 2 页。

据排除规则进行程序辩护提供了直接的法律依据①。在作程序辩护时需要注意：

1. 辩护人首先应在一审开庭前提出排除非法证据的申请。申请书的内容主要包括：一是具体列举所要排除的非法证据，即侦查人员涉嫌以非法手段获取的证据材料；二是陈述侦查人员非法取证的行为及其过程，以及该行为触犯的刑事诉讼规则；三是相关的证据线索和材料，包括申请调取全案同步录像以及管教民警、在押人员的证言等。

2. 辩护方通过参加庭前会议，对侦查行为的违法性承担初步的证明责任，以说服法院启动正式的调查程序②。辩护方在庭前会议上可以提出以下申请：一是申请调取侦查机关讯问嫌疑人的同步录音录像；二是申请通知侦查人员、看守所医生、管教民警、同监所在押人员等出庭作证；三是申请对被告人的伤情作出鉴定；四是申请调取包括被告人入所身体检查表、提押证等在内的书证或物证等。

3. 在法庭启动对非法证据排除的调查程序中，虽然侦查程序合法性的证明责任由公诉方承担，但为了说服法庭作出排除非法证据的裁决，辩护方可以通过以下方式反驳公诉方的证明体系：一是对公诉方提出的证据进行质证，即对公诉方提出的物证、书证、视听资料、证言笔录提出异议，挑战其证明力或证据能力；二是对法庭通知到场的证人、鉴定人、侦查人员进行当庭发问，这种带有“交叉询问”性质的发问，目的在于反驳上述人员当庭所作陈述的可信性，或者对其作证资格和诚实度质疑；三是提出并展示辩护方的证据，从积极的方面证明侦查人员的违法取证行为确实发生过；四是参与法庭组织的庭外调查核实证据的活动，并对法庭调取的新证据发表意见，对于其中不利于被告人的证据，要继续作出反驳性的发问；对有利于被告人的证据，要尽力将其证据内容全面展示出来，以此对法庭认定程序性争议的事实发挥积极的影响。

4. 对于一审法院拒绝受理排除非法证据的申请，或者对此申请作出不利于被告人裁决的，被告人可以向二审法院提出上诉。辩护人在二审程序中，可以从以下方面展开程序性辩护：一是继续论证侦查程序中存在非法性，说服二审法院确认侦查人员存在非法取证的行为；二是论证一审法院的裁判理由是错误的或不公正的，说服二审法院认定一审法院的程序性裁决不成立；三是论证

---

① 《刑事诉讼法》第58条第2款规定，当事人及其辩护人、诉讼代理人有权申请人民法院对以非法方法收集的证据依法予以排除。申请排除以非法方法收集的证据的，应当提供相关线索或者材料。

② 《人民法院办理刑事案件庭前会议规程（试行）》第1条第3款规定，被告人及其辩护人在开庭审理前申请排除非法证据，并依照法律规定提供相关线索或者材料的，人民法院应当召开庭前会议。

排除该非法证据后，一审法院认定的“犯罪事实”缺乏充分的证据支持，说服二审法院作出撤销原判，发回重审的裁定。目前，由于程序违法而否定证据的纯粹的程序辩护很难实现，因此，程序辩护应与控方提供的证据联系起来。通常，辩护人可以通过排除关键性证据，进而破坏控方的证据链，转化成证据上的无罪辩护。

5. 辩护人以排除非法证据为由提出程序辩护的时间为一审宣判之前。在一审驳回辩护人提出的排除非法证据申请后，二审期间，辩护人只能对一审宣判后发现的新的非法证据被确认为定案证据时，才能对该证据再次提出排除非法证据的申请。

辩护词虽然在法庭辩论阶段发表，但它与辩护人在庭前的阅卷、调查工作是一个整体。只有具备扎实的法律理论、丰富的实践经验，才能准确找出卷宗中的关键问题；只有找出了关键问题，才能够形成清晰明确的辩护思路，才可能写出一份精彩的辩护词。同时，辩护人应通过多方面的训练，不断提高法庭上反询问的能力、提出专家证人的能力、表达异议的能力、对问题的基本分析能力等，才能在法庭上有精彩的表现，有效履行辩护职责，维护被告人的合法权益。

50 年前，美国联邦最高法院第 15 任首席大法官厄伦 · E. 伯格曾在美国诉讼律师学院指出，绝大多数诉讼律师是不称职的，他说：“我无可奈何地告诉你们，出庭的绝大多数律师所受的训练不足，以至于他们不能恰当地履行其职责……”“在出庭的律师中有百分之七十五因为缺乏充分准备、缺乏进行适当反询问的能力、缺乏提出专家证人的能力、缺乏表达异议的能力、缺乏对问题的基本分析能力……”这段话指出美国诉讼律师的弱点，在当今我国辩护律师身上也是不同程度存在的，我们应该闻者足戒，闻过则喜，全面提升执业能力。

五、注意事项

1. 律师是为被告人辩护，在形成辩护思路之前，应与被告人进行充分地沟通、协商并听取其意见。开庭前，辩护人应拟出辩护词初稿并征求被告人及委托人的意见，在法庭调查质证后对辩护词有重大改变的，应再次交被告人确认后方可呈送法院。如果辩护人与被告人的意见分歧很大，无法达成一致时，辩护人或者接受被告人意见，或者辞去委托，而不能违背被告人的意思表示。切不可在法庭上强行发表被告人不能接受的辩护意见，否则，被告人在法庭上向法官表明不同意乃至坚决反对辩护律师的意见，甚至当庭拒绝律师辩护，对律师的执业声誉乃至律师职业的群体形象损害都是巨大的。

2. 辩护的目的不仅在于发表辩护意见，更在于说服法官接受辩护人的意见。因此辩护词应以裁判者为主要写作受体，要在与法官相同的语境中，用与法官相同的法律语言、相同的法学理论、相同的思维方式陈述辩护意见和观点。为此，辩护人可以援引最高人民法院指导性案例中相似案件的裁判理由和裁判结论，也可以援引最高人民法院法官的学术观点，以期得到采纳。

3. 辩护词不应以旁听人员为写作受体。辩护人应当始终面向裁判者进行有理有据的申辩和论证，切忌把法庭作为演讲台，向旁听者发表演讲；切忌把法庭当作决斗的战场，与公诉人吵架和做无意义的争辩；切忌把法庭当作学术报告会，旁征博引，长篇累牍，梳理比较法学各派争议的理论观点；切忌把法庭当作情绪宣泄的场所，宣泄自己的不满情绪。

4. 辩护人应当通过法庭表达辩护意见，在案件没有形成裁判结论之前，不应将案件审理情况诉诸新闻媒体，切忌用道德评论绑架法律，更不应借助社会舆论或媒体向裁判者施加压力，影响甚至妨碍对案件的公正裁判。对人民法院的裁判结果不服，辩护人可以征求被告人或委托人的意见，通过审级制度向上级人民法院提出，争取在审级制度范围内获得有效的司法救济。

【例文】

辩 护 词①

尊敬的审判长、审判员：

北京市××律师事务所和北京市××律师事务所接受被告人梅某某的委托，分别指派韩某律师和高某某律师担任被告人梅某某涉嫌抢劫罪一案的辩护人。辩护人接受委托后多次会见了被告人，认真仔细研究了本案的证据材料，依法参加了庭审活动，对本案的事实有了充分的了解。现就本案发表如下辩护意见，请合议庭在评议时参考。

一、关于涉案手表的真伪鉴定和价格鉴定存在瑕疵

涉案11只手表的真伪及价格是本案事实的关键部分，相关鉴定机构没有合法的司法鉴定资质，所作的鉴定违反程序，其鉴定结果有瑕疵，存有疑问。

（一）检材的真实性有疑

本案中，中国商业联合会钟表眼镜质量监督检测中心对涉案手表进行真伪鉴定的时间是2016年3月19日，北京市东城区价格认证中心进行价格鉴定的

① 考虑到方便教学和本书篇幅限制，编者对本案一审辩护词做了大幅度修改，未能反映原作的原貌，对此我们对本案的辩护律师深表歉意。

时间为2016年3月23日至2016年3月24日。根据2016年3月18日央视《东方时空》、北京电视台《法治进行时》和《法治中国行》分别报道的节目情况，其中有北京警方将涉案手表发还给被害单位的视频画面。涉案手表既已归还，理应由被害单位占有，前述两个鉴定机构又如何取得该检材？是否履行了合法手续？辩护人有理由怀疑涉案手表被调换的可能性，嗣后所作的相应鉴定因违反程序依法不具有效力，法院对这些具有严重瑕疵的非法证据应予以排除。

（二）没有对检材进行区分

同样的进口商品，一手和二手的价格是不同的，正品和水货的价格悬殊极大。鉴定机构进行价格鉴定时，固然应依据价格基准日市场价格确定检材的价格，同时要注意审查检材有无合法进出口手续、有无合法购买手续及发票、一手还是二手商品，做到区别对待，如此所作的价格鉴定才能做到客观真实、令人信服。本案中，涉案手表的部分发票为虚假发票，且控方证据表明部分手表是二手货，然而，价格鉴定机构无视检材存在的这些情况，所作的价格鉴定自然无客观性可言。

二、被告人梅某某具有酌定从轻处罚的情节

（一）梅某某可能患有“急性短暂性精神障碍”精神病症

梅某某有家族精神病史，且案发前行为表现异常，作案时可能患有“急性短暂性精神障碍”，而对梅某某进行精神病司法鉴定的过程不规范，辩护人申请鉴定人出庭，并申请对梅某某重新进行精神病司法鉴定。

为证明梅某某的家族精神病史及梅某某有可能罹患“急性短暂性精神障碍”精神病症，有可能发生抢劫的犯罪行为属于在发病状态下实施的，辩护人向法庭提交以下证据佐证：

1. 梅某某之父、之兄的医疗材料，证明其家族存在精神病史的事实。

2. 公安交通管理机关出具的行政强制措施凭证、行政处罚决定书，证明梅某某有可能罹患“急性短暂性精神障碍”精神病症。

3. 申请法庭播放梅某某于2016年3月19日在公安机关接受讯问时的录音录像，能够证明梅某某在案发后存在异常行为，有可能该异常行为在案发前已经存在。

（二）初犯、偶犯

根据侦查机关的案卷所载网上比对工作记录可以看出，被告人平时表现一贯良好，没有违法犯罪记录，系初犯。案卷材料中被告人的供述和当庭供述表明：被告人本没有抢劫的犯罪谋划，只是在医院为儿子挂号无果后才萌发抢劫的想法，临时起意，当时发生，系偶犯。

（三）自愿认罪

被告人主观恶性小，对犯罪过程之指控没有异议，并愿意接受法律的惩罚，具有较好的认罪悔改表现，属于自愿认罪。根据最高人民法院2015年发布的《关于常见犯罪的量刑指导意见》的规定，对于被告人当庭自愿认罪的，根据犯罪的性质、罪行的轻重、认罪程度以及悔罪表现等情况，可以在减少基准刑的10%以下量刑。

（四）坦白

被告人到案后能如实供述自己的违法行为，具有坦白情节。根据最高人民法院以上指导意见的规定，被告人具有坦白情节的，综合考虑如实供述罪行的阶段、程度、罪行轻重以及悔罪程度等情况，确定从宽的幅度。其中，对于如实供述自己罪行的，可以在减少基准刑的20%以下量刑。

（五）未给被害单位造成经济损失

涉案手表鉴定价值达人民币319.5万元，数额虽然巨大，但已由公安机关追回并发还被害单位，未给被害单位造成实际经济损失。根据最高人民法院以上指导意见的规定，配合办案机关追缴赃款赃物，未给被害人造成经济损失或者损失较小的，可以在减少基准刑10%以下量刑。

综上所述，被告人梅某某具有从轻处罚的情节，辩护人恳请法院对梅某某再次进行精神病症司法鉴定，对其在量刑时予以从轻处罚。

以上辩护意见，请合议庭予以采纳。

辩护人：北京市××律师事务所　韩　某

辩护人：北京市××律师事务所　高某某

二〇一六年十一月二十四日

项目九　附带民事起诉状

【文书格式】

附带民事起诉状

附带民事诉讼原告人×××，……。

附带民事诉讼被告人×××，……。

诉讼请求：

1.……；

2.……。

事实与理由：

……

此致

×××人民法院

附带民事诉讼原告人：×××

××××年××月××日

附：1. 本诉状副本×份。

2. 证据目录和证据材料（名称和来源）×份。

3. 证人名单（姓名、住址、联系方式）×份。

【附带民事起诉状写作谈】①

“刑事附带民事诉讼，是指司法机关在刑事诉讼过程中，在确认被告人刑事责任的同时，附带解决因被告人犯罪行为造成的物质损失的赔偿问题而进行的诉讼活动。”② 附带民事起诉状是指有权提起附带民事诉讼的人，在刑事诉讼过程中向人民法院提交的要求在追究被告人刑事责任的同时，责令被告人等致害人给予民事赔偿的刑事诉讼法律文书。写作主体是被害人，如果被害人死亡或丧失行为能力的，是其法定代理人（或监护人，下同）、近亲属以及他们委托的诉讼代理人；写作受体是审理与附带民事诉讼相关联刑事案件的人民法院和附带民事诉讼的被告人及其法定代理人、诉讼代理人；写作主旨是被害人或已死亡和丧失行为能力的被害人的法定代理人、近亲属，请求人民法院对提起的附带民事诉讼，在审判刑事案件时一并作出处理决定。《刑法》第36条第1款③、《刑事诉讼法》第101条④以及《刑诉法解释》第175条⑤、

① 本文由张淑平法官撰稿。

② 南英：《化解社会矛盾的制度平台》，载最高人民法院编：《全国法院刑事审判实务手册》（高、中级人民法院版），第67页。

③ 《刑法》第36条第1款规定，由于犯罪行为而使被害人遭受经济损失的，对犯罪分子除依法给予刑事处罚外，并应根据情况判处赔偿经济损失。

④ 《刑事诉讼法》第101条规定，被害人由于被告人的犯罪行为而遭受物质损失的，在刑事诉讼过程中，有权提起附带民事诉讼。被害人死亡或者丧失行为能力的，被害人的法定代理人、近亲属有权提起附带民事诉讼。如果是国家财产、集体财产遭受损失的，人民检察院在提起公诉的时候，可以提起附带民事诉讼。

⑤ 《刑诉法解释》第175条规定，被害人因人身权利受到犯罪侵犯或者财物被犯罪分子毁坏而遭受物质损失的，有权在刑事诉讼过程中提起附带民事诉讼；被害人死亡或者丧失行为能力的，其法定代理人、近亲属有权提起附带民事诉讼。因受到犯罪侵犯，提起附带民事诉讼或者单独提起民事诉讼要求赔偿精神损失的，人民法院一般不予受理。

第184条①是写作附带民事起诉状的法律依据。

在司法实践中，基于司法为民、减轻当事人的诉累，充分实现《刑法》的保护功能与保障功能的统一，实现法律效果与社会效果的统一，由人民法院在审判刑事案件过程中，依法追究被告人刑事责任的同时，附带解决因被告人和其他共同致害人的侵权和犯罪行为引发的侵权民事纠纷问题，将刑事和民事两个诉讼程序合二为一，在明确被告人是否应当承担刑事责任的同时确定其有无承担民事侵权责任的义务，快捷地作出裁决，达到定分止争的目的，不仅节约了司法资源，也提高了诉讼效率，方便公民诉讼，及时化解社会矛盾。办理刑事附带民事诉讼案件时，要遵照《民法典》《民事诉讼法》及相关民事司法解释的规定。

附带民事起诉状包括首部、正文、尾部三部分。

一、首部

首部包括标题、附带民事诉讼原被告双方当事人及其代理人的基本情况。

（一）附带民事诉讼原告人的资格

附带民事诉讼依法由刑事案件中的被害人或已死亡、丧失行为能力被害人的法定代理人、近亲属提起，但并不是在任何刑事案件中涉及的这些人都能够以附带民事诉讼原告人的资格提起附带民事诉讼。附带民事诉讼原告人的资格有三个法定要件：第一，系被害人或者被害人的法定代理人（包括其他监护人）、近亲属。第二，被害人因人身权利受到不法侵犯或者财物被犯罪分子毁坏而遭受了物质损失。遭受物质损失的范围不包括犯罪分子非法占有、处置的财产。例如，在职务侵占犯罪中，被害人就不能提起附带民事诉讼，对被告人非法占有被害人的财物，人民法院应通过判决予以追缴或者责令退赔。第三，选择了提起附带民事诉讼。被害人由于被告人的犯罪行为而遭受物质损失的，其权利救济途径有两条，即提起附带民事诉讼或者单独提起民事诉讼。被害人等如果选择了单独提起民事诉讼，则成为民事诉讼原告，而非附带民事诉讼原告人。

（二）附带民事诉讼原告人的范围

附带民事诉讼原告人主要是指因犯罪行为遭受物质损失的被害人，包括自然人、法人或其他组织；已死亡被害人的近亲属，无行为能力或者限制行为能力被害人的法定代理人。其他单位或个人不能因为给被害人支付医疗费、丧葬

① 《刑诉法解释》第184条规定，附带民事诉讼应当在刑事案件立案后及时提起。提起附带民事诉讼应当提交附带民事起诉状。

费、保险费等而成为附带民事起诉状中的原告人。被害单位虽然可以作为附带民事起诉状中原告人的主体，但其有权提起请求赔偿的范围也受法律严格限制。

（三）附带民事诉讼被告人的范围

附带民事诉讼被告人是指因实施犯罪、不法侵害行为给他人造成人身损害或财物损失而应当承担民事赔偿责任的人。《刑事诉讼法》《刑诉法解释》规定附带民事诉讼被告人的范围如下：

1. 刑事被告人以及刑事起诉书中认定但没有被追究刑事责任的其他共同致害人，包括自然人、法人或其他组织。但是，未到案的共同致害人不应列为正在审理的刑事案件的附带民事诉讼被告人，须待其到案并提起公诉后，附带民事诉讼原告人才能对其提起附带民事诉讼。

2. 未成年被告人的法定代理人、监护人。未成年被告人个人名下的财产足以赔偿原告人经济损失的，其法定代理人、监护人不应列为附带民事诉讼被告人，可以担任该未成年被告人的诉讼代理人；当未成年被告人个人名下无财产或者个人财产不足以赔偿原告人损失的，其法定代理人或者监护人应当列为附带民事诉讼的被告人，但单位或组织被指定担任该被告人监护人的除外。成年被告人的近亲属可以自愿代被告人赔偿原告人经济损失，但不能列为附带民事诉讼被告人。

3. 已被执行死刑的罪犯的遗产继承人。

4. 共同犯罪案件中，案件审结前死亡的被告人的遗产继承人。遗产继承人作为附带民事诉讼被告人的条件是以其所继承的遗产范围为限承担赔偿责任。

根据《刑诉法解释》第 183 条的规定，共同犯罪案件，同案犯在逃的，不应列为附带民事诉讼被告人。逃跑的同案犯到案后，被害人或者其法定代理人、近亲属可以对其提起附带民事诉讼，但已经从其他共同犯罪人处获得足额赔偿的除外。

（四）附带民事诉讼双方当事人的基本情况

一般应包括姓名、性别、出生日期、民族、文化程度、职业或工作单位和职务、家庭住址、身份证号码、联系电话等项。如果有涉外因素，还应用括号注明外籍人员的外文姓名、国籍、护照号码及境外住址。如果是涉及个人隐私或有必要保护被害人的名誉、身份等原因，可以对被害人的个人情况简略。

（五）附带民事诉讼双方当事人的法定代理人、诉讼代理人

1. 附带民事诉讼当事人的法定代理人、诉讼代理人的身份情况，应当列写在该当事人之下，法定代理人列写在诉讼代理人之前。

2. 多名原告人同时提起附带民事诉讼时，如果一名原告人既是其中一名未成年原告人的法定代理人，又是其他原告人或几名原告人的诉讼代理人时，应当先列写其他成年原告人的基本情况，后列写未成年原告人的基本情况，最后另起一行表述："附带民事诉讼原告人暨原告人×××（未成年人）的法定代理人暨原告人×××、×××的诉讼代理人×××……（写明个人基本情况）。"例如，附带民事诉讼原告人李某是已死亡被害人刘某某之夫，其既是未成年原告人李某静的父亲，又作为附带民事诉讼的原告人岳父刘某、岳母赵某的诉讼代理人，就应依照如上表述其法律身份。

3. 如果一名代理人同时为几名原告人代理诉讼的，则要先把所有原告人的个人情况列明，再另起一行表述"以上附带民事诉讼原告人之共同诉讼代理人×××，……（写明单位及职务）"。

4. 未成年刑事被告人的法定代理人同时为附带民事诉讼被告人时，在列写完未成年刑事被告人的基本情况之后，另起一行表述为"被告人×××的法定代理人暨附带民事诉讼被告人×××……（写明个人基本情况）"。

5. 律师担任附带民事诉讼代理人时，只写明姓名、所在律师事务所的名称和律师身份即可。非律师担任附带民事诉讼代理人时，依照附带民事诉讼原被告双方当事人的身份情况表述，并叙明与该当事人的关系。

二、正文

正文包括两部分内容，即诉讼请求、事实与理由，这是附带民事起诉状的核心内容。

（一）诉讼请求

诉讼请求部分的写作与一般民事侵权案件起诉状中的写作要求基本一致，只需要注意以下三点：

1. 人身损害赔偿的请求范围。根据《民法典》和相关司法解释的规定，在一般人身侵权损害赔偿的民事案件中，原告有权请求人民法院判决被告赔偿损失的范围较宽，即侵权行为给被害人造成人身损害而遭受的物质损失，可以是实际已经发生的直接经济损失，如丧葬费、医疗费、护理费、交通费、被害人及其护理人员因误工减少的收入等，也可以包括法律允许的尚未发生的间接经济损失，如后续治疗和康复将会支付的费用、残疾人生活辅助器具更新费和伤残补助费、死者生前扶养的人的生活费、死亡赔偿金等，也可以提出精神损害赔偿的请求。但在附带民事诉讼中，根据《刑事诉讼法》和《刑诉法解释》的规定，被告人的犯罪行为（不含交通肇事罪）给被害人造成人身损害导致的经济损失赔偿的范围，仅限于已经实际发生的直接损失，既不包括精神损害赔偿，也不包括可能造成的间接物质损失，如死者生前扶养的人的生活费、死亡赔偿金等。如果附带民事诉讼双方当事人能够达成调解协议、和解协议，只要不违反法律强制性规定，不损害国家、集体和他人的合法权益，赔偿范围和赔偿数额则不受法律规定的限制。

2. 依法判决附带民事诉讼的赔偿范围受到严格限制。依照《刑诉法解释》有关规定，伤残赔偿金、死亡赔偿金和精神损失均不属于因犯罪行为导致人身损害赔偿范围之列，因此，被告人在附带民事诉讼中被判决赔偿经济损失的范围，仅包括已经实际发生的丧葬费、医疗费、护理费、交通费、鉴定费和被害人及其护理人员因误工减少的收入。但是，最高人民法院在2021年3月施行的《刑诉法解释》第175条规定："因受到犯罪侵犯，提起附带民事诉讼或者单独提起民事诉讼要求赔偿精神损失的，人民法院一般不予受理。"与2012年《刑诉法解释》相比，这次修订的《刑诉法解释》在本条增加了"一般"二字，被业界认为是最高人民法院对于特殊的个案提起精神损害赔偿将得到支持，其实践依据来源于最高人民检察院《未成年人检察工作白皮书（2020）》，其中披露了一起检察机关探索支持被害人及其法定代理人提起精神损害赔偿诉讼的刑事附带民事案件。在该案中，上海市宝山区人民检察院在对被告人牛某某犯强奸罪一案提起公诉的同时，支持未成年被害人及其法定代理人提起刑事附带民事诉讼，最终宝山区人民法院以强奸罪判处被告人牛某某有期徒刑10年，剥夺政治权利1年，一次性赔偿被害人精神抚慰金人民币3万元。至此，精神损害赔偿在刑事附带民事诉讼中"破冰"并有了具体案例，意义重大。但需要强调的是，对最高人民法院规定的"要求赔偿精神损失的，一般不予受理"要正确理解，也就是说要求赔偿精神损失的不支持是常态，支持的是特例，提起该项诉讼请求涉及的刑事案件范围不宜扩大。

3. 犯罪行为给被害人造成的间接损失，包括尚未实际发生的后续治疗费、康复费、护理费以及受伤残、死亡人员扶养的人的生活费等，这部分损失在刑事判决后，被害人或已死亡被害人的近亲属可以向人民法院另行提起民事诉讼解决。

（二）事实与理由

附带民事起诉状的事实部分写作有其特殊性。由于刑事犯罪和不法侵权是提起附带民事诉讼的前提，被告人实施犯罪和不法侵权行为的事实，就是被告人实施民事侵权行为的事实，因此，人民检察院起诉书指控被告人犯罪的事实，就可以直接作为附带民事起诉状中被告人实施侵权行为事实的内容，但这部分侵权事实又要超出检察院起诉书的事实范围，还需要详细写明被告人实施侵权行为的起因、过程和造成被害人一方经济损失的具体结果。对于请求赔偿损失的内容较多，或者涉及受偿人数较多且受偿种类不同的，应当分项分类列明。

提起附带民事诉讼的理由部分，在写作方面没有特别要求，主要把握几个层次：首先，依照法律规定，认定被告人犯罪和不法侵权行为的性质、程度和给被害人造成物质损失的情况；其次，说明被告人的犯罪和不法侵权行为与造成被害人物质损失之间存在法律上的直接因果关系，且被告人负有赔偿义务，并列举相关证据加以证明；最后，援引相关的法律条款请求法院依法作出判决。

三、尾部

尾部包括受理诉状的人民法院名称、具状人的姓名或名称、落款的时间以及附项。

1. 受理附带民事诉讼的管辖法院是确定的，即审理相应刑事案件的同一人民法院，附带民事诉讼原告人对此是没有选择权的。

2. 具状人可以是一名被害人，也可以是同一起刑事案件中多名被害人及其法定代理人、近亲属。具状人均应亲自签名。本人不会签名的，由他人代签时应在名字后面备注“代签”的字样，并由具状人本人捺指印。如果是单位提起附带民事诉讼的，应当由单位法定代表人签名，并加盖单位行政公章。

3. 附项中主要是说明提交法庭的附带民事起诉状副本的份数（应按照被告人的人数确定）和证据情况。如果证据种类较多，仅注明“附：证据目录一份”即可，在起诉状之后另页将证据目录分类分项列举清楚。单位提交的证据目录应当加盖行政公章。证据目录的排列应当具有一定逻辑性，可以参照《民事诉讼法》关于证据种类的顺序排列，也可以根据附带民事诉讼请求的内容顺序排列，还可以根据不同的受偿主体的诉讼请求内容排列。总之，证据目录既是编排证据材料的依据，也是法官审查证据与诉讼请求关联性的前提，应当明确而条理清晰。如果有书面证人证言的，应列出证人姓名、性别、身份证号码、住址、联系方式等身份情况。

四、注意事项

（一）附带民事诉讼提起的时间

被害人或已死亡和丧失行为能力的被害人的法定代理人、近亲属，在刑事案件的侦查阶段、审查起诉阶段和法院审理期间，均有权提起附带民事诉讼。公安机关、检察机关在收到附带民事起诉状后，可以根据刑事案件侦办、审查进程，在认定犯罪嫌疑人或被告人确已构成犯罪的基础上，先期进行民事调解，如果犯罪嫌疑人或被告人与被害人之间达成调解或和解协议，并实际履行的，则被害人提起的附带民事诉讼就在侦查或审查起诉阶段终结，不仅有利于节约诉讼成本和司法资源，而且有利于人民法院在审判阶段综合评估被告人的认罪悔罪态度，依法对被告人从轻减轻科刑或免予刑事处罚提供依据，同时能够使被害人等附带民事诉讼原告人的合法利益及早得到保护，经济损失得到赔偿，使刑事案件快速处理，提高诉讼效率。如果附带民事诉讼请求在侦查、审查起诉阶段没有得到最终处理，附带民事诉讼原告人应当在人民法院对刑事案件受理立案后，尽快提交起诉状，启动附带民事诉讼程序。

在侦查、审查起诉期间，经公安机关、人民检察院调解，附带民事诉讼双方当事人已经达成协议并全部履行后，被害人或者其法定代理人、近亲属又向人民法院提起附带民事诉讼的，人民法院不予受理，但有证据证明原调解、和解协议违反自愿、合法原则的除外。

被害人或者其法定代理人、近亲属在刑事案件第一审期间未提起附带民事诉讼，到第二审时又提起附带民事诉讼的，第二审人民法院可以依法进行调解；调解不成的，告知原告方可以在刑事判决、裁定生效后另行提起民事诉讼。

（二）关于附带民事诉讼案件的诉讼费

根据《刑诉法解释》第199条的规定，人民法院审理附带民事诉讼案件，不收取诉讼费。

（三）关于人民检察院提起的附带民事诉讼

被告人的犯罪行为给国家财产、集体财产造成损失，如果相关被害单位没有提出损害赔偿请求的，或被害单位已被注销主体资格，又没有继受主体的，人民检察院可以在提起公诉的同时提起附带民事诉讼，并制作《刑事附带民事起诉书》。

【例文】

附带民事起诉状

附带民事诉讼原告人吴某某，男，1953年××月××日出生，汉族，住山东省××县××镇××村；系被害人吴某1之父。

附带民事诉讼原告人徐某某，女，1959年××月××日出生，汉族，住山东省××县××镇××村；系被害人吴某1之母。

附带民事诉讼原告人郝某某，男，2008年××月××日出生，汉族，住山东省××县××镇××村××庄×号，暂住北京市丰台区洋房村×号；系被害人吴某1之子。

附带民事诉讼原告人暨原告人郝某某的法定代理人暨原告人吴某某、徐某某的诉讼代理人郝某1，男，1980年××月××日出生，汉族，住山东省××县××镇××村××庄×号，暂住北京市丰台区洋房村×号；系郝某某之父，被害人吴某1之夫。

附带民事诉讼被告人上官某，男，1994年××月××日出生，身份证号码133000×××××××0000，汉族，初中毕业，无业，住河北省××市××镇××村×号。

诉讼请求：

1. 依法追究附带民事诉讼被告人上官某故意杀人罪的刑事责任，并从重处罚；

2. 依法判令上官某赔偿四原告人经济损失人民币（以下币种均为人民币）1 226 644元［其中丧葬费34 758元，被抚（扶）养人生活费380 466元，死亡赔偿金806 420元，交通费、住宿费5000元］。

事实与理由：

2021年3月28日5时许，在深厦市青浦区地铁9号线××路C口东南角，四原告人的亲人吴某1遭到被告人上官某用刀故意伤害，经抢救无效死亡。被告人的犯罪行为给四原告人及其家庭造成严重精神伤害和重大经济损失。原告人郝某某系吴某1与郝某1之子，现随郝某1生活。根据《中华人民共和国刑事诉讼法》第一百零一条、《中华人民共和国民法典》及相关司法解释的规定，依法提起附带民事诉讼，请求依法判令被告人上官某赔偿各项经济损失1 226 644元。

此致

深厦市第二中级人民法院

具状人：吴某某

徐某某

郝某某

郝某1

二〇二一年十月二十二日

附：1. 本诉状副本1份。

2. 证据目录1份及证据材料。

项目十　刑事庭审笔录

【刑事庭审笔录制作谈】①

刑事庭审笔录是在刑事案件开庭审理过程中，由书记员制作的同步客观反映全部庭审活动真实情况的文字记录。《刑事诉讼法》第207条②，《刑诉法解释》第292条③、第293条④是刑事庭审笔录制作的法律依据。刑事庭审笔录的写作主体是书记员，写作受体是法官、当事人和其他诉讼参与人，基本功能是客观反映全部庭审活动的真实情况。

刑事庭审笔录是非常重要的一种刑事诉讼法律文书。首先，它是法官作出裁判的重要依据。一份优秀的刑事庭审笔录如果能够忠实地记录法庭调查、法庭辩论等庭审活动全过程，在很大程度上就可能全面反映案件的事实，因此，它成为法官认定当事人应否负法律责任的重要书面材料。其次，它也能够客观反映法官对庭审的驾驭能力，是总结办案经验、进行案件质量评查的重要依据。最后，经写作受体阅读并签字确认真实的刑事庭审笔录也是能够切实保障他们合法权益的文字载体。此外，它也是权力机关、检察机关对法院审判工作进行监督的重要途径。2018年9月1日正式实施的《最高人民法院关于人民法院通过互联网公开审判流程信息的规定》第10条对庭审笔录的公开作出了明确规定，“庭审、质证、证据交换、庭前会议、调查取证、勘验、询问、审判等诉讼活动的笔录，应当通过互联网向当事人及其法定代理人、诉讼代理人、辩护人公开”。根据以上规定，除了涉及国家秘密以及法律规定应当保密或限制获取审判信息的案件外，其余案件的庭审笔录均应通过互联网向有关当

① 本文由王蕊书记员撰稿。

② 《刑事诉讼法》第207条规定，法庭审判的全部活动，应当由书记员写成笔录，经审判长审阅后，由审判长和书记员签名。法庭笔录中的证人证言部分，应当当庭宣读或者交给证人阅读。证人在承认没有错误后，应当签名或者盖章。法庭笔录应当交给当事人阅读或者向他宣读。当事人认为记载有遗漏或者差错的，可以请求补充或者改正。当事人承认没有错误后，应当签名或者盖章。

③ 《刑诉法解释》第292条规定，开庭审理的全部活动，应当由书记员制作笔录；笔录经审判长审阅后，分别由审判长和书记员签名。

④ 《刑诉法解释》第293条规定，法庭笔录应当在庭审后交由当事人、法定代理人、辩护人、诉讼代理人阅读或者向其宣读。法庭笔录中的出庭证人、鉴定人、有专门知识的人、调查人员、侦查人员或者其他人员的证言、意见部分，应当在庭审后分别交由有关人员阅读或者向其宣读。前两款所列人员认为记录有遗漏或者差错的，可以请求补充或者改正；确认无误后，应当签名；拒绝签名的，应当记录在案；要求改变庭审中陈述的，不予准许。

事人及其法定代理人、诉讼代理人、辩护人公开，这也就意味着庭审笔录的受阅面较之前更广，并更加考验书记员的记录水平。

制作刑事庭审笔录是刑庭书记员工作中最重要的一个环节。虽然随着科技进步，录音、录像、远程影像数据传输也成为记录庭审情况的形式，但文字记载仍然是最直接、最易于查看和长久保存的记载方式，故刑事庭审笔录和刑事裁判文书一样，要作为案件历史档案的一部分存档20年、60年甚至永久。因此，刑事庭审笔录必须做到客观反映法庭审判活动的全过程，能经得起历史的检验。

一、制作刑事庭审笔录的总要求

用清晰、准确的语言，全面、客观真实地反映庭审过程中发生的一切情况是制作刑事庭审笔录的总要求。所谓客观真实记录，是指书记员只能把自己所见所闻的客观情况忠实地记录下来，不能把对案件的主观认识和情感渗入笔录中，不能对庭审见闻随意剪辑。书记员始终是整个庭审过程的“摄像机”或“录音机”，记录原话、记录原始情态是制作庭审笔录一项最基本的原则。所谓全面记录，是指笔录既要全面反映诉讼活动的每个程序环节，也要把庭审中发生的突发情况记入笔录。一份合格的庭审笔录是立体的，书记员不仅要记录各方的言来语往，还要记录庭审中的突发情况以及当事人的情绪、表情和肢体行为。例如，在一个刑事附带民事诉讼案件的庭审中，被害人家属作为附带民事诉讼原告人出庭参与诉讼，在阐述自己的意见时，一度因伤心过度致使法庭无法继续正常开庭，审判长因这一突发情况果断宣布休庭，然后离席劝慰安抚，法警将其带出法庭休息，书记员及时把这些情景都一一同步记录在案。这样，任何人在阅读庭审笔录时都能知道临时休庭的原因，并且可以通过笔录中记载的场景和人物情态看到一个近乎直观的现场情况。所以，合格的庭审笔录是要把未曾参与庭审活动的人，通过阅读庭审笔录而带进庭审活动的状态中。

二、制作刑事庭审笔录对书记员的素质要求

做好刑事庭审笔录，要求书记员具备多方面的良好素质。

（一）具备良好的法律素养

庭审是审判活动中最重要的一个环节，庭审的每一个程序都是有法律规定的，所以书记员应当熟悉庭审的各个环节，不仅要将每一程序中的内容记录清楚，还需要将不同阶段的程序过渡和衔接记录准确。例如，当进入法庭辩论阶段时，由于出现新的情况和证据导致暂停法庭辩论，恢复法庭调查，在查清楚

新的事实和情节后，法庭继续进入辩论阶段。这就需要书记员将庭审不同阶段的程序转换记录清楚，使庭审功能归于法律规定的程序中进行，不能混淆。另外，庭审中会涉及很多法律条文及法律专业术语，如果书记员不具备一定的法律素养，对于庭审问答中比较专业的问题很难准确地记录下来，同样对当事人所要表达的意思也难以记录准确，更有甚者会扭曲当事人的意思，从而影响对案件的评判。所以，书记员具备广泛的法律知识不仅是做好庭审记录的基本要求，更是司法职业专业性的表现。

（二）具备较高的速录或速记能力

刑事庭审笔录具有当场性，即闭庭后书记员要将庭审笔录当场交当事人等核对无异后签字确认。随着科技的进步，现在的庭审笔录都使用电脑录入，较高的速录、速记能力无疑是做好庭审笔录的基本条件。不具备这种能力，就不能适应庭审节奏，从而全面、准确地记录庭审内容。所以，书记员在平时的工作中要加强速录、速记能力的训练。一般来讲，常人的语速在180~200字/分钟，以此为标准，打字速度达到120字/分钟只是达到庭审记录的最基本要求，达到140字/分钟时才能够基本适应跟打记录的要求，而要达到记录完整、准确、多方位场景再现的效果，打字速度必须在220字/分钟以上。同时，书记员应当训练具备同时、快速、准确、叠压记住三到五句话的硬功夫，这样才能保证客观完整记录庭审活动。

（三）具备一定的语言文字修养和综合概括能力

庭审中，当事人一般都是口头陈述意见，有的当事人文化水平较低，或者生活在比较偏远闭塞的地方，缺乏与陌生人交流的能力，在法庭上精神非常紧张，不能准确地表达自己的意思，甚至口头陈述时对一个问题反复陈说和重复解释，这时候就需要书记员在很短的时间里不仅要听明白当事人陈述的意见内容，还要将当事人的陈述归纳总结，转换为准确规范的书面语言，使通篇记录简单明了，通俗易懂，也符合当事人表达的意思。要做到这些，前提是书记员一定要具备较深的语言文字修养和较高的综合概括能力。

有些案件中，人名、地名涉及一些生僻字、多音字，比如，北京有个村叫“畲岱屯”（畲岱，音 hǎ bā）；广东、福建一些地名中常有“厝”（厝，音 cuò）；有个被告人叫张骜（骜，音 ào）；“用刀剌了他一下”（剌，音 lá）；等等。毋庸置疑，识字多，尤其是掌握较多生僻字的书记员面对这些问题就会得心应手一些。

当然，以上三点只是书记员在制作庭审笔录时所应具备的基本素质要求，若要记好庭审笔录，单单具备以上三点是不够的，还需要在工作中不断地学习，全面培养提高自身各项素质。现在，全国人口流动已经成为我国社会的常态，在北京法院审理的刑事案件中的被告人大多数是外地人，书记员会接触到操不同口音和地方方言的当事人，这对于书记员做好记录也是一个挑战。笔者曾经历过一次庭审，被告人有非常重的地方口音，尽管法官提示他慢慢说，但在做记录时仍然很难理解他所说的是什么意思，笔者只好结合案情以及他之前的口供记录来完成庭审笔录。这是一次深刻的现场教育，事后总结这次庭审的启示就是，广泛地学习了解各种方言对于书记员的工作是非常重要的，如果具有较强的方言听辨能力，那将大大有助于顺利准确完成记录任务。此外，在审理涉外案件时，尽管当庭都有专业的口语翻译，但如果书记员具备一定的外语基础，对制作庭审笔录还是相当有益的。

三、庭前的准备工作

（一）熟悉、了解案情

书记员从收案到安排庭审之前这段时间，除了庭前准备工作之外，最重要的就是熟悉了解案情。如果庭前没有熟悉案情，很可能导致庭审过程中对需要记录的内容无法理解，意思出现偏差，甚至写错人名、单位名称或者专业名词。所以，书记员在庭审前应从起诉书、预审卷和一审案卷中全面熟悉案情，包括被告人的供述、被害人的陈述、证人证言中反映出来的个人语言逻辑思维特征、方言的含义和叙述事情经过的习惯顺序，重要的文字证据内容涉及的专业术语和复杂的数据、概念等，这些都有助于顺利制作庭审笔录。

（二）围绕法官拟定的庭审提纲做好相关工作

庭审提纲由案件的承办法官拟定，审判长、承办法官和书记员各一份（涉外案件还需要向口语翻译提供）。提纲中一般会列明庭审的每一步程序，便于审判长更好地控制法庭进程，当然有的承办法官还会把需要审查的问题在庭审提纲中逐一列明。每一份庭审笔录都要对应一份庭审提纲。书记员在庭前应仔细阅读并熟悉庭审提纲，为便于做好庭审笔录，可将提纲转换成一问一答庭审笔录格式的模板。这项准备工作不仅使书记员对庭审走向、要解决的问题以及应对庭审中随时可能发生的突发情况预留时间，也能够为应对复杂多变的问题提前做好心理准备，而且提前将审判长需要告知和宣布法律规定的权利义务等程序部分的内容整理好，在一定程度上也缓解了书记员当庭记录的工作压力。

（三）调试好同步刻录光盘和录音设备

对于重大或比较复杂的案件，要提前调试好刻制庭审同步摄像和录音光盘的设备，根据预计的庭审时间准备足够刻录用的空盘，确保录音录像能够完整刻录庭审全过程，不仅要为当事人和其他诉讼参与人申请调阅审判档案保存原始资料，而且也有助于书记员庭后整理庭审笔录时进行查阅。

四、刑事庭审笔录的结构、内容和写法

刑事庭审笔录的结构、内容和刑事庭审程序是一致的，一般由以下几个部分构成：庭审笔录的名称，固定格式内容，宣读法庭纪律和审判长宣布开庭的开场语，核查当事人和诉讼参与人的自然情况，向出庭的检察员、当事人、辩护人、代理人等诉讼参与人宣布庭审组成人员和告知各方人员诉讼权利义务，法庭调查，举证质证，法庭辩论，庭审小结，被告人的最后陈述，审判长宣布休庭（闭庭）的结束语，当事人和法定代理人、辩护人、诉讼代理人、证人、鉴定人、有专门知识的人等阅签笔录。

（一）庭审笔录的名称

虽然对庭审笔录的名称没有明确的法律规定，但其名称应做到规范统一、一目了然。庭审笔录的名称应根据庭审适用的程序列明。提讯审理程序的笔录名称为“刑事审判庭提讯审理笔录”，复核法定刑以下量刑案件和死刑、死缓复核审理程序的笔录名称为“刑事审判庭复核审理笔录”，开庭审理程序的笔录名称为“刑事审判庭开庭审理笔录”，庭前会议的笔录名称为“刑事审判庭庭前会议笔录”。

（二）固定格式内容

在笔录名称之下，庭审正式开始之前有一段固定格式的套语。其内容一般包括：庭审时间、地点、合议庭组成人员、书记员及被告人姓名和案由。固定的格式内容是每一份庭审笔录都必应具备的最基本内容，在电脑记录还没有普及的时候，固定格式的内容一般都是印刷好的填空式笔录首页，是由书记员在庭审前填写的。需要注意的是，庭审时间不仅要记录开庭的具体时间，也应记录休庭或闭庭的具体时间。

（三）宣读法庭纪律和审判长宣布开庭的开场语

在公开开庭审理的案件中，庭审前书记员要宣读法庭纪律，这一环节也应体现在庭审笔录中。一般普通案件只有一个书记员，因书记员在宣读过程中无法同时记录，这就要求书记员在庭前整理庭审提纲时，提前将需要宣布的法庭纪律和通知合议庭人员入庭、向审判长报告法庭准备工作就绪等内容，另起一段录入笔录固定格式之下。

审判人员入庭及被告人提押到庭后，由审判长宣布开庭，开场语一般也是

有固定格式和内容的，均由案件承办法官在庭审提纲中列明，一般简明扼要的开场语是“×××法院××刑事审判庭现在开庭”。

（四）核查当事人和其他诉讼参与人的基本情况

庭审正式开始后，审判长首先要核查当事人和其他诉讼参与人的基本情况。根据《刑诉法解释》第235条的规定，审判长应查明被告人的基本情况，包括姓名（与案件有关的化名、别名、绰号、网名、笔名等）、出生日期、民族、出生地、文化程度、职业或工作单位及职务、住址、是否受过法律处分及处分的种类、时间；是否被采取强制措施及强制措施的种类和宣布时间；被告单位的名称、住所地、法定代表人和诉讼代表人的姓名、职务。根据一审、二审情况的不同，要分别询问被告人收到起诉书、附带民事起诉状、一审判决书、抗诉书副本的时间、上诉时间，等等。如果被告人是未成年人，有法定代理人出庭的，或者是附带民事诉讼的案件有附带民事诉讼原告人、法定代理人和非律师身份的诉讼代理人出庭的，有被害人出庭的，审判长也需要对他们的身份进行核实，主要内容有：姓名、出生日期、职业或工作单位和职务、住址、与所代理当事人的关系等。

这些基本情况，书记员在庭审前可以从卷宗材料中了解到。若在庭审时当事人或诉讼参与人自己所说的情况与卷宗记载的有出入，书记员应先将当事人自己所说的情况记录下来，并用括号备注“当事人自述”，待庭审结束后由法官查清事实再认定。例如，被告人自己所说的被羁押逮捕的日期与宣布强制措施的文书记载不一致，应在庭审笔录上被告人的回答处记载为“××××年××月××日被羁押，××××年××月××日被逮捕（自述）”，庭审结束后，由法官再进一步核实情况。

（五）宣布法庭组成人员和告知诉讼中的权利义务

根据《刑诉法解释》第237条、第238条、第239条的规定，审判长应宣布合议庭组成人员、法官助理、书记员、公诉人的名单，以及辩护人、诉讼代理人、鉴定人、翻译人员等诉讼参与人的名单，并告知各方人员参与诉讼的权利和义务，这些内容必须记入庭审笔录中，若有所省略，则有可能导致程序严重违法。由于这些内容是每个案件都应具备的，法官在制作庭审提纲时也会将这部分内容拟写好，书记员可以在庭前预先录入笔录，在庭审中根据不同案件情况对部分内容进行调整即可，这些内容也是庭审记录中相对轻松的部分。

（六）法庭调查阶段

法庭调查阶段是整个庭审活动的核心之一，也是庭审笔录的重中之重。

《刑事诉讼法》第191条规定："公诉人在法庭上宣读起诉书后，被告人、被害人可以就起诉书指控的犯罪进行陈述，公诉人可以讯问被告人。被害人、附带民事诉讼原告人和辩护人、诉讼代理人经审判长许可，可以向被告人发问。审判人员可以讯问被告人。"由此可以看出，法庭调查阶段实际上就是一问一答的过程，它可以反映出案件的程序信息和实体信息。记录问答过程时，如仅有一名法官、一名当事人参与，在第一次问答时写清姓名，随后的问答可以用"？……""：……"的形式来代替问与答双方。若同时参与庭审问答的控辩审三方人员较多，形成穿插情景的，则每一次问答都应将发言人的名字记全，便于休庭后各方人员查阅、确认庭审笔录的内容。

在二审刑事案件庭审中，有的原审被告人为了期盼二审能从轻或减轻处罚，上诉后经常推翻侦查期间或在一审的有罪供述或不认罪，这时候比较有经验的检察员或法官会在法庭调查阶段通过一个紧接一个的快速讯问，找出原审被告人在回答问题时来不及思考而出现的纰漏，并抓住这些纰漏中存在的矛盾进一步讯问，致使原审被告人反审讯的心理防线溃败，最终认罪。在这样紧张的庭审节奏和气氛中，书记员不仅要把问答内容完整清楚地记录下来，而且也要把原审被告人通过肢体行为的表现、面部表情的变化反映的心理状态等也尽可能具体形象地记录下来，以期庭审笔录更加生动、立体。例如，"上诉人：（闭眼不语）……"又如，"上诉人：（哭……）……"

（七）举证、质证

举证、质证阶段不仅是庭审活动的核心内容之一，也是控辩双方进行辩论的基础，判决确认的证据应以庭审时举证质证的证据为准，未经过举证质证的证据不能作为定案依据。这一阶段的庭审进程是"一证一质"，记录要求是按照举证顺序逐条记载，最好对每个证据的来源作明确的标注，以备庭后法官对该项证据进行核对查证。例如，公诉人宣读出示的证据，来源于公安机关预审卷的××卷××页，可以记录为："公诉人：宣读预审卷第××卷第××页至第××页，证人×××在××××年××月××日的证言节录（内容详见预审卷）。"对于当事人较多的案件，记录举证质证的过程时要避免出现"估堆"现象。所谓"估堆"，就是对多人、多证的情况没有详加区分，混在一起记录。"估堆"现象会使举证、质证的笔录内容不详细、不清晰，证不对应事，影响法官对案件作出公正准确的最终评判，而一审判决对证据评判不清楚，必定成为当事人、辩护人在二审阶段驳斥的目标，从而影响法院判决的公正性。

在庭审前，控辩双方均已将需要举证质证的证据提交至法院，书记员应提前熟悉证据目录、证明的问题及主要内容，在将庭审提纲整理成笔录模板时可将法庭要举证质证的证据逐一列明，在庭审记录时直接将控辩双方对证据发表的每一条意见记录在相应的证据下就可以了，这样不仅快捷而且清晰准确，特别是对于经济犯罪和证据繁杂的案件，书记员不会因为质证的环节过于冗长而手忙脚乱。

（八）法庭辩论

法庭辩论阶段是整个庭审活动进入抗辩对立高潮的重点环节。刑事案件的法庭辩论一般至少要进行二轮。第一轮辩论时，公诉人发表公诉意见，被告人自行辩护后辩护人发表辩护意见。鉴于庭后公诉人和辩护人都会向法庭提交书面的公诉词（二审为出庭意见或支持抗诉意见）和辩护词，且这些书面材料少则几页，多则几十页，故而在庭审笔录中完全没有必要全篇记录，只需记录重点即可，并可加写一句“具体内容略，详见辩护词（公诉词或出庭意见）”。记录被告人自行辩护的意见时，不要忙于有言必录，要注意归纳、总结，将其所要表达的意见分出几点记录清楚，这对于表达能力较差或者说话没有条理、反复重复相同意见的人非常重要。第二轮辩论时，双方针对对方发表的意见进行答辩和反驳，这时的辩论是双方随机即兴发表的意见，发言者往往逻辑思维活跃，也会出现跳跃式的语言，这对书记员的综合能力及记录水平也是一种考验，需要将双方的意思记录清楚、全面。总之，无论在庭审过程中辩论几轮，都应逐轮分别记录。辩论中若涉及没有查清的事实，审判长会宣布恢复法庭调查，之后再回到法庭辩论，对这一法庭程序的变化，也应在庭审笔录中有所反映。

（九）庭审小结

庭审小结是对一次庭审在实体和程序上圆满结束的表态。法庭审理在结束辩论后，为了使参与诉讼的各方和旁听群众进一步明确当庭审理的案件简况，控辩双方争议的问题和辩论交锋的焦点，以及开庭审理是否达到预期的目的，审判长应当对庭审情况进行小结。小结的内容一般简明扼要，根据个案情况略有不同，但通常会包括几层意思，如审判长宣布：“今天本法庭对公诉机关指控被告人×××犯××罪一案依法进行了开庭审理；经过法庭调查，控辩双方进行了充分的举证、质证并进行了辩论；被告人×××对于指控的罪名有异议，对××证据不认可，公诉人和辩护人辩论争议的焦点集中在被告人×××是否构成立功以及是否符合从轻减轻条件等法律适用方面；合议庭充分听取了各方的意见，法庭已记录在案，法庭审理结束。”书记员可以根据对审判长进行庭审小结的习惯，将类似内容预先编辑录入笔录，实际文字在庭审中再按照审判长小结的情况稍作修改即可。

（十）被告人的最后陈述

在审判长小结后，即宣布“下面由被告人（或上诉人）作最后陈述”。被告人享有最后陈述的权利，不仅是《刑事诉讼法》赋予被告人的一项重要权利，同时也是庭审不可缺失的重要程序。

对被告人最后陈述的内容，书记员也不需要有言必录，而要对陈述的语言和表达的意思进行总结、归纳后综合记录核心内容。一般来说，被告人在陈述中对于案件事实、证据再次重复的，或者属于重复的自我辩护的内容均可以不记录；如果被告人陈述的内容有对犯罪事实、证据、新的自我辩护的重要意见，而审判长并未将庭审活动恢复到法庭调查或辩论阶段时，书记员应当如实、全面地记录在案，以备法官审阅笔录时考虑是否需要单独提讯被告人，进一步查明情况或作第二次开庭的准备；如果被告人在陈述中表达了对自己犯罪过程的回顾，真诚的悔罪，对被害人及其亲属的忏悔，愿意赔偿损失或个人确有可供赔偿的财产，愿意退赃等意见的，应当完整记录在案。这部分内容即便比较多，书记员也应当分出几层意思，分别记录清楚。

（十一）审判长宣布休庭（闭庭）的结束语

庭审结束前，审判长要说一段话作为休庭或闭庭的结束语。通常审判长的结束语包括以下内容：

（1）宣布当日的法庭审理结束，如果需要继续开庭（或者宣判）的，宣布下次开庭的日期和时间，或者说明“下次继续开庭的时间另行通知”，或“宣判日期另行公告后公开进行”。

（2）告知控辩双方在休庭后将当庭提交法庭质证的证据原件、卷宗和公诉词、辩护词移交书记员签收，不能当庭移交法庭的，须在休庭后3日内移交法院。

（3）告知当事人、法定代理人、辩护人、诉讼代理人、证人、鉴定人、有专门知识的人等休庭后查阅庭审笔录并签字确认。对于重大复杂和被告人众多的案件，或者连着几天开庭的案件，庭审笔录难以全部做到当庭完成核对签字时，需要给书记员一些整理笔录的时间，但《刑事诉讼法》没有规定整理笔录的时间有多长，司法实践中一般在3日至5日。遇到这种情况时，审判长要宣布“休庭（闭庭）后，庭审笔录在3日内（或5日内）交当事人和法定代理人、辩护人、诉讼代理人、证人、鉴定人等阅签”。

（4）宣布休庭。当庭宣判的，直接宣布“现在闭庭”。之后，审判长指挥法警将在押的被告人（上诉人）带出法庭还押。

（十二）休庭后，当事人和法定代理人、辩护人、诉讼代理人、证人、鉴定人、有专门知识的人等均需阅签笔录

根据《刑事诉讼法》第 207 条，《刑诉法解释》第 292 条、第 293 条的规定，法庭审理结束后，庭审笔录需当庭交当事人和法定代理人、诉讼代理人、辩护人、证人、鉴定人、有专门知识的人等阅读无误后签字，这部分人简称为阅签人。

笔录阅签有两种情形：当庭阅签和休庭后 3 日至 5 日内阅签。庭审笔录具有“当场性”特点，当事人和法定代理人、辩护人、诉讼代理人、证人、鉴定人、有专门知识的人等一般要在休庭后及时查阅笔录并签字确认。实务中，一审刑事案件经常要开庭到很晚，或者一连几天都在开庭，或者连续开几个庭，遇到这种情况要求休庭后立即将庭审笔录交相关人员阅签并不现实，《民事诉讼法》第 150 条规定庭审笔录可以在当庭或五日内阅读签字，刑事案件庭审笔录也应参照执行，所以若遇到这类情况，庭审笔录经书记员整理后可在 3 日至 5 日内再交阅签人阅签。

阅签人认为笔录中记载有遗漏或者差错的，可以请求补充或者改正。如果属于错别字或用词不当导致意思记录不准确的，可以在笔录存在差错的相应位置进行更正，并由更正人签字、捺指印确认。如果是阅签人要求补充当庭没有发表意见的内容，或者要求在笔录中修正当庭发表意见的意思的，则不能在笔录的相应位置直接进行修改，可以在笔录结尾之后另行记录在案，或者另附纸张记录该阅签人的补充意见，并由其本人签字确认补充意见的真实性。

刑事案件所有阅签笔录的人应当签注查阅笔录当日的日期。根据《刑诉法解释》第 652 条的规定，刑事被告人除签名、盖章外，还应当捺指印。当事人拒绝签名、盖章、捺指印的，应在笔录材料中注明情况，由见证人签字或有录音、录像证明。庭审笔录经审判长审阅后，由审判长和书记员签名。实践中，庭审笔录最后由承办法官和书记员签名者居多。

如果有少数民族或外国籍当事人参与诉讼的，还需要聘请的翻译人员在笔录上签名，并注明：“以上笔录已向被告人 ××× 口头翻译”，以确保依法保障当事人的诉权以及法院审判活动的合法性。

对于可以当庭核对笔录的情况，书记员在休庭后应迅速将庭审笔录进行校对、整理、打印成稿，及时交阅签人阅签笔录。在从事这项作业时，最关键的是要校对确定庭审时没有听清楚的信息。庭审时，如果书记员没有听清人名、地名等信息时，可临时用符号代替，以便校对时能够快速找到相应位置并修改。休庭后，对于没有听清楚的庭审情况可以对照庭审光盘或录音进行校对；若没有光盘、录音，可以与法官沟通，必要时也可向当事人核实。对于问答式的记录，如果双方语速过快，无法记录完整时，可以先将回答一方的内容记录清楚，在校对整理时结合案情，根据答话内容确定问语内容。当然，对照录音、录像进行整理修改笔录时应更加严谨，特别是不主张对当事人已经阅签的笔录进行重大修改。

五、“语音转文字应用系统”在庭审中的运用

2017年，北京市法院系统开始试运行“语音转文字应用系统”。书记员在开庭当日使用法庭电脑时需要先进入开庭系统，点击“开庭”选项后，这套系统会自动识别法庭内各方人员的语音并转换为文字记录下来，在庭审过程中，它会大大减轻书记员的记录压力。但这套软件程序的运用也给书记员提出了新的要求，一方面，它要求书记员懂得较深的计算机互联网的知识，具备该软件程序熟练操作和维护的技能；另一方面，它要求书记员具有较强的汉语编辑校对技能，能发现系统未能识别的语音和识别错误的语音并加以校正。不过，该软件程序的运用并不能全部替代书记员的人工记录。

总之，刑事庭审笔录不同于其他的文书写作，没有固定的制式，也没有严格的法律规定，需要书记员不断地提升自己的业务水平、语法文字和法律逻辑修养，不断地在各种庭审中总结、积累经验，这样才能在制作庭审笔录时游刃有余地应对各种突发状况，记录出一份份“漂亮”的庭审笔录，成为真实的历史见证。

【例文】

刑事审判庭开庭审理笔录（节选）

开庭时间：2012年5月29日上午9时30分至11时05分
开庭地点：本院第七法庭
审 判 长：张某某
合 议 庭：审判员邓某、马某某
书 记 员：王某
审理案件：杜某某抢劫、诈骗上诉案
（书记员宣读法庭纪律，略）
书 记 员：报告审判长，本案上诉人已经提押候审，检察员和辩护人已经到齐，法庭审理准备工作已经就绪。
审 判 长：提上诉人杜某某到庭。（法警执行）
（敲击法槌）
北京市高级人民法院刑事审判第二庭现在开庭。

（核实上诉人基本情况）

上诉人杜某某，你收到北京市第二中级人民法院刑事附带民事判决书了吗？什么时间收到的？

杜某某：收到了，2011年12月13日收到的。

审判长：一审判决书上记载你的姓名、年龄、出生日期、民族、出生地、文化程度、捕前无业、在北京的暂住地址和户籍地址等基本身份情况是否准确？

杜某某：准确。

审判长：你还用过其他名字吗？

杜某某：没有。

审判长：你是高中毕业还是初中毕业的？

杜某某：户口本上记载是高中毕业，实际是初中毕业。

审判长：你的户籍归属哪个派出所管辖？

杜某某：和平路派出所。

审判长：你以前受过法律处分吗？

杜某某：没有。

审判长：这次你是因为什么问题、什么时间被公安机关羁押的？

杜某某：因涉嫌犯抢劫罪，于2010年5月11日被羁押。

审判长：当时向你宣布的是什么罪名？

杜某某：涉嫌犯抢劫罪、故意杀人罪。

审判长：因为什么问题、什么时间向你宣布逮捕的？

杜某某：因涉嫌犯抢劫罪、故意杀人罪，于2010年6月19日被逮捕。

审判长：一审法院以什么罪对你判处的什么刑罚？

杜某某：犯抢劫罪，判处死刑，剥夺政治权利终身，并处没收个人全部财产；犯诈骗罪，判处有期徒刑一年，并处罚金人民币一千元，决定执行死刑，剥夺政治权利终身，并处没收个人全部财产。

审判长：你何时提出上诉的？

杜某某：2011年12月13日。

审判长：由于本案涉及个人隐私，根据《中华人民共和国刑事诉讼法》第187条、第195条、第152条、第154条的规定，今天，北京市高级人民法院刑事审判第二庭依法不公开开庭审理北京市第二中级人民法院移送的杜某某抢劫、诈骗上诉一案。下面宣布合议庭组成人员、书记员、检察员、辩护人的姓名：

由北京市高级人民法院刑事审判第二庭审判员张某某担任审判长，和审判员邓某、马某某组成合议庭审理本案。本院书记员王某担任法庭记录。

北京市人民检察院指派代理检察员高某某依法出席二审法庭履行职务。

受上诉人杜某某母亲邵某某的委托，四川××律师事务所律师徐某某依法出席二审法庭为杜某某进行辩护。

根据《中华人民共和国刑事诉讼法》的有关规定，上诉人有权申请回避。

杜某某，如果在我宣布的合议庭审判人员、书记员、检察员中，有人与本案存在利害关系，可能影响案件公正审判的，你可以说明理由，要求换人审理。你听明白了吗？是否申请回避？

杜某某：听明白了，不申请。

审判长：根据《中华人民共和国刑事诉讼法》的有关规定，在法庭审理时，上诉人和辩护人有权申请法庭调取新的证据、申请重新鉴定或勘验、申请传唤新的证人到庭作证。经审判长许可，检察员和辩护人、上诉人可以对案件事实及证据发表意见，可以相互辩论。上诉人应当遵守法庭秩序，实事求是地回答辩护人的发问、检察员的讯问和法庭的审问。在法庭审理结束前，上诉人有什么意见和请求，还享有最后陈述的权利。以上宣布的各项诉讼权利和义务，上诉人杜某某都听明白了吗？

杜某某：听明白了。

审判长：辩护人听清楚了吗？

辩护人：听清楚了。

审判长：现在开始法庭调查。

宣读一审法院刑事附带民事判决书认定的犯罪事实和判决主文部分。

审判员：（代宣读……内容从略）。

项目十一　一审公诉案件刑事判决书（适用普通程序用）

【文书格式】

××××人民法院

刑事判决书

（一审公诉案件适用普通程序用）

（××××）××刑初××号

公诉机关××××人民检察院。

被告人……（写明姓名、性别、出生年月日、民族、出生地、文化程度、职业或者工作单位和职务、住址，曾因违法犯罪所受法律处分的时间、种类和因涉嫌的罪名被羁押①及所受强制措施的时间、种类，现羁押处所）。

辩护人……（写明姓名、工作单位和职务，如果是指定律师辩护的，应表述“指定辩护人……”）。

××××人民检察院以×检×诉〔××××〕××号起诉书指控被告人×××犯××罪，于××××年××月××日向本院提起公诉。本院于××××年××月××日立案受理，依法组成合议庭，……（写明庭前准备工作和召开庭前会议的情况）。……（写明因本案涉及不公开审理的原因），适用普通程序公开（或者不公开）开庭审理了本案。××××人民检察院指派检察官×××、检察官助理×××出庭支持公诉，被害人×××及其法定代理人×××、诉讼代理人×××，被告人×××及其法定代理人×××、辩护人×××，证人×××，鉴定人×××到庭参加诉讼。受本院聘请，……（写明单位、职务、语种）的翻译人员×××出庭，担任本案××语翻译。……

① 犯罪嫌疑人被有关机关依法限制人身自由的方式有：依法传唤后在24小时内刑事拘留；从传唤到办理羁押手续有可能超过传唤当日的24时；依法留置审查后被刑事拘留；依法宣布刑事拘留同时被羁押；因该案先处以行政拘留，经审查同一行为已涉嫌犯罪而宣布刑事拘留或者逮捕；因现行犯罪直接宣布逮捕。如果限制人身自由的时间与采取强制措施的时间不是同日，为准确显示被告人因涉嫌该案被限制人身自由的第一时间并便于准确计算刑期起点时间，宜表述为：“因涉嫌××罪于××××年××月××日被羁押，同年××月××日被逮捕。现羁押于×××看守所。”如果直接刑事拘留、逮捕的，可表述为“因涉嫌××罪于××××年××月××日被刑事拘留并羁押”“因涉嫌××罪于××××年××月××日被逮捕”。

（写明中止、延期审理、批准延长审限和其他法定扣除审限的情况）。本案经合议庭评议（或“经审判委员会研究”）并作出决定，现已审理终结。

×××人民检察院起诉书指控……（概述人民检察院指控被告人犯罪的事实、证据和适用法律的意见）。

被告人×××辩称……（概述被告人对指控的犯罪事实予以供述、辩解、自行辩护的意见和有关证据）。辩护人×××提出的辩护意见是……（概述辩护人的辩护意见和有关证据）。

经审理查明，……（首先写明经庭审查明的事实；其次另起段写明经举证、质证确认并用于定案的证据及其来源；最后另起一段对控辩双方有异议的事实、证据进行分析论证、认证，表明采纳或不采纳的意见）。

本院认为，……（根据查证属实的事实、证据和有关法律规定，论证公诉机关指控的犯罪事实和罪名是否成立，被告人的行为是否构成犯罪，犯什么罪，犯一罪还是数罪，应否加重、从重处罚或从轻、减轻、免除处罚，数罪并罚。对于控辩双方关于适用法律和量刑方面的意见，应当有分析地表示是否予以采纳，并阐述理由）。依照……（写明判决引用的法律依据）的规定，判决如下：

……[写明判决结果。分三种情况：

第一，定罪判刑的，表述为：

“一、被告人×××犯××罪，判处……（写明主刑、附加刑）。

（刑期从判决执行之日起计算。判决执行以前先行羁押的，羁押一日折抵刑期一日，即自××××年××月××日起至××××年××月××日止。罚金限于判决生效后×日/月缴纳）

二、禁止被告人×××……（写明禁止令的内容，没判的不写此项）。

三、被告人×××……（写明决定追缴、退赔或者发还被害人、没收财物的名称、种类和数额，没判的不写此项）。”

第二，定罪免刑的，表述为：

“被告人×××犯××罪，免予刑事处罚（如有追缴、退赔或者没收财物的，续写第二项）。”

第三，宣告无罪或不负刑事责任的，均应表述为：

“被告人×××无罪或被告人×××不负刑事责任（如有追缴、退赔或者没收财物的，续写第二项）。”]

如不服本判决，可在接到判决书的第二日起十日内，通过本院或者直接向××××人民法院提出上诉。书面上诉的，应当提交上诉状正本一份，副本二份。

审　判　长　×××
审　判　员　×××
人民陪审员　×××
××××年××月××日
（院印）

本件与原本核对无异

法官助理　×××
书　记　员　×××

【一审公诉案件刑事判决书（适用普通程序用）写作谈】①

一审公诉案件刑事判决书（适用普通程序用）是人民法院对所受理的公诉刑事案件，依照第一审普通程序审理终结后，依法对查明的案件事实、证据和定罪量刑作出决定时使用的刑事裁判文书。写作主体是人民法院，写作受体主要是人民法院执行部门、人民检察院、被告人及其法定代理人和辩护人、被害人及其法定代理人（监护人，下同）或其近亲属及其诉讼代理人、公安机关看守所和户籍管理单位、司法行政机关的狱政管理部门及负责社区矫正的司法所等，写作主旨表达人民法院宣告对案件实体处理的意见。

本文书是人民法院适用第一审普通程序审理公诉刑事案件的结论；是被告人、法定代理人、辩护人行使上诉权或检察院行使抗诉权的根据。《刑事诉讼

---

① 本文由张淑平法官撰稿，部分内容以最高人民法院1999年4月6日下发的《法院刑事诉讼文书样式（样本）》（以下简称《刑事文书样式》）及《法院诉讼文书样式的修改与制作》，最高人民法院办公厅下发的《关于实施〈法院刑事诉讼文书样式〉若干问题的解答》（法办〔2001〕155号）为依据。

法》第200条①、第201条②、第203条③,《刑诉法解释》第295条④、第299条⑤、第300条⑥是本文书写作的法律依据。

本文书的基本结构包括首部、正文、尾部三大部分。

一、首部

首部包括法院名称、文书标题、案号、诉讼参与人基本情况、案由和审理经过。

---

① 《刑事诉讼法》第200条规定，在被告人最后陈述后，审判长宣布休庭，合议庭进行评议，根据已经查明的事实、证据和有关的法律规定，分别作出以下判决：(1) 案件事实清楚，证据确实、充分，依据法律认定被告人有罪的，应当作出有罪判决；(2) 依据法律认定被告人无罪的，应当作出无罪判决；(3) 证据不足，不能认定被告人有罪的，应当作出证据不足、指控的犯罪不能成立的无罪判决。

② 《刑事诉讼法》第201条规定，对于认罪认罚案件，人民法院依法作出判决时，一般应当采纳人民检察院指控的罪名和量刑建议，但有下列情形的除外：(1) 被告人的行为不构成犯罪或者不应当追究其刑事责任的；(2) 被告人违背意愿认罪认罚的；(3) 被告人否认指控的犯罪事实的；(4) 起诉指控的罪名与审理认定的罪名不一致的；(5) 其他可能影响公正审判的情形。人民法院经审理认为量刑建议明显不当，或者被告人、辩护人对量刑建议提出异议的，人民检察院可以调整量刑建议。人民检察院不调整量刑建议或者调整量刑建议后仍然明显不当的，人民法院应当依法作出判决。

③ 《刑事诉讼法》第203条规定，判决书应当由审判人员和书记员署名，并且写明上诉的期限和上诉的法院。

④ 《刑诉法解释》第295条规定，对第一审公诉案件，人民法院审理后，应当按照下列情形分别作出判决、裁定：(1) 起诉指控的事实清楚，证据确实、充分，依据法律认定指控被告人的罪名成立的，应当作出有罪判决；(2) 起诉指控的事实清楚，证据确实、充分，但指控的罪名不当的，应当依据法律和审理认定的事实作出有罪判决；(3) 案件事实清楚，证据确实、充分，依据法律认定被告人无罪的，应当判决宣告被告人无罪；(4) 证据不足，不能认定被告人有罪的，应当以证据不足、指控的犯罪不能成立，判决宣告被告人无罪；(5) 案件部分事实清楚，证据确实、充分的，应当作出有罪或者无罪的判决；对事实不清、证据不足部分，不予认定；(6) 被告人因未达到刑事责任年龄，不予刑事处罚的，应当判决宣告被告人不负刑事责任；(7) 被告人是精神病人，在不能辨认或者不能控制自己行为时造成危害结果，不予刑事处罚的，应当判决宣告被告人不负刑事责任；被告人符合强制医疗条件的，应当依照本解释第二十六章的规定进行审理并作出判决；(8) 犯罪已过追诉时效期限且不是必须追诉，或者经特赦令免除刑罚的，应当裁定终止审理；(9) 属于告诉才处理的案件，应当裁定终止审理，并告知被害人有权提起自诉；(10) 被告人死亡的，应当裁定终止审理；但有证据证明被告人无罪，经缺席审理确认无罪的，应当判决宣告被告人无罪。对涉案财物，人民法院应当根据审理查明的情况，依照本解释第十八章的规定作出处理。具有第1款第2项规定情形的，人民法院应当在判决前听取控辩双方的意见，保障被告人、辩护人充分行使辩护权。必要时，可以再次开庭，组织控辩双方围绕被告人的行为构成何罪及如何量刑进行辩论。

⑤ 《刑诉法解释》第299条规定，合议庭成员、法官助理、书记员应当在评议笔录上签名，在判决书、裁定书等法律文书上署名。

⑥ 《刑诉法解释》第300条规定，裁判文书应当写明裁判依据，阐释裁判理由，反映控辩双方的意见并说明采纳或者不予采纳的理由。适用普通程序审理的被告人认罪的案件，裁判文书可以适当简化。

（一）法院的名称和文书的标题

法院名称和文书的标题分为两行排列，法院名称一般与院印文字一致，但是基层法院的名称前应冠以省、自治区、直辖市的名称。具有涉外因素的刑事案件，法院名称前要冠以“中华人民共和国”的国号。国号、法院名称和文书标题应分列为三行。需要注意的是，涉港澳台刑事案件的裁判文书不冠国号。国号和法院名称选用2号宋体字，标题选用1号宋体字，国号、法院名称和标题居中且行间距不应小于0.5公分，也不宜过宽。

如果法院的名称较短，可在标题的每个字之间加一个字符的空格，使院名与标题上下对齐，如“北京市高级人民法院”与“刑事判决书”在排列时上下两端尽量对齐；法院名称较长时，可在标题的每个字之间加半个字符的空格，使院名与标题上下两端呈对称的倒梯形，匀称美观，间架合理稳重，如“北京市第一中级人民法院”与“刑事判决书”之间就可以排列为两端对称的倒梯形。

（二）诉讼参与人基本情况

列写诉讼参与人，首先要遵守列写顺序：（1）谁起诉先列谁。公诉案件先写“公诉机关×××人民检察院”，后写被告人。公诉机关和×××人民检察院之间不加标点符号，也不需空格。（2）刑事当事人在先，民事当事人在后。（3）有多名被告人的，在列写身份情况时，不以起诉书中控方排列的顺序作为判决书中被告人排列的顺序，而应按照法院对每个被告人从重到轻确定判决结果的顺序来排列，即判重刑的被告人先写身份情况，判轻刑的被告人后写，再依次列写免除刑罚或宣告无罪的被告人身份情况。（4）当单位和单位负责人均为被告人时，先列写单位及其单位诉讼代表人、辩护人的情况，再列写单位负责人为被告人的个人身份及其辩护人的情况。（5）法定代理人或附带民事诉讼代理人和刑事辩护人是从属于各相关当事人的，应当列在该当事人之下。（6）被害人及其法定代理人、诉讼代理人出庭参加诉讼活动的，不在诉讼参与人部分列写其身份情况，只在“审理经过”部分叙述他们参与诉讼活动的情况。

列写身份情况时应注意以下几点：

1. 被告人的真实身份应当尽量查清；确实无法查清的，可以按其供述的姓名表述，并用括号注明“自报”；与案件事实有关联的曾用名、别名、化名、绰号、代号、网名等，应用括号标注在其姓名之后。

2. 被告人的居住地应写户籍所在地；户籍所在地和经常居住地不一致的，应写经常居住地；通过租、借、寄宿等入住不满一年的为临时住所，一般不写临时住所的地址，但如果与案件事实有关联的以及入住满一年以上的，应表述为“暂住地”。

3. 被告人是外国籍的，应在其中文译名后用括号写明其外文姓名、国籍和护照编号。被告人系港澳台居民的，按照其入境时所持证件写明姓名和有效证件的种类、编号等。

【示例】

被告人庸某某，男，59 岁（1957 年 ××月 ××日出生于香港特别行政区，身份证号码 K404 ××× ［2］），汉族，香港永久性居民，初中文化，无业……

4. 被告人是限制行为能力人的，在该被告人项下续写法定代理人（或指定代理人）的基本情况，并注明双方的关系，如“系被告人×××之父”。

5. 被告人有违法犯罪历史的，应当写明其曾经因违法处罚和前罪判决的时间、罪名、刑罚、假释和释放的时间。但符合犯罪前科封存①条件的除外。

【示例】

被告人梅某某 2000 年 11 月 11 日因犯盗窃罪被判处有期徒刑二年，罚金人民币 4000 元，2002 年 8 月 16 日刑满释放。

需要注意：

（1）前罪被依法判处的主刑和附加刑均应写明，但无须表述作出判决的法院名称。

（2）被告人有多次犯罪前科的，需按时间顺序列写其违法犯罪的经历，并应写明最后一次判刑的刑满或假释被释放日期，以便审查是否构成累犯。被告人曾因犯罪被判处缓刑的，可不写缓刑考验期满的时间。

（3）被告人曾因犯数罪被判处刑罚的，只表述决定执行的刑罚，如“××××年××月××日曾因犯××罪、××罪被判处有期徒刑二十年……”

（4）被告人曾因犯罪被判刑，服刑期间被裁定减刑的，一般无须写明减刑的具体内容，只表述“经减刑于××××年××月××日释放”。

---

① 根据《刑事诉讼法》第 286 条的规定，公民在犯罪时不满 18 周岁的且被判处 5 年以下有期徒刑刑罚的，涉及该犯罪的所有档案应予封存，单独保管。《刑诉法解释》第 581 条第 1 款规定：“犯罪时不满十八周岁，被判处五年有期徒刑以下刑罚以及免予刑事处罚的未成年人的犯罪记录，应当封存。”所谓对未成年人犯罪前科档案予以封存，是指非因特别原因需要及司法机关侦查和审判需要，未经严格审批程序，任何单位和个人不得查阅、摘抄和复制未成年人因犯罪被判处 5 年以下有期徒刑或免予刑事处罚而被封存的刑事犯罪档案，公检法等相关保管封存未成年人犯罪档案的单位和个人，也不得对外出具公民在未成年时期的犯罪情况证明。依法进行查询的单位和个人，应当对被封存的犯罪记录情况予以严格保密。

（5）被告人在刑罚执行期间、死刑缓期执行期间又犯新罪，或者在缓刑、假释考验期限内又犯新罪，或者在服刑、羁押期间脱逃的情况，不需在个人基本情况中表述，应在事实部分的“经审理查明”之后，以“另查明”的形式叙述以上各种情况。

6. 应写明被告人因本案被羁押和被指定居所监视居住、取保候审等采取强制措施的时间和种类，便于计算、折抵刑期。如果被告人从侦查期间到审判终结时，先后由公、检、法三机关在不同诉讼阶段分别连续办理了取保候审或监视居住的同种类强制措施手续，则应归纳概叙，无须分别写出各机关办理强制措施手续的时间，可收叙述简洁明快之效。

【示例 1】

被告人梅某某因涉嫌犯盗窃罪于 2016 年 10 月 4 日被羁押，同年 10 月 15 日被北京市公安局东城分局取保候审，同年 11 月 12 日被东城区人民检察院取保候审，同年 12 月 16 日被本院取保候审。

【示例 2】

被告人梅某某因涉嫌犯盗窃罪于 2016 年 10 月 4 日被羁押，同年 10 月 15 日被取保候审。

显然，第二个示例比第一个示例的表述既简洁又科学。

7. 辩护人是律师的，要写明姓名、所在的律师事务所名称。两名辩护人是同一个律师事务所的律师时，也要分两行列明情况。辩护人是人民团体或者被告人所在单位、居委会等推荐的公民，只写姓名、工作单位和职务。辩护人是被告人的监护人、亲友的，要写明其与被告人的关系。如：辩护人×××，××公司职工，系被告人之父。

（三）案由和审理经过

《刑事诉讼法》第 187 条第 2 款规定了法院开庭审理前的庭前准备工作及召开庭前会议的程序，而最高人民法院在《刑诉法解释》第九章第二节中专门规定了“庭前会议与庭审衔接”，从第 226 条至第 233 条共计 8 条，对可以召开庭前会议的范围、庭前会议的启动程序和会议事项、参加会议的人员、召开会议的形式等都做了详细规定，并就庭前会议解决的问题与开庭审理之间，在有关证据展示和程序衔接方面作了明确规定，实操性较强，使审判活动进一步公开化、透明化。2017 年 11 月 27 日最高人民法院发布了《人民法院办理刑事案件庭前会议规程（试行）》《人民法院办理刑事案件排除非法证据规程（试行）》《人民法院办理刑事案件第一审普通程序法庭调查规程（试行）》，几年来经过对这三个规程的试行，各级法院在审判方式改革和司法实践中积累了相关的经验，逐步对刑事裁判文书的结构有所调整，内容更加丰富。其中审理经过段比起以前简单的写法，丰富了更多的程序性内容，具体包括：案件名称与来源，立案受理及审判组织的确定和审理程序选择，因解决某些程序性问题或因展示证据或因启动非法证据排除程序而召开庭前会议、送达诉讼文书等庭前准备工作情况，公开或不公开开庭审理，法院在审理过程中出现的中止审理、延期审理、批准延长审限、其他法定扣除审限等多种程序性的情形，到庭的控辩双方以及各方诉讼参与人出庭参加诉讼活动等情况。这些内容均应逐一表述清楚。

写作时应当注意以下问题：

1. 有两个以上案由的，之间用顿号或者逗号相隔。被告人为二人以上的，如果被控罪名完全一致，综合表述为“指控被告人×××、×××犯××罪一案”；如果被控罪名不完全一致，可以分别表述为“指控被告人×××犯××罪、被告人×××犯××罪、××罪一案”。

2. 本样式是按照人民检察院提起公诉的模式设计的，案件来源表述为：“××××人民检察院于××××年××月××日以×检×诉［××××］××号起诉书向本院提起公诉。”检察院补充起诉的，应在“向本院提起公诉”一句后，增写“又于××××年××月××日以×检×刑补诉［××××］××号补充起诉书指控被告人×××犯××罪，……”

如果是上级法院指定管辖的案件，表述为：“××××人民检察院……向××××人民法院提起公诉。经××××人民法院指定本院管辖（或根据××××人民法院指定管辖决定），本院于××××年××月××日立案受理。”

3. 庭前准备情况表述为：“向被告人×××及其辩护人送达了起诉书副本，向证人×××、鉴定人×××（写明有关诉讼参与人的法律身份和姓名）送达了出庭通知。”召开庭前会议的，增写一句“于××××年××月××日召集由控辩双方和被告人×××参加的庭前会议，就有关审判人员回避、案件管辖异议和证据展示等与审判相关的问题了解情况，并听取意见。”没有召开庭前会议的，可将受理和审理部分合并表述：“本院于××××年××月××日立案受理，依法组成合议庭，……（写明庭前准备工作）。……（写明因本案涉及不公开审理的原因），于××××年××月××日适用普通程序公开（或者不公开）开庭审理了本案。”如果第一审案件来源为上级法院发回重审的，将“依法组成合议庭”改写为“依法另行组成合议庭”。

4. 第一审刑事案件由简易程序转为普通程序的，审理经过段应作相应改写：

（1）开庭审理前转为普通程序的，将“依法组成合议庭”改为“依法组成合议庭（或依法由审判员×××独任审判），适用简易程序，因发现有不宜适用简易程序的情形，于××××年××月××日转为普通程序，于××××年××月××日公开（或者不公开）开庭审理了本案”。

（2）开庭审理后转为普通程序的，在“于××××年××月××日公开（或者不公开）开庭审理了本案”后，增写一句“经审理发现有不宜适用简易程序的情形，于××××年××月××日转为普通程序，于××××年××月××日再次公开（或者不公开）开庭审理了本案”。

5. 最高人民法院在《刑事文书样式》中规定，出庭支持公诉的如果是检察长、副检察长的，分别表述为“检察长”“副检察长”。2015 年 5 月最高人民检察院、2016 年 3 月最高人民法院陆续在全国部分地方进行员额检察官、员额法官的改革试点工作。2017 年 6 月《最高人民检察院首批检察员入额工作方案》公布，标志着全国检察系统自下而上落实司法责任制正式拉开帷幕；同年 7 月 6 日周强院长带领最高人民法院 366 名员额法官宣誓，至此，全国四级法院共有近 12 万名法官已完成选任入额工作，标志着法官员额制的改革在全国法院已全面落实。根据员额检察官、员额法官的岗位责任变化，没有入额的助理检察员、助理审判员一律套改为检察官助理、法官助理。2019 年 4 月全国人民代表大会常务委员会修订的《检察官法》《法官法》，正式取消了助理检察员、助理审判员的职务和称谓，而检察官的称谓则包括检察长、副检察长、检察员。故对于出庭支持公诉的检察官，除检察长、副检察长需特别表述身份外，对于检察员应表述为检察官。随着司法改革和审判实践的创新，助理检察员的职责部分转归为检察官助理承担，因此，在审判活动中检察官助理随同检察官出庭支持公诉，并受检察官指导在法庭上履行讯问被告人、出示证据的部分工作职责。这些变化体现在刑事裁判文书的审理经过段中应表述为：“××××人民检察院指派检察官×××、检察官助理×××出庭支持公诉，……”。

6. 判决书涉及需要保护被害人名誉和安全的，可以只写姓，不写全名，如可表述为“张某”“张某某”，但不宜用“×”表述名字；有同姓的，可表述为“张 A”“张 B”或“张某 1”“张某 2”。

7. 实践中碰到下面的其他情况，可做如下处理：

（1）中止审理的，表述为：“因……（写明中止审理事由，如被告人患有严重疾病无法出庭的，被告人脱逃的等），于××××年××月××日作出××号刑事裁定，对本案中止（或者延期）审理。××××年××月××日本院决定对本案恢复审理，中止审理的期间不计入审限。”

（2）经上一级法院批准延长审限的，表述为：“因……（写明批准延长审限的原因），经××××人民法院于××××年××月××日批准延长审限×

个月。”报请最高人民法院批准延长审限的，应当再增写：“因……（写明批准延长审限的原因），经最高人民法院于××××年××月××日批准延长审限×个月。”

（3）有其他法定扣除审限事由的，表述为：“因……（写明其他法定扣除审限事由，如处理管辖争议，对被告人作精神病司法鉴定等），应当扣除审限×个月。”

（4）对于经二审法院裁定发回重审的案件，一审法院经过重新审理后，判决书的审理经过段应改写为：“本院于××××年××月××日作出（××××）×刑初字××号刑事判决，被告人×××不服，提出上诉（或×××人民检察院提出抗诉）。×××人民法院于××××年××月××日作出（××××）×刑终字××号刑事裁定，撤销原判，发回重审。本院于××××年××月××日立案后，依法另行组成合议庭，于××××年××月××日适用普通程序公开（或不公开）开庭审理了本案。……”

【示例】

北京市人民检察院第三分院以京三分检刑诉〔2017〕×××号起诉书指控被告人李某犯抢劫罪，于2017年8月16日向本院提起公诉。本院于同年8月17日依法受理立案。本院依法组成合议庭，向被告人李某及其辩护人高某、韩某送达了起诉书副本，向证人肖某送达了出庭通知。于同年8月29日召开了公诉人张某某、被告人李某及其辩护人韩某参加的庭前会议，就证人出庭作证和证据示证方式等与审判相关问题听取意见，并进行示证。因被告人李某突发重症住院治疗，本院于2017年9月6日作出（2017）京03刑初000号刑事裁定，对本案中止审理。同年10月6日本院决定对本案恢复审理，中止审理的期间不计入审限。本院于同年10月12日依法适用普通程序公开开庭审理了本案。北京市人民检察院第三分院检察官张某某、检察官助理李某出庭支持公诉，被告人李某及其辩护人高某、韩某，证人肖某到庭参加诉讼。受本院聘请，北京百惠翻译服务有限公司指派工作人员闫某担任本案马来语翻译。本案经合议庭评议并作出决定，现已审理终结。

二、正文

正文是法院对案件审理情况的概括和总结，是刑事判决书的重心所在。这部分内容不仅要突出控审分离、控辩双方平等对抗、法院居中裁判的刑事诉讼原则，还要客观、真实地反映法院依法审理和裁判的实际情况。因此，行文要遵循审判进程，客观表述控方的指控和举证、辩方的抗辩和质证、反证，以及法院对案件事实的综合概述，对各项证据的分析论证、认定，对控辩双方的主张进行评论和采纳与否。在此基础上，还要详尽阐述法院对案件定性的理由、法律适用及处理结果的意见。

正文包括事实、证据、判决理由、判决结果四个部分。

（一）事实

事实是判决的基础，是判决理由和判决结果的根据。事实部分由三项内容构成。① 第一项内容先要简写起诉书指控的事实证据和意见，第二项内容是要综合概写被告人的辩解及其辩护人的辩护意见和列举的证据及拟证明的事实，第三项内容是要详写法院经审理查明的事实和确认的证据以及对控辩双方所提意见作出的评判。三项内容环环相扣，不能遗漏，无论是写到哪一方面的意见，都应当以事实和证据作为支撑；无论当事人是哪一方，其法定代理人、诉讼代理人或辩护人的意见都应紧随各该当事人的意见之后。法院认定的事实是判决书的核心，以“经审理查明”开头展开三个层次：首先写审理查明的事实；其次写经举证、质证后认证的定案证据及其来源；最后对控辩各方提出的异议进行分析评判、认证。至于哪部分应当详写，哪部分应当略写，属于技术问题，可根据各案情况灵活掌握。

叙述案件事实时，应当注意以下几点：

1. 公诉机关在庭审过程中变更起诉内容和范围的，应当在指控的事实中写明。

2. 被告人及其辩护人对检察机关指控的事实和罪名无异议的，可简写为“被告人×××及其辩护人×××对起诉书指控的事实和罪名无异议”。被告人及其辩护人对指控的事实有异议的，则需要详述有异议的事实。

3. 叙述事实要求层次清楚，重点突出。要写明案件发生的时间、地点、参与人、作案动机、目的、手段、后果以及被告人在案发后的表现等内容，围绕犯罪构成要件叙述，兼叙影响量刑的各种情节。需要注意以下几点：

（1）一个罪名、多起事实的，一般按时间先后顺序叙述，或者对定罪的主要事实着重叙述，对其他事实则可归纳、概括叙述。例如，被告人实施四起抢劫犯罪，其中一起抢劫致人死亡，一起入户抢劫，其他为普通抢劫，就要先

---

① 适用简易程序和速裁程序审判的刑事案件，其事实的叙述有自己的特色。一般适用简易程序和速裁程序审判的刑事案件比较简单，案情清楚，被告人认罪，控辩双方在事实、证据甚至定罪方面都没有争议，因此，对这类案件的事实和证据的列举、确认可以更加简练地表述。

【示例】××××人民检察院起诉书指控并经本院审理查明：……（可以直接援引起诉书指控的犯罪事实）。上述事实，被告人×××及其辩护人均无异议，且有公诉机关列举的被害人×××的陈述，证人×××、×××的证言，公安机关出具的110接处警记录、破案登记表、到案经过、物证照片、扣押清单，被告人×××的供述及其户籍证明材料等证据予以证实，经质证属实，本院予以确认。

叙述抢劫致人死亡的事实，再叙述入户抢劫，这两起犯罪是重罪，可以不考虑时间发生的顺序，之后再按时间顺序叙述普通抢劫的事实。

（2）一人犯数罪的，应当按罪行主次的顺序叙述，或者着重叙述主要犯罪事实，概括叙述非主要犯罪事实。每个罪名的犯罪事实要用小标题加以区分。叙述完每个罪名的犯罪事实，紧接着要写证明这部分犯罪的证据，这便是"一事一证"的模式。

（3）一般共同犯罪案件，应当以主犯的犯罪事实为主线进行叙述；集团犯罪案件，可以先综述集团的形成和共同的犯罪行为，再按首要分子、主犯、从犯、胁从犯或者从罪重到罪轻的顺序，分别叙述各个被告人的犯罪事实。

共同作案人被另案判刑的，表述为"×××（已判刑）"，涉及多名另案被告人的，应表述为"×××、×××（均已判刑）"。共同作案人在逃、未被起诉或者被另案起诉后尚未被判刑的，统一表述为"×××（另案处理）"。

4. 被害人、证人身份敏感、特殊的，如果与案件事实关联性不强，应尽量保护个人隐私，也不得使用侮辱性评价用语如"卖淫女"等。表述被害人死亡原因时，一般应当直接、客观地引述尸体检验报告中的结论。如果报告中的结论表述过于繁杂，可以提炼概括，但必须准确。

5. 对当事人的姓氏简称及人称指代词的使用应当规范。在每一自然段中，当事人的姓名第一次出现时均应表述全名。每一句话（句号前）第一次出现的当事人的姓名一般也应表述全名，同一句（句号前）中出现同一当事人姓名的，可以用姓氏简称或者用"其"来指代。对可能引起歧义的情形，应当避免使用姓氏简称或者"其"。如同一案中有二名以上当事人姓氏相同的，不宜使用姓氏简称。使用"其"可能出现指代不明或者混淆的，也不宜使用。

6. 地点的表述应规范。案件有多起犯罪事实的，第一起事实中应将地点表述为"××省××市××区××地"，之后的各起事实中同一城市之前不需要再冠以省（自治区）的名称。对于市辖区，原则上应当始终冠以城市名称或称"本市××区"，不宜直接简化为"××区"。

7. 被告人存在特殊犯罪情形的叙述方法：

（1）检察院指控被告人在死刑缓期执行期间故意犯罪的，可以在"经审理查明"部分先叙述死缓期间所犯新罪的事实、证据，之后再另起一段描写："另查明，被告人×××曾因犯××罪于××××年××月××日被×××中级人民法院以××号刑事判决判处死刑，缓期二年执行，剥夺政治权利终身（或者判处死刑，剥夺政治权利终身）；×××高级人民法院于××××年××月××日以××号刑事裁定（或者判决），维持原判（或者判处被告人×××死刑，缓期二年执行，剥夺政治权利终身。如果系最高人民法院改判为死刑，缓期二年执行的，亦应一并表述；如果系高级人民法院核准的，具体表述应作适当调整），已交付执行。死刑缓期执行至××××年××月××日届满。”

（2）被告人在刑罚执行期间犯新罪，可以表述为：“另查明，被告人×××曾因犯××罪于××××年××月××日被×××人民法院以××号刑事判决判处有期徒刑×年，刑期至××××年××月××日届满。”明确前罪刑期届满的目的，是要确定数罪并罚的基础刑，或是否构成累犯等情况。

（3）被告人在缓刑考验期限内犯新罪，可以表述为：“另查明，被告人×××曾因犯××罪于××××年××月××日被×××人民法院以××号刑事判决判处有期徒刑×年，缓刑×年。缓刑考验期应至××××年××月××日届满。”

（4）被告人在假释考验期限内犯新罪，可以表述为：“另查明，被告人×××曾因犯××罪于××××年××月××日被×××人民法院以××号刑事判决判处有期徒刑×年。判决发生法律效力后，已交付执行。×××中级人民法院于××××年××月××日以××号刑事裁定，对罪犯×××予以假释，假释考验期应至××××年××月××日届满。”

8.“经审理查明”部分中的“控辩双方就事实、证据等提出的异议”，即通常所说“争议焦点”。争议较大的，问题种类较多的，可以另行分段就争议问题逐条分析评判。

9. 如果被害人及其亲属与被告人或其亲属达成和解并撤回附带民事诉讼的，在查明刑事犯罪事实之后，应另起一段叙明附带民事诉讼原被告人双方达成和解并已履行赔偿义务的事实。这部分事实很重要，既说明犯罪后果和实际危害的修复情况，也为法官裁量刑罚时考虑被告人的认罪悔罪态度做好评判的铺垫。

（二）证据

书写证据时，应当注意以下几点：

1. 所有经过法庭举证、质证的控辩双方出示的证据都应当写明。一般先列写法庭确认的公诉机关指控犯罪或无罪的证据，后列被告人及其辩护人抗辩的证据；采纳的证据作为定案依据，不采纳的证据，应在列写完所有确认的证据之后，另行分段说明不予采证的证据名称、种类和原因。

2. 公诉机关提交的证据一般简单表述证据种类即可。辩护人或被告人提交的证据，应当表述清楚证据的来源、形式、种类、名称和拟证明的事实或问题，说明事实与证据之间存在哪些关联关系，不能简单表述“辩护人向法庭提交了证人×××、×××的证言及相关书证”，就没有下文了。

3. 要写明每一个或每一组证据所证明的事项，特别要注意通过对证据的具体分析、认证来证明判决所确认的犯罪事实，防止并杜绝用“以上事实，证据充分，被告人亦供认不讳，足以认定”的抽象、笼统的说法，或者用简单罗列证据的方法来代替对证据的具体分析、认证。对证据的分析，应当从证据是否合法和客观、能否排除合理怀疑、是否印证案件事实等方面进行论证。法官认证和采信证据的过程应当在判决书中充分体现出来，为后面的辩驳和说理打下基础。

4. 证据引用的内容既要全面，又要突出重点。言词证据要引用与案情有关联的内容；关键事实、情节，可以引用原话，加注引号；一般事实、情节，应当高度概括，但应注意准确、客观。案情简单或者控辩双方没有异议的证据，可以集中表述；案情复杂或者控辩双方有异议的证据，应当进行分析、认证；一人犯数罪或者共同犯罪案件，一般应一事一证，或者分项或者按罪名叙述证据并进行分析、认证。

5. 对控辩双方没有争议的证据，在控辩主张中可不予叙述，而只在“经审理查明”的证据部分具体表述，以避免不必要的重复。对于被告人认罪的事实，在列举和分析、采信证据时，可以简化。

6. 对于多起犯罪事实的案件，如果被告人有累犯、再犯、自首、立功、退赃赔偿等法定和酌定量刑情节的，可以在“经审理查明”的事实、证据之后，另行分段写明被告人的量刑情节，并列举相关与量刑有关的证据。但量刑情节和某一犯罪事实有关联的，可以将相应证据放在相关犯罪事实后表述，如被告人主动投案的证据，可以放在与其投案情节有关联的事实后表述，在集中列写量刑证据时则不再重复。

7. 对定罪量刑有关键证明价值的证据的表述，一般应指明该证据的来源和所证明的内容，因证据的形式不同，其表述有异。例如：

（1）主要物证，可表述为：“根据被告人×××指认发现的被害人×××的尸体”“从被告人×××住处查获的毒品疑似物”“在现场提取的作案工具××”“抓获被告人×××时扣押的其所穿着沾有血迹的衣物”等。

（2）主要目击证人的证言，可表述为：“证人×××目睹被告人×××持刀刺扎被害人×××的证言”。

（3）如果被告人的户籍材料证明其作案时刚满18周岁，而被告人及其法定代理人、辩护人对年龄问题提出异议的，可表述为：“证明被告人×××作案时已满十八周岁的户籍证明等”。

（4）被告人的前科材料，可表述为：“证明被告人×××曾因犯罪被判刑的刑事判决书和释放证明书”。

（5）证明被告人系自首的材料，可表述为：“公安机关出具的被告人到案经过的证明。”

（6）关于被告人刑事责任能力的鉴定，可表述为：“×××鉴定机关出具的司法精神病鉴定报告的意见，证明被告人×××作案时具有完全刑事责任能力。”

（7）有数个存在关联性的刑事科学技术鉴定报告的意见，依不同性质、不同情况，可以分别表述为：“DNA 鉴定意见证明从现场提取的部分血迹系被告人×××遗留的”；“DNA 鉴定意见证明在扣押被告人×××所穿着的衣物上检出被害人×××的血迹”等。如果鉴定意见所证明的内容对于证明是被告人作案的关联性不强，如在现场检出被害人的血迹，在被告人的衣服上检出被告人的 STR 分型等，可以不采用前述方式表述。

（8）列举毒品类型、性质的毒品鉴定报告的意见，可表述为：“毒品鉴定报告的意见证明，从查获的毒品疑似物中检出×××成分”，可无须表述该鉴定意见中证明毒品含量的内容。

8. 在表述证据时，应注意运用正确的动宾搭配语法。如“提取”，一般是指从特定场所取得的物证、书证；“扣押”，一般是指从被告人处取得的物证、书证；“查获”，一般是指毒品、违禁品、作案工具；“追回”，一般是指违法所得的赃款赃物；“调取”，一般是指从相关部门取得的如银行交易记录、手机通话记录、前科材料、户籍资料等，“调取”的证据无须表述证据来源。

9. 鉴定意见的名称应当相对统一。例如，关于指纹的鉴定意见，应表述为“手印鉴定意见”，不称为“指纹或掌纹鉴定意见”；关于足迹的鉴定意见，应表述为“足印鉴定意见”，不称为“足迹或鞋印鉴定意见”；关于笔体的鉴定意见，应表述为“笔迹鉴定意见”，不称为“字迹鉴定意见”；关于人体损伤的鉴定意见，应表述为“人体损伤鉴定意见”，不称为“伤情鉴定意见”等。

10. 被告人始终供认犯罪以及翻供后又供述的，表述为“被告人×××亦供认”；被告人先供后翻的，表述为“被告人×××曾供认”；被告人始终不供认犯罪的，表述为“被告人×××虽不供认，但在案证据……已形成完整证据链，足以认定”。

11. 叙述证据时，应当注意保守国家秘密、商业秘密，保护报案人、控告人、举报人、被害人、证人的人身安全和名誉。对涉密证据的表述需要注意几点：

（1）国家机密。涉及间谍、敌特或恐怖组织等案件，对于必须在事实和证据中叙述的具有秘密级、机密级、绝密级的文件及其内容的，宜表述密级低的文件名称，省略密级高的文件名称，并作笼统表述，如“《×××…（文件名）》等机密级文件5份、绝密级文件2份”；秘密内容则应高度概括，如“上述××份机密、绝密文件，涉及我国石油勘探及航空研发领域的尖端科技数据……”

（2）军事秘密。涉及军事布防、换防调动、军械装备的配备、部队番号等均属军事秘密，应当保密，在裁判文书中必须表述时，应叙述为某部、某地、军车、军用飞机等，涉及具体的编号、型号、番号以及建制、地址等一般均应省略。

（3）侦查秘密。根据《刑事诉讼法》第150条至第154条之规定，在侦查中依法使用秘密侦查设备和手段取得的证据，经过当庭质证可以作为定案依据，但对于涉及使用秘密侦查的设备和手段等具体技术细节的内容，如“侦查人员事先在某宾馆613号客房的床头壁灯内安装了密录和摄像装置”“侦查人员在犯罪嫌疑人×××居住的房间对面居民楼设置了秘密监控点，24小时值守进行秘密监控”等属于侦查机密范畴，不得披露。在裁判文书中必须表述时，应概括表述为：“侦查机关使用技侦手段取得的电子数据和视频资料证明：……”或“公安机关出具的电子技术数据和视频资料等证据证明：经侦查……”

12. 对于定案证据的来源、形式的合法性，证据与待证事实之间有客观的、必然的联系，证据与证据之间有内在的相互印证的关系，应在判决书中表述清楚证据的“三性”，即证据来源的合法性（取证的合法性）、证据存在的客观性（真实性）、证据与证据之间、证据与事实之间存在相互印证的关联性。

【示例】

北京市公安局刑事侦查总队出具的现场勘验检查笔录、照片、示意图、提取痕迹物证登记表等证明……

中国工商银行东大桥支行出具的银行相关票据、凭证、账目等书证证明……

北京市国税局东城分局出具的干部履历表、任免审批表等书证证明……

北京市公安局东城分局经济犯罪侦查支队提取的借条、伪造的文件等书证证明……

13. 非法证据排除程序的启动和审查结果的写法。《刑事诉讼法》第187条第2款规定了法院在开庭审理前，可以召开庭前会议对非法证据排除等问题听取当事人和辩护人的意见，《刑诉法解释》在第四章第九节的16个条款和第九章第二节的第228条、第230条，专门规定了排除非法证据的范围、判断、启动程序和排除的方法及处理等，实践中非法证据排除程序启动后，既可以召开庭前会议解决，也可以在庭审时进行。《人民法院办理刑事案件排除非法证据规程（试行）》第28条规定："人民法院对证据收集合法性的审查、调查结论，应当在裁判文书中写明，并说明理由。"经过这几年的实践，对于审查和排除非法证据的情况如何在判决书中表述，见诸文书的案例寥寥，尚未形成固定的格式。

从审判实践看，被告人或者辩护人提出启动非法证据排除程序的申请后，通常需经合议庭审查，如果因提出非法取证的线索、理由和证据不足的，在庭前会议、开庭审理过程中已经驳回的，就不需要在判决书（或裁定书）中再叙述。如果合议庭认为没有必要移交检察机关调查的，或者经过开庭审理已经排除非法取证可能性的，合议庭可以当庭作出结论，驳回启动非法证据排除程序的申请，也可以不在判决书（或裁定书）中予以说明。

如果被告人或辩护人提出启动非法证据排除程序的申请被合议庭采纳，经过庭前会议、开庭审理后，认为不能排除某些证据存在非法取证的可能性，或者检察院不能提出证明非法取证事实不存在的确实充分证据，合议庭决定不予确认为定案的证据，或者合议庭对于控方提出指控的证据不予确认的，应当在判决书、裁定书中分三部分叙明：

首先，应在"经审理查明"前，写明被告人或辩护人申请对哪些证据提出需要排除，向法庭提交了哪些证据或线索，拟证明上述证据为非法取证的事实；其次，续写法庭启动非法证据排除程序后，何时将上述证据或线索移交检察机关进行调查，检察机关调查的结论和意见；最后，写明合议庭对有关证据是否被认定为非法证据以及是否予以排除的理由，是非法取得的证据予以排除，不是非法取得的证据且具有定案意义的予以确认，既不是非法证据也不具有定案价值的，不予确认。

14. 证据排列的顺序。在判决书中对于确定的证据排列没有一定的固定格式，但要有一定的逻辑关系，要有内在的联系，应以案件破获和案情发展的方向延伸。列举证据的顺序可以参考，先客观性证据，后主观性证据；先被害人陈述、证人证言，后被告人供述。证据与事实之间、证据与证据之间应当具有相互印证的关联性，要使人通过阅读证据能够形成一气呵成的链条，最终指向一个目标、一个事实、一个情节，具有充分的、毋庸置疑的客观性、合理性。首次使用的证据，有其他种类证据作为辅助证据的，应当同时列举，如物证和对该物证所作的鉴定报告、提取笔录等，应当依次排列成相互关联印证的一组证据，以形成证据链条。当然，任何案件都有其特殊性，即使相同的罪名、基本相同的案件事实，也要根据各案不同情况，加以灵活调整证据的排列顺序，使之更好地发挥证明案件事实的证据效用。

按照证据内在的关联性和对事实证明程度的远近，遵循基本逻辑顺序来列举，可参考以下几种排列顺序：

（1）一般刑事判决书的证据排列顺序。被告人认罪且证据相对完整的普通刑事案件，包括经济犯罪案件，以《刑事诉讼法》列举的八种证据种类的顺序排列为宜，但通常习惯将被告人的供述和辩解放在最后。

（2）被告人认罪，但根据间接证据定案的排列顺序。被告人认罪，但没有充分的直接证据，主要靠被告人到案后交代了犯罪事实、指认了现场、提取了相关书证、物证痕迹，建立了完整的证据链的，可以按组排列证据顺序：第一组是被告人的供述；第二组包括公安机关出具的报案、立案、破案登记表等，被害人陈述、证人证言；第三组包括书证、物证，被害人或证人辨认嫌疑人的笔录及照片，辨认死者、物证的笔录及照片，被告人指认现场和辨认同案人、被害人的笔录、照片及影像资料；第四组包括侦查机关出具的勘验检查笔录，提取物证、痕迹的登记、扣押清单，鉴定报告，侦查实验笔录，到案或抓获经过；第五组包括其他相关的书证，如侦查工作说明、电话通话记录、书证等；第六组包括采取强制措施的法律手续，被告人前科的裁判、减刑、假释的法律文书，刑满释放证明、户籍证明等。

（3）被告人不认罪的案件，可以按关联关系归组证据排列顺序。第一组包括被害人陈述及辨认嫌疑人的笔录和照片；第二组包括与被告人有直接关联的证人证言和辨认笔录及照片，如与被告人有直接接触的房东、售货员、餐厅和宾馆服务员、出租车司机等的证言和辨认笔录；第三组包括其他证人证言；第四组包括公安机关出具的报案、立案、破案登记表，确定嫌疑人的工作说明及到案经过；第五组包括勘验检查笔录、搜查笔录、物证、书证、扣押清单、物证痕迹鉴定报告、涉案物品价格鉴定报告；第六组包括采取强制措施的法律手续，前科裁判、减刑、假释的法律文书，刑满释放证明、户籍证明等。

（4）特殊身份被告人犯罪案件的证据排列顺序。在涉外案件、未成年人犯罪案件中，首先要把证明被告人身份、户籍的证据放在书证部分之首，其次按照证据排列的一般逻辑关系和内容的关联顺序列明，以达到与认定的案件事实、适用法律相呼应的证明目的。

（5）职务犯罪、经济犯罪案件可以按归组证据排列顺序。第一组包括证明单位性质的书证（如事业单位登记证明、企业登记注册档案）；第二组包括证明被告人身份、职务、职权的相关书证和证人证言；第三组包括被害人陈述和证人证言；第四组包括被害单位出具的报案材料、造成损失的书证；第五组包括涉及犯罪事实的经济往来的合同、协议、票据、银行和单位财务账目以及相关证明、传真等书证；第六组包括审计报告、会计鉴定报告、笔迹鉴定报告；第七组包括纪检监察部门和侦查机关出具的查获、到案说明，被告人具有坦白交代、自首立功、退赃追赃等情节的证明，扣押查封清单、追缴退赔款物的票据；第八组包括被告人供述和辩解、亲笔供词；第九组包括采取强制措施的法律手续、户籍证明等。

总之，要特别注意通过对证据的具体分析、认证来证明判决确认的犯罪事实，要把法官认证和采证的过程在判决书中充分展现出来，同时要杜绝简单罗列证据，用抽象、笼统的套话格式“以上事实清楚，证据确实充分，被告人供认不讳，足以认定”来代替严谨的证据认证。

（三）判决理由

判决理由是判决书的“灵魂”，是将犯罪事实和判决结果有机联系在一起的纽带。其核心内容是在综合归纳控辩双方围绕事实、证据、定性和处理结果提出意见的基础上，针对案情特点，运用法律规定、政策精神和犯罪构成理论，阐述公诉机关的指控是否成立，被告人的行为是否构成犯罪、犯的什么罪，依法应当如何处理，对控辩双方的意见给予回应并作出评判，为判决结果打下基础。

“本院认为”部分，是法官对案件审理情况进行总结性综述，充分阐述裁判的理由。说明理由要语言精练，尽量使用法律术语，忌说空话、套话、只引法条不释明适用法律的理由。具体写法也分两个层次：一是根据查证属实的事实、证据结合有关法律规定，对案件定性及对具体量刑情节进行有针对性地论证，说明如何处理；二是对各方意见予以回应，分别说明采纳或不采纳的理由和根据。说理力求透彻，逻辑严密，要有说服力。通过充分说理，形成法院居中裁判的格局。

书写判决理由时，需要注意以下几点：

1. 定罪的理由与量刑的理由应当分别表述，量刑情节特别是从重、加重处罚的情节不是构成犯罪的条件。如认定抢劫罪的理由是：“被告人×××以非法占有为目的，采取暴力手段（或以暴力相威胁的方式），当场劫取公民的财物，其行为已构成抢劫罪”，而认定被告人应从重处罚的量刑情节的理由是：“被告人在抢劫过程中，具有持械入户抢劫，致一人死亡、一人重伤，且抢劫数额巨大，手段残忍，社会危害后果特别严重，应依法严惩。”如果还有其他法定、酌定量刑情节，如累犯；前罪判处的刑罚尚未执行完毕，应撤销缓刑或假释，数罪并罚；共同犯罪的主犯、从犯；犯罪未遂，犯罪中止；未成年人犯罪；坦白、自首、立功；积极赔偿附带民事诉讼原告人经济损失等，再逐一按照加重、从重，从轻、减轻、免予处罚的顺序进行阐述。特别需要注意的是，对于宣告缓刑的适用条件不仅仅是被告人认罪态度好，还应当充分考察被告人是否具有积极退赔被害人经济损失、在法院审理期间主动交纳罚金等实际悔罪表现，并落实在判决的量刑理由部分，才具有说服力。

【示例1】

被告人王某在本院审理期间能够认罪并如实供述犯罪事实，故本院对其予以从轻处罚，并依法适用缓刑。

【示例2】

被告人王某在本院审理期间能够认罪，如实供述犯罪事实，并积极退赔被害人部分经济损失，主动交纳罚金，确有悔罪表现，故本院依法对其从轻处罚并可适用缓刑。

以上两种表述对比，显然后一种对于适用缓刑的理由阐述得更充分、更符合法律规定。

2. 论述判决理由时，要与所援引的法律条文相匹配。如被告人是受国有企业委派到非国有企业中从事公务的人员，或者在国有企业、事业单位中从事公务的工作人员等，认定其犯贪污罪、受贿罪时，应适用《刑法》第93条第2款的规定认定其属于“以国家工作人员论”的主体身份，而不宜直接援引《刑法》第93条第1款认定为国家工作人员，从而对被告人身份定性的理由与所引用的《刑法》规定保持一致。

3. 被告人只有一个犯罪行为，触犯一个罪名，只能选择一个量刑幅度。例如，“辩护人提出，被告人×××在共同犯罪中系从犯，请求对×××减轻或从轻处罚的辩护意见，本院经查属实，酌予采纳”。这是一个明显的语病，认定被告人是从犯，根据法律规定和具体事实、情节，应当从宽处罚是正确的，但是要么减轻处罚，要么从轻处罚，只能择其一，而不能既考虑减轻处罚，又不否定从轻处罚。这种语病错误还必然导致判决结果发生指引性的认识错误：如果在法定刑以下减轻处罚了，公诉机关认为法院应当从轻处罚，可能抗诉；如果在法定刑幅度内就低处罚了，被告人和辩护人认为法院应当减轻处罚，可能上诉。

4. 根据《刑事诉讼法》第222条的规定，基层人民法院管辖的可能判处三年有期徒刑以下刑罚的案件，除该法第223条、第226条规定的情形外，被告人认罪认罚并适用速裁程序判决的，在“本院认为”部分叙述清楚对被告人定罪和应予处罚的理由后，应当续写：“根据公诉机关的建议并征得被告人及其辩护人同意，本院依法对本案适用速裁程序。鉴于被告人认罪认罚，……（如果被告人有退赃退赔、系初犯或从犯等法定酌定从轻情节，在此表述），确有悔罪表现，本院采纳公诉机关提出的量刑建议，依法对其减轻（或从轻）

处罚（如果适用缓刑的）并适用缓刑。据此，依照……（援引《刑法》条文）。”

5. 根据《刑事诉讼法》第 201 条的规定，被告人认罪认罚但不适用速裁程序，应当对被告人从轻或减轻处罚或免予刑事处罚的第一审刑事案件，在“本院认为”部分，针对公诉机关定罪量刑的建议和具体案情，可以分四种情况阐述判决理由：

（1）法院采纳公诉机关指控的罪名和量刑建议的，可表述为：“本院认为，被告人×××……，其行为已构成××罪，依法应予处罚。……（有其他法定或酌定从宽处罚情节的，在此写明），公诉机关指控被告人×××犯××罪，鉴于其认罪认罚，建议判处……的量刑意见正确，本院依法予以采纳。据此，依照……（援引《刑法》条文）。”

（2）法院没有采纳公诉机关指控的罪名，但采纳量刑建议的，可表述为：“本院认为，被告人×××……，其行为已构成××罪，依法应予处罚。根据《中华人民共和国刑法》第××条的规定，公诉机关指控被告人×××犯××罪的定性不准。鉴于其认罪认罚，……（有其他法定或酌定量刑情节的，在此表述），公诉机关建议对被告人×××判处……的量刑意见适当，本院予以采纳并依法酌予从轻处罚（或减轻或免予刑事处罚）。据此，依照……（援引《刑法》条文）。”

（3）公诉机关指控的罪名正确，但提出的量刑建议不当的，可表述为：“本院认为，被告人×××……，其行为已构成××罪，依法应予处罚。公诉机关认为被告人×××犯××罪的指控成立。鉴于被告人×××能够认罪认罚，……（有其他法定或酌定量刑情节的，在此表述），本院依法酌予从轻处罚（或减轻或免予刑事处罚）。根据被告人×××认罪悔罪的态度及具体罪行，公诉机关建议对其判处……的量刑意见过重（如果量刑意见过轻的，可改为：‘公诉机关建议对其判处……的量刑意见与其所犯罪行不相适应’），本院根据被告人认罪悔罪态度和案件具体情况，依法作出判决。据此，依照……（援引《刑法》条文）。”

（4）公诉机关指控的罪名和量刑建议均不妥当的，可表述为：“本院认为，被告人×××……，其行为已构成××罪，依法应予处罚。根据《中华人民共和国刑法》第××条的规定，公诉机关指控被告人×××犯××罪的定性不准。鉴于被告人×××能够认罪认罚，且具有……（其他法定或酌定量刑）的情节，本院依法酌予从轻处罚（或减轻或免予刑事处罚）。经查公诉机关建议对被告人×××判处……的量刑意见过重（或‘与其所犯罪行不相适应’），本院不予采纳。据此，依照……（援引《刑法》条文）。”

（四）判决结果

判决结果包括援引适用法律的条文和判决主文，是第一审法院对刑事案件作出一个审级的终局性决定。判决的法律依据除了《刑法》《刑事诉讼法》的条文外，根据《最高人民法院关于司法解释工作的规定》，还要援引与判决结果相关的司法解释的条款。

书写判决结果时，应当注意以下问题：

1. 在引用法律条文和司法解释时，应当注意以下几点：

（1）要准确、完整、具体。准确，就是要恰如其分地符合判决结果；完整，就是要把据以定罪定性、量刑的法律规定和司法解释全部引用；具体，就是要引用法律依据条文外延最小的规定，即条下分款分项的，应写明第几条第几款第几项；有的条文只分项不分款的，则写明第几条第几项。如对被告人判处罚金，涉及应当援引《刑法》第52条、第53条第1款，如果直接援引《刑法》第52条、第53条或者只单独引用第52条或第53条的，都是不精准的。

（2）引用法律条文要有一定的条理和顺序。一份裁判文书应当引用两条以上的法律条文的，应当先引用有关定罪与确定量刑幅度的条文，后引用从轻、减轻、免除处罚或者从重处罚的条文；判决结果既有主刑，又有附加刑的，应当先引用适用主刑的条文，后引用适用附加刑的条文；某个罪名需要援引其他条款的法定刑处罚（援引法定刑）的，应当先引用本条条文，再按本条的规定，引用相应确定他罪的条文，如入室盗窃因抗拒抓捕使用暴力转化认定犯抢劫罪的，应先援引行为转化定罪的《刑法》第269条，再援引认定抢劫罪的《刑法》第263条，起获了赃物需要发还被害人的，再援引《刑法》第64条。一人犯数罪的，应当逐罪引用法律条文，且所援引法条的顺序要按照先重罪重刑，后轻罪轻刑的顺序排列；数罪因判处的刑罚轻重一样的，按《刑法》分则类罪顺序排列；共同犯罪的案件，既可集中引用有关的法律条文，也可逐人逐罪引用有关的法律条文。

（3）2020年12月26日在《刑法》第11次修正案通过后，根据修正后的《刑法》第452条第2款、第3款的规定，在刑事裁判文书中引用《刑法》条文时，均直接援引现行《刑法》排序的条文，只有在需要援引1979年《刑法》时，表述“1979年《中华人民共和国刑法》”，对1997年修订的《刑法》以及之后历次《刑法》修正案，则不需表述为“经××××年《中华人民共和国刑法修正案（×）》修正的《中华人民共和国刑法》第××条”。刑事裁判文书引用有关单行刑法、全国人民代表大会常务委员会作出的相关刑法单行决定等的条文，应当直接引用相应的具体条款，如《全国人民代表大会常务委员会关于惩治骗购外汇、逃汇和非法买卖外汇犯罪的决定》。

在刑事裁判文书中引用法律依据时，既有《刑法》《刑事诉讼法》规定又有司法解释规定的，先引用法律条款后引用司法解释条款；既要引用实体法又要引用程序法的，先援引实体法条款，后援引程序法条款；在援引的条文中，涉及第×条第×款第×项的，该项应加括号标注。

2. 判决主文是依照有关法律的具体规定，对被告人作出定罪定性和量刑处理的结论，应当字斟句酌，认真推敲。书写判决主文时，应当注意以下几点：

（1）一案多人的，应当以罪责的主次或者判处刑罚的轻重为顺序，以重罪重刑、轻罪轻刑、定罪免刑、免予处罚、宣告无罪为序，逐人分项定罪判处。

（2）被告人在缓刑考验期限内犯新罪或者被发现在判决宣告前还有其他罪没有判决，审判新罪的人民法院应当撤销原判决宣告的缓刑，表述为："撤销本院（或者×××人民法院）××号刑事判决中对被告人×××宣告的缓刑"。需要特别注意，这里只能表述"撤销前罪判处的缓刑"，如果表述："被告人×××犯×××罪，判处有期徒刑×××；撤销前罪判处的有期徒刑二年，缓刑二年，实行数罪并罚，决定执行……"，这样的表述必然导致将前罪判处的实刑刑罚和宣告的缓刑一并撤销了，其结果是只有数罪没有数刑了，就失去了数刑并罚的基础。

【示例】

撤销北京市朝阳区人民法院（2016）京0105刑初000号刑事判决书主文中对被告人李某判处的有期徒刑六个月，缓刑一年之部分。被告人李某犯诈骗罪，判处有期徒刑一年四个月，罚金人民币二万元，与此前其所犯故意伤害罪被判处的有期徒刑六个月并罚，决定执行有期徒刑一年六个月，罚金人民币二万元。

以上这个判决中的表述在撤销前罪宣告缓刑的同时，也撤销了前罪判处的有期徒刑六个月，这是错误的。应改为："被告人李某犯诈骗罪，判处有期徒刑一年四个月，罚金人民币二万元；撤销北京市朝阳区人民法院（2016）京0105刑初000号刑事判决书主文中对被告人李某宣告缓刑一年的部分，与原判有期徒刑六个月并罚，决定执行有期徒刑一年六个月，罚金人民币二万元。"

（3）被告人在假释考验期限内犯新罪或者被发现在判决宣告前还有其他罪没有判决，审判新罪的人民法院应当撤销原假释裁定，表述为"撤销本院（或者××××人民法院）××号（假释的）刑事裁定"，再将原判没有执行的余刑与新罪判处的刑罚实行并罚。

(4) 对被告人判处死刑、死缓、无期徒刑的，应当剥夺政治权利终身；如果并处没收个人全部财产的，在同一判项里续写："并处没收个人全部财产。"判处死刑缓期二年执行，需要限制减刑的，应另作下一判项续写："对被告人×××限制减刑。"

(5) 对被告人判处的主刑为有期徒刑、拘役、管制的，判项之后另起一行在括号内写明刑期，并注明刑期的折抵办法及起止时间；附加刑为没收部分财产、罚金的，直接写明数额、缴纳期限：

① 有期徒刑的刑期折抵办法及起止时间表述为："刑期从判决执行之日起计算。判决执行前先行羁押的，羁押一日折抵刑期一日，即自××××年××月××日起至××××年××月××日止。"根据《监察法》第44条第3款的规定，被告人在监察机关调查期间被留置审查的，留置一日折抵有期徒刑一日。故应表述为："刑期从判决执行之日起计算。判决执行前被留置审查的，留置审查一日折抵刑期一日，即自××××年××月××日起至××××年××月××日止。"

② 判决执行前指定居所监视居住的，改写为："判决执行前指定居所监视居住的，监视居住一日折抵刑期半日。"判决执行前既有执行指定居所监视居住，又有先行羁押的，改写为："判决执行前指定居所监视居住的，监视居住一日折抵刑期半日；判决执行前先行羁押的，羁押一日折抵刑期一日。"

③ 判决执行前羁押了一段时间，审判时未被羁押，或者审判前一直未被羁押的，只写"刑期从判决执行之日起计算"，不再具体写刑期折抵办法及起止时间，待判决生效填写《执行通知书》时，再填写起刑日期、刑满日期，并应注明已经扣除先行羁押的具体日期。

④ 管制的刑期折抵办法及起止时间表述为："刑期从判决执行之日起计算。判决执行前先行羁押的，羁押一日折抵管制刑期二日，即自××××年××月××日起至××××年××月××日止。"

判处管制在执行前既有执行指定居所监视居住，又有先行羁押的，改写为："判决执行前指定居所监视居住的，监视居住一日折抵管制刑期一日；判决执行以前先行羁押的，羁押一日折抵管制刑期二日。"被留置审查的，留置一日，折抵管制刑期二日。

⑤ 判处有期徒刑、拘役、管制的被告人在羁押期间被取保候审的，取保候审的期间从应当执行的刑期内扣除，刑期的终止日顺延。

⑥ 根据1988年2月23日《最高人民法院研究室关于行政拘留日期折抵刑期问题的电话答复》(已失效)："如果被告人被判处刑罚的犯罪行为和以前

受行政拘留处分的行为系同一行为，其被拘留的日期，应予折抵刑期。”这里所说的“同一行为”，既可以是判决认定同一性质的全部犯罪行为，也可以是同一性质的部分犯罪行为。如李某某因交通肇事撞毁他人停在路边的小客车被公安机关查获并处以行政拘留 7 日，在拘留审查期间查实李某某此前是因酒驾将行人万某撞成重伤后逃逸，在跨县逃逸后又发生撞毁他人小客车的交通事故，因此，李某某因犯交通肇事罪被判处刑罚时，先前对其已经执行的行政拘留则应折抵刑期。

以上，判处有期徒刑、拘役、管制的，在判决执行前有实际羁押、指定居所监视居住、羁押后又取保候审并判处实刑、羁押后又监视居住再次被羁押等情况的，作出判决后，除正确表述刑期折抵的计算方法外，如果能够计算出实际应当扣减的具体日期的，最好在应当执行的刑期里予以扣除，并在计算折抵刑期的括号内注明。

【示例】

被告人李某犯诈骗罪，判处有期徒刑六年，罚金人民币六万元。

（刑期从判决执行之日起计算。判决执行前先行羁押的，羁押一日折抵刑期一日，判决执行前指定居所监视居住的，监视居住二日折抵刑期一日。即自 2016 年 8 月 12 日起至 2022 年 7 月 22 日止，先行羁押的 9 日、监视居住的 24 日已从应当执行的刑期里扣除）

⑦ 被告人一审经中级人民法院判处死刑，缓期二年执行的，在判项之后另起一行用括号写明“死刑缓期二年执行的期间，从高级人民法院核准之日起算”。

⑧ 根据《最高人民法院关于适用财产刑若干问题的规定》（法释〔2000〕45 号）第 5 条的规定：“刑法第五十三条规定的‘判决指定的期限’应当在判决书中予以确定；‘判决指定的期限’应为从判决发生法律效力第二日起最长不超过三个月。”因此，判处没收个人部分财产、罚金的，应当写明缴纳期限，表述为“限本判决生效后 × 日/个月内缴纳。”

没收财产或者罚金如已缴纳或者已执行，不写“限本判决生效后……缴纳”，直接用括号注明“已缴纳”或者“已执行”即可，例如，“并处罚金人民币 × 万元（已缴纳或者已执行）”。部分已缴纳或者已执行的，表述为：“并处罚金人民币 × 元（已缴纳或者已执行 × 元），除已缴纳（或者已执行）的部分外，其余部分限本判决生效后 × 日/个月内缴纳。”

【示例 1】

被告人李某犯盗窃罪，判处有期徒刑六年，罚金人民币六万元。

（刑期从判决执行之日起计算。判决执行前先行羁押的，羁押一日折抵刑

期一日，即自2016年8月12日起至2022年8月11日止。罚金限判决生效后一个月内缴纳）

一人犯数罪被分别判处罚金和没收个人全部财产的，没收个人全部财产吸收罚金，所判处罚金刑不再执行；一人犯数罪被分别判处罚金和没收个人部分财产的，两种财产刑均要执行。

【示例2】

被告人李某犯抢劫罪，判处有期徒刑十年，并处没收个人部分财产人民币五万元；犯抢夺罪，判处有期徒刑三年，并处罚金人民币六千元，决定执行有期徒刑十二年，并处没收个人部分财产人民币五万元，罚金人民币六千元。

（刑期从判决执行之日起计算。判决执行前羁押一日折抵刑期一日，即自2016年8月12日起至2028年8月11日止。罚金限判决生效后十日内缴纳，没收部分财产限判决生效后三个月内缴纳。）

（6）根据《刑法》第72条第1款，对于被判处拘役、三年以下有期徒刑的犯罪分子，同时符合法定条件的可以宣告缓刑，表述为："被告人×××犯××罪，判处有期徒刑（或者拘役）×年（/个月）缓刑×年（/个月）"在该判项后另起一行用括号注明缓刑考验期限的起算日期："（缓刑考验期限从判决确定之日起算）"，这里的"判决确定之日"为"判决生效之日"。

对一人犯数罪，决定执行的刑罚不超过三年有期徒刑或者拘役并宣告缓刑的，表述为："被告人×××犯××罪，判处……（写明主刑、附加刑）；犯××罪，判处……（写明主刑、附加刑），决定执行有期徒刑（或者拘役）×年（/个月），缓刑×年（/个月），……（写明决定执行的附加刑）。"再另起一行用括注续写"（缓刑考验期限从判决确定之日起算）"。

（7）根据《刑法》第37条之一第1款、第38条第2款、第72条第2款的规定，对于利用特定职业犯罪的人和判处管制、宣告缓刑的罪犯，可以同时适用禁止令。对于适用禁止令应作为独立的判项，在判决主文定罪量刑一项之后另起一行表述为："×年之内禁止被告人×××进入（或从事）××场所（行业）。"或"被告人×××在管制期限内禁止接触被害人×××。"判处禁止令的，应当准确援引对应的《刑法》条款。

（8）数罪并罚的，应按判处的刑罚自重到轻为顺序分别定罪量刑（包括主刑和附加刑），然后按照刑法关于数罪并罚的原则，决定执行的刑罚，切忌综合即"估堆"量刑。其判项表述为："被告人×××犯××罪，判处……（写明主刑、附加刑）；犯××罪，判处……（写明主刑、附加刑），决定执行……（写明主刑、附加刑）。"另起一行用括注写明刑期折抵及起止时间。

在缓刑考验期限内犯新罪或者被发现在判决宣告前还有其他罪没有判决，

对新罪作出判决并需要与前罪并罚的，其判项表述为：“被告人×××犯××罪，判处……（写明对新罪判处的主刑、附加刑）；撤销……的缓刑部分，与前××罪判处的……（写明主刑、附加刑）并罚，决定执行……（写明主刑、附加刑）。”另起一行用括注写明刑期折抵及起止时间。

在假释考验期限内犯新罪或者被发现在判决宣告前还有其他罪没有判决的，对新罪作出判决并需要与前罪的余刑并罚的，其判项表述为：“被告人×××犯××罪，判处……（写明对新罪判处的主刑、附加刑）；撤销……的假释，与前××罪的余刑……（写明主刑、附加刑）并罚，决定执行……（写明主刑、附加刑）。”另起一行用括注写明刑期折抵及起止时间。

（9）判处的各种刑罚，应按法律规定写明全称。既不能随意简化，如将“判处死刑，缓期二年执行”简写为判处“死缓”；也不能画蛇添足，如将宣告缓刑写为“判处有期徒刑×年，缓期×年执行”或者写为“判处有期徒刑×年，宣告缓刑×年”。

（10）关于对三类特殊案件判决结果的表述。根据《刑诉法解释》第295条第（6）项、第（7）项的规定，对被告人因不满16周岁不予刑事处罚和被告人是精神病人，在不能辨认或者不能控制自己行为的时候造成危害结果不予刑事处罚的，均应当在判决结果中宣告“被告人×××不负刑事责任。”依照本条第（3）项、第（4）项、第（10）项的规定，对案件事实清楚，证据确实、充分，依据法律认定被告人无罪的；对证据不足，不能认定被告人有罪的；对被告人死亡，根据已查明的案件事实和认定的证据材料，能够确认被告人无罪的，都应当在判决结果中明确宣告：“被告人×××无罪。”

适用《刑事诉讼法》第200条第3项规定宣告被告人无罪的，应当将“证据不足，×××人民检察院指控的犯罪不能成立”作为判决的理由，而不应当作为判决主文的一项，判决主文应表述“被告人×××无罪。”

（11）根据《刑法》第64条，犯罪分子违法所得的一切财物，应当予以追缴或者责令退赔；对被害人的合法财产，应当及时返还；违禁品和供犯罪所用的本人财物，应当予以没收。追缴、责令退赔和发还被害人、没收财物的具体内容，应当在判决主文中写明。其中，判决前已经发还被害人的财产，应当注明。财物多、种类繁杂的，可以在判决结果中概括表述，另列清单，作为判决书的附件。

①已经被查封、扣押、冻结的财产，不论是否随案移送，只要查明属于应当返还被害人（或者案外人）的，都表述为：“将×××（保管单位的名称）代管的已被查封（或者扣押、冻结）的……（写明赃款赃物名称、数量或者数额等），发还被害人（或者案外人）×××。”赃款赃物虽然没有查封、

扣押、冻结，但判决时尚在，且已经查明权属关系，依法应当返还被害人（或者案外人）的，表述为："将……（写明赃款赃物名称、数量或者数额等）发还被害人（或者案外人）×××。"

② 查封、扣押、冻结的财产不足以弥补被害人损失的，应当在判决将查封、扣押、冻结的财产发还被害人后，续写被告人应当继续退赔的数额："将查封（或者扣押、冻结）在案的……（写明赃款赃物名称、数量或者数额等）发还被害人×××，责令被告人×××继续退赔被害人人民币×元（或表述'继续追缴人民币×元发还被害人×××'）。"查封、扣押、冻结财产的价值在判决时难以确定的，表述为："被告人×××应退赔被害人×××经济损失×元（赔偿损失总金额）。将已被查封（或者扣押、冻结）的……（写明赃款赃物名称、数量或者数额等），发还被害人×××（以执行时的实际价值计入已退赔数额），不足部分继续追缴，发还被害人×××。"

③ 判决前已经发还被害人部分财产，经审理认为先行返还合法的，表述为："责令被告人×××退赔被害人×××人民币×元（其中人民币×元已发还）。"

④ 判决追缴违法所得上缴国库的，表述为："追缴（或者继续追缴）被告人×××的违法所得……（写明违法所得数额），上缴国库。"注意，对追缴违法所得上缴国库的，不应表述为"退赔"，如"责令被告人×××退赔受贿赃款人民币60万元，没收上缴国库"。

⑤ 查获的违禁品、作案工具、作案用财物予以销毁或者没收的，表述为："扣押在案的……（写明违禁品、作案工具、作案用财物的名称、数量或者数额等）拍照存档后予以销毁（或者没收）。"

⑥ 属于被告人的居民身份证、护照、驾驶证等个人合法身份证明和证件以及与犯罪无关的其他个人物品，应判决发还其本人，被告人需羁押服刑的，也可以在判决生效后由其亲属领取，代为保管。

（12）判处追缴、退赔、发还、没收财物的，应当作为独立的判项另起一行写明。如果一案多人，既有判处主刑、附加刑的，又有判处禁止令，或者追缴、退赔、发还、没收财物的，原则上应逐个判处被告人主刑和附加刑后，再逐个判处被告人禁止令，最后再逐项判处追缴、退赔、发还、没收财物。

对于已经冻结在银行账户的存款，不论是判决退赔、发还或追缴，均应表述为"将已经冻结在案的×××银行账户内的存款（写明金额）及利息……"

总之，从上述正文的总体结构上可以看到，控辩双方和诉讼参与人参与诉讼，法院依法受理并进行审理，控辩双方经过法庭控诉、抗辩和举证质证，法庭认定事实和证据，阐述裁判理由并回应控辩双方的意见，最后依法作出裁判结论等内容，在程序上逐步递进，逻辑上有因果联系，行文上与控辩双方平等对抗、法院居中裁判的现代诉讼结构相呼应，这些内容既表现了解决诉讼实体问题的严谨推进过程，又公开透明地反映了依法审判的整体司法程序活动。

三、尾部

尾部包括告知事项、合议庭署名、判决书制作时间、加盖印章、法官助理和书记员署名。

1. 告知事项由告知上诉权利、上诉期限、上诉审法院以及提起上诉的程序等四项内容组成。需要注意的是，刑事案件的上诉期限是10日，从接到第一审判决书的第二日起计算。《刑诉法解释》第380条第2款的规定："对附带民事判决、裁定的上诉、抗诉期限，应当按照刑事部分的上诉、抗诉期限确定。附带民事部分另行审判的，上诉期限也应当按照刑事诉讼法规定的期限确定。"因此，附带民事诉讼部分不论是否与刑事案件一并宣判，上诉期限都是10日。

2. 判决书尾部的署名，应当由参加审判案件的合议庭组成人员或者独任法官署名。《刑诉法解释》第301条第2款规定："评议后、宣判前，部分合议庭成员因调动、退休等正常原因不能参加宣判，在不改变原评议结论的情况下，可以由审判本案的其他审判员宣判，裁判文书上仍署审判本案的合议庭成员的姓名。"最高人民法院在《刑事文书样式》中规定，合议庭都是由法官组成的署名为审判长、审判员；院长、庭长参加合议庭的，应当担任审判长，均署名为"审判长"；合议庭成员中有陪审员的，署名为"人民陪审员"。《人民法院组织法》第48条第1款规定："人民法院的法官助理在法官指导下负责审查案件材料、草拟法律文书等审判辅助事务。"在法院司法改革的进程中，随着法官助理岗位和职责的法律化，法官助理的署名也正式排列在裁判文书落款处，在书记员署名的上方。

3. 判决书落款的时间，应为作出判决的日期。当庭宣判的，应当写当庭宣判的日期；当庭宣告判决且在五日内送达的，上诉和抗诉的期限，仍应当从接到判决书的第二日起计算。定期或者委托宣判的，判决书的日期应当以有权签发的人最后签署的日期为准。

判决书落款处的年月日应使用汉字数字小写体且要适当拉开字间距，为加盖法院印章留足相应的位置。院章落印时应端正清晰，按照"骑年压月甩日"的规则，院印的底部圆边应压盖在年月日的字体上。院印一般不应压住合议庭成员和法官助理、书记员的署名。

刑事裁判文书样式要求将"本件与原本核对无异"的长条印章加盖在年

月日之左下首，法官助理和书记员姓名之左上首的空白位置，印章左边不与正文行左对齐。

尾部写作时，应当注意以下几点：

（1）如果适用《刑法》第63条第2款的规定在法定刑以下判处刑罚的，在告知上诉权利之后另起一行写明："超过上诉期限未上诉和抗诉的，本院将本判决依法呈报最高人民法院核准。"

（2）中级人民法院一审对判处死缓在执行期间故意犯罪情节恶劣的被告人，判决故意犯罪成立的，在告知上诉权利之后，另起一行写明："依据《中华人民共和国刑法》第五十条第一款和《中华人民共和国刑事诉讼法》第二百六十一条第二款的规定，本判决发生法律效力后，经最高人民法院核准，对被告人×××应当执行死刑。"判决故意犯罪不成立（宣告被告人无罪）的，只告知上诉权利。

（3）中级人民法院一审判处死刑缓期二年执行的，在告知上诉权利之后，另起一行写明："超过上诉期限未上诉和抗诉的，本院将本判决依法报请×××高级人民法院核准。"

（4）对当事人提起刑事附带民事诉讼，在审理中经人民法院调解或者双方和解后原告人撤诉的，适用本样式时，需要注意以下几点：

首部不再列写附带民事诉讼原告人及其诉讼代理人的身份情况，但在审理经过段的"人民检察院以××号起诉书提起公诉"之后，续写"被害人×××（或被害人的近亲属×××）提起附带民事诉讼。本院依法组成合议庭，于×××年××月××日依法公开（或不公开）开庭进行了合并审理。……（续写公诉人及所有到庭参加诉讼人员的情况）。在本院审理期间，附带民事诉讼原告人×××与被告人×××达成和解，附带民事诉讼原告人×××自愿撤回起诉。本案经合议庭评议（或本案经审判委员会研究）并作出决定，现已审理终结。"

在事实部分写完审理查明的刑事犯罪事实后，应另起一行续写被害人（或被害人亲属）提起附带民事诉讼、与被告人或其亲属达成调解协议或者和解协议后撤回起诉的过程，对于经济赔偿是否已经执行到位等附带民事诉讼的事实。

在"本院认为"部分概述被告人积极赔偿、被害人或其亲属已经谅解，法院是否予以从轻处罚等情节的内容，判决主文就不再涉及附带民事赔偿部分及执行情况。

（5）如果未成年人与成年人共同犯罪但分案审理的，未成年人犯罪的第一审刑事判决书不适用本样式。

（6）被告人提出上诉的，应当提交上诉状正本一份，副本二份。其中，上诉状正本应移送第二审法院受理上诉立案之用，副本一份送达公诉机关，一份由第一审法院附卷备查。

【例文】①

中华人民共和国

北京市第二中级人民法院

刑事判决书

（2016）京02刑初000号

公诉机关北京市人民检察院第二分院。

被告人梅某某（马来文名：MOI××），男，1976年××月××日出生于某国槟城，某国国籍，护照号码A20500000，大学文化，无业，住某国槟城省槟城市TAMANSELATAN（南花园）×号，暂住北京市朝阳区劲松南路×号楼×号；因涉嫌犯抢劫罪于2016年3月16日被羁押，同年4月1日被逮捕；现羁押于北京市第一看守所。

辩护人高某某，北市××律师事务所律师。

辩护人韩某，北京××律师事务所律师。

北京市人民检察院第二分院以京二分检刑诉〔2016〕000号起诉书指控被告人梅某某犯抢劫罪，于2016年10月28日向本院提起公诉。本院依法组成合议庭，于2016年11月24日、12月8日公开开庭审理了本案。北京市人民检察院第二分院指派代理检察员张某出庭支持公诉，被告人梅某某及其辩护人高某某、韩某到庭参加诉讼。北京×翻译服务有限公司翻译刘某受本院聘请担任本案翻译。本案现已审理终结。

北京市人民检察院第二分院指控：被告人梅某某于2016年3月16日18时许，携带仿真手枪、约束带等作案工具，到北京市东城区王府井东街×号澳门中心×层×铺卡地亚表店，使用仿真手枪胁迫店员肖某，劫取卡地亚牌手表11只（价值人民币3 195 000元），并用约束带将肖某双手捆绑后逃离表店。被告人梅某某为继续逃离，又持仿真手枪劫取该表店附近的金杯牌汽车一辆（车牌号码为京Q00000）欲作为逃跑工具，未果。

被告人梅某某于2016年3月16日19时30分许被北京市公安局东城分局

① 编者说明：本例文根据真实判决书和案例改编。作者是北京市第二中级人民法院原承办法官刘波先生，该例文在北京市高级人民法院组织的“2016年度北京法院优秀裁判文书百佳奖”活动中荣获二等奖。

查获归案。

针对指控的事实，公诉机关向本院移送了物证、书证、证人证言、被告人供述和辩解、鉴定意见、勘验、检查、辨认等笔录、视听资料等证据，认为被告人梅某某以非法占有为目的，使用暴力、胁迫方法劫取单位财物，数额巨大，其行为触犯了《中华人民共和国刑法》第二百六十三条第（四）项之规定，应当以抢劫罪追究被告人梅某某的刑事责任。提请本院依法判处。

被告人梅某某当庭对指控其犯抢劫罪的事实不持异议。

梅某某辩护人的辩护意见是：（1）梅某某有家族精神病史，且案发前行为表现异常，作案时可能患有"急性短暂性精神障碍"，而对梅某某进行精神病司法鉴定的过程不规范，申请鉴定人出庭，并申请对梅某某重新进行精神病司法鉴定。为此，辩护人当庭出示了梅某某父、兄医疗材料，公安交通管理机关出具的行政强制措施凭证、行政处罚决定书，梅某某于2015年3月19日接受讯问的录音录像，欲证明梅某某的家族精神病史及梅某某有异常行为。（2）对涉案手表品牌、价格进行鉴定的均不是合法的鉴定机构，且鉴定过程违反程序。为此，辩护人当庭出示2016年3月18日中央电视台13频道《东方时空》栏目录像，欲证明鉴定过程违反程序。（3）申请对梅某某的庭前供述进行非法证据排除。（4）梅某某如实供述自己的罪行，主观恶性较小，涉案财物已追回，建议法庭对其从轻处罚。

经审理查明：

2016年3月16日18时50分许，被告人梅某某携带仿真手枪、约束带等作案工具，到北京市东城区王府井东街×号澳门中心×层×铺卡地亚表店，使用仿真手枪胁迫店员肖某，劫取卡地亚牌手表11只（价值人民币319.5万元），并用约束带将肖某双手捆绑后逃离表店。在逃跑过程中，梅某某欲劫取一辆金杯牌客车（车牌号：京Q00000）作为逃跑工具未果，但将5只被抢手表遗落在该车上，后梅某某丢弃作案时所穿上衣、帽子及作案工具，乘坐出租车继续逃跑。当日19时30分许，梅某某在北京市东城区×街与东二环辅路交叉路口被设卡民警查获归案，当场起获被抢手表6只。

上述事实，有下列证据予以证实：

1. 被害人肖某（北京×名表城卡地亚表店销售员）的陈述：2016年3月16日18时50分许，我在店里上班时，从店面的东门进来一名男子，他在男表区和女表区都转了一圈，问我北门能不能出去，我说可以。之后，他从东门出去马上又再次返回店里，手里拿了一把类似手枪的物品并拉了一下枪栓。他拿枪指着我跟他走到男表区，要求我把所有的手表都拿出来。我先打开柜台拿了一只手表给他，他立刻就放到自己的包里，之后又要求把那个柜台里所有的表都拿出来并一直拿枪指着我，我把所有的表都拿出来，他都装进了自己的包里。同时他从包里拿出类似于约束带之类的东西把我的双手捆起来，之后他就从港澳中心的北门跑出去了。我站起身往外走，并让别的同事赶紧打电话报警。那名男子头戴黑线帽，面部戴着黑口罩，上身穿黑呢子外套，穿一双黑皮鞋，斜跨翻盖式棕色皮包。那个柜台的11块表全部被他抢走了，具体的型号、条码、钢号及价格我已经打印出来交给公安机关了。我双手手腕上有勒痕，其余地方没有受伤。

2. 证人毛某某、魏某（均系北京×名表城劳力士表店销售员）的证言：2016年3月16日19时左右，其二人在澳门中心×层上班时，得知肖某所在的卡地亚表店被一名男子抢劫，二人就追出去到了马路边，见那男子拿出一把刀冲二人比划后顺着马路往西跑，劫犯在×胡同里胁迫一辆金杯车的司机下来自己上了车，但没能开走，他就从包里掏出类似手枪的东西又劫持了一辆出租车，赶走了乘客，自己坐上出租车往西走了。那名男子逃跑时手里拿着刀，戴着黑色的帽子和口罩，背着一个大黑包。

3. 证人胡某某（金杯车司机）的证言：2016年3月16日19时10分许，我开着金杯车（京Q00000）去送货，刚进乐天东侧胡同10米处，就见车头有一蒙面男子左手持一把尺长尖刀在追一男子。后蒙面男子闪身到我车的左侧，左手持刀，右手持一把枪状物指着我的头，我见状停车熄火下车就向车后跑，见那蒙面人上了我的车待了约一分钟，一直没打着火。后来有围观的群众告诉我蒙面男子走了，我返回车内发现在副驾驶座上有遗留的一把尺长尖刀及5块手表。我先去送了货，又拦住一辆警车向民警反映了情况。

4. 证人张某（北京×出租汽车公司司机）的证言：2016年3月16日19时07分左右，我驾驶出租车走到×胡同快到王府井大街时，看见一名男子从迎面停着的白色金杯面包车上下来，手里拿着类似手枪的物品过来要拉我的车后座右侧门，车上的乘客把门打开后就跑了，那个男子上车后拉了一下枪栓，又用枪指着我说："你开车赶紧走，别耍花样。"我让他别激动，倒车原路返回×胡同，快走到王府井大街时，那个男子让我停下车就往北跑了。我把车停到王府井大街准备报警时，警察就到了。

5. 证人姜某1（北京×出租汽车公司司机）的证言：2016年3月16日19时31分许，我驾驶出租车在东城区×西侧红绿灯北处接上一位要去劲松桥往东的男客人。我开车行至×街与东二环辅路交叉路口时被民警盘查。民警让男乘客出示证件，对方讲外语，我只听懂对方提到某国。民警让该男子下车并在车后排检查，我看到民警从副驾驶座位底下找到一黑色的小包。这时男乘客要逃跑，民警要控制住他，双方揪扯在一起。我下车绕到副驾驶位置协助民警，这时又跑来一男子与我和民警合力制服了那个男乘客。

6. 证人马某某（东城分局×支队二队队长）的证言：2016年3月16日19时许，分局勤务指挥处电台通报在王府井发生一起持枪抢劫案。我们开展布控并在×街东口设卡检查过往车辆。19时30分左右，我发现一辆出租车后排座位上的男乘客与电台通报的犯罪嫌疑人特征差不多，于是拦停出租车对该男乘客进行检查，发现该人携带有疑似被抢物品，该男子突然反抗准备逃跑，我一把抓住他的手臂顶在出租车的车体右侧，同时呼喊出租车司机及周围群众帮忙，该男子跟我扭打起来，后司机和一名保安员帮我将该男子控制，这时一辆武警巡逻车上的武警和我们一起控制住犯罪嫌疑人，并带到附近派出所审查。该男子随身物品中有黑色软包和6块手表、帽子等物品。

7. 证人姜某2（×保安分公司中队长）的证言：2016年3月16日19时许我路过×街东口，看到一名民警正跟一男子进行拉扯，民警大喊："赶快过来几个人帮帮我！"我马上过去和出租车司机一起帮忙抓住那名男子的胳膊，当时那名男子大声喊着外语，民警用电台呼叫支援，后来有几个武警战士赶来一起把那名男子按倒在地上，最后警察来了，把那名男子用警车带去派出所了。

8. 证人单某某（×名表城销售员）的证言：2016年3月16日19时许，卡地亚表店的肖某在他们店门口叫我并说有人抢劫。我发现肖某的双手被绳子捆着，便去表店里找了一把剪刀把绳子剪断扔到垃圾桶里了。

9. 证人刘某某（×表店经理）、曹某（×表店销售员）、郭某（北京市×名表城组长）的证言：2016年3月16日19时许，其三人在店里工作时听说卡地亚店内有人抢表，看见两个男同事一前一后往外跑，同事肖某从卡地亚专柜跑出来，感觉她当时特别慌并大喊："快报警，快报警，有抢劫的！"其三人先后打电话报警。

10. 证人罗某（梅某某之妻）的证言：2016年2月梅某某无业后在家带孩子，照顾老人。3月16日早上7点15分，我去上班时他还在家睡觉。晚上8点我下班回到家没见到他，我母亲说："他出去了，去哪儿不知道。"我父亲看了手机新闻说："王府井7点一刻发生抢劫案了。"我拿过来一看照片感觉很像梅某某。晚上11点左右公安局的人找到我们家，我才确定梅某某出事了。梅某某穿的是阿迪达斯深棕色针织连帽的衣服，公文包是黑色皮质的。我父亲说家里少了一把锤子，还丢了一把刀，什么时候丢的也不知道。

11. 证人罗某某（梅某某之岳父）的证言：经查看民警提供的梅某某作案时使用的刀和锤子是我们家里的，刀是厨房组合刀具中的一把，家里也有一把锤子不见了。

12. 北京市公安局东城分局刑侦支队技术队制作的×××号现场勘验检查工作记录、工作说明；扣押、发还物品清单、北京×名表城出具的收条等证明：2016年3月16日20时05分至同年3月17日5时0分进行现场勘验，案发地位于北京市东城区王府井东街×号澳门中心×层×铺卡地亚表店。在卡地亚表店正门外垃圾桶内提取一个约束带。根据犯罪嫌疑人供述，技术人员分别对×大饭店一层卫生间、×酒店南侧停车场以及被劫持的金杯牌白色面包车和出租车进行勘查，在相关现场和犯罪嫌疑人梅某某身上穿着的衣物，提取到黑色单肩包一个，内装锤子一把、普娜牌玻璃瓶一个（瓶内紫色液体已送毒物和理化检验）、NY牌的黑色帽子一个、黑色塑料枪一把、约束带十二个、牛皮纸袋一个、EAU DE PRER牌的香水一瓶、中南海牌香烟一包、ZONEJOY牌深色外衣一件、adidas牌灰色帽子一个、棕色帽子一个、蓝色腰包一个、口罩一个。出租车未见异常。在金杯牌汽车副驾驶座位上发现一把刀（全长30厘米，刀刃长8.5厘米），可疑刀具上提取指纹一枚。5块卡地亚牌手表。在勘验中，对可疑物品及被抢11块手表（钢号分别为×××、×××、×××、×××、×××、×××、×××、×××、×××、×××、×××）、金杯车方向盘上分别提取脱落细胞痕迹22处，后技术人员在建国门派出所提取梅某某血样样本一份。

以上提取的各种物品被扣押，相关物品、痕迹等检材于2016年3月17日均送往北京市公安局司法鉴定中心进行检验。现场其他部位未见异常，现场勘查进行照相并绘制现场方位示意图3张、平面示意图2张。依法追回的11只卡地亚手表已于2016年3月25日发还被害单位。

13. 北京市公安司法检验鉴定中心出具的委托合同表和法医物证鉴定书，毒物检验报告，液体检验报告，枪支弹药鉴定书；北京市东城区公安司法鉴定中心出具的手印鉴定书等证明：在检材NY黑色帽子、adidas牌灰色帽子、口罩上检出的脱落细胞为梅某某所留；在紫色液体中检出丙酮成分；送检的枪状物不能认定为枪支。刀把上提取的指纹痕迹与送检的梅某某右手小指样本指纹是同一人所遗留。

14. 北京市东城区价格认证中心出具的东价刑鉴〔2016〕第×××号关于手表的价格鉴定结论书，国家消费争议商品检测中心、中国商业联合会钟表眼镜商品质量监督检测中心（北京）出具的检验报告证明：北京市公安局东城分局送检的11只手表，均为瑞士卡地亚品牌腕表，在2016年3月16日的市场价格为人民币319.5万元。

15. 北京×名表城提供的营业执照、房屋租赁合同、被抢11只手表的价格清单、手表发票、购买认证函和证明材料等书证：证明该名表城经营涉案被抢手表的进货手续及案发时全国建议零售价等情况。

16. 公安机关提取的×名表城卡地亚表店监控录像、×酒店监控录像、民警执法记录仪录像等影像资料证明：案发时梅某某在卡地亚表店内、×酒店活动及梅某某被抓捕时的情况。

17. 北京市公安局强制治疗管理处司法鉴定中心出具的×××号精神病司法鉴定意见书证明：被鉴定人梅某某实施违法行为时无精神病性症状影响，辨认与控制能力存在，评定为完全刑事责任能力。

18. 公安机关出具的接处警记录、受案登记表、到案经过、破案报告、传唤证、拘留证、逮捕证等书证证明：2016 年 3 月 16 日 19 时 12 分至 14 分"110"接到四次报警，称王府井澳门中心×层表店被抢劫。接报后，公安机关立案侦查并在全市布控。当日 19 时 36 分，民警在东城区×街东口设卡查获犯罪嫌疑人梅某某并采取强制措施的情况。

19. 北京市公安局出具的×××号国籍身份初步认定书、护照复印件、网上比对工作记录、某国驻华大使馆出具的证明等书证：证实梅某某系某国公民，无前科。

20. 被告人梅某某的供述：其对在卡地亚表店内实施抢劫的犯罪事实予以供认。

上述证据经庭审举证、质证，本院予以确认。

对于梅某某辩护人当庭出示的证据和所提辩护意见及相关申请，本院根据在案证据及相关法律，综合评判如下：

1. 梅某某的刑事责任能力

对于辩护人所提梅某某可能患有"急性短暂性精神障碍"的相关辩护意见，所提鉴定人出庭、重新鉴定的申请及所出示相关证据材料，经查，北京市公安局强制治疗管理处司法鉴定中心于 2016 年 4 月 10 日接受委托并于同年 5 月 29 日出具的精神病司法鉴定意见书，证明梅某某实施违法行为时无精神病性状况影响，辨认与控制能力存在，评定为完全刑事责任能力。该鉴定意见的鉴定程序合法、论证合理、结果客观准确，应予采信，理由如下：

(1) 鉴定机构及参与本次鉴定的三名鉴定人员均具备法定资质，鉴定项目及鉴定专业包含法医精神病鉴定；鉴定意见书形式要件完备；鉴定意见明确。另，鉴定资料中包括了卷宗及办案人员、家属介绍，其中卷宗中有梅某某家属于 2016 年 4 月 3 日提供的梅某某父、兄医疗材料。

(2) 鉴定意见与在案其他证据不矛盾。被害人肖某和证人毛某某、魏某、胡某某、张某、姜某 1、马某某、姜某 2、罗某某等的证言、现场勘验检查工作记录、法医物证鉴定书、手印鉴定书等证据证明，梅某某提前准备犯罪工具，作案前先行确定卡地亚表店情况后再次返回现场作案，作案过程中戴口罩掩饰容貌、言语威胁店员，逃跑过程中丢弃作案时所穿衣帽，这些表现反映梅某某在作案时具有清晰的辨认、判断自己行为性质的能力，对自己实施的行为能够自由控制。另，经查2016年3月16日梅某某被抓获后带到派出所讯问的录音录像，梅某某多次向办案民警询问其可能会承担的法律后果，也表明梅某某明知其行为具有危害社会的结果。

（3）梅某某在交通违法行政处罚决定书上按手印的情况、2016年3月19日接受讯问的录音录像均不能证明梅某某的行为明显异于常人。

综上，在案对梅某某的精神病司法鉴定意见书合法有效，辩护人所提梅某某行为异常，可能患有“急性短暂性精神障碍”的意见没有合法依据，申请重新鉴定的理由不足，亦无通知鉴定人出庭的必要，故辩护人所提此节辩护意见，没有事实和法律依据，不能成立，本院均不予采纳；对于辩护人所提上述相关申请，本院均不予支持。辩护人所出示的梅某某父、兄医疗材料作为鉴定资料使用，已由本院确认；所出示的公安交通管理机关出具的行政强制措施凭证、行政处罚决定书与本案不具有关联性，所出示的梅某某于2016年3月19日接受讯问的录音录像不能证明辩护人所提意见，本院均不予确认。

2. 被抢11只手表价格

对于辩护人所提对涉案手表品牌、价格进行鉴定的均不是合法的鉴定机构，且鉴定过程违反程序的辩护意见及所出示的相关证据材料，经查：

（1）《国家发展改革委等部门关于扣押追缴没收及收缴财物价格鉴定管理的补充通知》规定，司法机关在办理刑事案件中，涉及价格不明或者价格有争议、需要对涉案财物或者标的进行价格鉴定的，应委托同级政府价格部门设立的价格鉴定机构进行价格鉴定。本案中，北京市公安局东城分局委托北京市东城区价格认证中心对本案被抢11只手表的价格进行鉴定合法有效。

（2）根据《全国人民代表大会常务委员会关于司法鉴定管理问题的决定》（2015年修正）的规定，国家对法医类、物证类、声像资料等的鉴定人和鉴定机构实行登记管理制度，并未对商品品牌鉴定实行登记管理制度，公安机关委托中国商业联合会钟表眼镜商品质量监督检测中心（北京）对被抢手表的品牌做检验并无不当，且该检验报告被北京市东城区价格认证中心作为价格鉴定依据使用亦表明价格鉴定机构认可该检验报告的效力。

（3）现场勘验检查工作记录、扣押清单、发还清单、北京×名表城出具的收条等证据证明，技术人员在勘查过程中从金杯牌汽车中提取被抢的5只手表时记录了手表钢号并对手表进行照相，在建国门派出所提取另外6只手表时也记录了手表钢号并对手表进行照相，上述11只手表被送往鉴定机构鉴定后发还被害单位。通过钢号、照片比对，价格鉴定结论书、检验报告中鉴定、检验的手表就是上述11只被抢手表，可以排除手表被调换的合理怀疑。

综上，辩护人所提此节辩护意见不能成立，本院均不予采纳；所出示证据材料与在案其他证据不符，本院不予确认。

3. 梅某某的庭前供述

公诉人当庭出示梅某某2016年3月16日的讯问笔录，对于辩护人所提庭前供述属非法证据应予排除的申请，本院仅审查该次供述。

(1) 根据《刑事诉讼法》的规定，采用刑讯逼供等非法方法收集的犯罪嫌疑人、被告人供述应当予以排除。刑讯逼供等非法方法是指使用肉刑或者变相肉刑，或者采用其他使被告人在肉体上或者精神上遭受剧烈疼痛或者痛苦的方法，迫使被告人违背意愿的供述。经查该次供述的录音录像，讯问中侦查人员为梅某某提供饮用水、应其要求提供香烟，未显示有刑讯逼供等非法方法收集供述的情况。

(2) 侦查人员正是根据梅某某供述把作案时穿着的上衣及帽子抛弃在×酒店停车场附近的情况，到上述地点提取了隐蔽性很强的上衣、帽子等物证，证明了梅某某供述的真实性。

(3) 讯问笔录及同期录音录像均能证明，梅某某自愿且清晰表示汉语交流没问题，不需要翻译。梅某某虽系某国国籍，但自述自小学习汉语，2005年来中国后，长期在中国汉语环境里工作、生活并结婚生子。讯问录音录像显示，侦查人员与梅某某之间汉语交流流畅，且梅某某对作案过程叙述清楚、表达准确，在阅读讯问笔录时能提出修改意见，上述情况足以表明梅某某的汉语水平达到了《刑事诉讼法》规定的“通晓当地通用语言文字”的程度。

综上，梅某某2016年3月16日的讯问笔录系侦查机关合法收集，可以作为证据使用，故辩护人所提对此次供述予以排除的申请，本院不予支持。

本院认为，被告人梅某某以暴力、胁迫方法抢劫财物，数额特别巨大，其行为已构成抢劫罪，依法应予惩处。北京市人民检察院第二分院指控被告人梅某某犯抢劫罪的事实清楚，证据确实、充分，指控罪名成立。鉴于梅某某能如实供述自己的主要罪行，且被抢手表被及时追回，对其从轻处罚，辩护人所提相关量刑方面的辩护意见，本院酌予采纳。本院根据被告人梅某某犯罪的事实、犯罪的性质、情节及对于社会的危害程度，依照《中华人民共和国刑法》第六条第一款、第二百六十三条第（四）项、第六十七条第三款、第五十二条、第五十三条第一款、第六十一条、第六十四条，最高人民法院《关于审理抢劫案件具体应用法律若干问题的解释》第四条及最高人民法院、最高人民检察院《关于办理盗窃刑事案件适用法律若干问题的解释》第一条第一项、第二项之规定，判决如下：

一、被告人梅某某犯抢劫罪，判处有期徒刑十二年，并处罚金人民币二万四千元。

（刑期从判决执行之日起计算；判决执行以前先行羁押的，羁押一日折抵刑期一日，即自2016年3月16日起至2028年3月15日止。罚金于本判决生效后三十日内缴纳）

二、扣押在北京市公安局东城分局的物品由该机关依法处理（清单附后）。

如不服本判决，可在接到判决书的第二日起十日内，通过本院或者直接向北京市高级人民法院提出上诉。书面上诉的，应当提交上诉状正本一份，副本二份。

审 判 长 邱 某

代理审判员 刘 某

代理审判员 张 某

二〇一六年十二月二十八日

（院印）

本件与原本核对无异

书 记 员 王 某

项目十二 一审公诉案件刑事附带民事判决书（适用普通程序用）

【文书格式】

××××人民法院

刑事附带民事判决书

（一审公诉案件适用普通程序用）

（××××）×××刑初××号

公诉机关×××人民检察院。

附带民事诉讼原告人……（写明姓名、性别、出生日期或年龄、民族、职业或者工作单位和职务、住址或暂住地或户籍地），系本案被害人（或与本案被害人的关系）。

法定代理人……（写明姓名、性别、年龄、职业或者工作单位和职务、住址或暂住地或户籍地、与原告人的关系)。

附带民事诉讼代理人……(写明姓名、工作单位和职务)。

被告人……(写明姓名、性别、出生年月日、民族、出生地、文化程度、职业或者工作单位和职务、住址或暂住地或户籍地、因涉嫌的罪名被羁押及所受强制措施的时间、种类,现羁押处所)。

法定代理人(暨附带民事诉讼被告人)……(写明姓名、性别、年龄、职业或者工作单位和职务、住址或暂住地、与被告人的关系)。

辩护人……(写明姓名、工作单位和职务)。

附带民事诉讼被告人……(写明姓名、性别、出生日期或年龄、民族、职业或者工作单位和职务、住址或暂住地)。

附带民事诉讼代理人……(写明姓名、工作单位和职务)。

×××人民检察院以×检×刑诉〔××××〕××号起诉书指控被告人×××犯××罪,于××××年××月××日向本院提起公诉,在本院审理期间,附带民事诉讼原告人×××提起附带民事诉讼。本院于××××年××月××日立案,依法组成合议庭……(写明庭前准备和召开庭前会议情况),……(写明当事人申请保全和本院裁定保全情况)。……(写明不公开审理原因),本院于××××年××月××日公开(或者不公开)开庭进行了合并审理。×××人民检察院指派检察官×××出庭支持公诉,附带民事诉讼原告人×××及其法定(或诉讼)代理人×××,被告人×××及其法定代理人×××、辩护人(或者指定辩护人)×××,附带民事诉讼被告人×××及其诉讼代理人×××,证人×××,鉴定人×××,翻译人员×××(注明翻译人员的单位及语种)等到庭参加诉讼。……(写明有关中止审理、批准延长审限和其他法定扣除审限情况)。本案现已审理终结。

×××人民检察院指控……(概述起诉书指控被告人犯罪的事实、证据和适用法律的意见,如果同时提起附带民事诉讼的续写意见)。

附带民事诉讼原告人诉称……(概述原告人的诉讼请求和证据,法定代理人有不同意见的,在此续写)。

被告人×××辩称……(概述被告人对指控的犯罪事实和附带民事诉讼原告人的诉讼请求予以供述和辩解、自行辩护和民事诉讼答辩的意见及有关证据)。法定代理人×××……(概述法定代理人对指控被告人犯罪的定性和情节发表的意见,对附带民事诉讼原告人的请求所作答辩意见和有关证据)。辩护人(或者指定辩护人)×××提出的辩护意见是……(概述辩护人的辩护意见和有关证据,如果辩护人同时为附带民事诉讼代理人时,续写对附带民事诉讼原告人的请求所作的答辩意见和证据)。

附带民事诉讼被告人×××答辩……（概述附带民事诉讼被告人对原告人的诉讼请求所作的答辩意见和有关证据），诉讼代理人发表的意见……（概述代理人所作的答辩意见和有关证据）。

经审理查明，……（分三项内容分段依次写明：事实包括经法庭查明的全部犯罪事实，以及被告人的犯罪行为给被害人造成经济损失的事实；经举证、质证据以定案的证据及其来源；对控辩双方有异议的事实、证据进行分析、认证，和附带民事诉讼双方当事人对争讼的问题及赔偿事项的事实、证据、调解结果的叙述和确认，并说明控辩双方所提异议是否成立及理由，原告人所提诉求是否成立及法律依据）。

本院认为，……（根据查证属实的事实、证据和有关法律规定，论证公诉机关指控的犯罪是否成立，被告人的行为是否构成犯罪，犯的什么罪，应否追究刑事责任；对控辩双方关于适用法律方面的意见，有分析地说明是否采纳并阐明理由，对被告人应否从轻、减轻、免除处罚或者从重处罚。论证附带民事诉讼原告人是否由于被告人的犯罪行为而遭受了经济损失以及损失情况，被告人及法定代理人对原告人的经济损失应否负民事赔偿责任）。经法庭主持调解，附带民事诉讼双方当事人……［有两种表述：（1）未能达成协议的，与刑事部分一并作出判决，对原告人所提合理的诉讼请求部分予以支持，不合理的部分应予驳回；（2）经法庭主持调解，附带民事诉讼双方当事人达成协议并已执行］。综上，根据……（先引用刑法、刑诉法和司法解释的条文，后引用民事法律和司法解释的条文）的规定，判决如下：

……［（写明判决结果）。分四种情况：

第一，定罪判刑并应当赔偿经济损失的，表述为：

"一、被告人×××犯××罪，……（写明主刑、附加刑）

（……另起一行括注写明刑期折抵办法、起止日期或缓刑考验期限的起算时间）

二、被告人×××（和附带民事诉讼被告人×××）赔偿附带民事诉讼原告人×××人民币……（写明赔偿金额和履行期限）。被告人×××、法定代理人暨附带民事诉讼被告人×××和附带民事诉讼被告人×××对附带民事诉讼原告人×××承担连带赔偿责任（没有该项则不写）。"

第二，定罪免刑并应当赔偿经济损失的，表述为：

"一、被告人×××犯××罪，免予刑事处罚。

二、被告人×××赔偿附带民事诉讼原告人×××人民币……（写明赔偿金额和履行期限），法定代理人（暨附带民事诉讼被告人）×××承担连带赔偿责任（没有该项则不写）。"

第三，宣告无罪或者不负刑事责任，但应当赔偿经济损失的，表述为：

“一、被告人×××无罪（或者不负刑事责任）。

二、被告人×××赔偿附带民事诉讼原告人×××人民币……（写明赔偿全额和履行期限）。”

第四，宣告无罪或者不负刑事责任且不赔偿经济损失的，表述为：

“一、被告人×××无罪（或者不负刑事责任）。

二、被告人×××不承担民事赔偿责任。”

以上四种判决情形中，如果有追缴、没收相关物品或责令退赔、发还被害人财物以及销毁违禁品的，再续项写明相应判项。]

如不服本判决，可在接到判决书的第二日起十日内，通过本院或者直接向××××人民法院提出上诉。书面上诉的，应当提交上诉状正本一份，副本×份。

……［如果存在法定刑以下量刑情形的，另起一行写“根据……（写明法律依据），本判决报请最高人民法院核准后生效。”］

审　判　长　×××

审　判　员　×××

审　判　员　×××

××××年××月××日

（院印）

本件与原本核对无异

法官助理　×××

书　记　员　×××

【一审公诉案件刑事附带民事判决书（适用普通程序用）写作谈】①

一审公诉案件刑事附带民事判决书（适用普通程序用）是人民法院在审理公诉机关指控被告人犯罪的刑事案件过程中，根据被害人一方提起民事赔偿的请求，为减少当事人的诉累，在确定被告人是否承担刑事责任的同时，附带审理解决被告人对被害人一方遭受的物质损失（经济损失）应否承担民事赔偿责任时所使用的刑事裁判文书。写作主体是人民法院审判部门，写作受体主要是公诉机关、附带民事诉讼当事人及其法定代理人、诉讼代理人、辩护人，公安机关羁押和户籍管理单位、司法行政机关监狱管理部门及社区矫正司法所和人民法院的执行部门。写作主旨表达法院对案件涉及刑事部分的实体处理意

① 本文由张淑平法官撰稿。

见和对民事诉讼实体与程序的处理意见。

本文书是人民法院适用第一审普通程序审理检察机关提起公诉的刑事附带民事案件作出裁判结论时所使用的，是刑民双方当事人、法定代理人行使上诉权和检察院行使抗诉及法律监督权的根据。《刑法》第36条第1款和《刑事诉讼法》第101条、第103条①及《刑诉法解释》中有关附带民事诉讼的规定是本文书写作的法律依据。

刑事附带民事诉讼不同于单纯的刑事诉讼，它要在刑事诉讼过程中，依照民事诉讼程序附带解决民事赔偿问题，因此，在制作这种裁判文书时，除参阅一审公诉案件适用普通程序用的刑事判决书样式及其说明外，应当注意在首部、事实、理由和判决结果部分完整地反映出刑事附带民事诉讼的特点。在制作内容上，有以下几个特殊要求：

一、首部

（一）刑事附带民事诉讼参加人的基本情况

在列写诉讼参加人身份情况时，应当注意以下几点：

1. 如系公诉机关提起的附带民事诉讼，根据《刑诉法解释》第179条第2款的规定，应表述为“公诉机关暨附带民事诉讼原告人×××人民检察院”。如果还有其他附带民事诉讼原告人的，另起一段续写“附带民事诉讼原告人”项，没有则不列。

2. 附带民事诉讼原告人可以是单位，但仍表述为“附带民事诉讼原告人”。

3. 如果是被害人提起附带民事诉讼的，在叙明其“附带民事诉讼原告人”的基本情况后续写“系本案被害人”。如果被害人是无行为能力或者限制行为能力的人，另起一段续写其法定代理人（或监护人）的基本情况，并注明与被害人的关系。已经死亡的被害人的近亲属作为附带民事诉讼原告人的，应注明其与死者的关系。

4. 附带民事诉讼原告人众多且没有推举诉讼代表人的，应当全部列写各原告人的身份情况；有诉讼代表人的，只列诉讼代表人及其诉讼代理人的身份情况，并在判决书后附上所有提起附带民事诉讼原告人的名单。

5. 附带民事诉讼原告人与法定代理人是父母子女关系时，应当先表述未成年原告人的身份，再表述法定代理人暨附带民事诉讼原告人的身份。

---

① 《刑事诉讼法》第103条规定，人民法院审理附带民事诉讼案件，可以进行调解，或者根据物质损失情况作出判决、裁定。

6. 多名附带民事诉讼原告人同时委托同一诉讼代理人代为诉讼时，应将该诉讼代理人排列在该多名原告人之后，另起一行表述“上列附带民事诉讼原告人之共同诉讼代理人×××……”或“附带民事诉讼原告人×××、××的共同诉讼代理人×××……”。

7. 自诉人为附带民事诉讼原告人时，可写作“自诉人暨附带民事诉讼原告人”。

8. 当刑事被告人同时又是附带民事诉讼被告人时，由于附带民事诉讼是基于指控的刑事犯罪是否存在为前提，如果刑事被告人同时应承担民事赔偿的义务成立时，被告人在法律上不论是否成年，刑民为同等责任同等身份，因此，只表述为被告人，不需表述为“被告人暨附带民事诉讼被告人”。

在共同犯罪案件中，如果只有部分被告人应承担民事赔偿责任时，仅对这部分被告人表述为“被告人暨附带民事诉讼被告人”，以示与只承担刑事责任的其他共同被告人加以区别；如果有部分被告人同时承担刑事责任和民事责任，有部分被告人仅承担民事责任的，前者表述为被告人，后者表述为附带民事诉讼被告人。

根据《刑诉法解释》第180条的规定，附带民事诉讼中依法负有赔偿责任的人，除刑事被告人（含公民、法人和其他组织）外，还包括：未被追究刑事责任的其他共同侵害人；刑事被告人的监护人（或法定代理人）；死刑罪犯的遗产继承人；共同犯罪案件中，案件审结前已死亡的被告人的遗产继承人；对被害人的物质损失依法应当承担赔偿责任的其他单位和个人。对于上述依法负有赔偿责任的人，附带民事诉讼原告人对其提起诉讼的，均列为“附带民事诉讼被告人”；如果附带民事诉讼被告人既有单位又有自然人的，被告人的排列顺序为先单位后自然人。

9. 附带民事诉讼双方当事人，如果同时委托亲属和律师做诉讼代理人的，作为亲属的诉讼代理人列在律师为诉讼代理人之前，并应注明与该当事人的关系。

（二）审判经过

叙述审判经过时，应当注意以下几点：

1. 公诉机关作为附带民事诉讼原告人时，审理过程应作适当改写：“指控被告人犯……罪，同时致使……（写明遭受经济损失的单位名称或被害人姓名）遭受经济损失一案，向本院提起刑事附带民事诉讼”；如果有其他附带民事诉讼原告人的，续写“在本院审理过程中，附带民事诉讼原告人×××提起附带民事诉讼……”

2. 附带民事诉讼原告人申请财产保全的，应在表述召开庭前会议日期和庭前准备情况之后，写明原告人申请保全和法院裁定保全的情况，表述为：“附带民事诉讼原告人（或者自诉人暨附带民事诉讼原告人）×××于××××年××月××日向本院提出财产保全申请，要求对被告人×××……（写明需保全财产的所在地、名称、数量）予以保全，并提供了担保。本院经审查，于××××年××月××日作出……（写明保全裁定的案号）刑事附带民事裁定，对……（写明对哪些财产采取了何种保全措施）”。

3. 如果附带民事诉讼原告人为多人时，部分原告人放弃对被告人追究侵权的民事诉讼权利，根据《刑诉法解释》第181条的规定，应表述为：“……在本院审理过程中，附带民事诉讼原告人×××提起附带民事诉讼，被害人（或附带民事诉讼权利人）×××放弃对被告人×××提起附带民事赔偿的权利。本院依法组成合议庭……”如果附带民事诉讼原告人对共同侵权的部分侵权人放弃追究民事责任的，可改写为：“……在本院审理过程中，附带民事诉讼原告人×××对被告人×××提起附带民事诉讼，对共同侵权人×××放弃提起附带民事诉讼的权利。本院依法组成合议庭……。”对这两种情况下原告人放弃追究侵权人的民事责任，明确表述在裁判文书里，即使放弃权利的原告人反悔了，再另行提起民事诉讼时，法院也不再受理。

4. 当刑事附带民事诉讼原告人同时又为刑事诉讼的证人，附带民事诉讼的被告人同时又为刑事未成年被告人的法定代理人和刑事诉讼的证人时，即一人作为刑事诉讼证人的同时，又兼有当事人或者诉讼参与人的法定身份时，由于证人不得旁听案件审理，因此在开庭审理时，如果该当事人或法定代理人不能放弃证人身份，公诉人当庭要宣读出示其证言时，或者当庭申请其作证时，法庭在开始进行刑事部分的庭审调查前，应当宣布该证人退庭，不得参与刑事诉讼的庭审活动。当法庭进行到附带民事诉讼部分的审理前，再宣布传唤该诉讼参与人（刑事证人）到庭参与民事诉讼活动。据此，应当在审判经过段明确表述该刑事证人作为当事人或者诉讼参与人，仅“参加了附带民事部分的法庭审理”诉讼活动，以保证在裁判文书中体现合法的诉讼程序。

5. 如果被告人对刑事和附带民事部分的判决均提出了上诉，二审维持刑事部分的判决，对附带民事部分单独发回重审的刑事一审案件，在审判经过段可表述为：“×××人民检察院于××××年××月××日以×检×刑诉〔××××〕××号起诉书指控被告人×××犯××罪，向本院提起公诉及附带民事诉讼原告人提起附带民事诉讼一案，本院于××××年××月××日作出（××××）×××刑初××号刑事附带民事判决，原审被告人×××不服提出上诉（或者×××人民检察院提出抗诉）。××××人民法院于××××年××月××日作出（××××）×××刑终××号刑事附带民事裁定，维持本院（××××）×××刑初××号刑事附带民事判决第×项；以事实不清、证据不足为由，撤销本院（××××）×××刑初××号刑事附带民事判决第×项，发回本院重新审判……”。

二、正文

（一）事实

叙述事实时，应当注意以下几点：

1. 公诉机关提起附带民事诉讼的，在控方指控的事实部分应增加有关对附带民事诉讼部分所提赔偿的意见。

2. 应分段叙明控辩双方的意见：第一，先叙明公诉机关起诉书指控被告人犯罪的事实、证据和适用法律的意见；如果是公诉机关提起附带民事诉讼的，续写公诉机关对民事赔偿提出的事实、证据和意见。第二，另起一段简要叙明附带民事诉讼原告人及其法定代理人、诉讼代理人的诉求意见和证据。第三，再另起一段叙明被告人对起诉书指控犯罪、控方证据和定罪量刑的辩解，接着叙明被告人对附带民事诉讼原告人及其代理人提出的诉求和证据的答辩意见。第四，如果被告人的意见很简单，可以接着续写被告人的法定代理人、辩护人对刑事、民事诉讼两方面的意见和证据，如果辩护人的意见或提交质证的证据比较多，就再另起一段专门叙述辩护人的意见和证据情况。

以上情况，如果控辩双方对刑事和民事两部分的意见都很简单，可以分为控方+原告人、辩方+被告人两段来写。如果各方当事人较多，意见也比较庞杂，证据也很多，尽量分段叙明，必要时可使用小标号“（1）……”按不同意见的层次来叙述，既清晰又准确，不容易遗漏要点，也为后面法官进行说理的分析辩驳预设了伏笔，做到层次递进，要点明确。

3. 在“经审理查明”部分，先写认定的刑事犯罪事实，后分段写明被告人的犯罪行为给附带民事诉讼原告人造成损失及具体数额的事实。

4. 最后在举证认证时，先列证明犯罪成立及有关量刑情节的刑事证据，后列与附带民事诉讼有关的书证，如原告人提供的本人或与已经死亡被害人亲属关系的身份证明、已经发生的各种经济损失的票据、原被告人达成的调解协议及赔偿金收据、和解协议、谅解书等。先列控方定案的证据，后列辩方定案的证据，最后对控辩双方举证质证情况进行综合认证评价，具体可表述为：“对以上控辩双方列举的证据，经法庭质证属实，本院予以确认。”对于不予采信认证的证据，应另起一段叙明证据的名称、来源，说明理由后用“以上证据不予采信确认”结束对证据部分的认证。

（二）判决理由

阐述判决理由时，应当注意以下几点：

1. 必须突出附带民事诉讼程序的处理情况。常见的表述形式主要有：

“由于被告人×××的犯罪行为，使附带民事诉讼原告人×××遭受的经济损失，合理部分依法应予赔偿，对于附带民事诉讼原告人×××所提赔偿数额过高部分及要求赔偿精神抚慰金的请求缺乏法律依据，本院不予支持。经本院主持调解，附带民事诉讼双方当事人未达成协议，本院依法将附带民事诉讼部分与刑事部分一并作出判决。”

“因被告人×××的犯罪行为，给附带民事诉讼原告人×××造成的经济损失应依法予以赔偿，被告人×××先行垫付的医疗费应从经济损失中予以扣除。经本院主持调解，双方达成协议且被告人×××（或亲属代为）已经履行了赔偿义务，附带民事诉讼原告人×××表示对被告人×××予以谅解并自愿撤诉，本院依法准许。”

如果附带民事诉讼原告人拒绝调解的，也应据实表述清楚。

2. 对于附带民事诉讼双方当事人达成和解协议而从轻判处的案件，判决书中无须表述被告人及其亲属赔偿的具体数额，而裁判理由应从被告人认罪悔罪、积极赔偿以及被害人予以谅解等方面加以论述，避免造成用钱买刑的社会负面效应。

3. 刑事附带民事案件在判决理由部分除引用刑法、刑诉法及相关刑事司法解释的有关条文外，还应引用民事法律、行政法规和民事司法解释中有关损害赔偿的规定，作为判决的法律依据。

（三）判决主文

在书写判决主文时，注意以下几个问题：

1. 判决被告人承担民事赔偿责任且双方达成协议分期履行义务的，在判决主文中应表述履行期限：“被告人×××赔偿附带民事诉讼原告人（或者自诉人）×××人民币……（写明赔偿金额和履行期限）”；已赔偿部分经济损失的，可表述：“被告人×××赔偿附带民事诉讼原告人（或者自诉人）×××人民币……（写明赔偿总金额），除已支付人民币……（写明已赔金额）外，余款限本判决生效后……（写明履行期限）内履行完毕。”

2. 如果是多名致害人共同给被害人造成的损失，其他共同致害人作为另案已经判刑或不是本案正在审理的被告人，只对本案被告人判决承担全部赔偿义务，如果其他共同致害人先期已经判决有民事赔偿部分，对本案被告人应表述为：“被告人×××赔偿附带民事诉讼原告人×××……（写明赔偿总额），并与×××法院……（写明案号）刑事附带民事判决书主文第×项确定的赔偿金额，负连带赔偿义务。”

3. 判决被告人（或法定代理人暨附带民事诉讼被告人）不承担民事赔偿责任的，在写完宣告被告人无罪（或不负刑事责任）的判项后，分项表述为：“被告人×××、法定代理人暨附带民事诉讼被告人×××不承担民事赔偿责任”，而不能表述为“驳回附带民事诉讼原告人×××的诉讼请求”。

4. 对于刑事附带民事原告人的部分诉讼请求没有支持的，一定要注意判决主文单列一项“驳回附带民事诉讼原告人的其他诉讼请求”。

5. 公诉机关提起附带民事诉讼的，若无其他附带民事诉讼原告人，应当判令附带民事诉讼被告人直接向遭受损失的单位或者其权利义务继受人进行赔偿，表述为：“被告人×××赔偿……（写明受偿人的名称）人民币……（写明赔偿金额）”；遭受损失的单位主体已经终止，没有权利义务继受人的，判决主文表述为：“被告人×××赔偿人民币……（写明赔偿金额），上缴国库。”

6. 上级法院就附带民事诉讼单独发回一审重审的刑事案件，判决结果不再涉及刑事部分，但判决书的名称仍应使用“刑事附带民事判决书”。

三、尾部

尾部包括上诉之告知、合议庭署名、文书制作时间，加盖院印，本件与原本核对无异戳，法官助理和书记员署名。根据《刑诉法解释》第380条的规定，不服刑事附带民事判决书提出上诉、抗诉的期限为“收到判决书的第二日起十日内”，不服刑事附带民事裁定书提出上诉、抗诉的期限为“收到裁定书的第二日起五日内”，即使附带民事诉讼另行审判的也按照上述的上诉、抗诉期限执行，这一点与《民事诉讼法》的规定不同，需要特别注意。

四、注意事项

1. 一审刑事附带民事案件经过审理，附带民事诉讼双方当事人达成调解协议后，即使经济赔偿部分已经执行，但附带民事诉讼原告人仍表示不撤诉的，仍需要制作刑事附带民事判决书。如果附带民事诉讼双方当事人达成调解协议，原告人要求出具调解书的，应当制作“刑事附带民事调解书”，而不能制作民事调解书；已经另行出具刑事附带民事调解书的，刑事部分只制作刑事判决书。

2. 对于当事人提起刑事附带民事诉讼后，在宣判前经调解达成协议并撤诉的，在首部不再列写附带民事诉讼当事人的身份情况，直接采用一审公诉案件适用普通程序的刑事判决书样式，但这种情况应在审理经过段中作适当改写：“×××人民检察院……提起公诉，附带民事诉讼原告人×××提起附带民事诉讼。……在本院审理期间，附带民事诉讼双方当事人已达成调解协议并执行，附带民事诉讼原告人×××撤回起诉。本院依法组成合议庭……”在事实部分就不再涉及附带民事诉讼的审理情况，对于刑事附带民事调解书、执行赔偿经济损失的书证和双方达成和解的谅解书等，则应作为对被告人量刑情节的证据列明。在“本院认为”部分概述“鉴于被告人×××认罪悔罪，积极赔偿被害人（或被害人亲属）的经济损失，取得被害人（或被害人亲属）的谅解，本院依法对被告人×××予以从轻处罚（或减轻处罚、免予刑事处罚）。”

3. 公诉机关提起的附带民事诉讼在判决前，如果经法院调解，双方当事人就经济损失的赔偿已达成调解协议的，可以制作“刑事附带民事调解书”，经双方当事人签收后即具有法律效力，但不能制作“民事调解书”；刑事部分单独审结的，则应当制作“刑事判决书”。赔偿金在判决前被告人已一次付清的，应当记入笔录，经双方当事人、审判人员、书记员签名或者盖章后即发生法律效力；如果当事人要求制作调解书的，也可以制作“刑事附带民事调解书”。经调解无法达成协议或者调解书签收前当事人反悔的，附带民事诉讼则应当同刑事案件一并判决，并制作“刑事附带民事判决书”。

【例文】

北京市××区人民法院

刑事附带民事判决书

（2019）京×××刑初××号

公诉机关北京市××区人民检察院。

附带民事诉讼原告人贺1，男，系本案被害人贺2之父。

附带民事诉讼原告人张1，女，系本案被害人贺2之母。

上述附带民事诉讼原告人共同的诉讼代理人郭某，北京市××律师事务所律师。

被告人汪某，男，1986年××月××日出生，因涉嫌犯非法拘禁罪于2018年11月2日被羁押，同年12月10日被逮捕。现羁押在北京市××区看守所。

辩护人黄某，北京市××律师事务所律师。

被告人沈某，男，1988年××月××日出生，因涉嫌犯非法拘禁罪于2018年11月2日被羁押，同年12月10日被逮捕。现羁押在北京市××区看守所。

辩护人刘某，北京市××律师事务所律师。

被告人武某，男，1992年××月××日出生，因涉嫌犯非法拘禁罪于2018年11月2日被羁押，同年12月10日被逮捕。现羁押在北京市××区看守所。

辩护人章某，北京市××律师事务所律师。

被告人覃某，男，1992年××月××日出生，因涉嫌犯非法拘禁罪于2018年11月2日被羁押，同年12月10日被逮捕。现羁押在北京市××区看守所。

辩护人暨附带民事诉讼代理人谢某，北京市××律师事务所律师。

北京市××区人民检察院以京×检公诉刑诉〔2018〕××号起诉书指控被告人汪某、沈某、武某、覃某犯非法拘禁罪，于2019年2月24日向本院提起公诉。在诉讼过程中，附带民事诉讼原告人贺1、张1向本院提起附带民事诉讼。本院依法组成合议庭，适用普通程序公开开庭进行了合并审理。北京市××区人民检察院指派检察员关某某、代理检察员杨某出庭支持公诉，附带民事诉讼原告人贺1、张1及其二人的附带民事诉讼代理人郭某，被告人汪某及其辩护人黄某，被告人沈某及其辩护人刘某，被告人武某及其辩护人章某，被告人覃某及其辩护人暨附带民事诉讼代理人谢某到庭参加诉讼。本案现已审理终结。

北京市××区人民检察院起诉书指控：2018年10月16日，被告人汪某、武某等为索取债务，将贺2从北京市朝阳区载至××区后，与被告人覃某、沈某于2018年10月16日至11月2日将贺2拘禁在本区×镇×小区×楼×室。2018年11月2日17时许贺2跳楼受伤，后经抢救无效死亡。经鉴定，贺2符合高坠致全身多处骨折，继发ARDS（成人呼吸窘迫综合征）及肺部感染，造成重度机化性肺炎、呼吸功能衰竭死亡。

当日晚，被告人汪某、武某、覃某、沈某被传唤到案。

公诉机关就上述指控，向法庭提供了四被告人的供述和辩解、证人证言、书证、鉴定意见、诊断证明、110接处警记录、现场勘验笔录、到案经过、四被告人的身份证明等证据，认为四被告人为索取债务非法拘禁他人，导致被拘禁人死亡，其行为触犯了《中华人民共和国刑法》第二百三十八条之规定，应当以非法拘禁罪追究四被告人的刑事责任。提请本院依法判处。

附带民事诉讼原告人贺1、张1及其诉讼代理人郭某诉称：由于四被告人的行为导致贺2死亡，要求四被告人共同赔偿贺2的住院伙食补助费人民币3500元（以下币种均为人民币，略）、误工费3500元、营养费1750元、护理费 7700 元，处理丧葬事宜人员的误工费 5500 元、殡葬服务费 3200 元、火化及运输费 931.37 元、停尸费 9050 元、交通费 3216 元、丧葬费 38 778 元、死亡赔偿金 411 380 元、贺 1 的被扶养人生活费 180 460 元、张 1 的被扶养人生活费 180 460 元、精神抚慰金 150 505 元、住宿费 70 元，共计应赔偿 100 万元，并向法庭提交了诊断证明、误工证明、亲属关系证明等书证。

被告人汪某、沈某、武某、覃某对公诉机关指控的事实和罪名均无异议，对附带民事原告人的诉讼请求均表示愿意赔偿，但认为原告人主张的数额过高，没有能力赔偿。

被告人汪某的辩护人黄某的辩护意见是：（1）起诉书指控非法拘禁被害人的时间从 2018 年 10 月 16 日至 11 月 2 日不准，被告人汪某主观上也没有非法拘禁的故意，是在找到贺 2 后，贺 2 表示愿意配合寻找骗走 19 万元的同伙的情况下，带走贺 2 的；在此期间汪某等与贺 2 多次外出打台球、逛公园、寻找贺 2 的同伙，被害人有条件与外界联系；（2）汪某是为索取债务非法拘禁他人，主观恶性较小，社会危害性较小，且案发后有自首情节；（3）因被害人主动跳楼导致死亡，其本人对死亡结果有重大过错；在重伤与死亡之间间隔时间长达月余，且死亡的重大原因系救治不及时，本案应认定为汪某等非法拘禁致人重伤；（4）被告人汪某认罪态度较好，同意赔偿死者家属。综上，请求对被告人汪某减轻处罚。

被告人沈某及其辩护人刘某同意起诉书指控的事实和罪名，但被告人沈某在共同犯罪中的作用小，是从犯；沈某愿意赔偿被害人亲属，但本人没有财产，无力赔偿，请求法庭从轻处罚。

被告人武某的辩护人章某的辩护意见是：（1）被告人武某在共同犯罪中起次要、辅助作用，是从犯，初犯，且具有自首情节；（2）被害人最终死亡是未得到及时和合理的治疗，请求对被告人武某减轻处罚。

被告人覃某的辩护人暨附带民事诉讼代理人谢某的辩护意见是：（1）被告人覃某主观上是为了索取债务才拘禁被害人，在本案中所起作用较小，应属从犯；（2）案发后被告人覃某主动到公安机关配合调查，属自首；（3）本案中的拘禁行为并不是被害人死亡的直接原因，被害人死亡的直接原因是其为了逃跑而跳楼所致，因此本案应作为一般的非法拘禁罪从重情节来定罪量刑，不应直接按照非法拘禁致人死亡来量刑；（4）被告人覃某愿意尽力补偿被害人家属，在法院审理期间已退赔 5 万元，确有悔罪表现。综上，请求对被告人覃某减轻处罚。

经审理查明：

2018 年 10 月 16 日，被告人汪某、武某为索取债务，在北京市朝阳区强行将被害人贺2拖拽上车带至北京市××区×镇×小区×楼×室，其间汪某对贺2进行殴打。至同年11月2日，被告人汪某、武某伙同被告人覃某、沈某将贺2拘禁在该×室内，四被告人轮流看守，其间汪某、沈某对贺2有殴打行为。2018年11月2日17时许，贺2借机从被拘禁的×楼×室内跳楼致伤，被告人汪某、武某、覃某先将贺2抬回室内，当发现有人报警后，又将贺2移至该楼五层至六层的楼梯间内，随即逃离现场。当日，被害人贺2被警察发现送往医院救治，2018年12月3日经抢救无效死亡。经鉴定，被害人贺2符合高坠致全身多处骨折，继发ARDS（成人呼吸窘迫综合征）及肺部感染，造成重度机化性肺炎、呼吸功能衰竭死亡。

2018年11月2日案发后，经民警电话通知，被告人汪某、武某、覃某、沈某先后到公安机关投案。到案后，被告人汪某、武某如实供述了上述主要事实。

另查明，贺2自2018年11月2日至同年12月3日死亡，在北京市××区人民医院救治。

被告人汪某、沈某、武某、覃某的行为给附带民事诉讼原告人贺1、张1造成经济损失共计57 548元，其中：住院伙食补助费3300元、贺2的误工费3500元、营养费1650元、护理费7260元，处理丧葬事宜人员的误工费990元、交通费2000元、丧葬费38 778元、住宿费70元。在本院审理期间，被告人覃某赔偿了5万元已扣押在案。

上述事实，有下列证据证实，经庭审质证属实，本院予以确认：

1. 证人赵某的证言证实：2018年11月2日17时许，我在北京市××区×镇×小区×楼北侧底商的一家饭店吃完饭，准备回×楼×房间，途中突然听见“啊!”的一声喊叫，我抬头见一男子从楼上掉下来，正好掉在我正前方不到一米的位置，我被吓了一跳，就跑到路边的一个小树林里打电话报警，还打了120救护电话。等我回到事发地等待民警时，发现刚才跳楼的男子不见了，现场地面只剩一滩血。120急救车给我回电话的时候，我告诉他们说找不到人了，他们就没过来。民警来了之后，我们一起在×楼的五层与六层的楼梯间找到了跳楼的男子，他好像是从三楼跳下来的，我抬头的时候看到那个男子在半空中是站立姿势，然后身体就倾斜了，具体他怎么落地的就没看清楚了。

2. 证人孙某的证言证实：2018年11月2日18时许，我在××区×镇×小区×楼底商的便利店值班时，有三名男子抬着一名男子从我家店里经过，被抬着的男子用背心蒙着脑袋，嘴里嘟嘟囔囔说的什么没听清，我以为他是喝醉了被人抬回来的。他们从我家便利店的东门进来，穿过店从西门出去，就进了

×楼小区往北拐了。

3. 证人邱某的证言证实：2018年8月的一天，公司老板赵某1给我打电话说“棋子”的朋友沈某想贷款，后来沈某找我联系办业务，但他的征信不成，我就让他找一个名义借款人。几天后沈某带着一个姓贺的名义借款人来我公司，姓贺的说和沈某是朋友关系，我就让姓贺的在北京某金融公司做的贷款业务，然后等着银行放款。同年9月9日，19万元的贷款下来了，沈某和姓贺的都在我公司等着拿钱，我让沈某去交服务费，没几分钟沈某跟我说姓贺的跑了，之后沈某就去找姓贺的了。后来沈某打电话跟我说找到姓贺的了。案发前几天“棋子”给我打电话说姓贺的跳楼了。

4. 证人崔某（绰号“棋子”）的证言证实：2018年8月，沈某想找我借点钱做买卖，我介绍沈某去找我朋友赵某1的某投资担保公司办贷款，后面的事情就不清楚了。北京市××区×镇×小区×楼×房间是我在2014年10月用朋友的名字承租的，我是实际承租人。我租这个房子就是卖POS机，这间房也用来谈业务，开始我一直在这里办公，后来我不在这儿了，汪某、武某都有这里的钥匙，有时候他们谈业务也会把客户带到这里来。

5. 证人赵某1的证言证实：我是某资产分公司的法人，我公司是办理担保贷款业务的，地址在北京市××区×镇兴华大街的底商。2018年9月1日，“棋子”跟我说一个姓沈的朋友想贷款，“棋子”做口头担保，我让他去公司找业务员邱某办理业务，后面的事情我就没问。到2018年9月9日银行放款19万元，当天邱某告诉我这笔业务已经放款了，但不是用姓沈的本人名字做的贷款，因为他的征信不合格，是用其他人的名字办的贷款，这个顶替的人跑了。后来邱某跟我说顶替的人叫贺2，姓沈的找到贺2了，向贺2要钱对方没有，姓沈的就把贺2扣下了，后来贺2就跳楼了。

6. 被告人汪某的供述证实：我是给人代办POS机、信用卡、贷款中介的业务员，挂职在×资产分公司，主要做贷款抵押业务。2018年8月二十几号，客户沈某找到我说想申请一笔19万元的银行贷款，因为他的征信有问题贷不出款来，我就跟沈某说让他找一个征信没问题的人帮其申请贷款，后来沈某找到了贺2，让我们以贺2的名义向银行申请这笔贷款。我们以贺2的名义向某金融公司申请了一笔一年期的19万元贷款，抵押物是沈某提供的一套房产，当时沈某跟贺2谈的是钱到位后，都是沈某实际使用和还贷，款到位后贺2拿3000元好处费，我负责为贷款跑手续。我们还带着贺2去农业银行用他的名字办了一张银行卡，并将该银行卡和贺2的身份证押在我们公司。2018年9月9日，某金融公司准备拨付贷款，当天我叫贺2和沈某到公司领钱，贺2在公司里等着。当天大概11时许，银行贷款转到贺2的农行卡上了，贺2借口说到门口抽烟，趁我们不注意就跑了，有一辆白色起亚K4轿车过来将他接走的。后来我们发现贺2押在公司的银行卡已经被挂失了，当天贺2就将这笔19万元的贷款转走了。我们就到贺2身份证上的河北地址找他，没有找到，他父母说不知道这件事，也没有见到贺2，我们就回北京了。后来我在中介圈里跟朋友说了这件事，让他们帮忙留意贺2。2018年10月16日早上，同行张某跟我说一个叫贺2的人到他们公司办贷款，我就和武某、邱某一起去了朝阳区大望路SOGO现代城，上午10点多在那里找到贺2，把他带到车上问其贷款的下落，当时我打了他两耳光，贺2说他也被骗了，钱被开起亚车的两个人弄走了，他就分了3万元，我们先回到××区×小区×楼×室的分公司继续问他贷款的事情，贺2说他分的3万元在河北燕郊，我们开车带着他去燕郊拿钱，也没拿到。10月16日晚上8点多，我们又把贺2带回了公司的×室，我想让贺2帮着联系跟他一起骗我们的人把19万元还回来，贺2给那两个人打电话，对方开始说没有骗我们的钱，后来就不接电话了。我跟贺2说让他在我们这里待几天，钱回来了其他的就不追究了。从2018年10月16日晚上8点多开始，贺2就跟我们待在一起，平时我们就在公司的这屋里吃喝住都在一起，我还带他出去打台球、逛公园什么的，晚上基本上是我跟他一起住在公司里，白天我们公司的几个人都在。后来我把抓到贺2的事情跟沈某说了，沈某听说后过来问贺2钱去哪儿了，沈某也说让贺2还我们这笔钱，每次沈某都在我们公司待上一会儿，少则一两个小时，多则待上半天，有时两三天过来一次，有时一周过来一次，每次来不固定，都是让贺2联系他的同伙把钱还回来。一直到2018年11月2日，贺2还是找不到拿走我们钱的人，当天中午12点多沈某过来了，我们还是问贺2到底能不能找到钱，贺2还是说找不到人，我觉得贺2没有说实话，下午四五点钟我在追问贺2的时候，他说的和之前不一致，还是以找不到同伙和钱为借口敷衍我，我当时急了就打了他两个耳光，我们跟他说要报警，说他诈骗我们的钱，然后到他老家找他父母说这件事，沈某也顺着我说去河北找他父母，之后我们就没再理他，当时屋里有我、沈某、武某、覃某。过了半个多小时，我们在玩手机聊天时，我听见有椅子倒地的声音，我抬头时就看到贺2从窗户钻出去了，我问他干什么，他什么也没说就跳下去了，我们赶到窗口看到贺2已经在楼下地上趴着了。我和武某、覃某赶到楼下，看到贺2额头流血了，我扒拉他一下，他说疼让我们别动他。我当时想从三层跳下来没什么大事，就提议给贺2带回去，我们三人将贺2抬回了公司。当时好像是沈某说有人报警了，警察来了，我们就慌了，把贺2放在楼道的楼梯间内后就下楼了。后来我害怕，就给贺2的手机打电话，是派出所的民警接的，我问民警贺2在哪儿，民警说在××医院，民警问我怎么回事，我就说了我们的纠纷，我说去医院给贺 2 交医药费，警察让我在医院等着，我交了 6000 元的医药费。警察来了就把我带回了派出所，后来警察问我当时还有谁，我就跟警察说了，后来武某、覃某、沈某就陆续到派出所来了。贺 2 在×室的这十几天内，我和沈某、覃某、武某都在这儿轮着看着贺 2，沈某隔几天来看他半天，覃某晚上看管有七八个晚上，他没有单独一个人看过，武某大约在晚上看管贺 2 有七八个晚上，都是住在那里看着，保证平时都有人看管。他们平时就是帮我盯着点贺 2，我们就是互相帮忙的关系。有一天晚上，我和覃某、武某出去找贺 2 的同伙，是沈某单独在公司看管贺 2 的。在这段时间，覃某应该是骂过贺 2，没有打过。沈某打过贺 2，也骂过。公司是我和武某、覃某、崔某几个朋友合伙一起开的，在楼道里有挂牌，谁有业务就在这儿办，挣了钱大伙分。

7. 被告人沈某的供述证实：2018 年 8 月 26 日，我因为着急用钱，就找汪某帮我申请一笔 19 万元的贷款，因为我的征信不成，我又找到贺 2，以他的名义替我向银行申请贷款。我们三方谈的是贺 2 拿 3000 元好处费，汪某他们中介拿百分之十的服务费，我们三方都同意了，汪某就以贺 2 的名义向银行申请了贷款。2018 年 9 月初的一天，汪某通知我银行放款了，但贺 2 从他们公司跑了，并把存有 19 万元贷款的银行卡挂失，将钱取走了，之后也联系不上贺 2 了。10 月中旬汪某告诉我找到贺 2 了，现在汪某他们公司。第二天上午，我去了××区×镇×小区×楼×室汪某他们公司，我问贺 2 为什么骗我们的贷款，贺 2 说他也是被同伙骗了，他一分钱没得到。我们就让他把骗贷款的人找出来，开始他打电话给同伙，对方说不认识贺 2 就挂了，我就走了。10 月中下旬的一天晚上，汪某说他和覃某、武某要出去找贺 2 的同伙，让我和贺 2 待上一晚上，我同意了，他们走了之后就剩下我和贺 2 在屋里。当天晚上睡觉前我将房门反锁上，我睡在靠门的沙发上，贺 2 睡里侧沙发上。汪某他们是后半夜回来的，他们回来时我和贺 2 已经睡着了，当天晚上我也没有走。我不是天天去那里。11 月 2 日下午 1 点多我又过去了，5 点多我跟贺 2 说："我怀疑这钱就是你一个人吞了，这里面有担保公司应该给银行的四万多利息，剩下的十几万你要是不愿意给我们用，你就自己还银行，你要是真的骗人，我们就去找你父母要这个钱。"我在问贺 2 的时候因为生气用手拍了他的肩膀，我说完后贺 2 "嗯"了一声，我转身准备去门口拿烟时，听见后面有脚步声，再转身就看见贺 2 已经从窗户跳出去了。我们几个人赶到窗户处看到贺 2 趴在地上不动了。汪某、武某、覃某下楼去把贺 2 抬到屋里，我们看到贺 2 脸上破了，流血了，表情很痛苦，我们四个人又将他抬出去放到楼梯间，然后就跑了。后来我听说贺 2 已经被送到医院了，他们也到医院给垫付了医药费，我就想去派出所说明情况，途中接到民警电话我就去派出所了。

8. 被告人武某的供述证实：我和汪某都是做办理 POS 机、信用卡、贷款的中介服务的。汪某有个客户叫沈某要办一笔贷款业务，具体情况我不清楚。后来聊天时听汪某说这笔业务出了问题，沈某是找的贺 2 向银行申请的 19 万元贷款，贷款下来当天贺 2 从金融公司跑了，并挂失了银行卡把贷款取走了，汪某就四处找贺 2。2018 年 10 月 16 日上午，汪某说贺 2 在大望路办贷款，叫我跟他去朝阳区大望路，我们俩和金融公司的邱哥一起去了大望路 SOGO 城找到了贺 2，汪某把贺 2 拽倒打了他两下，我当时对他进行了拉拽，我们把他拉上车带回了公司 × 室。在公司里汪某问贺 2 钱的下落，贺 2 说他被两个人骗了，他分了 3 万元放在河北燕郊，我们开车去了河北燕郊贺 2 说的地方也没有发现 3 万元，就又把贺 2 带回 × × 区我们公司 × 室，当时大概是 10 月 16 日晚上九十点钟，当天晚上汪某跟贺 2 住在公司了。从 2018 年 10 月 16 日开始，我白天到公司上班时贺 2 都在，汪某负责看着他，我在公司办自己的业务，有时汪某还带着贺 2 出去逛逛，我跟他们一起出去打过台球。汪某让贺 2 联系 19 万元贷款的下落，除了我，平时白天公司里还有业务员覃某办业务，沈某没事的时候也过来问问贺 2，大概意思是让他把拿走 19 万贷款的人找出来，把钱还回来。这样一直到 2018 年 11 月 2 日下午 1 点多，沈某来公司后他和汪某问贺 2 到底什么时候把钱还回来。当天下午四五点钟，我听沈某、汪某和贺 2 嚷嚷说要是再不把骗的钱还回来，他们就带贺 2 回老家找他父母说说这件事，其间沈某用手打了贺 2 的胳膊和身上两下，贺 2 不说话就低着头坐着，我在沙发上玩手机。过了会儿我听沈某喊："跳楼了!"我抬头看见客厅窗户开着，贺 2 已经不在了，我们到窗户处看见贺 2 在地上趴着，我和汪某、覃某就到楼下看情况，汪某说把贺 2 抬回公司，我们三人一起把贺 2 抬了回去。抬到公司后，我们从窗户向下看，发现有人报警了，警察来了，我们几个就慌了，汪某提议给贺 2 抬出去放到楼梯间内，我们把贺 2 放到楼梯间后就跑了。后来汪某给覃某打电话说警察找我们去派出所，我当时和覃某在一起，就一块儿去派出所了。

9. 被告人覃某的供述证实：我和汪某是给他人办理 POS 机、信用卡、贷款服务的业务员。汪某的客户沈某有一笔 19 万元的贷款业务，具体贷款业务我不清楚，后来听汪某说这笔业务出问题了，他们找的贺 2 代替沈某向银行贷款 19 万元，后来贺 2 跑了并将贷款取走了，汪某就四处找贺 2。2018 年 10 月中旬，汪某把贺 2 带回了我们公司，从 10 月中旬开始汪某就一直跟贺 2 在一起，我平时基本每天都去公司上班办自己的业务，平时白天武某也在公司办业务，贺 2 都在，汪某负责看着他，有时候汪某还带着贺 2 出去逛逛，我跟他们一起出去打了两三次台球，汪某平时就让贺 2 赶紧联系 19 万元贷款的事情。

沈某隔几天也过来问问贺2，大概意思就是让他把拿走19万贷款的人找出来，把钱还回来。11月2日下午一两点钟，沈某来公司，后和汪某问贺2什么时候能把钱还回来。下午四五点钟我听沈某、汪某跟贺2嚷嚷，说要是再不把骗他们钱的人找出来还钱，就带贺2回老家找他父母说说这件事，其间沈某还用手打了贺2的胳膊，踢了贺2两下，贺2没说别的，就说想办法把钱还上。过了会儿贺2不知道怎么就打开窗户跳下去了，我们从窗户处看到贺2在地上趴着。我和汪某、武某一起把贺2抬回公司，发现他的头破了，流了很多血，我们几个就慌了，汪某提议把贺2抬出去放到楼梯间，我们把他抬到楼梯间后就逃离了现场。后来汪某给我打电话让来派出所，汪某说完后民警又接过电话跟我说让我们到派出所说明情况，我当时跟武某在一起就一块儿去了派出所。

被告人覃某当庭供述称其和汪某晚上一起在公司的×房间住过，其间也看管过被害人贺2。

10. 公安机关出具的现场勘验笔录、现场照片、现场示意图证实：经对北京市××区×镇×小区×楼×室及×楼小区进行勘验，在小区外×号楼下东侧地面发现血迹一处，×号楼一楼大厅地面发现红色擦蹭痕迹，在该楼五楼楼梯地面发现血迹一处，在五楼与六楼之间楼梯缓步台处发现血迹一处。在×室门口发现血迹一处，该门口室内地面发现血迹一处，在×室南侧窗户的窗台栏杆北侧提取擦拭物一处，在栏杆南侧提取擦拭物一处，在南侧窗户的南侧提取擦拭物一处，在窗户北侧提取擦拭物一处，在窗户的窗纱绳上提取擦拭物一处。

11. 公安机关出具的法医物证鉴定书证实：在排除同卵双（多）胞胎和其他外源性干扰的前提下，支持送检的楼下地面血迹、五楼楼梯上血迹、五楼与六楼楼梯之间缓步台处血迹、×室室内地面血迹、栏杆北侧擦拭物均为贺2所留，不支持为其他随机个体所留。

12. 公安机关出具的法医学尸体检验鉴定书证实：经对贺2尸体进行尸表及解剖检验发现，其体表损伤较轻，损伤主要为全身多处骨折，符合高坠伤的特征。组织病理学检验发现贺2患有全肺弥漫性肺泡闭锁、正常肺脏组织结构消失，大量肺泡上皮细胞、成纤维细胞及胶原纤维增生等重度机化性肺炎改变，故其死因符合重度机化性肺炎致呼吸功能衰竭死亡。病历资料记载贺2于2018年11月2日入院治疗，伤后继发ARDS（成人呼吸窘迫综合征）及肺部感染，于2018年12月3日医治无效死亡。根据尸检结果，结合病历资料，贺2符合高坠致全身多处骨折，继发ARDS及肺部感染，造成重度机化性肺炎、呼吸功能衰竭死亡。

13. 相关银行和某金融公司出具的办理贷款的手续证实：以贺2的名义于2018年9月向某金融有限公司申请贷款19万元，指定还款账号为农业银行：

622××××1272，担保人为某（北京）资产管理有限公司，同年10月9日，贺2名下的农业银行账号为622××××9072的银行卡上转存19万元，当日分四次支取现金189 995元的事实。

14. 公安机关出具的工作说明证实：2018年11月2日17时许，民警接到报警电话后赶到现场，在××小区×号楼五层楼梯间内发现贺2趴在地上，面部有血迹，后民警拨打120，急救车将贺2送往北京市××区人民医院救治。

15. 公安机关出具的到案经过证实：2018年11月2日21时许，犯罪嫌疑人汪某在北京市××区人民医院被民警传唤到案；当日22时许，民警经电话联系将犯罪嫌疑人覃某、沈某传唤到案；当日23时许，民警经电话联系将犯罪嫌疑人武某传唤到案。

16. 公安机关出具的110接处警记录及受案登记表等证实：2018年11月2日17时55分许，赵某报警称有人跳楼。

17. 公安机关出具的公民身份信息证实：被告人汪某、沈某、武某、覃某的身份情况。

本院认为，被告人汪某、沈某、武某、覃某为索取债务非法剥夺他人人身自由，并致人死亡，四被告人的行为均已构成非法拘禁罪，依法均应予以惩处。北京市××区人民检察院指控被告人汪某、沈某、武某、覃某犯非法拘禁罪的事实清楚，证据充分，指控罪名成立。被告人汪某、沈某在拘禁被害人的过程中，对被害人有殴打情节，依法从重处罚。被告人汪某、武某案发后自动投案，到案后如实供述主要犯罪事实，系自首。被告人覃某、沈某虽有投案情节，但到案后未如实供述主要犯罪事实，不构成自首。被告人汪某是本案犯意的提起者、组织者，且积极参与犯罪行为，系主犯，被告人武某、覃某、沈某在共同犯罪中起次要、辅助作用，系从犯，且被告人覃某在本案审理期间主动赔偿5万元，依法对上述三被告人减轻处罚。经查，被害人贺2为逃避被告人汪某、沈某、武某、覃某非法拘禁行为而跳楼致伤后死亡，其死亡结果的发生与被告人汪某、沈某、武某、覃某的非法拘禁行为存在因果关系，应当以非法拘禁致人死亡予以处罚。

关于各位辩护人的辩护意见，本院综合评判如下：

关于被告人汪某的辩护人所提汪某系自首、认罪、为索取债务非法拘禁他人的辩护意见，本院采纳，其他辩护意见本院不予采纳。

关于被告人沈某的辩护人所提被告人沈某在共同犯罪中是从犯，请求法庭从轻处罚的辩护意见，本院予以采纳，其他辩护意见不予采纳。

关于被告人武某的辩护人所提被告人武某具有自首情节、系从犯、初犯，请求对武某减轻处罚的辩护意见，本院采纳，其他辩护意见本院不予采纳。

关于被告人覃某的辩护人所提被告人覃某系从犯、起次要辅助作用，为索取债务拘禁被害人且愿意补偿被害人家属，请求对被告人覃某减轻处罚的辩护意见，本院采纳，其他辩护意见本院不予采纳。

四被告人的犯罪行为给附带民事诉讼原告人造成的经济损失应依法赔偿。附带民事诉讼原告人要求四被告人赔偿贺2的误工费、丧葬费、住宿费等属合理请求，本院予以支持；要求赔偿贺2的住院伙食补助费、营养费、护理费、处理丧葬人员误工费、交通费的请求，根据原告人提交的证据并结合相关法律规定依法确认实际损失的数额，但所提要求过高部分本院不予支持；要求赔偿殡葬服务费、火化费及运输费、停尸费，已包含在丧葬费内，不应重复计算；要求赔偿死亡赔偿金、贺1及张1的被扶养人生活费、精神抚慰金无法律依据，本院不予支持。据此，依照《中华人民共和国刑法》第二百三十八条第一款、第二款、第三款，第五十五条第一款，第五十六条第一款，第六十七条第一款，第二十五条第一款，第二十六条第一款、第四款，第二十七条，第六十一条，第六十二条，第六十三条第一款，第三十六条第一款，《中华人民共和国民法通则》第一百一十九条，第一百三十一条和《最高人民法院关于适用〈中华人民共和国刑事诉讼法〉的解释》第一百三十八条，第一百五十五条第一款、第二款之规定，判决如下：

一、被告人汪某犯非法拘禁罪，判处有期徒刑十年，剥夺政治权利三年。

（刑期从判决执行之日起计算，判决执行以前先行羁押的，羁押一日折抵刑期一日，即自2018年11月2日起至2028年11月1日止）

二、被告人沈某犯非法拘禁罪，判处有期徒刑七年，剥夺政治权利一年。

（刑期从判决执行之日起计算，判决执行以前先行羁押的，羁押一日折抵刑期一日，即自2018年11月2日起至2025年11月1日止）

三、被告人武某犯非法拘禁罪，判处有期徒刑六年。

（刑期从判决执行之日起计算，判决执行以前先行羁押的，羁押一日折抵刑期一日，即自2018年11月2日起至2024年11月1日止）

四、被告人覃某犯非法拘禁罪，判处有期徒刑四年六个月。

（刑期从判决执行之日起计算，判决执行以前先行羁押的，羁押一日折抵刑期一日，即自2018年11月2日起至2023年4月1日止）

五、被告人汪某、沈某、武某、覃某共同赔偿附带民事诉讼原告人贺1、张1的经济损失共计人民币57 540元，其中包括贺2的误工费、住院伙食补助费、营养费、护理费，处理丧葬事宜人员误工费、交通费、丧葬费、住宿费等。扣押在案的人民币5万元，于判决生效后十日内退赔附带民事诉讼原告人，余款人民币7548元，于判决生效后十日内付清。

六、驳回附带民事诉讼原告人贺1、张1其他的诉讼请求。

如不服本判决，可在接到判决书的第二日起十日内，通过本院或者直接向北京市××中级人民法院提出上诉。书面上诉的，应当提交上诉状正本一份，副本二份。

审 判 长 张某某
人民陪审员 宋某某
人民陪审员 张某某
二〇一九年三月十八日
（院印）

本件与原本核对无异

法官助理 辛某某
书 记 员 宋某某

项目十三 刑事上诉状

【文书格式】

刑事上诉状

上诉人×××，……。

（被上诉人）×××，……。

上诉人×××因××一案，不服××××人民法院（××××）××刑初××号刑事判决书（裁定书），现依法提出上诉。

上诉请求：

1.……

2.……

上诉理由：

……

此致

××××人民法院

上诉人：×××（签名并捺指印）
××××年××月××日

附：本上诉状副本×份。

【刑事上诉状写作谈】[①]

刑事上诉状是被告人、自诉人和他们的法定代理人以及经被告人同意的辩护人、近亲属，不服地方各级人民法院第一审刑事判决或裁定，在法定上诉期限内向上一级人民法院提出上诉，请求撤销、变更一审裁判所提交的刑事诉讼法律文书。写作主体是被告人、自诉人和其法定代理人以及经被告人同意的辩护人和近亲属，写作受体是第一审人民法院的上一级人民法院、公诉机关和上一级检察机关以及被上诉人，写作主旨是不服第一审刑事判决、裁定，请求上一级人民法院撤销、变更一审裁判。在刑事附带民事诉讼案件中，附带民事诉讼的原告人、被告人及其法定代理人，也具有刑事附带民事诉讼案件上诉的主体资格，当他们书写附带民事上诉状时，行文、格式参照刑事上诉状。刑事上诉状是公民行使刑事上诉权的凭证，也是第二审人民法院进行审理的依据。其写作的法律依据是《刑事诉讼法》第 227 条第 1 款[②]、第 2 款[③]，《刑诉法解释》第 378 条[④]、第 379 条[⑤]。

刑事上诉状的结构包括首部、正文、尾部三个部分，具体内容和写法详述如下。

一、首部

首部包括标题、当事人基本情况及案由。其中，当事人的称谓因案件性质的不同而有两种写法。在自诉案件的上诉状中，上诉人是提出上诉的自诉人或被告人，相对一方就是被上诉人；在公诉案件的上诉状中，只有提出上诉的被

---

① 本文由李秀芹律师撰稿。

② 《刑事诉讼法》第 227 条第 1 款规定，被告人、自诉人和他们的法定代理人，不服地方各级人民法院第一审的判决、裁定，有权用书状或者口头向上一级人民法院上诉。被告人的辩护人和近亲属，经被告人同意，可以提出上诉。

③ 《刑事诉讼法》第 227 条第 2 款规定，附带民事诉讼的当事人和他们的法定代理人，可以对地方各级人民法院第一审的判决、裁定中的附带民事诉讼部分，提出上诉。

④ 《刑诉法解释》第 378 条规定，地方各级人民法院在宣告第一审判决、裁定时，应当告知被告人、自诉人及其法定代理人不服判决和准许撤回起诉、终止审理等裁定的，有权在法定期限内以书面或者口头形式，通过本院或者直接向上一级人民法院提出上诉；被告人的辩护人、近亲属经被告人同意，也可以提出上诉；附带民事诉讼当事人及其法定代理人，可以对判决、裁定中的附带民事部分提出上诉。被告人、自诉人、附带民事诉讼当事人及其法定代理人是否提出上诉，以其在上诉期满前最后一次的意思表示为准。

⑤ 《刑诉法解释》第 379 条规定，人民法院受理的上诉案件，一般应当有上诉状正本及副本。上诉状内容一般包括：第一审判决书、裁定书的文号和上诉人收到的时间，第一审人民法院的名称，上诉的请求和理由，提出上诉的时间。被告人的辩护人、近亲属经被告人同意提出上诉的，还应当写明其与被告人的关系，并应当以被告人作为上诉人。

告人，没有被上诉人，不能把第一审裁判文书中的公诉机关列为被上诉人。需要注意两点：一是经被告人同意的辩护人、近亲属提出上诉的，上诉人依然是被告人，而不是辩护人、近亲属，但应在上诉状落款处写明其与被告人的关系；二是在刑事附带民事诉讼中有的被告人不是刑事案件的被告人，如果附带民事诉讼原告人及其法定代理人对一审判决民事部分不服，提出上诉的，附带民事诉讼的民事被告人就可能是被上诉人。在当事人基本情况中还要写明上诉人因本案所受强制措施的情况以及现在何处等情况。案由的写作要沿袭文书格式中的写作模板。

【示例】

上诉人王某某因盗窃一案，不服北京市第一中级人民法院 2021 年 6 月 22 日作出的（2021）京 01 刑初 000 号刑事判决，现提出上诉。

二、正文

正文部分包括上诉请求和上诉理由。

（一）上诉请求

上诉请求应明确、具体，切忌含糊其词、模棱两可。一般包括两方面内容：一是明确表明上诉的对象，即是对第一审裁判的全部还是部分内容不服；二是提出上诉的目的，即请求第二审人民法院撤销或变更第一审的判决。

（二）上诉理由

上诉的理由，即不服第一审判决的理由。这部分内容能否成立，关系到上诉请求有无根据和上诉理由、依据是否充分，是刑事上诉状的核心内容。在撰写这部分内容时，应从第一审裁判认定的事实是否正确、适用的法律是否正确、定罪量刑是否适当、诉讼程序是否合法等方面进行阐述和反驳，应充分运用第一审判决确认或否定的证据来支持和佐证上诉理由，以说服第二审法院撤销或变更第一审判决。

1. 认定事实方面

第一审判决认定的事实方面有错误，是指一审判决认定的事实不清楚或者证据不足。具体情形包括：（1）一审判决认定的犯罪行为不是被告人实施的；（2）一审判决据以定罪的证据存在矛盾、疑问，不能排除其他可能性从而得出唯一结论的；（3）一审判决据以定罪的关键证据虚假或系非法取得，导致案件基本事实不清的；（4）按照法律、司法解释规定应当进行司法鉴定而没有进行鉴定或者鉴定不符合要求，造成一审判决认定事实不清、证据不足的；（5）第一审判决认定的犯罪事实确系被告人所为，但被告人属于法律规定不应定罪及追究刑事责任情形的。上诉理由部分应首先指出一审判决"经审理查明"中认定的错误事实，再用确实、充分的证据证明事实真相，从而全部或部分地否定一审判决认定的事实，切忌不能仅以想象或推断的事实作为论据。

2. 适用法律方面

第一审判决在适用法律方面有错误，是指一审判决认定事实虽无不妥，但在案件性质、确定罪名等方面有误。例如，一审判决认为被告人的伤害行为构成犯罪，被告人认为自己的行为属于正当防卫而提出上诉①；一审判决认为被告人的行为构成抢劫罪，被告人认为构成敲诈勒索罪提出上诉②；一审判决认为被告人的行为构成故意杀人罪，被告人认为构成故意伤害致人死亡提出上诉③，等等。针对一审判决适用法律方面的不同错误情形，刑事上诉状中的上诉理由部分应结合案件事实，论证和引用应适用的具体的法律规定，指明一审判决在适用法律方面存在的错误，并应当予以纠正。

3. 量刑方面

第一审判决量刑方面有错误，是指一审判决认定事实和定罪没有错误，但量刑不当。因第二审程序启动的主体不同，不服一审判决量刑的法律后果亦不同。对自诉人、公诉机关而言，认为一审判决量刑轻而提出上诉或抗诉的，第二审法院可能会加重被告人的刑罚；对被告人或者他的法定代理人、辩护人、近亲属而言，认为一审判决量刑重而提出上诉的，第二审法院不得加重被告人的刑罚④。被告人仅因量刑过重提出上诉的，刑事上诉状应从一审判决没有认定从轻、减轻处罚的法定情节及酌定情节，或者将减轻处罚情节认定为从轻处罚情节等方面，结合案件事实和证据，依照法律规定来叙述上诉理由。对上诉状中提出的法定的、酌定的从轻或减轻的量刑情节，应当注意收集和提出证据材料，以说服第二审法院采纳上诉理由，支持上诉请求。

---

① 《男子夺刀杀死入室行凶醉汉获刑坚称正当防卫》，载《京华时报》，http：//news.sina.com.cn/s/042825118612.shtml，最后访问日期：2021年7月5日。

② 《什邡三男子虚构车祸强索钱财一审被判抢劫罪二审改判敲诈勒索罪》，载 http：//tech.xinmin.cn/29020321.html，最后访问日期：2021年7月5日。

③ 《法院二审终审改判，杀人罪改为故意伤害罪，无期改有期》，载 http：//www.66law.cn/goodcase/16513.aspx，最后访问日期：2021年7月5日。

④ 《刑事诉讼法》第237条规定，第二审人民法院审理被告人或者他的法定代理人、辩护人、近亲属上诉的案件，不得加重被告人的刑罚。第二审人民法院发回原审人民法院重新审判的案件，除有新的犯罪事实，人民检察院补充起诉的以外，原审人民法院也不得加重被告人的刑罚。人民检察院提出抗诉或者自诉人提出上诉的，不受前款规定的限制。

4. 诉讼程序方面

第一审判决在诉讼程序方面有错误，是指一审法院在审理案件和最后的裁判中，存在违反诉讼程序的情形，且可能影响了审判的公正。这些情形主要包括：违反公开审判的规定、违反回避制度、审判组织的组成不合法、剥夺或限制了当事人的法定诉讼权利等。刑事上诉状应根据有关的法律规定，指明一审法院在诉讼程序方面存在的错误的具体情形。

实践中，上诉人仅以诉讼程序不合法为由提出上诉的并不多见，应结合一审判决在认定事实、适用法律、量刑不当等一个方面或几个方面存在的错误来阐述上诉理由，说服第二审法院撤销或变更一审判决。其中认定事实、适用法律、量刑不当三个方面是统一的，不能割裂开来，如认定事实错误，也会导致适用法律错误，直接影响量刑。书写刑事上诉状前，应仔细阅读一审判决书，审核证据材料，分析一审法院审理查明的事实和判决理由，找准上诉理由的切入点。虽然被告人自己依法可以口头或书面提出上诉，但由于被告人没有机会查阅卷宗材料，没有能力进行法律论证分析等原因，不可能对上诉理由进行系统的充分的阐述，因此辩护律师在被告人确定上诉后，帮助其拟好刑事上诉状，在会见时经被告人同意签字后，再提交到第一审法院或第二审法院。

三、尾部

尾部包括呈送人民法院名称、上诉人签名盖章、提交上诉状的时间、附项等内容。根据《刑事诉讼法》第231条的规定，上诉人既可以通过一审法院提出上诉，又可以直接向第二审法院提出上诉，但刑事上诉状中的呈送机关只能写第二审法院的名称，而不能写第一审法院的名称。提交上诉状的时间应当符合上诉期限的规定。《刑事诉讼法》第230条规定，不服判决的上诉和抗诉的期限为十日，不服裁定的上诉和抗诉的期限为五日，从接到判决书、裁定书的第二日起算。上诉人对是否上诉有反复，应以其在上诉期满前最后一次的意思表示为准。如果上诉人在上诉期满前撤回了上诉，第一审判决、裁定在上诉期满之日起生效。上诉期满后，上诉人要求撤回上诉的，需经第二审法院审查，认为一审判决认定事实、定罪及适用法律正确，量刑适当的，裁定准许撤回上诉，第一审判决、裁定自第二审裁定书送达上诉人之日起生效；认为一审判决事实不清，证据不足或者将无罪判为有罪、轻罪重判的，则不予准许撤回上诉，继续按照二审程序审理该上诉案件。

四、注意事项

1. 第一审判处死刑缓期二年执行的被告人提出上诉的，在上诉期限届满前申请撤诉时，上一级法院按照死缓复核程序继续审理并依法作出裁定。在上诉期限届满后第二审宣判前被告人申请撤回上诉的，第二审法院经审查认为一审认定的事实清楚，证据确实充分，定罪及适用法律准确，量刑适当，审判程序合法的，准许被告人撤回上诉并作出复核裁定；如果经审查一审判决存在错误，则不予准许被告人撤回上诉，继续按照二审合并死缓复核程序进行审理，并依法作出判决或者裁定。经过死缓复核程序的，裁定核准死刑缓期二年执行的，第一审判决自死缓核准裁定确定之日生效。

被判处死刑立即执行的被告人提出上诉后，在第二审开庭后宣告裁判前申请撤回上诉的，不予准许，继续按照二审程序进行审理并依法作出二审裁判。

2. 如果公诉机关不同意其同级法院作出的第一审刑事判决或裁定的，应当在法定期限内通过一审法院向上一级法院提出抗诉。公诉机关提起抗诉用的法律文书叫刑事抗诉书。

3. 如果被害人及其法定代理人不服地方各级法院的第一审刑事判决，自收到判决书后的五日以内，有权请求公诉机关提出抗诉。公诉机关在收到申请抗诉的请求后五日以内作出是否抗诉的决定。认为应当抗诉的，按抗诉的规定办理。被害人及其法定代理人申请人民检察院提起抗诉的法律文书叫刑事抗诉申请书。

【例文】

刑事上诉状

上诉人梅某某（外文名：MOI××），男，1976年×月×日出生，某国国籍，护照号码A20500000，大学文化程度，无业，出生地某国联邦槟城，住某国槟城省槟城市TAMANSELATAN（南花园）×号，暂住北京市朝阳区潘家园劲松南路×号楼×号。因涉嫌抢劫罪，于2016年3月17日被北京市公安局刑事拘留，同年4月1日被逮捕，现羁押于北京市第一看守所。

上诉人梅某某因被控犯抢劫罪一案，不服北京市第二中级人民法院作出的（2016）京02刑初000号刑事判决，现提出上诉。

上诉请求：

请求二审法院查清本案事实，撤销一审判决，对上诉人减轻处罚。

上诉理由：

首先，我对检材的真实性提出异议。中国商业联合会钟表眼镜质量监督检测中心对涉案手表进行真伪鉴定的时间是2016年3月19日，北京市东城区价格认证中心对涉案手表进行价格鉴定是2016年3月23日至24日。但是根据2016年3月18日央视《东方时空》、北京电视台《法治进行时》和《法治中国行》的报道，警方在案发后立即将涉案手表发还给被抢单位了。因此，将涉案手表发还之后才进行鉴定，对检材手表是否为涉案原物我表示异议。

其次，涉案11只手表的价格是认定本案事实的关键，也是对我量刑的基础。一审判决认定这些手表在2016年3月16日的市场价格为人民币319.5万元，但作出这个数额认定的证据不足。名贵手表的一手价格和二手价格相差悬殊，根据控方的证据表明在我抢的11只手表中，部分手表是二手货，部分手表的发票为虚假发票，如果价格鉴定机构将二手手表等同于一手手表，将虚假发票的价格作为鉴定依据，其所作的价格鉴定结果就有失公平，对涉案手表的作价就是证据不足。

再次，一审判决量刑畸重。我平时表现一贯良好，没有违法犯罪记录，历史清白，来到中国后结婚生子至案发前都是守法的，没有前科劣迹，此次犯罪是初犯、偶犯，并且配合办案机关追缴赃款赃物，没有给被害人的人身和被害单位财产造成实际损失，社会危害性不大。我从被抓后如实交代了犯罪行为，始终认罪，有悔改表现，在法庭上我也能如实供述，根据中国的法律和最高人民法院的司法解释规定，应当对我减轻处罚，一审法院判决我有期徒刑十二年，并处罚金人民币24 000元，量刑畸重。

最后，请求二审法院考虑我犯罪的行为对社会的实际危害后果不严重，认罪悔罪态度好，家有幼子需要抚养等情节，对我减轻处罚。

此致

北京市高级人民法院

上诉人：梅某某（签名并捺指印）

二〇一七年一月六日

附：上诉状副本2份。

项目十四　刑事抗诉书（二审程序适用）

【文书格式】①

××××人民检察院

刑事抗诉书

（二审程序适用）

××检××诉刑抗〔20××〕×号

××××人民法院以××号刑事判决（裁定）书对被告人×××（姓名）××（案由）一案判决（裁定）……（判决、裁定结果）。本院依法审查后认为（如果是被害人及其法定代理人不服地方各级人民法院第一审的判决而请求人民检察院提出抗诉的，应当写明这一程序，然后再写“本院依法审查后认为”），该判决（裁定）确有错误（包括认定事实有误、适用法律不当、审判程序严重违法），理由如下：

……（根据不同情况，理由从认定事实错误、适用法律不当和审判程序严重违法等几个方面阐述。）

综上所述……（概括上述理由），为维护司法公正，准确惩治犯罪，依照《中华人民共和国刑事诉讼法》第二百二十八条的规定，特提出抗诉，请依法判处。

此致

××××人民法院

××××人民检察院

20××年××月××日

（院印）

附件：1. 被告人×××现羁押于×××（或者现住×××）。

2. 其他有关材料。

---

① 本文书格式出自《人民检察院刑事诉讼法律文书格式样本（2020版）》（高检发办字〔2020〕5号，2020年1月15日印发）。

【刑事抗诉书（二审程序适用）写作谈】①

刑事抗诉书（二审程序适用）是指提起公诉的人民检察院认为第一审刑事判决、裁定确有错误而提出抗诉，要求第二审人民法院审理予以纠正的刑事诉讼法律文书。写作主体是提起公诉的人民检察院，写作受体是第二审人民法院、上一级人民检察院、当事人，写作主旨是启动第二审程序，要求第二审人民法院纠正第一审刑事判决、裁定的错误。

本文书是人民检察院对人民法院第一审刑事判决、裁定是否正确进行法律监督的体现，是人民检察院行使刑事抗诉职权的工具。人民检察院通过写作刑事抗诉书对第一审刑事判决、裁定实行法律监督，有利于保障人民法院依法行使审判权，保障国家刑罚权的正确行使，有利于保证国家法律的正确、统一实施，保证及时、准确地依法惩治犯罪分子，切实保障公民和组织的合法权益，保证办案质量。本文书写作的法律依据是《刑事诉讼法》第228条②、第232条③、第300条④，《刑事诉讼规则》第584条⑤、第587条⑥、

---

① 本文由梁景明检察官撰写。写作时参考了北京市人民检察院组织编写：《刑事审判监督办案指引与案例参阅》，中国检察出版社2019年版；童建明、万春主编：《人民检察院刑事诉讼法律文书适用指南》，中国检察出版社2020年版。

② 《刑事诉讼法》第228条规定，地方各级人民检察院认为本级人民法院第一审的判决、裁定确有错误的时候，应当向上一级人民法院提出抗诉。

③ 《刑事诉讼法》第232条规定，地方各级人民检察院对同级人民法院第一审判决、裁定的抗诉，应当通过原审人民法院提出抗诉书，并且将抗诉书抄送上一级人民检察院。原审人民法院应当将抗诉书连同案卷、证据移送上一级人民法院，并且将抗诉书副本送交当事人。上级人民检察院如果认为抗诉不当，可以向同级人民法院撤回抗诉，并且通知下级人民检察院。

④ 《刑事诉讼法》第300条规定，人民法院经审理，对经查证属于违法所得及其他涉案财产，除依法返还被害人的以外，应当裁定予以没收；对不属于应当追缴的财产的，应当裁定驳回申请，解除查封、扣押、冻结措施。对于人民法院依照前款规定作出的裁定，犯罪嫌疑人、被告人的近亲属和其他利害关系人或者人民检察院可以提出上诉、抗诉。

⑤ 《刑事诉讼规则》第584条规定，人民检察院认为同级人民法院第一审判决、裁定具有下列情形之一的，应当提出抗诉：（1）认定的事实确有错误或者据以定罪量刑的证据不确实、不充分的；（2）有确实、充分证据证明有罪判无罪，或者无罪判有罪的；（3）重罪轻判，轻罪重判，适用刑罚明显不当的；（4）认定罪名不正确，一罪判数罪、数罪判一罪，影响量刑或者造成严重社会影响的；（5）免除刑事处罚或者适用缓刑、禁止令、限制减刑等错误的；（6）人民法院在审理过程中严重违反法律规定的诉讼程序的。

⑥ 《刑事诉讼规则》第587条规定，人民检察院对同级人民法院第一审判决、裁定的抗诉，应当制作抗诉书，通过原审人民法院向上一级人民法院提出，并将抗诉书副本连同案卷材料报送上一级人民检察院。

第588条①、第531条第2款②。

本文书是文字叙述式文书，包括首部、正文和尾部三部分。

一、首部

首部由制作文书的人民检察院名称、文书名称和文书字号等内容组成。人民检察院名称和文书名称应当在页面顶端居中位置分行书写。

（一）人民检察院名称

要注明所在省（自治区、直辖市）的名称，不能只写地区级市、县、区院名；如果是涉外案件，还要冠以“中华人民共和国”国号。

（二）文书名称

刑事诉讼中的抗诉又分为第二审程序抗诉和审判监督程序抗诉。第二审程序抗诉和审判监督程序抗诉是两种不同类型的抗诉，主要体现在适用主体、适用对象、审理程序、提出抗诉的期限等方面的不同。不过，这两种抗诉在性质上都不受诉讼主体各方利益影响和制约，并且它们都是刑事抗诉这一邻近属概念下的种概念，因而法律对提起这两种抗诉所使用的文书名称不做区分，《刑事诉讼法》第232条、《刑事诉讼规则》第598条、《刑诉法解释》第462条使用的都是“抗诉书”。为了与民事抗诉书、行政抗诉书相区别，最高人民检察院将之命名为“刑事抗诉书”。为了说明问题的方便，笔者将之区分为“二审抗诉书”和“再审抗诉书”。这两种刑事抗诉书的区别主要体现在文书字号和内容上。

（三）文书字号

二审抗诉书和再审抗诉书的区别首先体现在文书字号上。人民检察院刑事诉讼法律文书的文书字号编排规则是：某检察院简称＋办案部门简称＋文书简称＋〔年度号〕＋文书顺序号。这两种刑事抗诉书的文书字号就是依据这个编排规则书写而成。二审抗诉书的文书字号为“××检××诉刑抗〔20××〕×号”，再审抗诉书的文书字号为“××检××审刑抗〔20××〕×号”。这两

---

①《刑事诉讼规则》第588条规定，被害人及其法定代理人不服地方各级人民法院第一审的判决，在收到判决书后五日以内请求人民检察院提出抗诉的，人民检察院应当立即进行审查，在收到被害人及其法定代理人的请求后五日以内作出是否抗诉的决定，并且答复请求人。经审查认为应当抗诉的，适用本规则第五百八十四条至第五百八十七条的规定办理。被害人及其法定代理人在收到判决书五日以后请求人民检察院提出抗诉的，由人民检察院决定是否受理。

②《刑事诉讼规则》第531条第2款规定，人民检察院认为同级人民法院按照违法所得没收程序所作的第一审裁定确有错误的，应当在五日以内向上一级人民法院提出抗诉。

种文书字号的区别集中于文书简称，二审抗诉书以“诉”指代二审抗诉依附于第一审公诉程序；再审抗诉书以“审”指代刑事审判监督程序。文书字号中，提出抗诉的年度用4位阿拉伯数字表述，用六角括号“〔 〕”括入；文书顺序号不加“第”字，不编虚位（即1不编为01），在阿拉伯数字后加“号”字。文书字号写在该行最右端，与文书名称和正文之间各空一行。

二、正文

正文是刑事抗诉书的核心。在这部分，写作主体要概括总结人民检察院对第一审判决（裁定）的审查意见，详细叙述抗诉理由和依据，通过充分说理、适当论证让人民法院了解意见分歧及检察监督的重点及意图，进而启动二审程序。它包括原审判决（裁定）情况、审查意见、抗诉理由和结论性意见、法律依据、决定、要求事项四个部分。

（一）原审判决（裁定）情况

（1）这部分内容不写被告人的基本情况。

（2）对本案案由，如果人民法院第一审刑事判决、裁定所认定的罪名与人民检察院提起公诉时认定罪名不一致时，应该分别表述清楚，如表述为“××××人民法院以××号刑事判决（裁定）书对本院提起公诉的被告人×××（姓名）××（案由）一案判决（裁定）……（叙明判决、裁定结果，包括人民法院认定的罪名）”。

（3）如果调查/侦查、起诉、审判阶段没有超时限等程序违法现象时，不必写明监察机关、公安机关、检察机关与审判机关的办案经过，只简要写明人民法院判决、裁定的结果。

（二）审查意见

审查第一审刑事判决书、裁定书是刑事抗诉的重要基础，也是制作高质量刑事抗诉书的前提。只有通过认真审查，才能及时发现第一审刑事判决、裁定中存在的错误，所提抗诉意见才有可能被人民法院采信。广义上的审查意见应当包括审查过程、审查理由、审查结论等内容，但此处的审查意见仅仅指对第一审刑事判决、裁定的审查结论，意在明确指出第一审刑事判决、裁定的错误所在并明确告知第二审人民法院抗诉的重点，至于抗诉理由则要在接下来的篇幅详细论述。简明扼要、观点鲜明是审查意见部分的写作要求。本部分写作有两种表述模式：

其一，本院依法审查后认为，该判决（裁定）确有错误（包括认定事实有误、适用法律不当、审判程序严重违法），理由如下：……

其二，被害人（及其法定代理人）不服××××人民法院（××××）××刑初××号判决，请求本院提出抗诉。本院依法审查后认为，该判决确有错误（包括认定事实有误、适用法律不当、审判程序严重违法），理由如下：……

这两种表述形成的法律依据是《刑事诉讼法》第228条、第229条①。第一种表述适用于人民检察院对第一审刑事判决、裁定审查后主动提起刑事抗诉；第二种表述适用于被害人及其法定代理人请求人民检察院提出刑事抗诉，人民检察院对第一审刑事判决审查后提起。需要注意的是，第二种表述只能用于被害人及其法定代理人因不服第一审刑事判决而请求人民检察院提起抗诉之情形，法律规定被害人请求抗诉限于不服判决的情形而不包括裁定，也就是说，不服一审刑事裁定不可以向人民检察院提出抗诉的请求。因为《刑事诉讼法》第229条建立被害人请求抗诉制度的立法意图和制度价值在于保护被害人的实体利益，而刑事裁定是人民法院就解决刑事诉讼程序中的问题作出的决定，不涉及认定案件事实、适用法律，② 不直接关涉被害人的实体利益，因此，第二种表述中没有"刑事裁定"的存在空间。

（三）抗诉理由

本部分内容是审查意见部分的具体展开，是形成结论意见的基础。它是刑事抗诉书（二审程序适用）的重心所在。从"理由如下"之后至"综上所述"之前，是抗诉理由的专有空间。根据案件的不同情况，从认定事实错误、适用法律不当和审判程序严重违法这几个方面对抗诉理由展开详细论述。对于有数个抗诉理由（含认定数个事实、情节的），应当分段逐一表述，应该使用小标题以清晰地展现抗诉理由的逻辑层次。

1. 认定事实错误

（1）聚焦认定事实错误的主要表现。根据《刑事诉讼法》第200条的规定，合议庭作出第一审刑事判决的基础是已经查明的事实、证据和有关的法律规定，作出第一审有罪判决的基础是案件事实清楚，证据确实、充分，依据法律认定被告人有罪的。可见，法律要求第一审刑事判决书关于事实的认定部分符合"案件事实清楚，证据确实、充分"。换句话说，就是用闭合的证据链充

① 《刑事诉讼法》第229条规定，被害人及其法定代理人不服地方各级人民法院第一审的判决的，自收到判决书后五日以内，有权请求人民检察院提出抗诉。人民检察院自收到被害人及其法定代理人的请求后五日以内，应当作出是否抗诉的决定并且答复请求人。

② 参见童建明、万春主编：《〈人民检察院刑事诉讼规则〉条文释义》，中国检察出版社2020年版，第629页。

分证明与定罪量刑有关的案件事实诸要素之存在，涉及犯罪动机、犯罪目的、犯罪主体、犯罪时间、犯罪地点、犯罪手段、犯罪行为过程、犯罪结果、犯罪行为和犯罪结果之间存在刑法上的因果关系。凡是达不到法律的这个要求的第一审刑事判决书，都叫作认定事实有错误。司法实践中的主要表现有：该认定的事实没有认定，认定的主要事实或重要情节不清楚，认定的事实缺乏足够的证据为根据，认定的事实与证据证明的事实不一致，认定的事实与判决结论存在重大矛盾等。

认定事实错误与据以定罪量刑的证据不确实、不充分是互相关联的。出现认定事实错误，往往是因为据以定罪量刑的证据不确实、不充分；据以定罪量刑的证据不确实、不充分，必将导致认定事实错误。

（2）注意有针对性地写作①。如果法院认定的事实有误，则要针对原审裁判的错误之处，提出纠正意见，强调抗诉的针对性。对于有多起“犯罪事实”的抗诉案件，只叙写原判决（裁定）认定事实不当的部分，认定事实没有错误的，可以只肯定一句“对……事实的认定无异议”即可。要突出检、法两家的争议重点，体现抗诉的针对性。对于共同犯罪案件，也可以作类似处理，即只对原判决（裁定）漏定或错定的部分被告人犯罪事实作重点叙述，对其他被告人的犯罪事实可简写或者不写。在“证据部分”，应该在论述事实时有针对性地列举证据，以说明证据的内容要点及其与犯罪事实的联系。刑事抗诉书中不能追诉起诉书中没有指控的犯罪事实。如有自首、立功等情节，应在刑事抗诉书中予以论述。

（3）秉持破中有立的逻辑表达。基于刑事抗诉的法律属性，刑事抗诉是一个“破中求立”的过程。人民检察院准确指出刑事裁判认定事实的错误，是谓“破”，同时，也要表达提出抗诉的人民检察院对案件事实的认定意见，此谓“立”。这种表达体现在刑事抗诉书中，便是驳立结合的论证模式。不仅要用充分的证据和明确的法律依据驳斥人民法院认定事实存在错误，还要秉持客观中立的立场，运用确实充分的证据重新确立更加完整的人民检察院自己的事实认定。贯穿在破立中的抗诉主张一定要有证据支撑，抗诉主张与抗诉证据之间、抗诉证据与抗诉证据之间不存在矛盾，支持抗诉主张的证据能够形成闭合的锁链。

（4）对人民法院不当采信证据展开论述。刑事裁判中认定的事实是以证据为支撑的，出现认定事实错误，往往是因为人民法院违反证据规则不当采信

① 参见童建明、万春主编：《人民检察院刑事诉讼法律文书适用指南》，中国检察出版社 2020 年版，第 1284 ~ 1285 页。

证据导致的。所以，写作中，要根据案件的实际情况，对不当采信证据展开论述。实践中，不当采信证据的情形主要有：

① 人民法院刑事判决、裁定据以认定案件事实的证据不确实的。

② 据以定案的证据不足以认定案件事实，或者所证明的案件事实与裁判结论之间缺乏必然联系的。

③ 据以定案的证据依法应当作为非法证据予以排除而未被排除的。例如，通过非法方法收集的言词证据和物证、书证，应当依法予以排除，不得作为判决的依据，但原审人民法院未予排除以至于影响案件定罪量刑的。

④ 人民法院将未提供刑讯逼供等非法证据线索或者材料的被告人供述，已作出补正或者合理解释的瑕疵证据，以及其他依法不应当排除的证据作为非法证据予以排除或者不予采信，影响案件定罪量刑的。

⑤ 据以定案的主要证据之间存在矛盾，无法排除合理怀疑的。将在勘验、检查、搜查过程中提取、扣押的物证、书证，未附笔录或者清单，不能证明物证、书证来源的，作为定案的根据，影响案件定罪量刑的。将未经与原物、原件核对无误的物证照片、书证复印件等证据，作为定案根据，影响案件定罪量刑的。

⑥ 人民法院对自行调取或者经辩护人申请调取的证据，审理期间当事人达成的调解、和解协议，以及其他影响定罪量刑的证据，未经庭审举证、质证或者庭外征求控辩双方意见即予以采信的。庭审过程中，被告人翻供、被害人改变陈述、证人改变证言，但不能作出合理解释，而其庭前供述、陈述、证言有充分证据予以印证，人民法院裁判采信翻供后供述或者改变后的陈述、证言，影响定罪量刑的。

⑦ 对定罪量刑具有重大影响的证人证言、鉴定意见，公诉人、当事人或者辩护人、诉讼代理人有异议，申请人民法院通知证人、鉴定人出庭作证，人民法院未予通知出庭作证即采信庭前证言或者鉴定意见，影响定罪量刑的。

2. 适用法律不当

所谓适用法律不当，指的是法律适用与案件的情况不相符合。它包含定罪错误，量刑不当。

（1）定罪错误。对案件事实进行评判时，正确定性、准确认定罪名与罪数是实现罪责刑相适应的必然要求，对案件的实体、程序处理都有重要意义。虽然做到了案件事实清楚，证据确实、充分，但人民法院在定性上发生错误，混淆了罪名或者不当认定罪数，容易导致管辖争议、将本属有罪错判无罪、本来无罪错判有罪，混淆此罪与彼罪、一罪与数罪的界限，造成罪责刑不相适应，在司法实践中产生重大不良影响。刑事抗诉书可以先论述原裁判定性错误之处，再着重围绕犯罪行为的本质特征，论述应当如何认定行为性质，最后得出检察机关的结论。

① 定性不当。针对人民法院对被告人的行为性质评价错误，刑事抗诉书要严格按照刑法的规定、从犯罪行为的本质特征出发，论述应该如何认定行为性质，从而正确适用法律。无论传统犯罪构成理论，还是逐渐为司法实务所认可的阶层体系理论，都从行为主体、故意、过失、行为、结果、因果关系这些要素出发去判断行为是否构成犯罪。刑事抗诉书应当结合案情，围绕这些要素对案件的定性进行分析论证。

② 罪名认定不当。定性不当，除了涉及罪与非罪的问题，还涉及混淆罪名，可能将此罪认定为彼罪的问题。针对刑事判决罪名认定不当，混淆罪名的界限，如把甲罪认定为乙罪，刑事抗诉书应当结合案情，围绕两种罪的犯罪构成要件进行分析论证，确定认定此罪还是彼罪。

③ 选择性罪名适用错误。被告人触犯选择性罪名，应按照一罪认定，按照所实施犯罪行为的性质并列确定罪名。行为人针对同一特定对象实施两种以上犯罪行为，犯罪数额不重复计算；对不同特定对象实施犯罪行为的，犯罪数额累计计算。如果刑事判决在罪名认定或犯罪数额计算出现错误，刑事抗诉书应当从选择性罪名适用应遵循的原则出发提出分析意见，如按照刑法条文规定的顺序表述罪名、犯罪行为针对同一与不同特定对象实施数额计算方法不同等。

④ 罪数认定不当。针对人民法院刑事裁判罪数认定不准确的问题，刑事抗诉书应当以犯罪构成为基准，按照刑法、司法解释规定，结合牵连犯、想象竞合犯理论，对一行为还是数行为，构成一罪还是数罪进行分析。

⑤ 判决未按照审理后认定的罪名判决。对于人民检察院提起公诉的事实，人民法院依法享有审判权，对案件事实进行法律评价，并根据审理认定的事实确定、变更罪名，包括将轻罪改为重罪。对于起诉的事实清楚，证据确实、充分，但人民法院审理后认为起诉罪名不准确，对公诉指控不予采纳，而未依据法律和审理认定的事实作出有罪判决的，刑事抗诉书应当就人民法院应根据审理查明的事实、证据依法作出有罪或者无罪的判决，以及指控的事实是否应当采纳等提出分析意见。

⑥ 对自然人犯罪、单位犯罪认定不当。自然人犯罪与单位犯罪在成立条件上有区别，处罚上也有不同，准确认定犯罪主体，才能防止出现错罚。实践中，自然人犯罪、单位犯罪认定不当的情形有：人民法院审理后将起诉书指控的单位犯罪变更为自然人犯罪但未对单位犯罪作出无罪处理；或者单位实施危害社会的行为但刑法分则或其他法律未规定追究单位刑事责任，人民法院未对

组织、策划、实施者追究刑事责任。对此情况，刑事抗诉书要从单位的形式要求、具有刑法明文规定等条件把握，突出分析单位的决策程序、非法利益如何分配以及审判机关是否完全履行审判权等问题，评判刑事裁判的疏漏及错误。

⑦ 公诉转自诉处理不当。对案件性质的认定争议可能导致公安机关、人民检察院以公诉案件侦查起诉，而人民法院审理认为提起公诉的案件属于告诉才处理的案件，对于此类情形，人民法院应当在受理前审查决定不予受理或者在受理审查后裁定终止审理。如果人民法院以审理后认定的自诉罪名直接判决的，刑事抗诉书应当对将公诉罪名改判为自诉罪名不属于罪名变更的范围提出意见。

（2）量刑不当。量刑适当与否，直接影响刑罚积极功能的发挥与刑罚目的的有效实现。量刑明显不当，主要是适用刑罚与犯罪事实、性质、情节和社会危害性程度不相适应，确定量刑档次错误和具体量刑畸轻畸重，重罪轻判或者轻罪重判。刑事抗诉书要先论证原刑事裁判量刑的错误，再从引用罪状、量刑情节等方面予以论述，突出分析、评判刑事裁判的关注重点，最后得出检察机关的结论。

① 量刑情节认定错误。人民法院刑事裁判量刑情节认定错误的情形有：认定被告人刑事责任能力、犯罪形态、共同犯罪中共犯的地位和作用错误；认定累犯错误；认定自首情节、立功情节或者刑法分则规定的从重、加重、减轻、从轻处罚情节错误；认定酌定量刑情节错误，如错误认定被害人过错，或将共同犯罪中部分被告人的酌定量刑情节适用于全案被告人，进而影响对被告人量刑的等。刑事抗诉书应当对刑事裁判认定量刑情节错误的情况进行叙写，对是否导致刑事裁判未在法定刑幅度内量刑或者量刑明显不当进行分析。

② 数罪并罚案件中的量刑不当。数罪并罚案件中，刑事裁判将部分罪名的从轻、减轻处罚情节适用于全案的，刑事抗诉书应当注意厘清各罪所具有的量刑情节，对量刑情节错误交叉适用情况进行分析。

③ 共同犯罪中的量刑不当。共同犯罪中各被告人的量刑与其地位、作用明显不适应或者不均衡的，刑事抗诉书应当从共同犯罪人在共同犯罪中所处的地位、参与程度、犯罪情节及对造成危害结果的作用大小等方面进行综合分析。

④ 适用主刑刑种不当。主刑刑种与所犯罪行严重不相适应，不符合刑法总则规定的量刑原则和刑法分则规定的法定刑导致刑罚明显不当，主要表现为人民法院判决对被告人适用了法定量刑幅度内没有规定的刑种。

⑤ 附加刑适用不当。附加刑适用不当常见的情形有：应当判处附加刑而未判处；不应当判处附加刑而判处；在免予刑事处罚同时错误并处附加刑；错误适用附加刑刑种；违反法律规定的限额、比例判处罚金；违反法律规定的期

限判处剥夺政治权利；对前罪未执行或者未执行完毕的附加剥夺政治权利没有与后罪并罚等。[①] 刑事抗诉书应严格依照《刑法》中附加刑的法律条款加以叙写分析，区分附加刑的适用方式，对应当单科、选科、并科或者附加适用、单独适用等提出具体意见。

⑥ 缓刑适用不当。刑事判决中缓刑适用不当的常见情形有：对不认罪被告人、累犯、犯罪集团首要分子错误适用缓刑；综合全案事实和量刑情节对职务犯罪案件不应当适用缓刑而适用缓刑的；缓刑考验期期限错误；缓刑考验期内犯新罪或者发现漏罪应当撤销缓刑而未撤销等。刑事抗诉书应严格依照《刑法》第72条至第77条规定的缓刑适用对象、缓刑适用的实质条件、限制适用缓刑范围等加以叙写分析。

⑦ 适用禁止令不当。《刑法》第37条之一、第38条等设有禁止令。对于应当适用禁止令而没有适用或者虽适用但禁止令期限确定有误，刑事抗诉书应当从刑法要求本案适用禁止令以及根据本案犯罪情况和预防再犯罪的需要应确定的禁止令期限进行叙写分析。

⑧ 适用限制减刑不当。《刑法》第50条第2款、第78条第2款第（3）项规定了对判处死刑缓期二年执行的犯罪分子限制减刑。刑事裁判判处死刑缓期二年执行但未依法判处限制减刑的，刑事抗诉书应当从罚不当其罪、死刑与死缓严厉程度的有序衔接等方面进行叙写分析。

⑨ 量刑畸轻畸重。刑事判决在量刑时突破刑度，导致量刑畸轻畸重、罪责刑不适应的，刑事抗诉书应当从被告人罪行轻重、刑事责任大小以及各量刑情节对于罪行和责任本身的影响程度综合衡量，对基准刑调节幅度、调节比例是否机械适用以及量刑规则的选择是否适当进行分析。如果判决量刑偏轻，被害人不服而请求抗诉，刑事抗诉书应当从量刑要与社会公众的一般理性观念和社会生活观念相符这一理念出发，全面考量影响量刑的各个情节，从实现案件办理的法律效果、政治效果与社会效果有机统一的角度去叙写分析。被告人不具有刑法规定的减轻处罚情节，未经最高人民法院核准而对被告人减轻处罚的，应当对不当减轻处罚的情况进行叙写分析。此外，刑事附带民事诉讼部分所作判决、裁定明显不当的，也是提出抗诉的理由，刑事抗诉书中也应对此加以续写分析。[②]

⑩ 刑期折抵计算错误。对刑期折抵计算错误的，刑事抗诉书应当对判决

---

① 北京市人民检察院组织编写：《刑事审判监督办案指引与案例参阅》，中国检察出版社2019年版，第116页。

② 参见《人民检察院刑事抗诉工作指引》（高检发诉字〔2018〕2号）第9条第（5）项。

前被留置、拘留、逮捕等先行羁押的情况，因同一行为先后被行政拘留、刑事拘留的情况，指定居所监视居住强制措施的情况等进行叙写，然后对刑事判决应折抵而未折抵或者折抵刑期错误进行分析。

⑪ 违禁品和涉案财物处理不当。依照《刑法》第 64 条规定，人民法院在刑事裁判中应对违法所得、被害人合法财产、违禁品和供犯罪所用财物作出处理。刑事裁判对违禁品和涉案财物处理不当的情形有：犯罪分子违法所得的一切财物没有予以追缴或者责令退赔；虽判处追缴或者责令退赔但未明确追缴或者退赔财物的名称、数量、金额；违禁品和供犯罪所用的本人财物没有予以没收；未将被害人合法财产予以发还。刑事抗诉书要根据案件具体情况将这些情况进行叙写分析。

3. 审判程序严重违法

审判程序严重违法是指人民法院在审理过程中违反法律规定的诉讼程序，可能影响正确裁判的情形，具体而言，是指《刑事诉讼法》第 238 条规定的五种情形和违反管辖规定的情形。如果法院审判程序严重违法，刑事抗诉书就应该主要根据《刑事诉讼法》及有关司法解释阐述法律规定的诉讼程序，逐个论述原审人民法院违反法定程序的事实表现，再写明影响公正判决的现实后果或者可能性，最后阐述法律规定的正确诉讼程序。

（1）违反公开审判和开庭审理的规定。公开审判和开庭审理是重要的诉讼原则，违反则会触发程序性违法的后果。违反公开审理、公开宣判规定的，刑事抗诉书应当对庭审后发现的公开审理不应当公开审理的案件，不公开审理应当公开审理的案件，宣告判决没有公开进行等违法情形进行叙写。人民法院在第二审程序上诉案件、第二审程序抗诉案件以及没收违法所得案件审理中，违反开庭审理的规定的，刑事抗诉书应当对人民检察院在未开庭审理后发现的违法不开庭审理案件的情形进行叙写，对开庭审理的法定性、必要性以及抗诉必要性进行分析。

（2）违反有关回避规定。回避是为确保司法公正而确立的制度，违反回避制度则无法祛除裁判者对当事人的偏见，不能将预断等影响杜绝于诉讼之外。审理活动违反回避制度的，刑事抗诉书应当对审判人员、书记员、翻译人员、鉴定人应当回避而未回避，审判人员违反规定参与案件不同程序的审理，开庭时未依法履行回避申请权方面的告知义务，回避决定主体错误等具体情况，以及对公正裁判的影响、发现诉讼违法的阶段和后果进行叙写。

（3）剥夺或者限制当事人的法定诉讼权利。剥夺或者限制当事人的法定诉讼权利，主要表现在对被告人辩护权和被害人依法参与诉讼权利的限制或剥夺，例如，未依法保障被告人获得法律帮助的权利；违法准许符合法定情形的被告人再次当庭拒绝辩护人辩护的请求；人民法院未认真核实辩护人身份导致出现不适格辩护或利益冲突辩护；人民法院未通知当事人出庭导致其未能参与庭审；人民法院未听取控辩意见直接改变指控罪名；被告人另行委托或指派律师后人民法院恢复庭审不当；未依法及时送达起诉书副本；未保障辩护人、诉讼代理人的阅卷权等。刑事抗诉书应当对在庭后发现的诉讼违法情形进行叙写，并对违法程度、其对诉讼权利造成的侵害后果以及对公正审判的影响进行分析。

（4）审判组织的组成不合法。规范审判的组织形式和适用条件，是依法审判的前提和基本保障。审判组织的组成不合法的，刑事抗诉书应当根据《刑事诉讼法》及司法解释对审判组织的人员构成、人数、一审、二审程序的区别、人员变动后的程序要求等，对审判员违法独任审判、二审程序合议庭组成不合法、合议庭成员发生变动后未重新进行法庭调查、未依法进行合议庭审理等庭后发现的违法情形进行叙写，对抗诉的必要性进行分析。

（5）一审审理程序违法。一审审理程序包括庭审准备、法庭调查、法庭辩论、延期审理、文书送达等环节，其正确适用能够确保刑事案件得到公正处理，减少上诉、申诉等其他程序，减轻诉累，提高司法效率。一审审理程序违法的，刑事抗诉书应当对判决后发现的错误适用简易程序、速裁程序审理案件，庭审后发现证人、鉴定人、有专门知识的人违规旁听案件审理，人民法院对不具有延期审理情形的案件延期审理，未依法通知同级人民检察院列席审委会，裁判文书写明的起诉日期与实际起诉日期不一致，裁判文书未依法送达检察机关和其他相关人员等情节严重的违法情形进行叙写。实务中，提出抗诉的重点情形是：除另有规定的以外，证据材料未经庭审质证直接采纳作为定案证据，或者人民法院依申请收集、调取的证据材料和合议庭休庭后自行调查取得的证据材料没有经过庭审质证而直接采纳作为定案根据的；由合议庭进行审判的案件未经过合议庭评议直接宣判的。

（6）违反审判管辖规定。人民法院审理活动违反管辖规定，不仅会导致司法资源错位，甚至可能影响公正裁判。对于违反级别管辖规定的，刑事抗诉书应当对诉判不一、罪刑是否一致、级别管辖争议等情形进行分析。对于中级人民法院违反规定将案件交由基层人民法院审理的，刑事抗诉书应当对级别管辖争议、“拉抽屉”① 管辖变更等问题进行分析。对于违反地域管辖规定的，

---

① 如果有的基层院认为被告人应当判处无期徒刑以上刑罚，提出报送上级法院管辖，而上级法院认为应由基层法院审理，这就会造成案件来回“拉抽屉”，造成案件管辖来回变更严重影响诉讼效率，也因为管辖变更而实质影响被告人量刑。因而，《刑诉法解释》第14条规定，人民检察院认为可能判处无期徒刑、死刑，向中级人民法院提起公诉的案件，中级人民法院受理后，认为不需要判处无期徒刑、死刑的，应当依法审判，不再交基层人民法院审判。

刑事抗诉书应当对地域管辖权限划分、审判适宜性、地域管辖争议等情形进行分析。

（四）结论意见、法律依据、决定、要求事项

本部分内容在阐明抗诉理由之后另起一段表述。结论性意见应当简洁、明确，表述为“综上所述……（概括上述理由）”。结论性意见是对抗诉理由部分的概括，也是对审查意见部分的审查结论的遥相呼应。法律依据是提出第二审抗诉的法律基础，旨在表明抗诉的合法性。决定通过“特提出抗诉”一语体现。要求事项是人民检察院对第二审法院提出的要求，用“请依法判处”①。

三、尾部

尾部，包括致送人民法院名称，提出抗诉的人民检察院名称、决定抗诉的日期，并加盖决定提出抗诉的人民检察院院印，最后附注原审被告人羁押、居住情况，随案移送检察卷宗册数。附注中应当写明原审被告人现羁押场所，原审被告人未被羁押的则写明住所或居所。如果证据目录和证人名单与起诉书相同，可不另附。但以有新证据为由提出抗诉的，应当附新的证据目录、证人名单。

四、注意事项

（一）转变视角避开法律争议问题

在司法实践中，有一些法律适用、法律理解、案件处理问题无论是理论上还是实践中均存在争议，比如《刑法》第37条规定的免予刑事处罚情节是否可以独立适用，具有两个以上减刑处罚情节案件在根据《刑法》第63条规定的“法定量刑幅度的下一个量刑幅度内”判处时是否能下两档、三档量刑等。对于此类问题，在制作刑事抗诉书时，不能纠结谁对谁错，可以暂不考虑法律理解方面的争议问题，转换视角到量刑不当的角度进行叙述、分析。

（二）避免“为抗诉而抗诉”的表达

实践中，在法律适用有不同理解时，起诉指控会被人民法院裁判改变，出

① 最高人民检察院在对二审程序适用的刑事抗诉书的制作说明中，把“综上所述”这一段的内容概括为结论意见、法律依据、决定、要求事项四项。并且规定将要求事项表述为“特提出抗诉，请依法判处”。如此一来，决定这项便失去了表述的语言载体，且“特提出抗诉”本是人民检察院已经作出的决定，不是向法院提出的要求。建议最高人民检察院有关部门对之予以完善。参见童建明、万春主编：《人民检察院刑事诉讼法律文书适用指南》，中国检察出版社2020年版，第1285页。

现法检分歧，也容易在不同审判机关甚至同一人民法院不同案件都出现不同的裁判。个案抗诉有助于解决法律适用混乱的问题，重在统一司法，而非“一较高低”或分出“你输我赢”。刑事抗诉是纠错程序，只要裁判错误就应当监督，刑事抗诉书应从认定事实、采信证据、适用法律、审理程序等方面客观叙写、分析存在的错误，不能将错就错，有所回避。不过，刑事抗诉为“一案一抗”，即针对特定案件的判决或裁定提出，不能同时针对数个案件提出一次抗诉。对于类案、类问题上存在不当，一定区域内同类案件量刑差异较大的，不能或者不宜提起抗诉的，可以通过情况通报、检察建议等监督方式解决。

（三）从宽刑事司法政策基础丧失案件的处理

根据《刑事诉讼法》第15条的规定，认罪认罚可以依法从宽处理，被告人签署认罪认罚具结书即认可指控犯罪事实、罪名、建议刑罚和适用审理程序，认可的内容意味着对某些法定诉讼权利的放弃以及对不利后果的承担。实务中，经常发生原审被告人为留在看守所服刑而在判决后提出上诉，或者先以认罪认罚获取较轻刑罚再以上诉企图再次减轻刑罚等情况。原审被告人利用上诉不加刑制度实施投机型上诉，否认指控的犯罪事实，无正当理由对原认罪认罚具结书否认和撤销，不积极履行具结书中赔礼道歉、退赃退赔、赔偿损失等义务，认罚不真诚，导致原审判决基于其认罪认罚而作出的予以从轻、从宽处罚的基础已经丧失，浪费司法资源，不应再适用认罪认罚的从轻处理。尽管表面看原审判决认定事实、适用法律和审判程序均无不当，但由于原审被告人缺乏诉讼诚信而违背具结承诺进行反悔承诺，造成原审判决的判罚、量刑与其行为所当受罪责刑不相适应，应当以从宽刑事司法政策基础丧失、原审判决适用法律错误进行抗诉。刑事抗诉书应当分析引起被告人反悔的原因、被告人反悔的时间节点对抗诉的影响以及造成程序空转、司法资源浪费等情况进行叙写分析。

【例文】①

北京市×区人民检察院

刑事抗诉书

京×检一部诉刑抗〔2020〕000号

北京市×区人民法院于2020年5月15日以（2020）京0114刑初000号刑事判决书对本院提起公诉的被告人周某某贩卖毒品罪一案作出一审判决：被

① 本例文选自12309中国检察网。

告人周某某犯贩卖毒品罪，判处有期徒刑九个月，罚金人民币五千元。本院于2020年5月19日收到上述刑事判决书。被告人周某某于5月20日以判决书未体现自首情节，量刑过重为由上诉。本院依法审查后认为，该判决审判程序严重违法，理由如下：

审查起诉阶段，公诉机关依据被告人周某某的供述及侦查机关出具的工作说明，认定其具有自首情节，在值班律师的见证下与周某某签署了《认罪认罚具结书》并提出明确量刑建议。北京市×区人民法院于2020年5月11日适用认罪认罚简易程序公开审理了此案。休庭后，法庭自行调取了侦查机关出具的另一案件被告人丁某某反映被告人周某某向其贩卖毒品事实的工作说明，据此认定被告人周某某不具有自首情节，并在未当庭质证或告知被告人的情况下直接作出一审判决。

根据最高人民法院《关于适用〈中华人民共和国刑事诉讼法〉的解释》第二百二十条，法庭庭外调查核实取得的证据，应当经过当庭质证才能作为定案的根据。但是，经庭外征求意见，控辩双方没有异议的除外。最高人民法院《人民法院办理刑事案件第一审普通程序法庭调查规程（试行）》第三十六条，对于控辩双方补充的和法庭庭外调查核实取得的证据，应当经过庭审质证才能作为定案的根据。但是，对于不影响定罪量刑的非关键性证据和有利于被告人的量刑证据，经庭外征求意见，控辩双方没有异议的除外。本案中，法庭庭外调取的用以证实被告人周某某不具有自首情节的工作说明，系不利于被告人且影响量刑情节的关键证据材料，且在该工作说明与在案其他证据内容存在明显矛盾的情况下，法庭既未经过庭审质证，又未征得被告人同意，即直接采纳作为定罪量刑的依据，违反了上述庭审程序规定。

综上所述，本院认为，北京市×区人民法院在审理本院提起公诉的被告人周某某贩卖毒品罪一案过程中，审判程序严重违法。为维护司法公正，准确惩治犯罪，依照《中华人民共和国刑事诉讼法》第二百二十八条的规定，特提出抗诉，请依法判处。

此致

北京市第一中级人民法院

北京市×区人民检察院

2020年5月29日

（院印）

附：被告人周某某现羁押于北京市×区看守所。

项目十五　公诉案件二审刑事裁定书（维持原判用）

【文书格式】

××××人民法院

刑事裁定书

（二审维持原判用）

（××××）×刑终××号

原公诉机关（或抗诉机关）××××人民检察院。

上诉人（原审被告人）……（写明姓名、性别、出生年月日、民族、出生地、文化程度、职业或者工作单位和职务、居住地，因涉嫌的罪名被羁押和采取强制措施的情况，现羁押处所）。

辩护人……（写明姓名、工作单位和职务，如果是指定律师辩护的，应表述"指定辩护人……"）。

××××人民法院审理××××人民检察院指控原审被告人×××犯……（写明案由）一案，于××××年××月××日作出……（写明案号）刑事判决。宣判后在法定期限内，原审被告人×××不服，提出上诉（或×××人民检察院提出抗诉）。本院于××××年××月××日立案受理，依法组成合议庭，……（写明庭前准备工作和召开庭前会议的情况）。……（写明不公开审理原因），于××××年××月××日公开（或者不公开）开庭审理了本案。××××人民检察院指派检察官×××、检察官助理×××出庭履行职务（或出庭支持抗诉），上诉人×××及其辩护人×××，证人×××，鉴定人×××到庭参加诉讼。受本院聘请，……（写明单位、职务、语种）的翻译人员×××出庭，担任本案××语翻译。……（写明中止、延期审理、批准延长审限和其他法定扣除审限的情况）。本案经合议庭评议（或经审判委员会研究）并作出决定，现已审理终结。[未开庭的，改写"经过阅卷，提讯了上诉人×××，审阅了辩护人×××提交的书面辩护意见，核实了相关证据，认为本案事实清楚，依法决定不开庭审理。本案经合议庭评议（或经审判委员会研究）并作出决定，现已审理终结"。]

××××人民法院刑事判决书认定：

……（概述原判决认定的事实、证据、理由和判处结果）

……（概述上诉人提出的上诉理由和在二审中提出的新意见、辩护人的辩护的意见。如果还有其他同案上诉人、原审被告人及其辩护人的，分段续写其他人的意见。另起一段续写检察官出庭发表的意见。如果是检察院抗诉的案件，先写检察官发表的抗诉意见和支持抗诉意见，再分段续写上诉人、原审被告人及其各辩护人的意见）。

经审理查明，……（首先写明经二审审理查明的事实；其次写明二审据以定案的证据；最后针对上诉人、辩护人和其他原审被告人就原判认定的事实、证据等提出的异议和意见进行分析，说明异议是否成立，上诉理由和辩护意见是否采纳及其理由。如果是检察院抗诉案件，在叙述完二审认定的事实、证据之后，另段先写对抗诉意见不予采纳的理由，再分段续写对上诉理由、辩护意见和没有上诉的原审被告人的其他意见进行分析、阐述不予采纳的理由和辩驳意见）。

本院认为，……（根据二审查明的事实、证据和有关法律规定，论证原判认定的事实清楚，证据确实充分，定罪及适用法律正确，量刑适当，审判程序合法，应予维持的意见和理由。对上诉人及其辩护人，包括其他同案原审被告人就适用法律和裁量刑罚提出的意见，予以评价回应并阐明理由，对检察官出庭发表的意见进行评价。如果是检察院抗诉案件，先叙明不采纳抗诉意见的理由，再回应上诉人、辩护人的意见）。依照……（写明裁定的法律依据）的规定，裁定如下：

驳回上诉人×××的上诉（或驳回××××人民检察院的抗诉），维持原判。

本裁定为终审裁定。

审　判　长　×××
审　判　员　×××
审　判　员　×××
××××年××月××日
（院印）

本件与原本核对无异

法官助理　×××
书　记　员　×××

【公诉案件二审刑事裁定书（维持原判用）写作谈】①

公诉案件二审刑事裁定书（维持原判用），是第二审人民法院受理原审被告人不服第一审人民法院作出的刑事判决提出上诉，或者原公诉机关提出抗诉的刑事案件后，经审理查明原审判决在认定事实和适用法律方面没有错误，量刑亦无不当，审判程序合法；或者原判在认定事实或者适用法律方面虽有错误，但不影响定罪和量刑，决定驳回上诉、抗诉，维持原判时使用的刑事裁判文书。写作主体是第二审级人民法院，写作受体主要是与第二审法院同级的检察院和原公诉机关、原审法院、被害人及其法定代理人、诉讼代理人、原审被告人和法定代理人、辩护人、公安机关看守所和户籍管理单位、司法行政机关的狱政管理部门及负责监管罪犯社区矫正的司法所等，写作主旨是第二审法院对第一审刑事判决实体处理结果与审判程序合法正确予以维持。

本文书是第二审法院对一个刑事案件作出的终局性结论。对于一般刑事案件，维持原判的第二审刑事裁定书一经宣告，则第一审刑事判决书即发生法律效力；对于原审法院判处被告人死刑缓期二年执行，被告人不服提出上诉或者检察院提出抗诉的刑事案件，第二审法院作出维持原判并核准对原审被告人判处死刑缓期二年执行的刑事裁定书，就是罪犯交付执行死缓二年期间起算的依据。第二审刑事裁定书是人民法院、公安机关、司法行政机关的狱政管理部门和社区负责对罪犯矫正的司法机构等据以执行的法律根据，同时，也是人民检察院依法对生效裁判执行情况进行法律监督的根据。《刑事诉讼法》第236条第1款第1项②、第248条③是本文书写作的法律依据。

一、公诉案件二审刑事裁定书（维持原判用）写作的总体思路

写作时，主要应当针对上诉、抗诉等提出的意见和证据进行分析、论证，阐明原判认定的事实、证据和适用法律、定性处理为什么正确，上诉、抗诉的意见为什么不能成立的理由。驳回上诉、抗诉的理由应当具体、充分，有理有据，令人信服。

---

① 本文由张淑平法官撰稿。部分内容以最高人民法院发布的《刑事文书样式》及《法院诉讼文书样式的修改与制作》，最高人民法院办公厅发布的《关于实施〈法院刑事诉讼文书样式〉若干问题的解答》（法办〔2001〕155号）为依据。

② 《刑事诉讼法》第236条规定，第二审人民法院对不服第一审判决的上诉、抗诉案件，经过审理后，应当按照下列情形分别处理：（1）原判决认定事实和适用法律正确、量刑适当的，应当裁定驳回上诉或者抗诉，维持原判；……

③ 《刑事诉讼法》第248条规定，中级人民法院判处死刑缓期二年执行的案件，由高级人民法院核准。

二、事实和裁判理由部分的写法

1. 第二审认定的事实和证据为避免与原判出现不必要的重复，在没有实质变化的情况下应把握好运用“此繁彼简”的写作手法，重点叙述原判认定的事实和证据，概括简述第二审“审理查明”的事实和证据；对于案情比较简单的，也可直接表述为“二审经审理查明，原审判决认定的事实清楚，证据确实、充分且经公开质证属实，本院予以确认”。但对第一审判处被告人无期徒刑以上刑罚的案件，一般应阐明犯罪事实、据以定案的证据和裁判理由。在具体表述方式上，可根据案情需要灵活掌握。

2. 第二审法院认定的事实、证据虽然发生部分变化，但不改变原审裁判结果的案件，或者二审认定的事实、证据虽然没有发生变动，但原审判决书在认定事实、证据部分表述的不规范、不严谨，二审裁定书不宜直接引述的，那么对二审认定的事实和证据部分的写法，就应当详细叙明，而概括原审判决书认定的事实和证据部分。

3. 对原判认定部分事实错误、部分事实不清、证据不充分，但不足以影响定罪和量刑的案件，或者部分法律适用不正确或者审判程序有瑕疵，但不足以影响定罪量刑和公正审判的案件，二审裁定书的重点应当放在阐述裁判理由部分，按照具体情况指出原判适用法律错误或者审判程序存在瑕疵及理由，并表述“本院应予纠正”；对事实不清、证据不充分的部分犯罪事实，表述为“不予认定”；对于需要用裁定纠正原判存在语言文字方面的错误，或表述的数字有出入等情况，表述为“本院应予更正”。

4. 对原判认定事实清楚、证据确实充分、定罪准确，但量刑畸轻，第二审法院根据上诉不加刑原则需维持原判的，应当在裁判理由部分写明“原审判决认定事实清楚，证据确实、充分，审判程序合法，但量刑不当，本院根据上诉不加刑原则，予以维持”，并在裁定中引用《刑事诉讼法》第237条作为裁判的法律依据。确有必要必须对不当量刑进行改判的，应当在裁定维持原判后，再通过审判监督程序纠正。

三、尾部的写法

尾部告知事项的写作，要注意以下四点：

1. 第二审维持原判的内容如果没有需要报请最高人民法院核准的，直接表述为：“本裁定为终审裁定。”

2. 高级人民法院第二审维持第一审死刑的判决，或者第二审维持死刑缓期二年执行罪犯在缓期执行期间故意犯罪的判决，或者中级人民法院、高级人民法院第二审维持第一审在法定刑以下判处刑罚的判决的刑事裁定，均不具有终审效力，在尾部应表述为："本裁定依法报请最高人民法院核准。"

3. 对于共同犯罪的案件，既有不需要报请最高人民法院核准的裁定内容，又有需要报请最高人民法院核准的裁定内容的（如高级人民法院第二审维持第一审死刑判决，或者中级人民法院、高级人民法院第二审维持第一审在法定刑以下判处刑罚的判决），尾部应分别表述："对维持原判决以××罪判处被告人×××……（写明具体刑罚）的裁定为终审裁定；对维持原判以××罪判处被告人×××死刑，剥夺政治权利终身的裁定，依法报请最高人民法院核准。"需要注意，对维持并即发生法律效力的裁定内容应先表述，需要报请最高人民法院核准的裁定内容后表述。

4. 高级人民法院第二审维持第一审判处被告人死刑缓期二年执行的判决的，尾部写明"本裁定为终审裁定"后，另起一段续写："根据《中华人民共和国刑事诉讼法》第二百四十八条的规定，本裁定即为核准以××罪判处被告人×××死刑，缓期二年执行，剥夺政治权利终身的刑事裁定。死刑缓期执行的期间从本裁定确定之日起算。"

在共同犯罪案件中，对于第一审判决中既有判处被告人死刑缓期二年执行的，又有判处被告人死刑的，在尾部"对维持原判决以××罪判处被告人×××死刑，缓期二年执行，剥夺政治权利终身的裁定为终审裁定；对维持原判以××罪判处被告人×××死刑，剥夺政治权利终身的裁定，依法报请最高人民法院核准"后，另起一段续写："根据《中华人民共和国刑事诉讼法》第二百四十八条的规定，本裁定即为核准以××罪判处被告人×××死刑，缓期二年执行，剥夺政治权利终身的刑事裁定。"

四、关于核准死缓的刑事裁定书

高级人民法院适用死刑复核程序核准第一审判处死刑缓期二年执行的案件，写作刑事裁定书时，需要注意的问题：

1. 列写诉讼参与人基本情况部分。不再列写"原公诉机关××××人民检察院"，直接列写被告人的基本情况。第一审被告人在复核程序中也称为"被告人"，而不称为"原审被告人"。如果在死缓复核期间，被告人的亲属为其委托了辩护律师的，辩护人的身份仍需列明。

2. 审理经过部分。高级人民法院复核第一审法院判处死刑缓期二年执行的案件来源，是由中级人民法院依法移送的，因此对于案件来源需要改写为："××××中级人民法院审理被告人×××犯××罪（写明案由）一案，于××××年××月××日作出××号刑事判决：一、被告人×××犯××罪，判处死刑，缓期二年执行，剥夺政治权利终身；二、……（写明其他判决结果）。宣判后在法定期限内，被告人×××没有提出上诉，原公诉机关没有提出抗诉。××××中级人民法院依法将本案刑事判决报请本院核准。本院依法组成合议庭进行了复核审理。本案经合议庭评议（或'经审判委员会研究'）并作出决定，现已复核终结。"

3. 事实部分。复核裁定书不再引述第一审刑事判决认定的事实和证据，直接叙述复核审理查明的事实和证据，对第一审法院质证、认证并确认的证据无须详述，概括表述对定案证据审核确认即可。核准理由简明扼要地表述："原审法院认定被告人×××犯××罪的事实清楚，证据确实、充分，定罪及适用法律正确，量刑适当，审判程序合法，应予核准。原判列举的各项证据，经复核属实，本院予以确认。"

4. 裁定结果部分。复核裁定核准的是第一审法院的刑事判决，包括复核审查第一审法院认定被告人犯罪的事实和证据，定罪和量刑，而不仅仅是核准对被告人判处死刑缓期二年执行的刑罚，因此应表述："核准××××中级人民法院××号以××罪，判处被告人×××死刑，缓期二年执行，剥夺政治权利终身的刑事判决。"

5. 尾部。应将"本裁定为终审裁定"改写为："本裁定送达后即发生法律效力"。

五、适用范围

二审维持原判的刑事裁定书样式适用于被告人提出上诉和公诉机关抗诉的第二审公诉刑事案件，如果有或者仅是第一审附带民事诉讼当事人上诉的，或者被告人对原审附带民事部分判决上诉、检察机关对原审附带民事部分判决抗诉的，文书名称改为"刑事附带民事裁定书"，首部各项和其他相关部分的段落内容，应根据具体案件情况参照刑事附带民事判决书作相应改动。

【例文】①

上海市高级人民法院

刑事裁定书

（2020）沪刑终000号

原公诉机关上海市人民检察院第三分院。

① 本例文选自中国裁判文书网，略有改动。

上诉人（原审被告人）刘某，男，1984年12月11日生，户籍地江苏省盐城市，住上海市青浦区。

辩护人周某某，北京××（上海）律师事务所律师。

上海市第三中级人民法院审理上海市人民检察院第三分院指控被告人刘某犯销售伪劣产品罪一案，于2020年10月20日作出（2020）沪03刑初00号刑事判决。原审被告人刘某不服，提出上诉。本院受理后，依法组成合议庭，于2021年3月12日公开开庭进行了审理，上海市人民检察院指派检察官翁某某出庭履行职务，上诉人刘某及其辩护人周某某均到庭参加诉讼。本案经依法延长审理期限，现已审理终结。

原判认定，2020年1月26日至29日，被告人刘某在未核实相关涉案口罩质量的情况下，为牟取非法利益，通过微信从湖北天仙×工贸有限公司（以下简称天仙×公司）处采购“白二层（天仙×）”等十种一次性无纺布、活性炭口罩产品。被告人刘某在将天仙×公司提供的×市疾病预防控制中心的《检验报告单》进行篡改后，通过其在淘宝网上以上海×食品有限公司名义开设的店铺，将上述涉案口罩冒用KN90口罩的名义加价销售，其中“白二层（天仙×）”等八种涉案口罩的销售金额为人民币（以下币种均同）610 457元。经上海市劳动防护用品质量监督检验站检测，上述八种口罩的过滤效率为4.0%~69.8%不等，不符合GB 2626-2006标准中KN90过滤效率应≥90%的要求。

2020年2月7日，被告人刘某在其住处接受侦查机关和行政执法机关的排查询问时主动交代了自己的罪行。上述部分涉案口罩已被侦查机关依法扣押。

原判认定上述事实的证据有：检验报告单、经销授权、购销合同、销售记录、活期存款明细账、涉案口罩在淘宝网页上的商品详情截图、微信聊天记录、扣押笔录、扣押清单、检测报告、行政处罚决定书，证人王某、黄某某、金某等人的证言，被告人刘某的供述等。

原判认为，被告人刘某为牟取非法利益，违反产品质量法规，以不合格产品冒充合格产品，销售金额达61万余元，其行为已构成销售伪劣产品罪。被告人刘某犯罪以后自动投案，如实供述其本人的罪行，是自首，可以从轻或者减轻处罚。根据被告人刘某实施行为的性质、情节等，决定对其减轻处罚。据此，依照《中华人民共和国刑法》（以下简称《刑法》）第一百四十条、第六十七条第一款、第五十二条、第五十三条第一款、第六十四条之规定，以销售伪劣产品罪判处被告人刘某有期徒刑四年，并处罚金人民币六十万元；违法所得予以追缴，扣押在案的伪劣产品及供犯罪所用的本人财物等予以没收。

上诉人刘某及其辩护人对本案的事实、证据均无异议，但提出刘某采购涉案口罩的天仙×厂家系阿里巴巴推荐的具有经营诚信资质的商户，且刘某核实了口罩供应商的基本情况，要求对方提供检验报告单及授权书、营业执照等材料，将涉案口罩标注为KN90也只是起到搜索关键词的作用，实际上，从上传的口罩照片、口罩销售价格来看，刘某是将涉案口罩作为普通一次性口罩对外销售，并不会使消费者误认为是KN90口罩，不可能发生以普通一次性口罩冒充KN90口罩销售的情况；刘某的辩护人进一步提出，涉案口罩在淘宝店铺中的商品详情页介绍中，除了标注为KN90外，还注明系一次性无纺布口罩，应当以GB/T 32610－2016（日常防护口罩）执行标准对涉案口罩的质量进行重新鉴定且刘某根据天仙×公司提供的检验报告单上标注的医用口罩GB19083标准及细菌菌落总数92，选择将涉案口罩标注为防护等级较低的符合执行标准GB2626－2006、过滤率为90%的KN90口罩不属于以不合格产品冒充合格产品、以次充好的行为；刘某未核实涉案口罩的质量属于过失，不具有销售伪劣产品的主观故意，其修改口罩检验报告单日期的行为也并不会实质性影响产品质量；刘某销售涉案口罩未谋取巨额非法利益，系为了响应淘宝平台的号召而实施，在客户反映产品质量问题后，采取积极补救措施，将产品召回、退款，并未发生危害社会的严重后果，且其配合接受行政处理及刑事处罚，已缴纳罚款60万元，原判量刑过重，请求二审法院依法改判。

上海市人民检察院认为，原判认定上诉人刘某犯销售伪劣产品罪的事实清楚，证据确实、充分，适用法律正确，量刑适当，审判程序合法，建议本院驳回上诉、维持原判。

本院经审理查明的事实和证据与原判相同。

现根据审理查明的事实和证据，本院对各方意见综合评判如下：

一、关于上诉人刘某是否具有销售伪劣产品的主观故意的问题

经查：

1. 刘某的供述与微信聊天记录等证据相互印证，证实2020年1月26日至29日，由于新型冠状病毒疫情的快速发展，全国口罩货源紧张，刘某向天仙×公司采购涉案口罩，虽然向对方索取了检验报告单、营业执照等材料，但天仙×公司向其传送的卫生许可证已过期，检验报告单及照片显示的口罩外包装上无生产日期、生产批号等标识、包装简陋、产品无合格证，且天仙×公司负责人明确告知其不能保证口罩质量，要求刘某自行查验把关，双方约定就本次贸易不开具增值税专用发票。刘某的供述进一步证实，其对涉案口罩的产品质量产生过怀疑，但仍未加查验，反而在明知不存在涉案口罩检验报告中标明的GB19083－2005执行标准的情况下，自行选择将涉案口罩标示为符合GB2626－2006标准的KN90口罩，并将检验报告单上日期“2016”修改成“2019”，上

传至淘宝店铺后对外销售。在上述供应商与生产条件相关的证件已过期、涉案口罩包装简陋、产品无合格证、检验报告无生产日期、生产批号等确保产品质量标识的情况下，刘某未采取有效措施对产品质量予以核实确认，反而明知涉案口罩不符合 KN90 口罩执行标准仍标注为 KN90 口罩对外销售，应当认定其对涉案口罩系伪劣产品具有概括性的认知。

2. 根据《中华人民共和国产品质量法》第二十六条第二款的规定，产品质量应当符合在产品或其包装上注明采用的产品标准，符合以产品说明、实物样品等方式表明的质量状况。《最高人民法院、最高人民检察院关于办理生产、销售伪劣商品刑事案件具体应用法律若干问题的解释》规定，“不合格产品”是指不符合《中华人民共和国产品质量法》第二十六条第二款规定的质量要求的产品。由此，产品不符合其所注明采用的产品标准的属于“不合格产品”，刘某对其销售的涉案口罩不符合其所标注的 GB2626 - 2006 执行标准系明知，具有销售不合格产品的主观故意。

辩护人提出刘某根据天仙×公司提供的检验报告单上标注的医用口罩 GB19083 标准及细菌菌落总数 92，选择将涉案口罩标注为防护等级较低的符合执行标准 GB2626 - 2006、过滤率为 90% 的 KN90 口罩不属于以不合格产品冒充合格产品、以次充好的辩护意见。本院认为，天仙×公司提供的检验报告单上标注的细菌菌落数为 92，而刘某在商品详情页中编辑的 BFE（细菌过滤性能）的过滤效果大于 90%，两者并非同一概念，前者是微生物指标（菌落总数），后者是细菌过滤效率，并不能据此成为认定刘某对其销售产品符合甚至超过 KN90 执行标准，从而否定其主观故意的依据。

辩护人提出应当依据 GB/T32610 - 2016（日常防护口罩）执行标准对涉案口罩的质量进行重新鉴定的辩护意见。本院认为，根据在案证据显示，刘某将涉案口罩同时标注为 KN90 口罩和一次性无纺布口罩对外销售，而一次性无纺布口罩是根据口罩制作的材料所进行的分类，KN90 口罩是根据口罩执行标准所作的分类，并不能从一次性无纺布口罩中得出刘某将 GB/T32610 - 2016（日常防护口罩）作为涉案口罩的执行标准，应当以其明确标明的 KN90 口罩执行标准即 GB2626 - 2006 来进行鉴定。经鉴定，涉案口罩的过滤效率为 4.0% ~69.8% 不等，不符合 GB2626 - 2006 标准中 KN90 过滤效率应≥90% 的要求，属于不合格产品。

3. 刘某的供述证实，在 2020 年 1 月 27 日，其淘宝店铺被列为百家假口罩商家之一，28 日陆续接到消费者投诉，至此其认识到涉案口罩存在质量问题；销售记录显示，2020 年 1 月 27 日之后，其经营的店铺仍在对外销售涉案问题口罩。以上事实证明，刘某在已明确知晓涉案口罩存在质量问题，仍未予以有效核实，继续通过淘宝店铺向社会公众销售，进一步印证了其主观上具有销售伪劣产品的故意。

综上，上诉人刘某主观上具有销售伪劣产品的故意，客观上为谋取非法利益，将不符合KN90口罩执行标准的涉案口罩冒充为KN90口罩对外销售，销售金额61万余元，其行为已构成销售伪劣产品罪，原判认定正确，应予确认。

二、关于原判量刑是否适当的问题

根据《刑法》第一百四十条的规定，销售伪劣产品，销售金额五十万元以上不满二百万元的，处七年以上有期徒刑，并处销售金额百分之五十以上二倍以下罚金。本案中，刘某销售伪劣口罩金额达61万余元，原判考虑到其具有自首情节、并非自发起意销售涉案伪劣口罩牟利、销售时间短、犯罪后采取一定补救措施等情况，对其减轻处罚所判处的刑罚，量刑并无不当。根据《中华人民共和国行政处罚法》的规定，罚款应折抵罚金，上诉人刘某已向行政部门缴纳过行政罚款60万元，可以折抵本案罚金。

综上，本院确认，原判认定被告人刘某犯销售伪劣产品罪的事实清楚，证据确实、充分，适用法律正确，量刑适当，审判程序合法。上诉人刘某的上诉理由及其辩护人的辩护意见均不能成立，本院不予采纳。上海市人民检察院建议本院驳回上诉、维持原判的意见正确，应予支持。依照《中华人民共和国刑事诉讼法》第二百三十六条第一款第（一）项之规定，裁定如下：

驳回上诉，维持原判。

本裁定为终审裁定。

审　判　长　吴某某
审　判　员　潘某某
审　判　员　金　某
二〇二一年四月十九日

本件与原本核对无异

书　记　员　张某某

项目十六　刑事申诉书

【文书格式】

刑事申诉书

申诉人……（写明申诉人的姓名、性别、出生年月日、民族、出生地、文化程度、职业或者工作单位和职务、住址等；如系法人或者其他组织的，应当写明名称、所在地址、法定代表人或者代表人的姓名和职务。)

申诉人×××对×××××人民法院××××年××月××日作出的（××××）××刑初/终××号刑事判决（裁定）不服，提出申诉。

请求事项：

……。

事实与理由：

……。

此致

×××××人民法院（或×××××人民检察院）

申诉人：×××（自然人签名并捺指印）

[法人全称并由法定代表人或者代表人签名，加盖单位公章]

二〇××年××月××日

附：原审判决书（或裁定书）复印件一份。

【刑事申诉书写作谈】①

申诉这一法律术语，记录两类法律权利。《宪法》第41条第1款规定，“中华人民共和国公民对于任何国家机关和国家工作人员，有提出批评和建议的权利；对于任何国家机关和国家工作人员的违法失职行为，有向有关国家机关提出申诉、控告或者检举的权利，但是不得捏造或者歪曲事实进行诬告陷害。”此处的“申诉”表达的是我国公民享有的监督权这项宪法性权利。《刑事诉讼法》第252条规定：“当事人及其法定代理人、近亲属，对已经发生法律效力的判决、裁定，可以向人民法院或者人民检察院提出申诉，但是不能停止判决、裁定的执行。”此处的“申诉”指的是当事人及其法定代理人、近亲属依照《刑事诉讼法》享有的一项刑事诉讼权利，本文正是在此种意义上展开。

刑事申诉书是指刑事案件的当事人及其法定代理人、近亲属、委托律师、案外人，对已经发生法律效力的判决、裁定，认为有错误而向人民法院或人民检察院提出申诉时制作并使用的刑事诉讼法律文书。写作主体是当事人及其法定代理人、近亲属、委托律师、案外人，写作受体是人民法院或人民检察院，写作主旨是希望人民法院重新审判或者希望人民检察院向人民法院提出抗诉从而对案件重新审判。

刑事申诉书是当事人及其法定代理人、近亲属行使刑事申诉权的文字载

---

① 本文由石红英律师撰稿。

体，具有可能引起人民法院或者人民检察院启动审判监督程序的功能。其制作的法律依据是《刑事诉讼法》第252条、第253条①，《刑诉法解释》第451条②、第452条③，《刑事诉讼规则》第593条。

本文书分为首部、正文、尾部三部分。

一、首部

首部包括标题、申诉人基本情况以及申诉的对象。

申诉人是自然人的，应当写明申诉人的姓名、性别、年龄、民族、文化程度、住址（或户籍所在地）等基本情况及联系方式，如果申诉人不是所涉案件的当事人，还需要注明与所涉案件当事人的关系。如果申诉人是法人组织或单位的，应写明单位名称、负责人或法定代表人的姓名及职务、单位住所地和联系方式。

申诉的对象常用下面的一段套语表述：

申诉人×××对××××人民法院××××年××月××日作出的（××××）××刑初/终××号刑事判决（裁定）不服，提出申诉。

二、正文

正文包括请求事项、事实和理由两部分。

（一）请求事项

请求事项是申诉人要求人民法院或人民检察院所要解决的问题，也是申诉人所要达到的目的。要写得简洁、清晰、明了；若有多项请求，应逐一列举，

---

①《刑事诉讼法》第253条规定，当事人及其法定代理人、近亲属的申诉符合下列情形之一的，人民法院应当重新审判：（1）有新的证据证明原判决、裁定认定的事实确有错误，可能影响定罪量刑的；（2）据以定罪量刑的证据不确实、不充分、依法应当予以排除，或者证明案件事实的主要证据之间存在矛盾的；（3）原判决、裁定适用法律确有错误的；（4）违反法律规定的诉讼程序，可能影响公正审判的；（5）审判人员在审理该案件的时候，有贪污受贿，徇私舞弊，枉法裁判行为的。

②《刑诉法解释》第451条规定，当事人及其法定代理人、近亲属对已经发生法律效力的判决、裁定提出申诉的，人民法院应当审查处理。案外人认为已经发生法律效力的判决、裁定侵害其合法权益，提出申诉的，人民法院应当审查处理。申诉可以委托律师代为进行。

③《刑诉法解释》第452条规定，向人民法院申诉，应当提交以下材料：（1）申诉状。应当写明当事人的基本情况、联系方式以及申诉的事实与理由；（2）原一审、二审判决书、裁定书等法律文书。经过人民法院复查或者再审的，应当附有驳回申诉通知书、再审决定书、再审判决书、裁定书；（3）其他相关材料。以有新的证据证明原判决、裁定认定的事实确有错误为由申诉的，应当同时附有相关证据材料；申请人民法院调查取证的，应当附有相关线索或者材料。申诉符合前款规定的，人民法院应当出具收到申诉材料的回执。申诉不符合前款规定的，人民法院应当告知申诉人补充材料；申诉人拒绝补充必要材料且无正当理由的，不予审查。

避免堆积在同一段中。在这部分内容中，应明确提出要求撤销、变更原裁判或要求查处或再审，以纠正原裁判不当之处。

（二）事实和理由

1. 两个写作维度

在撰写"事实与理由"时，应从程序和实体两个维度考虑。第一维度，要判断生效刑事裁判在整个诉讼过程中是否符合程序法的规定。如果存在程序违法的问题，应逐一指出并附上相应的法律规定。第二维度，要考量生效刑事裁判的事实认定及法律适用是否存在不符合逻辑和违反法律规定之处，如果存在，要将不符合逻辑的事实列出，将法律适用的错误之处指明，并列出应该适用的法律规定。

2. 兼用立论驳论方法

提出刑事申诉，往往是因为申诉人发现生效刑事裁判存在错误，为了达到说服人民法院或者人民检察院启动刑事审判监督程序的目的，申诉人首先得运用证据和法律反驳生效刑事裁判，反驳的同时也论证了自己对本案事实和定罪量刑的观点，简言之，驳论中含有立论。

（1）立论的方法。立论就是正面阐明自己见解和主张正确的论证方法。即通过确凿充分的证据、适宜的法律规定证明申诉人主张的正确。立论所要达到的目的是揭示案件真相，申明案件当事人应当得到的法律结果。立论时要注意两点：一是要摆出在实践中存在的能说明原裁判不正确的新的事实，并举出新的证据，做到申诉有据；二是要符合推理及论证的逻辑规则，做到申诉有理。只要有应当申诉的新的事实，有确实的证据，提起刑事申诉就是颇为有利的。切忌使用虚假的证据，虚假的证据不仅得不出正确的结论，而且还应受到法律的制裁。

（2）反驳的方法。反驳即在刑事申诉书中指出生效刑事裁判的错误（根据不实或论题虚假），这是在刑事申诉书中最常用、最有效的方法，往往和立论的方法结合使用。实践中，反驳的具体写法有：

①抓住生效刑事裁判的关键性错误，建立反驳的论点，有几处关键错误的就应建立几个论点。

②直接用新的事实与证据以及应当适用的法律作为论据，反驳生效刑事裁判中认定事实或适用法律的不当。反驳应当是有理有据，论证推理要合乎逻辑。

在刑事申诉书写作中，根据案情事实和申诉要求，无论并用立论和驳论，还是侧重其中的一种，都要做到观点鲜明、关键点突出、证据确凿、论证有力。如此，才有可能达到刑事申诉的目的。

总之，刑事申诉书要根据案情的实际情况，确定写作的重点。要依事据理，正确申诉，依事举证，反驳错误的裁判。但是任何个人都应当遵守国家的法律，服从人民法院的正确裁判，这是公民应履行的义务。无理缠讼，一再申诉，也是不对的。因缠讼而妨害社会治安和诉讼秩序的，要负相应的法律责任。

三、尾部

尾部包括致送法院、检察院名称，申诉人签名，文书制作日期，附项。

1. 致送法院、检察院名称。刑事申诉书的写作受体必须依法确定。如果申诉人向人民法院提起申诉，由终审人民法院审查处理。但是，第二审人民法院裁定准许撤回上诉的案件，申诉人对第一审判决提出申诉的，可以由第一审人民法院审查处理。上一级人民法院对未经终审人民法院审查处理的申诉，可以告知申诉人向终审人民法院提出申诉，或者直接交终审人民法院审查处理，并告知申诉人；案件疑难、复杂、重大的，也可以直接审查处理。对未经终审人民法院及其上一级人民法院审查处理，直接向上级人民法院申诉的，上级人民法院应当告知申诉人向下级人民法院提出。对死刑案件的申诉，可以由原核准的人民法院直接审查处理，也可以交由原审人民法院审查。原审人民法院应当制作审查报告，提出处理意见，层报原核准的人民法院审查处理。如果申诉人向人民检察院提起申诉，由作出生效判决、裁定的人民法院的同级人民检察院依法办理。直接向上级人民检察院申诉的，上级人民检察院可以交由作出生效判决、裁定的人民法院的同级人民检察院受理；案情重大、疑难、复杂的，上级人民检察院可以直接受理。申诉人对人民法院已经发生法律效力的判决、裁定提出申诉，经人民检察院复查决定不予抗诉后继续提出申诉的，上一级人民检察院应当受理。

2. 附项。根据《刑诉法解释》第 452 条的规定，申诉人除了提交刑事申诉状外，还须提交：（1）原一审、二审判决书、裁定书等法律文书。经过人民法院复查或者再审的，应当附有驳回申诉通知书、再审决定书、再审判决书、裁定书；（2）其他相关材料。以有新的证据证明原判决、裁定认定的事实确有错误为由申诉的，应当同时附有相关证据材料。

四、注意事项

（一）刑事申诉复查通知书

人民检察院对不服人民法院已经发生法律效力的判决、裁定的申诉案件复查终结后，应当制作刑事申诉复查通知书，在 10 日以内通知申诉人。经复查向上一级人民检察院提请抗诉的，应当在上一级人民检察院作出是否抗诉的决定后制作刑事申诉复查通知书。

（二）立案审查的申诉案件

对立案审查的申诉案件，人民法院可以听取当事人和原办案单位的意见，也可以对原判据以定罪量刑的证据和新的证据进行核实。必要时，可以进行听证。

对立案审查的申诉案件，应当在3个月以内作出决定，至迟不得超过6个月。因案件疑难、复杂、重大或者其他特殊原因需要延长审查期限的，参照《刑诉法解释》第210条的规定处理。根据《刑诉法解释》第457条的规定，经审查，具有下列情形之一的，应当根据《刑事诉讼法》第253条的规定，决定重新审判：（1）有新的证据证明原判决、裁定认定的事实确有错误，可能影响定罪量刑的；（2）据以定罪量刑的证据不确实、不充分、依法应当排除的；（3）证明案件事实的主要证据之间存在矛盾的；（4）主要事实依据被依法变更或者撤销的；（5）认定罪名错误的；（6）量刑明显不当的；（7）对违法所得或者其他涉案财物的处理确有明显错误的；（8）违反法律关于溯及力规定的；（9）违反法定诉讼程序，可能影响公正裁判的；（10）审判人员在审理该案件时有贪污受贿、徇私舞弊、枉法裁判行为的。申诉不具有上述情形的，应当说服申诉人撤回申诉；对仍然坚持申诉的，应当书面通知驳回。

【例文】（略）

项目十七　刑事抗诉书（审判监督程序适用）

【文书格式】①

××××人民检察院

刑事抗诉书

（审判监督程序适用）

××检××审刑抗〔20××〕×号

原审被告人……（依次写明姓名、性别、出生年月日、民族、职业、单位及职务、住址、服刑情况。有数名被告人的，依犯罪事实情节由重至轻的顺序分别列出）。

---

① 本文书格式出自《人民检察院刑事诉讼法律文书格式样本（2020版）》（高检发办字〔2020〕5号）。

××××人民法院以×××号刑事判决书（裁定书）对被告人×××（姓名）×××（案由）一案判决（裁定）……（写明生效的一审判决、裁定或者一审及二审判决、裁定情况）。经依法审查（如果是被告人及其法定代理人不服地方各级人民法院的生效判决、裁定而请求人民检察院提出抗诉的，或者有关人民检察院提请抗诉的，应当写明这一程序，然后再写“经依法审查”），本案的事实如下：

……（概括叙述检察机关认定的事实、情节。应当根据具体案件事实、证据情况，围绕刑法规定该罪构成要件特别是争议问题，简明扼要地叙述案件事实、情节。一般应当具备时间、地点、动机、目的、关键行为情节、数额、危害结果、作案后表现等有关定罪量刑的事实、情节要素。一案有数罪、各罪有数次作案的，应当依由重至轻或者时间顺序叙述。）

本院认为，该判决（裁定）确有错误（包括认定事实有误、适用法律不当、审判程序严重违法），理由如下：

……（根据情况，理由可以从认定事实错误、适用法律不当和审判程序严重违法等几方面分别论述。）

综上所述……（概括上述理由），为维护司法公正，准确惩治犯罪，依照《中华人民共和国刑事诉讼法》第二百五十四条第三款的规定，对××××法院×××号刑事判决（裁定）书，提出抗诉，请依法判处。

此致

××××人民法院

××××人民检察院

20××年××月××日

（院印）

附件：1. 被告人×××现服刑于×××（或者现住×××）。

2. 其他有关材料。

【刑事抗诉书（审判监督程序适用）写作谈】①

刑事抗诉书（审判监督程序适用），是指人民检察院认为人民法院所作出的已经发生法律效力的刑事判决或者裁定确有错误而提出抗诉，要求人民法院对刑事案件重新审理予以纠正的刑事诉讼法律文书。写作主体是人民检察院，写作受体是同级人民法院、上一级人民检察院，写作主旨是欲推翻已经生效的刑事判决、裁定，敦促人民法院纠正错误。

---

① 本文由梁景明检察官撰写。写作时参考了童建明、万春主编：《人民检察院刑事诉讼法律文书适用指南》，中国检察出版社 2020 年版。

本文书是人民检察院行使刑事审判监督职权的文字载体，具有法定约束力，人民检察院通过本文书提出抗诉，人民法院必须进行刑事再审。本文书写作的法律依据是《刑事诉讼法》第252条、第253条、第254条第3款①和《刑事诉讼规则》第591条②、第598条③、第599条④。

本文书是文字叙述式文书，包括首部、正文和尾部三部分。

一、首部

首部由制作文书的人民检察院名称、文书名称、文书字号、原审被告人基本情况等内容组成。

原审被告人的基本情况，依次写明姓名、性别、出生年月日、户籍地、公民身份号码、民族、职业、单位及职务、住址、服刑情况等。服刑情况应当写明已经执行的刑种、刑期、减刑情况、判决书确定的刑期终止之日、刑满释放具体日期（或假释的具体日期）等；刑满释放的具体日期应为有期徒刑、拘役刑罚执行期满，由刑罚执行机关办理刑满释放手续发放释放证明书之日；假释的具体日期应当为已发生法律效力的假释裁定书所确定的假释生效日期。有数名被告人的，依犯罪事实情节由重至轻的顺序分别列出。

---

① 《刑事诉讼法》第254条第3款规定，最高人民检察院对各级人民法院已经发生法律效力的判决和裁定，上级人民检察院对下级人民法院已经发生法律效力的判决和裁定，如果发现确有错误，有权按照审判监督程序向同级人民法院提出抗诉。

② 《刑事诉讼规则》第591条规定，人民检察院认为人民法院已经发生法律效力的判决、裁定确有错误，具有下列情形之一的，应当按照审判监督程序向人民法院提出抗诉：（1）有新的证据证明原判决、裁定认定的事实确有错误，可能影响定罪量刑的；（2）据以定罪量刑的证据不确实、不充分的；（3）据以定罪量刑的证据依法应当予以排除的；（4）据以定罪量刑的主要证据之间存在矛盾的；（5）原判决、裁定的主要事实依据被依法变更或者撤销的；（6）认定罪名错误且明显影响量刑的；（7）违反法律关于追诉时效期限的规定的；（8）量刑明显不当的；（9）违反法律规定的诉讼程序，可能影响公正审判的；（10）审判人员在审理案件的时候有贪污受贿，徇私舞弊，枉法裁判行为的。对于同级人民法院已经发生法律效力的判决、裁定，人民检察院认为可能有错误的，应当另行指派检察官或者检察官办案组进行审查。经审查，认为有前款规定情形之一的，应当提请上一级人民检察院提出抗诉。对已经发生法律效力的判决、裁定的审查，参照本规则第585条的规定办理。

③ 《刑事诉讼规则》第598条规定，人民检察院按照审判监督程序向人民法院提出抗诉的，应当将抗诉书副本报送上一级人民检察院。

④ 《刑事诉讼规则》第599条规定，对按照审判监督程序提出抗诉的案件，人民检察院认为人民法院再审作出的判决、裁定仍然确有错误的，如果案件是依照第一审程序审判的，同级人民检察院应当按照第二审程序向上一级人民法院提出抗诉；如果案件是依照第二审程序审判的，上一级人民检察院应当按照审判监督程序向同级人民法院提出抗诉。

二、正文

正文包括诉讼过程、生效判决或裁定概况，对生效判决或裁定的审查意见，抗诉理由，结论性意见、法律根据、决定和要求事项四部分。

（一）诉讼过程、生效判决或裁定概况

诉讼过程的写作依次由这些要素组成：原审人民法院名称，生效刑事判决书、裁定书的案号，被告人姓名，案由。

生效判决或裁定概况分两种情况分别表述。如果是一审生效判决或裁定，不仅要写明一审判决或裁定的主要内容，还要写明一审判决或裁定的生效时间。如果是二审终审的判决或裁定，应该分别写明一审和二审判决或裁定的主要内容。

（二）对生效判决或裁定的审查意见

本部分内容从“经依法审查，本案的事实如下”至“本院认为……理由如下”，包含事实认定与证据、审查意见两个组成部分。

1. 事实认定与证据

（1）两种开头模式。人民法院已经发生法律效力的刑事判决和裁定，包括：已过法定期限没有上诉、抗诉的判决和裁定，终审的判决和裁定，最高人民法院核准死刑的判决和裁定，高级人民法院核准死刑缓期二年执行的判决和裁定。人民检察院发现生效刑事判决、裁定错误有多种途径：收到刑事裁判后通过指定专人审查发现错误；当事人及其法定代理人、近亲属不服人民法院生效刑事判决、裁定提出申诉，经复查发现错误；根据社会各界和有关部门转送的材料和反映的意见，对生效刑事判决、裁定审查后发现错误；在办案质量检查和案件复查等工作中，发现人民法院已生效判决、裁定确有错误；办理其他案件过程中发现本案已生效判决、裁定确有错误；出现新的证据，发现人民法院已生效判决、裁定存在错误。发现途径不同，决定了启动审判监督程序的具体差异，刑事抗诉书应当按照刑事抗诉是人民检察院经审查依职权提出，还是应原审被告人及法定代理人的请求而提出，或应有关人民检察院的提请、指令而提出之不同，采用不同的表述：

① 上级人民检察院依职权审查发现下级人民法院已生效判决、裁定错误而提出抗诉的，表述为：“经依法审查，本案的事实如下：……”

② 原审被告人×××及其法定代理人不服地方各级人民法院的生效判决、裁定而请求人民检察院提出抗诉的，表述为：“20××年××月××日，××（原审被告人）通过××（如来信）方式向本院提出申诉，请求××××人民

检察院按照审判监督程序依法向××××人民法院提出抗诉。经依法审查，本案的事实如下：……”

如果案件经下级人民检察院复查，也应写明该过程，例如，“宣判后，××（原审被告人）不服该判决，向××××人民检察院申诉，该院于20××年××月××日作出××刑事申诉审查结果通知书（决定），认定××（原审被告人）的申诉理由不成立。××（原审被告人）仍不服，以××为由，向本院提出申诉。经依法审查，本案的事实如下：……”

③ 应下级人民检察院的提请或上级人民检察院的指令而提出抗诉的，表述为：“20××年××月××日，××××人民检察院提请（指令）本院按照审判监督程序依法向××××人民法院提出抗诉。经依法审查，本案的事实如下：……”

（2）事实认定与证据的写法。本部分要概括叙述检察机关认定的事实、情节。应当根据具体案件事实、证据情况，围绕刑法规定该罪构成要件特别是争议问题，简明扼要地叙述案件事实、情节。一般应当具备时间、地点、动机、目的、关键行为情节、数额、危害结果、作案后表现等有关定罪量刑的事实、情节要素。一案有数罪、各罪有数次作案的，应当依由重至轻或者时间顺序叙述。

2. 审查意见

这一部分的内容是人民检察院对原判决（裁定）的审查意见，目的是明确指出原判决（裁定）的错误所在，告知进行再审的人民法院：人民检察院抗诉的重点是什么。这部分要观点鲜明，简明扼要。从本文书的结构设计来看，审查意见是全文的纲领所在，它为抗诉理由部分指引写作方向。

（三）抗诉理由

本部分内容是审查意见部分的具体展开，是形成结论意见的基础。它是刑事抗诉书的重心所在。从“理由如下”之后至“综上所述”之前，是抗诉理由的专有空间。根据案件的不同情况，从认定事实错误、适用法律不当和审判程序严重违法这几个方面对抗诉理由展开详细论述。本部分的写作思路与方法与本章项目十四刑事抗诉书（二审程序适用）基本相同，故不再赘述。在此只补充说明几点：

1. 认定事实错误

（1）无罪判决有错误。对于指控的犯罪事实清楚，证据确实、充分，人民法院以证据不足为由全案判决无罪或者改变部分指控事实认定的，再审抗诉书应当从案件的整体证明和判断方面，针对检法认定分歧将有罪错误认定为无罪的情况予以论述，分析证据与证据、证据与事实之间的联系，判断在案证据是否确实、充分，与证明的事实和问题是否协调一致。

（2）“疑罪”错误认定为有罪。对于认定原审被告人有罪的主要证据之间存在矛盾，无法排除合理怀疑，既不能证成也不能证伪的疑案，再审抗诉书应当从客观公正角度出发，对人民法院将“疑罪”错误认定为有罪的情况予以论述，如具有作案时间与在案证据证明的案件事实不符、部分重要证据未经依法查证属实、有罪供述的真实性存疑、作案动机的判断对证据判断产生不当影响、案件存在的矛盾和疑点无法得到合理排除、案件事实结论不具有唯一性等。

（3）有新的证据证明原判决、裁定认定的事实确有错误。《刑事诉讼法》第253条第1项明确了“有新的证据”可以引起人民法院的重新审判。依据《刑诉法解释》第458条的规定，“新的证据”是指向原起诉事实并可能改变原判决、裁定据以定罪量刑的事实的证据，包括：原判决、裁定生效后新发现的证据；原判决、裁定生效前已经发现，但未予收集的证据；原判决、裁定生效前已经收集，但未经质证的证据；原判决、裁定所依据的鉴定意见，勘验、检查等笔录被改变或者否定的；原判决、裁定所依据的被告人供述、证人证言等证据发生变化，影响定罪量刑，且有合理理由的。如果发现新证据证明原判决、裁定认定事实确有错误，可能影响定罪量刑的，再审抗诉书应当对指向原起诉事实的新证据来源、证明内容以及对定罪量刑的影响进行详细叙述、分析。虽然是新发现，但对定罪量刑没有实质影响，不具有实际证明价值或者与原定案证据重复的，或者该证据不是指向原起诉事实的，不属于再审领域的新证据。如果发现新的证据证明原审认定的犯罪事实与客观事实有出入，但不影响定罪量刑的，不宜提出抗诉，而是由人民检察院通过其他方式予以监督。事实发生重大变化，其内涵与案件事实错误是等值的，因而对于原判决、裁定的主要事实依据被依法变更或者撤销的，比如所依据的鉴定意见、勘验检查等笔录被改变或者否定的，再审抗诉书应当对该事实发生重大变化的情况进行详细叙述。实践中，很多申诉人以裁判生效后改变的证人证言，或翻供的被告人供述作为新证据提出申诉，如果证言、供述虽然有变化，但不影响定罪量刑，或者翻供、翻证没有合理理由，不能作为出现新证据而启动再审。对此类情形刑事抗诉书应当对翻供、翻证的合理性以及其对定罪量刑的影响进行叙写分析。

（4）据以定罪量刑的证据采信错误。根据《刑事诉讼法》第253条第（2）项的规定，可能引起重新审判的证据认定问题主要包括：据以定罪量刑的证据不确实、不充分，据以定罪量刑的证据依法应当予以排除，或者证明案件事实的主要证据之间存在矛盾。如果案件定罪事实清楚，因有关量刑情节难以查清，人民法院在法定刑幅度内从轻处罚的，一般不提出抗诉。如果依法排除非法证据后，证明部分或者全部案件事实的证据达不到确实、充分的标准，人民法院不予认定该部分案件事实或判决无罪的，不提出抗诉。不确实，是指原证据经查证是错误的；不充分，是指原证据不能证明认定的事实。刑事抗诉书应当聚焦生效判决、裁定采纳的决定性或者量刑的证据，重点分析不符合“确实充分”标准的表现以及对于定案的影响。

2. 适用法律不当

（1）认定罪名错误且明显影响量刑。再审抗诉书应当对原审判决认定罪名错误对于量刑的影响着重进行分析。原审被告人提出罪轻、无罪辩解或者翻供后，认定犯罪性质、情节或者有罪的证据之间的矛盾无法排除，导致人民法院未认定起诉指控罪名或者相关犯罪事实的；刑事判决改变起诉指控罪名，导致量刑差异较大，但没有足够证据或者法律依据证明人民法院改变罪名错误的，实务中一般不提出抗诉。如果法律规定不明确、存有争议，抗诉的法律依据不充分的，一般也不提出抗诉。

（2）数罪并罚错误。数罪并罚错误是极易被忽略的量刑问题。再审抗诉书应当对数罪并罚超过法律规定的期限，数罪被分别判处有期徒刑和拘役时未执行有期徒刑，遗漏管制，对种类相同的附加刑未合并执行，对种类不同的附加刑未分别执行，处理发现漏罪、犯新罪等情形的并罚方法、刑期计算错误等问题进行叙写与分析。

（3）违反法律关于溯及力规定的。《刑法》第87条、第88条、第89条对犯罪追诉时效的期限、不受追诉时效期限限制的特别规定以及追诉时效期限的计算作出了明确规定。人民法院认定犯罪已过追诉时效期限且不是必须追诉的，应当裁定终止审理。对于原审刑事裁判违反法律关于追诉时效期限的规定的，刑事抗诉书应当重点对追诉时效的期限计算、是否必须追诉等问题进行叙写分析。

（4）对违法所得或者其他涉案财物的处理确有明显错误的。对涉案财物的准确处理，有利于剥夺犯罪分子继续实施犯罪的资本，防止重新犯罪，同时保护公民、法人和其他组织的合法权益。《刑事诉讼规则》第591条没有将违反《刑法》第64条规定的刑事裁判作为提出抗诉的具体情形，《刑诉法解释》第457条第1款第（7）项却明确为应当重新审判的情形。实务中一般以再审检察建议的方式建议人民法院按照审判监督程序重新审判。如果人民法院对涉案财物处理明显错误，可能放纵犯罪、侵犯被害人合法权益，仍可依法进行监督。提出抗诉的，刑事抗诉书要聚焦涉案财物处理的明显错误以及其不良影响或后果进行叙写分析。

3. 审判程序严重违法

（1）审判人员在审理该案件的时候，有贪污受贿，徇私舞弊，枉法裁判行为。审理案件的审判人员贪污受贿、徇私舞弊、枉法裁判，不仅玷污司法纯洁性，极大贬损司法的权威性，而且也很可能会影响裁判结果的公正性。因而，《刑事诉讼法》第253条第（5）项将之作为启动人民法院重新审判的事由之一。这里的审判人员，既包括人民陪审员，也包括参与案件讨论的审判委员会委员。刑事抗诉书应当聚焦审判人员相关职务犯罪行为发生时是否系审理该案件时，该犯罪行为对案件处理的影响等进行分析，并对案发、查处等情况进行叙写。

（2）违反法律规定的诉讼程序，可能影响公正审判。刑事抗诉书应当阐述法律规定的正确诉讼程序，聚焦违反法定诉讼程序的审判活动已经达到影响公正审判的严重程度进行叙写分析。例如，第二审程序包括上诉抗诉的提起、第二审法院审查后的处理方式、上诉不加刑、检察员出席法庭等环节，其正确适用有利于进一步解决争议，纠正下级人民法院可能存在的错误。如果第二审法院以原判决事实不清、证据不足为由两次发回重审，对只有被告人一方上诉的案件发回重审加重被告人的刑罚，庭外调查时未讯问被告人和听取其他相关人员意见等，都是影响公正审判的违法情形，刑事抗诉书应当就这些程序违法行为对诉讼当事人切身利益、裁判结果及公信力受到的影响进行叙写分析。应当注意，虽然审判活动违反法定诉讼程序，但其严重程度不足以影响公正审判的，或者刑事判决书、裁定书存在技术性差错，不影响案件实质性结论的，实务中人民检察院一般通过纠正审理违法意见书的形式监督人民法院纠正审判活动中的违法情形，或者以检察建议书等形式要求人民法院更正法律文书中的差错，而不提出抗诉。

（四）结论性意见、法律依据、决定、要求事项

本部分内容在阐明抗诉理由之后另起一段表述。结论性意见应当简洁、明确，表述为“综上所述……（概括上述理由）”。结论性意见是对抗诉理由部分的提炼和总结，阐述检察机关对案件事实、适用法律及诉讼程序等方面的意见，与审查意见部分的审查结论相呼应，追求精练准确、结论鲜明，凸显抗诉的必要性。法律依据是提出审判监督程序抗诉的法律基础，旨在表明提出抗诉的合法性。决定通过“对××××法院×××号刑事判决（裁定）书，提出抗诉”一语体现。要求事项是人民检察院对再审法院提出的要求，用“请依法判处”一语体现。

请注意，再审抗诉书与二审抗诉书在这一部分的格式设计是有区别的。首先，法律依据不同。再审抗诉书中的法律依据是《刑事诉讼法》第254条第3

款，二审抗诉书的法律依据是《刑事诉讼法》第228条。其次，再审抗诉书中，决定这一项要写明抗诉对象——原生效刑事判决、裁定的作出法院及案号，而二审抗诉书中的决定中不用表述抗诉对象。

三、尾部

尾部，包括致送法院名称，提出抗诉的人民检察院名称、决定抗诉的日期，并加盖提出抗诉的人民检察院院印，最后附注被告人服刑场所、居住地情况，随案移送的有关材料。

四、注意事项

（一）注意准确把握刑事抗诉的条件

第二审程序抗诉和审判监督程序抗诉在提出抗诉的法定条件方面具有基本一致性，即刑事判决、裁定确有错误。《刑事诉讼法》第176条规定的起诉标准和第200条规定的判决标准，都是案件事实清楚和证据确实、充分，表述也基本相同，但基于职责、执法理念的不同而在实践掌握上是有具体差异的。对错误的刑事裁判提出抗诉是对刑事审判的制约、监督和约束，提出抗诉的标准要高于基于追诉犯罪的起诉标准。而且，第二审程序抗诉侧重于权利救济和权力监督，审判监督程序抗诉还要考虑维护人民法院刑事裁判的稳定性、司法权威和公平公正等因素，要考虑抗诉的法律效果、政治效果和社会效果，审判监督程序抗诉标准要高于第二审程序抗诉标准，支持抗诉的证据要求也更为严格。例如，可以提出第二审程序抗诉以解决由于法律规定不明确产生的争议，但不宜提出审判监督程序抗诉。因而，如果人民法院认定的事实有误，抗诉理由的书写要突出检、法两家的争议重点，针对原判决、裁定的错误之处提出纠正意见，体现抗诉的针对性、必要性。如果基本事实认定无误，抗诉书的叙写分析应当突出定性和量刑明显不当。如果认定事实和证据方面发生严重错误，应当关注是否严重损害当事人的权益，或者影响对其他人的刑事追究。如果量刑错误，应当注意分析存在畸轻畸重，明显违背罪责刑相适应原则，超出法官自由裁量幅度的情形。除提出抗诉的法定条件之外，还应具备客观条件，即确有抗诉必要，刑事抗诉书的抗诉理由分析应当把“确有错误”和“确有抗诉必要”两个条件结合起来。

（二）注意准确把握刑事抗诉的实质要求

刑事判决、裁定确有错误，这里的错误，一般是实质性错误，即刑事判决、裁定缺乏客观公正性，在实体处理上存在错误，以及适用程序上发生错误且足以影响实体问题的正确处理。提出审判监督抗诉所秉持的是客观公正的立场，对于确有错误的刑事判决、裁定，不论是减轻了还是加重了原审被告人的罪责，均应提出抗诉，能抗轻判，也能抗重判。对于原案起诉不当，人民法院按照起诉指控作出的判决，即使诉判一致，只要发现原审刑事判决、裁定确有错误且确有抗诉必要的，仍可以通过抗诉敦促人民法院重新审理、纠正已经生效的错误裁判。刑事抗诉书聚焦抗诉的必要性，着重解决原刑事判决、裁定错在哪里、为什么是错误的，客观分析、剖析产生错误的原因，充分阐述和论证应当重新审理纠正错误的观点和主张。

【例文】①

四川省遂宁市人民检察院

刑事抗诉书

遂检公审刑抗〔2020〕000 号

原审被告人熊某某，男，1987 年 ××月 ××日出生，身份证号码 510902198700000000，汉族，高中文化，个体户，户籍所在地四川省遂宁市船山区×街×栋×单元×号。因涉嫌传播淫秽物品牟利罪，于 2017 年 9 月 8 日被遂宁市公安局刑事拘留，同年 9 月 21 日经遂宁市人民检察院批准，同日由遂宁市公安局执行逮捕。

原审被告人唐某某，男，1987 年 ××月 ××日出生，身份证号码 51090219870000000×，汉族，高中文化，无业，户籍所在地四川省遂宁市船山区灵泉办事处×社区×社×号附×号。因犯诈骗罪，于 2010 年 6 月 22 日被海南省三亚市城郊人民法院判处有期徒刑四年二个月。因涉嫌传播淫秽物品牟利罪，于 2017 年 7 月 18 日被遂宁市公安局刑事拘留，同年 8 月 23 日经遂宁市人民检察院批准，同日由遂宁市公安局执行逮捕。

原审被告人王某某，男，1991 年 ××月 ××日出生，身份证号码 500233199100000000，汉族，大专文化，务工，户籍所在地重庆市忠县×镇×村×组×号。因涉嫌传播淫秽物品牟利罪，于 2017 年 7 月 18 日被遂宁市公安局刑事拘留，同年 8 月 23 日经遂宁市人民检察院批准，同日由遂宁市公安局执行逮捕。

船山区人民法院以被告人唐某某犯传播淫秽物品牟利罪，判处有期徒刑二年十个月，并处罚金人民币三万元；对被告人熊某某犯传播淫秽物品牟利罪，

① 本例文选自 12309 中国检察网。

判处有期徒刑二年六个月，并处罚金人民币二万五千元；对被告人王某某犯传播淫秽物品牟利罪，判处有期徒刑二年，并处罚金人民币二万元。经依法审查，本案的事实如下：

2017年6月20日以来，被告人熊某某、唐某某、王某某为牟取非法利益，在遂宁市船山区五彩缤纷路“遂宁×装饰公司”办公室内制作、运营“×在线视频”网站，提供大量淫秽视频供付费会员观看。2017年7月18日，民警在该网站上查获689部视频。经遂宁市公安局淫秽物品鉴定委员会鉴定，该689部视频均系淫秽视频文件。案发后，被告人熊某某向公安机关投案，其家属代为退交赃款人民币1.2万元，被告人唐某某家属代为退交赃款人民币4000元。

本院认为，该判决确有错误，理由如下：

本案三被告人为牟取利益建立淫秽网站，提供大量淫秽视频供付费会员观看。只要有一个付费会员，则该网站上的视频均为一种被传播的状态，根据该案被告人的盈利情况，付费会员不止一个，因此，该网站上的689部淫秽视频文件应认定为传播数量。

网站和网络云盘是两个不同的概念，本案被告人建立的是淫秽视频网站，让网民通过付费的方式就能直接观看上面的淫秽视频，因此，船山区人民法院参照《最高人民法院、最高人民检察院关于利用网络云盘制作、复制、贩卖、传播淫秽电子信息牟利行为定罪量刑问题的批复》对本案作出判决，属于适用法律错误，导致量刑错误。

综上所述，为维护司法公正，准确惩治犯罪，依照《中华人民共和国刑事诉讼法》第二百五十四条第三款的规定，对船山区人民法院（2018）川0903刑初字29号刑事判决书提出抗诉，请依法判处。

此致

四川省遂宁市中级人民法院

四川省遂宁市人民检察院

2020年2月14日

附件：1. 被告人熊某某、唐某某、王某某现服刑于×××。

2. 其他有关材料。

项目十八　刑事判决书（按二审程序再审改判用）

【文书格式】①

××××人民法院

刑事判决书

（按二审程序再审改判用）

（××××）×××刑再字××号

原公诉机关××××人民检察院。

原审被告人……（写明姓名、性别、出生年月日、民族、出生地、文化程度、职业或者工作单位和职务、住址等，现羁押处所）。

辩护人……（写明姓名、工作单位和职务）。

××××（写明省、自治区、直辖市和市）人民法院审理××××人民检察院指控被告人×××犯××罪一案，于××××年××月××日作出（××××）……刑初……号刑事判决，认定×××犯××罪，判处……（写明主刑和附加刑）。宣判后，×××提出上诉。本院于××××年××月××日作出（××××）……刑终……号刑事判决（或者裁定）……（写明裁判结果）。上述裁判发生法律效力后，……（写明提起再审的根据或者再审案件的由来）。本院依法另行组成合议庭，公开（或者不公开）开庭审理了本案。××××人民检察院检察官×××出庭履行职务。被害人×××、原审被告人×××及其辩护人×××等到庭参加诉讼。现已审理终结。

……（概述原判认定的事实、证据、判决的理由和判决结果）。

……（概述再审中原审被告人的辩解和辩护人的辩护意见。对人民检察院在再审中提出的意见，应当一并写明）。

经再审查明，……（写明再审认定的事实和证据，并就诉讼双方对原判有异议的事实、证据作出分析、认证）。

本院认为，……（根据再审查明的事实、证据和有关法律规定，对原判和诉讼各方主要意见作出分析，阐明改判的理由）。依照……（写明判决的法律依据）的规定，判决如下：

---

① 本文书格式出自胡云腾主编：《最新刑事诉讼文书样式（参考样本）》，人民法院出版社 2020 年版。

……［写明判决结果。分六种情况：

第一，原系一审，提审后全部改判的，表述为：

“一、撤销××××人民法院（××××）……刑初……号刑事判决；

二、原审被告人×××……（写明改判的内容）。”

第二，原系一审，提审后部分改判的，表述为：

“一、维持××××人民法院（××××）……刑初……号刑事判决的第×项，即……（写明维持的具体内容）；

二、撤销××××人民法院（××××）……刑初……号刑事判决的第×项，即……（写明撤销的具体内容）；

三、原审被告人×××……（写明部分改判的内容）。”

第三，原系二审维持原判，再审后全部改判的，表述为：

“一、撤销本院（××××）……刑终……号刑事裁定和××××人民法院（××××）……刑初……号刑事判决；

二、原审被告人×××……（写明改判的内容）。”

第四，原系二审维持原判，再审后部分改判的，表述为：

“一、维持本院（××××）……刑终……号刑事裁定和××××人民法院（××××）……刑初……号刑事判决中……（写明维持的具体内容）；

二、撤销本院（××××）……刑终……号刑事裁定和××××人民法院（××××）……刑初……号刑事判决中……（写明撤销的具体内容）；

三、原审被告人×××……（写明改判的内容）。”

第五，原系二审改判，再审后全部改判的，表述为：

“一、撤销本院（××××）……刑终……号刑事判决和××××人民法院（××××）……刑初……号刑事判决；

二、原审被告人×××……（写明改判的内容）。”

第六，原系二审改判，再审后部分改判的，表述为：

“一、维持本院（××××）……刑终……号刑事判决的第×项，即……（写明维持的具体内容）；

二、撤销本院（××××）……刑终……号刑事判决的第×项，即……（写明撤销的具体内容）；

三、原审被告人×××……（写明改判的内容）。”］

本判决为终审判决。

审　判　长　×××

审　判　员　×××

审　判　员　×××

××××年××月××日

（院印）

本件与原本核对无异

法官助理　×××

书　记　员　×××

【刑事判决书（按二审程序再审改判用）写作谈】[①]

刑事判决书（按二审程序再审改判用），是中级以上人民法院对下级人民法院、本院或者其他人民法院已经发生法律效力的裁判，按照第二审程序再审后，决定予以改判时使用的刑事裁判文书。写作主体是按照二审程序再审的人民法院，写作受体是再审及原一审、二审人民法院的同级人民检察院，申诉人、原审被告人和其他当事人及其法定代理人、诉讼代理人、辩护人，公安机关看守所和户籍管理单位、司法行政机关的狱政管理部门及负责监管罪犯的社区矫正机构等，写作主旨在于表达再审人民法院对于原审判决、裁定在事实认定、法律适用或量刑错误方面予以纠正的法律决定。

虽然我国刑事诉讼采用二审终审制，但刑事再审程序是为纠正生效裁判的错误而设置的一种特殊救济程序，体现了“实事求是，有错必纠”的基本原则。刑事判决书（按二审程序再审改判用）就是体现刑事再审程序功能的一种法律文书载体。《刑事诉讼法》第254条[②]、第255条[③]、第256条[④]及《刑

---

① 本文由高文斌法官撰稿。写作时参考了胡云腾主编：《最新刑事诉讼文书样式（参考样本）》，人民法院出版社2020年版。

② 《刑事诉讼法》第254条规定，各级人民法院院长对本院已经发生法律效力的判决和裁定，如果发现在认定事实上或者在适用法律上确有错误，必须提交审判委员会处理。最高人民法院对各级人民法院已经发生法律效力的判决和裁定，上级人民法院对下级人民法院已经发生法律效力的判决和裁定，如果发现确有错误，有权提审或者指令下级人民法院再审。最高人民检察院对各级人民法院已经发生法律效力的判决和裁定，上级人民检察院对下级人民法院已经发生法律效力的判决和裁定，如果发现确有错误，有权按照审判监督程序向同级人民法院提出抗诉。人民检察院抗诉的案件，接受抗诉的人民法院应当组成合议庭重新审理，对于原判决事实不清楚或者证据不足的，可以指令下级人民法院再审。

③ 《刑事诉讼法》第255条规定，上级人民法院指令下级人民法院再审的，应当指令原审人民法院以外的下级人民法院审理；由原审人民法院审理更为适宜的，也可以指令原审人民法院审理。

④ 《刑事诉讼法》第256条规定，人民法院按照审判监督程序重新审判的案件，由原审人民法院审理的，应当另行组成合议庭进行。如果原来是第一审案件，应当依照第一审程序进行审判，所作的判决、裁定，可以上诉、抗诉；如果原来是第二审案件，或者是上级人民法院提审的案件，应当依照第二审程序进行审判，所作的判决、裁定，是终审的判决、裁定。人民法院开庭审理的再审案件，同级人民检察院应当派员出席法庭。

诉法解释》第460条①、第461条②、第465条③、第466条④和第472条⑤第（3）项、第（4）项是本文书写作的主要法律依据。

本文书分为首部、正文、尾部三个部分。

一、首部

首部包括标题、检察机关及诉讼参与人基本情况、原审裁判过程、提起再审的根据、审理过程。

（一）检察机关及诉讼参与人基本情况

（1）检察机关的称谓。如果系人民检察院按照审判监督程序提出抗诉提审的案件，首部第一项应先列“抗诉机关”，再列“原公诉机关”。其他按照二审程序再审的案件，检察机关只列“原公诉机关”。

（2）诉讼参与人的称谓及列写顺序。写作时请注意：

① 当事人的称谓，不论原来是第一审的，还是第二审的，均写为“原审被告人”。

② 一案多名原审被告人的，提出申诉的称为“申诉人”，排列在没有提出

---

① 《刑诉法解释》第460条规定，各级人民法院院长发现本院已经发生法律效力的判决、裁定确有错误的，应当提交审判委员会讨论决定是否再审。

② 《刑诉法解释》第461条规定，上级人民法院发现下级人民法院已经发生法律效力的判决、裁定确有错误的，可以指令下级人民法院再审；原判决、裁定认定事实正确但适用法律错误，或者案件疑难、复杂、重大，或者有不宜由原审人民法院审理情形的，也可以提审。上级人民法院指令下级人民法院再审的，一般应当指令原审人民法院以外的下级人民法院审理；由原审人民法院审理更有利于查明案件事实、纠正裁判错误的，可以指令原审人民法院审理。

③ 《刑诉法解释》第465条规定，依照审判监督程序重新审判的案件，人民法院应当重点针对申诉、抗诉和决定再审的理由进行审理。必要时，应当对原判决、裁定认定的事实、证据和适用法律进行全面审查。

④ 《刑诉法解释》第466条规定，“原审人民法院审理依照审判监督程序重新审判的案件，应当另行组成合议庭。原来是第一审案件，应当依照第一审程序进行审判，所作的判决、裁定可以上诉、抗诉；原来是第二审案件，或者是上级人民法院提审的案件，应当依照第二审程序进行审判，所作的判决、裁定是终审的判决、裁定。符合刑事诉讼法第二百九十六条、第二百九十七条规定的，可以缺席审判。”

⑤ 《刑诉法解释》第472条规定，再审案件经过重新审理后，应当按照下列情形分别处理：（1）原判决、裁定认定事实和适用法律正确、量刑适当的，应当裁定驳回申诉或者抗诉，维持原判决、裁定；（2）原判决、裁定定罪准确、量刑适当，但在认定事实、适用法律等方面有瑕疵的，应当裁定纠正并维持原判决、裁定；（3）原判决、裁定认定事实没有错误，但适用法律错误或者量刑不当的，应当撤销原判决、裁定，依法改判；（4）依照第二审程序审理的案件，原判决、裁定事实不清、证据不足的，可以在查清事实后改判，也可以裁定撤销原判，发回原审人民法院重新审判。原判决、裁定事实不清或者证据不足，经审理事实已经查清的，应当根据查清的事实依法裁判；事实仍无法查清，证据不足，不能认定被告人有罪的，应当撤销原判决、裁定，判决宣告被告人无罪。

申诉的原审被告人之前。

③ 既要反映其在再审中的诉讼地位，又要反映其在一审、二审中的诉讼地位。再审申诉的当事人，写为“申诉人（一审被告人，二审上诉人）”；二审上诉、再审未申诉的当事人，写为“二审上诉人（一审被告人）”；二审未上诉、再审未申诉的当事人，写为“原审被告人”。

④ 原审若为刑事附带民事判决，先列写刑事诉讼当事人，民事诉讼当事人在后列写。

⑤ 原审若为刑事附带民事判决，案外人提出申诉的，将案外人列为申诉人：“申诉人（案外人）×××”，并在“申诉人”项下列写他的诉讼代理人。

⑥ 当事人的法定代理人、近亲属申诉的，将“申诉人（原审××人×××的法定代理人/近亲属）”“诉讼代理人×××”增写在被代理的原审被告人之前。需要指出的是，在原审被告人已被执行死刑，再审宣告其无罪时，就可以在“原审被告人”项之上，增写“申诉人”。典型案例：呼格吉勒图案、聂树斌案。

⑦ 人民法院依职权再审（包括人民检察院提出检察意见）的，原审当事人按原二审诉讼地位列明。

（3）当事人基本情况。须依次写明姓名、性别、出生年月日、民族、出生地、文化程度、职业或者工作单位和职务、住址等，现羁押处所。被告人正在服刑的，写明服刑场所；接受社区矫正的，表述为：“在×××接受社区矫正”；刑期已满释放的，不写羁押场所。

（二）原审裁判过程

要写明作出原一审、二审裁判的法院名称、裁判作出的时间、案号及裁判结果。表述为“×××（写明省、自治区、直辖市和市）人民法院审理×××人民检察院指控被告人×××犯××罪一案，于××××年××月××日作出（××××）……刑初……号刑事判决，认定×××犯××罪，判处……（写明主刑和附加刑）。宣判后，×××提出上诉。本院于××××年××月××日作出（××××）……刑终……号刑事判决（或者裁定）……（写明裁判结果）。”

关于启动二审程序的途径，本文书样式是按照被告人提出上诉、检察机关未提出抗诉的情形设计。如果有其他启动再审二审程序途径的情形，制作时请注意相应变动：

（1）被告人上诉，检察机关亦抗诉的，变动为“宣判后，×××提出上诉，××××人民检察院提出抗诉”。

（2）被告人未上诉，检察机关抗诉的，变动为"宣判后，××××人民检察院提出抗诉"。

（三）提起再审的根据

先写明原审裁判的法律效力，表述为"上述裁判发生法律效力后"，接着根据具体案件情况选择写明"提起再审的根据"，分为以下四类：

1. 依职权审查后提起再审

根据《刑事诉讼法》第 254 条第 1 款、第 2 款和《刑诉法解释》第 460 条、第 461 条的规定，本类案件存在三种处理方式：

（1）二审人民法院依职权审查后决定再审的，写为："经本院审判委员会决定，于××××年××月××日作出（××××）……刑监……号再审决定，对本案提起再审。"

（2）上级人民法院依职权审查后决定指令原二审人民法院或其他人民法院再审的，写为："××××人民法院于××××年××月××日作出（××××）……刑监……号再审决定，指令本院对本案进行再审。"

（3）上级人民法院依职权进行审查后提审的，写为："本院于××××年××月××日作出（××××）……刑监……号再审决定，提审了本案。"

2. 因申诉进行审查后提起再审

根据《刑事诉讼法》第 253 条、第 254 条第 1 款和第 2 款及《刑诉法解释》第 461 条的规定，本类案件存在三种处理方式：

（1）二审人民法院对申诉进行审查后决定再审的，写为："×××向本院提出申诉。经本院审判委员会决定，于××××年××月××日作出（××××）……刑申……号再审决定，对本案提起再审。"

（2）上级人民法院对申诉进行审查后，决定指令原二审人民法院或其他人民法院再审的，写为："×××向××××人民法院提出申诉。××××人民法院于××××年××月××日作出（××××）……刑申……号再审决定，指令本院对本案进行再审。"

（3）上级人民法院对申诉进行审查后提审的，写为："×××向本院提出申诉。本院于××××年××月××日作出（××××）……刑申……号再审决定，提审了本案。"

3. 因人民检察院抗诉提起再审

根据《刑事诉讼法》第 254 条第 3 款、第 4 款和《刑诉法解释》第 463 条、《最高人民法院关于审理人民检察院按照审判监督程序提出的刑事抗诉案件若干问题的规定》第 5 条[①]的规定，本类案件有两种处理方式：

（1）接受抗诉的人民法院提审的，写为：“××××人民检察院于××××年××月××日以……刑抗〔××××〕……号刑事抗诉书向本院提出抗诉。本院于××××年××月××日作出（××××）……刑抗……号再审决定，提审了本案。”

（2）接受抗诉的人民法院指令第二审人民法院审理的，写为：“××××人民检察院于××××年××月××日以……刑抗〔××××〕……号刑事抗诉书向××××人民法院提出抗诉。××××人民法院于××××年××月××日作出（××××）……刑抗……号再审决定，指令本院对本案进行再审。”

4. 因人民检察院提出再审检察建议而提起再审[②]

写为：“××××人民检察院于××××年××月××日以……刑申再建〔××××〕……号再审检察建议，建议本院按照审判监督程序对本案重新审判。经本院审判委员会决定，于××××年××月××日作出（××××）……刑监……号再审决定，对本案提起再审。”

（四）审理过程

写作这部分内容，注意两点：

（1）上级人民法院提审或指令原审法院以外的人民法院再审的，合议庭的组成情况应当表述为：“本院依法组成合议庭。”

（2）未开庭审理的，应当将“本院依法另行组成合议庭”之后至“现已审理终结”之前的内容，改写为：“经过阅卷，讯问原审被告人，听取其他当事人、辩护人、诉讼代理人的意见，认为事实清楚，决定不开庭审理。”

二、正文

正文包括事实、判决理由、判决结果（主文）三部分。

---

① 根据《最高人民法院关于审理人民检察院按照审判监督程序提出的刑事抗诉案件若干问题的规定》第 5 条规定，对于指令再审的案件，如果原来是第一审案件，接受抗诉的人民法院应当指令第一审人民法院依照第一审程序进行审判，所作的判决、裁定，可以上诉、抗诉；如果原来是第二审案件，接受抗诉的人民法院应当指令第二审人民法院依照第二审程序进行审判，所作的判决、裁定，是终审的判决、裁定。

② 根据《人民检察院检察建议工作规定》第 8 条规定，人民检察院发现同级人民法院已经发生法律效力的判决、裁定具有法律规定的应当再审情形的，或者发现调解书损害国家利益、社会公共利益的，可以向同级人民法院提出再审检察建议。

（一）事实

事实部分依次书写以下三个方面的内容：（1）原判认定的事实、证据、判决的理由和判决结果；（2）检察机关及当事人、代理人、辩护人的意见；（3）再审认定的事实和证据，并就诉讼双方对原判有异议的事实、证据作出分析、认证。

写作时应注意以下四点：

第一，原判决认定的事实部分，要注意避免文字上不必要的重复，如果一审、二审认定的事实相同，可采用“此繁彼简”的方法，重点叙述一审事实和证据，二审可以概述为“二审查明的事实与一审认定的事实一致”。如果二审认定的事实和证据发生变动的，原则上重点引用二审查明的事实和证据，对一审查明的事实和证据进行概括即可。

第二，检察机关及当事人、代理人、辩护人的意见部分，如果是依职权或因申诉审查后由本院再审的，应当先写当事人、代理人、辩护人的意见，再写检察机关的出庭意见；如果是上级法院依职权或因申诉审查后指令本院再审的，应当先写明指令再审的理由，然后再写明当事人、代理人、辩护人的意见；如果是人民检察院按照审判监督程序提出抗诉的案件，应当首先写明人民检察院的抗诉意见，然后再写明当事人、代理人、辩护人的意见。

第三，再审认定的事实及证据部分，要突出重点，对于原判认定没有错误、没有争议的事实和证据，可以略写；写作重点应当针对原判认定的事实和证据中的错误、申诉或抗诉的理由、各方意见的分歧进行叙述；对于再审出示的证据，特别是影响事实和定性认定的证据，要尽可能写得明确、具体，进行详细地分析、认证。

第四，再审认定的事实及证据部分，如果有不能认定的事实，应当分两部分写，一部分是根据再审认定的事实和证据，另一部分是根据再审不能确定的事实和证据。

（二）判决理由

判决理由是判决的灵魂，再审判决书的理由论述也应当具有针对性，重点针对原审判决中的错误、申诉或抗诉意见和理由进行分析、论证，发表评判意见，根据不同情况充分阐明改判的理由。

1. 宣告无罪的，分为两种情况：（1）依据法律规定认定原审被告人无罪的，应当根据再审认定的事实、证据和有关法律规定，通过分析论证，说明原审被告人的行为不构成犯罪，原判错误；并针对决定再审理由、申诉理由，以及原审被告人及其辩护人的辩护意见等进行评判，表示是否予以采纳。

(2) 证据不足，不能认定被告人有罪的，应当根据再审认定的事实、证据和有关法律规定，阐明原判认定原审被告人犯罪的事实不清、证据不足，指控的罪名不成立。

2. 定罪正确，量刑不当的，应当根据再审认定的事实、证据和有关法律规定，通过分析论证，说明原判定性正确，但量刑不当，以及对原审被告人为什么应当从轻、减轻、免除处罚或者从重处罚，并针对决定再审理由、申诉理由，以及原审被告人的辩解及其辩护人的辩护意见进行评判，表示是否予以采纳。

3. 变更罪名的，应当根据再审认定的事实、证据和有关法律规定，通过分析论证，说明原判定性有误，但原审被告人的行为仍构成犯罪，以及犯何罪，是否应当从轻、减轻、免除处罚或者从重处罚；并针对决定再审理由、申诉理由，以及原审被告人的辩解及其辩护人的辩护意见进行评判，表示是否予以采纳。

（三）判决结果（主文）

判决结果（主文）的表述，本文书格式已有详细说明，兹不赘述。写作时注意两点：

第一，部分改判的，只是撤销原二审裁判中应当撤销的部分；原系二审改判的，原一审判决已被撤销，再审改判时只能撤销原二审判决。

第二，再审法院为原第二审人民法院以外的人民法院时，将“判决结果”中的第三种、第四种、第五种、第六种情况中的“本院”变动为“××××人民法院”。

三、尾部

尾部包括交代有关事项（本判决为终审判决）、合议庭署名、成文日期、加盖院印、“本件与原本核对无异”章、法官助理与书记员署名。

四、注意事项

（一）自诉案件的刑事判决书（按二审程序再审改判用）

本文书样式是按照公诉案件设计的，自诉案件可以参照适用，但应当对首部作如下改动：

(1)“原审自诉人”项排在第一，“原审被告人”项排在第二；

(2)“××××人民检察院指控……一案，”改为“原审自诉人×××以原审被告人×××犯×××罪提出控诉”；

（3）“××××人民检察院检察官×××出庭履行职务”，改为“原审自诉人×××”。

（二）其他需要说明的问题

（1）本样式中的“原判决”，原二审裁定没有改变一审判决的，指原一审判决；原二审系改判的，指原二审判决。

（2）对生效裁定按二审程序再审的，可以参照本样式，结合二审维持、变更一审判决用的刑事裁定书样式，制作刑事裁定书或者刑事附带民事裁定书。

（三）再审判决书的制作要突出重点

再审是对已经生效的判决、裁定进行再次审理，审理的重点是再审争议的事实及理由，因此再审判决书无论是事实的认定、证据的认证，还是法律适用，都应当围绕争议焦点，即申诉、抗诉或指令再审的理由进行制作。对于改判的案件，要重点分析再审与原审在事实方面的差异、证据方面的变化、法律适用方面的不同，对各方意见采纳与否、改判的理由等要充分进行论述，切实体现再审判决的针对性、合法性、正当性。

（四）再审判决书的制作要坚持依法与求实创新相结合的原则

最高人民法院对于再审判决书写作样式有基本要求，应当认真执行，确保判决样式的统一性；同时也要灵活运用，不能拘泥于样式，要结合审判实践，依法求实创新。因为再审案件的复杂性，审理时可能会出现文书样式中未提及的情形，如需要与其他案件并案审理的，不能因为样式中未提及相关表述，就分案审理，在“案件审理过程”部分实事求是地说明并案审理的依据即可。再如对于再审判决书的篇章结构要合理安排，敢于化繁为简，坚决克服和防止“克隆”原判决的情形出现，做到当繁则繁，该简则简。

【例文】①

中华人民共和国最高人民法院

刑事判决书

（2018）最高法刑再000号

原公诉机关辽宁省鞍山市千山区人民检察院。

申诉人马某某，女，汉族，1958年5月8日出生，户籍地辽宁省鞍山市

① 本例文选自中国裁判文书网。

×××，住所地鞍山市×××。系原审被告人赵某某之妻。

诉讼代理人齐某某，辽宁××律师事务所律师。

诉讼代理人周某，辽宁××律师事务所律师。

原审被告人赵某某，男，汉族，1954年×月×日出生，山东省陵县人，系原鞍山市立山区×铆焊加工厂厂长，案发前住鞍山市×××。1999年6月3日因犯诈骗罪被判处有期徒刑五年，并处罚金人民币二十万元。2015年7月21日因病死亡。

辽宁省鞍山市千山区人民法院审理鞍山市千山区人民检察院指控被告人赵某某犯诈骗罪一案，于1998年12月24日作出（1998）千刑初字第211号刑事附带民事判决，认定鞍山市千山区人民检察院指控赵某某犯诈骗罪，证据不足，宣告被告人赵某某无罪。宣判后，鞍山市千山区人民检察院提起抗诉。鞍山市中级人民法院于1999年6月3日以（1999）鞍刑终字第24号刑事附带民事判决，撤销鞍山市千山区人民法院（1998）千刑初字第211号刑事附带民事判决；认定原审被告人赵某某犯诈骗罪，判处有期徒刑五年，并处罚金人民币二十万元。

判决发生法律效力后，原审被告人赵某某先后向鞍山市中级人民法院、辽宁省高级人民法院提出申诉，均被驳回。2016年8月29日，申诉人马某某向本院提出申诉。本院经审查后于2018年7月27日作出（2017）最高法刑申000号再审决定，提审本案。本院依法组成合议庭，根据《中华人民共和国刑事诉讼法》第二百五十六条第一款、《最高人民法院关于适用〈中华人民共和国刑事诉讼法〉的解释》第三百八十四条第三款之规定，依照第二审程序对本案进行了书面审理。审理期间，本院审查了本案原审卷宗、鞍山市中级人民法院和辽宁省高级人民法院申诉复查卷宗；约谈了申诉人及其代理人，听取意见，依法保障其诉讼权利；听取了最高人民检察院意见。本案现已审理终结。

鞍山市千山区人民检察院指控：1992年4月至5月，被告人赵某某在承包鞍山市立山区×铆焊加工厂期间，利用×风冷轧板公司管理不严之机，4次采取提货不付款的手段，骗走冷轧板46.77吨（价值人民币134 189.50元）。

1993年3月14日，被告人赵某某持盖有鞍山市×城市信用社业务专用章的45万元汇票委托书存根，到辽阳×联合冷轧板矫直厂骗取冷轧板108.82吨（价值人民币448 292元）。

鞍山市千山区人民法院一审判决确认：检察机关指控被告人赵某某犯诈骗罪所依据的有关证据不能证明赵某某具有诈骗的主观故意，证据与证据之间相互矛盾，且没有证据证明赵某某实施了诈骗行为。遂判决宣告赵某某无罪，并驳回刑事附带民事诉讼原告人辽阳×联合冷轧板矫直厂提起的刑事附带民事诉讼。

一审宣判后，鞍山市千山区人民检察院以一审判决适用法律不当，判决有误等为由，提起抗诉。辽阳×联合冷轧板矫直厂以一审判决驳回其单位提起的刑事附带民事诉讼不妥，应当判决赵某某所犯诈骗罪成立等为由，提出上诉。

鞍山市中级人民法院二审判决认定：被告人赵某某利用×风冷轧板公司管理不善之机，采取提货不付款的手段，于1992年4月29日、5月4日、5月7日、5月8日从×风冷轧板公司骗走冷轧板46.77吨（价值人民币134 189.50元）。

认定上述事实的主要证据有×风冷轧板公司出具的证明等书证，证人刘某1、李某、刘某2、张某等的证言，检察技术鉴定意见等。

鞍山市中级人民法院认为，被告人赵某某在与×风冷轧板公司购销钢板过程中诈骗公共财物，数额巨大，其行为已构成诈骗罪。一审判决认定赵某某无罪不当，应予改判。检察机关对该起事实的抗诉理由充分，予以支持。但检察机关指控赵某某在与辽阳×联合冷轧板矫直厂的购销往来中诈骗该单位108.82吨冷轧板证据不足，对该抗诉理由不予支持。辽阳×联合冷轧板矫直厂要求赵某某赔偿其单位经济损失理由不充分，不予处理，对双方的经济纠纷可另行告诉。判决撤销鞍山市千山区人民法院（1998）千刑初字第211号刑事附带民事判决；赵某某犯诈骗罪，判处有期徒刑五年，并处罚金人民币二十万元。

本院再审期间，申诉人马某某及其代理人齐某某、周某认为，原审被告人赵某某的行为不构成诈骗罪，应当改判赵某某无罪。主要理由有：第一，赵某某未实施诈骗行为。本案没有关于赵某某实施虚构事实、隐瞒真相行为的证据，亦没有赵某某骗取他人财物的证据。第二，赵某某通过正常程序办理提货，没有诈骗的故意。双方存在持续的多次交易，赵某某始终在履行付款义务，甚至在涉案的4笔货物交易期间及之后，仍向×风冷轧板公司支付大额货款。第三，双方虽对赵某某是否付清货款发生争议，但在协商过程中，赵某某并未逃匿，不存在非法占有他人财物的目的。

最高人民检察院向本院提交的书面意见提出，原二审判决认定赵某某犯诈骗罪确有错误，应当依法改判赵某某无罪。主要理由有：第一，原二审判决认定事实不全面、不客观。1992年至1993年，赵某某与×风冷轧板公司存在多次购销冷轧板业务往来，其中大部分货款已结算并支付。实际交易中，提货与付款不是一次一付、一一对应的关系。赵某某的4次提货仅是多次交易中的一小部分，应当将4次交易行为放在双方多次业务来往和连续交易中进行评价。

第二，依据现有证据，不能认定赵某某对4次提货的货物具有非法占有的目的。案发时双方未经最终结算，交易仍在持续，涉案4次提货后，赵某某仍有1次提货结算和2次转账付款行为。赵某某在交易期间具有正常履行支付货款义务的能力，在双方交易中积极履行了大部分支付货款义务，4次提货未结算后亦未实施逃避行为。第三，赵某某的4次未结算行为不符合虚构事实、隐瞒真相的诈骗行为特征。涉案4次提货前，双方已有多次交易，且4次提货前赵某某已预交支票，正常履行了提货手续。×风冷轧板公司相关员工给赵某某发货，并未陷入错误认识，也非基于错误认识向赵某某交付货物。

经再审查明：

1992年年初，原审被告人赵某某担任厂长并承包经营的鞍山市立山区×铆焊加工厂与×风冷轧板公司建立了持续的钢材购销关系。1992年至1993年，赵某某从×风冷轧板公司多次购买冷轧板。赵某某提货后，通过转账等方式，向×风冷轧板公司支付了大部分货款。实际交易中，提货与付款不是一次一付、一一对应的关系。其中，1992年4月29日、5月4日、5月7日、5月8日，赵某某在向×风冷轧板公司财会部预交了支票的情况下，从×风冷轧板公司购买冷轧板46.77吨（价值人民币134 189.50元）。提货后，赵某某未将×风冷轧板公司开具的发货通知单结算联交回×风冷轧板公司财会部。1992年5月4日、5月29日、1993年3月30日，赵某某支付的货款220 535元、124 384元、2万元分别转至×风冷轧板公司账户。后双方在赵某某是否付清货款问题上发生争议，产生纠纷。1994年8月11日，×风冷轧板公司以赵某某诈骗该公司冷轧板为由，向公安机关报案。

上述事实，有一审、二审开庭审理中经质证确认的银行进账单及明细账、鞍山市工业品销售发票、发货通知单等书证，证人刘某1、李某、马某等的证言，检察技术鉴定意见，搜查笔录，以及原审被告人赵某某的供述等证据证实。

本院认为，原审被告人赵某某在与×风冷轧板公司的冷轧板购销交易过程中，主观上没有非法占有的目的，客观上亦未实施虚构事实、隐瞒真相的行为，其行为不符合诈骗罪的构成要件，不构成诈骗罪。理由如下：

一、赵某某主观上不具有非法占有的目的。非法占有目的的判断，虽然属于行为人主观心理事实认定的范畴，但必须结合案件的客观事实来综合判定。在货物交易型案件中，据以判断提货方是否存在非法占有目的的客观情况通常包括：(1) 提货方是否实施了虚构事实、隐瞒真相的欺骗行为，即是否虚构交易主体或者冒用其他交易主体名义参加交易，是否使用了伪造、失效的印章、证明文件等欺骗对方，以及是否使用其他欺骗手段使交易相对方陷于错误认识而同意其提货；（2）提货方是否具备支付货款的能力；（3）提货方提取货物后，是否继续支付货款；（4）提货方提取货物后，是否承认提货事实；（5）提货方提取货物后，是否无正当理由拒不支付货款；（6）提货方延迟支付货款是否符合双方交易习惯；（7）提货方提取货物后是否逃匿；等等。本案中，证人刘某1、李某、马某等的证言、发货通知单及银行进账单、明细账、鞍山市立山区×铆焊加工厂付货款统计表等证实，1992年至1993年，赵某某承包经营的集体所有制企业鞍山市立山区×铆焊加工厂，与全民所有制企业×风冷轧板公司建立了持续的冷轧板购销业务往来，赵某某多次从×风冷轧板公司购买数量不等的冷轧板，并通过转账等方式多次向×风冷轧板公司支付货款。实际交易中，提货与付款不是一次一付、一一对应的关系，即提货与付款未一一对应符合双方的交易惯例，双方亦是按照该交易惯例持续进行交易。1992年4月29日、5月4日、5月7日、5月8日，赵某某提货后虽未结算，即未将×风冷轧板公司开具的发货通知单结算联交回该公司财会部履行结算手续，但在上述期间的5月4日及之后的5月29日、1993年3月30日，赵某某支付的货款220 535元、124 384元、2万元仍分别转至×风冷轧板公司账户。上述情况充分表明，赵某某在被指控的4次提货行为发生期间及发生后，仍持续进行转账支付货款，并具有积极履行支付货款义务的意思表示。事实上，赵某某也积极履行了大部分支付货款的义务，从未否认提货事实的发生，更未实施逃匿行为。虽然在是否已经付清货款问题上，赵某某与×风冷轧板公司发生了争议，但这是双方对全部交易未经最终对账结算而产生的履约争议，故亦不能认定赵某某存在无正当理由拒不支付货款的行为。因此，赵某某是按照双方认可的交易惯例和方式进行正常的交易，不能认定其对被指控的4次提货未结算的行为主观上具有非法占有的目的。

二、赵某某未实施诈骗行为。虽然证人刘某1、李某、马某等的证言及检察技术鉴定意见、搜查笔录等证实，鞍山市立山区×铆焊加工厂在与×风冷轧板公司的交易过程中，存在4次“提货未结算”的情况，但不能把此种情况简单地等同于诈骗手段。本案中，赵某某4次提货未结算，属于符合双方交易惯例且被对方认可的履约行为。4次提货前，赵某某已向×风冷轧板公司财会部预交了支票，履行了正常的提货手续。×风冷轧板公司负责开具发货通知单的员工刘某1证实，其在开具发货通知单之前，已向财会部确认了赵某某预交支票的情况，并经财会部同意后才给赵某某开具了发货通知单。根据交易流程，×风冷轧板公司提货所用发货通知单有三联，其中一联留存于销售部、一联留存于成品库、一联（结算联）交回财会部。赵某某4次提货后，虽然未将发货通知单结算联交回财会部履行结算手续，但另两联仍在销售部和成品库存留，×风冷轧板公司完全可以通过对账发现以上未结算情况。事实上，×风冷轧板公司亦正是通过存留的发货通知单发现赵某某4次未结算的相关情况。因此，赵某某4次未结算的行为不是虚构事实、隐瞒真相的行为，×风冷轧板公司相关人员亦未陷入错误认识，更没有基于错误认识向赵某某交付冷轧板。原二审判决将赵某某的行为表述为“采取提货不付款的手段”“从×风冷轧板公司骗走冷轧板46.77吨”，属于事实认定错误，不符合案件的客观真相。

三、原二审判决混淆了经济纠纷与刑事犯罪的界限。经济纠纷是平等主体的自然人、法人和非法人组织之间因人身和财产权益发生的权利冲突，当事人可以自愿选择和解、调解、仲裁等方式予以解决，也可以通过民事诉讼方式保护其合法权益。而刑事诈骗犯罪是行为人采取虚构事实、隐瞒真相的手段以非法占有他人财产为目的的危害社会行为，受害人一方难以通过单一的民事诉讼方式来实现其权益，必须请求国家公权力动用刑事手段来保护其财产权益。在经济活动中，刑事诈骗与经济纠纷的实质界限在于行为人是否通过虚假事实来骗取他人财物并具有严重的社会危害性。刑事诈骗行为超越了民事法律调整的范围和界限，本身具有必须运用刑罚手段予以制裁的必要性。因此，对于市场经济中的正常商业纠纷，如果通过民事诉讼方式可以获得司法救济，就应当让当事人双方通过民事诉讼中平等的举证、质证、辩论来实现权利、平衡利益，而不应动用刑罚这一最后救济手段。本案中，赵某某未及时支付货款的行为，既未实质上违反双方长期认可的合同履行方式，也未给合同相对方造成重大经济损失，尚未超出普通民事合同纠纷的范畴。此外，即使×风冷轧板公司对赵某某未及时付清货款是否符合双方认可的合同履行方式持有异议，或者认为赵某某的行为构成违约并造成实际损害，也应当通过调解、仲裁或者民事诉讼方式寻求救济。因此，将经济纠纷与刑事诈骗犯罪相混淆，动用刑事强制手段介入正常的民事活动，侵害了平等、自愿、公平、自治的市场交易秩序，进而对一个地区的营商环境造成较大损害。原二审判决未按照刑法和相关司法解释的规定去认定诈骗罪的构成要件，未能严格把握经济纠纷和刑事诈骗的界限，应当依法予以纠正。

综上，原二审判决认定赵某某的行为构成诈骗罪，属于认定事实和适用法律错误，应当依法予以纠正。对申诉人马某某及其代理人、最高人民检察院提出的应当改判赵某某无罪的意见，本院予以采纳。依照《中华人民共和国刑事诉讼法》第二百五十六条第一款、第二百三十六条第一款第（二）项、第（三）项及《最高人民法院关于适用〈中华人民共和国刑事诉讼法〉的解释》第三百八十四条第三款、第三百八十九条第一款第（三）项、第（四）项、第二款和第四百四十五条的规定，判决如下：

一、撤销辽宁省鞍山市中级人民法院（1999）鞍刑终字第24号刑事附带民事判决。

二、原审被告人赵某某无罪。

三、原二审判决已执行的罚金，依法予以返还。

本判决为终审判决。

审 判 长 贺某某
审 判 员 苗某某
审 判 员 贾 某
二〇一九年一月三日

本件与原本核对无异

法官助理 刘某某
法官助理 梁 某
书 记 员 商 某

第七章 行政诉讼情境中的法律文书

禹曰："於！帝念哉！德惟善政，政在养民……"正义曰：禹因益言，又献谋于帝曰："呜呼！帝当念之哉！所谓德者惟是善于政也。政之所为，在于养民……"

——（上古）大禹《尚书·大禹谟》

行政程序法和行政执行法保证了以强制方式执行法律的行政程序的快速和效率。这一行政程序考虑到了尊重个人自由，并确保法律稳定性、适度性以及通过程序和法院保护公民权利。

——［德］鲍尔

国王不能为非。

——英国法谚

任何人行使权力可能使他人受到不利影响时，应当听取他的意见。

——英国法中自然公正原则的内容

行政诉讼法律文书概述[①]

行政诉讼是三大诉讼之一，应对的是“官”民纠纷，它是指行政相对人或者同行政行为有利害关系的人与行政主体在行政法律关系领域发生纠纷之后，依法提起诉讼，由人民法院根据《行政诉讼法》等法律所确定的程序，对行政案件进行审理并作出裁判，从而解决特定范围内行政争议的制度设计。行政诉讼法律文书是指人民法院、人民检察院和行政诉讼参加人在行政诉讼程序中制作和使用的具有法律效力和法律意义的诉讼法律文书，是人民法院、人民检察院和行政诉讼参加人进行诉讼活动的重要载体。

行政诉讼法律文书分为三大类：人民法院制作的文书、当事人制作的文书以及人民检察院制作的文书。人民法院制作的文书又可分为法院对当事人制作的文书和法院内部制作的文书。前者对外使用，共计96种[②]，具体包括：判决类文书13种样式，调解类文书3样式，裁定类文书29样式，决定类文书12样式，通知类文书38样式，建议类文书1样式。后者包括内部报告类、函件类、建议类文书等，共计14种。当事人制作的文书主要包括行政起诉状、行政答辩状、行政上诉状、再审申请书、保全证据申请书等22种，其中数量最多的是申请类文书，有14种样式。人民检察院制作的文书指人民检察院履行行政诉讼法律监督职能和履行行政公益诉讼职能时制作和使用的行政诉讼法律文书。行政诉讼监督法律文书有七大类69种。抗诉类文书4种，检察建议类文书5种，审查终结报告类文书5种，决定类文书9种，通知类文书22种，函类文书5种，其他文书19种。行政公益诉讼文书有两大类31种。行政公益诉讼类23种，行政公益诉讼其他文书类8种。

行政诉讼具有刑事诉讼、民事诉讼所不具备的一系列程序特征，诸如当事人诉讼地位不对等性、举证责任配置单方性以及裁判方式特殊性等。行政诉讼的重要功能是保障公民、法人和其他组织的合法权益，监督行政主体依法行使

---

① 本文由王晓滨法官撰稿。撰写本部分内容参考了最高人民法院行政审判庭编：《行政诉讼文书样式（试行）》，人民法院出版社2015年版；郭林虎主编：《法律文书情境写作教程》（第5版），法律出版社2018年版。

② 此数据出自最高人民法院行政审判庭编：《行政诉讼文书样式（试行）》。除此之外，最高人民法院制定了《公益诉讼文书样式（试行）》，其中含有行政公益性判决类文书2个：行政判决书（一审行政公益诉讼用）；行政判决书（二审行政公益诉讼用）。最高人民法院在《关于办理行政申请再审案件若干问题的规定》的附件中规定了三种最高人民法院在办理行政申请再审案中专用法律文书：中华人民共和国最高人民法院决定书（最高人民法院决定由高级人民法院审查用）；中华人民共和国最高人民法院通知书（最高人民法院决定由高级人民法院审查时通知再审申请人用）；中华人民共和国最高人民法院行政裁定书（最高人民法院迳行驳回再审申请用）。

职权以及实质性化解行政争议。行政诉讼法律文书服务于行政诉讼活动，体现着行政诉讼法的理念与制度、功能特点，与民事诉讼法律文书、刑事诉讼法律文书相比，具有以下鲜明特色。

一、体现公权力机关之间的监督制约，保障公民、法人和其他组织合法权益

行政诉讼通过公民、法人和其他组织起诉，法院作出裁判，发挥着对行政行为的监督和评价作用，监督和维护行政机关以及法律、法规、规章授权的组织依法行使职权。人民法院通过对行政案件的审理，发现被诉行政行为存在认定违法事实不清、主要证据不足、适用法律法规错误、违反法定程序、超越职权、滥用职权、明显不当等违法情形，或者发现行政机关不履行其法定职责或者给付义务的，可以运用行政审判权，判决撤销或者部分撤销违法行政行为，并可以同时判决行政机关重新作出行政行为，或判令行政机关在一定期限内履行法定职责、履行给付义务等。同时，也可以针对处理纠纷的需要依法作出确认违法、确认无效或变更判决等。在此过程中，人民检察院依照《行政诉讼法》第 11 条等规定对于行政诉讼实施法律监督，对于行政机关行使行政权以及人民法院行使审判权的合法性作出评价，有权在行政诉讼活动中代表国家提起行政公益诉讼或者抗诉。通过多机关的综合发力，使行政诉讼发挥着对行政管理活动的常态化规制作用，促进这一机制成为国家治理体系中调整社会矛盾的重要手段和渠道之一。此外，各级人民法院还发挥行政审判的延伸功能，在行政案件的审判和执行过程中发现有关单位存在问题，也可以向该单位或者其上级领导机关发出司法建议，提出解决问题和改进工作的书面意见。各级人民检察院也有权根据法律监督实际需要，依法向行政机关或者人民法院提出检察建议。上述意见和建议要有法律、法规和政策依据，且具体明确、切实可行。总之，通过司法权的有效发挥，体现对行政权一定程度的监督和制约，督促行政机关依法行政，是行政诉讼制度之精髓，这些功能的发挥需要借助各类行政诉讼法律文书去实现。各类公权力机关制作的行政诉讼法律文书就是其履行法定职责、体现监督制约作用的载体，记录着行政诉讼各环节职权行使的过程和结果。因此，撰写者需要精确理解行政诉讼情境中的法律文书，体会好情境，撰写好文书，最大限度地发挥好行政诉讼的上述功能。

行政诉讼监督和评价作用的根本目标是保护作为公民、法人或者其他组织的行政相对人和利害关系人的合法权益，这也是《行政诉讼法》的核心宗旨。当事人制作的各类行政诉讼法律文书是体现其行政法律救济需求和救济权利的另一种重要载体。在行政法律关系中，行政相对人有义务遵守国家的法律、法

规、规章，服从行政机关的合法管理。行政机关必须依法行政，不得侵犯公民、法人和其他组织的人身权、财产权等合法权益。当行政行为侵犯了行政相对人和利害关系人的人身权、财产权等合法权益时，立法者设计了行政机关内部纠错机制和司法机关外部审查制度，前者是行政复议制度，后者是行政诉讼制度。这两种制度相互衔接，共同为行政相对人和利害关系人提供及时有效的法律救济。当事人在寻求行政救济时要制作相应的法律文书，主要包括当事人的行政复议法律文书和行政诉讼法律文书，这是借以向行政机关和司法机关主张权益，推进行政复议或者行政诉讼活动正常进行的重要事实陈述、法律依据和权益声索的文书，是申明权利、有效抗辩和司法机关作出判断的重要依据之一，需要引起当事人及其委托代理人等诉讼参与方的高度重视。

二、评价对象集中于行政行为合法性，规则要求更严格

与民事诉讼主要处理平等主体之间的民事争议事项、刑事诉讼主要处理犯罪与刑罚事项不同，行政诉讼重在审查和评价行政机关行政行为的合法性。这种合法性事关国家利益、社会公共利益和他人合法权益，往往涉及公权力机关的对外司法形象和行政执法形象，有其特殊的社会影响力和是非曲直的评价体系。如涉及征收拆迁的行政案件，往往关乎一方的社会大局稳定，人民群众的安居乐业等重大问题，司法机关对行政机关行使行政权力合法性的判断，需要于法有据，不可缺位，亦不可越位。尊重行政机关法定范围内的自由裁量权，防止在行政程序中对于本属于民事争议的事项径直作出判断和处理。合法性审查是行政审判的中心环节，也是行政诉讼区别于民事诉讼、刑事诉讼的突出特点。这一特点决定了行政诉讼法律文书具有更强的规范性。行政诉讼法律文书需要围绕合法性审查这一中心问题展开。原告方据此行使起诉权，启动行政诉讼程序，诉讼请求应当具体明确清晰，如请求判决撤销或变更某一行政行为、请求判决确认某一行政行为违法或无效、请求判决行政机关履行某项法定职责或给付义务、请求判决行政机关予以赔偿或补偿等，如果诉讼请求不具体、不明确可能导致起诉不符合法定条件，法院裁定不予立案或者驳回起诉。原告及被告、第三人的诉讼主张和诉讼活动均应围绕被诉行政行为的合法性、行政机关是否依法履行法定职责或者给付义务而展开，偏离此方向或者超出此范围，都不属于行政案件的核心审查内容。人民法院的裁判文书亦是从法定职权、认定事实、适用法律、法定程序等方面对被诉行政行为的合法性及被告是否构成行政不作为进行评判，从而依照法律规定的判决体系和种类确定裁判结果。

应当注意的是，行政诉讼制度发展到今天，在行政行为合法性这种传统的判断基准之外，理论研究和实践操作也逐渐关注到行政行为的合理性抑或正当

性。《行政诉讼法》条文中出现的“明显不当”等判断标准以及实践中越来越多对行政裁量权行使中是否存在同等情况不同对待、不同情况相同对待，反复无常，厚此薄彼，用权任性等作出判断的情形，使得行政诉讼的判断标准趋向更为丰富的法律理性和救济的多元性，不少行政诉讼法律文书不仅具有个案色彩还具有规则意义，需要引起法学研究者和实践者的注意。此外，《行政诉讼法》明确赋予了人民法院对于规章以下的行政规范性文件的审查权，当事人可以在针对依据规范性文件所作的行政行为提起行政诉讼的同时，一并就规范性文件合法性问题，诉请人民法院作出审查，最高人民法院也发布了规范性文件一并审查的一系列典型案例，这些也成为人民法院提供更深程度司法救济的生动素材。行政诉讼的参与者在诉讼全过程中要善于发现问题，积极寻求有效救济，甚至对一方治理的规则提出异议，有助于在更大层面、更广泛领域实现对人民群众合法权益的有力保障。

三、涉及多领域、多主体、多门类，专业要求高

由于行政管理领域包罗万象，由此形成的行政诉讼种类愈加丰富。与民事、刑事案件法律适用依据不同，行政诉讼目前与今后都涉及多个行政管理领域的相关法律和规定，需要司法者、执法者以及行政诉讼的参与者对此有所了解甚至熟谙精通，这些都需要通过行政诉讼法律文书加以体现。对于上述主体而言，常常会面临一些新的挑战，需要不断补充、学习和熟悉新领域的相关规定和知识。新时代是创新者的时代，科技进步带来了社会经济的迅猛发展，社会经济的发展产生了大量的社会公共事务和社会矛盾，需要行政机关触及的行政领域的管理事务越来越多，在持续加大放管服改革力度的同时，一些新的业态、新的领域的事项也在陆续叠加，如何对社会生活进行全方位的管理，是行政机关需要不断创新管理方式、提高管理水平的永恒话题。行政权行使的主动性、广泛性是社会发展的必然，人们既要求行政机关提供积极有效的公共服务和良好的社会福利，又要求对行政权的行使实施有效规制，对侵犯相对人和利害关系人权利的行为提供法律救济途径。

具体来看，行政权的作用范围除了土地、房屋、治安等传统领域外，还延伸到社会保障、税务、专利、海关、质检、电子商务、社会信用体系等许多专业领域。这就决定了行政诉讼案件的顺利解决，需要案件的裁判者和行政诉讼参加人了解诉争案件所涉领域的专业知识，行政诉讼法律文书的内容也因此具有更强的专业性。例如，食品药品安全的案件需参照各类国家标准，同时还可能涉及核心营养素、产能营养素、能量折算系数等专业概念的掌握和运算；证监和税务行政处罚案件中的有关股票、台账、报表、票据等可能涉及复杂的专

业核算问题。这些都要求在制作法律文书之前，写作主体要投入大量的精力钻研涉案领域的专业知识，根据案件事实并结合法律规定进行综合判断，从中提炼出非常专业的文书主旨来。如何将法律的专业性、行政管理手段的专业性以及行业领域的专业性有机结合，形成具有专业性、说服力的优秀行政诉讼法律文书，是所有涉及行政管理和诉讼活动的参与者应当认真思考、不断提高改进的现实课题。

四、对行政裁判文书的说理有特殊要求，须超越行政机关文书的说理

行政诉讼法律文书中裁判文书的说理过程，就是人民法院审查行政行为合法性的过程，通常需要对行政机关所制作文书的说理进行司法评价与判断，应当比后者更具有说服力。基于上述复杂性，此类行政裁判文书在很大程度上直接体现和影响着政府形象、司法公信力和公权力机关的治理水平和治理能力，因而更需要强化行政裁判文书的说理。2018 年 6 月 1 日，最高人民法院发布了《关于加强和规范裁判文书释法说理的指导意见》，强调了裁判文书说理要阐明事理，说明裁判所认定的案件事实及其根据和理由，展示案件事实认定的客观性、公正性和准确性；要释明法理，说明裁判所依据的法律规范以及适用法律规范的理由；要讲明情理，体现法理情相协调，符合社会主流价值观；要讲究文理，语言规范，表达准确，逻辑清晰，合理运用说理技巧，增强说理效果。其中，专门强调了行政诉讼中对被诉行政行为所依据的规范性文件一并进行审查的案件，判决变更行政行为的案件，应当强化释法说理，同时，对于疑难、复杂，双方争议较大，社会关注度较高、影响较大以及新类型或者可能成为指导性案例的案件，以及抗诉案件、二审改判或者发回重审、重审、再审案件，也要强化说理。许多行政诉讼案件从法律问题的复杂程度，社会影响力上往往符合上述条件，对裁判文书的说理是很大的挑战和考验。

具体而言，行政裁判文书的说理要针对各类行政诉讼案件的特点，围绕全面审查被诉行政行为合法性及当事人的诉争焦点进行，应当说明被诉行政行为是否合法、当事人的诉辩理由是否成立，并视案件的具体类型和不同的判决方式等具体情形，详尽阐释需要说明的理由。行政裁判文书的说理应侧重于当事人争议焦点和法院审理重点，根据不同审级，体现不同特点。例如，一审行政裁判文书的说理应当全面反映当事人举证、质证和法院认证的动态过程，体现法院依据法律适用规则对被诉行政行为是否合法、原告诉讼请求是否成立进行论证，对行政机关制作的文书的说理进行评价；二审行政裁判文书应当体现对原审判决和被诉行政行为双重评判的特色，把原审判决的正确性以及对被诉行

政行为的合法性审查，贯穿说理的始终；再审行政裁判文书因再审分别适用一审或二审程序而可以相应参照一审或二审裁判文书的说理要求，但应体现再审案件的特点。对当事人没有争议的问题，非审理重点的问题，以及不属于合法性审查范围的问题，可以简略表述。以此做到繁简适当，切中要害，层层递进。

五、与社会主义核心价值观联系紧密，引导示范性强

社会主义核心价值观的内容是指“富强、民主、文明、和谐、自由、平等、公正、法治、爱国、敬业、诚信、友善”。党的十八大首次以这二十四个字作出权威性概括，是社会主义核心价值体系最集中的体现。其中，“富强”“民主”“文明”“和谐”代表了第一层面（国家层面），“自由”“平等”“公正”“法治”代表了第二层面（社会层面），“爱国”“敬业”“诚信”“友善”代表了第三层面（个人层面）。行政诉讼法律文书是涉及公权力行使合法性评价和判断的法律文书，具有广泛的社会影响力，其重要功能和作用之一就是要传播社会主义核心价值观，传播正能量，发挥对社会价值的积极引导、示范作用。最高人民法院出台了《关于深入推进社会主义核心价值观融入裁判文书释法说理的指导意见》。该意见突出强调了要充分发挥司法裁判在国家治理、社会治理中的规则引领和价值导向作用，进一步增强司法裁判的公信力和权威性，努力实现富强、民主、文明、和谐的价值目标，努力追求自由、平等、公正、法治的价值取向，努力践行爱国、敬业、诚信、友善的价值准则，体现“法治与德治相结合”、“以人民为中心”以及“法律效果、社会效果和政治效果的有机统一”的基本原则；立足时代、国情、文化，综合考量法、理、情等因素，加强社会主义核心价值观的导向作用，不断提升司法裁判的法律认同、社会认同和情理认同；明确要求各级人民法院应当深入推进社会主义核心价值观融入裁判文书释法说理，将社会主义核心价值观作为理解立法目的和法律原则的重要指引，作为检验自由裁量权是否合理行使的重要标准，确保准确认定事实，正确适用法律。对于裁判结果有价值引领导向、行为规范意义的案件，法官应当强化运用社会主义核心价值观释法说理，切实发挥司法裁判在国家治理、社会治理中的规范、评价、教育、引领等功能，以公正裁判树立行为规则，培育和弘扬社会主义核心价值观。要强化社会主义核心价值观释法说理的裁判文书范围主要有：（1）涉及国家利益、重大公共利益，社会广泛关注的案件；（2）涉及疫情防控、抢险救灾、英烈保护、见义勇为、正当防卫、紧急避险、助人为乐等，可能引发社会道德评价的案件；（3）涉及老年人、妇女、儿童、残疾人等弱势群体以及特殊群体保护，诉讼各方存在较大争议且

可能引发社会广泛关注的案件；（4）涉及公序良俗、风俗习惯、权利平等、民族宗教等，诉讼各方存在较大争议且可能引发社会广泛关注的案件；（5）涉及新情况、新问题，需要对法律规定、司法政策等进行深入阐释，引领社会风尚、树立价值导向的案件。由上可见，行政诉讼法律文书在培树和传播社会主义核心价值观的过程中担负着重要使命，具有重要意义，越来越受到各方面的高度重视。

统一各类行政诉讼法律文书样式，有利于引导当事人依法行使诉讼权利，准确恰当地提出诉讼请求和依法提出各项申请，更好地维护其合法权益，也有利于各类行政主体及其工作人员增强法治意识，明规则、守底线，提高依法行政本领，使行政案件审理更加规范化，让司法机关的审判活动和法律监督活动更加公开透明。统一各类行政诉讼文书样式，还有利于裁判文书标准化，让法官、律师、专家学者等法律职业群体和社会公众能够更加方便地检索和利用人民法院上网公开的裁判文书，促进裁判标准统一，提升全社会自觉学法、知法、守法和护法的意识。

就行政诉讼法律文书样式而言，涉及人民法院使用的最近样式是最高人民法院于2015年4月29日发出的《关于印发〈行政诉讼文书样式（试行）〉的通知》,[①] 要求全国各级人民法院全面贯彻修改后的《行政诉讼法》（2015年5月1日施行），进一步规范和完善行政诉讼文书制作，不断提高行政审判工作水平。由于修改后的行政诉讼法在行政案件立案、审理和执行等方面作出许多新的规定，也增加了许多新的判决方式，为确保新行政诉讼法的贯彻实施，最高人民法院研究制定的新样式，对原有诉讼文书样式进行了有针对性的立、改、废，对实践中不太统一的文书样式进行了规范，同时也为当事人撰写相关诉讼文书提供了必要的指导。与原有样式相比，新的裁判文书样式的突出特点是：第一，更加强调以审判为中心，让案件审理和裁判更加针对争议焦点，重视通过证据交换和庭前准备程序发现并确定当事人无争议和有争议的问题，以便让其后的审理和裁判文书制作紧密围绕争议问题，重点突出，更加符合审判权运行规律；第二，更加强调裁判文书的说理性和可读性，注重文书撰写的繁简得当，重视文书对法理问题和争议问题的阐述分析；第三，更加强调文书规范化和个性化的统一，在确保裁判文书基本要素完整、主要结构规范的同时，也注意兼顾为各级人民法院和法官个人对文书的发展续造预留空间。此外，新样式在格式方面也有一些创新，比如要求裁定书和判决书，要以附录方式明确裁判所适用的相关法律依据，使得审理和裁判活动更加透明，以当事人看得

① 参见最高人民法院行政审判庭编：《行政诉讼文书样式（试行）》，人民法院出版社2015年版。

见、听得懂、能理解的方式实现司法公正。同时，为了适应新行政诉讼法的新规定，还新增一审行政协议类行政案件用判决书、复议机关作共同被告类一审行政案件用判决书、行政调解书、简易程序转普通程序行政裁定书以及对规范性文件提出处理建议用的处理建议书等。本章中列举分析的文书样式主要引自上述文书样式。

项目一　行政起诉状

【文书格式】

行政起诉状

原告×××，……（自然人写明姓名、性别、工作单位、住址、有效身份证件号码、联系方式等基本信息；法人或其他组织写明名称、地址、联系电话、法定代表人或负责人等基本信息）。

委托代理人×××，……（写明姓名、工作单位等基本信息）。

被告×××，……（写明名称、地址、法定代表人等基本信息）。

其他当事人×××，……（参照原告的身份写法，没有其他当事人，此项可不写）。

诉讼请求：……（应写明具体、明确的诉讼请求）。

事实和理由：……（写明起诉的理由及相关事实依据，尽量逐条列明）。

此致

××××人民法院

原告：×××（自然人签名或捺指印）

［法人：×××（盖公章），

并由法定代表人或其他组织代表人签名］

××××年××月××日

附：1. 起诉状副本××份。

2. 被诉行政行为××份。

3. 其他材料××份。

4. 证据目录。

【行政起诉状写作谈】①

行政起诉状是公民、法人或者其他组织认为行政主体及其工作人员的行政行为侵犯其合法权益，依法向人民法院提起诉讼时使用的一种行政诉讼法律文书。其写作主体是认为合法权益被行政行为侵犯的公民、法人或者其他组织，写作受体是拥有案件管辖权的人民法院和被告以及第三人，写作主旨是请求人民法院受理并审理行政案件，解决行政争议。

行政起诉采取书面主义，即起诉人除确实存在困难外，必须递交行政起诉状②。写作的相关法律依据是《行政诉讼法》第 49 条③、第 50 条④。行政起诉状是行政诉讼原告行使行政起诉权的书面载体，是他们启动行政诉讼程序，维护合法权益的重要法律工具。行政起诉状看似简单，但囊括了行政诉讼的全部根本性问题。例如，行政诉讼的原告、被告，可诉的行政行为，行政诉讼案件的管辖，行政诉讼的举证责任，人民法院作出行政判决的种类等。可以说，一篇行政起诉状是《行政诉讼法》及其司法解释的实践运用版，撰写行政起诉状的规则和技术，就是提起行政诉讼的规则和技术。

行政起诉状分为首部、正文、尾部，下面一一展开说明。

一、首部

首部包括标题、当事人基本情况两个部分，重点谈谈当事人基本情况。

当事人可分为原告、被告、第三人，其中最需要斟酌的是被告资格的确定。

本部分内容通过叙述当事人的各种身份信息旨在帮助法院了解发生行政争议的各方当事人，以便明确认定各方当事人、核实出庭人员的身份及代理手续

---

① 本文由王才亮律师、栗红律师撰稿。本文的写作参考了《法律文书情境写作教程》（第 5 版）之《行政起诉状写作谈》。

② 尽管《行政诉讼法》规定书写起诉状确有困难，可以口头起诉，但司法实践中口头起诉的情况极少。笔者在中国裁判文书网进行了检索，截至 2021 年 6 月 29 日，在该网站公开的 2 697 705 件行政案件中，“诉讼过程”部分载明系原告口头起诉的只有两件，分别是唐湘荣诉被告湘潭县人力资源和社会保障局更正政府信息一案、徐凯诉新乡市自由路街道办事处行政赔偿一案。这说明随着社会和法治的发展，行政相对人的法律理念和诉讼能力的提高，“可以口头起诉”的法律规定已成为一个睡眠条款。

③ 《行政诉讼法》第 49 条规定，提起诉讼应当符合下列条件：（1）原告是符合本法第 25 条规定的公民、法人或者其他组织；（2）有明确的被告；（3）有具体的诉讼请求和事实根据；（4）属于人民法院受案范围和受诉人民法院管辖。

④ 《行政诉讼法》第 50 条规定，起诉应当向人民法院递交起诉状，并按照被告人数提出副本。书写起诉状确有困难的，可以口头起诉，由人民法院记入笔录，出具注明日期的书面凭证，并告知对方当事人。

是否符合法律规定。关于当事人身份信息要素的构成，可以参照《民事诉讼法》第124条之规定。需要特别注意的是，当事人基本情况的书写一定要准确无误，特别是姓名或名称，以便人民法院依法审查各方当事人的诉讼主体资格。

1. 原告资格的确定

行政诉讼的原告是指认为行政主体及其工作人员的行政行为侵犯其合法权益，以自己的名义依法向人民法院提起行政诉讼的公民、法人或者其他组织。它包括行政相对人和利害关系人两类。

行政相对人是指行政管理法律关系中与行政主体相对应的另一方当事人，是一个行政法律行为和一个事实行政行为指向的对象，即行政主体的行政行为影响其权益的个人或组织。例如，在一个价格违法行政处罚案件中，被处罚人是行政相对人。在一个强制拆除行政案件中，被拆除房屋的所有权人是行政相对人。在一个土地权属争议处理纠纷中，土地权属争议双方均为行政相对人。

利害关系人即相对人以外受到行政行为实质的、不利影响的公民、法人或其他组织。利害关系人具有四个方面的特征：（1）存在一项法律赋予和保护的权利或利益；（2）该权利或利益归属于原告个人；（3）该权利或利益可能受到了被诉行政行为的侵害；（4）该权利或利益具有通过行政诉讼予以救济的可能性和必要性。如果不符合上述条件，则可能被法院认定为缺乏利害关系而不是利害关系人，进而否定诉权。因缺乏利害关系被否定诉权的情形主要有以下三种：

第一，利害关系不连续。例如，某甲是国有土地上的房屋产权人，当地人民政府作出房屋征收决定后，将房屋所在宗地出让给他人。某甲对土地出让行为是否具有诉权？法院通常认为，房屋如果被依法征收，国有土地使用权亦同时收回。原土地使用权人对征收决定和补偿行为不服的，可以通过行政复议、行政诉讼等法定途径维护自身合法权益，但在房屋被依法征收之后，由于其享有的国有土地使用权已经消灭，其针对后续的国有建设用地使用权出让等行为则不再具有利害关系，故而无权提起诉讼。

第二，利害关系不直接。例如，某甲是国有土地上的房屋产权人，将房屋出租给某乙居住，该房屋现被征收，某乙能否独立请求征收机关予以补偿安置？首先，私有房屋承租人不属于《国有土地上房屋征收与补偿条例》规定的被征收人范围；其次，承租人基于房屋租赁合同关系取得的权利并不属于用益物权，而仍属于出租人之间的债权，征收或许对承租人的利益具有影响，但这种利益不是直接利益，而是反射利益。因此，承租人不具有独立向征收机关主张房屋征收补偿的请求权基础。

第三，利害关系不特定。目前的法律文本和司法实践都将行政诉讼保护的利益局限于“私利”范畴，并不认同公民个人提起公益诉讼的资格。如在朱某义等四人诉郑州市人民政府道路更名一案中，朱某义等人作为居住在郑州市祭城社区的居民，通过相关媒体得知“祭城路”更名一事，向河南省新乡市中级人民法院提起行政诉讼，请求依法责令郑州市政府撤销《关于祭城路更名平安大道的通告》并恢复“祭城路”路名。新乡市中级人民法院认为，“原告对地名和历史文化的保护意识值得提倡，但这种更改道路名称行为考量的是公共利益，而不以追求特定权利义务关系的产生、变更或消灭为目的”①，因此原告朱某义等四人不具有提起行政诉讼的主体资格，故裁定驳回其起诉。河南省高级人民法院二审亦认为：“一审原告的利益诉求虽反映了公民对社会公共利益的关注，但尚未形成行政诉讼上的利害关系，其不具有提请法院审查被诉道路更名行为的起诉资格。”② 再如，在毕某玲诉河南省登封市人民政府教育行政管理纠纷中，最高人民法院认为：“……展读诉状，我们对这位老教师的义举心生敬意，也毫不怀疑她‘不为一己私利’的动机，但是，也正是因为她提起诉讼‘不为一己私利’，才不符合《行政诉讼法》规定的起诉条件。按照《行政诉讼法》第二条第一款的规定，只有自己的合法权益受到行政机关和行政机关工作人员的行政行为侵犯的，才能提起行政诉讼。《行政诉讼法》第二十五条第一款规定的原告资格，也要求与行政行为‘有利害关系’。如果不是为救济自己的权益而提起诉讼，除法律明确规定的公益诉讼等特殊情形外，原则上均不能受理。”③

有权提起诉讼的公民死亡，其近亲属可以提起诉讼。近亲属提起诉讼的，近亲属为原告，不能再将已经死亡的公民列为原告。股份制企业的股东大会、股东会、董事会等认为行政机关作出的行政行为侵犯企业经营自主权的，可以企业名义提起诉讼。联营企业、中外合资或者合作企业的联营、合资、合作各方，认为联营、合资、合作企业权益或者自己一方合法权益受行政行为侵害的，可以自己的名义提起诉讼。非国有企业被行政机关注销、撤销、合并、强令兼并、出售、分立或者改变企业隶属关系的，该企业或者其法定代表人可以提起诉讼。

自2015年7月起，最高人民检察院根据《全国人大常委会关于授权最高人民检察院在部分地区开展公益诉讼试点工作的决定》，在北京等十三个省、自治区、直辖市开展检察机关开展公益诉讼试点。2017年7月1日起施行的

① 参见新乡市中级人民法院《行政裁定书》(2015) 新中行初字第120号。

② 参见河南省高级人民法院《行政裁定书》(2016) 豫行终2720号。

③ 参见最高人民法院《行政裁定书》(2018) 最高法行申1576号。

《行政诉讼法》（2017 年修正）第 25 条第 4 款正式将行政公益诉讼写入法律。有资格提起行政公益诉讼的机关、团体及其他社会组织的资格亦按法律规定进行，不受本文所述“利害关系”的限制。

2. 被告资格的确定

行政诉讼的被告，是原告认为侵犯其合法权益或与之发生行政争议的具有行政管理职权、能够独立承担法律责任的行政机关或者组织。

（1）被告资格确定的一般情形。在一般情形下，原告要依据《行政诉讼法》第 26 条及其司法解释①来确定被告。

公民、法人或者其他组织直接向人民法院提起诉讼的，作出行政行为的行政机关是被告。

行政机关组建并赋予行政管理职能但不具有独立承担法律责任能力的机构，以自己的名义作出行政行为，当事人不服提起诉讼的，应当以组建该机构的行政机关为被告。法律、法规或者规章授权行使行政职权的行政机关内设机构、派出机构或者其他组织，超出法定授权范围实施行政行为，当事人不服提起诉讼的，应当以实施该行为的机构或者组织为被告。

经复议的案件，复议机关决定维持原行政行为的，作出原行政行为的行政机关和复议机关是共同被告。复议机关改变原行政行为的，复议机关是被告。复议机关改变原行政行为，是指复议机关改变原行政行为的处理结果。复议机关改变原行政行为所认定的主要事实和证据、改变原行政行为所适用的规范依据，但未改变原行政行为处理结果的，视为复议机关维持原行政行为。复议机关确认原行政行为无效，属于改变原行政行为。复议机关确认原行政行为违法，属于改变原行政行为，但复议机关以违反法定程序为由确认原行政行为违法的除外。复议机关在法定期限内未作出复议决定，公民、法人或者其他组织起诉原行政行为的，作出原行政行为的行政机关是被告；起诉复议机关不作为的，复议机关是被告。

两个以上行政机关作出同一行政行为的，共同作出行政行为的行政机关是共同被告。行政机关委托的组织所作的行政行为，委托的行政机关是被告。没有法律、法规或者规章规定，行政机关授权其内设机构、派出机构或者其他组织行使行政职权的，属于委托。当事人不服提起诉讼的，应当以该行政机关为

① 除了《最高人民法院关于适用〈中华人民共和国行政诉讼法〉的解释》（以下简称《行诉法解释》）外，最近的一个司法解释是《最高人民法院关于正确确定县级以上地方人民政府行政诉讼被告资格若干问题的规定》，2021 年 2 月 22 日最高人民法院审判委员会第 1832 次会议通过，自 2021 年 4 月 1 日起施行。由于篇幅的限制，这个司法解释中被告资格确定的内容，不在本文援引，读者可登录最高人民法院官网查阅。

被告。行政机关被撤销或者职权变更的，继续行使其职权的行政机关是被告，没有继续行使其职权的行政机关的，以其所属的人民政府为被告；实行垂直领导的，以垂直领导的上一级行政机关为被告。

（2）被告资格确定的两种特殊情形。实践中，行政诉讼被告的确定是一个相当复杂的问题。单纯依靠法律司法解释不能解决被告资格确定的一切问题，需要根据案件的具体情况，运用行政诉讼法学的基础理论来确定。

① 强制拆除等行政事实行为中的被告确定。行政事实行为是指行政主体以不产生法律约束力，而以影响或改变事实状态为目的之行为。行政诉讼中最常见的行政事实行为是强制拆除房屋。房屋强拆案件往往是突然发生的，没有法律文书，而行政相对人又被隔离在强拆现场之外，无法固定和留存足够的证据。在这种情况下如何确定被告，请看笔者曾代理过的一个行政案件①。

温州东宝树脂有限公司（以下简称东宝公司）在浙江省温州市龙湾区温州工业园区有土地房屋一宗。2016 年 6 月，温州市龙湾区人民政府作出《房屋征收决定》，东宝公司房屋在征收范围内。2018 年 12 月，龙湾区人民政府做出《房屋征收补偿决定书》并于次年 1 月 9 日送达。2019 年 1 月 24 日，东宝公司部分厂房被强行拆毁。东宝公司以龙湾区人民政府为被告诉至法院，请求确认强拆行为违法。龙湾区人民政府答辩称强拆行为系高新区管委会所为，并提交了强拆现场视频。庭后，视频中组织强拆的徐某接受合议庭询问，自称是高新区管委会工作人员，承认参与强拆了原告房屋，并出具了高新区管委会委托其参与诉讼的《授权委托书》。据此，法院倾向认定高新区管委会是适格被告，并建议原告撤回本诉在基层法院另行起诉。但原告认为，高新区管委会与征收项目没有利害关系，无论从职权、利益归属和动因角度，都应推定龙湾区人民政府实施了本案拆除行为。同时，亦无证据证明高新区管委会实施了本案强拆行为，视频中参与组织强拆的两人徐某和刘某均非高新区管委会在编人员。此外，强制拆除动用了数台挖掘机、大型车辆，并有协警参与，而高新区管委会不设公安机关，不可能使用仅能由公安机关招聘和管理的协警。在本案尚未作出一审裁判时，龙湾区人民政府向原告发出《拟撤销房屋征收补偿决定书告知书》（以下简称《告知书》），《告知书》上载明的龙湾区人民政府联系人恰为徐某，原告随即将其作为证据提交法院。据此，法院认为可以认定龙湾区人民政府的工作人员参与了被诉拆除行为，故判决确认龙湾区人民政府的强拆行为违法。

在这个案例中，原告起诉时举证能力极弱，正确确定被告是一件困难的事

① 参见浙江省温州市中级人民法院（2019）浙 03 行初 620 号。

情。《国有土地上房屋征收与补偿条例》规定区县人民政府是征收主体、补偿主体，也是唯一有权向人民法院申请强制执行的适格主体。原告基于权责一致原则，选择以龙湾区人民政府作为被告。而法院采用了直接证据与职权推定相结合的辨析进路，根据原告提交的《告知书》确认徐某系以龙湾区人民政府工作人员身份从事该项目征收工作，从而正确认定龙湾区人民政府应承担强制拆除的行政责任。

对于此类案件，最高人民法院在多个司法判例中表达的一致观点是，不宜强求原告在起诉时就提供准确无误的被告和确凿的证据。例如，在马军诉七里河区政府城建行政强制案中，最高人民法院进行了如下评述："对于涉及无行政主体认领强制拆除行为的案件，适用《中华人民共和国行政诉讼法》第四十九条第三项关于提起诉讼需有事实根据的规定较为特殊。在此种场合，主张合法权益受到侵害的公民、法人或其他组织往往只是知道或应当知道强制拆除行为本身，无从准确知晓强制拆除行为的实施主体。对于此种情形，若在公民、法人或其他组织起诉时即要求其列正确的行为主体为被告，则无疑是强人所难。在立案环节，依照《最高人民法院关于行政诉讼证据若干问题的规定》第四条第一款的规定审查是否符合法定起诉条件时，若已符合有明确的被告的要求，则对于是否有事实根据的审查，应重点审查相关证据材料能否证明存在被诉的强制拆除行为及所列被告是否在法律上或事实上具有较大可能作出被诉的强制拆除行为，不宜强求所列被告确为行为实施主体。至于所列被告是否确为行为实施主体，则在人民法院立案庭依照《最高人民法院关于人民法院登记立案若干问题的规定》第十二条的规定将案件移送审判庭审理后，由审判庭经审理确定。在审理中，可通过综合审查、追加被告、通知第三人参加、举证责任分配等方式认定或推定行为实施主体。"①

② 民事主体实施强制拆除行为中，被告资格的确定。在金某诉北京市海淀区人民政府违法强制拆除房屋案中②，地铁换乘站出站口建设及建筑安全原因需要拆除金某家所在的住宅楼。北京市海淀区人民政府并未作出《房屋征收决定》，进行房屋征收程序，而是通过招投标方式将该地区的征收拆迁工作发包转包，最终由×融达公司具体实施。被征收人房屋被强制拆除后，以北京市海淀区人民政府为被告提起诉讼，被告辩称强拆行为是×融达公司所为，北京市海淀区人民政府不应承担强拆责任。法院最终认为，作为国有土地的棚户区改造项目，×融达公司这一民事主体无行政权力实施行政行为，亦不能承担

① 参见最高人民法院（2020）最高法行申5042号。
② 参见北京市高级人民法院（2020）京行终4944号。

行政责任。×融达公司的行为应当认定为接受行政机关委托而实施的，由委托的行政机关承担责任。本案中，北京市海淀区人民政府作出了涉案项目授权前期工作主体的批复，批准国土海淀分局进行前期工作及招标工作，因此×融达公司实施的拆除房屋的行为，应认定为归属于行政委托人的行为，其相应的行政责任应由委托人北京市海淀区人民政府承担。同时，根据棚户区改造和环境整治实施意见规定，各区县政府是棚户区改造和环境整治的责任主体，作为棚户区改造和环境整治的责任主体，北京市海淀区人民政府应当对×融达公司实施的拆除房屋的行为后果承担相应的法律责任。

③ 错列被告时法院的处理方式。确定正确的被告是原告的诉讼义务，但为避免启动无益的诉讼程序，根本化解行政争议，人民法院在发现原告错列被告时有及时告知的义务。根据《行诉法解释》第 26 条的规定，原告所起诉的被告不适格，人民法院应当告知原告变更被告；原告不同意变更的，裁定驳回起诉。应当追加被告而原告不同意追加的，人民法院应当通知其以第三人的身份参加诉讼，但行政复议机关作共同被告的除外。若经告知而变更为正确的被告的，则应依照《行政诉讼法》第 22 条的规定移送有管辖权的法院。在有管辖权的法院是受诉法院下级法院的情况下，受诉法院亦可根据《行政诉讼法》第 24 条第 1 款的规定自行审理。

此外，错列被告是否会影响起诉期限，法律并无明确回答，但目前的司法实践一般认为，即便出于各种原因错列被告，但仍属积极行使诉权，因此应当从起诉期限中扣除。

3. 诉讼第三人的确定

行政诉讼第三人是指与诉讼争议的行政行为或案件处理结果有利害关系，但没有作为原告提起诉讼，为了维护自身合法权益，申请参加或者因人民法院依职权追加参加诉讼的公民、法人或者其他组织。同诉讼争议的行政行为有利害关系主要是指该行为对其产生了影响，这种影响可以是权利或义务的丧失、减损或课予、增加。与案件处理结果有利害关系主要包括：行政机关所处理事项的利害关系人、被诉行政行为在事实上与其现存权利义务发生内在矛盾或冲突、被诉行政行为认定事实对其造成不利法律后果等情况。不同于民事诉讼第三人，他不能以本诉的原告、被告为共同被告，也不必然地站在本诉的原告、被告其中一方，而是具有独立的诉讼地位。

行政诉讼第三人参加诉讼的方式有两种，可以申请参加，也可以由人民法院通知参加。法院通知第三人参加的，第三人可以参加，也可以不参加，法院不能强求，必须尊重第三人的权利和选择。因此，原告方在起诉状中并非必须将第三人列明，也就是说，原告方是否将第三人列明，并不会影响第三人参加本案诉讼。但是，为了方便人民法院依法追加第三人，原告方可以在起诉状中将自己认为应作为第三人参加诉讼的公民、法人其他组织的姓名、名称等自然情况及联系方式列明，方便人民法院依法通知其参加诉讼。当然，对于无须参加诉讼的公民、法人或其他组织，即使原告方在起诉状中列明，人民法院亦无须追加。

二、正文

正文包括诉讼请求、事实和理由，是行政起诉状的主体部分。

（一）诉讼请求

诉讼请求是原告通过人民法院对被告提出的实体权利请求。“有具体的诉讼请求”是原告提起行政诉讼必备的法定起诉条件之一，要求原告的诉讼请求具体而明确，因此，这部分写作至关重要。我国程序法中有些条文对某些重要的法律文书作了规定，然而仅限于对文书结构框架及结构要素的列举，《行诉法解释》第68条第一次对诉讼请求这一个结构要素之表述作了详细的规定，写作主体可以据此确定诉讼请求。兹录如下：

（1）请求判决撤销或者变更行政行为；

（2）请求判决行政机关履行特定法定职责或者给付义务；

（3）请求判决确认行政行为违法；

（4）请求判决确认行政行为无效；

（5）请求判决行政机关予以赔偿或者补偿；

（6）请求解决行政协议争议；

（7）请求一并审查规章以下规范性文件；

（8）请求一并解决相关民事争议；

（9）其他诉讼请求。

当事人单独或者一并提起行政赔偿、补偿诉讼的，应当有具体的赔偿、补偿事项以及数额；请求一并审查规章以下规范性文件的，应当提供明确的文件名称和具体的被审查条款，因为人民法院不能对规范性文件进行全文审查，只能审查被诉行政行为适用的具体条款；请求一并解决相关民事争议的，应当有具体的民事诉讼请求。

其中，第（9）种诉讼请求的写法是一个兜底性规定，考虑到并不一定能够囊括所有的诉讼请求，同时为行政诉讼实践的发展留有余地和空间，该司法解释允许写作主体根据案件的特殊情况，遵照诉讼请求写作的一般规则作个性化的表述。

值得注意的是，虽然法院的行政审判权是对行政行为的合法性进行全面审查，但不应忽视司法权对行政机关的自由裁量权、专业技术认定权、对事实调查的首次判断权及内部管理职权的尊重。例如，原告不能请求法院对被告行政机关的工作人员的违法失职行为作出处理；有侵害人的行政处罚案件，在行政机关尚未行使首次判断权的情况下，也不能请求法院对侵害人直接作出行政处理。

（二）事实和理由

行政诉讼是对被诉行政行为进行合法性审查的诉讼，被告对作出的行政行为负有举证责任，应当提供作出该行政行为的证据和所依据的规范性文件。原告对下面这些事项也承担举证责任：（1）证明起诉符合法定条件，但被告认为原告起诉超过起诉期限的除外；（2）在起诉被告不作为的案件中，证明其提出申请的事实；（3）在一并提起的行政赔偿诉讼中，证明因受被诉行为侵害而造成损失的事实；（4）其他应当由原告承担举证责任的事项。原告是行政诉讼程序的启动者，在其制作的行政起诉状"事实和理由"部分应该落实这些举证责任，因而我们认为这部分内容写作涵盖两个方面的内容。

1. 原告的起诉符合法定起诉条件

依次写清三项要素：原告身份与权利情况，被告行为，被告行为对原告权利形成影响。这个方面的内容用以证明起诉之适法性，因此表述应当清晰明确，并应提交相应的证据。依行政行为性质不同，有三类具体表述：

（1）作为性行政行为。在一个房屋征收决定行政纠纷中，可以这样表述：

"原告在……拥有合法房屋一宗，不动产权证号为……。××××年××月××日，被告做出××号《房屋征收决定》，决定对该地块房屋实施征收，原告房屋位于征收范围内……"

（2）不作为性行政行为。对于一个政府信息公开不作为类纠纷，可以这样表述：

"原告系……，因……需要，原告于××××年××月××日以书面形式向被告提交《政府信息公开申请书》，请求公开……并附具相关材料。该申请于××××年××月××日经中国邮政送达被告签收，但被告在法定期限内未予答复。"

（3）行政协议。对于一个迟延履行行政协议纠纷，可以这样表述：

"原告系……，××××年××月××日，原告与被告签订《××××协议书》，约定……协议签订后，原告依约履行了合同义务，但被告无正当理由至今拒不履行己方义务。"

需要提醒的是，写作时一定要注意精准表述相关时间节点。在作为类案件中，要写准确知道行政行为内容的时间；在不履行职责案件中，要写准确提出申请的时间；在不履行合同义务案件中，要写准确履行期限届满的时间。以此，便利法院审查起诉期限，避免诉讼失焦。

2. 被告行为违法，侵害原告合法权益

这个方面写作的焦点在于“违法”和“损害”，旨在请求人民法院支持己方诉讼请求。

论述被告行为违法的角度有：认定违法事实不清，主要证据不足，适用法律法规错误，违反法定程序，超越职权，滥用职权，明显不当，不履行法定职责、给付义务、合同义务。写作时根据案件具体情况选取。行政行为违法并非原告的证明义务，被告举证之前，原告客观上也无法详尽描述其违法之处，因此对这个方面的内容可以择要表述。有证据证明的，可重点详细提及；无法具体展开的，可高度概括。这部分内容无论简繁，都不影响法院审查。

总之，事实理由部分是对诉讼请求的具体阐释，故应紧紧围绕诉讼请求撰写。撰写时应详略得当，叙述客观，议论得体，不可夸大其词，不可长篇大论，更不可有谩骂和人身攻击之词，做到“事实清楚”“理由充分”即可。

三、尾部

尾部包括写作受体（致送法院）、原告签名、文书制作日期、副本数、证据材料等。

写作主体应依照我国《行政诉讼法》第3章第14条至第21条来确定写作受体。此外，目前很多地方法院对行政案件管辖进行探索，交叉管辖和集中管辖的情况并不鲜见。因此，原告应在起诉时核实当地管辖的有关规定，避免发生错误。当然，即便当事人选择了错误的管辖法院，也几乎不会影响诉权，盖因法院在受理案件前发现管辖错误的，会释明并告知当事人去正确法院起诉，在受理案件后发现管辖错误的，会移送有管辖权的人民法院受理。但诉讼过程本就烦琐漫长，出于自身利益最大化考量，原告应尽量正确确定写作受体，以免浪费精力和时间。

作为一种争议解决方式，行政诉讼具有天然的对抗性，但同时又有强烈的规范性，是原告、被告、人民法院手持同一曲谱的“协奏”。以《行政诉讼法》为圭臬，写好行政起诉状，精准提起诉讼，是原告发起的整个诉讼的定调之声。

四、注意事项

（一）起诉期限

《行政诉讼法》规定了起诉期限制度，它是法律设定的起诉条件之一，解决的是行政纠纷能否进入司法审查程序问题。这项法律制度旨在维护行政行为的稳定，惩罚“权利的睡眠者”。公民、法人、其他组织必须在法定的起诉期限内提起行政诉讼。例如，当事人知道行政机关作出行政行为的，应当在知道或者应当知道之日起6个月内提出起诉。超过起诉期限，人民法院只能裁定不予受理。如果在立案受理时没有查明，但在审理过程中查明已超过起诉期限的，人民法院应裁定驳回起诉。近年来，笔者接待的求助者中大多数超过起诉期限，无法走进法院。因此，行政起诉权的行使要及时。

（二）举证的经验与技巧——分类编号①

这里说的“举证”是指附于起诉状后一并提交法院的证据。对此，举证要围绕方便法官理解己方意见的目的进行。当事人向人民法院提供证据，不能未经编排就将一叠证据材料交给法院，应当对提交的证据材料分类编号，通常按照不同的证明目的来分类编排。编排顺序是：主体资格；被诉行政行为客观情况；程序依据及实施过程（原告着重证明受损害事实）；有关法律依据。采取这样的顺序，与庭审节点相一致，有利于按庭审需要依次出示证据。当事人向人民法院提交证据材料后，要及时要求法院出具收据，注明证据的名称、份数、页数、件数、种类、收到时间等，并由经办人员签名或者盖章，以防意外情况。

【例文】

行政起诉状

原告百事（中国）有限公司北京分公司，住所地北京市朝阳区永安东里×号×层×室。

负责人郃某某，副总裁。

委托代理人徐某某，北京市××律师事务所律师。

委托代理人裴某，北京市××律师事务所实习律师。

被告北京市朝阳区人力资源和社会保障局，住所地北京市朝阳区大柳树甲×号。

法定代表人牟某某，局长。

被告北京市人力资源和社会保障局，住所地北京市西城区永定门西街×号。

法定代表人张某某，局长。

第三人高某某，男，1967年×月×日出生，汉族，住北京市丰台区方庄×园×区×号楼×室。

---

① 王才亮：《行政诉讼实务》，红旗出版社2019年版，第91页。

诉讼请求：

1. 请求法院判决撤销北京市朝阳区人力资源和社会保障局于2021年3月16日作出的京朝人社工伤认（1050T0287×××）号《认定工伤决定书》；

2. 请求法院判决撤销北京市人力资源和社会保障局于2021年7月10日作出的京人社复决字（2021）42号《行政复议决定书》。

事实和理由：

京朝人社工伤认（1050T0287×××）号《认定工伤决定书》存在下面所述的错误：

一、认定事实错误

认定事实存在四处错误。第一，从时间看，第三人高某某2020年10月9日当天并未按照相关规定提交加班申请，并获得其直属主管书面批准，因此第三人高某某主张当天加班到19时30分左右的陈述不符合实际情况。第二，从地点看，第三人高某某在调查笔录中对于上下班交通路线的说法前后矛盾，依法不应采纳，且第三人高某某在申请工伤认定时提交的文件不足以证明其交通事故系发生于下班途中。第三，第三人高某某在与原告的沟通中多次提到其右肘关节疼痛系使用电脑和鼠标所致，从未向公司提过其右肘关节病系交通事故或工伤导致。第四，第三人高某某在交通事故发生3个月后之久，方申请工伤认定，与理不符。

二、适用法律错误

本案中，被告北京市朝阳区人力资源和社会保障局在无任何证据能够证明第三人高某某是在从原告处下班途中遭遇了交通事故的情况下，依据《工伤保险条例》第十四条第（六）项的规定作出京朝人社工伤认（1050T0287×××）号《认定工伤决定书》属于法律适用错误。

综上，京朝人社工伤认（1050T0287×××）号《认定工伤决定书》认定事实及适用法律错误，依法应予以撤销，京人社复决字（2021）42号《行政复议决定书》亦应一并予以撤销。请贵院支持我们的诉讼请求。

此致

北京市朝阳区人民法院

具状人：百事（中国）有限公司北京分公司

二〇二一年七月二十日

（公章）

附：1. 起诉状副本3份。

2. 被诉行政行为4份。

3. 其他材料4份。

项目二　行政诉讼答辩状

【文书格式】

行政诉讼答辩状

答辩人×××，……（写明名称、地址、法定代表人等基本信息）。

法定代表人×××，……（写明姓名、职务等基本信息）。

委托代理人×××，……（写明姓名、工作单位等基本信息）。

因×××诉我单位……（写明案由或起因）一案，现答辩如下：

答辩请求：……

事实和理由：……（写明答辩的观点、事实和理由）。

此致

××××人民法院

答辩人：×××

××××年××月××日

（盖章）

附：1. 答辩状副本×份。

2. 其他文件×份。

3. 证物或书证×份。

【行政诉讼答辩状写作谈】①

行政诉讼答辩状是行政诉讼中的被告（或被上诉人、再审被申请人）针对原告（或上诉人、再审申请人）在行政起诉状（或上诉状、再审申请书）中提出的起诉（或上诉、再审）请求事项、事实和理由，向人民法院进行辩驳的诉讼文书。按照行政诉讼答辩状使用的程序不同，分为以下三种：一审答辩状、二审答辩状以及再审答辩状。本文谈论的行政诉讼答辩状指的是一审中作为被告的行政机关向法院提出答辩时使用的行政诉讼法律文书。其写作主体是被告行政机关，写作受体是人民法院、原告和其他诉讼当事人，其主旨在于请求人民法院肯定或认同行政主体的行政行为，驳回行政相对人的诉讼请求。

① 本文由蔡英伟法官撰稿。

行政诉讼答辩权是《行政诉讼法》赋予被告的一项诉讼权利，答辩状就是行使这项权利的书面载体。虽然被告不提交答辩状的，不影响人民法院对行政案件的审理，但撰写好一份答辩状，既可以对原告的诉讼请求进行辩驳，也体现了行政机关对法院行政审判权的尊重，更可让法院快速全面地了解案件事实及被诉行政行为或被告履行法定职责或义务的基本情况。行政诉讼答辩状写作的法律依据是《行政诉讼法》第67条①。

一、首部

首部包括标题、答辩人和委托代理人的基本情况、套语。答辩人基本情况依次写明答辩人名称、住所地、法定代表人姓名与职务。委托代理人的基本情况包括姓名、工作单位等信息。套语表述为："因×××诉我单位……（写明案由或起因）一案，现答辩如下：……"。

二、正文

正文是答辩理由，它是答辩状写作的重点。行政诉讼答辩状属于驳论文，通过对原告诉讼请求和事实理由进行针锋相对的反驳，来论证行政行为具有合法性和合理性。

原告起诉的理由可以概括为六个方面：（1）事实认定；（2）法律适用；（3）执法程序；（4）行政越权；（5）行政滥权；（6）处罚结果。相应地，写作主体在答辩时也要从这六个方面出发，运用证据事实、法律法规规章来论证行政行为具有合法性和合理性。例如，行政程序中，行政机关在对行政相对人作出一定的行政行为前，必然先对某些事实作出认定，而原告可能对行政程序中认定的这些事实不认可而提起行政诉讼。原告对行政机关事实认定不服，通常包括以下三种情形：（1）行政机关认定的与原告有关的事实根本不存在；（2）行政机关认定的与原告有关的事实部分存在，部分不存在；（3）行政机关认定的与原告有关的事实存在，但行政机关对事实性质的认定有错误。针对上述情形，写作主体应当通过在行政程序中收集的证据以及所依据的法律法规规章来证明讼争事实确实存在以及对事实性质的认定是正确的。

在正文的最后一段，应写明答辩主张。一般包括以下两种：一是要求人民

① 《行政诉讼法》第67条规定，人民法院应当在立案之日起5日内，将起诉状副本发送被告。被告应当在收到起诉状副本之日起15日内向人民法院提交作出行政行为的证据和所依据的规范性文件，并提出答辩状。人民法院应当在收到答辩状之日起5日内，将答辩状副本发送原告。被告不提出答辩状的，不影响人民法院审理。

法院驳回原告的起诉；二是要求人民法院驳回原告的诉讼请求。

三、尾部

尾部包括写作受体、答辩人名称、文书制作时间（此上加盖公章）、副本数、证据材料和所依据的规范性文件。

四、注意事项

（一）被告的举证责任

在行政诉讼中，被告对作出的行政行为负有举证责任，应当向人民法院提交作出该行政行为的证据和所依据的规范性文件。也就是说，被告不仅要提供作出行政行为的行政处理决定，申请材料等，还应提供据以作出行政行为的法律法规和其他规范性文件。这是基于行政机关作出行政行为应遵循“先取证、后裁决”的规则。这里需要说明规范性文件不是证据，是行政行为的依据。

被告不提供或者无正当理由逾期提供证据的，应当认定该行政行为没有证据、依据。但是，被诉行政行为涉及第三人合法权益，第三人提供证据的除外。这是有关证据失权的规定。如果行政机关客观上有相应证据而没有提交，根据前述规定就会推定其没有相应证据，目的是惩罚行政机关不依法举证的行为，但为防止原告与行政机关联合起来损害第三人合法权益，第三人有权提供证明行政行为合法的证据。

在诉讼过程中，被告及其诉讼代理人不得自行向原告、第三人和证人收集证据。这是因为，行政机关作出行政行为，应先有确凿充分的证据，先取证后裁决，否则不符合依法行政的原则，因此，行政机关不得自行收集其在行政程序中应当收集而没有收集、涉及行政行为合法性的证据。但原告或者第三人提出了其在行政处理程序中没有提出的理由或者证据的，经人民法院准许，被告可以补充证据。

被告在作出行政行为时已经收集了证据，但因不可抗力等正当事由不能提供的，经人民法院准许，可以延期提供。被告申请延期提供证据的，应当在收到起诉状副本之日起 15 日内以书面方式向人民法院提出。人民法院准许延期提供的，被告应当在正当事由消除后 15 日内提供证据。逾期提供的，视为被诉行政行为没有相应的证据。

（二）应重视行政诉讼答辩状的制作及提交工作

《行政诉讼法》第 67 条规定，被告应当在收到起诉状副本之日起 15 日内向人民法院提交作出行政行为的证据和所依据的规范性文件，并提出答辩状。由于被告不提出答辩状的，不影响人民法院审理，故而实践中行政答辩状并没有得到被告足够的重视。行政答辩状的价值不仅体现在对抗对方的诉讼请求，也体现在帮助法官迅速确定争议焦点，有利于节约司法成本，快速准确裁判。放弃提交行政诉讼答辩状的后果是丧失了与法官沟通的一次机会，提高了诉讼成本，甚至可能影响行政诉讼的结果。因此，行政主体应当提高对提交行政诉讼答辩状的重视程度。

（三）复议机关也应提交答辩状

《行政诉讼法》修改的一大特色就是确立了复议双被告制度，即经复议的案件，复议机关决定维持原行政行为的，作出原行政行为的行政机关和复议机关是共同被告。对于这种案件，人民法院的审查对象是原行政行为和复议决定两个行政行为的合法性。因此，既然是共同被告，复议机关在诉讼中也要为其作出复议决定这一行政行为承担举证责任并履行其他诉讼义务，包括按时提交行政诉讼答辩状。

复议机关行政诉讼答辩状的内容可以围绕复议决定的合法性撰写，复议决定的合法性主要包含三个方面：一是实质上原行政行为的合法性，因复议决定维持了原行政行为，两者之间联系紧密，故不能置原行政行为于合法性审查之外，但证明原行政行为合法性的举证责任主要应由原行政机关承担。二是根据《行诉法解释》第22条①的规定，复议机关改变原行政行为所认定的主要事实和证据、改变原行政行为所适用的规范依据，但未改变原行政行为处理结果的，或以违反法定程序为由确认原行政行为违法的，均视为复议机关维持原行政行为。也就是说，对于这些事实、证据、规范性依据的改变，已经成为原行政行为的一部分。此种情况下，司法实践中可由原行政机关和复议机关商定由哪一方承担举证责任或共同承担举证责任。三是复议程序的合法性，复议机关作出复议决定的程序与原行政机关作出原行政行为的程序完全独立，不具有依附性，属自身程序，因此，对复议程序的合法性应当由复议机关自己来单独承担举证责任。

---

① 《行诉法解释》第22条规定，《行政诉讼法》第26条第2款规定的“复议机关改变原行政行为”，是指复议机关改变原行政行为的处理结果。复议机关改变原行政行为所认定的主要事实和证据、改变原行政行为所适用的规范依据，但未改变原行政行为处理结果的，视为复议机关维持原行政行为。复议机关确认原行政行为无效，属于改变原行政行为。复议机关确认原行政行为违法，属于改变原行政行为，但复议机关以违反法定程序为由确认原行政行为违法的除外。

【例文】

行政诉讼答辩状

答辩人北京市朝阳区人力资源和社会保障局，住所地北京市朝阳区大柳树甲×号。

法定代表人牟某某，局长。

委托代理人王某某，男，北京市朝阳区人力资源和社会保障局干部。

委托代理人石某，北京市××律师事务所律师。

因百事（中国）有限公司北京分公司诉我局工伤认定决定一案，现答辩如下：

答辩请求：请求法院判决驳回百事（中国）有限公司北京分公司的诉讼请求。

事实和理由：

第一，根据原告与第三人高某某签订的《劳动合同》以及我局调查的《北京市社会保险个人权益记录（参保人员缴费信息）》等材料可以确认，2020年10月9日，第三人高某某与原告之间存在劳动关系。第二，根据电子邮件截屏图材料、北京协和医院《证明书》、北京市丰台区方庄社区卫生服务中心《诊断证明书》、《北京市公安局公安交通管理局简易程序处理交通事故认定书》以及《调查笔录》等在案证据材料，可以证明第三人高某某是在下班途中发生的交通事故，本人无责任，应当认定为工伤。第三，根据《工伤保险条例》第十九条的规定，职工或者其近亲属认为是工伤，用人单位不认为是工伤的，由用人单位承担举证责任。在工伤认定阶段，原告认为第三人高某某的伤害不属于工伤，但其提交的证据不能证明其主张，应认定为未尽到举证责任。第四，《工伤保险条例》第十四条第（六）项规定，在上下班途中，受到非本人主要责任的交通事故或者城市轨道交通、客运轮渡、火车事故伤害的，应当认定为工伤。本案中，根据查明的事实，我局适用《工伤保险条例》第十四条第（六）项规定认定工伤，适用法律正确。

综上，我局作出的认定工伤决定事实清楚，证据确凿，程序合法，适用法律正确，原告的诉讼请求缺乏事实根据和法律依据，请求法院依法判决驳回原告诉讼请求。

此致

北京市朝阳区人民法院

答辩人：北京市朝阳区人力资源和社会保障局

二〇二一年八月十日

（公章）

附：1. 答辩状副本2份。

2. 其他材料4份。

行政诉讼答辩状

答辩人北京市人力资源和社会保障局，住所地北京市西城区永定门西街×号。

法定代表人张某1，局长。

委托代理人邹某，女，北京市人力资源和社会保障局干部。

委托代理人张某2，男，北京市人力资源和社会保障局干部。

因百事（中国）有限公司北京分公司诉我局行政复议决定一案，现答辩如下：

答辩请求：请求法院判决驳回百事（中国）有限公司北京分公司的诉讼请求。

事实和理由：

第一，京朝人社工伤认（1050T0287×××）号《认定工伤决定书》认定事实清楚，适用法律正确，程序合法。第二，我局作出的京人社复决字（2021）×号《复议决定书》程序合法。收到原告的行政复议申请后，我局依法通知北京市朝阳区人力资源和社会保障局进行行政复议答复，后北京市朝阳区人力资源和社会保障局按期提交《答复书》及相关证据。经审查，我局于2021年7月10日作出京人社复决字（2021）×号《复议决定书》，维持了北京市朝阳区人力资源和社会保障局作出的京朝人社工伤认（1050T0287×××）号《认定工伤决定书》。

综上，北京市朝阳区人力资源和社会保障局作出的认定工伤决定事实清楚，证据确凿，程序合法，适用法律正确，我局作出的行政复议决定程序合法，原告的诉讼请求缺乏事实根据和法律依据，请求法院依法判决驳回原告诉讼请求。

此致

北京市朝阳区人民法院

答辩人：北京市人力资源和社会保障局

二〇二一年八月十一日

（公章）

附：1. 答辩状副本2份。

2. 其他材料4份。

项目三　行政裁定书

【文书格式】

××××人民法院

行政裁定书

（驳回起诉用）

（××××）××行初××号

原告×××，……（写明姓名或名称等基本情况）。

被告×××，……（写明姓名或名称等基本情况）。

第三人×××，……（写明姓名或名称等基本情况）。

（当事人及其他诉讼参加人的列项和基本情况的写法，除当事人的称谓外，与一审行政判决书样式相同。）

原告×××诉被告×××……（写明案由）一案，本院受理后，依法组成合议庭（或依法由审判员×××独任审判），公开（或不公开）开庭审理了本案，现已审理终结（未开庭的，写“本院依法进行了审理，现已审理终结”）。

……（概括写明原告起诉的事由）。

……（各方当事人对案件是否符合起诉条件有争议的，围绕争议内容分别概括写明原告、被告、第三人的意见及所依据的事实和理由；如果没有，此项不写）。

经审理查明，……（各方当事人对案件是否符合起诉条件的相关事实有争议的，写明法院对该事实认定情况；如果没有，此项不写）。

本院认为，……（写明驳回起诉的理由）。依照……（写明裁定依据的行政诉讼法以及相关司法解释的条、款、项、目，如《最高人民法院关于适用〈中华人民共和国行政诉讼法〉的解释》第六十九条第一款）的规定，裁定如下：

驳回原告×××的起诉。

……（写明诉讼费用的负担）。

如不服本裁定，可在裁定书送达之日起十日内，向本院递交上诉状，并按对方当事人的人数提出副本，上诉于××××人民法院。

审　判　长　×××
审　判　员　×××
审　判　员　×××
××××年××月××日
（院印）

本件与原本核对无异

法官助理　×××
书　记　员　×××

【行政裁定书写作谈】①

行政裁定书是指人民法院依照我国行政诉讼法规定的程序，在审理行政案件过程中，为解决有关诉讼的程序问题而依法作出的行政裁判文书。写作主体是人民法院，写作受体分为直接受体和间接受体，直接受体即为行政裁定书中列明的当事人，间接受体为通过文书公开或者其他方式获取行政裁定书信息的群体，写作主旨是记录人民法院关于处理行政诉讼程序问题的决定。

根据《行诉法解释》第101条之规定，行政裁定书适用于下列范围：不予立案；驳回起诉；管辖异议；终结诉讼；中止诉讼；移送或者指定管辖；诉讼期间停止具体行政行为的执行或者驳回停止执行的申请；财产保全；先予执行；准许或者不准许撤诉；补正裁判文书中的笔误；中止或者终结执行；提审、指令再审或者发回重审；准许或者不准许执行行政机关的行政行为；其他需要裁定的事项。通常情况下，无须进入实体审查的案件适用行政裁定书，裁判结果包括不予立案、准予/不准予撤回起诉、驳回起诉、中止/终结诉讼、停止执行、准予/不准予强制执行、补正裁判文书笔误等，涵盖立案、审判、执行等司法活动过程。

一、不予立案用行政裁定书

不予立案用行政裁定书是第一审人民法院接到起诉状或者口头起诉后，经审查认为不符合起诉条件，决定不予立案时制作的行政裁判文书。依法决定不予立案的情形，主要指不符合《行政诉讼法》第49条规定的情形，其使用者为人民法院立案庭的法官，并非行政审判庭。

不予立案用行政裁定书的内容，主要包括标题、案号、当事人信息、案件由来、主要诉求、裁定理由、结果及尾部。结构清晰，裁定简洁应当是其基本

① 本文由佟艳艳法官撰稿。

特征。当事人信息部分只有一方当事人，即提起行政诉讼的一方，且称谓为起诉人，而非原告，与此相对应的送达程序也只需送达起诉人一方即可。案件由来和主要诉求部分一般表述为："××××年××月××日，本院收到×××的起诉状，因认为被告不履行××法定职责/作出的××行政行为侵犯了其合法权益，请求法院判令被告履行××法定职责/撤销或者确认××行政行为违法……"。本院认为部分则写明不予立案的具体理由、法律依据，语言要精练，依据要准确具体，而后写明裁定结果："对×××的起诉，本院不予立案。"尾部部分则告知起诉人上诉权利、具体要求："如不服本裁定，可在裁定书送达之日起十日内，向本院递交上诉状，上诉于××××人民法院。"之后告知合议庭组成人员情况、行政裁定书作出日期（加盖院印）、"本件与原本核对无异"戳，法官助理①、书记员署名等。

二、驳回起诉用行政裁定书

驳回起诉用行政裁定书是指第一审人民法院对已经受理的行政诉讼案件，在审理过程中发现属于《行诉法解释》第69条第1款规定的情形②，裁定驳回起诉时使用的行政裁判文书。此裁定书在审判实践中大量应用，基本和行政判决书平分秋色。总体而言，驳回起诉用行政裁定书在基本体例上与行政判决书没有明显区别，也是由首部、正文和尾部构成，只是在内容上仅围绕程序问题进行阐析，故一般情况下文字篇幅较行政判决书偏短。

（一）首部

该部分包括标题、案号、当事人和诉讼代理人基本情况，以及案件由来、审理经过等。

1. 标题

一审行政裁定书一般由基层人民法院作出，对于实行集中管辖的地区，或者提级审理的案件，则会出现中级或者高级人民法院的字样。

---

① 本文中是否列明法官助理，需要结合个案情况，如果设置有法官助理并且法官助理参与了案件审理、审查等，则应当列明。目前北京法院各院的审判团队配置相对齐全，一般会设有法官助理。

② 《行诉法解释》第69条第1款规定，有下列情形之一，已经立案的，应当裁定驳回起诉：（1）不符合《行政诉讼法》第49条规定的；（2）超过法定起诉期限且无《行政诉讼法》第48条规定情形的；（3）错列被告且拒绝变更的；（4）未按照法律规定由法定代理人、指定代理人、代表人为诉讼行为的；（5）未按照法律、法规规定先向行政机关申请复议的；（6）重复起诉的；（7）撤回起诉后无正当理由再行起诉的；（8）行政行为对其合法权益明显不产生实际影响的；（9）诉讼标的已为生效裁判或者调解书所羁束的；（10）其他不符合法定起诉条件的情形。

2. 当事人和诉讼代理人基本情况

本部分的要求和一审行政判决书的要求一致，笔者已在一审行政判决书写作谈中详细阐述，不再赘述。

3. 案件由来和审理经过

此部分较行政判决书简单，可不必写明具体立案时间、发送诉讼材料时间、经过等，仅写明："原告×××诉被告×××……（具体案由）一案，本案受理后，依法组成合议庭，公开/不公开审理了本案，现已审理终结"，未开庭的，书写"本院依法进行了审理，现已审理终结"，当然对于已经开庭的，也可以写明当事人出庭应诉情况。

（二）正文

正文包括原告诉求、各方意见、查明事实和裁判理由、裁判结果，其中查明事实和理由是主要内容。

1. 原告起诉的事由

此部分可以进行简单概括，不必照搬原告起诉状的内容，但对于原告的诉讼请求要求写得具体、明确，体现原告的真实意思表示。

2. 各方当事人意见

此部分内容不属于必备内容，要视案件情况而定。如果各方当事人对案件是否符合起诉条件有争议的，则围绕争议内容分别概括写明各方意见及所依据的事实和理由。当然，如果认为需要有证据支撑的，也可以加入举证、质证内容。

3. 本院认定的事实

结合上述各方当事人的争议点，写明法院对该事实的认定情况，篇幅可长可短，但一定要清楚、明确，不能含糊其词。

4. 裁判理由、结果

此行政裁定书仅适用不符合起诉条件的情形，故裁定事实、理由部分仅需围绕本案是否符合起诉条件予以写明即可，不必书写实体性内容。具体来说，要运用法律规范，对案件是否符合起诉条件进行分析论证，对各方当事人提出的与起诉条件相关的诉讼理由逐一分析，论证是否成立，表明是否予以支持或者采纳，并说明理由。裁定结果书写为"驳回原告×××的起诉"。

（三）尾部

尾部写明诉讼费用的负担，告知上诉事项，合议庭成员署名，裁定日期（加盖院印），"本件与原本核对无异"戳，法官助理、书记员署名，加盖院印等。

三、准予或者不准予撤回起诉用行政裁定书

准予或者不准予撤回起诉用行政裁定书，是指第一审人民法院在收到原告要求撤回起诉的申请后，经复查，根据《行政诉讼法》第62条的规定①，决定准许撤诉或者不准许撤诉时使用的行政裁判文书。

首部、尾部与驳回起诉用行政裁定书写法相同，兹不作赘述。

裁定书正文中，应当写明准许或者不准许撤诉的理由，对原告因被告改变被诉行政行为而申请撤诉的，准许撤诉裁定可以载明被告改变被诉行政行为的主要内容及履行情况，并可以根据案件具体情况，在裁定理由中明确被诉行政行为的全部或者部分不再执行。

裁定结果分为两种：准许撤诉的，书写“准许原告×××撤回起诉”；不准许撤诉的，书写“不准许原告×××撤诉，本案继续审理”。另外，对于不准许原告撤诉的，一般可以口头裁定，不必书面裁定。

特别需要说明的是，原告处分自己的诉讼权利，必须在法律规定的范围内进行，以不损害国家、社会的利益以及他人的合法权益为前提。即使行政机关改变其所作的行政行为，原告同意并申请撤诉的，也必须以合法为条件。如果经法院审查，不符合撤诉条件的应裁定不准许撤诉，本案继续审理。如果法院不准许原告撤诉，原告经传票传唤无正当理由拒不到庭，或者未经法庭许可中途退庭的，人民法院可以缺席判决。

四、中止或终结诉讼用行政裁定书

本裁定书适用于《行政诉讼法》第61条第2款、第101条，《行诉法解释》第87条、第88条，《民事诉讼法》第153条、第154条规定的暂时停止诉讼或结束诉讼的情形。

首部、尾部与驳回起诉用行政裁定书相同，值得注意的是，如果原告已经死亡，其基本情况只写姓名、性别和死亡年月日。

主文部分简单写明中止或终结诉讼的情形以及适用的法律依据。裁定结果分为两种情况：第一，中止诉讼的，书写“本案中止诉讼”，因案件暂时中止，故无须写明诉讼费用的负担；第二，终结诉讼的，书写“本案终结诉讼”，而后书写诉讼费用的负担。

实践中，中止诉讼的主要情形为案件的审理须以相关民事、刑事或者其他

① 《行政诉讼法》第62条规定，人民法院对行政案件宣告判决或者裁定前，原告申请撤诉的，或者被告改变其所作的行政行为，原告同意并申请撤诉的，是否准许，由人民法院裁定。

行政案件的审理结果为依据而相关案件尚未审结的，至于法律规定的其他情形则较少出现。

五、停止执行行政行为用行政裁定书

停止执行行政行为用行政裁定书，是指受诉人民法院收到原告或者利害关系人申请停止执行某一行政行为的申请后，经审查，按照《行政诉讼法》第56条的规定①，决定停止执行该行政行为或者驳回申请时使用的行政裁判文书。实践中，本裁定书多适用于行政强制拆除决定案件。

首部与驳回起诉用行政裁定书基本相同，不作赘述。

正文部分写明申请人及申请理由，而后写明停止执行或者驳回申请的理由。值得注意的是，停止执行的申请多为原告，但也有极少部分是案外的利害关系人，此时就会出现申请人并非案件当事人的情况，当然，如果法院认为利害关系人应当追加为第三人的，也可以列为第三人。

裁定结果分为两种，停止执行的，书写“在本案诉讼期间，停止执行×××（写明停止执行行政行为的名称）”；驳回申请的，书写“驳回原告/利害关系人×××的申请”。

尾部告知当事人申请复议的权利，书写“如不服本裁定，可以向本院申请复议一次，复议期间不停止裁定的执行”。

六、二审发回重审用行政裁定书

二审发回重审用行政裁定书，是指第二审人民法院对当事人不服一审行政判决提起上诉的行政案件，按照第二审程序审理后，认为原判决认定基本事实不清、证据不足，遗漏当事人或者违法缺席判决等严重违反法定程序，决定撤销原判决，发回原审人民法院重审时使用的行政裁判文书。法律依据是《行政诉讼法》第89条第1款第（3）项和第（4）项的规定。如《行政诉讼法》无相关直接规定，也可以引用《行诉法解释》的相关规定。

（一）首部

首部内容写作，见二审行政判决书写作谈，兹不赘述。

---

① 《行政诉讼法》第56条规定，诉讼期间，不停止行政行为的执行。但有下列情形之一的，裁定停止执行：（1）被告认为需要停止执行的；（2）原告或者利害关系人申请停止执行，人民法院认为该行政行为的执行会造成难以弥补的损失，并且停止执行不损害国家利益、社会公共利益的；（3）人民法院认为该行政行为的执行会给国家利益、社会公共利益造成重大损害的；（4）法律、法规规定停止执行的。当事人对停止执行或者不停止执行的裁定不服的，可以申请复议一次。

（二）正文

正文部分要注意详略得当，其中，当事人诉辩意见应简单概括上诉人的上诉请求、理由，被上诉人的答辩意见以及原审第三人的陈述意见；而事实认定方面尤其是裁判理由要尽量全面、详细，要写明涉及原判决认定基本事实不清、证据不足，遗漏当事人或者违法缺席判决等严重违反法定程序而可能影响正确判决的理由，要对原裁判存在的问题全部予以表述，原则上不再发内部监督函。裁判结果分为两部分："一、撤销××××人民法院（××××）×行初××号行政判决书；二、发回××××人民法院重审。"

（三）尾部

根据《诉讼费用交纳办法》第27条的规定，第二审人民法院决定将案件发回重审的，应当退还上诉人已交纳的第二审案件受理费，故在尾部部分一般不写诉讼费用的负担，而是由二审法院直接将上诉人已交纳的案件受理费进行退还，但是实践中也有注明诉讼费用退还情况的。

七、准予或不准予强制执行行政决定用行政裁定书

本裁定书是行政机关申请人民法院强制执行行政行为，人民法院决定准予强制执行或不准予强制执行时使用的行政裁判文书。适用的法律依据为《行政诉讼法》第97条，《行政强制法》第57条、第58条、第59条以及《行诉法解释》第161条等规定。

目前，本裁定书主要集中适用在国土部门申请强制执行非法占地类行政处罚、环保部门申请强制执行拖欠行政罚款、住房和城乡建设部门申请强制执行房屋拆迁行政裁决、房屋征收部门申请强制执行房屋征收决定以及卫生部门申请强制执行非法行医类行政处罚等非诉行政执行案件。

（一）首部

首部与驳回起诉用行政裁定书基本一致，但其中的当事人信息部分书写"申请执行人×××""被执行人×××"。审理过程书写分为两种情况：一是人民法院认为案件疑难复杂，需要组织听证的，书写"本院受理后，依法组成合议庭（或依法由审判员×××独任审查），对本案进行了公开（或不公开）听证，本案现已审查终结"；二是未经听证的，书写"本院依法进行了审查，本案现已审查终结"。

（二）正文

1. 申请执行内容

写明申请执行人申请强制执行的具体执行内容、依据的事实和理由，提交

的证据等。

2. 当事人意见

如果经过听证，则围绕听证会上双方当事人的争议焦点，概括写明各方当事人的意见、依据的事实和理由，表述为：

“申请执行人称，……

被执行人辩称，……（可一并写明提交的证据）”。

如果没有听证，此项不写。

3. 事实认定部分

针对行政机关强制执行申请所依据的事实，法院如有异议，则写明认定情况，一般表述为：“经审理查明，……”如无异议，此项不写。

4. 裁定理由

写明准予强制执行或不准予强制执行的理由。在审判实践中，不准予强制执行的案件，集中存在处罚主体认定错误、送达程序不合法而损害当事人的合法权益等重大明显违法情形。

5. 裁定结果

裁定结果分为三种情况：第一，准予强制执行，书写：“准予强制执行……”要写明准予强制执行的申请事项，如属于可由行政机关组织实施的，一并写明“由……组织实施”。第二，部分准予强制执行的，书写：“准予强制执行……；不准予强制执行……”要写明准予和不准予强制执行的申请事项，如属于可由行政机关组织实施的，一并写明“由……组织实施”。第三，不准予强制执行，书写：“不准予强制执行……”要写明不准予强制执行的申请事项。

（三）尾部

对于不准予或者部分不准予强制执行的，申请执行人有权申请复议，故而应写明“申请执行人如不服本裁定，可以在收到裁定书之日起十五日内，通过本院向××××人民法院（上一级人民法院）申请复议，也可以直接向××××人民法院申请复议”。之后，告知合议庭组成人员情况、裁定书作出日期（加盖院印）、“本件与原本核对无异”戳，法官助理、书记员署名等。

八、补正裁判文书笔误用行政裁定书

本裁定书是各级人民法院对于本院发生效力的行政判决书、行政裁定书或者行政调解书中存在个别文字上的错误或者遗漏，予以改正、补充时使用的行政裁判文书。《民事诉讼法》以及《行诉法解释》对于此类裁定书的表述均为“补正裁判文书中的笔误”，故本裁定书改正、补充的内容，仅限于裁判文书中在文字校对等方面存在技术上的失误，不涉及对实体（包括金额或者数额）

和程序问题的处理。另外，本裁定书的案号应当与被补正的裁判文书相一致，被补正的裁判文书为行政裁定书的，案号则标明"之一/之二……"以相区别。

九、注意事项

1. 行政裁定书制作完成后，应当根据当事人的人数、本院的归档要求等，印制一定数量的正本。

2. 第二审发回重审的行政裁定书，尾部既无上诉权的告知，也无申请复议权的告知，第二审维持或撤销一审裁定的行政裁定书，则须写明"本裁定为终审裁定"。

3. 与行政判决书相比较，行政裁定书确实要简单一些，它不必详细列明举证质证过程及意见等，但写作时也要力求说理充分。尽管实践中确有省略和弱化行政裁定书说理部分的案例，但这种做法并不值得提倡。

【例文】

北京市通州区人民法院

行政裁定书

（2020）京0112行初000号

原告章某某，男，1970年××月××日出生，汉族，北京市通州区×镇×村农民，住该村×号。

委托代理人章某1（原告之父），1944年8月3日出生，汉族，住址北京市通州区×镇×村×号。

委托代理人安某某，北京市××律师事务所律师。

被告北京市通州区×镇人民政府，住所地北京市通州区×镇。

负责人程某某，镇长。

委托代理人张某某，北京市通州区×镇人民政府副镇长。

委托代理人刘某某，北京××律师事务所律师。

原告章某某不服被告北京市通州区×镇人民政府（以下简称×镇政府）强制拆除行为一案，本院依法进行了审理，现已审理终结。

原告章某某诉称，2011年7月11日，章某某与×镇政府签订《财产有偿转让合同》，约定×镇政府将坐落在通州区×镇砆石村的大寺小学房屋及其他附属物转让给章某某，转让财产总价为600 390.19元，章某某向×镇政府付清全部价款。后章某某在2013年5月将原大寺小学改建为养老院，总投资为5 824 000元，工程于当年竣工。2015年1月9日，在没有正式通知的情况下，×镇政府对该处养老院实施了强制拆除，并损毁树木三十多株，且发生冲突打伤章某某方人员，目前该地处于荒废状态。2017年6月12日，章某某一方曾向北京市通州区森林公安处报案，但未予回应。章某某认为×镇政府在没有正当理由的情况下，对章某某合法取得的房屋进行强制拆除，侵害了章某某合法权益，请求法院：（1）依法判决确认×镇政府在2015年1月9日实施的强制拆除行为违法；（2）本案诉讼费由×镇政府承担。

×镇政府辩称，2014年6月5日，×镇政府针对涉案建设作出限期拆除通知书，认定属于违法建设，违法行为人为案外人林某某、苑某某、邓某某，在调查过程中，已经查明涉案养老院属上述三人所建，与章某某无关，章某某不具有原告主体资格；×镇政府此后按照法定程序依法强制拆除涉案建设，距今已逾五年，章某某起诉已经超过起诉期限，综上，请求法院依法驳回章某某的起诉。

经查，2015年，案外人扬州×建筑劳务有限公司起诉章某某、林某某、苑某某、邓某某建设工程施工合同纠纷一案，本院依法受理，案号为（2015）通民初字第0040A号，经调取案卷档案，在2015年1月21日的谈话笔录中显示章某某已知晓涉案建设被×镇政府强制拆除的事实，章某某在（2015）通民初字第0040A号案件的开庭笔录和其他谈话笔录中亦有类似表述。

本院认为，公民、法人或者其他组织提起行政诉讼，应当在法定起诉期限内提起，超过法定起诉期限的不予受理，已经受理的，应当裁定驳回起诉。《中华人民共和国行政诉讼法》第四十六条第一款规定："公民、法人或者其他组织直接向人民法院提起诉讼的，应当自知道或者应当知道作出行政行为之日起六个月内提出。法律另有规定的除外。因不动产提起诉讼的案件自行政行为作出之日起超过二十年，其他案件自行政行为作出之日起超过五年提起诉讼的，人民法院不予受理。"第四十八条规定："公民、法人或者其他组织因不可抗力或者其他不属于其自身的原因耽误起诉期限的，被耽误的时间不计算在起诉期限内。公民、法人或者其他组织因前款规定以外的其他特殊情况耽误起诉期限的，在障碍消除后十日内，可以申请延长期限，是否准许由人民法院决定。"《最高人民法院关于适用〈中华人民共和国行政诉讼法〉的解释》第六十四条第一款规定："行政机关作出行政行为时，未告知公民、法人或者其他组织起诉期限的，起诉期限从公民、法人或者其他组织知道或者应当知道起诉期限之日起计算，但从知道或者应当知道行政行为内容之日起最长不得超过一年。"根据强制拆除行为实施时有效的《最高人民法院关于执行〈中华人民共和国行政诉讼法〉若干问题的解释》（现已废止）第四十一条第一款规定，行政机关作出具体行政行为时，未告知公民、法人或者其他组织诉权或者起诉期限的，起诉期限从公民、法人或者其他组织知道或者应当知道诉权或者起诉期限之日起计算，但从知道或者应当知道具体行政行为内容之日起最长不得超过2年。本案中，章某某于2015年1月21日已经知晓涉案养老院被强制拆除的事实，但直到2020年1月2日才提起行政诉讼已明显超过法定的起诉期限，且没有不可抗力或者其他不属于其自身原因耽误起诉期限的事由，故对于章某某的起诉应予裁定驳回。

综上，依照《最高人民法院关于适用〈中华人民共和国行政诉讼法〉的解释》第六十九条第一款第（二）项之规定，裁定如下：

驳回原告章某某的起诉。

案件受理费五十元，原告章某某已交纳，自本裁定书生效之日起七日内退还原告章某某。

如不服本裁定，可在裁定书送达之日起十日内，向本院递交上诉状，并按对方当事人的人数提出副本，上诉于北京市第三中级人民法院。

审 判 长 佟某某
审 判 员 张 某
审 判 员 徐 某
二〇二〇年六月四日
（院印）

本件与原本核对无异

法官助理 章某某
书 记 员 管 某

项目四 一审行政判决书（请求履行法定职责类案件用）

【文书格式】

××××人民法院

行政判决书

（一审请求履行法定职责类案件用）

（××××）×行初××号

原告×××，……（写明姓名或名称等基本情况）。

法定代表人×××，……（写明姓名、职务）。

委托代理人（或指定代理人、法定代理人）×××，……（写明姓名等基本情况）。

被告×××，……（写明行政主体名称和所在地址）。

法定代表人×××，……（写明姓名、职务）。

委托代理人×××，……（写明姓名等基本情况）。

第三人×××，……（写明姓名或名称等基本情况）。

法定代表人×××，……（写明姓名、职务）。

委托代理人（或指定代理人、法定代理人）×××，……（写明姓名等基本情况）。

原告×××因认为被告×××（行政主体名称）……（写明不履行法定职责的案由），于××××年××月××日向本院提起行政诉讼。本院于××××年××月××日立案后，于××××年××月××日向被告送达了起诉状副本及应诉通知书。本院依法组成合议庭，于××××年××月××日公开（或不公开）开庭审理了本案。……（写明到庭参加庭审活动的当事人、行政机关负责人、诉讼代理人、证人、鉴定人、勘验人和翻译人员等）到庭参加诉讼。……（写明发生的其他重要程序活动，如：被批准延长本案审理期限等情况）。本案现已审理终结。

第一，针对原告的履行法定职责的请求，被告已经作出拒绝性决定的案件，可写：

××××年××月××日，原告×××向被告×××提出申请（写明申请的内容），被告×××于××××年××月××日对原告×××作出××号××决定（或其他名称），……（简要写明拒绝性决定认定的主要理由和处理结果）。

第二，针对原告的履行法定职责的请求，被告不予答复的案件，可写：

原告×××于××××年××月××日向被告×××提出……（写明申请内容）。被告在原告起诉之前未作出处理决定（当事人对原告是否提出过申请或者被告是否作出处理有争议的，或者属于行政机关应当依职权履行法定职责的情形，不写）。

原告×××诉称，……（写明原告的诉讼请求、主要理由以及原告提供的证据、依据等）。

被告×××辩称，……（写明被告的答辩请求及主要理由）。

被告×××向本院提交了以下证据、依据：（1）……（证据的名称及内容等）；（2）……。

第三人×××述称，……（写明第三人的意见、主要理由以及第三人提供的证据、依据等）。

本院依法调取了以下证据：……（写明证据名称及证明目的）。

经庭审质证（或庭前交换证据、庭前准备会议），……（写明当事人的质证意见）。

本院对上述证据认证如下：……（写明法院的认证意见和理由）。

经审理查明，……（写明法院查明的事实。可以区分写明当事人无争议的事实和有争议但经法院审查确认的事实）。

本院认为，……（写明法院判决的理由）。依照……（写明判决依据的行政诉讼法以及相关司法解释的条、款、项、目）的规定，判决如下：

……（写明判决结果）。

……（写明诉讼费用的负担）。

如不服本判决，可以在判决书送达之日起十五日内向本院递交上诉状，并按对方当事人的人数提出副本，上诉于××××人民法院。

审 判 长 ×××
审 判 员 ×××
审 判 员 ×××
××××年××月××日
（院印）

本件与原本核对无异

法官助理 ×××
书 记 员 ×××

附：本判决适用的相关法律依据。

【一审行政判决书（请求履行法定职责类案件用）写作谈】①

一审行政判决书（请求履行法定职责类案件用），是指第一审人民法院受理请求履行法定职责类行政案件后，按照行政诉讼法规定的程序审理终结，依照法律、行政法规、地方性法规，参照行政规章，就案件实体问题作出处理决定时写作的行政裁判文书。写作主体为人民法院，写作受体为原告、被告和第三人，写作主旨是表达人民法院对一审行政案件所做的实体处理意见。写作该

① 本文由佟艳艳法官撰稿。

文书，应当以《行政诉讼法》第69条①、第72条②、第74条③，《行诉法解释》第91条④等为依据。

行政诉讼旨在对行政机关所作行政行为的合法性或行政机关是否依法履行法定职责或给付义务进行审查，故行政判决书的主要内容应体现司法审查的特点。在一审行政判决书中，法官通过对当事人诉辩主张的归纳，充分展现各方举证、质证、认证的过程，从而查明案件事实，将静态的法律规定带入动态的案件事实中，推演出最终的判决结果，对行政机关的行政行为作出司法评判。一方面，一审行政判决书可以对行政机关依法行政起到切实有效的监督，规范执法行为，统一执法尺度，调整、稳定行政法律关系；另一方面，一审行政判决书通过回应相对人诉讼主张，切实维护其人身、财产等合法权益，摒除无理诉求，释法说理，促成行政争议实质性化解。

本文书由首部、正文、尾部组成。

一、首部

首部作为一审行政判决书的起始部分，应依次列明标题、案号、当事人及其诉讼代理人的基本情况、案件由来、审判组织和审理过程等。

（一）当事人和诉讼代理人基本情况

1. 原告的基本情况

原告是自然人的，一般要写明姓名、性别、民族、出生日期、工作单位及职务、住所地等基本信息。住所地和经常居住地不一致的，写经常居住地。行政诉讼一般以行政机关所在地确定管辖法院，原告住所地或者经常居住地对于案件管辖几乎没有影响，且部分原告基于各种因素的考虑不愿公开住所地或者

① 《行政诉讼法》第69条规定，行政行为证据确凿，适用法律、法规正确，符合法定程序的，或者原告申请被告履行法定职责或者给付义务理由不成立的，人民法院判决驳回原告的诉讼请求。

② 《行政诉讼法》第72条规定，人民法院经过审理，查明被告不履行法定职责的，判决被告在一定期限内履行。

③ 《行政诉讼法》第74条规定，行政行为有下列情形之一的，人民法院判决确认违法，但不撤销行政行为：（1）行政行为依法应当撤销，但撤销会给国家利益、社会公共利益造成重大损害的；（2）行政行为程序轻微违法，但对原告权利不产生实际影响的。行政行为有下列情形之一，不需要撤销或者判决履行的，人民法院判决确认违法：（1）行政行为违法，但不具有可撤销内容的；（2）被告改变原违法行政行为，原告仍要求确认原行政行为违法的；（3）被告不履行或者拖延履行法定职责，判决履行没有意义的。

④ 《行诉法解释》第91条规定，原告请求被告履行法定职责的理由成立，被告违法拒绝履行或者无正当理由逾期不予答复的，人民法院可以根据《行政诉讼法》第72条的规定，判决被告在一定期限内依法履行原告请求的法定职责；尚需被告调查或者裁量的，应当判决被告针对原告的请求重新作出处理。

经常居住地的详细信息，这就增加了人民法院核实确定的难度，故在审判实践中一般书写原告身份证住址或者原告自述的地址。

原告是个体工商户的，以营业执照上登记的经营者为原告，写明经营者的姓名、性别、民族、出生年月日、住所地等基本信息。个体工商户起有字号的，应以营业执照上登记的字号为原告，并注明该字号经营者的上述基本信息。对于个体工商户，需要注意的是，《民法典》中个体工商户属于民事主体制度中的自然人制度，与农村承包经营户共同组成自然人章中的一节，其权利义务主要体现在《个体工商户条例》以及其他地方性行政法规中。

原告是法人的，写明法人的名称和所在地址，并另起一行列明法定代表人或者负责人姓名、职务。

原告是不具备法人资格的其他组织的，写明其名称或字号和所在地址，并另起一行写明负责人及其姓名和职务。

如涉及原告人数众多的，可在首部仅列明诉讼代表人基本情况，原告名单及基本信息可列入一审行政判决书附录部分。如表述为："原告×××等100人（名单附后）。"

2. 原告的诉讼代理人

原告有诉讼代理人的，如果是公民代理，则要列明与当事人的关系。如果是律师、法律工作者等代理的，一般列明姓名以及职务即可。原告是无诉讼行为能力的公民，除写明原告本人的基本情况外，还应写明其法定代理人的姓名、住址，并在姓名后括注其与原告的关系。对于不同原告委托相同的诉讼代理人的，可以分别在原告之后，另起一行写明诉讼代理人身份，也可以在最后一名原告之后，另起一行写明，"以上原告共同委托代理人……"或者"原告×××、×××的共同委托代理人×××"。在审判实践中，没有固定的模板，只要表达清楚即可。

另外，对于当事人变更诉讼代理人的，本部分仅需列明最终的诉讼代理人即可。如已被撤销代理权限的诉讼代理人曾经参加过庭审活动的，一般在审理过程中予以交代。

3. 被告的基本情况

写明被告的行政主体名称、住所地，并另起一行写明法定代表人或者负责人姓名和职务，委托工作人员以及律师出庭的，另起一行列明诉讼代理人的基本事项。法定代表人或者负责人一般与行政主体组织机构代码证等有效证件上登记的信息一致，但对于因换届、人员调整等导致登记信息与实际情况不一致的，一般需要结合任免公示、相关会议纪要等情况来确定法定代表人或者负责人姓名、职务，故在审判实践中可能出现列明的法定代表人或者负责人与组织机构代码证等有效证件上登记的信息不一致的情况。对于被告委派负责人出庭应诉的，应当予以列明。如被告法定代表人或者负责人出庭的，可表述为“法定代表人（或负责人）暨出庭负责人……”，如副职负责人、其他参与分管的负责人①出庭的，可在法定代表人或者负责人项下另起一行列明姓名和职务，表述为“出庭负责人……”。

此外，对于原告列明的被告为两个以上，其中有部分被告不适格，但经法院释明，原告不同意变更的，在审判实践中，一般有两种做法：一种是在作出一审行政判决前，先单独作出一审行政裁定书，裁定驳回原告对不适格被告提起的起诉；另一种常见的做法，是按照判决吸收裁定的原则，在针对适格被告作出一审行政判决时一并驳回原告对不适格被告的起诉。

4. 行政诉讼第三人

《行政诉讼法》第 29 条规定，公民、法人或者其他组织同被诉行政行为有利害关系但没有提起诉讼，或者同案件处理结果有利害关系的，可以作为第三人申请参加诉讼，或者由人民法院通知参加诉讼。人民法院判决第三人承担义务或者减损第三人权益的，第三人有权依法提起上诉。《行诉法解释》第 28 条规定，人民法院追加共同诉讼的当事人时，应当通知其他当事人。应当追加的原告，已明确表示放弃实体权利的，可不予追加；既不愿意参加诉讼，又不放弃实体权利的，应追加为第三人，其不参加诉讼，不能阻碍人民法院对案件的审理和裁判。实际上，行政诉讼中的第三人与民事诉讼体系中的第三人不同，并未区分有独立请求权和无独立请求权的第三人，而是从与被诉行政行为或者案件处理结果是否有利害关系的角度进行确认，大部分是具有独立请求权的。在一审行政判决书书写时，第三人的位置按照顺序列于被告之后，基本情况的写法同以上原告或者被告的写法，不再赘述。

（二）案件由来、审判组织和审理过程

此部分包括具体案由、当事人提起诉讼时间、法院立案时间、人民法院发送诉讼材料经过、审判组织和审前会议、开庭审理过程以及出庭参加诉讼情况等，以表明法院审判活动的公开和透明。

1. 案由

2021 年 1 月 1 日起施行的《最高人民法院关于行政案件案由的暂行规定》

① 《行诉法解释》第 128 条规定，《行政诉讼法》第 3 条第 3 款规定的行政机关负责人，包括行政机关的正职、副职负责人以及其他参与分管的负责人。行政机关负责人出庭应诉的，可以另行委托 1 至 2 名诉讼代理人。行政机关负责人不能出庭的，应当委托行政机关相应的工作人员出庭，不得仅委托律师出庭。

（以下简称《案由暂行规定》），明确行政案件案由按照被诉行政行为确定，表述为“××（行政行为）”，案由基本结构中删除了《最高人民法院关于规范行政案件案由的通知》（已失效）（以下简称《2004年案由通知》）的“行政管理范围”，更加简洁、明确。一般表述为：“原告×××诉被告×××……（具体案由）一案。”复议双被告案件，则表述为：“原告×××诉被告×××……（原行政行为的具体案由）以及被告×××行政复议一案。”

2. 当事人提起诉讼时间

当事人提起诉讼的时间直接关系到是否超过起诉期限的问题，所以，应当严格、准确书写。目前，当事人提交起诉状的方式因提请法院的不同会有所不同，一般有现场直接提交、邮寄和网上提交等方式。不同的提交方式则对应不同的提起诉讼时间，比如现场提交书面起诉状的，以起诉状实际提交到立案窗口之日为准，而以邮寄方式提起的，则以实际交邮日期为准，即信件上的邮戳日期。

3. 第三人参加诉讼情况

如有第三人参加诉讼的，根据启动方式的不同，可选择使用不同的表达方式。（1）人民法院通知参加诉讼的，表述为：“因×××与本案被诉行政行为或与案件处理有利害关系，本院依法通知其作为第三人参加诉讼。”（2）当事人申请作为第三人参加诉讼的，表述为：“因×××与本案被诉行政行为或与案件处理有利害关系，经×××申请，本院依法准许其为第三人参加诉讼。”

4. 审理过程及出庭参加诉讼情况

如果进行证据交换或者召开审前会议的，应当写明：“本院于××××年××月××日组织原、被告及第三人进行了证据交换（或召开审前会议），并送达了证据清单副本。”如果不公开开庭审理的，应写明不予公开的理由。如果在云法庭进行网络开庭的，可特别说明“本院于××××年××月××日通过云法庭公开开庭审理了本案”。如果召开两次及以上庭审的，应当按照时间顺序依次写明。如果两次参加诉讼的当事人及其委托代理人不一致的，则应当根据实际参加诉讼的情况分别写明。如果当事人中途变更委托代理人，且变更前的委托代理人也参加过庭审的，则要将变更情况在此予以说明，避免引起诉讼代理人超过人数限制的质疑。此外，还要写明发生的其他重要程序活动，如案件中止审理及恢复审理、被批准延长本案审理期限、因疫情扣除本案审理期限等情况。

综合以上，案件由来、审判组织和审理过程可做这样的表述：“原告×××诉被告×××……（具体案由）一案，于××××年××月××日向本院提起行政诉讼。本院于××××年××月××日立案后，于××××年××月××日向被告送达了起诉状副本及应诉通知书。……（第三人参加诉讼情况）。本院依法组成合议庭，于××××年××月××日……（证据交换或审前会议情况），于××××年××月××日公开（或不公开或通过云法庭公开/不公开）开庭审理了本案。……（写明到庭参加庭审活动的诉讼参与人）到庭参加诉讼。……（其他重要程序活动，按照时间顺序调整书写位置）。本案现已审理终结。”

二、正文

正文包括事实、判决理由和判决结果。

（一）事实

一般认为，一审行政判决书的事实部分应包括行政行为的概括叙述，当事人诉辩意见的归纳，当事人举证、质证和法庭认证，经审理查明的事实四部分。在事实部分的叙述中，既要避免对诉讼材料的机械堆砌，又要避免对主要意见和关键证据的遗漏。总体来讲，应根据个案情况，有的放矢，繁简适当，既完整展现整个诉讼进程中当事人和法院所履行之程序，又为争议事实的最终查明和判决理由的充分阐述铺设合理路径。

1. 行政行为的概括叙述

行政行为是法院合法性审查的对象，原告的起诉、被告的答辩及第三人的陈述、法庭的调查均围绕行政行为展开。可以说，行政行为是行政诉讼的起点，原告之所以与被告产生行政争议而提起诉讼，就是基于被告针对原告曾作出行政行为或曾行政不作为。另外，行政行为也是行政诉讼的终点，在判决结果部分会对行政行为的合法性进行认定。所以，完整、准确地叙述被诉行政行为是制作一审行政判决书的基础和关键。

被诉行政行为的叙述应当完整，但并不意味着事无巨细，面面俱到，更非对体现行政行为法律文书的照搬全抄。一般来说，行政行为的叙述部分主要包括行为主体、认定事实、定性依据和处理结果四个核心内容，其余内容可依据个案情况灵活掌握，但总体应做到详略得当。对于具有书面载体的行政行为，如果行政行为内容比较简单，可以全文引用；如果内容较多，可以根据被告提交的作出行政行为前收集的证据并结合当庭陈述加以归纳，进行概括叙述。在请求履行法定职责类案件中，行政行为的认定事实部分还应当包括原告履责申请，即提出申请的时间、对象和请求内容。在审判实践中，原告履责申请的请求内容一般不够精练和规范，需要简化和总结，但务必准确反映原告的履责申请本意，不得擅自删减请求事项。

当被告未明确表示不履行原告请求事项且在法定期限内未履行时，属于不作为类行政行为，可以表述为："原告×××于××××年××月××日向被告×××提出××申请，截至本案起诉时，被告×××未作出处理决定。"但对于原告是否提出过履责申请，或者被告是否作出处理，或者是否属于行政机关应当依职权履行法定职责的情形，当事人存有争议且无法以裁定方式结案的，此处不予表述。

值得注意的是，当行政行为的内容与被告答辩或者陈述不一致时，比如理由表述有歧义、法律依据书写有笔误或者有其他改变的，此部分应当如何书写？是按照被告修正或者法院查明的内容还是按照行政行为客观呈现内容？笔者认为，行政行为系人民法院进行合法性审查的对象，其状态应以行政行为作出时或者经补正后生效时为准，人民法院应当客观陈述被诉行政行为的内容。因为对于被告在诉讼中主动修正、改正的，如原告同意并且申请撤诉，人民法院可以依法准予或者不准予撤回起诉，如果原告并未申请撤诉，人民法院仍需要依法审查原行政行为的合法性，所以，不应在此处予以修正或者改正。

另外，经过行政复议程序的"双被告"案件，对于被诉行政复议决定的叙述，如果认定的事实、适用的依据等与原行政行为完全相同，则可简要写明复议决定的主要依据和处理结果。但复议决定改变原行政行为认定的事实或者适用的定性依据的，应当简要写明复议决定改变后的主要事实或者适用的定性依据。

2. 当事人的诉辩意见

准确归纳当事人的诉辩意见，是制作一审行政判决书的基本要求。在归纳、总结当事人诉辩意见时，应当充分尊重当事人的原意，以起诉状、答辩状、第三人意见书以及当事人当庭陈述为依据，但无须照抄全文。人民法院在总结归纳当事人的诉辩意见时，应当紧紧围绕当事人争议的焦点问题，对其他次要内容则无须赘述，力求做到简明扼要。同时，要依循当事人诉辩意见的顺序进行叙述，即原告诉称、被告辩称和第三人述称，且"诉称""辩称""述称"后分别用逗号，不能用其他标点符号。

（1）原告诉称。原告诉称位于被诉行政行为的叙述之后，符合"立论—辩驳"的逻辑推演过程。对原告诉称的归纳，主要包括事实理由和诉讼请求两部分。其中事实与理由部分，务必完整、准确，人民法院应当依据原告起诉状、当庭陈述，从事实、程序、法律适用等角度归纳争议点及对应的理由，不宜删减原告的理由要点。对于诉讼请求部分，按照《行政诉讼法》的规定应当具体、明确、规范。但在司法实务中，大部分原告在起诉状中书写的诉讼请求并不明确和规范，例如，针对同一行政行为提出多项相互矛盾的请求，或者在同一诉讼案件中提出多项不同法律关系的请求，或者所提诉讼请求超出行政法律规制范围。在实践中最常见的不规范表达，就是同时提出确认被诉行政行为违法和撤销被诉行政行为的诉讼请求，实际上原告的真实意思是行政行为违反法律法规规定，应被撤销，其本意是要撤销被诉行政行为，而非依据《行政诉讼法》第74条的规定仅仅确认被诉行政行为违法。出现上述不规范表达的原因在于原告受限于法律认识水平，不能准确理解判决方式中的确认违法和行政行为违反法律法规的区别。对此，人民法院会在向被告发送起诉材料前对原告进行释明、指导，以规范原告对其诉讼请求的表述。经过释明，如果原告坚持其诉讼请求，基于行政诉讼合法性审查原则，人民法院有权不受原告诉讼请求的限制，依法进行审理和裁判，故对于不影响案件审理的，人民法院一般会尊重原告的表达，不再要求其必须改变诉讼请求，而是在判决主文表述时严格按照《行政诉讼法》及《行诉法解释》相关规定准确书写。

（2）被告辩称。被告辩称的归纳应包括其对被诉行政行为合法性的论证、对原告诉称的事实和理由的反驳以及对原告诉讼请求的态度。其中对于被诉行政行为合法性的论证，应围绕法定职权、认定事实、行政程序和适用法律等方面分层次进行，力求全面。对原告诉称的事实和理由的反驳，应强调针对性，把被告相对应的反驳加以归纳，而其他泛泛而谈且毫无说服力的反驳则不必归纳。对原告诉讼请求的态度，被告一般都是请求人民法院驳回原告的诉讼请求，此部分一般放在辩称的最后作为总结性陈述。但对于被告辩称理由较多，也可以先标明被告对原告诉讼请求的态度，其后再分别列明对被诉行政行为合法性的论证、对原告诉称的事实和理由的反驳等内容。

对于复议"双被告"案件，一般情况下应写明原行政机关和复议机关共同的答辩意见。如原行政机关与复议机关的答辩意见不一致，且无法协商一致的，在重点写明复议机关答辩意见的同时，可以载明原行政机关的不同意见。

（3）第三人述称。在行政诉讼中，第三人的意见往往和原告或者被告一方所处立场一致，所以其意见可以表述为："第三人述称，其同意原告的诉讼请求或者被告的答辩意见。"如果第三人意见与原告或者被告意见并不完全一致，可就不同部分进行简要阐述。在审判实践中，第三人不参加诉讼的情况相比于原告和被告来说较为常见，但一般会提交书面意见或者人民法院单独与其进行谈话，在谈话中发表过意见。此时，可表述为："第三人×××经本院合法传唤，未出庭参加诉讼，但其提交书面意见称……/但其在庭前向本院发表意见称……"

3. 当事人举证、质证和法庭认证

（1）当事人举证。在新版《行政诉讼文书样式（试行）》中，一审行政判决书中证据的展示按照原告、被告、第三人的顺序进行，并分别列于原告诉称、被告辩称、第三人述称之后。对于证据的列举方法，可结合案情，选择适宜的方法，并没有固定模式。一般来说，应以数字依次排序，分别写明证据名称、来源和所要证明的问题。如果当事人提供的证据有较强的关联性，合并叙述更有利于综合反映案件证据情况的，也可酌情合并叙述证据，对证据进行综合分类列举，并归纳证明目的。人民法院可以按照不同的证明目的分组展示，如认定事实证据、执法程序证据等，也可以按照不同的证据来源分组展示，如行政程序中当事人提交的证据、行政机关依职权调取的证据等。总之，对证据的列举，既可以分别逐一列举证据，也可以综合分类列举，对于当事人提供的证据浩繁的，也可以概括说明。

在写作时，需要注意以下几点：

① 应当对当事人提交证据的期限予以说明，如“被告在法定举证期限内向本院提交如下证据、依据”或者“被告在法定举证期限届满后，向本院提交如下证据、依据”，其中对于当事人超过法定举证期限提供的证据，人民法院予以采纳的，应当说明理由。

② 当事人未向本院提交证据的，应当予以说明，表述为：“×××未向本院提交证据。”

③ 对于复议“双被告”案件，被告对于原行政行为的合法性共同举证，表述为：“被告×××（原行政机关）及被告×××（复议机关）向本院提交了证明原行政行为合法性的以下证据、依据。”

④ 对于法院根据原告、第三人的申请调取的证据，可以作为原告、第三人提交的证据予以载明；对于法院依职权调取的证据，则应当单独予以说明，可列于当事人举证之后；人民法院决定不予调取的，应当在判决书中予以载明。

⑤ 对于根据当事人的申请，委托鉴定部门进行鉴定的，需写明鉴定部门、鉴定事项和鉴定结论以及当事人的意见。

⑥ 关于证人证言，《最高人民法院关于行政诉讼证据若干问题的规定》（以下简称《行政诉讼证据若干规定》）第41条[①]规定，凡是知道案件事实的人，都有出庭作证的义务，但符合规定情形，经人民法院准许，当事人可以提

① 《行政诉讼证据若干规定》第41条规定，凡是知道案件事实的人，都有出庭作证的义务。有下列情形之一的，经人民法院准许，当事人可以提交书面证言：（1）当事人在行政程序或者庭前证据交换中对证人证言无异议的；（2）证人因年迈体弱或者行动不便无法出庭的；（3）证人因路途遥远、交通不便无法出庭的；（4）证人因自然灾害等不可抗力或者其他意外事件无法出庭的；（5）证人因其他特殊原因确实无法出庭的。

交书面证言。所以，人民法院在制作一审行政判决书时，应当对书面证言和证人出庭作证进行区分叙述，可表述为："提交如下证据：1. 证人×××书面证言"或者"提交如下证据：1. 证人×××出庭作证"。

（2）当事人质证意见。在当事人质证阶段，既可以一证一质，也可以按不同分类发表综合质证意见。各方当事人的质证意见主要围绕证据的"三性"展开，即证据的真实性、关联性和合法性。对于当事人无争议的证据或者与案件明显无关联的证据，可以通过归纳概括等方式简要写明当事人的质证意见；对于证据浩繁的案件，可以归纳概括当事人的主要质证意见；在归纳当事人质证意见时，既要避免全部照搬庭审笔录中的质证内容，又不能遗漏当事人主要的质证理由。同时，对于各方争议较大的或者对于查明案件事实具有关键作用的证据，应进行重点阐述。

在写作时，需要注意以下几点：

① 对于当事人不发表质证意见的，可表述为："×××经本院依法询问，未发表质证意见。"

② 在审判实践中，一般采用质辩合一的方式进行审理，即质证意见和辩论意见合一，但在书写时要进行区分。

③ 对于涉及国家秘密、个人隐私或者商业秘密的证据，不能免除当事人的举证义务，但不得在公开开庭时出示，亦不得在开庭时公开质证。同时，对于某些保密层级较高的涉密证据，既不能向社会公开，也不适合向对方当事人公开的，一般由人民法院依职权审查核实后直接予以认证。

（3）法庭认证。一审行政判决书中的认证部分，既是法庭对于各方当事人所举证据及质证意见的法律评价，又是后文"经审理查明"部分所认定事实的基础。前已述及，当事人质证意见主要围绕证据"三性"展开，故而法庭对上述证据的评价也应从这三个方面着手。具体来说，法庭应按照《行政诉讼法》《行诉法解释》《行政诉讼证据若干规定》等相关法律司法解释规定，运用行政诉讼证据规则，对证据的"三性"进行综合分析判断。对于经审查后采信的证据，应当说明采信理由；不予采信的，亦要说明原因。对于证据真实性，人民法院应当依照《行政诉讼证据若干规定》第56条的规定进行审查，包括证据形成的原因；发现证据时的客观环境；证据是否为原件、原物，复制件、复制品与原件、原物是否相符；提供证据的人或者证人与当事人是否具有利害关系以及影响证据真实性的其他因素。一般从证据来源和证据形式等方面进行判断。对于证据合法性的审查，则规定在《行政诉讼证据若干规定》第55条，本文不再赘述。对于证据关联性的认定，存在一定难度，此处的关联性是指能够实现其证明目的的关联性，直接关系着案件事实的认定和裁判结果。对此，《行政诉讼证据若干规定》第54条进行了原则性规定，法庭应当对经过庭审质证的证据和无需质证的证据进行逐一审查和对全部证据综合审查，遵循法官职业道德，运用逻辑推理和生活经验，进行全面、客观和公正地分析判断，确定证据材料与案件事实之间的证明关系，排除不具有关联性的证据材料，准确认定案件事实。总之，认证部分要充分阐述法庭的理由和依据，使人信服。同时，要注意认证结论和经审理查明的事实、判决理由的统一性，不能出现矛盾之处。

4. 经审理查明的事实

法律事实是依法裁判的基础和关键。对于法律事实的认定，要有理有据，确保准确、清晰，应当是法官基于全案的证据能够形成内心确信的事实；通过推定确认事实必须要有依据，符合证据法则。对于法律事实的叙述，既可以时间为轴依序铺陈，又可以结合案情进行综合分类叙述，叙述方式灵活多样，以能够逻辑清晰地反映案情情况为原则。请求履行法定职责类案件中的事实，一般包含原告向被告提出履行法定职责申请、被告作为或者不作为、行政复议等主要事实以及法院查明的与案件密切相关的其他事实。其中法院查明的其他事实可以是原告所提履责申请事项的基础事实、原因或者背景，比如原告因认为邻居的建设行为侵犯了其相邻权，要求有权机关查处违法建设的，则需要写明原告身份、房屋坐落以及与邻居建设行为的关系和争议内容，也可以结合案件具体情况，延伸说明案件背景等情况。

写作时，需要注意以下几点：

（1）避免事无巨细的罗列，或者简单地记流水账，应当结合案件的争议焦点等，做到繁简适当。与案件裁判结果无关的事实，可以不作认定。

（2）对于被诉行政行为的描述，因已在行政行为的叙述部分充分阐述，一般情况下简单陈述行政行为的作出时间和结果即可，不必重复行政行为的具体内容。

（3）在司法实践中，一般采用如下表述方式："经审理查明，……。另查明，……。再查，……。又查，……"

（4）有的法官习惯在此部分将双方当事人的争议焦点进行客观、全面的列明，一般表述为"在案件审理中，双方当事人对×××存有争议。原告主张，……。被告认为，……。"之后在判决理由部分直接写明人民法院对争议焦点的认定观点和理由。也有的法官统一在裁判理由部分归纳争议焦点、阐述法院理由和观点。

（5）表述案件事实，应注意保守国家秘密，保护当事人的商业秘密和个人隐私。

（二）判决理由

判决理由，即“本院认为”部分，它是整篇文书的灵魂所在。在写作体例安排上，一般是按照法定职责、认定事实、行政程序和适用依据四个部分分别阐述判决理由，对于以上四部分的论述应当注意主次分明，突出重点，详略得当。对被告的法定职责存在争议的情况较少出现，在说明理由时一般直接列明职权依据并据此认可被告具有相应的职责即可。认定事实和行政程序是当事人争议最大的部分，且一般都和法律依据的适用交织在一起，对此要重点论证。

1. 基本要求

判决理由应当准确、充分、合法。

（1）判决理由的准确性。判决理由的准确性，主要是从一审行政判决书体例的完整性和一致性角度考虑。判决理由作为认定事实和判决结果之间承上启下的部分，既要与前文中经审理查明的事实保持一致，又要与后文中法院最终的判决结果保持一致，不能出现判决理由与经审理查明的事实或者判决结果相矛盾的情况。同时，在论证判决理由时，也要注意保持理由本身和所依据的法律、法规、司法解释和法律原理的一致性。

（2）判决理由的充分性。判决理由的充分性内涵非常丰富，包括理由的全面性、针对性和逻辑性。首先，基于行政诉讼的审查原则，法院应当对行政行为的合法性进行全面审查，不必拘泥于原告所争议的问题，即便原告仅对行政行为其中的一个方面提出异议，人民法院仍应当对其法定职责、认定事实、行政程序和适用依据进行审查，不能遗漏审查内容。其次，要突出重点，积极回应当事人诉辩主张，体现判决理由的针对性。法院既可以对当事人的意见进行一一回应，也可以总结当事人争议焦点，进行重点论证。最后，法官在判决书中运用逻辑规则，将法律规定与已查明事实有机结合，最终推演出判决结果，整个推理过程其实就是法律适用的过程，法官在此部分需要论述清楚的问题就是为什么其援引的法律规范可以在本案中予以适用。所以，在写作时，一定要注意引用法律规定进行论述，使当事人、社会公众能够明晰法律评价的形成路径，避免“就事论事、就规定论规定”的割裂式论述。

（3）判决理由的合法性。判决理由的合法性，即所援引的法律规范的正确性和有效性。依据《行政诉讼法》第63条的规定，在行政判决书中，判决理由的论述应当以法律、行政法规和地方性法规为依据，同时参照规章。法院在援引法律规范时，应遵循上位法优于下位法、特殊法优于普通法、新法优于旧法等法律适用的基本原则，结合具体案情准确予以适用。在无成文法可供援引时，法官可以依据基本法律或者公平正义的原则对行政行为的合法性、原告的诉讼主张作出准确的分析判断。同时，要保证所援引的法律规范必须是合法有效的，不得与上位法相冲突，且经过依法审议程序并公开发布等。如果援引法律、行政法规和地方性法规、规章以外的规范性文件，原告有权要求对规范性文件一并进行审查，人民法院一般从规范性文件制定机关的职权、制定程序、条款依据等方面，审查制定机关职权是否合法、条款是否与上位法相抵触，是否缺乏依据作出不利规定，是否存在违反涉及批准、公开发布等影响其生效的程序以及其他严重违反制定程序的情形。经审查，规范性文件合法的，直接作为法律依据予以援引；不合法的，不作为依据，并要阐述理由，明确规范性文件不合法的具体原因。

2. 行文架构

对于此部分的行文架构，没有固定模板，它和法官的写作习惯直接相关。笔者梳理了近百篇一审行政判决书，归纳出三种行文架构。

（1）传统四要素型。严格按照法定职责、事实认定、行政程序和法律依据四个要素内容书写，总体上分为四个部分，根据案件实际情况再确定每个部分的比重。此种行文架构的优势是通俗易懂，层次清晰，说理全面。一般来说，法定职责、法律依据占比最小，除非当事人对于被告的法定职责和适用的法律依据存有争议，且需要人民法院重点论述并认定的；事实认定和行政程序则是重要的说理内容，一般也是当事人争议的焦点。在文字表述上可参考如下示例：根据×××（法律、行政法规、地方性法规）……的规定，×××（行政机关）具有/不具有……的法定职责。在事实认定（或者实体内容）方面，……，事实清楚/不清，证据充分/不足，本院予以支持/不予支持。在行政程序方面，……，符合法定程序/违反法定程序，本院予以支持/不予支持。在适用法律依据方面，……，适用法律正确/适用法律错误，本院予以支持/不予支持。

（2）归纳争议焦点型。紧紧围绕双方当事人的争议焦点进行重点论述，对于无争议的内容不再回应或者一笔带过。例如，“关于本案的执法程序以及行政复议程序，双方当事人均无异议，经本院审查亦无违法之处。本案的争议焦点是……。关于争议焦点一，……。本院认为，……。关于争议焦点二。……，本院认为，……。综上，……。”此种行文架构的优势在于繁简得当，突出重点。但是需要注意的是，一定要准确归纳案件争议焦点，防止遗漏，导致案件审查不全面。一般来说，一审行政判决书归纳的争议焦点应当与开庭审理中总结的争议焦点一致，在开庭审理时给予当事人充分的陈述、辩论机会，通过庭审辩论全面掌握当事人的意见。

（3）全面回应型。与前两种行文架构不同，其全面而充分地列明各方当事人的诉辩主张，并一一予以回应，具有强针对性和回应性的鲜明特点。一般按如下方式表述："关于原告×××所提……的主张，本院认为，……，故对其本项主张予以支持/不予支持。关于被告×××所提……的抗辩意见，本院认为，……，故对其抗辩意见予以认可/不予认可。"在采用此种行文架构书写一审行政判决书时，要注意归纳当事人的诉辩主张，对于明显没有合理理由、没有回应必要的，则不应予以回应。

以上是常见的几种类型，实质上不同类型的一审行政判决书之间并没有明显的界线，往往互相交织。但无论采用哪一种行文架构，都要符合判决理由的基本要求。

3. 注意事项

在写作时，需要注意以下几点：

（1）要求被告履行法定职责类案件的审查重点是原告请求被告履行法定职责是否能够成立、被告是否已经依法履行了法定职责，如若被告作出书面答复，案件的审查范围包括但不局限于书面答复的合法性，还需要结合各方举证及陈述，全面审查被告是否充分履责以及原告的请求能否得到支持。

（2）对于当事人均无争议的内容，可概括说明理由和法院的意见，如："各方当事人对于行政复议程序均无异议，经本院审查亦无违法之处，故对于行政复议程序的合法性，本院予以认可。"

（3）原告请求对行政行为所依据的规范性文件一并进行合法性审查的，在对规范性文件进行审查后，应依照《行政诉讼法》《行诉法解释》的规定，对规范性文件的合法性以及能够作为被诉行政行为的合法性依据予以阐明。

（4）在引用法律条文时，既可以写明整个条文的内容，也可以仅摘抄与案件相关的部分；条文内容较多的，可以只援引法律条款，将具体内容作为附件置于附录部分；如果需要引用多个条文的，可以概括阐明条文内容。

（5）一般情况下，在阐述判决理由后应当亮明法院的观点和意见，对于判决理由内容较多的，可以进行总结归纳，例如，综上，本院认为被诉行政行为认定事实不清、适用法律错误，应当判决撤销，并重新作出行政处理。

（6）2021年1月19日，最高人民法院印发《关于深入推进社会主义核心价值观融入裁判文书释法说理的指导意见》，对于进一步规范和加强裁判文书释法说理，使社会主义核心价值观全面成为司法裁判的价值取向提出了具体意见。笔者认为，在一审行政判决书中融入社会主义核心价值观具有可行性，司法裁判除了对直接受体起到定分止争的作用外，还有对间接受体行为规范的指引作用，实现"裁判一案，教育一片"的效果，对于督促行政机关依法行政，引导社会公众遵守社会公共管理秩序和规则具有重大意义。但是对于社会主义核心价值观的具体运用规则，目前还没有详细的规定，需要人民法院在审判实践中进行积极探索。

（三）判决结果

判决结果，即“主文”部分。《行政诉讼法》中规定了驳回诉讼请求判决、撤销或部分撤销判决、变更判决、履行法定职责判决、确认违法或者无效判决等多种判决结果，法官在制作一审行政判决书时可根据不同的情况选择适用。判决结果是对原告和被告之间发生的行政争议所作出的最直接的、最终的处理结论，所以，其表达不仅要简明扼要，更要明确具体，具有指向性和可执行性。需要特别注意的是，在对被诉行政行为作出否定性评价的案件中，更需准确、严谨，写明行政主体和行政行为的名称，明确撤销、变更、确认违法或者无效的范围，在判决被告履行特定法定职责时，应尽可能明确限定履责期限和方式，确保原告合法权益的最终实现。

写作履行法定职责类案件的判决结果时，应注意以下四点：

1. 对于行政机关已经作出拒绝性决定，原告的诉讼请求中未明确请求判决撤销，但法院判决行政机关履行原告请求的特定法定职责或者判决行政机关就原告的请求重新作出处理的，法院可以根据具体案情，遵循有利于明确法律关系的原则，酌情依职权一并判决撤销拒绝性决定。原告的诉讼请求中明确请求判决撤销的，一般应当在判决结果中判决撤销拒绝性决定。

对此，需要说明的是，尽管从判决结果看属于撤销之诉样式，但从根本上来说仍是履责之诉，只是基于拒绝性决定系被告履责的具体载体，判令被告履行特定法定职责，势必要对原履责载体进行评价，故对于诉讼类型的判断不能从判决结果进行反推，需要从原告的根本诉求和诉讼目的进行判定。

2. 行政机关尚需要另行调查或者仍有判断、裁量空间的案件，法院责令行政机关针对原告的请求重新作出处理的，对于行政机关能否履行职责的具体内容实质上法院尚未作出判断，对原告相应的诉讼请求也就没有作出最终的裁判，因此应当注意在判决结果中不要采用“驳回原告其他诉讼请求”等表述。

其实，在司法审判实务中，法院以此为由判决被告败诉的，一般情况下已经有了倾向性意见，即与被诉行政行为相反的意见，被告重新履责时，一般会改变行政行为的处理决定。当然，也会发生循环诉讼的现象，一直处于“拒绝—撤销重做—拒绝—撤销重做—拒绝……”过程中，既侵害了行政相对人的合法权益，又有损政府依法行政形象和人民法院权威性。

3. 原告请求履行法定职责的请求不成立，但行政机关存在违法情形且应当确认违法的，应当在确认违法的同时，判决驳回原告的其他诉讼请求。

笔者大概统计了所供职法院此类案件的数量，发现此种情况一般存在于行政机关的履责程序违法但认定事实和处理决定正确的案件中，同时也广泛存在于政府信息公开案件中。例如，被告所作政府信息公开答复援引法律条文错误，但答复理由和决定内容正确，不应当向原告公开，则应当判决确认政府信息公开答复违法，判决驳回原告的诉讼请求。

4. 原告请求履行法定职责的请求成立，但行政机关已经无法履行或者履行已无实际意义的，应当判决确认行政机关不履行法定职责违法，并酌情责令行政机关采取相应的补救措施。

这种情况针对的是不作为类案件，集中在请求公安机关保护人身财产安全领域，一般具有紧急性和时效性。例如，当公安机关没有第一时间履行人身财产安全的保护职责时，在原告提起诉讼时，公安机关就已经失去了继续履行职责的意义。

根据《行政诉讼法》第72条等条款的规定，履行法定职责类案件的判决结果分为以下五种情况：

第一，判决驳回原告诉讼请求的，写：

“驳回原告×××的诉讼请求。”

第二，判决被告履行法定职责的，写：

“一、撤销被告×××（行政主体名称）作出的（××××）……字第××号……（行政行为名称），即……（写明撤销的具体内容；无拒绝性决定的，该项不写）。

二、责令被告×××在××日内（法律有明确规定履行职责期限的，也可写为‘在法定期限内’；不宜限定期限的，也可不写）作出……（写明履行法定职责的具体内容）。”

第三，判决被告针对原告的请求重新作出处理的，写：

“一、撤销被告×××（行政主体名称）作出的（××××）……字第××号……（行政行为名称），即……（写明撤销的具体内容；无拒绝性决定的，该项不写）。

二、责令被告×××（行政主体名称）在××日内（法律有明确规定履行职责期限的，也可写为‘在法定期限内’；不宜限定期限的，也可不写）……（可写对原告的申请重新作出处理，也可将原告的申请予以精练概括并写明原告申请的内容）。”

第四，原告的请求成立，但行政机关已经无法履行或者履行已无实际意义的，写：

“一、确认被告（行政主体名称）不履行……（应当履行的法定职责内容）违法；

二、责令被告×××在××日内（不宜限定期限的，也可不写）……（写明补救措施的内容，无法采取补救措施的，该项可不写）。”

第五，原告的请求不成立，但行政机关有违法情形依法应当确认违法的，写：

“一、确认被告×××（行政主体名称）……违法；

二、驳回原告×××的诉讼请求（需要判决驳回原告诉讼请求的，予以写明）。”

三、尾部

尾部应当依次写明诉讼费用的负担，交代上诉的权利、方法、期限和上诉审法院，合议庭成员署名，判决日期（加盖院印），法官助理、书记员署名等内容。判决书的正本，应加盖“本件与原本核对无异”字样的印戳。

此外，在尾部之后还有附录部分，但附录并非一审行政判决书的必要构成部分，法官可以根据案件的不同需要，将判决书中的有关内容载入附录，最常见的有将判决书中所提到的法律规范条文附上，以供当事人全面了解有关法律规定的内容。一般应当按照先实体法律规范，后程序法律规范；先上位法律规范，后下位法律规范；先法律，后司法解释等次序排列。还有群体性诉讼案件中原告名单及其身份情况、知识产权案件中的图案等均可以列入此部分。另外，一审行政判决书制作完成后，应当根据当事人的人数、本院的归档要求等，印制一定数量的正本。在笔者供职的法院，一般做法和要求是，将正本送达给各方当事人及其诉讼代理人各一份；当事人上诉的，打印五份正本随卷移送至第二审人民法院。归档时，原本入副卷，正卷中入一份正本，卷底再入三份正本。

裁判文书是法官的门面，撰写文书是法官的必备技能，也是法官最重要的工作内容之一。在司法体制改革后，一般按照1∶1∶1配置审判团队，初步拟定裁判文书属于法官助理的工作范畴，一定程度上减轻了法官的负担，亦有利于法官助理成长。在拟定裁判文书时，法官助理应当加强与法官之间的沟通，准确把握法官的裁判思路，法官也要加强对法官助理的指导，发现问题及时修正。同时，还要增强责任意识，“让审理者裁判，让裁判者负责”，法官绝不能将裁判文书的制作完全视为法官助理的工作而放任不管，法官助理只是辅助法官开展各项审判活动，法官才是案件的第一责任主体。无论是法官助理，还是法官，都应当怀着对法律的敬仰，对人民群众负责的良善之心，依法裁判，认真撰写文书，让人民群众在每一个司法案件中都感受到公平正义，在每一份裁判文书中都能感受到裁判者的真诚与温度。

【例文】

北京市第三中级人民法院

行政判决书

（2020）京03行初00号

原告李某某，男，1996年××月××日出生，汉族，户籍地湖南省常宁市清源镇×村第×村民小组×号。

被告中华人民共和国司法部，住所地北京市朝阳区朝阳门南大街×号。

法定代表人唐某某，部长。

委托代理人廉某某，男，中华人民共和国司法部法律职业资格管理局干部。

委托代理人张某某，北京市××律师事务所律师。

原告李某某因不服被告中华人民共和国司法部（以下简称司法部）政府信息公开告知行为，并要求对规范性文件进行附带审查，向本院提起行政诉讼。本院受理后，向被告司法部送达了起诉状副本及应诉通知书。本院依法组成合议庭，于2020年3月25日公开开庭审理了本案。原告李某某，被告司法部的委托代理人廉某某、张某某到庭参加诉讼。本案现已审理终结。

被告司法部于2019年11月4日作出〔2019〕000号《政府信息公开告知书》（以下简称被诉告知书），主要内容为："李某某：你于2019年9月7日向我部提交的政府信息公开申请，我部于9月9日收悉。根据《政府信息公开条例》第十七条第二款规定，我部对你申请公开的信息进行审查，此信息属于《国家司法考试保密工作规定》（司发通〔2008〕142号）第四条第三款规定的情形，即国家司法考试结束后尚未公布的试题试卷、应试人员的考试成绩及其他相关情况数据属于工作秘密，未经司法部批准不得公开。为适应国家统一法律职业资格考试工作需要，2019年5月24日发布的《中华人民共和国司法部公告》（第5号）明确，2019年国家统一法律职业资格考试不公布试题及参考答案，国家统一法律职业资格考试组织实施相关规定出台前可参照适用原国家司法考试相关规定。因此，根据《政府信息公开条例》第三十六条第（三）项规定，对你申请的信息，不予公开。如你不服本告知行为，可以在收到本告知书之日起60日内依法向司法部申请行政复议，或者在6个月内向北京市第三中级人民法院提起行政诉讼。特此告知。"

原告李某某诉称，原告于2019年9月7日向被告邮寄了一份《请司法部公开2019年法律职业资格考试真题及答案的申请》的政府信息公开申请书，被告于9月8日收到了该邮寄文件，并于2019年11月4日以工作秘密为由拒绝向原告公开该政府信息，现原告不服被诉告知书，认为不公开该政府信息违反了《中华人民共和国政府信息公开条例》（以下简称《政府信息公开条例》）第二十条第（五）项。综上，请求法院判决撤销被诉告知书；判令被告不公开国家统一法律职业资格考试真题及答案违法；附带审查《国家司法考试保密工作规定》（司发通〔2008〕142号）第四条第三款及《2019年国家统一法律职业资格考试公告》［为《中华人民共和国司法部公告》（第5号）］第六条第（三）项的合法性。

原告李某某向本院提交了下列证据：

1. 原告李某某的身份证复印件，证明李某某的身份及李某某是适格原告，李某某申请过本次信息公开；

2. 被诉告知书，证明司法部是本次行政诉讼的适格被告；

3.《请司法部公开2019年法律职业资格考试真题及答案的申请》，证明本次政府信息公开行政诉讼的起因以及司法部应当公开真题及答案的理由。

被告司法部辩称，(1) 被诉告知书程序合法。2019年9月8日，被告收到原告通过邮寄方式提交的《请司法部公开2019年法律职业资格考试真题及答案的申请》，10月8日向原告作出《延期答复告知书》并于当日邮寄发出。11月4日向原告作出被诉告知书并于当日邮寄发出。上述信息公开答复程序符合《政府信息公开条例》第三十三条第二款的规定。(2) 被诉告知书内容适当，适用依据正确。经审查，原告申请公开的2019年国家统一法律职业资格考试真题以及答案信息，属于《国家司法考试保密工作规定》第四条第三款及《2019年国家统一法律职业资格考试公告》第六条第（三）项、第（四）项规定的情形，被告依据《政府信息公开条例》第三十六条第（三）项规定作出被诉告知书，答复原告对其申请公开的信息不予公开并予以释明，并无不当。(3) 对原告附带审查请求的答辩意见。根据《中华人民共和国法官法》第五十一条、《中华人民共和国检察官法》第五十四条等规定，被告作为国务院司法行政部门有权会同最高人民法院、最高人民检察院制定司法考试相关管理办法。据此，被告先后制定《国家司法考试实施办法》（司发〔2008〕11号）、《国家统一法律职业资格考试实施办法》（司法部令第140号）。《国家司法考试保密工作规定》《2019年国家统一法律职业资格考试公告》是依据上述规定制定的规范性文件，依据合法。《2019年国家统一法律职业资格考试公告》第六条第（三）项关于不公布2019年国家统一法律职业资格考试试题及参考答案的规定是基于法律职业资格考试计算机化考试的新变化及为提高考试题库数量的实际需要作出的规定。应试人员如对其考试成绩有异议，可自考试成绩公布后15日内向其报名地的司法行政机关提出分数核查申请，此规定亦未限缩原告对其考试成绩不服的救济权利。综上，请求法院依法驳回原告诉讼请求。

被告司法部在法定举证期限内向本院提交了如下证据及依据，其中证据为：

1.《请司法部公开2019年法律职业资格考试真题及答案的申请》及邮寄凭证；

2.《延期答复告知书》及邮寄凭证；

3. 被诉告知书及邮寄凭证。

以上证据共同证明被诉告知书程序合法、内容适当，依据正确。

依据为：(1)《政府信息公开条例》相关条款；(2)《国家司法考试保密工作规定》；(3)《2019年国家统一法律职业资格考试公告》。

经庭审质证，本院对以上证据认证如下：

原告李某某提交的证据2. 及被告司法部提交的证据3. 中的被诉告知书系被诉行政行为，不能作为证据使用，原告李某某及被告司法部提交的其他证据真实、合法，与本案有关联，能够证明李某某提出政府信息公开申请、司法部作出被诉告知书的过程，本院予以采纳。

经审理查明，2019年9月7日，李某某通过邮寄的方式向司法部提交《请司法部公开2019年法律职业资格考试真题及答案的申请》，司法部于2019年9月8日收到。2019年10月8日，司法部向李某某作出《延期答复告知书》，告知李某某对其提出的政府信息公开申请需延期20天答复。当日，司法部向李某某邮寄《延期答复告知书》，李某某于2019年10月9日签收。经审查，司法部于2019年11月4日作出被诉告知书，告知李某某对其申请的信息，不予公开。司法部于当日向李某某邮寄被诉告知书，李某某于2019年11月7日签收。李某某不服被诉告知书，向本院提起行政诉讼。

本院认为，根据《政府信息公开条例》第四条及《国家统一法律职业资格考试实施办法》第六条之规定，司法部作为负责实施国家统一法律职业资格考试的国务院司法行政部门，依法具有处理国家统一法律职业资格考试相关考试考务工作的政府信息公开申请并作出相应答复的法定职权。

《中华人民共和国行政诉讼法》第五十三条规定，公民、法人或者其他组织认为行政行为所依据的国务院部门和地方人民政府及其部门制定的规范性文件不合法，在对行政行为提起诉讼时，可以一并请求对该规范性文件进行审查。前款规定的规范性文件不含规章。本案中，从效力层级讲，《国家司法考试保密工作规定》《2019年国家统一法律职业资格考试公告》均属于规范性文件，且《国家司法考试保密工作规定》第四条第三款、《2019年国家统一法律职业资格考试公告》第六条第（三）项均是司法部作出被诉告知书的依据，故上述条款可以成为本案的附带审查对象。据此，根据李某某的诉讼请求，本案主要对三个方面进行审查：(1)《国家司法考试保密工作规定》第四条第三款的合法性；(2)《2019年国家统一法律职业资格考试公告》第六条第（三）项的合法性；(3)被诉告知书的合法性，即司法部不予公开国家统一法律职业资格考试真题及参考答案是否合法。

一、关于《国家司法考试保密工作规定》第四条第三款的合法性

《国家司法考试保密工作规定》第四条第三款规定，国家司法考试结束后未公布的试题试卷、标准答案、应试人员的考试成绩及其他有关情况、数据，属于工作秘密，未经司法部批准不得公开。《国家司法考试保密工作规定》是司法部会同国家保密局依据《中华人民共和国保守国家秘密法》（修订前，以下简称《保守国家秘密法》）及其实施办法和最高人民法院、最高人民检察院、司法部制定的《国家司法考试实施办法》的有关规定制定。根据《保守国家秘密法》第五条"国家保密行政管理部门主管全国的保密工作，县级以上地方各级保密行政管理部门主管本行政区域的保密工作"及第六条第二款"中央国家机关在其职权范围内，管理或者指导本系统的保密工作"的规定，司法部作为主管全国司法行政工作的中央国家机关，在其职权范围内管理或者指导本系统的保密工作，监督执行保密法律法规，可以根据实际情况制定或者会同有关部门制定主管业务方面的保密规定。因此，为了加强国家司法考试保密工作，司法部会同主管全国保密工作的国家保密行政管理部门——国家保密局制定《国家司法考试保密工作规定》具有相应的制定权限，制定目的合法。《国家司法考试保密工作规定》第四条第三款确定有关国家司法考试的工作秘密事项，并明确未经司法部批准不得公开，现无证据显示该条款违反《保守国家秘密法》、制定当时有效的《中华人民共和国保守国家秘密法实施办法》（已废止）及现行有效的《中华人民共和国保守国家秘密法实施条例》等上位法规定，也不存在与上位法相比较限缩行政相对人权利等情况，与同为规范性文件的《国家司法考试实施办法》亦不冲突，且起草、审议、决定等制定过程及公开发布程序无违法之处，因此，可以作为认定行政行为合法性的依据。另，2019年国家统一法律职业资格考试的试题及参考答案不属于《政府信息公开条例》第二十条第（五）项规定的办理行政许可和其他对外管理服务事项的依据、条件、程序以及办理结果，因此，李某某以《国家司法考试保密工作规定》第四条第三款与《政府信息公开条例》第二十条第（五）项相冲突、制定主体不包括最高人民法院及最高人民检察院等为由，主张该条款规定违法，缺乏事实根据和法律依据，本院不予支持。

二、关于《2019年国家统一法律职业资格考试公告》第六条第（三）项的合法性

《2019年国家统一法律职业资格考试公告》第六条第（三）项规定，2019年国家统一法律职业资格考试不公布试题及参考答案。主观题考试成绩公布后，应试人员如对考试成绩有异议的，可自考试成绩公布之日起15日内，向报名地司法行政机关提出分数核查的书面申请。《2019年国家统一法律职业资格考试公告》是司法部根据《国家统一法律职业资格考试实施办法》等有关规定，就2019年国家统一法律职业资格考试的报名条件，客观题考试，主观题考试，香港、澳门和台湾居民报考事宜，资格审核授予，具体考试时间和相关安排等事项向社会进行的公告。作为负责实施国家统一法律职业资格考试的国务院司法行政部门，司法部具有制定和发布《2019年国家统一法律职业资格考试公告》的职责和权限。《国家统一法律职业资格考试实施办法》第八条规定，负责考试组织实施的司法行政机关及其考试工作人员应当严格遵守国家保密法律法规的规定，加强国家统一法律职业资格考试保密管理。《国家司法考试保密工作规定》第四条第三款亦明确，国家司法考试结束后未公布的试题试卷、标准答案、应试人员的考试成绩及其他有关情况、数据等工作秘密事项是否公开的批准决定权在司法部。司法部通过《2019年国家统一法律职业资格考试公告》第六条第（三）项规定向社会公布不批准公开2019年国家统一法律职业资格考试的试题及参考答案，同时告知对考试成绩不服的救济途径和方式，属于依法对其行政职权的正当行使，现无证据显示上述内容违反上位法规定，也不存在与上位法相比较限缩行政相对人权利等情况，与《国家司法考试保密工作规定》第四条第三款规定亦前后承接，且起草、审议、决定等制定过程、公开发布程序无违法之处，因此，可以作为认定行政行为合法性的依据。李某某以《2019年国家统一法律职业资格考试公告》第六条第（三）项的制定主体不包括最高人民法院、最高人民检察院及侵犯考生知情权等为由主张该项规定违法，缺乏相关依据，本院无法予以支持。

三、关于被诉告知书的合法性即司法部不予公开国家统一法律职业资格考试真题及答案是否合法

根据《政府信息公开条例》第十七条规定，行政机关应当建立健全政府信息公开审查机制，明确审查的程序和责任。行政机关应当依照《保守国家秘密法》以及其他法律、法规和国家有关规定对拟公开的政府信息进行审查。行政机关不能确定政府信息是否可以公开的，应当依照法律、法规和国家有关规定报有关主管部门或者保密行政管理部门确定。也就是说，对于涉及保密审查的政府信息，有关主管部门或者保密行政管理部门有权依法确定是否可以公

开。同时，《政府信息公开条例》第三十六条第（三）项规定，对政府信息公开申请，行政机关根据下列情况分别作出答复，行政机关依据本条例的规定决定不予公开的，告知申请人不予公开并说明理由。本案中，李某某向司法部申请公开2019年法律职业资格考试真题及答案，司法部认可在履行组织实施2019年国家统一法律职业资格考试的行政职责过程中，制作了李某某申请公开的上述政府信息。但是，为了加强国家司法考试保密工作，司法部作为当时国家司法考试的主管部门会同国家保密行政管理部门即国家保密局于2008年通过制定规范性文件《国家司法考试保密工作规定》，明确了国家司法考试结束后未公布的试题试卷、标准答案属于工作秘密，未经司法部批准不得公开。而根据《2019年国家统一法律职业资格考试公告》第六条第（四）项，国家统一法律职业资格考试组织实施相关规定出台前，适用原国家司法考试相关规定。据此，2019年国家统一法律职业资格考试真题及答案是否公开的批准决定权在司法部。而《2019年国家统一法律职业资格考试公告》第六条第（三）项明确，2019年国家统一法律职业资格考试不公布试题及参考答案，这是司法部通过发布公告向社会公布，对于2019年国家统一法律职业资格考试，不批准公布试题及参考答案。这也符合《政府信息公开条例》第十七条有关保密审查及有权机关依法决定是否公开的规定。因此，针对2019年9月7日李某某提交的政府信息公开申请，司法部经审查，根据《国家司法考试保密工作规定》第四条第三款及《2019年国家统一法律职业资格考试公告》决定不予公开，并依据《政府信息公开条例》第三十六条第（三）项规定作出被诉告知书，事实清楚，依据充分，且履行了告知和说明理由的义务。司法部作出被诉告知书的过程符合《政府信息公开条例》关于答复期限和程序的相关规定，程序合法。

综上，李某某的诉讼请求缺乏事实根据和法律依据，本院不予支持。根据《中华人民共和国行政诉讼法》第六十九条之规定，判决如下：

驳回原告李某某的全部诉讼请求。

案件受理费50元，由原告李某某负担（已交纳）。

如不服本判决，可以在判决书送达之日起十五日内向本院递交上诉状，并按对方当事人的人数提出副本，上诉于北京市高级人民法院。

审　判　长　董　某
审　判　员　胡某某
审　判　员　王　某
二〇二〇年四月二十三日
（院印）

本件与原本核对无异

法官助理　任某某

法官助理　武某某

书 记 员　刘某某

书 记 员　赵某某

项目五　行政上诉状

【文书格式】

行政上诉状

上诉人×××，……（写明姓名或名称等基本情况）。

被上诉人×××，……（写明姓名或名称等基本情况）。

上诉人×××因……（写明案由）一案，不服××××人民法院××××年××月××日作出的（××××）×行初××号（判决或裁定），现提出上诉。

上诉请求：

……（写明具体的上诉请求）。

上诉理由：

……（写明不服原审判决和裁定的事实及理由）。

此致

××××人民法院

上诉人：×××（签字或者盖章）

××××年××月××日

附：上诉状副本××份。

【行政上诉状写作谈】①

行政上诉状是行政诉讼当事人不服地方各级人民法院第一审行政判决或裁定，在法定的上诉期限内，向上一级人民法院提出上诉，请求上一级人民法院重新审判的行政诉讼法律文书。写作主体是不服一审裁判的行政诉讼当事人，写作受体是一审人民法院的上一级人民法院和其他各方当事人，写作主旨是请

① 本文由董巍法官撰稿。

求上一级人民法院对本案重新审理和认定。

行政上诉权是行政诉讼当事人依法享有的一项重要诉讼权利，行政上诉状就是其行使上诉权的书面载体。同时，行政上诉状又是启动行政诉讼二审程序的工具，是二审法院进行审理的基础。参照《民诉法解释》第 318 条的规定，行政上诉亦应采取书面主义，上诉人应在法定期限内递交上诉状，上诉状的内容和形式均应符合要求。《行政诉讼法》第 85 条①和《行诉法解释》第 108 条第 1 款②对行政上诉状的写作和使用作出了规定。

本文书分为首部、正文和尾部。

一、首部

首部包括标题、当事人基本情况、案由和上诉情况。下面主要介绍当事人基本情况、案由和上诉情况。

（一）当事人基本情况

进入二审程序的当事人与一审程序基本相同，只是诉讼地位发生了变化。这部分内容的写作关键在于依法正确列明当事人的诉讼地位。

1. 上诉人

上诉人是不服第一审行政判决和裁定依法行使上诉权的当事人。依据提起上诉的对象不同，上诉人分为两类：第一类是认为一审行政判决在认定事实、适用法律或法定程序等方面存在问题而提起上诉的当事人，此类上诉人包括原告、被告和一审判决承担义务或者减损权益的一审第三人；第二类是对不予立案、驳回起诉、管辖异议的行政裁定不服而提起上诉的当事人，因一审裁定只涉及影响当事人诉权的程序性问题，案件尚未进入实体审理，故此类上诉人一般指的是原告。

有权提起上诉的公民如果在上诉期间死亡，其权利义务的继承人可以提起上诉。有权提起上诉的法人或者其他组织终止，承受其权利的法人或者其他组织可以提起上诉。公民无行为能力、限制行为能力的，由其法定代理人行使上诉权，委托代理人必须经过当事人的特别授权，才能代行上诉权。

---

①《行政诉讼法》第 85 条规定，当事人不服人民法院第一审判决的，有权在判决书送达之日起 15 日内向上一级人民法院提起上诉。当事人不服人民法院第一审裁定的，有权在裁定书送达之日起 10 日内向上一级人民法院提起上诉。逾期不提起上诉的，人民法院的第一审判决或者裁定发生法律效力。

②《行诉法解释》第 108 条第 1 款规定，当事人提出上诉，应当按照其他当事人或者诉讼代表人的人数提出上诉状副本。

2. 被上诉人和原审其他当事人

当事人中的一人或者一部分提起上诉，没有提起上诉的利益相对的当事人为被上诉人。除了上诉人及利益相对的被上诉人之外，原审其他当事人应当按照原审诉讼地位列明。

关于被上诉人及原审其他当事人诉讼地位的确定，要特别注意以下三种情况：

（1）必要共同诉讼人的一人或者一部分人提起上诉时，对方当事人的确定。根据《行政诉讼法》第27条的规定，必要共同诉讼是因同一行政行为发生且当事人一方或者双方为两人以上，对同一行政行为是否合法发生争议。共同原告或者共同被告具有共同的权利义务。例如，行政机关的一个行政行为针对两人以上作出，一人不服作为原告提起诉讼的，未提起诉讼的其他人作为第三人参加到行政诉讼中。如果原告不服一审裁判提起上诉，被上诉人系原审被告，原审第三人按照原审诉讼地位列明；如果一审法院判决第三人承担义务或者减损第三人权益，仅第三人提起上诉的，被上诉人系原审被告，原审原告按照原审诉讼地位列明。

（2）一审案件存在与争议的行政行为或案件处理结果有利害关系的第三人，且非第一种情况所述必要共同诉讼人的情况下，当事人诉讼地位的确定。《行政诉讼法》第29条[①]对行政诉讼第三人进行了界定，并明确了第三人参加诉讼方式及有权提起上诉的情形。在行政诉讼实践中，大量案件存在一审第三人，有申请参加诉讼的，但更多的是由人民法院通知参加诉讼。在一审法院作出裁定的情况下，第三人并无上诉权。如果一审法院未判决第三人承担义务或减损其权益，第三人无上诉权。此时，如果一审原告上诉，一审被告为被上诉人；一审被告上诉，一审原告为被上诉人。需要注意的是，一审第三人的诉讼地位，若一审第三人与上诉人的利益相对，也应列为被上诉人，否则列明原审诉讼地位即可。如果一审法院判决第三人承担义务或减损其权益，第三人享有上诉权。第三人单独提起上诉的情况下，一审原告或被告并不当然是被上诉人，需要结合案件情况及一审判决的内容，分析各方当事人的利益系一致抑或相对，在此基础上列明一审原被告在二审的诉讼地位。

（3）两方及以上当事人提起上诉的情况。两方及以上当事人提起上诉的，均为上诉人。如果存在未提起上诉的当事人，仍然需要分析其与上诉人的利益

---

① 《行政诉讼法》第29条规定，公民、法人或者其他组织同被诉行政行为有利害关系但没有提起诉讼，或者同案件处理结果有利害关系的，可以作为第三人申请参加诉讼，或者由人民法院通知参加诉讼。人民法院判决第三人承担义务或者减损第三人权益的，第三人有权依法提起上诉。

关系，只要与其中一方上诉人的利益相对，即可列为被上诉人。

（二）案由和上诉情况

由于一审法院已经作出裁判，上诉状中的案由原则上按照一审裁判确定的案由。如果上诉人认为一审裁判对案由的界定错误，可以申请更改案由。这部分内容通常表述为：上诉人×××因……（写明案由）一案，不服××××人民法院××××年××月××日作出的（××××）×行初××号（判决或裁定），现提出上诉。

二、正文

正文包括上诉请求、事实和理由两部分。

（一）上诉请求

上诉请求是上诉人对一审裁判的意见及请求二审法院处理或改变一审裁判内容的具体要求。民事诉讼中，第二审人民法院围绕当事人的上诉请求进行审理，当事人没有提出请求的，不予审理。根据《行政诉讼法》第 87 条的规定，行政诉讼中二审人民法院审理上诉案件则实行全面审查，即二审法院应当对一审裁判和被诉行政行为进行全面审查，不受上诉请求范围的限制。但是，这并不意味着可以忽视或随意确定行政诉讼的上诉请求，相反，基于行政诉讼法律文书更强的规范性，行政诉讼上诉请求的确定应更加规范、准确。上诉请求的表述因行政诉讼一审裁判方式的不同而有所区别。

1. 针对行政判决的上诉请求

根据《行政诉讼法》第 89 条及《行诉法解释》第 123 条①第（1）项的规定，上诉请求的表述分为以下几种：

（1）认为原判决认定事实错误或者适用法律、法规错误或者认定事实、适用法律、法规均错误的。这里的认定事实包括对证据和事实的认定，适用法律、法规包括法律、法规性质、种类、具体条文的适用。此时，上诉请求表述为：

① 请求撤销一审判决……（也可以请求部分撤销一审判决或者在认可一审判决结果情况下，不写该项上诉请求）。

② 依法改判……（这里需写明具体的改判请求。可以直接表述为改判支持上诉人的一审诉讼请求；也可以表述为改判撤销行政机关作出的某行政行为

① 《行诉法解释》第 123 条规定，人民法院审理二审案件和再审案件，对原审法院立案、不予立案或者驳回起诉错误的，应当分别情况作如下处理：（1）第一审人民法院作出实体判决后，第二审人民法院认为不应当立案的，在撤销第一审人民法院判决的同时，可以径行驳回起诉……

或者复议机关作出的某复议决定，亦可同时请求改判重作；或者表述为改判变更行政机关作出的某行政行为或者复议机关作出的某复议决定；或者表述为改判确认行政机关作出的某行政行为或者复议机关作出的某复议决定违法；或者表述为改判确认行政机关作出的某行政行为无效；或者表述为改判行政机关履行特定法定职责或者给付义务；或者改判驳回一审原告的诉讼请求；或者在认可一审判决结果、不请求撤销一审判决的前提下，表述为改判变更一审判决的事实根据、法律依据等某部分内容)。

③ 一审、二审的诉讼费由被上诉人承担。

（2）认为原判决认定基本事实不清、证据不足的。这里强调的是一审判决对于法律关系的基础尚未查明，认定基本事实不清，需要作进一步调查核实，其缺陷程度要高于“认定事实错误”。此时，如果上诉人认为直接改判可能造成审级利益受到损害，可以请求二审法院发回重审，上诉请求表述为：

① 请求裁定撤销一审判决，发回原审法院重审；

② 一审、二审的诉讼费由被上诉人承担。

如果上诉人希望减轻诉累，并且认为二审法院可以查明基本事实的，可以请求二审法院依法改判，上诉请求表述为：

① 请求撤销一审判决；

② 请求查清事实后改判…… [可以参照第（1）种情形的表述方式，在此不再赘述]；

③ 一审、二审的诉讼费由被上诉人承担。

（3）原判决遗漏必须参加诉讼的当事人、诉讼请求或者存在违法缺席判决等严重违反法定程序的。这些瑕疵实际上剥夺了当事人的诉讼权利，如果不发回重审，被遗漏的当事人或者诉讼请求就没有上诉的机会了，与两审终审制相背离，因此，应当否定一审法院的裁判。上诉请求应表述为：

① 请求裁定撤销一审判决，发回原审法院重审；

② 一审、二审的诉讼费由被上诉人承担。

（4）一审法院作出一审判决后，上诉人认为一审原告不符合法定起诉条件的。此时，一审被告或与一审原告利益相对的、一审法院判决承担义务或者减损权益的第三人可以提起上诉，上诉请求可以表述为：

① 请求裁定撤销一审判决；

② 请求裁定驳回一审原告的起诉；

③ 一审、二审的诉讼费由被上诉人承担。

2. 针对行政裁定的上诉请求

根据《行诉法解释》第109条第1款①的规定，一审原告认为其立案或起诉符合法定条件，不予立案或驳回起诉的一审裁定有错误而提起上诉的，上诉请求表述为：

① 请求裁定撤销一审裁定；

② 指令一审法院依法立案或继续审理本案。

因行政诉讼裁定不收取诉讼费用，故上诉请求无须涉及诉讼费的承担问题。

（二）事实和理由

事实和理由部分是对上诉请求的具体阐释。它是对一审行政裁判文书进行的反驳，阐述一审裁判存在的不当或错误之处，以此论证上诉请求的正当合法。对这部分内容的写作，并没有硬性的规定和要求，写作主体可以根据不同裁判方式、不同案件类型、不同诉求进行有针对性的构思与写作，但应力求层次分明，逻辑严谨，切忌杂乱无章，杜绝出现对行政机关或一审法院、法官的侮辱、谩骂、攻击之辞。

1. 针对判决上诉的事实和理由

（1）针对一审判决认定事实上诉。事实清楚是一审法院对案件相关事实的认定应当达到的标准。事实清楚具体是指，当事人之间的行政法律关系清晰，关于被诉行政行为是否合法、是否存在明显不当情形以及被告是否依法正确、全面、及时履行法定职责或给付义务等主要证据事实完整，具有法定证明力。而上述事实主要是通过证据材料、庭审材料予以证明并经人民法院审查确认。如果上诉人认为一审法院对案件相关事实的认定没有达到这一标准，可以对具体的事实和理由予以论述。

具体来讲，作为类的一审判决案件，因一审判决系从认定事实、适用法律法规、执法程序、法定职权等方面对被诉行政行为是否合法或明显不当进行审查，因此，一审判决对于上述四个方面的审查确认都是其事实认定的一部分。上诉人可以但不限于从以下几方面确定上诉理由：

① 一审法院认定被告具有作出被诉行政行为的法定职权是否正确，是否存在超越部门、层级、地域管辖权等超越职权的情况，是否存在滥用职权的情况。

① 《行诉法解释》第109条第1款规定，第二审人民法院经审理认为原审人民法院不予立案或者驳回起诉的裁定确有错误且当事人的起诉符合起诉条件的，应当裁定撤销原审人民法院的裁定，指令原审人民法院依法立案或者继续审理。

② 被诉行政行为有关行为定性和处理结果、责任主体的认定或其他有关行政相对人权利义务的事实是否清楚，证据是否确实充分，被诉行政行为认定多个事实的，是否均有证据加以证实。

③ 被诉行政行为适用法律规范的性质是否正确，是否存在应当适用A法却适用B法的情况；适用法律规范的条款项目是否准确；适用的法律规范是否合法有效，是否适用了没有效力的法律规范，如适用了已经失效、尚未生效或本身就不具有法律效力的法律规范；是否适用了与上位法相抵触的法律规范等。

④ 被诉行政行为是否存在违反法定程序的情况，如遗漏法定步骤、颠倒法定顺序、违反法定形式或方式、超过法定期限等。

⑤ 被诉行政行为是否明显不当，即虽然不违反法律、法规等强制性规定，但违背立法目的和精神，不适当地损害了社会和他人利益等。

对于不作为类的一审判决案件，一审判决系从被告是否具有法定职责或给付义务，原告申请履行法定职责或给付义务的内容，被告是否依法正确、全面、及时履行法定职责或给付义务等方面判断被告是否存在行政不作为。因此，上诉人可以但不限于从以下几个方面确定上诉理由：

① 一审法院认定被告具有法定职责或给付义务是否正确，是否存在因行政机关机构设置或职权划分发生变化导致被告不具有法定职责或给付义务的情况；

② 一审法院认定被告收到原告的履行法定职责或给付义务申请是否正确，一审法院对于原告申请内容的认定是否准确；

③ 一审法院认定被告已经正确、全面、及时履行法定职责或给付义务是否正确，被告是否存在部分履行、拖延履行、不适当履行等情况；

④ 一审法院认定被告履行法定职责或给付义务的条件尚不成就是否正确，被告不履行法定职责或给付义务是否有相应的法律依据等。

（2）针对适用法律、法规上诉。针对适用法律、法规上诉，主要针对一审法院的裁判依据展开，具体是指一审判决所适用的法律、法规性质、种类或具体条文是否正确，包括对行政行为进行定性和评判的条文以及所适用的判决种类条文。例如，一审法院适用《行政诉讼法》第70条判决撤销或者部分撤销被诉行政行为适用的具体项是否正确，是否应同时判决被告重新作出行政行为；一审法院是否正确区分和适用了撤销判决和确认违法判决［《行政诉讼法》第70条、第74条第2款第（1）项］；是否正确区分和适用了履行判决和一般给付判决（《行政诉讼法》第72条和第73条）；针对行政行为程序违法等情况，一审法院是否正确区分和适用了《行政诉讼法》第74条第1款第

(2) 项和第 70 条第（3）项；等等。

(3) 针对法定程序上诉。法定程序，主要是阐述上诉人认为一审法院在案件审理过程中出现的各种严重违反法定程序、剥夺了当事人诉讼权利的情形，如审判组织的组成不合法、应当回避的审判人员未回避、违法剥夺当事人辩论权利等法定诉讼权利、违法缺席判决、遗漏诉讼请求或应当参加诉讼的当事人等。程序公正并不必然导致实体公正，但可在极大程度上保障实体公正，如果上诉人认为一审程序不公正或错误，且足以否定一审法院的裁判，可以将程序违法作为提起上诉的理由。

2. 针对裁定上诉的事实和理由

一审法院作出行政裁定的案件，案件均未进入实体审理，因此，上诉人提起上诉的事实和理由应围绕一审法院不予立案或裁定驳回起诉的理由展开。有的涉及认定事实的问题，如一审裁定认为原告与被诉行政行为没有利害关系、构成重复起诉、认为原告的起诉超过法定期限且无正当理由等；有的涉及法律适用的问题，如一审裁定适用 6 个月的起诉期限裁定驳回原告的起诉，上诉人认为应适用 5 年的最长起诉期限等，当然，与行政判决一样，也可能涉及一审审判程序是否合法的问题。

三、尾部

尾部包括写作受体、上诉人签名盖章、文书制作时间、上诉状副本数等。

四、注意事项

（一）上诉请求原则上不能超出一审诉讼请求的范围

虽然行政诉讼的二审程序系全面审查，不受上诉请求的限制，但基于审级制度及保障当事人的诉讼权利，上诉人的上诉请求原则上不能超过一审诉讼请求的范围，如果上诉人坚持主张，超出的上诉请求亦不属于二审法院的审查范围。

（二）在法定期限内依照法定途径制作和提交上诉状

上诉权必须及时行使，上诉状必须在法定期限内提出。对行政判决不服的上诉期限是 15 日，对行政裁定不服的上诉期限是 10 日。上诉期限以每个享有上诉权的当事人各自收到裁判文书的时间分别计算，任何一方均可在自己的上诉期内上诉，只有在所有享有上诉权的当事人上诉期限届满都没有上诉的情况下，一审裁判才发生法律效力。尽管法律并未禁止当事人直接向二审法院提交上诉状，但是，从方便当事人上诉，减少案件流转时间的角度，当事人应当向原审人民法院递交上诉状。

【例文】

行政上诉状

上诉人（一审原告）百事（中国）有限公司北京分公司，住所地北京市朝阳区永安东里×号×层×室。

负责人郃某某，副总裁。

被上诉人（一审被告）北京市朝阳区人力资源和社会保障局，住所地北京市朝阳区大柳树甲×号。

法定代表人牟某某，局长。

被上诉人（一审被告）北京市人力资源和社会保障局，住所地北京市西城区永定门西街×号。

法定代表人张某某，局长。

被上诉人（一审第三人）高某某，男，1967年××月××日出生，汉族，住北京市丰台区方庄×园×区×号楼×室。

上诉人百事（中国）有限公司北京分公司因工伤认定决定及行政复议决定一案，不服北京市朝阳区人民法院2021年12月17日作出的（2021）京0105行初608号《行政判决书》，现提出上诉。

上诉请求：

1. 请求撤销北京市朝阳区人民法院2021年12月17日作出的（2021）京0105行初608号《行政判决书》；

2. 依法改判撤销北京市朝阳区人力资源和社会保障局于2021年3月16日作出的京朝人社工伤认（1050T0287×××）号《认定工伤决定书》；

3. 依法改判撤销北京市人力资源和社会保障局于2021年7月10日作出的京人社复决字（2021）×号《复议决定书》。

4. 一审、二审诉讼费由被上诉人承担。

事实和理由：

一、事实认定的错误

一审法院在本案关键事实认定方面存在以下错误。首先，关于高某某受伤原因问题，京朝人社工伤认（1050T0287×××）号《认定工伤决定书》描述“我局经查高某某的就医报销记录，高某某在受伤之前并无因肩、肘就医的记录”，但在一审程序中，北京市朝阳区人力资源和社会保障局无法提供高某某的就医报销记录，且不能确认是否进行过调查。高某某在与上诉人的沟通过程中，一直以“右肘关节病”作为申请工伤的理由，且在诊断证明书中陈述

“由于工作原因，我患上右肘、右肩扭挫伤，长期使用电脑鼠标时复发”，在给上诉人人事部的电子邮件中声称“10月底就患上了严重的右肘关节病”，与高某某申请工伤时自称因交通事故受伤前后矛盾，一审法院对此前后矛盾的陈述不予深究，不予调查，属认定事实不清。其次，关于高某某的受伤部位问题，一审判决对于高某某受伤部位的认定违反基本物理原理，右肘右肩受伤是因倒地造成，非车门所撞，发生碰撞时是肇事车辆左前门接触高某某，倒地部位应是身体左边部分。

二、违反法律程序

上诉人及律师没有能力向相关机构调取证据，依法向一审法院提出书面调查取证申请，希望查明北京市朝阳区人力资源和社会保障局未查明的事实，一审法院却以缺乏关联性为由予以驳回。尽管上诉人申请复议，一审法院仍坚持己见，拒绝调取。一审法院拒绝履行法定调查职责违反了《行政诉讼法》的相关规定。

三、其他上诉理由

其他上诉理由包括证明下班时间的电文证据的形式缺陷、高某某对于下班回家路线的陈述前后矛盾、高某某申报工伤的时间违背常理（不是事故发生后，而是被开除后，另有目的）。

综上，上诉人请求二审法院撤销一审判决，依法改判撤销被诉认定工伤决定及被诉复议决定。

此致

北京市第三中级人民法院

上诉人：百事（中国）有限公司北京分公司

二〇二一年十二月二十七日

（公章）

附：上诉状副本3份。

项目六　二审行政判决书（维持原判或改判用）

【文书格式】

××××人民法院

行政判决书

（二审维持原判或改判用）

（××××）×行终××号

上诉人（原审×告）×××，……（写明姓名或名称等基本情况）。

被上诉人（原审×告）×××，……（写明姓名或名称等基本情况）。

（当事人及其他诉讼参加人的列项和基本情况的写法，除当事人的称谓外，与一审行政判决书样式相同。）

上诉人×××因……（写明案由）一案，不服××××人民法院（××××）×行初××号行政判决，向本院提起上诉。本院依法组成合议庭，公开（或不公开）开庭审理了本案。……（写明到庭的当事人、诉讼代理人等）到庭参加诉讼。本案现已审理终结。（未开庭的，写“本院依法组成合议庭，对本案进行了审理，现已审理终结”）。

……（概括写明原审认定的事实、理由和判决结果，简述上诉人的上诉请求及其主要理由和被上诉人的主要答辩的内容及原审第三人的陈述意见）。

……（当事人二审期间提出新证据的，写明二审是否采纳以及质证情况，并说明理由。如无新证据，本段不写）。

经审理查明，……（写明二审认定的事实和证据）。

本院认为，……（写明本院判决的理由）。依照……（写明判决依据的法律以及相关司法解释的条、款、项、目）的规定，判决如下：

……（写明判决结果）。分四种情况：

第一，维持原审判决的，写：

“驳回上诉，维持原判。”

第二，对原审判决部分维持、部分撤销的，写：

“一、维持××××人民法院（××××）×行初××号行政判决第×项，即……（写明维持的具体内容）；

二、撤销××××人民法院（××××）×行初××号行政判决第×项，即……（写明撤销的具体内容）；

三、……（写明对撤销部分作出的改判内容。如无须作出改判的此项不写）。”

第三，撤销原审判决，驳回原审原告的诉讼请求的，写：

“一、撤销××××人民法院（××××）×行初××号行政判决；

二、驳回×××（当事人姓名）的诉讼请求。”

第四，撤销原审判决，同时撤销或变更行政机关的行政行为的，写：

“一、撤销××××人民法院（××××）×行初××号行政判决；

二、撤销（或变更）××××（行政主体名称）××××年××月××日（××××）×××字第××号……（写明行政行为或者复议决定名称或其他行政行为）；

三、……（写明二审法院改判结果的内容。如无须作出改判的，此项不写）。”

……（写明诉讼费用的负担）。

本判决为终审判决。

审 判 长 ×××
审 判 员 ×××
审 判 员 ×××
××××年××月××日
（院印）

本件与原本核对无异

法官助理 ×××
书 记 员 ×××

附：本判决适用的相关法律依据。

【二审行政判决书（维持原判或改判）写作谈①】

二审行政判决书（维持原判或改判）是指第二审人民法院根据《行政诉讼法》及相关司法解释规定的二审审理程序，对当事人不服一审行政判决提起上诉的案件，依照相关法律、法规，参照规章审理终结后，就案件的实体问题作出终审处理决定（维持原判或改判）时使用的行政裁判文书。写作主体是人民法院，写作受体包括上诉人、被上诉人以及依原审地位列明的其他当事人，写作主旨是表达二审法院对一审行政判决予以维持和改判的实体处理意见。

---

① 本文由董巍法官撰稿。撰写本部分内容主要参考了最高人民法院行政审判庭编：《行政诉讼文书样式（试行）》，人民法院出版社2015年版。

作为行政诉讼裁判文书的一种，二审行政判决书是具有法律效力的权威性书面结论，是二审法院所有工作的集中展示，也是体现二审裁判结果、向社会展示文明公正司法形象的终极载体。二审行政判决书写作的直接法律依据是《行政诉讼法》第89条。①

写作二审行政判决书可以参照一审行政判决书样式和写作方法②，但也要注意上诉案件的特点。《行政诉讼法》第87条规定，人民法院审理上诉案件，应当对原审人民法院的判决、裁定和被诉行政行为进行全面审查。因此，撰写二审行政判决书既要全面呈现对一审判决和被诉行政行为合法性的审查意见，也要有效回应上诉请求、理由以及双方争议焦点问题，更要重点阐述维持原判或改判所依据的关键事实和裁判理由。

二审行政判决书分为首部、正文、尾部三部分。

一、首部

首部是二审行政判决书的起始部分，依次由法院名称、标题、案号、当事人及其诉讼代理人的基本情况、案件由来、审理经过等内容组成。每一部分内容的具体写作要求，可以参考文书样式。在此就以下几个方面予以说明和提示：

（一）上诉案件当事人诉讼地位的列明

根据《行诉法解释》第107条规定，第一审人民法院作出判决和裁定后，当事人均提起上诉的，上诉各方均为上诉人。诉讼当事人中的一部分人提出上诉，没有提出上诉的对方当事人为被上诉人，其他当事人依原审诉讼地位列明。该条规定没有涉及行政诉讼实践中，经常会出现的当事人一方或双方是多人的情况。那么如何针对案件中可能出现的各种情况，正确列明除上诉人以外

---

① 《行政诉讼法》第89条规定，人民法院审理上诉案件，按照下列情形，分别处理：（1）原判决、裁定认定事实清楚，适用法律、法规正确的，判决或者裁定驳回上诉，维持原判决、裁定；（2）原判决、裁定认定事实错误或者适用法律、法规错误的，依法改判、撤销或者变更；（3）原判决认定基本事实不清、证据不足的，发回原审人民法院重审，或者查清事实后改判；（4）原判决遗漏当事人或者违法缺席判决等严重违反法定程序的，裁定撤销原判决，发回原审人民法院重审。原审人民法院对发回重审的案件作出判决后，当事人提起上诉的，第二审人民法院不得再次发回重审。人民法院审理上诉案件，需要改变原审判决的，应当同时对被诉行政行为作出判决。

② 二审行政判决书写作除了可以参照一审行政判决书样式以外，对于行政判决书样式中没有具体要求的，也可以参考民事判决书样式和写作方法，本部分不再赘述。

的其他当事人的诉讼地位，借鉴《民诉法解释》第317条①对于必要共同诉讼人中一人或者部分人提起上诉的规定，判断上诉人以外原审其他当事人是否为被上诉人的标准在于上诉是否对其提出了权利义务分担的异议。对于上诉人在其上诉状中列明的当事人诉讼地位与该规定不符的，人民法院应当依职权确定。②

（二）案件由来

二审行政判决书的案件由来一般表述为“上诉人×××因……（写明案由）一案，不服××××人民法院（××××）×行初××号行政判决，向本院提起上诉”。这里需要注意的是案由的书写规范。行政案件案由是行政案件名称的核心组成部分，起到明确被诉对象、区分案件性质、提示法律适用、引导当事人正确行使诉讼权利等作用。《案由暂行规定》设置了三级行政案件案由：一级案由1个，即行政行为；二级案由22个，如行政处罚、行政许可、行政登记等；三级案由140个。如行政处罚中的“罚款”，优先适用三级案由，无对应的适用二级案由，仍无对应的，适用一级案由。案由依照被诉行政行为确定，遵循简洁、明确、规范、开放的原则。例如，不服行政机关作出的行政拘留处罚提起的行政诉讼，案由表述为“行政拘留”。对于立案及一审阶段确定的案由，二审法院如果发现不准确，可以重新确定。

（三）案件审理经过

根据《行政诉讼法》第86条的规定，人民法院对上诉案件，应当组成合议庭，开庭审理。经过阅卷、调查和询问当事人，对没有提出新的事实、证据或者理由，合议庭认为不需要开庭审理的，也可以不开庭审理。因此，二审法院的审理方式可分为开庭审理和不开庭审理两种。开庭审理是原则，不开庭审理是例外。审理方式是行政诉讼的核心环节之一，也是人民法院评价各方当事人诉讼行为和获取诉讼信息的重要手段。设置两种审理方式，主要是通过对上诉案件的“繁简分流”来实现审判质量和审判效率的平衡。开庭审理和不开庭审理两种方式下案件审理经过的表述有所区别。对于开庭审理的案件，应写

① 《民诉法解释》第317条规定，必要共同诉讼人的一人或者部分人提起上诉的，按下列情形分别处理：（1）上诉仅对与对方当事人之间权利义务分担有意见，不涉及其他共同诉讼人利益的，对方当事人为被上诉人，未上诉的同一方当事人依原审诉讼地位列明；（2）上诉仅对共同诉讼人之间权利义务分担有意见，不涉及对方当事人利益的，未上诉的同一方当事人为被上诉人，对方当事人依原审诉讼地位列明；（3）上诉对双方当事人之间以及共同诉讼人之间权利义务承担有意见的，未提起上诉的其他当事人均为被上诉人。

② 参见杜万华等主编：《最高人民法院民事诉讼法司法解释适用解答》，人民法院出版社2015年版，第381页。

“本院依法组成合议庭，公开（或不公开）开庭审理了本案。……（写明到庭的当事人、诉讼代理人等）到庭参加诉讼。本案现已审理终结”。对于不开庭审理的案件，仅写“本院依法组成合议庭，对本案进行了审理，现已审理终结”。

二、正文

正文部分主要包括原审认定的事实、理由和判决结果，二审认定的事实、二审判决理由和二审判决结果（主文）。可见，二审裁判兼有原审和二审认定的事实、理由和判决结果。因此，要根据案件审理情况，按照文书的样式合理安排结构和内容，避免结构臃肿，内容重复，甚至出现前后矛盾。同时，需要注意全文写作过程中人称和称谓的转化和运用，避免出现一审法院、二审法院、各方当事人及诉讼地位在两审程序中相混淆的情况。

（一）原审认定的事实、理由和判决结果

1. 被诉行政行为的内容

被诉行政行为是原告在提起诉讼过程中不服的行政行为，是当事人之间争议的对象，也是一审法院审查的中心。二审法院的审查对象包括一审法院作出的尚未发生法律效力的判决、裁定，也包括被诉行政行为。且二审法院对一审裁判实体和程序是否正确的审查需要通过审查被诉行政行为是否合法、是否明显不当，继而作出判断。因此，二审审理过程中，对被诉行政行为的审查仍然是审查的重心，无论是一审还是二审，行政判决书都需要先叙述被诉行政行为的内容，以列明和交代本案的审查对象，为整个二审行政判决书的写作确定基础和方向。

对被诉行政行为的叙述部分应注意详略得当，一般应写明认定事实、适用法律（定性依据）以及处理结果等核心内容。通过简洁的语言表述案件的诉讼标的，行政行为内容本身比较简单的，可以全文引用；行政行为本身内容比较复杂，或篇幅过长，也可以只引用核心内容。对于诉请履行法定职责或给付义务的案件，这部分需要交代一审原告提出申请的时间、申请对象、申请内容和一审被告答复内容（或未予答复的事实）。

对于复议“双被告”案件，作为被诉行政行为之一的复议决定，如果认定的事实、适用的依据等与原行政行为基本相同，可简要写明复议决定的主要依据和处理结果。如果复议决定改变原行政行为认定的事实或者适用的定性依据，应当简要写明改变后的内容。

2. 原审各方当事人的诉辩意见

写作时，要归纳概括原审各方当事人的诉辩意见，避免照抄行政起诉状、行政答辩状等内容，因为上述内容在一审行政判决书中已经进行详细叙述，而二审案件的审理重点是上诉请求和理由，故在实践中也有二审法院在此部分只

写明原告方的一审诉讼请求。

3. 当事人举证、质证和法庭认证

二审行政案件认定事实的主要根据也是当事人在原审举证期限内提供的证据，所以，当事人举证、质证和法庭认证部分可以后置于二审认定事实部分再叙述。

4. 原审认定的事实

视具体案件情况决定原审认定事实的写法。二审认定事实与原审一致或者基本一致的，可以在此部分载明原审认定的事实。二审认定事实与原审有较大区别的，或者原审认定基本事实不清、证据不足的，特别是二审查清事实后改判的，此部分可以不再写明原审认定的事实，待后文直接撰写二审认定的事实，避免在一份判决中出现前后不一致的事实认定。

5. 原审判决理由和裁判结果

原审的判决理由就是一审行政判决书的"本院认为"部分，裁判结果就是"判决主文"部分。在载明原审判决理由和裁判结果时，需要注意两点：第一，二审判决中已对当事人设置简称的，要把一审判决主文中当事人的全称改为简称；第二，一审判决主文中涉及给付或赔偿金额的，无须大写。

（二）二审认定事实

此部分应依次写明当事人二审的诉辩意见、证据和认证、二审认定的事实。

1. 二审诉辩意见

本部分依次包括上诉人的上诉请求及事实理由，被上诉人的答辩意见，原审当事人的意见。三者中可重点表述上诉人的上诉请求和事实理由，特别是上诉请求要准确、完整记载。后两者写明对一审判决及上诉人上诉请求的意见也可。为避免曲解当事人的意思，可以引用行政上诉状的原文，但注意不要全文照抄，可进行归纳总结，但注意不要删减或遗漏当事人的理由要点。当事人在二审开庭时变更上诉请求或变更、补充理由意见的，应当以当庭陈述为准。不得引用上诉状中含有侮辱、谩骂、人身攻击之辞及写入其他不宜出现在裁判文书中的内容。

2. 证据和认证

这部分内容包括当事人举证、质证及法庭认证。当事人的诉讼主张，应当提供相应证据予以支持，这些证据只有经过法庭审核认定，才能作为认定案件事实的根据。

（1）一审证据和依据的列明。一般来讲，对各方当事人在一审程序中提交的证据，应进行全面列举，即逐一写明各方当事人提供的证据名称、证明目的，也包括行政机关提交的证明行政行为合法的法律规范依据。当然，对于证据较多且部分证据存在逻辑联系或用以证明同一事项的，也可以综合分类列举。当事人在一审举证期限内未提交证据的，也应予以写明。

这里需要注意的是，对于一审程序中，当事人申请一审法院调取的证据，可以作为当事人提交的证据在说明情况的基础上予以列明，不要遗漏；对于不准许调取的原因及经调取未能取得的证据，也可在这部分予以表述。对一审法院依职权调取的证据，则应单独列明。对于一审程序中，根据当事人的申请，委托鉴定部门进行鉴定的，须写明鉴定部门、鉴定事项和鉴定结论以及当事人的意见。

（2）当事人的质证意见。质证意见是当事人对涉案证据的关联性、合法性、真实性以及证明效力所持的观点。这部分内容既要尊重当事人原意，也要注意归纳概括，繁简得当。对当事人意见明显不属于质证意见范畴或不符合要求的，可以简写。

（3）法院的认证意见。法院认证意见部分可以逐一审查，也可以综合评述。逐一审查是指根据案件的具体情况，对当事人提交的每一项证据从真实性、关联性、合法性及证明效力等方面进行审核认定。对于认证意见一致的证据可以合并阐述，而不必机械地对每一项证据做同样的认证。认证的结论应明确表述是否予以采纳及理由。认证意见的阐述一定要注意与查明事实、判决理由之间的逻辑关联和证明关系。当案件争议主要集中在对部分证据的审核认定上时，除在此对这部分证据明确认证意见之外，也可视情况在认定事实和判决理由部分再结合有关内容予以阐述。各方当事人在一审提交的证据均会随案移送二审法院，如果二审法院经审查，认为一审法院对一审证据的认证意见正确或并无不当，可以直接在二审行政判决书中予以确认，而不是必须重新审核认定。

（4）二审证据的处理。在对原审证据处理之后，二审法院应对当事人在第二审程序中提交的证据在文书中予以列明，而不管这些证据是否属于新证据的范畴。如果经审查不属于新证据，可以不予接纳；如果属于新证据，也应与一审证据一样，从真实性、关联性、合法性及证明效力等方面进行审核认定，阐述是否予以采纳及理由。

3. 二审认定的事实

在前面已经写明一审认定事实的基础上，二审与一审认定事实一致的，可写“经审查，本院对一审法院经审理查明的事实予以确认”。与一审认定的主要事实基本一致，但在个别事实作出新的认定的，可写“本院经审理查明的与一审判决认定的事实基本一致。但一审认定的……事实不当，应认定为……”。二审法院认定的事实是一审未认定的，可以写“本院另查明：……”。

所谓二审法院“经审理查明”的事实，既要体现前文的诉辩主张以及举证、质证、认证的动态过程，也要为下文二审的裁判理由和结果提供事实根据。同时，生效裁判文书确认的事实一般具有法定的证明力，因此，必须准确、清晰。首先，一定要有经法庭审查属实的证据作为根据，而不能仅仅依据某一方当事人的陈述或未经质证、认证采纳的证据确定，或者缺乏依据、未按照证据法则推定某一事实；其次，一定是与本案所审查被诉行政行为的合法性相关联的事实，避免事无巨细地罗列，或者简单地记流水账；最后，表述案件事实的顺序，可以采用时间顺序，也可以根据案件具体情况采用其他叙述方式，必要时也可以摘抄证据内容。行政案件一般涉及案件基础事实和被诉行政机关履行执法程序的事实，如果是复议“双被告”案件，会涉及两个被诉行政机关履行执法程序，但原行政机关和复议机关履行执法程序完全可以按照程序发生时间的先后进行表述。而案件基础事实一般也发生在原行政机关履行执法程序之前，故通常情况下适用时间顺序即可，个别可用“另查”“再查”来补充。

（三）二审判决理由

即“本院认为”部分，这部分的论述要有针对性和说服力，要注重事理分析和法理分析，兼顾全面审查和重点突出。根据查明的事实和有关法律法规、法学理论，针对上诉请求和事实理由，重点围绕争议焦点，就一审判决及被诉行政行为是否合法，上诉理由是否成立，上诉请求是否应予支持等进行分析论证，阐明维持原判或者撤销原判予以改判的理由。

对于维持的案件，即一审法院的裁判方向正确、认定事实和适用法律均没有大的问题，那么二审裁判理由要在一审的基础上，力求论述得更为清楚、透彻。作为类案件可以围绕职权、认定事实、适用法律、执法程序等逐一全面分析。不作为类案件则需要论证被诉机关是否负有法定职责或给付义务以及是否应履行诉请职责、义务等问题，论述过程应紧密结合本案的事实、情节及争议焦点、上诉主张展开，要有一个严密的逻辑结构，体现二审法官的思维过程。引用法律条文、相关法律规则或理念要准确解释。整个论述要体现二审法院经过全面审查后，认可一审法院对被诉行政行为合法性的整体判断以及认可一审判决的结果。

对于改判案件，要强化对改判理由的分析，加强对法律的解释、法律的统一适用以及新规则创制的逻辑论证。可以基于改判发生原因的不同，有针对性地论述。对于二审中提交新证据导致的改判，要对新证据能够有效对抗或否定原证据、新证据导致原审判决在认定事实方面确实存在错误等进行分析论证；

对于原审判决认定事实不清、主要证据不足，二审查清事实后依法改判的，要注意对主要证据的认证和把握，要把主要证据对案件事实、法律适用及裁判结果的影响论述充分；对于原审判决适用法律有错误导致错判的，这里的适用法律错误可能涉及确定案件性质的法律适用错误、引用法律规范的条款项目错误以及适用新旧法错误、适用已失效或者未生效法律规范等，要阐明导致错误的原因，并重点论述和阐释正确的法律适用。总之，改判说理是一个缜密、严格的归纳演绎推理过程，要把握好裁判理由的结构安排，注意其中的逻辑思维方法和逻辑推理方法，使整个“本院认为”部分结构清晰，表述规范，内容具体明确，论证透彻，衔接自然流畅。

（四）二审判决结果

援引《行政诉讼法》第89条，判决结果主要可以分为驳回上诉，维持原审判决和撤销原审判决，依法改判两种。改判判决具体分为对原审判决部分维持、部分撤销；撤销原审判决，驳回原审原告的诉讼请求；撤销原审判决，同时撤销或变更行政机关的行政行为等不同情况。

三、尾部

尾部应依次写明二审诉讼费用的负担、“本判决为终审判决”这一告知事项、合议庭成员署名、判决书制作日期（加盖院印）、法官助理和书记员署名，加盖“本件与原本核对无异”字样的印戳。

对于二审诉讼费用的负担，应区别情况作出决定。对于驳回上诉，维持原判的案件，只写明二审诉讼费用由上诉人承担即可，双方都提出上诉的，双方分担。对于撤销原审判决，依法改判的案件，应同时对一审、二审的各项诉讼费用由谁负担或者共同分担的问题作出决定，可能会涉及变更一审法院对诉讼费用负担的决定。需要注意的是，行政赔偿类案件不收取诉讼费用。

四、注意事项

（一）维持判决应避免简单重复一审的裁判理由

二审案件的审查范围是一审裁判的正确性和被诉行政行为的合法性。大部分案件经过二审审理，会作出维持一审判决的终审判决，对被诉行政行为的合法性审查结果也大都是肯定的，那么在一审判决已经对被诉行政行为从职权、认定事实、法律适用、执法程序等方面进行审查论述的基础上，二审判决的裁判理由如何撰写呢？首先，虽然裁判文书的内容都是由诉讼标的和诉讼客体所确定的“裁判事项”决定，但裁判文书应体现不同程序功能设置和裁判事项的差异，来自不同裁判者和审查程序的同一案件，一定要体现这一程序的特点和裁判思路、思考分析过程，照搬照抄一审的裁判理由，会直接影响二审判决的权威性和公信力，也不利于当事人对二审裁判结果的接受和信服。其次，要在裁判理由中对一审遗漏的审查事项进行补正，对不够准确、失当之处予以修正，这就需要二审法官加强对法律规定以及相关法理的研究，在此基础上结合案件事实进行更加精准的阐释，切实发挥二审的审级监督作用。最后，对于一审判决已经解决且各方当事人均不持异议的事项，二审判决可以直接予以确认，表明二审法院的态度，而不必再重复论述，浪费笔墨。同时，对上诉人的上诉主张特别是案件争议焦点要进行审查判断，并作出回应，不属于二审案件审查范围或当事人应当就某些诉请事项另行主张权利的，也应予以指出或释明。

（二）改判判决务必准确、严谨、稳妥

根据《行政诉讼法》第89条的规定，二审案件的改判发生在两种情况中：一是原判决、裁定认定事实错误或者适用法律、法规错误的；二是原判决认定基本事实不清、证据不足的。对于第二种情况还有另外一种处理方式，就是发回原审人民法院重审。应该说，与发回原审人民法院重审相比较，对于二审法官来讲，直接改判的难度更大，更充满挑战，因为改判如果发生错误，会比一审判决错误的杀伤力更大，但在符合法定条件的情况下，依法改判而不是简单地发回重审，更有利于实质性化解行政争议，减轻当事人的诉累及节约司法资源，也能够真正切实地发挥二审的纠错监督功能。不管是哪一种情况的改判判决，都需要对被诉行政行为合法性的判断正确严谨、对当事人主要争议事项的处理精准有效、对裁判结果的确定稳妥合理，都需要兼顾对同类案件处理所产生的指引作用及示范意义，不仅注重纠纷解决，而且要突出规则治理，在不违背法律常识的基本前提下，尽量使判决更具专业层面的说服力。

（三）二审行政判决书要注意价值导向的树立

裁判文书不仅考验法官的文字功底，也是法官逻辑思维、庭审驾驭等能力的综合体现。目前，裁判文书都会在网络上公开，好的裁判文书不仅是写给当事人看的，有相似经历或遭遇的普通公民也可以查阅，裁判文书中带有教育色彩的说理所体现的价值导向，不仅可以教育案件当事人，也可以向整个社会弘扬积极的价值观、道德观，向社会大众清晰地传达我们支持什么，反对什么，赞扬什么，唾弃什么；不仅要让公众明是非，而且要知善恶、辨美丑。一篇优秀的裁判文书让普罗大众读懂、理解的同时，也如同指明坐标一般，让读者顺着法官的思路领悟最后的结论。因此，作为终审判决的二审行政判决书在通过说理解释法律的基础上，还能推动法治的进步，当然，前提是说理必须符合司法伦理的要求，对社会热点的评价、对当事人观点的回应都不能率性而为。

行政行为违反法律或者不合乎法律的要求，则依法行政就不能实现或难以实现，在二审行政判决书的说理中，通过引入行政法基本原则、运用教育性言辞适度引导等方式凸显行政法治基本精神，反复理解适用，必将触碰到行政机关的执法思维，潜移默化地影响下一次行政行为，从而推进依法行政，规范执法行为，助力法治政府、模范政府建设，体现司法温度，彰显司法价值。

【例文】

北京市高级人民法院

行政判决书

（2020）京行终0000号

上诉人（一审原告）李某某，男，1996年××月××日出生，汉族，户籍地湖南省常宁市清源镇×村第×村民小组×号。

被上诉人（一审被告）中华人民共和国司法部，住所地北京市朝阳区朝阳门南大街×号。

法定代表人唐某某，部长。

委托代理人廉某某，中华人民共和国司法部工作人员。

委托代理人张某某，北京市××律师事务所律师。

上诉人李某某因政府信息公开一案，不服北京市第三中级人民法院（以下简称一审法院）（2020）京03行初00号行政判决，向本院提起上诉。本院受理后依法组成合议庭，于2020年8月18日公开开庭审理了本案，上诉人李某某，被上诉人中华人民共和国司法部（以下简称司法部）的委托代理人廉某某、张某某参加了诉讼，本案现已审理终结。

司法部于2019年11月4日作出〔2019〕000号《政府信息公开告知书》（以下简称被诉告知书），主要内容为："李某某，你于2019年9月7日向我部提交的政府信息公开申请，我部于9月9日收悉。根据《政府信息公开条例》第十七条第二款规定，我部对你申请公开的信息进行审查，此信息属于《国家司法考试保密工作规定》（司发通〔2008〕142号）第四条第三款规定的情形，即国家司法考试结束后尚未公布的试题试卷、应试人员的考试成绩及其他相关情况数据属于工作秘密，未经司法部批准不得公开。为适应国家统一法律职业资格考试工作需要，2019年5月24日发布的《中华人民共和国司法部公告》（第5号）明确，2019年国家统一法律职业资格考试不公布试题及参考答案，国家统一法律职业资格考试组织实施相关规定出台前可参照适用原国家司法考试相关规定。因此，根据《政府信息公开条例》第三十六条第（三）

项规定，对你申请的信息，不予公开。如你不服本告知行为，可以在收到本告知书之日起60日内依法向司法部申请行政复议，或者在6个月内向北京市第三中级人民法院提起行政诉讼。特此告知。”

李某某不服上述被诉告知书，向一审法院起诉，请求撤销被诉告知书；判令司法部不公开国家统一法律职业资格考试真题及答案违法；附带审查《国家司法考试保密工作规定》（司发通〔2008〕142号）第四条第三款及《2019年国家统一法律职业资格考试公告》[为《中华人民共和国司法部公告》（第5号）] 第六条第三项的合法性。

一审法院经审理查明，2019年9月7日，李某某通过邮寄的方式向司法部提交《请司法部公开2019年法律职业资格考试真题及答案的申请》，司法部于2019年9月8日收到。2019年10月8日，司法部向李某某作出《延期答复告知书》，告知李某某对其提出的政府信息公开申请需延期20天答复。当日，司法部向李某某邮寄《延期答复告知书》，李某某于2019年10月9日签收。经审查，司法部于2019年11月4日作出被诉告知书，告知李某某对其申请的信息，不予公开。司法部于当日向李某某邮寄被诉告知书，李某某于2019年11月7日签收。

一审法院认为，根据《中华人民共和国政府信息公开条例》（以下简称《政府信息公开条例》）第四条及《国家统一法律职业资格考试实施办法》第六条之规定，司法部作为负责实施国家统一法律职业资格考试的国务院司法行政部门，依法具有处理国家统一法律职业资格考试相关考试考务工作的政府信息公开申请并作出相应答复的法定职权。

《中华人民共和国行政诉讼法》第五十三条规定，公民、法人或者其他组织认为行政行为所依据的国务院部门和地方人民政府及其部门制定的规范性文件不合法，在对行政行为提起诉讼时，可以一并请求对该规范性文件进行审查。前款规定的规范性文件不含规章。本案中，从效力层级讲，《国家司法考试保密工作规定》《2019年国家统一法律职业资格考试公告》均属于规范性文件，且《国家司法考试保密工作规定》第四条第三款、《2019年国家统一法律职业资格考试公告》第六条第三项均是司法部作出被诉告知书的依据，故上述条款可以成为本案的附带审查对象。据此，根据李某某的诉讼请求，本案主要对三个方面进行审查：（1）《国家司法考试保密工作规定》第四条第三款的合法性；（2）《2019年国家统一法律职业资格考试公告》第六条第三项的合法性；（3）被诉告知书的合法性，即司法部不予公开国家统一法律职业资格考试真题及参考答案是否合法。

一、关于《国家司法考试保密工作规定》第四条第三款的合法性

《国家司法考试保密工作规定》第四条第三款规定，国家司法考试结束后未公布的试题试卷、标准答案、应试人员的考试成绩及其他有关情况、数据，属于工作秘密，未经司法部批准不得公开。《国家司法考试保密工作规定》是司法部会同国家保密局依据《中华人民共和国保守国家秘密法》（修订前，以下简称《保守国家秘密法》）及其实施办法和最高人民法院、最高人民检察院、司法部制定的《国家司法考试实施办法》的有关规定制定。根据《保守国家秘密法》第五条“国家保密行政管理部门主管全国的保密工作，县级以上地方各级保密行政管理部门主管本行政区域的保密工作”及第六条第二款“中央国家机关在其职权范围内，管理或者指导本系统的保密工作”的规定，司法部作为主管全国司法行政工作的中央国家机关，在其职权范围内管理或者指导本系统的保密工作，监督执行保密法律法规，可以根据实际情况制定或者会同有关部门制定主管业务方面的保密规定。因此，为了加强国家司法考试保密工作，司法部会同主管全国保密工作的国家保密行政管理部门——国家保密局制定《国家司法考试保密工作规定》具有相应的制定权限，制定目的合法。《国家司法考试保密工作规定》第四条第三款确定有关国家司法考试的工作秘密事项，并明确未经司法部批准不得公开，现无证据显示该条款违反《保守国家秘密法》、制定当时有效的《中华人民共和国保守国家秘密法实施办法》（已废止）及现行有效的《中华人民共和国保守国家秘密法实施条例》等上位法规定，也不存在与上位法相比较限缩行政相对人权利等情况，与同为规范性文件的《国家司法考试实施办法》亦不冲突，且起草、审议、决定等制定过程及公开发布程序无违法之处，因此，可以作为认定行政行为合法性的依据。另，2019年国家统一法律职业资格考试的试题及参考答案不属于《政府信息公开条例》第二十条第五项规定的办理行政许可和其他对外管理服务事项的依据、条件、程序以及办理结果，因此，李某某以《国家司法考试保密工作规定》第四条第三款与《政府信息公开条例》第二十条第五项相冲突、制定主体不包括最高人民法院及最高人民检察院等为由，主张该条款规定违法，缺乏事实根据和法律依据，不予支持。

二、关于《2019年国家统一法律职业资格考试公告》第六条第三项的合法性

《2019年国家统一法律职业资格考试公告》第六条第三项规定，2019年国家统一法律职业资格考试不公布试题及参考答案。主观题考试成绩公布后，应试人员如对考试成绩有异议的，可自考试成绩公布之日起15日内，向报名地司法行政机关提出分数核查的书面申请。《2019年国家统一法律职业资格考

试公告》是司法部根据《国家统一法律职业资格考试实施办法》等有关规定，就2019年国家统一法律职业资格考试的报名条件，客观题考试，主观题考试，香港、澳门和台湾居民报考事宜，资格审核授予，具体考试时间和相关安排等事项向社会进行的公告。作为负责实施国家统一法律职业资格考试的国务院司法行政部门，司法部具有制定和发布《2019年国家统一法律职业资格考试公告》的职责和权限。《国家统一法律职业资格考试实施办法》第八条规定，负责考试组织实施的司法行政机关及其考试工作人员应当严格遵守国家保密法律法规的规定，加强国家统一法律职业资格考试保密管理。《国家司法考试保密工作规定》第四条第三款亦明确，国家司法考试结束后未公布的试题试卷、标准答案、应试人员的考试成绩及其他有关情况、数据等工作秘密事项是否公开的批准决定权在司法部。司法部通过《2019年国家统一法律职业资格考试公告》第六条第三项规定向社会公布不批准公开2019年国家统一法律职业资格考试的试题及参考答案，同时告知对考试成绩不服的救济途径和方式，属于依法对其行政职权的正当行使，现无证据显示上述内容违反上位法规定，也不存在与上位法相比较限缩行政相对人权利等情况，与《国家司法考试保密工作规定》第四条第三款规定亦前后承接，且起草、审议、决定等制定过程、公开发布程序无违法之处，因此，可以作为认定行政行为合法性的依据。李某某以《2019年国家统一法律职业资格考试公告》第六条第三项的制定主体不包括最高人民法院、最高人民检察院及侵犯考生知情权等为由主张该项规定违法，缺乏相关依据，无法予以支持。

三、关于被诉告知书的合法性即司法部不予公开国家统一法律职业资格考试真题及答案是否合法

根据《政府信息公开条例》第十七条规定，行政机关应当建立健全政府信息公开审查机制，明确审查的程序和责任。行政机关应当依照《保守国家秘密法》以及其他法律、法规和国家有关规定对拟公开的政府信息进行审查。行政机关不能确定政府信息是否可以公开的，应当依照法律、法规和国家有关规定报有关主管部门或者保密行政管理部门确定。也就是说，对于涉及保密审查的政府信息，有关主管部门或者保密行政管理部门有权依法确定是否可以公开。同时，《政府信息公开条例》第三十六条第三项规定，对政府信息公开申请，行政机关根据下列情况分别作出答复，行政机关依据本条例的规定决定不予公开的，告知申请人不予公开并说明理由。本案中，李某某向司法部申请公开2019年法律职业资格考试真题及答案，司法部认可在履行组织实施2019年国家统一法律职业资格考试的行政职责过程中，制作了李某某申请公开的上述政府信息。但是，为了加强国家司法考试保密工作，司法部作为当时国家司法

考试的主管部门会同国家保密行政管理部门即国家保密局于2008年通过制定规范性文件《国家司法考试保密工作规定》，明确了国家司法考试结束后未公布的试题试卷、标准答案属于工作秘密，未经司法部批准不得公开。而根据《2019年国家统一法律职业资格考试公告》第六条第四项，国家统一法律职业资格考试组织实施相关规定出台前，适用原国家司法考试相关规定。据此，2019年国家统一法律职业资格考试真题及答案是否公开的批准决定权在司法部。而《2019年国家统一法律职业资格考试公告》第六条第三项明确，2019年国家统一法律职业资格考试不公布试题及参考答案，这是司法部通过发布公告向社会公布，对于2019年国家统一法律职业资格考试，不批准公布试题及参考答案。这也符合《政府信息公开条例》第十七条有关保密审查及有权机关依法决定是否公开的规定。因此，针对2019年9月7日李某某提交的政府信息公开申请，司法部经审查，根据《国家司法考试保密工作规定》第四条第三款及《2019年国家统一法律职业资格考试公告》决定不予公开，并依据《政府信息公开条例》第三十六条第三项规定作出被诉告知书，事实清楚，依据充分，且履行了告知和说明理由的义务。司法部作出被诉告知书的过程符合《政府信息公开条例》关于答复期限和程序的相关规定，程序合法。

综上，李某某的诉讼请求缺乏事实根据和法律依据，不予支持。根据《中华人民共和国行政诉讼法》第六十九条之规定，判决驳回李某某的全部诉讼请求。

李某某不服一审判决，向本院提起上诉称，一审判决认定事实和法律适用错误，请求二审法院撤销一审判决，撤销被诉告知书，附带审查其所提规范性文件的合法性。

一审期间双方当事人法定期限内提交的证据均已移送至本院。经审查，一审法院对各方提交证据的认证意见正确。根据上述有效证据，本院对一审法院认定的事实予以确认。

本院认为，《中华人民共和国行政诉讼法》第五十三条规定，公民、法人或者其他组织认为行政行为所依据的国务院部门和地方人民政府及其部门制定的规范性文件不合法，在对行政行为提起诉讼时，可以一并请求对该规范性文件进行审查。本案中，李某某诉请判令司法部不公开国家统一法律职业资格考试真题及答案违法，并请求附带审查《国家司法考试保密工作规定》第四条第三款及《2019年国家统一法律职业资格考试公告》第六条第三项的合法性。上述被要求审查的两项规定均系被诉告知书所依据的规范性文件条款，可以作为本案一并审查的对象。

《国家司法考试保密工作规定》第四条第三款规定，国家司法考试结束后未公布的试题试卷、标准答案、应试人员的考试成绩及其他有关情况、数据，属于工作秘密，未经司法部批准不得公开。《国家司法考试保密工作规定》是司法部会同国家保密局依据《保守国家秘密法》及其实施办法和最高人民法院、最高人民检察院、司法部制定的《国家司法考试实施办法》有关规定制定，制定机关具有相应的制定权限，制定目的合法。工作秘密虽非《政府信息公开条例》明确规定的豁免公开事项，但由国家保密行政管理部门参与制定的国家司法考试保密制度，不仅具有专业性，而且具有必要性，根据《政府信息公开条例》第十七条的规定，司法部亦有权依据《保守国家秘密法》以及其他法律、法规和国家有关规定对拟公开的政府信息进行审查，故上述条款规定对于国家司法考试结束后未公布的试题试卷、标准答案、应试人员的考试成绩及其他有关情况、数据，司法部有权批准能否公开，并未与上位法规定相抵触，亦未减损公民、法人或其他组织依法获取政府信息的合法权益，可以作为认定行政行为合法性的依据。

《2019 年国家统一法律职业资格考试公告》第六条第三项规定，2019 年国家统一法律职业资格考试不公布试题及参考答案。主观题考试成绩公布后，应试人员如对考试成绩有异议的，可自考试成绩公布之日起 15 日内，向报名地司法行政机关提出分数核查的书面申请。《2019 年国家统一法律职业资格考试公告》是司法部根据《国家统一法律职业资格考试实施办法》等有关规定，就 2019 年国家统一法律职业资格考试的报名条件，客观题考试，主观题考试，香港、澳门和台湾居民报考事宜，资格审核授予，具体考试时间和相关安排等事项向社会进行的公告。作为负责实施国家统一法律职业资格考试的国务院司法行政部门，司法部具有制定和发布《2019 年国家统一法律职业资格考试公告》的职责和权限。该公告第六条第四项规定，国家统一法律职业资格考试组织实施相关规定出台前，适用原国家司法考试相关规定。根据前述《国家司法考试保密工作规定》第四条第三款规定，司法部有权决定是否批准公开 2019 年国家统一法律职业资格考试真题及答案。司法部决定 2019 年国家统一法律职业资格考试不公布试题及参考答案的理由在于法律职业资格考试计算机化考试的新变化及为提高考试题库数量等实际需要，该理由并无明显不当。故上述条款规定亦不存在与上位法规定相抵触等不合法情形，可以作为认定行政行为合法性的依据。

本案中，李某某向司法部申请公开 2019 年法律职业资格考试真题及答案，司法部根据《国家司法考试保密工作规定》第四条第三款规定，认定李某某申请公开的信息属于工作秘密，未经司法部批准不得公开。又根据《2019 年国家统一法律职业资格考试公告》第六条第三项"2019 年国家统一法律职业资格考试不公布试题及参考答案"的规定，作出被诉告知书，事实清楚，依据合法，且履行了告知和说明理由的义务，行政程序亦符合《政府信息公开条例》规定。

综上，一审法院判决驳回李某某的诉讼请求正确，本院应予维持。李某某的上诉请求缺乏事实及法律根据，本院不予支持。依照《中华人民共和国行政诉讼法》第八十九条第一款第一项的规定，判决如下：

驳回上诉，维持一审判决。

二审案件受理费人民币 50 元，由上诉人李某某负担（已交纳）。

本判决为终审判决。

审 判 长 霍某某
审 判 员 赵某某
审 判 员 周某某
二〇二〇年九月四日
（院印）

本件与原本核对无异

法官助理 计 某
书 记 员 路 某

项目七 行政再审申请书

【文书格式】

行政再审申请书

申请人×××，……（写明姓名或名称等基本情况）。

被申请人×××，……（写明姓名或名称等基本情况）。

申请人×××因……（写明案由）一案，不服××××人民法院×××× 年××月××日（××××）×行（初、终、再）××号（判决、裁定或调解书），根据……的规定（写明申请再审的法律依据），现提出再审申请。

申请请求：

……（写明具体的申请请求）。

申请理由：

……（写明具体的申请事实、理由以及具体的法律依据）。

此致

××××人民法院

再审申请人：×××（签名）

××××年××月××日

附：1. 再审申请书副本××份。

2. 原审裁判文书副本××份。

3. 相关类案检索裁判文书和证据材料。

【行政再审申请书写作谈】[①]

修改后的《行政诉讼法》确立了“2+1+1”的权利救济模式，即一个行政案件经过两审终审之后，不服生效行政裁判或者调解书的当事人一方或双方依法可以向上一级人民法院申请再审；如果上一级人民法院裁定驳回其再审申请，其还有一次依法向检察机关申请检察监督，请求检察机关向人民法院发出检察建议或者提起抗诉的诉讼权利。在当事人向上一级人民法院申请再审时，就需要制作行政再审申请书。

行政再审申请书是当事人对已经生效的行政判决、裁定或者调解不服提起再审申请时所制作和使用的一种行政诉讼法律文书。其写作主体是当事人，写作受体是作出生效行政裁判、调解书的上一级人民法院，写作主旨是请求上一级人民法院启动再审程序，对行政案件重新审理。本文书制作的法律依据是《行政诉讼法》第90条[②]、第91条[③]，《行诉法解释》第110条[④]、第

---

① 本文由王晓滨法官撰稿。

② 《行政诉讼法》第90条规定，当事人对已经发生法律效力的判决、裁定，认为确有错误的，可以向上一级人民法院申请再审，但判决、裁定不停止执行。

③ 《行政诉讼法》第91条规定，当事人的申请符合下列情形之一的，人民法院应当再审：（1）不予立案或者驳回起诉确有错误的；（2）有新的证据，足以推翻原判决、裁定的；（3）原判决、裁定认定事实的主要证据不足、未经质证或者系伪造的；（4）原判决、裁定适用法律、法规确有错误的；（5）违反法律规定的诉讼程序，可能影响公正审判的；（6）原判决、裁定遗漏诉讼请求的；（7）据以作出原判决、裁定的法律文书被撤销或者变更的；（8）审判人员在审理该案件时有贪污受贿、徇私舞弊、枉法裁判行为的。

④ 《行诉法解释》第110条规定，当事人向上一级人民法院申请再审，应当在判决、裁定或者调解书发生法律效力后6个月内提出。有下列情形之一的，自知道或者应当知道之日起6个月内提出：（1）有新的证据，足以推翻原判决、裁定的；（2）原判决、裁定认定事实的主要证据是伪造的；（3）据以作出原判决、裁定的法律文书被撤销或者变更的；（4）审判人员审理该案件时有贪污受贿、徇私舞弊、枉法裁判行为的。

111 条①。

与行政起诉状、行政上诉状一样，行政再审申请书也是实践中十分常见的一种行政诉讼法律文书，它是当事人对已生效行政裁判或调解书不服而寻求司法救济的一种工具。其核心目的在于争取上一级人民法院启动再审程序，以否定下级人民法院作出的生效行政裁判或调解书。就此而言，如果试图改变已生效的法律文书，行政再审申请书的说理性较之行政起诉状或者行政上诉状，无疑应当更强，更具说服力。此类文书评析说理的立足点在于对原生效行政裁判文书裁判理由的否定，这对于再审申请人而言，难度会更大，无疑更具有挑战性。

从社会成本的付出看，行政再审程序一旦启动，意味着要在同一案件上重复投入司法资源，似乎有违效益原则，但这是追求公正必须付出的代价，是值得的。一方面，世界上多数国家实行的是三审终审制，我国实行两审终审制虽有助于加快办案效率，但与此同时，一审、普通上诉审的裁判错误一定程度上客观存在，故而行政再审程序对于消除和纠正一审、普通上诉审的裁判错误，救济权益受到错误裁判侵害的社会主体而言，又是十分必要的。另一方面，行政案件的申请再审比率较之于民事、刑事案件更多，能够折射出解决“官”民纠纷的复杂性，在这一点上研判分析好申请再审理由，对于规范行政机关依法行政，处理好今后的类案，实现行政争议的实质性化解，又有着特殊的重要意义。通过再审申请和审查，在程序上使生效的案件再接受一次全面审查，有助于通过较小的代价使被生效裁判所掩盖的错误得以纠正，这是国家治理过程中不可或缺的良性纠错方式和解纷机制。当事人申请再审，首要的是按照规定写好再审申请书，其关键点是要研判好申请再审的案件，了解和把握案件事实真相，找出原审法院存在的缺漏与错误，分析研判好有无可能、从何角度以恰如其分的方式向上级法院提出再审申请，尽最大可能地获得支持。

行政再审申请书由首部、正文、尾部组成。

一、首部

首部是行政再审申请书的起始部分，应依次列明标题、当事人及其诉讼代理人的基本情况、案件由来、申请再审的法律依据等，与民事再审申请书的写

---

① 《行诉法解释》第 111 条规定，当事人申请再审的，应当提交再审申请书等材料。人民法院认为有必要的，可以自收到再审申请书之日起五日内将再审申请书副本发送对方当事人。对方当事人应当自收到再审申请书副本之日起 15 日内提交书面意见。人民法院可以要求申请人和对方当事人补充有关材料，询问有关事项。

作要求基本一致。

（一）当事人及其代理人的基本情况

1. 申请人或者被申请人是自然人的，写明其姓名、性别、年龄、民族、职业或工作单位和职务、住所。住所与经常居住地不一致的，写经常居住地。

2. 申请人或者被申请人有法定代理人或指定代理人的，应列项写明其姓名、性别、职业或工作单位和职务、住所，并在姓名后括注其与申请人或者被申请人的关系。

3. 申请人或者被申请人是法人的，写明法人名称和住所，并另起一行写明法定代表人的姓名和职务；申请人或者被申请人是不具备法人条件的组织或起字号的个人合伙的，写明其名称或字号和住所，并另起一行写明主要负责人的姓名和职务；申请人或者被申请人是个体工商户的，写明业主的姓名、性别、年龄、民族、住所；起有字号的，在其姓名之后用括号注明"系……（字号）业主"。

4. 申请人或者被申请人有委托代理人的，紧接申请人或者被申请人项，另起一行，列项写明姓名、性别、职业或工作单位和职务、住所。如果委托人系律师，只写明其姓名、工作单位和职务。

（二）案件由来

即申请再审案件的程序性来源。主要写明不服哪个人民法院的哪一个判决、裁定或者调解书。依次写明申请人、案由、终审法院名称、终审判决的制作日期、文书编号、文书名称。

（三）申请再审法律依据

这里是指《行政诉讼法》及其司法解释有关申请再审的理由和程序方面的规定。例如，依据《行政诉讼法》第90条、第91条第×项，《行诉法解释》第110条第×项等，申请再审。

二、正文

这部分是行政再审申请书最为关键之处，主要涵盖了申请再审的具体请求以及申请再审的主要理由。前者请求事项要力求简明扼要，言简意赅；后者理由部分则重在突出说服力，包括了对事实的陈述，对相关法律依据的分析，对原审裁判或者调解书的评价。

（一）申请请求

首先，应当针对已经生效的原审判决结果，需要表述清晰的申请请求，如撤销或者部分撤销等；其次，对于原审被诉的行政行为，可以提出请求再审判决撤销，确认无效或者确认违法，以及请求判决变更或者采取补救措施，或者请求判决行政机关履行职责和相应的赔偿义务等诉求；最后，可以在处理程序、路径上请求上级人民法院裁定指令下级人民法院再审；等等。

（二）申请理由

这部分内容最为重要，包含了对事实问题的陈述、对法律问题的分析等，其论述的核心离不开对生效裁判相关观点的否定性评析与回应。因申请再审是针对已经发生法律效力的判决或裁定，所以内容比行政起诉状、行政上诉状要复杂得多。既要写一审判决、裁定中的错误，又要写二审判决、裁定中的错误。如何把申请理由写得条理清晰，避免重复、累赘，确实需要较高的写作技巧。要把申请理由部分写好，首先应从整体内容上思考，明确所要表达的中心思想，其次对所掌握的材料进行归类。具体写作时，可划分为以下几个层次：

第一，综述案情。可以先撇开一审、二审裁判，将行政纠纷的发生、原因、经过、结局情况写出来。要实事求是，要有相关的确凿的证据证实。如果不先综述案件事实，直接批驳人民法院的错误判决或裁定，就会显得缺乏整体感。从逻辑角度上说，综述案情，是先举出正确的结论。后面的批驳，是运用论据进行分析论证的证明过程。该层次往往无须写得过于具体，精要地概括出案情即可。

第二，具体分析论证所质疑的法院生效判决、裁定。从启动再审的法定理由看，有的属于认定事实的主要证据不足，有的属于错误地适用了法律，有的属于违反了诉讼程序，有的属于审判人员有贪污受贿、徇私枉法行为从而可能影响案件公正审理等。人民法院判决、裁定出现的错误，有可能是一方面，也有可能涉及多方面。无论何种情形，在分析认定事实错误时，要注意运用好证据；在分析适用法律错误、违反法定程序时，要注意引用法律原文，寻求立法的原意。如果有新的证据，而且这些新的证据足以推翻原判决、裁定，就要将事实的发生、原因、经过、结局的真实情况如实写出，并列举确实、充分的证据，并说明证据的来源。该层次要求写得具体周详，论述有理有据，合理合法。不可空发议论，泛泛而谈。

第三，总结全文，阐明进行再审合乎法律规定。该层次往往以法律规定为准绳，衡量生效判决、裁定错在哪里、为什么错，以及当事人申请再审为什么正确，等等。以上申请请求和申请理由在很大程度上决定了行政再审申请书的质量和说服力。

三、尾部

1. 写作受体。分两行写，“此致”“××××人民法院”。

2. 申请人签名或盖章和文书制作日期。在申请人签名或盖章正下方，需注明制作本文书的日期（年、月、日）。

3. 附项。附项材料往往源于相关法律和司法解释的规定，提交附项材料是当事人应当履行的一项诉讼义务。行政再审申请书的申请人应当提供的附项材料包括再审申请书副本、原审裁判文书副本、相关类案检索裁判文书和证据材料。申请人应当按被申请人的人数提交行政再审申请书副本，能够提交电子版的最好一并提交电子版，有利于减轻办案人员工作负担并有助于减少可能出现的信息归纳录入不全面、不准确等失误。申请人要特别重视与行政再审申请书一并提交所附的证据材料，特别是新的证据，很多时候正是这些所附证据，改变了原审案件裁判的走向，让审判监督程序得以启动，让申请人的合法权益最终获得公正有效的司法保障。

四、注意事项

（一）要正确理解再审程序的有限性与诉讼效益之间的协调

有错必纠是司法的一项重要原则，但在程序设置上，各个国家为了保持法的安定秩序，避免终审不终，过多地耗散司法成本和社会资源，虽然一般都有相应的启动再审程序，但较之于上诉程序，条件更为苛刻严格，审查的标准与普通诉讼程序亦不尽然相同。西方法学理论对此衍生出“一事不再理”原则。大多数国家对再审程序施加多种技术限制，通过法律对期间、再审事由以及对再审事由的审查程序、标准等多方面作出明确规定。从现代司法的角度来看，司法资源包括司法过程中的人力、物力和时间成本等，这些都是有限的，在同一个时期资源相对是定值，所以投入再审中的资源越多，则投入一审、二审等正常审级的资源就越少，正常审级的审判质量就会降低；从逻辑上讲，又会导致再审更多地启动，如此恶性循环，使司法资源的利用出现了不必要的损耗，并导致司法的效率和效益在总体上降低。诉讼效益不仅体现在要限制再审的启动，也要贯彻到再审程序的运作之中，也即对再审程序本身的设计必须合理而高效，再审程序本身必须体现“有限性”原则，而这种有限性在诉讼程序中最集中的体现就是再审事由的有限。简言之，再审事由是明确而苛刻的。如美国最高法院将“法律重要性”作为再审的标准，每年平均有超过 7000 起案件针对已生效裁判提出再审申请，只有不足 2% 获准审理。我国实行的是两审终审制，上级法院再审审查的重点，既有法律问题，也有事实问题，经过审判监督实际改判案件比率并不高，原因之一在于再审审查标准主要局限于对当事人申请理由和原审生效裁判说理的判断，对法律效果、社会效果和政治效果的统筹考量。因此，对于再审申请人而言，决定是否申请再审之前，既要有再审事由是否充分方面的考虑，也要有诉讼效益方面的考虑，否则积年累月的成本消耗，对自己的工作、生活都会带来巨大影响。所谓理性诉讼之理性，要在行政再审申请书中得到充分体现。

（二）要切实吃透原审案件，在事实认定、法律适用方面能够找准原审裁判的问题

撰写行政再审申请书绝非仅是不满情绪的宣泄，更是理性思维成果的表达。对于行政案件特别是原审法院裁判的分析研究要透彻，在落笔时应当了然于胸。如果对案件研究不透，把握不准，思路不清，就很难写出有说服力的行政再审申请书。起草行政再审申请书，必须先对原审裁判理由进行仔细研究，明确原审不支持诉求或者抗辩理由的具体原因是什么。从事实认定、法律适用两大方面，追溯纠纷发生的根源，结合“大前提和小前提决定结论”的逻辑推理规律，提出相应的反驳意见。找不到问题根源，提不出强有力的针对性反驳意见，就很难说服再审法院。要争取到上级人民法院最终改变下级人民法院的判断，这方面最好能够寻求得到专业人士的帮助。

（三）要高度重视收集分析“足以推翻原审判决、裁定的证据”

从某种程度上讲，打官司就是打证据。《行政诉讼法》第91条所规定的八种申请再审情形，在司法实践中，除了对一些有争议法律问题的观点，上下级法院有不同认识之外，大多数情况下是因为对证据的发现和分析而争取到改判的契机。这里的“足以推翻原审判决、裁定的证据”，从法条规定而言指的是新证据，实践中不可忽视的另一点，是要对原审证据进行有效的再分析、再利用，找出原审裁判在采信、分析方面存在的错误和不足，协助上级法院理清事实，条分缕析，发现真相，无论是证据分析还是法律适用都存在一定的法律技术问题，这是写好行政再审申请书的首要环节和最基础的工作，也是难度最大的事项。

（四）要努力做到撰写的申请理由结构严谨，条理清晰

申请理由部分是行政再审申请书写作的重心所在。鉴于实践中行政案件的案情复杂多样，申请理由的撰写没有一定之规，要追求针对性、灵活性，努力做到简明扼要，特别要注重结构的严谨与条理。实践中，多数法律实务人员倾向于强调开门见山的结构排列方式，即先将原审生效行政裁判存在的问题讲出，再陈述相关具体事实和理由。这种结构排列方式符合大多数人的阅读习惯，值得提倡。实践中，这种结构排列方式又有两种具体的表述模式：

【示例1】

申请事由一：本次申请再审符合《中华人民共和国行政诉讼法》第九十

一条第×项，具体理由如下：……

申请事由二：本次申请再审符合《中华人民共和国行政诉讼法》第九十一条第×项，具体理由如下：……

……

【示例2】

问题一：××××。

……（具体阐述）。

问题二：××××。

……（具体阐述）。

……

上述实践中的这些写作方法有可圈点之处，值得行政再审申请书的写作主体加以借鉴。

【例文】

行政再审申请书①

申请人（一审原告、二审被上诉人）章丘市×商务宾馆，住所地山东省济南市章丘区明水荷花路×号。

经营者赵某某，女，19××年××月××日出生，汉族，现住山东省济南市市中区××路××号。

委托代理人冯某某（系赵某某之夫），男，19××年××月××日出生，汉族，住址同上。

被申请人（一审被告、二审上诉人）济南市章丘区人民政府，住所地山东省济南市章丘区府前街×大厦。

法定代表人韩某，该区人民政府区长。

被申请人（一审第三人、二审上诉人）章丘市×种业有限公司，住所地山东省济南市章丘区工业×路。

法定代表人王某某，总经理。

申请请求：撤销山东省高级人民法院（2019）鲁行终00号行政裁定，发回山东省高级人民法院重新审理本案。

申请理由：

一、申请人对涉案房屋享有装修、改造等添附性财产权益，同时因涉案征

---

① 本案由最高人民法院于2020年12月25日作出（2019）最高法行申000号裁定：指令山东省高级人民法院再审。

收还存在停产停业等经营性损失，明显与涉案征收补偿行为具有利害关系

本案一审已经查明，申请人与×种业公司于2009年10月签订了《房屋租赁合同》，双方约定由申请人租赁章丘市荷花路×号办公楼的西侧大部分房屋，具体包括1楼四间、2－4楼各九间、5楼整层以及部分停车位用于酒店经营，租期为15年。承租期间，申请人为经营需要，对承租房屋进行了装修、改造和提升，增设了电梯和部分家电及附属设施并一直正常经营。上述事实二审均予以认可。

显然，涉案被征收房屋原为×种业公司办公用房，申请人租赁后用于酒店经营，租期为15年，其中必然需要对办公用房按照酒店、餐饮等用途重新装修改造，增设了6层电梯、5吨集成太阳能设备，购置了床位、电器等酒店日常用品。至涉案征收之前，申请人均正常营业，因此，涉案征收对申请人造成的财产损失是显而易见的。

征收补偿是对因征收造成的合法财产权损失的公平合理补偿，虽然《国有土地上房屋征收与补偿条例》（以下简称《条例》）第二条规定"为了公共利益的需要，征收国有土地上单位、个人的房屋，应当对被征收房屋所有权人给予公平补偿"，但对该条不能仅作简单、狭义的文义解释，而应当结合房屋的实际使用情况以及征收对哪些合法权益造成了损失需要补偿，综合判断。根据原审认定的上述事实，本案征收除了对房屋所有权造成损失以外，还对申请人因房屋装修改造而添附的不可分离的财产造成了损失，申请人因无法继续经营导致的屋内物品实际使用价值的贬损、机器设备的搬迁和停产停业损失，上述损失，依法均应当获得公平合理补偿。对此，《条例》第十七条规定，对被征收人给予的补偿包括被征收房屋价值的补偿；因征收房屋造成的搬迁、临时安置的补偿；因征收房屋造成的停产停业损失的补偿。第二十三条还规定，对因征收房屋造成停产停业损失的补偿，根据房屋被征收前的效益、停产停业期限等因素确定。因此，申请人依法具有涉案被征收人的法律地位。

《中华人民共和国行政诉讼法》（以下简称《行政诉讼法》）第二十五条第一款规定，行政行为的相对人以及其他与行政行为有利害关系的公民、法人或者其他组织，有权提起诉讼。因章丘区政府仅与×种业公司签订涉案补偿协议明显侵犯了申请人上述装修、添附的财产权利以及停产停业损失等合法权益，申请人有权提起行政诉讼寻求救济。

二、最高人民法院对涉案有关的原告主体资格问题已经明确裁判意见，且一审也承认申请人原告资格，二审裁定驳回起诉，既与最高人民法院精神明显相悖，也不尊重一审法院依照法律和事实作出的判断

对于国有土地上房屋征收补偿行政案件中房屋承租人的原告主体资格问

题，最高人民法院在（2017）最高法行申5387号行政裁定书中指出：“如果用于经营的房屋被征收，承租人在行政补偿中提出的室内装修价值、机器设备搬迁、停产停业等损失，与补偿行为之间具有利害关系，此时承租人可提起行政诉讼。”（2018）最高法行再150号行政裁定书也指出：“用于经营的房屋被拆除，承租人的经营设施、经营利益等存在遭受拆除行为损害的可能。故，拆除房屋的行为不仅会对房屋所有权人的权利造成损害，也有可能对合法经营的承租人权益造成损害，政府对房屋承租人可能存在的权益予以考虑并采取必要措施避免损失发生是其应尽的义务。”（2018）最高法行申5835号行政裁定书还指出：“征收补偿的对象通常应当是被征收房屋的所有权人，但涉及经营性房屋被征收等情形，因征收可能对承租人造成房屋装修、搬迁费用及停产停业损失等，该损失与房屋征收及补偿行为之间存在行政诉讼法上的利害关系，承租人有权要求征收人给予补偿。”

上述三个案例均系最高人民法院近两年作出，裁判观点十分明确，即经营性房屋承租人享有合法的征收补偿权益，应当享有被征收人法律地位。本案一审判决也认为，承租人在行政补偿中提出的室内装修价值、机器设备搬迁、停产停业等损失，与补偿决定之间具有利害关系，此时承租人可以作为原告提起诉讼。

本案申请人作为被征收房屋承租人和实际经营人，因征收产生的财产损失是显而易见的，在一审法院已经依法认定申请人被征收人法律地位和本案诉讼的原告主体资格以后，二审无视最高人民法院上述裁判精神和本案的事实，径行对一审判决裁定驳回起诉，既缺乏事实和法律依据，也不符合最高人民法院一贯的裁判观点，显得任意、轻率。

三、二审裁定驳回起诉，将在客观上造成申请人涉案重大财产性损失无法获得补偿以及无法寻求救济的后果，这是申请人所无法承担的

在《行政诉讼法》修改之前，根据《中华人民共和国民事诉讼法》（以下简称《民事诉讼法》）等规定，对无权处分的，权利人可以行使撤销权，也可以起诉确认合同无效，还可以视情况提起第三人撤销之诉。《行政诉讼法》修改后，根据该法第十二条第十一项的规定，土地房屋征收补偿协议纠纷属于行政诉讼的受案范围。在此前提下，对两被申请人无视申请人签订的补偿协议，申请人只能通过行政诉讼救济，而不能通过民事诉讼另行救济。二审法院以不具有利害关系为由裁定驳回申请人的起诉后，实际上就形成了《行政诉讼法》修改之后，对于行政协议纠纷，权利人所能够请求获得的救济范围，较之修改前适用《民事诉讼法》、通过民事诉讼途径请求救济的范围更小，这显然不符合《行政诉讼法》将此类纠纷纳入行政诉讼受案范围的立法目的，否则就是立法的倒退。

但是本案中二审裁定就出现了使“《行政诉讼法》倒退”的荒唐的后果，这显然是不能令人接受的。与此同时，由于二审裁定直接认定申请人不具有被征收人的法律地位，这会导致被征收人除不能通过本案行政协议纠纷获得救济以外，也无法再通过要求被申请人履行补偿安置职责的诉讼方式获得救济，即在客观上造成申请人涉案重大财产性损失无法获得补偿以及无法寻求救济的后果，这是申请人所无法和无力承担的。申请人是安分守己的生意人，为经营投入了所有的财产和成本，从2009年以来一直正常经营，原合同租赁期为15年，租赁期满后还可以续租，现在因政府征收让申请人既无法获得任何补偿，也无法通过行政诉讼获得救济，这显然不符合我国建立国有土地上房屋征收补偿制度的初衷。

四、涉案《承诺书》只是申请人与种业公司之间就《房屋租赁合同》解除、由种业公司对申请人相关的合同损失给予补偿的约定，依法不能视为章丘区政府对申请人的征收补偿

《承诺书》系申请人与种业公司签订，现有证据并不能证明×种业公司系接受章丘区政府及其房屋征收部门的委托而与申请人签订《承诺书》，×种业公司只是被征收人，从缔约主体来看，该《承诺书》显然不能视为章丘区政府及其房屋征收部门依法对申请人的征收补偿。

《承诺书》仅涉及搬迁补助费（含装修补助费）30万元，但申请人的法定补偿项目既包含装修损失，也包含室内物品使用价值的损失，还包含机器设备的搬迁费用以及停产停业损失。显然，搬迁补助费（含装修补助费）不能包含上述全部补偿内容，涉案被征收人房屋的经营范围包括办公楼的西侧大部分房屋，具体包括1楼四间、2-4楼各九间、5楼整层以及部分停车位，实际使用面积达2206.89平方米，每月营业额达10万元，30万元的补偿，显然完全不能包含申请人上述实际损失。

《承诺书》载明“若不按时搬迁，愿意赔偿因此给×种业公司带来的损失”，进一步表明该承诺仅系申请人与×种业公司之间就搬迁和租赁合同解除达成的协议，申请人也承诺按时搬迁，并愿意赔偿不按时搬迁而给×种业公司带来的损失。

同时二审法院还查明，涉案《房屋租赁合同》第十条约定，“因国家政策拆除或改造已租赁的房屋，合同自动终止，使甲、乙双方造成损失的，本着物权法律的规定，产权楼房归甲方，装修补偿归乙方”。该约定表明，双方对涉案产权的分割是非常明确的，×种业公司仅就涉案房屋所有权获得补偿，申请人则对装修等财产损失获得补偿，即双方均分别享有涉案因征收享有的补偿利益，居于被征收人地位。×种业公司无权单独与章丘区政府签订补偿协议，而申请人也有权对该补偿协议是否属于无权处分、是否侵犯申请人的合法权益提

起行政诉讼。

综上，申请人是涉案房产的合法经营权人，依法享有装饰装修等添附的财产权利、机器设备使用价值贬损的补偿、搬迁费用、停产停业损失等补偿，最高人民法院对此类经营权人的被征收人地位均予认可，一审法院判决撤销涉案补偿协议后、二审法院径行以申请人不是房屋所有权人、不具有被征收人法律地位、不具备原告主体资格为由，裁定驳回起诉。显然，二审裁判观点任意、轻率且陈旧，不符合当前审理国有土地上房屋征收案件司法政策与产权保护政策，不符合主流裁判意见，且对申请人的合法权利和对权利的救济，造成了严重的损害。请求最高人民法院依据既有的生效裁判观点，依法撤销二审裁定。

此致

最高人民法院

再审申请人：章丘市×商务宾馆

二〇一九年九月十一日

附：1. 一审判决书、二审裁定书。

2. 有关证据材料和资料。

项目八　行政抗诉书

【文书格式】①

××××人民检察院

行政抗诉书

×检行监〔20××〕×号

（第一部分：写明案件来源）

当事人申请监督的表述为：×××（原审原告）诉×××（行政机关）×××（行政行为）一案（与法院行政案由及案件名称表述一致），×××（申请人）不服××××人民法院×号行政判决（裁定或调解书），向本院申请监督。[下级人民检察院提请抗诉的表述为：×××（原审原告）诉×××（行政机关）×××（行政行为）一案（与法院行政案由及案件名称表述一致），×××（申请人）不服××××人民法院×号行政判决（裁定或调解书），

① 本文书格式出自《人民检察院行政诉讼监督法律文书格式样本（2021 年版）》（高检发办字〔2021〕54 号）。

向××××人民检察院申请监督，该院提请本院抗诉。］本案现已审查终结。

检察机关依职权发现的表述为：×××（原审原告）诉×××（行政机关）×××（行政行为）一案（与法院行政案由及案件名称表述一致），××××人民法院（此处指作出生效裁判的法院）作出了×号行政判决（裁定或调解书）。本院依法进行了审查。［下级人民检察院提请抗诉的表述为：×××（原审原告）诉×××（行政机关）×××（行政行为）一案（与法院行政案由及案件名称表述一致），××××人民法院（此处指作出生效裁判的法院）作出了×号行政判决（裁定或调解书），××××人民检察院依法进行了审查，提请本院抗诉。］本案现已审查终结。

人民检察院跟进监督提请上一级人民检察院抗诉的表述为：×××（原审原告）诉×××（行政机关）×××（行政行为）一案（与法院行政案由及案件名称表述一致），……（写明案件来源、××××人民检察院提出再审检察建议或者抗诉及人民法院审理情况、提请上一级人民检察院抗诉的理由）。本案现已审查终结。

（第二部分：写明诉讼过程和法院历次审理情况）

××××年××月××日，×××（以下简称×××）起诉至××××人民法院，……（简要写明一审原告的诉讼请求）。

××××人民法院于××××年××月××日作出×号行政判决（裁定或调解书）。该院一审查明，……。该院一审认为，……。判决（裁定或调解）：……

×××不服一审判决（裁定），向××××人民法院提起上诉，……（简要写明上诉请求）。

××××人民法院于××××年××月××日作出×号行政判决（裁定或调解书）。该院二审查明，……（如二审法院查明的事实与一审法院一致，可简写。如“确认了一审法院认定的事实”或“与一审法院查明的事实一致”）。该院二审认为，……判决（裁定或调解）：……

×××不服二审判决（裁定或调解书），向××××人民法院申请再审，……（简要写明再审请求）。

人民法院驳回再审申请或逾期未对再审申请作出裁定的表述为：××××人民法院于××××年××月××日作出×号裁定驳回再审申请或××××人民法院逾期未对再审申请作出裁定。×××向××××人民检察院申请监督。

人民法院作出再审判决、裁定、调解书的表述为：××××人民法院于××××年××月××日作出×号行政判决（裁定或调解书）。该院再审查明，……（如查明的事实与前一审一致，可简写）。该院再审认为，……判决（裁定或调解）：……×××不服再审判决（裁定或调解书），向××××人民检察院申请监督。

（第三部分：写明检察机关审查认定的事实）

……（如与作出生效裁判的法院认定事实一致的，写明“本院审查认定的事实与××××人民法院认定的事实一致”；如与作出生效裁判的法院认定事实不一致的，写明分歧和依据，所作的调查核实工作一并写明，如对……问题进行了调查、委托鉴定、咨询、听证等。）

（第四部分：写明抗诉理由和依据）

本院认为，××××人民法院×号行政判决（裁定或调解书）……（概括列明生效裁判、调解书存在哪些法定监督的情形）。理由如下：

……（此段结合检察机关审查认定的事实，依照法律、法规及司法解释相关规定，详细论述抗诉的理由和依据。说理要有针对性，引用法律、法规和司法解释时应当准确、全面、具体。）

综上所述，（经检察委员会讨论的，写明：经本院检察委员会讨论决定）根据《中华人民共和国行政诉讼法》第九十三条第一款、第九十一条第×项的规定，特提出抗诉，请依法再审。

此致

××××人民法院

20××年××月××日

（院印）

附：检察卷宗×册。

【行政抗诉书写作谈】[①]

行政抗诉书是人民检察院认为人民法院已经发生法律效力的行政判决、裁定确有错误，或者发现调解书损害国家利益、社会公共利益，按照审判监督程序依法向人民法院提出重新审理要求时所使用的行政诉讼法律文书。其写作主体是人民检察院，写作受体是同级人民法院下级人民检察院、当事人。下级人民检察院提请抗诉的案件，行政抗诉书移送同级人民法院的同时发送下级人民检察院。对于当事人，行政抗诉书由接受抗诉的人民法院送达再审裁定时一并送达[②]，人民检察院是以决定抗诉通知书的形式发送。主旨是人民检察院要求作出生效行政判决、裁定及调解书的人民法院对案件依法再审。

---

① 本文由梁景明检察官撰写。

② 参见《最高人民法院审判监督庭、最高人民检察院民事行政检察厅关于办理民事诉讼检察监督案件若干问题的会议纪要》第5条，《行政诉讼监督规则》第95条。

行政抗诉书是检察机关开展行政诉讼监督的书面载体之一，是人民检察院对行政诉讼活动实行法律监督的体现，监督人民法院依法审判和执行，促进行政机关依法行使职权，维护司法公正，维护国家利益和社会公共利益，保护公民、法人和其他组织的合法权益，保障国家法律的统一正确实施。其写作的法律依据是《行政诉讼法》第91条、第93条第1~2款①及《人民检察院行政诉讼监督规则》（以下简称《行政诉讼监督规则》）第88条②、第89条③、第90条④、第91条⑤、第95条⑥。

行政诉讼是一种从民事诉讼中发展出来的诉讼制度，与民事诉讼之间有着天然的"血缘"关系。《行政诉讼法》第101条规定，人民检察院对人民法院行政案件受理、审理、裁判、执行的监督，《行政诉讼法》没有规定的，适用《民事诉讼法》的相关规定。该条作为法律技术性条款，明确了检察机关办理行政抗诉案件适用相关的民事诉讼程序的法定框架。与民事抗诉书一样，行政抗诉书也属于叙述式文书，其基本结构包括首部、正文和尾部三部

---

①《行政诉讼法》第93条第1~2款规定，最高人民检察院对各级人民法院已经发生法律效力的判决、裁定，上级人民检察院对下级人民法院已经发生法律效力的判决、裁定，发现有本法第91条规定情形之一，或者发现调解书损害国家利益、社会公共利益的，应当提出抗诉。地方各级人民检察院对同级人民法院已经发生法律效力的判决、裁定，发现有本法第91条规定情形之一，或者发现调解书损害国家利益、社会公共利益的，可以向同级人民法院提出检察建议，并报上级人民检察院备案；也可以提请上级人民检察院向同级人民法院提出抗诉。

②《行政诉讼监督规则》第88条规定，地方各级人民检察院发现同级人民法院已经发生法律效力的行政判决、裁定有下列情形之一的，可以向同级人民法院提出再审检察建议：（1）不予立案或者驳回起诉确有错误的；（2）有新的证据，足以推翻原判决、裁定的；（3）原判决、裁定认定事实的主要证据不足、未经质证或者系伪造的；（4）违反法律规定的诉讼程序，可能影响公正审判的；（5）原判决、裁定遗漏诉讼请求的；（6）据以作出原判决、裁定的法律文书被撤销或者变更的。

③《行政诉讼监督规则》第89条规定，符合本规则第88条规定的案件有下列情形之一的，地方各级人民检察院应当提请上一级人民检察院抗诉：（1）判决、裁定是经同级人民法院再审后作出的；（2）判决、裁定是经同级人民法院审判委员会讨论作出的；（3）其他不适宜由同级人民法院再审纠正的。

④《行政诉讼监督规则》第90条规定，地方各级人民检察院发现同级人民法院已经发生法律效力的行政判决、裁定具有下列情形之一的，应当提请上一级人民检察院抗诉：（1）原判决、裁定适用法律、法规确有错误的；（2）审判人员在审理该案件时有贪污受贿、徇私舞弊、枉法裁判行为的。审判人员在审理该案件时有贪污受贿、徇私舞弊、枉法裁判行为，是指已经由生效刑事法律文书或者纪律处分决定所确认的行为。

⑤《行政诉讼监督规则》第91条规定，地方各级人民检察院发现同级人民法院已经发生法律效力的行政调解书损害国家利益、社会公共利益的，可以向同级人民法院提出再审检察建议，也可以提请上一级人民检察院抗诉。

⑥《行政诉讼监督规则》第95条规定，人民检察院提出抗诉，应当制作《抗诉书》，在决定之日起15日内将《抗诉书》连同案件卷宗移送同级人民法院，并由接受抗诉的人民法院向当事人送达再审裁定时一并送达《抗诉书》。

分，行文方法与民事抗诉书基本相同，下文仅就特殊之处及注意事项进行重点说明。

一、首部

首部包括制作文书的人民检察院名称、文书名称、文书字号。写法与刑事抗诉书、民事抗诉书相同。

二、正文

行政抗诉书的正文包括案件来源、诉讼过程和法院历次审理情况、检察机关审查认定的事实、抗诉理由和依据以及总结五个部分。除抗诉理由略有区别外，其他部分写作要求与民事抗诉书相同，都是要突出主旨、遵循格式、写全事项，强调材料真实、语言精确、朴实庄重，注重清楚叙事、有力分析、据法说理。

抗诉理由是行政抗诉书的灵魂，直接反映了抗诉案件的真实水平。在写作抗诉理由时，应当结合案件具体情况，分析论证生效行政判决、裁定和行政调解书存在的问题和错误，有针对性地运用事实和证据，具体指出原审判决或裁定存在哪些错误，或者分析已经发生法律效力的行政调解书损害国家利益、社会公共利益，并说明相关依据，同时论证检察机关抗诉意见。在具体案件中，原行政判决、裁定、调解书存在错误或问题不同，写作思路是有差别的。

1. 不予立案或者驳回起诉确有错误

此项为行政诉讼的特有抗诉事由。行政诉讼是公民以诉权对抗行政权的诉讼活动，公民权利与行政机关权力相比弱小许多，行政诉讼中原告、被告地位不平等，加之起诉期限、受案范围、原告资格等制度对原告进入诉讼实体审理进行法律限制，这就需要对原告的诉权加以特殊保护。如对依法应予受理的行政案件裁定不予受理或者驳回起诉的，行政抗诉书应当着重论述该案件应依法予以受理或不应驳回起诉。

2. 有新证据，足以推翻原判决、裁定

申请人提供的新证据以及人民检察院调查取得的证据，能够证明原判决、裁定确有错误的，属于《行政诉讼法》第91条第（2）项规定的“新的证据”。行政抗诉书应当对申请人提供的新证据进行叙写，分析是否能够证明原判决、裁定认定的基本事实或者裁判结果错误。对于来自刑事诉讼的新证据，行政抗诉书应当注意分析刑事侦查阶段的询问笔录、讯问笔录是否有刑事判决的确认或者其他有力证据佐证。生效刑事判决确认的事实一般可以推翻行政裁判中的事实认定，行政抗诉书除了描述刑事判决确认的事实之外，还应当叙明该刑事判决已经发生效力。对于当事人在申请监督阶段提供新的鉴定意见的，不必纠结由当事人还是检察机关、公安机关单方委托所作的鉴定，或者存在鉴定程序的瑕疵问题（如鉴定人员未签名、盖章，未出庭接受质询或书面答复质询，以及鉴定申请超过期限等），或者鉴定机构的复函不具有合法形式，没有专用章、签名等。因为，其他鉴定机关所作出的新的鉴定意见或者程序瑕疵，一般不足以推翻原审鉴定意见。行政抗诉书应当聚焦原审鉴定意见是否存在具体的、明显的错误，比如计算错误、重复计算、内容遗漏等，进而对是否足以推翻原审裁判进行分析。

3. 原判决、裁定认定事实的主要证据不足、未经质证或者系伪造的

查明案件事实需要证据加以证明，被告行政机关负有证明其作出行政行为合法的责任，如果不能提供证据或所提供的证据不足以证明其作出的行政行为合法的，应当承担不利后果。“认定事实的主要证据不足”，主要包括：认定的事实没有证据支持，或者认定的事实所依据的证据虚假的；认定的事实所依据的主要证据不合法的；对认定事实的主要证据有无证明力、证明力大小或者证明对象的判断违反证据规则、逻辑推理或者经验法则的；认定事实的主要证据不足的其他情形。[①] 对此，行政抗诉书应当对原判决、裁定认定基本事实错误的情况进行叙写，分析认定基本事实的证据确属不足，如缺少基本的、必要的证据支持，所依据的证据没有达到行政诉讼证明标准，或者所依证据虚假、不具有真实性以及与案件待证事实缺乏关联性，甚至证据本身违反法律规定、违反逻辑推理或者日常生活法则等。如果案件事实真伪不明，行政抗诉书应当围绕法官分配举证责任是否违反证据规则作法理上的深入阐述。人民法院审查有误导致认定事实错误的，应予纠正，对此，行政抗诉书先叙写认定行政行为是否存在、是否合法，以及具体行政行为的性质，再指出原审判决、裁定认定的基本事实错在何处，指明证据未经质证或者系伪造的情况，然后说明检察机关认定事实和证据的正确性。法官自由裁量、自由心证违反证据规则，违背常理或者明显有违公正、诚信、合理性原则，导致实体处理不公的，应当作为抗诉理由进行分析。

① 《行政诉讼监督规则》第 83 条。

4. 违反法律规定的诉讼程序，可能影响公正审判的

这类情形的主要表现有：审判组织的组成不合法的①；依法应当回避的审判人员没有回避的；未经合法传唤缺席判决的；无诉讼行为能力人未经法定代理人代为诉讼的；遗漏应当参加诉讼的当事人的；违反法律规定，剥夺当事人辩论权②、上诉权等重大诉讼权利的等。③ 行政抗诉书应叙明原审法院违反诉讼程序规定的情况，分析影响正确裁判的可能性或现实表现。对第一审生效行政裁判提出抗诉的重点，是人民法院严重违反法律程序，导致当事人上诉权被剥夺；或者当事人行使上诉权，由于不可抗力或严重伤病等重大原因，客观受阻等特殊情形。行政抗诉书应当对违反诉讼程序规定的情况、案件中存在的特殊情形进行叙写，并分析该情况对公正审判的影响。例如，人民法院对于不予立案的行政案件，未依据《行政诉讼法》第 51 条第 2 款规定作出不予立案的裁定，而是以通知书方式告知当事人不予立案，当事人无法根据《行政诉讼法》第 52 条规定向上一级人民法院起诉。由于检察监督权不能代替上诉权，也不仅仅是为了保护权利救济，行政抗诉书应当叙明当事人未能行使上诉权系因客观受阻，而非当事人无正当理由怠于或者规避行使上诉权。

5. 原判决、裁定遗漏诉讼请求的

行政诉讼因原告的起诉而启动，启动后法院的司法审查不受其意愿影响，而是围绕行政行为的合法性展开。人民法院超过诉讼请求的裁判是正当和被允许的，但没有对当事人提出的某项诉讼请求进行法庭调查和法庭辩论，在行政判决、裁定中遗漏当事人这一诉讼请求的，属于行政审判的重大失误，行政抗诉书应当对诉讼请求遗漏的情况进行叙写。

6. 据以作出原判决、裁定的法律文书被撤销或者变更的

有些行政案件裁判是以另一行政案件或者民事案件的审理结果作为依据而作出的，如果据以作出裁判的法律文书在之后的再审中被撤销或者变更了，行政抗诉书应当叙明作为依据的法律文书被撤销或者变更的情况，提出行政裁判也应相应地撤销或者变更的意见。

---

① 审判组织的组成不合法主要包括：应当组成合议庭审理的案件独任审判的；再审、发回重审的案件没有另行组成合议庭的；审理案件的人员不具有审判资格的；审判组织或者人员不合法的其他情形。参见《行政诉讼监督规则》第 86 条。

② 违反法律规定，剥夺当事人辩论权主要包括：不允许或者严重限制当事人行使辩论权利的；应当开庭审理而未开庭审理的；违反法律规定送达起诉状副本或者上诉状副本，致使当事人无法行使辩论权利的；违法剥夺当事人辩论权利的其他情形。参见《行政诉讼监督规则》第 87 条。

③ 参见《行政诉讼监督规则》第 85 条。

7. 原判决、裁定适用法律、法规确有错误

适用法律、法规确有错误是实务中适用较多的监督事由。适用法律、法规错误，一般是指案件事实确凿无误但适用的法律与案件事实之间不具有相关性等。主要包括：适用的法律、法规与案件性质明显不符的；适用的法律、法规已经失效或者尚未施行的；违反《立法法》规定的法律适用规则的；违背法律、法规的立法目的和基本原则的；应当适用的法律、法规未适用的；适用法律、法规错误的其他情形。① 如果认定事实无误，只是适用法律有错误，可以在指出具体错误后，着重围绕行为事实的特征论述应如何认定案件性质、正确适用法律。如果适用法律错误是因认定事实错误造成的，行政抗诉书应先将检察机关查清和认定的事实、证据写明，然后指出原审裁判适用法律方面的错误，再说明应如何认定案件性质、正确适用法律。一般情况下，基于事实认定错误，原审适用法律势必也会错误，这种情况实际上还是属于事实认定错误。个案行政抗诉书中区分清楚事实问题还是法律问题，其意义在于接受抗诉的人民法院是提审该案还是交由下级人民法院再审。

对法律适用问题的分析，应当从立法精神与法条适用条件上阐述案件应当适用的法条及其含义，指出原审行政裁判适用法律错误所导致的责任分配错误所在，以及适用的法律与案件性质明显不符的情况。应当注意有无应适用特别法而适用一般法致实体裁判错误，有无应适用高位阶法而适用低位阶法致实体裁判错误，有无裁判文书引用的法律规范与已被证据证明的事实缺乏同一性致实体裁判错误，有无应适用法律法规而不适用等。行政抗诉书进行法律方面的说理，必须注意使用规范的法律概念，行文运用法言法语，既要准确引用实体法，又要正确援用程序法去进行论证。援引法律要准确、完整、具体，有一定的条理和顺序。

8. 审判人员在审理该案件时有贪污受贿、徇私舞弊、枉法裁判行为

审判人员审理行政案件时有特定的违法犯罪行为的，所作出的行政裁判就会缺乏公正性和正当性，属于行政诉讼监督的抗诉事由。行政抗诉书应当对审判人员的贪污受贿、徇私舞弊、枉法裁判行为已经由生效刑事法律文书（如人民法院生效刑事判决书、裁定书，检察机关的不起诉决定书等有关法律文书）或者纪律处分（纪检监察机关、法院惩戒机构等相关纪律处分决定）所确认的情况等进行叙写。如果当事人仅仅指出该审判人员已因特定的违法犯罪行为正在接受组织审查、监察调查或者进入刑事司法程序的，相关纪律处分决定尚未确认行为，刑事法律文书尚未生效，不宜作为此类抗诉理由在行政抗诉

① 参见《行政诉讼监督规则》第84条。

书中独立阐述。

9. 行政调解书损害国家利益、社会公共利益

对于行政赔偿、补偿以及行政机关行使法律、法规规定的自由裁量权的案件，人民法院审理行政案件时可以遵循自愿、合法原则进行调解。行政抗诉书应当对某项行政调解是否合法进行分析，根据案件具体分析行政调解对国家制度、体制以及国家生存发展利益的影响，结合政治、社会、道德等因素综合判断是否符合社会多数人的利益需求或道德标准，分析行政调解是否损害国家利益、社会公共利益。

三、尾部

尾部，包括送达的人民法院名称，决定抗诉的日期，并加盖决定提出抗诉的人民检察院院印，最后附注随案移送检察卷宗册数。

四、注意事项

（一）注意应用逻辑思维提升抗诉说理实效

行政抗诉书要从法官判案的逻辑方法论入手，审核其可能出错的环节，寻找出法官在运用方法论上的错误，阐明抗诉理由与结论之间的关系。行政抗诉书中基本案情和原审裁判概况的具体描述取舍，应充分体现与抗诉观点的逻辑及法律关联，以“为铺陈抗诉观点所必需”为准则，视不同抗诉事项作相应的不同描述。要注意避免因泛泛而不加选择地重复与抗诉观点无关的原审讼争与审理的情况，提高抗诉书观点方面较强针对性、论述方面的充分说理性，明确争议的核心，条分缕析地区分各种法律关系，进行事实认定和法律解释，让事实与法律通过说理达到互相呼应，使案件判决、裁定错误和抗诉理由协调一致。

（二）要避免和控制个人情感好恶的流露①

民事行政抗诉书是专业法律文书，应注重使用法律语言来说明事实的认定和法律的适用，从而体现出检察人员的法律专业素养，提升抗诉书的质量。同时，在法律文书的写作过程中，要避免和控制个人情感好恶的流露，即便是严重损害当事人合法权益的案件。检察机关是法律监督机关，只是对原审行政裁判的合法性进行监督，不是任何一方当事人的代理人，个人情感的流露对辨别案件是非没有任何作用，只会引起另一方当事人及法官的逆反心理，从而对检察机关的中立性及抗诉观点产生怀疑。

---

① 石丽萍：《如何加强民事行政抗诉书说理》，载《检察日报》2006年9月20日，第3版。

【例文】（略）

项目九　再审检察建议书（行政建议再审用）

【文书格式】①

×××××人民检察院

再审检察建议书

×检行监〔20××〕×号

（第一部分：写明案件来源）

当事人申请监督的表述为：×××（原审原告）诉×××（行政机关）×××（行政行为）一案（与法院行政案由及案件名称表述一致），×××（申请人）不服××××人民法院×号行政判决（裁定或调解书），向本院申请监督。本院现已审查终结。

检察机关依职权发现的表述为：×××（原审原告）诉×××（行政机关）×××（行政行为）一案（与法院行政案由及案件名称表述一致），××××人民法院（此处指作出生效裁判的法院）作出了×号行政判决（裁定或调解书）。本院依法进行了审查。本案现已审查终结。

（第二部分：写明诉讼过程和法院历次审理情况）

××××年××月××日，×××（以下简称×××）起诉至××××人民法院，……（简要写明一审原告的诉讼请求）。

××××人民法院于××××年××月××日作出×号行政判决（裁定或调解书）。该院一审查明，……该院一审认为，……判决（裁定或调解）：……

×××不服一审判决（裁定或调解书），向××××人民法院提起上诉，……（简要写明上诉请求）。

××××人民法院于××××年××月××日作出×号行政判决（裁定或调解书）。该院二审查明，……（如二审查明的事实与一审一致，可简写。如“确认了一审法院认定的事实”或“与一审法院查明的事实一致”）。该院二审认为，……判决（裁定或调解）：……

① 本文书格式出自最高人民检察院2021年8月18日印发的《人民检察院行政诉讼监督法律文书格式样本（2021年版）》（高检发办字〔2021〕54号）。

×××不服二审判决（裁定或调解书），向××××人民法院申请再审，……（简要写明再审请求）。

人民法院驳回再审申请或逾期未对再审申请作出裁定的表述为：××××人民法院于××××年××月××日作出×号裁定驳回再审申请或××××人民法院逾期未对再审申请作出裁定。×××向××××人民检察院申请监督。

人民法院作出再审判决、裁定、调解书的表述为：××××人民法院于××××年××月××日作出×号行政判决（裁定或调解书）。该院再审查明，……（如查明的事实与原审一致，可简写）。该院再审认为，……判决（裁定或调解）：……×××不服再审判决（裁定或调解书），向××××人民检察院申请监督。

（第三部分：写明检察机关审查认定的事实）

……（如与作出生效裁判的法院认定事实一致的，写明“本院审查认定的事实与××××人民法院认定的事实一致”；如与作出生效裁判的法院认定事实不一致的，写明分歧和依据，所作的调查核实工作一并写明，如对……问题进行了调查、委托鉴定、咨询、听证等。）

（第四部分：写明监督理由和依据）

本院认为，××××人民法院×号行政判决（裁定或调解书）……（概括列明生效裁判、调解书存在哪些法定监督的情形）。理由如下：

……（此段结合检察机关审查认定的事实，依照法律、法规及司法解释相关规定，详细论述监督的理由和依据。说理要有针对性，引用法律、法规和司法解释时应当准确、全面、具体。）

综上所述，经本院检察委员会讨论决定，根据《中华人民共和国行政诉讼法》第九十三条第二款、第九十一条第×项，《人民检察院行政诉讼监督规则》第九十二条的规定，特提出再审检察建议，请在收到后三个月内将审查结果书面回复本院。

此致

××××人民法院

20××年××月××日

（院印）

附：检察卷宗×册。

【再审检察建议书（行政建议再审用）写作谈】①

检察建议是人民检察院依法履行法律监督职责，参与社会治理，维护司法公正，促进依法行政，预防和减少违法犯罪，保护国家利益和社会公共利益，维护个人和组织合法权益，保障法律统一正确实施的重要方式。《人民检察院组织法》第21条首先在检察基本法中规定了检察建议这种监督手段，明确有关单位应当予以配合，并及时将采纳检察建议的情况书面回复人民检察院。

2019年2月26日，最高人民检察院公布实施《人民检察院检察建议工作规定》（以下简称《工作规定》）。《工作规定》第5条规定，检察建议主要包括五种类型：再审检察建议，纠正违法检察建议，公益诉讼检察建议，社会治理检察建议，其他检察建议。其中，再审检察建议是指人民检察院发现同级人民法院已经发生法律效力的判决、裁定具有法律规定的应当再审情形，或者发现调解书损害国家利益、社会公共利益，而向同级人民法院提出的检察建议。再审检察建议是针对符合法定再审情形的生效裁判向同级人民法院提出启动再审的建议，它扩展了检察机关同级监督的手段，将单一的抗诉转换为“再审检察建议＋抗诉”，为提示人民法院自动纠错提供了可能。根据适用诉讼程序的不同，再审检察建议分为民事再审检察建议、刑事再审检察建议和行政再审检察建议。行政再审检察建议是指人民检察院发现同级人民法院已经发生法律效力的行政判决、裁定具有法律规定的应当再审情形，或者发现行政调解书损害国家利益、社会公共利益，而向同级人民法院提出的检察建议。

人民检察院在使用检察建议这个工作手段履行法律监督职责时制作和使用的法律文书叫作检察建议书。检察建议书共包括13种制式文书，分别是：检察建议调查终结报告，再审检察建议书（刑事建议再审用），再审检察建议书（民事建议再审用），再审检察建议书（行政建议再审用），检察建议书（纠正普遍性倾向性违法问题和社会治理检察建议用），检察建议书（纠正审判人员违法用），检察建议书（纠正法院民事、行政执行活动违法用），检察建议书（纠正行政机关违法用），检察建议书（行政公益诉讼诉前程序用），变更检察建议决定书，撤回检察建议决定书，指令变更检察建议决定书，指令撤回检察建议决定书。下面笔者重点谈一下再审检察建议书（行政建议再审用）的制作与使用。

再审检察建议书（行政建议再审用），是人民检察院发现同级人民法院已经发生法律效力的行政判决、裁定具有法律规定的应当再审情形，或者发现行

① 本文由王志坤检察官撰稿。

政调解书损害国家利益、社会公共利益，向同级人民法院提出检察建议时制作和使用的行政诉讼法律文书。写作主体是人民检察院，写作受体是同级人民法院①，主旨是告知生效的行政裁判和调解书存在错误，建议人民法院自行启动审判监督程序。本文书制作的法律依据有《行政诉讼法》第 91 条、第 93 条第 2 款，《行政诉讼监督规则》第 92 条②，《最高人民法院、最高人民检察院关于民事审判活动和行政诉讼实行法律监督的若干意见（试行）》第 7 条③。

再审检察建议书（行政建议再审用）是人民检察院对人民法院行政审判活动进行法律监督的文字载体，具体针对的是检察机关认为确有错误的行政生效判决、裁定、调解书。其功能在于通过检察机关的建议再审，与法院启动再审程序结合起来，最终实现再审纠错的目的。再审检察建议并不必然启动法院的再审程序，这与抗诉书有本质的区别。再审检察建议“能否被采纳，几乎完全依赖法检两机关的有效沟通与协调”④ 此外，再审检察建议适用同级对应原则，无须上级检察机关对下一级法院提出，一定程度上有助于解决案件过度集中于上级检察机关的问题。对于人民法院来说，再审检察建议能够将检察机关的外部监督引入内部纠错机制，通过内部纠错来维护审判权威。当然，如果再审检察建议未被采纳，不排除制发再审检察建议的检察机关提请上一级检察机关提出抗诉。所以，再审检察建议与抗诉书是一种相互补充关系，而非替代关系。

本文书分为首部、正文和尾部三部分。再审检察建议书（行政建议再审

---

① 《工作规定》第 20 条规定，涉及事项社会影响大、群众关注度高、违法情形具有典型性、所涉问题应当引起有关部门重视的检察建议书，可以抄送同级党委、人大、政府、纪检监察机关或者被建议单位的上级机关、行政主管部门以及行业自律组织等。据此，在符合该规定的情形下，人民检察院按照该规定制作《再审检察建议书》时，写作受体同时可能还有同级党委、人大、政府、纪检监察机关或者被建议单位的上级机关、行政主管部门以及行业自律组织等。

② 《行政诉讼监督规则》第 92 条规定，人民检察院提出再审检察建议，应当制作《再审检察建议书》，在决定之日起 15 日内将《再审检察建议书》连同案件卷宗移送同级人民法院，并制作通知文书，发送当事人。人民检察院提出再审检察建议，应当经本院检察委员会决定，并在提出再审检察建议之日起五日内将《再审检察建议书》及审查终结报告等案件材料报上一级人民检察院备案。上一级人民检察院认为下级人民检察院发出的《再审检察建议书》错误或者不当的，应当指令下级人民检察院撤回或者变更。

③ 《最高人民法院、最高人民检察院关于民事审判活动和行政诉讼实行法律监督的若干意见（试行）》第 7 条规定，地方各级人民检察院对符合本意见第 5 条、第 6 条规定情形的判决、裁定、调解，经检察委员会决定，可以向同级人民法院提出再审检察建议。人民法院收到再审检察建议后，应当在 3 个月内进行审查并将审查结果书面回复人民检察院。人民法院认为需要再审的，应当通知当事人。人民检察院认为人民法院不予再审的决定不当的，应当提请上级人民检察院提出抗诉。

④ 高杰、李健锋：《民事行政再审检察建议程序适用的规范》，载《法制与社会》2014 年第 16 期。

用）的格式内容与民事抗诉书、行政抗诉书极为相似，写作思路与写作规范基本相同。《人民检察院行政诉讼监督法律文书格式样本（2021年版）》对该再审检察建议书作了专门规范。因此，笔者不再详细展开叙述，重点谈论一下如下内容：

一、再审检察建议书（行政建议再审用）与再审检察建议书（刑事建议再审用）

这两种再审检察建议书的结构差别较大。前者的宏观结构设计与民事抗诉书、行政抗诉书为伍，后者的宏观结构设计与起诉意见书、起诉书、刑事抗诉书相同。前者通篇没有原审原告（申请人）的身份情况写作，后者首部一项便是原审被告人的身份情况写作。在前者，检察机关先前并未参与人民法院审理行政案件，它一般是从受理申请监督开始介入行政诉讼，故而案件的诉讼进程是受理之后、经审查查明的事实之一部分，所以，先写明案件来源，诉讼过程和法院历次审理随后。在后者，检察机关往往已经参加过刑事案件的法庭审理，原审被告人不服生效判决而申请监督，因此，先写生效刑事裁判的情况，再写原审被告人提出刑事申诉。

二、监督理由部分的写作

监督理由部分前邻检察机关审查认定的事实部分，是对事实部分的法律升华；后接监督依据部分，又构成监督依据的基础，居于承前启后之枢纽，自然成为本文书写作的核心与关键。这部分写作要结合检察机关审查认定的事实，紧紧围绕《行政诉讼法》第91条行政再审的八种法定事由展开论述。论述应该简明扼要，抓住核心问题，加以有力论证，但又不必过于铺陈，面面俱到，述及裁判中所有瑕疵。本文书旨在柔性地、间接地启动再审程序，因此，启动再审的关键在于检察机关指出的生效行政裁判、调解书存在的错误超过了启动再审的法定门槛，如果仅仅是细枝末节的累加，尚不能满足启动行政再审法律条件的要求。简言之，再审检察建议书的功能是通过叙明检察机关的不同意见，达到足以启动再审的条件就可以了，至于详细的证明或细部的分析，完全可以在再审开庭时再表达。

三、注意事项

（一）经检察委员会决定

根据《行政诉讼监督规则》第92条第2款之规定，检察机关提出再审检察建议，应当经本院检察委员会决定。故再审检察建议书在最后须叙明“经本院检察委员会讨论决定”，再援引《行政诉讼法》与《行政诉讼监督规则》之规定。与之不同，制发行政抗诉书并不需要经检察委员会决定。这主要顺应再审检察建议书的同级监督属性。当将监督职权赋予下一级检察机关时，为确保精准监督，须采用民主集中制的方式，集思广益。此外，《行政诉讼监督规则》第105条规定了纠正违法检察建议，针对行政审判程序中的审判人员违法，此种文书不要求必须经检察委员会决定，也可以经检察长批准制发。所以，不能将其与再审建议书混同。

（二）本文书的办理

根据《行政诉讼监督规则》《人民检察院行政诉讼监督法律文书格式样本(2021年版)》相关规定，再审检察建议应当由检察官办案组或者检察官办理。制发检察建议应当在统一业务应用系统中进行，实行以院名义统一编号、统一签发、全程留痕、全程监督。本文书一式三份，一份附卷，一份发送同级人民法院，一份报送上一级人民检察院备案，并可根据抄送对象增加印制份数。人民检察院在提出再审检察建议之日起5日内将本文书连同审查终结报告等案件材料向上一级人民检察院备案，在决定提出再审检察建议之日起15日内将本文书连同案件卷宗移送同级人民法院。

（三）变更与撤回检察建议书

《工作规定》第22条规定，检察长认为本院发出的检察建议书确有不当的，应当决定变更或者撤回，并及时通知有关单位，说明理由。上级人民检察院认为下级人民检察院发出的检察建议书确有不当的，应当指令下级人民检察院变更或者撤回，并及时通知有关单位，说明理由。《人民检察院检察建议法律文书格式样本》中也规定了变更检察建议决定书和撤回检察建议决定书。在此类文书中一般须写明变更或撤回检察建议书的理由，如果撤回，检察建议书自始无效。如果变更，则还要写明变更的具体内容，同时要求受文单位按照变更后的检察建议整改落实，并于收到变更决定书之日起×个月（依据相关规定确定相应的期限，一般与原检察建议书确定的回复期限一致）内将整改落实的情况书面回复。

（四）层级（管辖）对应原则

再审检察建议适用同级监督原则，因此，制发再审检察建议的检察机关与受文的人民法院须有管辖上的对应关系。这条原则不限于行政再审检察建议，也适用于其他检察建议，可谓检察建议的一般原则。《工作规定》第3条规定，人民检察院可以直接向本院所办理案件的涉案单位、本级有关主管机关以及其他有关单位提出检察建议。需要向涉案单位以外的上级有关主管机关提出检察建议的，应当层报被建议单位的同级人民检察院决定并提出检察建议，或者由办理案件的人民检察院制作检察建议书后，报被建议单位的同级人民检察院审核并转送被建议单位。需要向下级有关单位提出检察建议的，应当指令对应的下级人民检察院提出检察建议。需要向异地有关单位提出检察建议的，应当征求被建议单位所在地同级人民检察院意见。被建议单位所在地同级人民检察院提出不同意见，办理案件的人民检察院坚持认为应当提出检察建议的，层报共同的上级人民检察院决定。也就是说，向涉案单位制发检察建议适用司法管辖原则，不受层级限制，但涉及社会治理检察建议书，因其并不直接与监督权限挂钩，而是带有社会预防的性质，所以，宜遵循社会交往规则，按照层级对应的原则处理，这也考虑了此类检察建议较为柔性，更加依赖于沟通协调。对于检察机关来说，应当避免下级检察院向涉案单位以外的（异地）上级单位制发检察建议①。

【例文】（略）

项目十　再审行政判决书

【文书格式】

××××人民法院

行政判决书

（再审行政案件用）

（××××）×行再××号

抗诉机关××××人民检察院（未抗诉的，此项不写）。

再审申请人（写明原审诉讼地位）×××，……（写明姓名或名称等基本情况）。

被申请人（写明原审诉讼地位）×××，……（写明姓名或名称等基本情况）。

原审第三人（或原审中的其他称谓）×××，……（写明姓名或名称等基本情况）。

（当事人及其他诉讼参加人的列项和基本情况的写法，除当事人的称谓

① 关于“转送”及“异地”的解读，参见高景峰、吴孟栓、米蓓：《〈人民检察院检察建议工作规定〉理解与适用》，载《人民检察》2019年第8期。

外，与一审行政判决书样式相同。再审申请未提及的当事人，按原审判决书中诉讼地位列明。）

原审原告（或原审上诉人）×××与原审被告（或原审被上诉人）×××……（写明案由）一案，本院（或××××人民法院）于××××年××月××日作出（××××）×行初/终/再××号行政判决，已经发生法律效力。……（写明进行再审的根据）。本院依法组成合议庭，公开（或不公开）开庭审理了本案。……（写明到庭的当事人、代理人等）到庭参加诉讼。本案现已审理终结（未开庭的，写“本院依法组成合议庭审理了本案，现已审理终结”）。

……（概括写明原审生效判决的主要内容；简述检察机关的抗诉理由，或者当事人的陈述或申请再审要点）。

经再审查明，……（写明再审确认的事实和证据）。

本院认为，……（写明本院判决的理由）。依照……（写明判决依据的行政诉讼法以及相关司法解释的条、款、项、目）的规定，判决如下：

……（写明判决结果）。

……（写明诉讼费用的负担）。

……（按第一审程序进行再审的，写明“如不服本判决，可以在判决书送达之日起十五日内向本院递交上诉状，并按对方当事人的人数提出副本，上诉于××××人民法院”。按第二审程序进行再审或者上级法院提审的，写明“本判决为终审判决”）。

审　判　长　×××
审　判　员　×××
审　判　员　×××
××××年××月××日
（院印）

本件与原本核对无异

法官助理　×××
书　记　员　×××

附：本判决适用的相关法律依据。

【再审行政判决书写作谈】①

再审行政判决书是各级人民法院依照检察院抗诉、当事人申请再审或者人

① 本文由王晓滨法官撰稿。

民法院院长发现程序，对于一审或者二审判决、裁定已经发生法律效力的行政案件，经提起再审或者指令再审程序之后，依法组成或者另行组成合议庭，按照一审或者二审程序再审终结，就案件的实体问题作出决定时制作和使用的一种行政裁判文书。[①] 其写作主体是再审人民法院，写作受体是提起抗诉的人民检察院、再审申请人、被申请人和原审第三人，写作主旨是表达再审人民法院对再审行政案件的实体处理意见。制作再审行政判决书，应当以《行政诉讼法》第91条、第93条，《行诉法解释》第110条、第119条[②]、第120条[③]、第122条等规定为依据。同时，也应当遵循《行政诉讼文书样式（试行）》《人民法院国家赔偿案件文书样式》等规定的技术规范标准，但是可以根据案件情况合理调整事实认定和说理部分的体例结构。

再审行政判决书是再审程序过程和结果的记录，体现再审程序的特点。其制作应当贯彻实事求是、有错必纠的原则。再审行政判决书的判决结果，要么通过维持方式对原审法院正确的判决结果予以肯定，要么通过改判方式对原审法院存在错误的判决结果予以否定和纠正。其主要价值体现在有错必纠，增强审判行为的公正度、透明度，规范审判权行使，提升司法公信力和司法权威，发挥再审行政判决书定分止争和价值引领作用，并以此弘扬社会主义核心价值观，切实维护诉讼当事人合法权益，努力让人民群众在每一个司法案件中感受到公平正义，促进社会和谐稳定。

再审行政判决书是审判监督程序的常用文书之一。由于行政案件审判监督程序应对的争议往往疑难复杂，影响面较大，而且再审程序的对象是已经发生法律效力的裁判，不是单纯诉讼双方之间的权利义务之争，因此，再审行政判决书的说理往往要求高于原审判决书，需要做到理据充分、以理服人。因此，

---

① 《行诉法解释》第122条规定，人民法院审理再审案件，认为原生效判决、裁定确有错误，在撤销原生效判决或者裁定的同时，可以对生效判决、裁定的内容作出相应裁判，也可以裁定撤销生效判决或者裁定，发回作出生效判决、裁定的人民法院重新审理。因此，采取裁定方式处理原审生效判决也是一种可选方式。

② 《行诉法解释》第119条规定，人民法院按照审判监督程序再审的案件，发生法律效力的判决、裁定是由第一审法院作出的，按照第一审程序审理，所作的判决、裁定，当事人可以上诉；发生法律效力的判决、裁定是由第二审法院作出的，按照第二审程序审理，所作的判决、裁定，是发生法律效力的判决、裁定；上级人民法院按照审判监督程序提审的，按照第二审程序审理，所作的判决、裁定是发生法律效力的判决、裁定。人民法院审理再审案件，应当另行组成合议庭。

③ 《行诉法解释》第120条规定，人民法院审理再审案件应当围绕再审请求和被诉行政行为合法性进行。当事人的再审请求超出原审诉讼请求，符合另案诉讼条件的，告知当事人可以另行起诉。被申请人及原审其他当事人在庭审辩论结束前提出的再审请求，符合本解释规定的申请期限的，人民法院应当一并审理。人民法院经再审，发现已经发生法律效力的判决、裁定损害国家利益、社会公共利益、他人合法权益的，应当一并审理。

写好再审行政判决书，不断提升文书质量，涉及对原审裁判的有效监督，是再审阶段行政法官办案能力和办案水平的直接体现，也是从现实和长远角度加强行政审判监督工作的重中之重。

再审行政判决书由首部、正文、尾部组成。

一、首部

首部依次包括法院名称、文书标题、文书编号、当事人及其他诉讼参加人基本情况、案由、原审法院作出生效行政裁判的时间及案号、再审根据以及审理经过。

（一）案由

有关案由的表述，一般援引一审、二审判决归纳的案由。如果原审判决归纳的案由明显不准确、使用有错，可以根据《案由暂行规定》归纳概括出科学准确的案由。

（二）再审的根据

再审的根据是首部必写的内容。可分为四种情况表述：

1. 因人民检察院提起行政抗诉而再审。写为：××××人民检察院于××××年××月××日提出抗诉。

2. 本院依职权审查后提起再审。写为：本院于××××年××月××日作出（××××）×行申（监）××号行政裁定，对本案提起再审。

3. 上级人民法院依职权审查后决定指令原审人民法院或其他人民法院再审。写为：××××人民法院于××××年××月××日作出×行申（监）××号行政裁定，指令本院对本案进行再审。

4. 上级人民法院依职权进行审查后提审。写为：本院于××××年××月××日作出×行申（监）××号行政裁定，对本案进行提审。

二、正文

正文部分依次包括原审生效判决的主要内容、检察机关的抗诉理由或者当事人陈述或者申请再审要点、经审理查明部分、本院认为部分、判决结果部分。这些内容环环相扣，犹如波浪层层推进，彼此间存在严密的逻辑关系。它们是决定再审行政判决书质量最为重要的内容。

（一）原审生效判决的主要内容、检察机关的抗诉理由或者当事人陈述或者申请再审要点

这些内容是再审法院审查的对象，是经审理查明部分、本院认为部分、判

决结果部分之基础。写作时应当注意：

1. 要准确写明原审生效判决的主要内容，其后归纳总结检察机关的抗诉理由，或者列明当事人的陈述或申请再审要点。其中，申请再审的请求与理由具有十分重要的承上启下作用，应当引起高度重视。

2. 对于原审法院生效判决所查明的事实和主要分析理由要进行客观全面的概括。不要照抄原审法院生效裁判的相关内容，防止再审行政判决书内容臃肿、结构失衡。

3. 对于检察机关的抗诉理由，当事人在原审期间的诉称、辩称，再审申请人的申请要求和申请理由要进行客观地归纳概括，简要叙述。不宜直接地、机械地复述行政抗诉书、行政起诉状、行政答辩状及行政再审申请书的原文。有些再审行政判决书机械照搬原审诉辩意见，甚至连当事人谩骂行政机关的言论和存在的笔误也予以照搬，这是极不可取的。最高人民法院近期针对文书公开上网引发的问题十分关注，三令五申要避免产生负面社会舆情，大力弘扬社会主义核心价值观，这些导向今后需要引起各级人民法院实实在在的关注和调适。

（二）经审理查明部分

一般情况下，如再审认定事实与原审一致的，写“本院经审理查明的事实与原审判决认定的事实一致，本院予以确认”。与原审认定的主要事实基本一致，但在个别事实作出新的认定的，写“本院经审理查明的事实与原审判决认定的事实基本一致。但原审认定的……事实不当，应认定为……”本院认定的事实是原审未认定的，写“本院另查明：……”

写作这部分内容时，要注意以下五点：

1. 要注意严格区分案件事实和庭审事实。案件事实是引发当事人实际争议的事实，庭审事实是庭审的客观经过。有些原审判决书“经审理查明”部分，描述的并非案件事实，而是庭审事实。如写“原告主张……，并提供了……证据，被告对原告提供的证据不予认可，对原告主张的事实予以否认”；或写“被告主张……，原告予以否认”。此类描述是法庭调查过程，系庭审事实而非案件事实，再审行政判决书也要避免对庭审事实的描述，少做无用功，但庭审事实可以在本院认为部分对证据的分析过程中使用。

2. 要知晓案件事实的写法。写作案件事实的基本要求是条理清楚、简明扼要。条理清楚就是当案情复杂时，要分清主次，按照一定的顺序逐一写明；简明扼要就是扼守再审请求之要，简要叙明案件事实。选取哪些事实来写，写到什么程度，都取决并服务于再审申请。

3. 对于合同等书证，可以直接引用，也可以间接引用。直接引用要使用引号，引用的文字要与书证中的文字完全相同。间接引用不使用引号，法官可以对书证内容进行适当地、精准地归纳。

4. 要避免证据的罗列。案件事实是证据所认定的事实。证据是证据，事实是事实。案件事实是由证据证明的法律事实，当多个证据证明一个事实时，再审行政判决书要直接写明根据证据认定的事实，而不是简单地罗列证明这一事实的多个证据的内容。

5. 尽可能明确认定事实的证据和理由。要写明认定某一事实或者不认定某一事实的理由，增强文书的说理性，做到用事实说话，以法理服人。

（三）本院认为部分

这是再审行政判决书的精髓部分，是要做到以理服人的“理”之载体。再审行政判决书的说理应当坚持以事实为根据，以法律为准绳，针对争议焦点，根据庭审举证、质证、法庭辩论等情况，结合社会主义核心价值观，重点说明裁判事实认定和法律适用的过程和理由。

本院认为部分一定要重视说理的针对性和全面性。注重事理分析和法理分析，兼顾全面审查和重点突出。针对再审申请请求或者抗诉请求及其相应理由，重点围绕争议焦点，就原审判决及被诉行政行为是否合法，再审申请理由或者抗诉理由是否成立，再审请求或者抗诉请求是否应予支持等展开论述，阐明维持原判或者撤销原判予以改判的再审分析理由。

本院认为部分要紧紧围绕再审申请人的再审请求、检察机关的抗诉请求展开，强化说理性。为此，要根据不同类型的案件关注相应的审查重点。第一，对于作为类的行政案件，要关注被诉行政行为的行政主体是否具有法定职权，认定事实是否清楚，主要证据是否充分，适用法律、法规、规章和其他规范性文件是否正确，是否符合法定的行政程序，是否存在超越职权、滥用职权，行政行为是否显失公正。对采用驳回诉讼请求、确认判决等判决方式的，应当阐明具体的理由。第二，对于不作为类案件，要关注原审原告要求行政主体履行何种法定职责、是否提出过申请，行政主体是否具有法定职权以及其明示拒绝、拖延履行、不予答复是否合法。据此阐明原审原告的履责申请是否成立、原审法院支持与否的分析理由是否成立。第三，对于行政赔偿类案件，要关注被诉行政行为是否合法或是否已被法院依法确认违法，赔偿权利人的合法权益是否受到侵害，两者有无因果关系，赔偿义务机关应否承担以及如何承担行政赔偿责任，据此对原审行政判决理由作出评析。

再审行政判决的过程总体上是阐明理由，标明适用法律，形成判决结果的过程。大多数判决的本院认为部分遵循了演绎推理这种推理形式，说理过程通常为三段论的推理过程，即对大前提（法律规定）和小前提（案件事实）进行说理分析，从而得出最终结论；需要突出裁判结果和事实依据、法律准绳之间的逻辑联系；避免只罗列法条，而不进行分析推理，或者只陈述事实，不说明法理依据等割裂法律适用与案件事实之间逻辑关系的做法。点明争议的焦点要精准，描述案件有关事实问题或者法律问题的当事人主张和原审法院分析理由要客观，分析原审判决理由的是与非要科学合理，论证并阐明再审判决所持的观点、相关法律规定和理由要有说服力。简单的案件用一个“三段论”即可，当案件复杂，有多个再审请求时，就得用多个“三段论”来论述。需要多个“三段论”时，不同的“三段论”之间不要交叉，写完一个再写另一个。当然，不是所有的案件都适合“三段论”，无须一定套用“三段论”模式。比较可取的方式是，在每组“三段论”的形成过程中，尽可能将争议焦点、案件事实、处理结果以及法院的观点表述清晰之后，再对各种不同观点予以回应，减少和防止立论、反驳交织过杂，有利于增强判决的条理性、说理性。

本院认为部分的说理应当使用简洁明快、通俗易懂的语言，讲求繁简得当，丰富修辞论证，提升语言表达和说理的接受度和认可度。要特别注意，再审行政判决是对原审判决的监督，即便最终结果是维持，本院认为部分亦不可照搬原审判决的文字表述，即与原审判决的本院认为部分完全雷同。同样的审判思路也需要采用不同的表述方式，展现出不同语言风格，这既是一种工作态度，也是对当事人的尊重，也是法律文书写作双重转换规律的要求。

本院认为部分对法律、法规等规范性法律文件的引用，应当按照《最高人民法院关于裁判文书引用法律、法规等规范性法律文件的规定》，注重法条的针对性和具体性，特别是在分析过程中对法条的引用，要减少笼统地引用一般的程序性条款的情形，实体问题要找准找对实体法，即便缺乏十分清晰明确的法律依据，也要引用总则性或者原则性的法条。最终作出判决结论的依据可以是相对格式化的一般程序性条款，但要坚决杜绝出现没有标明法律依据的判决。

（四）判决结果部分

本部分又被称为判决主文部分，是再审法院对再审申请人申请再审或者检察机关的抗诉活动所形成的最终处理意见，也是人民法院执行活动的根本依据。主要分为以下三种情形：

1. 全部改判的，写为：“一、撤销××××人民法院××××年××月××日（××××）×行初/终/再××号行政判决（如一审判决、二审判决、再审判决均需撤销的，应分项写明）；二、……（写明改判的内容。内容多的可分项写）。”

2. 部分改判的，写为：“一、维持××××人民法院××××年××月

××日（××××）×行初/终/再××号行政判决第×项，即……（写明维持的具体内容）；二、撤销××××人民法院××××年××月××日（××××）×行初/终/再××号行政判决第×项，即……（写明部分改判的具体内容；如一审判决、二审判决均需撤销的，应分项写明）；三、……（写明部分改判的内容。内容多的可分项写）。”

3. 仍然维持原判的，写为：“维持××××人民法院××××年××月××日（××××）×行初/终/再××号行政判决。”

通常，由于前面的本院认为部分已经就法院最终意见的理由和所适用的法律进行了论述和明确，判决结果部分就是要再一次以概括的方式明确法院的最终意见。判决结果部分的撰写，追求简洁明了，表达清晰准确，不存在遗漏，具备执行的可操作性。判决结果中有给付内容的，要根据给付的具体内容详细写明给付标的、给付期限、给付方式等要素，以便于当事人主动履行或者申请人民法院强制执行。再审行政判决书的判决结果不宜脱离案件当事人原审诉讼请求、再审申请的范围，判决结果是再审法院对当事人真实意思表示的原审诉讼请求或者再审申请的最终意见，但判决结果不必拘泥于当事人原审诉讼请求或者再审申请的具体文字表述，如果当事人的表达存在文字表述不当或者欠妥的，则需要用准确、规范的表述作出修正。同时，基于行政诉讼对被诉行政行为全面审查的原则，少数情形下，为有利于案件处理的法律效果、社会效果和政治效果的统一，对涉及当事人核心权益救济和重大社会公共利益的事项，在当事人诉求欠规范完整的情形下，适当超过原审诉讼请求作出判决并不被当然禁止。如行政协议案件中有关判决解除协议或者确认协议无效的法律后果，在当事人未明确表示不要求法院处理的情况下，法院也可以依职权作出判决，使纠纷一次性解决，以减少当事人的诉累。最后需要强调的是，依法再审改判的案件，在判决结果部分必须对原审所有生效裁判文书的效力逐一作出列举和处理（如撤销或者部分撤销等），不可疏漏。

三、尾部

尾部依次包括诉讼费用负担、上诉权利或终审判决告知、合议庭署名、判决书制作时间、加盖院印、本件与原本核对无异戳、法官助理与书记员署名，以及作为附项的本判决适用的相关法律依据等内容。

根据《人民法院诉讼收费办法》的相关规定，依照审判监督程序进行提审、再审的案件，免交案件受理费。对于再审判决结果为仍然维持原判决结果的案件，不再写诉讼费用负担的项目。但对于再审判决结果是全部改判或部分改判的案件，依照《诉讼费用交纳办法》的规定需要交纳案件受理费的，由于败诉方的责任变化，应当相应地变更原判有关诉讼费用负担的决定，写明原审诉讼费用以及再审诉讼费用由谁负担或者双方分担。对驳回再审申请，但依照《诉讼费用交纳办法》的规定需要交纳案件受理费的，写明再审诉讼费用的负担。制作再审行政判决书时，要注意参考一审、二审行政判决书样式的说明。

四、注意事项

案件再审的过程，既是权利救济的过程，也是一个监督原审裁判公正性的过程，再审法官是“监督法官的法官”。这种审判监督的合法性、合理性的基础载体，在审判活动中的主要体现就是再审判决书。法官们普遍认为最难写的法律文书就是再审判决书，在行政诉讼活动中的具体体现就是再审行政判决书的撰写。这种难度集中在如何提高判决书的说理性，在事实认定、证据采信和法理分析过程中真正做到言之有物，客观全面，科学精准，依据充分，无懈可击。

（一）再审行政判决书写作中存在的具体问题

再审行政判决书的质量，决定着审判监督的过程是否透明，审判监督的教育、引导和示范作用能否充分发挥，审判监督能否达到法律效果、社会效果和政治效果“三效统一”的良性效果。当前，再审行政判决书写作中仍然存在结构残缺不全，公开性不足，说理欠缺，裁判文书千案一面，缺乏论证推理，看不出判决结果的形成过程，说服力不强等问题。具体体现在六个方面：（1）当事人的称谓表述不当。在制作再审行政判决书中对再审申请人的称谓没有改变，仍保留其原审中当事人的称谓，即原审原告、原审被告、原审第三人，造成原审与决定再审后的当事人称谓没有区分。（2）没有将原审生效判决的事实认定与判决结果概要写明；没有写明再审申请人提出申请再审的主要理由与请求。（3）对当事人诉求和答辩意见的归纳过于简单，不能全面反映当事人的诉辩意见；不叙述诉辩主张的演变过程；对当事人的某些主张采取消极回避的态度，乃至曲解当事人的诉辩主张。（4）对案件事实的认定采取叙述式写法，叙述事实不全面，有选择性地认定事实；存在轻证据倾向，不能体现当事人举证、质证和法庭认证的情况，或对证据只字不提，或引述证据格式化，缺乏针对性，或引述证据笼统含糊，不能说明证据来源、证明对象等关键问题；只能看到事实的结论性陈述和证据的简单罗列，看不到法官对证据的分析、认定、采信和排除过程，对是否采信证据、支持诉辩主张只给结论，不说理由或者说出的理由含混不清，让人看不明，难服气。（5）说理性差。不针对诉讼各方当事人的意见、主张及个案的具体情况来分析说理，而只是说同一类型案件都适用的共性的东西，说理不准；不对诉讼各方的所有证据、主张、观点、理由、意见以及各方虽未提及但与案件裁判有关的问题作出全面分析，说理不全；说理简单、肤浅、贫乏，只说表面的，不触及深层次的问题和实质性内容，只有法规条款的简单引用，缺乏法规条款的具体内容以及诉辩双方就法律适用的意见和理由，也缺乏法官对案件事实和适用法律之间逻辑关系的阐述以及采纳哪方意见的法理分析，说理不透。（6）判决主文存在不依照“先维持、后撤销、再改判”这个顺序要求去表述问题；在不对原审生效行政判决书主文作出是否维持或作出是否撤销的情况下，直接在再审行政判决书的主文中作出判决，导致原审行政判决还继续生效。此外，一些再审行政判决书还存在诸如公开诉讼过程不完全，没有写明原审及再审程序提起的过程等问题。造成上述问题的主要原因，从外因上看主要有诉讼框架、文化传统、司法体制、上级法院对下级法院的指导和规范不到位、法官培训不足以及缺乏激励法官撰写理由论述充分的司法判决书的制度环境等；从内因上看主要是一些地方再审法官哲学伦理修养亟待提高，法律逻辑系统训练欠缺，知识不够渊博，法学理论素养不深，驾驭汉语汉字的水平不高，对裁判文书改革的理论研究不够、功能定位不准等。

（二）写好再审行政判决书的要旨

再审行政判决书要确定的往往是最具权威性的裁判规则，它所要阐明的法理和司法原则，必须有坚实的事实基础以及深厚的法律与法理依据，方能使其成为审判权公正行使的有力证明和说服当事人服判息诉的法制教材，成为督促和推进行政机关依法行政的圭臬，成为向社会宣传法律、展示人民法院公正形象的载体。

写好再审行政判决书的要旨在于增强裁判的说理性，为此，必须紧扣再审争议焦点，强化对争议证据和事实的分析、认证，强化对法律争议焦点的分析、论证。首先，就文书叙述事实、分析证据方面而言，必须客观、全面地归纳再审当事人的事实主张及其理由，要注意客观陈述其本意，不能带有主观色彩，更不能随意篡改、歪曲原意；对多个主张及其理由不能遗漏，不能以偏概全，更不能为我所用，断章取义。必须处理好原审事实与再审事实之间的关系，叙述原审判决认定的事实和理由时，应当根据行政案件再审的需要进行概括，既要避免简单照抄原判内容，又要改变只写原审判决理由和结果的做法。一般而言，应当提炼出原审法院认定的基本法律关系或者主要事实，而涉及再审争议的原审事实要详细写明。其次，就法律适用方面而言，应当围绕再审争议焦点，针对再审诉辩主张能否成立，再审意见是否采纳，逐个展开说理，逐一进行评述，揭示已认定事实与法律规定之间的内在联系，解读法律，阐释法理；对于行政机关行政行为的合法性要有针对性地加以分析；同时，要高度重视再审程序是以原审生效判决为审理对象的，说理还应当紧紧围绕原审判决而展开，充分分析、评判原审判决理由和判决结果是否正确。

（三）再审行政判决书对逻辑论证的把握标准

再审行政判决书要逻辑严密、环环相扣、论证有力。严密的逻辑性贯穿在案件事实的叙述和论证说理之中。论证说理尤其要重视逻辑方法的运用，并遵守同一律、矛盾律、排中律、充足理由律等逻辑规律，使论证过程严密化、明晰化、规范化，以提高论证结论的科学性、合法性。再审行政判决书对争议事实的认定应当依据已经采纳的证据进行，应当阐明证明事实成立的已经为法院采纳的证据，并阐明证据与事实之间的逻辑关系。根据再审行政判决书的特点，应当重点对原审判决认定错误的事实、未认定的事实，以证据为基点，从证据与事实之间逻辑关系的角度，分析原审判决认定事实错误的原因，说明纠正该错误的理由。具体应注意以下几点：（1）再审行政判决书的说理要逻辑严密，应当做到审查采信证据与认定事实以及诉辩各方主张相对应、事理法理分析与事实结论相对应、判决主文与诉讼请求相对应；应当保持概念的同一性，论证不得自相矛盾，不得使用模糊语言。（2）再审行政判决书应当结合原审法院观点，庭审举证、质证、法庭辩论以及法庭调查核实证据等情况，重点针对裁判认定的事实或者事实争点进行释法说理。依据间接证据认定事实时，应当围绕间接证据之间是否存在印证关系、是否能够形成完整的证明体系等进行说理；采用推定方法认定事实时，应当说明推定启动的原因、反驳的事实和理由，阐释裁判的形成过程。（3）再审行政判决书应当展示证据的认定和采信过程。应当以判明证据的真实性、合法性、关联性为核心，阐明证据是否采信的理由，对诉辩各方提供的证据应当全面地作出回应，不得遗漏。

（四）再审行政判决书对法律适用的把握标准

再审行政判决书的法律适用是一个严肃的过程，需要严格依据《立法法》、《行政诉讼法》及相关司法解释的规定精神操作。审判实践中应当注意的是：（1）再审行政判决书引用规范性法律文件进行释法说理，应当适用《最高人民法院关于裁判文书引用法律、法规等规范性法律文件的规定》等相关规定，准确、完整地写明规范性法律文件的名称、条款项序号；需要加注引号引用条文内容的，应当表述准确和完整。除依据法律法规、司法解释的规定外，法官可以运用下列论据论证裁判理由，以提高裁判结论的正当性和可接受性：最高人民法院发布的指导性案例；最高人民法院发布的非司法解释类审判业务规范性文件；公理、情理、生活经验、生活常识、职业伦理等一般规则；立法说明等立法材料；采取历史、体系、比较等法律解释方法时使用的材料；

法理及通行学术观点；与法律、司法解释等规范性法律文件不相冲突的其他论据。（2）再审行政判决书应将裁判所依据的法律、法规、司法解释条文全部列明。不得直接引用《宪法》，最高人民法院、地方各级人民法院关于审判工作的指导性文件、会议纪要、各审判业务庭的答复意见以及人民法院与有关部门联合下发的文件等相关条款。（3）诉讼各方对案件法律适用无争议且法律含义不需要阐明的，再审行政判决书应当集中围绕裁判内容和尺度进行释法说理。原审法院和诉讼各方对案件法律适用存有争议或者法律含义需要阐明的，再审法官应当逐项回应法律争议焦点并说明理由。法律适用存在法律规范竞合或者冲突的，再审行政判决书应当说明选择的理由。少数案件没有明确的法律规定作为裁判直接依据的，法官应当首先寻找最相类似的法律规定作出裁判；如果没有最相类似的法律规定，法官可以依据法律原则、立法目的等作出裁判，并合理运用法律方法对裁判依据进行充分论证和说理。在再审行政案件审理中，法官行使自由裁量权处理案件时，应当坚持合法、合理、公正和审慎的原则，充分论证运用自由裁量权的依据，并阐明自由裁量所考虑的相关因素。

（五）再审行政判决书对证据采信的把握标准

证据问题是诉讼的核心问题。当事人提出的主张或者请求，需要用证据来证明；法官查明事实的过程，也就是运用证据证明的过程。再审行政判决书较之于原审裁判文书，应当成为更具权威性的裁判权公开、公正行使的有力证明。

1. 对证据的列明要体现再审特点

再审对事实的认定是在原生效判决已认定的事实的基础上进行，因此，当事人对原审判决认定的事实无异议的，再审行政判决书可在进行必要的交代后直接予以认定，而不必列明有关证据。而对存在争议的事实，特别是原审判决认定错误的事实、没有认定的事实，各方当事人在再审中提出的那些证据，也即可能导致改判的证据，再审行政判决书应当无一遗漏地列明，这是审判公开、公正的必然要求。在证据的排列上，应当将不服原判的当事人提出的证据排列在前，将对方当事人提出的证据排列在后，依次进行；同一当事人提出的证据，原则上应当按照当事人提交证据时的分类编号排列，必要时，人民法院可以按争议事实顺序分类编号排列，但不得遗漏当事人提交的证据；人民法院依照当事人申请调查收集的证据，作为提出申请的一方当事人提供的证据；人民法院依照职权调查收集的证据则应单独列明。

2. 客观、全面地叙述当事人对证据的质证意见

再审行政判决书应当客观、全面地叙述当事人围绕证据的真实性、关联性、合法性、证明力有无以及证明力大小所发表的质疑、说明与辩驳意见。在顺序排列上，一般应当按照列明证据的顺序，依次叙述对证据的质证意见。在

叙述对方当事人质证意见前，应当根据举证人的举证说明对证据的形式、内容、证明对象作必要的说明。人民法院依照当事人申请调查收集的证据，再审行政判决书应当就当事人申请情况、法院同意当事人申请以及进行证据调查的有关情况进行说明；不同意当事人提出的证据调查申请的，也应当在判决书中说明理由。人民法院依照职权调查收集的证据，再审行政判决书应当就依职权调取证据的法律依据、证据调取等情况进行说明。上述证据均应当交付当事人质证，并在判决书中客观、全面地载明当事人质证意见。再审行政判决书对当事人质证意见的叙述应当以当事人核对后签名或者盖章的笔录为依据。当事人发表的质证意见过于繁杂的，可以进行归纳、整理，但应当保持原意，并不得遗漏当事人提出的质证意见。

3. 对直接涉及争议事实的证据是否采信要详细说明理由

对当事人提交的直接涉及争议事实的证据不表态或者虽然表态但不说明理由，是不少再审行政判决书存在的问题，也是当事人意见最大之处。此问题也最考验审判监督法官的功力和办案水平。再审行政判决书关于案件事实和证据的写作，应以证据为基点，展现从分析证据着手，通过采纳证据并继而认定案件事实的逻辑过程。法官应当全面、客观地审核证据，依据法律的规定，遵循法官职业道德，运用逻辑推理和日常生活经验，对证据有无证明力和证明力大小独立进行判断，并公开判断的理由和结果；法官应当在判决书中阐明证据是否采纳的理由；对当事人无争议的证据，是否采纳的理由可以不表述。

4. 关注法律上“新的证据”

从行政再审案件法院最终作出改判的实效看，相当一部分是因为出现了《行政诉讼法》第91条第（2）项“有新的证据，足以推翻原判决、裁定”之情形。再审行政案件在审判监督过程中，有关的证据审查首先要看是不是存在上述“新的证据”。法律上规定的这种“新的证据”与许多案件审理中当事人所主张强调的“新的证据”并非同一概念。司法实践中常常发现，有的所谓“新的证据”实际上仅是原审期间提交过但原审法院没有采信的证据，有的“新的证据”是逾期提交的证据，有的则是行政机关作出行政行为时没有掌握的证据，等等。根据《行政诉讼法》及其司法解释规定精神，当事人应当在举证期限内提供证据，逾期提供的，在庭审中对方当事人可以拒绝质证，而没有经过质证的证据材料是不能作为定案依据的。在通常情况下，如果是逾期提供的证据，依法不能作为启动再审的依据。而从行政诉讼追求实体正义的角度出发，能够产生“足以推翻原判决、裁定”效果的“新的证据”，往往是决定当事人重大权益归属的证据，特别是在行政行为作出之时双方当事人不了解、不掌握的证据。此时，虽然行政诉讼法上有案卷主义规则的一般约束，但从

“有错必纠”的裁判理念和原则出发，案件往往仍有通过再审改判的可能性。但类似的一些再审行政判决书，需要注意对行政机关作出被诉行政行为时不存在过错等情形作出专门释明。总之，对法律上的“新的证据”的理解要严格依法依规，防止泛化。

（六）再审行政判决书不可忽视个性化表达

作为一种特殊的公文，最高人民法院对再审行政判决书规定了固定的样式，设定了写作的规范，以体现严肃性、权威性。法官在制作再审行政判决书时必须遵循样式与规范，做到文书基本要素完整、主要结构规范，不允许随心所欲，信马由缰。最高人民法院强调再审行政判决书写作的规范化，并没有否定法官制作本文书的个性化，它也兼顾为各级人民法院和法官个人对文书的发展续造预留了空间，承认法官在制作再审行政判决书时可以有个性化表达。法官个性化表达有其存在的合理性，首先，世界上没有两片完全相同的树叶，现实中的再审行政案件也是彼此存在差别，很难找到两个完全相同的再审行政案件。其次，法官的审判水平存在差异，哪怕是审理同一个再审行政案件，事实能否查清、焦点问题能否归纳准确、诉讼引导是否到位、是否做到能动司法，也会显现出不同法官的不同特点。最后，法官的裁判文书撰写水平各不相同。所有这些因素，导致了不同的法官在运用再审行政判决书这一种文书样式写作时，会形成个性不同的再审行政判决书。

法官个性化表达，其驰骋空间主要在判决理由部分。判决理由部分是再审行政判决书的灵魂。其说理如果公式化、概念化，语焉不详，使用了千篇一律的套话，即便判决结果做到了合理合法，其公正性也会使人产生合理怀疑。相反，判决理由部分强化了说理，做到了个性化表达，则更有利于作出一份让人民群众特别是各方当事人感受到公平正义的再审行政判决书，达到判决的法律效果、社会效果和政治效果的统一。因此，再审行政判决书制作中应当允许法官体现个性化色彩，尊重其个性化表达。如何做到再审行政判决书的个性化表达最优化，需在以下两个方面用好力：

其一，案件的说理过程不是抽象的，而是具体的。法官要结合个案实际情况，彰显自身逻辑分析能力和法学理论所长，强化再审行政判决书的个案针对性，不能为说理而说理。可区分以下情形说理：一是诉讼双方争议的焦点是事实认定，而对法律适用没有争议的，则要把认证说理作为重点，无须对法律适用问题进行论证。二是当事人对案件事实和证据没有争议，而只是对法律适用、责任认定、实体处理有争议的，则要把说理重点放在法律解释与推理、对责任的分析论证上，而无须对证据认定进行说理。三是当事人对事实认定和法律适用、责任承担、实体处理均有争议的，要针对各个争议焦点逐一进行论证说理。由此才能使制作的裁判文书富有个性，具有说服力。

其二，再审行政判决书作为诉讼过程的记录，标示着法官行政审判权的运用和诉讼各方的权利是否得到充分的保障，应当对导致法律后果的主要诉讼过程有一个全面、客观的交代。需要关注以下四个方面：（1）再审行政判决书追求公开公正，对审判公开、诉辩主张公开、举证要点公开、质证过程公开、认证意见公开、裁判依据公开，体现法院审判公开的透明度。通常，一份好的法律文书应能反映整个审判过程中所采取的基本流程和措施，而不需要另外查阅案卷就能明白整个诉讼过程。（2）再审行政判决书追求通俗易懂，体现一定的亲和力，对于一些生涩的法律词语和法学理论要作必要解释，使文书的说理能够为公众所理解和接受。不要把裁判文书写成"天书"，晦涩难懂，让群众产生距离感。（3）再审行政判决书追求繁简得当，该简则简，该繁则繁。既要避免不考虑案件的具体情况和当事人实际需要，长篇大论却不体现当事人的意志和利益，也要避免存在规则空白需要详细推理时却一笔带过。对各方当事人争议较大、社会关注度高的敏感案件等，说理务必要透彻，方有利于达到息诉罢讼、定分止争的功效。（4）再审行政判决书追求创作要根植于庭审，庭审过程的核心是举证、质证，未经当庭举证和相互质证的证据不能作为定案依据，更不能写入判决书中，庭审与文书制作两者的关系相辅相成，相互促进。可以说，裁判文书质量的优劣取决于办案质量的高低，而办案质量的高低又取决于法官综合素质的高低。裁判文书的质量是一个法官的政治素质、法律素养、审判经验、文字表达能力和审判作风等综合素质的重要体现。学无止境，每一个行政法官需要通过多种方式增进政治理论和法学知识学习，提高业务素质，才能为办好案、写好文书打好坚实的基础。

【例文】

中华人民共和国最高人民法院

行政赔偿判决书

（2018）最高法行再000号

再审申请人（一审原告、二审上诉人）周某某，男，19××年××月××日出生，汉族，住浙江省湖州市吴兴区××路××号。

委托代理人程某，浙江××律师事务所律师。

委托代理人谢某某，北京市××律师事务所律师。

被申请人（一审被告、二审被上诉人）浙江省×经济技术开发区管理委员会。住所地：浙江省湖州市龙溪路×号。

法定代表人凌某某，该管理委员会主任。

委托代理人涂某某，广东×律师事务所律师。

委托代理人施某某，浙江×律师事务所律师。

再审申请人周某某诉被申请人浙江省×经济技术开发区管理委员会（以下简称×经开区管委会）拆迁行政赔偿一案，浙江省湖州市中级人民法院于2016年4月11日作出（2014）浙湖行赔初字第0号行政赔偿判决：(1) ×经开区管委会赔偿周某某赔偿金499 617.9元；(2) 驳回周某某其他诉讼请求。周某某不服提起上诉后，浙江省高级人民法院于2016年11月24日作出（2016）浙行赔终00号行政赔偿判决：驳回上诉，维持原判。周某某仍不服，向本院申请再审。本院于2018年7月31日作出（2018）最高法行申000号行政裁定，提审本案，并依法由审判员王某某、审判员耿某某、审判员白某某组成合议庭，于2018年10月16日公开开庭审理了本案。再审申请人周某某，委托代理人程某、谢某某，被申请人×经开区管委会的法定代表人凌某某，委托代理人涂某某、施某某到庭参加诉讼。本案现已审理终结。

浙江省湖州市中级人民法院一审查明：周某某在浙江省湖州市吴兴区凤凰街道陈板桥村×湾自然村（以下简称×湾村）拥有房屋两处（建筑面积分别为262.44平方米、238.88平方米），分别系其叔父周某1、其父周某2于1984年建造，1992年经协商周某某购得该两处涉案建筑。×湾村于2010年起开始实施农房拆迁改造，因未能与周某某达成安置补偿协议，×经开区管委会之内设机构拆迁办公室（以下简称经开区拆迁办）于2012年3月13日向湖州×太湖集团有限公司发出书面函件，载明“陈板桥村×湾区块列入开发区旧村改造范围，该区块涉及周某某楼房2幢（含拖间）总建筑面积501.32平方米（面积分别为262.44平方米和238.88平方米）。涉及周某某父亲周某2平房及简易房2处总建筑面积38.95平方米（其中平房26.95平方米，简易房12平方米）。现因旧村改造工作建设需要，将这些房屋先以拆除，其拆迁安置补偿事宜由开发区拆迁办和拆迁户协商处理”。同月，经开区拆迁办组织人员将涉案建筑强制拆除。另查明，×湾村的土地性质为集体所有土地。周某某不服诉至一审法院，请求判令×经开区管委会按国有土地上房屋征收标准对其安置赔偿人民币8 271 780元。

一审法院认为：《最高人民法院关于审理行政赔偿案件若干问题的规定》第二十八条规定，当事人在提起行政诉讼的同时一并提出行政赔偿请求，或者因具体行政行为和与行使行政职权有关的其他行为侵权造成损害一并提出行政赔偿请求的，人民法院应当分别立案，根据具体情况可以合并审理，也可以单独审理。本案属于当事人在提起行政诉讼的同时一并提出行政赔偿请求的情形，故本案与（2014）浙湖行初字第22号行政案件采取分开立案、合并审理的方式。本案中×经开区管委会内设机构于2012年3月强制拆除周某某涉案建筑行政行为违法，侵害了周某某的合法权益，应当承担赔偿责任。本案周某某诉请×经开区管委会赔偿涉案建筑价值，但涉案建筑已被拆除且无法评估，而双方对×众诚房地产评估事务所作出的众诚评估湖（10）拆16－064号以及众诚评估湖（10）拆16－065号《湖州房地产评估单》中涉案房屋建筑面积、附属物等没有异议，故可参照该两份《湖州房地产评估单》确定价值。本案的争议焦点为对于涉案建筑应当以何赔偿标准予以赔偿。周某某主张参照邻近地块国有土地上商品房价格予以确认赔偿标准，缺乏事实和法律依据，一审法院不予采信。一审法院认为在无法以评估或其他方式确定涉案建筑价值的情况下，可以参照湖建发（2013）184号《湖州市住房和城乡建设局关于印发湖州市市区国有土地上房屋征收评估有关标准的通知》（以下简称184号《通知》）予以确定。由于×经开区管委会违反法定程序强制拆除涉案建筑，存在过错，故一审法院以有利于周某某的标准，确定涉案建筑的材质等级及成新率。一审法院参照184号《通知》确定涉案建筑材质为砖混混合一级，成新率为75%。根据众诚评估湖（10）拆16－064号以及众诚评估湖（10）拆16－065号《湖州房地产评估单》，涉案建筑的建筑面积分别为262.44平方米和238.88平方米，故一审法院确定两建筑的重置价分别为257 847.3元和234 699.6元。又根据该两份《湖州房地产评估单》，一审法院确定涉案建筑的附属物价值为4253元和2818元。故赔偿总价值为499 617.9元。据此，一审法院依照《中华人民共和国国家赔偿法》（以下简称《国家赔偿法》）第四条第四项、第三十二条、第三十六条第四项和《最高人民法院关于审理行政赔偿案件若干问题的规定》第三十三条之规定，判决：（1）×经开区管委会赔偿周某某赔偿金499 617.9元。（2）驳回周某某的其他诉讼请求。

周某某不服一审判决，向浙江省高级人民法院提出上诉，请求撤销一审判决，依法改判×经开区管委会向其支付赔偿金13 641 920元。其主要的上诉理由为：一审判决以184号《通知》为依据，确定其房屋的赔偿价值系适用法律错误。一审判决未适用市场比较法对其房屋价值进行测算明显错误，未能正确适用《国有土地上房屋征收与补偿条例》《最高人民法院关于审理涉及农村集体土地行政案件若干问题的规定》相关条款处理本案，导致了不公平、不合理的判决。现其合法建筑已被强制拆除，其在原址对被拆除房屋进行重置已不可能实现，只能购买周边同等地段的商品房用于居住，其要求参照同等地段商品房价格确定赔偿数额完全合情、合理、合法。浙江省高级人民法院二审对一审法院查明的事实予以确认。

二审法院认为：本案系因×经开区管委会对周某某涉案房屋的行政强制拆

除行为违反行政程序被一审法院确认违法而引发的行政赔偿案件。根据《国家赔偿法》第二条规定，行政赔偿是指国家行政机关及其工作人员违法行使职权，侵犯了公民、法人和其他组织的合法权益并造成损害的，由行政机关作为赔偿义务机关对造成的损害承担赔偿义务。该法第四条第四款规定，行政机关及其工作人员在行使职权时，有造成财产损害的其他违法行为情形的，受害人有取得赔偿的权利。第三十六条第八项规定，侵犯公民、法人和其他组织的财产权造成其他损害的，按照直接损失给予赔偿。涉及本案，周某某的房屋系集体土地上的房屋，因房屋所在地×湾村实施农房拆迁改造而被强制拆除。但行政赔偿与拆迁补偿安置分属不同的救济途径，且《国家赔偿法》第三十六条第八项已明确规定财产权受到损害的按照直接损失给予赔偿，故周某某提出按照国有土地上房屋征收补偿标准给予赔偿，缺乏事实和法律依据。由于涉案房屋已被拆除且无法再行评估，一审法院鉴于当事人双方对×众诚房地产评估事务所就周某某两处房屋作出的众诚评估湖（10）拆16-064号以及众诚评估湖（10）拆16-065号《湖州房地产评估单》中的建筑面积、附属物等没有异议的实际情况，从有利于周某某的利益出发，参照184号《通知》确定涉案房屋的建筑材质等级为砖混混合一级，成新率为75%，并按照被拆除农房的重置价格结合成新计算涉案房屋的赔偿金，并无不当。但周某某仍享有×湾村农房拆迁改造安置补偿的权利。综上，周某某的上诉理由不能成立，二审法院不予采纳。一审判决认定事实清楚，适用法律正确，审判程序合法，依法应予以维持。据此，二审法院依照《中华人民共和国行政诉讼法》第八十九条第一项之规定，判决：驳回上诉，维持原判。

周某某向本院申请再审，请求撤销一审、二审判决，依法改判×经开区管委会向其支付赔偿金27 071 280元。其申请再审的主要事实和理由为：（1）一审、二审法院在明知×经开区管委会即将对陈板桥村的土地实施征收，再审申请人已不能在原址对被拆除房屋实现重置的情况下，仍主张参照184号《通知》的相关规定，以重置价确定再审申请人房屋价值，属于适用法律错误。两审法院应当严格依照《中华人民共和国物权法》、《国有土地上房屋征收与补偿条例》或者《最高人民法院关于审理涉及农村集体土地行政案件若干问题的规定》等相关法律、法规及司法解释的规定审理。（2）二审法院认为行政赔偿与拆迁补偿安置分属不同的救济途径，要求再审申请人另行主张拆迁改造安置补偿，将此事项排除于行政赔偿范围之外，不仅造成了再审申请人的讼累，也不符合有效化解行政争议的行政诉讼法立法目的，有违法律的公平公正。被申请人对涉案房屋的行政强制拆除行为已被法院确认违法，理应按照《国家赔偿法》的相关规定作出全面的赔偿。且即便按被申请人拟定的拆迁安置政策，再审申请人的501.32平方米的房屋被拆除后只能获得50平方米的安置面积，这根本无法保障其原有的居住条件不降低。（3）陈板桥村向村民发放宅基地征收补偿款的行为完全可以证明×湾村的集体土地已被依法征收。原审法院应参照《最高人民法院关于审理涉及农村集体土地行政案件若干问题的规定》第十二条第二款有关"征收农村集体土地时未就被征收土地上的房屋及其他不动产进行安置补偿，补偿安置时房屋所在地已纳入城市规划区，土地权利人请求参照执行国有土地上房屋征收补偿标准的，人民法院一般应予以支持"的相关规定对本案作出判决。综上，一审、二审判决认定事实不清，适用法律错误，再审申请人为维护其合法权益，现申请再审。

×经开区管委会答辩称：（1）对于涉案房屋系建造于1984年、再审申请人购买于1992年、2012年因实施旧村拆迁改造被拆除、所在土地性质为集体土地等事实，再审申请人无论两审还是其再审申请书中均无异议。（2）原审法院参照184号《通知》确定涉案房屋的价值，合法合理且充分考虑了再审申请人的最大合法权益。涉案房屋所在土地系集体所有土地，涉案房屋性质为集体土地上的农房。再审申请人主张应按国有土地上房屋征收与补偿的标准进行赔偿，不符合客观事实及相关法律、法规和司法解释之规定。（3）行政赔偿与拆迁改造安置补偿属于不同行政法律关系，二审判决告知再审申请人仍享有农房拆迁改造安置补偿的权利符合立法目的，符合行政诉讼"一事一审"的原则。（4）再审申请人有关"若按被申请人拟定的拆迁政策，申请人的501.32平方米的房屋被拆除后只能获得50平方米的安置面积，无法保障申请人原有居住条件不降低"之陈述纯属偷换概念，据核查其父母、前妻、儿子均得到拆迁补偿房屋安置；其所提之27 071 280元赔偿金额清单明细纯属随意主观虚报，系在原审"判令被告按国有土地上房屋征收标准对原告安置赔偿人民币8 271 780元"诉讼请求外随意增加诉讼请求，于法不符。此外，本案申请再审已超过6个月的法定期限，二审判决落款时间为"2016年11月24日"，而再审申请书落款时间为"2017年12月11日"。综上，请求本院依法维持原审判决，不支持再审申请人的再审申请。

以上事实有再审申请人提交的再审申请书，被申请人再审阶段提交的答辩状，再审听证笔录、庭审笔录，一审、二审庭审笔录及判决书等证据在案佐证。本院对原审法院查明的基本事实予以确认。

本院认为：本案系集体土地上房屋强制拆除行为被确认违法而引发的行政赔偿争议。核心问题是从《国家赔偿法》的角度，如何看待原审法院在法律适用以及判定的具体赔偿范围、数额的正确性、合法性。现就四个问题分述如下：

一、关于《国家赔偿法》第三十六条第八项“直接损失”的理解

《国家赔偿法》第三十六条第八项规定：“侵犯公民、法人和其他组织的财产权造成其他损害的，按照直接损失给予赔偿。”本案二审法院判决书载明：“行政赔偿与拆迁补偿安置分属不同的救济途径，且《国家赔偿法》第三十六条第八项已明确规定财产权受到损害的按照直接损失给予赔偿，……但周某某仍享有×湾村农房拆迁改造安置补偿的权利。”由上可见，二审法院将《国家赔偿法》规定的“直接损失”仅仅解释为房屋被拆除后的重置损失，而将再审申请人周某某应当享有的农房拆迁安置补偿权益排除在外，有失偏颇。本案行政赔偿责任之源起，系在×湾村实施农房拆迁改造过程中，因未能与周某某达成安置补偿协议，经开区拆迁办组织人员将涉案建筑强制拆除。该行为被一审法院作出的另案生效行政判决［（2014）浙湖行初字第22号］确认违法，违法性体现在被申请人×经开区管委会未经法定程序制作催告书、未听取当事人意见等。根据行政法的基本原理，行政机关基于合法行政行为造成他人损失产生的是补偿责任，反之因违法实施行政行为造成他人损害产生的是赔偿责任。行政赔偿是国家赔偿的一种形式。《国家赔偿法》上述“直接损失”的范围，除包括被拆建筑物重置成本损失外，还应当包括再审申请人应享有的农房拆迁安置补偿权益以及对动产造成的直接损失等。主要理由是：

第一，将拆迁安置补偿权益归入赔偿范围，符合国家赔偿法的立法精神。国家赔偿制度设立的初衷，在于弥补公民因国家行政权或者司法权的违法运用而遭受的损失，使之恢复到未被侵害前的状态。要最大限度地发挥《国家赔偿法》在维护和救济因受到国家公权力不法侵害的行政相对人的合法权益方面的功能与作用，对《国家赔偿法》第三十六条中关于赔偿损失范围之“直接损失”的理解，就不仅包括既得财产利益的损失，还应当包括虽非既得但又必然可得的财产利益损失，才符合该法的立法精神。本案在案证据显示，×经开区管委会于2005年5月17日印发了《×经济技术开发区农房拆迁安置补偿实施办法》（湖开发委通〔2005〕38号），×经开区拆迁办于2010年5月12日通过《拆迁简报》方式公布了《×经济开发区凤凰街道陈板桥×湾自然村农房拆迁安置政策和补偿标准》，凤凰街道陈板桥村村民委员会于2010年5月10日与×经开区拆迁事务所等签订了《协议书》，再审申请人的房屋位于拆迁范围内。据此可以确认，如果没有×经开区管委会违法强拆行为的介入，再审申请人必定可以通过拆迁安置补偿程序获得相应补偿。这意味着这部分利益属于必然可得利益，应当纳入《国家赔偿法》规定的“直接损失”范围。仅从上述文件所列内容看，补偿事项就包括了产权调换安置房（特殊情况安置指标回购）、过渡费、搬家费、奖励费等，而不仅仅是原审法院所核定的被

拆除农房的重置价格。原审法院将前述事项割裂开来并排除于“直接损失”之外，不具有合法性。

第二，将再审申请人必然可得的拆迁补偿排除在行政赔偿之外，明显有失公正。如果再审申请人无法通过行政赔偿程序，获得按照拆迁补偿程序本可获得的全部补偿，客观上将造成其受到法律保护的利益因无法得到司法救济难以实现，而被申请人却因违法行为而免于承担本应更关键、影响程度更大的一部分赔偿责任之负面后果。而二审判决有关“周某某仍享有×湾村农房拆迁改造安置补偿的权利”之表述，在实践中可能为行政机关开脱其过错，不明晰责任性质，甚至不及时兑现赔偿义务留出空间与借口。如对此听之任之，不加以纠正，则明显违背行政诉讼法维护公民、法人和其他组织合法权益的立法目的，与司法需要彰显的公平正义背道而驰。因此，被申请人有关本案中行政赔偿与拆迁安置补偿属于不同行政法律关系的申辩理由明显不具有合理性，本院不予支持。相反，本院重申对《国家赔偿法》有关“直接损失”的准确理解，有利于防止实践中不当限缩赔偿义务机关应当承担的国家赔偿责任，厘清类似情况下的行政赔偿范围，对于减少纠纷，统一裁判尺度，规范赔偿秩序具有正向引导作用，从而有利于充分体现“有权必有责，用权受监督，侵权要赔偿，违法要追究”的权责相统一的法治理念。

第三，人民法院在条件允许的情况下，通过行政赔偿程序一并解决相关拆迁补偿问题，符合诉讼经济原则，有利于行政争议的实质性化解，也有利于警示教育赔偿义务机关及其工作人员。无论此前的拆迁补偿还是实施强拆行为被法院确认违法之后的拆迁赔偿，相关责任主体都是被申请人×经开区管委会。被申请人此前与此后都无法规避行政法上的补偿或赔偿义务。对于涉案房屋而言，两种程序解决的是同一损失的弥补问题，而从国家赔偿的实际功能看，不仅在于实现国家对行政侵权受害者的救济和体恤，也在一定程度上体现着对赔偿义务机关及其工作人员的警示与教育。在此情况下，如果依循原审判决的逻辑，要求再审申请人必须通过拆迁补偿程序另行寻求救济，不仅实无必要，而且会给国家的司法和行政资源造成浪费，也会淡化对赔偿义务机关及其工作人员的惩戒意义。因此，出于实质解决争议，减少当事人讼累，节约国家司法和行政资源，以及警示赔偿义务机关及其工作人员及时纠错、严格公正文明执法之考量，本案宜通过行政赔偿程序一并解决纠纷为宜。按照全面赔偿原则，对再审申请人的合法权益全面及时、一次性地赔偿救济到位，有利于体现行政诉讼便于当事人诉讼，便于人民法院依法独立、公正和高效行使审判权的“两便”原则，体现诉讼经济的司法规律和促进行政机关依法行政的新时代要求。

二、关于涉案房屋重置价的核定

本案中，原审法院判决被申请人给予再审申请人全部赔偿款 499 617.9 元之构成，主要包括了涉案房屋被拆除后的重置价加上附属物价值。其中的“重置价”，主要是指重新建造与原有房屋结构、式样、质量、功能基本相同的房屋所需的费用，通俗地理解，就是被拆房屋重新建设的建筑价值（成本价）。就本案而言，仅就这部分成本价的核定额看，原审法院基于被申请人违法强制拆除房屋存在过错，指出在房屋已被拆除且无法再行评估的同时，鉴于双方对×众诚房地产评估事务所就两处房屋分别作出的众诚评估湖（10）拆16－064号、065号两份《湖州房地产评估单》中的建筑面积、附属物等没有异议的实际情况，未简单参照上述《×经济开发区凤凰街道陈板桥×湾自然村农房拆迁安置政策和补偿标准》的相关规定，而是从有利于再审申请人的利益出发，参照了184号《通知》（湖州市市区国有土地上房屋征收评估有关标准）进行核定，确定了涉案建筑的材质等级及成新率。以涉案房屋的建筑材质等级为砖混混合一级、成新率为75%的标准计算被拆除农房的重置价格。核定两处涉案房屋建筑面积分别为262.44平方米和238.88平方米，重置价分别为257 847.3元和234 699.6元，共计492 546.9元。本院认为，单就涉案房屋重置价一项赔偿内容看，上述核定方式体现了以人为本，值得肯定。

然而，原审法院虽然指出双方当事人对上述两份《湖州房地产评估单》中涉案房屋建筑面积、附属物等没有异议，但本院庭审期间，在有关涉案房屋权属合法性上，被申请人主张涉案房屋仅一处有建设用地使用权证且证载主体系周某1而非周某某，同时相关用地存在面积明显超标且有违“一户一处宅基地”原则，应属于行政处罚对象，法律不应保护；再审申请人则主张其是合法权利受让人，类似涉案房屋都未办理房产证，而两本土地证在被强拆的房屋内灭失，集体经济组织内部成员之间房屋流转合法有效等。本院认为，上述争议并非原审期间双方争议的核心，涉案房屋建造于1984年，结合我国以往农村房产交易总体状况以及相关规定，被申请人的上述主张并不足以否定再审申请人对涉案房屋享有的合法权益。

三、关于房屋附属物及屋内动产的认定

由前述分析可知，原审法院判决确定的499 617.9元赔偿金不能全面客观地反映涉案房屋应包含的整体价值和利益。实践中，人民法院关注的行政赔偿范围通常还包括房屋附属物以及屋内动产。本案中，原审法院根据众诚评估湖（10）拆16－064、065号两份《湖州房地产评估单》，确定了涉案建筑的附属物价值为4253元和2818元，共计7071元。本院庭审期间，再审申请人当庭陈述屋内尚有20世纪80年代末的家具、床、写字台、桌子、老照片以及两本土地证等物品，且针对被申请人有关已对房屋有价值的物品一并作出评估，对空调、热水器、电话等进行了价格鉴定并列出相应清单之主张，再审申请人当庭予以否认；再审申请人同时认为，一审判决中的“附属物”不包括空调、热水器、电话。经本院查阅一审案卷，上述两份《湖州房地产评估单》之“×湾房屋附属物记录表”格式中虽有“分体式空调”“太阳能热水器”“电话”项，但分别评估的房屋附属物价值为4253元、2818元并不包括上述三项内容（仅包含“标准晒场及水泥道路”“灶头”“化粪池”项）。而一审判决却指出，双方当事人对上述两份《湖州房地产评估单》中涉案房屋建筑面积、附属物等没有异议，这与其在本院庭审期间的表述是存在出入的。究竟如何看待本案房屋附属物的范围？以及强制拆迁过程中涉案房屋内是否有或是有哪些应予赔偿的动产？双方当事人对此问题之表述仍存在争议，尚需行政机关在后续赔偿环节中进一步查明，再审申请人亦当依法提供相应的证据加以证明。

四、关于赔偿方式与标准

在赔偿方式上，鉴于涉案项目其余60户已经由被申请人统一异地补偿安置完毕，被申请人在再审期间向本院反映安置房源均为国有土地上的商品房，且涉案地块的土地性质将来可能转化为国有，故在涉案不动产的赔偿方式上，虽然再审申请人的原审诉讼请求仅是判令被申请人支付赔偿金，但从切实保障其应享有合法权益角度看，被申请人仍有提供产权安置房或者支付拆迁安置赔偿金的义务，以保障再审申请人的赔偿方式选择权。

在赔偿标准上，首先，应当秉持的基本原则是，为体现对违法拆除行为的惩戒，对再审申请人的此项赔偿不应低于其原应得的相关折迁安置补偿权益。其次，对于双方当事人争议的《×经济技术开发区农房拆迁安置补偿实施办法》《×经济开发区凤凰街道陈板桥×湾自然村农房拆迁安置政策和补偿标准》，涉及再审申请人以外的其他60户以及当地其他项目的类似补偿方式与标准，在再审申请人一方强烈反映按照当地上述拆迁安置补偿政策只能取得50平方米左右安置补偿面积明显不合理的情况下，宜全面考虑法律、行政法规以及浙江省、湖州市相关法规、规章执行的连续性和一致性，对再审申请人依法取得的房屋的合法建筑面积及其所附载的权益切实加以保障。其次，由于上述问题牵扯因素多、相对复杂敏感，在原审法院未对此作出审查而是仅指出再审申请人“仍享有拆迁改造安置补偿权利”、各方对此在原审期间举证、质证及事实认定并不充分的情况下，本院对此在本案中亦不直接判断，仅重点指出法律适用及赔偿范围缺漏问题，具体的赔偿方式、标准以及金额可由双方当事人后续进一步协商推进。最后，根据《中华人民共和国行政诉讼法》第六十条之规定，人民法院针对赔偿案件可以组织调解。本院庭审期间因各方分歧过大难以达成调解协议。本案判决之后，被申请人仍应积极协调再审申请人，切实履行好行政赔偿义务，尽可能协调化解争议，如仍难以达成一致意见，宜依照《国家赔偿法》有关规定及时作出赔偿决定。再审申请人如不服，仍有权依法寻求司法救济。

针对再审申请人有关按国有土地上房屋征收标准对其安置赔偿的再审请求，根据《最高人民法院关于审理涉及农村集体土地行政案件若干问题的规定》第十二条第二款有关“征收农村集体土地时未就被征收土地上的房屋及其他不动产进行安置补偿，补偿安置时房屋所在地已纳入城市规划区，土地权利人请求参照执行国有土地上房屋征收补偿标准的，人民法院一般应予以支持”的相关规定，其适用前提是农村集体土地已被征收，而本案该条件尚不具备，在前期已对60户按当地拆迁补偿安置政策补偿完毕后，仅对再审申请人按国有土地上房屋征收标准赔偿依据不足。但出于对违法行政行为侵权受害者合法权益充分保护的考虑，行政机关在确定行政赔偿标准与额度的过程中，应当充分考虑相关法律、法规和政策规定，在不违反法律、法规禁止性规定的情况下，结合再审申请人分户及亲属安置情况、原房屋面积状况等特定事项，同时考虑房屋附属物、动产以及本次拆迁涉及的搬家费、过渡费、奖励金等具体给付事项，尽可能给予再审申请人必要、合理的照顾和安排，以体现对违法行政行为的惩戒和对被侵权人的关爱与体恤。应当看到，当前以“城中村改造”“旧村改建”等名义推进乡村环境治理乃至城市功能区建设的现象，在一些地方有不同程度的表现。行政机关在土地尚未征收的情形下，要特别注意依法依规保障农户的合法权益。如果有关项目今后实质上不再适宜作为农用地继续开发，行政机关应当尽快推动完善后续的土地征收等程序，切实保障集体经济组织及其成员的合法权益。另需说明的是，针对被申请人有关再审申请人申请再审超过法定期限的抗辩理由，经本院核实，再审申请人于2017年3月10日曾向本院立案庭邮寄了再审申请书，也即提出再审申请在6个月法定期限内。故对被申请人的上述理由，本院不予支持。

综上，一审法院仅判决被申请人赔偿再审申请人涉案房屋被强制拆除后的建筑物重置价值和附属物价值，驳回再审申请人的其他诉讼请求，二审法院判决驳回上诉、维持原判，将再审申请人应当享有的农房拆迁改造安置补偿权利排除于《国家赔偿法》第三十六条第八项规定的“直接损失”之外，存在确定行政赔偿范围的重大缺漏，属于适用法律错误，依法应予纠正；同时，对于涉案房屋附属物构成以及房屋内动产等客观情况，因双方存在争议亦有进一步核实之必要。据此，依照《中华人民共和国行政诉讼法》第八十九条第一款第二项和《最高人民法院关于适用〈中华人民共和国行政诉讼法〉的解释》

第一百一十九条第一款之规定，判决如下：

一、撤销浙江省高级人民法院（2016）浙行赔终36号行政赔偿判决。

二、撤销浙江省湖州市中级人民法院（2014）浙湖行赔初字第4号行政赔偿判决。

三、责令浙江省×经济技术开发区管理委员会在本判决生效之日起九十日内对周某某依法予以全面赔偿。

本判决为终审判决。

审　判　长　王某某
审　判　员　耿某某
审　判　员　白某某
二〇一八年十一月八日

本件与原本核对无异

法官助理　金某某
书　记　员　李　某

附：本判决适用的相关法律依据

第二部分　非诉讼情境中的法律文书

第八章　仲裁情境中的法律文书①

公平从某种意义上说，是在成文法以外的公正。仲裁较法院更为公正，因为仲裁员在进行仲裁时所关注的是对当事人公正，而法官关注的只是法律。当事人指定仲裁员解决争议的原因，正是为了求得更加公正地解决争议。

——［古希腊］亚里士多德

仲裁实质上是解决争议的一种合同制度。

——［英国］施米托夫

① 本章内容由张峥律师、刘鹏律师撰稿。

优质的裁断出自杰出的仲裁员。

——Redfern，A. & Hunter，M. 1999

公正高效，气氛和谐，一裁终局，国际通行。

——天津仲裁委员会官网

仲裁法律文书概述

仲裁是由争议双方共同选定的且与该争议无利害关系的第三方解决争议的法律制度。仲裁具有两个特征：第一，它是当事人之间自愿达成的解决争议的方式；第二，当仲裁庭根据当事人之间的仲裁协议作出裁决后，双方当事人应当自动地履行该裁决①。仲裁制度被广泛地使用于社会生活的许多领域，诸如劳动争议、土地承包争议、人事争议、体育竞赛争议、国际法争议等。本章讨论的仲裁仅仅指基于《中华人民共和国仲裁法》（以下简称《仲裁法》）所规范的商事仲裁制度，即由直辖市、省会城市或地级市的人民政府组织有关部门和商会统一组建的仲裁委员会来审理、裁决平等主体的公民、法人和其他组织之间发生的合同纠纷和其他财产纠纷的制度。

仲裁法律文书是指仲裁机构和当事人在仲裁活动中制作的具有法律效力或者法律意义的文书总称。依据写作主体之不同，仲裁法律文书分为两大类：当事人制作的仲裁法律文书和仲裁机构制作的仲裁法律文书。前者常用的有13种，包括仲裁申请书，授权委托书，法定代表人身份证明书，仲裁答辩书，证据材料清单，放弃或者变更仲裁请求申请书，财产保全申请书，证据保全申请书，鉴定申请书，仲裁员回避申请书，关于约定仲裁庭组成方式及选定仲裁员的函，质证意见，代理意见。后者又分为通用文书和专用文书。通用文书是各个仲裁机构在仲裁活动中通常均会使用的文书，计有8种，包括受理通知书，缴费通知书，不予受理通知书，组庭通知书，开庭通知书，延期审理通知书，仲裁调解书，仲裁裁决书。专用文书是指某个仲裁机构依据其自身的仲裁规则以及本机构运行规范，针对仲裁涉及的某些具体程序问题的要求而制定的形式灵活且专用于本仲裁机构的仲裁文书。例如，选定或者指定（首席）仲裁员通

① 赵秀文：《国际商事仲裁法》（第2版），中国人民大学出版社2008年版，第2~3页。

知，仲裁员声明书①，关于回避申请的回复通知，重新选定或者指定仲裁员通知②，关于重新明确被申请人送达地址的通知③，关于仲裁程序安排的通知（通常所说的“程序令”）④。与诉讼法律文书相比，仲裁法律文书具有自身的特色：

一、服务性

在现代法治体系之下，国家将仲裁制度作为非诉讼纠纷解决机制的重要组成部分，构建了一整套政府法制部门领导之下的仲裁机构体系并且将仲裁机构作出的裁决书赋予司法强制执行的效力。仲裁不同于诉讼，它起源于民间，本质上是当事人双方通过约定而委托第三方⑤对纠纷作出裁决，双方均同意按照第三方的裁决执行并承担相应的法律后果和法律风险。仲裁的本质是约定，仲裁机构从事的仲裁活动本质上是一种法律服务。因此仲裁法律文书较之诉讼法律文书，最显著的特点就是仲裁法律文书充分体现了仲裁的服务性，既服务于当事人，也服务于仲裁员。

仲裁法律文书的服务性体现为以下三点：其一，如前文所述，仲裁机构制作的文书类型非常丰富且主要用来解决程序问题，从受理案件、缴费到仲裁员的选任、开庭以及庭后事项的安排等，均会以书面文书的形式向当事人以及仲

---

① 当仲裁员在某一个仲裁案件中同意接受当事人选定或者仲裁委员会的指定而担任首席仲裁员或者仲裁员时，有些仲裁机构会首先要求仲裁员签署一份仲裁员声明书。声明书主要包括三部分内容：一是仲裁员声明其同意接受选定或指定而担任首席仲裁员或仲裁员，并且承诺按照仲裁规则及仲裁员守则的要求履行职责；二是独立性声明，即声明仲裁员本人会独立、公平、公正地审理案件，不存在可能对其独立性产生合理怀疑的情形；三是如果存在可能引起当事人对仲裁员公正性或独立性产生怀疑的情形，仲裁员应当进行具体披露并承诺在仲裁程序中继续履行披露义务。

② 当仲裁员发生回避或者主动退出案件审理的情况时，仲裁委员会以此文书通知当事人重新选择仲裁员。

③ 该文书通常用于申请人提供的被申请人收件地址无效，无法顺利向被申请人送达仲裁申请书、仲裁通知等文书的情形，仲裁委员会则要求申请人再次明确提供被申请人最后一个为人所知的送达地址，如果还无法有效送达则采取公证送达的方式，可以产生类似法院公告送达的法律后果，被申请人承担缺席裁决的法律风险。

④ 为了能够使仲裁参与主体均能明确案件审理进度安排以提高案件审理效率，同时也为了解决某些仲裁案件中出现的当事人迟延、不一次性提交证据材料以及其他仲裁文书，搞“证据突袭”等问题，有些仲裁委员会选择使用“程序令”，即提前将举证、开庭以及提交书面文件的时间向当事人双方予以事先明确，如当事人违反“程序令”则要承担相应风险，仲裁庭有权对其逾期提交的文件拒绝接收。

⑤ 在中国只能是官方许可的仲裁机构，而在国外还有临时仲裁，即只要双方同意，可以委托任何人或者机构进行仲裁，并不必然要求有固定的仲裁机构和仲裁规则。临时仲裁制度在我国尚未确立，在此不赘述。

裁员作出明确的说明。而诉讼文书的类型较之仲裁文书而言则相对较为单薄，且根据笔者司法实践操作经验，法院很少对于程序性问题出具书面文书①。其二，仲裁案件审理过程中所产生的全部仲裁法律文书均要求一式多份，确保每一位仲裁庭成员以及每一方当事人都能收到一份，这一工作由仲裁庭秘书主导完成。其三，仲裁法律文书的制作特别重视对当事人权利的尊重和保护。例如，仲裁机构会要求仲裁员签署声明书并披露可能影响案件公正审理的事项。当事人要求仲裁员回避的权利通常会得到仲裁庭以及仲裁机构的充分重视，当事人可以提交书面文件充分发表意见，仲裁机构也会以书面文件的形式予以明确答复②。很多仲裁机构的规则中载明当事人约定不写明争议事实和裁决理由的，裁决书中可以按照当事人的约定起草。另外，仲裁委员会还会将不同意签署裁决的仲裁员提交的书面意见作为附件一并送达给当事人，这也是仲裁服务性以及公正公开原则的充分体现。

二、灵活性

首先，仲裁机构制作的仲裁法律文书没有统一的制式规范。由各个仲裁机构自行制定文书标准，文书格式存在差异，而且很多仲裁机构习惯于将所有事项都以书面形式向全体仲裁庭成员以及当事人予以告知，因此送达的文书甚至没有具体名称，直接冠名为“关于［　］号争议仲裁案”。其次，仲裁庭对于当事人制作的仲裁法律文书的内容及形式均不做强制性要求。当事人可以按照自己习惯的方式制作任何仲裁法律文书，包括仲裁申请书、仲裁答辩书、证据目录、质证意见等。对案件的任何问题，当事人均可以向仲裁庭提交书面意见作出说明，且不会出现因为文书的格式、题目、类型或内容不符合要求而被拒绝接收的情形（超过仲裁庭关于提交时限要求而被拒收的除外）。需要特别说明的是，尽管仲裁庭会对当事人提交的文件做到足够的“宽容”，且当事人也可以充分利用这种“灵活性”，根据自身意愿而制作任何仲裁法律文书以充分表达观点，但笔者建议当事人及代理人在制作仲裁法律文书时宜避免“过度灵活”和“任性”。仲裁应服务于当事人，当事人提交的仲裁法律文书应服务

① 唯一常见的是开庭传票，但实际操作中很多法官会采取口头通知开庭、现场补签送达回证的方式。通常一个诉讼案件中除了管辖权异议裁定、驳回起诉的裁定、诉讼财产保全裁定以外，很少出现关于程序的法律文书。

② 很多案件中，即使当事人提出的回避理由不能成立，仲裁员基于自身声誉的考虑也会作出主动退出审理的决定。对于有可能产生争议或者较为敏感的案件，仲裁机构也可能会视具体情形与仲裁员沟通，必要时会建议仲裁员主动退出。可以说仲裁程序中对于回避的处理，无论是从透明度还是尊重当事人意愿的角度都与诉讼程序有较大区别，充分体现了仲裁的服务性本质。

于仲裁庭。换言之，仲裁法律文书虽然没有统一、固定的标准，但是当事人在制作仲裁法律文书时还是应当本着遵循通常习惯、尊重仲裁庭的原则，确保仲裁法律文书的形式及内容均应为仲裁庭查明案件事实、厘清争议焦点而服务，从而更好地"说服"仲裁庭支持当事人提出的仲裁请求或者答辩意见，实现自身权益的最大化。

三、保密性

保密性是仲裁最突出的优势和特征之一，它体现在仲裁法律文书，特别是仲裁裁决书中。裁判文书依法可以在网上公开，但仲裁机构不会将仲裁裁决书的内容在网上公开，即使像本书所附案例用于教学科研时也会作出技术处理，将裁决中涉及当事人及纠纷事实的关键信息隐去，充分体现保密性。

项目一　仲裁申请书

【文书格式】①

格式一

仲裁申请书

申请人：……（依次写明申请人的姓名、性别、年龄、民族、工作单位、职务、住址、电话等基本情况）。

被申请人：……（依次写明被申请人的姓名、性别、年龄、民族、工作单位、职务、住址、电话等基本情况）。

委托代理人：……（依次写明委托代理人的姓名、地址、邮编、电话、传真）。

仲裁依据：

……

仲裁请求：

1. ……

---

① 仲裁申请书没有法定的统一格式。例如，北京仲裁委员会提供的格式中，首部没有案由一项，但正文有仲裁依据这一项。上海仲裁委员会的格式中，首部有案由一项，但正文无仲裁依据这一项。广州仲裁委员会的格式中，既无案由项，也无仲裁依据项。本文采用了北京仲裁委员会的格式作为示例。具体又有两种：自然人对自然人提起民事、商事仲裁，使用第一种格式；单位（法人或其他组织）对单位提起商事仲裁，使用第二种格式。自然人对单位、单位对自然人提起商事仲裁，则应把这两种格式组合起来使用。

2. ……

……

事实与理由：

……（叙明案件事实和法律理由）。

此致

××仲裁委员会

申请人：×××

××××年××月××日

附：1. 仲裁协议______份______页/件。

2. 本申请书副本×份。

3. 证据______份______页/件，其中______原件______复印件。

格式二

仲裁申请书

申请人：……

住所：…… 邮政编码：……

电话：…… 传真：……

法定代表人（负责人）：…… 职务：……

住所：…… 邮政编码：……

电话：…… 传真：……

委托代理人：……

地址：…… 邮政编码：……

电话：…… 传真：……

被申请人：……

住所：…… 邮政编码：……

电话：…… 传真：……

法定代表人（负责人）：…… 职务：……

住所：…… 邮政编码：……

电话：…… 传真：……

仲裁依据：

……

仲裁请求：

1. ……

2. ……

……

事实与理由：

……

此致

××仲裁委员会

申请人：

××××年××月××日

（印章）

附：1. 仲裁协议____份____页/件。

2. 本申请书副本×份。

3. 证据____份____页/件，其中____原件____复印件。

【仲裁申请书写作谈】

仲裁申请书是指平等主体的公民、法人或者其他组织在发生合同纠纷或者其他财产权益纠纷后，根据双方自愿达成的仲裁协议，将争议提请所选定的仲裁机构审理和裁决的仲裁法律文书。写作主体是仲裁案件的申请人及其仲裁代理人，写作受体是被申请人以及仲裁庭，主旨是请求仲裁庭支持其仲裁请求。该文书的写作应当围绕“请求裁决什么”“纠纷是什么”“请求的依据是什么”这一核心脉络展开，所有的思路设计、材料准备以及文字表达都是为此服务的。写作的法律依据是《仲裁法》第22条①、第23条②。

本文书分为首部、正文和尾部三部分。

一、首部

首部包括标题、申请人、被申请人及其代理人的基本情况。申请人、被申请人是自然人时，依次写明姓名、性别、年龄、民族、工作单位、职务、住址、电话等基本情况；申请人、被申请人是法人或非法人组织时，要写明法人或者非法人组织的名称、住所、法定代表人或者主要负责人的姓名、职务以及联系方式。委托了仲裁代理人的，应当写明其姓名、所在律师事务所名称或者所在单位的名称、职务。需要注意的是，仲裁程序中对代理人的身份没有限

① 《仲裁法》第22条规定，当事人申请仲裁，应当向仲裁委员会递交仲裁协议、仲裁申请书及副本。

② 《仲裁法》第23条规定，仲裁申请书应当载明下列事项：（1）当事人的姓名、性别、年龄、职业、工作单位和住所，法人或者其他组织的名称、住所和法定代表人或者主要负责人的姓名、职务；（2）仲裁请求和所根据的事实、理由；（3）证据和证据来源、证人姓名和住所。

制，这点不同于民事诉讼程序。只要申请人或被申请人出具了授权委托书，任何自然人都可以担任代理人。并且，仲裁案件代理人的人数不受限制，而诉讼程序中委托代理人不得超过2人。这也体现了仲裁的服务性和灵活性。

二、正文

正文包括仲裁依据、仲裁请求以及事实和理由。

（一）仲裁依据

仲裁依据是指申请仲裁所依据的仲裁条款或书面仲裁协议。实践中有两种表述方式：一种表述适用于仲裁条款的情形（示例1），另一种适用于书面仲裁协议的情形（示例2）。

【示例1】

××××年××月××日，申请人甲公司与被申请人乙公司签署了《煤炭购销协议》。其中，第37条约定："因解释或履行本协议发生争议，双方应首先通过友好协商的方式加以解决。如果在一方向其他方发出要求协商解决的书面通知后30天之内争议仍然得不到解决，任何一方均可将有关争议提交北京仲裁委员会，依据该仲裁委员会届时有效的仲裁规则在北京进行裁决。双方一致同意仲裁结果是最终的，并对双方均有约束力，并遵照执行。"后来，在该合同的履行中，双方发生争议，无法进行协商，申请人因此向贵委对被申请人提起本次仲裁。

【示例2】

××××年××月××日，申请人甲与被申请人乙签署了《二手房买卖合同》。在该合同的履行中，双方发生争议，协商未果。根据《仲裁法》之规定，双方签订了《仲裁协议书》，一致同意将此争议提交北京仲裁委员会裁决，申请人因此向贵委对被申请人提起本次仲裁。

（二）仲裁请求

仲裁请求即申请人要求仲裁机构解决民事权益纠纷的具体事项，它是申请人通过仲裁所要达到的目的。写作仲裁请求时，要注意以下几个方面：

1. 遵循"五要五不要"的写作要求

即一要明确，不要含糊；二要具体，不要笼统；三要合法合理，不要无理要求；四要考虑周密，不要遗漏请求；五要言简意赅，不要啰唆烦冗。另外，需要进一步说明的是，仲裁较之于诉讼有一大优势就是灵活性，这种灵活也体现在仲裁请求的设计上。仲裁允许当事人提出选择性的仲裁请求，也就是说，允许当事人采取"如果仲裁庭认定合同有效，则……如果仲裁庭认定合同解除，则……”这样的表述方式，从而可以更加稳妥、全面地主张权利，尽量减少风险的发生。

【示例】

仲裁请求：

（1）如果仲裁庭认定合同有效，则请求裁决被申请人继续履行合同项下1万吨5000大卡动力煤的交付义务；

（2）如果仲裁庭认定合同解除，则请求裁决被申请人赔偿申请人损失100万元；

（3）裁决本案仲裁费用由被申请人承担。

2. 仲裁请求的种类

常见的仲裁请求包括以下几类：

（1）关于合同效力的仲裁请求。此类包括请求裁决确认合同有效、确认合同已解除、解除合同、撤销/变更合同等。

（2）关于金钱给付的仲裁请求。此类包括请求裁决支付价款、滞纳金、违约金，请求裁决赔偿损失，请求裁决承担仲裁费、律师费、差旅费、鉴定费、公证费等。需注意的是，仲裁庭根据案件审理情况以及仲裁请求的支持情况酌情支持律师费请求比较常见，在各家仲裁机构的仲裁规则中通常对此会有明确的规定。而在民事诉讼中，法院对于当事人提出的关于律师费的诉讼请求一般不予支持，除了法律司法解释有明确规定或合同有约定的除外。

（3）关于非金钱给付的仲裁请求。此类包括请求裁决交付货物、返还财产以及请求裁决被申请人根据合同的约定履行特定行为。

【示例】

仲裁请求：

①请求判令被申请人交付所拖欠货款人民币10.2万元；

②请求判令被申请人支付违约金人民币5400元；

③请求判令本案仲裁费用由被申请人承担。

3. “请求裁决”与“请求判令”可选择使用

仲裁请求写作的灵活性还体现在表述请求语气措辞的可选择性上。实践中，有的人习惯于用“请求裁决……”这一表述，也有的人习惯于表述为“请求判令……”

（三）事实和理由

这部分内容是仲裁机构审理的对象和依据。它主要包括申请人与被申请人之间争议事项形成的事实，争议的具体内容和焦点，被申请人应承担的责任及理由，仲裁请求所对应的合同依据和法律依据等。这部分内容的写作并无固定的方式，在方便仲裁庭清晰了解案情、准确厘清是非对错这一原则的指导下，写作主体应当根据不同案件的具体情况选择最适合的写作方式。通常从以下几个方面入手：

（1）交易背景/交易项目简介，包括项目的名称、内容，合同签订时间，项目的进展情况，项目目前存在的主要问题等；

（2）合同的履行和纠纷的产生经过；

（3）有关被申请人违反合同约定和法律规定的理据；

（4）当事人解决纠纷的努力；

（5）索赔额的计算及各项计算数值的说明和依据。

三、尾部

尾部要写明下列内容：

（1）写明致送仲裁委员会的名称。该名称要与仲裁协议中选定的仲裁委员会的名称保持一致。

（2）右下方写明申请人的姓名或者名称。另起一行写明制作文书的日期，申请人是法人或者其他组织的，要在日期上加盖单位公章。

（3）写全附项的内容。一要附仲裁协议，二要附仲裁申请书的副本，三要附本案的证据目录和证据材料。仲裁申请书的副本数量通常是等于被申请人的数量加上仲裁庭人员的数量（包括仲裁秘书）。民事起诉状的副本数则与被告的数量保持一致即可。

四、注意事项

（一）要高度重视仲裁请求的设计

仲裁请求是仲裁申请书的核心内容，仲裁案件的审理以及裁决都是紧紧围绕仲裁请求展开的。“超裁”“漏裁”是最容易引发撤裁的风险点，仲裁庭在作出裁决时会特别注意审查仲裁请求，严格坚持“不告不理”的原则。也就是说，仲裁庭只会在申请人主张的仲裁请求的范围内作出裁决。仲裁请求如果设计得有瑕疵、有疏漏，那么即使仲裁庭认为申请人在事实与理由的陈述上有道理，但由于申请人提出的仲裁请求缺乏有效的合同依据和法律依据，最终只能作出驳回其仲裁请求的裁决。为此谈两点建议以飨读者：

一是在拟定仲裁请求时，要根据案件实际情况以及自身诉求来确定己方对于合同效力的态度。即明确己方是主张合同有效、无效、可变更可撤销还是主张合同解除。如果申请人主张合同不应当再处于继续有效的状态，而庭审之前又没有以任何方式对合同的效力提出过相反主张，那么申请人就一定要在设计仲裁请求时加入关于合同效力的请求（如请求判令解除），避免因为仲裁庭对于合同效力的认定与自己的认识完全相反而导致其他的仲裁请求难以得到支持。仲裁庭审理案件时，首先会对合同的效力状态作出明确的认定，如果查明双方签署了合同且符合生效条件，同时没有当事人提出相反请求，那么仲裁庭会认定合同有效。例如，申请人在合同有效的前提下提出了返还财产、赔偿损失等仲裁请求，但是并没有向仲裁庭请求判令合同解除。仲裁庭考虑到申请人与被申请人双方均未对合同的效力提出任何异议，那么申请人的主张就只能认定为向被申请人主张违约责任，然而申请人提出的返还财产、赔偿损失等仲裁请求又不符合本案合同关于违约责任的约定，最终仲裁庭只能驳回了申请人的仲裁请求。

二是在拟定仲裁请求时，要确保所提的每一项仲裁请求可以找到明确的合同条款依据以及法律依据。特别是关于要求判令被申请人履行特定合同义务的主张，必须找到明确的合同条款依据作为支撑。如果申请人没有找到明确的合同条款依据以及法律依据，仅仅以合同原理或者公平原则甚至是情理来作为仲裁请求的依据，那么这一项请求被驳回的风险是非常大的。例如，在一个影片联合投资合同纠纷案件中，申请人是影片投资方，被申请人是影片制作、发行方，申请人要求“查账”，即请求判令被申请人提供影片投资支出的财务数据以及票房数据，进而要求被申请人支付票房分账款。被申请人当庭虽然承认影片已经上映，但是否认自己掌握了相关财务数据和票房数据。在这种情况下，申请人作为外部投资方几乎没有能力自行取得被申请人对于该部影片的具体收支数据，从公平角度看仲裁庭似乎应支持申请人的请求，但由于申请人所提出的关于“查账”的仲裁请求缺乏合同依据，加之仲裁庭也无法判定被申请人一定存有财务账目，所以最终只能驳回申请人的请求。由此可见，仲裁申请书中一定要非常清晰明确地向仲裁庭说明足以支持仲裁请求的合同条款依据以及法律依据，以争取对己方最有利的结果。

（二）要充分使用证据

仲裁请求能够获得支持的关键，一是具有明确的合同依据和法律依据，二是申请人主张的案件事实能够有足够的证据予以证明。虽然证据的出示及质证是庭审过程中的环节，但是申请人在写作仲裁申请书时要有意识地把关键证据的作用发挥出来，具体说明证据是如何证明案件事实的以及所证明的案件事实与仲裁请求之间存在怎样的关联性。在陈述事实与理由时，把每一个关键点和与之对应的证据的名称、序号关联起来，这样能够使仲裁申请书同时具备证据索引的功能，为仲裁庭充分有效地使用仲裁申请书及证据材料提供方便。通常表述方式为：“……（参见申请人提交的证据一，第1页至第5

页）。”

（三）要详细说明请求金额的计算依据

当仲裁申请书中涉及金钱给付的内容时，一定要详细说明仲裁请求中主张的金额是如何计算出来的。特别是遇到分批分期的应付价款及其逾期利息时，最好以列表的形式将本金以及逾期利息的数额、期限、利率、计算方法等逐一说明，为仲裁庭充分有效地阅读仲裁申请书及证据材料提供方便。实践中，有的申请人和代理人只是一味地堆砌事实和罗列观点，根本不考虑如何方便仲裁庭阅读仲裁申请书及证据材料，这样的做法不利于仲裁庭充分了解当事人的观点，仲裁请求不容易得到充分支持，最终使己方的利益受损害。仲裁本质上是仲裁庭给当事人提供的一种法律服务，但申请人制作仲裁申请书以及相关证据材料的时候要首先为仲裁庭提供服务，帮助仲裁庭迅速而清晰地了解案情和仲裁请求的依据，从而最大限度地使自身权益得到保障。仲裁申请书的内容和形式会根据具体案件的需要而千变万化，只要制作者从上述的原则出发，时刻注意站在方便仲裁庭阅读的角度来审视和理解问题，就一定能够制作出一篇最符合实际需求的仲裁申请书。

【例文】

仲裁申请书

申请人：张某，男，38岁，汉族，身份证号码110000000000000000，住北京市东城区幸福大街×号；电话：13600000000。

委托代理人：刘某，北京市××律师事务所律师。

被申请人一：王某，男，45岁，满族，身份证号码110000000000000001，住北京市西城区温暖大街×号；电话：18800000000。

被申请人二：李某，女，48岁，壮族，身份证号码110000000000000002，住北京市朝阳区建设大街×号；电话：13500000000。

一、仲裁依据

2018年1月，申请人与被申请人一王某、案外人赵某、案外人京×公司、案外人金×公司签署了《投资协议》（证据1）。其中，第20条约定：“因解释或履行本协议发生争议，各方应首先通过友好协商的方式加以解决。如果在一方向其他方发出要求协商解决的书面通知后30天之内争议仍然得不到解决，任何一方均可将有关争议提交北京仲裁委员会，依据该仲裁委员会届时有效的仲裁规则在北京进行裁决。各方一致同意仲裁结果是最终的，并对各方均有约束力，并遵照执行。”

2019年2月，京×公司进行股份改制，并于2019年3月1日正式更名为巨×有限公司（证据2）。2020年1月，赵某因病去世，其妻子李某女士为赵某的法定继承人。根据《最高人民法院关于适用〈中华人民共和国仲裁法〉若干问题的解释》第8条第2款的规定，“当事人订立仲裁协议后死亡的，仲裁协议对承继其仲裁事项中的权利义务的继承人有效”，《投资协议》项下的仲裁条款对赵某的继承人有效，被申请人二李某是本案适格的被申请人。

鉴于各方无法进行协商，申请人因此向贵委对被申请人一、被申请人二（以下合称“被申请人”）提起本次仲裁。

二、仲裁请求

1. 请求裁决被申请人连带回购申请人持有的京×公司5%的股权，被申请人支付股权回购款人民币4000万元，被申请人二在继承赵某遗产的范围内、与被申请人一连带支付股权回购款人民币4000万元；

2. 请求裁决被申请人连带回购申请人持有的金×公司2.5%的股权，被申请人支付股权回购款人民币2000万元，被申请人二在继承赵某遗产的范围内、与被申请人一连带支付股权回购款人民币2000万元；

3. 请求裁决被申请人连带向申请人支付违约金人民币500万元；

4. 请求裁决被申请人连带承担本案全部仲裁费，并连带赔偿申请人为提起本次仲裁而支出的律师费人民币100万元。

三、事实和理由

2018年1月，申请人与被申请人一、赵某、京×公司和金×公司签署了《投资协议》，约定：（1）境外投资。申请人以人民币400万元等值的美元认购赵某实际控制的金×公司增发的股份，占发行后总股份的5%（第5.1条）；（2）境内投资。在申请人完成上述境外投资后，申请人以人民币200万元认购京×公司新增的注册资本，占总股权的2.5%（第5.3、5.4条）；（3）股权回购。若京×公司未能在2020年12月31日之前实现合格上市，则申请人有权在2020年12月31日后的任何时间内，要求被申请人一和赵某或其中任一方，一次性回购申请人持有的京×公司和金×公司的全部股权。被申请人一和赵某或其中任一方不得以任何理由拒绝履行回购义务，并且应在申请人发出回购通知后12个月内支付全部股权回购款（第11.1、11.2条）；（4）违约责任。若被申请人一和赵某或其中任一方迟延支付股权回购款，每延期一日，按应付金额的万分之二点五向申请人支付违约金（第16.1条）。

2018年5月1日前，申请人按约向金×公司支付了相当于人民币400万元的美元认缴增资。2018年6月1日，申请人按约向京×公司支付了其认缴的增资人民币200万元（证据3）。自此，申请人完成了其全部境外和境内投资义务，获得了金×公司5%的股权和京×公司2.5%的股权。

2021年2月1日，因京×公司未能在2020年12月31日前实现上市，申请人以电子邮件和快递的方式书面通知被申请人一和赵某的继承人李某，要求被申请人一和赵某的全体继承人履行《投资协议》约定的股权回购义务并支付股权回购款（证据4）。

通知发出后，李某女士于2021年2月10日回函，表示赵某的遗产继承尚在程序中，其无权回答申请人的要求（证据4第47页）。但是，被申请人一对回购问题不置可否，没有就具体回购时间及程序安排予以回复。

鉴于申请人事实上无法与被申请人就回购事项展开任何协商，因此，申请人不得不提起本次仲裁，请求仲裁庭裁决支持申请人的全部仲裁请求。对应得的股息、分红等收益，申请人保留向被申请人进一步索赔的权利。

此致

北京仲裁委员会

申请人：张某

二〇二一年三月一日

附：1. 仲裁协议8份19页/件。

2. 本申请书副本7份。

3. 证据8份100页/件，其中均为复印件。

项目二　仲裁答辩书

【文书格式】①

仲裁答辩书

答辩人：……（自然人或法人、其他组织的基本情况）。

住所：……　　邮编：……

电话：……　　传真：……

法定代表人：……　　职务：……

委托代理人：……　　单位：……

答辩人就与……之间的争议仲裁案［案件编号：（……）×仲受字第……

① 本格式参考了北京仲裁委员会的仲裁答辩书式样，编者根据实务经验做了微调。

号］发表答辩意见如下：

……

此致

××仲裁委员会

答辩人：……（盖章）

法定代表人：……（签字）

××××年××月××日

附：1. 本答辩书副本×份。

2. 证据目录和证据材料。

【仲裁答辩书写作谈】

仲裁答辩书是指被申请人针对申请人在仲裁申请书中提出的仲裁请求以及所依据的事实和理由进行辩解和反驳时使用的仲裁法律文书。写作主体是被申请人及仲裁代理人，写作受体是仲裁庭和申请人，主旨是反驳申请人在仲裁申请书中的观点及依据，以说服仲裁庭驳回申请。

答辩权是被申请人所享有的一项重要权利，提交仲裁答辩书是其行使这项权利的重要体现。被申请人可以通过仲裁答辩书，向仲裁庭表明自己对仲裁事项的立场，对申请人进行反驳，提出自己依据的事实和理由，以利于仲裁庭全面了解案情，掌握双方争议的焦点，从而查明案件的事实，作出公正的仲裁。当然，是否提交仲裁答辩书是被申请人的权利，被申请人不提交答辩书，并不影响仲裁程序的进行。该文书写作的法律依据是《仲裁法》第25条①。

本文书包括首部、正文、尾部三部分。

一、首部

首部有标题、答辩人基本情况、案由与案件来源。答辩人基本情况包括姓名、性别、年龄、职业、通信方式、工作单位、住所。答辩人如果是法人或者其他组织的，写明法人或者其他组织的名称、住所和法定代表人或者主要负责人的姓名、职务。如果被申请人委托律师或者其他人员作为代理人进行仲裁活动的，还应写明委托代理人的基本情况。案由与案件的来源项一般表述为：

① 《仲裁法》第25条规定，仲裁委员会受理仲裁申请后，应当在仲裁规则规定的期限内将仲裁规则和仲裁员名册送达申请人，并将仲裁申请书副本和仲裁规则、仲裁员名册送达被申请人。被申请人收到仲裁申请书副本后，应当在仲裁规则规定的期限内向仲裁委员会提交答辩书。仲裁委员会收到答辩书后，应当在仲裁规则规定的期限内将答辩书副本送达申请人。被申请人未提交答辩书的，不影响仲裁程序的进行。

"答辩人就与……之间的争议仲裁案［案件编号：（……）×仲受字第……号］发表答辩意见如下：……"

二、正文

正文的内容是答辩理由。答辩理由主要是针对申请人与被申请人之间争议事项形成的事实，纠纷的具体内容和争议焦点，逐一反驳申请人在仲裁申请书中提出的事实、理由，说明自己的辩驳理由和依据。这部分内容的写作并无统一格式可以遵循，应当根据不同案件的具体情况而选择最适合的写作方式。通常可以从以下几个方面入手：

（1）指出案件存在的程序性错误①；

（2）提出对于合同效力问题的观点；

（3）指出仲裁申请书中对于合同履行事实的表述错误；

（4）解释被申请人并未违反合同约定和法律规定的理由；

（5）指出仲裁申请书中关于给付金额的计算错误及依据；

（6）指出申请人存在的过错及违约情形。

最后，要总结发表被申请人对于各项仲裁请求的意见，哪些能接受，哪些不能接受，或者全部不能接受。实务中，人们习惯用这样的套语结束答辩理由部分的写作：综上所述，请求仲裁庭驳回申请人的仲裁请求。

三、尾部

尾部应包含以下内容：致送的仲裁委员会名称、答辩人签名、提交日期、附项。附项包括答辩书副本的份数，提交证据的名称、份数，并按编号排序。仲裁答辩书的副本数量通常等于申请人的数量加上仲裁庭人员的数量（包括仲裁秘书），而民事答辩状的副本数则是原告的人数。

四、注意事项

（一）注意充分使用证据反驳事实问题

仲裁案件中，如果申请人与被申请人双方对于合同履行的基本事实存在比较明显的争议，被申请人应设置相对独立的篇幅对于事实问题上的争议点以及仲裁申请书中的错误予以驳斥。同时被申请人也要考虑对自己的主张承

---

① 程序性错误通常包括管辖错误、立案错误、当事人主体错误、文字及计算错误等。关于立案错误，有一种情形是：申请人所提出的仲裁请求依据了多份不同合同的约定，而被申请人认为多份合同属于多个不同的法律关系，不应当作为一个案件进行审理，应当分立为多个不同的案件。

担举证责任，如果有相关证据可以起到证明作用，那么要把关键证据的作用发挥出来，具体说明证据是如何证明案件事实的以及所证明的案件事实对仲裁请求的否定作用。另外，还要在陈述事实时把每一个关键点和与之对应的证据的名称、序号关联起来，清晰地注明。这样能够使仲裁答辩书同时具备证据索引的功能，为仲裁庭充分有效地使用仲裁答辩书及证据材料提供方便。

（二）从合同依据及法律依据的角度逐一反驳仲裁请求

仲裁请求能否得到支持的关键在于是否具有合同与法律的依据，因此，答辩书的论述应该跳出事实反驳和法理反驳的窠臼，重点围绕每一项仲裁请求是否符合合同约定以及是否具有法律依据，逐一进行反驳，从而引导仲裁庭的思路，便于仲裁庭能够清晰、准确地理解被申请人的答辩主张。

（三）提出对过高违约金进行调整的抗辩

如果仲裁申请书中涉及违约金的主张，答辩时要明确提出违约金过高且应当予以调整的抗辩。根据《民法典》第585条的规定，仲裁庭对于违约金予以酌情调整的前提是当事人提出违约金标准过高的请求。很多案件中被申请人设计答辩思路时会习惯于坚持认为申请人所提出的违约金请求毫无依据、应予驳回，并不会进一步提出类似“假设仲裁庭支持诉争合同约定的违约金，被申请人则认为违约金标准明显高于申请人的实际损失”这样的答辩意见。如果被申请人在答辩时不提出违约金过高、应当予以调整的抗辩，一旦仲裁庭认定被申请人应当承担违约金，那么被申请人的答辩方式就有可能导致仲裁庭最终对违约金金额不再进行调整，被申请人不得不承受自身权益受损的风险。

【例文】

仲裁答辩书

答辩人：李某，女，48岁，壮族，身份证号码110000000000000002，住北京市朝阳区建设大街×号；电话：13500000000。

答辩人就与申请人张某之间的争议仲裁案［案件编号：（2021）北仲受字第0000号］提出答辩意见如下：

一、答辩人并非本案适格主体

《最高人民法院关于适用〈中华人民共和国仲裁法〉若干问题的解释》第8条第2款规定，“当事人订立仲裁协议后死亡的，仲裁协议对继承其仲裁事项中的权利义务的继承人有效”。也就是说，仲裁协议并非对全体承继人有效，只有继承了被继承人在仲裁事项中的权利义务的继承人，才会受到仲裁协议的约束。而在被继承人同时拥有多种类型的遗产或财产性权利的情况下，哪一位或哪几位继承人最终继承特定仲裁事项中的权利义务，只有在继承结束后方能确定。

本案中，仲裁事项中的权利义务为赵某在《投资协议》中的权利义务。该权利义务来源于赵某作为京×公司和金×公司实际控制人的身份以及其所持有的公司股份。赵某身故后，依附于其身份之上的对京×公司及金×公司的控制力和影响力便彻底丧失，包括答辩人在内，没有任何一个继承人能够继承赵某的实际控制人身份。因此，如果说有人可能继承赵某合同权利的话，也只能是继承了其所持有的京×公司股权、金×公司股权的人。然而，目前赵某的这部分遗产尚未分割，对于答辩人而言，是否能够实际获得赵某所持有的上述任何股权，尚处于不确定状态。从这个角度说，答辩人至少是尚未成为“继承仲裁事项中的权利义务的继承人”，故不应作为本案仲裁条款的当事方。因此，答辩人在此强调，以下答辩不代表本人接受本案仲裁条款的约束，也不代表认可本人在本案中的主体资格。

二、回购之债成立于赵某身故之后，对赵某不产生约束力

根据《投资协议》第7条的约定，如京×公司未能在2020年12月31日前实现合格上市的，投资人有权选择要求京×公司、金×公司、赵某回购其所持有的京×公司和/或金×公司股权；投资人主张回购的，应当发出书面通知。因此，对于回购之债而言，2020年12月31日并非债务成立之时，只有当投资人对特定主体发出书面通知之后，该债权债务关系的相对方才确立，回购之债也才能成立。

本案中，申请人于2021年2月1日向被申请人发出“关于要求收购京×公司、金×公司股份并支付股权收购款的通知函”的电邮，该电邮可理解为《投资协议》约定的“书面通知”，故本案回购之债的成立时间为2021年2月1日。而赵某身故的时间为2020年5月1日。根据《民法典》第13条规定，“自然人从出生时起到死亡时止，具有民事权利能力，依法享有民事权利，承担民事义务。”本案回购之债成立于赵某身故之后，此时赵某已不具有承担民事义务的权利能力，故本案回购之债对其不发生效力。换言之，本案回购之债并非赵某的债务，答辩人作为赵某的继承人，无论财产继承情况如何，都没有义务对这部分债务承担任何清偿责任。

三、申请人未能举证金×公司相关情况，应承担举证不能的后果

北京仲裁委员会《仲裁规则》第20条规定，当事人应对其申请所依据的事实提供证据加以证明，对其主张、辩论及抗辩要点提供依据。据此，申请人

要求被申请人连带回购申请人持有的金×公司2.5%的股权，被申请人支付股权回购款人民币2000万元，他应对该部分股权回购约定是否有效及是否能够实际履行承担举证责任。尤其考虑到答辩人对《投资协议》的签署及内容并不知情，也从未实际参与京×公司或金×公司的经营，相关事实情况的证明责任更应由申请人承担。然而截至现在，申请人对于金×公司股权回购是否符合法律规定、金×公司的存续情况、申请人是否实际支付对金×公司的投资款、何时支付的投资款、其目前对金×公司的持股情况等均未提供任何证据，故而其应当承担举证不能的后果。

综上所述，请求仲裁庭驳回申请人对答辩人的全部请求。

此致

北京仲裁委员会

答辩人：李某

二〇二一年三月二十日

附：1. 本答辩状副本7份。

2. 证据目录和证据材料。

项目三　仲裁裁决书

【文书格式】①

××仲裁委员会

裁决书

（××××）×仲裁字第×××号

申　请　人：×××（写明姓名或名称）

住　　　所：……

法定代表人：姓名　　职务

委托代理人：姓名　　职务

　　　　　　姓名　　职务

被 申 请 人：×××（写明姓名或名称）

住　　　所：……

① 本格式主要参考了北京仲裁委员会制定的仲裁裁决书式样，编者根据实务经验做了微调。

法定代表人：姓名　　职务

委托代理人：姓名　　职务

　　　　　　姓名　　职务

××仲裁委员会（以下简称本会）根据申请人×××（以下简称申请人）向本会提出的仲裁申请和申请人与被申请人×××（以下简称被申请人）于××××年××月××日签订的××合同中的仲裁条款，于××××年××月××日受理了上述合同项下争议仲裁案。本案编号为（年度）×仲案字第××号。

本案适用本会自2019年9月1日起施行的《××仲裁委员会仲裁规则》（以下简称仲裁规则）。

【关于案件受理的基本情况的介绍】

（1）仲裁委员会名称

（2）申请人名称

（3）被申请人名称

（4）当事人之间签署的仲裁协议，通常是申请人与被申请人于××××年××月××日签订的××合同（本案合同）中的仲裁条款。

（5）案件受理日期

（6）案件受理编号（注：通常该案件受理编号与仲裁裁决书的编号不同）

（7）本案适用的仲裁规则（自××××年××月××日起施行的《××仲裁委员会仲裁规则》）以及适用的仲裁程序（包括普通程序、简易程序、国际商事仲裁普通程序、国际商事仲裁简易程序）

（8）仲裁使用的语言（当事人对仲裁语言有约定的，从其约定。当事人对仲裁语言未作约定的，写明本会或仲裁庭确定的语言。）

【关于案件审理经过的介绍】

（1）仲裁材料的提交与送达情况

（2）变更请求（或反请求）的受理日期以及材料的送达情况

（3）仲裁庭的组成方式，包括当事人各方选定或者指定仲裁员的情况，仲裁委决定组成仲裁庭的时间

（4）开庭审理的日期、地点

（5）当事人及其代理人出庭情况

（6）庭审经历的主要阶段（包括陈述和答辩、证据出示与质证、仲裁庭调查、当事人辩论、最后陈述）

本案现已审理完结。仲裁庭根据庭审情况和有关证据材料，（经合议），依法作出本裁决。

现将本案案情、仲裁庭意见和裁决分述如下：

一、案情

……

二、仲裁庭意见

……

三、裁决

基于上述案情和理由，仲裁庭（经合议），裁决如下：

（一）……

（二）……

（三）……

本裁决为终局裁决，自作出之日起生效。

首席仲裁员（签字）：×××

仲　裁　员（签字）：×××

仲　裁　员（签字）：×××

××××年××月××日于北京

（加盖仲裁委员会印章）

【仲裁裁决书写作谈】

仲裁裁决书是指仲裁庭在认定证据、查明事实的基础上，依法对当事人提出的仲裁请求、反请求及其相关事项作出支持或者驳回决定的具有法律强制执行效力的仲裁法律文书。写作主体是仲裁委员会①，写作受体是申请人和被申请人，写作主旨是表达仲裁庭对于仲裁请求（或反请求）的处理意见。

依据不同标准，仲裁裁决书可以分为不同的种类。按照组庭方式的不同，可以分为由独任仲裁员签名的裁决书和由合议仲裁庭成员签名的裁决书。合议仲裁庭成员签名的裁决书按照内部合议情况的不同，又可以分为全体仲裁员一致同意并签名的裁决书、按照多数仲裁员的意见作出而少数仲裁员不签名的裁决书、无法形成多数意见而按照首席仲裁员的意见作出的裁决书。按照裁决结果形成方式的不同，可以分为和解裁决书、先行裁决书、最终裁决书。和解裁决书是仲裁庭根据当事人自愿达成的调解协议而制作的裁决书；先行裁决书是仲裁庭根据已经查明的部分事实进行先行裁决（或中间裁决）而制作的裁决

① 在仲裁实践中，一份仲裁裁决书最终正式签发要经过仲裁庭的起草、审校和核稿阶段。如果案件由独任仲裁员审理，则由独任仲裁员起草；如果案件由首席仲裁员、仲裁员组成仲裁庭审理，则通常由首席仲裁员负责拟定初稿，再由另外两位仲裁员进行修改，组成仲裁庭的全体仲裁员为起草者。审校和核稿工作由仲裁委员会的相关人员参与，具体的参与人员、参与方式、参与内容等没有统一标准，应以不同仲裁委员会的工作规则为准。

书；最终裁决书是指仲裁庭在查明事实，分清责任的基础上，就当事人申请仲裁的全部争议事项作出终局性判定时制作的一般意义上的裁决书。

根据《仲裁法》的规定，仲裁实行一裁终局制度。裁决书自作出之日起发生法律效力，非经法定程序，任何人不得随意变更和修改。如果一方当事人不履行仲裁裁决的，另一方有权向人民法院申请强制执行。当事人就同一纠纷再次申请仲裁或者向人民法院起诉的，仲裁委员会或者人民法院不予受理。仲裁裁决书写作的法律依据是《仲裁法》第 54 条①。

本文书由首部、正文、尾部三部分组成。

一、首部

首部依次包括以下三方面的内容：仲裁委员会名称、标题及文书编号，当事人及代理人基本情况，引言。

（一）仲裁委员会名称、标题及文书编号

首部先应依次写明仲裁委员会全称、标题和文书编号。最终裁决情形下，标题写为“裁决书”；中间裁决情形下则写为“部分（中间）裁决书”。文书编号没有统一的编制规范，由各仲裁委员会自行决定。一般而言，文书编号由年度号、仲裁委员会代字、裁决书简称、案件顺序号组成。

【示例】

（2021）中国贸仲京裁字第 1600 号；（2021）京仲裁字第 1846 号。

（二）当事人及代理人基本情况

当事人称作申请人、被申请人。如果被申请人提出反请求的，可在本请求后用括号注明其反请求称谓，如“申请人（反请求被申请人）”。

当事人及代理人信息列写分为两种情况：

1. 当事人为自然人的，写明其姓名、身份证号码（外国人注明护照号码和国籍）、住址（与身份证/户口本所载一致），另起一行写委托代理人姓名、单位与职务。当事人若为无民事行为能力人或限制民事行为能力人，则要先写明法定代理人的基本情况，再写明委托代理人的情况。

2. 当事人为法人或非法人组织的，写明其名称、住所、法定代表人或负责人姓名、职务，另起一行写明委托代理人姓名、单位与职务，委托代理人为当事人公司员工的，其单位无须注明全称，以“该公司”指代即可。关于企

① 《仲裁法》第 54 条规定，裁决书应当写明仲裁请求、争议事实、裁决理由、裁决结果、仲裁费用的负担和裁决日期。当事人协议不愿写明争议事实和裁决理由的，可以不写。裁决书由仲裁员签名，加盖仲裁委员会印章。对裁决持不同意见的仲裁员，可以签名，也可以不签名。

业法人的相关信息，应与裁决作出之日国家企业信用信息公示系统所公示信息相一致。

（三）引言

引言部分是由首部到正文的过渡段落，由案件受理基本情况、案件审理经过、引言结束语组成。

1. 案件受理基本情况

通常情况下，它包含八个信息要点：（1）仲裁委员会名称；（2）申请人名称；（3）被申请人名称；（4）当事人之间签署的仲裁协议；（5）案件受理日期；（6）案件受理编号①；（7）本案适用的仲裁规则以及适用的仲裁程序；（8）仲裁使用的语言。

2. 案件审理经过

这部分内容主要包括组庭情况、开庭情况及其他程序性事项。它通常也包含八个信息要点：（1）仲裁材料的提交与送达情况；（2）变更请求（或反请求）的受理日期以及材料的送达情况；（3）仲裁庭的组成方式（当事人各方选定或者指定仲裁员的情况，仲裁委员会决定组成仲裁庭的时间）；（4）开庭审理的日期、地点；（5）当事人及其代理人出庭情况；（6）庭审经历的主要阶段（陈述和答辩、证据出示与质证、仲裁庭调查、当事人辩论、最后陈述）；（7）案件调解情况；（8）延长审限情况②。

如果经历了特殊的程序，在案件审理经过部分还需要作进一步说明。实践中对特殊程序的事项说明有十一种情况：（1）仲裁协议效力的异议/管辖权异议③；（2）仲裁程序中止和恢复（说明中止原因及日期、恢复审理的原因及

---

① 通常案件受理编号不同于仲裁裁决书编号。前者是根据当事人立案先后顺序而定，后者则是根据不同案件仲裁裁决书签发的先后顺序而定。

② 关于延长审限的规则和标准，《仲裁法》并未作出规定。通常各仲裁委员会的仲裁规则中都会赋予仲裁庭以及仲裁机构根据案件情况决定延长审限的权力，以确保在案件审理过程中不至于因为审限延长的问题而构成仲裁程序上明显瑕疵，进而导致发生撤裁的风险。当然，很多仲裁机构的仲裁规则对于延长审限的理由是否合理等问题并不进行明确限制，延长审限也通常由仲裁机构的负责人（如仲裁委员会主任或秘书长）决定。因此，仲裁委员会在延长审限这一问题上通常会拥有较大的权力，但除了个别复杂、重大案件以外，仲裁委员会通常也会督促、要求仲裁庭在审限内及时结案，以真正体现仲裁较之诉讼“灵活、高效”的优势，形成自身的市场竞争力。

③ 如果当事人向法院申请确认仲裁协议无效，按照《民事诉讼法》的规定仲裁程序应当中止，裁决书中则需要说明法院作出裁定情况以及仲裁程序中止、恢复的日期。如果当事人向仲裁委员会提出了仲裁协议效力的异议或者管辖权异议，仲裁委员会通常有两种处理方式：一种是直接以回函的方式就此问题答复当事人；另一种是授权仲裁庭在裁决书中一并予以答复。后一种情况下，引言部分需要就上述仲裁协议效力的异议或者管辖权异议明确说明仲裁委员会的决定/回复结果。

日期）；（3）重新组庭①；（4）仲裁员回避②；（5）鉴定程序③；（6）追加当事人④；（7）合并审理；（8）合并仲裁⑤；（9）简易程序、普通程序之间的变更；（10）中间裁决、部分裁决的作出情况；（11）其他事项的处理情况。

3. 引言部分的结束语

通常采用以下表述方式："本案现已审理完结。仲裁庭根据庭审情况和有关证据材料，（经合议），依法作出本裁决。现将本案案情、仲裁庭意见和裁决分述如下：……"引言结束之后，即进入裁决书的正文部分。

【示例】

北京仲裁委员会（以下简称本会）根据申请人北京国际×发展有限公司（以下简称申请人）向本会提交的仲裁申请书以及申请人与被申请人×电视台（以下简称被申请人）签订的《电视节目合作协议》（以下简称本案合同）中的仲裁条款，于2019年9月1日受理了因本案合同引起的争议仲裁案（以下简称本案）。本案编号为（2019）京仲案字第000A号。

本案适用自2019年9月1日起施行的《北京仲裁委员会仲裁规则》（以下简称仲裁规则）中的普通程序规定。

本会受理本案后，向被申请人送达了答辩通知、仲裁规则、仲裁员名册、仲裁申请书及所附证据材料。因申请人和被申请人双方未按期共同选定首席仲裁员，依据仲裁规则的规定，本会主任指定张某某先生担任本案首席仲裁员，指定李某某先生担任本案仲裁员，与被申请人选定的仲裁员王某某先生于2019年10月1日组成仲裁庭审理本案。仲裁庭决定于2019年10月14日在北京开庭审理本案。本会将组庭通知和开庭通知送达了双方当事人。

仲裁庭审阅了申请人及被申请人提交的全部仲裁材料并如期在本会开庭审理本案。申请人的委托代理人以及被申请人的委托代理人参加了庭审。仲裁庭听取了申请人的陈述、被申请人的答辩，组织双方进行了举证质证和辩论程

---

① 如果发生仲裁员退出案件审理的情况，仲裁委员会需要重新组成仲裁庭，引言部分还应当说明重新组庭的情况并且说明已经进行的审理程序是否重新进行。

② 如果发生当事人申请仲裁员回避的情况，除了因此导致仲裁员主动退出案件审理的情况以外，引言部分还应当对当事人提出回避申请以及仲裁委员会决定是否构成回避的情况予以说明。

③ 如果发生鉴定程序，引言部分需要说明鉴定起因（当事人申请/仲裁庭自行决定）、鉴定范围、委托机构的确定及鉴定起始时间、鉴定报告及复议报告出具日期等内容。

④ 如果发生追加当事人的程序，引言部分需要说明当事人申请追加的具体情况、仲裁庭是否同意追加、追加当事人请求的受理、答辩事项、仲裁员选择情况等内容。

⑤ 合并审理通常是指将两个或两个以上的仲裁案件合并审理，仍然是保留两个案件；合并仲裁通常是指两个或两个以上的仲裁案件合并为一个仲裁案件进行审理，保留最先开始仲裁程序的那个案件。

序。庭审结束前，双方发表了最后陈述意见。

本案现已审理完结。仲裁庭根据审理查明的事实和对当事人提交的有关证据材料的审查情况，依法作出本裁决。现将本案案情、仲裁庭意见和裁决分述如下：……

二、正文

正文是仲裁裁决书的主体，包括案情、仲裁庭意见、裁决主文三个部分。

（一）案情

案情主要是对当事人各方所提出的观点以及提交的证据的概括总结及客观描述。具体包括以下内容：

（1）准确列明申请人提出的仲裁请求及概括归纳事实和理由；

（2）概括归纳被申请人答辩意见、事实和理由；

（3）准确列明被申请人仲裁反请求及概括归纳事实和理由；

（4）概括归纳申请人反请求答辩意见、事实和理由；

（5）客观描述各方提交的证据及质证意见①；

（6）仲裁庭收集的证据、鉴定/审计/评估之结论及质证情况，具体包括：

①出具证据的证人、鉴定机构/审计机构/评估机构的名称；

②出具时间和内容；

③证人、鉴定人/审计人员/评估人员等出庭接受质询的情况；

④各方对证据以及/鉴定/审计/评估之结论的质证意见。

需要特别说明的是，根据《仲裁法》第54条的规定，当事人协议不愿写明案情的，裁决书中可以不写案情部分。

（二）仲裁庭意见

这部分是整个裁决书的精华和关键。旨在通过对案件基本事实、核心证据、合同依据、法律适用等方面的归纳、总结以及分析，详细阐明仲裁庭对于案件是非曲直的判断，进而准确说明仲裁庭对于各项仲裁请求的处理意见及理由。仲裁庭意见，介于案情和裁决主文之间，起着承上启下的作用。不同案件的具体案情复杂多样，仲裁请求千差万别，这也就决定了仲裁庭意见不可能千篇一律，整齐划一。仲裁庭意见通常包括以下几个方面的内容：

① 如果案件审理过程中当事人各方提交了证据，那么案情部分还需要对证据序号、证据名称、证明目的、其他方的质证意见（真实性、合法性、关联性及证明目的）等内容予以说明。不过，《仲裁法》并没有把证据的内容规定为裁决书的必备要素，实践中是否将证据清单、证明目的及质证意见等内容写入裁决书，可由仲裁庭灵活掌握。

（1）法律适用问题（这个问题限于国际商事仲裁程序，国内仲裁默认适用中华人民共和国法律，因此无须讨论）；

（2）案件争议合同的效力问题；

（3）管辖权异议的处理问题（在案情部分可以简述管辖权异议的处理结果，也可以将管辖权异议问题整体放在仲裁庭意见部分，详细阐明仲裁庭驳回当事人管辖权异议的理由）；

（4）案件核心争议事实的查明和认定；

（5）案件关键争议焦点的归纳总结以及相关论述（如果在庭审过程中，仲裁庭已经向当事人双方明确归纳过案件的争议焦点，那么仲裁庭意见原则上应当针对当庭归纳的争议焦点问题进行分析、回应）；

（6）对于证据的认定（仲裁庭可以针对与仲裁请求有关的关键性证据发表认定意见）；

（7）明确对各项请求的支持与驳回（包括部分支持、部分驳回）意见，涉及给付内容的，列明计算标准、方法和计算结果；

（8）仲裁费及鉴定费、审计费、评估费等其他因仲裁产生的费用的负担情况并说明理由；

需要特别说明的是，根据《仲裁法》第54条的规定，当事人协议不愿写明裁决理由的，裁决书中可以不写仲裁庭意见。

（三）裁决主文

在写作裁决主文时，要考虑以下六个方面的问题：

（1）依照普通程序仲裁的，裁决主文中要写明裁决作出的仲裁员意见情况，具体有三种写法：①依仲裁庭达成合议的意见，作出本裁决（中间裁决、部分裁决）；②依多数仲裁员意见，作出本裁决（中间裁决、部分裁决）；③依首席仲裁员意见，作出本裁决（中间裁决、部分裁决）。

（2）裁决事项严格依据当事人请求逐项列明，避免超裁、漏裁。①对给付性质的请求，要写明给付义务人、给付对象、给付标的、给付方式等；②对利息等与时间相关的继续性请求，要写明计算基数、计算标准、起止日期、暂计算至某特定日的金额。

（3）未获得任何支持的仲裁请求，写明“驳回申请人其他仲裁请求”“驳回被申请人的其他仲裁反请求”。

（4）对以裁决形式确认无管辖权的请求事项，写明“驳回仲裁申请”。

（5）写明仲裁费及鉴定费、审计费、评估费的处理决定。

（6）明确当事人履行义务的期限及逾期履行的后果，注意区分金钱债务和其他债务，金钱债务需要注明：“逾期支付的，加倍支付迟延履行期间的债务利息。"

三、尾部

1. 写明仲裁裁决书的生效时间。通常的写法是"本裁决为终局（或部分、中间）裁决，自作出之日起生效"。

2. 仲裁庭成员签名。由一名仲裁员组成仲裁庭的，在右下方写"仲裁员×××"；由三名仲裁员组成仲裁庭的，先写明"首席仲裁员×××"，再在首席仲裁员下方分两行写明"仲裁员×××""仲裁员×××"。

3. 裁决作出日期。在仲裁员签名的下方写明裁决日期，并加盖仲裁委员会印章。

4. 裁决作出地点。

5. 如有少数仲裁员不同意签名的，可以附上不同意见。①

四、仲裁裁决书写作的着力点——商事仲裁裁决六要素

商事仲裁，作为多元化纠纷解决机制中除诉讼以外最主要的路径，凭借其着力打造的"专业""灵活""高效""重视意思自治"等优势，已经成为越来越多的商事法律主体在订立合同时的第一选择。一份优质的商事仲裁裁决书则是定分止争、化解矛盾、最大限度地实现双方经济利益平衡的关键，也是让纠纷双方以及广大市场主体了解仲裁、信任仲裁的最好"广告文案"。

仲裁制度的设计②及其法律基础③使仲裁裁决较之法院判决更加个性化、多样化，不追求制式统一，论述不仅关注"合法性"，更强调个案中的"合理性"等特征。尽管如此，笔者认为，仍然有必要研究商事仲裁案件的共性，从千差万别的案情中概括出支撑一份裁决的最为重要的几个着力点，即"商事仲裁裁决的六要素"。当然，裁决书中是全部还是部分体现这六要素乃是基

① 《仲裁法》第54条规定，对裁决持不同意见的仲裁员，可以签名，也可以不签名。因此，法律并未要求持不同意见的仲裁员必须不能签名或者必须提交书面的不同意见。但是根据各个仲裁委员会的具体仲裁规则，通常情况下允许持不同意见的仲裁员不签名，而且愿意提交书面意见的也会作为裁决书的附件。

② 仲裁员队伍中不仅有法官，还有律师，从事法律研究、教学工作的专家学者以及从事经济贸易等专业工作的企业高级管理人员，显然并非所有仲裁员都具备从事司法审判工作的经验，都接受过司法裁判文书写作的系统训练。

③ 《仲裁法》第7条规定，仲裁应当根据事实，符合法律规定，公平合理地解决纠纷。《民事诉讼法》第7条规定，人民法院审理民事案件，必须以事实为根据，以法律为准绳。对比两者可以看出立法者对于两种纠纷解决制度提出了不同的要求与目标：仲裁更强调"公平合理""解决纠纷"，而诉讼则强调"以法律为准绳"，追求的是严格地、刚性地适用法律。

于案情需要，并不是所有案件的裁决书都需要这“六要素”的面面俱到。笔者相信以此六要素作为裁判时思维的起点，能够有助于提纲挈领、高效率地制作商事仲裁裁决书。商事仲裁裁决六要素如下：

（一）合同的效力

当事人双方之间签署的合同是商事仲裁案件的起点和基础。如果合同有效，合同的条款就会成为厘清、裁断申请人与被申请人双方权利义务的最为直接、重要的依据。因此，合同的效力自然成为商事仲裁裁决首先要关注的要素。根据笔者的经验，关于合同的效力经常会遇到以下两个问题：

一是要注意审查合同是否真实成立。虽然《民法典》第 469 条允许当事人双方以口头形式和其他形式订立合同，但由于必须达成仲裁协议方能受理的原因，商事仲裁案件中几乎都是以存在书面合同为前提的。因此通常情况下，仲裁庭只要能够核实双方当事人签字或加盖印鉴的书面合同的真实性，基本就能够得出合同已经成立的结论。如果双方当事人均到庭，通过询问当事人对于合同成立与否的意见以及对书面合同证据原件的质证、查验就可以比较容易地解决这一问题。如果被申请人缺席庭审又不提交书面答辩意见，仲裁庭则需要承担更多的关于案件事实查明的责任和风险，因此，在审查合同是否成立的问题上应更加审慎。如果申请人无法提供书面合同的原件（通常的判断标准是加盖双方红色印章的纸质版合同为原件），那么在判断合同是否成立时应该同时考虑案件中是否还有证明双方已经存在事实履行行为的证据，以此来防范虚假仲裁、恶意仲裁。

二是判断合同是否存在无效或可撤销的情形。我们之所以说仲裁较之诉讼具有更重视意思自治的特点，其中很重要的一个原因就在于商事仲裁裁决中对于认定合同无效或可撤销是更加谨慎甚至可以说是消极的。也就是说，除非有明确的证据证明符合《民法典》第 144 条、第 146 条、第 153 条、第 154 条、第 506 条第（2）项以及第 147 条、第 148 条、第 149 条、第 150 条、第 151 条这些关于合同无效以及可撤销的法定情形，否则只要是双方签署了合同，就足以使仲裁庭认定双方在缔约时已经就合同的内容达成了意思表示一致，合同即成立并生效。

根据仲裁实践经验，仲裁案件中最有可能导致合同被认定为无效的情形，大多是与《民法典》第 153 条第 1 款“违反法律、行政法规的强制性规定”有关。司法实践中，法院判决中对合同无效的处理也已经相当审慎。而仲裁裁决较之法院判决则往往更进一步，还是强调应当优先考虑尊重双方合同约定的意思表示，只要双方在签约时的意思表示是真实的则尽量维护双方已经达成的合意，认可合同的效力。笔者认为，这种尊重意思自治、保护合同效力的裁决思路并不拘泥于现行法律制度的窠臼，充分体现了仲裁法“公平合理地解决纠纷”这一宗旨。

（二）请求的依据

仲裁与诉讼同样遵循的是“不告不理”的原则，因此，案件审理最为核心的问题就是查明申请人提出仲裁请求的合同依据和法律依据。根据案情的不同，申请人所提出的仲裁请求自然是千差万别，但是从法律属性的角度细分，仲裁请求大致可以分为三类：金钱给付类请求、其他行为类请求（要求被申请人为一定行为，如返还原物、回购股权等）、法律状态类请求（通过裁决明确一种法律状态，如解除合同、确认合同有效/无效/解除等）。就仲裁裁决支持仲裁请求的依据而言，无非两种：合同有效前提下的违约责任、合同无效或者解除前提下的法定责任。根据笔者审理案件及撰写仲裁裁决的经验，无论是主持庭审还是撰写裁决，紧紧围绕仲裁请求的具体、直接依据对案件进行研判，往往可以迅速把握裁判要领，从根本上解决问题，有效提高审裁效率。具体而言：

一方面，如果仲裁请求的依据是合同有效前提下的违约责任，那么首先应当查明申请人所主张违约责任的合同条款依据。如果合同条款确实约定了被申请人应当承担的合同义务而被申请人并未履行，那么可以按照合同条款约定的违约责任支持申请人的金钱给付类请求或其他行为类请求。

另一方面，如果仲裁请求的依据是合同无效或者解除前提下的法定责任，那么首先应当查明合同的效力问题。如果合同无效，可以根据双方过错程度考虑缔约过失责任。被申请人有缔约过失的，可以部分或全部支持申请人的金钱给付类请求。如果合同有效，则再查明双方是否约定了解除的条款、是否符合《民法典》第563条关于法定解除的几种情形。如果符合约定解除或法定解除的条件，则可以支持申请人法律状态类请求，进而依据《民法典》第566条的规定支持金钱给付类请求或其他行为类请求：恢复原状、采取其他补救措施、赔偿损失。详见下表。

分类 仲裁请求	合同无效 缔约过失责任	合同有效 违约责任	合同解除 解除的法律后果
金钱给付类请求	赔偿损失	支付违约金 赔偿损失	赔偿损失
其他行为类请求	恢复原状等主张	履行某项行为义务	尚未履行的终止履行 恢复原状、采取其他补救措施
法律状态类请求	确认合同无效	确认合同有效	确认解除/裁决解除

当然从实务操作层面来说，仲裁庭对于合同的解除并不完全局限于合同约定解除或者法定解除。很多案件中如果双方当事人均提出了解除合同之请求，或者双方当庭对于合同的解除均表示同意，加之仲裁庭确信双方的状态难以继续维系合作关系的，通常也会作出解除合同之裁决。

请求的依据不仅是仲裁裁决的要素之一，更是当事人以及代理律师在提起仲裁时必须要仔细、审慎研究的问题。如果提出仲裁请求的同时没有能够正确地判断其依据，面临的将很有可能是仲裁请求被驳回的风险。笔者多次在进行仲裁实务培训时举例说，仲裁员是船长，仲裁请求是轮船要装载的货物，申请人则是引水员。而“请求的依据”则是引水员提供给船长的航道。即使船长已经看到了货物，但引水员指示的航道不对，船长断不敢去装载货物。因为他面临的或许是“撤裁”的风险。

（三）履约的证据

举证质证是仲裁案件审理过程中非常重要同时也可能是最为烦琐、耗时最长的一个环节。特别是绝大部分商事仲裁案件由律师代理，他们往往会在举证方面做足功课，围绕案件全方位地提交大量的证据。但是在仲裁裁决的制作过程中，仲裁庭应当意识到证据的认定是为最终的裁决结果服务的，在这个问题上仲裁裁决要比法院判决更为灵活。法院判决追求制式统一以及程序上的完备，基本都会不惜笔墨地将法官对于所有当事人提交的所有证据的三性（真实性、合法性、关联性）的认识予以陈述。但笔者主张仲裁裁决不必如此，只需引用对裁决结果有影响的有效证据、核心证据作为说理依据，以此支撑仲裁结果，如此可以在不影响裁判的客观公正的前提下有效提高审裁效率。对于商事仲裁而言，最为有效、核心的证据就是关于履约的证据。

履约的证据是指申请人、被申请人双方各自在遵照合同约定履行各自应当承担的合同义务的过程中所形成的，足以证明其履行义务的过程、投入的成本以及反映履约结果和合同现状的各种证据。查明履约的证据有以下几点意义：

第一，申请人与被申请人双方在签约之后具体的履约行为，是对合同条款确定的双方权利义务关系的客观反映，也是仲裁庭查明双方缔约时的真实意思表示的重要依据。通过查明双方各自提交的关于合同履行的证据，仲裁庭可以更全面地了解合同的性质，判断合同的履行状态是否符合行业的交易惯例，进而在当事人提出解除合同之请求时作出裁断。

第二，无论是合同无效之诉、合同违约之诉还是合同解除之诉，双方各自的过错程度始终是仲裁庭裁断双方纠纷、分配法律责任时必须要考量的因素之一。查明双方各自履约的情况能够帮助仲裁庭还原事实真相，准确判断双方履约是否存在过错以及各自过错程度如何。

第三，如果申请人提出了违约金或赔偿损失之仲裁请求（被申请人如提出仲裁反请求也同样适用），通常情况下都会提交证据来证明其因为违约方的原因而遭受的实际损失。但是出于自身利益最大化等原因，这些主张或者证据难免会存在有失客观公允、过于夸大或者隐瞒真实情况的问题。因此仲裁庭可以通过对履约证据的查明，依据合同履行的客观事实以及仲裁庭对于该合同所涉行业通常情况的认知，形成一个对于双方因合同履行而产生的投入、成本和损失的自主判断。

另外，根据《仲裁法》第58条第1款的规定，当事人有权申请撤销裁决的情形中第（4）项是“裁决所根据的证据是伪造的”。而涉及合同履行情况的证据通常都会属于裁决所根据的证据，因此要重视对履约证据的查明与认定，从而有效地规避撤裁的风险。

（四）损失的酌定

仲裁裁决支持的赔偿损失分为两种：合同违约的前提下，违约方应承担赔偿损失的违约责任；合同解除或无效的前提下，根据合同履行情况、合同性质，无过错一方有权要求赔偿损失，双方均有过错的，应当在有过错的双方之间根据过错程度分摊损失。

之所以将该要素命名为“酌定”，乃是基于笔者在审理仲裁案件中的感触。在理想的状态下仲裁裁决对于赔偿损失的仲裁请求的支持应当是基于客观、确定的标准：如果是双方合同中约定了违约金或者违约计算方法的，应当尊重双方的意思自治，严格根据约定计算得出最终支持的数额；如果是以双方发生的实际损失作为赔偿依据，应当通过对证据的查明，最终认定客观损失的数额。但在案件的实际审理过程中，笔者发现大量的案件难以达到这种理想状态。

首先，《民法典》第585条明确赋予了当事人就违约金标准的过高或过低进行抗辩的权利。因此，只要当事人在仲裁过程中对违约金标准提出了抗辩，那么就使仲裁庭必须要对合同履行造成的实际损失进行查明。

其次，当事人双方在就实际损失进行举证的时候通常很难保持客观，加之由于证据证明能力有限，很多损失本身就是难以完全查证属实的。

鉴于此，笔者认为，仲裁庭在处理关于赔偿损失的仲裁请求时应当敢于“酌定”，充分、恰当行使自由裁量的权力。这绝不是违背仲裁客观、公正之中立地位的武断处置。恰恰相反，建立在充分说理基础上的“酌定”，才是真正积极、负责的做法。当然这也对仲裁裁决的说理水平提出了更高的要求，仲裁庭应当尽可能充分地回应当事人双方在书面材料及庭审意见中各自提出的争议点，站在一个居中的位置平衡双方利益，并且要在充分认识纠纷所涉行业的通常情况及平均水平的宏观高度来分析双方各自的过错程度，进而得出一个公平合理的损失酌定数额。下面是笔者审理过的一个演艺经纪行业案例，它在损失酌定的问题上就有比较好的参考价值。某明星艺人以其经纪公司违约为由要求解除委托合同并赔偿部分损失，经纪公司依据合同约定的违约金标准提出反请求，要求艺人按照未到期年限支付3700余万元的违约金。仲裁庭在充分查明案件事实之后，裁决解除合同，在违约金计算标准上没有完全按照合同约定，而是综合考虑艺人的未来发展以及经纪公司培养年轻艺人的过程中前期投入大的行业特征，参考艺人已取得的收入总额以及经纪公司在合同期内可获得的预期利益等数据对比，酌定艺人向经纪公司支付违约金及相关费用1300万元。这一裁决结果已经成为目前演艺经纪合同解约纠纷中支持违约金的最高额。由于仲裁裁决中充分解释了这一损失酌定的具体理由，居中平衡了明星艺人的经济承受能力与经纪公司预期利益损失两方面因素，同时阐明了裁决所追求的鼓励经纪公司投入财力培养年轻艺人、促进行业健康发展的价值取向，使双方当事人均接受了裁决结果并已顺利履行。风平浪静，几无炒作，避免了这一行业特有的喧嚣。

（五）主文的处理

需要特别注意的是，裁项要与双方仲裁请求及反请求的一一呼应，避免出现漏裁或者超裁，以此防范发生撤裁的风险。对于金钱给付类的仲裁请求及反请求比较容易处理，只需要在数额的计算特别是利息计算方式上做到精确即可；对于其他行为类请求或法律状态类请求，如果可以支持，最稳妥的方式是裁决主文直接引用仲裁请求或反请求的表述，避免出现超裁或漏裁之风险。

（六）程序的完善

《民事诉讼法》修改之后，人民法院对于仲裁裁决的审查监督权力（撤裁或者不予执行）已经被限定于程序层面。因此，为了能够尽可能保证仲裁当事人接受仲裁裁决，确保仲裁裁决的效力不产生瑕疵，防范撤裁之风险，程序的完善应当被列为仲裁裁决的要素之一。仲裁裁决中可能涉及的程序问题有：

（1）管辖权异议的处理；

（2）对被申请人提出“一事不再理”异议的答复；

（3）对申请人或被申请人要求调取证据的申请的答复；

（4）庭审结束后当事人要求再次开庭的答复；

（5）当事人举证的情况以及同意庭审结束后书面质证的情况。

没有完全一致的仲裁案件，也就没有完全一致的仲裁裁决。仲裁裁决的制作应当以具体案件的审理情况为基准，其内容远非上述“六要素”所能涵盖，或者并不需要完全具备这“六要素”就足以完成裁决。但“六要素”可以成为梳理案件审理思路的一个起点，成为检视仲裁裁决是否存在瑕疵的参照系。笔者希望通过这段文字与读者分享多年从事仲裁工作的经验和体会，期望对仲裁案件的审理和代理技术之提高能有所裨益。

【例文】（略）

项目四　仲裁调解书

【文书格式】①

××仲裁委员会

调解书

（××××）×仲调字第××号

申　请　人：×××（写明姓名或名称）
住　　　所：……
法定代表人：姓名　　职务
委托代理人：姓名　　职务
　　　　　　姓名　　职务
被 申 请 人：×××（写明姓名或名称）
住　　　所：……
法定代表人：姓名　　职务
委托代理人：姓名　　职务
　　　　　　姓名　　职务

××仲裁委员会（以下简称本会）根据申请人××（以下简称申请人）向本会提出的仲裁申请和申请人与被申请人××（以下简称被申请人）于××××年××月××日签订的××合同中的仲裁条款，于××××年××月××日受理了上述合同项下争议仲裁案。本案编号为（年度）×仲案字第××号。

本案适用本会自2019年9月1日起施行的《××仲裁委员会仲裁规则》（以下简称仲裁规则）。

① 本格式参考了北京仲裁委员会的调解书式样，编者根据实务经验做了微调。

【关于案件受理的基本情况的介绍】

(1) 仲裁委员会名称

(2) 申请人名称

(3) 被申请人名称

(4) 当事人之间签署的仲裁协议，通常是申请人与被申请人于××××年××月××日签订的××合同（本案合同）中的仲裁条款。

(5) 案件受理日期

(6) 案件受理编号（注：通常该案件受理编号与仲裁调解书的编号会不同）

(7) 本案适用的仲裁规则（自××××年××月××日起施行的《××仲裁委员会仲裁规则》）以及适用的仲裁程序（包括普通程序、简易程序、国际商事仲裁普通程序、国际商事仲裁简易程序）

(8) 仲裁使用的语言（当事人对仲裁语言有约定的，从其约定。当事人对仲裁语言未作约定的，写明本会或仲裁庭确定的语言。）

【关于案件审理经过的介绍】

(1) 仲裁材料的提交与送达情况

(2) 变更请求（或反请求）的受理日期以及材料的送达情况

(3) 仲裁庭的组成方式，包括当事人各方选定或者指定仲裁员的情况，仲裁委决定组成仲裁庭的时间

(4) 开庭审理的日期、地点

(5) 当事人及其代理人出庭情况

(6) 庭审经历的主要阶段（包括陈述和答辩、证据出示与质证、仲裁庭调查、当事人辩论、最后陈述）

【明确申请人的仲裁请求】

……

在仲裁庭的主持下，双方本着互谅互让、协商解决问题的精神，于××××年××月××日达成和解协议，并请求仲裁庭根据该和解协议的内容制作调解书。仲裁庭确认的调解结果如下：

……

本调解书与裁决书具有同等法律效力，自双方当事人签收之日起生效。

首席仲裁员（签字）：×××

仲　裁　员（签字）：×××

仲　裁　员（签字）：×××

××××年××月××日于北京

（加盖仲裁委员会印章）

【仲裁调解书写作谈】

仲裁调解书是仲裁庭根据申请人与被申请人双方就诉诸仲裁的争议自愿达成的和解协议所制作的具有法律效力的仲裁法律文书。它既是当事人协商结果的记录，又是仲裁庭认可调解协议的证明。写作主体为仲裁委员会，写作受体为仲裁案件的申请人、被申请人，写作主旨是表达案件当事人之间已经达成了和解以及和解的内容。

调解不是仲裁的必经程序。仲裁庭应当在查明事实、分清是非的前提下，在当事人自愿的基础上，及时、公正地调解，并根据当事人达成的和解协议制作仲裁调解书。仲裁调解书自双方签收之日起生效，与裁决书具有同等法律效力。如果一方当事人不履行调解书，另一方当事人可以据此向人民法院申请强制执行。仲裁调解书写作的法律依据是《仲裁法》第51条①、第52条②。

本文书由首部、正文、尾部三部分组成。

一、首部

首部包括仲裁委员会名称、标题及文书编号、当事人代理人基本情况、引言四部分。关于前面三部分的写作要领，笔者在《仲裁裁决书写作谈》中已详述，兹不重复。

引言部分依次包括：（1）本案仲裁的合同依据；（2）本案适用的《仲裁规则》；（3）关于案件受理基本情况的介绍；（4）关于案件审理经过的介绍。其中每一部分又涉及若干信息要点，读者可以从本文书格式中获取到。这些内容均关涉仲裁的程序性事项，旨在彰显仲裁庭严格遵循仲裁的法律程序，做到了仲裁的程序正义。

二、正文

仲裁调解书的正文部分比仲裁裁决书相对简单，原则上不再介绍案情以及双方庭审过程中发表的意见以及举证质证情况，仅以当事人各方达成的和解意见为主要内容。此部分内容包括明确申请人的仲裁请求和仲裁庭确认的调解结

---

① 《仲裁法》第51条规定，仲裁庭在作出裁决前，可以先行调解。当事人自愿调解的，仲裁庭应当调解。调解不成的，应当及时作出裁决。调解达成协议的，仲裁庭应当制作调解书或者根据协议的结果制作裁决书。调解书与裁决书具有同等法律效力。

② 《仲裁法》第52条规定，调解书应当写明仲裁请求和当事人协议的结果。调解书由仲裁员签字，加盖仲裁委员会印章，送达双方当事人。调解书经双方当事人签收后，即发生法律效力。在调解书签收前当事人反悔的，仲裁庭应当及时作出裁决。

果两部分。

（一）明确申请人的仲裁请求

写作这部分内容时，要把仲裁申请书中的仲裁请求完整、准确地移植进来。另外，如果当事人有书面或者口头提出变更仲裁请求的申请，则应当注意将变更后的最终仲裁请求予以明确。

【示例】

申请人提出的仲裁请求为：（1）裁决被申请人交付所拖欠货款人民币102 000 元；（2）裁决被申请人支付违约金人民币 5400 元；（3）裁决本案仲裁费用由被申请人承担。

（二）仲裁庭确认的调解结果

这部分是仲裁调解书的核心部分。这部分内容决定着双方的权利、义务，既包括实体权利争议达成的协议内容，也包括有关仲裁费用的分担等内容。

这部分内容通常表述为："在仲裁庭的主持下，双方本着互谅互让、协商解决问题的精神，于××××年××月××日达成和解协议，并请求仲裁庭根据该和解协议的内容制作调解书。仲裁庭确认的调解结果如下：……"

三、尾部

尾部写明以下内容：仲裁调解书生效的时间；仲裁庭成员签名；制作调解书的日期、地点。其中，仲裁调解书生效的时间，通常表述为："本调解书与仲裁裁决书具有同等法律效力，自双方当事人签收之日起生效"。

四、注意事项

（一）不要遗漏和解协议的内容

仲裁调解书是对于当事人达成的和解协议的确认，因此只要双方和解协议的内容不存在明显违反法律规定的问题，原则上应当全部列入调解书的内容中。注意不要遗漏和解协议内容，避免因为遗漏而导致执行过程中引发新的纠纷。

（二）和解协议可以超越仲裁请求的范围

和解协议是双方之间自愿达成的新的意思表示，可以超越仲裁请求的范围，只要是与双方之间的纠纷相关的事项，仲裁庭都应在调解书中予以确认。当然，对于超越仲裁请求范围又为调解书所确认的事项，当事人丧失了向仲裁委员会申请仲裁的权利。

（三）对急切希望案结事了的当事人而言，从仲裁庭获取仲裁调解书要优于裁决书

依据《仲裁法》的规定，当事人双方达成和解协议，既可以申请仲裁庭根据和解协议的内容制作调解书，也可以申请仲裁庭制作裁决书，两者具有同等法律效力。《仲裁法》及《民事诉讼法》规定了撤销仲裁裁决和申请不予执行两种制度，对仲裁裁决实施司法监督，也就是说，裁决书存在着被法院撤裁以及裁定不予执行的可能性。而仲裁调解书则不受上述两种司法监督制度的规制，仲裁调解书一旦由当事人签收即确定生效，具有法律拘束力，不用担心另一方当事人节外生枝，去启动关于仲裁裁决的司法监督程序，因而会省却旷日持久的诉讼之路。因此，对急切希望案结事了的当事人而言，从仲裁庭获取仲裁调解书要优于裁决书。

【例文】

北京仲裁委员会

调解书

（2020）北仲调字第00A号

申请人：北京天×信息技术有限公司

地　址：北京市西城区建设大街×号

法定代表人：张某

委托代理人：李某某，北京市××律师事务所律师

被申请人：北京发×科技有限公司

地　址：北京市通州区发展大街×号

法定代表人：赵某

委托代理人：周某某，北京市××律师事务所律师

北京仲裁委员会（以下简称“仲裁委员会”）根据申请人北京天×信息技术有限公司（以下简称申请人）向本会提交的仲裁申请书以及申请人与被申请人北京发×科技有限公司（以下简称被申请人）签订的《技术服务合同》（以下简称本案合同）中的仲裁条款，于2020年4月1日受理了申请人与被申请人之间因上述合同所引起的争议仲裁案（以下简称本案）。本案编号为（2017）北仲案字第0000号。

本案仲裁程序适用自2019年9月1日起施行的《北京仲裁委员会仲裁规则》（以下简称仲裁规则）。

本会受理本案后，按照仲裁规则的规定向被申请人送达了答辩通知、仲裁规则、仲裁员名册、仲裁申请书及其附件。

由于申请人与被申请人未能按期共同选定本案独任仲裁员，依据仲裁规则，本会主任指定孙某某担任本案独任仲裁员，于 2020 年 4 月 10 日组成仲裁庭，适用简易程序审理本案。仲裁庭确定于 2020 年 5 月 5 日对本案进行开庭审理。本会按照仲裁规则之规定将组庭通知和开庭通知送达了申请人和被申请人。双方未对仲裁庭的组成方式及人员提出异议。

仲裁庭审阅了当事人提交的全部书面材料后，于 2020 年 5 月 5 日在北京对本案进行了开庭审理。申请人的委托代理人、被申请人的委托代理人参加了庭审。在庭审过程中，仲裁庭听取了申请人就全部仲裁请求的陈述和被申请人的答辩，主持双方对证据材料进行了举证和质证，并对相关事实问题进行了调查、核实，听取了双方发表的辩论意见。庭审结束前，双方均发表了最后陈述意见。

申请人提出的仲裁请求为：

1. 被申请人向申请人支付服务器托管服务费 1000 万元（指人民币，下同）；

2. 被申请人向申请人支付服务器托管服务费逾期付款利息，暂计至 2020 年 4 月 1 日为 50 万元（按全国银行间同业拆借中心公布的贷款市场报价利率计算，付至被申请人全部费用付清之日止）；

3. 本案仲裁费由被申请人承担。

在仲裁庭的主持下，双方本着互谅互让、协商解决问题的精神，于 2020 年 5 月 25 日达成和解协议，并请求仲裁庭根据该和解协议的内容制作调解书。仲裁庭确认的调解结果如下：

（一）双方确认本案被申请人所欠的服务器托管服务费中有 700 万元已同双方其他债权债务关系中的款项相抵销，申请人不再主张对被申请人享有本案合同项下 700 万元的债权；

（二）被申请人于 2020 年 6 月 5 日前向申请人支付剩余服务器托管服务费 300 万元；

（三）本案仲裁费 20 000 元（已由申请人全额预交），由申请人和被申请人各自承担 10 000 元，被申请人应于 2020 年 6 月 5 日前直接向申请人支付申请人代其垫付的仲裁费 10 000 元；

（四）被申请人未按期足额支付上述第（二）、（三）项款项且双方未能就延期付款事宜达成一致的，申请人有权要求被申请人向申请人支付以剩余未支付的服务费数额为基数，按全国银行间同业拆借中心公布的贷款市场报价利率计算，自 2020 年 6 月 5 日至实际付款之日止计算的迟延履行违约金；

（五）申请人放弃其他仲裁请求，双方就本案再无其他争议。

本调解书与裁决书具有同等法律效力，自双方当事人签收之日起生效。

仲裁员（签字）：孙某某

二〇二〇年五月二十五日于北京

（加盖仲裁委员会公章）

第九章　公证情境中的法律文书①

我们写的就是法律。

——国际拉丁公证联盟徽章上的古老拉丁格言

开一家公证处，等于关一家法院。

——西班牙谚语

这些无私的顾问，这些公正的文书起草人，这些作为使契约当事人信守义务的一种自愿的法官，就是公证人；这种制度就是公证制度。

——［法］《风月法令》

文字是不容易讹误毁灭的证据。

——［法］孟德斯鸠

公证法律文书概述

公证是指依法设立的公证机构根据法律、行政法规的规定和当事人的申请，依照法定的程序证明民事法律行为、有法律意义的事实和文书的真实性、合法性的非诉讼活动。②

公证制度作为国家司法制度的组成部分，是国家预防纠纷、维护法制、巩固法律秩序的一种司法手段。通过设立公证制度，为社会提供具有普遍证明力的公证证明，并通过公证证明活动及公证法律服务，规范民事法律行为，预防纠纷，减少诉讼，保障国家法律的正确实施和自然人、法人和其他组织的合法权益，进而促进法治社会建设与和谐社会的发展。此外，公证制度还是国际交往的重要媒介，对于促进国际民事、经济交往，保障对外开放顺利进行具有不可替代的作用。

---

① 本章内容由徐敏公证员、马立飞公证员撰稿。

② 中国公证协会组编：《公证员入门》（修订版），法律出版社2012年版，第3页。

公证文书是公证机构根据法律的规定和当事人的申请，按照法定程序依法证明民事法律行为、有法律意义的事实和文书的真实性、合法性，以保护自然人、法人或者其他组织身份上、财产上的权利和合法利益时所制作的各类法律文书的总称[①]，包括公证书、公证决定书、公证通知书、公证公告、法律意见书、提存证书、公证笔录、公证送达文书等。公证文书是公证机构活动的记录，是公证的效力和作用的集中体现。具有以下特征：

一、公证文书是公证机构依法出具的专用文书

公证职能只能由公证机构统一行使，公证员则代表公证机构从事公证证明活动，出具公证文书。其他机构和人员不能进行公证证明活动，不能出具公证文书，其他机构和人员出具的证明文书也不能代替公证文书。

二、公证文书具有特定的法律效力

公证文书具有证据效力、强制执行效力和法定公证的特定效力。[②] 证据效力是公证文书最基本的效力。根据《民事诉讼法》第 72 条[③]的规定，人民法院在审理民商事案件中，除非对方提出的证据足以推翻，对于当事人提交的经过公证的证据，法官在进行裁量时应当直接采信，当事人无须再举证证明。公证文书的强制执行效力是指对经公证的以给付为内容的债权文书，债务人不履行或履行不适当的，债权人可以不经债务人同意，也不经诉讼程序，径直向有管辖权的人民法院申请执行。经公证的债权文书与人民法院制作的发生法律效力的判决书、裁定书、调解书、支付令等，都是人民法院执行的根据。法定公证的特定效力是指法律、行政法规规定应当公证的事项，有关自然人、法人或者其他组织应当向公证机构申请办理公证，[④] 因此，公证文书还是某些法律行为生效的必要条件。《公证法》第 38 条规定，“法律、行政法规规定未经公证的事项不具有法律效力的，依照其规定”。

三、公证文书的使用范围不受地域限制

裁判文书、仲裁裁决书需要通过司法协助或者按照互惠原则，申请外国法

---

① 中国公证协会组编：《公证员入门》（修订版），法律出版社 2012 年版，第 341 页。

② 《中华人民共和国公证法》（以下简称《公证法》）第 36、37、38 条分别就公证文书的证据效力、强制执行效力和法定公证效力进行了规定。

③ 《民事诉讼法》第 72 条规定，经过法定程序公证证明的法律事实和文书，人民法院应当作为认定事实的根据，但有相反证据足以推翻公证证明的除外。

④ 中国公证协会组编：《公证员入门》（修订版），法律出版社 2012 年版，第 22 页。

院承认和执行。但公证文书不必通过司法协助或者按照互惠原则就可以被广泛地运用在国际间的民事、经济交往等事务中。因此，从某种程度上看，公证文书是唯一能够通用于全球的有效法律文书。①

公证文书可以划分为公证书、公证程序文书和事务性法律文书三大类：

（一）公证书

公证书是指公证机构依法对当事人申请公证的事项，经过审查核实，认为符合公证条件的，按照法定程序制作的具有特殊法律效力的证明文书。

按照格式是否固定，公证书可分为定式公证书和要素式公证书。定式公证书是指按照固定的格式语言，填充其中的变量撰写的公证书。② 要素式公证书是指公证书内容由规定的要素构成，文字表述等则由公证员酌情撰写的公证书。③ 目前，要素式公证书适用于保全证据、现场监督、合同（协议）、继承和强制执行五类公证事项。

按照使用国家和地区的不同，它可分为国内、国外、涉台、涉港（澳）公证书等。按照公证申请主体不同，它可分为民事类、经济类，民事类公证书的主体一般为自然人，经济类公证书的主体为企业、政府机构、事业单位及其他组织。根据公证书自身的法律属性，它可以分为证明文书、确权文书、强制执行文书和其他法律文书。确权文书主要为继承权公证书。④

（二）公证程序文书

公证程序文书包括辅助性公证文书、公证通知书和公证决定书。辅助性公证文书是公证机构在办理公证业务活动中制作的服务于公证活动的文书，包括公证申请表、公证当事人权利义务告知书、公证笔录、回执等。公证通知书是公证机构向当事人通告公证决定或其他公证程序事宜的文书。公证决定书是公证机构根据事实和法律，为解决某些公证程序事项而作出的书面处理意见，常见的有不予办理公证决定、终止公证决定、维持公证书或撤销公证书的处理决定等情形。

（三）事务性法律文书

事务性法律文书是指在处理公证事务性工作中所涉及的法律文书，如提存

① 向海平主编：《公证理论与实务》，四川大学出版社2017年版，第7页。

② 司法部律师公证工作指导司编：《定式公证书格式使用指南》，法律出版社2011年版，第3页。

③ 司法部律师公证工作指导司编：《定式公证书格式使用指南》，法律出版社2011年版，第3页。

④ 薛凡：《公证文书的种类》，载《中国公证》2006年第4期。

证书、保管证书、法律意见书等。

提存证书是指公证机构根据债务人的申请，按照法定程序对债务人交付的债之标的物依法进行提存所出具的公证文书。

根据《公证法》第 12 条的规定，保管是公证事务之一，常见的有遗嘱保管。根据中国公证协会 2016 年颁布的《办理遗嘱保管事务的指导意见》，公证机构应当向申请人出具保管证书。随着互联网技术的发展，电子数据的保管业务应运而生，电子数据保管证书成为一种新兴的事务性法律文书进入人们的视野。

公证法律意见书可分为两种类型：一种是公证员在办理公证过程中发现相关法律问题时，主动向当事人提出的法律建议；另一种是公证员接受当事人的委托，就某一法律问题提供的咨询性意见。当前，公证机构出具的法律意见书尚未普及，但作为一种重要的公证文书，随着市场经济的深入发展及公证员法律素养的不断提高，其将扮演越来越重要的角色。

随着时代的进步，社会的发展，人们会产生新的公证需求，公证业务也会出现新的业务增长点。2021 年 1 月 1 日我国《民法典》施行。总则编首次增加意定监护的相关法律规定，继承编增加遗产管理人的相关规定，修改完善代位继承的规定，这些规定势必带来公证法律文书的变化。作为提供公证服务的社会组织机构，公证机构只有不断改变和创新服务模式，才能适应社会的要求，提供优质、有效的法律服务。因此，公证法律文书的外延也不是凝固不变的，必将有一个新陈代谢的过程，以此来适应公证业务领域的新变化、新需求。

项目一　定式公证书

【定式公证书制作谈】

定式公证书是指公证机构按照固定的格式语言填充其中的变量撰写的公证书。根据司法部 2011 年 3 月印发的《关于推行新的定式公证书格式的通知》，新的定式公证书共分三大类，计有 35 式 49 种。民事法律行为类有 8 式，包括委托、声明、赠与、受赠、遗嘱、保证、公司章程和认领亲子。有法律意义的事实类有 24 式，包括出生、生存、死亡、身份、曾用名、住所地（居住地）、学历、学位、经历、职务（职称）、资格、无（有）犯罪记录、婚姻状况、亲属关系、收养关系、抚养事实、财产权、收入状况、纳税状况、票据拒绝、选票、指纹、不可抗力（意外事件）、查无档案记载。有法律意义的文书类有 3 式，包括证书（执照）、文书上的签名（印鉴）、文本相符。

定式公证书由封面、证心、封底组成。① 证心中的证词页由首部、正文（证词）和尾部组成。

一、首部

首部由公证书标题、公证书编号、申请人等基本情况、公证事项这四部分内容组成。

（一）公证书标题

在新的定式公证书格式使用前，公证书的标题依次由“公证类别＋公证书”组成，如“未婚公证书”“未受刑事处分公证书”。新的定式公证书格式，标题中取消了公证类别，统一表述为“公证书”，使用2号仿宋字体，在证词页上部居中书写。

（二）公证书编号

公证书编号应编排在“公证书”字样下空两行，居右排布，由年份代码、地区代码、公证处代码、证书类别代码及公证书顺序代码组成。地区代码为省（自治区、直辖市）的简称，在此之后可加所在市（地）的简称。公证处代码由公证处自定，但不得与同省其他公证处相同。证书类别代码、公证书顺序代码由公证处自定，但不得与本处本年度其他公证书相同。每件公证书均应编一个号，不得几件公证书编一个号，也不得重复编号。数字编号不编虚位，编号中的数字均使用阿拉伯数字。例如，北京市方圆公证处2021年办理的第1件国内使用的民事类公证事项，公证书编号为“（2021）京方圆内民证字第1号”。

（三）申请人等基本情况

申请人为自然人的，写明姓名、性别、出生日期、公民身份号码等基本情况；若为法人或者非法人组织，则要写明单位全称、住所地、法定代表人（或负责人）姓名等。涉及法定代理人、委托代理人或者关系人的，在申请人基本情况后另起一行注明法定代理人、委托代理人或者关系人的姓名、性别、出生日期、公民身份号码等基本情况。②

（四）公证事项

公证事项是2011年司法部印发定式公证书格式新增加的内容，有助于确定公证书的类别及其适用的办证规则、出证条件以及证明事项的范围。写作

---

① 中国公证协会组编：《公证员入门》（修订版），法律出版社2012年版，第346页。

② 司法部律师公证工作指导司编：《定式公证书格式使用指南》，法律出版社2011年版，第6页。

时，应单列一行，简要写明公证证明对象的名称或者类别。① 此外，应根据证明对象的不同，选择对应的“公证事项”，例如，声明公证的证明对象是声明行为真实性、合法性，而不是声明书内容的真实性，故公证事项为“声明”；学历证书公证的证明对象是证书的真实性、合法性，公证事项为“证书”。在实践中，经常出现公证事项与公证证词不匹配的情况，如公证事项为“委托”，但证词按照第34式“文书上的签名（印鉴）公证书格式”书写，仅证明委托书上签名、印鉴的真实性，对委托行为的真实性、合法性并未起到证明作用，这样的公证书可能会不符合相关机构对公证书的预期，从而影响公证书的使用。

二、正文（证词）

正文又称公证证词，是公证书的主要部分。《公证法》第32条规定，“公证书应当按照国务院司法行政部门规定的格式制作”。按照格式制作公证书，在定式公证书证词中体现得尤为充分。在定式公证书证词写作中，主要对涉及的当事人名称、时间、地点和相关法律条文进行填充，其他证词内容基本不变。② 因此，不得随意修改格式语言，更不得随意增加证词内容。格式的固定化和标准化，可以提高公证质量，规范公证文书的管理，提高公证工作效率，便于相关部门对公证书的认证和使用。但是，定式公证书证词的缺点是不能反映从公证程序运行到公证结果的逻辑论证的全貌，容易导致公证人员思想僵化，不能充分发挥主观能动性。

随着新需求、新情况的出现，有的定式公证书难以满足当事人或公证书使用方的需求。例如，《民法典》对网络虚拟财产作出了规定，微信公众号作为一种网络虚拟财产，其商业价值受到关注。根据相关公司的规定，微信公众号的主体可以进行变更，公众号的关注粉丝等内容也可以转移至新的平台。为避免纠纷，防范风险，相关公司要求原公众号主体和目标公众号主体共同签署《微信公众号迁移申请函》，并对此进行公证。在实践中，对这类新兴公证业务，公证处需要审查核实当事人的身份信息、主体权属、文书内容等，如需要登录微信公众号后台查询双方账号主体信息，并将结果截屏打印，审查迁移函内容的真实性和合法性，并向双方当事人告知转让的法律意义及风险。但公证书的出具大多采用第34式“文书上的签名（印鉴）公证书格式”③，证词格式为：“兹证明前面的《微信公众号迁移申请函》上所盖的×××有限公司、

① 司法部律师公证工作指导司编：《定式公证书格式使用指南》，法律出版社2011年版，第6页。

② 向海平主编：《公证理论与实务》，四川大学出版社2017年版，第189页。

③ 另一种是按照保全证据形式出具公证书，但按此形式出具公证书的情况少之又少。

×××有限公司之印鉴属实。”显然，这无法反映出公证活动的全貌和体现公证的价值，也难以满足当事人和公证书使用方对于避免纠纷、防范风险的需求。

三、尾部

包括照片、承办公证机构名称、承办公证员的签名或签名章、公证书出具日期和公证机构印章等。关于书写公证书出具日期的数字形式，司法部在《公证书制作规范》（SF/T0038－2021）中规定：“公证书出具日期中的数字应用阿拉伯数字将年、月、日标全，年份应标全称，月、日不编虚位。”

四、注意事项

（一）民事法律行为类公证书

申办遗嘱、赠与、委托、声明、保证等行为类公证事项，应当由当事人本人亲自申办。此类公证书的撰写，需要注意时间、地点、签署形式的表述。以委托公证为例，如不在公证处签署委托书，公证词中应将“来到我处”改为实际签署地点；如当事人仅在委托书上签名，公证词表述为“在前面的委托书上签名”，如果既有签名，又有指纹，公证词则表述为“在前面的委托书上签名并捺×手×指指纹”。

行为类公证书中需有当事人“表示知悉委托（声明、遗嘱、保证等）的法律意义和法律后果”及行为符合相关法律规定的表述。

（二）有法律意义的事实类公证书

此类公证书是对出生、婚姻等法律事实进行直接的证明。因此，该类公证书中没有公证证词证明的文书。出生、生存、婚姻状况、收养关系、经历等公证书，需要根据公证书使用国的要求加贴照片；亲属关系、收养关系、抚养事实等公证书，需要在申请人基本情况下方另起一行列明关系人的基本情况。此外，我国台湾地区使用的亲属关系公证书需要载明公证用途，即在证词表述完后，另起一行表述为“本证明用于……使用”。

（三）有法律意义的文书类公证书

此类公证书格式适用于对学历证书、结婚证、出生证、资格证书、职称证书等的真实性进行证明的情形。

拟写公证词时，应注意谨慎选用“影印件与原件相符”格式。实践中，有的公证员为了减轻审查责任，不去核实证书的真实性，大量采用“影印件与原件相符”格式，在有实质审查传统的国家如德国，往往不接受这种格式的公证书。

对于有法律意义的文书的签署形式进行证明，根据不同情形有两种表述。第一种情形是申请公证前没有在文书上签名或加盖印鉴完毕，表述为“在前面的文书上签名或加盖印鉴”。第二种情形是申请公证前已经在文书上签名或加盖印鉴完毕，则应表述为“确认前面××（文件名称）上的签名或印鉴是本人所为”。

【例文】

公　证　书

（2021）京方圆内民证字第×××号

申请人：慕容某，女，1975年××月××日出生，公民身份号码110000000000000000。

公证事项：委托

兹证明慕容某于2021年9月1日来到我处，在本公证员的面前，在前面的委托书上签名，并表示知悉委托的法律意义和法律后果。

慕容某的委托行为符合《中华人民共和国民法典》第一百四十三条的规定。

中华人民共和国北京市方圆公证处

公证员（签名或签名章）×××

2021年9月1日

（公证处公章）

公　证　书

（2021）京方圆外民证字第×××号

申请人：张某，女，1995年××月××日出生，公民身份号码11000000000000000X。

公证事项：出生

兹证明张某于1995年10月11日在北京市出生。张某的父亲是张某某（公民身份号码110000000000000000），张某的母亲是宋某某（公民身份号码140000000000000000）。

中华人民共和国北京市方圆公证处

公证员（签名或签名章）×××

2021年9月10日

（公证处公章）

公 证 书

(2021) 京方圆外民证字第×××号

申请人：韦某某，男，1983年××月××日出生，公民身份号码150000000000000000。

公证事项：毕业证书

兹证明前面的复印件与北京市宣武区成人高中学校于1999年12月30日颁发给韦某某的《北京市成人高中学校考试毕业证书》的原件相符，原件属实。前面的复印件所附的英文译本内容与中文原本相符。

中华人民共和国北京市方圆公证处

公证员（签名或签名章）×××

2021年11月1日

（公证处公章）

项目二 保全证据公证书

【保全证据公证书制作谈】

保全证据公证是指公证机构根据自然人、法人或者其他组织的申请，依法对与申请人权益有关的、有法律意义的证据、行为过程加以提取、收存、固定、描述或者对申请人的取证行为的真实性予以证明的活动。根据保全对象的不同，保全证据公证可以分为对证人证言或当事人陈述的保全、对书证或物证的保全、对视听资料的保全、对行为过程和事实的保全、对电子数据的保全等。公证机构办理保全证据公证，可以根据具体情况采取绘图、照相、录像、录音、截屏、屏幕录像、复制、封存等方法和措施。

保全证据公证书是公证机构在办理保全证据公证活动中依法制作的一种要素式公证书，它是保全证据公证这一活动的最终体现。

作为一种要素式公证书，保全证据公证书也由封面、证心、封底组成。证心中的证词页也由首部、正文（证词）和尾部构成。①

① 需要注意的是，公证书证词证明的文书也是公证书的组成部分，无论是当事人手写的还是公证机构打印的文书，只要在公证证词中予以证明的，都是公证书的组成部分。

一、首部

首部包括公证书标题、编号、申请人及代理人基本情况、公证事项这四部分内容。

二、正文（证词）

保全证据公证书的证词由必备要素和选择要素共同构成。必备要素是指公证书证词中必须具备的内容，包括申请人姓名或全称、申请日期及申请事项；保全标的的基本状况；保全的时间、地点；保全的方式方法；保全证据的关键过程；公证员结论。选择要素是根据公证证明的实际需要或当事人的要求，酌情在公证书证词中写明的内容①，包括申请保全证据的原因、用途；办理该项公证的法律依据；公证书的正本和副本及附件等内容。因保全对象的不同，公证证词的具体内容和写法有所不同。下面以保全物证、书证的公证词为例进行介绍。

（一）必备要素

1. 申请人姓名或全称、申请日期及申请事项。

2. 保全标的的基本状况。包括物证的名称、数量、表状特征等。书证的数量、名称、页数、标题、形成时间等。

3. 保全物证或书证的时间、地点。

4. 保全的方式方法。包括申请人提交、公证人员提取、公证人员记录、现场勘验、照相录像、技术鉴定等。

5. 保全证据的关键过程。它包括：

（1）参与保全的人员。包括承办公证人员及在场的相关人员的人数、姓名。

（2）公证人员保全过程中所做的主要工作。如对重要事实进行了现场勘验、询问，对取得的证据履行了提示义务等。

（3）物证或书证取得的时间、方式，或物证的存在方式、地点、现状等。

（4）取得的证据数量、种类、形式、存放处所等。当事人对取得的证据予以确认的方式和过程。

6. 公证员结论。包括保全证据的方式、方法以及程序是否真实、合法，用于作证的书面文件（如发票、产地证明等）的真实性，取得证据的数量、

① 向海平主编：《公证理论与实务》，四川大学出版社 2017 年版，第 191 页。

种类、日期，取得证据的存放方式及存放地点。

（二）选择要素

1. 申请保全证据的原因、用途。
2. 办理该项公证的法律依据（公证法规或有关规章等）。
3. 有书证能够证明物的来源或存在的，应写明书证的名称。
4. 保全拆迁房屋时，要写明与该房屋有关的所有权人或使用权人、代管人等。
5. 物品难以长期保存的，在结论中应写明保存期限。已采取变通保存措施的，结论中也应一并写明。
6. 公证书的正本和副本。
7. 附件。包括照片打印件、光盘等。

三、尾部

尾部包括承办公证机构的名称、承办公证员的签名或签名章、公证书出具日期、公证机构印鉴。

四、注意事项

近年来，随着人们法律意识的提高、人民法院审判改革进程的加快，保全证据公证发展迅速，越来越多的保全证据公证书被运用于民事诉讼、行政诉讼及仲裁案件中，成为定案的关键证据。在传统的静态性质的公证活动中，几乎每一类公证事项的办理过程都呈现出同一性，公证书有着相对固定的模式，但公证保全活动却具有动态性质，富于个性和变化，公证书会随着个案的不同呈现出多元化的表达方式，又因多数公证书可能会进入司法审查的视野，故对公证书的质量要求相对较高。作者总结了多年来拟写该类公证书的经验教训，供大家写作时参考。

（一）坚持客观原则，如实记录保全活动，不作主观判断

《公证法》第3条规定：“公证机构办理公证，应当遵守法律，坚持客观、公正的原则。”客观原则是公证制度的基本原则，适用于一切公证活动，尤其在保全证据公证中体现得淋漓尽致。保全证据的根本目的在于固定证据或事实最初的状态，防止因证据灭失或遭篡改而引起的举证不能。在保全活动中，“公证员的眼睛就是摄像机和照相机的镜头，不带任何感情色彩”，① 公证员所

① 《薛凡主任在要素式公证书培训班授课内容摘要》，载《南京公证通讯》2003年第1期。

做的工作就是利用现有的技术和工具尽量客观如实地记录整个保全活动，保证固定、提取和保存下来的公证证据和其客观存在的本来面目完全相符，不能对之有任何的增减，更不能在其中加入自身的任何判断。① 体现在公证书的撰写中，注意不要使用带有主观判断或确认性色彩的语言。例如，在一份现状保全的公证书中，对于保全地点的描述，使用的句子是"一家悬挂××牌匾的店面"，而不是直接表述为"××商店"。对于现场工作人员的描述是"带有李××字样工作牌的，自称为该店经理的男士"，而不是直接描述为"李经理"。曾经有一个购物保全的案子，公证员陪同当事人去一家音像店购物，该店没有门牌号码，隔壁门牌号是××路448号，公证员据此推测，音像店的门牌地址为450号，公证词上直接写为"在××路450号购物"。开庭时，对方当事人提供了派出所出具的证明，证明这条路上不存在该地址，据查确实无该地址。这份公证书因有重大瑕疵，未被采纳。②

（二）完整、详尽地描述保全活动

完整、详尽是一份合格的保全证据公证书记载和证明保全事实应该达到的最为基本的要求。③ 随着民事诉讼案件审理难度的增加，审判机关对于保全证据公证书的要求也在不断提高，法官希望公证书对于保全证据的过程和相关细节作更加客观、详细和完整的记载，以利于法庭查明事实。如何将公证活动完整、详尽地描述出来，使公证书真正达到"在同样的客观环境下，使用相同的设备，任何第三方通过重复公证书的描述过程，完全可以还原当时保全现场的实际情况"的理想状态④，也是考察公证员法律功底和素养的一个重要因素。但随着近年来公证业务数量的急剧增加，个别公证员养成了"萝卜快了不洗泥"的习惯，并且形成了一个误区，认为写的越多，越容易被当事人找到瑕疵，于是公证书写得越来越简单，省略了一些环节，要素式公证书产生了新定式化的倾向。例如，在网络保全证据公证中，计算机网络的清洁性检查是关键步骤，有的公证词一笔带过，仅仅描述为"本公证员对我处计算机网络进行了清洁性检查"，并未列明清洁性检查的步骤。甚至有的公证书并未对该环节进行任何记载，从而影响了公证书的效力。《山东省高级人民法院关于审理网络著作权侵权纠纷案件的指导意见（试行）》中提到"如公证文书记载未

① 转引自薛凡主编：《司法视野中的公证保全证据》，厦门大学出版社2014年版，第140页。

② 沈一韬、彭建波、朱天昊整理：《保全证据公证及其司法裁量——法官、律师与公证员专题学术沙龙实录》，载《公证研讨》2010年第3期。

③ 薛凡主编：《司法视野中的公证保全证据》，厦门大学出版社2014年版，第80页。

④ 薛凡主编：《公证文书改革参考》，厦门大学出版社2012年版，第57页。

排除公证信息来源于电脑预存或其他侵权页面的，该公证文书应视为存在重大瑕疵，不能作为有效证据使用”。

在保全证据公证中，完整的保全内容一般包括申请人的取证过程和取证结果。有的公证书对取证过程描写详尽，但忽略了对取证结果封存、交接的记载。一般而言，证物是要交接的，会与公证书分离，所以应注意在公证书中体现所固定证物的唯一性。例如，对保全取得的证物，在封存前对其外观进行拍照、使用公证处专用封条进行封存、封存后再次拍照，申请人签署证物交接单，这些内容在公证书中都应有所体现，才算是保全活动画上了圆满的句号。

（三）在公证书中履行告知义务

《公证法》第27条第2款规定，“公证机构受理公证申请后，应当告知当事人申请公证事项的法律意义和可能产生的法律后果，并将告知内容记录存档”。目前，公证告知的内容一般会以询问笔录、特定公证事项告知书的形式存档，很少会记录于公证书。在保全证据活动中，为防止公证当事人或公证书使用人因对公证证明对象认识不清而可能面临的风险①，界定公证员的责任边界，往往需要将告知内容载于公证书，从而为公证书使用部门或利害关系人所知晓。例如，在保全证人证言中，可以在公证书最后一段写明“本公证书仅证明证人证言的形成过程，不对前面的×××的证言内容的真实性作出证明”；在书证保全中，可以特别提示“本公证书不对文件的来源以及文件内容、签名、印鉴的真实性进行证明”。

（四）关于公证书附件的写法

附件是保全证据公证书的一项重要组成部分，一般体现为照片打印件、网页打印件、存储介质（包括光盘、闪存盘、移动硬盘等）。如果公证书有多个附件，在公证词的正文后可分行写明附件序号和类别，如“本公证书后附以下附件：1. 照片打印件（共××页）；2. 网页打印件（共××页）；3. 光盘（一张）”。如果附件为照片或照片打印件的，可以采用附照片目录表格的做法或者采用在照片或照片打印件下方直接说明的做法，如“标有‘×××’字样的物品的外观”“标有‘×××’字样的物品封存后状态”。如果附件为光盘，应在公证书中表述光盘刻录及封入证物袋的过程，并在证物袋上写明封存物品名称、件数、封存时间、公证书号、申请人等信息，并应有公证人员及公证申请人或其代理人的签名。

① 薛凡主编：《司法视野中的公证保全证据》，厦门大学出版社2014年版，第168页。

（五）关于批量保全证据公证书

在保全活动中，批量购买、批量保全影视作品等类型日益增多，因工作量较大，在公证书的拟写中稍有不慎，将导致大量公证书不被采信的风险增加。故在书写时应注意以下问题：

1. 在批量购买（如同一当事人申请在一个市场的多家店铺分别购买涉嫌侵犯商标权的商品）公证中，尽量要在公证书中精确记载在每家店铺的购买起止时间，避免出现笔误，以防出现时间重叠、冲突；尽量对店面及物品取得方式详细描述，例如，货物在何处摆放，从店面取得还是从另外地点取来又出售，店员面貌特征及是否穿工作服戴胸牌，申请人是否索要发票等；应体现在不同商铺购买的物品一直由公证员保管，直到物品分别被封存。

2. 在批量保全音乐、影视作品（如同一当事人申请在同一网站或不同网站下载多部涉嫌侵权的影视作品）公证中，为节省成本，申请人一般要求仅对部分片段、剧集进行播放，以证明侵权存在。鉴于公证员的中立性，由公证员选取较为适宜，公证书中可以表述为“由公证员随机选取”。在保全步骤的书写上，建议根据个案灵活处理。如申请人在一天内保全500首歌曲，在详细描述第一首歌曲的保全步骤之后，其他歌曲的保全可能采用相同的步骤，建议采用这样的表述：“按照上述操作步骤，依次在搜索栏输入不同歌曲名称，搜索到相应结果后，依次将歌曲进行下载操作，网页显示的歌曲名称见本公证书附件。”因批量保全往往需要出具多本公证书，附件多为电子存储介质及作品清单，切忌张冠李戴，将A公证书的清单或光盘附在B公证书中。

【例文】①

公　证　书

（2021）京方圆内经证字第×××号

申请人：某公司，住所×××。

法定代表人：李某，男，××××年××月××日出生，公民身份号码142600000000000000。

委托代理人：陈某，女，××××年××月××日出生，公民身份号码110000000000000000。

公证事项：保全证据

申请人某公司的委托代理人陈某于××××年××月××日来到我处，称

① 本例文是关于保全网络侵权电子数据的公证书。

申请人为歌曲《××》MV的版权方，现发现艺人组合“××”未经授权，在××视频直播的“××”活动中截取《××》MV部分片段作为其表演过程中的舞台背景，为诉讼取证所需，申请人委派其为代理人向我处申请对查看相关网页内容的过程办理保全证据公证。申请人提交了营业执照（副本）、法定代表人身份证复印件、代理人身份证、版权证明材料、公证申请书等证明材料。

根据《中华人民共和国公证法》和《公证程序规则》的规定，我处受理了申请人的申请。本公证员对陈某进行了询问，并对办理保全证据公证的法律意义以及法律后果进行了告知。

××××年××月××日下午，陈某来到我处。××时××分至××时××分，在本公证员与本处工作人员××监督之下，陈某使用我处的计算机进行保全证据。陈某操作前，本公证员打开我处计算机，之后打开“Internet Explorer浏览器”（以下简称IE浏览器），任意输入若干网站地址进行检测，确认本计算机和互联网保持连接后关闭浏览器。陈某操作过程如下：

1在计算机D盘上创建名为“××月××日－××”的文件夹，在该文件夹内新建名称为“截图”的word文档（以下简称word文档）；

2. 启动我处安装的“屏幕录像专家V2013”，在软件基本设置页面，在临时文件夹选择栏中选择“D：\ ××月××日－××”，将文件命名为“录像1”，点击开始录制按钮；

3. 打开我处安装的IE浏览器，对计算机网络的清洁性进行检查，删除Internet临时文件夹、cookies及上网产生的已访问过的网页历史记录等；

4. 在浏览器地址栏内输入“www. baidu. com”，进入百度搜索页面，在搜索栏内输入“北京时间”，进入搜索结果页面，该页面内显示“国家授时中心标准时间”；

5. 在上述页面“百度一下”左侧的搜索栏内输入“腾讯视频”，进入新页面，浏览该页面；

6. 点击上述页面内所显示的“××……官网”，弹出新页面，浏览该页面；

7. 在上述页面内所显示的“全网搜”左侧的搜索框内输入“××”，回车后，弹出新页面，浏览该页面；

8. 点击上述页面内所显示的“××”，弹出新页面，播放该页面内视频，并将该视频播放页面的部分内容拷屏到word文档中，拷屏结果见word文档第1页至第6页；

……

37. 关闭以上所有页面，××时××分左右，双击页面右下角的“屏幕录像专家 V2013”软件的图标，点击停止录制按钮，自动生成“录像 1. exe”文件。

上述保全过程结束后，由申请人的委托代理人陈某将上述计算机 D 盘中“××月××日 - ××”文件夹中名为“截图”的 word 文档进行打印，得到打印件共 25 页，本公证员将上述打印件共 25 页在我处复印一式三份，打印件原件留存我处。

随后，由本处工作人员××使用我处光盘刻录设备，将上述计算机 D 盘中的“××月××日 - ××”的文件夹及文件夹内全部内容刻录至我处提供的全新空白光盘，共刻录一式四份（每份一张）。由本公证员将上述刻录的光盘各封入证物袋内，在证物袋封口处加贴我处封条，并加盖保全专用章。本公证员、本处工作人员××与申请人的委托代理人陈某均在上述证物袋上签名确认。

兹证明与本公证书相粘连的附件共 25 页为申请人的委托代理人陈某现场操作过程中打印的结果的复印件，与实际情况和打印件原件相符，原件现留存于我处；与本公证书相粘连的证物袋内的一份光盘是依据申请人的委托代理人陈某在上述网上保全过程取得的内容刻录的，光盘内容与实际情况相符。

中华人民共和国北京市方圆公证处

公证员（签名或签名章）×××

2021 年 10 月 20 日

（公证处公章）

项目三　强制执行公证文书

【强制执行公证文书制作谈】

强制执行公证是“赋予债权文书强制执行效力公证”的简称，是指公证机构根据当事人的申请，依法对无疑义的债权文书赋予其强制执行效力的一种特殊公证活动。对经公证的以给付为内容并载明债务人愿意接受强制执行承诺的债权文书，债务人不履行或者履行不适当的，债权人可以向原公证处申请签发执行证书，并向有管辖权的人民法院申请执行。

根据最高人民法院、司法部 2000 年下发的《关于公证机关赋予强制执行效力的债权文书执行有关问题的联合通知》规定，公证机关赋予强制执行效力的债权文书的范围包括借款合同、借用合同、无财产担保的租赁合同；赊欠货物的债权文书；各种借据、欠单；还款（物）协议；以给付赡养费、扶养费、抚育费、学费、赔（补）偿金为内容的协议；符合赋予强制执行效力条件的其他债权文书。2014年9月18日发布的《最高人民法院关于含担保的公证债权文书强制执行的批复》载明："公证机构依法赋予强制执行效力的包含担保协议的公证债权文书，人民法院可以强制执行。"实践中，各地法院对融资租赁合同等新型合同赋予强制执行效力亦持肯定态度。2017年7月13日，最高人民法院、司法部、中国银监会联合发布的《关于充分发挥公证书的强制执行效力服务银行金融债权风险防控的通知》规定，公证机构可以对银行业金融机构运营中所签署的符合《公证法》第37条规定的以下债权文书赋予强制执行效力：（1）各类融资合同，包括各类授信合同，借款合同、委托贷款合同、信托贷款合同等各类贷款合同，票据承兑协议等各类票据融资合同，融资租赁合同，保理合同，开立信用证合同，信用卡融资合同（包括信用卡合约及各类分期付款合同）等；（2）债务重组合同、还款合同、还款承诺等；（3）各类担保合同、保函；（4）符合本通知第2条规定条件的其他债权文书。因此，强制执行公证将发挥更大的效能。

强制执行公证文书分为具有强制执行效力的债权文书公证书（以下简称强制执行公证书）和执行证书。执行证书不是必须出具的公证文书，诚如前面所述，只有债务人不履行或者履行不适当，公证处才依债权人申请签发执行证书。强制执行公证文书有利于及时保护债权人的合法权益，可以节省人力、物力以及司法资源。

强制执行公证书和执行证书的证词页均由首部、正文（证词）和尾部构成。

一、首部

强制执行公证书的公证事项表述为：赋予××合同/协议强制执行效力。这里的"××合同/协议"是指债权文书的名称和类别，如借款合同、抵押贷款合同、借用合同、租赁合同等。

执行证书的标题统一表述为"执行证书"四个字；编号表述为（××××）××执字第××号。此外，执行证书首部只需列明申请执行人和被申请执行人的基本情况，无须写明公证事项。

二、公证证词

（一）强制执行公证书的证词

必备要素包括：

1. 申请人名称或姓名、申请日期及申请公证事项。

2. 公证机构查明的事实。它包括：（1）当事人的身份及签订债权文书的民事权利能力与民事行为能力；（2）代理人的身份及代理权限；（3）担保人的身份及民事权利能力和民事行为能力；（4）债权文书所附担保合同标的物的权属情况及相关权利人的意思表示；（5）债权文书主要条款是否完备，内容是否明确、具体；（6）当事人签订债权文书的意思表示是否真实、是否对所有条款达成了一致意见；（7）当事人是否了解、确认了债权文书的全部内容；（8）是否履行了法律规定的批准、许可或登记手续，该项是指法律规定债权文书订立前需经批准、许可或登记的情形，无须经许可、批准或登记即可订立债权文书的，不写此项内容；（9）公证机构对强制执行公证的法律意义和可能产生的法律后果的告知，告知内容主要有强制执行公证的法律意义和可能产生的法律后果、《民事诉讼法》第246条有关申请执行期间的规定以及债权人未来申请《执行证书》时需要给予公证机构核查债权债务所需的合理时间、《最高人民法院关于公证债权文书执行若干问题的规定》的规定；（10）债权文书当事人对强制执行的约定及债务人/担保人自愿直接接受强制执行的意思表示；（11）债权文书当事人就《执行证书》出具前公证机构核查内容、方式达成的在先约定。

3. 公证结论。它包括：（1）当事人签订债权文书的日期、地点等；（2）当事人签订债权文书行为的合法性；（3）债权文书内容的合法性；（4）当事人在债权文书上签字、盖章的真实性；（5）赋予该债权文书强制执行效力，具体引用《民事诉讼法》第245条、《公证法》第37条等法律依据；（6）债权文书生效日期、条件等。写明自债权文书生效及债权债务形成之日起，公证书具有强制执行效力。

选择要素包括：

1. 双方当事人向公证机构提交的证据材料，可写明公证机构对该证据材料的查实结论。

2. 当事人对债权文书的重要解释或说明。

3. 公证员认为需要说明的其他情况。

4. 有附件的，在公证证词中列明附件的顺序号、名称。

（二）执行证书的证词

必备要素包括：

1. 申请执行人和被申请执行人的名称或姓名、申请日期及申请事项。

2. 申请执行人申请执行所提交的证据材料。

3. 公证机构查明的事实。它包括：（1）申请执行人与被申请执行人订立债权文书经公证并赋予强制执行效力的情况，具体包括签订债权文书的主体、时间、地点、《具有强制执行效力的债权文书公证书》编号、债务人/担保人自愿直接接受强制执行的承诺等内容；（2）申请执行人履行以及被申请执行人不履行或履行不适当的事实，后者如欠款（物）名称、金额、数量等；（3）申请执行人与被申请执行人在债权文书中就公证机构核查内容、方式所作的在先约定；（4）公证机构签发本证书前进行核查的过程，指公证机构按照办证规则及债权文书当事人在债权文书中事先约定的核查内容、方式，就债权债务所作的核查。

4. 公证结论。它包括：（1）被执行人；（2）具体执行标的（违约金、利息、滞纳金等可列入执行标的）；（3）第三人对申请出具本证书是否提出过异议；（4）申请执行的期限，参照《民事诉讼法》第246条①及2018年10月1日起施行的《最高人民法院关于公证债权文书执行若干问题的规定》第9条②。

选择要素包括：

1. 抵押物/质物的登记情况。这里是指被申请执行人或担保人在债权文书中确认的抵押物/质物在登记机关所登记的权利记载内容。

2. 被执行人合法拥有的可供执行的标的物。

3. 有执行管辖权的人民法院，引用《民事诉讼法》第231条的规定："发生法律效力的民事判决、裁定，以及刑事判决、裁定中的财产部分，由第一审人民法院或者与第一审人民法院同级的被执行的财产所在地人民法院执行。法律规定由人民法院执行的其他法律文书，由被执行人住所地或者被执行的财产所在地人民法院执行。"

4. 公证员认为需要说明的其他情况。

5. 有附件的，在公证证词中列明附件的顺序号、名称。

书写这部分内容时，一定要把握好下面两点：

1. 详细准确书写公证机构的核实情况。公证机构应当按照当事人约定的

---

① 《民事诉讼法》第246条规定，申请执行的期间为2年。申请执行时效的中止、中断，适用法律有关诉讼时效中止、中断的规定。前款规定的期间，从法律文书规定履行期间的最后一日起计算；法律文书规定分期履行的，从最后一期履行期限届满之日起计算；法律文书未规定履行期间的，从法律文书生效之日起计算。

② 《最高人民法院关于公证债权文书执行若干问题的规定》第9条规定，申请执行公证债权文书的期间自公证债权文书确定的履行期间的最后一日起计算；分期履行的，自公证债权文书确定的每次履行期间的最后一日起计算。债权人向公证机构申请出具执行证书的，申请执行时效自债权人提出申请之日起中断。

方式核实债权债务履行情况，并在执行证书中详细准确书写核实方式、核实过程、核实结果等内容。行文时分为两个步骤：第一，先写核实方式。实践中常用这些表述："依据合同的约定，债权人申请出具执行证书后，公证处以……的方式向债务人核实还款情况""公证处按照预定的程序以及被申请执行人在办理公证时所承诺的方式，向其发出了……并与之进行……核实"等。第二，继续详细表述核实过程、核实结果等情况。核实程序是公证机构查明债权债务履行情况并据此出具执行证书的关键程序，为实现执行证书无瑕疵之目的，此部分书写应细之又细。

2. 书写执行标的要明确有依据。根据《最高人民法院关于人民法院执行工作若干问题的规定（试行）》第16条第1款第（3）项规定，申请执行的法律文书有给付内容，且执行标的和被执行人明确。作为法院执行文件之一，执行证书中的执行标的之书写要做到明确有依据。实务中，有的公证机构签发的执行证书因给付孳息的计算，或者给付实现债权的其他费用记载不明确或者无依据，公证书或执行证书被人民法院裁定不予执行或者部分不予执行。[①] 因此，书写利息、违约金时，要明确写明支付利息、违约金的起止时间和计算标准；书写实现债权所支付的其他费用时，要确定具体数额且指明依据。其中，申请执行人主张支出的律师费如果数额过高，公证机构应当要求申请执行人就此项支出举出证据证明，并对该支出的合理性、必要性作出解释。

三、尾部

尾部写作同前面所述的保全证据公证书，兹不再赘述。

四、注意事项

强制执行公证一般牵涉的法律主体较多，债权债务关系错综复杂，适用的法律法规较多，公证员在办理时存在一定的难度。以下简要谈几点强制执行公证文书书写中应注意的问题。

---

① 北京市法院执行局局长座谈会（第七次会议）纪要——《关于公证债权文书执行与不予执行若干问题的意见》第3条规定，有下列情形之一的，对公证债权文书的执行申请已经受理的，执行实施部门裁定驳回执行申请：（1）公证书或执行证书没有给付内容的；（2）公证书或执行证书确定的给付内容不明确、不具体的；（3）公证书未载明对债权文书赋予强制执行效力的。……执行证书载明由债务人给付"律师费""实现债权的必要费用"等，但未明确其金额或计算方式等内容的，属于给付内容不明确、不具体，对该部分的执行申请不纳入执行范围。司法实践中，相关判例也很多。如成都市中级人民法院（2013）成裁字第6号裁定书、北京市顺义区人民法院（2014）顺执异字第31号执行裁定书、上海市浦东区人民法院（2015）浦执字第18515号裁定书。

（一）树立程序意识，以公证程序为主线书写公证书

公证活动有法定的程序要求，根据司法部颁布的《公证程序规则》，公证程序包括申请、受理、审查、出具公证书。在书写公证书时，首先要树立程序意识，使用“申请人×××于××××年××月××日向我处提出申请”“我处于××××年××月××日受理了该项申请”“经查”“兹证明”等规范用语，勾勒出一个清晰的办证过程，彰显出公证书的出具严格遵循了公证程序的要求，做到了程序正义。

在“兹证明”部分，特别注意要准确适用法律。首先，如遇法律修改、新法出台，应当及时适用新的规定。例如，《民法典》已于2021年1月1日起施行，那么“兹证明”部分原有的表述“申请人的签约行为符合《民法总则》的规定，合同内容符合《合同法》的有关规定”应调整为“申请人的签约行为及合同内容符合《民法典》的有关规定”。其次，下位法与上位法不得重叠引用。按照法理和法律文书制作要求，当上位法有明确规定时，不再引用下位法的规定，除非上位法规定不明确，而下位法有明确规定，方可以同时引用下位法之规定。①

（二）应将公证员对申请人的告知、指导明确写入公证书

《公证法》第27条及《公证程序规则》第21条均对公证机构的告知义务进行了明确规定。强制执行公证涉及当事人权利的重大处分，相较于保全证据公证书，强制执行公证书更注重公证员履行告知义务的表述。一般表述为“本公证员依据《中华人民共和国民事诉讼法》《中华人民共和国公证法》《公证程序规则》等相关规定，就申请人的权利和义务及强制执行公证的概念、法律依据、程序、效力、意义、后果等内容向申请人双方进行了明确告知”。

（三）关于“强制执行公证条款”的设定

根据《公证程序规则》第42条第2款的规定，公证证词证明的文书是公证书的组成部分。因强制执行公证专业性较强，在公证书写作中，核心环节除了证词的撰写外，如何赋予被证明的合同强制执行效力也是非常重要的。大部分展现在公证员面前的合同缺少强制执行公证条款，此时公证员应当发挥代书人的作用，为当事人提供最适合的法律文书和公证方案。在实践中，一般是通过修改当事人提供的合同、拟写补充协议、在当事人提供的合同中添加强制执行公证条款等几种方式来实现。强制执行公证条款的必备要素一般包括以下四

① 李全一：《强制执行公证研究——理论与实务精要》，法律出版社2020年版，第150页。

个方面①：

1. 债务人、担保人自愿接受强制执行条款。即当债务人、担保人不履行或者不完全履行合同约定义务时，债权人可持公证书向公证处申请出具执行证书，并持公证书及执行证书向人民法院申请强制执行；债务人、担保人愿意不经过诉讼，直接接受人民法院的强制执行。

2. 债权债务核实条款。债务人有义务认真收集、保存所有履行合同规定的义务所涉及的证据材料原件。在债权人向公证处申请出具执行证书过程中，债务人如对申请执行金额及内容有异议，应在相应的期限内提供证明材料，如债务人未在上述期限内持证据材料原件向公证处提出异议或提供的材料不能证明其已履行合同规定的义务，公证处即可依据债权人的申请出具执行证书。

3. 文件送达条款。即在条款中明确约定采用"公证处信函核实"或"公证处电话核实"等双方均予认可的文件送达方式。

4. 强制执行优先条款。强制执行条款作为特别约定优先于借款合同、抵押合同等约定的争议解决适用条款，如借款合同、抵押合同等相关条款约定与强制执行条款内容相抵触的，以强制执行条款为准。

【例文】

例文之一　强制执行公证书

公　证　书

（2021）京方圆内经证字第×××号

申请人：某银行股份有限公司某支行，营业场所×××××。

负责人：苏某，女，××××年××月××日出生，公民身份号码130000000000000000。

申请人：A控股集团有限公司，住所北京市密云区×××××。

法定代表人：黄某，女，××××年××月××日出生，公民身份号码152000000000000000。

公证事项：赋予《流动资金借款合同》及其补充协议强制执行效力

申请人某银行股份有限公司某支行、申请人A控股集团有限公司，于××××年××月××日共同向我处申请办理前面的赋予《流动资金借款合同》及其补充协议强制执行效力公证。

---

① 福建省厦门市鹭江公证处：《公证业务操作指引》2018年版，第568~571页。

某银行股份有限公司某支行向我处提交了营业执照、金融许可证、负责人身份证、公证申请书等材料；A控股集团有限公司向我处提交了营业执照、公司章程、决议、法定代表人身份证、公证申请书等材料；双方共同向我处提交了前面的《流动资金借款合同》及其补充协议。

经查，上述申请人共同确认，某银行股份有限公司某支行向A控股集团有限公司发放流动资金借款人民币××××万元整。为此，某银行股份有限公司某支行、A控股集团有限公司经协商一致，于××××年××月××日签订了前面的《流动资金借款合同》及其补充协议。

上述申请人共同向我处提出了公证申请，并正式履行了各项申办手续。本公证员依据《中华人民共和国民事诉讼法》《中华人民共和国公证法》《公证程序规则》等相关规定，就申请人的权利和义务及强制执行公证的概念、法律依据、程序、效力、意义、后果等内容向申请人双方进行了明确告知，就前面《流动资金借款合同》及其补充协议所涉及的债权债务关系及其给付等内容，向上述申请人进行了核实。在此基础上，上述申请人共同确认了前面《流动资金借款合同》及其补充协议所约定的各项条款以及强制执行内容，且A控股集团有限公司明确表示，若不履行或不完全履行《流动资金借款合同》及其补充协议所规定的还款给付等义务时，将按照该合同的约定，自愿接受人民法院的强制执行。

综上，上述申请人在签订《流动资金借款合同》及其补充协议时具有法律规定的民事权利能力和民事行为能力，签订《流动资金借款合同》及其补充协议的意思表示真实，签订手续已履行完毕。

兹证明前面《流动资金借款合同》及其补充协议上所盖的某银行股份有限公司某支行之印鉴及其负责人苏某之印章、A控股集团有限公司之印鉴及其法定代表人黄某之印章均属实。申请人的签约行为符合《中华人民共和国民法典》第一百四十三条的规定，《流动资金借款合同》及其补充协议内容符合《中华人民共和国民法典》的有关规定。

根据《中华人民共和国民事诉讼法》第二百四十五条、《中华人民共和国公证法》第三十七条、《公证程序规则》第三十九条的规定，自债权成立之日起本公证书赋予前面的《流动资金借款合同》及其补充协议以强制执行效力。

中华人民共和国北京市方圆公证处

公证员（签名或签名章）×××

2021年12月31日

（公证处公章）

例文之二　执行证书

执 行 证 书

（2021）京方圆执字第×××号

申请执行人：A银行股份有限公司北京分行，住所北京市×××，负责人张某。

委托代理人：丁某，女，××××年××月××日出生，公民身份号码350000000000000000。

被申请执行人：海口市某公司，住所海口市×××，法定代表人刘某。

被申请执行人：李某，男，××××年××月××日出生，公民身份号码110000000000000000。

申请执行人A银行股份有限公司北京分行的委托代理人丁某于2021年3月10日向我处申请就我处公证赋予强制执行效力的《××借款合同》、《应收账款质押合同》、《保证金质押合同》、《最高额抵押合同》、《保证合同》出具执行证书。申请执行人提供了营业执照、法定代表人身份证、授权委托书、代理人身份证、赋予强制执行效力的债权文书、出具执行证书申请、款项支出以及收入凭证、不动产抵押登记证明、应收账款质押登记证明等材料。

经查，海口市某公司（债务人、出质人、抵押人）与A银行股份有限公司北京分行于2020年1月1日签订了《××借款合同》，借款合同约定，海口市某公司向A银行股份有限公司北京分行申请贷款人民币××万元整，贷款期限为2020年1月2日至2025年1月1日，贷款利率详见借款合同约定，本处出具了编号为（2020）京方圆内经证字第××××号的《公证书》赋予上述《××借款合同》强制执行效力。海口市某公司与A银行股份有限公司北京分行于2020年1月1日签订了3份《最高额抵押合同》，海口市某公司分别提供（1）海口市××区001号；（2）海口市××区002号；（3）海口市××区003号共3处房屋所有权以及国有土地使用权作为抵押担保，本处分别出具了（2020）京方圆内经证字第××××号、××××号、××××号的《公证书》赋予上述《最高额抵押合同》强制执行效力。海口市某公司与A银行股份有限公司北京分行于2020年1月1日签订了《应收账款质押合同》，海口市某公司提供贷款抵押物项下所涉租赁合同项下拥有的对全部承租人全部租金收入等的应收账款及其产生的收益出质给债权人作为应收账款质押担保，本处出具了（2020）京方圆内经证字第××××号的《公证书》赋予上述《应收账款质押合同》强制执行效力。海口市某公司与A银行股份有限公司北京分行于2020年1月1日签订了《保证金质押合同》，海口市某公司提供保证金人民币××万元整作为质物，本处出具了（2020）京方圆内经证字第××××号的《公证书》赋予上述《保证金质押合同》强制执行效力。李某（担保人）为上述债务提供无限连带责任保证担保，与A银行股份有限公司北京分行于2020年1月1日签订了《保证合同》，本处出具了（2020）京方圆内经证字第××××号的《公证书》赋予上述《保证合同》强制执行效力。

A银行股份有限公司北京分行于2020年1月21日向借款人发放贷款人民币××万元整，上述不动产抵押和应收账款质押均办理了相应的抵质押登记手续。

2021年3月10日，A银行股份有限公司北京分行委派其代理人丁某来到我处，称根据借款合同约定，借款人应按借款合同约定按时足额支付借款本金和利息，如借款人涉及或可能涉及重大经济纠纷、诉讼、仲裁已经或可能影响到借款人在借款合同项下义务履行的，申请执行人有权采取提前收回本合同项下贷款等本合同约定的一切违约处理措施。2021年2月25日借款人被某自治州中级人民法院列为被执行人，执行标的高达10 000 000元，2021年1月8日借款人控股股东某公司被某市人民法院列为被执行人，执行标的高达10 000 000元。借款人及其股东目前重大涉诉纠纷已经严重影响偿债能力，构成违约。申请执行人于2021年2月27日向借款人及担保人发出《贷款提前到期通知函》，宣布借款合同项下全部贷款于2021年2月28日提前到期，并请借款人立即筹备资金，在前述期限届满前还清借款合同项下全部贷款本金及应付未付的利息、罚息、复利、违约金、赔偿金及其他费用（如有），请担保人承担相应担保责任。上述债务到期后，债务人未清偿全部债务，故申请执行人向本处申请出具执行证书，申请执行标的如下：

1. 本金：人民币××元；
2. 计算至合同到期日2021年2月28日（不含）的利息人民币××元；
3. 根据合同约定所产生的复利、罚息；
4. 出具执行证书的公证费用××元；
5. 律师费，以申请执行人与律师事务所所签署的律师代理合同约定为准。

本公证处受理了上述申请，对申请执行人提交的上述证明材料进行了审核。办理赋予债权文书强制执行效力公证时债务人以及担保人接受的核查方式为公证机构进行信函核实，举证期限为7个自然日。2021年3月10日，本处向被申请执行人以EMS的方式发出了《核查函》，经查询，上述邮件为妥投。

根据被申请执行人在办理赋予债权文书强制执行公证时的承诺：如果在举证期限内，债务人无法举出有效证据证明已经履行了债务，担保人无法举证已经履行了相应的义务，公证机构应当认可债权人的请求，出具执行证书。

截至本执行证书出具之日，本处未收到被申请执行人提出异议。依据申请执行人的申请以及上述查证情况，根据《中华人民共和国民事诉讼法》第二百四十五条、《中华人民共和国公证法》第三十七条和《公证程序规则》第五十五条的规定，出具本执行证书：

一、被执行人：海口市某公司、李某。

二、执行标的：

1. 本金：人民币××元；

2. 计算至合同到期日2021年2月28日（不含）的利息人民币××元；

3. 自2021年2月28日至债务全部清偿之日止，按照合同约定所产生的全部逾期罚息、复利：

（1）以执行标的第1项为基础，按照《××借款合同》第3.1条约定的贷款利率的150%为标准，支付逾期罚息；

（2）以未按期支付的利息（包括贷款利息、逾期罚息、复利所有应支付的利息）为基础，按照上述逾期罚息的计算方式为标准支付复利；

4. 支付出具执行证书的公证费用××元；

5. 律师费，以申请执行人与律师事务所所签署的律师代理合同约定以及申请执行人实际支付的为准。

三、可执行财产：

被申请执行人海口市某公司、李某的全部财产，申请执行人对海口市某公司上述抵押的不动产、质押的应收账款、质押的保证金在执行标的范围内有优先受偿权。

四、申请执行的期限：

申请执行的期间为二年，自本执行证书出具之日起计算。申请执行时效的中止、中断，适用法律有关诉讼时效中止、中断的规定。

中华人民共和国北京市方圆公证处

公证员

2021年12月31日

（公证处公章）

第十章　四种常用的非诉讼法律文书

“凡有责者，有判书以治，则听。”【疏】《说文·刀部》云：“判，分也。”又云：“券别之书，以刀判契其旁，故曰契券。”《文心雕龙·书记篇》云：“券者束也，明白约束，以备情伪，字形半分，故周称判书。”贾疏云：“即质剂傅别，分支合同，两家各得其一者也。”

——《周礼正义卷六十八·秋官·朝士》

契约为一种合意，依此合意，一人或数人对于其他一人或数人负担给付、作为或不作为的债务。

——《法国民法典》第1101条

合法婚姻的基础是当事人的合意，而非同居。

——西方法谚

立遗嘱人直至生命的最后一刻仍可以变更遗嘱。

——西方法谚

项目一　合同的起草和审查[①]

从法律逻辑学的角度来看，“合同”一词表达多个不同的法律概念，即民事合同、商事合同、劳动合同、行政合同等。其中，商事合同是指商事主体互相之间或者商事主体与非商事主体之间以商事交易为目的而订立的合同。本文仅从律师的视角对商事合同的起草和审查（以下简称合同的起草与审查）进行探讨。合同起草是指律师接受客户委托，根据合同法律制度、交易结构和惯例从无到有拟定一份协议；合同审查是指律师对客户提供的合同文本从合法性和合理性角度进行审阅、修订、提出意见。二者的工作对象、工作基础不同，但在实务中，这两种工作交织在一起。合同起草，同时也是一个对起草中的合同进行同步审查、修正的过程；合同审查，同时也是一个对合同部分甚至整体进行

① 本文由何力律师、郭林虎律师撰稿。本文的撰写主要参考了北京市律师协会编：《最新律师业务操作指引》，法律出版社2015年版；何力、常金光等：《合同起草审查指南——三观四步法》，法律出版社2021年版。

设计、修正的过程。无论是合同起草，还是合同审查，俱追求兼具合法性与合理性的合同文本，其目标的一致性决定了二者在工作思路及方法上也基本类似。

一、具备两个基本素养

合同起草与审查是律师的一项基本功。从事这项法律业务，律师应具备两个基本素养：

（一）熟悉合同所涉及的交易

合同是商品交易关系的法律表现形式，是实现商品交易的基本工具。合同的起草与审查是服务于某项具体商品交易的。律师的角色是某项交易的参与者，为此，他必须熟悉和了解交易的对象和流程。如果对交易对象和流程一无所知或者知之甚少，他便不是一个合格的起草者和审查者。例如，对于一个不熟悉建设工程施工的基本流程和专业术语的律师而言，草拟一份合格的建设工程合同是一件非常困难的事情。

商品交易领域复杂多样是现代市场经济社会的一个特点。律师宜专注于其中一个自己感兴趣的交易领域，诸如建设工程领域、民间借贷领域、机械制造领域、影视娱乐领域等，久久为功，熟悉该交易领域的方方面面，逐渐累积相关经验，就能提高合同的起草与审查水平，成为该领域的合同实务专家。荀子云："腾蛇无足而飞，梧鼠五技①而穷。"（《劝学》）律师若游走于各个领域之间，浅尝辄止，总是在不熟悉的交易领域起草审查合同，专业水平自然无法提高，是五技鼠之所为。因此，走专业化代理是律师提高合同起草和审查水平的必由之路。

（二）熟悉商品交易领域的法律和裁判规则

商品交易奉行合同自由原则，交易双方自愿协商确定合同的内容与方式，任何单位和个人不得非法干预。同时，商品交易要贯彻合法与公序良俗原则，交易双方订立、履行合同应当遵守法律、行政法规，尊重社会公德，不得损害社会公共利益。合法性与公序良俗原则要贯彻合同起草和审查的始终，律师必须将当事人的权利和义务限定在合法的框架内，确保合同条款没有违反《民法典》的相关规定②，确信当事人欲实现的合同利益没有法律上的障碍。例

① 《说文·鼠部》："鼫，五技鼠也。能飞不能过屋，能缘不能穷木，能游不能渡谷，能穴不能掩身，能走不能先人，此之谓五技。"

② 作者认为，在起草和审查合同时，《民法典》中13个条文是不可触碰的基本红线，它们是《民法典》第135条、第143条、第144条、第146条、第147条、第148条、第149条、第150条、第151条、第153条、第154条、第497条、第506条。

如，《民法典》第586条第2款规定了定金不能超过主合同标的额的20%，如果合同中约定的定金超过法定限额，则应作修改，否则超过部分不产生定金的效力。因此，律师必须熟悉合同法律制度和其他规范商品交易的法律制度。

然而，仅仅熟悉商品交易领域的法律还是不够的，律师还必须熟悉有关商品交易领域合同诉讼的裁判规则。这些裁判规则是法院对某类合同纠纷中各种问题的基本态度，它与起草和审查的合同关系最为直接、紧密，理应得到律师们的重视。例如，合同双方当事人放弃违约金调整的约定是否有效？最高人民法院的态度很明确，当事人放弃调整违约金的约定有效！在乐平华润置业有限公司与洪客隆百货投资（景德镇）有限公司租赁合同纠纷一案的再审民事裁定书中①，最高人民法院认为：

合同双方当事人放弃违约金调整的约定不违反法律的规定。从主观上看，双方当事人均是为了自身商业利益而从事本次交易活动，是在自愿平等的情形下签订《预租赁协议》和《租赁合同》。从客观上看，双方当事人签订的合同在内容上没有违反法律法规的强制性规定。合同双方当事人放弃调整违约金的约定属于当事人意思自治。双方当事人签订的《房屋预租协议》第3条第3款、第3条第4款以及《租赁合同》第10条第5款的约定已经明确放弃调整违约金。即无论损失是多少，违约金均按人民币500万元金额计算……人民法院应尊重双方当事人在本案中预先放弃调整违约金的约定。

既然我国最高审判机关承认合同双方当事人放弃违约金调整的约定具有法律效力，如果某项交易中需要设置这么一个条款并且合同当事人意思表示又达成一致，律师在起草和审查合同时就可以设置这种性质的合同条款。

除此之外，律师还要将司法实务中的经验教训融入其中，有的放矢，查疑补缺，消除合同中的潜在的隐患，这样才能草拟一份高质量的合同。例如，在起草和审查一份装修合同时，优秀的律师对这些装修合同司法实务的问题能做到了然于胸：（1）装修合同纠纷有哪些常见类型？（2）哪些装修环节容易出现问题？（3）哪些情形下业主方常常败诉？（4）哪些情形下施工方容易败诉？（5）法院关于这些问题的裁判思路和裁判规则是什么？

二、遵循三个基本原则

此处所谈基本原则非合同法律制度的基本原则，仅指律师从事合同起草与审查工作应遵循的基本准则。在起草和审查合同时，律师要尽量予以贯彻。

---

① 案号是（2019）最高法民申3344号。

（一）尽量促成交易原则

商品交易活动是财富的流动和升值。作为商品交易活动的反映，合同体现着财富和财富的流动升值过程。例如，2007 年，我国国内视频网站业务刚刚起步，某视频网站公司与多家影视公司签订合同，取得大量影视剧的独家网络播放许可权（其中包括再许可其他视频网站播放的权利），投资总额约 187 万人民币。随着版权保护的力度加强，盗版视频被迫下架，为留住人气，百度、PPTV、优酷、搜狐和迅雷与这家视频网站公司签订合同，花费巨资购买版权。到了 2011 年，这笔资产已高达 8.55 亿元，4 年增长了 450 多倍，这笔资产就是某视频网站公司手中的一份视频网络播放独家许可合同。

促进交易，增加社会财富是合同法律制度的宗旨。在确认合同无效纠纷中，法院一般倾向于确认合同有效，合同无效的判决较少。① 这个宗旨也应贯穿在合同的起草和审查中。律师应该时刻提醒自己：每一份合同都是在创造价值；每一次阻止合同之签署，都有可能妨碍了社会财富的创造。律师应该是交易的保护者、促进者，而不应当是“交易的杀手”。如果交易确实存在一些障碍，律师也应设法从多个角度考虑，看是否存在其他可替代的交易方式，尽量促进交易进行而不是妨碍交易的进行。

（二）博弈下的公平原则

缔约的实质是讨价还价，合同是当事人博弈的产物，是交易参加者间的妥协。最终的合同文本理应体现合同各方的意志，犹如中世纪传说中的魔钟，每一方都可以从中听到自己的声音。在一桩交易中，当事人的实力尽管存在优劣之别，但优势一方不能纯粹不考虑弱势一方的意见。若店大欺客，以势压人，加之交易对象又是可代替物，弱势一方一般会选择离开，重新寻找交易对象。因此，律师在起草和审查合同时，要从以下两个方面进行思考：

首先，律师应该从维护自己客户利益的角度去起草和审查合同。同一份合同，立场不同，起草与审查工作是不一样的。例如，同一份买卖合同，如果律师代表卖方，则应主张先付款再交货；如果代表买方，则会争取先交货后付款。在起草与审查合同时，律师要清楚地知道客户的利益诉求是什么，从客户的立场出发去开展工作。

其次，律师不能唯己方客户利益是图，必须适当考虑对方的感受。这一点

---

① 当事人意思达成一致合同即成立，除非法律另有规定。依法成立的合同，自成立时生效。认定合同无效是公权力对于私权利的干涉。从维护交易秩序、交易安全的角度来说，法院不会轻易认定合同无效，不愿意轻易动用公权力过分介入平等主体基于自由意志所做的安排。审判实践中，法院确认合同无效判决的绝对数量，确实是较少的。

特别考验律师的经验。练达的律师深知用尽心力拟定的合同若不被对方接受等于一张废纸，付出的劳动将很难兑现。他会通盘考虑交易中各方的利益，适度地站在交易对方的角度考虑交易，尽量平衡各方利益，其中包括适当照顾对方利益，合同条款的设计体现对等理念，合同措辞照顾对方的感情。在将拟定的合同提交给对方审阅前，他内心确信：对方接受的概率是极高的。

（三）面向将来原则

虽然有个别合同类型是对交易双方过去发生的一些情况的归纳、确认，如结算类协议，但这并不是一种普遍的情形，合同主要是一种面向将来的法律文件，主要针对的是合同签订之后准备开展的一项交易。在这点上，它与律师制作的诉状类文书有所不同。诉状类文书主要是对双方已经发生的争议进行法律概括和分析，是一种面向过去的法律文件。

通说认为，合同就是要在当事人之间分配未来的不确定性和风险。合同起草和审查，是律师立足现在对未来交易蓝图的描绘。律师的工作质量很大程度上取决于能否准确地预测合同（合同所反映的交易）的将来：接下来的交易如何履行？履行中会发生什么问题？问题发生后采取何种措施？这些对未来的预测最终体现为功用多样的合同条款。准确预测未来是律师的一项能力，其养成依赖于律师经验的不断累积。这些经验包括：（1）常见的法律风险预判、识别、防控经验；（2）常见的商业交易流程及风险；（3）对人性、对社会的深刻理解。例如，一个律师应该非常清楚，让一个员工代表公司收取10万元现金款项，风险有多大？也许可以接受。但如果是1000万元呢？这就绝不能采取员工代收的方式。这种做法源于对法律经验，也有对社会与人性的体悟。因此，律师应该是一位“入世”且“入世”很深的人。

三、合同的内容结构要适应交易的需要

合同的内容结构决定于商品交易关系本身。不同种类的合同反映不同性质的商品交易关系，不同性质的商品交易关系赋予各种合同个性化的内容和结构。例如，民间借贷合同和金融机构为出借人的借款合同在合同内容和结构上有许多不同特点，适用的法律政策也不完全相同，不同的根源在于这两种合同反映着两种不同的经济现象，即两种不同的货币借贷交易关系。由于不同性质的商品交易关系又具有商品交易关系的一般属性，这就使不同种类的合同在内容和结构方面又呈现出共性。

（一）合同内容

《民法典》第470条规定了合同内容的8个组成部分①，该条为任意性规范，是对各种合同的内容进行的抽象概括，当事人可以根据交易的需要将之细化，约定合同的具体内容。例如，买卖合同是一种有名合同，其内容通常包括31个方面：（1）签订合同目的；（2）签订方式（招投标、拍卖等）；（3）保证与陈述；（4）合同标的（物、技术、服务或工程等）；（5）数量和质量；（6）验收标准或要求；（7）价款或酬金；（8）费用负担；（9）结算或支付；（10）资金监管；（11）履行和交割；（12）履行地点和履行期限（起止及进度）；（13）违约或赔偿；（14）生效及终止；（15）不可抗力；（16）争议及解决；（17）仲裁及律师费用负担；（18）法律适用；（19）售后与保修；（20）保密与竞业；（21）担保或保险；（22）知识产权；（23）权利放弃、权利转让、继承者和受让人；（24）变更修订；（25）未尽事宜或特殊条款；（26）通知；（27）签字盖章；（28）签约时间；（29）签约地点；（30）合同正副本份数及保存；（31）附件补充等。

显然，如此细密的内容体现了商事主体非常专业化的约定，虑事致远致微，成为买卖合同内容的范例。不过，实务中，一个具体的买卖合同并不是必须具备上述全部内容，当事人可以根据具体交易的需要做出取舍，将之进一步细化以适应交易的要求。

实践中，有学者从逻辑结构的角度把合同的内容概括为六个板块：（1）订约目的（why）；（2）合同当事人项（who）；（3）交易内容（what）；（4）交易地点（where）；（5）交易时间（when）；（6）假定模式（how）。合同的起草和审查，其实质是根据具体的交易目标和交易结构，依据法律和裁判规则对这六个方面问题的解答和落实。

（二）合同的结构

合同的结构由合同的内容决定。通常情况下，合同分为首页、目录、首部、正文、合同签署页、合同附件六个部分。现将每个部分的结构要素及其写作提示列表如下：

---

① 《民法典》第470条规定，合同的内容由当事人约定，一般包括以下条款：（1）当事人的姓名或者名称和住所；（2）标的；（3）数量；（4）质量；（5）价款或者报酬；（6）履行期限、地点和方式；（7）违约责任；（8）解决争议的方法。当事人可以参照各类合同的示范文本订立合同。

合同结构	结构要素	写作提示①
首页	合同名称 合同主体 合同订立时间	1. 合同首页，即合同封面，其作用在于方便归档和查找，兼具美化装帧功能，首页可视需要而设置； 2. 合同编号常出现在首页上角。
目录		1. 目录非合同必备项，通常合同页数较多时才设置，以便阅读查找； 2. 目录内容应与合同章节及条款标题保持一致。
首部	合同名称	1. 合同名称是对合同内容的概括，反映交易性质； 2. 有名合同要使用法律规定的合同名称； 3. 无名合同或混合合同可根据合同各方的主要权利义务关系确定合同名称； 4. 通过上述方式仍不能确定的，可称“合同”或“协议”。
	合同主体	1. 姓名、名称要与相关法定证照的记载一致； 2. 列明当事人的同时，可确定其代称（如甲方、乙方等）； 3. 一并列明当事人的下列基本信息：当事人的住所地（以便确定合同争议的司法管辖）、当事人的通讯信息（以便通知和送达）、当事人的身份证号码、企业注册号、组织机构代码（以便信息查询、核验）； 4. 当事人的信息也可在其他位置予以表述： （1）在正文前部设置的“合同当事人条款”中； （2）在正文设置的“通知条款”中； （3）在签署页各方当事人相应的签署位置之后列明。
	鉴于条款	1. 该条款具有介绍合同背景、固定基础事实和引导阅读的作用； 2. 该条款虽非必备条款，但为了在日后可能的合同纠纷中便于法官、仲裁员确定合同目的以快捷解决纷争，有必要设置它。
	引言	1. 正文之前，常有引言； 2. 引言设置，旨在表明正文载明的内容系当事人双方自愿协商订立的，并愿意受其约束； 3. 合同签署的时间、地点可在这部分出现； 4. 引言应避免套话、空话；除非必要，无须在此处援引具体的法律名称。

① 写作提示部分的内容主要摘自北京市律师协会编：《最新律师业务操作指引》，法律出版社2015年版，第83～92页。

续表

合同结构	结构要素	写作提示
正文	定义条款	1. 定义条款是对合同中所使用术语的解释； 2. 为了便于查阅，应该把所有的定义集中在定义条款部分，避免零散定义； 3. 定义条款的位置，通常安排在引言之后，但有时也置于正文的尾部； 4. 为了便于查阅，在做出定义后，应该用统一的方式标明已经被定义的术语； 5. 定义时要遵守定义的逻辑规则，勿犯逻辑错误。
	权利义务条款	1. 这是合同的核心内容，力求实现量化； 2. 要考虑权利义务所涉及的行为是否在当事人掌控的范围内； 3. 这些条款不可存在法律上的障碍； 4. 条款之间和谐统一，自身不存在逻辑上的障碍； 5. 要给对方的义务设置一个明确的履行期限； 6. 即使当事人间关系良好，亦应设置违约救济措施； 7. 义务的设计应尽量有一个可预判的客观标准。
	仲裁条款	约定仲裁条款时应防止出现无效仲裁条款。最常见的无效仲裁条款有两种：一种是约定的仲裁机构并不存在；另一种是既约定了仲裁又约定了诉讼管辖。
	诉讼管辖条款	在协议管辖时，应明确约定合同争议提交符合《民事诉讼法》第 35 条规定的与争议有实际联系的地点的人民法院管辖，不要约定由某一级法院管辖。否则可能会因为诉讼标的额突破限制而违反级别管辖的规定，使协议管辖无效。
	其他条款	……
合同签署页	签字 盖章 签约时间 签约地点	1. 合同正文之后，可单独设置签署页，页首应注明“本页为签署页”，正文结束行之次行相应注明“此后无正文”； 2. 简单合同不设签署页，正文结束行之次行应注明“此后无正文”； 3. 合同之“签字”包括下列人的签字：合同当事人本人（自然人）、合同当事人的法定代表人或负责人、具有相应代理权的授权代理人； 4. “签字”通常指亲笔签名，除非当事人之间已有特别约定，不应以人名印章、签名章或电子制版签名代替； 5. 合同所盖之“章”，指合同专用章或公章或双方指定的特定印章； 6. 除仅涉及单纯的“对账”等财务事务外，不应采用财务专用章对外订立合同； 7. 若在引言部分未写明签约时间、地点的，可在签署页写明。

续表

合同结构	结构要素	写作提示
附件		1. 合同附件应附在合同签署页之后； 2. 合同正文中要专设“合同附件”条款； 3. 有关合同附件应在合同正文中引述。

四、合同语言要体现合同的性质

合同是当事人之间订立的“法律”，是当事人从事交易的行为规范，其语言应该严谨、准确、具体、朴实、平和，以便于当事人履行合同，便于法官和仲裁员理解合同条款和解决合同纠纷。模糊语言、歧义语言以及艰涩语言与合同性质格格不入。合同语言的这些风格特色知之甚易，行之惟艰。下面围绕合同语言风格的实现介绍一些行之有效的经验方法。

（一）分门别类法

合同是当事人就某项交易达成的多方面意思表示的一致。合同的起草者或审查者要对这些意思表示加以梳理，借鉴生物学界门纲目科属种的分类方法，把所有的意思表示区分成若干门，根据需要再进一步区分为纲、目、科、属、种，这个分门别类的过程能揭示合同意思表示内在的逻辑结构，使意思表示细化且明晰。合同语言形式结构就是分门别类法的体现：

Ⅰ　第一章

Ⅱ　第一节

Ⅲ　第 1. 条

Ⅳ　1.1.（读作第 1. 条第 1. 款）

Ⅴ　1.1.1.（读作第 1. 条第 1. 款第 1. 项）

Ⅵ　（1）［（读作第 1. 条第 1. 款第 1. 项第（1）子项）］

常见合同的语言形式结构或为Ⅲ、Ⅳ、Ⅴ三个层级或两个层级或一个层级。

【示例 1】

修改前：包伙食费，包住宿费，甲方付给乙方授课老师每人每天 1000 元劳务费用。

修改后：甲方应负责向乙方授课老师提供如下待遇：

1. 伙食；
2. 住宿；
3. 按每人每天 1000 元支付劳务费用。

【示例2】

第3条　费用与支付

3.1　服务费用标准：（略）

3.1.1　基本服务费用：（略）

3.1.2　附加服务费用：（略）

3.2　费用支付时间：

首笔款项支付时间：（略）

第二笔款项支付时间：（略）

余款支付时间：（略）

3.3　乙方收款账号：（略）

3.4　发票：（略）

3.5　其他费用负担：（略）

显然，分门别类法的运用效果良好。第一，能消除歧义。修改前的条款存在歧义，1000元劳务费用中是否包括伙食费、住宿费？修改后的条款意思表示则清楚明确。第二，便于阅读。这种方法可以提高意思表示的可视化程度，对于己方客户关心的内容可以重点审阅，客户不太关注的内容，大致查看即可。第三，便于修改合同条款。例如，费用方面共有5点，如果己方客户对第4点有异议，那么仅需要修改第4点。假如需要补充一点，则可紧接第5点增加一个条款。假使这五点意思未经分门别类，用一段话加以表述，合同各方阅读修改起来则要麻烦许多。

（二）"定义→正向列举→反向排除"的组合模式

从合同法律制度的角度来看，合同条款记载的是合同权利义务。从法律逻辑的角度看，合同条款表达的是判断，判断由若干词项（出现在判断中的概念）组成。也就是说，合同权利义务由若干概念组合而成。追求合同条款的准确、具体，就是要对合同权利义务进行界定，最终是要明确与合同权利义务有关的那些概念。这就需要运用明确概念的四种逻辑方法：定义、概括、限制、分类列举。

我国立法机关在制定法律规范时，根据需要单独或者组合运用这四种逻辑方法以释明法律概念。① 在组合运用的众多模式中，"定义→正向列举→反向排除"的组合模式逻辑上尤为严密，表达上更加准确。它依次由三个步骤组成：（1）下定义。用简练的语言揭示法律中某一概念的内涵，即明确概念所

① 例如，《民法典》第472条单独使用了定义法，第473条第1款组合使用了定义法和列举法。《刑事诉讼法》第108条第（2）～（6）项使用了列举法。

反映事物的本质属性是什么；（2）正向列举。通过逐一列举的方法以明确概念的外延，即概念所反映的事物包括哪些；（3）反向排除。通过列举以明确排除不属于某一概念外延的诸种情形，即哪些事物不得包含在概念的外延中。这种组合模式能清楚准确地揭示法律概念反映的事物本质属性是什么，该事物的范围有多大。例如，《行政诉讼法》中，第 2 条使用了定义法，第 12 条正向列举了行政诉讼的受案范围，第 13 条反向列举排除了不属于行政诉讼的事项。

这种组合模式表明：欲明确一个法律概念，人们首先需要对下列三个问题进行思考并确定其答案。

第一，某概念所反映的事物是什么？（下定义）

第二，该事物包括哪些？特别是哪个？（正向列举）

第三，该事物不包括哪些？（反向排除）

这种立法技术完全可以应用到合同条款的设计中来，以使合同条款表述更加全面准确。例如，"乙方有权按照甲方店面经营收益的 2% 获得分红"，对一般人而言，合同条款表述至此便结束了。但是作为律师，不能满足于此，他应将里面的每一个概念，特别是重要的概念都得用这种组合模式思维一遍，然后设计出如下非常专业的合同条款。

【示例】

甲方店面系指甲方位于……的天使咖啡店（下定义），包括天使咖啡店的一层、二层与阳台等经营范围，包括本合同签订以后该店面在原址的扩张与新建（正向列举），但不包括甲方的其他店面，亦不包括甲方在天使咖啡店原址以外新增的店面（反向排除）。

经营收益系指甲方店面的所有业务收入，系指未扣除成本、税款支出前的收入（下定义），包括餐饮、服务等甲方店面所有对外提供的服务的收益，包括未开具发票的收入（正向列举），但不包括甲方店面所获得的投资、借款等（反向排除）。

当然，并不是合同条款的所有概念都要使用这种组合模式。有的概念只需下一定义便能明确；有的概念只需正向列举既已明确，不需要反向排除。

（三）合同期限的表述要讲究

对合同中各种期限的审查修订，是起草与审查工作的一个重点。表述期限时，根据交易的实际情况从下面的两种表述中选择。

1. 有确定的起始点，有确定的截止点。这是期限的标准表述。例如，甲方应于 2021 年 10 月 8 日开工，2021 年 12 月 31 日完工。

2. 没有确定的起始点，但有确定的截止点。如果交易本身需要这种期限设置，采取这种表述也是合适的。例如，甲方应于2021年10月1日前付款。

实践中还存在不确定的期限表述，即“有确定的起点，但没有确定的截止点”。例如，甲方应于收到货物后付款。一般认为，这种表述由于没有确定的截止点，这种设置使合同权利人的权利失去保障，也为义务方的违约提供了借口。从保护合同权利和督促合同义务履行角度讲，这种表述应予避免。然而，现实中的交易非常复杂，如果合同双方当事人有良好的合作关系，尽管他们在某个合同期限上未达成一致的意见，但都想把交易进行下去，此时不必墨守成规，可以设置一个不确定的期限。

（四）不要使用命令色彩的语词

合同是当事人利益交换的管道。合同中所使用的语词应该是平和的，不能出现命令色彩的语词。这类含有命令色彩的语词出现在法律条文中很正常，因为法律本身是主权者的命令。如果出现在合同中却极不得体，合同当事人一方无权对另一方发号施令，而只能是商量。

【示例】

修改前：乙方必须严格按照合同规定的时间和地点移交货物，否则将视为严重违约。

修改后：可以在“乙方承诺和保证”条款约定：乙方承诺按照合同规定的时间和地点移交货物。

（五）以上、以下、以内

合同中经常使用“以上”“以下”“以内”这三个方位词，在这三个词前面加上名词或名词性短语构成一个方位短语。例如，十天以上，十天以下，十天以内。再如，十人以上，十人以下，十人以内。又如，五吨以上，五吨以下，五吨以内。含有“以上”的方位短语表示位置、次序或数目等在某一点之上；含有“以下”的方位短语表示位置、次序或数目等在某一点之下；含有“以内”的方位短语表示在一定的时间、处所、数量、范围的界限之内。这三种方位短语所表达的含义有模糊不够清晰的一面，最大的问题就是本数是否包含在内，人们往往对此会有不同的认识。例如，“身高1.20米以下儿童免票”是客运合同中承运人的一项承诺，免票儿童的范围是否包括身高1.20米的儿童，可能会存在两种截然对立的两种理解。如何消除这三种方位短语含义模糊不清晰的一面，使人们的理解趋于一致？我国立法文件是通过给“以上”“以下”“以内”这三个概念下定义，即通过规定的语词定义的方式，从而使得这三种方位短语含义清晰确定。例如，《刑法》第99条规定，“本法所称以上、以下、以内，包括本数”。[①] 仿此，合同的起草者和审查者完全可以在定义条款中专门对“以上”“以下”“以内”设置一个规定的语词定义。

五、合同起草和审查的步骤[②]

鉴于合同起草和合同审查的工作思路和方法基本相似，此处只介绍合同起草的步骤。合同起草通常分为八个步骤：

1. 资料与信息的归纳、整理和分析

通过对客户提供的资料与信息进行归纳、整理和分析，明确交易主体、交易目的、交易内容、交易方式以及其他需要在合同中约定的内容。

2. 初审和初步设计

（1）对合同性质进行确定，并对合同主体及合同交易事项本身的合法性进行审查；

（2）设计合同的框架结构，同时对其适当性进行审查，并作相应修正。

3. 确定交易内容

（1）设计合同的交易内容；

（2）同时对上述交易内容的合法性及适当性进行审查，并作相应修正。

4. 确定交易方式

（1）设计合同的交易方式；

（2）同时对上述交易方式的合法性及适当性进行审查，并作相应修正。

5. 设置假定处理规则

（1）设计合同的假定处理规则；

（2）同时对上述假定处理规则的合法性及适当性进行审查，并作相应修正。

6. 设置辅助条款

（1）设计合同的辅助条款；

（2）同时对上述辅助条款的合法性及适当性进行审查，并作相应修正。

7. 整理

将前述已确定的合同内容，进行必要的结构调整。

---

① 类似的规定经常出现在我国法律文件中。例如，《民法典》第1259条规定，民法所称的“以上”“以下”“以内”“届满”，包含本数；所称的“不满”“超过”“以外”，不包含本数。

② 这部分内容摘自北京市律师协会主编：《最新律师业务操作指引》，法律出版社2015年版，第68页。

8. 复核、成稿

合同审查的步骤，需在“合同起草的步骤”有关内容的基础上，作如下调整：

（1）前条所述“委托人提供的资料与信息”包括待审合同文本；

（2）前条所述“合同起草的步骤”中的“设计”一词，调整为“从待审文本中查找”。

【例文】（略）

项目二　离婚协议书的起草

【文书格式】①

离婚协议书

男方：×××，××××年××月××日生，×族，……（写明工作单位和职务或职业），身份证件号码……，住址……，联系方式：……。

女方：×××，××××年××月××日生，×族，……（写明工作单位和职务或职业），身份证件号码……，住址……，联系方式：……。

（以上写明离婚协议当事人的姓名等基本信息）

男女双方于××××年××月××日在×××民政局登记结婚，均系完全民事行为能力人。婚后生育（或抚养）一名子/女，婚生子/女姓名×××，××××年××月××日出生。因双方性格不合无法继续共同生活，夫妻感情完全破裂，已无和好可能。现双方自愿就解除婚姻关系、子女抚养、财产分割、债务分担等事宜，达成如下协议：

（叙明婚姻关系事实及婚生子女情况、离婚理由）

第一条　婚姻关系

1. 男女双方经过平等协商，一致同意解除婚姻关系。

2. 双方承诺于××××年××月××日共同前往××民政局递交离婚登记申请。

3. 双方承诺自冷静期过后30日内，亲自到婚姻登记机关申请颁发离婚证。

① 本格式模板仅供学习者参考。

第二条　子女抚养、抚养费负担及探望权

1. 子女抚养

子/女×××随同男方/女方共同生活。(如有多名需要抚养的子女的，应逐一写明)

2. 抚养费

(1) 由男方/女方×××每月支付子/女×××抚养费（包括生活费、教育费、医疗费等）人民币×××元（大写：×××元)。

(2) 男方/女方×××应于每月的15日将本月子女抚养费支付至以下银行账户，账号：××××××××××××××××××××。(或约定按年支付、一次性付清、或以相应财产折价抵顶)

(3) 如果在抚养子女期间产生其他大额支出，如为子女购买商业保险的费用、课外辅导、出国留学等费用，由双方协商确定承担方式、承担比例、支付期限和支付时间。

(4) 抚养费支付至子/女×××年满18周岁或高中学业结束时止。(如因成年子女丧失、部分丧失劳动能力，非因主观原因而无法维持正常生活的，支付抚养费用无期限限制)

3. 探望权

(1) 在不影响子女学习、生活以及健康成长的情况下，抚养子女一方对另一方行使探望权应予以配合和协助。

(2) 经提前通知，男方/女方×××每月/每周可探望子/女×××（子女姓名）×次。(若涉及多个子女，应逐一写清)

(3) 探望的地点在……；每次探望的开始时间是……，结束时间是……。

(4) 如果探望一方作出损害子女身心健康、破坏抚养一方与子女关系等不利于子女教育、抚养等行为的，另一方有权申请法院依法中止探望。

(5) 抚养子女一方应悉心照顾子女生活，若有实施家庭暴力、虐待、遗弃等有损子女身心健康的行为，将视为放弃抚养教育权利，另一方有权向法院申请变更抚养关系。

第三条　夫妻共同财产分割

1. 存款

双方共同所有的存款包括在男方名下的×××元，在女方名下×××元，共计×××元，其中×××万元归女方/男方×××所有，其余归男方/女方×××所有（或在个人名下的存款保持不变，归各自所有)。

2. 房屋

(1)（没有按揭贷款的房屋）位于××市××小区×号楼×单元×号房屋

归男方/女方×××所有，女方/男方须在××××年××月××日前配合男方/女方办理产权变更登记手续，变更登记所需费用由取得房屋一方承担；男方/女方向未取得房屋一方支付房屋折价款人民币×××元（大写：×××元）。

（2）（有按揭贷款的房屋）位于位于××市××小区×号楼×单元×号房屋归男方/女方×××所有，剩余房屋的按揭贷款本金和利息由男方/女方负责偿还，贷款偿还完毕后××日内，女方/男方须配合办理产权变更登记手续，变更登记所需费用由取得房屋一方负担；男方/女方向未取得房屋一方支付房屋折价款人民币×××元（大写：×××元）。

（3）（赠与子女）男女双方一致同意将位于位于××市××小区×号楼×单元×号房屋归子/女×××所有，该处分行为不可反悔和撤销。

3. 汽车

夫妻共同所有的牌照号×××××、车架号×××××小型客车，归男方/女方×××所有，女方/男方须在××××年××月××日前配合办理产权变更登记手续，变更登记所需费用由取得车辆一方负担。（拥有多辆车辆的，依次列明）

4. 股票、基金

男、女双方确认在夫妻关系存续期间共同投资的×××证券公司股票或×××基金的数量及分割方案。

5. 商业保险

（1）男、女双方共同生活期间购买的各自名下的商业保险，归各自所有（或：对保险合同现金价值进行分割）；如果保险合同已经指定了对方为受益人的，可依法进行变更。（或：男、女双方确认在夫妻关系存续期间没有购买商业保险）

（2）男、女双方共同生活期间为子女、双方父母购买的保险，为双方父母购买的保险由各自负责，涉及未成年子女的保险，由双方按各承担××%比例支付。

6. 有限公司、合伙企业、个人独资企业

男、女双方确认在夫妻关系存续期间没有共同出资成立有限公司、合伙企业及个人独资企业。（如果存在共同出资成立的有限公司、合伙企业、个人独资企业，则要写明协议分割的方案，以及按照相关法律规定，成为有限公司股东、合伙企业合伙人应满足的条件）

7. 社保、住房公积金

男、女双方各自名下的社保、住房公积金归各自所有（或者写明协议分割的方案）。

8. 知识产权

男、女双方确认在夫妻关系存续期间没有取得商标权、专利权和著作权。（如有知识产权，则要写明就知识产权归属或收益部分的分割方案。）

9. 虚拟财产

各网络平台具有财产权益的网络账号归男方/女方所有，可以继续使用原有名称，但是每个季度或年度须向另一方支付不低于对应的收益×××元（大写：×××元），且每年年底应按照平台官方统计收入的××%向另一方分红。

10. 复员费、自主择业费

军人一方的复员费、自主择业费，涉及夫妻共同财产部分，协商进行分割（本部分也可以纳入存款部分处理）。

11. 其他

本协议中未涉及的其他财产，如果任何一方有隐匿、转移等行为，一经发现，对方有权继续主张分割，但小于一万元的财产除外。

第四条 债权债务

1. 男、女双方确认在夫妻关系存续期间没有共同债权。（如果有共同债权，则要写明协议分割的方案）

2. 男女双方确认，夫妻双方没有任何共同债务。任何一方如对外负有非为家庭共同生活支出的债务，为其个人债务，与另一方无关，由举债方自行负责偿还。如另一方因此被追诉，在承担偿还责任后，有权向对方追偿。（如果有共同债务，则要写明协议分割的方案。）

3. 男女双方不得与他人串通，伪造、虚构债务，否则虚构债务一方应承担相应违约责任。

第五条 本协议涉及的财产分割条款，系基于离婚、子女抚养、财产分割以及债权债务处分的一揽子协议，就财产分割中某一条款，任何一方不得主张无效或撤销。

第六条 个人物品

男、女双方各自的婚前财产、个人的生活用品及饰品，归各自所有。

第七条 户口迁出

1. 男方/女方户口现登记在位于××市××小区×号楼×单元×号房屋之上，男方/女方承诺在××××年××月××日之前自行将自己的户口从上述房屋迁出。

2. 涉及子女户口迁出的，男方/女方承诺在××××年××月××日之前将子女的户口从上述房屋迁出，并给予无条件的帮助和配合。

第八条　经济补偿

鉴于女方/男方在婚姻关系存续期间因抚育子女、照料老人、协助对方工作等负担了较多义务，因此双方经协商确认，由男方/女方在前述财产分割之外，另行向女方/男方支付补偿款人民币×××元（大写：×××元），于双方领取离婚证后××日内一次性付清。

第九条　经济帮助

鉴于离婚后，男方/女方一方生活困难，对方亦有负担能力，因此双方经协商确认，女方/男方给对方提供适当帮助。（具体写明双方协议的结果。）

第十条　离婚过错损害赔偿金

鉴于男方/女方一方存在重大过错，系导致离婚的主要原因，故男方/女方同意支付女方/男方损害赔偿金×××元（大写：×××元）；或女方/男方放弃向男方/女方追索过错损害赔偿金的权利。

第十一条　违约责任

1. 承担抚养费一方不能按时支付抚养费的，应向对方支付违约金人民币×××元（大写：×××元）。

2. 如果抚养子女一方拒绝协助另一方行使探望权且无正当理由的，应承担探望权人因行使探望权支出的必要的费用以及损失。

3. 任何一方不及时偿还应负债务，导致债权人向另一方追索的，除承担全部债务外，还需赔偿造成的损失；如果任何一方虚构债务，导致另一方遭受损失的，虚构债务一方应承担损害赔偿责任。

4. 一方拒不配合办理房屋、车辆等变更登记的，应承担违约金×××元（大写：×××元），违约金不足以弥补损失的，还可主张损失赔偿。

5. 如果户口迁出一方违反承诺，逾期未迁出，或配合迁出户口一方不按照约定履行协助、配合义务，需承担继续履行义务，并向对方支付违约金人民币×××元（大写：×××元）。

第十二条　离婚后人身自由、个人隐私及商业秘密

1. 离婚后，一方不得干涉另一方的生活和人身自由，不得向第三人泄露个人隐私和商业秘密，不得损害另一方名誉。

2. 离婚后，任何一方不得对另一方亲属的人身自由、工作、生活进行任何形式的干扰和侵犯，也不得对另一方亲属的财产进行任何形式的干扰和侵犯。

第十三条　其他条款

1. 双方一致确认对本协议约定的内容完全知悉，不存在受到胁迫、欺诈或重大误解等情形，任何一方均应诚实信守约定。

2. 本协议载明的住址即为双方的送达地址，任何一方变更地址，应及时通知另一方。

3. 本协议一式三份，双方各执一份，婚姻登记处存档一份，均具有同等法律效力。自婚姻登记机构颁发《离婚证》之日起生效。

在签署本协议之后未办理完毕离婚登记手续之前，任何一方反悔的，本协议的内容不能作为人民法院处理双方离婚事宜的依据。

男女双方共同体任：解怨释结，更莫相憎；一别两宽，各生欢喜①。

男方（签字）：×××　　女方（签字）：×××

××××年××月××日　　××××年××月××日

附：1. 身份证复印件；

2. 结婚证原件2本；

3. 户口本复印件；

4. 不动产权属证书×本；

5. 车辆行驶证×本；

6. 子女出生证明×份。

【离婚协议书写作谈】②

《礼记·昏义》云："昏礼者，将合二姓之好，上以事宗庙，而下以继后世也。"又云："昏礼者，礼之本也。"圣人之意，婚姻的意义不止于男女二人，还攸关家族的血脉与社会的秩序。是以婚礼有六：纳采、问名、纳吉、纳徵、请期、亲迎。六礼多在宗庙进行，以昭示婚姻之至庄至重。又婚礼繁缛，蕴涵婚姻宜敬重而不可苟合之意。概言之，结婚须敬慎。孟德斯鸠说："离婚通常有很大的政治意义。而考虑它的民事利益的话，它是为着夫妻双方而制定的，对于子女不一定有利。"③ 中国的父母为儿女操心直至生命结束，所以，一个家庭的解体，不仅不利于子女，而且也不利于双方的父母。因此，离婚须三思。

离婚也称为婚姻解除，是指夫妻双方生存期间依照法律规定解除婚姻关系

---

① 这些话出自敦煌出土的唐代《放妻书》一文。通常认为这是我国现存最早的离婚协议。其辞曰：盖说夫妇之缘，恩深义重，论谈共被之因，结誓幽远。凡为夫妇之因，前世三生结缘，始配今生夫妇。若结缘不合，比是怨家，故来相对。妻则一言十口，夫则反目生嫌，似稻鼠相憎，如狼羊一处。既以二心不同，难归一意，快会及诸亲，各还本道。愿妻娘子相离之后，重梳蝉鬓，美裙娥眉，巧逞窈窕之姿，选聘高官之主。解怨释结，更莫相憎。一别两宽，各生欢喜。

② 本文由徐丽华律师撰写。

③ ［法］孟德斯鸠：《论法的精神》，孙立坚、孙丕强、樊瑞庆译，陕西人民出版社2001年版，第311页。

的身份法律行为，是婚姻终止的一种情况。我国的离婚方式有诉讼离婚、登记离婚两种。诉讼离婚是指夫妻双方就是否离婚或者财产分割、债务分担、子女抚养等问题无法达成一致意见，而向人民法院起诉，人民法院经过审理后，通过调解或判决解除婚姻关系的一种离婚制度。登记离婚，是行政程序离婚，也叫两愿离婚、协议离婚、自愿离婚，是指婚姻关系因双方当事人的合意，并经过登记程序而解除，婚姻关系主体在登记离婚时要书写离婚协议书。

离婚协议书是记载婚姻关系主体就婚姻关系解除、子女抚养、财产分割、债权归属、债务承担等方面所形成合意的一种非诉讼法律文书。写作主体是依法享有合法婚姻关系的男女双方，写作受体一般是婚姻登记机关，主旨是请求相关机关予以确认，以解除他们的婚姻关系。离婚协议书是一种非常重要的法律文书，它不仅是登记离婚必备的材料，也是法院判决处理离婚后财产分割、子女抚养纠纷的重要依据。《民法典》第1076条①、《最高人民法院关于适用〈中华人民共和国民法典〉婚姻家庭编的解释（一）》（以下简称《婚姻家庭编的解释（一）》）对此作了全面的规定。

离婚协议书分为首部、正文、尾部三个部分。

一、首部

首部包括标题、婚姻关系当事人基本情况两个部分。

离婚协议书有两个逻辑结构单元，一是离婚协议主体，即婚姻关系主体；二是协议的内容，即婚姻关系主体因协议解除他们的婚姻关系而对子女抚养、财产分割、债权归属、债务承担等所作的安排。首部关于婚姻关系当事人基本情况的叙述，正是对第一个逻辑结构单元的回应，也是第二个逻辑单元承载的协议内容所规范的对象。婚姻关系当事人基本情况的内容及排序准用民事起诉状中当事人基本情况的写作规范。根据《民法典》第1076条中之规定，先夫后妻是当事人基本情况的写作顺序。由于均是自然人，故夫妻的身份信息要与身份证件保持一致。

二、正文

正文有两部分内容：一是婚姻关系事实、婚生子女情况及离婚理由；二是协议的具体条款。协议的具体条款，包括婚姻关系的解除，子女抚养、抚养费

① 《民法典》第1076条规定，夫妻双方自愿离婚的，应当签订书面离婚协议，并亲自到婚姻登记机关申请离婚登记。离婚协议应当载明双方自愿离婚的意思表示和对子女抚养、财产以及债务处理等事项协商一致的意见。

负担及探望权的行使，夫妻共同财产的分割，债权债务承担，经济补偿，经济帮助等。关于正文部分的起草，需要注意以下内容：

（一）起草离婚协议遵循的基本原则

1. 自愿原则

离婚协议由夫妻双方自愿达成，是双方真实意思表示一致的体现，未受到任何胁迫、欺诈，也不存在重大误解等情形。

一方不得通过欺诈、胁迫或者利用对方处于危困状态、缺乏判断力等情形，令另一方违背自己内心的真实意思而达成离婚协议。

2. 合法原则

作为一种民事法律行为，离婚协议必须符合法律规定，不得损害第三人利益，不得违背公序良俗。

3. 照顾女方、未成年子女、无过错方原则

《民法典》第1041条第3款规定："保护妇女、未成年人、老年人、残疾人的合法权益。"该法第1087条第1款规定："离婚时，夫妻的共同财产由双方协议处理；协议不成的，由人民法院根据财产的具体情况，按照照顾子女、女方和无过错方权益的原则判决。"由此可以推导出：起草离婚协议，在涉及子女抚养、财产分割问题上，要贯彻体现照顾女方、未成年子女、无过错方的原则。

4. 全面原则

全面原则是指离婚协议内容要全面，条款要完备。首先，对于婚姻登记机关重点审查的内容，诸如婚姻关系的解除、子女抚养、财产分割及债务处理这些方面要做到全覆盖。其次，对上述各个方面的内容均要周密考量，最大限度地穷尽。例如，设计财产分割部分的内容，要将夫妻双方在婚姻关系存续期间取得的各种财产形态加以列举，逐一写明分割的方案。

5. 可执行原则

众所周知，合同语言应该具有严谨、准确、具体的风格，具有可执行性。离婚协议，作为一种特殊的合同，理应具备合同语言的风格，不应该模糊笼统，更不应该存在歧义等现象。否则，在离婚协议生效后，履行过程中将会产生纠纷。因此，离婚协议的每一部分内容，都要具体展开。例如，关于一方承担的子女抚养费义务，要详细写明抚养费的具体数额，支付时间，支付期限以及相应的违约责任等内容。

（二）离婚协议具体条款

离婚协议具体条款是本文书的核心内容。前述文书格式中设计了十三个方

面的内容，这仅仅是一般的概括，实务中，由于离婚夫妻双方的子女情况、财产情况等多有不同，协议内容会有很大的差异。故而，每份离婚协议书的起草理应是一种个性化的设计。下面仅就一些具体条款作一些相关法律解释。

1. 子女抚养、抚养费负担

离婚时有未成年或不能独立生活的子女的，要对子女抚养、抚养费负担作出明确约定，妥善处理子女抚养教育问题。

（1）子女由谁来抚养。《民法典》第1084条第3款、《婚姻家庭编的解释（一）》第44条、第45条、第46条、第47条、第48条对此有明确规定。不满两周岁的子女由母亲抚养为原则，协议不满两周岁的子女由父亲直接抚养对子女健康成长无不利影响，可以由父亲抚养；子女年满8周岁的，应当尊重其真实意愿。已满两周岁的子女，父母双方可就抚养问题达成协议，达不成协议的，由人民法院按照最有利于未成年子女的原则判决。

（2）抚养费支付期限。抚养费支付期限，由夫妻双方协议。根据《婚姻家庭编的解释（一）》第53条的规定，抚养费支付截止子女达18周岁。16周岁以上不满18周岁，以其劳动收入为主要生活来源，并能维持当地一般生活水平的，父母可以停止给付抚养费。当然离婚协议是男女双方在离婚时自愿达成，在法无禁止情况下，可自由处分自己的权利，例如，可以约定支付子女抚养费至本科学业完成，并非不可。

《民法典》第1067条第1款规定："父母不履行抚养义务的，未成年子女或者不能独立生活的成年子女，有要求父母给付抚养费的权利。"这里的"不能独立生活的成年子女"是指尚在校接受高中及其以下学历教育，或者丧失或未完全丧失劳动能力等非因主观原因而无法维持正常生活的成年子女①。据此，对丧失或未完全丧失劳动能力等非因主观原因而无法维持正常生活的成年子女，其抚养费没有支付期限的限制。

（3）抚养费金额。根据《婚姻家庭编的解释（一）》第42条、第49条、第50条、第51条的规定，抚养费包括子女生活费、教育费、医疗费等费用。抚养费的数额，可以根据子女的实际需要、父母双方的负担能力和当地的实际生活水平确定。有固定收入的，抚养费一般可以按其月总收入的20%～30%的比例给付。负担两个以上子女抚养费的，比例可以适当提高，但一般不得超过月总收入的50%。无固定收入的，抚养费的数额可以依据当年总收入或者同行业平均收入，参照上述比例确定。有特殊情况的，可以适当提高或者降低

① 参见最高人民法院民法典贯彻实施工作领导小组主编：《〈中华人民共和国民法典婚姻家庭编继承编〉理解与适用》，人民法院出版社2020年版，第187页。

上述比例。抚养费应当定期给付，有条件的可以一次性给付。父母一方无经济收入或者下落不明的，可以用其财物折抵抚养费。在离婚协议中，可以约定由抚养子女一方负担子女的全部抚养费用。但是，直接抚养方的抚养能力明显不能保障子女所需费用，影响子女健康成长的，可以要求另一方支付抚养费。因离婚协议约定的抚养费不足以满足子女合理需要，子女可以要求增加抚养费。

2. 探望权

《民法典》第1086条，《婚姻家庭编的解释（一）》第65-68条，对探望权作了规定。在起草离婚协议时，要具体写明探望权的六个细目，详细内容请读者参阅本书第一编第四章第六节《有关语言的规范》之二。

3. 夫妻共同财产分割

夫妻共同财产包括存款、房产、车辆、股票基金、企业股份、商业保险、社保公积金等。这些财产根据双方当事人意愿进行分割，但不得损害第三人利益。这部分内容也是协议的重点部分，条款设计要全面、具体。财产按照类别进行列举，归属要明确。

（1）不动产物权及车辆、船舶、飞机。需要办理变更登记的，要约定具体变更时间、费用负担等。双方对尚未取得所有权或者尚未取得完全所有权的房屋，可协商由一方居住使用，待取得所有权后另一方再配合办理产权变更登记。

需要注意的是，经济适用房、两限房等政策性房屋，在确定分割方案时一定要遵守相关的政策。鉴于军产房屋的特殊性，非军人一方在离婚时生活困难或没有其他住所的，可以协商设定一定期限的居住权。

（2）商业保险。大多数家庭会购买商业保险，对保险合同所涉及的财产利益的分割，要考虑双方名下是否均有价值相当的保险合同，是不是一方保险合同的受益人等，根据不同情况设计协议条款。特别是涉及为子女、父母购买的商业保险问题，一般来讲，各自父母名下的由男女双方各自负责为宜，而涉及子女，特别是未成年子女的保险费用问题，一定要约定明确。

（3）有限责任公司股份。对涉及双方或一方为股东的有限责任公司股权分割问题，可以采取折价补偿、股份分割等方式，要考虑有限责任公司其他股东的意见来进行具体操作。根据《婚姻家庭编的解释（一）》第73条第1款第（1）项的规定，夫妻双方协商一致将出资额部分或者全部转让给该股东的配偶，其他股东过半数同意，并且其他股东均明确表示放弃优先购买权的，该股东的配偶可以成为该公司股东。

（4）以一方名义在合伙企业中的出资，另一方不是该企业合伙人的夫妻共同财产。根据《婚姻家庭编的解释（一）》第74条的规定，按以下情形分别处理：①其他合伙人一致同意的，该配偶依法取得合伙人地位；②其他合伙人不同意转让，在同等条件下行使优先购买权的，可以对转让所得的财产进行分割；③其他合伙人不同意转让，也不行使优先购买权，但同意该合伙人退伙或者削减部分财产份额的，可以对结算后的财产进行分割；④其他合伙人既不同意转让，也不行使优先购买权，又不同意该合伙人退伙或者削减部分财产份额的，视为全体合伙人同意转让，该配偶依法取得合伙人地位。

（5）独资企业。根据《婚姻家庭编的解释（一）》第75条规定，夫妻以一方名义投资设立个人独资企业的，在分割这部分财产时，应当按照以下情形分别处理：第一，一方主张经营该企业的，对企业资产进行评估后，由取得企业资产所有权一方给予另一方相应的补偿；第二，双方均主张经营该企业的，在双方竞价基础上，由取得企业资产所有权的一方给予另一方相应的补偿；第三，双方均不愿意经营该企业的，按照《中华人民共和国个人独资企业法》等有关规定办理，进行清算、注销，有盈余的可进行分割。

（6）银行存款、现金。尊重离婚双方意愿进行分割。

（7）股票、基金：这里的股票指上市公司股票，可就股票、基金份额分割或以折价补偿方式分割。

（8）债务分担。涉及债务承担条款，要考虑不得损害债权人利益。即使约定债务全部由一方承担，根据《婚姻家庭编的解释（一）》第35条的规定，当事人的离婚协议已经对夫妻财产分割问题作出处理的，债权人仍有权就夫妻共同债务向男女双方主张权利。一方就夫妻共同债务承担清偿责任后，主张由另一方按照离婚协议承担相应债务的，人民法院应予支持。

（9）知识产权。对专利、商标、著作权等知识产权，双方可以根据有利于知识产权利用的原则，对知识产权收益进行分割。

（10）社保、公积金。双方均有社保、公积金的，可约定归各自所有；仅有一方有社保、公积金的，在婚姻关系存续期间用共同财产缴纳基本养老保险费部分及利息，以及公积金账户余额部分，可作为夫妻共同财产分割。

（11）虚拟财产及其他财产。由于社会经济活动纷繁复杂，其他财产如虚拟财产、游戏装备等，不能完全穷尽，要根据离婚时夫妻双方的财产现状来确定，并依据《民法典》和《婚姻家庭编的解释（一）》的规定，进行分割。

（12）复员费、自主择业费的分割。发放到军人名下的复员费、自主择业费等一次性费用的，以夫妻婚姻关系存续年限乘以年平均值，所得数额为夫妻共同财产，针对共同部分进行分割。这里所称年平均值，是指将发放到军人名下的复员费、自主择业费总额按具体年限均分得出的数额，具体年限为人均寿命70岁与军人入伍时实际年龄的差额来确定。

三、尾部

尾部包括婚姻关系主体签名、合同订立时间和附项。婚姻关系主体所签之名应是身份证上之姓名，一般必须亲笔签署并捺指印。附项一般包括离婚双方的身份证复印件、结婚证原件、财产权属证书、子女出生证明等。

四、注意事项

（一）登记离婚的流程

为减少轻率离婚、冲动离婚，维护家庭稳定，《民法典》设置“离婚冷静期”条款，登记离婚的流程为：（1）递交申请。夫妻双方协商一致，向婚姻登记机关递交离婚登记申请。（2）冷静期30天。等待30天，30天内任何一方不愿意离婚的，都可以向婚姻登记机关撤回离婚登记申请，则登记离婚未达成。若均未撤回申请，则进入下一步。（3）抉择期30天。在接下来的30天内，双方要共同亲自到婚姻登记机关申请离婚证。如果在这第二个30天内，双方没有亲自到婚姻登记机关申请离婚证，视为撤回离婚登记申请。对于冲动离婚的当事人来说，离婚冷静期能够给双方再次慎重考虑的机会。

涉及现役军人协议离婚的，应持有所在部队政治机关出具的同意离婚的证明。

（二）离婚协议的生效

离婚协议生效的前提是离婚，该协议的性质可以理解为以离婚为前提的附条件的协议。只有在双方最终达成一致并到婚姻登记机关自愿办理协议离婚手续时，所附条件才成就。如果双方虽然签订了《离婚协议书》，但未办理协议离婚登记手续，《离婚协议书》成立但未生效，协议内容对夫妻双方不产生法律约束力。若一方提起离婚诉讼，该《离婚协议书》不能作为法院处理离婚案件的依据。

经婚姻登记机关确认的《离婚协议书》虽对双方当事人具有法律约束力，但不具有强制执行的效力，不能据此向人民法院申请强制执行。如果一方拒不履行协议义务或违约的，另一方可向有管辖权的人民法院提起民事诉讼。

（三）离婚协议书的制作份数

离婚议书必须在婚姻登记机关备案登记方生效，故最少应该有三份，即婚姻登记机关备案一份，离婚双方各持一份，并由婚姻机关加盖印章确认。

【例文】（略）

项目三　遗嘱的起草

【文书格式】

格式一

自书遗嘱

立遗嘱人：×××，男/女，××××年××月××日出生，×族，……（写明工作单位和职务或职业），住址……，身份证号码……。

（以上写明立遗嘱人的姓名等基本信息）

鉴于本人年事已高，为避免日后因继承问题发生争执，故于××××年××月××日在××市××区××小区×号楼×单元×室，遗嘱人自书本遗嘱，以处分自己名下的财产和财产权益。

（叙明立遗嘱的事实与理由）

立遗嘱时，本人有子女×名，分别是儿子×××，××××年××月××日出生，×族，……（写明工作单位和职务或职业），住址……，身份证号码……；女儿×××，××××年××月××日出生，×族，……（写明工作单位和职务或职业），住址……，身份证号……。

（写明立遗嘱时遗嘱人与遗嘱继承人的亲属关系，有父母、配偶的，参照前述格式）

一、有关订立遗嘱事项的声明

1. 本遗嘱系根据《民法典》及相关法律、法规所订立。

2. 订立遗嘱时，本人身体状况良好，精神状态正常，神志清醒，具有完全民事行为能力，有×××医院的诊断予以证明（或其他证明具有完全民事行为能力的证据）。没有受到任何胁迫、欺诈，系本人真实意思表示。其他亲属或第三人均不得以任何理由阻挠本遗嘱指定的继承人继承遗产。

3. 本遗嘱处分的财产均系本人个人合法拥有的具有处分权的财产，不涉及他人财产及财产权益。

4. 在订立本遗嘱前，本人没有就本遗嘱涉及的财产与他人订立买卖、赠与或遗赠扶养协议等处分财产的协议。

5. 本遗嘱不存在取消缺乏劳动能力又没有生活来源的继承人的继承权问题。

（上述内容旨在规避遗嘱无效或部分无效的法律风险）

二、财产情况

本人截至××××年××月××日，拥有的主要财产和财产权益如下：

1. 房产

本人目前名下拥有房产×处，其具体情况如下：

位于××市××区××小区×单元××号商品房一套，不动产权属证号为××××。建筑面积为××平方米。(多个房产的，可依次列明)

位于××市××区××乡××村××路××号农村宅基地房屋一处，建筑面积为××平方米，土地使用面积为××平方米，规划许可批准文号为××××。

2. 车辆

本人名下品牌为××的机动车一辆，车牌号为××××，车架号为××××。

3. 债权

债务人：××××，身份证号：……。于××××年××月××日向本人借款××元，年利率××%，约定于××××年××月××日一次性偿还本息，担保人×××(多个债务人的，可依次列明)

4. 股权

本人目前拥有××公司××%股份，(公司基本情况：统一社会信用代码为……，注册资金××万元)。(多个股权的，可依次列明)

5. 债券

本人持有××发行的债券，金额为×××元，债权类型×××，债券到期日××××年××月××日，年利息为××%。(多个债券的，可依次列明)

6. 股票

本人目前持有股票所在证券交易所为×××，代码为×××，账号为×××，市值金额为人民币×××元。(多个股票，可依次列明)

7. 存款

(所有银行账户都写清楚) 存款总金额为×××元，其中：

(1) ××银行开设的账号为……的账户，存款金额为……元；

(2) ××银行开设的账号为……的账户，存款金额为……元；

(3) ××银行开设的账号为……的账户，存款金额为……元；

(4) ××银行开设的账号为……的定期存单，存款金额为……元，年利率为××%；

(5) ××银行开设的账号为……的定期存单，存款金额为……元，年利率为××%。

8. 基金

本人目前持有代码为××的基金，持有份额为××，金额人民币××元。(多个基金，可依次列明)

9. 保险

本人购买的××保险公司人寿保险，受益人为本人，合同号为……（多份保险，可依次列明)

10. 社保或养老金情况

……

11. 住房公积金

……

12. 金银饰品

……

三、财产继承

1. 本人去世后，位于××市××区××乡××村××路××号农村宅基地房屋由女儿×××个人继承；如被征收、征用，所得的拆迁补偿款、房屋等，属于本人所得部分，也由女儿×××个人继承。其余财产及财产权益，均由儿子×××个人继承。

2. 继承人姓名×××，男/女，××××年××月××日出生，身份证号码……，与遗嘱人关系：父（母）子/父（母）女关系。

四、遗嘱执行人

本遗嘱由×××作为遗嘱执行人，代为执行本遗嘱。

遗嘱执行人应诚信、勤勉执行该遗嘱，所产生的相关费用人民币×××元，已经由本人支付完毕（或由继承人平均分担)。

五、其他

为证明本遗嘱系本人亲笔所写，特将日常本人所写日记×本，密封后交与遗嘱执行人（或遗嘱指定的继承人）保存，以防止发生不必要的争议。

六、遗嘱效力

本遗嘱不违反法律、行政法规的强制性规定，不违背公序良俗，合法有效。

本遗嘱一式×份，一份交×××，一份交遗嘱执行人×××，均具有同等法律效力。

立遗嘱人：（本人签字、捺指印）

××××年××月××日

格式二

代 书 遗 嘱

立遗嘱人：×××，男/女，××××年××月××日出生，×族，……（写明工作单位和职务或职业），住址……，身份证号码……。

（以上写明立遗嘱人的姓名等基本信息）

为了防止遗产继承发生纠纷，××××年××月××日在××市××区××路××号××小区××室，遗嘱人×××委托张××和李××作为遗嘱见证人，对见证过程全程录音录像，制作见证笔录，并当场由张××代书制作遗嘱文本。

遗嘱人遗嘱指定的继承人有：

母亲×××，××××年××月××日出生，×族，……（写明工作单位和职务或职业），住址……，身份证号码……。

配偶×××，××××年××月××日出生，×族，……（写明工作单位和职务或职业），住址……，身份证号码……。

儿子×××，××××年××月××日出生，×族，……（写明工作单位和职务或职业），住址……，身份证号码……。

女儿×××，××××年××月××日出生，×族，……（写明工作单位和职务或职业），住址……，身份证号码……。

（写明立遗嘱时的遗嘱人与遗嘱继承人的亲属关系）

有关订立遗嘱事项的声明

1. 本遗嘱系遗嘱人依据《民法典》及相关法律、法规所订立。

2. 订立遗嘱时，遗嘱人身体状况良好，精神状态正常，神志清醒，并有×××医院于××××年××月××日出具的诊断证明（或其他证明具有完全民事行为能力的证据），认定遗嘱人具有完全民事行为能力。且不存在受胁迫、欺诈情形，系遗嘱人真实意思表示。其他亲属或第三人均不得以任何理由阻挠遗嘱指定的继承人继承遗产。

3. 本遗嘱处分的财产均系遗嘱人个人合法拥有的具有处分权的财产，不涉及他人财产及财产权益。

4. 在订立本遗嘱前，遗嘱人保证，没有就本遗嘱涉及的财产与他人订立买卖、赠与或遗赠扶养协议等处分财产的协议。

5. 本遗嘱不存在取消缺乏劳动能力又没有生活来源的继承人的继承权情形。

6. 见证人、代书人均具有完全民事行为能力，不是遗嘱指定的继承人，与指定的继承人没有任何利害关系，其见证和代书行为均符合法律规定。

7. 遗嘱人表达订立遗嘱的意思表示与代书人的代书行为、见证人的见证行为均在同一时间和同一场所进行，并进行了同步录音录像，制作了笔录，并当场代书了遗嘱。

遗嘱内容如下：

一、由于遗嘱人年事已高，为防止去世后发生遗产继承纠纷，特订立本遗嘱。

二、遗嘱人现有主要财产如下：

1. 房屋

坐落于××市××路××号××小区××室房屋一套，面积××平方米。

2. 存款

××银行定期存款××万元，账号：……，开户银行：……。

3. 车辆

××品牌××型号轿车一辆，车牌号××××，车架号××××。

4. 股票

××证券公司，账号：……。

5. 其他

……。

（可以参照自书遗嘱格式列明财产）

三、对于上述财产，遗嘱人处理如下：

1. 坐落于××市××路××号××小区××室房屋由配偶××继承；

2. ××银行存款××万元及利息由女儿××继承；

3. ××品牌××型号轿车由儿子××继承；

4. ××证券的股票由母亲××继承；

5. 其他财产由配偶××继承。

四、希望各继承人尊重遗嘱人的意愿，和平处理遗产继承事宜。

五、遗嘱人去世后，本遗嘱由×××、×××作为遗嘱执行人。

遗嘱执行人应诚信、勤勉执行该遗嘱，所产生的相关费用已经由本人支付完毕（或由继承人平均分担）。

六、本遗嘱一式×份，附有光盘×份，笔录一份，遗嘱执行人×××、×××、各继承人各持一份，均具有同等法律效力。

立遗嘱人：（本人签字捺指印）
××××年××月××日
见证人：（签字捺指印）
××××年××月××日
代书人：（签字捺指印）
××××年××月××日

【遗嘱写作谈】①

遗嘱继承由来已久。古罗马的十二铜表法第5表第3条规定："凡以遗嘱处分自己的财产，或对其家属指定监护人的，具有法律上的效力。"公元前200年，遗嘱在罗马已为普通市民所使用。

遗嘱是指自然人在生前按照法律的规定，对自己的财产在去世后如何处分作出意思表示，安排与此有关的事务，并于死后发生法律效力的单方民事行为。遗嘱具有以下特征②：

1. 遗嘱是单方法律行为。遗嘱是基于遗嘱人单方面的意思表示即可发生预期法律后果的法律行为，无须取得遗嘱指定继承人的同意。

2. 自然人设立合法有效的遗嘱必须具有遗嘱能力。遗嘱能力是指被继承人依据法律享有的，在生前通过订立遗嘱自由处分自己财产的资格。无遗嘱能力的自然人所订立的遗嘱无效。

3. 遗嘱是于遗嘱人死亡后发生法律效力的法律行为。遗嘱虽是于遗嘱人生前因其单独意思表示即可成立的行为，但于遗嘱人死亡时才能发生法律效力，因此是死因行为。只要遗嘱人还健在，不管遗嘱订立了多长时间，均不发生法律效力，任何继承人都不能要求按照已订立的遗嘱继承财产。

4. 遗嘱是要式法律行为。《民法典》明确规定了自书遗嘱、代书遗嘱、打印遗嘱、录音录像遗嘱、口头遗嘱、公证遗嘱等形式，立遗嘱人必须根据这些形式订立遗嘱，否则可能会导致遗嘱无效。

作为一种重要的法律工具，遗嘱具有多方面的作用。首先，遗嘱可以定分止争，令遗产继承和平有序成为可能。法律承认体现遗嘱自由且符合法律形式要件的遗嘱具有法律效力，有利于防止在遗嘱人百年之后，继承人就遗产继承

① 本文由徐丽华律师撰稿。

② 杨立新主编：《中华人民共和国民法典释义与案例评注》，中国法制出版社2020年版，第180～181页。

及与死者有关的事项①起争端，动干戈，泯灭亲情。其次，遗嘱是被继承人生前个人合法财产的清单。在遗嘱中，遗嘱人要把自己的个人合法财产详细罗列，并写明具体分配方案，这样就避免了财产不清、财产流失、债权债务不明等诸多法律风险。

一、自书遗嘱

自书遗嘱是遗嘱人生前亲笔书写的按照法律的规定对自己的财产处分作出意思表示，安排与此有关的事务，并于死后发生法律效力的一种法律文书。写作主体是立遗嘱人，写作受体是遗嘱继承人、受赠人、遗嘱执行人，写作主旨是通过立遗嘱将个人财产指定由法定继承人中的一人或者数人继承或者遗赠给受赠人。其写作的法律依据是《民法典》第1134条②、《最高人民法院关于适用〈中华人民共和国民法典〉继承编的解释（一）》（以下简称《继承编的解释（一）》）第3条、第25条、第26条、第27条、第28条、第29条③。

自书遗嘱分为首部、正文、尾部三个部分。

（一）首部

首部包括标题、立遗嘱人基本情况、立遗嘱的事实理由、遗嘱继承人范围、有关订立遗嘱事项的声明五个部分。

1. 立遗嘱人基本情况

本部分内容的写作旨在确定遗嘱被继承人主体资格。遗嘱人基本情况的内容及列写顺序参照民事起诉状中当事人基本情况的写作。

2. 有关订立遗嘱事项的声明

这部分内容的写作，旨在表明这份自书遗嘱的写作符合遗嘱的实质要件和形式要件，规避了遗嘱无效或部分无效的风险。写作时要紧紧围绕且覆盖下面的法律要件：

（1）形式要件

自书遗嘱的形式要符合《民法典》第1134条的规定，由遗嘱人亲笔书写，签名，注明年、月、日。这就意味着自书遗嘱不能由他人代写，也不能自

① 例如，实践中，某老年妇女曾经再婚，两段婚姻中都育有子女，如果她生前没有就死后与那个丈夫合葬立有遗嘱，继承人间就会为此分裂成两派，水火不容，使死者的丧礼充满决斗与硝烟的气息。

② 《民法典》第1134条规定，自书遗嘱由遗嘱人亲笔书写，签名，注明年、月、日。

③ 《继承编的解释（一）》第29条规定，附义务的遗嘱继承或者遗赠，如义务能够履行，而继承人、受遗赠人无正当理由不履行，经受益人或者其他继承人请求，人民法院可以取消其接受附义务部分遗产的权利，由提出请求的继承人或者受益人负责按遗嘱人的意愿履行义务，接受遗产。

行打印后再签名。

（2）实质要件

① 遗嘱人立遗嘱时必须具有完全民事行为能力。《继承编的解释（一）》第28条规定，无民事行为能力人或者限制民事行为能力人所立的遗嘱，即使其本人后来具有完全民事行为能力，仍属无效遗嘱。遗嘱人立遗嘱时具有完全民事行为能力，后来成为无民事行为能力人或者限制民事行为能力人的，不影响遗嘱的效力。能够证明立遗嘱人具有完全民事行为能力的主要有三甲医院（包括地市级、省级、国家级三甲医院）出具的诊断报告、具备资质的鉴定机构的鉴定报告等，特别是遗嘱人年事较高的，尽量取得具有完全民事行为能力的证明。

② 遗嘱必须表示遗嘱人的真实意思。受欺诈、胁迫所立的遗嘱无效；伪造的遗嘱无效；遗嘱被篡改的，篡改的内容无效。

③ 遗嘱中所处分的财产必须是遗嘱人的个人合法财产。《继承编的解释（一）》第26条规定，遗嘱人以遗嘱处分了国家、集体或者他人财产的，应当认定该部分遗嘱无效。

④ 没有就遗嘱处分的个人合法财产同时与他人订有遗赠扶养协议，或与遗赠扶养协议不抵触。《继承编的解释（一）》第3条规定，被继承人生前与他人订有遗赠扶养协议，同时又立有遗嘱的，继承开始后，如果遗赠扶养协议与遗嘱没有抵触，遗产分别按协议和遗嘱处理；如果有抵触，按协议处理，与协议抵触的遗嘱全部或者部分无效。

⑤ 遗嘱不得取消缺乏劳动能力又没有生活来源的继承人的继承权。《民法典》第1141条规定："遗嘱应当为缺乏劳动能力又没有生活来源的继承人保留必要的遗产份额。"《继承编的解释（一）》第25条规定，遗嘱人未保留缺乏劳动能力又没有生活来源的继承人的遗产份额，遗产处理时，应当为该继承人留下必要的遗产，所剩余的部分，才可参照遗嘱确定的分配原则处理。继承人是否缺乏劳动能力又没有生活来源，应当按遗嘱生效时该继承人的具体情况确定。

⑥ 遗嘱不得违反法律、行政法规的强制性规定，不得违背公序良俗。《民法典》第143条第（3）项规定："（民事法律行为）不违反法律、行政法规的强制性规定，不违背公序良俗。"违反这项法律条款，所立的遗嘱无效。

需要强调的是，被自书遗嘱排除的其他继承人日后有可能对自书遗嘱的真实性予以质疑，比如对笔迹、对立遗嘱时的行为能力等提出异议，因此本范文单列了一个"其他"项，提醒自书遗嘱的遗嘱人，将日常生活日记等或其他可供证明遗嘱系本人亲笔书写的证据附在遗嘱之后，日后发生争议时，有可供鉴定的检材。

（二）正文

正文包括财产内容与财产的处分方案。

1. 财产内容

财产内容要考虑不动产、车辆、存款、股票基金、公司股份、债券、债权、知识产权、个人金银珠宝、收藏品等，根据遗嘱人自己个人合法财产的具体情况详细列明。

（1）不动产。要写清楚不动产权属证号、坐落位置、房号、面积等主要内容。有多套不动产的，要一一列明。

（2）车辆。要写明车辆品牌型号、车牌号、车架号、颜色、座位数等具体信息。有多辆的，要一一列明。

（3）存款。要写明存款具体数额，既有现金又有银行存款的，要分别列出。银行存款要写明开户行、账户信息、账户内金额等。涉及多家银行的存款，要一一列明。

（4）股票。要写明证券交易所名称、股票代码、股票账户名称、股票数量及金额。多个股票的，要依次列明。

（5）基金。要写明基金名称和代码，持有份额，基金价值等。有多个基金的，依次列明。

（6）公司股份。写明公司名称、股份比例、认缴或实缴出资数额等内容。

（7）债券。写明债券发行人、具体金额、债权类型、债券到期日、利息等内容。有多个债券的，可依次列明。

（8）债权。写明债务人信息、借款金额和利息、还款时间、抵押和担保情况。有多个债务人的，可依次列明。

（9）保险。写明保险公司名称、合同号、险种、受益人情况。有多份保险，可依次列明。

（10）社保情况。写明社保交纳单位、缴纳年限、缴纳金额等内容。

（11）住房公积金。写明公积金交纳单位、账上余额等。

（12）金银珠宝、收藏品。写明具体品类、数量。

2. 财产处分

（1）写明财产处分意见，有多个继承人的，要写明财产的具体归属或分割比例。

（2）写明继承人基本信息及亲属关系。

（3）继承人继承遗产所附条件。

（4）指定遗嘱执行人以及遗嘱执行人的报酬支付，等等。

（三）尾部

尾部要写明下面的内容：

1. 遗嘱份数和效力。要写明遗嘱共几份，由谁负责保管，是否具有同等效力。

2. 签名、签注时间。必须由遗嘱人亲笔签名并签上时间。

（四）注意事项

1. 遗嘱的撤回与变更

《民法典》第1142条规定，遗嘱人可以撤回、变更自己所立的遗嘱。立遗嘱后，遗嘱人实施与遗嘱内容相反的民事法律行为的，视为对遗嘱相关内容的撤回。立有数份遗嘱，内容相抵触的，以最后的遗嘱为准。

2. 视为自书遗嘱的情形

《继承编的解释（一）》第27条规定，自然人在遗书中涉及死后个人财产处分的内容，确为死者的真实意思表示，有本人签名并注明了年、月、日，又无相反证据的，可以按自书遗嘱对待。

3. 遗嘱人可以设立遗嘱信托

根据《民法典》第1133条第4款的规定，自然人可以依法设立遗嘱信托。信托是指委托人基于对受托人的信任，将财产委托给受托人，由受托人按照委托人的意愿，为受益人的利益或特定目的，以自己的名义进行财产管理或处分对行为。信托一般涉及三方当事人，即委托人、受托人和受益人。设立遗嘱信托应采用书面形式。

4. 没有注明年、月、日的自书遗嘱无效

根据《民法典》第1134条的规定，注明年、月、日是自书遗嘱的一个法律形式要件。所谓注明年、月、日，是指遗嘱人要把立遗嘱的年份、月份和具体日子全部书写，不得有所遗漏。《北京高院关于审理继承纠纷案件若干疑难问题的解答》第17条规定，未严格按照法律规定的形式要件作出的遗嘱，人民法院应认定无效。签署日期不全的自书遗嘱应为无效。以遗书形式处分遗产的，如该遗书具备法律规定的自书遗嘱形式要件的，应认定有效。

实践中，有些遗嘱人只书写“年”，不书写“月、日”，或者只书写“年、月”，不书写“日”，法官会以自书遗嘱不符合法律形式要件而认定这些自书遗嘱无效。

5. 自书遗嘱人要用录音录像的形式把书写遗嘱的过程记录下来

《民诉法解释》第90条规定，当事人对自己提出的诉讼请求所依据的事实或者反驳对方诉讼请求所依据的事实，应当提供证据加以证明，但法律另有规定的除外。在作出判决前，当事人未能提供证据或者证据不足以证明其事实主张的，由负有举证证明责任的当事人承担不利的后果。《北京高院关于审理继承纠纷案件若干疑难问题的解答》第 23 条规定，继承纠纷中，原则上应由持有遗嘱并主张遗嘱真实一方承担遗嘱真实性举证证明责任。在遗嘱继承纠纷诉讼中，未持有遗嘱一方常常提出遗嘱人为无民事行为能力人或者限制民事行为能力人以及遗嘱不是遗嘱人的真实意思这些抗辩。法官根据举证责任分配规则课加给持有遗嘱一方证明遗嘱的真实性和遗嘱人具有完全民事行为能力之责任。一些遗嘱是许多年前由遗嘱人书写，岁月流逝，时过境迁，持有遗嘱一方收集提出相关证据的难度很大，实践中，持有遗嘱一方举证不能的案件正在增加。其后果是自书遗嘱的法律效力可能不被法院认定，遗产最终不能按照遗嘱人的生前意志进行分配。

为了真正实现自书遗嘱的功能，强化持有遗嘱人日后的举证能力，防止其在遗嘱继承纠纷中陷于不利的境地，遗嘱人在书写遗嘱时要用录音录像的形式把书写遗嘱的过程记录下来。可参考以下步骤：

（1）寻找明亮静谧的房间；

（2）清场（房间内只能有遗嘱人，不能有别人）；

（3）准备好 A 纸若干张，1 只中性笔；

（4）架设调试好录音录像设备（将设备的中日期调到立遗嘱的当天）；

（5）书桌上放置一张立遗嘱当天的报纸（或台历），所载日期要能清晰摄入；

（6）启动录音录像设备的摄录功能；

（7）开始起草遗嘱；

（8）在每份遗嘱上签名并在签名上捺指印，注明立遗嘱的年、月、日。

（9）把所立的遗嘱对着镜头朗读一遍，声音要洪亮。

（10）停止录音录像，并将所立遗嘱录音录像导出，在多个 U 盘中备份保存并保存好原始载体。

（11）立遗嘱的整个过程必须连续，不可中间断开，并且绝对不能有别人在场。

6. 关于夫妻共同遗嘱

所谓夫妻共同遗嘱是指夫妻双方经过协商，对共同财产采取一致意见，用同一个遗嘱的方式处理死后的财产。对于夫妻共同遗嘱，《民法典》没有予以规定。《北京高院关于审理继承纠纷案件若干疑难问题的解答》第 19 条规定，以夫妻双方名义共同订立的处理夫妻共同财产的遗嘱，符合遗嘱形式要件的应为有效。当事人仅以遗嘱内容为一方书写，不符合代书遗嘱相关形式要件为由请求认定遗嘱无效的，人民法院不予支持。夫妻一方先死亡的，在世一方有权撤销、变更遗嘱中涉及其财产部分的内容；但该共同遗嘱中存在不可分割的共同意思表示，上述撤销、变更遗嘱行为违背该共同意思表示的除外。

二、代书遗嘱

代书遗嘱，亦称代笔遗嘱，指因遗嘱人无文字书写能力或其他原因不能亲笔书写遗嘱而由自己口述，委托他人代为书写的遗嘱形式。写作主体是代书人，写作受体是遗嘱继承人、遗嘱执行人，写作主旨是通过立遗嘱将个人财产指定由法定继承人中的一人或者数人继承。其写作的法律依据是《民法典》第1135条①，《继承编的解释（一）》第3条、第25条、第26条、第28条、第29条。目前，我国公立或民间遗嘱库尚未普及，代书遗嘱对遗嘱人而言，更为简便易行。

代书遗嘱的结构及写作方法与自书遗嘱基本相同。下面就代书遗嘱的法律实践谈一些看法。

（一）时空一致性原则

所谓时空一致性原则，是指在代书遗嘱过程中，遗嘱人、代书人、见证人位于同一空间，口述遗嘱、代书遗嘱、见证代书，这三种行为同步进行，同步结束。它包含空间的一致性和时间的一致性。在代书遗嘱的全过程中，这三种人不得片刻游离于同一空间之外，这三种行为的发生不存在时间差。遗嘱人、代书人不位于同一空间，口授遗嘱、代书遗嘱先后发生，则根本不会存在代书遗嘱；见证人身处另外的空间，也不会有代书遗嘱的见证。

时空一致性原则源于代书的固有特征以及代书遗嘱的法律规定。首先，代书遗嘱是遗嘱人口述遗嘱，代书人用文字记录遗嘱，其中自然蕴含着时空一致性原则。其次，《民法典》第1135条也蕴含着时空一致性原则。该条规定代书遗嘱应当有两个以上见证人在场见证，其中一人身兼代书和见证双重责任，一人只做见证。“见证”，现代汉语词典解释为：“①动词，当场目睹可以作证：见证人。”故而，“见证”一词中“当场目睹”这个义素本身就含有两个见证人与遗嘱人同处一个空间，代书行为、见证行为与口述遗嘱行为同步发生之意涵。“在场见证”复杂短语中，“在场”这一短语明确指明遗嘱人、代书人、见证人处于同一空间，“见证”直接标明遗嘱口述、代书遗嘱和见证行为

---

① 《民法典》第1135条规定，代书遗嘱应当有两个以上见证人在场见证，由其中一人代书，并由遗嘱人、代书人和其他见证人签名，注明年、月、日。

同步进行。

《民法典》第1135条规定了代书遗嘱的法律形式要件，这个形式要件便是时空一致性原则。鉴于代书遗嘱是一种要式法律行为，所以，符合时空一致性原则的代书遗嘱具有法律效力，不符合这项原则的代书遗嘱不发生法律效力。在遗嘱继承纠纷诉讼中，不持有遗嘱一方要运用时空一致性原则仔细检查代书遗嘱是否符合这一原则，确立辩点，提出抗辩；法院要运用这一原则去认定代书遗嘱的法律效力；持有遗嘱一方则要通过证据证明代书遗嘱符合时空一致性原则，主张遗嘱合法有效。

（二）违反时空一致性原则的诸种表现形式

代书遗嘱实践中，违反时空一致性原则常见有下面的表现形式：

1. 代书遗嘱不是口述遗嘱的及时同步记录

（1）宣读代书人自己起草的遗嘱。有的代书人自己起草一个遗嘱文稿，然后读给遗嘱人听，问："您的遗嘱内容是不是这样啊?"最后签名捺指印。

（2）事后整理出遗嘱文稿。在遗嘱人口述遗嘱内容时，代书人没有当场记录，没有制作遗嘱人口述前的谈话笔录，也没有对口述遗嘱过程录音录像，而是根据自己的记忆在事后整理出一份遗嘱文稿，让遗嘱人在文稿上签名及注明年、月、日。

（3）代书遗嘱的录音录像发生中断，恢复前后的音像资料内容不连贯。例如，代书遗嘱草拟完成，在各方签字确认前，遗嘱人还在反复强调自己的意见："六间房子我要三间，两个儿子一人三间。"此后，视频明显出现暂停录制，恢复录制时，已经开始按指印阶段，前后视频语言不衔接，而遗嘱人的位置也有明显改变。

2. 见证人没有全程在场见证

在代书遗嘱的过程中，有的见证人走出特定的空间，出去接打手机，或去办理其他事项，然后再回到特定的空间，接续见证遗嘱的代书过程。

前述这些违反时空一致性原则的表现形式，所产生的遗嘱不符合代书遗嘱的法律形式要件，未能表明该遗嘱系遗嘱人的真实意思表示，因此，法官会否定其遗嘱效力。

（三）见证人不适格

根据《民法典》第1135条、第1140条的规定，代书遗嘱的见证人须具备下面的法定条件：（1）见证人应具有完全民事行为能力；（2）继承人、受遗赠人不得为见证人；（3）与继承人、受遗赠人有利害关系的人不能作为见证人；（4）见证人必须有两名。

实践中，见证人不适格常见有以下三种表现形式：

1. 只有一名见证人

法律要求代书遗嘱必须有两名见证人在场见证。但有的代书遗嘱中，见证人数目不符合法律的要求，只有一名见证人。例如，被继承人杨某因脑溢血住院，出院后身体瘫痪，语言表达逐渐含糊。2021 年，杨某的儿子魏某委托律师赵某、刘某为他的母亲代书遗嘱。由于被继承人杨某方言很重，且语言表达含糊，于是先由赵某转述给刘某，刘某随后代书。遗嘱形成后由遗嘱人杨某、律师赵某、刘某签名。后来，被继承人杨某的女儿魏某某提起遗嘱继承纠纷诉讼，法院认为，本案被继承人杨某立代书遗嘱时，语言表达含糊，仅见证人赵某能够听懂或领会，而代书人刘某无法听懂其意思，起不到见证人的作用，故而该代书遗嘱只有一个见证人见证，无法确定是被继承人真实意思的表示。该遗嘱不符合代书遗嘱的形式要件，所以不具备法律效力。

2. 见证人是与继承人、受遗赠人有利害关系的人

这里的"有利害关系的人"包括继承人、受遗赠人的近亲属，如配偶、父母、子女、兄弟姐妹、祖父母、外祖父母。另外，根据《继承编的解释(一)》第 24 条的规定，继承人、受遗赠人的债权人、债务人，共同经营的合伙人，也应当视为与继承人、受遗赠人有利害关系，不能作为遗嘱的见证人。

实践中，在律师或法律工作者作为遗嘱见证人的场合，有许多法院认为下面的情形属于见证人是与继承人、受遗赠人有利害关系的人：（1）律师曾经给继承人、受遗赠人代理过案件；（2）律师与遗嘱人签订代书遗嘱委托合同，付款方是遗嘱人的子女，即继承人。

3. 见证人不具有见证能力

见证人必须是具有见证能力的自然人，如果是无行为能力、限制行为能力或者其他不具有见证能力的人，不能作为见证人进行遗嘱见证，否则将会导致见证遗嘱无效。这里的"其他不具有见证能力的人"是指虽然具有完全民事行为能力，但属于文盲、盲人、失聪者，或者不通晓遗嘱所用语言者等，这些人均不能作为见证人和代书人①。

（四）见证遗嘱时应清场

根据《民法典》第 1135 条，代书遗嘱的空间，法律只允许三个人（遗嘱人、代书人、见证人）同处，共同完成遗嘱文稿的形成及见证。其他无干人等不得出现在这个特定空间，尤其是继承人与受遗赠人，以排除不当干扰，保

① 参见最高人民法院民法典贯彻实施工作领导小组主编：《〈中华人民共和国民法典婚姻家庭编继承编〉理解与适用》，人民法院出版社 2020 年版，第 591 页。

障遗嘱人的遗嘱自由以及遗嘱是遗嘱人真实意思的表示。因此，订立代书遗嘱，首先要清场，创造一个法律要求的专有空间。实践中，有的继承人始终出现在订立遗嘱的现场，指指点点，甚至协助遗嘱人捺指印。凡是观看到这些视频的人，都会质疑遗嘱的真实性。

（五）律师见证遗嘱的注意事项

见证遗嘱是律师的一项非诉业务，为了防范该业务的法律风险，见证遗嘱时要特别注意：

1. 遗嘱见证时，至少有两名无利害关系的律师在场；

2. 必须确认立遗嘱人身份及是否具有完全民事行为能力（要求立遗嘱人出示相关诊断或证明）；

3. 必须制作谈话笔录，核实遗产范围；

4. 确认立遗嘱人意思表示真实、遗嘱内容合法；

5. 核对相关材料是否存在瑕疵或者缺陷；

6. 确保见证书的时间、地点无误；

7. 律师见证书必须由本人签名；

8. 见证过程必须完整，全程录音、录像；

9. 具有合法有效的委托文件；

10. 遗嘱人的开首语模板："我叫×××，身份证号码是……，今天是××××年××月××日上午/下午×时×分，我委托代书人×××为我代书遗嘱，见证人×××见证这一过程。"

11. 代书人的发言模板："我叫×××，身份证号码是……，今天是××××年××月××日上午/下午×时×分，我接受遗嘱人×××委托代书遗嘱，同时见证这一过程。"

12. 见证人的发言模板："我叫×××，身份证号码是……，今天是××××年××月××日上午/下午×时×分，我接受遗嘱人×××的委托，见证遗嘱订立过程。"

（六）打印遗嘱、录音录像遗嘱、口头遗嘱、公证遗嘱

打印遗嘱、录音录像遗嘱、口头遗嘱，《民法典》俱要求两个以上见证人在场见证，其见证可参照代书遗嘱执行。打印遗嘱，遗嘱人和见证人应当在遗嘱每一页签名，注明年、月、日。录音录像遗嘱，遗嘱人和见证人应当在录音录像中记录其姓名或者肖像，以及年、月、日。遗嘱人在危急情况下，可以立口头遗嘱，危急情况消除后，遗嘱人能够以书面或者录音录像形式立遗嘱的，所立的口头遗嘱无效。

公证遗嘱由遗嘱人经公证机构办理。

【例文】（略）

项目四　法律意见书

【文书格式】

法律意见书

（××××）××所意字第××号

致：×××（委托人姓名、名称）

××律师事务所（以下简称本所）为中华人民共和国司法行政机关依法批准、合法设立的在中华人民共和国境内具有从事法律服务资格的律师执业机构。现本所应×××要求，就××相关事宜，出具本法律意见书。

一、委托人提供的相关资料

……

二、受托人独立调查获得的资料

……

三、出具法律意见书所依据的现行有效的法律规定

……

四、法律法理分析

……

五、结论

……

六、声明和提示条款

……

××律师事务所

经办律师：××

经办律师：××

××××年××月××日

（律所公章）

附件：……

【法律意见书写作谈】①

法律意见书有广义、狭义之分。广义的法律意见书是中介机构（律师事务所和公证机构）、法学专家等运用法律对委托人所提供的事实材料进行分析和阐述，并提供给委托人或者法定机构的一种书面法律建议；狭义的法律意见书是律师事务所根据法律的规定或者接受当事人委托，基于委托人提供及律师调查的相关事实和材料，针对某项特定法律事务（包括但不限于法律行为、法律事件或有法律意义的文书），运用法律等各类规范性文件进行分析和阐述后提出的书面法律结论。

根据适用领域的不同，狭义的法律意见书又可分为诉讼领域的法律意见书和非诉讼领域的法律意见书。前者是在刑事诉讼、民事诉讼、行政诉讼中，律师就特定案件向公、检、法出具的书面法律结论。后者是在资本证券、房地产开发、知识产权、涉外业务等非诉领域中，律师就特定事项出具的书面法律结论。两者的最大区别在于前者是依附于某一项诉讼案件的，以该案件的相关法律争议点为核心进行论述，从而向公、检、法表明律师及其委托人关于该案件的法律观点；而后者并不依附于某一项案件，是按照法律要求或委托人提出的某项法律事务系统发表法律观点。从本质而言，两者在行文体例上是趋于一致的，均是提出问题、分析问题和解决问题，为方便理解，本文以非诉讼法律意见书（以下简称法律意见书）为例探讨法律意见书的写作方法及注意事项。

本文书的写作主体是律师事务所，写作受体是行政主管机关、委托人或委托人指定的其他相关方，写作主旨是满足法律就某项法律事务课加给委托人出具法律意见书之义务或者对委托人所咨询法律问题阐述论证过程及结论。写作的法律依据有《律师法》第 28 条第（6）项和第（7）项②，《中华人民共和国证券法》（以下简称《证券法》）第 163 条③，《中华人民共和国证券投资基

---

① 本文由唐海燕律师、陶奕律师撰稿。

② 《律师法》第 28 条规定，律师可以从事下列业务：（1）接受自然人、法人或者其他组织的委托，担任法律顾问；（2）接受民事案件、行政案件当事人的委托，担任代理人，参加诉讼；（3）接受刑事案件犯罪嫌疑人、被告人的委托或者依法接受法律援助机构的指派，担任辩护人，接受自诉案件自诉人、公诉案件被害人或者其近亲属的委托，担任代理人，参加诉讼；（4）接受委托，代理各类诉讼案件的申诉；（5）接受委托，参加调解、仲裁活动；（6）接受委托，提供非诉讼法律服务；（7）解答有关法律的询问、代写诉讼文书和有关法律事务的其他文书。

③ 《证券法》第 163 条规定，证券服务机构为证券的发行、上市、交易等证券业务活动制作、出具审计报告及其他鉴证报告、资产评估报告、财务顾问报告、资信评级报告或者法律意见书等文件，应当勤勉尽责，对所依据的文件资料内容的真实性、准确性、完整性进行核查和验证。其制作、出具的文件有虚假记载、误导性陈述或者重大遗漏，给他人造成损失的，应当与委托人承担连带赔偿责任，但是能够证明自己没有过错的除外。

金法》（以下简称《证券投资基金法》）第51条①，《期货公司监督管理办法》第108条②以及有权机关出具的相关指引文件，如《公开发行证券公司信息披露的编报规则第12号——公开发行证券的法律意见书和律师工作报告》《律师事务所证券法律业务执业规则（试行）》《上海证券交易所科创板股票上市规则》《全国中小企业股份转让系统挂牌公司向上海证券交易所科创板上市办法（试行）》《深圳证券交易所创业板股票发行上市审核规则》《深圳证券交易所关于全国中小企业股份转让系统挂牌公司向创业板转板上市办法（试行）》《私募投资基金服务机构登记法律意见书指引》《网络借贷信息中介机构备案登记法律意见书编写指引》等。

一份形式严谨、结构缜密、分析精准、论证精当的法律意见书可以成为委托人从事业务的工作指南或参考意见，亦是政府部门重大行政决策的第三方意见，更是律师专业法律素养的充分展示。

实务中，按出具法律意见书的依据不同，可分为依法律规定要求出具、依中国政府主管部门要求出具、依交易惯例为具体交易出具、依客户要求出具等。依据涉及的不同法律部门，又可分为证券、金融、国有资产、招投标等各类法律意见书。

一、基本原则

律师事务所出具法律意见书，应当遵守职业道德和执业规范，勤勉尽责，客观公正，根据事实和法律，独立地发表法律意见。写作时需遵循以下基本原则：

1. 真实性

所谓真实性，即律师应秉承审慎的态度对出具日以前已经发生或存在的事实进行查证，在论证相关事实的过程中，根据需要论证的目标，用证据链的思维制定调查方案和调查项目，包括且不限于采用当事人访谈、当事人承诺、政府部门走访调查、法律文书原件核对、实地调查等多种方式，以勤勉尽职的态

---

① 《证券投资基金法》第51条规定，注册公开募集基金，由拟任基金管理人向国务院证券监督管理机构提交下列文件：（1）申请报告；（2）基金合同草案；（3）基金托管协议草案；（4）招募说明书草案；（5）律师事务所出具的法律意见书；（6）国务院证券监督管理机构规定提交的其他文件。

② 《期货公司监督管理办法》第108条规定，中国证监会及其派出机构认为期货公司可能存在下列情形之一的，可以要求其聘请中介服务机构进行专项审计、评估或者出具法律意见：（1）期货公司年度报告、月度报告或者临时报告等存在虚假记载、误导性陈述或者重大遗漏；（2）违反客户资产保护、期货保证金安全存管监控规定或者风险监管指标管理规定；（3）中国证监会根据审慎监管原则认定的其他情形。期货公司应当配合中介服务机构工作。

度穷尽相关调查，并在此基础上作出法律事实的认定。

2. 准确性

所谓准确性，即律师依据委托人的要求、交易背景以及监管要求，根据查证的事实（或当事人承诺的事实①），针对述及的主题和焦点逐条出具明确、精准的法律意见，而不能使用“基本符合条件”或“除××以外，基本符合条件”一类的措辞，或仅依照指引等相关文件内容照搬格式，千篇一律，对易产生实质性影响的事项却避而不谈或语焉不详。

3. 合法性

所谓合法性，即律师在提出意见时，必须依据现行有效的法律、行政法规、部门规章等规范性文件或委托人认可的其他法律或类法律文件②。常见的错误是，有些律师分别列出事实部分与规范性文件依据后，未经论证直接得出本法律意见符合法律规定，形成事实与法律“两张皮”；或只关注委托事项，而忽视了该事项是否合法的核查。例如，在论证涉及评估的具体交易是否合法的过程中，律师应核查与该交易有关的其他信息内容，包括且不限于评估人的资质、评估师的资质、评估所依赖的基础资料的真实性和合法性，保证与交易有关的信息都予以了充分、准确与完整的披露。

二、结构内容及写法

一般情况下，法律意见书由首部、正文、尾部组成，但如果法律法规或相关法律文件对其格式以及审查项目作了强制性规定③，律师则必须依照规定的格式和内容出具法律意见书，否则监管机关将驳回申报材料或要求出具补充法律意见书。

（一）首部

首部包括标题、文书编号、写作受体（致送对象）、出具人信息、委托人

---

① 法律意见书中应尽可能避免将当事人承诺的事实作为直接依据，通常仅在接受当事人委托就其某一问题的处理方式提供法律意见时，方可把当事人承诺的事实作为直接依据并须在法律意见书中明示依据的来源。如果根据法律要求、惯例、交易习惯出具法律意见书，对事实进行认定时则要做到尽职调查。

② 类法律文件，指具有行政管理职能的主体在其职能、职责或管辖事务范围内，为适应复杂多样化的经济和社会管理需要，基于法律精神、原则、规则或政策，适时发布指导性文件或行政机关内部文件，以有效地实现一定的行政目的，它并不具有法律的强制适用性。在出具法律意见书时，常见的类法律文件有《基金募集机构投资者适当性管理实施指引（试行）》、政府会议纪要等。

③ 根据《公开发行证券公司信息披露的编报规则第12号——公开发行证券的法律意见书和律师工作报告》规定，发行人拟申请首次公开发行股票和增发股份、配股，以及已上市公司发行可转换公司债券等，其所聘请的律师应当按照本规则的要求，出具法律意见书、律师工作报告并制作工作底稿。

信息、委托事项信息。具体写法不再赘述。

（二）正文

正文有六个组成部分，它们依次是：

1. 委托人提供的相关资料

律师最先接触到的是委托人提供的相关资料，也是形成法律意见书的基础。为预防业务风险，在出具法律意见书之前，律师可以根据项目情况要求委托人出具《委托方承诺》，包括但不限于：承诺所依据的法律服务委托关系；向律师提供材料的截止时间；材料原件与复印件是一致的；提供给律师的材料是真实、准确且完整的；有关人员就相关事项的说明属实；不干预法律意见书的出具等①。

2. 受托人独立调查获得的资料

这一部分是指律师在委托人提供的资料之外，对出具事项进行核实或补充的其他资料。律师独立调查的方式一般包括文件收集、实地走访、相关人员访谈以及检索网站信息等。例如，在私募基金备案法律意见书中，律师可采取的查验方式包括但不限于：审阅书面材料、实地调查、人员访谈、互联网及数据库搜索、外部访谈及向行政司法机关、具有公共事务职能的组织、会计师事务所询证等，应当制作并保存相关尽职调查的工作记录及工作底稿。

实务中，律师要首先厘清制作某份法律意见书是否需要对事实部分进行独立调查；其次，如果需要，则应确定调查的事项以及调查的广度和深度；最后，要结合调查事项制作详细的查验计划，并对所有通过调查获得的资料在法律意见书出具完毕后予以封卷存档。

3. 出具法律意见书所依据的现行有效的法律规定

律师在收集与所论述法律事项相关的规范性文件时，应首先确定可以引用的范围，除法律、行政法规外，是否包括部门规章、地方政府规章以及其他一些类法律文件等，需要根据不同的委托事项和委托人要求进行有效选择。

律师认定委托事项是否合法有效是以该等事项发生之时适用的法律法规等规范性文件为依据的，同时也依照法律意见书出具日以前有效的相关法律法规进行评价并充分揭示风险。注意不要引用失效、废除或不相关的法律法规，否则会造成分析错误。

4. 法律法理分析

法律法理分析是法律意见书的核心。在汇总现行有效的法律法规等规范性文件之后，律师应站在中立客观的角度，运用演绎、归纳等推理方式对事实进

① 参见中华全国律师协会发布的《律师承办国有企业改制与相关公司治理业务操作指引》第43条。

行分析，以证明结论部分的合法性与合理性。这个过程是对律师逻辑思维、知识储备以及法律素养的综合考量，也是评判法律意见书水平高低的最重要标杆。例如，在涉及控股股东和实际控制人核查的法律意见书中，作了这样的法律法理分析："黄某所持公司表决权比例虽未达到二分之一以上，但通过律师的独立调查发现，其他股东所持股权较为分散且无关联，而黄某所拥有的表决权根据《公司章程》足以对公司股东会决议产生重大影响，同时黄某经公司股东会决议选举为公司董事长，对公司的日常经营管理亦能产生重大影响，因此认定其能够实际支配公司，可以认定为公司的控股股东。"足见，在这一分析过程中，律师不仅应熟知法律法规，而且须独立调查相关信息（如公司章程、公司股权架构、公司实际运营管理制度及运作过程等），最后才能作出客观、正确的法律结论。

5. 结论

结论部分是实现法律意见书目的的载体，更是委托人和其他利害关系人作出决策的直接依据。严谨缜密、言简意赅是基本的写作要求。这部分并不提倡将法律或指引文件要求出具事项的意见简单叠加复述，而是要采用"完整陈述尽职调查的过程和手段 + 整体结论"的方式加以表述。例如，上市公司股东大会出具的会议见证的法律意见书的结论部分可以这样写：

"本所律师、现场推举的两名股东代表与监事代表共同负责计票、监票。现场会议表决票当场清点，经与网络投票表决结果合并统计确定最终表决结果后予以公布。其中，贵公司对议案 1、议案 2 的中小投资者表决情况单独计票并单独披露表决结果。独立董事已就议案 1、议案 2 发表独立意见。经查验，上述议案 1 经出席本次会议的股东（股东代理人）所持有效表决权的三分之二以上通过，上述议案 2 经出席本次会议的股东（股东代理人）所持有效表决权的过半数通过。本次会议的表决程序和表决结果符合法律法规、规范性文件及《公司章程》的规定，合法有效。综上所述，本所律师认为，贵公司本次会议的通知和召集、召开程序符合法律、行政法规、《上市公司股东大会规则》及《公司章程》的规定，本次会议的召集人和出席会议人员的资格以及本次会议的表决程序和表决结果均合法有效。"

如果有保留意见或其他提示事项，也建议在结论部分体现。结论部分不得使用"基本符合条件"或"除 × × × 以外，基本符合条件"一类的措辞，而应作出肯定或否定结论。对能明确判断符合法律、法规等规定的，应当作出肯定性结论；对无法查证的事实或者已经勤勉尽责仍不能确定是否合法合规，以及尚未具备成就条件①的事项，应当作出说明或发表保留意见。

6. 声明和提示条款

声明和提示条款内容可以包括：律师发表意见所依据的基准日、宣告法律意见书的用途、律师责任以及律师自认应予列明的其他事项。

声明条款中最常见的是责任声明条款，其内容一般包括责任承担条款和责任限定条款。例如，在私募基金备案产品登记中，责任承担条款表述为："本所律师同意将法律意见书作为材料一并报送基金业协会并愿意承担相应法律责任。"在资本证券业务中，责任限制条款通常表述为："本法律意见书仅就公司本次股票发行相关法律事项发表意见，并不对会计、审计、验资、投资决策等事宜发表意见。在本法律意见书中对有关审计报告、验资报告等专业报告中某些数据和结论的引述，并不意味着本所对这些数据、结论的真实性和准确性作出任何明示或默示保证，本所并不具备核查并评价这些数据、结论的适当资格和能力，对此本所律师依赖具备资质的专业机构的意见对该等专业问题作出判断。"

提示条款是律师提示委托人和其他利害关系人应特别注意的条款，提示委托人可能承担的责任。例如，"本法律意见书仅供特别关注为本次挂牌之目的而使用，除非事先取得本所律师的书面授权，任何单位和个人均不得将本法律意见书或其任何部分用作任何其他目的"。

（三）尾部

尾部包括经办律师署名、文书制作日期、加盖律所公章、附件。

1. 律师署名、盖章及签发日期。经办律师应在法律意见书的右下角手写署名，在日期上加盖律师事务所公章。签发日期是指法律意见书出具的时间，应采用汉字数字小写而不是阿拉伯数字。

2. 附件。法律意见书是构建在诸多资料及调查活动之上的，这些资料应附注于尾部适当位置，以增强法律意见书的权威性。附件较多的，应另行编制附件目录。例如：

调查文件：

Ⅰ-1　附表Ⅰ-1 法人控股股东基本情况调查表

Ⅰ-2　附表Ⅰ-2 关联人关系调查表

---

① 例如，在对某政府引导基金的申请人进行尽职调查时，需对其资质是否符合相关规定进行审核并作出结论，但可能出现申请人尚未组建完毕或者基金专职管理人员不符合人数要求等情形，则律师可在出具法律意见书时发表保留意见，即"其目前尚不符合申请人资格要求，待其完备相关条件后，能够符合申请人资格要求"。

Ⅰ－3　调查笔录（公司与其控股股东或实际控制人及其控制的企业有无同业竞争）

Ⅰ－4　避免同业竞争承诺函（公司控股股东或实际控制人和重大关联方）

Ⅰ－5　关联交易与同业竞争管理办法

Ⅰ－6　关联交易协议

Ⅰ－7　关联交易决策程序（董事会、股东会会议资料）

Ⅰ－8　定价依据

Ⅰ－9　关联方的相关资料（自然人身份证复印件；法人营业执照、章程及股权结构）

以上附件材料均需委托方或资料提供方加盖公章（骑缝章）

三、注意事项

截至2020年年底，全国有多家律师事务所及多位律师因出具的IPO法律意见书含有虚假陈述而受到证监会的行政处罚。其中，仅2017年5月31至6月27日，在不到一个月的时间内，就有3家律师事务所、7名律师因法律意见书被认定“存在虚假记载及重大遗漏”，受到证监会的处罚，罚没总金额达到1620万元，更有律师事务所和律师受到了证监会处以5倍的顶格处罚。多家律师事务所在全国股转系统亦因法律意见书披露信息不完整而被要求采取自律监管措施。这再次警示律师事务所和律师必须严格按照“勤勉尽责”的要求，在法律意见书中发表法律意见时必须履行必要的核查验证程序，获取足以支撑所发表意见的证据材料。①

（一）重视工作底稿

根据出具法律意见书的一般流程，应该先有事实，后有法律评价。律师撰写法律意见书之前，一般会先形成工作底稿，这是出具法律意见书的事实基础。如果没有工作底稿，法律意见书的真实程度就难以分辨。从防范风险角度看，工作底稿记载的工作过程与丰富程度可以证明律师是否勤勉尽责、工作是否合乎业务标准，对于在特定情况下确定律师发表的法律意见是否有事实依据具有十分重要的作用。对于个别暂时无法掌握更多材料而又有必要说明的问题应及时提示风险，以免误导委托人。

---

① 相关内容载https：//neris. csrc. gov. cn/（证监会网站公示信息，最后访问日期：2021年4月16日）；投行小兵：《律师事务所被证监会处罚分析》，载http：//www. souhu. com/a/166110840_482481，最后访问日期：2018年8月28日。

（二）坚持独立性

律师须发表法律意见的特定法律事项可能存在多家中介机构从不同角度同时发表意见的情况，也可能存在委托人希望以其倾向性意见影响律师法律意见的情况。此时，律师必须秉承发表法律意见的独立性原则，以自身核查的相关事实为基础独立发表意见。多份证监会的行政处罚决定书中显示的处罚原因均是律师事务所“引用其他中介机构资料或结论，未进行独立核查”。其中，律师最易忽视的是对财务信息的独立核查，过度依赖财务报告是律师出具法律意见书的通病。财务信息是否真实是律师独立发表法律意见的基础，必须对相关信息独立核查。

律师在法律意见书写作的过程中，除了关注法律方面的风险点之外，也需对尽调对象有法外穿透性判断。如公司主营业务在市场上的实际盈利能力等其他因素也应在律师综合考量范围之内，这些信息的综合判断将有助于降低律师的执业风险。同时，委托人提供的资料中也有可能存在虚假信息，为此，在专项法律服务合同中可明确规定必须按尽调清单全面提供资料，不得隐瞒，否则委托人应赔偿因此而导致律所被处罚而造成的损失并明确规定违约金（依照顶格处罚的额度计算）。

（三）秉承专业化

西方法谚云：“不要让正义因缺乏法律学识和法庭技巧而败诉。”律师的专业化水平是出具法律意见书的基石。一些律师平素很少涉足证券金融领域，却执意参与法律意见书的撰写，表现自然“非专业”。例如，没有针对董事、高管在任期内转让股份超过每年25%的限制发表专项法律意见。又如，在某人型企业能否购买一公司股权出具法律意见时，对其他股东的优先购买权问题，主张以其他股东收到通知后拒不答复视为放弃优先购买权，并据此出具了法律意见书。委托人据此购买了该股权，后来其他股东起诉主张优先购买权并得到仲裁机构的支持，最终导致委托人未能购买该股权，且遭受了为购买股权所付出的各种费用损失（咨询费、审计费、利息损失等）。委托人后向律师事务所索赔，律师事务所因过错承担了赔偿责任。

（四）加强律所内控管理

海恩法则指出：每一起严重事故的背后，必然有29次轻微事故和300起未遂先兆以及1000起事故隐患。律师事务所和律师受罚案件的发生看似偶然，其实是各种因素积累到一定程度的必然结果。未尽审慎义务的执业态度非一朝一夕形成，都是经过萌芽、发展到发生这样一个过程。律师不能以自己名义出具法律意见书，法律意见书必须加盖律师事务所公章才有效，故对外承担民事责任的主体只能是律师事务所。因此，律师事务所一方面应建立健全内控内核制度，对出具的每份法律意见书都要进行讨论复核，而且要对律所律师加强勤勉尽责教育，建立健全并有效执行律师事务所案件评估监督、投诉回访等制度，完善人员管理、业务质量和执业风险控制机制，切实加强律师从事证券法律业务各个环节的管理，堵塞管理漏洞。

四、结语

出具法律意见书已成为律师事务所的常态化业务之一，而执业风险也成为悬在律师事务所和律师头上的“达摩克利斯之剑”。在为公司首发上市、新三板挂牌、公司发债、收购、重大资产重组等非诉事项提供法律意见时，承办律师因法律意见书存在虚假记载、误导性陈述、重大遗漏等，可能承担行政责任与刑事责任；而律师事务所一方面可能对外承担巨额民事赔偿责任，另一方面还会被监管部门处以暂停受理法律意见书、罚款等行政处罚①，严重的甚至被追究刑事责任②。随着政府职能转变的不断推进，包括资本市场在内的行政监管都出现减少前端管制、强化事后监管的趋势，与监管环境、监管理念的转变相配套的是中介机构的归位尽责义务越来越被强调。因此，律师事务所需要基于自身的专业知识，经过充分调查作出专业判断，这样才能真正发挥作为独立第三方的专业机构的作用。

---

① 《证券法》第213条规定，律师事务所违反《证券法》第160条第2款规定，从事证券服务业务未报备案的，责令改正，可以处20万元以下的罚款。证券服务机构违反《证券法》第163条的规定，未勤勉尽责，所制作、出具的文件有虚假记载、误导性陈述或者重大遗漏的，责令改正，没收业务收入，并处以业务收入1倍以上10倍以下的罚款，没有业务收入或者业务收入不足50万元的，处以50万元以上500万元以下的罚款；情节严重的，并处暂停或者禁止从事证券服务业务。对直接负责的主管人员和其他直接责任人员给予警告，并处以20万元以上200万元以下的罚款。

② 《刑法》第229条规定了提供虚假证明文件罪、出具证明文件重大失实罪。而《刑法修正案（十一）》对“提供虚假证明文件罪”进行了修订，规定了“提供与证券发行相关的虚假的资产评估、会计、审计、法律服务、保荐等证明文件，情节特别严重的”，处5年以上10年以下有期徒刑，并处罚金。这些规定既惩罚相关出具人员，也惩罚单位，对单位判处罚金，并对其直接负责的主管人员和其他直接责任人员追究刑事责任。

第三编　经典法律文书导读

读书譬如饮食，从容咀嚼，其味必长；大嚼大咀，终不知其味也。

——（宋）朱熹

少年读书，如隙中窥月；中年读书，如庭中望月；老年读书，如台上玩月。皆以阅历之深浅，为所得之深浅耳。

——（清）张潮

课外阅读，用形象的话来说，既是思考的大船借以航行的帆，也是鼓帆前进的风。没有阅读，就既没有帆，也没有风。

——［苏联］苏霍姆林斯基

经验丰富的人读书用两只眼睛，一只眼睛看到纸面上的话，另一只眼睛看到纸的背面。

——［德］歌德

一、春秋决狱四事

（汉）董仲舒

【作者小传】

董仲舒（公元前179年—公元前104年），字宽夫，广川（今河北景县西南）人。少年时便研究《春秋》，汉景帝时被封为博士，精专学术，三年目不窥园，进退容止，非礼不行。汉武帝即位，朝廷征举贤良文学之士，先后有百余人，董仲舒以“天人三策”深获武帝赏识，被封为江都相，事易王，后任胶西王相。《汉书·董仲舒传》载："凡相两国，辄事骄王，正身以率下，数上疏谏争，教令国中，所居而治。"致仕后，专事著书立说。朝廷遇有大议，则派使者和廷尉张汤登门征求他的意见。去世后，汉武帝亲自为他选择安葬之地，并在陵前修建董子祠。出于对董仲舒的尊敬，据说汉武帝每次经过他的墓园时，在三十丈之外便下马步行，随从臣子照例这样做。自武帝初立，魏其、武安侯为相，朝廷开始推崇儒术。等到董仲舒对策后，朝廷便"推明孔氏，抑黜百家"，建立学校之官以及州郡举茂才孝廉制度，为后世所取法，然这一切俱为董仲舒所首倡。其著作主要有《春秋繁露》82篇，赋、颂数篇。另外，据《后汉书·应劭传》载，董仲舒曾作《春秋决狱》二百三十二事，多已亡佚，仅存六事。《太平御览》第六百四十卷保存二事，《白帖》第二十六卷、第九十一卷保存二事，《通典》第69卷保存二事。上述六事辑录在程树德著《九朝律考》中。今辑录四事予以注评。

【原文】

一

时有疑狱曰："甲无子，拾道旁弃儿乙养之以为子。及乙长，有罪杀人，以状语甲，甲藏匿乙。甲当何论①？"仲舒断曰："甲无子，振活养乙，虽非所生，谁与易之！诗云：'螟蛉有子，蜾蠃负之。'②《春秋》之义③，'父为子隐'④，甲宜匿乙。"诏不当坐。（通典六十九东晋成帝咸和五年，散骑侍郎贺乔妻于氏上表引）

二

甲有子乙以乞⑤丙，乙后长大而丙所成育。甲因酒色⑥谓乙曰："汝是吾

---

① 论：《正韵》云："决罪曰论。"决罪，定罪。

② 螟蛉（míng líng）有子，蜾蠃（guǒ luǒ）负之：语出《诗经·小雅·小宛》。螟蛉是一种绿色小虫；蜾蠃又名细腰蜂，它是一种寄生蜂。蜾蠃常捕捉螟蛉存放在窝里，在它们身体里产卵，卵孵化后就拿螟蛉做食物。古人误以为蜾蠃不产子，喂养螟蛉为子，因此用"螟蛉"比喻义子。

③ 《春秋》之义，亦称《春秋》大义，指孔子在《春秋》中褒贬历史人物及事件时所依据的平治天下之法度。程子云："后世以史视《春秋》，谓褒贬善恶而已。至于经世之大法，则未之知也。《春秋》大义数十，炳如日星，乃易见也……"诸如"原情定过，赦事诛意""不以家事废王事""大夫出疆，有可以安社稷，存万民，专之可也"等，皆属于《春秋》之义的范围。

④ 语出《论语·子路》。叶公对孔子说："我的乡党中有一个直身而行的人，父亲偷盗了别人家的羊，他就向官府告发了父亲。"孔子说："我的乡党中的正直人同你讲的不一样，父亲为儿子隐瞒，儿子为父亲隐瞒，这些做法都是正直的。"

⑤ 乞（qì）：给予，这里指送养。

⑥ 酒色：酒容；醉态。《三国志·吴志·诸葛恪传》："命恪行酒，至张昭前，昭先有酒色，不肯饮。"

子。”乙怒，杖甲二十。甲以乙本是其子，不胜其忿，自告县官①。仲舒断之曰：“甲生乙，不能长育以乞丙，于义已绝矣！虽杖甲，不应坐。”（通典六十九东晋成帝咸和五年，散骑侍郎贺乔妻于氏上表引）

三

甲父（据玉函山房本增父字）乙与丙争言相斗，丙以佩刀刺乙，甲即以杖击丙，误伤乙，甲当何论？或曰殴父也，当枭首。论曰：臣愚以父子至亲也，闻其斗，莫不有怵怅②之心，扶杖而救之，非所以欲诟③父也。春秋之义，许止父病，进药于其父而卒，君子原心，赦而不诛。甲非律所谓殴父，不当坐。（《御览》六百四十引）

四

甲夫乙将船，会海风盛，船没溺流死亡，不得葬。四月，甲母丙即嫁甲，欲皆何论。或曰，甲夫死未葬，法无许嫁，以私为人妻，当弃市。议曰：臣愚以为春秋之义，言夫人归于齐，言夫死无男，有更嫁之道也。妇人无专制擅恣之行，听从为顺，嫁之者归④也，甲又尊者所嫁，无淫行之心，非私为人妻也。明于决事，皆无罪名，不当坐。（《御览》六百四十引）

【点评】

春秋决狱又名经义决狱、引经决狱，它是董仲舒首创的根据儒经经义（特别是《春秋》经义）来解释法律审判案件的方法。其实质是把儒家经典法律化，把儒家经义作为定罪处刑的最高标准。这种判案方法盛行于汉代和魏、晋、南北朝，至隋唐以后乃罢。董仲舒曾据儒家经义判案232件，汇编成书，名曰《春秋决事比》。关于春秋决狱这种判案方法，今人多持批判态度。在此，编者只想因上面辑录之四事简论董仲舒对中国法律文明所做出的贡献。

一、准确界定“亲子关系”的内涵与外延

今日，稍有亲属法常识的人都应知晓“亲子关系”这一概念。“亲子关系”又名父母子女关系，指父母与子女之间法律权利和法律义务的总和。它包括自然血亲的亲子关系与法律拟制血亲的亲子关系。前者以双方在血缘上的直接联系为依据，后者以人为设定、法律认可为依据。法律拟制血亲的亲子关系又分为养父母与养子女关系、继父母与有抚养关系的继子女之间的关系。但

① 县官：指朝廷、官府，非指县级行政区首长。在汉代，县级行政区首长称“令”或“长”。
② 怵怅：恐惧恼恨。
③ 诟：耻辱，这里是使动用法，意为“使……受辱”。
④ 归：归宁（回娘家看望父母）。“嫁之者归也”翻译为“甲是在归宁时听从母命嫁人的”。

是，在两千多年前的汉朝，人们以双方在血缘上的直接联系为依据来判断是否存在“亲子关系”，这种认识比较直观与肤浅。显然，在这种认识指导下去审理一些涉及“亲子关系”的刑事案件，肯定是难以下判的。汉律规定，子殴父，当枭首。正确、合理地界定父子关系之存在是这个法条适用得当的一个前提条件。若把父子关系狭隘地理解为血缘上存在直接联系的双方，那么，第二事中，甲乙确系父子，乙杖殴平生未知的父亲依律当处枭首，这种判决违情悖理。

董仲舒却认定甲乙之间不存在父子关系。他的这个判断是建立在儒家纲常伦理的基础上的。中国儒家先哲把人一生必然发生的关系概括为“五伦”。此处的“伦”有两意：一是人之相处的道与义；二是又有匹配义，人之处群，必有其配偶搭档，以相与共成其道义。“五伦”一词始见于《孟子》，曰：“父子有亲、君臣有义、夫妇有别、长幼有序、朋友有信。”这些关系循着由内到外、由近到远、由家庭到社会、由恒定到变化、有血缘到无血缘的方向延伸。“五伦”中的双方都各有其道义，并且其道义是相互对称与相互成就的。《论语·颜渊》载：“齐景公问政于孔子。孔子对曰，‘君君臣臣，父父子子’。公曰，‘善哉！信如君不君，臣不臣，父不父，子不子，虽有粟，吾得而食诸?’”《大学》曰：“为人子，止于孝；为人父，止于慈。”“慈”是父亲对子女应担当之道义，“孝”是子女对父亲应担当之道义。父亲之道义承担在先，子女之道义承担在后。父亲没有做到“慈”，则不能要求子女尽到“孝”。父子关系是否存在，不能仅仅从血缘角度去界定，而应从“慈”与“孝”两个伦理范畴去判断。这样，父子关系就有两种类型：一是自然血亲的父子关系，如第三事中的甲与乙；二是基于收养而成立的父子关系，如第一事中的甲与乙，第二事中的丙与乙。第二事中，甲乙间虽然存在血缘关系，但是甲将乙送养于丙，无养育之恩，甲对乙不尽“慈”道，自不可称“父”；丙虽非生乙，但养育乙长大，对乙尽了类似亲生父亲之“慈”道，为乙之父当之无愧。甲乙既不存在父子关系，故乙杖甲之行为，不可以子殴父论处。

二、确立了“父为子隐”的判例

无论何时、何种社会形态，迅速而准确地查明犯罪和惩罚犯罪是刑事诉讼的根本任务。为了实现这些任务，法律禁止一切窝藏包庇犯罪的行为。汉律规定了首匿罪，凡犯首匿罪者皆处以重刑。第一事中，甲首匿乙，依律应予重处。但董仲舒认为，甲乙之间成立父子关系，因父子有相隐之义，故甲应首匿乙不应受罚。董仲舒的这个判决没有拘囿于法律条文，他从儒家容隐经义出发对本案作了一个判解，确立了“父为子隐”的判例，给成文法增加了一个例外法则，完善了成文法的相关规定，从而使首匿罪的贯彻执行既有利于保护国家利益，也有利于保护家庭伦理关系。这个判例的确立对中国法律的发展产生了深远的影响。汉代“亲亲得相首匿”制度便是直接从这个判例中发展而来。汉宣帝地节四年诏：“自今子首匿父母，妻匿夫，孙匿大父母，皆勿坐。其父母匿子，夫匿妻，大父母匿孙，罪殊死，皆上请廷尉以闻。”（《汉书·宣帝纪》）根据这一规定，三代直系尊亲属、夫犯罪，知情之卑幼与妻免除举证责任；三代直系卑亲属、妻犯罪，除死罪上请减免外，知情之尊亲属与夫免除举证责任。唐律继承了汉律的这一规定，将其正式引入律文，并且扩大了适用范围，其后为宋、元、明、清所沿用。

三、实践并首次概括出“原心定罪”之理论

董仲舒是《春秋》公羊学派的大家，通过对《春秋公羊传》的研究，首次概括出“原心定罪”之理论。关于“原心定罪”，董仲舒这样表述：“春秋之听狱也，必本其事而原其志。志邪者不待成。首恶者罪特重。本直者其论轻。”① 寥寥数语，却很早提出了当今刑法学的几个基本命题。第一，主客观条件的统一是定罪的标准和规格。断定行为人是否构成犯罪（或构成何种犯罪），要以其事（危害行为）为考察基础，同时要推原其志（主观态度），将“本其事”和“原其志”有机结合起来，不能仅从其事（危害行为）一个角度去判断。第二，区别对待共同犯罪。鉴于首恶者策划并指挥了整个犯罪行为，其在共同犯罪中所起的作用最大，其主观恶性和社会危害性也最大，法律应该予以从重处罚。相应地，从犯、胁从犯应从轻处罚。第三，惩罚犯罪未遂。志存邪恶者，虽未实施完谋划的犯罪，有时也没有对社会、他人造成现实的损害，但其恶性未灭，定然会伺机重新作案。因此，法律应惩罚犯罪未遂。第四，善人为恶从轻处罚。善人实施了危害社会的行为，甚至给社会造成现实的损害结果，应该给予惩罚，因其行为出于善良的动机与愿望，故应从轻处罚。

董仲舒用“原心定罪”之理论来指导自己的司法实践。第三事中，甲去解救处于危险中的父亲，用杖击打丙时，不慎误伤了其父乙。有人仅从甲击伤其父的行为事实，就断定甲的行为性质是殴父，依律当枭首。董仲舒从常情常理出发，推断甲的意图是救父而不是有意伤害其父，甲的行为是产生偏差的一种孝行，当然不应以殴父定罪处罚。第四事中，甲的丈夫乘船出海溺毙，不能下葬。不久，甲母又将甲出嫁。汉律规定，夫死未葬，妻不得改嫁，私为人妻，应当弃市。从甲的行为外观来看，完全符合汉律的这条规定，于是有人主

① （汉）董仲舒：《春秋繁露·精华》，上海古籍出版社1989年版，第23页。

张应将甲处弃市。董仲舒却认为甲不构成犯罪，可能出于下面的考虑。首先，改嫁不是出于甲的淫行之心，甲遵从了母亲的意志，非甲要嫁人。故甲更嫁不属私为人妻。其次，甲夫乙葬身大海，永无下葬之日，依律甲将永远不能更嫁，甲又没有一男，无依无靠。显然，严格地执行这个法条，将牺牲甲一生的幸福，导致个案的严重的不公平。所以，董仲舒用“夫死无男，妻可更嫁”的经义为甲来解套。

通过上面的分析，我们可以看出，董仲舒的判决中体现着思想家的睿智，其中的思想光芒永远启迪着后世。古今中外经典法律文书之所以称为经典，是因为它们记录了作者透辟的法律思想。一个法律人同时是一名思想家，那么他的作品注定将永垂不朽。

二、宫门误不下键判（三则）

（唐）王维　吕令问　姚震

【作者小传】

王维（701 年—761 年），唐代诗人、画家。字摩诘，先世为太原祁（今山西祁县）人，其父迁居于蒲州，遂为河东人。开元进士。累官至给事中。安禄山攻陷长安，曾受伪职，乱平后，降为太子中允。官至尚书右丞，故世称王右丞。诗歌善写山水田园，体物精细，状写传神，与孟浩然齐名，并称“王孟”。兼通音乐，精绘画。著有《王右丞集》。

吕令问（生卒年不详），据《全唐诗续拾》第 13 卷记载，唐代河东人，玄宗时任校书郎、新丰尉。其他生平事迹不详。

姚震（生卒年不详），据《全唐文》第 403 卷记载，天宝时擢书判拔萃科。其他生平事迹不详。

【案件回放】

唐人拟判，案情出于虚拟。《宫门误不下键判》（三）①，源出于同一判目：

---

① 这三则判词选自北宋李昉等：《文苑英华》第 545 卷“关门道路门”。

安上门①应闭，主者误不下键②。

【原文】

其一

王维

设险守国③，金城④九重⑤；迎宾远方，朱门⑥四辟⑦。将以昼通阡陌⑧，宵禁奸非。眷彼阍人⑨，实司是职。当使秦王宫里，不失狐白之裘⑩；汉后禁中⑪，惟通赭马⑫之迹。而乃⑬不施金键⑭，空下铁关⑮，将谓尧人可封⑯，固无狗盗⑰之侣；王者无外⑱，有轻鱼钥⑲之心。过自慢生，陷兹诖误⑳。而抱

---

① 安上门：据（北宋）宋敏求《长安志·唐皇城》载："皇城东西五里一百一十五步，南北三里一百四十步。南面三门：正南曰朱雀门，东曰安上门，西曰含光门。城中南北七街，东西五街，其闲并列台省寺卫。宫城南门外有东西大街。承天门外、横街之南有南北大街，曰承天门街。"

② 键：插在门上关锁门户的金属棍子。

③ 设险守国：语出《周易·坎》。彖（tuàn，《易经》中解释卦义的文字）曰："王公设险以守其国。"

④ 金城：如金属铸成的坚固城墙，比喻城池坚固。西汉贾谊《过秦论》："秦王之心，自以为关中之固，金城千里，子孙帝王万世之业也。"

⑤ 九重：极言宫禁深邃，喻指皇帝所居之地。东汉王逸《楚辞章句·九辩》："君之门以九重。"

⑥ 朱门：古代王侯贵族的府第大门漆成红色，以示尊贵，后泛指富贵人家。

⑦ 四辟：《庄子·天道》："明于天，通于圣，六通四辟于帝王之德者，其自为也。"（唐）陆德明《经典释文》："四辟，毗赤反，谓四方开也。"

⑧ 阡陌：田野，垄亩。

⑨ 眷：顾，回视。阍人：旧时宫门晨昏按时启闭，故称守宫门的人为"阍人"，后泛指守门人。

⑩ 狐白之裘：即狐白裘，以狐腋白毛部分制成的皮衣。《史记·孟尝君列传》："此时孟尝君有一狐白裘，直千金，天下无双。"后也比喻精美的事物。

⑪ 汉后禁中：《全唐文》第325卷写作"汉后厩中"。汉后：汉天子。

⑫ 赭马：疑为"赭白马"，骏马名。《尔雅·释畜》："彤白杂毛，騢（xiá）。"晋郭璞注："即今之赭白马，彤，赤。"

⑬ 而乃：表示转折，译为"然而""但是"。

⑭ 键：钥匙。

⑮ 关：门闩。铁关，铁制的门闩。

⑯ 尧人可封：意指盛世之民都是贤者，可以挨户封赏。语出《汉书·王莽传》。

⑰ 狗盗：指窃贼。语出《史记·孟尝君列传》。《幼学琼林卷四·鸟兽类》："强兼并者曰鲸吞，为小贼者曰狗盗。"

⑱ 王者无外：诸侯国国君有国内、国外之别；溥天之下，莫非王土，故天子以四海为家，无国内、国外之别。语出《公羊传·隐公元年》。此处意指"尧人可封，固无狗盗之侣"的状况全天下皆是。

⑲ 鱼钥：鱼形的门锁。语出宋丁用晦《芝田录》第2卷："门钥必以鱼者，取其不瞑目守夜之义。"

⑳ 诖（guà）误：官吏因事受谴责。

关①为事，空欲望于侯嬴②；或犯门有人，将何御于臧纥③？固当无惑④，必置严科。

其二

吕令问

门闼⑤洞开⑥，国都以赫⑦。禁钥崇设⑧，王府⑨则有。兹率厥典⑩，钦乃攸司⑪。重城建扃⑫，安上题牓⑬。当天衢以南豁⑭，临帝庭而北峙⑮。上以发皇明之壮观⑯，下乃备他盗之非常⑰。瞻彼主司，或殊善闭⑱：阖而不钥⑲，

---

① 抱关：掌握门闩，把守城门。

② 侯嬴（？—公元前257年），战国时魏国隐士，亦称侯生。家贫，年七十，为大梁夷门的守门小吏。信陵君慕名往访，亲自执辔御车，迎为上客。前257年，秦急攻赵，围邯郸，赵请救于魏。魏王命将军晋鄙领兵十万救赵，中途观望不进。侯嬴献计信陵君，窃得兵符，并推荐力士朱亥，击杀晋鄙，夺得兵权，却秦救赵。事见《史记·魏公子列传》。此处之"侯嬴"代指那些不尽职守的看门小吏。

③ 臧纥：春秋时鲁国司寇。当时鲁国执政的季武子受孟氏挑拨，发兵攻臧氏，"臧纥斩鹿门之关以出，奔邾"。事见《左传·襄公二十三年》。此处之"臧纥"代指叛逃外国之人。

④ 固当无惑：《全唐文》作"固当无疑"。

⑤ 门闼：指皇城安上门。闼（tà），门。

⑥ 洞开：（门窗等）敞开，大开。《文选·左思·蜀都赋》："华阙双邈，重门洞开，金铺交映，玉题相晖。"

⑦ 赫：明显，显着。

⑧ 禁钥：宫门钥匙，亦指宫廷门禁。崇设，严格设置。

⑨ 王府：帝王收藏财物或文书的府库，这里泛指天子的居住地。

⑩ 兹率厥典：率，遵循。厥，同"其"，那些。典，律典常规。语出《尚书·仲虺之诰》："兹率厥典，奉若天命。"

⑪ 钦乃攸司：钦，恭敬。乃，你们的。攸司，所主管的职责。语出《尚书·周官》："钦乃攸司，慎乃出令。"攸，《尔雅·释言》："所也。"

⑫ 重城建扃：重城，唐都长安由廓城、皇城、宫城三层组成，此处指皇城南面城墙。建，树立。扃（jiōng），城门。

⑬ 安上题牓：安上，指安上门。题牓（bǎng），题写匾额。"牓"同"榜"，匾额。

⑭ 当天衢以南豁：当，面对。天衢，指安上门外的宽阔大路。唐李贺《汉唐姬饮酒歌》："御服沾霜露，天衢长蓁棘。"南豁，面南的一处豁口。

⑮ 临帝庭而北峙：临，靠近。帝庭，指宫城。北峙，背北而耸立。

⑯ 上以发皇明之壮观：上，首要。发，宣扬。皇明，圣明时代。壮观，美盛气象。

⑰ 下乃备他盗之非常：下，次要。备，防备。他盗，偷盗。非常，意外的事变。

⑱ 善闭：语出《老子》第27章："善闭无关键而不可开。"魏王弼注："因物之数，不假形也。因物自然，不设不施，故不用'关键''绳约'，而不可开解也。"老子以"善闭"为喻，谓人对世间诸物皆应以物之性，因物之数，顺乎自然，己则不造不施，不言止行，修本偃智，守静无为。

⑲ 阖而不钥：阖，关闭城门。钥，管钥，钥匙。不钥，不用锁钥关闭城门。

已彰慢藏①；开而不键，谁测深意？但人同于失，虽有类于茅茹②；法贵在宽，尚未方于苋陆③。若谓一时有误，须稽④错失之由。必当外户不扃，宁累升中之化⑤。请舍小过，无伤大猷⑥。幸未深于灭耳，庶无劳于噬脐⑦。

其三

姚震

职司其居⑧，官以物辨⑨。苟失其道，孰云其忧⑩？杲杲重城，上列云霞之气⑪；昭昭洞阖，傍连紫翠之宫⑫。所以崇邃高深，隔阈中外⑬；所以何执异服，惊詟非良⑭。钟鼓司时，自可密而善闭⑮；烟光灭景，翻乃虚而不关⑯。

---

① 慢藏：收藏不慎，守掌不谨。语出《易经·系辞上》："慢藏诲盗，冶容诲淫。"

② 茅茹：茅，白茅。茹，（白茅的根）相互牵引之貌，比喻互相引荐。语出《易经·泰卦》："拔茅茹以其彙。"魏王弼注："茅之为物，拔其根而相牵引者也。茹，相牵引之貌也。"

③ 苋（xiàn）陆：一种柔脆的草，比喻容易对付处理的事情。语出《易经·夬卦》："苋陆夬夬，中行无咎。"魏王弼注云："苋陆，草之柔脆者也。"

④ 稽：考核，考查。

⑤ 必当外户不扃，宁累升中之化：扃，上闩，关门。升中，古代帝王祭天上告成功。

⑥ 大猷：大道。

⑦ 噬脐：比喻后悔已晚。《左传·庄公六年》："若不早图，后君噬脐，其及图之乎？"晋杜预注："噬，啮也。若啮腹脐，喻不可及。"

⑧ 职司其居：职务范围。职司，职务、职位。

⑨ 官以物辨：朝廷根据管理的对象进行划分。官，朝廷；物，管理对象；辨，区分。语出《张衡·西京赋》："门卫供帐，官以物辨。"

⑩ 苟失其道，孰云其忧：官员背弃了职守，谁能说清楚其祸患呢？苟，如果；孰，谁；忧，患，祸患。

⑪ 杲杲重城，上列云霞之气：皇城南面的城墙上空，阳光明媚，发散着天子之气。杲杲（gǎogǎo），形容日光明亮。语出《诗经·卫风·伯兮》："其雨其雨，杲杲出日。"云霞之气，古代术士所指的天子之气。《晋书·天文志》："天子气，内赤外黄，四方所发之处当有王者。若天子欲有游往处，其地亦先发此气。或如城门隐隐在气雾中，或气象青衣人无手，在日西，或如龙马，或杂色郁郁冲天者，皆帝王之气。"

⑫ 昭昭洞阖，傍连紫翠之宫：在光明中的安上门紧闭，北面邻接着紫禁城。昭昭，明亮。洞，指安上城门。阖，指门关闭。紫翠之宫，指紫禁城。

⑬ 所以崇邃高深，隔阈中外：安上门等是用来使得皇城、宫城高居深处，把它们与廓城区隔开来。所以，用此，用来。崇，高。邃，深。阈（yù），门槛，这里指界限。中外，皇城、宫城叫"中"，廓城叫"外"。

⑭ 所以何执异服，惊詟（zhé）非良：安上门等是用来呵责执拿着装不合礼制之人，威慑惊惧图谋不轨之徒。何通"呵"，呵责。执，捕捉。异服，奇特怪异、不符礼制的服装。惊，使惧怕。詟，丧胆，惧怕。

⑮ 钟鼓司时，自可密而善闭：按照规定的时间，守门吏应该严格地依照制度开闭城门。

⑯ 烟光灭景，翻乃虚而不关：天黑以后，反而却虚掩着城门而不关。烟光，云霭雾气。景（yǐng）通"影"，物的影子。翻通"反"，反而。乃，却。

扃键空施，堤防靡寄①。且此之职守，用备非常，故而不严，谁曰其误②？宜致绳愆之责，以惩慢官之罚③。

【点评】

据《新唐书·选举志下》载，尚书吏部以“四事”铨选人才：一曰身（体貌丰伟）；二曰言（言辞辩正）；三曰书（楷法遒美）；四曰判（文理优长）。四事中，试判是一关键。试判，即判词写作水平的考试。它最初源于唐高宗时，经历了一个发展过程。据郑樵《通志》第58卷载：“初吏部选才，将亲其人，覆其吏事，始取州县案牍疑议，试其断割，而观其能否。后日月寖久，选人猥多，案牍浅近，不足为难。乃采经籍古义，假设甲乙，令其判断。既而来者益众，而通经正籍又不足以为问，乃征僻书曲学隐伏之义问之，惟惧人之能知也。佳者登于科第，谓之‘入等’，其甚拙者谓之‘蓝缕’，各有升降。选人有格限未至而能试文三篇，谓之‘宏辞’。试判三条，谓之‘拔萃’，亦曰‘超绝’。词美者得不拘限而授职。”④

判词既为官员选拔的必考内容，对于热衷仕途的文士来说，它起着一种极强的导向作用。为了跃龙门，文士们写了许多判词习作。铨选考试中，又产生了众多的应试之作。有学者统计，《文苑英华》共收录唐代判词1067则，《文明判集》残卷保存较完整的判词有19则，《开元判集》残卷尚存较完整的判词有3则。

学界一般认为，唐人的这些判词皆为虚判（拟判），与实判（案判）相对称。虚判是文士们在铨选考试前和铨选考试中根据虚设的案情而制作的判决书。它是一种考试文体，不具备法律效力。实判是官吏在司法实践中通过对案件的审理，根据事实、法律和经义所制作的判决书，它具有法律效力。不过，今有学者认为唐代判词中也存有个别实判。霍存福先生考证张鷟判词中有8则实判。

王维、吕令问、姚震的这三则判词属于虚判，它们体现了唐代判词写作的一般风格。

唐人判词结构有二：判目和判对。判目是虚拟的案情概要，相当于今日之作文题目。例如，得甲牛抵乙马死，乙请偿马价。甲云：在放牧处相抵，请赔

---

① 扃键空施，堤防靡寄：城门的锁钥成了空设，提防坏人的功能失去了依靠。空施，白白地设置。靡，无，没有。寄，寄托、依附。

② 且此之职守，用备非常，故而不严，谁曰其误：况且守门吏明知城门是用来防备意外的变故，出于故意而不严守制度，（应闭而不下键），谁能说是出于失误呢？

③ 宜致绳愆之责，以惩慢官之罚：应该弹劾纠举他的法律责任，对他玩忽职守的行为给予惩罚。绳，弹劾纠举。愆，罪过。慢官，玩忽职守。

④ （清）顾炎武：《日知录集释》，上海古籍出版社2013年版，第955页。

半价。乙不伏。判对是对虚拟案件的法情理分析以及处理意见。此部分相当于今日之考场作文。这三则判词属于判对，它们源于同一个判目，即“安上门应闭，主者误不下键”。这三名作者面对完全相同的案情，却写出了三则不同的判词。作者对该案持有不同的处理意见。王维主张对犯事的守门吏从严处罚。吕令问认定此为小过，宜予赦免。姚震认为守门吏的罪过形式不是过失而是故意，应予以惩罚。这三则判词具有不同的语言风格。前两则语言华赡，姚震判词略显质朴。同为用典，王维、姚震不用艰深典故，故语言略显平易。吕令问多用《易经》《老子》等典故，故语言略显晦涩。此三人面对同一案件，写出三则不同的判词，这个现象说明法律文书写作是一种充满个性的写作过程，文书作者应该用深深烙着个人印记的语言阐述自己对案件的独到理解，而不应该用千篇一律的腔调、套路去面对多姿多彩的案件实际，制造一些令人生厌而又不得不读的法律文书。

唐代判词因受骈体文的影响甚深，故又名骈判。作者常用四字句、六字句，全篇以双句（偶句）为主，讲究对仗，声律调谐，辞藻绮丽，讲求用典。因此，唐代判词具有较高的文学欣赏价值。这三则判词中，艺术水准最高者当属王维。

王维十二处用典，典故最多。先后使用了两个韵（韵字分别是“辟”“非”“职”“迹”“侣”“心”“嬴”），音韵协和又富于变化。对仗也最为工整。例如，“金城九重”对“朱门四辟”；“秦王宫里，不失狐白之裘”对“汉后禁中，惟通赭马之迹”。唐代判词的骈文特质反映出文士们对骈文的钟爱，在文士心中，骈文最能体现读书人的才华。于是，士人们有意识地把骈文的特色植入判词的写作，从而使唐代判词显现出较强的文学色彩。这种风格给明清法官的判词写作产生了深远的影响。例如，清人于成龙的《婚姻不遂之妙判》就明显有唐代判词的影子。

如前所述，判词考试，唐政府的评判标准是“文理优长”，即文辞优美与法理论证的和谐统一。“文”指文学元素，“理”指法理论证。其中，“理”是体，是本，是主。“文”是用，是末，是宾。换句话说，判词本应以议论见长，通过对证据与法律的精要分析，论证法律意见的正当性。文学元素宜适当运用，且应服务于法理论证。纵观唐代判词，其基本倾向是“文”有余而“理”不足，“文”优而“理”劣。体用易位，本末倒置，喧宾夺主，浮华之气蕴于其中，距离朝廷所定标准尚存距离。洪迈曾云：“百判纯是当时文格，全类俳体，但知堆垛故事，而于蔽罪议法不能深切，殆是无一篇可读，一联可味。”① 洪迈的批评固然是针对《龙筋凤髓判》的作者张鷟，但也适用于大多

① （宋）洪迈：《容斋随笔》，中华书局2005年版，第364页。

数唐代判词作家。“蔽罪议法不能深切”也是这三则判词的通病。《唐律·卫禁律》“奉敕夜开宫殿门”条规定：“若错符、错下键及不由钥而开者，杖一百；即应闭忘误不下键，应开毁管键而开者，徒一年。”这个法条适用于判目所叙案件。这三个作者显然没有在各自的判词中围绕这个法条展开细密的逻辑论证，蔽罪议法不能深切。对唐律没有精深的研究与缺乏丰富的司法实践经验可能是其成因。

唐代判词的写作实践昭示今人：判决书的写作中，文固不可胜质，质也不可胜文，应追求文质彬彬①。当前中国法院的裁判文书写作，存在质胜文的弊端。法官们对裁判文书语言美的重视程度不够，炼词炼句的火候不到，裁判文书普遍欠缺语言感染力。有人归因于法官太忙，无时间从容斟酌、反复推敲。一个人不修边幅，穿着拖鞋逛大街，被文明社会认为是对他人的不尊重；同理，一名法官随意驱遣笔下的文字，裁判文书的语言不讲究，则是对当事人和社会公众的不尊重。须谨记：天下好文俱为文质彬彬者，圣人之言，千锤百炼，不欺世人。

三、随母嫁之子图谋亲子之业

（宋）胡颖

【作者小传】

胡颖，字叔献，号石壁，南宋潭州湘潭人。自幼聪颖机警，风神秀异。儿童时便能背诵诸经，磨砺勤学，尤擅长《春秋》。绍定五年进士，历官知平江府兼浙西提点刑狱，移湖南兼提举常平，后任广东经略安抚使，迁京湖总领财赋，咸淳间卒。《宋史·胡颖传》作如此评价：“颖为人正直刚果，博学强记，吐词成文，书判下笔千言，援经据史，切当事情，仓促之际，对偶皆精，读者惊叹。”胡颖身后，无文集传世，唯《名公书判清明集》收录其书判76篇。

【案件回放】

李子钦，年幼丧父，随其母阿魏改嫁到继父谭念华家。受继父养育长达30年，情同亲父子。阿魏亦深得谭念华宠爱，言听计从。谭友吉兄弟，谭念华前妻所生，被继母所憎恶。李子钦和阿魏，暗设计谋，离间他人骨肉亲情。

① 《论语·雍也》：“质胜文则野，文胜质则史。文质彬彬，然后君子。”

愚蠢无知的谭念华赶走了亲子谭友吉兄弟，只留继子李子钦在身旁。在谭念华有生之日，李子钦又迫使谭友吉兄弟先后签订了十道契约。根据这些契约，李子钦独吞了谭念华的全部田产家财，谭友吉兄弟分文不得。谭友吉兄弟不想违父亲之志，逆生父之情，故谭念华在世时隐忍不发。一俟谭念华去世，谭友吉兄弟则向官府提起诉讼，请求确认那十道契约无效，继承父亲的田产。法官胡颖审理了本案后，作出如下判决。

【原文】

李子钦甫①数岁，即随其母嫁于谭念华之家，受其长育②之恩，凡三十年矣，其与的③亲父子何异。而李子钦背德忘义，与其母造计设谋，以离间谭念华之亲子，图占谭念华之家业。谭念华愚蠢无知，昵于后妻之爱，堕于李子钦之奸，遂屏逐④其前妻所生之子，勒令⑤虚写契字，尽以田产归之于李子钦。

今将李子钦所赍⑥到朱契一十道，逐一点对，内五契是嘉定十年⑦以后所立，五契是绍定、端平年间⑧所立，皆谭未死时事也。谭念华未死，则其兄产业皆谭念华主之，其子谭友吉安可擅自典卖⑨？纵出于谭念华之意，则所立之契，谭念华并合⑩着押⑪，何为嘉定年间五契、绍定年一契，皆无谭念华押字，其所有者，独绍定三年、五年与端平元年、嘉熙⑫元年四契而已。又将投印年月考之，其嘉定间立契，内有三契，系淳佑⑬二年二月之所投印，相去凡二十四五年，绍定已后五契，亦有一契是同时印者，相去亦有十三四年。以此两项大节目⑭论之，已于条法大段违碍矣。

---

① 甫：刚刚，才。

② 长育：养育。

③ 的：疑为衍文。

④ 屏（bǐng）逐：排除驱逐。

⑤ 勒令：不管对方愿意与否，强令从事。

⑥ 赍（jī）：把东西送给别人，这里指提交证据给官府。

⑦ 嘉定：宋宁宗使用的一个年号，从1208年始至1224年止。

⑧ 绍定、端平年间：宋理宗使用的两个年号。绍定始于1228年，止于1233年。端平始于1234年，止于1236年。

⑨ 典卖：俗称活卖。旧时指把房屋、田地等在限期内典押给他人使用，期满后再赎回，逾期不能赎回，即被视为出卖。

⑩ 合：应该。

⑪ 着押：指在契约上签字。

⑫ 嘉熙：宋理宗使用的一个年号，始于1237年，止于1240年。

⑬ 淳佑：宋理宗使用的一个年号，始于1241年，止于1252年。

⑭ 节目：事项。

又据邻保①所供究实状，李子钦系戊辰年随母嫁谭念华，随身并无财本，前父亦无田业，李子钦长成之后，亦不曾作是何生事②，并系谭念华与之衣食，与之嫁娶。其母阿魏憎恶谭友吉兄弟，谗于谭念华而逐之，止存李子钦在旁。凡谭念华之财物，则搬传与李子钦，田业则假卖与李子钦，至于屋宇之类，皆一并为李子钦所有，而谭友吉兄弟并不染指③焉，此岂近于人情也哉！且谭念华之抚鞠④李子钦，过于亲子，则李子钦之视谭念华如亲父，则谭友吉兄弟皆亲兄弟也。父母在堂，兄弟之间，其可自为交易乎？论至此，则所立之契，非特无谭念华押字者不可用，虽绍定以后四契，内有谭念华押字，亦不可用矣。揆之法意，揆之人情，无一可者，而李子钦乃欲以口舌争之，其可得乎？李子钦虽一村夫，而其奸狡为特甚，三十年包藏祸心，以毒害谭友吉兄弟，苟可以遂⑤其兼并之图者，无所不用其至。使谭友吉兄弟不少⑥知礼，则以不肖⑦之心应之久矣，安肯逐之出外，则安心于出外，勒之书契，则俛首⑧以书契，隐忍以至今日，而后兴争⑨哉！其意盖恐重伤父之心耳。及其父已死，然后有词于官⑩，盖其势有不容已者矣。官司若不与之从公定夺，惑于李子钦之奸谋，以成谭念华之私志，则谭友吉之兄弟必将饥饿而死，谭氏之鬼不其馁⑪乎？昔欧阳公作五代义儿传，有曰："世道衰，人伦坏，亲疎之理反其常，干戈起于骨肉，异类合为父子。"⑫今谭友吉兄弟为谭念华之亲子，遭谗被逐，而不得以有其家，而李子钦乃有之，岂非反亲疎之常理欤？蕞尔⑬小人，虽不足以关世道人伦之兴衰隆替，然履霜坚冰⑭，所由者渐，不可不早正

---

① 邻保：邻居。《红楼梦》第 86 回："然后知县挂牌坐堂，传齐了一干邻保、证见、尸亲人等。"

② 生事：生计，谋生手段。

③ 染指：语出《左传·宣公四年》，本指以手蘸鼎内鼋羹。后喻指沾取非所应得利益。此处指分取利益。

④ 抚鞠：同"长育"。

⑤ 遂：实现，成功。

⑥ 少（shǎo）：稍微，略微。

⑦ 不肖：不贤，不良。

⑧ 俛首：低头，表示服从。

⑨ 兴争：提起争讼。兴，起。争，争讼。

⑩ 有词于官：向官府提告。有词，呈递诉状。

⑪ 馁：挨饿。指谭氏列祖因没有祭祀者而挨饿。

⑫ 语出宋欧阳修《新五代史·义儿传》。"疎"同"疏"，疏远。

⑬ 蕞（zuì）尔：形容小（多指地区小）。语出《左传·昭公七年》："蕞尔国，而三世执其政柄。"

⑭ 履霜坚冰：意思是行于霜上而知严寒冰冻将至。比喻防微杜渐，及早警惕。语出《易经·坤卦·初六》："履霜坚冰至。"

而预定之也。

所合将李子钦赍到契书十道，并当厅毁抹[1]，送县行下本保[2]，唤集谭氏族长，将谭念华所管田业及将李子钦姓名买置者，并照条作诸子均分。李子钦罪状如此，本不预均分之数，且以同居日久，又谭念华之所钟爱，特给一分。所有离间人父子，图占人家产之罪，却难尽恕，从轻杖一百。

【点评】

进入宋代，中国古代判词写作进入一个新的发展时期。在唐宋古文运动取得胜利的文化背景下，宋代判词作家突破了浮靡华丽的骈文之清规戒律，师法先秦两汉的散文风格，使得宋代判词写作发生了很大的变化，呈现出一种新面貌。

唐代判词为虚判，宋代判词为实判。《名公书判清明集》是一部宋代判决书和官府公文的分类汇编，其中的判决书源于当时真实的案件审理，这些判决书是研究宋代法制历史的珍贵史料。因而这部书成为中国散体实判的第一部专集。

唐代判词是骈判，讲求声律、辞藻、排偶、用典，语言较艰深。宋代判词是散判，崇尚质朴自由，以散行单句为主，句子长短不一，语言平易简洁。

唐代判词中，法律论证严重不足。相较之下，宋代判词注重说理，讲求推理，着力于论证判决的合法及公允。宋代判词的法律论证建立在四维之上，即案件事实、情、理、法。事实是定谳之基础，情、理、法是定谳之标准。

宋代法官非常重视情理法的一体运用，在他们的判词中反复申明此点。范西堂曾云："祖宗立法，参之情理，无不曲尽。倘拂乎情，违乎理，不可以为法于后世矣。"[3] 胡颖亦说："法意、人情，实同一体，徇人情而违法意，不可也；守法意而拂人情，亦不可也。权衡于二者之间，使上不违于法意，下不拂于人情，则通行而无弊矣。"[4]

胡颖在本案的裁决中，从法、情、理三个角度去阐述判决理由。本案的性质是兄弟间的田土房产纠纷，最主要的证据是父子兄弟间所立的十道书证（朱契）。这十道书证是否具有法律效力是双方当事人争议的焦点。依照宋代条法，契约需合同当事人签字之日起生效。依此，胡颖认定嘉定年间签署的五

① 毁抹：销毁除去。抹，涂，除去，勾掉。

② 送县行下本保：（将判决书）送达本县传达到本保。本保，当事人所在的保。保，旧时户籍编制单位。《文献通考·兵考五》："畿内之民，十家为一保。"

③ （宋）范西堂：《因奸射射》，载《名公书判清明集》，中华书局1987年版，第448页。

④ （宋）胡颖：《典卖田业合照当来交易或见钱或钱会中半收赎》，载《名公书判清明集》，中华书局1987年版，第311页。

个契约以及绍定年间签署的一个契约，因没有被继承人谭念华的签字而无法律效力。然而有四个契约是经过了被继承人谭念华的签字。如何认定这四个契约的法律效力？《重详定刑统·户婚律》“父母在及居丧别籍异财”条规定：“诸祖父母、父母在，而子孙别籍、异财者，徒三年。”据此，胡颖说：“父母在堂，兄弟之间，其可自为交易乎？”由此，胡颖判定这四道书证也无效，契约所涉财产均为被继承人谭念华的遗产。胡颖也从人情的角度论证了这十道契约缺乏正当性，不应该具有法律效力。他说：“凡谭念华之财物，则搬传与李子钦，田业则假卖与李子钦，至于屋宇之类，皆一并为李子钦所有，而谭友吉兄弟并不染指焉，此岂近于人情也哉！且谭念华之抚鞠李子钦，过于亲子，则李子钦之视谭念华如亲父，则谭友吉兄弟皆亲兄弟也。”意谓：谭念华之财产，继子分得，亲子更应分得，继子不应该独吞，此人情也。胡颖还从亲疏常理的角度论证了这十道契约缺乏正当性，不应该具有法律效力。他说：“今谭友吉兄弟为谭念华之亲子，遭谗被逐，而不得以有其家，而李子钦乃有之，岂非反亲踈之常理欤？”在遗产的分配上，胡颖也考虑到了人情。李子钦既已构成犯罪，依法不应参加分配，但念及“同居日久，又谭念华之所钟爱”，特给一分，这也符合人之常情。

总之，从法、理、情三个角度去论证法律意见的正当性，这是宋朝法官写作判词的特征，这种写法颇值今日法律人效仿。

四、陈舜兴人命参语

（明）海瑞

【作者小传】

海瑞（1514年—1587年），字汝贤，号刚峰，世称刚峰先生。琼山（今海南省海口市）人。初任南平教谕，历任淳安知县、兴国知县、嘉兴通判、兴国州判官、户部主事、兵部主事、尚宝丞、两京左右通政、应天巡抚、南京右佥都御史、南京吏部右侍郎、南京右都御史等职。明世宗嘉靖皇帝不理朝政，深居西苑，专意斋醮①。满朝文武，噤若寒蝉，无人敢上表谏阻。嘉靖四

① 斋醮（zhāi jiào）：僧人、道士设坛祈福。《初刻拍案惊奇·卷十七》：“因念亡夫恩义，思量做些斋醮功果超度他。”

十五年二月，海瑞上疏，披肝沥胆，痛陈时弊。他在上疏中写道：“一意修真，竭民脂膏，滥兴土木，二十年不视朝，法纪弛矣……吏贪官横，民不聊生，水旱无时，盗贼滋炽。”嘉靖大怒，逮捕海瑞，下诏狱中，定死罪。两月后，嘉靖皇帝驾崩，隆庆即位，海瑞获释复官。隆庆三年夏，他出任应天巡抚。打击豪强，扶助穷弱，兴修水利，颇有政绩。海瑞兴利除弊之举措，触犯了权贵利益，给事中戴凤翔弹劾海瑞“庇奸民，鱼肉搢绅，沽名乱政”。百姓听说海瑞被罢免而将要离去，“号泣载道，家绘像祀之”。万历在位，屡次想重用海瑞，宰辅执政，忌惮海瑞峭直，阴加阻挠。万历十五年，海瑞卒于南京右都御史任上，享年 75 岁。卒时，佥都御史王用汲探望，所见“葛帏敝籯”①，有寒士所不堪者。王用汲潸然泣下，凑钱敛葬。丧出江上时，“白衣冠送者夹岸，酹而哭者百里不绝”。朝廷赠太子太保，谥忠介。有《备忘集》(10 卷）行于世。

海瑞是我国史上著名的清官，一生清正廉明，秉公执法，刚正不阿，善断疑狱。《文津阁四库全书·集部·别集类》录有海瑞的八篇参语②，其中六个为刑事案件，两个为民事案件。其序如下：《陈舜兴人命参语》《徐继人命参语》《方淙争谷参语》《吴吉祥人命参语》《吴万人命参语》《胡胜荣人命参语》《邵守愚人命参语》《何耀宗争坟地参语》。

【案件回放】

明朝嘉靖四十三年（1564 年）某月十五日，江西岭北道赣州府宁都县。田主曾克瀅收取地租时与陈舜兴发生冲突。次月初六日，曾克瀅雇工李福兴因霍乱发病，医治无效而死。初八日，陈舜兴以曾克瀅打死雇工李福兴为由向宁都县提告。宁都县没有支持其诬告的诉求。陈舜兴又诬称曾克瀅大行贿赂，隐匿尸伤，向岭北道提出申诉。岭北道指令兴国县审理上报。海瑞时任兴国县知县，审理此案后，作出了“（李福兴）原无打伤，死由霍乱”的审结报告。

【原文】

陈舜兴告被宁都县富恶田东③曾克瀅取谷，打死雇工人李福兴，广财贿，

---

① 葛帏敝籯（yíng）：葛，葛布；帏，帷帐；敝，破旧；籯，竹笼。比喻家境清贫如洗。

② 参语：案件的审结报告。

③ 田东：田主，地主。

匿尸伤。蒙①申②本道③参驳④，仰⑤兴国县检验招解⑥。参审得：

李福兴之死，若由曾战打伤所致，舜兴之刁，尽可胁制曾克滢矣。何为十五日方争闹，十六日即凭⑦李习科、李文尽还谷数，略无难词，略不少掯⑧一二？据十六日还谷之情，可知十五日无打伤之事。称十五日打至初六日死，历二十二日不行告官，在舜兴能久容之乎？舜兴家离县三十余里，初六日死，直至初八日方具告，是则何故？李习科称十五日争闹，只舜兴曾战，二人并无福兴在旁。舜兴口亦未题及⑨福兴。

诸人众口一词，称福兴初三日到县为李明宪作证，是一如常好人。初四日省发回，至赖国荣家吃饭，方说“今日偶潮热，懒饮食”。医人李明珊称，“初六日请医治，是霍乱症”。又克贯将金首饰嘱地方。李文初八日出首状⑩，实言实事，或可信据也。

人命以尸伤为据。近时民风刁伪，往往驾⑪为遍身乱打之说，盖欲于新旧痕疑似间混求一，中⑫为图赖计也。凡人厮打，一时气忿，或不知伤处。打后，其伤处必痛，其伤处必有红紫色，先由皮肤，后及骸骨，未有外无伤痕而内有伤色者。纵其人突然倒死，其亲人启手足，验皮肤，必深知之。徒称遍打必是诬捏。故人命当以原告指定某处有伤某处有伤为据。舜兴初辞称遍身乱打，是刁风故语也。至本府⑬审，称拳打心坎、肚腹。未检之先固问，亦止⑭称心坎、肚腹。医人称是霍乱，舜兴称是心前与腹内痛请医，是舜兴以心坎、肚腹为必伤处也。肚腹虽消化，而该县⑮初相验，已无伤痕。至覆检，则心坎全无伤色。宁非病霍乱心腹痛，舜兴意料此处必有伤也，而为此言耶？

---

① 蒙：遭，受。

② 申：申诉。

③ 本道：指明朝之江西岭北道。

④ 参驳：检验驳回。

⑤ 仰：旧时公文用语，下行文中表命令，上行文中用在“请、祈、恳”等字前，表恭敬。此处表命令。

⑥ 招解：招，招册，指案犯清册。解，解送案犯。古时各州县将死囚录供后，解往省城交官复审。

⑦ 凭：听任。

⑧ 掯（kèn）：刁难。

⑨ 题及：提及，提到。

⑩ 首状：诉讼告状的文书。

⑪ 驾：传播。西汉扬雄《法言·学行》：“天之道，不在仲尼乎？仲尼，驾说者也。”

⑫ 中：内心。

⑬ 本府：指赣州府，兴国县和宁都县的上级。

⑭ 止：只。

⑮ 该县：指本案案发地和初审地宁都县。

况审众证，霍乱俗作，何医？称村人多是刺手指血。福兴手指，节节多是红色，宁非刺手而血未散使然乎？

左肋第五根骨若在上节头近心坎处，疑似间亦可言矣。今紫黑伤色，乃前肋之末，计其处当在身之左旁而非近中之处。紫黑色凝聚，或生前侧卧或他故致伤未可知也。去死年月稍近，故其色不甚陈；去死年月日为远，骨伤犹存，皮肤血散，故相视无色。人情求免，仇怨一系人命，干证多是不肯招认见打。今众证明白，未可尽执为据，而原告口供则可凭也。原告不供之伤岂可指为今日致死之证？况以手足殴人，保辜限止二十日，福兴之死已出保辜限外。行三十余里到官为人作证，纵是十五日果有打伤，是亦平复后别故身亡。

原无打伤，死由霍乱，似是实情。

【点评】

本篇参语最大的亮点是通过对众多证据的细致分析综合，让严丝合缝的证据链条雄辩地告诉世人案件的真相——（李福兴）原无打伤，死由霍乱。在论证“原无打伤，死由霍乱”这一事实时，海瑞使用了下列证据：

1. 十五日打闹，十六日陈舜兴即让李习科、李文如数交付佃租；

2. 十五日打闹至李福兴初六日死，陈舜兴历二十二日不告官；

3. 李习科证词，十五日陈舜兴、曾克澄打闹，李福兴不在现场；

4. 原告陈舜兴关于十五日打闹的陈述中亦未提及李福兴；

5. 众人证词，李福兴初三日还赴县为李明宪案出庭作证，是如常好人；

6. 赖国荣证词，李福兴初四日称身体不适；

7. 医生李明珊证词，李福兴初六日就诊，诊断为霍乱症；

8. 李文出具的首状，证明前述证据真实；

9. 陈舜兴关于李福兴尸伤的陈述自相矛盾，先言遍身乱打，再言伤在心坎、肚腹；

10. 法医鉴定结论：李福兴心坎、肚腹处无伤；

11. 法医鉴定结论：李福兴手指节节都是红色源于刺手指血，刺手指血是医治霍乱病的常规疗法，李福兴死于霍乱；

12. 法医鉴定结论：左肋第五根骨若在上节头近心坎处的伤是侧卧或他故所致伤，非打闹受伤。

不难看出，前列证据充分，和谐一致，百川归海，证明了同一个案件事实。首先，在运用这些证据时，海瑞注重对单个证据进行分析研究。例如，在运用证据1时，作者不是把这个证据简单地附列于查明的案件事实之后，让当事人去探究这个证据和案件事实的关系，而是主动释明证据和待证事实的内在逻辑关系。陈舜兴作为一惯刁顽之人，十五日与曾克澄刚刚打闹结束，十六日便让李习科、李文如数交付佃租，侧面证明李福兴十五日并没有被曾克潆打伤。其次，在运用这些证据时，海瑞还注重发掘这些证据间的内在逻辑联系，通过阐述使这些证据形成链条，形成证据整体的论证力量。例如，人命以尸伤为据，关于李福兴的尸伤，有两个主要证据：一为证据 9，原告陈舜兴的陈述；二为证据 10，法医鉴定结论。海瑞历数原告初称“遍身乱打”，后言“拳打心坎、肚腹”，前后陈述不一，闪烁摇摆，得出原告诬捏的结论。换句话讲，即李福兴原无打伤。依常理，凡人厮打，皮肤有伤痕后及骸骨。初审和再审的法医鉴定却表明：死者的心坎、肚腹没有伤痕、伤色，非死于打伤。法医鉴定的内容是对原告陈述的否定，这两个证据共同证明了同一案件事实。证据 6、证据 7、证据 11 本是直接证明李福兴死于霍乱，但也可以同时与证据 9、证据 10 一道证明李福兴原无打伤这一基本的事实。海瑞对证据的这种运用方法可以形象地概括为“既见树木，又见森林”法。

质朴无华是海瑞八篇参语共同的语言特色。这种语言风格是班马韩柳散文风格在法律文书中的具体体现，亦应为古今法律文书语言风格的常态。在修辞格的使用方面，其突出的特征是反问的多次使用：

1. 何为十五日方争闹，十六日即凭李习科、李文尽还谷数，略无难词，略不少措一二？

2. 称十五日打至初六日死，历二十二日不行告官，在舜兴能久容之乎？

3. 舜兴家离县三十余里，初六日死，直至初八日方具告，是则何故？

4. 宁非病霍乱心腹痛，舜兴意料此处必有伤也，而为此言耶？

5. 福兴手指，节节多是红色，宁非刺手而血未散使然乎？

6. 原告不供之伤岂可指为今日致死之证？

海瑞将六个反问句布置在文章的开头、中间和临近结尾处，语势充沛，荡气回肠，鲜明强烈地传达着一种不容置疑的意蕴。

当前，中国裁判文书写作中，说理不充分、不透彻是存在于一些法官身上的一个痼疾。在案件事实部分写作中，有些法官只是机械地罗列证据，而不对每个证据与案件事实的联系进行分析，不对证据之间的逻辑关系进行细致论述，从而使裁判文书欠缺理性的说服力量。先贤海瑞的这八篇珍贵的参语，对当代中国裁判文书的写作实践仍有极高的示范和借鉴价值。

五、婚姻不遂之妙判

（清）于成龙

【作者小传】

于成龙（1617 年—1684 年），字北溟，山西永宁（今山西省方山县）人。明崇祯间副榜①贡生。顺治十八年（1661 年）始仕，授广西罗城知县，时年 45 岁。后历任四川合州知州，湖广黄冈同知，武昌知府，黄州知府，江防道道台，福建按察使，直隶巡抚，两江总督。康熙二十三年，以两江总督兼摄江苏巡抚及安徽巡抚事，未几，卒于官。为官一任，造福一方，与民相爱，如家人父子。有筹策，具胆略，政绩卓异。遇疑狱，判决明允，无淹滞冤滥。生活简朴，为官清廉。卒时，所遗之物，绨袍②一袭，盐豉数罐而已。“民罢市聚哭，家绘像祀之”。谥清端，加赠太子太保。康熙帝两次褒为“清官第一”，且两次制诗褒宠。于成龙擅长书法，诗词亦工。有《于山奏牍》《于清端公政书》行于世。

【案件回放】

罗城③西门外有冯汝棠者，有女曰婉姑，姿容美丽，尤擅吟咏。爱西席④钱万青才，遂私之，即央媒执柯⑤，订婚嫁也。有吕豹变者，本纨绔子，目不识一丁字，涎女色，以多金赂婉姑之婢，便进谗离间。又托媒向女父多方游说。女父汝棠，本一市侩，惑其富，竟悔前约，而以女许之。亲迎之日，强置

---

① 副榜：旧时乡会试因名额限制，未能列于正榜而文字优良者，于发榜时别取若干名，列其姓名于正榜之后，称为“副榜”。

② 绨（tí）袍：粗缯制成的袍子。

③ 罗城：县名，今广西壮族自治区罗城仫佬族自治县。

④ 西席：亦为“西宾”。古人席次尚右，右为宾师之位，居西而面东。据清梁章鉅《称谓录》第 8 卷载：“汉明帝尊桓荣以师礼，上幸太常府，令荣坐，东面，设几。故师曰西席。”后尊称受业之师或幕友为“西席”。

⑤ 语出《诗经·豳风·伐柯》：“伐柯如何？匪斧不克。取妻如何？匪媒不得。”后以“执柯”指为人做媒。

舆中而去。迨①红毡毯上，双双交拜之际，女突从袖中出利翦，刺其②喉，血花四射。经多人救护，得不死。女复排众奔逸，至县诉告。而钱万青亦以悔婚再嫁控冯汝棠到县。于成龙时宰罗城，廉③得其情，即飞签④拘冯汝棠及吕豹变到堂。一鞫⑤之下，立下判书曰：

【原文】

《关雎》咏好逑之什⑥，《周礼》⑦ 重嫁娶之仪⑧。男欢女悦，原属恒情，夫唱妇随，斯称良偶。钱万青誉擅雕龙⑨，才雄倚马⑩；冯婉姑吟工柳絮⑪，夙号针神⑫。初则情传素简⑬，频来问字之书；继则梦稳巫山⑭，竟作偷香⑮之客：以西席之嘉宾，作东床⑯之快婿。

① 迨（dài）：趁。

② 其：她的，指冯婉姑自己的。许多人将之理解为“他的（吕豹变的）”，与判词中叙述的案件事实严重不符，故不取。

③ 廉：察考，访查。

④ 飞签：旧时官府派差役捕人所发的凭证。《醒世恒言·蔡瑞虹忍辱报仇》：“太守看了，忙出飞签，差人拘那妇人，一并听审。”

⑤ 鞫（jū）：“鞠”“諊”是其异体字，审问犯人。

⑥ 什：会意兼形声字，从人十，十亦声，本义指“十人”。《说文解字》云：“什，相什保也。”后引申为数词“十”。《诗经》中的“雅”“颂”大都以十篇为一“什”，故“什”又有诗篇之义。

⑦ 《周礼·地官司徒·媒氏》载：“媒氏掌万民之判。凡男女自成名以上，皆书年月日名焉。令男三十而娶，女二十而嫁。凡娶判妻入子者，皆书之。中春之月，令会男女。于是时也，奔者不禁。若无故而不用令者，罚之。司男女之无夫家者而会之。凡嫁子娶妻，入币纯帛，无过五两。禁迁葬者与嫁殇者。凡男女之阴讼，听之于胜国之社；其附于刑者，归之于士。”

⑧ 仪：从人义声，《说文解字》云：“仪，度也。”本文指法度、礼法。

⑨ 雕龙：雕镂龙文，比喻善于言辞，文辞优美。语出《史记·孟子荀卿列传》：“驺衍之术迂大而闳辩；奭也文具难施；淳于髡久与处，时有得善言。故齐人颂曰：‘谈天衍，雕龙奭，炙毂过髡’。”裴骃集解引刘向《别录》：“驺奭修衍之文，饰若雕镂龙文，故曰‘雕龙’。”

⑩ 倚马：比喻文思敏捷，下笔成章。语出《世说新语·文学》：“桓宣武北征，袁虎时从，被责免官。会须露布文，唤袁倚马前令作。手不辍笔，俄得七纸，殊可观。东亭在侧，极叹其才。”

⑪ 柳絮：东晋女诗人谢道韫咏雪名句为“未若柳絮迎风起”，后代指能诗擅文的女子为“柳絮才”。语出《世说新语·言语》。

⑫ 针神：缝纫妙手。语出东晋王嘉《拾遗记》第7卷，“夜来妙于针工，虽处于深帷重幄之内，不用灯烛之光，裁制立成，非夜来所缝制，帝则不服，宫中号曰针神”。薛夜来，本名薛灵芸，魏文帝曹丕宠幸美人。

⑬ 素简：素，绢帛；简，竹简，二者为古时书写的工具，这里指情书。

⑭ 巫山：或作“云雨”“高唐”“阳台”，指男女欢合。语出宋玉《高唐赋》。

⑮ 偷香：指男女暗中偷情。西晋时贾充女与韩寿私通，并将武帝赠充之外国奇香交予寿，后为贾充识破，遂嫁其女与韩寿。参见《晋书列传第十·贾充》。

⑯ 东床：指女婿。《晋书列传第五十·王羲之》载，时太尉郗鉴使门生求女婿于王导，导令就东厢遍观子弟。门生归，谓鉴曰：“王氏诸少并佳，然闻信至，咸自矜持。惟一人在东床坦腹食，独若无闻。”鉴曰：“此正佳婿邪！”访之，乃羲之也，遂以女妻之。

方谓情天不老，琴瑟欢谐；谁知孽海无边，风波忽起。彼吕豹变者，本刁顽无耻，好色登徒①；恃财势之通神，乃因缘而作合。婢女无知，中其狡计；冯父昏聩，竟听谗言；遂以彩凤而随鸦，乃使张冠而李戴。

婉姑守贞不二，至死靡他②。挥颈血以溅凶徒，志岂可夺？排众难而诉令长，智有难能。仍宜复尔前盟，偿尔素愿。明月三五，堪谐夙世③之欢；花烛一双，永缔百年之好。

冯汝棠者，贪富嫌贫，弃良即丑，利欲熏其良知，女儿竟为奇货。须知令甲④无私，本宜惩究；姑念缇萦泣请⑤，暂免杖笞。吕豹变刁滑纨绔，市井淫徒，破人骨肉，败人伉俪。其情可诛，其罪难赦，应予杖责，儆彼冥顽。此判。

【点评】

恪守和尊重婚约是我国古代婚姻法律的一项基本原则。上至天子，下至庶民，皆应如此。贞观八年（634 年），唐太宗聘娶郑仁基的女儿作充华⑥。诏书已下，册封的使节将要出发。魏征听说该女已许嫁士人陆爽，立即上表谏阻，太宗纳谏，停册使，此事传为佳话。

清朝法律严格保护有效的婚约。《大清律·户律·婚姻》规定：“凡男女定婚之初，若有残、疾、病、老、幼、庶出、过房、乞养者，务要两家明白通知，各从所愿，写立婚书，依礼聘嫁。若许嫁女已报婚书，及有私约而辄悔者，（女家主婚人）笞五十；（其女归本夫）。虽无婚书，但曾受聘财者，亦是。若再许他人，未成婚者，（女家主婚人）杖七十；已成婚者，杖八十。后定娶者（男家）知情，（主婚人）与（女家）同罪，财礼入官；不知者，不坐，追还财礼（给后定娶人）。女归前夫。前夫不愿者，倍追财礼给还，其女仍从后夫。男家悔（而再聘）者，罪亦如之，（仍令娶前女，后聘听其别嫁。）不追财礼。”

本案是一桩女家主婚人悔婚约的简单的轻微刑事案件。冯婉姑、钱万青两

① 登徒：指好色之徒。语出宋玉《登徒子好色赋》。

② 至死靡他：至，到；靡，无，没有；他，二心。形容爱情专一，至死不变。语出《诗经·鄘风·柏舟》：“之死矢靡它，母也天只，不谅人只。”

③ 夙世：前世。

④ 令甲：本指法令的首篇或首条，后用为法令的通称。《汉书·宣帝纪》：“令甲，死者不可生，刑者不可息。”

⑤ 汉太仓令淳于意的少女。汉文帝四年，淳于意有罪被逮，缇萦随父入长安，上书请入身为官婢，以赎父刑，使得自新。帝悲其意，遂除肉刑。事见《汉书·刑法志》。

⑥ 妃嫔称号。晋武帝置，为九嫔之末。南朝宋时降至九嫔之下。隋朝时重新立为九嫔之一，位居后宫第十三位，九嫔之末。唐初改为“充媛”。

情相悦，订有婚约。冯汝棠嫌贫爱富，吕豹变诱使违约，再订婚约。冯婉姑、钱万青向官府提起妨害婚约之诉。本案事实清楚，证据确凿，于成龙据此依律支持了共同原告的诉求，追究了二被告人的刑事责任。

《大清律·刑律·犯奸》规定："凡和奸，杖八十；有夫者，杖九十。刁奸者，杖一百。……其和奸，刁奸者，男女同罪。"这个条文说明，清朝法律禁止未婚男女发生性行为以及已婚男女的婚外性行为。恋爱中的青年男女婚前发生性行为，是人类极其自然本性的流露，它犹如决堤横流的洪水，淹没前来设堵的礼和法。当时普遍的社会观念是发生此事实属家族之羞辱。通常的处置是：双方竭力避免声张，男方家长托媒议娶，女方家长"无奈"应允，且速成婚配。纵然邻里知晓此事，也不会去官府告发。既然民不告，官自然不应究。从理论上讲，昔日司法实践中，追究（无夫）和奸行为的案件应当罕见。

本案虽是悔婚约之诉，但在庭审中查明二原告有（无夫）和奸的犯罪事实。"继则梦稳巫山，竟作偷香之客"依律当对犯奸男女各处八十杖。然而，于成龙未予以追究。于成龙认为冯婉姑、钱万青是金玉良缘，非常赞许他们间的结合，故而情所不忍。作为政府官员，他必须对此做出令人信服的正当性解释，否则，即为渎职。他想起了圣人之言以及引经决狱的传统。孔圣人删定《诗经》，列《关雎》第一篇。"窈窕淑女，君子好逑"是孔夫子称许的理想择偶标准。《周礼》世传圣人周公所著，规定了婚姻嫁娶的规则。本案二原告是淑女君子，人间佳配，既合《关雎》之义，又合《周礼》之旨。于成龙巧妙地援引经义，作出了当时符合司法惯例的处理。

从语言风格角度讲，中国古代的判词分为辞彩派与质朴派。质朴派是班马散文风格在判词中的体现。辞彩派是六朝骈文风格在判词中的表现。综观于成龙的判词，兼有两派，以质朴派为主。这篇判词属于辞彩派，具有较高的文学欣赏价值。

首先，本判词使用了诗化的语言，具有诗歌的感染力。作者在案情叙述和判决理由部分，连续使用了"雕龙""倚马""柳絮""针神""问字""巫山""偷香""西席""东床""登徒""至死靡他""缇萦救父"十二个典故，使得语言凝练厚重。整句、散句相结合，以整句为主，使语言形式整齐而不呆板。整句中使用了对偶、对比、排比，气势贯通，音节和谐，使得语言具有形式美和音乐美。其中，最值得称道的是关于吕豹变刑事责任的判决理由与判决结果的表述。作者运用八个四字句组成了一个排比句，前四句表述判决理由，后四句表述判决结果。语势犹如登山，由山谷至山腰，再至山巅，云天处戛然而止，收束全文，余音袅袅，不绝如缕。

其次，作者情感真挚充沛。读者玩味判词语言，可以感觉到一颗炙热的心在跳动。作者大量地使用褒义词和贬义词，表达了对案件当事人不同的情感态度。作者运用“雕龙”“倚马”“柳絮”“针神”等褒义词表达了对共同原告爱情的肯定与赞许。运用“刁玩无耻”“好色登徒”“刁滑纨绔”“市井淫徒”等贬义词表达了对被告吕豹变破坏他人良缘的谴责。运用“昏聩”“嫌贫爱富”“利欲熏其良知”等贬义词表达了对被告冯汝棠买卖婚姻、肆意违约的抨击。有爱怜有憎恶，有赞许有谴责。一边是煦如春日，一边是凛若秋霜。行文中爱憎两条情感线索交替出现，深深地打动着读者的心。

德国历史法学派的重要代表雅可布·格林（Jacob Grimm）曾说：“法和诗相互诞生于同一张温床……的确，两者的起源都建立在两种本性之上：一种建立在惊奇之上，另一种建立在信奉之上。这里的惊奇，我更愿意把它当作任何一个民族法律和民歌的开始。……所以，诗中蕴含有法的因素，正像法中也蕴含有诗的因素。”（《论法之诗》）我国古代辞彩派判词作家们想必也是把判词当作特殊的诗歌来制作的。

六、奸非致死之辩诉

（民国）曹汝霖

【作者小传】

曹汝霖（1877 年—1966 年），上海人。字润田。早年留学日本。1904 年归国。1911 年任清政府外务部副大臣。1913 年任袁世凯政府外交次长。1916 年后任北洋政府交通总长、财政总长。1919 年五四运动中同陆宗舆、章宗祥被斥为“卖国贼”。同年 6 月，北洋政府被迫将其免职。抗日战争时期，曾任伪华北临时政府最高顾问、华北政务委员会咨询委员。1949 年逃往中国台湾，后至日本、美国。1966 年病逝于美国底特律。辛亥革命后，曹汝霖作为中国第一批取得律师资格的律师，开始在北京等地开展律师的诉讼代理业务，并以其丰富的法律知识和言辩能力，为中国律师制度的确立和发展起到一定的积极作用。奸非致死之辩诉是曹氏撰写的一篇诉状，收录于襟霞阁主编次的《律师诉状菁华》（上海共和书局 1923 仲夏版）。

【案件回放】

宝山某镇，有周姓姊妹，凤宝、蓉宝。虽属村姑，而丰致嫣然。惟天性风骚，时与乡无赖作桑濮①之行。某年秋初，周氏姊妹，正在田间脱花②，适某店学徒李甲，途经其处，为周姓姊妹所嬲③，席地交欢。时正夕照西沉，金风送爽，某学徒恣情不休，竟致精脱而死。时二女手足无措，呆若木鸡，适有警士过此，遂为所见，询得实情，带回所中。所长某，以事关刑事，不敢自专，即送至县署讯办。知事④张某，更属庸懦之辈，一任承审员之讯理。而此案结果，以事实确凿，某学徒实系因轮奸毙命，周氏姊妹以奸非⑤致人于死地。惟因贪欢误杀，情有可原，乃为减等治罪。狱将成，律师曹汝霖适赴吴淞游览，闻其事而哀之，语人曰："贵地岂无人知法律者耶？"人奇其言，争相诘问，曹告以周氏姊妹不应受此枉罪。有周之戚沈某，求曹代为辩白，曹乃慨然允之，并不求报，乃对客挥毫，代作一控诉状，上诉江苏高等厅。

【原文】

为不服周凤宝、周蓉宝奸非致死李甲一案，提起控诉事。窃本案事属奸毙，本无疑义。李甲为控诉人因奸致毙，事实昭彰，又无辩论余地。惟本案理虽云然，法尚未妥。其最要之点，研究李甲是否为控诉人强迫成奸。设无强迫行为，是属双方和诱相奸者，当然不负刑事责任。查犯罪之成立，须以犯罪者是否有此能力为标准。设无能力，虽有犯罪嫌疑，固不能强以罪状加诸也。今控诉人系弱质少女，既无强迫求奸之能力，又无致人死地之要素。设李甲而不愿和诱也，控诉人焉能相强，何致毙命？李甲而情甘相欢也，贪欲丧身，虽死奚怼⑥？咎由自取，报有应受！谓伯仁⑦由我而死则可，加害果非其罪也。律诸刑诉，妇女无强奸男子之明案，原判何能比拟男子奸死女子之条文？任意援引，法所不容。请撤销原判，以伸冤抑。

【点评】

襟霞阁主评曰："此状条理清晰，振振有词。高检厅长亦不能决，曾电请京师大理院及总检厅，示遵。复电以法律无明文，不为罪。狱寻寝，而此一对姊妹花遂得宣告无罪云。"这篇控诉状全文仅15句321字，却能和盘托出控诉

---

① 桑濮：桑间濮上的省略语，指男女幽会之处。

② 脱花：摘棉花。

③ 嬲（niǎo）：戏弄、纠缠。

④ 知事：县长。民国初年，绝大多数县仍实行行政司法合一体制，县长兼理司法。

⑤ 奸非：旧刑律称通奸罪为奸非罪。

⑥ 奚怼（duì）：何怨。奚，何。怼，怨恨。

⑦ 伯仁：东晋大臣周顗（yǐ）的字。元帝时为仆射，与王导交情很深。王导的堂兄江州刺史王敦，永昌元年起兵，攻入建业，以旧怨杀周顗。事前曾告诉王导，王导没有表态。后来王导得知周顗曾在元帝面前为王敦谋反的事，多次为自己辩护，于是痛哭流涕说："吾虽不杀伯仁，伯仁由我而死。幽冥之中，负此良友！"

的法律理由，言简意赅。曹氏采用了文言文，一方面令行文简洁，另一方面赋予该文书庄重的风格色彩。尽管曹氏使用的是浅近的文言文，读者从扑面而来的书卷气息中还是可以体会到质朴之风。行文的语气摇曳多姿，有不容置疑的肯定语气，如“惟本案理虽云然，法尚未妥”；有对错误判决的诘难语调，如“设李甲而不愿和诱也，控诉人焉能相强，何致毙命？”；还有对被害人恣情纵欲的慨叹与指责，如“李甲而情甘相欢也，贪欲丧身，虽死奚怼？咎由自取，报有应受！”。尺牍之中，或陈述，或反问，或兴叹，无怪乎襟霞阁主赞此文曰：“振振有词。”

七、历史将宣判我无罪（节选）

［古巴］菲德尔·卡斯特罗

【作者小传】

菲德尔·卡斯特罗（1926年—2016年），1926年8月13日出生于古巴东方省比兰镇。1950年毕业于哈瓦那大学，获法学博士学位。1953年7月26日，卡斯特罗领导发动反对巴蒂斯塔独裁政权的武装起义，攻打蒙卡达兵营，失败后被捕，在法庭上发表了著名的自我辩护词《历史将宣判我无罪》①。1955年，他流亡美国、墨西哥，在墨期间创建“7·26运动”。卡斯特罗1956年回到古巴，在马埃斯特拉山区创建起义军和根据地。1959年1月，他率领起义军推翻巴蒂斯塔独裁政权，成立革命政府，出任政府总理（后改称部长会议主席）和武装部队总司令。卡斯特罗1962年起担任古巴社会主义革命统一党第一书记。1965年该党改名为古巴共产党后，他长期担任中央委员会第一书记。从1976年起任国务委员会主席。2011年4月正式退隐，2016年11月25日逝世。

【案件回放】

1952年3月，巴蒂斯塔发动政变建立独裁政权后，26岁的年轻律师菲德尔·卡斯特罗通过他的大学同学和朋友，结识和团结了一大批爱国青年，组成了一个秘密的革命组织，进行反对独裁政权的斗争。1953年年初，卡斯特罗

---

① 选自王杭、云丽春选编：《历史上最伟大的演说辞》，天津社会科学出版社2001年版。编者对个别字句做了改动。

和他的同伴们决定发动武装起义，推翻巴蒂斯塔政权。他们的第一个行动计划就是攻打奥连特省的两个政府军兵营——圣地亚哥的蒙卡达兵营和巴亚莫兵营。

蒙卡达兵营当时约有 1500 名武装精良的政府军士兵。7 月 26 日清晨，135 名起义者身着政府军制服，趁着星期天和狂欢节期间兵营守备松懈之际，向蒙卡达兵营和巴亚莫兵营同时发起进攻。他们兵分三路：一路由菲德尔·卡斯特罗率领，攻打蒙卡达兵营；另一路由劳尔·卡斯特罗率领，攻击司法大厦；还有一路由起义军的另一位重要领导人阿维尔·圣塔马里亚率领，攻占市立医院。卡斯特罗领导的队伍按预定计划解除了兵营 3 号岗哨的武装。但是，由于政府军的一支巡逻队的突然出现，起义者的队伍中有人提前开了一枪，惊动了兵营守军。政府军紧急出动，战斗在兵营外进行。由于敌强我弱，起义者完全处于劣势，攻打蒙卡达兵营的行动遭到了失败。攻打司法大厦和市立医院的行动也同样失败，许多人被俘。

撤退下来的 18 名热血青年跟着卡斯特罗上了山。8 月 1 日清晨，精疲力竭的卡斯特罗和身边的两个同伴在昏睡中被捕。在敌人的法庭上，卡斯特罗发表了著名的长篇自我辩护词——历史将宣判我无罪，义正词严地斥责巴蒂斯塔政权卖国反人民的罪行。他的自我辩护持续了 2 个小时。最后，卡斯特罗高声说道："判决我吧，没有关系，历史将宣判我无罪！"结果，卡斯特罗被判处 15 年徒刑，他的弟弟劳尔被判 13 年。卡斯特罗和他的战友先后被送到松树岛的国家监狱。

由于古巴国内反独裁斗争风起云涌，在人民的强烈反对下，巴蒂斯塔政权只好宣布大赦。1955 年 5 月 15 日，卡斯特罗和其他攻打蒙卡达兵营的革命者都获得了自由。出狱后，卡斯特罗组织了以攻打蒙卡达兵营的日子命名的革命组织"7·26 运动"，领导古巴人民进行反独裁斗争。1959 年 1 月，卡斯特罗领导的起义军终于推翻了巴蒂斯塔独裁政权。革命胜利后，"7·26"成为古巴最重要的节日。每年的这一天，古巴都要举行盛大的纪念活动。

【原文】

诸位法官先生：

从来没有过任何一个辩护律师得在这样困难的条件下进行工作，也从来没有过任何一个被告遭到过这么严重的非法待遇。在本案中，辩护律师和被告是同一个人。我作为辩护律师，连看一下起诉书也没有可能；作为被告，我被关闭在完全与外界隔绝的单人牢房已经有 76 天，这是违反一切人道的和法律的规定的。

讲话人绝对厌恶幼稚的自负，没有心情而且生性也不善于夸夸其谈和做什么耸人听闻的事情。我不得不在这个法庭上自己担任自己的辩护人，是由于两个原因：第一，是因为实际上完全剥夺了我的委托辩护权；第二，是因为只有感受至深的人，眼见祖国受那样深重的灾难、正义遭到那样践踏的人，才能在这样的场合呕心沥血地讲出凝结着真理的话来。

并非没有慷慨的朋友愿意为我辩护。哈瓦那律师公会为我指定了一位有才干、有勇气的律师——豪尔赫·帕格列里博士，他是本城律师公会的主席。但是他却不能执行他的使命。他每次想来探望我，都被拒于监狱门外。只是经过一个半月之后，由于法庭的干预，才允许他当着军事情报局的一个军曹的面会见我十分钟。按常理说，一个律师是应该和他的当事人单独交谈的，这是在世界任何地方都受到尊重的权利，只有这里是例外，在这里一个当了战俘的古巴人落到了铁石心肠的专制当局手中，他们是不讲什么法理人情的。帕格列里博士和我都不能容忍对于我们准备在出庭时用的辩护策略进行这种卑污的刺探。难道他们不想预先知道我们用什么方法粉碎他们就蒙卡达兵营事件那挖空心思地捏造的无稽谎言，用什么方法揭露他们所竭力掩盖的可怕真相吗？于是，当时我们就决定由我运用我的律师资格，自作辩护。

军事情报局的军曹听到了这个决定，报告了他的上级，这引起了异常的恐惧，就好像是哪个调皮捣蛋的妖怪捉弄他们，使他们感到他们的一切计划都要破产了。诸位法官先生，他们为了把被告自我辩护这样一个在古巴有着悠久传统的神圣权利也给我剥夺掉，而施加了多少压力，你们最清楚不过了。法庭不能向这种企图让步，因为这等于陷被告于毫无保障的境地。被告现在行使这项权利，该说的就说，绝不因任何理由而有所保留。我认为首先有必要说明对我实行野蛮的隔离的理由是什么，不让我讲话的意图是什么；为什么，如法庭所知，要阴谋杀害我；有哪些严重的事件他们不想让人民知道；在本案中发生的一切奇奇怪怪的事情其奥妙何在。这就是我准备清楚地表白的一切。

诸位法官先生，这里所发生的现象是非常罕见的：一个政府害怕将一个被告带到法庭上来；一个恐怖和血腥的政权惧怕一个无力自卫、手无寸铁、遭到隔离和诬蔑的人的道义信念。这样，在剥夺了我的一切之后，又剥夺了我作为一名主要被告出庭的权利。请注意，所有这些都发生在停止一切保证、严格地运行公共秩序法以及对广播、报刊进行检查的时候。现政权该是犯下了何等骇人的罪行，才会这样惧怕一个被告的声音啊！

我应该强调指出那些军事首脑们一向对你们所持的傲慢不逊的态度。法庭一再下令停止施加于我的非人的隔离，一再下令尊重我的最起码的权利，一再要求将我交付审判，然而无人遵从，所有这些命令一个一个地都遭到抗拒。更恶劣的是，在第一次和第二次开庭时，就在法庭上，在我身旁布下了一道卫队防线，阻止我同任何人讲话——哪怕是在短短的休息的时候，这表明他们不仅在监狱里，而且即使是在法庭上，在你们各位面前，也丝毫不理会你们的规定。当时，我原打算在下次出庭时把它作为一个法院的起码的荣誉问题提出来，但是……我再也没有机会出庭了。他们作出了那些傲慢不逊的事之后，终于把我们带到这儿来，为的是要你们以法律的名义——而恰恰是他们，也仅仅是他们从3月10日以来一直在践踏法律——把我们送进监狱，他们要强加给你们的角色实在是极其可悲的。“愿武器顺从袍服”这句拉丁谚语在这里一次也没有实现过。我要求你们多多注意这种情况。

但是，所有这些手段到头来都是完全徒劳的，因为我的勇敢的伙伴们以空前的爱国精神，出色地履行了他们的职责。

“不错，我们是为古巴的自由而战斗，我们决不为此而反悔。”当他们挨个被传去讯问的时候，大家都这样说，并且跟着就以令人感动的勇气向法庭揭露在我们的弟兄们的身上犯下的可怕的罪行。虽然我不在场，但是由于博尼亚托监狱的难友们的帮助，我能够足不出牢房而了解审判的全部详情，难友们不顾任何严厉惩罚的威胁，运用各种机智的方法将剪报和各种情报传到我的手中。他们就这样地反抗监狱长塔沃亚达和副监狱官罗萨瓦尔的胡作非为，这两个人让他们一天到晚地劳动，修建私人别墅，贪污他们的生活费，让他们挨饿。

随着审判的进展，双方扮演的角色颠倒了过来；原告结果成了被告，而被告却变成了原告。在那里受审的不是革命者，而是一位叫作巴蒂斯塔的先生……杀人魔王！……如果明天这个独裁者和他的凶残的走狗们会遭到人民的判决的话，那么这些勇敢而高尚的青年人现在受到判决又算得了什么呢！他们被送往皮诺斯岛，在那里的环形牢房里，卡斯特尔斯幽灵还在徘徊，无数受害者的呼声还萦绕在人们耳中。他们被带到那里，离乡背井，被放逐到祖国之外，隔绝于社会之外，在苦狱中磨灭他们对自由的热爱。难道你们不认为，正像我所说的，这样的情况对本律师履行他的使命来说是不愉快的和困难的吗？

经过这些卑污和非法的阴谋以后，根据发号施令者的意志，也由于审判者的软弱，我被押送到了市立医院这个小房间里，在这里悄悄地对我进行审判，让别人听不到我的讲话，压住我的声音，使任何人都无法知道我将要说的话。那么，庄严的司法大厦又作什么用呢？毫无疑问，法官先生们在那里要感到舒适得多。我提醒你们注意一点：在这样一个由带着锋利的刺刀的哨兵包围着的医院里设立法庭是不合适的，因为人民可能认为我们的司法制度病了……被监禁了……

我请你们回忆一下，你们的诉讼法规定，“审判应当公开进行，允许旁听”；然而这次开庭却绝对不许人民出庭旁听。只有两名律师和六名记者获准出庭，而新闻检查却不许记者在报纸上发表片言只语。我看到，在这个房间里和走廊上，我所仅有的听众是百来名士兵和军官。这样亲切地认真关怀我，太叫我感谢了！但愿整个军队都到我面前来！我知道，总有那么一天，他们会急切地希望洗净一小撮没有灵魂的人为实现自己的野心而在他们的军服上溅上的耻辱和血的可怕的污点。到那一天，那些今天逍遥自在地骑在高尚的士兵背上的人们可够瞧的了！……当然这是假定人民没有早就把他们打倒的话。

我应该说，我在狱中不能拿到任何论述刑法的著作。我手头只有一部薄薄的法典，这是一位律师——为我的同志们辩护的英勇的包迪利奥·卡斯特利亚诺斯博士刚刚借给我的。同样，他们也根本不让马蒂的著作到我手中；看来，监狱的检察当局也许认为这些著作太富于颠覆性了吧。也许是因为我说过马蒂是7月26日事件的主谋的缘故吧。

此外还根本不让我携带有关任何其他问题的参考书出庭。这一点也没关系！导师的学说我铭刻在心，一切曾保卫各国人民自由的人们的崇高理想，全都保留在我的脑海中。

我对法庭只有一个要求：为了补偿被告在得不到任何法律保护的情况下所遭受的这么多无法无天的虐待，我希望法庭应允我这一要求，即尊重我完全自由地表达我的意见的权利。不这样的话，就连一点纯粹表面的公正也没有了，那么这次审判的最后这一段将是空前的耻辱和卑怯。

我承认，我感到有点失望。我原来以为，检察官先生会提出一个严重的控告，会充分说明，根据什么论点和什么理由来以法律和正义的名义（什么法律，什么正义?!）应该判处我26年徒刑。然而没有这样。他仅仅是宣读了《社会保安法》第148条，根据这条以及加重处分的规定，要求判处我26年徒刑。我认为，要求把一个人送到不见天日的地方关上四分之一世纪以上的时间，只花两分钟提出要求和陈述理由，那是太少了。也许检察官先生对法庭感到不满意吧？因为，据我看到，他在本案上三言两语了事的态度，同法官先生们颇有点儿矜持地宣布这是一场重要审讯的庄严口吻对照起来，简直是开玩笑。因为，我曾经看到过，检察官先生在一件小小的贩毒案上作十倍长的滔滔发言，而只不过要求判某个公民六个月徒刑。检察官先生没有就他的主张讲一句话。我是公道的……我明白，一个检察官既然曾经宣誓忠诚于共和国宪法，要他到这里来代表一个不合宪法的、虽有法规为依据但是没有任何法律和道义基础的事实上的政府，要求把一个古巴青年，一个像他一样的律师，一个……也许像他一样正直的人判处26年徒刑，那是很为难的。然而检察官先生是一位有才能的人，我曾看到许多才能比他差得远的人写下长篇累牍的东西，为这种局面辩护。那么，怎能认为他是缺乏为此辩护的理由，怎能认为——不论任何正直的人对此是感到如何厌恶——他哪怕是谈一刻钟也不成呢？毫无疑问，这一切隐藏着幕后的大阴谋。

诸位法官先生，为什么他们这么想让我沉默呢？为什么甚至中止任何申述，不让我可以有一个驳斥的目标呢？难道完全缺乏任何法律、道义和政治的根据，竟不能就这个问题提出一个严肃的论点吗？难道是这样害怕真理吗？难道是希望我也只讲两分钟，而不涉及那些自7月26日以来就使某些人夜不成眠的问题吗？检察官的起诉只限于念一念《社会保安法》的一条五行字的条文，难道他们以为，我也只纠缠在这一点上，像一个奴隶围着一扇石磨那样，只围绕着这几行字打转吗？但是，我绝不接受这种约束，因为在这次审判中，所争论的不仅仅是某一个人的自由的问题，而是讨论根本的原则问题，是人的自由权利遭到审讯的问题，讨论我们作为文明的民主国家存在的基础本身的问题。我不希望，当这次审判退出时，我会因为不曾维护原则、不曾说出真理、不曾谴责罪行而感到内疚。

检察官先生这篇拙劣的大作不值得花一分钟来反驳。我现在只限于在法律上对它作一番小小的批驳，因为我打算先把战场上七零八碎的东西扫除干净，以便随后对一切诺言、虚伪、伪善、因循苟且和道德上的极端卑怯大加讨伐，这一切就是3月10日以来，甚至在3月10日以前就已开始的在古巴称为司法的粗制滥造的滑稽剧的基础。

我认为我已充分地论证了我的观点，我的理由要比检察官先生用来要求判我26年徒刑的理由要多。所有这些理由都有助于为人民的自由和幸福而斗争的人们，没有一个理由是有利于无情地压迫、践踏和掠夺人民的人。因此我不得不讲出许多理由，而他一个也讲不出。巴蒂斯塔是违反人民的意志、用叛变和暴力破坏了共和国的法律而上台的，怎样能使他的当权合法化呢？怎样能把一个压迫人民的和沾满血迹和耻辱的政权叫作合法的呢？怎样能把一个充斥着社会上最守旧的人、最落后的思想和最落后的官僚制度的政府叫作革命的呢？又怎样能认为，肩负着保卫我国宪法的使命的法院最大的不忠诚的行为，在法律上是有效的呢？凭什么权利把为了祖国的荣誉而贡献出自己的鲜血和生命的公民送进监狱呢？这在全国人民看来，是骇人听闻的事——照真正的正义原则说来，都是骇人听闻的事。

但是我们还有一个理由比其他一切理由都更为有力：我们是古巴人，作为古巴人就有一个义务，不履行这个义务就是犯罪，就是背叛。我们为祖国的历史而骄傲。我们从小在学校里就学习了祖国历史，在我们成长的过程中，不断听人们谈论着自由、正义和权利，我们的长辈教导我们从小敬仰我们的英雄和烈士。塞斯佩德斯、阿格拉蒙特、马塞奥、戈麦斯和马蒂都是我们自幼就熟悉的名字。我们敬聆过泰坦的话：自由不能祈求，只能靠利剑来争取。我们知道，我们的先驱者为了教育自由祖国的公民，在他的《黄金书》中说：“凡是甘心服从不正确的法律并允许什么人践踏他的祖国的，凡是这样辜负祖国的，都不是正直的人……在世界上必然有一定数量的荣誉，正像必然有一定数量的光明一样。只要有小人，就一定有另外一些肩负众人的荣誉的君子。就是这些人奋起用暴力反对那些夺取人民的自由，也就是夺取人们的荣誉的人。这些人代表成千上万的人，代表全民族，代表人类的尊严。”……人们教导我们，10月10日和2月24日是光荣的、举国欢腾的日子，因为这是古巴人奋起打碎臭名昭著的暴政的桎梏的日子；人们教导我们热爱和保护美丽的独星旗并且每天晚上唱国歌，这个曲子告诉我们，生活在枷锁下等于在羞辱中生活，为祖国而死就是永生。我们学会了这一切并且永不会忘记，尽管今天，在我们祖国的人们，由于要实践从摇篮中起就教导给他们的思想而遭到杀戮和监禁。我们出生在我们的先辈传给我们的自由国家。我们不会同意作任何人的奴隶，除非我们的国土沉入海底。在我们的先驱者百年诞辰的今年对他的崇敬好像要消逝了，对他的怀念好像要永远磨灭了，多么可耻！但是他还活着，没有死去，他的人民是富于反抗精神的，他的人民是高尚的，他的人民忠于对他的怀念！有些古巴人为保卫他的主张倒下去了，有些青年为了让他继续活在祖国的心中，心甘情愿地死在他的墓旁，贡献出他们的鲜血和生命。古巴啊！假使你背叛了你的先驱者，你会落得什么样的下场啊！

我要结束我的辩护词了，但是我不像一般的律师通常所作的那样，要求给被告以自由。当我的同伴们已经在松树岛遭受可恶的监禁时，我不能要求自由。你们让我去和他们一起共命运吧！在一个罪犯和强盗当总统的共和国里，正直的人们被杀害和坐牢是可以理解的。

我衷心感谢诸位法官先生允许我自由讲话而不卑鄙地打断我，我对你们不怀仇怨，我承认在某些方面你们是人道的，我也知道本法庭庭长这个一生清白的人，他可能迫于现状不能不作出不公正的判决，但他对这种现状的厌恶是不能掩饰的。法庭还有一个更严重的问题有待处理，这就是谋害70个人的案件——我们所知道的最大的屠杀案。凶手到现在还手执武器逍遥法外，这是对公民们的生命的经常威胁。如果由于怯懦，由于受到阻碍而不对他们施以法律制裁，同时法官们也不全体辞职，我为你们的荣誉感到惋惜，也为玷污司法制度的空前的污点感到痛心。

至于我自己，我知道我在狱中将同任何人一样备受折磨，狱中的生活充满着卑怯的威胁和残暴的拷打，但是我不怕，就像我不怕夺去了我70个兄弟的生命的可鄙的暴君的狂怒一样。

判决我吧！没有关系。历史将宣判我无罪。

【点评】

大凡一流文字，从题目到结尾，堪为世人所效仿。“历史将宣判我无罪”这个题目便大气磅礴，宛若洪钟，又若巨响，昭示此文不寻常。

一般的法庭辩词，辩护人依据事实和法律，要求法院作出无罪或罪轻判决。而卡斯特罗却不要求自由，他不是不需要自由，而是认定“袍服服从武器”的古巴法庭不敢也不会给予他自由。“当我的同伴们已经在松树岛遭受可恶的监禁时，我不能要求自由。你们让我去和他们一起共命运吧！在一个罪犯和强盗当总统的共和国里，正直的人们被杀害和坐牢是可以理解的。”

一般的法庭辩词，作者的努力集中在具体案件的是非上。而卡斯特罗没有把辩护的锋芒完全停留在自己遭受的不幸上，他为古巴这个国家的前途而呐喊与奋斗。“不错，我们是为古巴的自由而战斗，我们决不为此而反悔。”

一般的法庭辩词，作者重理而抑情，追求文章的说服力。而卡斯特罗情和理并驾齐驱，既有深刻的法理阐述，又饱含强烈的爱憎（对巴蒂斯塔独裁政权的痛恨和对祖国、自由的热爱），兼具说服力和巨大的感染力。“我们出生在我们的先辈传给我们的自由国家。我们不会同意作任何人的奴隶，除非我们的国土沉入海底。”“巴蒂斯塔是违反人民的意志、用叛变和暴力破坏了共和国的法律而上台的。怎样能使他的当权合法化呢？怎样能把一个压迫人民的和沾满血迹和耻辱的政权叫做合法的呢？”

一般的法庭辩词，在修辞格的选择上，作者总是小心翼翼地选择消极修辞，给文书语言披上中立的衣裳。卡斯特罗娴熟地驱遣着各种修辞格，语势逼人，如雷声阵阵，又如惊涛拍岸，文章语言充满浓厚的情感色彩，具体如下：

1. 比喻、反诘兼排比。例如，“为什么他们这么想让我沉默呢？为什么甚至中止任何申述，不让我可以有一个驳斥的目标呢？难道完全缺乏任何法律、道义和政治的根据，竟不能就这个问题提出一个严肃的论点吗？难道是这样害怕真理吗？难道是希望我也只讲两分钟，而不涉及那些自7月26日以来就使某些人夜不成眠的问题吗？检察官的起诉只限于念一念社会保安法的一条五行字的条文，难道他们以为，我也只纠缠在这一点上，像一个奴隶围着一扇石磨那样，只围绕着这几行字打转吗？”

2. 反诘兼排比。例如，“怎样能使他的当权合法化呢？怎样能把一个压迫人民的和沾满血迹和耻辱的政权叫作合法的呢？怎样能把一个充斥着社会上最守旧的人、最落后的思想和最落后的官僚制度的政府叫做革命的呢？又怎样能认为，肩负着保卫我国宪法的使命的法院最大的不忠诚的行为，在法律上是有效的呢？凭什么权利把为了祖国的荣誉而贡献出自己的鲜血和生命的公民送进监狱呢？”

3. 比喻。例如，“军事情报局的军曹听到了这个决定，报告了他的上级，这引起了异常的恐惧，就好像是哪个调皮捣蛋的妖怪捉弄他们，使他们感到他们的一切计划都要破产了”。

4. 排比。例如，“法庭一再下令停止施加于我的非人的隔离，一再下令尊重我的最起码的权利，一再要求将我交付审判，然而无人遵从，所有这些命令一个一个地都遭到抗拒”。

5. 引用。例如，“愿武器顺从袍服”——拉丁谚语；“自由不能祈求，只能靠利剑来争取”——泰坦。

6. 拟人。例如，“因为人民可能认为我们的司法制度病了……被监禁了……”。

7. 反语。例如，“这样亲切地认真关怀我，太叫我感谢了！”

8. 对比。例如，“我认为，要求把一个人送到不见天日的地方关上四分之一世纪以上的时间，只花两分钟提出要求和陈述理由，那是太少了。……因为，我曾经看到过，检察官先生在一件小小的贩毒案上作十倍长的滔滔发言，而只不过要求判某个公民六个月徒刑”。

大抵辩护词的结尾，作者总要再次要求法院从轻发落。卡斯特罗却说：“判决我吧！没有关系。历史将宣判我无罪。”他丝毫没有乞求法官怜悯自己，他清醒地认识到法庭不会给予自己公正的结论。他把目光投向历史的发展中，坚信自己是书写历史的人，所以惟有历史才是公正无私的法官，若干年后的一天，历史会庄严地宣布：卡斯特罗无罪。

概括起来，这篇辩护词的不同凡响之处是“气势磅礴、立意高远、识度非凡”。文章不同寻常，做文章的人也一定不同寻常。一般法庭辩词出自律师之手，这篇辩词出自政治家兼律师之手。一般法庭辩词出自辩护人之手，这篇辩词的作者既是被告又是辩护人。非高瞻远瞩者，不能为此文；非大手笔者，不能为此文。布封“文如其人”之妙论，诚不欺人。

八、保罗诉弗里茨案民事判决书

［德］尤纳曼

【原文】

（A）柏林州法院①

案卷号：140. 384/97

以人民的名义

本诉讼案

原告：S. 保罗，已退休，住14193柏林，C大街1号。

诉讼代理人：PK律师和KHL律师，地址：10719柏林，迈内克大街6号。

被告：S. 弗里茨，住13583柏林，S大街156号。

诉讼代理人：MK律师，地址：12157柏林，彼得一菲舍尔大街17号。

1998年9月1日，柏林州法院第14民事法庭开庭，由州法院法官尤纳曼作为独任法官进行言词审理，判决如下：

1. 判处被告偿还原告19 750马克连同1997年9月12日起算的4%的利息。

2. 本案诉讼费由原告承担1/14，被告承担13/14。

3. 原告只需交纳24 000马克的保证金，判决就可执行。若被告没有在执行前交纳相同数额的保证金，原告交纳300马克保证金，就可免除执行对被告的判处。

事实构成：

1996年6月19日，原告给予被告一笔10 000马克的借款，为期一年。在借贷契约中，被告保证到期偿还12 000马克。借贷契约的细节参阅附件第14页。

1996年6月24日，原告又给予被告一笔6000马克借款，为期12个月。借贷契约的细节参阅附件第13页。

1996年11月28日，被告又在一张向原告借到3200马克的借据上签名。

① 转引自熊先觉：《中国司法文书学》，中国法制出版社2006年版，第429～432页。

借据的细节参阅附件第12页。

1997年6月10日和26日，原告两次致函被告，要求偿还借款。

起初，原告在其诉状中请求判处被告偿还21 200马克。在被告归还了1450马克以后，原告撤回了归还上述数额款项的诉讼请求。

现在原告请求判处被告偿还19 750马克连同1997年9月12日起算的4%的利息。

被告请求驳回原告的起诉。

被告声称：

1997年2月18日在一家饭馆里，他当着证人B之面将1996年6月19日和24日的两笔借款共计18 000马克还给了原告，原告也写了收据。接着在一家商店里将收据复印，此时原告把收据的原件错换成复印件交给了被告，但复印件上原告的签名尚能识别。

1996年11月18日的借款，他只收到3000马克，而200马克是作为利息附加计算的。

这3000马克的借款，他已用现金归还了一部分，即1450马克，这是无可争议的。

1997年2月18日，他和原告商定，用自己作的画来抵销部分债务，计550马克。

此外，1996年秋天他和原告一起去巴特菲辛旅游，借给原告500马克，原告没有偿还，现在这笔钱也该抵销部分债务。

最后，他付给原告500马克，作为原告介绍一位女客户买他作的一幅画的佣金。女客户本来是希望分期付款的，当她得知原告预支了2000马克的画款时，就决定退货。当女客户将画退回时，他（被告）把全部画款2000马克还给了女客户。

审判法庭就被告于1997年2月18日归还原告18 000马克一事，以及被告为原告作画来抵销550马克债务一事进行取证，传讯了证人B，请笔迹鉴定专家M对1997年2月18日出具的收据上原告的签名作了真伪鉴定。听证决定和取证结果的细节，参阅1998年1月30日公布的纪录（附件第58页f）和1998年5月8日的口头审理记录（附件第78页至第81页），以及1998年7月5日笔迹专家M的鉴定报告（附件第86页至第101页）。

有关当事人陈述的其他细节，参阅双方交换的诉讼书状及其附件的内容。

判决依据：

起诉理由充分。根据民法典第607条和第608条的规定，原告可以在借款到期后，或者最迟于1997年6月10日和26日先后两次写信宣布借款到期后，要求归还借款。

归还1996年6月19日和24日两笔借款的要求，根据民法典第362条规定，并不因为在此期间即1997年2月18日被告所称的还款，以及根据民法典第389条规定，由于部分借款合计1550马克的抵销而失效。

1. 具有举证和说明责任的被告无法证明1996年6月19日和24日的两张借款契约中规定归还的总计18 000马克的债款已经还清。

1997年2月18日的收据不能证明借款已经归还，因为被告无法出示收据的原件，也不能证明原告扣下了收据的原件，同样不能证明他所出示的复印件和所谓的经原告签名的原件相符。

根据1998年1月30日的听证决定，由鉴定专家M所作的笔迹鉴定报告不能证明收据上的签名是原告的亲笔。鉴定专家M根据提供的对照材料，即原告在开具所谓的收据之前不久的签名，作出以下的判断：由于笔画不稳，有添补迹象，书写不流利，所以不能否定这是模仿真实的签名或完全是伪造。但由于缺乏原件，鉴定专家无法给予肯定的意见。他的最终结论是：这两个相互对照的签名既没有理由说是出自同一个人之手，也不能完全排除（无法判定）。法庭不怀疑鉴定专家判断的正确性，被告对专家的鉴定也没有提出异议。

专家的鉴定结果无法向法庭证明18 000马克的借款已经归还。

证人B的证词也无法向法庭证明18 000马克的借款已经归还。

证人B在1998年5月8日传讯时声称：有一天上午他去被告家，因为他要陪着被告向原告归还18 000马克。他看到被告把钱装进一只普通的信封里。在饭馆里，他坐在旁边的一张桌子上。原告到来之后，他没有注意他们两人的谈话，只看见被告递上信封，又看到原告是怎么数钱的，原告好像是说，没问题了。后来他没打招呼就离开了饭店。至于收据签名他想不起来了。

证人以上的陈述不足以向法庭证实1996年6月19日和24日的两笔共计18 000马克的借款已经归还。证人除了根本没有去听当事人双方的谈话，因而无法讲清双方交接信封时说话的内容，也不能证实递交的款项是18 000马克。据他说，他看到有票面为1000马克的钞票装进信封，但他讲不出其中是否夹有其他票面的钞票。此外，他在原告数钱的短暂时间内，看到钞票纸张较大才推断出信封里装的是1000马克的纸币。

法庭认为，证人B的一番描述不足以使人对原告陈述的真实性产生怀疑，即1997年2月18日原告既没有在饭馆和被告见面，也没有收到什么还款，更不认识这个证人。

另外，被告的陈述有着重大的疑点，因为不可理解的是，为什么自称认识原告并强调为了给还钱人作证而同去的证人B坐在邻桌，而整个谈话只听到“没问题了”这一句。还有，被告先是在1998年1月6日的辩护书中说，他将从原告那儿得到其间放在橱柜里的钱（票面为200马克）还掉了。但在1998年1月23日自己的听证会上，被告却说他把钱换成1000马克票面的大钞，这正是证人B声称所看到的票面。

被告自相矛盾的陈述和证人B不够精确的证词使法庭对有论证责任及偿还义务的被告已归还18 000马克的说法产生怀疑。

2. 三次抵债的事，即以所作的画抵债550马克，索还1996年秋天在巴特菲辛的借款抵债500马克，索还无法律依据支付的500马克佣金。这一切被告都无法证实。

由于上述原因，以作画抵债550马克，这笔有争议的钱款也不能通过1997年2月18日的收据得到证实。

关于被告和原告商定彼此抵销债务一事，证人B也无法作证。他只是说，他听到被告对他提过卖掉了一幅骏马图，付了500马克的佣金。关于用其他画作抵债，他一无所知。

对于被告声称而原告提出异议的1996年秋天在巴特菲辛的500马克借款问题，被告无法举证。原先根据1998年5月8日补充的听证决定而安排的传讯原告，后来由于被告在1998年5月8日表示放弃而作罢。

对于有争议的支付佣金的协议，被告提不出证据。此外还看不出有什么法律依据，在骏马图买卖合同按被告的说法已经成立后，还要索回佣金。女客户事后反悔不能成为向作为中介人的原告讨回佣金的理由。

3. 假定被告的陈述是属实的，那么他尚欠1996年6月19日借款时商定的利息计2000马克和1996年11月28日借款时商定的利息计200马克。

根据民法典第138条规定，假如借贷契约因为是不道德的高利贷而无效时，可以只还本金而不还利息。但被告没有明确表示其无效。民法典第138条所说的高利贷是指利率高达市面上通行的二倍。被告对此没有提及。

4. 准许的利率要求见民法典第291条，第288条第1款第1节。

5. 连带判决以民事诉讼法第91条、第269条第3款第2节、第708条第11项、第711条、第709条为依据。

尤纳曼

【点评】

这个民事判决书实例能直观地展现德国裁判文书的写作风格。

在大陆法系国家和地区中，德国法院首次将裁判文书的主文置于文书首部位置，这是一个创造，德国国会已将司法实践的这种作法上升为国家意志。

“德国民事诉讼法第 313 条规定：(1) 判决书应记载：①当事人、其法定代理人与诉讼代理人；②法院，参与裁判的法官的姓名；③言词辩论终结的日期；④判决主文；⑤事实；⑥裁判理由。(2) 事实项下，应特别表明提出的申请，并简略地叙明提出的请求以及所用攻击防御方法的主要内容，因案件和诉讼的不同情况，应该引用书状、记录和其他文件。(3) 裁判理由项下，应简略地、扼要地记载从事实和法律两方面作出裁判的依据的论据。”[①] 目前，日本、中国台湾地区的判决书结构都仿效德国模式。“日本民事诉讼法第 253 条第 1 款规定：判决书应当记载下列事项：(1) 主文；(2) 事实；(3) 理由；(4) 口头辩论的终结之日；(5) 当事人及法定代理人；(6) 法院。”[②] 德国、日本的裁判文书的结构模式值得我国法院借鉴。理由如下：

1. 如前述及，主文前置模式符合读者的阅读心理和阅读企盼。

2. 裁判主文是裁判文书的主旨，把主旨的内容安排在文书首部，等于树立了一座航标灯，指引着写作运思的方向，以免案件事实部分和裁判理由的写作游离于主旨的操控。

3. 主文前置模式符合议论文的基本结构模式。议论文的开头往往要摆明观点，下文紧紧围绕观点层层展开论述。文字叙述式文书多属议论文，理应采用人们习惯已久的结构模式。

笔法灵活也是本判决书写作的一个鲜明的特征。第一，正文采用驳论的论证方式。一般作者在判决书的正文习惯用立论的方式正面阐述法官的观点。尤纳曼法官在事实构成部分分别叙明了原、被告的事实主张。在判决依据部分，依靠查明的证据和证据法的规定，针对被告的五项事实主张一一做了驳斥，这样也就从侧面支持了原告主张，清楚地表明法官的观点。第二，作者把支撑判决书观点的一些书面材料以附件的形式出现，附件的内容没有在判决书中详细援引，从而使文章的主要信息鲜明，并且文章避免了篇幅冗长和行文拖沓。

① 谢怀栻：《德意志联邦共和国民事诉讼法》，中国法制出版社 2001 年版，第 76 页。
② 白绿铉编译：《日本新民事诉讼法》，中国法制出版社 2000 年版，第 94 页。

九、对原告证人福尔逊的庭审质询

[美] 林肯

【作者小传】

林肯（Abraham Lincoln，1809 年—1865 年），曾任美国总统（1861 年—1865 年），共和党人，出身寒微，早年执律师业。1847 年—1849 年为联邦众议员。1856 年加入共和党，坚决维护联邦统一，主张废除奴隶制度。当选总统后，南方各州相继宣布脱离联邦，挑起“南北战争”。战争初期，仍设法与“南部同盟”妥协，遭拒绝。1862 年开始采取革命措施，颁布《宅地法》，并发表《解放宣言》草案，得到广泛支持，很快扭转战局，保证了战争的胜利。总统任内被暗杀。

【案件回放】

1837 年，林肯得知他青年时代的好友、已经去世的老阿姆斯特朗的儿子小阿姆斯特朗被人诬告图财害命，并且已被法庭判定有罪。出于对老阿姆斯特朗的友情，林肯决定以小阿姆斯特朗律师的身份提请复审。林肯首先查阅了法院的全部卷宗，然后又到案发现场进行了实地勘察。经过勘察，林肯发现法庭据以定罪的主要证据是虚假的。本案的关键人物是证人福尔逊，他在陪审团面前发誓说：10 月 18 日晚 11 时，他曾亲眼看见小阿姆斯特朗和一个名叫梅茨克的人斗殴，当时皓月当空，月光下他看见小阿姆斯特朗用枪击毙了梅茨克。按照美国庭审程序，林肯作为被告的辩护律师对原告的证人福尔逊进行了质询①，福尔逊在这无懈可击的辩驳面前，灰溜溜地败下阵来，不得不承认是被人收买来陷害被告的，小阿姆斯特朗被当庭释放。

【原文】

林肯：你认清了开枪杀人的的确是小阿姆斯特朗吗？

福尔逊：是的。

林肯：你在草堆后面，小阿姆斯特朗在大树下，相距二三十米，你能确定你看清楚了吗？

---

① 质询（cross - examination）：又名“质证”“交叉询问”“反询问”，它是对反方证人的诘问。本文记录了作为辩护人的林肯对控方证人福尔逊的法庭质证发言。

福尔逊：看得很清楚。因为当时月光很明亮。

林肯：你肯定不是从衣着等方面看清的吗？

福尔逊：不是的，我肯定看清了他的脸，因为月光正好照在他脸上。

林肯：那么当时的具体时间也能肯定吗？

福尔逊：完全可以肯定。因为我回屋看过时钟，那时是晚11点15分。

林肯：你担保你说的完全是事实吗？

福尔逊：我可以发誓，我说的完全是事实。

林肯（对众人）：我不能不告诉大家，这个证人是个彻头彻尾的骗子！（接着林肯出示了美国的历书）他一口咬定是10月18日晚11点钟在月光下看清了被告小阿姆斯特朗的脸，但历书已证明10月18日那天是上弦月，到了晚上11点钟，月亮早已下山，哪里还会有什么月光呢？退一步说，也许证人把时间记错了，是更早一些时候，月亮没有下山，但那时月光就应该是从西向东照射过来的，而草堆在东、大树在西，被告如果脸朝大树，即向西，月光可以照到脸上，可是由于证人的位置在树的东面的草堆后，那他就根本看不到被告的脸。如果被告脸朝草堆，即向东，那么即使有月光，也只能照着他的后脑勺，证人怎么能看到月光照在被告脸上，而且能从二三十米的草堆处看清被告的脸呢？"

【点评】

小阿姆斯特朗杀人一案，似乎证据确凿、难以推翻。辩护律师林肯清楚地知道本案辩护的关键在当庭戳穿福尔逊所作伪证。为此，他庭前做了细致的调查研究工作，收集了证据，确定了巧妙的辩护策略。法庭之上，他以案件事实为依据，准确运用了多种逻辑推理形式，以强大的逻辑力量击碎了证人的谎言，从而推翻了法庭据以定罪的证据。

无论是林肯的发问还是福尔逊的答语都围绕着这样一个判断：只有在月光的照射下，才能看清被告的脸。这个判断是一个稍有智识者皆会明晓的生活经验。从逻辑形式上说，这是一个必要条件假言判断，"月光照射"是"证人看清被告的脸"这一结果的必要条件，如果不具备必要条件，在晚上11点15分，就一定不会有"证人看清被告的脸"这个结果。因此，深明此理的证人语气非常肯定地两次提到月光："因为月光很亮""当时月光正照在他脸上"，这些听起来信誓旦旦的语言，无非是在告诉陪审团：他的证词满足了假言推理的必要条件，请予采纳。企图瞒天过海的福尔逊却碰上了精明的林肯这个克星。林肯把否定这个假言判断的必要条件作为辩护的着力点，通过出示美国历书证明：10月18日午夜前3分钟，即当晚10点57分，月亮已经落下看不见了。皮之不存，毛将焉附？历书证明的事实立刻就收到釜底抽薪的功效，陪审团哗然，“证人看清被告的脸”原来是一个惊天的谎言。

令人拍案惊奇的是，林肯辩护词还熟练地运用了二难推理的逻辑形式。我们从宏观和微观两个角度依次可以分析出林肯的辩护词兼用的两个二难推理：

其一：

如果10月18日晚11点钟没有月光，那么证人肯定看不清被告的脸；如果10月18日晚11点钟有月光，证人也看不清被告的脸；

10月18日晚11点钟或者没有月光，或者有月光；

总之，证人看不清被告的脸（意谓证人在作伪证）。

其二：

被告如果脸向西，那么证人根本看不到被告的脸；被告如果脸向东，那么证人不能看清被告的脸；

被告的脸或者向西，或者向东；

总之，证人看不清被告的脸（意谓证人在作伪证）。

林肯的辩护不仅当场戳穿了证人的谎言，使小阿姆斯特朗被无罪释放，更为重要的是这场精彩的辩论生动形象地向人们展示了法律论辩的逻辑魅力。法律论辩是一门艺术，是逻辑、表达、情感的统一。精彩的论辩需要缜密的思考、清晰的思路、严密的论证与准确的表达，而这些能力的形成和发挥无不与一个人所具有的逻辑素养密切相关。因此，逻辑的运用是法律论辩的基础，没有逻辑的运用，法律论辩就没有制胜的内在力量，更谈不上什么魅力。

主要参考文献

1. 宁致远主编：《法律文书学》（第五版），中国政法大学出版社 2007 年版。

2. 王利明：《法学方法论》，中国人民大学出版社 2012 年版。

3. 最高人民法院修改后民事诉讼法贯彻实施工作领导小组编：《民事诉讼文书样式》，人民法院出版社 2016 年版。

4. 郭林虎：《法律写作概论》，知识产权出版社 2008 年版。

5. 陈果安：《现代写作学引论》（第 2 版），中南大学出版社 2002 年版。

6. 胡云腾主编：《最新刑事诉讼文书样式（参考样本）》，人民法院出版社 2020 年版。

7. 童建明、万春主编：《人民检察院刑事诉讼法律文书适用指南》，中国检察出版社 2020 年版。

8. 孙茂利主编：《公安机关刑事法律文书制作指南与范例》（2020 年版），中国人民公安大学出版社 2020 年版。

9. ［美］小理查德·K. 诺伊曼：《法律推理与法律文书写作》（第四版），中信出版社 2003 年版（影印本）。

10. ［美］吕立山、江宪胜：《合同与法律咨询文书制作技能》，法律出版社 2007 年版。

11. ［美］鲁格罗·亚狄瑟：《法律的逻辑》，唐欣伟译，法律出版社 2007 年版。

12. ［美］布莱恩·A. 加纳：《加纳谈法律文书写作》，刘鹏飞、张玉荣译，知识产权出版社 2005 年版。

13. ［英］马戈特·科斯坦佐：《法律文书写作之道》，王明昕、刘波译，法律出版社 2006 年版。

14. ［英］戴维·斯托特：《法律检索之道》，郭亮译、于丽英审校，法律出版社 2006 年版。

15.［德］卡尔·拉伦茨：《法学方法论》，陈爱娥译，商务印书馆 2003 年版。